/ 金融教材译丛 /

Foundations of Global Financial Markets and Institutions
5th Edition

金融市场与金融机构基础

（原书第5版）

弗兰克·J.法博齐（Frank J. Fabozzi）
[美] 弗兰克·J.琼斯（Frank J. Jones）
弗朗切斯科·A.法博齐（Francesco A. Fabozzi） 著
史蒂文·V.曼（Steven V. Mann）

袁利华　吴迪　韩鑫滔　译

机械工业出版社
CHINA MACHINE PRESS

本书在介绍了金融市场和参与者（包括资产管理公司、信用评级机构和投资银行等）之后，对风险和资产定价，利率、利率风险和信用风险，一级市场和二级市场，全球政府债券市场，企业融资市场，房地产市场，集合投资工具和金融衍生品市场等基础知识逐一进行了阐述，内容扎实，逻辑清晰。同时，每章以学习目标开始，以关键知识点和练习题结束，有利于激发学生的学习兴趣。特别地，本书还对美国系统与非美国系统进行了详细比较，更加关注金融机构的实际做法，为学生解决现实问题打好基础。

本书适合作为金融类、财经类、管理类专业本科生、研究生和 MBA 的教材，也可作为从业人员了解金融市场基础知识的参考资料。

Frank J. Fabozzi, Frank J. Jones, Francesco A. Fabozzi, Steven V. Mann.
Foundations of Global Financial Markets and Institutions, 5th Edition.
ISBN 9780262039543

Copyright © 2019 by Massachusetts Institute of Technology.

Simplified Chinese Translation Copyright © 2023 by China Machine Press. This edition is authorized for sale in the Chinese mainland (excluding Hong Kong SAR, Macao SAR and Taiwan).

No part of this book may be reproduced or transmitted in any form or by any means, electronic or mechanical, including photocopying, recording or any information storage and retrieval system, without permission, in writing, from the publisher.

All rights reserved.

本书中文简体字版由 The MIT Press 授权机械工业出版社在中国大陆地区（不包括香港、澳门特别行政区及台湾地区）独家出版发行。未经出版者书面许可，不得以任何方式抄袭、复制或节录本书中的任何部分。

北京市版权局著作权合同登记　图字：01-2021-2320 号。

图书在版编目（CIP）数据

金融市场与金融机构基础：原书第 5 版 /（美）弗兰克·J. 法博齐（Frank J. Fabozzi）等著；
袁利华，吴迪，韩鑫韬译 . —北京：机械工业出版社，2022.8
（金融教材译丛）
书名原文：Foundations of Global Financial Markets and Institutions, 5th Edition
ISBN 978-7-111-72519-0

I. ①金… II. ①弗… ②袁… ③吴… ④韩… III. ①金融市场 – 高等学校 – 教材 ②金融机构 – 高等学校 – 教材 IV. ① F830.9 ② F830.3

中国国家版本馆 CIP 数据核字（2023）第 009968 号

机械工业出版社（北京市百万庄大街 22 号　邮政编码 100037）
策划编辑：王洪波　　　　　责任编辑：王洪波
责任校对：史静怡　张　征　责任印制：郜　敏
三河市国英印务有限公司印刷
2023 年 5 月第 1 版第 1 次印刷
185mm×260mm・42.25 印张・1 插页・1096 千字
标准书号：ISBN 978-7-111-72519-0
定价：129.00 元

电话服务　　　　　　　　　网络服务
客服电话：010-88361066　　机　工　官　网：www.cmpbook.com
　　　　　010-88379833　　机　工　官　博：weibo.com/cmp1952
　　　　　010-68326294　　金　　书　　网：www.golden-book.com
封底无防伪标均为盗版　　　机工教育服务网：www.cmpedu.com

前 言
PREFACE

本书的第1版出版于1994年，作者是弗兰克·J.法博齐（Frank J. Fabozzi）和弗兰科·莫迪利安尼（Franco Modigliani），后者是1985年诺贝尔经济学奖的得主。在第1版的前言中，他们写道，之前的30年是世界金融市场和机构发生深刻甚至是革命性变化的时期。这种变化的标志是创新、全球化和放松管制。自1994年以来，这些力量实际上不断变得更强大了，全球的金融格局继续发生巨大而明显的变化。他们写这本书的主要目的是指导学生认识这次引人入胜的革命。他们描述了一大批金融工具，这些金融工具现在可用于投资、资金运作和控制广泛的金融风险。每一种金融工具都被证明是对借款人、贷款人和投资者需求的回应，这些参与者在一个利率、资产价格、监管限制、国际竞争和机会不断变化的世界中管理资产和负债。本书用了相当大的篇幅来解释世界主要的金融机构是如何管理其资产和负债的，以及创新的金融工具是如何支持这种管理的。对金融机构实际操作层面的关注，对学生而言是非常有益的，因为他们将不可避免地应对这些机构及其环境的变化。

这是本书的第5版。第4版于2009年出版。鉴于全球金融市场各方面的重大变化，第5版在第4版的基础上进行了大量的修订。在"本书概述"中比较了第4版和第5版的差异。第5版更加强调全球化，尽管美国金融市场占据了主要内容，但我们也讲述了非美国金融市场，因此在本书的新书名中增加了"Global"一词。出于对现实情况的考虑，我们不可能对每个国家的金融市场都进行详细的讨论。取而代之的是，我们讲述了其他国家的金融市场与美国市场的相似之处或主要的不同之处。

弗兰克·J.法博齐
弗兰克·J.琼斯

致 谢
ACKNOWLEDGEMENTS

我们从其他几个人那里得到了很多帮助。其中，史蒂文·V. 曼（Steven V. Mann）和弗朗切斯科·A. 法博齐（Francesco A. Fabozzi）对本书做出了重大贡献。史蒂文·V. 曼合著了两章；弗朗切斯科·A. 法博齐为几章提供了研究，合作撰写了第 12 章，并为超过一半的章节准备了章节后的问题。因此，他们俩在扉页和书的封面上得到了特别的重视。

与以下几个人的讨论有助于我们准备一些章节，他们分别是：米凯莱-莱昂纳多·比安基（Michele-Leonardo Bianchi）、杰夫·比托（Jeff Buetow）、杰克·弗朗西斯（Jack Francis）、安迪·琼斯（Andy Jones）、安德鲁·考洛陶伊（Andrew Kalotay）、张浩·金（Jang Ho Kim）、吴昌·金（Woo Chang Kim）、斯维特洛扎尔·拉切夫（Svetlozar Rachev）和斯托扬·斯托亚诺夫（Stoyan Stoyanov）。

第 5 版的许多章节都是由学生协助审阅的。在修改某些章节时，他们提供了有帮助的反馈意见。这些学生分别是：特雷·阿斯拉尼安（普林斯顿大学）、马特·斯卡皮尔（圣约瑟夫大学）、艾丹·杨（宾夕法尼亚大学）、德斯蒙德·杨（宾夕法尼亚大学）。

我们感谢耶鲁大学的罗伯特·希勒（Robert Shiller）教授，他一直支持本书的所有版本。他对本书之前版本的认可体现在他的课件中。

我们还要感谢一些人，他们在本书的前四个版本中的许多方面帮助了我们，他们不承担在书中可能出现错误的任何责任。以下几位协助审阅了本书第 5 版引用的部分材料，他们分别是（按姓氏的字母顺序列出）：罗伯特·阿诺特（Robert Arnott）、保罗·阿斯奎思（Paul Asquith）、阿南德·巴塔查里亚（Anand Bhattacharya）、海伦·M. 鲍尔斯（Helen M. Bowers）、约翰·H. 卡尔森（John H. Carlson）、布鲁斯·柯林斯（Bruce Collins）、约翰·克罗克特（John Crockett）、亨利·加贝（Henry Gabbay）、加里·L. 加斯蒂诺（Gary L. Gastineau）、杰拉尔德·汉威克（Gerald Hanweck）、阿瑟·霍根（Arthur Hogan）、简·豪（Jane Howe）、大卫·P. 雅各布（David P. Jacob）、弗兰克·基恩（Frank Keane）、罗伯特·基施尼克（Robert Kieschnick）、马丁·莱博维茨（Martin Leibowitz）、K.C. 马（K. C. Ma）、伊纳亚特·U. 曼格拉（Inayat U. Mangla）、埃德·墨菲（Ed Murphy）、马克·皮茨（Mark Pitts）、理查德·蓬蒂洛（Richard Puntillo）、斯科特·理查德（Scott Richard）、曼尼杰·沙比（Manijeh Sabi）、德克斯特·森夫特（Dexter Senft）、理查德·威尔逊（Richard Wilson）、埃莉诺·许（Eleanor Xu）、乌齐·耶里（Uzi Yaari）和乔特·邱（Jot Yau）。

最后，弗兰克·J.法博齐感谢他的妻子唐娜（Donna）牺牲社交时间让他完成这个三年的项目，并感谢她的鼓励。弗兰克·J.琼斯很感激他的妻子萨莉（Sally），她的无限支持起到很大的作用。

本书概述
OVERVIEW OF THIS BOOK

对本书进行概述以及归纳当前版本（第5版）与第4版的不同，这样最能解释第5版所强调的内容。本书共分八个部分，39章。每一章结尾都简明地概括了本章的关键知识点，这样学生就可以快速复习本章的概念和原则。

第一部分：金融市场和参与者

第一部分共有9章，每章的主要内容如下：第1章介绍了金融市场、金融资产的属性，以及金融市场和实体经济之间的联系。第2章（新章节）解释了政府在金融市场中所扮演的角色。在没有完全了解金融市场参与者的情况下，试图理解金融工具的属性是没有意义的。想要理解为什么私人市场参与者积极购买某些类型的金融工具，而规避其他类型的金融工具，就需要先熟悉各类投资者的投资目标，以及可能施加的任何监管约束。第3章的内容主要包括被称为"金融中介"的金融实体和资产管理公司的特殊角色。在第4章（新章节），我们对私人市场参与者进行了概述。我们认为，信用评级机构作为金融市场中一个关键的参与者，应该用单独一章来介绍，也就是第5章（新章节）的主要内容。第6章主要讨论存款机构。第7章（新章节）讨论中央银行的角色。第8章和第9章涉及的主要内容分别为保险公司和投资银行的主要活动。

第二部分：理解风险和资产定价

第二部分共有5章，主要涵盖了投资者和发行者在参与金融市场时所面临的风险，以及对资产定价的影响。研究金融的目标之一是理解风险和收益之间的平衡。"风险"一词在金融中有许多含义，需要根据上下文来理解其具体含义。为了避免风险的概念含混不清，我们在第10章（新章节）提供了风险的概述，并在书中出现的不同上下文中描述其含义。这一章涵盖了风险和不确定性的区别、财务风险管理的关键要素和识别财务风险、投资者面临的各种投资风险，以及寻求融资的企业面临的各种融资风险。

第二部分余下的主要内容包括以下几个方面：金融资产属性和定价的一般原则（第11章）、资产收益率的分布和一些风险估计的量化（第12章，新章节）、资产在投资组合中包含的选择（第13章，新章节）和资产定价理论（第14章）。这些都是金融中的主要理论，关于这些理论是否恰当地描述了投资者应该采取的构建投资组合的方式（投资组合理论），以及资产应该如何定价（资产定价理论），依然存在着相当大的争论。

第12章描述了金融资产收益率分布和风险度量方法，这是本书的一个新章节。本章涵盖的主要内容分别是金融资产收益率遵循的不同分布类型、不同资产收益率所用的度量方法、投资组合风险度量的属性和收益-风险比率。本章放在投资组合理论和资产定价理论的章节之前，因此本章所提供的材料是更好地理解这些理论和（同样重要的）这些理论局限性的前提。虽然这些主题利用了统计学的基本概念，但其覆盖范围仅为初级水平。第12章共有3个要点。首先，来自现实市场的大量经验证据表明，金融资产的收益率分布不遵循大多数金融理论假设的正态分布。正态分布是概率论和统计学入门课程中涵盖的主要分布。事实上，一些市场评论员认为，在2008～2009年大衰退期间报告的许多金融模型之所以失效，是因为这些模式依赖于收益遵循正态分布的假设。其次，根据传统投资组合理论（协方差或相关）的假设所提出的金融资产收益率之间相关关系的度量方法，只是相关关系的一种度量方法，可采用更好的措施进行投资组合管理和风险管理。最后，传统金融理论中用于衡量投资组合风险的是方差或标准差。还有其他一些可以更好地捕捉风险的方法，这些方法会影响投资者在构建投资组合时用到的收益-风险比率。

第三部分：利率、利率风险和信用风险

第三部分主要介绍利率理论、利率结构与信用风险。第15章重点讨论了利率的经典理论，它被假设为一个经济体中所有利率的基础。

经典的利率理论有助于深入了解决定一个经济体的利率水平的因素。然而，并没有一个单一的利率，而是有一个利率结构。在第16章中，我们将仔细研究利率的结构。我们将看到有无数的因素影响着投资者寻求另类投资产品的利率。这些因素包括发行人的类型、债务的特征和经济状况。在第16章开始介绍的概念用来说明债务应如何在市场上定价，以及如何计算债券的收益率。在第16章的最后一节，我们解释了债务工具的收益率和其期限之间的关系，也就是"利率期限结构"。我们介绍了不同的经济学理论来解释利率期限结构。

第四部分：一级市场和二级市场

第四部分共有3章，首先介绍一级市场（第17章）和二级市场（第18章）的基本原理。这两章将介绍这些市场的特点及其监管。这两章在讨论完美国的市场监管之后，继续讨论其他发达国家的市场监管。第四部分包含的3章中的最后一章，即第19章（新章节），介绍了外汇市场。第4版在"外汇及风险控制工具市场"一章中对此有所涉及。

第五部分：全球政府债券市场

在第4版书中，有两章涵盖了政府债券市场的内容，分别是"财政与机构证券市场"和"市政证券市场"。在本书中，第20章涵盖了美国国债市场，但部分内容已经扩展至非美国主权的债务市场；有关美国市政证券市场的介绍详见本书第21章，该章还讨论了国家以下层级的政府债务市场以及发展该市场对发达国家和发展中国家基础设施融资的重要性。考虑到这些章节的覆盖范围相对之前版本有了实质性扩展，所以基本上可以认为是新章节。

第六部分：企业融资市场

第六部分共有7章，主要描述了公司和其他商业实体如何利用各种金融市场来获得资金。前3章（第22、23和24章）的内容主要是关于股票市场的。第22章描述了美国股票市场的结构和交易场所，第23章的内容主要包括投资者在股票市场上使用的投资策略和定价效率这一重要话题。本书新增的第24章介绍了非美国股票市场，重点介绍了相对较新、规模较大的中国股市。在第25～28章主要介绍了面向公司和其他商业实体的债务市场。全球短期资金市场（更通俗地称为"全球货币市场"）是第25章的主要内容，公司中长期票据和债券是第26章的主要内容。

证券化是一种工具，通常被用来创建一个公司的债务工具，该债务工具由公司相关资产池支持，如应收账款和未来收入。人们通常认为证券化是用来促进抵押贷款支持证券的产生的，对此我们会在本书的第七部分展开讨论。然而，企业使用证券化会出于多种原因，如降低融资成本和管理风险。第27章描述了证券化过程和参与证券化的当事人。

本书中新增的一项内容是中小企业和新创业企业的金融市场，重点介绍了初创企业和风险资本。上述内容包含在第28章中，该章还讨论了这些企业可获得的各种类型的金融工具，以及与这些金融工具的发行有关的规定。

第七部分：房地产市场

房地产可以分为住宅房地产和商业房地产。住宅房地产包括1～4户住宅。第29章介绍了住宅抵押贷款市场和抵押贷款的类型。其中，在住宅抵押贷款市场中房主可以获得资金来购买住宅。第30章主要讨论如何把住宅抵押贷款集中起来以创造出住宅抵押贷款支持证券。这一章讲述了机构住宅抵押贷款支持证券和私人标签住宅抵押贷款支持证券。这一章还描述了抵押贷款衍生证券，包括抵押贷款债券和剥离式抵押贷款支持证券。

第31章（新章节）重点讨论了商业房地产，并认为其具有产生收入的属性。商业房地产的类型主要有多户住宅、公寓楼、办公楼、工业地产（包括仓库）、购物中心、酒店、医疗保健设施（如老年住宅护理设施）和林地。商业房地产投资分为私人商业房地产股权、公共商业房地产股权、私人商业房地产债务和公共商业房地产债务。本章对这些类型均进行了介绍。

第八部分：集合投资工具和金融衍生品市场

本书的最后一部分共有8章，首先介绍了集合投资工具市场（第32章），这是本书的一个新增部分。集合投资工具是由资产管理公司管理的产品。这些投资工具涉及资产管理公司如何汇集资金，并将这些资金投资于某些金融资产。本章涵盖的集合投资工具包括投资公司的股份（如共同基金/开放式基金和封闭式基金）、交易所交易基金、对冲基金、房地产投资信托基金和风险投资基金。

余下的7章集中讨论了各种类型的金融衍生品，或简称为"衍生品"。第33章和第34章分别描述了金融期货和期权。期货和期权合约的定价和应用分别是第35章和第

36 章的主题。第 37 章介绍了在场外市场交易的各种利率衍生品（远期利率协议与利率互换、利率上限和下限）。第 38 章涵盖了外汇衍生品市场。第 39 章主要讨论了信用风险转移工具市场（最重要的是信用违约互换）。

第 5 版与第 4 版的内容比较如表 1 所示。

表 1　第 5 版与第 4 版内容比较

	注释
第一部分：金融市场和参与者	
第 1 章　引言	从第 1 章开始修改，以示本书的新结构
第 2 章　政府在金融市场中的角色	新的一章
第 3 章　金融机构、金融中介机构和资产管理公司	更新第 4 版第 2 章
第 4 章　私人市场参与者概述	新的一章
第 5 章　信用评级机构及其在金融市场中的作用	新的一章
第 6 章　存款机构的活动与特征	更新第 4 版第 3 章
第 7 章　中央银行	新的一章
第 8 章　保险公司	更新第 4 版第 6 章
第 9 章　投资银行	修订第 4 版第 7 章
第二部分：理解风险和资产定价	
第 10 章　风险及其管理概述	新的一章
第 11 章　金融资产的性质和定价	第 4 版第 9 章
第 12 章　资产收益率分布、风险度量方法和收益-风险比率	新的一章
第 13 章　投资组合理论	新的一章
第 14 章　资产定价理论	改进第 4 版第 12 章
第三部分：利率、利率风险和信用风险	
第 15 章　利率理论	改进第 4 版第 10 章
第 16 章　利率结构	改进第 4 版第 11 章
第四部分：一级市场和二级市场	
第 17 章　一级市场	改进第 4 版第 13 章
第 18 章　二级市场	改进第 4 版第 14 章
第 19 章　外汇市场	新的一章
第五部分：全球政府债券市场	
第 20 章　主权债务市场	新的一章
第 21 章　地方政府（市政）债券市场	新的一章
第六部分：企业融资市场	
第 22 章　股票市场的结构和交易场所	改进第 4 版第 17 章和第 18 章
第 23 章　美国普通股市场：定价效率、交易与投资策略	改进第 4 版第 17 章和第 18 章
第 24 章　非美国股票市场	新的一章
第 25 章　全球短期融资和投资市场	新的一章
第 26 章　公司债务市场	改进第 4 版第 19 章和第 20 章
第 27 章　资产支持证券市场	改进第 4 版第 25 章
第 28 章　中小企业融资市场	新的一章
第七部分：房地产市场	
第 29 章　住宅抵押贷款市场	更新第 4 版第 22 章
第 30 章　住宅抵押贷款证券市场	更新第 4 版第 23 章
第 31 章　商业房地产市场	新的一章

(续)

	注释
第八部分：集合投资工具和金融衍生品市场	
第32章　集合投资工具市场	新的一章
第33章　金融期货市场	第4版第26章
第34章　期权市场	第4版第27章
第35章　期货和期权合约的定价	第4版第28章
第36章　期货和期权合约的应用	第4版第29章
第37章　场外利率衍生品：远期利率协议、利率互换、利率上限和下限	第4版第30章
第38章　外汇衍生品市场	改进第4版第31章
第39章　信用风险转移工具市场	第4版第32章

简明目录
BRIEF CONTENTS

前　言
致　谢
本书概述

第一部分　金融市场和参与者
第1章　引言 ··· 2
第2章　政府在金融市场中的角色 ·· 15
第3章　金融机构、金融中介机构和资产管理公司 ······································· 30
第4章　私人市场参与者概述 ·· 39
第5章　信用评级机构及其在金融市场中的作用 ·· 52
第6章　存款机构的活动与特征 ··· 64
第7章　中央银行 ··· 82
第8章　保险公司 ··· 99
第9章　投资银行 ··· 119

第二部分　理解风险和资产定价
第10章　风险及其管理概述 ··· 134
第11章　金融资产的性质和定价 ··· 154
第12章　资产收益率分布、风险度量方法和收益–风险比率 ·························· 169
第13章　投资组合理论 ··· 187
第14章　资产定价理论 ··· 201

第三部分　利率、利率风险和信用风险
第15章　利率理论 ··· 220
第16章　利率结构 ··· 238

第四部分　一级市场和二级市场

第 17 章　一级市场 ······ 262
第 18 章　二级市场 ······ 274
第 19 章　外汇市场 ······ 286

第五部分　全球政府债券市场

第 20 章　主权债务市场 ······ 296
第 21 章　地方政府（市政）债券市场 ······ 310

第六部分　企业融资市场

第 22 章　股票市场的结构和交易场所 ······ 326
第 23 章　美国普通股市场：定价效率、交易与投资策略 ······ 348
第 24 章　非美国股票市场 ······ 371
第 25 章　全球短期融资和投资市场 ······ 387
第 26 章　公司债务市场 ······ 411
第 27 章　资产支持证券市场 ······ 430
第 28 章　中小企业融资市场 ······ 443

第七部分　房地产市场

第 29 章　住宅抵押贷款市场 ······ 466
第 30 章　住宅抵押贷款证券市场 ······ 484
第 31 章　商业房地产市场 ······ 507

第八部分　集合投资工具和金融衍生品市场

第 32 章　集合投资工具市场 ······ 524
第 33 章　金融期货市场 ······ 542
第 34 章　期权市场 ······ 560
第 35 章　期货和期权合约的定价 ······ 577
第 36 章　期货和期权合约的应用 ······ 595
第 37 章　场外利率衍生品：远期利率协议、利率互换、利率上限和下限 ······ 611
第 38 章　外汇衍生品市场 ······ 632
第 39 章　信用风险转移工具市场 ······ 643

目 录
CONTENTS

前 言

致 谢

本书概述

第一部分 金融市场和参与者

第1章 引言 ……………………………… 2
1.1 金融资产 …………………………… 3
1.2 金融市场 …………………………… 6
1.3 金融市场的全球化 ………………… 7
1.4 资产的分类 ………………………… 9
1.5 衍生品市场 ………………………… 9
1.6 金融市场和实体经济 ……………… 11
关键知识点 …………………………… 12
练习题 ………………………………… 13

第2章 政府在金融市场中的角色 …… 15
2.1 宏观审慎与微观审慎的政府政策 … 15
2.2 金融市场的监管 …………………… 16
2.3 政府作为金融中介的意义 ………… 18
2.4 政府通过中央银行干预金融市场 … 19
2.5 政府救助 …………………………… 20
2.6 美国以外其他国家的金融监管机构 …………………………………… 24
2.7 其他国际参与者 …………………… 25
2.8 超国家组织 ………………………… 26
2.9 对政府干预金融市场程度的看法 … 26
关键知识点 …………………………… 27
练习题 ………………………………… 28

第3章 金融机构、金融中介机构和资产管理公司 ………………………… 30
3.1 金融机构 …………………………… 30
3.2 金融中介机构的角色 ……………… 31
3.3 金融机构资产/负债管理概述 …… 33
3.4 资产管理公司 ……………………… 36
关键知识点 …………………………… 37
练习题 ………………………………… 37

第4章 私人市场参与者概述 ………… 39
4.1 家庭 ………………………………… 39
4.2 非金融公司 ………………………… 40
4.3 存款机构 …………………………… 41
4.4 保险公司 …………………………… 41
4.5 投资公司 …………………………… 41
4.6 私人养老基金 ……………………… 41
4.7 非营利组织 ………………………… 44
4.8 外国投资者 ………………………… 44
关键知识点 …………………………… 46
练习题 ………………………………… 46
附录4A：美国养老金条例和问题 …………………………………… 47

第5章 信用评级机构及其在金融市场中的作用 52
- 5.1 信用评级机构在金融体系中扮演的角色 52
- 5.2 信用评级机构和美国认可的统计评级机构 53
- 5.3 欧洲对信用评级机构的监管 54
- 5.4 信用评级系统 54
- 5.5 监管机构对评级的使用 56
- 5.6 评级的非监管用途 57
- 5.7 关于信用评级机构的担忧 57
- 5.8 进行评级时考虑的因素 60
- 关键知识点 62
- 练习题 63

第6章 存款机构的活动与特征 64
- 6.1 美国银行的监管机构 65
- 6.2 银行监管 68
- 6.3 银行活动 71
- 6.4 银行融资 72
- 6.5 非银行存款机构：节俭机构 74
- 6.6 影子银行 76
- 关键知识点 77
- 练习题 79
- 附录6A：美国储贷协会危机 80

第7章 中央银行 82
- 7.1 中央银行及其目的 83
- 7.2 美国中央银行：联邦储备系统 84
- 7.3 美联储和货币供应 85
- 7.4 货币政策目标 92
- 7.5 全球央行 95
- 关键知识点 97
- 练习题 97

第8章 保险公司 99
- 8.1 保险的类型 100
- 8.2 保险业基础 101
- 8.3 保险公司的结构 102
- 8.4 人寿保险单类型 104
- 8.5 对保险公司的监管 108
- 8.6 灾难性风险及其管理 112
- 8.7 保险公司投资策略 113
- 8.8 保险公司扩展到其他金融服务领域 114
- 8.9 基于保险的投资银行 116
- 关键知识点 116
- 练习题 117

第9章 投资银行 119
- 9.1 投资银行业 120
- 9.2 公开发行证券 121
- 9.3 证券私募 122
- 9.4 资产证券化 123
- 9.5 并购 123
- 9.6 商业银行业务 124
- 9.7 金融重组咨询 124
- 9.8 证券交易 124
- 9.9 大宗经纪业务 129
- 9.10 衍生工具的交易和创造 129
- 9.11 资产管理 130
- 关键知识点 130
- 练习题 131

第二部分 理解风险和资产定价

第10章 风险及其管理概述 134
- 10.1 定义风险 135
- 10.2 金融风险管理 136
- 10.3 投资风险 139
- 10.4 融资风险 144
- 10.5 系统性金融风险 147

10.6 金融创新 ················· 147
关键知识点 ················ 148
练习题 ··················· 150

第11章 金融资产的性质和定价 ····· 154
11.1 金融资产的属性 ··········· 154
11.2 金融资产的定价原则 ········ 158
11.3 金融资产的价格波动 ········ 161
关键知识点 ················ 167
练习题 ··················· 167

第12章 资产收益率分布、风险度量方法和收益-风险比率 ······ 169
12.1 衡量收益率 ·············· 170
12.2 收益率分布 ·············· 170
12.3 联合概率分布 ············ 177
12.4 投资组合风险度量 ········· 178
12.5 收益-风险比率 ··········· 180
关键知识点 ················ 182
练习题 ··················· 184

第13章 投资组合理论 ··········· 187
13.1 投资组合多元化的概念 ······ 188
13.2 马科维茨投资组合理论 ······ 189
13.3 相关性在确定投资组合风险和多元化中的作用 ········· 191
13.4 构建投资组合 ············ 191
13.5 选择最优投资组合 ········· 193
13.6 投资组合理论的批判 ······· 195
关键知识点 ················ 198
练习题 ··················· 199

第14章 资产定价理论 ··········· 201
14.1 经济假设 ················ 201
14.2 资本市场理论 ············ 202
14.3 资本资产定价模型 ········· 205

14.4 套利定价理论模型 ········· 212
14.5 因子模型在实践中的应用 ···· 213
14.6 一些原则要摒弃 ·········· 215
关键知识点 ················ 215
练习题 ··················· 216

第三部分
利率、利率风险和信用风险

第15章 利率理论 ··············· 220
15.1 费雪的利率理论 ··········· 221
15.2 利率的可贷资金理论 ······· 228
15.3 利率的流动性偏好理论 ····· 229
15.4 庞巴维克的资本积极理论 ···· 230
15.5 市场的效率特点 ·········· 231
15.6 实际利率和名义利率：费雪定律 ··· 231
15.7 估计市场预期通货膨胀率 ···· 232
15.8 自然利率 ················ 233
15.9 无风险利率与安全资产的存在性 ··· 233
15.10 负利率 ················· 234
15.11 美国利率的历史进程 ······ 235
关键知识点 ················ 236
练习题 ··················· 237

第16章 利率结构 ··············· 238
16.1 利率结构 ················ 238
16.2 利率期限结构 ············ 244
关键知识点 ················ 257
练习题 ··················· 258

第四部分
一级市场和二级市场

第17章 一级市场 ··············· 262
17.1 一级市场的监管 ·········· 263

17.2 证券承销的各种类型 …………… 268
17.3 世界资本市场一体化与筹资
　　 启示 ………………………… 270
关键知识点 ……………………………… 271
练习题 …………………………………… 272

第18章　二级市场 ……………… 274

18.1 二级市场的功能 …………………… 274
18.2 二级市场结构 ……………………… 275
18.3 交易地点 …………………………… 276
18.4 理论上完美市场的特征 …………… 277
18.5 经纪人和交易商在现实市场中的
　　 作用 ………………………………… 279
18.6 市场效率 …………………………… 281
18.7 电子交易 …………………………… 283
关键知识点 ……………………………… 283
练习题 …………………………………… 284

第19章　外汇市场 ……………… 286

19.1 外汇汇率 …………………………… 287
19.2 外汇交易额 ………………………… 289
19.3 外汇市场的市场参与者 …………… 290
19.4 外汇风险和衍生工具 ……………… 292
关键知识点 ……………………………… 292
练习题 …………………………………… 292

第五部分
全球政府债券市场

第20章　主权债务市场 ………… 296

20.1 发行证券种类 ……………………… 298
20.2 主权债务的一级市场 ……………… 301
20.3 二级市场 …………………………… 303
20.4 主权信用风险 ……………………… 306
关键知识点 ……………………………… 307

练习题 …………………………………… 308

第21章　地方政府（市政）债券
　　　　　市场 ……………………… 310

21.1 中央政府对市政借贷的管控 ……… 311
21.2 市政信贷市场的结构 ……………… 311
21.3 多边金融机构协议 ………………… 313
21.4 通过公私伙伴关系和项目融资进行
　　 基础设施融资 ……………………… 313
21.5 市政绿色债券 ……………………… 314
21.6 美国市政债券市场 ………………… 314
21.7 中国市政债券市场 ………………… 321
关键知识点 ……………………………… 321
练习题 …………………………………… 323

第六部分
企业融资市场

第22章　股票市场的结构和交易
　　　　　场所 ……………………… 326

22.1 股票市场的演进及其制度化 ……… 327
22.2 美国股票市场监管 ………………… 328
22.3 股票交易市场结构 ………………… 330
22.4 美国股票交易场所 ………………… 332
22.5 执行订单 …………………………… 339
22.6 美国的市场交易监管 ……………… 339
22.7 其他类型的普通股交易 …………… 343
关键知识点 ……………………………… 345
练习题 …………………………………… 347

第23章　美国普通股市场：定价效率、
　　　　　交易与投资策略 ………… 348

23.1 股票资产类别 ……………………… 349
23.2 股票市场指数 ……………………… 350
23.3 股票市场的定价效率 ……………… 355

23.4 普通股投资策略 ·········· 358
23.5 普通股交易方式 ·········· 359
关键知识点 ················· 367
练习题 ···················· 368

第24章　非美国股票市场 ······ 371

24.1 在国内股票市场之外投资的理由 ···················· 372
24.2 非美国股票市场 ·········· 373
24.3 股票市场指数 ············ 375
24.4 英国和欧洲股市监管 ······ 377
24.5 中国股票市场 ············ 378
24.6 中国股票市场和美国股票市场 ·· 384
关键知识点 ················· 385
练习题 ···················· 385

第25章　全球短期融资和投资市场 ··· 387

25.1 同业拆借市场 ············ 388
25.2 回购市场 ················ 392
25.3 商业票据市场 ············ 396
25.4 大额可转让存单 ·········· 400
25.5 银行承兑汇票 ············ 402
25.6 货币市场基金 ············ 404
关键知识点 ················· 406
练习题 ···················· 408
附录25A：资产支持商业票据 ····· 409

第26章　公司债务市场 ········ 411

26.1 银行贷款 ················ 412
26.2 公司债券 ················ 413
26.3 中期票据 ················ 423
26.4 融资租赁 ················ 424
26.5 破产法 ·················· 425
关键知识点 ················· 427
练习题 ···················· 429

第27章　资产支持证券市场 ····· 430

27.1 证券化与证券化产品的创造 ·· 431
27.2 证券化对金融市场的好处 ···· 434
27.3 对证券化的担忧 ·········· 435
27.4 需要发展一个通融的法律结构 ·· 436
27.5 证券化监管 ·············· 438
27.6 证券化作为企业风险管理的工具 ·· 439
关键知识点 ················· 440
练习题 ···················· 441

第28章　中小企业融资市场 ····· 443

28.1 中小企业的定义 ·········· 444
28.2 政府计划和倡议 ·········· 445
28.3 企业的发展阶段和融资 ···· 445
28.4 种子轮融资来源 ·········· 447
28.5 扩张性融资 ·············· 452
28.6 新企业的股权稀释证券 ···· 457
关键知识点 ················· 461
练习题 ···················· 463

第七部分
房地产市场

第29章　住宅抵押贷款市场 ····· 466

29.1 住宅抵押贷款的发放 ······ 467
29.2 住宅抵押贷款种类 ········ 469
29.3 投资风险 ················ 475
29.4 二级抵押市场的发展 ······ 476
关键知识点 ················· 477
练习题 ···················· 479
附录29A：抵押贷款数学 ········ 480

第30章　住宅抵押贷款证券市场 ··· 484

30.1 机构住宅抵押贷款支持证券市场 ·· 485

30.2 私人标签住宅抵押贷款支持证券 ………… 501
关键知识点 ……………………… 505
练习题 …………………………… 506

第31章 商业房地产市场 …………… 507

31.1 商业房地产市场分类 ………… 507
31.2 投资商业房地产的主要原因 … 508
31.3 私人商业房地产股权 ………… 510
31.4 公共商业房地产股权 ………… 511
31.5 私人商业房地产债券 ………… 514
31.6 公共商业房地产债券 ………… 515
31.7 商业房地产市场的投资者 …… 518
关键知识点 ……………………… 519
练习题 …………………………… 520

第八部分
集合投资工具和金融衍生品市场

第32章 集合投资工具市场 ………… 524

32.1 投资公司股票 ………………… 525
32.2 对金融市场对冲基金的担忧 … 535
32.3 房地产投资信托基金 ………… 536
32.4 风险投资基金 ………………… 538
关键知识点 ……………………… 539
练习题 …………………………… 541

第33章 金融期货市场 ……………… 542

33.1 期货合约 ……………………… 543
33.2 期货与远期合约 ……………… 546
33.3 风险分担与保险安排 ………… 547
33.4 股票相关合约 ………………… 548
33.5 利率期货合约 ………………… 550
33.6 货币远期和期货合约 ………… 553

33.7 期货合约在金融市场中的作用 …… 554
关键知识点 ……………………… 557
练习题 …………………………… 558

第34章 期权市场 …………………… 560

34.1 期权合约 ……………………… 560
34.2 期权和期货合约的区别 ……… 561
34.3 期权的风险和收益特征 ……… 562
34.4 期权市场的经济作用 ………… 568
34.5 美国期权市场 ………………… 569
34.6 期货期权 ……………………… 573
关键知识点 ……………………… 574
练习题 …………………………… 575

第35章 期货和期权合约的定价 …… 577

35.1 期货合约的定价 ……………… 577
35.2 期权合约的定价 ……………… 583
关键知识点 ……………………… 592
练习题 …………………………… 592

第36章 期货和期权合约的应用 …… 595

36.1 期货合约的应用 ……………… 595
36.2 期权合约的应用 ……………… 599
关键知识点 ……………………… 600
练习题 …………………………… 601
附录36A ………………………… 603

第37章 场外利率衍生品：远期利率协议、利率互换、利率上限和下限 …………………… 611

37.1 远期利率协议 ………………… 612
37.2 利率互换 ……………………… 613
37.3 利率上限和下限 ……………… 627
关键知识点 ……………………… 629
练习题 …………………………… 630

第 38 章　外汇衍生品市场 …… 632

- 38.1　外汇远期合约 …… 632
- 38.2　外汇远期合约定价 …… 633
- 38.3　欧洲货币市场和远期价格的关系 …… 636
- 38.4　外汇期货合约 …… 636
- 38.5　外汇期权合约 …… 637
- 38.6　外汇互换和货币互换 …… 637
- 关键知识点 …… 640
- 练习题 …… 641

第 39 章　信用风险转移工具市场 …… 643

- 39.1　信用衍生品 …… 644
- 39.2　信用违约互换 …… 646
- 39.3　抵押债务凭证 …… 649
- 39.4　信用挂钩票据 …… 652
- 39.5　信用风险转移工具值得关注的问题 …… 652
- 关键知识点 …… 655
- 练习题 …… 656

第一部分
PART 1

金融市场和参与者

第1章　引言

第2章　政府在金融市场中的角色

第3章　金融机构、金融中介机构和资产管理公司

第4章　私人市场参与者概述

第5章　信用评级机构及其在金融市场中的作用

第6章　存款机构的活动与特征

第7章　中央银行

第8章　保险公司

第9章　投资银行

第1章

引 言

学习目标

学习本章后,你会理解:
▲ 金融系统的组成部分;
▲ 金融资产的定义以及金融资产的主要经济功能;
▲ 金融资产和有形资产的区别;
▲ 金融市场的定义以及它的主要经济功能;
▲ 债务工具与权益工具的区别;
▲ 金融市场分类的各种方法;
▲ 一级市场和二级市场的差异;
▲ 金融市场的参与者;
▲ 金融市场全球化的原因;
▲ 内部市场和外部市场的区别;
▲ 国内市场、国外市场和欧洲市场之间的区别;
▲ 实体经济运用外国市场和欧洲市场的原因;
▲ 发达市场、新兴市场和前沿市场之间的差异;
▲ 资产类别的定义;
▲ 衍生工具的定义以及衍生工具的两种基本类型;
▲ 衍生工具的作用;
▲ 金融市场与实体经济之间的联系。

在市场经济中,经济资源的配置是许多私人决策的结果。价格是市场经济运行的信号,它引导经济资源达到最优配置。一个经济体中的市场类型可以分为:①**产品市场**(产成品和服务);②**要素市场**(劳动力和资本)。

本书主要关注要素市场的一部分,即金融资产市场,简称"**金融市场**"。金融市场是**金融体系**的三大组成部分之一,另外两个组成部分是金融机构和金融市场基础设施。**金融机构**是指向金融系统中的其他机构提供金融服务的机构,它们包括存款机构(如银行)、保险公司和证券公司。**金融市场基础设施**是金融系统的组成部分,涉及处理金融资产的支付。

在这一章中，我们将着眼于金融市场的角色、金融市场交易的"物品"、世界金融市场一体化的原因以及政府在这些市场监管中的作用。接下来的各章将讨论主要的金融机构。此外，当我们介绍金融市场的不同部门时，将对金融市场基础设施进行讨论。

1.1 金融资产

我们从几个基本定义开始。一般来说，**资产**是指在交换中所有具有价值的财产。资产可以分为有形资产和无形资产。**有形资产**是指价值取决于特定的物理属性的资产，例如建筑物、土地或机器。相比之下，**无形资产**则代表对某些未来收益的合法要求，它们的价值与记录这些要求的形式、物体以及其他方面无关。

金融资产是无形资产。对于金融资产来说，它的主要收益或价值是对未来现金流的索取权。不动产除外，它是一种有形资产。本书涉及各种类型的金融资产、它们所在的交易市场以及评估它们的原则。在本书中，我们交替使用金融资产、金融工具和证券等术语。

同意未来支付现金的实体被称为该金融资产的发行者；金融资产的所有者被称为投资者。以下是有关金融资产的 7 个例子：
- 美国银行（投资者）向个人（发行者/借款人）发放的用于购买汽车的贷款；
- 美国财政部发行的债券；
- 美国电话电报公司发行的债券；
- 纽约市政府发行的债券；
- 德国政府发行的债券；
- 苹果公司发行的普通股股票；
- 一家日本汽车公司——本田汽车公司发行的普通股股票。

就汽车贷款而言，随着时间的推移，按照贷款条款的规定，借款人必须向美国银行支付指定的款项。所支付的款项包括偿还所借本金加上利息。该资产的现金流是由借款人必须支付的特定款项组成的。

就美国国债而言，美国政府（发行者）同意每 6 个月向投资者支付一次债券利息，直到债券到期，然后在到期日偿还所借的本金。美国电话电报公司、纽约市和德国政府发行的债券也是如此。在美国电话电报公司的例子中，发行者是一家公司，而不是政府；就纽约市政府债券而言，发行者是纽约市政府；德国政府债券的发行者是德国中央政府。

苹果公司的普通股股票使投资者有权获得公司分配的股息。在该例中，即使在苹果公司破产清算的情况下，投资者依然有权要求按比例分享公司的资产净值。本田汽车公司的普通股股票也是如此。

1.1.1 债务工具与权益工具

金融资产所有者的债权可以是固定数额，也可以是变动的或剩余的数额。在前一种情况下，金融资产被称为**债务工具**。

上面提到的汽车贷款、美国国债、美国电话电报公司债券、纽约市政府债券和德国政府债券都是需要固定支付利息的债务工具。

权益工具（也称剩余索取权）要求金融资产的发行者在偿还完债务后，经董事会批准，根据收益向资产的所有者支付一定的金额。举例而言，权益工具可以是普通股，也可以是合伙企业的份额。

有些证券同时属于这两类。例如，**优先股**是一种权益工具，它诞生在美国，能够使投资者获得固定数额的收益。然而，这种支付是有条件的，只有在发行者向债务工具的所有者支付之后才能进行。

另外一种"复合型"工具是**可转换债券**，它允许投资者在某些情况下将债务转换为股权。优先股和可转换债券都被称为**固定收益投资工具**。

某些类型的金融工具，一开始看起来可能有些不可思议。例如：人寿保险公司发行的债券，根据死亡率进行支付；矿业公司发行的债券，根据开采的自然资源的价格进行支付。一旦你了解了发行者的需求，以及在金融市场中用以补偿投资者承担的某些风险形成的风险-收益关系，那么，一开始看似不可思议或不寻常的金融工具，就将具有经济意义。事实上，本书的目的是帮助你了解全球金融市场和市场中的参与者，这样你就能理解为什么市场上交易的每种金融工具都能满足发行者、投资者或两者的需求。

1.1.2 金融资产的价格和风险

一个基本的经济学原理是，即使现金流并不确定，任何金融资产的价格都等于其预期现金流的现值。我们所说的**现金流**是指一段时间内现金支付的量。例如，如果美国政府发行的某种债券承诺在未来30年中每6个月支付20美元，30年后支付1 000美元，那么这就是该债券的现金流。就美国银行发放的汽车贷款而言，如果借款人有义务在3年内每个月支付500美元，那么这就是贷款的现金流。我们在本书中详细阐述这一原则，是因为我们在讨论金融资产定价的几种理论时均会涉及这一原则。

与价格直接相关的是金融资产的预期收益率。给定金融资产的预期现金流和价格，就可以确定其预期收益率。例如，如果一项金融资产的价格是100美元，1年后它唯一的现金流是105美元，那么它的预期收益率就是5%。

无论是债务工具还是权益工具，发行者的特点都决定了预期现金流的确定程度。例如，假设对于其发行的债务工具美国政府不会违约，那么美国国债的现金流就是确定的。然而，不确定的是收到的现金流的购买力。

就美国银行发放的汽车贷款而言，借款人偿还现金流的能力存在一定的不确定性。但是如果借款人没有不履行贷款义务，投资者（美国银行）将会知道未来的现金流。美国电话电报公司和纽约市政府发行的债券也是如此。就德国国债而言，如果德国政府不违约，那么现金流是已知的。但是，德国国债的现金流不是以美元计价，而是以德国所使用的货币——欧元计价的。因此，尽管现金流是根据将收到的欧元数量确定的，但从美国投资者的角度来看，美元的数量依然是未知的，这是由于美元的数量将取决于收到现金流时欧元与美元之间的汇率。

对于苹果公司普通股的所有者而言，股利分配的数量和时间都是不确定的。股利分配将取决于公司的利润。日本本田汽车公司普通股的股利也是如此。此外，由于本田汽车公司将以日元进行股利分配，以美元计算的股利也存在不确定性。

我们在第10章以及本书的其他章节中解释了各种类型的风险，我们可以在本章的例子中看到其中的3种风险。首先是预期现金流的潜在购买力所附带的风险，这被称为**购买力风险**或**通货膨胀风险**。其次是发行者或借款者违约的风险，这被称为**信用风险**，或者更具体而言，即

第 10 章所述的违约风险。最后，对于现金流不是以美元计价的金融资产，存在汇率发生不利变化导致美元减少的风险，这种风险被称为**外汇风险**或**货币风险**。

1.1.3 金融资产与有形资产的对比

有形资产（例如企业购买的厂房或设备）至少具有金融资产的一个特点，那就是，有形资产和金融资产都有望为其所有者在未来带来现金流。例如，假设一家美国航空公司花 5 亿美元购买了一支飞机机队，该航空公司希望通过购买的这些飞机，收到由旅客旅行产生的现金流。

金融资产与有形资产是相互关联的。有形资产的所有权是通过发行某种类型的金融资产（债务工具或权益工具）实现融资的。例如，在航空公司的例子中，假设发行了一种债务工具来筹集 5 亿美元购买该飞机机队，因旅客旅行产生的现金流将用于偿还债务。因此，金融资产的现金流最终是由一些有形资产产生的。

1.1.4 金融资产的作用

金融资产有两个主要的经济功能。第一个经济功能是将资金从那些有富余资金的人手中转移到那些需要资金进行投资的人手中。第二个经济功能是用某种方式转移资金，具体表现为在寻求资金的人和提供资金的人之间，重新分配有形资产产生的现金流所带来的不可避免的风险。然而，正如我们将看到的那样，最终财富持有者持有的债权通常不同于最终资金需求者所发行的债务。这是因为金融中介机构的活动试图将最终的负债转化为公众偏好的金融资产。

我们可以用 3 个例子来说明这两个经济功能。

（1）里奇·卡尔博（Richie Calbo）获得了为美国海军生产带有商标的手表的许可证，他估计自己需要 120 万美元来购买制造这些手表的工厂和设备。不幸的是，他只有 30 万美元可以用来投资，这是他一生的积蓄，他不想用这笔积蓄去投资，尽管他相信这些手表会有一个广受欢迎的市场。

（2）企业家阿曼达·桑蒂戈（Amanda Santigo）最近为法庭科学实验室发明了一种廉价且能快速处理 DNA 样本的产品，并以税后 100 万美元的价格出售了这项权利。她计划花 15 万美元买一套公寓，花 5 万美元买一辆汽车，剩下的 80 万美元用于投资。

（3）哈桑·拉赫曼（Hasan Rahman）是洛杉矶一家大型律师事务所的律师助理，他收到了一张税后 28 万美元的奖金支票。他计划花 8 万美元买一辆宝马汽车，剩下的 20 万美元用于投资。

假设上述 3 人很偶然地在一个社交活动上相遇，他们讨论了各自的财务计划。到了晚上，他们达成了协议，具体内容如下：里奇同意从他的储蓄中拿出 20 万美元投资于生产手表，并增加 100 万美元用于购买工厂和设备；阿曼达同意以 80 万美元的价格购买该业务 50% 的权益；哈桑同意借给里奇 20 万美元，为期 4 年，年利率为 12%。里奇将在没有阿曼达及哈桑协助的情况下负责公司运营。

这次会议中，里奇和上述两人达成的交易产生了两种金融资产。一种是由里奇发行，阿曼达以 80 万美元购买的权益工具；另一种是由里奇发行，哈桑以 20 万美元购买的债务工具。这两项金融资产使得资金从阿曼达和哈桑手中转移到里奇手中，里奇再用这些资金投资有形资产来制造手表。这种资金转移是金融资产的第一个经济功能。

里奇不愿意将自己 30 万美元的毕生积蓄全部用于投资，这意味着他想转移部分风险，于是他出售给阿曼达一项金融资产，让她拥有相当于公司一半现金流的金融债权；他从哈桑那里获得了一笔额外的资金，而哈桑不愿意分担业务的风险（信用风险除外），这意味着，无论该笔资金投资的结果如何，他都必须支付给哈桑固定的现金流。这种风险转移是金融资产的第二个经济功能。

1.2 金融市场

金融市场是金融资产交换（交易）的市场。虽然金融市场的存在不是创造和交换金融资产的必要条件，但是在大多数经济体中，金融资产是在某种类型的金融市场中被创造出来并进行交易的。金融资产进行即时交割交易的市场称为**现货市场**或**现金市场**。

1.2.1 金融市场的作用

我们之前解释了金融资产的两个主要经济功能。接下来，我们将主要介绍金融市场提供的另外三个经济功能。

第一，金融市场上买卖双方的互动决定了交易资产的价格，或者相当于决定了金融资产要求的收益率。企业获取资金的动因取决于投资者所要求的收益，因此金融市场的这一特征就标志着经济中的资金应该如何在金融资产中分配。这被称为**价格发现过程**。

第二，金融市场为投资者提供了出售金融资产的机制。金融市场可以提供**流动性**，当环境迫使或激励投资者出售金融资产时，这将是一个有吸引力的特征。而在缺乏流动性的情况下，金融资产所有者将被迫持有债务工具直到到期，持有权益工具直到公司自愿或非自愿进行破产清算。尽管所有的金融市场都提供某种形式的流动性，但是不同市场具有的流动性程度不同。

第三，金融市场能降低交易成本。交易有两种成本：搜寻成本和信息成本。**搜寻成本**包括显性成本和隐性成本。例如，宣传某人想要出售或购买某一金融资产的意图所花费的钱就是显性成本，而寻找交易对手所花费的时间价值则是隐性成本。由于某种形式的金融市场是有组织的、有序的，其存在就降低了搜寻成本。**信息成本**是与评估金融资产的投资价值有关的成本，这里的评估即指预期产生现金流的数量和可能性。在价格有效的市场中，价格反映了所有市场参与者收集的信息的总和。

1.2.2 金融市场的分类

金融市场的分类方式有很多种。一种分类方式是根据金融债权的类型进行分类，例如，将金融市场分为债务市场和股票市场。另一种分类方式是根据金融资产交易期限的长短进行分类，例如，将流通短期债务工具的金融市场称为**货币市场**，将流通较长期限金融资产的金融市场称为**资本市场**。

金融市场还可以分为：处理新发行的金融债权的市场，称为**一级市场**；交易已发行的金融债权的市场，称为**二级市场**或**成熟金融工具市场**。

金融市场还可以分为**现货市场**和**衍生工具市场**。（对于后者，将在本章后半部分进行简要介绍，在第 39 章中有更详细的介绍。）

金融市场也可以按其组织结构分为**拍卖市场**、**场外交易市场**、**中介市场**。

上述这些分类如表 1-1 所示。

表 1-1 金融市场分类表

按金融债权的类型分类	按金融资产是立即交割还是未来交割分类
• 债务市场	• 现货市场
• 股票市场	• 衍生工具市场
按金融资产交易期限的长短分类	按金融市场的组织结构分类
• 货币市场	• 拍卖市场
• 资本市场	• 场外交易市场
按证券交易的程序分类	• 中介市场
• 一级市场	
• 二级市场	

1.2.3 金融市场的参与者

发行和购买金融债权的全球金融市场参与者包括家庭、企业实体（公司和合伙企业）、国家政府、国家政府机构、州和地方政府以及超国家组织（如世界银行、欧洲投资银行和亚洲开发银行）。

企业实体包括非金融公司和金融公司。非金融公司制造产品（例如，汽车、钢铁和计算机），提供非金融服务（包括运输、公用事业和计算机编程），或者两者兼而有之。第 2 章主要介绍金融公司在金融市场中所扮演的角色以及一种特殊类型的金融公司，即金融中介机构。

最后，虽然我们关注的是创造和（或）交易金融资产的市场参与者，但是更广义的金融市场参与者还包括金融市场的监管者。

1.3 金融市场的全球化

由于金融市场的全球化，任何国家的实体寻求筹集资金的范围都不必局限于其国内金融市场，一个国家的投资者也不必局限于购买国内市场发行的金融资产。这里的全球化是指全球金融市场的一体化，即贯穿全球成为一个国际金融市场。

导致全球金融市场一体化的因素有：①市场放松管制或自由化以及世界主要金融中心的市场参与者的活动；②在监测世界市场、执行订单指令和分析金融机会方面的技术进步；③不断加强的金融市场制度化。

全球竞争迫使各国政府对其金融市场的各个方面解除管制（自由化），以使其金融公司能够在全球市场上有效地参与竞争。技术进步促进了全球金融市场的一体化和效率。电信系统的发展将世界各地的市场参与者联系在一起，使得指令可以在几毫秒内执行。伴随着电信系统的发展，加之计算机技术的进步，证券价格的实时信息和其他关键信息得以立刻传送给各个地方的众多参与者。投资者可以监测全球金融市场，并同时评估这些信息影响其投资组合的风险 – 收益的概况；也可以实时处理市场信息，以便发现套利机会，一旦这些机会被发现，电信系统会快速执行订单指令来获取套利机会。

美国金融市场已经从由散户投资者主导转向由金融机构主导。我们所说的**散户**是指个人投资者。例如，当你或我购买 1 股普通股时，我们被称为散户投资者。金融机构的例子有养老基金、保险公司、共同基金、商业银行和储蓄贷款协会（简称"储贷协会"）。我们将在接下来的几章中介绍这些金融机构。在本书中，我们将这些金融机构称为**机构投资者**。

金融市场由散户投资者主导向机构投资者主导的转变，被称为**金融市场的制度化**。其他工业化国家的金融市场发展趋势也是如此。与散户投资者不同，机构投资者更愿意跨越国界转移资金，以提高投资组合的多元化，或利用国外金融资产定价失误来谋利。

大量研究已经证明与全球投资相关的投资组合多元化的潜在好处，这些研究提高了投资者对全球投资优势的认识。

1.3.1 全球金融市场的分类

目前没有统一的规定来划分全球金融市场，我们用一个相对恰当的示意图来表示（见图 1-1）。从一个国家的视角来看，金融市场可以分为内部市场和外部市场。**内部市场**又称**全国市场**，它由国内市场和国外市场两部分组成。**国内市场**是本国发行人在该国发行证券并进行交易的地方。**国外市场**是非本国发行人在该国发行证券并进行交易的地方。在国外发行证券是由证券发行地监管机关进行监管的。例如，外国公司在美国发行的证券必须符合美国证券法的规定，在日本发行证券的非日本公司必须遵守由日本财务省制定的日本证券法和相关法规的规定。某些国家的国外市场还有一些别称，例如，美国的国外市场被称为"扬基市场"，日本的国外市场被称为"武士市场"，英国的国外市场被称为"猛犬市场"，荷兰的国外市场被称为"伦勃朗市场"，西班牙的国外市场被称为"斗牛士市场"。

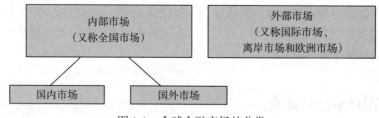

图 1-1　全球金融市场的分类

外部市场（又称**国际市场**）上允许进行交易的证券有两个典型的特征：①证券在发行时，同时向各国的投资者提供证券交易的机会；②证券在任何单一国家管辖范围之外发行。外部市场通常被称为**离岸市场**，或者更通俗地被称为**欧洲市场**⊖。

1.3.2 发达市场、新兴市场和前沿市场

我们通常把国家及其股票市场分为三大类：发达市场、新兴市场（发展中国家）和前沿市场。这三种类型的区别主要基于两个因素：经济的发展和资本市场的发展⊖。经济的发展主要是指人均收入和增长潜力。发达国家的人均收入水平较高，但增长潜力较低。资本市场的发展是指其市场资本的规模（下文将加以说明）、流动性水平以及其配套的监管和法律机构的发展，这两个因素会影响其股票市场上投资的增长潜力、风险和流动性。发达市场主要分布在北美洲、欧洲和大洋洲，包括美国、加拿大、德国、英国、澳大利亚、新西兰和亚洲的日本等国家。

新兴市场是指具有一些（并非全部）发达市场特征的市场，包括巴西、俄罗斯、印度、中国（它们作为一个整体，通常被称为金砖四国）以及葡萄牙、爱尔兰、意大利、希腊、西班牙等国。前沿市场指的是由于规模太小、不发达而不能被视为新兴市场的市场。

⊖ 我们使用的分类方法并不是被广为接受的。一些市场观察者和市场活动统计数据的编纂者把外部市场称为国外市场和欧洲市场。

⊖ "What is the Difference between a Developed, Emerging, and Frontier Market?" May 11, 2012. http://www.nasdaq.com/article/what-is-the-difference-between-a -developed-emerging-and-frontier-market-cm140649.

1.4 资产的分类

在金融市场上，参与者会讨论资产分类。在大多数发达国家的金融市场中，资产分类如下：①普通股；②债券；③现金等价物；④房地产。市场参与者一般如何进行资产分类呢？他们有以下两种方式。

一种方式是根据资产分类划分出的某一类资产所具有的共同投资属性来划分，这些投资属性包括影响该类资产价值的主要经济因素，与该类资产的投资收益高度相关。通常这类资产具有相似的投资风险和投资收益特征，并具有共同的法律或监管体系。因此，以这种方式进行资产分类，会导致不同资产类别的收益之间的相关性较低。资产分类的另一种方式是根据资产管理者进行资产分类时所依据的一组资产的特征来划分。

基于这两种资产分类的方式，我们可以对上述传统资产分类进行扩展，进而产生更多类型。例如，从美国投资者的角度来看，上述列出的传统资产类别已经得到了扩展。他们将外国股票和债券分为美国实体发行的股票和债券与外国实体发行的股票和债券。

此外，普通股和债券根据公司的规模进一步划分为更多类别的资产。在此，"规模"指的是公司普通股的市场资本总额（或称为"市值"）。一家公司的市值等于其流通的普通股的总市值。例如，假设一家公司发行了 5 000 万股普通股，每股市值为 400 美元，那么这家公司的市值就是 200 亿美元（= 5 000 万股 × 400 美元 / 股）。⊖

在美国，可以基于市值对资产进行如下分类：
- 超大型股（超过 2 000 亿美元）；
- 大盘股（100 亿～ 2 000 亿美元）；
- 中盘股（10 亿～ 100 亿美元）；
- 小盘股（3 亿～ 10 亿美元）；
- 微型股（5 000 万～ 3 亿美元）；
- 纳米股（低于 5 000 万美元）。

除房地产外，上述所有资产分类均为**传统类别的资产**。房地产和所有不在上述列表中的资产都被称为**非传统类别的资产**或**替代型资产**，它们包括大宗商品、私募股权、对冲基金、风险资本、实物资产和货币等。

1.5 衍生品市场

到目前为止，我们主要关注的是金融资产的现货市场，但在一些合约中，合约持有人有义务或可以选择在未来的某个时间购买或出售金融资产。这类合约的价格取决于标的金融资产、金融指数或利率的价值，这些合约被称为**衍生工具**。

1.5.1 衍生工具的类型

衍生工具的两种基本类型是**期货或远期合约**和**期权合约**。

期货或远期合约是双方同意在未来某一特定日期以预定价格就某一金融资产进行交易的协议。一方同意购买该金融资产；另一方同意出售该金融资产。双方均有义务履行，且不收取

⊖ 按资产分类，还可以将股票分为成长型股票和价值型股票。根据每股的市价和流通股的数量，公司的市值很容易确定，但在本书中要定义成长型股票和价值型股票并不容易。我们将在第 23 章描述这两种类型的股票。

任何费用。第33章解释了期货和远期合约的区别以及为什么这种衍生品被称为风险共担型衍生工具。

期权合约赋予合约所有者以特定价格从另一方（或向另一方）购买（或出售）金融资产的权利，而不是义务。合约的买方必须向卖方支付一笔费用，即期权价格。当期权合约授予期权所有者从另一方购买金融资产的权利时，这个期权就是**看涨期权**。相反，如果期权合约授予期权所有者向另一方出售金融资产的权利，则该期权就是**看跌期权**。第34章将更加详细地解释期权的含义。

衍生工具并不局限于金融资产。一些衍生工具涉及大宗商品和贵金属。然而，本书的重点是那些以一种金融资产或一些金融指数为标的资产的衍生工具，如某种股票指数或利率、信贷息差或外汇。

此外，其他类型的衍生工具基本上是远期合约或期权合约的组合，其中包括利率互换、利率上限和下限，我们将在第37章中对这些内容进行讨论。

1.5.2 衍生工具的作用

衍生工具为发行者和投资者提供了一种低成本的方法来控制一些主要风险。尽管我们在第10章着重描述了这些风险，但是这里有3个例子清楚地表明了衍生工具的必要性。

（1）假设美国电话电报公司计划在两个月后获得7亿美元的银行贷款。关键风险在于，两个月后利率将高于目前水平。即使利率只高出1个百分点，美国电话电报公司每年也要多支付700万美元的利息。因此，美国电话电报公司希望找到一种可以规避利息增加的方法。

（2）国际商业机器公司（IBM）的固定收益养老基金拥有一个由许多公司普通股组成的投资组合。（我们在第4章描述了固定收益养老基金，现在你只需要了解的一点是，这种类型的养老基金必须定期向该计划的受益人付款。）假设养老基金经理知道，从现在起两个月后，他们必须出售投资组合中的股票，才能向受益人支付2 000万美元。IBM面临的风险是，两个月后，当这些股票被出售时，大部分或所有股票的价格可能会低于当前的价格。如果股价真的下跌，IBM将不得不卖出更多的股票，以实现2 000万美元的收益。因此，IBM希望能规避这种风险。

（3）假设可口可乐公司（简称"可口可乐"）计划在瑞士发行债券，且必须向债券持有人定期支付款项，该款项以瑞士法郎计价。可口可乐必须支付的美元金额将取决于支付时的汇率。假设可口可乐计划发行债券时，汇率为1美元兑换1.5瑞士法郎，则可口可乐每支付给债券持有人750万瑞士法郎，就必须支付500万美元。如果在任何时候都必须以瑞士法郎付款，而美元相对瑞士法郎贬值，可口可乐将不得不支付更多的美元以履行合约义务。如果支付时的汇率变为1美元兑换1.25瑞士法郎，可口可乐将不得不支付600万美元以实现750万瑞士法郎的偿付。这比发行债券时多了100万美元。由此可见，以非本国货币筹集资金的发行者和借款人会面临这种货币风险。

上述例子中的两个借款人（美国电话电报公司、可口可乐）和一个投资者（IBM）都需要借助衍生工具，来消除或减少它们所面临的各种风险。

我们将在后面看到，对于同一金融资产，衍生品市场相较于相应的现货市场至少有3个优势。第一，根据衍生工具的不同，在衍生品市场上执行一项交易来调整新经济信息的风险敞口，其成本可能低于在现货市场进行调整的成本。第二，在衍生品市场交易通常比在现货市场交易完成得更快。第三，一些衍生品市场可以在吸引更多美元交易的前提下，不对衍生品工具的价格产生不利影响，也就是说，衍生品市场可能比现货市场更具流动性。

这里关键的一点是，衍生工具在全球金融市场中发挥着关键作用。1994年5月，美国政府问责局（GAO）发表了一份题为《金融衍生品：保护金融体系所需采取的行动》的报告，该报告意识到衍生品对市场参与者的重要性。报告第6页提到：

衍生工具在全球金融市场上发挥着重要作用，使终端用户得以更好地管理与其商业交易相关的金融风险。衍生工具的迅速增长和日益复杂化反映了终端用户对运用更好的方法来管理其金融风险的需求在不断增加，也反映了金融服务业应对市场需求的创新能力。

令人遗憾的是，衍生工具常常被公众，有时是监管者和立法机构，视为纯粹的投机（合法赌博）工具。其实，如果没有衍生工具及其交易市场，世界各地的金融体系就不会像今天这样一体化。

1.6 金融市场和实体经济

在前面我们提到市场经济中的市场类型分为产品市场和要素市场，并解释了金融市场在资本有效配置中的关键作用。看待市场经济的另一种方式是将其分为两个市场：实体经济和虚拟经济。**实体经济**是指生产产品和服务并决定其价格的市场。**虚拟经济**是指交易金融资产，并确定这些资产价格的市场（金融市场），其中金融市场不仅包括现货市场，还包括衍生工具市场。

实体经济和虚拟经济息息相关。美国发生过两次较为严重的虚拟经济危机，它们蔓延到实体经济，造成了严重的经济问题。

1929年10月28日（"黑色星期一"）美国股市崩盘。道琼斯工业平均指数是当时最受欢迎的股票指数，其在两天内下跌25%，在一周内下跌30%。美国股市的下跌导致数百万美国人即使不是失去了全部财富，也失去了大部分财富。财富的损失使消费者减少购买，这又迫使商业公司减少运营。反过来，这又导致了更多的失业。最终的结果就是，这次崩盘带来的影响从1929年持续到1939年，是美国历史上持续时间最长的经济萧条期。在此期间，美国失业率达到了20%，国内生产总值下降了30%，工业产值下降了47%，消费价格指数下降了33%（美国经历了通货紧缩）。此外，由于人们对银行系统失去了信心，许多银行因挤兑（许多个人同时到银行提取存款）而倒闭，借款人无法偿还贷款（例如，导致住宅物业丧失抵押品赎回权）。在20世纪20年代，平均每年有600家银行倒闭。然而，在1930年有1 350家银行暂停或终止了它们的业务[⊖]。1931年，有2 293家银行倒闭或停业。到1933年这个数字增加到近4 000家。正是在"大萧条"时期，富兰克林·罗斯福总统提议对有关银行监管和金融市场的主要方面进行立法，提议得到了国会批准。

第二个虚拟经济危机发生在2008年，这场危机引发了全球金融危机和经济衰退。在2007年夏天，美国某些金融工具（属于按揭证券的一种，我们将在第30章中讨论）导致其市场崩溃，然后在房地产市场产生了溢出效应。危机产生的原因是低利率和购房者对房价不断上涨的信心，导致房地产市场出现了价格泡沫。由于信贷市场枯竭，银行和其他金融机构过度使用杠杆[⊖]和衍生品（如信用违约互换），导致这些金融机构面临流动性问题。大型投资银行雷曼兄

⊖ FDIC, Managing the Crisis: The FDIC and RTC Experience (Washington, DC: Federal Deposit Insurance Corporation, n.d.), http://www.fdic.gov/bank/historical/managing/Chron/pre-fdic.

⊖ 我们将在第10章讨论与杠杆相关的风险。

弟（Lehman Brothers）公司的破产是引发2008年金融危机的一个关键事件。这场危机导致了经济增长放缓和高失业率。人们担心会发生另一场"大萧条"，不仅是在美国，而且是在全世界。事实上，当美国经历了自"大萧条"以来最严重的经济衰退时，法国、德国和日本等国家也经历了几十年来最缓慢的经济增长。这些危机的发生导致许多国家开始立法，以减少虚拟经济问题导致实体经济发生严重经济危机的可能性。在美国，为了实现这一目标，其主要立法是2010年的《多德－弗兰克华尔街改革和消费者保护法》（简称《多德－弗兰克法案》）。正如该法案所扼要指出的，其目的是：

> 通过提高金融体系的问责制和透明度来促进美国的金融稳定；终结"大到不能倒"的情形；通过终止救助计划来保护美国纳税人；通过避免滥用金融服务行为来保护消费者以及达到其他目的。

我们将在后面的内容中介绍该法案的各种条款。

有趣的是，尽管在1929年股市崩盘以及随后的"大萧条"期间，人们已经觉察到了虚拟经济和实体经济之间的联系，但在2008年金融危机之前，宏观经济模型似乎并未关注这种联系。正如2012年德国中央银行⊖（德意志联邦银行）的一份报告所指出的：

> 在危机发生之前，金融市场一般没有被纳入宏观模型之中，这在当时被认为是没有必要的。因为在很大程度上，金融市场本身不存在任何可能造成经济混乱的因素。然而，在危机发生之后，金融市场已经越来越多地被纳入实证和理论宏观经济模型⊖之中。

关键知识点

- 金融体系由3个部分组成：金融市场、金融机构和市场基础设施。
- 金融资产（金融工具或证券）使其所有者有权获得由发行者支付的未来现金流。
- 金融资产所有者的债权可以是权益，也可以是债务。
- 任何金融资产的价值等于预期现金流的现值。
- 投资金融资产有3种风险：购买力风险或通货膨胀（以下简称"通胀"）风险、信用风险或违约风险以及外汇风险或货币风险。
- 金融资产的两个主要经济功能是：①将资金从那些拥有富余资金的投资者手中转移至那些需要资金投资的人手中；②以在寻求资金的人和提供资金的人之间，重新分配有形资产产生的现金流所带来的不可避免的风险的方式来转移资金。

- 除了金融资产本身之外，金融市场还具备以下3个经济功能：①它们提供了一种机制，来决定金融资产的价格（或者等价于要求的收益率）；②它们使资产更具流动性；③降低了交易成本。
- 与市场交易相关的成本分别是搜寻成本和信息成本。
- 金融市场可以按金融债权类型（债务市场与股票市场）、金融资产交易期限的长短（货币市场与资本市场）、证券交易的程序（一级市场与二级市场）、金融资产是立即交割还是未来交割（现货市场与衍生工具市场）、金融市场的组织结构（拍卖市场、场外交易市场与中介市场）进行分类。
- 衍生工具的价值取决于其标的金融资产。
- 衍生工具使得市场参与者更有效地实现其

⊖ 第7章描述了中央银行及其作用。
⊖ Deutsche Bundesbank, "National and International Financial Market Shocks and the Real Economy: An Empirical View," Monthly Report (March 2012): 35.

财务目标。
- 全球化意味着将世界各地的金融市场整合为一个国际金融市场。首先,允许在任何国家正在寻求融资的实体将目光投向该国以外的金融市场;其次,允许一个国家的投资者投资该国以外金融市场发行的金融资产。
- 促成金融市场一体化的因素包括:①放松对金融市场以及世界主要金融中心的市场参与者活动的管制,或促进其自由化;②监测世界市场、执行订单指令和分析金融机会的技术进步;③金融市场制度化的增强。
- 金融市场制度化是指金融市场由散户投资者主导向由机构投资者主导的转变。
- 从一个特定国家的视角来看,金融市场可以分为内部(或全国)市场和外部市场。
- 一个国家的内部市场包括国内市场和国外市场。
- 一个国家的国内市场是指本国发行人在该国发行证券并进行交易的地方。国外市场是指非本国发行人在该国发行证券并进行交易的地方。
- 在把国家及其股票市场区分为发达的、新兴的和前沿的时候,主要基于两个因素:①它们的经济发展(如人均收入和增长潜力);②资本市场在市场资本化、流动性水平以及其配套的监管和法律机构等方面的发展。
- 发达的股票市场位于人均收入水平较高但增长潜力较低的国家。
- 发达市场主要分布在北美洲、欧洲和大洋洲,包括美国、加拿大、德国、英国、澳大利亚、新西兰和亚洲的日本等国家。
- 新兴市场是指具有一些(并非全部)发达市场特征的市场。
- 新兴市场分布在巴西、俄罗斯、印度、中国,以及葡萄牙、爱尔兰、意大利、希腊和西班牙等国。
- 前沿市场指的是由于规模太小、不发达而不能被视为新兴市场的市场。
- 金融资产可以被分成不同类别的资产。
- 传统的资产分类包括股票、债券和现金等价物、房地产。
- 非传统类别的资产或替代型资产包括大宗商品、私募股权、对冲基金、风险资本、实物资产和货币等。
- 实体经济是指生产产品和服务并决定其价格的市场。
- 交易金融资产并确定这些资产价格的市场(金融市场)被称为虚拟经济。
- 金融市场与实体经济息息相关。

练习题

1. 金融资产和有形资产的区别是什么?
2. 雪佛龙公司的债权人的权益与其普通股股东的权益有什么不同?
3. 确定金融资产价值的基本原则是什么?
4. 为什么很难确定金融资产的现金流?
5. 什么因素影响金融资产预期现金流的贴现利率?
6. 为什么发行人的特征在决定金融资产的价格时如此重要?
7. 金融资产的两个主要功能是什么?
8. 在1990年9月,美国国会技术评估办公室发布了一项题为《电子牛市与熊市:美国证券市场与信息技术》的研究,其中包括以下陈述:"证券市场在资本主义经济中有5种基本功能:①它们有助于公司和政府单位筹集资金。②它们有助于将资本配置到生产性用途之上。③它们为人们提供了通过投资它们来增加人们储蓄的机会。④它们揭示了投资者对公司潜在盈利能力的判断,从而为公司管理者提供指导。⑤它们创造了就业和收入。"

对于上面提到的每一项功能,请解释金融市场(或者用国会研究的说法,称之为证券市场)是如何实现该项功能的。

9. 一位购买日本政府债券的美国投资者发表了以下评论:"假设日本政府不会违约,我便知道债券的现金流是多少。"解释你为什么同意或不同意这种说法。
10. 请解释下列各点之间的区别:
    a. 货币市场和资本市场;
    b. 一级市场和二级市场;
    c. 国内市场和国外市场;
    d. 全国市场和欧洲市场。
11. 说明下列金融工具是否在货币市场或资本市场交易:
    a. 通用汽车承兑公司发行一种4个月到期的金融工具;
    b. 美国财政部发行10年到期的证券;
    c. 微软公司发行普通股;
    d. 密西西比州发行一种8个月到期的金融工具。
12. 一位购买美国政府发行的债券的美国投资者发表如下评论:"通过购买这种债务工具,我不会面临违约风险或购买力风险。"解释你为什么同意或不同意这种说法。
13. 解释为什么流动性可能不仅取决于金融资产的类型,还取决于人们出售或购买的意图与数量。
14. 2016年,麦当劳在瑞士债券市场发行了以瑞士法郎计价的8年期债券,票面价值为4亿瑞士法郎。从瑞士金融市场的角度说明此次发行是在国内市场、国外市场还是离岸市场。
15. 请给出全球金融市场更加一体化的3个主要原因。
16. 资本市场"制度化"的具体含义是什么?
17. a. 资产类别是如何定义的?
    b. 传统的资产类别包括哪些?
18. 2017年8月25日,埃克森美孚的市值为3 247.3亿美元。根据这家公司的市值,其股票应该归为哪一类?
19. 2017年8月25日,Facebook普通股的收盘价为每股166.32美元,市值为4 899.7亿美元。请计算该公司流通在外的股份大约有多少股。
20. 新兴市场和前沿市场有什么区别?
21. 衍生工具的两种基本类型是什么?
22. "衍生品市场只不过是合法化的赌场,没有任何经济功能。"请对这一说法发表自己的见解。

第 2 章

政府在金融市场中的角色

学习目标

学习本章后，你会理解：
- 什么是宏观审慎政策和微观审慎政策；
- 宏观审慎政策与系统性金融风险之间的联系；
- 金融监管的正当性；
- 政府在金融体系中扮演的各种角色；
- 一个国家的央行的职责；
- 货币政策的作用；
- 金融稳定的含义；
- 政府救助的不同类型，以及"大到不能倒"的概念；
- 当一家金融机构的管理层相信政府将不会允许它倒闭时，道德风险是什么；
- 系统重要性金融机构的定义以及对这些机构的建议；
- 国际清算银行、金融稳定委员会和超国家组织的目标；
- 对政府干预金融市场程度的各种观点。

2008 年金融危机凸显出现代资本主义经济的弊端，它的发生以及由此导致的经济衰退让人们清晰地认识到，金融市场在众多经济体中均扮演的重要角色，且长期以来，世界各国政府也都认为有必要参与到金融市场的各个方面之中。

一般来说，政府在金融市场中主要承担以下角色：第一，监管金融市场及其金融中介机构；第二，政府可以充当金融中介，向那些被认为需要援助的经济部门提供贷款或担保贷款；第三，通过中央银行在宏观经济层面上影响金融市场；第四，在市场动荡或陷入困境时，向市场中的部门或上市公司（金融公司和非金融公司）提供救助或财政援助。

本章我们将阐述政府的角色和政府针对金融市场制定的政策。目前关于政府在金融市场中应该扮演怎样的角色，尚存在着相当多的争论。在本章的末尾，我们将对此争论展开讨论。此外，本书有几章也会谈到美国的金融监管。

2.1 宏观审慎与微观审慎的政府政策

国家层面金融体系的政府政策可分为两类：宏观审慎政策和微观审慎政策。政府的宏观审慎政策旨在降低整个金融体系的风险。金融体系的风险被称为**系统性金融风险**或简称为**系统性风险**。一般来说，系统性风险指的是整个系统崩溃或失效的可能性，这里主要是指在一个国家内乃至在全球范围内的金融系统中，金融机构和市场的关联性，及其在各种经济因素作用下面临的共同风险。相比之下，宏观审慎政策关注的是整个金融体系的安全与健康；而微观审慎政策则旨在控制与金融机构相关的风险，这与金融机构之间的相互关联性无关。

2008年发生的金融危机让全世界的政策制定者都把重点放在了宏观审慎政策之上。那次危机表明，只关注单个金融机构的安全显然不足以保护整个金融体系。以下4个导致金融危机的原因均表明政策制定者需要适当的应对工具来化解系统性风险：①过度使用杠杆和增加风险；②在金融市场关键领域（如房地产）的资产定价出现泡沫；③监管和监督失灵；④市场普遍失灵。我们将在接下来的几章中具体阐述这些原因。

出于这种对宏观审慎政策的重视，我们接下来将重点讨论可供各国政府执行该政策的工具，以及在运用这些工具的过程中遇到的障碍和挑战。本章后续将介绍实施宏观审慎政策的工具。目前面临的挑战是，政府是否应该建立一个监管部门或在几个监督部门之间分担责任来执行所有宏观审慎政策。当指定一个单一的监管部门时，该部门通常是指该国的中央银行（央行）。

2.2 金融市场的监管

各国政府的监管，都对金融市场和机构的发展和演变有着较大的影响。那么有必要进一步认识到，政府、发行者和投资者三者通常会以某种方式相互作用并影响对方的行为。不难发现，市场对监管的反应往往会促使政府颁布新的应对措施，这可能会导致市场中的相关机构进一步改变其行为等。在了解接下来的几章内容之前，首先需要了解政府是如何影响市场及其参与者的。

我们讨论规章制度的目的并不是解释监管的架构和规则。相反，我们主要以美国为例，阐述美国相关监管的目标和类型的一般性观点，而对其他国家在监管方面的阐述则相对较少。

2.2.1 监管的理由

政府对市场进行监管的常用解释是，如果让市场完全不受监管而由市场自己决定，市场便不会以有效的方式和尽可能低的成本生产其特定的商品或服务。但有效和低成本生产是完全竞争市场的标志。因此，当市场不能有效生产时，它也一定不是竞争性市场，而且在可预见的将来也很难再具有竞争力。政府也有可能监管那些虽然目前被视为具有竞争力，但从长远来看，却无法维持竞争力和低成本生产的市场。这种监管理由的说法之一是，如果没有政府的帮助，市场竞争机制和市场定价机制就无法运作。经济学家常用一个简单的表述来描述监管的原因，即**市场失灵**。如果一个市场本身不能维持竞争环境中所需的所有要求，那么这个市场就被认为是失灵的。

美国在不同时期发生的金融危机都在一定程度上不断地重塑着美国的监管结构。在2008年金融危机之前，美国的多数监管机制都是1929年股市崩盘和20世纪30年代"大萧条"的产物。在当前的金融市场上，一些监管规定虽然可能已经没有任何经济意义，但如果追溯到立法者曾经遇到或他们认为曾经遇到的一些滥用行为，便可以理解了。此外，在下文提到的除了对金融机构监管之外的其他3种监管形式通常是联邦政府的职能，而州政府扮演次要角色。因此，目前针对监管的讨论主要集中在中央政府及其创建的各个机构上。

2.2.2 金融市场中政府监管的形式

政府对金融市场的监管可以采取以下 4 种形式中的一种或多种：①对信息披露的监管；②对金融活动的监管；③对金融机构的监管；④对外国参与者的监管。接下来，我们将分别讨论这 4 种形式。

1. 对信息披露的监管

对信息披露的监管要求证券发行者向现有的和潜在的投资者公开大量的财务信息。信息披露规则的标准依据是，与拥有或正在考虑购买公司证券的投资者相比，发行公司的管理者拥有更多关于公司财务健康情况和未来发展的信息。如果确实发生了市场失灵，其原因通常归结于**信息不对称**，即投资者和管理者获取信息的机会不均等或拥有的信息不对称。同时，这个问题也被认为是"代理"问题，即在某种意义上，公司的管理者作为投资者的代理人，可能会为了自己的利益而产生对投资者不利的行为。信息披露规则的倡导者表示，在没有这些规则的情况下，对公司了解相对较少的投资者会因为获取的信息太少而允许代理人从事此类行为。

美国致力于信息披露层面的监管。美国《1933 年证券法》和《1934 年证券交易法》促成了证券交易委员会（SEC）的成立。该机构主要负责收集和公布相关信息，并惩罚那些提供欺诈性或误导性数据的发行者。然而，美国证券交易委员会的任何要求或行为都不代表其对所发行证券进行担保、认证或批准。此外，政府制定的规则并不表明其试图阻止风险资产的发行。相反，政府（和美国证券交易委员会）在这方面的唯一动机是为勤奋和聪明的投资者提供公允评估证券所需的信息。

信息披露监管的必要性一直是经济学家争论的话题。一些经济学家否认了信息披露规则的必要性和合理性。他们认为，在没有政府帮助的情况下，证券市场可以获取所有必要的信息，为新发行的证券和过去发行的证券进行公平定价⊖。依照这种观点，《1993 年证券法》提出的应从代理人 – 管理者那里提取关键数据的规定是没有必要的。处理这种争论的一种方法就是提出疑问：如果某家公司试图发售新股，却没有提供投资者想要的所有数据，投资者会怎么做？在这种情况下，投资者要么拒绝购买该公司的证券，使其价值为零，要么将该证券折价或低估。因此，如果公司对市场隐瞒重要信息，其出售新证券的收入将因此降低，即作为市场对隐瞒信息做出的处罚。在将来，这一处罚可能会像美国证券交易委员会等政府机构所规定的一样，成为促使企业披露信息的潜在动力。部分研究已经说明管理层是如何从自愿改善信息披露中获益的⊖。

2. 对金融活动的监管

对金融活动的监管包括对证券交易商和金融市场交易两方面制定规则。对于此类监管，有一个最基本的例子，就是禁止内部人员交易。这些内部人员要么是公司高管，要么是比普通投资者更了解公司发展前景的其他员工。内幕交易是信息不对称带来的另一个问题。针对这类监管的第二个例子是对证券交易场所的组织架构和运作的规则进行监管。这是由于在某些情况下，交易所成员有可能串通并欺骗普通投资者。

⊖ See, for example, George J. Benston, "Required Disclosure and the Stock Market: An Evaluation of the Securities Exchange Act of 1934," *American Economic Review* 63 (1973): 132–155.

⊖ See, for example, Paul M. Healy and K. G. Palpeau, "Information Asymmetry, Corporate Disclosure, and the Capital Markets: A Review of the Empirical Disclosure Literature," *Journal of Accounting and Economics* 31(2001): 405–440.

与信息披露一样，美国也在广泛地实施金融活动的监管。美国证券交易委员会有责任严格监控上市公司的高管、董事或主要股东（"内部人员"）交易其所在公司的证券。美国证券交易委员会和另一个联邦政府机构——商品期货交易委员会（CFTC）则共同负责监管衍生工具的交易。

3. 对金融机构的监管

对金融机构的监管属于政府监管的一种形式，它限制了金融机构在贷款、借贷和融资等关键领域的活动。由于这些金融机构在现代经济中扮演着特殊的角色，因此有必要对其进行监管。金融机构的主要功能是帮助家庭和公司融通资金。在经济运行中，有许多个体之间的支付比较复杂，一些存款机构可以为此提供便利，并传递政府的货币政策。因此，经常有人认为，这些金融机构的倒闭将会严重扰乱经济。

在历史上，美国政府对金融机构广泛地实施了一系列的监管，大部分内容可以追溯至20世纪30年代的"大萧条"时期，主要涉及对金融机构活动的限制。（后面几章解释了后续对这些监管法规所做的一些重大修改。）近年来，不断增加的监管规定限制了金融机构管理其资产和负债的方式。例如，对某些受监管机构所提出的最低资本要求，这些资本要求是基于受监管的金融机构所面临的各种类型的风险而提出的，通常被称为基于风险的资本要求。

4. 对外国参与者的监管

政府对外国参与者的监管限制了外国公司在国内市场的作用以及它们对金融机构的所有权或控制权。许多国家都对外国公司参与国内金融证券市场进行了监管。与大多数国家一样，美国定期对外国公司在美国金融市场的活动进行大范围审查并相应调整其政策。

2.3 政府作为金融中介的意义

世界各国政府一直都是信贷市场各部门的贷款提供者或贷款担保人。从政府层面来看，这些部门对经济的运行至关重要，因此有必要进行干预。在美国，由联邦政府提供的联邦贷款担保可视为一种法定承诺，即在借款人违约的情况下，由联邦政府向贷款者或债券持有人支付全部或部分本息（本金和利息）。

在提供贷款和担保的过程中，政府有效地扮演了非营利金融中介的角色：以尽可能低的利率借款，并以低于营利性金融中介的利率提供贷款，或者为贷款提供担保，并收取合理的担保利息。政府可以通过设立政府机构或设立与政府有关的金融实体的形式来建立一个有效的金融中介实体。政府必须首先对政府机构运行的项目进行授权并分配资金，然后这些机构才能发放贷款或提供贷款担保。

各国政府将决定哪些信贷部门需要援助。在美国，政府为符合条件的农业、住宅、小企业和接受高等教育的学生提供贷款或贷款担保。例如，联邦政府机构美国小企业管理局（SBA）并不直接向小企业提供贷款，相反，它通过一些项目来帮助小企业获得债务融资：一方面为小企业获得的第三方贷款人提供的贷款进行担保；另一方面为小企业发行的债券进行担保。

在众多政府为提供信贷支持而设立的机构或政府支持实体中，知名度最高的经济部门很可能是住宅抵押贷款市场。美国政府为促进信贷资金流向这一重要市场部门而建立了各种实体，我们将在后续的几章中对这些实体进行介绍。毋庸置疑的是，政府对房地产市场的干预，致使许多国家住宅抵押贷款市场的发展呈强劲态势。

然而，与任何干预措施一样，政府行为也应被加以限制。2007年夏天在美国爆发的次贷危机就证明了这一点，我们将在第30章讲述此次危机。美国政府主要通过3个相关的政府实体有效地对抵押贷款系统进行了国有化，这3个相关的政府实体是联邦国民抵押贷款协会（房利美）、联邦住房贷款抵押公司（房地美）和联邦住宅管理局（在第29章和第30章中讨论），这3个实体几乎覆盖了美国90%的房地产贷款保险。有人认为，这种对自有住房的倾斜和低利率，加速了2007年夏天房地产泡沫的破裂。此外，政府的政策鼓励那些无法真正负担住房相关成本的人（所谓的次级借款人）拥有住房，这加剧了房地产金融市场的问题的严重性。因此，一些美国国会领导人对政府在房地产金融市场中的作用持怀疑态度，并希望快速、大幅降低政府对房地产市场的干预。而其他国会领导人则认为，政府如果撤回对房地产金融市场的支持，将对房地产部门和经济产生毁灭性的影响。

有经济学家估算了联邦贷款和贷款担保的成本，认为政府尚不具备准确评估贷款和贷款担保风险的能力。诚然，对联邦贷款担保的价值进行全面评估并非易事。⊖此外，由于政治压力，一些批评政府机构运行这类项目的人员指出，政府经常低估信贷支持项目给纳税人带来的风险。

政府除了提供贷款和贷款担保计划以外，还提供了保险计划。实际上，政府扮演的是金融机构（在本例中是保险公司）的角色，其提供的保险并非旨在营利。

2.4 政府通过中央银行干预金融市场

大多数国家都有一个被称为**中央银行**的政府机构，该机构主要通过执行货币政策来管理该国的金融事务。**货币政策**是一套工具，政府或其管控的中央银行可以用它影响经济和金融系统，进而实现国家的经济目标。如第7章所述，货币政策工具与银行系统相联系。

在美国，货币政策由联邦储备委员会执行。1913年颁布的《联邦储备法》制定了货币政策的法定目标，主要包括物价稳定、充分就业和利率适度等。法定货币政策通常由美国联邦储备委员会的联邦公开市场委员会（FOMC）实施。在2012年1月的会议后，联邦公开市场委员会发表了一份阐述其货币目标的声明。声明指出，在美联储看来，考虑到物价（或通货膨胀率）稳定，2%的通货膨胀率（简称"通胀率"）与货币政策的长期法定目标是一致的。虽然货币政策法定目标之一是最大化就业水平，但就业水平主要取决于非货币因素对就业市场的影响，由于这些非货币因素会随着时间的推移而变化，因此，联邦公开市场委员会并未就此法定目标给出一个具体数字。据估算，失业率的长期控制目标应在5.2%～5.8%。

本书第7章将主要阐述美联储为了实现其目标，在实施货币政策时可借用的一些主要工具，这些工具主要包括影响金融市场的关键利率等。

在美国金融市场动荡期间，美联储也扮演着最后贷款人的角色。下面我们对该角色进行分析，它在维护国家金融稳定方面发挥着重要作用。大多数国家的中央银行在运作时，都具有维护金融稳定的责任。⊜

各国中央银行的目标有所不同。在大多数国家，物价稳定通常是主要的货币政策目标。对此我们给出以下3个例子。①英格兰银行。它是英国的中央银行，发布了涉及货币稳定的

⊖ 根据经济合作与发展组织（OECD）的一项研究估计可知，贷款担保的价值相当于贷款价值的1%。

⊜ "Roles and Objectives of Modern Central Banks," in *Issues in the Governance of Central Banks* (Basel: Bank for International Settlements, 2009), 25, http://www.bis.org /publ /othp04_2.pdf.

两个核心目标，即"货币稳定意味着稳定的价格及对货币的信心；稳定的价格是由政府的通胀目标来定义的，中央银行试图通过货币政策委员会（MPC）的决定来实现这一目标"。② 欧洲中央银行（ECB）。它是把欧元作为本国货币的欧盟国家的中央银行，声称"欧洲中央银行货币政策的主要目标是保持物价稳定"。欧洲中央银行将物价稳定定义为"在中期保持低于但接近2%的通胀率"。③日本中央银行（Bank of Japan）。日本中央银行声称其货币政策是"以实现物价稳定为目标，从而为国民经济的健康发展做出贡献"。

此外，在大多数国家，中央银行对国家的银行系统都具有监督的权力。

金融稳定和货币政策

如上所述，货币政策与银行体系息息相关。金融稳定是一种状态，指避免发生可能给金融体系和实体经济带来巨大损失的极端事件。一个国家实施宏观审慎政策的方法如下：①加强金融系统的流动性监管，以减少意外收紧信贷的频率，因为这些收紧行为通常会抑制市场的高效运作；②监督金融市场的基础设施。

金融稳定是有效实施货币政策的关键。正如2013年，时任纽约联邦储备银行行长兼首席执行官的威廉·C.达德利（William C. Dudley）所说：

在我看来，此次金融危机的最大教训是，当金融不稳定时，货币政策就无法正常发挥作用。当金融不稳定发生时，货币政策会扰乱市场运作，也会损害银行的资产负债表。其结果可能是金融中介功能的中断，从而限制家庭和企业的信贷供应。这可能导致总需求进一步下降，从而给疲弱的金融体系带来额外压力。显然，这不是一个有利的发展趋势。

与上面提到的货币政策中有关物价稳定的量化目标（如2%）不同，金融稳定目标很难用量化的方式来表达。

2.5 政府救助

针对那些被一个国家视为经济或金融体系必不可少的机构、公司和地方性实体，世界各国政府往往使用公共（纳税人）资金为它们提供经济方面的支持，以防止它们破产。

政府这种行为被称为"**政府救助**"，或简称"救助"。如表2-1所示，按接受过财政援助的实体类型列出了美国各类政府救助，这些实体的类型有：非金融公司、金融公司、行业和城市。在美国，美国财政部和美联储这两个机构主要负责设计和实施救助计划，后者通过其贷款和信贷计划来实现救助计划。

○ For the Bank of England's statement on monetary stability, see the web page http://www.bankofengland.co.uk/monetary-policy.

○ For the ECB's statement on monetary policy, see the web page http://www.ecb.europa.eu/mopo/intro/html/index.en.html.

○ For the Bank of Japan's statement on monetary policy, see the web page http://www.boj.or.jp/en/mopo/outline/index.htm.

⑭ William C. Dudley, "Why Financial Stability Is a Necessary Prerequisite for an Effective Monetary Policy," Andrew Crockett Memorial Lecture, delivered before the BIS 2013 Annual General Meeting, Basel, June 23, http://www.newyorkfed.org /newsevents /speeches /2013 /dud130624 .html.

表 2-1 美国各类政府救助

实体类型	年份	实体类型	年份
非金融公司		美国国际集团	2008
宾州中央铁路	1970	花旗集团	2008
美国洛克希德·马丁公司	1971	美国银行	2009
克莱斯勒汽车公司	1980	**行业**	
金融公司		存款和贷款业	1989
美国富兰克林国民银行	1974	航空业	2001
大陆伊利诺伊国家银行和信托公司	1984	汽车业	2008
贝尔斯登公司	2008	**城市**	
房利美、房地美	2008	纽约市	1974

2.5.1 政府救助的形式

政府救助可以通过多种形式来实现。如上所述，政府可以通过发放联邦贷款的形式提供救助。例如，1974 年美国政府向富兰克林国民银行提供了 17.5 亿美元的联邦贷款。美联储通过设置救助的信贷额度，以帮助收购陷入困境的企业。例如，2008 年 6 月，当投资银行贝尔斯登（Bear Stearns）濒临破产时，美联储向摩根大通（JP Morgan Chase）提供了 300 亿美元的信贷额度，以支持其收购贝尔斯登。尽管收购价格为 2.36 亿美元，但摩根大通因收购贝尔斯登而承担的潜在债务需要提供这样的信贷额度。对于美国国际集团（AIG）而言，美国政府提供了多种形式的财政援助。首先，美联储给予其 850 亿美元的信用额度；然后，美国国际集团从美国财政部和纽约联邦储备银行获得了 1 100 亿美元的贷款，其中 400 亿美元的财政部贷款是通过不良资产救助计划（TARP）获得的。

联邦政府可以为寻求救助的公司提供贷款和贷款担保，并在该公司拥有股权。股票通常以认股权证这一金融工具的形式出现，使纳税人能够从企业复苏中获益。美国政府对美国国际集团和克莱斯勒汽车公司的救助都提供了认股权证。在美国国际集团的案例中，联邦政府实际上获得了该公司 79.9% 的股权（以及暂停向股东派息的权利），以向该公司提供 850 亿美元的信贷额度。

以美国存款和贷款业为例，该行业从 20 世纪 80 年代初开始就面临财务困难。㊀ 美国国会于 1989 年通过了纳税人出资的救助法案——《金融机构改革、复苏和强制法案》，该法案提供了 500 亿美元来关闭倒闭的美国储蓄贷款协会（S&L）。为了清算资不抵债的美国储蓄贷款协会，立法部门设立了重组信托公司（RTC）。由于该危机非常严重，1990 年 3 月重组信托公司仍需 780 亿美元的额外资金。据估计，在此期间救助存款和贷款业的总成本约为 2 000 亿美元。

表 2-1 所示的对房利美（Fannie Mae）和房地美（Freddie Mac）的救助是由美国国会建立的两家政府救助类企业（GSE）完成的。它们以抵押贷款的形式向房地产行业提供信贷。房利美和房地美共有 5 万亿美元的抵押贷款支持证券和其他形式的债务，这两家公司在 2008 年均被美国政府接管。美国财政部对每一家政府支持企业的未来支持和资本投资高达 1 000 亿美元，相应地，获得救助的企业要给予财政部一定的股票（高级优先股）并授权给予政府 79.9% 的公司股权。

㊀ 第 6 章描述了存贷银行危机。

花旗集团（Citigroup）和美国银行（Bank of America）都曾接受多种形式的援助，这两家银行都有大量以抵押贷款支持证券形式存在的问题资产。联邦政府同意控制其不良资产方面的损失：花旗集团的资产组合市值为 3 100 亿美元，美国银行的资产组合市值为 1 180 亿美元。此外，联邦存款保险公司（FDIC）和美联储也承诺对这两家银行提供额外资金：花旗集团分别从联邦存款保险公司和美联储获得了 100 亿美元和 2 200 亿美元，美国银行分别从联邦存款保险公司和美联储获得了 25 亿美元和 871 亿美元。对这两家银行救助计划的资金还有一部分来自接下来提到的计划。

2008 年 10 月，美国国会制订了一项史上规模最大的政府救助计划，即不良资产救助计划，它属于《紧急经济稳定法案》的一部分。不良资产救助计划授权财政部启用 7 000 亿美元，以应对自 2007 年夏季开始的次贷危机所造成的不良经济后果。这些资金被用于从金融机构购买某些特定类型的债务工具和股权。虽然最初的授权是 7 000 亿美元，但随后 2010 年的立法（《多德－弗兰克法案》）将其削减至 4 750 亿美元。表 2-1 中的 3 家金融公司接受了不良资产处置计划的资金，具体情形如下：美国国际集团获得 400 亿美元资金；花旗集团获得 450 亿美元资金；美国银行获得 450 亿美元资金，其中 100 亿美元用于收购美林集团。

此外，政府还参与陷入困境企业的交易谈判，或协助财务状况较好的企业收购这些陷入困境的企业。例如，美国大型对冲基金长期资本管理公司（LTCM）就严重依赖借款，1998 年的俄罗斯债务危机使美国长期资本管理公司产生巨大的亏损，以至于美国长期资本管理公司无法偿还从银行和其他金融机构借来的钱。由于美国长期资本管理公司所欠的金额太大，以至于违约后会在整个信贷市场产生连锁反应。因此，纽约联邦储备银行组织了一个由私有金融公司组成的财团，收购长期资本管理公司，并偿还其债务。与此同时，美联储采取一系列行动提供更多信贷，进而减轻了信贷市场的压力。最终的结果是，由于该财团的行动，政府没有在这次救助中支付任何款项（因此在表 2-1 中没有列示长期资本管理公司），长期资本管理公司的债权人没有受到损失，其股东权益也得到维护。

接下来将介绍美国以外其他国家政府的救助。一个典型的例子是，日本股市和房地产市场崩溃后，日本政府对其商业银行进行的救助和担保。自 1989 年年底以来，日本经济和股市经历了一段较长时期的疲软，日本主要的日经 225 指数在 1989 年年底达到 38 915.87 点的峰值（截至 2018 年年底，该指数还不到 23 000 点）。同时，日本的房地产泡沫也在 1989 年年底达到顶峰，并在 1989 年 12 月后破裂。股市和房地产市场的崩溃造成了严重后果，迫使许多大银行破产，有些银行变成了"僵尸"，即资产净值为负，日本政府通过救助和担保让这些银行勉强"存活"，这些"僵尸"银行的资产负债表上有大量的不良贷款，既没有死，也不能活，更无法再通过贷款支持经济增长。

2.5.2 与政府救助有关的观点

支持政府救助的人声称，在当今的金融体系中，某些金融机构或市场"大到不能倒"。更具体地说，不仅是美国金融市场，而且是全球金融市场各金融机构之间的相互联系导致不能发生系统性风险，这种风险的发生可能对金融体系和实体经济造成严重后果。只是尚不确定哪些金融机构被认为"大到不能倒"。例如，贝尔斯登在 2008 年通过摩根大通担保和购买其资产得到了解救，然而，一个更大的金融机构——雷曼兄弟公司，其负债高达 6 150 亿美元，具有相当大的全球关联度，却被允许破产。

支持保留大型银行的人提出的理由是，全球经济和全球金融体系庞大而复杂，为了向跨国公司提供大量资金并满足政府的需要，需要有能力在全球运营并以具有竞争力的利率提供资金的大型银行。大型银行能够实现规模经济，并做到上述几点。此外，没有证据表明，规模较小的银行会降低系统性风险。许多小银行之间的相互联系与大型国际银行之间的联系一样紧密。例如，由许多小银行的倒闭所引发的系统性风险，导致了"大萧条"时金融系统的崩溃。

2009年10月，美联储主席本·伯南克（Ben Bernanke）在波士顿联邦储备银行发表讲话。在回答英格兰银行前副行长的问题时，他说他更喜欢"采用更微妙的方法，不损失经济利益的国际金融公司"。⊖ 他还认为，银行必须制订计划（所谓的"生前遗嘱"），一旦达到一定规模，银行就要进行拆分。尽管他不支持拆分大型银行，但他确实认为，银行监管机构应该限制那些缺乏良好管理和风险管控的银行的发展。

反对金融机构或市场"大到不能倒"的人认为，当金融机构的管理层认为政府把这些机构视为金融体系的核心，不允许它们倒闭时，金融体系就会面临重大风险。这就是所谓的"美联储卖权"⊜，这种观点谈到的风险即政府的安全网将鼓励管理层承担过高的风险。这与保险业一个众所周知的概念有关：道德风险。这一概念是指保单（担保）的存在倾向于鼓励被保险人承担风险，从而提高保单的赔付概率；另一个担忧是，银行监管机构将不愿起诉那些被视为"大到不能倒"的企业。

"大到不能倒"是不是意味着"大到不能解决"呢？对此问题有两种解决方案。第一种解决方案是政府承诺不再提供救助。各国政府不太可能采纳这种办法，即使采纳了，也不太可能使用。或是确定所谓的"系统重要性"金融机构，并对任何此类机构施加比其他金融机构更高的资本要求（例如，资本附加费）。在监管机构看来，系统重要性金融机构（SIFI）是指其破产会引发金融危机的大型企业。系统重要性金融机构的概念是由巴塞尔银行监管委员会提出的，并将其作为银行资本要求规定的一部分，本章后面将对此进行讨论。

第二种解决方案是美国正试图实施的一种方法，该方法是《多德－弗兰克法案》的一部分。一些经济学家认为，《多德－弗兰克法案》的条款没有降低系统性风险，反而加剧了这种风险。⊜ 正如格伦·哈伯德（Glenn Hubbard）所指出的，美联储应对金融危机有两种有效的方式，但《多德－弗兰克法案》的规定限制了美联储能动用的方式。首先，在金融危机最严重的时候，美联储可以提供新的抵押贷款工具，以提供急需的流动性。但美联储没有认识到在市场动荡期间（例如2008～2009年）提供流动性工具的重要性，而是降低了其放贷权限，提高了对紧急贷款的抵押品要求，这使企业借款更加困难。⑩ 其次，《多德－弗兰克法案》禁止为应对金融危机而向企业注入公共资本，比如政府通过不良资产救助计划项目购买银行权益。

要实施第二种解决方案，就必须查明属于系统重要性金融机构的实体，这并非易事。尽管这个方案的目标选项通常是大型银行，但美联储已考虑将这种方法应用于大型资产管理公司和传统保险公司。然而，这些市场参与者并不会带来系统性风险，因为它们从事的业务对它们提出了更高的资本要求。因此，相较于那些没有被贴上"系统重要性金融机构"标签的竞争对

⊖ The Financial Services Roundtable on Systemic Risk, Prudential Measures, Resolution Authority, and Securitization Before the Financial Services Committee, United States House of Representatives, October 29, 2009 (statement of Scott Talbott, Senior Vice President of Government Affairs), https://financialservices.house.gov/media/file/hearings/111/talbott_-_fsr.pdf.

⊜ "美联储卖权"是指一旦市场有出现问题的迹象，美联储有权通过降息来救市。

⊜ Glenn Hubbard, "Financial Regulatory Reform: A Progress Report," *Federal Reserve Bank of St. Louis Review* 95, no. 3 (2013): 181–197.

⑩ Hubbard, "Financial Regulatory Reform," 193.

手，此类市场参与者将处于竞争劣势。

2008 年金融危机前，美国的金融监管框架将重点主要放在单个金融机构和金融市场上。由此导致的结果是，监控和应对金融稳定整体风险的责任并非由任何一家监管机构承担，对跨多个金融市场运行的不同类型金融机构的监管存在漏洞。《多德－弗兰克法案》设立了金融稳定监督委员会（FSOC），从而解决了这一问题。该委员会有权限制那些非银行金融公司，使其避免被认定为存在威胁金融体系稳定的过度冒险行为。金融稳定监督委员会的一个重要权限，是有权决定是否应该采取措施来拆分那些它认为对美国金融稳定构成"严重威胁"的公司。金融稳定监督委员会由财政部部长担任主席，由联邦金融监管人员、总统任命的独立保险专家和州监管人员共同领导。因此，金融稳定监督委员会的主席由行政部门，而不是美联储的人员担任。

2.6　美国以外其他国家的金融监管机构

其他国家的金融监管与美国有许多相似之处，但也有一些不同之处。英国和中国的金融监管机构将在后续几章中讨论。在这里我们简要介绍德国、法国、瑞士、新加坡和日本的金融监管机构。

2.6.1　德国的金融监管机构

德国的金融监管机构是德国联邦金融监管局，它成立于 2002 年。该机构更广为人知的名字是"BaFin"，它由联邦银行监管局、联邦证券交易监管局和联邦保险监管局合并而成，对银行、保险公司、证券交易所、信贷机构和其他机构提供全国统一的监管，德国所有的金融活动都在其监管之下。

2.6.2　法国的金融监管机构

法国的金融监管机构是法国金融市场监管局，它的职责包括保护金融投资和维持有序的金融市场。该金融监管机构需遵循欧盟《金融工具市场指令》（见第 24 章）。

2.6.3　瑞士的金融监管机构

瑞士金融市场监管局（FINMA）负责瑞士的金融监管，该局于 2007 年 6 月通过合并瑞士其他监管机构而成立，主要监管银行、证券交易所、证券交易商和保险公司，该机构掌管着瑞士银行和瑞士信贷银行。

2.6.4　新加坡的金融监管机构

新加坡金融管理局（MAS）作为新加坡的中央银行负责金融监管工作，这是《新加坡金融管理局法案》赋予它的权力。作为金融监管机构，新加坡金融管理局有权对金融机构进行监管，并为各类金融机构提供了相应的框架和准则。

2.6.5　日本的金融监管机构

日本的金融监管机构是金融厅（FSA）。根据其年度报告，金融厅主要负责以下 3 个方面：①确保金融系统的稳定；②保护金融工具和服务的使用者，如储户、保单持有人、投资者等；

③促进金融服务平稳运行。㊀金融厅的主要部门包括总务企划局、检查局、监察局、证券交易监视委员会事务所和会计师事务所。

特别值得关注的是，证券交易监视委员会事务所负责市场监督、检查证券公司、调查市场失当行为、检查披露声明、调查刑事案件等。㊁

2.7 其他国际参与者

各种机构为全世界的决策者提供指导、研究和咨询。在此介绍两个重要的国际实体：国际清算银行和金融稳定委员会。

2.7.1 国际清算银行

国际清算银行（BIS）位于瑞士巴塞尔，其使命是为中央银行在维护货币和金融稳定方面提供指导，促进这些领域的国际合作，并充当中央银行的银行。国际清算银行扮演的两个主要角色是在两个中央银行之间的交易中充当交易对手，以及在国际金融业务中充当代理人或托管人。国际清算银行的职能是为中央银行的决策者提供指导，它有4个常设委员会：①巴塞尔银行监管委员会；②全球金融系统委员会；③支付与结算系统委员会；④市场委员会。这些委员会的目的是监督各成员央行或货币当局在应对各种问题时采用最佳措施。

巴塞尔银行监管委员会的目的是在银行监管的关键问题上指导政策制定者，并以此提高全球银行监管质量。在第6章中，我们将介绍基于风险的银行资本要求，这些要求基于该委员会制定的各版《巴塞尔协议》。此外，该委员会制定了本章前面所述的鉴定系统重要性金融机构的框架。该委员会共有4个工作小组来处理实施各方面问题，它们分别是：标准实施小组、政策发展小组、会计工作小组和巴塞尔咨询小组。

全球金融系统委员会的任务是查明和评估全球金融市场的潜在压力来源，其目的是帮助决策者理解金融市场的结构基础，从而支持中央银行履行其稳定货币和金融市场的职责。全球金融系统委员会通过监控市场来实现上述目的。2011年7月，来自全球金融体系的一些工作委员会发表了一篇论文，这篇论文主要研究了"在当前的低利率环境下，即将到来的会计和监管改革是如何影响保险公司和养老基金的，并调查其投资策略的变化对金融体系的可能影响。"㊂

全球金融体系的一个关键组成部分是，支付与结算系统的金融市场基础设施如何处理这些基础设施出现的问题，并为它们制定标准，从而使得金融市场基础设施既适用于国内交易也适用于跨境和多币种结算交易。

市场委员会的目的是为提高市场透明度提供政策指引，讨论金融市场的发展，并就对金融市场有影响的未来发展情况交换意见。此外，该委员会还为各成员央行或货币当局提供了一个论坛，以便它们讨论各自市场操作的细节。因为中央银行或货币当局每天都在为金融系统提供流动性方面发挥着不可或缺的作用，所以该委员会也处理中央银行或货币当局在审核抵押品

㊀ http://www.fsa.go.jp/en/about/Annual Reports/2014.pdf.

㊁ See the table "Fiscal 2014 Roles & Responsibilities of Bureaus, etc. at the FSA," http://www.fsa.go.jp/en/about/Annual Reports/2014.pdf.

㊂ Bank for International Settlements, Committee on the Global Financial System, "Fixed Income Strategies of Insurance Companies and Pension Funds," CGFS Paper 44 (Basel: Bank for International Settlements, July 2011), iii.

资格方面的有关议题。全球危机凸显了这一问题的重要性。

2.7.2 金融稳定委员会

金融稳定委员会（FSB）是另一个监督全球金融体系并向各成员政府提出政策建议，以加强金融机构和金融市场稳定的国际机构。金融稳定委员会的任务包括：

- 评估全球金融体系的脆弱性，及时、持续地识别并审查为解决这些问题而需要采取的监管、监督和相关行动及其结果；
- 促进负责金融稳定的各机构之间的协调和信息交流；
- 监管市场发展及其对监管政策的影响，并提出相关建议；
- 对符合监管标准的最佳实践提供建议和监督；
- 采用联合战略对国际标准制定机构的政策制定工作进行评价，确保其工作做到及时、协调、重点突出、缩小差距等；
- 支持实行跨境危机管理的应急计划，特别是对具有金融系统重要性的企业。⊖

2011年11月，金融稳定委员会发布了一套政策措施，用以解决本章前面所述与系统重要性金融机构相关的系统性风险和道德风险方面的问题。

2.8 超国家组织

超国家组织是一个为促进成员国经济发展而创建的实体。超国家组织有两个典型例子，分别是国际复兴开发银行，通常称为世界银行，以及美洲开发银行。前者的总目标是提高国际金融和贸易市场的效率，后者的目标是促进美洲发展中国家的经济增长。

2.9 对政府干预金融市场程度的看法

关于政府在金融市场中的角色，有两种截然不同的观点。第一种观点认为，政府应该进行大规模干预，以解决有关大规模市场失灵的问题。第二种观点认为，政府干预是问题所在，而不是解决方案。事实上，政府干预可能会导致市场失灵，实施对金融市场不利的政策。

在这场有关政府对金融市场干预程度的争论中，2001年诺贝尔经济学奖得主约瑟夫·斯蒂格利茨（Joseph Stiglitz）⊜给出了一种中立的观点。他指出了在金融市场中我们可以观察到的4个反复出现的主题。⊜第一个主题是，从历史上看，现代资本主义的出现是金融危机和经济衰退（如在美国、日本和欧洲国家曾发生过的那样）之间联系的产物。该争论的焦点是，政府采取了哪些行动最大限度地降低企业破产风险，确保主要金融机构的稳定。

在本书中，我们将讨论重大的金融创新，它们催生了在现金和衍生品市场上的新金融工具、新投资策略，以及进行证券交易的新技术。斯蒂格利茨多次提到的第二个主题就是，可能需要利用这些金融创新来重新评估政府干预的作用。

⊖ See the Financial Stability Board's web page, http://www.financialstabilityboard.org/activities/index.htm, dealing with sound and efficient payment, clearing, and settlement systems.

⊜ 斯蒂格利茨还曾担任美国总统经济顾问委员会成员和主席，以及世界银行高级副行长兼首席经济学家。

⊜ Joseph E. Stiglitz, "Government, Financial Markets, and Economic Development," NBER Working Paper 3669 (Cambridge, MA: National Bureau of Economic Research, 1991).

第三个反复出现的主题是，随着金融市场的发展，会出现一个更复杂的金融体系，其中一个突出的方面是新型金融机构的形成。问题是，政府应该如何对这些机构进行监管。

最后，正如我们将在本书中看到的，在某些金融市场的自由化之后，出现了一种监管模式——放松管制。斯蒂格利茨表示，这是政策中经常出现的重要主题（也是第四个主题），讨论政府在金融市场中的作用。金融市场放松管制的支持者认为，它能使金融体系的资本配置效率提高，从而有助于经济发展。

斯蒂格利茨不同意这种观点，他认为：

> 放开金融市场的理由既不是基于对金融市场如何运作的经济层面上的合理理解，也不是基于政府干预的潜在范围。它常常也缺乏对历史事件和政治力量的理解，正是这些历史事件和政治力量促使政府承担了目前的角色。相反，它是建立在一种意识形态上的承诺，而这种市场概念是理想化的，既不是基于事实，也不是基于经济学理论。⊖

从根本上说，斯蒂格利茨的观点偏向中立。他恰当地指出，金融市场不同于其他类型的市场，如劳动力市场和非金融产品市场。相对其他类型的市场，参与金融市场的人们会预期出现更多的市场失灵。他认为，某些形式的政府监管可以产生一种金融体系，这种金融体系可以降低市场失灵的风险，并识别出哪种情况属于市场失灵。然而，他认为，在某些情况下，政府的监管（干预）已经造成了重大的金融危机，也就是说，市场失灵是政府失灵的结果。他给出一个政府失灵的例子，就是存贷危机，我们在本章前面内容提到过该例子。

特朗普政府对银行和金融监管的看法

2017年2月3日，特朗普总统签署了一项行政命令，确定了"监管美国金融体系的核心原则"⊜。这些核心原则如下所示：

- 使美国人能够在市场上做出独立的财务决策和知情的选择，为退休做好储蓄和积累个人财富；
- 避免用纳税人的钱进行政府救助；
- 通过更严格的监管解决系统性风险和市场失灵问题，如道德风险和信息不对称，促进经济增长和金融市场充满活力；
- 使美国公司能够在国内外市场上同外国公司竞争；
- 扩大美国在国际金融监管谈判和会议中的利益；
- 使得监管具有效率、效力和针对性；
- 恢复联邦金融监管机构的公共问责制，并使联邦金融监管框架合理化。

关键知识点

▲ 政府在金融体系中发挥多种作用：①监管金融市场，包括参与市场的金融中介机构；②作为金融中介，向经济中被认为需要援助的部门或群体提供贷款或担保贷款；③通过中央银行，在宏观经济层面影响金融市场；④在市场动荡或低迷时期，为市

⊖ Joseph E. Stiglitz, "The Role of the State in Financial Markets," *World Bank Economic Review* 7 (1993): 20.

⊜ https://www.whitehouse.gov/the-press-office/2017/02/03/presidential-executive-order-core-principles-regulating-united-states. Copyright of the MIT Press For Evaluation Purposes.

- 场中的部门或上市公司（金融公司和非金融公司）提供救助或财政援助。
- 政府的宏观审慎政策旨在降低系统性风险。
- 政府的微观审慎政策旨在控制与金融机构相关的风险，这与金融机构之间的相互关联性无关。
- 政府对金融市场的监管，一般包括以下4种形式：①对信息披露的监管；②对金融活动的监管；③对金融机构的监管；④对外国参与者的监管。
- 一个国家的中央银行负责一个国家的金融事务，主要通过执行货币政策，来影响经济和金融系统，以实现一个国家的经济目标。
- 在大多数国家，物价稳定通常是主要的货币政策目标。
- 金融稳定是一种状态，指避免发生可能给金融体系和实体经济带来巨大损失的极端事件。
- 政府救助的结果是使用公共（或纳税人）资金，为那些对国家经济或金融体系而言至关重要的机构、公司和地方性实体等提供金融支持，以防止其破产。
- 一些政策制定者认为，某些金融机构或市场"大到不能倒"，是因为它们与金融体系中的其他金融机构和市场是相互关联的。如果允许这些实体破产将导致市场动荡，那么就会对实体经济产生不利影响。
- 那些反对金融机构"大到不能倒"的人指出，当金融机构的管理层认为政府认为这些机构对金融体系过于重要，不会允许它们倒闭时，道德风险（过度冒险）就会被引入金融体系。
- 系统重要性金融机构是指在监管机构看来，其倒闭将导致金融危机的大型企业。
- 国际清算银行为央行或货币当局提供研究、教育和指导，以帮助改善银行监管、基础设施市场问题和金融稳定政策的各个方面。
- 金融稳定委员会监督全球金融体系，并向各成员政府提出政策建议，以加强金融机构和金融市场的稳定。

练习题

1. 广泛使用披露监管的经济学原理是什么？
2. 为什么一些经济学家认为对披露的监管是没有必要的？
3. 对金融活动的监管意味着什么？
4. 系统性金融风险的含义是什么？
5. 一个能解释系统性金融风险的典型例子就是银行挤兑，即许多银行储户同时从银行提款。请解释其中的原因。
6. 国际清算银行工作文件比较了宏观审慎和微观审慎的观点，如表2-2所示，请试着解释表2-2中每一项的含义。

表2-2 有关宏观审慎和微观审慎的观点

	宏观审慎的观点	微观审慎的观点
直接目标	减少整个金融系统面临的困境	减少个别机构面临的困境
最终目标	降低生产（国内生产总值）成本	保护投资者/存款人
⋮	⋮	⋮
机构间的相关性和常见风险敞口	重大的	不相关的
审慎控制的校正	整个系统的风险，自上向下	单个机构的风险，自下向上

资料来源：Claudio Borio, " Towards a Macroprudential Framework for Financial Supervision and Regulation?" BIS Working Paper 128 (Basel, Switzerland: Bank for International Settlements, February 2003).

7. 在问题 6 中引用的同一份国际清算银行工作文件中，有下列说明：

    针对系统性风险，虽然通常表明微观审慎的方法可以维持金融稳定，但是通过对造成重大宏观经济损失的金融危机根源的分析可见，宏观审慎的观点是重要的。

    a. 什么是"金融稳定"？
    b. 在处理金融稳定问题时，为什么宏观审慎的观点很重要？

8. 政府在哪些方面扮演着金融中介的角色？当政府扮演金融中介的角色时，人们关注什么？

9. a. 在制定货币政策时，一些目标需要量化，如稳定物价。请解释其中的原因。

    b. 与物价稳定等目标相比，同金融稳定相关的货币政策目标却不能量化。请解释其中的原因。

10. 赞成或反对政府救助的理由分别是什么？
11. 可以采取哪些不同的方式支持政府救助？
12. 不良资产救助计划的目的是什么？
13. 美国国会是如何处理房利美和房地美在 2008 年面临的金融问题的？
14. 请解释系统重要性金融机构的含义。
15. 针对"大到不能倒"的问题，学者提出了哪两种解决方案？
16. 2004 年，时任总统经济顾问委员会主席的格里高利·曼昆表示："如果事情出了问题，政府会出手救助，这就会鼓励企业冒险，并享受相应收益的增加。"你是否同意这个说法？给出具体理由。
17. 国际清算银行设立巴塞尔银行监管委员会的目的是什么？
18. 国际清算银行设立市场委员会的目的是什么？
19. 金融稳定监督委员会拥有哪些权力？
20. 经济学家针对金融市场监管程度分别持有哪些观点？
21. 支持和反对有关废除《多德-弗兰克法案》中关键金融监管条款的理由分别是什么？

第 3 章

金融机构、金融中介机构和资产管理公司

学习目标

学习本章后,你会理解:
▲ 金融机构的业务;
▲ 金融中介机构的角色;
▲ 直接投资和间接投资的区别;
▲ 金融中介机构如何转换负债的期限,并提供短期储户和长期最终借款人想要的服务;
▲ 金融中介机构如何为投资者提供多样化的服务,从而降低投资者的投资风险;
▲ 金融中介机构降低获取信息和与最终资金借款人签订合同的成本;
▲ 金融中介机构在处理资金最终用户支付的时候,是如何实现规模经济的;
▲ 金融中介机构管理资产和负债的本质;
▲ 不同的金融机构对其负债现金支出的金额和时间有怎样不同的理解和把握;
▲ 为什么金融机构担心其流动性;
▲ 监管机构对金融机构的担忧;
▲ 资产管理公司的一般特征;
▲ 资产管理公司管理基金的类型。

在本章中,我们主要讨论金融机构和一种特殊而重要的金融机构——金融中介机构。金融中介机构包括商业银行、储蓄贷款协会、投资公司、保险公司和养老基金。金融中介机构最重要的贡献是,从储户向最终用户或投资者提供稳定且成本相对较低的资金。每一个现代经济体都存在金融中介机构,它们为个人、家庭、公司、小企业和新企业以及政府部门发挥着重要的金融职能。在本章的最后一部分,我们对资产管理公司、为金融中介机构管理资金的组织进行了概述。

3.1 金融机构

企业实体包括非金融公司和金融公司。非金融公司通常制造产品(如汽车、钢铁、计算机),提供非金融服务(如运输、公用事业、计算机编程),或者两者兼而有之。金融公司,更

通俗地称为金融机构,提供与下列相关的一项或多项服务:①将通过市场获得的金融资产转化为另外一种不同的、更受青睐的资产类型[⊖];②代表客户交易金融资产;③为金融机构自身的账户交易金融资产;④协助客户创造金融资产,并将其出售给其他市场参与者;⑤为其他市场参与者提供投资建议;⑥管理其他市场参与者的投资组合。

金融中介机构通常包括存款机构(如商业银行、储蓄协会和信用合作社,这些机构主要通过吸收公众存款来获得大部分资金)、保险公司(人寿保险公司、财产和意外伤害保险公司)、养老基金和金融公司。第 6 章讨论了接受存款或储蓄的机构。

上面所说的第 2 种和第 3 种服务是经纪人和交易商发挥的主要功能,这将在第 18 章中讨论。第 4 种服务称为承销,正如我们将在第 9 章中所解释的,提供承销服务的金融机构通常也提供经纪人或交易商服务。

一些非金融公司也会有提供金融服务的子公司,例如,许多大型制造企业都有子公司,为母公司的客户提供融资。这些金融机构被称为专属金融公司,例如,通用汽车票据承兑公司(通用汽车公司的子公司)和通用电气信贷公司(通用电气公司的子公司)。

3.2 金融中介机构的角色

金融中介机构通过向市场参与者发行金融债权来获取资金,然后将这些资金进行投资。金融中介机构利用其资产进行的投资可以是发放贷款、购买证券,或者两者兼而有之。这些投资被称为直接投资,持有金融中介机构发行的金融债权的市场参与者被认为参与了间接投资。

这本书的大多数读者都熟悉商业银行的业务。**商业银行**吸收存款,并将所得资金贷给消费者和企业。存款是商业银行的债务,是存款人拥有的金融资产。贷款是借款实体的一项债务,也是商业银行的一项金融资产。商业银行对借款实体进行了直接投资;储户实际上对该借款实体进行了间接投资。

此外,设想有一家**投资公司**,这是我们将在第 32 章中关注的金融中介机构,它汇集市场参与者的资金,并用这些资金购买证券组合,如股票和债券。投资公司通常被称为"共同基金"。向投资公司提供资金的投资者将获得一份股权索取权,使其有权按比例分享投资组合的收益,股权索取权由投资公司发行。投资公司所获得的金融资产组合代表其已进行的直接投资;通过拥有投资公司的债权,投资该投资公司的人进行了间接投资。

我们强调,金融中介机构在把大部分公众不太喜欢的金融资产转化为公众更青睐的其他金融资产(自身的债务)方面发挥着基础作用。这种转变至少涉及以下 4 种经济职能中的一种:①提供成熟的中介服务;②通过多元化降低风险;③降低签订合同和信息处理的成本;④提供支付机制。

下面分别介绍上述的每一个功能。

3.2.1 提供成熟的中介服务

美国商业银行有两个显著特点。首先,通常至少有一部分存款的期限是短期的。例如,某些类型的存款是见票即付的。一些其他类型的银行存款有明确的到期日,但大多数这些银行存款的期限少于两年。其次,商业银行的贷款期限可以远超两年。在缺乏商业银行的情况下,

---

⊖ 转化后的资产成为金融机构的负债,进行这类转化是金融中介机构的职能,通常该类金融中介属于最重要的金融机构类型。

借款人将不得不借入短期资金或找到一个愿意根据贷款期限进行投资的实体,或者在银行存款的投资者必须使资金存入银行的时间长于借款人需要的时间。商业银行通过发行自己的金融债权,实质上是把长期资产转化为短期资产,即向借款方提供其所要求期限的贷款,向投资者或存款人提供其所期望的投资期限的金融资产。金融中介机构的这种功能被称为期限中介。

期限中介对金融市场有两个方面的影响。首先,它为投资者提供了更多可供选择的投资期限,借款人对其债务期限也有更多的选择。其次,由于投资者不希望长期投入资金,他们会要求长期借款人支付高于短期借款人所需支付的利率。相对个人投资者而言,金融中介机构更愿意以较低的成本向借款人发放更长期限的贷款,其方式是依靠连续的存款来提供资金直到贷款到期,尽管这存在一定的风险(详见下文)。因此,第二个影响是其可能会降低长期借款的成本。

3.2.2　通过多元化降低风险

举一个投资者的例子,假设某投资者把资金投入一家投资公司,该投资公司又将收到的资金投资于购买众多公司的股票。通过以上行为,该投资公司实现了多元化投资,降低了风险。

相对于投资公司而言,投资金额较小的投资者很难实现同样程度的多元化投资,因为他们没有足够的资金购买众多公司的股票。然而,通过以同样的金额向投资公司投资,投资者可以实现这种多元化,从而降低风险。

金融中介机构的这种将高风险资产转换为低风险资产的经济功能被称为分散化。虽然个人投资者可以自己实现多元化投资,但他们可能无法像金融中介机构那样具有成本效益,而能否具有成本效益主要取决于他们必须投资的资金数量。通过购买金融中介机构的金融资产,实现具有成本效益的多元化,以降低风险,是金融市场带来的一项重要经济效益。

3.2.3　降低签订合同和信息处理的成本

投资者购买金融资产时,应该花时间提高必要的技能,以便理解如何评估投资。一旦掌握了这些技能,投资者就应该将其应用于对拟购买(或随后出售)的特定金融资产的分析之上。投资者想要贷款给消费者或企业,需要编写贷款合同(或者雇用律师来编写)。

虽然有些人喜欢把闲暇时间花在这项任务上,但大多数人更喜欢把这些时间用来享受闲暇。大多数人的空闲时间很少,如果要牺牲闲暇,就必须得到补偿。补偿的形式可以是我们从投资中获得更高的收益。

除了存在评估有关金融资产及其发行者相关信息的时间机会成本外,还有获取该信息的成本,所有这些成本称为**信息处理成本**。签订贷款合同的成本称为**契约成本**,契约成本还涉及另一个方面:执行贷款协议条款的成本。

考虑到这一点,想想我们有关金融中介机构的两个例子——商业银行和投资公司,在这些金融中介机构工作的人都是接受过分析和管理金融资产训练的投资专业人士。至于贷款合同,可以准备标准化的文本,也可以由专业的法律顾问来编写那些涉及更复杂交易的合同。投资专业人士可以监督贷款人对贷款合同条款的遵守情况,并采取任何必要的行动,以保障金融中介机构的利益。对金融中介机构来说,聘用这类专业人士是具有成本效益的,因为投资基金是他们的主营业务。

换句话说,由于金融中介机构管理的资金数量较大,所以其在签订合同和处理金融资产信息方面存在规模经济。较低的成本使更多的人成为购买金融中介机构金融债权的投资者或金融资产的发行者，后者受益于较低的借贷成本。

3.2.4 提供支付机制

虽然前3种经济功能可能不会被立即反映出来，但最后一种功能可以。现今的大多数交易都不再是用现金完成的，取而代之的是使用支票、信用卡、借记卡和电子转账。这些支付方式称为支付机制，它们都是由某些金融中介机构提供的。

曾几何时，非现金支付仅限于在商业银行无息账户开立的支票。后来，储蓄贷款协会、储蓄银行以及某些类型的投资公司也提供了类似的签发支票的特权。信用卡支付一度也是商业银行的专属领域，但现在其他存款机构也提供这项服务。各金融中介机构都在提供借记卡。借记卡与信用卡的不同之处在于，后者定期（通常是一个月一次）向信用卡持有人发送账单，要求对过去的交易进行支付；在借记卡的情况下，资金会在交易发生时立即从买方的账户中提取出来（即借记）。

不使用现金进行支付的能力对金融市场的运转至关重要。简而言之，存款机构将不能用于支付的资产转换为提供支付功能的其他资产。

3.3 金融机构资产/负债管理概述

在后面的几章中，我们将讨论主要的金融机构。要了解金融机构的管理者投资于特定类型的金融资产的原因以及他们采用的投资策略类型，就必须对所面临的资产/负债问题有一个大致的了解。下面，我们将对**资产/负债管理**进行概述。

负债的性质决定了金融机构将采取的投资策略。例如，存款机构通过寻求投资收益与资金成本之间的差额来获得收入。也就是说，它们买入并卖出资金，它们通过向储户或其他资金来源借款来实现买入资金；当它们把钱借给企业或个人的时候，它们也卖出资金。从本质上说，它们从事的是息差业务，即它们的目标是以高于购买成本的价格出售资金。

购买资金的成本和出售资金的收益都是用单位时间的利率来表示的。因此，存款机构的目标是在其投资的资产（卖出资金）与资金成本（买入资金）之间赚取正**息差**。

人寿保险公司，以及某种程度上的财产和灾害保险公司都可以经营息差业务。养老基金不从事息差业务，这是因为它们自己不在市场上筹集资金，它们寻求以最低成本支付养老金，这些费用由养老金计划的发起人来承担。投资公司所获得的资金没有明确的成本，也不必履行任何具体的义务；一个例外是一种特殊类型的投资公司，它的义务体现为其愿意在任何时候回购股份。

3.3.1 负债的性质

我们所说的金融机构的**负债**，是指金额和时间都满足所发行债务的合同条款的现金支出。金融机构的负债通常可以分为4类，如表3-1所示。表3-1的分类存在如下假设，即必须支付债务的实体在任何实际或预计支付的日期之前不会取消金融机构的债务。

表 3-1 金融机构负债的分类

负债类型	现金支出的金额	现金支出的时间
类型 I	已知	已知
类型 II	已知	不确定
类型 III	不确定	已知
类型 IV	不确定	不确定

关于已知的或不确定的现金支出的定义有很多。当我们说现金支出是不确定的，我们并不是说它不能被预测。对于有些负债，使用"大数定律"更容易预测现金支出的金额和时间。这是精算师通常做的工作，但即使是精算师也不能预测自然灾害，如洪水和地震。

我们在后面的几章中将介绍各种类型的金融机构，请记住这些负债类型，现在我们分别举例说明。

1. 类型 I 负债

负债的金额和时间是确定的。例如，要求金融机构在 6 个月后支付 500 万美元的债务。假设存款人没有在到期日之前提取资金，那么，存款机构就知道它们承诺在固定利率存款到期日应该支付的金额（本金加利息）。

然而，不只是存款机构有类型 I 负债。人寿保险公司销售的一种主要产品是**担保投资合同**，通常被称为"GIC"。在该合同项下，人寿保险公司的义务是保证保险费在某一特定到期日之前的利率。⊖例如，假设一家人寿保险公司以 1 000 万美元的保险费发行了一份 5 年期 GIC 债券，并同意每年支付 10% 的复利。在这种情况下，人寿保险公司已经知道它必须在 5 年后向 GIC 投保人支付 1 611 万美元⊜。

2. 类型 II 负债

这类负债现金支出的金额是已知的，但现金支出的时间是不确定的。类型 II 负债最明显的例子是人寿保险单。我们将在第 8 章中讨论各种类型的人寿保险。就年度保险费而言，最基本的保险类型是在被保险人死亡时，人寿保险公司同意向保单受益人支付指定金额的美元。

3. 类型 III 负债

对于这类负债，现金支出的时间是已知的，但金额是不确定的。举例而言，当金融机构发行了一份债券，其利率会根据某个基准利率定期调整时，就存在这种情况。例如，存款机构发行的大额可转让定期存单（CDs）有明确的期限，在存款期间所付的利息可以不固定。如果一个存款机构发行了一项 3 年期的浮动利率的定期存款，需要每 3 个月调整利率，支付的利率是在 3 个月期国库券利率的基础上加 1 个百分点，存款机构知道有责任在 3 年内还清所欠负债，但不确定负债的金额，它将取决于 3 年里 3 个月期美国国债的利率。

4. 类型 IV 负债

许多保险产品和养老金计划在现金支出的金额和时间上都存在不确定性。可能最恰当的例子是，财产和灾害保险公司发布的汽车和家庭保险政策，何时、是否必须向投保人支付现金无法确定，当被保险的资产受到损害时，保险公司必须支付的金额也是不确定的。

正如我们将在第 9 章中阐述的，养老金计划的发起人同意对计划的受益人承担各种类型的养老金义务。有些退休福利的计划取决于参与者在退休前特定年限的收入和他们工作的总年限，这将影响现金支出的金额。现金支出的时间取决于雇员何时选择退休，以及雇员在退休前是否继续参与退休福利计划。此外，支付的金额和时间将取决于雇员是选择只支付雇员本人的生活费用，还是选择支付雇员及其配偶的生活费用。

⊖ "GIC"看起来不像是我们会将其与人寿保险公司关联的一款产品，因为投保人不是死后才能获得赔偿。然而，正如我们将在第 8 章讨论人寿保险公司所看到的，保险公司的重要金融产品都在养老福利领域。"GIC"就是这类产品。

⊜ 该金额 = $10\ 000\ 000 \times 1.10^5$。

3.3.2 流动性问题

由于不确定现金支出的金额或时间，因此金融机构必须准备足够的现金来履行其义务。同时请记住，我们对负债的讨论建立在一定假设上面，即假设持有金融机构债务的实体有权改变债务的性质，但可能要交付一定的罚款。例如，对于存款单，储户可以要求在到期日之前支取资金。通常，接受存款的机构会同意这种要求，但会评估提前取款的处罚。对于某些类型的投资公司，股东有权随时赎回自己的股份。

一些人寿保险产品有保险退保解约金值：在指定日期，投保人可以将保单换成一次性付清保险费。通常情况下，选择一次性付清保险费的投保人，需要因此交付一定金额的罚款。有些人寿保险产品有贷款价值，这意味着投保人有权以保单的现金价值作为抵押去借款。

除了现金支出金额和时间的不确定性，以及存款人或投保人提前提取现金或根据保单借款的可能性，金融机构还必须关注现金流入可能减少的问题。就存款机构而言，这意味着无法获得存款。对保险公司来说，这意味着由于保单的取消而减少了保险费收入。对于某些类型的投资公司来说，这意味着无法找到新的股票买家。

3.3.3 监管

众多的监管和税收因素影响着金融机构所追求的投资政策。在后面讨论各种金融机构时，我们将强调关键的监管和税收因素。

在第 2 章中，我们讨论了政府在金融市场监管中的作用。在这里，我们简要讨论一下有关监管机构关注的金融机构面临的风险。这些风险中的一部分已在前一章中进行了描述，按照风险来源可分成如下几类：

- 信用风险；
- 结算风险；
- 交易对手风险；
- 流动性风险；
- 市场风险；
- 操作风险；
- 法律风险。

信用风险是一个被广泛用来描述几种类型风险的术语。在监管方面，信用风险是指金融机构持有的金融工具的债务人在到期日或之后时间未能履行其义务的风险。

根据国际金融风险研究所的定义，**结算风险**是指当交易或义务进行结算时，转让未能按预期发生的风险。结算风险包括交易对手风险（信用风险的一种形式）和流动性风险。

交易对手风险是指交易对手未能履行其义务的风险。这种交易可能包括合同的现金结算或某些资产的实物交付。

在结算风险中，**流动性风险**是指交易对手最终能够履行其义务，但不能在到期日履行的风险。因此，未能及时收到付款的一方必须准备好支付合同付款中的差额。根据国际金融风险研究所的说法，流动性风险除了是结算风险的一部分，还有其他两种形式：一种形式是金融机构无法按接近其市场价值的价格进行金融工具交易，这种风险被称为**市场流动性风险**；另一种形式是**资金流动性风险**，这种风险是指金融机构无法取得足额资金来满足其所须支付的现金流。

市场风险是指金融机构因其所拥有的资产（债务、股票、商品、货币）的市场价格，产生不利的变动而损害其经济健康的风险，我们可以采取措施来衡量该风险。其中一种被银行监管机构认可的措施是风险价值（VaR）方法，它是一种对金融机构财务状况的潜在损失进行衡量的方法，这种损失与在特定时间范围内给定概率的不利价格变动有关。

操作风险是一个经常被忽视却可能导致一些主要金融机构倒闭的重要风险。因操作风险引发倒闭或破产的典型事件及其主体包括奥兰治县（1994年，美国），巴林银行（1995年，英国），大和银行（1995年，纽约），爱尔兰联合银行（2002年，爱尔兰），安然公司（2001年，美国），万事达卡国际组织（2005年，美国）和2001年9月11日发生在纽约的恐怖袭击。⊖ 银行监管机构对操作风险的定义为"由不充分或失败的内部流程、人员和系统，或外部事件引起损失的风险"。⊖

法律风险是一种经营风险，这是由于不遵守法律、审慎的道德标准和合同义务而造成损失的风险。

当我们在第6章讨论存款机构时，我们将继续讨论金融机构面临的风险和处理这些风险的指导方针。

3.4 资产管理公司

资产管理公司管理个人、企业、捐赠基金、基金会以及州和地方政府的资金。这些公司也被称为**资金管理公司**。那些管理基金的人被称为**资产经理**、**资金经理**、**基金经理**和**投资组合经理**。

资产管理公司要么隶属于一些金融机构（如商业银行、保险公司或投资银行），要么是独立的公司。寻求资产管理公司服务的大型机构客户通常不会将其所有资产分配给一家资产管理公司。相反，它们通常会在多家资产管理公司之间进行多元化投资，并可能在内部管理其部分资金。之所以将投资分散到多家资产管理公司，其原因是各公司在资产类别方面的专业知识不同。例如，一个客户如果想找资产管理人投资普通股、债券、房地产和另类投资（如大宗商品和对冲基金），就会找专门投资于这些资产类别的资产管理公司。

截至2018年1月，全球最大的资产管理公司是贝莱德集团，其管理的资产达6.2万亿美元；其次是先锋集团，其管理的资产达4.9万亿美元。其他管理资产超过2万亿美元的资产管理公司包括瑞银公司（3.1万亿美元）、道富环球顾问公司（2.8万亿美元）、富达投资公司（2.4万亿美元）和安联资产管理公司（2.3万亿美元）。⊖ 在这6家公司中，有4家总部设在美国，两家总部设在欧洲，分别是瑞士联合银行（瑞士）和德国安联资产管理公司（德国）。

资产管理公司的收入主要来自根据为客户管理资产的市场价值收取的管理费。例如，如果一位资产管理人为客户管理1亿美元，费用为60个基点，那么该资金的年管理费为60万美元（=1亿美元 × 0.006）。管理费通常随管理的金额、管理资产类别的复杂性、资产是主动

⊖ For a description of each of these examples, see chapter 1 in Anna Chernobai, Svetlozar T. Rachev, and Frank J. Fabozzi, *Operational Risk: A Guide to Basel II Capital Requirements, Models and Analysis* (Hoboken, NJ: John Wiley & Sons, 2007).

⊖ This is the common industry definition that has been adopted by the BIS. See Basel Committee on Banking Supervision, *Operational Risk*, Consultative Document (Basel, Switzerland: Bank for International Settlements, January 2001).

⊖ https://www.relbanks.com/rankings/largest-asset-managers.

式管理还是被动式管理以及账户是机构账户还是个人账户的不同而变化。此外，管理受监管的投资公司的资产管理费通常要高于管理其他机构客户的管理费。

尽管绩效费在对冲基金（我们将在第 32 章中讨论）中很常见，但是资产管理公司正越来越多地对其他类型的账户收取**基于绩效的管理费**⊖。资产管理行业使用了许多类型的绩效 – 费用结构。收费可以仅根据业绩，也可以同时收取固定的费用和基于业绩的费用，例如资产管理人获得所管理资产的 80 个基点，外加该资产收益的 20%。根据业绩确定的收费标准各不相同，例如，费用可以基于任何正收益，客户设定的最低收益的超额部分，或超出客户建立的基准（资产类别的一些指数）的部分。

资产管理公司管理的资产种类包括：
- 受监管的投资公司资产；
- 保险公司资产；
- 针对个人和机构投资者的单独管理账户；
- 养老基金；
- 对冲基金。

关键知识点

▲ 金融机构提供各种类型的金融服务。
▲ 金融中介机构是一类特殊的金融机构，它们通过向市场参与者发行债权来获取资金，并用这些资金购买金融资产。金融中介机构将其获得的资金转换为对公众更具吸引力的资产。
▲ 金融中介机构的工作涉及以下一项或多项：①提供成熟的中介服务；②通过多元化降低风险；③降低签订合同和信息处理的成本；④提供支付机制。
▲ 负债的性质，以及监管和税收方面的考虑，决定了金融机构所奉行的投资策略。
▲ 根据负债金额和时间的确定程度，金融机构的负债可以分为四种不同类型。
▲ 监管机构在监管金融机构时，其关注的风险包括信用风险、结算风险、交易对手风险、流动性风险、市场风险、操作风险和法律风险。
▲ 监管机构的几份报告提出了控制金融机构风险的指导方针。
▲ 资产管理公司的业务涉及个人、企业、捐赠基金、基金会以及州和地方政府资金的管理。
▲ 资产管理公司的收入来源是基于其所管理资产的市场价值收取的管理费、绩效费或两者兼而有之。

练习题

1. 为什么投资者持有金融中介机构的债权被认为是对另一个实体的间接投资？
2. 一家名为独具慧眼的管理公司向投资者出售金融建议，这是公司提供的唯一服务。请问这家公司是金融中介机构吗？请做出解释说明。
3. 解释金融中介机构如何降低签订合同和信息处理的成本。
4. "所有的金融中介机构具有同样的经济功能。

⊖ Robert D. Arnott, "Performance Fees: The Good, the Bad, and the (Occasionally) Ugly," *Financial Analysts Journal* 61, no. 4 (2005): 10.

因此，所有金融中介机构均应采取相同的投资策略。"请说明你是否同意这个说法，并解释你的答案。

5. 银行向存款人发出一项债务，同意在1年内保证支付3%的利息。银行有了这笔资金后，就可以投资于各种各样的金融资产。如果银行用这些资金投资普通股会有什么风险？

6. 如表3-1所示，将负债类型与个人可能拥有的4种资产进行匹配，具体如下：①汽车保险单；②可变利率存单；③固定利率存单；④人寿保险单——在投保人死亡时受益人将获得10万美元，但如果是意外死亡，受益人将获得15万美元。

7. 每年数以百万计的美国投资者向投资公司注入数十亿美元，这些公司用这些美元购买其他公司的普通股。投资公司向那些宁愿投资于投资公司而不愿意直接购买其他公司普通股的投资者提供了什么？

8. 1996年3月，国际清算银行的支付结算系统委员会发表了一份题为《外汇交易的结算风险》的报告，该报告提出了银行在处理结算风险时可以采用的实际办法。那么什么是"结算风险"？

9. 2002年1月25日，在旧金山联邦储备银行的《经济信》中有这样一段话：

   金融机构从事的是风险管理和再分配的业务，它们已经研发了复杂的风险管理系统来执行这些任务。风险管理系统的基本组成部分是识别和定义公司所面临的风险、评估它们的规模、使用各种程序减轻风险和为潜在的损失拨备资本金。在过去20年左右的时间里，金融机构一直在使用经济模型来帮助它们完成这些任务。例如，金融波动的经验模型的开发导致了对市场风险的建模增加，市场风险是金融资产价格波动所产生的风险。在信贷风险领域，最近已为大规模信贷风险管理开发了模型。

   然而，并非金融机构所面临的所有风险都能如此简单地进行分类和建立模型。例如，电气故障或员工欺诈所导致的风险就不容易建立模型。

   上面的引用的内容指的是什么类型的风险？

10. 资产管理公司的收入来源是什么？

11. 什么是基于绩效的管理费？在这种安排中，决定绩效的基础是什么？

第 4 章

私人市场参与者概述

学习目标

学习本章后,你会理解:
- 哪些人是金融市场的私人市场参与者;
- 家庭在金融体系中扮演的角色及承担的风险类型;
- 非金融公司如何参与金融市场;
- 存款机构和保险公司的定义;
- 养老基金的定义以及世界各地提供的养老金计划类型;
- 养老金固定收益计划的定义,它与养老金固定缴款计划有何不同;
- 养老金固定收益计划的各种不同类型;
- 私营部门倾向于养老金固定缴款计划而非养老金固定收益计划的原因;
- 1974 年《雇员退休收入保障法》的作用;
- 非营利组织的定义以及非营利组织的类型;
- 外国投资者如何参与一个国家的金融市场;
- 在一个国家的金融市场上,中央银行和超国家组织如何扮演外国投资者的角色;
- 外国直接投资和外国证券投资的区别。

在第 2 章中,我们讨论了政府作为金融市场参与者的角色。在第 3 章中,我们描述了金融机构和资产管理人员如何参与金融系统。在本章中,我们将描述金融市场中的其他私人市场参与者。这些参与者包括发行金融资产的实体和投资金融资产的实体。本章只提供一个概述,本书这一部分的后续几章详细介绍了特定市场参与者。然后,我们在第 6、7、8 章集中讨论两个特殊类型的金融机构。第 6 章和第 7 章的内容涵盖了存款机构,第 8 章重点介绍保险公司。信贷市场的另一个重要市场参与者是信用评级机构,其中最受欢迎的 3 家是穆迪投资者服务公司(简称"穆迪")、标准普尔评级公司(简称"标准普尔")和惠誉国际评级公司(简称"惠誉")。由于其重要性,我们在下一章专门讨论它们。

4.1 家庭

在第 1 章中,我们区分了实体经济和虚拟(金融)经济,家庭和非金融公司一样都属于实体经济的一部分。因此，家庭在一个国家的经济中扮演着关键的角色，通过资金的投资和借贷，家庭在金融领域发挥着关键作用，它们有关储蓄和支出的决定会影响资产的价格和利率。

一个家庭的资产负债表有 3 个组成部分：资产、负债、权益或净资产。当家庭有储蓄时，它们用这些资金投资金融资产。家庭资产负债表中的资产可分为两个部分：投资于养老金账户的资产和投资于非养老金账户的资产。家庭投资可以是直接投资，也可以是间接投资。一个家庭购买苹果公司的股票或公司债券就是直接投资，间接投资包括集体投资和通过金融中介机构进行的投资，两者在第 32 章中都将有介绍。

家庭也是金融市场上的债务发行人，可以作为消费者进行赊购，例如通过贷款购买房屋，或申请学生贷款来支付高等教育的费用等。这些债务以负债的形式出现在家庭的资产负债表上。资产和负债之间的差额就是一个家庭的净资产。

正如我们将在第 7 章所讲述，家庭在金融市场上的行为受到政府政策的影响，如税收政策，该政策可能为某些类型的投资和货币政策提供税收优惠待遇。当利率受到货币政策影响时，会从 3 个方面影响家庭。首先，它会影响家庭在储蓄和消费比例方面的决定。也就是说，利率下降的效果是增加消费，从而减少储蓄；利率的上升有减少消费和增加储蓄的效果。其次，在投资方面，它影响家庭在无息资产和有息资产之间的资产配置。最后，关于发行债务（借款），当利率降低时，贷款增加；当利率提高时，贷款减少。

资产价值的变化也会通过所谓的"财富效应"影响家庭的行为。"随着家庭金融资产组合价值的变化，家庭的净资产也会发生变化。"净资产的变化会影响一个家庭愿意借贷的金额。更具体地说，当净值增加（减少）时，家庭可以在借款安排中使用更多（更少）的抵押品。

家庭是金融体系中金融风险的最终承担者。虽然有些金融机构和政府对其发行的金融产品提供不同形式的担保，但如果担保人未能履行其义务，风险则由家庭承担。在发行负债方面，家庭作为借款人是金融体系中相当大的信用风险的来源。一些家庭贷款由中央政府、中央政府创建的机构或地方政府机构进行担保。

4.2　非金融公司

企业实体包括金融公司和非金融公司。金融公司包括存款机构、保险公司和投资公司，**非金融公司**发行证券，包括普通股和债券。此外，有多余现金可投资的公司通过短期投资参与金融市场。

一些非金融公司拥有与金融公司从事相同活动的子公司，被称为**专属金融公司**。在美国，有 3 个专属金融公司的典型例子，分别是福特汽车信贷有限责任公司（福特汽车公司的子公司）、通用电气信贷公司（通用电气公司的子公司）和卡特彼勒金融公司（卡特彼勒公司的子公司）。许多较大的美国非金融公司都有非美国的专属金融公司，例如，福特汽车公司有福特欧洲信贷银行、福特资本公司、福特加拿大信贷有限公司、福特澳大利亚信贷有限公司、福特墨西哥信贷有限公司、福特信贷有限公司、新西兰福特汽车信贷有限公司和波多黎各福特汽车信贷公司；现代资本服务公司是韩国现代汽车公司的子公司，它提供各类金融产品和服务，现代汽车公司在其他国家也有专属金融公司，例如，在英国有现代资本英国有限公司（一家与英国桑坦德消费者银行建立的合资公司）、英国现代汽车公司和英国起亚汽车公司。

非金融公司为其员工提供各种各样的养老金计划。在企业发起的养老金固定收益计划中，发起人与发起此类计划的州和地方政府有相同的选择：内部管理、外部管理，或者两者兼而有之。

4.3 存款机构

存款机构包括商业银行、储蓄协会和信用合作社。基本上，存款机构通过吸收存款和其他来源筹集的资金，直接向个人、非金融公司和金融公司以及州和地方政府发放贷款。正如第3章中所阐述的，存款机构通过赚取投资收益和获得资金成本之间的差额来获取利润。由于存款机构在金融市场中扮演着重要的角色，因此受到了高度的监管，我们在第6章会专门对其进行讨论。

4.4 保险公司

保险公司提供保险保护，以防对被保险人有不利影响的未来事件发生，因而是风险承担者。保险公司通过提供这种保护（接受相关风险），会得到一笔保险费。从保险费支付给保险公司到公司向投保人支付赔偿金之前，公司可以将保险费投资于金融市场。

保险公司既销售投资型保险产品，也销售纯保险产品。纯保险产品包括人寿保险、健康保险、财产和意外伤害保险、责任保险、伞式保险、残疾保险和长期护理保险，某些保险公司以财务担保的形式提供保障。在不同类型的保险公司中，金融体系的主要参与者是人寿保险公司，虽然人寿保险公司是风险承担者，但它们发行的一些产品属于投资产品。在第8章我们将专门讨论保险公司。

4.5 投资公司

投资公司属于金融中介机构，其向公众出售股票，并将收入投资于多元化的金融资产组合。每一股代表资金投资的净资产的比例权益。由于投资公司的主要监管机构是美国证券交易委员会，这些公司被称为**注册投资公司**。投资公司分为开放式和封闭式两种。虽然这两种类型的投资公司通常被称为"共同基金"，但从技术上讲，只有开放式基金才是共同基金。

投资公司是集体投资工具，在第32章将有更详细的描述。

4.6 私人养老基金

设立私人养老基金（或养老金计划）的目的是为指定的雇员或专业人员群体提供退休福利。私人养老基金的存量资金与后续缴款是一同管理的，其唯一目的是为该基金提供资金。养老基金（或养老金计划）的成员对资产池拥有合法获益的权利，或者合同约定的其他形式的权利。**养老金计划发起人**是为其成员设计、商讨和帮助管理养老金计划的实体。**私人养老基金**由政府以外的机构管理。

许多国家为其公民在养老金计划中创造了储蓄资金的工具，以便在他们退休时补充他们的私人储蓄。养老金计划可以是雇员（在职员工）的投资方式，也可以是养老金的投资方式。这些投资工具可以是养老基金、养老保险合同或由投资公司对应的银行创建的产品。

企业年金计划的成员和计划制定的实体（计划赞助人）之间存在劳动关系。这些计划是由同一行业（如工业协会）、专业协会和劳工协会的雇主或雇主团制订的。非企业年金计划的养老金计划被称为个人养老金计划。有些国家，如美国，有两种类型的养老金计划，但其他国家只有一种。

有各种不同的私人养老金工具可以用来提供养老金。其中有 3 种主要类型的私人养老金工具，它们分别是养老基金、养老保险合同和账面准备金。其中，账面准备金养老金工具是指雇主在其账面上为他们的雇员退休而储蓄的资金。在德国也存在这种类型的私人养老金工具。

私人养老保险部门有养老保险合同，对一些国家来说，占国内生产总值（GDP）最大比例的养老金相关资产是私人养老金投资的最大部分。在丹麦，专业保险公司持有养老金相关资产的比例为 67%。

为了认识到养老保险工具作为金融市场上投资者的重要性，经济合作与发展组织的一项研究报告称，2015 年 35 个经济合作与发展组织国家投资的资产为 39.6 万亿美元。在对 45 个非经济合作与发展组织国家的调查中，同年的投资额为 1.3 万亿美元。在投资者份额方面，养老保险工具排名第一，其次是存款机构、投资公司和保险公司。

按美元计算，2015 年私人养老基金总投资额最大的 5 个国家分别是美国、英国、澳大利亚、日本和荷兰，占经济合作与发展组织国家总投资额的 85%。养老基金的数量因国家而异。对于经济合作与发展组织的国家来说，2015 年拥有最多养老基金的 5 个国家分别是美国（685 203 家）、澳大利亚（559 547 家）、爱尔兰（67 840 家）、英国（43 690 家）和加拿大（8 876 家）。

美国私人养老金制度

我们来看看美国的私人养老金制度，本章的附录提供了有关美国私人养老金制度的更多内容。

1. 个人退休账户

个人退休账户（IRA）是一种享有税收优惠的投资账户，允许个人投资以积累退休基金。一个合格的养老金计划的税收优势是在资金提取前，投资收入（资本利得、股息和利息）是不纳税的。还有另一个税收优势，取决于个人退休账户的类型是传统个人退休账户还是罗斯个人退休账户。在**传统个人退休账户**中，投资额（法律规定了最大数额）从当年的应纳税所得额中扣除，因此，个人退休账户是投资税前收入。当基金由个人提取时，要对提取的全部资金（并不是资本利得）纳税。对于**罗斯个人退休账户**，投资金额不会从当年的应纳税所得额中扣除（个人用税后收入进行投资），因为投资是要缴税的，所以当提取资金时，投资或收益的部分是不纳税的。

个人退休账户中资金的分配由个人决定，所有的金融风险都由个人承担。资金可以分配给单个股票或债券，也可以投资于后面描述的集体投资工具。

2. 养老金固定收益计划

在**养老金固定收益计划**中，计划发起人同意在退休时向该计划所涵盖的合格员工支付福利。退休福利的数额是由一个公式决定的，这个公式基于收入的百分比和工作年限。计划发起人可以是一家公司、相关行业的工会或企业集团、政府单位。

公司发起的计划被称为**私人计划**，而政府发起的计划被称为**公共计划**。由工会或企业集团发起的养老金固定收益计划被称为**塔夫脱－哈特利多雇主计划**。养老金固定收益计划可以由发起人内部管理（与由计划发起人的雇员组成的项目组合管理团队一起），也可以由外部资产管理公司管理。

养老金计划的负债就是计划发起人的负债。例如，通用电气的养老金固定收益计划的负债就是通用电气的负债。从雇员的角度来看，与养老金固定收益计划的未来支付相关的财务风险是属于发起人的。然而，发起人是公司、州和地方政府，这些实体可能会破产。对于合格的私人养老金固定收益计划，一个联邦政府机构——退休金收益担保公司（PBGC）为这些计划提供保障。

但是，退休金收益担保公司的担保并不是美国政府的担保。此外，如果没有紧急援助，退休金收益担保公司可能就没有足够的资金来偿还它所担保的债务。这支持了我们在描述家庭时所说的：家庭是最终的风险承担者。

和其他国家一样，美国养老金固定收益计划的数量一直在下降。2011年，在所有能够发起养老金固定收益计划的私营企业中，只有10%的企业发起了该计划，而这些私营企业的养老金固定收益计划只覆盖了其中18%的员工。与私营企业相比，州和地方政府（比如公共保险）覆盖了78%的员工。[1]不仅是私营企业的计划发起人的数量在减少，那些已经实行了养老金固定收益计划的公司也正在禁止新员工加入计划。例如，通用电气在2010年12月宣布，将停止向新员工提供养老金固定收益计划。取而代之的是一个不同的计划，我们接下来会对此进行讨论。

3. 养老金固定缴款计划

在一个**养老金固定缴款计划**中，计划发起人只负责代表符合资格的参与者在计划中定期缴款，而不负责在雇员退休后向其支付特定款项。缴款的金额通常是雇员工资的一个百分比或雇主利润的一个百分比，计划发起人并不保证退休后的具体金额。支付给符合资格的参与者的养老金取决于计划资产的增长，也就是说，养老金的支付是由资产所投资基金的投资业绩决定的，计划发起人无法保证。计划发起人给参与者提供各种投资工具，以便他们可以进行投资选择。养老金固定缴款计划有几种法律形式：401（k）计划、货币购买养老金计划和员工持股计划（ESOPs）。

到目前为止，养老金固定缴款计划中增长最快的是401（k）计划和类似的非营利部门的403（b）计划以及公共部门的457计划。对于公司来说，这种计划提供了最低的成本和最少的管理问题。雇主为一个特定的计划或项目定期缴款，然后雇员选择如何投资。[2]对雇员来说，这项计划很有吸引力，因为它在如何管理养老金方面提供了一些控制权。事实上，计划发起人经常为参与者提供投资一个或多个家庭共同基金的机会。在公立机构（如州政府）提供的所有养老金固定缴款计划中，有一半以上使用的是共同基金，而这种方式在私营企业中所占比例甚至更高。

企业的员工和公共部门均能接受将固定缴款养老金中几乎一半的资产投资于共同基金，美国劳工部发布的规定要求企业为员工提供一系列独特的选择，这进一步促进了养老金计划选择共同基金的方式，共同基金可以随时提供各种投资工具，以便达成不同的投资目标。

养老金固定收益计划和养老金固定缴款计划有几个基本差异。在养老金固定收益计划中，

---

[1] William J. Wiatrowski, "The Last Private Industry Pension Plans: A Visual Essay," http://www.bls.gov/opub/mlr/2012/12/art1full.pdf.

[2] "Calling It Quits," *Institutional Investor* (February 1991): 125.

计划发起人保证退休福利，做出投资选择，如果投资收益不足以支付承诺的退休福利，计划发起人将承担投资风险。相比之下，在养老金固定缴款计划中，雇主并不保证任何退休福利，但同意为雇员的账户定期缴款；雇员选择投资选项，雇员的养老金来自投资组合的回报，当然，还有雇员和雇主定期的缴款。

4.7 非营利组织

非政府组织可以分为商业企业和非营利组织。两种实体的区别在于，商业企业的首要目标是获取利润。非营利组织不以获取利润或任何金钱利益为动机，它们的主要目标是提供资助或积极参与活动，如进行人道主义援助或进行教育、艺术、宗教活动，这将有利于提高某些特定的公共或私人利益。

非营利组织包括基金会和捐赠基金。两者在对其投资基金所产生的收入实行免税待遇的必要条件方面存在差异，但这两种类型的非营利组织的主要区别是，基金会是由捐赠者的资金建立的，不增加额外的资金，而捐赠基金可以持续地从公众那里筹集资金。基金会是由富有的个人和家庭建立的，有些基金会是由公司赞助的或与某些社区有联系。还有一些被称为**运作型基金会**，因为它们把大部分礼品捐赠给自己的单位，而不是基金会以外的组织。捐赠基金通常由学院、大学、医院、宗教组织设立。

全世界最富有的 5 个基金会分别是美国的比尔及梅琳达·盖茨基金会（捐助约 450 亿美元）、英国的威康信托基金会（捐助 270 亿美元）、美国的霍华德·休斯医学研究所（捐助约 180 亿美元）、英国的加菲尔德·韦斯顿基金会（捐助约 160 亿美元）和荷兰的斯地廷·英格卡基金会（捐助约 130 亿美元）。捐赠基金最多的 5 所大学分别是哈佛大学（约 380 亿美元）、耶鲁大学（约 260 亿美元）、普林斯顿大学（约 240 亿美元）、斯坦福大学（约 230 亿美元）和麻省理工学院（约 140 亿美元）。

基金会或捐赠基金的保管委员会指定了其投资目标和可接受的投资选择。这些基金可以由内部基金管理公司管理，也可以由外部基金管理公司管理。几所拥有大量捐赠基金的大学已经成立了自己的资产管理公司。例如，哈佛大学拥有最大的大学捐赠基金，其于 1974 年成立了哈佛管理公司，管理其捐赠及相关金融资产，其唯一的使命是获取"长期投资收益，以支持大学的教育和研究目标"。⊖

4.8 外国投资者

参与一国金融市场的外国投资者包括未在该国注册的个人、非金融公司和金融公司，以及外国中央政府、超国家组织和主权财富基金。外国投资者可以进行两种类型的投资：外国直接投资和外国证券投资。

经济合作与发展组织对外国直接投资（FDI）的定义如下：

外国直接投资是指一个经济体的居民或实体为获得持久利益而进行的跨境投资。持久利益是指直接投资者与企业之间存在长期关系，直接投资者对企业管理有很大程度的影响，至少

⊖ See the web page http://www.hmc.harvard.edu/about-hmc/index.html.

拥有10%的投票权是基本标准，其中投票权代表投资者的影响力。○

与外国直接投资相比，**外国证券投资**（FPI）具有更短暂的特点，不仅包括股票等股票工具，还包括债券等债务工具。

中央银行、超国家组织和主权财富基金可以参与一个国家的金融市场。一国政府可以通过其中央银行参与其他国家的金融市场，我们在第7章中描述了中央银行的作用。中央银行通过在另一个国家的金融市场上购买或出售金融资产来参与其他国家的金融市场，这么做要么是为了稳定该国货币相对于本国货币的汇率，要么是进行投资（如果一项资产被认为是有吸引力的，就买进；如果持有的资产被认为是没有吸引力的，就卖出）。

超国家组织是由两个或两个以上的中央政府通过国际条约形成的组织，这些超国家组织旨在促进其成员国的经济发展。有关超国家组织的两个例子是国际复兴开发银行和美洲开发银行：前者通常被称为世界银行，其总目标是提高国际金融和贸易市场的效率；后者的目标是促进美洲发展中国家的经济增长。

主权财富基金（SWF）是国家或州政府拥有的（各国建立的）投资基金。主权财富基金的资金有以下一个或多个来源：①自然资源出口；②对以前国有公司的私有化；③政府财政盈余；④国际收支顺差；⑤官方外汇业务收入。当然，建立主权财富基金的主要动机是最大限度地从建立主权财富基金的国家以外的投资中获得收益。

自从科威特在1953年设立了第一个主权财富基金（科威特投资局）以来，受该国政府保护国家生活水平不受其主要出口产品（石油）价格波动影响的目标驱动，主权财富基金的数目在21世纪出现了显著增长。主权财富基金积累的资产量和数量的增长有两个原因。首先是一些国家的大宗商品价格暴涨，暴涨的原因要么是这些国家的政府控制出口，要么是这些国家的政府对从此类出口获得的收入征收重税。其次是许多新兴市场国家的政府一直保持着超出需要的国际收支经常项目顺差，积累了大量外汇储备，需要将这些外汇储备投资于海外的高收益资产。○

根据主权财富基金研究所的说法，截至2016年6月，全世界最大的5个主权财富基金分别是挪威的政府养老基金（8 730亿美元）、中国的中国投资公司（8 140亿美元）、阿联酋的阿布扎比投资局（7 920亿美元）、科威特的科威特投资局（5 920亿美元）和沙特阿拉伯的SAMA外国控股公司（5 820亿美元）。○

主权财富基金数量的增加及其作用的扩大，引发了相当大的争论：除了提高几个国家的回报业绩外，这些投资基金还有其他动机，以及对主权财富基金所投资国家的国家安全的影响。一个担忧是，一些主权财富基金对研发战略军事技术的科技公司进行了投资，这使得主权财富基金有可能获得商业机密。另一个担忧是，主权财富基金可能在国家关注的军事以外领域的商业企业中拥有重大利益。由于主权财富基金运作缺乏透明度，一些政府对主权财富基金的这种非商业动机感到担忧。不过，在一些国家利用主权财富基金向某些重要行业提供资金后，似乎压倒了有关国家安全的担忧。○

○ See the web page http://www.oecd-ilibrary.org/sites/factbook-2013-en/04/02/01/index.html?itemId=/content/chapter/factbook-2013-34-en.

○ Joshua Aizenman, "Large Hoarding of International Reserves and the Emerging Global Economic Architecture," NBER Working Paper 13277 (Cambridge, MA: National Bureau of Economic Research, July 2007).

○ Information posted by the Sovereign Wealth Fund Institute on its website, http://www.swfinstitute.org/fund-rankings/.

○ For a further discussion of these issues, see Judith Goff, "Sovereign Wealth Funds: Stumbling Blocks or Stepping Stones to Financial Globalization?" *Federal Reserve Bank of San Francisco Economic Letter*, December 14, 2007.

关键知识点

- 除了金融机构，私人市场的参与者还包括家庭、非金融公司、存款机构、保险公司、非营利组织和外国投资者。
- 家庭是金融市场上的投资者和债务发行者，其行为受到利率和资产价值变化的影响。
- 家庭作为借款人是金融风险的来源，作为投资者是最终的风险承担者。
- 企业实体包括金融公司和非金融公司。
- 一些非金融公司拥有子公司，这些子公司是专属金融公司，与金融公司从事相同的活动。
- 保险公司是风险承担者，人寿保险公司是该行业在金融体系中的主要参与者。
- 雇主发起的养老金计划是由私人实体（公司）和公共实体（州和地方政府）建立的养老金计划。
- 雇主发起的养老金计划可以是养老金固定收益计划，也可以是养老金固定缴款计划。
- 养老金固定收益计划是计划发起人的负债，对这些资金的管理是计划发起人的责任。
- 对于养老金固定缴款计划，一旦缴款完成，计划发起人就不再承担任何责任，计划的参与者可以自行做出投资决定。
- 在私营部门，政府的管制和养老基金的可转移性造成了养老金固定收益计划的减少，取而代之的是养老金固定缴款计划。
- 在公共部门，养老金固定收益计划占主导地位。
- 退休金收益担保公司是联邦政府机构，负责保护符合条件的私人雇主发起的固定收益计划的员工的退休福利。
- 退休金收益担保公司的担保不是美国政府的担保。
- 参与一国金融市场的外国投资者包括未在该国注册的个人、非金融公司和金融公司，以及外国中央银行、超国家组织和主权财富基金。
- 外国直接投资和外国证券投资是外国投资者参与金融市场的两种方式。
- 一国政府可以通过其中央银行购买和出售一个国家的金融资产来参与该国的金融市场。

练习题

1. 解释家庭如何同时以借款人和贷款人的身份参与金融市场。
2. 请解释你同意或不同意以下说法的原因："当一个家庭购买人寿保险时，只要保单的发行人保证支付死亡赔偿金，就没有风险。"
3. 为什么家庭被视为最终的风险承担者？
4. 非金融公司如何参与金融市场？
5. 解释为什么一些非金融公司的子公司可以被归类为金融公司。
6. 存款机构的基本功能是什么？
7. 保险公司的基本职能是什么？
8. 为何养老金固定收益计划是计划发起人创造的远期负债？
9. a. 退休金收益担保公司的功能是什么？
   b. 解释你是否同意以下说法："职工养老金计划由退休金收益担保公司担保，其养老金收入将得到全额保障。"
10. 雇员退休保障计划是否要求公司设立养老基金？
11. 主权财富基金宣称的目标是什么？
12. 外国直接投资和外国证券投资有什么区别？
13. 什么是中央银行？作为外国投资者，它是如何参与到另一个国家的金融市场中的？
14. 什么是超国家组织？它的总体目标是什么？
15. 2008年4月8日，《彭博商业周刊》刊登的一篇文章指出："中国投资公司的首席风险官否认了有关该基金在投资策略中隐藏目标的指控。"
    a. 什么是"中国投资公司"？
    b. 你认为引文中指的是哪种类型的指控？

附录 4A：美国养老金条例和问题

4A 1. 美国养老金条例

美国国会在 1974 年通过了一项全面立法来规范养老金计划。这项立法，即**《雇员退休收入保障法》**（ERISA），在细节上是相当具有技术性的。对我们而言，只需要了解它的主要规定。

首先，《雇员退休收入保障法》针对计划发起人为满足精算师预测的福利支付，而必须向养老金计划缴纳的最低缴款额度设定了**筹资标准**。

在《雇员退休收入保障法》颁布之前，许多企业计划的发起人遵循的是随走随付的基金政策。也就是说，当员工退休时，企业计划发起人从当前现金流中取出必要的退休福利。根据《雇员退休收入保障法》，这种做法不再被允许。相反，该计划必须得到资金上的补充，也就是说，对资金池的定期缴款和投资收益必须足以支付雇员的退休福利。

其次，《雇员退休收入保障法》为养老基金受托人、经理或顾问制定了**信托标准**。具体地说，所有负责管理养老基金的各方都以所谓的"谨慎人"的判断为指导，以寻求确定哪些投资是合适的。因为受托人要对其他人的资金负责，所以有必要确保受托人能够认真地对待这个角色。为了履行其责任，受托人必须作为合理审慎的人来获取和使用有关的信息，以做出投资决定。

再次，《雇员退休收入保障法》确立了最低**归属标准**。例如，该法律明确规定，参加计划的人在工作 5 年后，有权获得 25% 的累计养老金福利；10 年后，福利的比例将增加到 100%，《雇员退休收入保障法》中还提到了其他归属要求。

最后，《雇员退休收入保障法》创建了退休金收益担保公司来确保员工既得的养老金福利。该保险计划的资金来自养老金计划必须支付的年度保险费。我们稍后会介绍更多关于退休金收益担保公司的内容。

管理《雇员退休收入保障法》的责任被委派给劳工部和国税局。为确保养老金计划符合《雇员退休收入保障法》，发起人必须向这些政府机构提交定期报告和披露声明。重要的是要认识到《雇员退休收入保障法》并不要求公司建立一个养老金计划。然而，如果公司确实设立了养老金固定收益计划，它就必须遵守《雇员退休收入保障法》中提出的众多而复杂的规定。

4A 2. 退休金收益担保公司

在美国政府机构中，退休金收益担保公司负责保护符合条件的私人雇主发起的养老金固定收益计划的员工的退休福利。有两种单独的保险计划在退休金收益担保公司的监管下：单一雇主计划和多雇主计划保险计划。

《雇员退休收入保障法》有三重使命：①鼓励私营部门对养老金固定收益计划的持续和维护；②及时、不间断地支付养老金福利；③将养老金保险费保持在最低水平。根据法律规定，退休金收益担保公司必须自筹资金。此外，正如在《雇员退休收入保障法》明确指出的，"美国政府对退休金收益担保公司产生的任何义务或责任不负责"。这一点很关键，因为如果退休金收益担保公司倒闭了，它所担保的员工的养老金就不再有保障了。

2008 年 4 月 28 日，国会预算办公室给前国会议员乔治·米勒的一封信指出，联邦政府不对《雇员退休收入保障法》明确规定的退休金收益担保公司的义务承担责任，然后教育与劳工委员会主席表示："一个隐性的期望存在于许多市场参与者和决策者中间，那就是当退休金收益担保公司无法负担这些义务时，纳税人将最终支付福利。"⊖

为满足计划资产不包括的或从已终止的计

⊖ Congressional Budget Office, Letter to the Honorable George Miller: A Review of the Pension Benefit Guaranty Corporation's New Investment Strategy, April 24, 2008, http://www.cbo.gov/sites/default/files/04-24-miller-pbgc_letter.pdf.

划发起人处获得的索赔,联邦政府不能提供任何资金,这是因为一般收入中没有拨款以支付任何索赔。相反,资金来源仅限于投资回报、收到的保费和由退休金收益担保公司接管的终止计划的资产,其中保费由国会设定。1974年,当《雇员退休收入保障法》设立的时候,单一雇主的保险费率为每人1美元,多雇主的保险费率为每人0.50美元。随着时间的推移,每个参保人的比率已经提高,而且根据计划的财政健康状况进行了调整,这是根据既定计划的资金不足程度来衡量的。

退休金收益担保公司可以很好地被描述为一个对关键财务决策几乎没有控制权的保险公司,这可能会让它增加完成其首要任务的可能性。根据《雇员退休收入保障法》,其任务是维护其承保的养老金固定收益计划,并保护这些计划的受益人。该机构无法采用对私营保险公司可用的策略,以及与国会决策相关的政治问题的影响,这均使管理退休金收益担保公司成为任何金融机构面临的最具挑战性的任务之一。

退休金收益担保公司已经承认,基于其目前的资金状况和投资政策,它很有可能没有足够的资金来支付当前受益人的所有未来收益。出于这个原因,退休金收益担保公司的一个合理的目标应该是尽可能长时间地维持这个项目,希望最终在政府同意救助它的情况下给美国政府带来尽可能小的赤字。

因此,美国政府问责局在2003年开始向美国国会提交的报告中强调退休金收益担保公司是一个"高风险"机构也就不足为奇了。2013年2月14日,美国政府问责局承认了退休金收益担保公司所取得的进展以及国会为解决该机构的弱点所采取的行动。尽管如此,美国政府问责局总结道:"由于存在与退休金收益担保公司的管理和资金结构相关的长期挑战,退休金收益担保公司的财务在未来是不确定的。"[⊖]

一个明显来减少接收被终止的养老金计划资产的可行性的方法就是,退休金收益担保公司希望可以做到以下一项或多项:提高缴款额度;为应对资金不足收取更高的保费;更低的退休金的支付。但是,目前退休金收益担保公司的管理层还没有能够化解此类风险的政策。与保险公司不同的是,前两个要求会对退休金收益担保公司所覆盖的现有计划的可行性产生不利影响,而最后一个是政治敏感问题。相反,似乎能做的最好的事情就是为被终止的计划做准备,与陷入困境的计划发起人合作,并且在破产的情况下,通过诉讼来获得额外的资产,这些做法目前正被退休金收益担保公司的管理层所执行。

4A 3. 私营部门养老金固定收益计划的问题

养老金固定收益计划负债的价值可以用计划受益人预计支付的现值来衡量。计划资产的价值等于这些资产的市场价值。当资产的价值超过负债的价值时,该计划被称为有盈余。在相反的情况下,也就是说,当负债的价值超过了资产的价值时,这个计划就被称为有赤字。通常,作为一个计划满足其负债能力的指标,需要计算筹资比率。

筹资比率是计划的资产与负债的比率,是衡量计划财务健康状况(如满足计划付款的能力)的主要指标。如果有盈余,就意味着筹资比率超过100%,也就是说计划资金过剩了。筹资比率越高,该计划就越健康。当出现赤字和筹资比率低于100%时,就需要引起关注,这种情况说明计划资金不足。

计划发起人对计划的管理应着重于偿还债务,这意味着需要设计一个投资政策和资产配置策略来满足负债。如前所述,计划发起人顾问的职责之一是与计划发起人一起制定投资政策和主要资产类别的资产配置策略,以承担这些负债。不幸的是,直到这些计划被意识到资金严重不足(筹资比率远低于100%)和巨大的赤字时,人们才真正认识到企业养老金计划所面临的主要金融危机。这场危机导致了2004年4月10日《养老金基金公平法案》的通过,这

⊖ U.S. Government Accountability Office, "GAO's 2013 High-Risk Series: An Update. GAO-13-359T" (Washington, DC: GAO, 2013): 26, http://www.gao.gov/assets/660/652166.pdf.

使得养老金固定收益计划的公司发起人从繁重的养老金缴款中得到了一些"解脱"。正如2004年法案的总结陈述所言，该法案将"保护数以百万计的美国工人的退休福利和帮助确保他们退休时还能得到养老金"。

不幸的是，"包扎这个大出血的绷带"不够。正如退休金收益担保公司前首席经济学家理查德·伊波利托（Richard Ippolito）在2004年法案通过后所写的那样：

不幸的是，国会未能充分解决退休金收益担保公司的问题。在2004年4月通过的临时立法中，国会通过改变计算养老金负债的公式，将企业必须在两年内向养老金固定收益计划缴纳的款项减少了约800亿美元。国会还向养老金计划资金严重不足的钢铁和航空公司提供了大约16亿美元的额外救助。㊀

国会随后修改并永久延长了2004年法案中给予的救济，并通过了《2006年养老金保护法》。

这些法律的主要受益者是钢铁和航空公司发行的计划的受益者。事实上，1975～2000年，退休金收益担保公司支付的退休金中大约有75%是付给这两个行业的雇员的，其中付给伯利恒钢铁公司39亿美元、付给LTV钢铁公司19亿美元、付给国家钢铁公司11亿美元、付给泛美航空公司8亿美元、付给东方航空公司6亿美元。然而，养老金问题并不局限于钢铁和航空业。截至2003年12月31日，在养老金上存在赤字的公司的例子如下：福特汽车、阿勒格尼技术公司、固特异轮胎橡胶公司、纳威司达公司、美泰克公司和雅芳产品公司。㊁此外，赤字的规模可能非常大，甚至超过了发起企业的价值。

2004年8月，伯纳德·康登在《福布斯》上称，尽管1999年标准普尔500指数成分股企业中有一半以上存在资金过剩的养老金计划，但到了2004年就只剩下了51家公司。㊂此外，基于我们稍后即将介绍的养老基金会计计算方法可以提出有力的论据，即在1999年被认定为资金过剩的养老基金数量可能远低于报道的数字。为了显示问题的严重性，伊波利托在2004年写道：

养老金计划资金不足的金额超过3 500亿美元，这增加了更多养老金计划破产的可能性，最终将要求纳税人提供救助。㊃

一些人认为，这个问题是美国在未来几年将面临的主要金融危机，很可能会导致养老金固定收益计划逐步退出，取而代之的是养老金固定缴款计划。此外，公共部门的养老金固定收益计划也是如此。尽管直到最近媒体才很少提及州政府和地方政府面临的问题，但是人们的担忧并未改变。问题是，是什么导致了这场危机？

在此，我们简要介绍此次危机的原因㊄。然而，其原因与我们所讲述的美国存贷危机没有什么不同，都是监管不力和资产负债比率管理不善。这方面的另一个促成因素是会计专业和精算专业的处理不足。

这一问题经常被公司养老金计划的代表和他们的顾问否认，但从历史上看，计划的投资政策侧重于资产的增长而不是负债方面。计划发起人在进行资产配置决策时，主要考虑的资产类别有普通股、债券、房地产和另类资产，这是基于资产预期表现较好所进行的资产配置，但该配置没有考虑负债。因此，在20世纪90年代股票价格上涨期间，这一资产类别得到了更多的配置。例如，1997年和1998年的股市收益率分别为33%和28%。不仅计划发起人在评估计划的执行情况时没有注意负债，而且一些会计和精算规则也允许他们从某些资产配置中获益。

㊀ Richard A. Ippolito, "How to Reduce the Cost of Federal Pension Insurance," Cato Policy Analysis 523 (2004): 1.
㊁ 这些数据发表于2004年6月24日的期刊 Analyst Accounting Observer。
㊂ Bernard Condon, "The Coming Pension Crisis," Forbes.com, August 12, 2004.
㊃ Ippolito, "How to Reduce the Cost of Federal Pension Insurance," p. 1.
㊄ For further discussion, see Frank J. Fabozzi and Ronald J. Ryan, "Reforming Pension Reform," Institutional Investor, January 2005, 84–88.

为了理解危机的根源，让我们看一下负债方面，这样我们就知道负债是如何估值的。如前所述，负债的价值是由未来负债的现值决定的。那么，应该用什么利率来计算负债的现值呢？用来计算任何现值的利率称为**贴现率**。货币时间价值的基本属性是贴现率越低，现值越高。在后面讨论现金流的估值时，我们会看到关于未来现金流和现值之间的另一个重要关系。具体来说，现值可能对使用的贴现率高度敏感。现金流现值的这种敏感性被称为**久期**。持续时间同时适用于资产和负债。我们在这里的目的不是详细地描述久期，只想阐述久期大约是贴现率或利率发生100个基点变化时资产或负债价值的百分比变化，使读者了解它在养老金危机事件中的角色就足够了。一般来说，养老金固定收益计划的久期为15年，因此如果按10%的贴现率计算，养老金负债为10亿美元，那么如果用9%的贴现率计算，负债将增加15%，增加额达到1.5亿美元。贴现率这么小的变化就会导致负债价值的重大变化！因此，由谁来确定用于计算负债的贴现率是很重要的。

这个问题的答案是，为撰写财务报告而制定的养老金会计规则允许计划发起人与精算师一起确定它。基本上，计划发起人应该使用一个反映资产收益率的贴现率，即它可以合理地预期该计划的资产在未来能够获得的收益率。因此，这个贴现率相应地被称为资产收益率。在决定计划的经济福利方面，决定资产收益是非常主观的，但是选择（受制于一些指导方针）留给了计划发起人。例如，2001年投资者沃伦·巴菲特就养老金核算的这个方面说道：

不幸的是，尽管养老金（收益）假设极其重要，但它几乎从未在公司董事会上被提及……当然，现在对其进行讨论是非常有必要的，因为，所有人基于回顾20世纪90年代的辉煌所做出的这些假设是如此极端。我请你去问一家拥有大型固定收益养老基金的公司的首席财务官，如果养老金（收益）假设降至6.5%，该公司需要做什么调整。然后，如果你想刻薄一点，问问公司在1975年的假设是什么，那时股票和债券的预期收益都比现在高得多。[1]

巴菲特接着警告说，养老金（收益）假设过高可能会让公司的首席投资官、董事会和审计人员面临诉讼。然而，高估资产收益是一种难以抗拒的诱惑，因为它会降低负债的价值并提高筹资比率（即一个看似更健康的养老金计划）。[2]

我们现在理解了养老金危机的背景。20世纪90年代，养老基金更多地将资产配置在普通股，而不是债券上，原因如上所述。从2000年开始，金融市场的以下两种情况对养老基金不利。首先，股市下跌，对计划资产的价值产生了重大影响。其次，计划发起人对资产收益率的假设受到了更严格的审查。利率下降，加上股市前景黯淡，使得资产收益率假设降低。其结果是筹资比率恶化。事实上，一些人仍然认为，计划发起人随后采用的资产收益率假设过于激进，如果对养老金计划的负债进行适当评估，资金比率将大大降低。要了解资产收益率的选择是如何影响到计划发起人的公司收益的，可以考虑两位华尔街分析师大卫·锡安（David Zion）和比尔·卡凯奇（Bill Carcache）提供的证据[3]。他们估计，如果会计准则所要求的会计处理被养老金计划实际发生的情况所取代，标准普尔500指数成分股公司报告的总收益将在2001年减少69%，在2000年减少10%。30家公司的利润降幅超过10亿美元，7家公司的利润降幅超过50亿美元。

4A 4. 美国公共部门养老金固定收益计划存在的问题

我们关于私营部门养老金固定收益计划所

---

[1] Warren Buffet and Carol Loomis, "Warren Buffett on the Stock Market," *Fortune*, December 10, 2001, http://archive.fortune.com/magazines/fortune/fortune archive/2001/12/10/314691/index.htm.

[2] There are other benefits. See Fabozzi and Ryan, "Reforming Pension Reform."

[3] David Zion and Bill Carcache, "The Magic of Pension Accounting" (New York: Credit Suisse First Boston, September 27, 2002).

面临的问题的讨论也适用于公共部门。由于本章所述原因，在这个领域养老金固定收益计划比养老金固定缴款计划更常见。与私营部门的计划一样，这些计划的特点是资产管理不善，不懂得如何评估业绩，对资产收益的假设过于乐观。这些问题导致公共部门固定福利计划资金严重不足。《Milliman 2012年公共养老基金研究》发现，在100个最大的公共部门养老金固定收益计划中，资金缺口为8 950亿美元，筹资比率为75.1%。⊖本计算中假设的资产收益率为7.65%。

州和地方政府试图通过多种方式解决资金不足的问题。⊖首先，一些计划发起人发行新债券的唯一目的是为流动负债再融资。在解决公共部门养老金固定收益计划面临的长期问题方面，这种策略证明并不令人满意。其次，州和地方政府对新型养老金固定收益计划的修改和采用并没有减少资金不足，反而给纳税人增加了新的风险。最后，鼓励员工提前退休并不能充分解决这个问题，而且这通常是一个昂贵的解决方案。

鉴于州和地方政府推行的所谓改革的失败，人们呼吁通过冻结养老金固定收益计划，并向养老金固定缴款计划转变来进行公共部门养老金改革，就像在私营部门所做的那样。然而，应该记住，尽管退休金收益担保公司面临问题，公共部门养老金固定收益计划没有类似的保险公司能为其提供担保。

⊖ Rebecca A. Sielman, "Milliman 2012 Public Pension Funding Study," http://publications.milliman.com/publications/eb-published/pdfs/2012-public-pension-funding-study.pdf.

⊖ For a more detailed discussion, see Richard C. Dreyfuss, "Fixing the Public Sector Pension Problem: The (True) Path to Long-Term Reform," Civic Report 74 (New York: Manhattan Institute, February 2013), http://www.manhattan-institute.org/html/cr_74.htm#.UpySiKMo7DB.

第 5 章

信用评级机构及其在金融市场中的作用

学习目标

学习本章后，你会理解：
- 信用评级在金融市场中的重要性；
- 信用评级机构的定义，一般公认的评级机构有哪些；
- 对信用评级机构的监管；
- 三大信用评级机构的不同信用评级体系；
- 投资级债券与非投资级（或高收益）债券的区别；
- 评级转移矩阵的定义；
- 监管机构如何使用信用评级；
- 信用评级的非监管用途是什么；
- 对信用评级机构进行补偿的发行支付系统和可能出现的潜在冲突；
- 对市场参与者过度依赖评级的担忧；
- 主权政府债券、公司债券和美国市政债券评级中考虑的因素。

  违约风险是金融系统的主要风险之一，也是信用风险的一种形式。违约风险是指债务人不按贷款协议条款履行义务的风险，这将导致未能按时支付合同规定的利息和按期偿还本金。那些无法拥有自己的信用分析人员的投资者，在不同程度上使用进行信用分析的公司所提供的关于违约风险的意见，这些意见以评级的形式表达出来，称为**信用评级**，这些商业评级公司被称为**信用评级机构**（CRA）。虽然"机构"一词可能表明它们是附属于政府或与政府相关的实体，但它们不是。

  在本章中，我们将探讨信用评级机构、它们在金融市场中的作用、它们的信用评级系统、它们在进行信用评级时考虑的因素以及与信用评级机构预期表现相关的争议。

5.1 信用评级机构在金融体系中扮演的角色

  信用评级机构的评级通过降低债务和私人合同在市场上的信息不对称，从而在金融体系中发挥着重要作用。信用评级机构的这一作用促进了全球债务市场的发展、提高了市场效率，并提供了一个可靠的利率结构㊀，该利率结构可以用于确定不同程度违约风险敞口的补偿。

信息不对称的概念对于理解资本市场运作的效率是很重要的，那么我们将从一个简单的解释开始。在两方交易中，一方可能比另一方拥有更多的信息。㊁例如，在出售一辆二手车时，卖方比潜在买方拥有更多关于影响其价值的汽车状况的信息。在发行债券时存在信息不对称，是由于证券卖方（发行者）比买方（投资者）更了解债券的信誉。信誉是不能直接被观察到的，因此需要买方获得有关债券属性的信息。买方可以通过以下方式来了解债券的信誉：①根据从发行者处获得的资料，自行对其信誉可靠性进行分析；②从第三方处获得一个债券的私人信誉评估；③使用评级机构提供给公众的评级。第二种和第三种选择的区别是，第三方提供私人评估，而评级机构提供的评估是面向公众的，不需要买方支付费用。相反，由发行人支付评级费用的做法会引起潜在的利益冲突，本章稍后将对此进行讨论。㊂

5.2 信用评级机构和美国认可的统计评级机构

因为信用评级机构通过对发行证券或签订私人合同的实体进行信用分析，在信贷市场中发挥着关键作用，因此在美国被美国证券交易委员会认可并进行评级的实体被称为**国家认可的统计评级机构**（NRSRO）。要想被归类为国家认可的统计评级机构，需要通过美国证券交易委员会信用评级办公室（于 2006 年创建《信用评级改革法案》）对该实体在市场中的地位和运营能力的审查。就市场地位而言，重点是看该实体是否得到国家承认；在操作能力方面，美国证券交易委员会针对其组织结构、评级程序和方法、足以保持其评级实体独立性的财务资源、员工的规模和质量以及与被评级公司之间的独立性这几个方面进行审查。信用评级办公室除了会对国家认可的统计评级机构进行注册，还会对已经注册的国家认可的统计评级机构的实体进行监测并执行定期检查。

当信用评级机构向美国证券交易委员会申请国家认可的统计评级机构的资格时，它可以选择注册下列 5 类评级中的一种或多种：①金融机构、经纪人或交易商；②保险公司；③企业证券发行人；④资产支持证券发行人；⑤政府证券、市政证券或外国政府发行证券的发行人。㊃截至 2015 年 12 月，注册的国家认可的统计评级机构一共有 10 家，如表 5-1 所示。㊄

表 5-1　在美国注册的国家认可的统计评级机构

统计评级机构名称	注册日期
贝氏评级机构（AMB）	2007 年 9 月 24 日
加拿大评级机构（DBRS）	2007 年 9 月 24 日
伊根琼斯评级公司（EJR）	2007 年 12 月 21 日

㊀ 利率结构将在第 16 章中描述。

㊁ Information asymmetry and its adverse impact on markets was set forth in George Akerlof, "The Market for 'Lemons': Quality Uncertainty and the Market Mechanism," *Quarterly Journal of Economics* 84, no. 3 (1970): 488–500.

㊂ 有一段时间，买家为债券评级服务付费。然而，复印机的发明，使得买家能够轻易地将意见分发给那些没有为评级而付费的人，因此信用评级机构转向了发行方付费体系。

㊃ Credit Rating Agency Reform Act of 2006, Section 3, http://ww.sec.gov/division/marketreg/ratingagency/cra-reform-act-2006.pdf.

㊄ Securities and Exchange Commission, "2015 Summary Report of Commission Staff's Examinations of Each Nationally Recognized Statistical Rating Organization," https://www.sec.gov/ocr/reportspubs/special-studies/nrsro-summary-report-2015.pdf.

(续)

统计评级机构名称	注册日期
惠誉国际评级公司（Fitch）	2007年9月24日
墨西哥人力资源评级可变资本股份公司（HR）	2012年11月5日
日本信用评级机构有限公司（JCR）	2007年9月24日
克罗尔债券评级公司（KBRA）	2008年2月11日
穆迪投资者服务公司（Moody's）	2007年9月24日
晨星信用评级有限责任公司（Morningstar）	2008年6月23日
标准普尔评级公司（S&P）	2007年9月24日

5.3 欧洲对信用评级机构的监管

信用评级机构在为次级抵押贷款支持证券等结构性金融产品进行评级方面表现不佳。具体来说，这些被评为最高信用等级的产品，信用表现较差。在2007年和2008年，这种系统性的高估导致了次级抵押贷款支持证券市场的崩溃，并对全球信贷市场和全球经济产生了连锁反应。另外，欧元区的某些主权政府债务评级被下调，一些市场观察人士认为这是不合理的。由于全球信贷危机和某些主权政府债务评级被下调，欧洲监管机构开始寻求措施，用以加强对信用评级机构在欧盟开展业务时的监管和监督。

为此，欧盟制定了以下规则。首先，在2009年欧盟引入了监管框架和监督结构。更具体地说，信用评级机构在进行注册登记时，必须提供一个对市场参与者来说，透明且健全的评级方法，并避免利益冲突。2011年欧洲证券和市场管理局成立时，信用评级机构必须在此注册，然后由欧洲证券和市场管理局监管注册的信用评级机构。为了应对监管机构对主权评级的担忧，2013年欧盟对规则进行了修订，以解决人们认为信用评级机构的评级方法存在弱点的问题。

在本章的后面，我们将讨论与信用评级有关的一个主要问题：投资者对评级的过度依赖。我们还将讨论信用评级制度的一个主要问题：在进行评级时存在的利益冲突。欧洲证券和市场管理局旨在通过监管减少对信用评级的过度依赖，以及信用评级机构存在的潜在利益冲突。此外，欧洲证券和市场管理局还试图通过监管使信用评级过程更加透明，从而提高评级的可靠性，并鼓励更多的实体参与信用评级业务。

5.4 信用评级系统

每个信用评级机构都能对被评级的实体或金融工具进行评级。三大信用评级机构分别是穆迪、标准普尔和惠誉。这三家评级公司所采用的评级体系如表5-2所示，该表还对每种评级进行了简要说明。

表5-2 三大信用评级机构所采用的评级体系及简要说明

穆迪	标准普尔	惠誉	简要说明
Aaa	AAA	AAA	金边的、最好的、最大的安全性
Aa1	AA+	AA+	
Aa2	AA	AA	非常高等级、高质量
Aa3	AA−	AA−	
A1	A+	A+	
A2	A	A	中上级

(续)

穆迪	标准普尔	惠誉	简要说明
A3	A−	A−	
Baa1	BBB+	BBB+	
Baa2	BBB	BBB	中下级
Baa3	BBB−	BBB−	
Ba1	BB+	BB+	
Ba2	BB	BB	低级,投机
Ba3	BB−	BB−	
B1	B+	B+	
B2	B	B	高度投机
B3	B−	B−	
	CCC+		
Caa	CCC	CCC	重大风险,状况不佳
	CCC−		
Ca	CC	CC	可能会违约,极度投机
C	C	C	比上面那些更具投机性
	CI		收益债券,没有支付利息
		DDD	违约
		DD	
	D	D	

在这三大信用评级机构的评级体系中,**高等级**这个词意味着低违约风险,也就是说,未来支付的概率很高。穆迪使用符号 Aaa 来表示最高等级的债务,但其他两个主要的信用评级机构使用 AAA。次高等级是 Aa(穆迪)或 AA(标准普尔和惠誉)。所有评级机构都用符号 A 表示第三等级。接下来的三个等级分别是 Baa(或 BBB)、Ba(或 BB)、B。后面还有 C 级。标准普尔和惠誉使用加号或减号来对每个信用等级提供更细化的分类,穆迪使用 1、2、3 来达到相同的目的。评级中的这些符号被称为评级"得分"。

被评为 AAA 级(或 Aaa)的债务被称为**优质**债务;AA(或 Aa)是高质量债务;一个 A 为**中上级**,三个 B 为**中级**。评级较低的债务被认为具有投机成分,或者具有**明显的投机性**。

如果一种债务被评为前四级,它就被称为**投资级**。当一种债务的评级低于前四级时,它就被称为**非投资级**,或者更通俗地称为**高收益债券**,不幸的是,这种债券被错误地称为**垃圾债券**。因此,根据信用评级,可以将债券市场划分为**投资级市场**和**非投资级市场**。这一区别很重要,因为机构投资者的投资指南可能会禁止购买非投资级债券。

如果一个被评级的实体从两个或两个以上的信用评级机构那里得到不同的评级,这种评级就被称为**分割评级**。例如,穆迪可能会将某一发行的债券评为 AA 级,而标准普尔可能将同一发行的债券评为 A 级。

在初始评级确定后,信用评级机构会对债务或发行人进行监督。信用评级机构可能会宣布它正在审查某一特定的信用评级,并进一步声明审查的结果可能导致**降级**(被给予更低的信用评级)或**升级**(被给予更高的信用评级)。信用评级的变化会导致更低的评级,这种风险被称为**降级风险**。当评级机构发布这一公告时,该债券或发行者就被称为处于**信用监视**之下。

此外,为了帮助市场参与者做出信贷决策,对于某些类型的债务工具,信用评级机构提供了评估潜在评级下调和上调的信息。对此,它们通过定期发布**评级转换矩阵**或**评级迁移矩阵**

来实现。这些表可用于不同的过渡时期（如1年或5年）。

如表5-3所示，这里列示了公司债券一年期平均过渡矩阵的一部分。在表中，第一行显示年度开始时的评级，第一列显示年度结束时的评级。在表中查找年初的评级是A1，年末的评级也是A1的单元格，这个单元格表示在年初被评为A1并在一年中没有改变其评级的债券所占的百分比。可以看出，年初被评为A1，年末也被评为A1的债券占75.8%。

表5-3 一年期债券评级转换矩阵

From/To	Aaa	Aa1	⋯	A1	A2	A3	Baa1	⋯	B1	B2	⋯	Ca-C	⋯
Aaa	87	6.15	⋯	0.31	0.13	0.02	0.01		0.01	0		0	
Aa1	2	74.9	⋯	1.6	0.53	0.13	0.17		0	0		0	
⋮	⋮	⋮		⋮	⋮	⋮	⋮		⋮	⋮		⋮	
A1	0.1	0.24		75.8	8.08	2.91	0.69		0.07	0.02		0	
A2	0.06	0.04		5.24	76.11	5.99	2.87		0.05	0.04		0	
A3	0.04	0.06		1.89	6.71	73.41	6.76		0.1	0.05		0.01	
Baa1	0.03	0.04		0.26	1.83	6.8	72.55		0.38	0.07		0.02	

注：第一行是年初评级，第一列是年末评级。

现在查找年初评级是A1，年末评级是A3的单元格。该单元格的数字表示年初评级为A1，到年底被降级为A3，此类债券的比例为1.89%。我们可以把这个数字解释为概率。在我们的例子中，它是指一个年初评级为A1的债券在年底被降级为A3的概率。评级转换矩阵还显示了升级的潜力。同样，在表5-3中，年初评级为A2的债券有8.08%的概率在年底升级到A1。

5.5 监管机构对评级的使用

考虑到第三方信用分析的重要性，出于金融监管的目的，美国监管机构从1931年开始要求进行评级。在那一年，美联储和另一个银行监管机构，即美国货币监理署，要求银行使用评级来区分投资级和非投资级债券。对于所有被评为非投资级的债券，银行必须以市场价值来报告其持有的债券，而对于投资级债券则不是这样，银行持有的投资级债券是以购买价格来报告的。1936年，美联储、货币监理署以及另一家银行监管机构——联邦存款保险公司禁止银行购买非投资级债券。美国保险监督协会使用评级来确定资本准备金要求。特别是在1951年，针对投资于低评级债券的保险公司，其资本准备金要求更高。

"国家认可的统计评级机构"⊖一词于1975年被采用，这样美国证券交易委员会就可以决定经纪公司和交易商必须为其资产负债表上不同级别的债务工具持有多少资本。这一要求导致在联邦和州的法规中，更大程度上依赖国家认可的统计评级机构来定义信用度。例如，在确定保险公司可以投资的等级时，几个州的保险法在不同程度上依赖于国家认可的统计评级机构的评级。

美国国会依据信用评级来定义"抵押贷款债券"。根据1984年的《二级抵押市场增强法案》的规定，抵押贷款债券必须被至少一个信用评级机构评为两个最高评级类别中的一个。美国教育部采用信用评级为实体制定财务责任标准，这些实体希望参加1965年《高等教育法》

⊖ 国家认可的统计评级机构的概念在其他国家的证券法中也有应用。其中一个例子就是萨尔瓦多。在萨尔瓦多，如果信用评级机构被美国证券交易委员会认可，它就可以被登记为"风险分类器"。

第四章规定的学生财政援助方案。随着美国国会在立法和监管机构更多地使用信用评级来监督金融机构，机构投资者在其投资指导方针和对内部和外部经理的委托中都采用了评级。注册投资公司将其纳入招股说明书。例如，美国证券交易委员的 2a-7 规则主要针对货币市场基金，禁止对某些没有信用评级的证券进行投资，至于货币市场基金我们将在第 32 章中讨论。

5.6 评级的非监管用途

除了监管机构使用信用评级之外，还有 4 种市场参与者受益于现存的评级，它们是：发行者、资产管理公司、经纪公司和交易商以及签订私人合同的交易者。

通常，债券发行人必须至少有一个评级，以销售它们的债券。这是因为投资者根据投资指导方针或监管规定，需要根据国家认可的统计评级机构评级列出可允许的投资项目。当一个实体发行一种证券时，它必须向公众提供证券的收益率也就是其资金成本。正如第 23 章将解释的，评级越高，资金成本越低。

在第 3 章中，我们讨论了资产管理公司。这些公司接受客户的委托，有些公司的账户只能投资于获得一定评级的债券。例如，有些客户基金只能投资于投资级债券，而其他客户基金则主要投资于非投资级债券。资产管理公司在管理客户资金时必须遵守相关的投资指导方针，该方针规定了允许投资的债券信用评级。资产管理公司通常有一个信用分析小组，负责独立研究，分析发行者的信用可靠性。通常，信用分析小组将使用评级作为筛选标准，以确定公司可以投资的符合条件的债券。正如本章后面所讨论的，监管机构的一个主要担忧是投资者可能过于依赖这些评级。

经纪公司和交易商通过多种方法利用评级。首先，当向客户（资产管理公司和散户投资者）提供债务工具时，它们要确保所提供的证券符合买方的投资指导方针。其次，当它们作为债务发行机构的投资顾问时，它们会与客户讨论从哪些信用评级机构获得评级。再次，正如前面所解释的，证券公司被要求使用评级来确定净资本要求，这就是美国证券交易委员会为合格的信用评级机构设立国家认可的统计评级机构的原因。最后，私人合同可以出现在金融市场之中，最常见的例子是场外衍生品合约。评级还可用于确定可接受的交易对象。经纪公司和交易商使用投资指南和适用的监管要求来确定交易对象的最低评级。

5.7 关于信用评级机构的担忧

评级只是参考意见，而不能完全保证。因此，尽管一只债券在最初发行时获得了高投资级评级，但还是发生了违约，也就不足为奇了。然而，信用评级机构过去的一些失误向监管机构表明，应该加大对信用评级机构的监管力度。例如，在 20 世纪 80 年代，美国市政债券市场引入了新的、未经法律检验的债券结构。最著名的例子是华盛顿公共供应系统 1980 年为 5 个核电站（项目 1、2、3、4 和 5）发行的收入债券（俗称"Whoops"债券）。穆迪和标准普尔对项目 1、2、3 的债券评级为 AAA，对项目 4、5 的债券评级分别为 A1（穆迪）和 A+（标准普尔），但结果只有一座核电站完工，发行者拖欠了 25 亿美元，这是当时数额最大的市政债券拖欠事件。1994 年，加利福尼亚州奥兰治县发行的债券发生违约，该债券曾被穆迪和标准普尔评为 Aa 和 AA 级别，最终该县申请破产。当时，这是美国历史上最大的市政破产案。

20 世纪 90 年代，在执行美国证券交易委员会制定的规则和指定实体为国家认可的统计评级机构时，美国证券交易委员会考虑了替代方案。基本上，美国证券交易委员会决定继续使用原方案。替代方案是：①消除对国家认可的统计评级机构评级的依赖，不指定国家认可的统计评级机构；②对评级机构实施更直接、更广泛的监督。1997 年，美国证券交易委员会就评级机构是否有资格成为国家认可的统计评级机构征询了市场参与者的意见，并规定了评级机构申请国家认可的统计评级机构资格的正式程序。美国证券交易委员会征求意见的另外 3 个问题是：①是否禁止国家认可的统计评级机构根据交易的发行规模向发行方收取费用（因为担心按规模收费会损害国家认可的统计评级机构进行评级时的客观性）；②是否要求国家认可的统计评级机构将其评级提供给公众，而不仅仅提供给其定购用户；③在一定情况下，是否用违约风险的统计模型替代评级。美国证券交易委员会当时没有对这些问题采取行动。

21 世纪初，信用评级机构开始重点关注评级，这是由于那些最初评级很高的大公司的破产引起了广泛的关注。第一家是安然公司，其债券在 2001 年申请破产前几天被评为投资级，这是美国历史上最大的公司破产案。2002 年，世界通信公司破产了，在申请破产前 3 个月，该公司的债券还被评为投资级。2002 年 3 月，环球电信的债券被评为投资级，而 2002 年 7 月，它拖欠了贷款。加利福尼亚州某些公用事业公司在违约前两周被评为 A 级。美国电话电报公司的债券在 2002 年 2 月被评为投资级，该公司于 2002 年 9 月违约。

2001 年安然公司破产，美国国会重新审议了与信用评级机构相关的事件。2002 年（1 月和 3 月）美国参议院政府事务委员会举行了两次听证会。3 月 20 日的听证会题为"评级机构的评级：安然和信用评级机构"⊖，特别关注信用评级机构在安然破产中的作用。一位著名法律专家在证词中指出，国会应指示监管机构放弃使用评级，因为评级未能及时提供有关发行者信誉的有用信息。参议院政府事务委员会的工作人员报告题为《安然的财务监督：证券交易委员会和私营部门监管机构》⊖，并得出结论认为，信用评级机构在对安然的信用分析中表现出令人失望的懈怠。

2007 年的次贷危机引发了大众对结构性产品评级表现的不满，这进一步引发了对信用评级机构的担忧。美国和欧洲的调查重点主要集中在两个问题上，第一个问题是发行人对其所发行证券的评级的影响，第二个问题是投资者过度依赖或完全依赖评级。

5.7.1 发行人对评级的影响

当信用评级业务开始时，信用评级的用户或投资者需要付费给信用评级机构，即**用户付费模式**。在这种模式下，评分按月发布，用户付费订阅。20 世纪 70 年代复印技术的进步使评级书的全部或部分内容可以复制和分发，用户付费模式作为一种商业模式，不再适用于信用评级机构。为了生存，信用评级机构从用户付费模式转变为**发行方付费模式**。在这种模式下，为评级支付费用成为发行方的责任。尽管发行方可以拒绝获得任何评级，但通常情况下，它们至少会从评级机构中获得一项评级，因为没有评级的债券很难发行。但发行方支付模式可能会导致潜在的利益冲突，这让评级的客观性受到质疑。更具体地说，有人认为，发行方将选择能够获得最高评级的信用评级机构。为了吸引发行方，信用评级机构将会为了发行方的利益而降低自身评级标准。

⊖ "Rating the Raters: Enron and the Credit Rating Agencies: Hearings before the Senate Committee on Governmental Affairs," 107th Cong. 471 (March 20, 2002).

⊖ Report of the Staff of the Senate Committee on Governmental Affairs, Financial Oversight of Enron: The SEC and Private-Sector Watchdogs (October 7, 2002).

这种潜在的利益冲突导致了**评级购买假说**的产生，该假说有关发行方与信用评级机构在交易时产生的行为。这一假说认为，发行方将在信用评级机构中寻找（购买）能提供最佳信用评级的机构[1]。另一种形式的评级购买假说认为，发行方会选择能给出尽可能多的评分的信用评级机构，即使是在相同的评分水平上。此外，还有一种担忧是，在对已评级的发行方进行监控时，信用评级机构可能会犹豫是否下调这些发行方的债务评级，因为在未来，被下调评级的发行方可能不愿接受信用评级机构对新债的评级。

而反对者则认为，信用评级机构"有强烈的动机去建立和保护自己的独立和客观声誉"[2]。信用评级机构在市场上的成功很大程度上取决于它所建立的声誉，因为发行方不会继续为投资者认为过去可能存在偏见的信用评级机构的评级买单。因此，信用评级机构发布诚实、客观评级的声誉，或许是其最大的可出售资产，而发布客观评级的声誉激励，则是一股强大的反补贴力量，对抗发行方付费模式所产生的任何潜在利益冲突。事实上，联邦储备委员会的两名成员通过实证研究发现"没有证据表明评级机构因利益冲突而出于发行方利益行事"，"相反，评级机构似乎对声誉方面的担忧较为敏感，从而保护了投资者的利益"。[3]

5.7.2 投资者对评级的过度依赖

监管机构和市场参与者越来越多地采用评级，提升了评级的作用。有人认为这会造成投资者、资产管理公司和监管机构过度依赖评级。越来越多的人担心投资者尤其是机构投资者只依赖评级，而没有自己进行信用分析，而且这种"羊群行为"是只依赖评级造成的。美国证券交易委员会的一份报告承认，投资者和监管机构越来越依赖评级，不仅是在公共债务发行方面，在私人债务安排方面也是如此。例如，用于确定抵押品要求的评级，包括非交易所交易衍生品的交易对象和贷款交易中的交易商给出的抵押品的评级。两项研究表明，在1997～1998年亚洲金融危机中，对新兴市场主权债券评级的过度依赖是一个不稳定因素。[4]

2008年4月，金融稳定论坛的一份报告指出："投资者应该解决他们对评级过度依赖的问题。投资者协会应考虑为投资结构性产品而制定尽职调查和信用分析标准。"[5]为此，在2008年年底，欧洲基金与资产管理协会、欧洲证券化论坛和投资管理协会等行业协会制定了行业指南，以解决过度依赖证券化产品评级的问题。

---

[1] See, for example, Francesco Sangiorgi, Jonathan Sokobin, and Chester Spatt, "Credit-Rating Shopping, Selection and the Equilibrium Structure of Ratings," working paper, Carnegie Mellon University, Pittsburgh, PA, 2009; Patrick Bolton, Xavier Freixas, and Joel D. Shapiro, "The Credit Ratings Game," *Journal of Finance* 67 (2012): 85–111; Emmanuel Farhi, Josh Lerner, and Jean Tirole, "Fear of Rejection? Tiered Certification and Transparency," *Rand Journal of Economics* 44 (2013): 610–631; Christian C. Opp, Marcus M. Opp, and Milton Harris, "Rating Agencies in the Face of Regulation," *Journal of Financial Economics* 108 (2013): 46–61.

[2] Daniel M. Covitz and Paul Harrison, "Testing Conflicts of Interest at Bond Rating Agencies with Market Anticipation: Evidence That Reputation Incentives Dominate," FEDS Working Paper 2003–68 (Washington, DC: Federal Reserve Board, 2003): p. 2, http://www.federalreserve.gov /pubs /feds /2003 /200368 /200368abs .html.

[3] Covitz and Harrison, "Testing Conflicts of Interest," p. 23.

[4] See Giovanni Ferri, L.-G. Liu, and Joseph E. Stiglitz, "The Procyclical Role of Rating Agencies: Evidence from the East Asian Crisis," *Economic Notes* 28 (1999): 335–355; Helmut Reisen and Julia von Maltzan, "Boom and Bust and Sovereign Ratings," *International Finance* 2 (1999): 273–293.

[5] "Report on Enhancing Market and Institutional Resilience" (Financial Stability Forum, 2008), 37.

美国和欧洲的提议都试图扭转所谓的过度依赖或只依赖评级的局面⊖。《多德-弗兰克法案》第939A条导致美国证券交易委员会通过了修正案，删除了在《1933年证券法》和《1934年证券交易法》颁布的规则和表格中提及信用评级的内容。美国证券交易委员会声明：

当我们认识到在许多投资者进行投资决策时信用评级发挥的重要作用，我们希望避免在使用信用评级时，以任何方式暗示对任何特定信用评级质量的"绝对认可"，包括对任何国家认可的统计评级机构。同样，立法历史表明，国会通过第939A条的目的是"减少对信用评级的依赖"。

欧元区的银行也采取了类似的策略。2011年7月，欧盟内部市场专员米歇尔·巴尔尼埃在一次对欧洲证券和市场管理局的演讲中陈述："为了限制过度信赖，我们将加强要求银行进行自我分析风险和不以自动和机械的方式依赖外部评级。"⊖

5.8 进行评级时考虑的因素

正如本章前面所讨论的，信用评级机构会对不同发行人的各种债务进行评级。在这里，我们简要地描述了它们在对主权政府、公司以及美国市政债务进行评级时所考虑的因素。所有信用评级机构考虑的因素都是一样的，在确定最终评级时，它们对每个因素赋予的权重不同。

5.8.1 主权政府债务

主权政府债务是一国中央政府的债务。由于后面讨论的原因，信用评级机构对主权政府债务进行了两种评级，一种是**本币债务评级**，另一种是**外币债务评级**。

三大信用评级机构都对主权政府债务进行评级，评级时分析的两类风险分别是经济风险和政治风险。前者是对一个政府履行其义务的能力的评估，经济风险的评估既有定量分析，也有定性分析。

政治风险是对政府履行其债务意愿的评估。政府可能有能力支付，但不愿意这样做。政治风险的评估是基于对影响政府经济政策的经济和政治因素的定性分析。

从历史上看，区分本币债务评级和外币债务评级的原因是，违约率因债务计价货币的不同而不同。具体来说，以外币计价的债务违约更多。本币债务和外币债务的违约率之所以不同，是因为如果一国政府愿意增税并控制其国内金融体系，它就能产生足够的本币来偿还本币债务。外币计价债务则不是这样，一个国家的政府必须购买外国货币才能偿还债务。因此，在偿还外币债务时，若本币相对于外币大幅贬值，就将损害一国政府履行这种债务的能力。

这意味着，用于评估一国政府本币债务和外币债务信用的因素会有所不同。例如，在评估本币债务的信用时，标准普尔强调促进或阻碍及时偿还债务的国内政府政策。对于外币债务，标准普尔的信用分析侧重于国内外政府政策的相互作用，此外，标准普尔还会分析一个国家的国际收支和外部资产负债表结构。（关于一国外部资产负债表分析领域的主要指标是净公共债务、净外债总额和净外债。）

⊖ SEC Releases 33-9245 and 34-64975; File S7-18-08, Washington, DC.
⊖ Available at http://europa.eu/rapid/press-release_SPEECH-11-514_en.htm.

5.8.2 公司债务

评估公司发行人或公司债务的违约风险，信用评级机构通常看3个方面：①合同中对债券持有人的保护，及其对管理的自由裁量权的限制程度；②如果发行人未能支付要求的款项，债券持有人可以获得的抵押品；③发行人向债券持有人支付合同款项的能力。

合同条款为公司管理的几个重要领域建立了规则，这些条款是对债权人的保障，在对债券或贷款进行评级时，要认真分析合同条款。在评估发行人的偿债能力（按时支付利息及本金）时，对发行人产生现金流能力的评估远远超出了对各种财务比率和现金流指标的分析，而这些指标可以作为对公司财务风险的基本评估。信用评级机构还考察定性因素，如发行人的业务风险和公司治理风险，以评估发行人的支付能力。

业务风险是与产生经营性现金流相关的风险。经营性现金流是不确定的，因为构成现金流的收入和支出是不确定的。收入取决于整个经济和公司所处行业的状况，以及管理层和竞争对手的行动。为了评估业务风险，三大信用评级机构着眼于相同的领域。标准普尔指出，当分析业务风险时，它考虑国家风险、行业特征、公司地位、产品组合或市场、技术、成本效率、战略和运营管理能力、盈利能力或同行组比较。[⊖] 穆迪调查行业趋势、国家政治和监管环境、管理质量和风险承担态度、基本的经营和竞争地位。[⊜] 惠誉评估行业趋势、经营环境、市场地位和管理。[⊜]

评估公司治理风险包括评估：①公司的所有权结构；②管理层的做法；③财务披露的政策。公司管理层急于向股东和市场呈现有利的结果，这是不少公司丑闻的主要原因，也就是所谓的**公司治理风险**。首席执行官、首席财务官和董事会直接对财务报表和其他公司决策的披露负责。某些机制可以降低管理层出于自身利益行事的可能性。这些机制可分为两类。第一类是将管理层利益与股东利益更紧密地结合起来的机制，这种一致性可以通过授予管理层具有经济意义的公司股权来实现。此外，经理的薪酬可以与公司普通股的绩效挂钩。第二类是公司内部控制系统，它可以提供一种有效监控管理层绩效和决策行为的方法。

除了公司治理之外，信用评级机构在评估一家公司的支付能力时，还会考察管理质量。为了评估管理质量，穆迪审查了由管理层制定的商业战略和政策，穆迪考虑的因素包括战略方向、财务理念、保守主义、业绩记录、继任计划和控制系统。

了解了公司的业务风险和公司治理风险后，信用评级机构会继续评估公司的财务风险。分析涉及传统的比率分析和其他影响公司融资的因素。在投资管理方面，很多书都描述了这些措施，这些措施能够解决利息覆盖率、杠杆、现金流、净资产和营运资本等相关问题。一旦为被分析的公司计算出这些指标，信用评级机构就会将它们与同行业中其他公司的类似指标进行比较。

5.8.3 美国市政债券

次政府债券市场是第21章的主题。当对美国的地方实体，更具体地说，州和地方政府的债务进行评级时，我们将在这里描述信用评级机构考虑的因素。正如第21章所解释的，市政债券结构有两种基本类型：税收支持债券和收入债券。税收支持债券是某种形式的税收收入。

⊖ Standard & Poor's Corporation, Corporate Rating Criteria (New York, 2005), 20.
⊜ Moody's Investors Service, Industrial Company Rating Methodology (New York, July 1998), 3.
⊜ Fitch Ratings, Corporate Rating Methodology (New York, n.d.), 1–2.

税收支持债券的常见类型是一般债务债券。第二种基本类型的市政债券结构是收入债券。这类债券是为项目或企业融资而发行的，债券发行人向债券持有人保证所融资的经营项目所产生的收入。例如，机场税收债券、学院和大学税收债券、医院税收债券、单个家庭抵押税收债券、多家庭税收债券、公共电力税收债券、资源回收税收债券、收费公路和天然气税收债券以及水税收债券。

为了评估税收支持债券，信用评级机构从4个基本类别来评估信息：①发行人的债务结构和整体债务负担；②发行人的能力和政治纪律能否维持合理的预算政策，这里的关注焦点通常是发行人的一般营运资金，以及发行人是否能在3~5年内保持预算平衡；③发行人可获得的具体地方税收和政府间收入，以及两种税率的历史信息（在考虑征收物业税时，这是很重要的）以及地方预算对特定收入来源的依赖；④发行人的整体社会经济环境，对这一类别所做的评估包括当地就业分布和组成趋势、人口增长、房地产估价和个人收入等经济因素。

虽然有许多证券结构适用于收入债券，但对此类债券进行评级的关键因素是，所融资的项目是否能产生足够的现金流，以履行对债券持有人的义务。该分析与评估公司债务时所考虑的因素具有可比性。

关键知识点

- ▲ 信用评级机构通过对发行证券或签订私人合约的实体进行信用分析，并以信用评级的形式表达意见，在信用市场中发挥着关键作用。
- ▲ 信用评级机构降低了债券和私人合同在市场上的信息不对称。
- ▲ 美国证券交易委员会认可的信用评级机构被归类为国家认可的统计评级机构。
- ▲ 三大信用评级机构分别是穆迪投资者服务公司、标准普尔评级公司和惠誉国际评级公司。
- ▲ 根据信用评级，可以将债券市场分为投资级市场和非投资级市场。
- ▲ 如果一项债务的评级在前四级，它就是投资级；评级低于前四级被称为非投资级，或者更通俗地称为高收益债券。
- ▲ 评级的补偿制度已经从用户付费模式转变为发行方付费模式。
- ▲ 对于发行方付费模式的一个主要担忧是，它可能会导致利益冲突，因为它可能导致评级购买假说，以及信用评级机构不愿下调发行方的评级。

- ▲ 监管机构对信用评级的重视导致的一个主要问题是投资者过度依赖或完全依赖评级，而不自己进行信用分析。
- ▲ 主权政府债务是一国中央政府的债务，信用评级机构对此有两种评级，一种是本币债务评级，另一种是外币债务评级，因为从历史上看，违约率会因债务计价货币的不同而不同。
- ▲ 在评估主权政府债务问题的经济风险和政治风险时，信用评级机构分析了定量和定性因素。
- ▲ 在对公司债务进行信用评级时，信用评级机构评估贷款协议中规定的保护措施，当发行机构未能支付所需款项时，债券持有人可获得的抵押品以及发行人履行其支付义务的能力。
- ▲ 在评估企业发行人的偿债能力时，信用评级机构会评估发行人的业务风险、公司治理风险和财务风险。
- ▲ 在评估业务风险（与经营性现金流相关的风险）时，主要考虑行业特征和趋势、公司的市场和竞争地位、管理特点以及国家的政治和监管环境。
- 评估公司治理风险包括评估：①公司的所有权结构；②管理层的做法；③财务披露的政策。
- 评估公司的财务风险涉及传统的比率分析和对影响公司融资的其他因素的评估。
- 为了评估美国市政发行人的债务，对税收支持债券和收入债券使用了不同类型的信用评估。
- 在对税收支持债券进行信用评级时，信用评级机构将分析4个基本类别：①发行人的债务结构和整体债务负担；②发行人的能力和政治纪律能否维持合理的预算政策；③面向发行人的特定地方税收和政府间收入；④发行人的整体社会经济环境。
- 对于收入债券进行评级的关键因素是，被融资的项目是否能产生足够的现金流，以履行对债券持有人的义务。

练习题

1. 信用评级机构在金融市场中扮演什么角色？
2. 信用评级机构和国家认可的统计评级机构之间有什么关系？
3. 请解释你是否同意以下说法："一个国家认可的统计评级机构可以为任何类型的债务提供信用评级。"
4. 2003年1月，美国证券交易委员会发表了一份关于信用评级机构在证券市场运作中的作用和功能的报告。报告的第二部分对信用评级如何被纳入美国监管框架进行了背景讨论。报告指出：

   在过去的30年里，包括证监会在内的监管机构越来越多地使用信用评级来帮助监控被监管实体所持投资的风险，并为不同风险的证券提供适当的披露框架。⊖

   请给出至少两个例子，说明监管机构是如何利用信用评级来进行规定的活动的。
5. 为什么投资级别和非投资级别的区别对投资者很重要？
6. 什么是评级的"等级"？
7. 什么是评级转换矩阵？投资者如何使用它？
8. 信用评级机构使用的发行方付费模式有什么问题？
9. 什么是"评级购买假说"？
10. 为什么要担心投资者在做投资决定时过度依赖信用评级？
11. 为什么信用评级机构既要进行本币债务评级，又要进行外币债务评级？
12. 在进行信用评级时，信用评级机构会分析公司的商业风险。什么是商业风险？
13. 什么是公司治理风险，信用评级机构为什么要使用它？
14. a. 为什么信用评级机构会以不同的方式评估美国税收支持债券和收入债券这两种不同类型的市政债务？

    b. 哪种类型的市政债务的分析方式与公司债务相似？

⊖ U.S. Securities and Exchange Commission, "Report on the Role and Function of Credit Rating Agencies in the Operation of the Securities Markets: As Required by Section 702(b) of the Sarbanes-Oxley Act of 2002" (Washington, DC: January 2003).

第 6 章

存款机构的活动与特征

学习目标

学习本章后，你会理解：
- 什么是存款机构；
- 存款机构如何获取收入；
- 美国银行的监管机构是谁；
- 监管存款机构的基本原则；
- 存款机构的稳健与安全原则是什么；
- 使用骆驼评级系统的银行评级；
- 存款机构可获得的公共支持；
- 《巴塞尔协议》是什么，它们的支柱是什么；
- 存款机构的风险资本要求是什么，如何计算；
- 美国联邦机构对系统性风险的监管；
- 存款机构的创收活动类型；
- 存款机构如何获得资金；
- 确定存款准备金的方法；
- 存款保险的基本原理，以及保险定价方式；
- 节俭机构是什么，以及节俭机构与银行的区别；
- 影子银行体系是什么，以及对这种信贷中介形式的担忧。

存款机构包括商业银行（简称"银行"）和节俭机构（储蓄协会和信用合作社）。这些金融中介机构接受存款。存款是存款机构的负债（债务），存款机构通过吸收存款和其他来源筹集的资金，直接向各种实体发放贷款并投资于证券。它们的收入来源有两种：一是它们发放的贷款和购买的证券所产生的收入；二是手续费收入。

存款机构在金融体系中扮演着重要角色，因此受到高度监管。在银行设立的存款账户是个人和企业支付款项的主要方式。在所有国家，银行都要服从政府的监管，这些监管规定了具体的要求、限制和指导方针。银行监管的基础：①许可和监督（需要许可证才能从事银行业务）；②最低要求（其中最重要的是银行最低资本金要求）；③市场纪律（银行必须对存款人和其他债权人披露财务和其他信息）。

政府通过银行系统实施货币政策。由于其重要作用，存款机构享有特权，例如，获得某种形式的存款保险，以及获得在紧急需要时能提供流动资金的政府实体的帮助。全球银行业的一个重要做法是存款保险，在许多国家都实行这种做法，以保护银行存款人不因银行无法兑现取款而遭受损失。为提高存款保险效力而成立的国际存款保险机构协会在全球有 83 个成员。存款保险等特权被称为"公共支持"。

截至 2017 年年底，按普通股市值大小排序，世界上最大的 10 家银行分别是摩根大通集团（3 760 亿美元）、美国银行（3 130 亿美元）、中国工商银行（3 120 亿美元）、富国银行（3 060 亿美元）、中国建设银行（2 280 亿美元）、汇丰银行控股公司（2 050 亿美元）、花旗集团（2 000 亿美元）、中国银行（1 660 亿美元）、加拿大皇家银行（1 170 亿美元）以及澳大利亚联邦银行（1 080 亿美元）。

在本章中，我们研究存款机构，主要关注银行。我们关注美国的银行体系，因为它反映了其他发达经济体的银行体系。在本章的最后，我们讨论金融体系中的一个部门——"影子银行"，以及与其活动相关的问题。

6.1 美国银行的监管机构

今天，我们意识到联邦政府在商业银行监管中的作用，但在 1863 年之前，联邦政府几乎没有在商业银行的监管中发挥作用。相反，银行只在国家层面受到监管。当美国意识到需要一个更强大的银行体系时，美国国会于 1863 年通过了《国民银行法》，建立了联邦政府授权的国民银行制度，成立货币监理署（OCC）并授权监管国民银行。因此，同时存在着州银行和国民银行，这种结构被普遍称为"双轨银行制度"。双轨银行制度今天仍然存在，每个州都有自己的银行业监管部门，负责监管由州特许经营的银行。

联邦政府意识到银行需要在经济紧张时期获得流动性，因此希望建立一个银行体系，让银行有一个可以借款的实体，该实体可以被称为"最后贷款人"。美国国会通过了 1913 年的《联邦储备法》，确立联邦储备系统（FRS）作为中央银行体系。作为《财务报告准则》成员的银行有权享受《财务报告准则》依法授权提供的所有服务。该立法要求所有国家特许银行都成为联邦储备系统的成员，州特许银行有权选择是否成为会员，大多数州特许银行选择不成为会员。

州特许银行可分为联邦储备系统成员的州银行和非成员的州银行，随着 1980 年《存款机构放松管制和货币控制法》的通过，我们将要讨论的成员银行的资本要求也适用于州特许的非成员银行。

如今，银行受到几个联邦和州政府实体的监管和监督。"银行监管"是指联邦机构发布管理银行机构的运营、活动和收购的具体法规和指南的权力。

一旦这些规章制度和指导方针到位，银行监管就包括监测和检查个别银行的状况，并确定它们是否遵守了这些条例。如果某一家银行不遵守规定或被发现有财务困难，联邦机构将被授予强制执行权。下面我们将讨论监管银行的三个联邦机构：美联储、货币监理署和联邦存款保险公司。㊀在此之前，我们将简要讨论各种类型的银行结构。

最简单的银行结构是没有子公司的国民银行，一种更复杂的结构是拥有两个子公司的国民银行，一家经营类的子公司从事典型的银行活动（稍后讨论），另一家金融类的子公司从事

㊀ 银行的不同部门可能会受到不同监管机构的监管。

金融性质的活动。银行业有两种类型的控股公司结构（控股公司是指拥有其他公司控制权的公司）。一种是银行控股公司，它是指母公司拥有一家国民银行和一家州银行；另一种是金融控股公司，它是指母公司拥有一家国民银行和一家证券公司。基本上，金融控股公司是允许从事各种金融相关活动的企业集团，大型银行通常是金融控股公司，证券公司的活动，我们将在第9章描述投资银行活动时详述。

6.1.1 美联储

美国联邦储备系统（简称"美联储"）理事会成立于1913年，它的目标是通过银行储备金对银行和某些其他类型的存款机构进行监管，美联储有权执行国家的货币政策，以此稳定银行业。此外，美联储有权对银行控股公司、外国银行在美国的分支机构以及属于《财务报告准则》成员的州特许银行进行安全性和稳健性检查。

1999年《金融服务现代化法案》（也称为《格拉姆–里奇–布莱利法案》）和2010年《多德–弗兰克法案》大大扩大了美联储的职责，前者使美联储成为金融控股公司的伞形监管者。《多德–弗兰克法案》规定，美联储是金融稳定监督委员会指定为所有具有系统重要性的金融公司（银行和非银行）提供监管的主要监管机构⊖，而被金融稳定监督委员会认定为对具有系统重要性的支付、清算和结算系统的安全和稳健进行监管的管理机构不受商品期货交易委员会或证券交易监督委员会的监管。因此，美联储不仅有权审查银行，而且现在还监管着国家的系统性风险。

6.1.2 货币监理署

货币监理署是美国财政部的一个独立的办事处。⊖货币监理署的负责人是货币监理署署长，由美国总统在美国参议院的建议和同意下任命。货币监理署负责特许、监管和监督国民银行和联邦储蓄贷款协会。《多德–弗兰克法案》使货币监理署成为联邦储蓄贷款协会的主要监管机构，货币监理署还监督外国银行的联邦分行和机构。货币监理署监督银行和联邦储蓄贷款协会的目标是"确保它们以安全和稳健的方式运营，并遵守法律要求公平对待客户，公平获得信贷和金融产品。"⊜为了履行其职责，货币监理署设有审查员，主要负责分析贷款、投资组合以及资金管理情况，并对银行进行评级（使用本章后面描述的评级系统）以及确定资产少于100亿美元的国民银行和联邦储蓄贷款协会遵守消费者银行法的情况。此外，货币监理署的国家风险委员会对联邦银行系统进行监控，以确定对系统安全性和稳健性可能造成的任何潜在或实际威胁。

与美联储一样，货币监理署的职责包括审查系统性风险。其中一种方法是，按照《信贷承销实践调查》的要求调查其所监管的承销业务，通过调查可以确定国民银行和联邦储蓄贷款协会提供的最常见商业和零售信贷的贷款标准和信贷风险趋势。

6.1.3 美国联邦存款保险公司

美国联邦存款保险公司是一个独立的联邦机构，它的主要作用如下：①为存款提供保险；②检查个体银行；③监督银行；④解决陷入困境或倒闭的银行以及任何被指定为系统重要性金

⊖ 有关系统重要性金融机构的讨论，请参阅第2章。
⊖ 在第20章中，我们将讨论美国财政部和组成它的各局。
⊜ See the web page http://www.occ.gov/about/what-we-do/mission/index-about.html.

融机构的所有金融机构（银行和非银行）。联邦存款保险公司的资金来源于银行和节俭机构为存款保险支付的保险费，以及联邦存款保险公司投资美国国债所获得的利息。

如果联邦存款保险公司认定金融系统存在系统性威胁，联邦存款保险公司有权利用存款保险基金协助存款机构。1991年《联邦存款保险公司改进法案》授予联邦存款保险公司这一权力。联邦存款保险公司在2008年金融危机恶化时参与协助就是发挥其职能的一个例子。2008年10月，美国联邦存款保险公司认定，该系统的系统性风险增加。首先，根据《紧急经济稳定法案》的规定，经国会批准，联邦存款保险公司承保的任何存款的最高限额暂时从以前的10万美元提高到25万美元。（随后《多德－弗兰克法案》将25万美元的上限永久化。）其次，联邦存款保险公司同意不考虑25万美元的保险上限，暂时为所有无息账户以及银行、节俭机构和某些控股公司新发行的某些债务提供担保。（随后，《多德－弗兰克法案》明确授权联邦存款保险公司为银行债务提供担保。）

1. 联邦存款保险公司对陷入困境的银行的作用

联邦存款保险公司最关键的作用之一是在联邦存款保险公司投保的银行即将倒闭时，为其提供解决方案。联邦存款保险公司所遵循的处置过程，以对银行系统的干扰最小化、价值最大化的方式来执行。

联邦存款保险公司在处置过程中承担两个角色。首先，由于联邦存款保险公司是一家保险公司，它通过使用本章后面讨论的三种解决方法之一，保护所有破产银行的存款人的保险存款金额。其次，联邦存款保险公司是银行的接管人，管理所有债权人的接管资产。联邦存款保险公司不仅以存款保险人的身份保护存款人，而且充当所有债权人的接管人，这两个角色在功能上是不同的。

对于破产的被保险银行，联邦存款保险公司可以采用三种基本解决方法来应对：①购买和承担交易；②存款支付交易；③开通银行援助业务。

在**购买和承担交易**中，银行购买破产银行的部分或全部资产，并承担部分或全部负债，包括所有投保存款。为了完成交易，收购的（承担的）银行偶尔会从联邦存款保险公司获得某种形式的援助。

在**存款支付交易**中，破产银行关闭，联邦存款保险公司被指定为接管人。作为保险人，联邦存款保险公司立即用保险资金向所有存款人全额支付其投保存款。存款未投保的存款人和银行的其他普通债权人不会收到任何付款，而是从作为接管人的联邦存款保险公司收到一份证书，在破产银行的资产进行清算时，授权持有人获得联邦存款保险公司收到的部分收益。该证书称为接管证书。

在第三种解决方法中，即**开通银行援助业务**，联邦存款保险公司以保险人的身份向面临倒闭危险的银行提供财政援助。联邦存款保险公司通过向银行发放贷款、购买银行资产或向银行追加存款来实现这一目标。由于20世纪90年代初立法对联邦存款保险公司能做的事情施加了限制，这种解决方法已不再普遍使用。

2. 联邦存款保险公司对系统重要性金融机构的作用

在2008年之前，联邦存款保险公司有权解决陷入困境的已投保银行和节俭机构。然而，它无权对未投保银行或其他金融机构采取任何行动。因此，举例来说，联邦存款保险公司无权将可能对金融系统构成系统性威胁的控股公司、被保险银行的附属公司或任何其他非银行金融公司置于联邦存款保险公司的破产管理之下。

在这些被排除在联邦存款保险公司破产管理之外的金融实体的破产事件中,最著名的例子就是雷曼兄弟公司的破产,其破产导致了全球金融市场的严重混乱。这项破产决议有可能通过《美国破产法》得以实现,然而,2008 年 10 月雷曼兄弟公司的破产清楚地表明,如果一家金融机构的破产对整个金融体系构成了重大威胁,那么破产体系并没有准备好应对该金融机构破产的快速解决方案。

由于政府决议机构的监管漏洞,《多德－弗兰克法案》扩大了联邦存款保险公司的接管权和权限,使其能够有序地清算陷入困境的被金融服务委员会指定为**全球系统重要性银行**(G-SIB)的金融机构(银行和非银行)。该法案要求所有资产超过 500 亿美元并被指定为全球系统重要性银行的银行控股公司都要准备一份决议计划,且该决议计划可以通过《美国破产法》实现。通常这些被称为"生前遗嘱"的计划必须描述在发生重大财务困难或破产的情况下,全球系统重要性银行将如何根据《美国破产法》迅速有序地解决问题。

美国国会认为,走破产程序将是解决全球系统重要性银行破产的首选。不过,美国国会也意识到,指望美国破产法庭以降低金融体系面临系统性威胁的方式来解决问题,可能是不现实的。为此,美国国会在《多德－弗兰克法案》中加入了一项条款,授予联邦存款保险公司充分的备份权力,可以将任何全球系统重要性银行纳入联邦存款保险公司的接管程序。

如果没有合理的私营部门解决方案来避免全球系统重要性银行违约或者可能通过破产程序获得的解决方案将对金融系统产生严重的不利影响,联邦存款保险公司可以使用这一权限,然而,这并非对联邦存款保险公司的全面授权。相反,《多德－弗兰克法案》要求达到联邦储备委员会和联邦存款保险公司董事会 2/3 的投票,并由财政部部长决定是否行使这一权力。

6.2 银行监管

银行监管有三个组成部分:①安全性和稳健性监管;②存款保险;③系统性风险。我们在本章前面介绍了银行监管机构在系统性风险方面的作用。在这里,我们重点介绍前两个组成部分。

6.2.1 安全性和稳健性监管

从广义上讲,安全性和稳健性监管包括评估银行违约的可能性,如果确实发生违约,还需要评估银行的债权人和股东将蒙受的损失的大小。

1. 银行评级

为了衡量银行的安全性和稳健性,检查人员必须进行现场检查,重点是对银行的业绩、财务状况以及对法规的遵守情况进行审查和评级,现场检查的结果是指定银行评级。考虑到银行规模和银行创收活动的复杂性和风险性所导致不同银行间存在的差异,银行评级系统的使用增加了银行检查人员在审查银行时保持一致的可能性。联邦银行监管机构采用的银行评级系统是骆驼评级系统,该系统涵盖了资本充足率、资产质量、管理水平、盈利水平、流动性和对市场风险的敏感性等要素,具体情况如表 6-1 所示。

表 6-1 骆驼评级系统的主要要素及其解释

要素	解释
资本充足率	资本充足率评估需要对银行的风险进行评估,如信用风险、市场风险以及与银行资产负债表和表外财务状况有关的其他风险

(续)

要素	解释
资产质量	资产质量评估需要评估与银行投资组合相关的现有和潜在信用风险，以及与银行资产负债表表外项目相关的风险。该分析包括评估银行贷款违约率的近期变化、交易对手风险敞口、投资组合的业绩以及资产适销性的变化
管理水平	管理水平评估包括由银行的高级管理团队和董事会评估银行的公司治理状况。例如，审查管理监督和处理合规性的情况以及与外部审计师互动的制度
盈利水平	当前盈利水平及其可持续性被用来评估银行的收益数量和质量
流动性	评估一家银行的流动性，要看该银行是否有能力及时满足其预期的融资需求，而不会因被迫以低于市场价格的大幅折扣出售资产而造成过多损失。审查人员评估的其他流动性因素是经济因素，如存款趋势和存款的稳定性
对市场风险的敏感性	因为银行的资产和资产负债表表外项目受驱动其价值的因素变化的影响，银行检查人员会评估这些因素所带来的市场风险敞口。在指定评级时，还要考虑银行管理层管理投资组合风险敞口的能力，以控制资产和负债期限的错配，以及管理层监控和控制许可的交易活动的能力

2. 资本充足率和资本要求

在本章后面我们将讨论银行开展的各种活动。当然，这些活动会导致损失的产生。为了保护存款人，银行必须有足够的资本来吸收这些损失，以及减轻可能发生的大规模银行损失的潜在风险，这些风险将对信贷市场和实体经济产生不利影响。作为安全性和稳健性监管的一部分，必须确定一家银行吸收损失所需的资本数额，这一数额被称为银行的资本要求，由监管机构根据银行的总资产以及与银行投资的资产相关的风险属性来确定。

最低资本要求由监管者制定，然后由监管者在其监管角色中加以应用。然而，由于监管机构已经确定了几种类别的资本，因此，对资本的最低要求并非只有一个。为了确定银行的最低资本要求，监管机构必须考虑到一种权衡，即设定一个降低违约风险的合理水平和维持银行的偿债能力，但同时又不能设定太高，以至于会严重限制向不同经济部门提供信贷的资金数额。

对于企业而言，"资本"一词是指公司的股东或存款机构的股东所提供的股本总额。它是以资产价值和负债价值之间的差额来衡量的。在确定一家银行的资本金时，监管规定要求以不同的方式衡量总资产和总负债。这导致了资本有不同定义。

因为资本要求所需的资本不能投资于高收益资产，所以对银行的资本要求代表了经营业务的成本。资本要求正在不断修订，这些规定曾经一度完全基于美国监管机构对资本充足率的看法。自1988年以来，资本要求就建立在国际清算银行制定的国际框架之上，它被称为《巴塞尔协议》。美国1988年以前的资本要求是以银行的总资产为基础的，与此不同的是，《巴塞尔协议》(本章稍后介绍)确立的各种标准将资本要求与银行资产相关的风险联系起来，因此这些标准被称为**基于风险的资本要求**。设定资本要求的原则很简单：一项资产的风险越大，防范损失风险所需的资本就越多。最初，《巴塞尔协议》中考虑的唯一风险是信贷风险。在后来的《巴塞尔协议》中，除了信用风险外，资本要求还基于市场风险和操作风险。

《巴塞尔协议》包括《巴塞尔协议Ⅰ》(第一份协议于1988年出版)、《巴塞尔协议Ⅱ》和《巴塞尔协议Ⅲ》，它们都在不断地改变和修改银行的资本要求。在这里深入研究它们的细微差别和计算是不切实际的。相反，我们将回顾其中涉及的一些更广泛的原则。

根据《巴塞尔协议》，基于风险的资本要求的计算可以采用以下两种方法中的一种。第一种方法是基于对银行信贷风险的外部评估，这被称为标准化方法。在这种方法中，银行持有的资产按金融工具的类型分类，并根据与债务人相关的信用评级进一步分组。外部评估的例子就是信用评级机构指定的评级。

第二种方法是基于银行的内部信用风险模型和内部评级系统，它被称为基于内部评级的方法。采用这种方法的企业可以采用自己的内部措施来确定信贷风险的主要驱动因素，这些因素是计算资本要求时的主要输入变量，但必须满足某些条件，并需要得到监管部门的明确批准。信用风险模型允许银行确定其投资组合中借款人的违约概率，并在违约发生时估算损失。一旦这些风险度量从内部模型中获得，它们就被转换成风险权重，然后在运用国际清算银行设定的公式时，使用这些风险权重来确定资本要求。

《巴塞尔协议》建立在国际清算银行所谓的三大"支柱"之上：①最低资本要求；②监督评审程序；③市场约束。我们重点关注第一个支柱，即根据信贷、市场和运营风险计算最低资本要求。首先我们需要定义什么是"资本"。在我们理解资本市场的这个阶段，解释资本市场的组成部分是困难的，只要明确国际清算银行定义了一级资本和二级资本就足够了，区别在于各组成部分的构成⊖。

一级资本，也称为**核心资本**或**基本股本**，一共由两部分组成。第一个组成部分是永久股东权益。这是银行发行的全部付讫普通股和永久优先股的股票。永久优先股是指尚未到期的优先股，因此被视为永久权益。第二个组成部分是"公开储备"。这一部分更难理解，但基本上是留存的利润金额和为应付一般或法律紧急情况而预留的所有准备金。

二级资本，也称为**附属资本**，由几个组成部分组成，我们这里只提两个部分。第一部分是混合（债务/股权）资本工具，这一类别包括兼有权益资本和债务特征的金融工具。第二部分是次级债务，其中包括最低原始固定期限超过5年的传统无担保次级债务资本工具和期限有限的优先股（与永久优先股相反）。

监管资本主要是基于资产负债表中的负债与股东权益的比率。下一步必须确定的是，银行投资组合中不同金融工具的权重。之所以需要这样做，是因为在评估监管资本时考虑的不是银行的总资产，而是风险加权后的资产。因此，必须为每个金融工具分配权重。由国际清算银行来确定每项资产的权重，有基于信用风险、市场风险和操作风险的权重，权重还取决于银行选择的计算其资本要求的方法、标准化方法或基于内部评级的方法，我们将在本章后面讨论这些方法。

根据监管资本和风险加权资产的定义，可以计算出资本充足率。按规定，银行的资本充足率不得低于8%。

6.2.2 存款保险

银行在经济中扮演着重要的角色，美国政府寻求一种方法来保护银行免受储户的伤害，当储户认为银行存在实际或明显的问题时，他们就试图以破坏性的方式提取资金。20世纪30年代初，银行恐慌频繁发生，导致那些本可以在经济困难中生存下来的银行，在经历储户大规模提款之后，纷纷倒闭。

1933年，联邦政府为防止银行出现挤兑，设立了一个后盾——联邦存款保险。这项保险是通过一个新的机构提供的，即联邦存款保险公司。一年后，随着联邦储蓄贷款保险公司的成立，联邦存款保险扩展到了储蓄与贷款银行。1933年，联邦存款保险覆盖了2 500美元以下的

⊖ 还有三级资本，我们不在这里讨论。

账户。如今，存款保险的最高标准金额是 25 万美元，最大保险范围适用于每个存款人、每个被保险存款机构和每个账户所有权类别。自 1933 年联邦存款保险成立以来，没有存款人在联邦存款保险公司投保的存款中损失任何钱。

尽管联邦存款保险实现了防止银行挤兑的目标，但不幸的是，它创造了激励机制，鼓励存款机构的管理者承担过度风险。如果高风险的投资成功了，那么股东和管理层也会受益；如果没有成功，那么应该由存款人来承担损失。然而，存款人对存款机构所承担的风险并不担心，因为他们的资金是由联邦政府投保的。从存款人的角度看，只要存款金额不超过保险范围，一个存款机构和另一个存款机构并无差异。

美国联邦存款保险公司在运营的最开始 50 年，征收的保费定价与现行制度有很大不同。基本上，在这 50 年间，所有受保存款机构都根据机构规模缴纳保险费。更具体地说，每 100 美元的保险存款，每年的保险费是 3.3 美分～8.3 美分。20 世纪八九十年代的立法改变了这一体系，实际上将此类保险费变成了对违反基于风险的资本要求或违反监管程序行为的惩罚，而不是对保险承保范围本身的惩罚。在没有任何违规的情况下，无论一家机构的风险状况如何，联邦存款保险公司都不收取存款保险费用。

1991 年《联邦存款保险公司改进法案》要求联邦存款保险公司建立一个基于风险的存款保险评估系统。联邦存款保险公司遵守了这项授权，采用了一套监管制度，将受保存款机构的风险分为 9 类。分类是基于两个因素的结合，第一个是资本评估，第二个是监管评级。资本评估是基于一家被保险存款机构的状况和收入综合报告（通常被称为**财政决算**）中包含的数据。根据这些数据，对一家受保险的存款机构进行资本评估，按评估结果将其分为资本雄厚（第 1 组）、资本充足（第 2 组）或资本不足（第 3 组）。2007 年，美国联邦存款保险公司将 9 个风险类别合并为 4 个风险类别，再次根据资本评估和监管评级对被保险的存款机构进行分类。

2010 年，《多德-弗兰克法案》要求美国联邦存款保险公司修改其对受保险存款机构定价的评估方法，最终的规则取消了大型机构的风险类别，还将本章前面描述的骆驼评级系统和前瞻性金融措施相结合，取两个分数中的一个。第一个分数是被归类为**高度复杂的机构**的分数，第二个分数是所有其他被列为大型机构的分数。对于大型和高度复杂的机构，这两个分数是：①基于绩效的分数；②损失严重程度的分数。然后将这些分数相加得到总分。

确定被保险存款机构存款保险价格的总评估率（经过一些调整后）是通过将总分转换为评估义务金额计算得出的。然而，这些为存款保险定价而进行评估风险的最终修正案可能会进一步修改，以更符合前面所述的《巴塞尔协议Ⅲ》基于风险的资本规则下的标准化方法。

6.3 银行活动

商业银行参与了许多创收活动，大致可分为以下几类：①个人银行业务；②机构银行业务；③全球银行业务。当然，不同的银行在某些领域比在其他领域产生的活动更多。例如，货币中心银行在全球银行业务中更为活跃。

个人银行业务包括消费贷款、住宅抵押贷款、消费分期贷款、信用卡融资、汽车和船舶融资、经纪服务、学生贷款和面向个人的金融投资服务（如个人信托和投资服务）。抵押贷款和信用卡融资产生利息和手续费收入。抵押贷款通常被称为"抵押银行业务"。经纪服务和金融投资服务也产生手续费收入。

对非金融公司、金融公司（如人寿保险公司）和政府实体（美国州和地方政府以及外国政府）的贷款属于**机构银行业务**的范畴。这一类别还包括商业房地产融资、租赁活动和应收账款保理（即购买企业的应收账款）。在租赁的情况下，银行可以作为出租人、出租人的贷方或租赁合同的买方参与设备租赁。⊖贷款和租赁产生利息收入，银行为机构客户提供的其他服务产生手续费收入。这些服务包括管理私人和公共养老基金的资产、信托和保管服务以及现金管理服务（如账户维护、支票结算和电子转账）。

在**全球银行业务**领域，银行业现在正与另一类金融机构——投资银行展开正面竞争。全球银行业务涵盖范围广泛，涉及企业融资、资本市场和外汇产品及服务。大多数全球银行业务活动产生的是手续费收入，而不是利息收入。其中一些活动一度受到联邦立法的限制。更具体地说，《1933年银行法》包含四个部分，禁止商业银行从事某些投资银行活动。这四个部分通常被称为《格拉斯－斯蒂格尔法案》。经过几十年的争论后，《格拉斯－斯蒂格尔法案》被废除，并于1999年11月颁布了《格拉姆－里奇－布莱利法案》，该法案扩大了银行和银行控股公司的许可活动。

公司融资包括两种。第一种是为银行客户筹集资金，这可以超越传统的银行贷款，涉及证券承销。在帮助客户获得资金时，银行还为客户提供银行承兑汇票、信用证和其他类型的担保。也就是说，如果客户以信用证或其他担保方式借入资金，其贷款人可以指望客户所在的银行来履行这项义务。公司融资的第二种主要包括提供有关获得资金的策略、公司重组、资产剥离和收购等方面的建议。

资本市场和外汇产品及服务涉及的交易中，银行可以作为一个交易商或经纪人提供服务。例如，一些银行是美国政府或其他证券的交易商，希望交易这些证券的客户可以通过银行的柜台进行交易。同样，一些银行开展外汇业务，即买卖外汇，需要买卖外汇的银行客户可以使用银行在这方面提供的服务。作为交易商，银行通过三种方式创收：①通过买卖价差获利；②从交易中使用的证券或外币获得资本利得；③就证券而言，通过持有证券所获得的利息收入与购买该证券的资金成本之间的利差来获得收入。

银行为管理风险而开发的金融产品也能带来收益，这些产品包括利率互换、利率协议、货币互换、远期合同和利率期权。我们将在后面的章节中讨论这些产品。银行通过销售此类产品获得佣金收入（即经纪人佣金）或利差收入。

6.4 银行融资

在描述银行业务的性质时，我们关注的是银行如何创造收入，现在来看看银行如何筹集资金。银行资金的三个来源是：①存款；②非存款借款；③普通股和留存收益。银行是高度杠杆化的金融机构，这意味着它们的大部分资金来自前两种。非存款借款包括通过贴现窗口工具向美联储借款，在联邦基金市场借入准备金，以及通过在货币和债券市场发行工具借款。

6.4.1 存款

有几种存款账户可供选择。不支付任何利息或最低利息的**活期存款**（支票账户）可按要求提取。储蓄存款支付利息（通常低于市场利率），没有特定的到期日，通常可以根据需要提取。

定期存款，又称定期**存单**，有固定的到期日，支付固定或浮动利率。如果存款人需要

⊖ 银行购买设备并将其出租给另一方。银行是出租人，使用租赁设备的一方是承租人。

资金，一些存单可以在到期前在公开市场出售，其他存单不能出售。如果存款人选择在到期日前从银行提取资金，银行将处以提前支取资金的罚款。货币市场需求账户是根据短期利率支付利息的账户，短期债务市场被称为货币市场，这些存款被设计用来与货币市场共同基金竞争。

6.4.2 法定存款准备金与在联邦基金市场借款

银行不能每吸收1美元存款就投资1美元，所有银行都必须在12家联邦储备银行任意一家的一个无息账户中保留一定比例的存款，这些规定的百分比被称为存款准备金率，而基于这些比率的美元称为法定准备金，它们被要求存入联邦储备银行。存款准备金率由美联储制定，因存款种类而异。美联储定义了两类存款：交易存款和非交易存款，活期存款和美联储所谓的"其他支票存款"被归类为交易存款，储蓄和定期存款是非交易存款。交易存款准备金率高于非交易存款。

银行并不是简单地在每个营业日结束时确定其交易和非交易存款，然后将它们乘以适用的准备金率，银行所需准备金的确定方法更为复杂。在这里，我们给出一个粗略的解释：为了计算所需的准备金，美联储使用一个既定的两周周期，称之为存款计算周期，所需的准备金是存款计算周期内每个营业日结束时持有的每种存款的平均金额乘以每种类型的存款准备金率。

每个周期的存款准备金由实际的准备金来满足，实际准备金是指联邦储备银行在两周的准备金维持期内，从周四开始到两周后的周三，每天在结束营业时持有的平均准备金。对于交易存款，存款计算周期比准备金维持期提前两天；对于非交易存款，存款计算周期为准备金维持期前四周的两周。

如果实际准备金超过了要求的准备金，其差额称为超额准备金。因为准备金被放在无息账户中，机会成本与超额准备金相关。同时，美联储会对不符合存款准备金率的银行进行处罚，让银行有动力管理自己的准备金，以便尽可能精确地满足存款准备金率。

银行若暂时缺乏所需的准备金，可以向有超额准备金的银行借款。银行借贷储备金的市场称为**联邦基金市场**，在这个市场上借款的利率叫作**联邦基金利率**，由于这个市场是银行同业拆借市场的一部分，具有一定的重要性，因此我们在第25章介绍货币市场的时候，再进一步讨论它。

6.4.3 在美联储贴现窗口借款

联邦储备银行是银行的银行，换句话说，是最后的银行。存在暂时资金短缺的银行可以在其贴现窗口向美联储借款。

抵押物是借款所必需的，但不是任何抵押物都可以。美联储规定了（并定期改变）合格抵押物的类型。目前，它包括：①国库证券、联邦机构证券和市政证券，期限均在6个月以内；②工商贷款，到期日不超过90天。

美联储在贴现窗口借出资金时收取的利率称为贴现率，美联储会定期改变贴现率以实施货币政策。尽管贴现率通常低于银行可获得的其他短期资金来源的成本，但银行向美联储借款以满足法定准备金的数额相当有限。美联储认为，银行在贴现窗口借款是一种特权，可以用来满足短期流动性需求，而不是增加收益的手段。

因此，长期大量持续的借款被视为银行财务状况不佳的迹象，或是利用利差牟利。如果一家银行相对于之前的借贷模式，频繁地向美联储借钱，美联储将发出"咨询性"电话，要求其对借款做出解释。如果银行的借贷模式随后没有改善，美联储就会发出"行政咨询"电话，告知银行必须停止借贷行为。

6.4.4 其他非存款借款

大多数存款的期限都很短。在联邦基金市场和美联储贴现窗口的银行借款是短期的。其他非存款借款可以是短期的（以在货币市场发行债务的形式），也可以是中长期的（以在债券市场发行债券的形式）。前者的一个例子是回购协议（repo）市场，对此我们将在第26章中讨论；中期或长期借款的例子是浮动利率票据和债券。

从国内和国际货币市场筹集大部分资金、较少依赖储户的银行被称为货币中心银行。相比之下，**区域性银行**主要依靠存款融资，较少利用货币市场获取资金。近年来，大型区域性银行与其他区域性银行的合并形成了所谓的"超级区域性银行"，这些超级区域性银行凭借其更大的规模，可以在一些曾经是货币中心银行领域的国内和国际金融活动中进行竞争。

6.5 非银行存款机构：节俭机构

节俭机构是非银行存款机构，包括储蓄协会和信用合作社。与银行一样，节俭机构可以根据联邦或州政府的章程运作，并由联邦机构为其存款投保。联邦保险公司可以是储蓄协会的联邦存款保险公司或信用合作社的美国信用合作社管理局（NCUA）。所有存款机构都要接受定期的监管和联邦保险检查。

尽管银行和节俭机构在专业活动和某些监管监督方面存在差异，但在过去20年里，所有存款机构都变得更加相似，它们之间的差异也越来越不明显。《多德－弗兰克法案》规定的新监管结构、允许节俭机构活动范围的轻微扩大以及《巴塞尔协议》中所规定的国际资本标准的采用，这些都使得节俭机构和银行之间的区别越来越模糊。

6.5.1 储蓄协会

储蓄协会包括储蓄贷款协会和储蓄银行。这些节俭机构要么是共同所有，要么是在公司股份制下运作。"共同所有"意味着没有流通在外的股票，所以从理论上讲，存款人就是所有者。为购房提供资金推动了储蓄协会的建立，因此，住宅抵押贷款通常构成储蓄协会的主要资产。

1933年的《房主贷款法案》规定，联邦储蓄协会必须是**合格的节俭贷方**。有一个测试来检验它是不是合格的节俭贷方，该测试要求节俭机构持有的合格的节俭投资至少等于其资产组合的65%。合格的节俭贷方的列表中包括许多与住房相关的贷款和其他形式的零售贷款（如学生贷款、汽车贷款）。住房相关贷款的例子有：①购买、再融资、建造、改善、修理国内住宅或制造厂房的贷款；②房屋净值贷款；③由国内住宅或建造房屋的抵押贷款支持或代表其利益的证券。

在资金方面，储蓄协会提供的账户看起来类似于活期存款，但要支付利息，称为**可转让支付命令账户**。它们还提供货币市场存款账户，该账户可以在联邦基金市场借款，可以进入美联储的贴现窗口，还可以从联邦住宅贷款银行借款（称为预付款）。

较大的储蓄贷款协会作为控股公司（简称"储贷控股公司"）运作。根据《房主贷款法案》的规定，作为控股公司的大型储蓄贷款协会包括直接或间接控制储蓄协会或任何其他公司的公司。作为机构，储蓄银行与储蓄贷款协会相似，尽管其历史比储蓄贷款协会悠久得多。

在监管方面，《多德－弗兰克法案》将对节俭机构的监管责任从储蓄管理局转移到了两个联邦银行机构。更具体地说，货币监理署对联邦储蓄协会有强制执行权，但联邦存款保险公司对州储蓄协会也有同样的权力。美国货币监理署和联邦存款保险公司的执法政策与储蓄管理局的政策不同。此外，根据《多德－弗兰克法案》，作为控股公司的大型储蓄贷款协会的监管方式与银行控股公司的监管方式几乎相同。货币监理署和联邦存款保险公司有权限制储蓄协会在法律上允许的活动。

尽管 2008～2009 年的金融危机导致了有关储蓄协会的主要立法，但之前的实质性立法是在 20 世纪 80 年代储蓄贷款协会面临金融问题（所谓的储贷银行危机）之后出台的，本章附录描述了这场危机。关于储贷银行危机值得一读，因为它提供了一个很好的例子，一个设计不良的金融机构从一开始就很可能倒闭并给美国纳税人带来巨大的损失。

6.5.2 信用合作社

信用合作社是节俭机构中规模最小的。信用合作社的成立需要获得州或联邦的许可。1934 年的《联邦信用合作社法》授权联邦特许信用合作社在所有州成立，信用合作社的独特之处在于对信用合作社会员提出的"共同债券"要求。根据管理联邦信用合作社的法规，联邦信用合作社的会员"应限于具有共同职业或社团关系的团体，或明确界定的邻里、社区或农村地区内的团体"。

信用合作社的形式，不是合作就是共有，不允许以公司持股的形式出现。因此，信用合作社的目的是满足会员储蓄和借贷的双重需求。从理论上讲，由于信用合作社是由其会员所有的，会员存款被称为股份。因此，支付给股东的现金分配是以股息的形式，而不是利息的形式。

国家信用合作社股份保险基金为所有联邦特许信用合作社的股份提供保险。州特许信用合作社可选择由国家信用合作社的股份提供保险或州政府机构提供保险。

联邦法规适用于联邦特许信用合作社和州特许信用合作社，它们可以选择是否成为国家信用合作社股份保险基金的成员。然而，大多数州规定，州特许机构必须遵守与联邦特许机构相同的要求。因此，实际上，大多数信用合作社都是受到联邦层面监管的，主要的联邦监管机构是美国信用合作社管理局。

信用合作社的资金主要来自会员的存款。随着监管的放松，它们可以提供各种账户，包括股份汇票账户，类似于支票账户，但支付利息。中央流动资金机构由美国信用合作社管理局管理，其作用类似于美联储作为最后贷款人的作用。中央流动资金机构向有流动性需要的信用合作社成员提供短期贷款。

信用合作社的资产包括小额消费贷款、住宅抵押贷款和证券。美国信用合作社管理局的第 703 及 704 条规定设置了信用合作社可投资的种类，它们可以投资于**公司合作社**。什么是公司合作社？有人可能会认为公司合作社是由公司雇员设立的信用合作社，但其实不是的。联邦和州特许合作社被称为"自然人"合作社，因为它们向符合条件的普通公众会员提供金融服务。相比之下，公司信用合作社只向自然人信用合作社提供各种投资服务和支付系统。

6.6 影子银行

上文所述的存款机构被称为提供信贷的"传统银行体系"。如前所述，由于信贷在金融市场和实体经济中发挥着重要作用，因此对存款机构有相当多的监管。此外，存款机构可获得公共支持，以尽量减少存款人和整个金融系统的风险。

2008年金融危机产生的一个重要原因是，很少有市场参与者知道影子银行。为了正确看待影子银行，我们可以把它放在信用中介的两种常见形式的背景下⊖：①非中介的直接贷款，即借款人和贷款人直接互动；②通过传统银行的中间借贷，即银行吸收存款并将其借给客户（消费者、企业和政府）。**影子银行**是一种信贷中介，是一种基于市场的贷款形式，涉及传统银行体系之外的实体和活动，它缺乏对银行的监管和支持。

如第3章所述，金融中介机构具有提供成熟的中介服务和通过多元化降低风险等职能。传统银行履行着这些职能，并已成为信贷中介的主要形式。正如本章所解释的，这是通过一个监管结构来实现的，该结构检查银行的安全性和稳健性，允许对信贷进行控制，并在出现财务问题时为存款人提供支持（通过存款保险），并提供最后贷款人服务。

在20世纪70年代中期，出现了不同于传统银行业和无中介的直接借贷的新方法，这些新方法是当时金融创新的结果，它导致了所谓的影子银行的出现，"影子"表示这种信贷中介形式对公众和监管机构的透明度远不如传统银行业。⊖为影子银行交易而设立的合法实体被称为**特殊目的公司**（SPV）。与传统银行业一样，影子银行业涉及大量的杠杆操作。事实上，由于缺乏监管，影子银行的杠杆率远高于传统银行。尽管与传统银行相比，影子银行的流动性和杠杆风险更大，但这种形式的信贷中介缺乏传统银行业具有的公共保障。

为影子银行而设立的特殊目的公司并非像传统银行那样通过存款获取资金，而是通过一系列基于市场的交易来获取资金。⊖在我们研究金融市场的这个阶段，很难解释这些为影子银行提供资金的交易，因为它们利用了本书后面描述的一些金融创新和市场参与者的参与，交易链通常涉及特殊目的公司发行的常用债务工具，如商业票据和回购协议（见第26章）。然而，融资并不局限于这两种常见的借贷形式，还有一些相对较新的借贷形式，它们被称为结构性信贷工具，该工具通常使用我们在第27章所要讲述到的证券化技术。特殊目的公司发行的债务由集合投资工具（如共同基金）、保险公司和养老基金等市场参与者获得。实际上，这些参与者相当于存款人，但它们不受存款保险的保护。

虽然我们的描述让人觉得影子银行和传统银行是相互独立的（影子银行的当事人与传统银行是分开的），但事实并非如此。为影子银行交易设立的特殊目的公司不仅与主要银行有关，而且与主要投资银行和保险公司有联系。影子银行的主要风险在于，由于其缺乏公共支持（如存款保险和最后贷款人的支持），参与这种信贷中介形式的特殊目的公司容易面临更大的融资风险（特殊目的公司无法以优惠利率获得资金使贷款有利可图的风险）。这种情况会导致一家

⊖ Looking at shadow banking from this perspective is suggested in David Luttrell, Harvey Rosenblum, and Jackson Thies, "Understanding the Risks Inherent in Shadow Banking: A Primer and Practical Lessons Learned," Staff Paper 18 (Federal Reserve Bank of Dallas, November 2012).

⊖ 这种类型的信贷中介自20世纪70年代就已出现，这个词最早由保罗·麦卡利（Paul McCulley）首创，他当时是资产管理公司PIMCO的董事总经理（"Teton Reflections, Global Central Bank Focus", PIMCO, Newport Beach, CA, 2007年9月）。

⊖ 当一家特殊目的公司为经营和活动融资时，从活期存款以外的其他来源获得大量短期借款的过程被称为"批发融资"。

特殊目的公司被其贷款人清算，相当于挤兑一家银行。

到2008年之前，投资者认为特殊目的公司发行的信贷工具几乎没有信用风险，融资风险也很小，传统银行创立的特殊目的公司得到了银行的信贷支持。此外，有观点认为，在信贷紧张时期，银行创设的特殊目的公司将获得间接信贷和资金支持，因为银行可以通过美联储获得公共支持。

如果以负债衡量，影子银行有多重要？达拉斯联邦储备银行的一项研究估计，在2008年的峰值时期，影子银行的全部债务为20万亿美元。当时的传统银行体系负债总额仅为11万亿美元。[⊖]因此，影子银行并不是金融体系中的一个小部门，事实上，同一项研究估计，影子银行的负债早在1996年就已经超过了传统银行的负债！

在影子银行成立后的不同时期，流动性和资产估值确实出现了困难。然而，这些困难在不影响影子银行发展的情况下得以解决。到了2008年，金融市场的一些状况导致了影子银行体系的严重崩溃。具体而言，抵押贷款相关资产的资产估值下降，并且由于特殊目的公司投资的资产中有很大一部分是这类资产，特殊目的公司的价值下降了。因此，特殊目的公司发现很难在其资产组合中获取正回报。金融市场的问题还导致信贷紧缩，使特殊目的公司在短期债务到期后极难获得新的资金。所有这些事件都凸显了影子银行体系的脆弱性。

达拉斯联邦储备银行的一项研究结论对影子银行体系有如下看法：

> 影子银行有其好处，它的功能与传统银行业相同，但在某些领域由于影子银行具有的优越的市场知识和专业化而使其保持优势。尽管金融危机后影子银行持有的资产数量不断下降，但这些实体不太可能很快消失。鉴于影子银行的持续存在、它的规模、存在的风险以及为信贷流动和经济增长带来的好处，适当地对其进行改革并采取相关措施至关重要。解决影子银行体系的脆弱性并重新调整激励机制并非易事，因为该体系与传统银行业，特别是与全球大型银行业的关系密切。[⊖]

关键知识点

- 存款机构接受各种类型的存款。
- 通过吸收存款和其他来源筹集的资金，存款机构向各种实体发放贷款并投资于证券。
- 存款机构的收入来自投资（贷款和证券）与费用。
- 由于存款机构在金融市场和实体经济中的重要作用，它们受到严格的监管。
- 银行监管是指联邦机构发布管理银行机构运营、活动和收购的具体法规和指南的权力。
- 银行监管需要监测和检查个别银行的状况，并确定它们是否符合规定。
- 银行监管有三个组成部分：①安全性和稳健性监管；②存款保险；③系统性风险。
- 安全性和稳健性的监管和监督包括评估银行违约的可能性，如果确实发生违约，还需要评估银行的债权人和股东将遭受的损失的程度。
- 银行检查员进行现场检查，重点审查和评估银行的业绩、财务状况和合规性。
- 联邦银行监管机构采用的银行评级系统是骆驼评级系统，包括资本充足率、资产质量、管理水平、盈利水平、流动性和对市场风险的敏感性等。
- 银行业有两种类型的控股公司结构：①银

⊖ Luttrell, Rosenblum, and Thies, "Understanding the Risks Inherent in Shadow Banking," 6.
⊖ Luttrell, Rosenblum, and Thies, "Understanding the Risks Inherent in Shadow Banking," 20.

- 行控股公司，它是指母公司拥有一家国民银行和一家州银行；②金融控股公司，它是指母公司拥有一家国民银行和一家证券公司。
- 金融控股公司是允许从事各种金融相关活动的企业集团。
- 美联储是所有被指定为具有系统重要性的金融公司（银行和非银行）的主要监管机构；对于具有系统重要性且不受其他政府机构监管的支付、清算和结算系统，它也拥有安全和可靠的权威。
- 货币监理署特许、监管和监督国民银行和联邦储蓄协会。
- 货币监理署审查员负责分析贷款、投资组合以及资金管理情况，并对银行进行评级以及确定资产低于100亿美元的国民银行和联邦储蓄协会是否遵守消费者银行法。
- 联邦存款保险公司是一个独立的联邦机构，它的功能如下：①为存款提供保险；②检查个体银行；③监督银行；④解决陷入困境或倒闭的银行以及任何被指定为系统重要性金融机构的所有金融机构（银行和非银行）。
- 如果联邦存款保险公司认定金融系统存在系统性威胁，联邦存款保险公司有权力利用存款保险基金协助存款机构。
- 联邦存款保险公司最关键的作用之一是，在联邦存款保险公司投保的银行即将倒闭时，为其提供解决方案。
- 联邦存款保险公司在处置过程中承担两个角色：①存款保险人；②所有债权人的接管人和管理人。
- 联邦存款保险公司基本上可以使用三种基本解决方法之一：①购买和承担交易；②存款支付交易；③开通银行援助业务。
- 《多德－弗兰克法案》扩大了联邦存款保险公司的接管权和权限，使其能够有序地清算陷入困境的金融机构（银行和非银行）。
- 作为安全性和稳健性监管的一部分，必须确定一家银行吸收损失所需的资本数额，这一数额被称为银行的资本要求。
- 最低资本要求由监管者制定，然后由监管者在其监管角色中加以应用。
- 存款机构的资本是由其股东提供的权益金额，以资产价值与负债价值之间的差额来衡量。
- 《巴塞尔协议》制定的各种标准将资本要求与银行资产相关的风险联系起来，因此，这些标准被称为基于风险的资本要求。
- 基于风险的资本要求背后的基本原则是，资产的风险越大，防范损失风险所需的资本就越多。
- 根据《巴塞尔协议》，可以使用标准化方法或基于内部评级的方法来确定基于风险的资本要求的计算。
- 《巴塞尔协议》建立在三大支柱之上：最低资本要求、监督评审程序和市场约束。
- 《巴塞尔协议》规定了两个级别的资本要求：一级资本（核心资本或基本股本）和二级资本（附属资本）。
- 联邦存款保险是防止银行挤兑的公共保障。
- 银行的三大资金来源是存款、非存款借款、普通股和留存收益。
- 银行是高度杠杆化的金融机构，这意味着银行的大部分资金来自存款和非存款借款（非存款借款包括通过贴现窗口工具向美联储借款，在联邦基金市场借入准备金，通过在货币和债券市场发行工具借款）。
- 根据美联储制定的存款准备金要求，银行必须在12家联邦储备银行中的一家维持准备金。
- 暂时缺乏所要求的准备金的银行可以在联邦基金市场借入准备金，或在贴现窗口向美联储临时借款。
- 银行的创收活动大致可分为个人银行业务、机构银行业务和全球银行业务。
- 节俭机构是非银行存款机构，包括储蓄协会和信用合作社。
- 与银行一样，节俭机构可以根据联邦或州政府的章程运作，并由联邦机构为其存款投保。
- 尽管银行和节俭机构在专业活动和某些监

管监督方面存在差异，但由于采用了《多德-弗兰克法案》和《巴塞尔协议》所要求的国际资本标准，因此所有存款机构都变得越来越相似。
- 储蓄协会包括储蓄贷款协会和储蓄银行。
- 2010年《多德-弗兰克法案》赋予货币监理署对联邦储蓄协会享有强制执行权，联邦存款保险公司对州储蓄协会也有同样的权力。
- 为了获得储蓄协会的特许经营权，储蓄协会必须通过合格的储蓄贷款机构测试，该测试基于其资产组合的构成。
- 储蓄协会的主要资产是住房抵押贷款。
- 信用合作社是存款机构，对会员有"共同债券"要求，并由会员拥有。
- 信用合作社主要的联邦监管机构是美国信用合作社管理局。
- 信贷中介的三种形式分别是：①非中介的直接借贷，即借款人和贷款人直接互动；②通过传统银行进行的中间借贷，即银行吸收存款并将其借给客户（消费者、企业和政府）；③以市场为基础的借贷，涉及传统银行体系之外的实体和活动。
- 以市场为基础的信贷中介被称为影子银行，直到2008年，它在信贷市场中占很大一部分。
- 与传统银行不同，影子银行缺乏监管和传统银行可以得到的公共支持（如存款保险和最后贷款人的支持），这些监管和支持可以防止银行挤兑和保护投资者。
- 为影子银行交易而设立的合法实体被称为特殊目的公司。这些实体不是像传统银行那样通过存款获取资金，而是通过一系列基于市场的交易来获取资金。
- 为影子银行交易设立的特殊目的公司不仅与主要银行有关，而且与主要投资银行和保险公司有联系。
- 影子银行的主要风险在于缺乏公共支持（如存款保险和最后贷款人的支持），特殊目的公司容易面临更大的融资风险，这可能导致其贷款人清算特殊目的公司，相当于挤兑银行。

练习题

1. 2009年3月17日，英格兰银行行长兼货币政策委员会主席默文·金在伦敦一个题为《金融：风险的回报》的演讲中说：

    银行是危险的机构，它们借短贷长，它们创造出承诺具有流动性的负债，而自己持有的流动资产却很少。尽管如此，这对其他经济体来说是非常有价值的。家庭储蓄可以被引导到非流动性投资项目上，同时为那些可能需要流动性的储户提供流动性。

    试解释金先生这段话的含义。
2. 解释你为什么同意或不同意以下说法："美联储不仅有权审查银行，而且现在还监管着国家的系统性风险。"
3. 解释你同意或不同意以下陈述的原因："银行基于风险的资本要求只考虑信用风险。"
4. 解释一家银行可以接受的存款支取的方式。
5. 为什么你认为利率根据某个市场利率定期变化的债务工具比固定利率的长期债务工具更适合作为存款机构的投资工具？
6. 解释以下每种类型的存款账户：
    a. 活期存款账户；
    b. 存款单；
    c. 货币市场需求账户；
    d. 股份存款；
    e. 可转让提款单账户。
7. 描述目前联邦存款保险的收费制度，并解释它与1980年以前收取保险费的方式有何不同。
8. 思考1933年3月26日《纽约时报》的头条："银行家将与存款担保斗争……不良银行业将受到鼓励。"
    a. 你觉得这个标题在讨论什么？
    b. 讨论存款由美国政府承保的利与弊。

9. 请解释下列每一项的含义：
    a. 准备金率；
    b. 准备金；
    c. 超额准备金。
10. 请解释下列每一项的含义：
    a. 个人银行业务；
    b. 机构银行业务；
    c. 全球银行业务。
11. 存款贷款协会持有的主要资产是什么？
12. 请解释你同意或不同意以下说法的原因："近年来，银行与节俭机构在监管待遇和活动方面的差异有所增加。"
13. 美国国家委员会 2011 年 1 月提交给国会的《关于美国金融和经济危机原因的最终报告》包含如下内容：

在 20 世纪早期，我们建立了一系列保护措施，例如作为最后贷款人的美联储、联邦存款保险以及充足的监管，这些措施为抵御 19 世纪经常困扰美国银行系统的恐慌提供了壁垒。然而，在过去的 30 多年里，我们允许不透明且背负着大量短期债务的影子银行体系的发展，影子银行体系与传统银行体系的规模相当。这个市场的关键组成部分，例如数万亿美元的回购贷款市场、资产负债表表外实体和场外衍生品的交易，没有得到我们为防止金融崩溃而构建的保护措施的保护，而被隐藏在了人们的视线之外。我们有一个拥有 19 世纪安全保障的 21 世纪金融体系。

请解释这段话的含义。

附录 6A：美国储贷协会危机

如本章正文所述，尽管与存款机构有关的主要立法是 2008 年金融危机的产物，但之前的实质性立法是在 20 世纪 80 年代储贷协会面临金融问题之后制定的，该问题被称为**美国储贷协会危机**。关于储贷协会危机值得一读，因为它提供了一个很好的例子，说明了一个设计拙劣的金融机构从一开始就很可能倒闭，并给美国纳税人造成巨大的损失。

自 20 世纪 60 年代末以来，储贷协会行业的增长和随之而来的储贷协会危机可以写成一本书，因此这里只介绍该行业问题的基本情况。直到 20 世纪 80 年代初，储贷协会和所有其他贷款人都是通过传统的抵押贷款来为住房融资的，利率在贷款期限内是固定的，并且贷款期限通常很长（通常长达 30 年）。按照规定，这些贷款的资金来自期限比贷款短得多的存款，这种情况就造成了长期借贷和短期借贷差带来的融资风险。尽管监管者花了很长时间才明白这一点，但这种情况风险极高。

当然，如果利率稳定或下降，问题不会出现。但如果利率高于抵押贷款利率，则会产生负息差，最终导致储贷协会资不抵债。监管机构最初试图保护储贷协会行业，使其不必在不损失存款的情况下支付高额利息，为此，监管机构对储贷协会及其直接竞争对手（其他存款机构）支付的利率设置了上限。然而，这一做法没有奏效并且也不可能奏效。

随着 20 世纪 70 年代利率的巨大波动，以及随后 20 世纪 80 年代初利率处于历史高位，所有存款机构的资金开始流向不受上限限制的竞争对手，比如新成立的货币市场基金，这一发展迫使利率上限有所提高。自 20 世纪 60 年代中期开始实施的利率上限并没有保护储贷协会，结果这些储贷协会开始遭受利润减少和经营亏损的日益严重的打击。由于不断上升的利率侵蚀了其资产的市场价值，使其资产价值低于负债，很大一部分储贷协会在理论上已经资不抵债。

急于掩盖其帝国崩溃的监管机构，让这些储贷协会继续运营，允许它们按账面价值评估抵押贷款资产，进而恶化了问题。随着监管机构对储贷协会能够支付存款的最高利率放松了管制，储贷协会的盈利能力逐渐恶化。尽管放松管制允许储贷协会与其他金融机构一起竞争，但这也提高了融资成本。银行能够更好地应对不断上升的融资成本，因为银行的投资组合不像储贷协会那样由旧的固定利率抵押贷款主导。银行投资组合的很大一部分由短期资产和其他资产组成，而这些其他资产的利率在短期内重新调整为市场利率。

短期借贷和长期借贷的困难只是该行业面临问题的一部分。随着危机的发展，许多储贷协会的情况变得毫无希望，欺诈性经营活动被揭露出来。许多面临财务困难的储贷协会也在采取使机构暴露于更大风险的策略，以期在这些策略奏效的情况下恢复元气。鼓励基金经理采取这种高风险策略的原因是，储户并不关心他们存款的机构所存在的风险，因为美国政府通过联邦存款保险，保证存款达到预先确定的数额。陷入困境的储贷协会可以通过提供比财务状况较好的储贷协会更高的存款利率来吸引新储户，从而向现有储户支付利息。反过来，为了从较高的资金成本中赚取差价，陷入困境的储贷协会不得不追求风险更高的投资方式。

第 7 章

中央银行

学习目标

学习本章后,你会理解:
▲ 什么是中央银行以及中央银行的作用;
▲ 联邦储备系统的结构和美联储货币政策工具的性质;
▲ 银行所需准备金和美国部分准备金银行制度的含义;
▲ 公开市场业务和公开市场回购协议的实施和影响;
▲ 美联储贴现率的作用;
▲ 不同种类的货币和主要货币总量的定义;
▲ 货币乘数及其如何通过银行体系储备的变化传导至货币总量的变化;
▲ 银行和投资者如何与美联储一起改变货币总量的水平;
▲ 货币政策的目标,包括稳定物价水平、经济增长、稳定利率和稳定外汇汇率;
▲ 美联储政策的操作目标(以一种可预测的方式受到其工具影响的货币和金融变量);
▲ 美联储政策的中介目标(美联储通过其操作目标间接影响的经济变量);
▲ 为什么联邦基金利率和银行储备通常是货币政策的操作目标;
▲ 广义货币总量有时充当中介目标,某些利率也是如此;
▲ 全球中央银行的几个方面。

在一个经济体或一个经济体集团中,货币供应的创造过程是一个在不同时期执行不同职能的几个经济主体之间复杂的相互作用的过程。代理机构包括既储蓄又借贷的企业和家庭,接受储蓄并向企业、政府实体、个人和其他机构发放贷款的存款机构,以及借贷和买卖证券的国家中央银行。

在本章中,我们将解释中央银行在创造货币供应的复杂过程中的作用。为此,我们以美国中央银行(联邦储备系统或简称"美联储")为例,在创造货币供应的过程中,强调其与银行和其他经济单位的相互作用,我们还解释了美联储可以用来管理货币供应量增长率的工具。然后,我们研究货币政策的目标,即美联储追求实现的经济状况。尽管美联储不能直接导致这些状况的存在,但它可以遵循政策,以目标变量为目标,并通过其工具加以影响。我们先简要介绍一下中央银行的一般作用,然后重点介绍美国中央银行。最后,我们将讨论与全球央行有关的问题。

7.1 中央银行及其目的

中央银行的主要作用是维持一国或一组国家的货币和货币供应的稳定。让我们以英国中央银行——英格兰银行为例,在其官方网站上,它将其在金融稳定方面的作用确定如下。

风险评估:监测英国和国外当前的发展情况,包括金融市场与更广泛经济之间的联系,以及金融市场内不同参与者之间的联系,以确定金融系统的主要风险。例如,银行检查借款人和贷款人的整体财务状况,金融机构之间的联系,以及家庭、企业、金融机构和国际金融体系对环境变化的应变能力和脆弱性。英格兰银行还对主要发达国家和主要新兴市场经济体进行风险评估和研究。

降低风险:减少脆弱性,提高金融系统应对意外事件的能力。这可能涉及在一个广泛的领域推广相关的准则和标准,包括会计、法律确定性的提高以及国家外部资产负债表的管理。

支付系统的监督:对英国主要的支付和结算系统进行监督,这些系统用于多种类型的金融交易,从支付工资和信用卡账单到金融机构之间的交易结算。

危机管理:在银行内部,与英国金融服务管理局和英国财政部以及国际权威机构共享发展和协调信息,以确保未来的金融危机得到有效的处理和管理。在承担这项工作的过程中,英格兰银行就降低金融系统风险提出相关的建议并实施政策措施。⊖

中央银行实现其目标的主要途径之一是实施货币政策,因此,中央银行(货币当局)有时被称为**金融管理局**(例如,新加坡金融管理局、中国香港金融管理局和百慕大金融管理局)。在实施货币政策的过程中,中央银行要求私人银行维持并将规定的准备金存入中央银行(我们将在本章后面讨论存款准备金),因此,中央银行也被称为**储备银行**(如澳大利亚储备银行、印度储备银行、南非储备银行)。

在金融危机期间履行职责或避免金融危机时,中央银行扮演着银行体系最后贷款人的角色。例如,英格兰银行就其作为最后贷款人的角色声明如下:

在特殊情况下,作为中央银行职能的一部分,银行可以充当陷入困境的金融机构的"最后贷款人",以防止信心丧失在整个金融体系中蔓延。

表7-1列出了二十国集团中19个成员国的中央银行。二十国集团成立于1999年,是发展中经济体的财政部部长和中央银行行长讨论全球经济关键问题的国际论坛,包括19个成员国和欧盟中央银行(**欧洲中央银行**,简称"欧洲央行")。欧洲央行成立于1999年1月1日,负责执行欧盟成员国的货币政策。欧洲中央银行体系由欧洲央行和成员国的中央银行组成。

表 7-1 二十国集团中 19 个成员国的中央银行

成员国	中央银行名称	国家公共债务占GDP的比率(2017)
阿根廷	阿根廷中央银行	53.7%
澳大利亚	澳大利亚储备银行	47.1%
巴西	巴西中央银行	78.4%
加拿大	加拿大银行	98.2%
中国	中国人民银行	18.6%
法国	法国银行	96.1%
德国	德意志联邦银行	65.7%
印度	印度储备银行	50.1%

⊖ http://www.bankofengland.co.uk/financialstability/functions.htm.In the quote, "FSA" is the Financial Services Authority, and "HM Treasury" is Her Majesty's Treasury.

(续)

成员国	中央银行名称	国家公共债务占 GDP 的比率（2017）
印度尼西亚	印度尼西亚银行	33.1%
意大利	意大利银行	131.2%
日本	日本银行	223.8%
墨西哥	墨西哥银行	51.5%
俄罗斯	俄罗斯中央银行	11.8%
沙特阿拉伯	沙特阿拉伯货币管理局	30.0%
南非	南非储备银行	43.3%
韩国	韩国银行	38.2%
土耳其	土耳其共和国中央银行	29.6%
英国	英格兰银行	90.4%
美国	美国联邦储备委员会	77.4%

资料来源：《世界概况》，2017。

人们普遍认为，中央银行应该独立于政府之外，这样中央银行的决定就不会受到短期政治目的的影响，例如，在以通货膨胀为代价的情况下，推行扩张经济的货币政策。⊖ 正如美国联邦储备委员会前理事弗雷德里克·米什金（Frederic Mishkin）在 2008 年 4 月 3 日的一次演讲中所说："有证据支持这样一种猜想，即当中央银行更加独立时，宏观经济的表现就会改善。"⊜ 他以英格兰银行和加拿大银行为例。⊜ 此外，这个观点得到了对工业化国家中央银行的几项研究的支持。

1975 年，由于全球面临石油危机和经济衰退，美国组织了一次非正式会议，与会者除美国外，还有来自五个国家（英国、法国、德国、意大利和日本）的高级财政官员。该小组后来被称为**六国集团**（G6），决定此后每年举行会议。次年，加拿大加入进来，而后被称为**七国集团**（G7）。1998 年，俄罗斯加入了这个集团，成为**八国集团**（G8）。2014 年，俄罗斯被取消了八国集团成员资格，它再次成为七国集团。尽管七国集团可以就经济和金融政策达成一致，并确立目标，但遵守协议是自愿的。

7.2　美国中央银行：联邦储备系统

在美国，货币供应过程中最重要的代理人是联邦储备系统，它是美国的中央银行，通常被称为美联储。美联储成立于 1913 年，是负责管理美国货币和银行系统的政府机构。美国大多数大型商业银行都是美联储的成员。美联储即由七名成员组成的**联邦储备委员会**，联邦储备委员会由总统任命并经国会批准。这些联邦储备委员会委员的任期最长为 14 年（每一届任期

⊖ Further analysis and discussion regarding the issue of central bank independence can be found in James Forder, "Central Bank Independence and Credibility: Is There a Shred of Evidence?" *International Finance* 3 (April 2000): 167–185, and Alex Cukierman, "Central Bank Independence and Monetary Policy Making Institutions: Past, Present, and Future," *Journal Economía Chileña* 9 (April 2006): 5–23.

⊜ "Central Bank Commitment and Communication," presentation at the Princeton University Center for Policy Studies, http://www.federalreserve.gov/newsevents/speech/mishkin20080403a.htm#f19.

⊜ Further evidence is provided in Frederick S. Mishkin and and Niklas J. Westelius, "Inflation Band Targeting and Optimal Inflation Contracts," NBER Working Paper 12384 (Cambridge, MA: National Bureau of Economic Research, July 2006).

为两年），其中一名联邦储备委员会委员担任委员会主席，即美联储主席。**美联储主席**一职在世界经济中是一个非常引人注目和有影响力的职位。美联储由覆盖全国的 12 个区组成，每个地区都有一个联邦储备银行，并拥有自己的行长。

根据创建美联储的法律条款可知，美联储的一个重要特征是联邦政府的立法部门和行政部门都不应对其施加控制。不时有批评人士指责，美联储为了保护这种自主权，对白宫或国会（或两者）的迁就太多了。美联储对美国的存款机构，尤其是商业银行，拥有相当大的监管权力。

值得注意的是，过去 20 年的金融创新使美联储的任务更加艰巨。公众对货币市场共同基金的接受度越来越高，已经将大量资金注入计息支票账户中（关于共同基金的更多信息，见第 32 章）。另一个相关的创新是资产证券化的应用，我们将在第 27 章中讨论。证券化允许商业银行将过去流动性差的几种消费贷款转变为证券，并在金融市场出售这些证券，这便给银行提供了一个不受美联储影响的资金来源。本书第八部分将要分析的许多对冲工具也影响了银行的行为以及它们与美联储的关系。总而言之，这种转变相当于减少了美联储对银行的控制，增加了实施货币政策的难度。

7.3 美联储和货币供应

7.3.1 影响货币供应量的货币政策工具

美联储有几种工具可以间接地、或多或少地影响经济中的货币总量和一般利率水平。这些工具包括存款准备金（其使用在一定程度上受到国会委托的限制）、公开市场操作、公开市场回购协议和对银行的贴现贷款。这些工具是美联储在创造货币的过程中与商业银行互动的主要方式。我们对这些工具的讨论解释了它们的使用对一般特定货币供应量的影响。在本章的后面，我们将更详细地介绍货币供应量。

1. 存款准备金

银行的存款准备金在美国的银行和货币体系中发挥着重要作用，与货币供应量的增长直接相关。一般来说，存款准备金增长率越高，货币供应量的变化率就越高。在本章的后面，我们将详细讨论它们之间的关联性。在此，我们主要把重点放在存款准备金的意义和功能上。

美国存在**部分准备金银行制度**，这意味着银行必须持有或"准备"一部分资金，并且要以美联储批准的形式存入这些准备金，因此，银行可能只把吸收存款的一小部分借给借款人。法定准备金与存款的比率就是**法定准备金率**。多年来，美联储一直拥有设定这个比率的权力。在美国《1980 年存款机构放松管制和货币控制法》（DIDMCA）中，国会承担了很大一部分责任，制定了适用于所有存款机构的关于这一比率的新规则，包括商业银行、各种储蓄协会和信用合作社。

在《1980 年存款机构放松管制和货币控制法》的一个关键条款中，国会对所谓的支票账户或交易账户（即活期存款或经常开出支票的账户）设置了 12% 的基本比率。对于非交易性短期存款账户，即定期存款，存款准备金率为 3%。这项 1980 年的法律还授权美联储将支票账户的法定准备金率调整到 8%～14% 的任何水平，并在某些情况下将其提高到 18%。1992 年初，针对支票账户总额在 4 680 万美元或以上的银行，美联储将其存款准备金率降至 10%。对于这些账户中存款总额较小的银行，存款准备金率为 3%。银行必须以手头的货币（即银行中的现金）或在美联储的存款的形式来维持所需的准备金。更重要的形式是存款，它既是银行的资产，又是美联储的负债。

如果一家银行的准备金超过了美联储的要求，那么它就是**超额准备金**。一家银行的**总准备金**等于它的法定准备金加上任何超额准备金。实际准备金低于要求水平的银行可以从其他银行借入超额准备金（想了解更多信息，请参见第 25 章的联邦基金市场），也可以直接从美联储借入准备金，这一点我们将在本章后面讨论。

2. 公开市场操作

美联储最强大的工具是它进行**公开市场操作**的权力，这意味着美联储可以在公开的债券市场上为自己的账户买卖政府证券。这些证券可能是美国国债、美国国库券或联邦机构的债务。美联储倾向于使用美国国库券，因为在这个巨大且流动性强的市场中，美联储可以在不严重影响国库券价格或收益率的情况下进行重大交易。当美联储进行买卖时，它交易的价格和利率在这些债券市场中占主导地位。美联储交易的当事人可能是商业银行或其他从事政府证券交易的金融代理人。

联邦公开市场委员会是美联储的一个部门，它通过公开市场销售或购买证券来决定改变货币供应量增长率的一般问题。联邦公开市场委员会由理事会、纽约联邦储备银行行长以及其他一些地区联邦银行的行长组成。该委员会大约每六周召开一次会议，以分析经济活动和关键经济变量的水平。这些变量可能包括短期利率（如联邦基金利率）、对美元相对重要的外币的汇率、大宗商品价格和超额准备金等。⊖经上述分析之后，委员会决定货币政策的方向，直到下次会议。这个方向在会后的公告中被概括为一个简短的"指示"，这些会议的会议记录也会公布。

通过公开市场操作执行政策是**纽约联邦储备银行交易平台**的职责。交易平台与大型证券公司或商业银行进行大量国债交易，这些公司或商业银行是国债的交易商或造市商。虽然交易平台的买卖不是为了盈利，但它作为一个理性的投资者，在交易时以最低的价格买进，以最高的价格卖出。

美联储的购买增加了银行系统的储备金。如果卖方是一家商业银行，它会通过将这些证券与美联储的准备金交换来改变其资产的组成部分，而总资产并未发生变化。如果卖方不是银行，美联储支付的大部分或全部支票可能会存入银行，收到存款的银行，其负债（客户的存款）和资产将会增加（其在美联储的准备金账户的增长）。无论哪种情况，向美联储出售证券所获得的收益都将提高银行体系的总准备金。这种准备金的增加通常会导致货币供应的增加。因为贷款可以赚取利息，而存款准备金则不能，所以存款准备金增加的银行一般会发放新的贷款，发放的贷款量相当于新增存款减去存款准备金。新增贷款代表着货币供应的增长。

相反，美联储出售国债会减少货币供应量（或其增长率），因为证券交易商为证券支付的资金要么来自银行存款，要么（如果交易商是银行的话）来自银行自己的账户。存款的减少降低了准备金的数额，削弱了银行的放贷能力。

3. 公开市场回购协议

美联储经常采用简单的公开市场买卖的变体，它们被称为回购协议和反向回购。美联储与政府证券的大型交易商进行交易，有时也与其他国家的央行进行交易，这种交易实际上比直

⊖ D. S. Batten, M. P. Blackwell, I.-S. Kim, S. E. Nocera, and Y. Ozeki, "The Conduct of Monetary Policy in the Major Industrial Countries," Occasional Paper 70 (Washington, DC: International Monetary Fund, July 1990), p. 24.

接购买或出售更为常见。⊖

在回购协议中，美联储从一个卖方手中购买一定数量的证券，这个卖方同意在未来的某个时间（通常是几周）以更高的价格回购相同数量的证券，原始价格和回购价格之间的差额是美联储在协议有效期内让交易商拥有现金而获得的回报，同时也是交易商向美联储借款的成本。在反向回购（也称为匹配出售或匹配买卖交易）中，美联储出售证券，并承诺以更高的价格回购，这两种价格的差额就是美联储的资金成本和买方的贷款回报。

一个例子说明了美联储回购协议的一些特点（回购协议的详细分析见第25章）。假设美联储出于某种原因想在短时间内增加银行准备金，并寻找一家拥有2 000万美元国债但没有超额准备金的金融机构。进一步假设，该机构想向一个借款人贷款2 000万美元，为期7天。经过一番讨论，美联储同意以反映当前回购利率的价格从该机构"买入"这些证券，并在该机构的借款人偿还贷款的7天内"卖出"这些证券。目前的年化利率是4.3%。交易将是这样的：美联储将以大约19 983 292美元的价格购买这些证券，并在7天后以2 000万美元的本金将其出售给该机构。近16 708美元的差额是该机构为7天的融资支付的利息和作为向美联储贷款的回报。当然，如果银行在美联储的账户里有大约2 000万美元的话，在这7天里，金融机构和整个银行系统可以享受准备金的增加。

美联储使用回购和反向回购暂时改变系统中的储备水平，或者对美联储认为会产生重大但短暂影响的事件做出反应。这类事件的一个特别好的例子是美国财政部（如退税或社会保障福利）的大笔付款，这些付款会大幅但暂时地提高银行的准备金。当然，这些临时性的系统储备变化会改变银行发放贷款的能力，并最终在短期内促进货币供应量的增长。

4. 贴现贷款

如第6章所述，美联储向属于该系统成员的银行发放贷款。银行从美联储借款被称为利用**贴现窗口**，这些贷款由银行的抵押品担保，这些贷款的利率是**贴现率**，由美联储理事会设定在一定的水平上。随着利率上升，银行借贷的可能性降低，这是可以理解的；利率下降往往会鼓励它们借钱。贴现贷款的收益也是准备金，这增加了银行的放贷能力，但银行通常不喜欢以这种方式获得准备金，因为这种贷款既要花钱，又要增加对贷款银行活动的监控。因此，这种借贷的流动对银行拥有的和能够借出的货币以及对货币供应的影响是非常小的。

人们普遍认为，贴现贷款是美联储所掌握的效力最低的工具，随着时间的推移，贴现贷款在货币政策中的使用也在减少。今天，贴现贷款的功能很大程度上体现为美联储公开发出信号，表明其有意改变货币供应量的增长速度。

7.3.2 不同种类的货币

到目前为止，我们只是笼统地谈到了货币供应量，我们可以更精确地识别"货币"这个词的几种不同含义和几种不同类型的货币。

首先，货币是一种计价单位。换句话说，是用来衡量财富的单位。例如：在美国，货币单位是美元；在日本，货币单位是日元。其次，我们称货币是任何交换媒介的工具。也就是说，货币是在支付商品、服务和资本交易中被普遍接受的支付工具。在美国，交换媒介包括由财政部或美联储发行的货币和活期存款，后者支持通过支票支付并存放在商业银行等存款机构。货

⊖ David M. Jones and Ellen Rachling, "Monetary Policy: How the Fed Sets, Implements, and Measures Policy Chokes," in Handbook of Portfolio Management, ed. Frank J. Fabozzi (Hoboken, NJ: John Wiley, 1998), chapter 2.

币除了具有交换媒介的功能还具有价值储存的功能，货币交换媒介的功能可以用来把资源从现在转移到将来。但是，在通货膨胀率高且不可预测的时期，这一功能会受损。⊖ 其他类似活期存款的账户包括可转让支付命令活期存款和信用合作社的共享汇票。

其他不能充当交换媒介的资产有许多与计价单位相同的属性，这些属性包括安全性、可分割性和高流动性（迅速转化为交换媒介的能力，且成本可以忽略不计）。由于这些属性，这些资产成为货币的良好替代品，特别是拥有价值储存功能。这类资产包括商业银行或节俭机构的定期存款，这些存款在特定的期限内赚取利息，在存款到期之前，投资者不得将账户里的钱用于交易而不承担罚金。其他替代货币的资产包括货币市场共同基金的余额等。

7.3.3 货币及货币总量

货币政策和美联储的行动通常集中在所谓的**货币总量**上。考查货币总量的目的是衡量在任何时候经济中可用的货币数量。

最基本的货币总量是基础货币，基础货币也被称为"强力货币"，指流通中的货币（或公众持有的硬币和联邦储备券）加上银行系统的总储备。值得注意的是，在美联储的控制下，储备构成了基础货币的大部分。因此，这一总和是美联储最有能力通过其各种货币工具来影响的。

作为**交换媒介**的工具，比如货币和活期存款，被包括在货币总量中，这个货币总量有时被称为狭义的货币供应量，用 M1 来表示，M1 衡量的是经济中交换媒介的数量。M2 的包容性更大，它考虑了所有能代替货币储存价值的工具，因此，M2 被定义为 M1 加上银行和节俭机构持有的所有不同期限的存款账户上的美元，加上投资于零售货币市场共同基金的所有美元，再加上一些额外的账户（如隔夜回购协议）上的美元。一些分析师还在关注另外两个货币总量的发展，即 M3 和 L（流动资产）。这些总和（M3 和 L）等于 M2 加上某些其他金融资产，包括长期定期存款、商业票据、银行承兑汇票和一些国债。

货币供应量与经济收入的比率（反映在国民生产总值或类似的指标上）被称为货币流通速度，货币流通速度衡量的是每一美元的平均交易量。如果经济增长速度稳定，货币政策可以通过简单地以总量为目标实现任何期望的收入水平。不幸的是，货币流通速度并不是一种稳定的关系，事实上，经济收入与各种总量之间的联系随着时间的推移会有很大的差异。

通常情况下，货币总量的走势大致相似，涨跌速度大致相同，时间也大致相同。美联储政策制定中的一个主要问题（我们将在下文中讨论）围绕着选择最合适的货币供应量展开。

7.3.4 货币乘数：货币供应量的扩大

关于货币供应量如何产生的讨论，我们集中在银行体系的准备金与 M1 总量之间的联系上。我们所描述的**货币乘数**过程，可以推广到其他货币总量，但这些过程所涉及的复杂性与我们现在所要讲述的内容无关。

货币供应的产生和变化是美联储、银行、储户和借款人这四个参与者复杂互动的结果，美联储向银行提供准备金，并要求银行持有公众在银行存款的一部分作为准备金。银行在货币乘数中扮演着关键角色，将剩余的存款（或大部分存款）以高于活期存款的利率贷给借款人。对于任何一家银行，余额等于存款减去法定准备金，可以用存款 × (1−法定准备金率) 来表

⊖ 转账付款是支票的一种替代方式，在许多国家都被使用。转账付款是向付款人的银行发出的向卖方支付某种商品或服务的直接指令。当然，支票是一种付款命令，由付款人在其银行的账户上支取，由付款人交给卖方。

示。显然，一家银行借给借款人的资金可以成为借款人在另一家银行的存款。借款人将财富而不是现金作为存款的决定也会影响货币乘数。第二家银行必须将这些新增存款中的一小部分作为准备金，并将其贷给其他借款人，贷出的数额相当于存款准备金的减少。

我们用一个延展性的例子来说明这个过程。假设美联储的法定准备金率是12%，银行A的存款是1亿美元，银行B的存款是5 000万美元。银行A的准备金为1 200万美元，未偿贷款为8 800万美元；银行B的准备金为600万美元，未偿贷款为4 400万美元。对于A银行来说，8 800万美元的贷款额等于1亿美元的存款减去1 200万美元的准备金，或者1亿美元 × (1 − 12%)；对于银行B来说，4 400万美元的贷款等于5 000万美元减去600万美元的准备金。因此，银行A和银行B都没有任何超额准备金（总准备金减去法定准备金）。银行系统的准备金水平导致M1达到（比如说）9 000亿美元的水平，这相当于2 500亿美元的货币和6 500亿美元的活期存款。对于这个例子，我们假设系统中的货币数量没有变化。

美联储可以通过向银行放贷或从银行或其他投资者手中购买政府债券来增加准备金。（这里我们忽略了美联储改变法定准备金率的权力。）在这个例子中，假设美联储从一个交易商手中购买了500万美元的美国国债，该交易商将以美联储为付款人的支票存入银行A。银行A在美联储的准备金账户增加了500万美元，其活期存款、总准备金和M1的总体水平也增加了，但所需准备金只要60万美元，这就余下了440万美元的额外资金，该行可以用这笔钱进行免费投资，以提高收入。

我们继续假设一家机械制造公司以一年期贷款的形式从银行A借入440万美元，然后从另一家公司购买设备，该公司将所有这些钱存入另一家银行（银行B）的支票账户（或活期存款账户）。银行A必须将贷款金额的准备金转移给银行B。银行A的情况是这样的：它的存款水平保持不变，为1.05亿美元；贷款增加了440万美元，达到9 240万美元；它的准备金减少了440万美元（从1 700万美元下降到1 260万美元）；它的准备金与存款的比率再次达到了规定的12%，而且它已经达到了发放贷款的能力，因为银行A的存款与9000.05亿美元的水平持平。

交易完成后，银行B的存款增加了440万美元，使总额又增加了440万美元（到目前为止共计940万美元），达到9000.094亿美元。银行B的总准备金是1 040万美元，超额准备金等于440万美元新存款的88%。因此，银行B可以贷出387万美元，保留52.8万美元作为法定准备金。如果向借款人发放387万美元的贷款，并将这些贷款作为存款存入其他银行，那么以M1形式创造货币的过程将继续进行。这一过程将在何处结束，新储备金将产生多少以新的活期存款形式出现的新货币，换句话说，什么是货币乘数。

在这个例子中，美联储在公开市场上购买了500万美元的美国国债，同时鼓励银行在允许的范围内发放尽可能多的贷款，这为最初参与的两家银行创造了940万美元的活期存款。其他银行还可以创造更多的存款。只要其他银行利用活期存款的小幅增长发放贷款，这一过程就会持续下去，而这些贷款又会成为其他银行的额外活期存款和超额准备金，如此往复。虽然这个过程没有设定时间限制，但新准备金将产生的新活期存款存在一个上限。

这个过程可以表示为一个等比数列。如果我们设定 ΔTDD 是活期存款总额，ΔR 是由于美联储在公开市场上的购买行为而在银行体系中新增的准备金，REQ是存款准备金率，那么最初注入的准备金通过扩张产生的新的存款总额为

$$\Delta \text{TDD} = \Delta R + (1-\text{REQ}) \times \Delta R + (1-\text{REQ})^2 \times \Delta R + (1-\text{REQ})^3 \times \Delta R + (1-\text{REQ})^4 \times \Delta R + \cdots \quad (7\text{-}1)$$

因为在这一过程中有很多潜在的因素，可能会使公式变得复杂，最好使用下面这个简化的公式：

$$\Delta \text{TDD} = \Delta R / \text{REQ} \tag{7-2}$$

在这个例子中，REQ = 12%，ΔR = 500 万美元。因此，新增活期存款总额（如果银行尽可能多地放贷并且不保留超额准备金的话）等于 4 167（= 500/12%）万美元。因此，货币乘数是 8.33（= 4 167/500）。因此，当整个过程完成时，总额将达到 9 000.416 7 亿美元，等于原来的 9 000 亿美元加上新增存款 4 167 万美元。式（7-2）可以清楚地表明，新增活期存款最终金额与法定准备金率呈负相关关系：当 REQ 下降时，TDD 增大；当 REQ 上升时，TDD 减小。因此，如果例子中的所有条件都不变，但 REQ 是 10% 而不是 12%，新的活期存款将达到 5 000 万美元。

很明显，减少货币供应的过程以相反的方式进行。也就是说，如果美联储想从系统中抽走储备金并降低银行的放贷能力，它就会出售证券。考虑到公众用存款换有价证券，存款准备金将减少，进而使银行减少新贷款或对现存贷款的续贷减少。

7.3.5 利率对货币供应的影响

在第 15 章中，我们将解释货币供应量的变化如何影响利率，在这里我们只解释利率实际上是如何影响货币供应变化的。这一点是从对上述两个关键假设的评估中得出的。⊖根据第一种假设，银行想要提供它们所能提供的所有贷款，然而，如果银行持有一些超额准备金，它们将减少新的贷款和在其他银行产生的存款，这将影响美联储购买证券所产生的 M1 数量。

银行设定超额准备金时考虑的一个重要因素是市场利率水平。高利率使得超额准备金成本高昂，因为它们代表的是没有发放的贷款和没有赚取的利息。如果利率很低，银行可能会保留一些超额准备金。因此，利率水平会对准备金增加所产生的 M1 数量产生积极影响。此外，利率也会对系统中的准备金数量产生积极（但可能只是轻微）影响：较高的市场利率可能促使银行从贴现窗口借款以发放贷款，而这些借来的资金是准备金的一部分。

根据第二种假设，借款人不保留任何现金贷款，而是将所有现金存入支票账户，通常这些现金来自出售证券、贷款等的收益。相比之下，如果借款人以现金形式借入部分贷款，银行收到的存款就会减少，用于发放新贷款的准备金也会减少。因此，公众对现金的需求，作为其流动财富的一部分，会对美联储注入新储备所产生的 M1 数量产生影响。

市场利率水平决定了现金持有量。许多存款能产生利息，因此持有现金会带来机会成本。利率越高，机会成本就越高，投资者投入存款的资金就越多。但存款利率并不是唯一相关的利率。交易型存款的数量反映了其他资产的收益率。随着这些收益率的上升，投资者将把更多的钱投入存款账户。这些原因使利率水平对货币乘数的规模产生积极影响，进而影响准备金增加所产生的货币数量。

用一个例子来说明利率对货币乘数的影响，以及美联储注入准备金导致的货币供应量变化。前一个例子中的货币乘数为 8.33（1/REQ），其中 REQ 为 0.12。现在让我们假设银行和储户的行为会对利率做出反应。首先，我们假设银行贷款的收益率是这样的：银行不发放所有能

⊖ Lucas Papademos and Franco Modigliani, "The Supply of Money and the Control of Nominal Income," in Handbook of Monetary Economics, ed. Benjamin M. Friedman and Frank H. Hahn (Amsterdam: North-Holland, Elsevier, 1990), chapter 10.

够发放的贷款，而是希望将存款（TDD）的 1% 作为超额准备金（ER），即 ER/TDD = 0.01。其次，让我们假设利率水平如下：公众只持有 75% 的支票存款（而不是之前的 100%）和 25% 的现金或货币，即 C/TDD = 0.33。有了这些假设，货币乘数公式现在是：

$$1 + (C/TDD)/REQ + (ER/TDD) + (C/TDD)$$

代入实际值，我们有一个更小的货币乘数，即

$$\frac{1.33}{0.12 + 0.01 + 0.33} = 2.89$$

请记住，这一乘数之所以会降低，是因为家庭和银行不会尽其所能地储蓄或放贷，而货币创造过程中的这些消耗会降低准备金增加的乘数效应。

7.3.6 开放经济中的货币供应过程

到目前为止，我们的讨论描述的是经济学家所说的封闭经济中的央行活动。在封闭经济中，外国交易人（商品或金融资产）的作用可以忽略不计。在现代，几乎每个国家的经济都是开放的，外国公司和投资者在经济活动中占很大的份额，而且在不断增加。作为世界上最大经济体的美国尤其如此。因此，在对货币供应过程进行理解时，必须考虑外国部门的影响。

从货币方面来说，表明外国大量参与美国经济的关键事实是，外国央行、公司和个人持有大量美元，它们这样做是出于交易的原因（需要在美国买卖商品和服务）以及出于投资的目的（将美元视为金融资产）。外国持有美元之所以重要，是因为美元与大多数发达国家货币的汇率是根据市场上的需求和供给浮动的。（如本章所述，大多数央行，包括美联储，都试图将汇率保持在政治上可接受的范围内。）

美元汇率的变化会影响美国国内和进口商品的价格、美国公司的收入以及美国所有投资者的财富，因此，美联储承担了维持一定程度汇率稳定的责任。履行这一职责的一种主要方式是干预外汇市场。（有关外汇市场的详细信息，请参阅第 19 章。）美联储通过买卖外汇来进行干预。大多数大型经济体的中央银行都拥有或准备拥有大量的世界主要货币，这些货币被视为**外汇储备**。

如果美联储认为美元的价值过高而另一种外币的价值过低，它可以用自己的美元购买一些外币，这会增加发行在外的美元的数量，从而增加货币基础。如果美联储认为美元相对于其他货币的价值过低，它可能会出售一部分持有的该种类货币，以换取美元，出售外汇意味着货币基础的减弱。对货币市场的干预通常是对特定国际事件的回应。此外，干预通常涉及与其他中央银行的交易，包括立即进行货币兑换和达成一项未来外汇抵消协议，因此，这类行动允许美联储知道货币交易终止的条件和时间。

我们在本章中对货币政策要素的讨论清楚地表明，美元与重要外币的汇率是货币政策的一个主要目标。也就是说，在制定和执行政策时，美联储会考虑货币供应量的变化对外汇市场上美元相对价值的影响。

20 世纪 80 年代中期，大型工业国家的两次央行行长会议证明，在货币问题上进行国际政策协调的重要性日益增强。1985 年，美国、英国、法国、德国和日本（五国集团）的央行行长和董事在纽约的广场酒店会面并签署协议，这就是《广场协议》，它们同意协调政策以降低美元的价值，稳定国际汇率和贸易。1987 年，在巴黎卢浮宫，来自这五个国家和加拿大的央行行长同意共同努力，从而将汇率维持在当前水平。这些在货币和兑换问题上进行国际合作的努

力通常被认为是成功的[⊖]。

7.4 货币政策目标

通过使用公开市场操作（这类工具可以改变银行系统的准备金），美联储可以促使银行系统和储户在货币供应和增长率方面实施所需的变化。美联储管理货币供应以达到某些经济目标。在本节中，我们将确定一些更常被引用的美联储政策目标。[⊖]

稳定物价是美联储的主要目标。衡量通货膨胀的标准方法是主要物价指数的变化。根据对通货膨胀的历史经验，政策制定者和经济学家开始认识到，不稳定的价格水平会阻碍经济增长、引发利率波动、刺激消费、抑制储蓄、导致收入和财富的反复分配，并引发社会动荡。

然而，发达经济体的通货膨胀很少（如果有的话）是货币或财政政策导致的过度需求造成的。通货膨胀的一个更重要来源是一种关键原料供应方面的经济冲击，比如 20 世纪 70 年代的石油危机，几乎影响了所有的国家。20 世纪 70 年代末的通货膨胀与对商品和服务的过度需求无关的证据是，它是在高失业率的情况下发生的，给世界带来了一段**滞胀**时期，这是通货膨胀和衰退并行的一种情况。

值得注意的是，当面临供应冲击时，美联储等央行有两种选择。首先，银行监管机构可以拒绝通过增加货币供应量来适应冲击后的更高价格水平，不宽松政策的结果最初往往是利率上升和经济活动下降。因此，中央银行和政治当局经常选择第二个选择，即实行宽松政策和增加货币供应。不幸的是，这种政策使通货膨胀继续不受控制，甚至可能加速。

高就业率（或低失业率）是美联储的第二个主要目标。尽管政客们经常谈到美国政府促进"充分就业"的承诺，但大多数人都明白，失业率为零是不可能的。原因在于，**摩擦性失业**（换工作或寻找新的或更好工作的人的暂时失业）既不可避免，又对经济有益。随着就业水平的提高，换工作会变得更容易，工人能自由离开或进入劳动力市场，这使市场上的劳动力不断重新分配，有助于劳动力效率的提高。

考虑到零失业率不是一个可行的目标，美联储和其他政府决策者的适当目标实际上是高水平的就业。但经济学家和政策制定者无法就高就业率的恰当定义和划分达成一致。把高就业率确定为接近摩擦失业率水平的 100%，并没有什么帮助，因为在摩擦失业率的真实比率上也没有什么一致的意见。出于实际考虑，许多观察人士认为，失业率在 4%～5% 之间表明经济运行正常或接近高就业率水平。

在某些情况下，美联储的政策可以间接影响就业水平。当经济运行缓慢或产能不足时，货币供应量的增加可以带来经济扩张和就业，因为货币供应量的增加可以降低利率、刺激投资、鼓励消费和创造新的就业机会。扩大货币供应的政策经常被称为"宽松货币政策"，美联储为银行提供了获取储备和发放贷款的便利。但当经济产出接近产能时（考虑到其生产性资产和人口的存量），宽松货币政策可能是不利的，因为它们可能引发通货膨胀并提高利率。政策制定者必须经常面对这样一个棘手的问题：放松货币政策是会创造更高的就业，还是仅仅会引发通货膨胀，或是出现失业率上升和通货膨胀上升的不符合需要的组合。

⊖ Frederic S. Mishkin, "What Should Central Banks Do?" Federal Reserve Bank of St. Louis Review 82, no. 6 (November/December 2000): 1–13.

⊖ Ben S. Bernanke and Frederic S. Mishkin, "Central Bank Behavior and the Strategy of Money Policy: Observations from Six Industrialized Countries," NBER Working Paper No. 4082 (Cambridge, MA: NBER, May 1992): 1–77.

经济增长是美联储的第三个目标，即增加一个经济体的商品和服务的产出。显然，这一目标与高就业目标密切相关。正如预期的那样，对于政策制定者应该努力实现的确切增长率，人们几乎没有达成一致意见。经济的适当增长率被描述为"可持续的""稳定的"或"合理的"，它必须足够可观，在劳动力不断扩大的背景下创造高就业，但又必须足够低，以抵御通货膨胀。稳定利率的目标与经济增长的目标以及美联储对国家金融和银行系统健康的责任直接相关。

注意，目标是稳定利率，而不是防止利率的变化，因为利率会随经济状况的变化而上下波动。这些变动可以提供重要经济发展的信号，美联储试图阻止这种利率变化是错误的。不过，美联储可能会试图缓和利率大幅变动的影响，从而改善经济状况。一些利率的上升可能反映了暂时或可逆的发展，美联储可以适当地对这些变化做出反应，以消除或大幅减少这种上升。

外汇汇率的稳定是我们将要讨论的美联储的最终目标。近年来，随着世界经济一体化的程度越来越高，外汇市场的重要性越来越强，外汇汇率已开始影响到经济中越来越大的部分。由于汇率在某些方面明显地依赖于主要国家的货币政策，美联储已经接受了稳定汇率的目标。⊖当然，汇率的某些波动是出于经济上合理的原因，即一国的货币政策无法起到影响或控制的作用。一个典型的例子就是两国财政政策存在显著的差异。总体而言，全球多数主要货币汇率不稳定的一个重要解释是，大型工业经济体未能协调其财政和货币政策。

外汇汇率不稳定的一个主要缺点是，货币价格的波动会抑制国际贸易，而国际贸易会给所有参与国带来诸多好处。此外，美元的高汇率和低汇率都被认为对美国经济不利。高汇率（"强势"美元或以外币计算的高价值美元）减少了对美国生产产品的出口需求，刺激国外商品进口，其结果是贸易不平衡；美元"疲软"会导致通货膨胀，因为美国买家会为它们进口的许多商品支付更多的钱。出于这些原因，美联储稳定货币市场的目标通常相当于将美元的主要外汇价值保持在某种政治上可接受的范围内，并有利于国际贸易，特别是有利于出口。

7.4.1 政策之间的权衡和冲突

这种对被广泛接受的货币政策目标的解释，揭示了货币政策在操作过程中存在的一个深刻问题。目标有很多，但美联储的能力仅限于以下简单的几项：①通过给银行提供更多的准备金，来提高货币供应增长率；②通过减少银行系统的准备金，来降低货币扩张的速度。因此，通常一个目标可能需要一个与其他目标不一致的货币政策。换句话说，促进一个目标实现的货币政策实际上可能会使另一个目标的实现变得困难或不可能。

例如，增加货币供给的宽松货币政策（即刺激一种或多种货币供应的更高增长率）可能促进经济增长和低利率出现，但它也可能提高通货膨胀的预期，对汇率产生不利的影响，并且提高利率。另一个例子涉及稳定物价的目标和美联储对金融机构健康的责任。假设在高通货膨胀时期，许多此类机构根据通货膨胀预期进行投资，并向经营实物资产的企业发放了大量贷款。再假设，美联储决定采取措施遏制当前的通货膨胀，在这种情况下，实现这一目标的紧缩货币政策（即降低货币供应增长率的政策）实际上可能会危及金融机构，因为该政策可能会削弱那些从金融机构借款的公司的财务健康。

经济学家经常这样描述这个问题：美联储的政策必然代表其各种目标之间的权衡，根据经

⊖ Bernanke and Mishkin, "Central Bank Behavior and the Strategy of Money Policy," p. 11.

济状况，这些目标在不同时期具有不同程度的相对重要性。换句话说，美联储像任何货币政策制定者一样，有许多目标，但在任何时候，它都关注最可能无法实现的目标。

7.4.2 目标和目标类型

执行货币政策的第二个问题是，美联储无法直接控制其政策的最终目标。美联储不能用它的任何货币工具（公开市场操作、贴现率等）直接影响诸如商品和服务价格、失业率、GDP增长和外汇汇率等复杂的经济变量。我们知道美联储只能通过控制银行系统的准备金来影响货币供应的增长率。正如我们在第 6 章所讨论的，美联储不能完全决定货币供应的变化。货币供应量的增长在很大程度上取决于众多银行、借款人和消费者的偏好、行动和预期。

美联储试图通过一种连锁反应的形式来实现其目标，其时间顺序和结构如下。美联储首先使用一种或多种工具来影响所谓的**操作目标**，即货币和金融变量，其变化往往会导致中介目标的变化。**中介目标**可能包括利率或货币总量，它是与构成美联储目标或**最终目标**的变量（如产出或就业）有合理可靠联系的变量。美联储通过对操作目标的控制，间接地对中介目标施加影响，因此，它对组成其目标的变量的影响是间接的，并且取决于不同目标和目标之间的联系。

虽然经济学家对合理的操作目标和中介目标变量的确定已经争论多年，但对于合理的操作目标或中介目标的主要特征却没有争议。⊖第一个特征是相关性，一个操作目标必须与中介目标有预期的联系，而中介目标本身最终必须以与美联储目标一致的方式影响经济。第二个特征是可观察性，操作目标和中介目标都必须是易于观察和定期观察的经济变量，这样美联储就可以监测其是否成功地影响了它们的水平或变化率。第三个也是最后一个特征是响应性，作为一个操作目标，一个变量必须对美联储使用的一个或多个工具做出快速和可预期的反应；一个合理的中介目标必须能在很短的时间内以预期的方式对操作目标的变化做出反应。

1. 选择操作目标

在一些国家，一个关键外汇的汇率可以很好地作为一个操作目标。尽管在过去一段时间里，美联储对外汇形势的发展更加关注，但它还没有将美元兑换任何货币或货币集团的汇率作为操作目标。相反，美联储的货币政策直接瞄准了短期利率或某种程度的银行准备金。

关于操作目标重要的一点是，美联储必须选择短期利率或某些准备金水平，而不能选择同时以两种变量为目标。要理解美联储为什么必须做出选择，请记住美联储的工具允许它做什么。无论是贴现贷款或是存款准备金管理的次级工具，抑或是公开市场操作的主要工具，这些工具只能使美联储改变银行系统的准备金水平。显然，准备金的变化也会改变短期利率，因为它们是由银行间超额准备金市场决定的。在大多数情况下，准备金的变化与利率的变化是负相关的，因为随着美联储提供更多的准备金，银行得以获得更多的贷款和购买其他资产的能力，短期利率就会下降；随着美联储收回准备金并降低银行的放贷能力，短期利率就会上升。

由于这种反向关系，美联储似乎有可能将这些变量都视为一个目标，并同时设定它们。但事实上，这是不可能的。原因在于，美联储无法知道或预测公众对**货币的需求**，即以流动性

⊖ A formal treatment of the requirements for targets is available in Benjamin M. Friedman, "Targets and Instruments of Monetary Policy," in *Handbook of Monetary Economics*, ed. Benjamin M. Friedman and Frank H. Hahn (Amsterdam: North-Holland, 1990), chapter 22.

余额（如银行存款）形式持有部分财富的总需求。公众持有货币的意愿取决于许多因素，尤其是对未来收入和物价上涨的偏好和预期，这些因素的意外变化很可能会使公众期望持有的股份发生重大转变。因此，美联储无法确定准备金的变化会对短期利率产生多大影响。如果不知道准备金变化后利率的变化是多少，美联储就不能同时决定利率和准备金水平。

通过选择操作目标，美联储决定让另一个变量随着公众对货币需求的变化而变化。当以利率为操作目标时，美联储必须调节准备金，使利率保持在一个特定的水平上或平稳地过渡到一个新的水平（更高或更低）。当某种准备金总额成为目标时，美联储被迫允许利率大幅变化，这样它就可以尝试将准备金水平提高到美联储政策所规定的水平。当然，美联储可以不时地改变其目标，以控制那些在美联储关注其他变量时出现波动的变量。但是，无论美联储可能多么频繁地改变目标，一个事实仍然是，在任何给定的时间，美联储都不能同时以利率和准备金这两项为目标。

2. 选择中介目标

最著名的中介目标是货币供应量，它由一种更具包容性的货币总量来衡量。20世纪70年代，许多国家开始以实现一个或多个货币供应量的增长率为目标。至少公开声明的政策是，以一定的速度供应准备金，使总量达到一定的增长率。这一政策背后的想法是，如果货币供应以已知的稳定速度增长，央行活动的目标，如经济增长、稳定物价等，就会实现。随着时间的推移，其他中介目标也被指定，其中包括外汇汇率、国民产出水平（如国内生产总值）以及实际或预期的通货膨胀率。⊖此外，一系列的利率（包括可供消费者和投资者使用的利率）也可以作为目标变量。我们已经说过，一个合适的中介目标的主要特征是它能够很容易被观察到。上面提到的一些候选项并不符合这一规则。例如，国内生产总值的信息只能按季度提供，而实际或预期的通货膨胀率的衡量方法可能会受到相当大的争议。⊜

有趣的是，近年来，尽管通货膨胀率在计量方面存在一些问题，但许多央行都将其作为一个关键的中介目标。原因在于，货币总量与目标变量或政策制定者所要求的目标都没有那种可靠和持久的关系。在大多数欧洲国家，政策制定者跟踪敏感商品的价格指数，并根据实际和预期通货膨胀率来决定短期利率和银行准备金。在美国，人们普遍认为，美联储前主席艾伦·格林斯潘密切关注着黄金等大宗商品的价格。因此，本国货币的购买力和货币的汇率已成为比货币总量更典型的中介目标。

7.5 全球央行

我们以对全球中央银行的几个方面的简要描述来结束本章。对全球银行监管和监督的调查是受2008年金融危机的推动，**这些在危机中体现出来的银行问题仍然困扰着许多国家**。自1990年以来，系统性银行危机**一直在破坏**全球经济的稳定。⊜

然而，衡量世界各地的银行**监管**和监督是困难的，因为来自各个国家和地方政府不同组

⊖ Bernanke and Mishkin, "Central **Bank B**ehavior and the Strategy of Money Policy," p. 41.

⊜ Friedman, "Targets and Instruments of Monetary Policy," p. 1203.

⊜ James R. Barth, Gerard Caprio, and Ross Levine, "Bank Regulation and Supervision in 180 Countries from 1999 to 2011", NBER Working Paper 18733 (Cambridge, MA: National Bureau of Economic Research, 2013), http://www.nber.org/papers/w18733.

成部分的数百项法律和法规规定了有关银行资本标准、新的国内外银行的准入要求、银行所有权限制和贷款拨备指南的政策。

表 7-2 提供了 4 个选定国家（巴西、中国、英国和美国）的全球商业银行系统的信息，该表提供的信息包括银行资产总额/GDP、银行对私营部门的债权总额/GDP、每 10 万人拥有的银行数量、五大银行总资产比例、国有银行总资产比例、外资银行总资产比例、每家银行专业监督人员数量，以及被国际评级机构评级的 10 家最大银行的百分比。表的最后三列中显示的每个特征的高、低和中位数适用于 180 个国家。可见，这些特征的范围对于全球银行业来说意义重大。

表 7-2 巴西、中国、英国、美国银行系统的一些基本差异

系统指标	巴西	中国	英国	美国	高位数	低位数	中位数
银行资产总额/GDP（%）	105	189	607	84	1 942	18	78
银行对私营部门的债权总额/GDP（%）	53	不适用	206	57	206	6	39
每 10 万人拥有的银行数量	0.1	0.02	0.5	2.1	437.5	0.01	0.4
五大银行总资产比例（%）	71	63	68	47	100	12	73
国有银行总资产比例（%）	44	不适用	26	0	74	0	8.5
外资银行总资产比例（%）	18	不适用	18	不适用	100	0	49
每家银行专业监督人员数量	2.1	不适用	0.8	0.3	25.3	0.1	2.7
被国际评级机构评级的 10 家最大银行的百分比（%）	100	不适用	100	100	100	0	70

资料来源：This table was created from data in table 1 in James R. Barth, Gerard Caprio, and Ross Levine, "Bank Regulation and Supervision in 180 Countries from 1999 to 2011," NBER Working Paper No. 18733 (Cambridge, MA: National Bureau of Economic Research, 2013).

注：第 3、7 行代表绝对数，其他 6 行表示百分比。

表 7-3 显示了各国在评估银行业系统性风险时考虑的因素。大多数国家的监管机构认为最重要的因素是银行资本充足率和银行流动性比率，而最不常被提及的因素是股票市场价格。

表 7-3 评估系统性风险的银行监管标准

内容	报告的国家数目
银行资本充足率	113
银行流动性比率	104
银行贷款组合的部门组成	101
银行信贷增长	100
银行不良贷款比率	99
银行的盈利能力比率	93
银行准备金率	92
银行杠杆比率	84
银行的外汇头寸	79
住房价格	48
股票市场价格	46

资料来源：This table was created from data in figure 15 in James R. Barth, Gerard Caprio, and Ross Levine, "Bank Regulation and Supervision in 180 Countries from 1999 to 2011," NBER Working Paper No. 18733 (Cambridge, MA: National Bureau of Economic Research, 2013).

对 180 个国家 1999～2011 年开展的调查可知，各国的银行监管和监管政策存在很大的差

异。此外，尽管某些类型的银行业政策有一些趋同之处，但银行监管和监督政策仍然相当多样化。监管制度的多样性为研究这些政策差异的原因、银行政策对银行绩效的影响以及对整个金融部门和实体经济的相关影响提供了极好的研究机会。

关键知识点

- 一个国家的中央银行通过实施稳定货币和控制货币供应的政策，在该国的经济和金融市场中发挥关键作用。
- 为了避免金融危机，中央银行也可以作为银行系统的最后贷款人。
- 有证据表明，独立于政府之外的中央银行能够更有效地行动。
- 联邦储备系统是美国的中央银行。
- 美联储的货币政策工具包括存款准备金、公开市场操作、公开市场回购协议，以及对银行的贴现贷款。
- 美联储向银行系统提供准备金，银行系统与投资者一起参与创造货币供应。
- 提供准备金的主要手段是公开市场操作：美联储购买政府证券提供准备金，美联储出售证券减少准备金。
- 货币供应量是由各种货币以及活期存款和定期存款构成的，它们可以被归为货币总量。
- 基本总量是货币基础，由货币加上银行系统的总准备金组成。
- M1等于货币加上活期存款，其他总额包括各种定期存款。
- 货币乘数是指银行准备金的变化导致货币供应发生较大变化的过程。
- 银行用增加的准备金购买资产或发放贷款，资产的卖方或贷款的借款方将这些收益再存入银行，银行再用这些钱来支持额外的贷款，以此类推。
- 乘数的取值取决于法定准备金率、公众对现金的需求、银行放贷的意愿以及利率水平。
- 日益增长的世界经济一体化要求美联储和其他中央银行考虑其货币操作对外汇汇率的影响。
- 货币政策的目标包括稳定物价、高就业率、经济增长、稳定的利率和外汇汇率的稳定。
- 货币政策在各目标中间难以平衡，因为帮助实现一个目标的政策可能会使另一个目标难以实现。
- 由于美联储对构成目标的复杂经济变量没有直接控制或影响，因此它必须确定影响这些变量的中介目标，而这些中介目标反过来又受到美联储在很大程度上可以控制的操作目标的影响。
- 美联储的中介目标可能是利率、货币总量，也可能是汇率。

练习题

1. 中央银行的角色是什么？
2. 为什么说中央银行应该独立于政府？
3. 描述每个参与者及其在货币供应变化和货币政策实施过程中的角色。
4. 描述美国联邦储备委员会的结构。
5. a. 解释"美国拥有部分准备金银行体系"这句话的含义。
   b. 总准备金、法定准备金和超额准备金是如何联系的？
6. 什么是法定准备金率？1980年《存款机构放松管制和货币控制法》如何限制了美联储对该比率的控制？
7. 银行可以用哪两种形式持有法定准备金？
8. a. 什么是美联储的公开市场购买？

b. 美联储的哪个部门决定公开市场政策？哪个部门执行该政策？

c. 公开市场购买的直接后果是什么？

9. 区分公开市场出售和配对出售（与配对买卖交易或反向回购协议相同）。

10. 什么是贴现率？它适用于银行什么类型的行动？

11. 给出货币基础和 M2 的定义。

12. 描述货币乘数的基本特征。

13. 假设美联储通过在公开市场购买短期国债向银行系统注入 1 亿美元准备金，如果法定准备金率是 10%，那么 M1 中的新准备金能产生的最大增量是多少？（假设银行发放了准备金允许的所有贷款，企业和个人不持有货币，而将其所有流动资产保都存在存款账户中。）

14. 在问题 13 所述情况的基础上，现在假设银行持有 0.5% 的超额准备金，公众以现金的形式持有 20% 的流动资产。在这种情况下，货币乘数是多少？请解释为什么这个乘数的值比问题 13 中乘数的值低这么多。

15. 请说出三个被广泛接受的货币政策目标。

16. 是什么因素让美联储无法以直接的方式实现其目标？

17. 对美联储官员下述声明进行评论：美联储可以通过公开市场操作控制非借贷准备金，但它不能控制总准备金，因为贴现窗口的借款水平在短期内由存款机构的偏好决定。⊖

18. 为什么美联储不可能同时瞄准联邦基金利率和银行体系的准备金水平？

19. 人们常说，一箭不能射二靶。这一评论如何适用于使用货币政策来稳定经济？

20. 美联储监控和影响股市活动水平的工具和责任是什么？

⊖ Alfred Broaddus, "A Primer on the Fed," in The Financial Analyst's Handbook, ed. Sumner N. Levine (Homewood, IL: Dow Jones-Irwin, 1988), p. 194.

第 8 章

保 险 公 司

学习目标

学习本章后，你会理解：
▲ 保险公司作为风险承担者的作用；
▲ 不同类型的保险公司；
▲ 保险业的基本原理；
▲ 保险公司业务的性质；
▲ 保险公司如何创造收入；
▲ 保险业的结构；
▲ 什么是再保险公司和自保险公司；
▲ 股份公司和互助公司之间的区别，以及每种类型的优缺点；
▲ 人寿保险单的类型；
▲ 人寿保险公司提供的投资导向产品（担保投资合约和年金）；
▲ 一般账户产品与独立账户产品之间的差异；
▲ 保险公司倒闭的原因以及是否应将其视为全球系统重要性金融机构；
▲ 美国和欧盟对保险公司的监管；
▲ 关于保险公司是否构成重大系统性风险的讨论和证据；
▲ 保险公司面临的灾难性风险，以及减轻这些风险的战略；
▲ 什么是巨灾债券和保险相关证券；
▲ 保险公司投资策略；
▲ 怎样将保险公司扩展到养老基金领域和银行（银行保险模式）；
▲ 什么是基于保险的投资银行业务。

保险公司提供（销售和服务）保险单，这些保险单是具有法律约束力的合同。根据保险合同，保险公司承诺根据未来某一特定事件（如死亡或汽车事故）的发生支付特定金额。因此，保险公司是风险承担者，它们接受或承保风险，保险费由投保人支付，保险费是保险公司承担风险的回报。

保险公司是一国经济的关键参与者，它们不仅是一国家庭、企业和政府风险管理产品的提供者，还是主要投资者。保险公司从收到的保费中获得可用于投资的资金，是后面章节所述投资产品的主要买家，也是本书第八部分所述金融衍生品市场的参与者。它们还提供本章后面介绍的投资导向型产品，是全球金融市场的主要参与者。人们担心保险公司会带来重大的系统性风险，是否应将大型保险公司视为全球系统重要性金融机构这个问题，我们将在本章后面讨论。

8.1 保险的类型

各国有不同类型的保险单，保险公司可以签发这些保险单。美国保险公司将保险分为人寿保险、健康保险、财产和意外伤害保险、责任保险、伞式保险、残疾保险、长期护理保险和结构性结算。

8.1.1 人寿保险

对于人寿保险（简称"寿险"），投保的风险是被保险人的死亡。在被保险人死亡的情况下，人寿保险公司向人寿保险单的受益人支付保险金。有几种类型的人寿保险，将在本章后面部分进行讨论。

8.1.2 健康保险

就健康保险而言，投保的风险是被保险人花费的医疗费用。**健康保险公司**向被保险人（或医疗服务提供者）支付在医院或其他地方花费的全部或部分医疗费用。在过去20年里，这类保险在许多国家发生了重大变化。因此，最大的健康保险公司专门经营健康保险，而不是销售健康保险以外的其他产品，如人寿保险。

8.1.3 财产和意外伤害保险

财产和意外伤害保险公司承保的风险是各种财产的损失。具体来说，它是针对由可识别的突发、意外或不寻常事件造成的财产损失，破坏或损失而造成的经济损失的保险。这类保险的主要类型有：①针对火灾、洪水、地震和盗窃等风险的房屋及房屋内的物品（业主保险及其变体）；②针对碰撞、盗窃和其他损坏的车辆（汽车保险及其变体）。

8.1.4 责任保险

在责任保险中，投保的风险是诉讼，或由于被保险人或其他人的行为而对被保险人提起诉讼的风险。责任保险提供了对第三方索赔的保护，也就是说，付款通常支付给遭受损失的人，而不是保险合同的一方，也不是被保险人。

8.1.5 伞式保险

通常情况下，伞式保险是在所有保单（如业主、车辆和船舶保单）承保范围之外的纯责任保险。"伞式"的名称是指它涵盖了其下所有保单的责任索赔。除了提供超出基本保险单范围的责任保险外，它还提供了被其他责任保险单排除在外的索赔保险，如侵犯隐私、诽谤和虚假逮捕。通常，伞式保单的用户拥有大量资产，一旦发生灾难性索赔，这些资产将面临风险。

8.1.6 残疾保险

残疾保险是针对雇员因为残疾不能工作并失去收入的保险。通常，"在自己岗位上"的残疾保险是为白领专业人士（通常是内科医生和牙医）设计的，而"在任何岗位上"的残疾保险是为蓝领工人设计的。残疾保险的另一个典型特征是保单的可持续性，它可以分为两种类型：第一种是保证可更新（或保证可续保），即发行机构必须在规定期限内维持保单，并且发行机构不能对保单进行任何更改，除非更改整个保单类别的保险费率（但不是针对单个投保人）；另一种是不可取消和保证可续保（或简单地说不可取消），即发行机构无权在规定期限内对任何保单进行任何变更。残疾保险还分为短期残疾和长期残疾，以 6 个月为分界线。

8.1.7 长期护理保险

随着平均预期寿命的增加，老年人开始担心自己的资产不够用，而且随着年龄的增长，他们无法照顾自己。此外，老年人的监护费用已变得非常昂贵，在许多国家，政府可能无法提供某种形式的老年人保险。因此，对此类保险的需求激增，以便为那些不再能够照顾自己的老年人提供照料，这种护理可以在被保险人自己的住所或单独的监护机构中提供。有许多类型的长期护理保险可供选择。

8.1.8 结构性结算

结构性结算是指在很长一段时间内定期支付固定的、有保证的款项，通常是由残疾保险单或其他类型的保险单结算产生的。

假设一个人被汽车撞了，这导致他的余生都无法工作。这个人可以起诉财产和意外伤害保险公司，要求其赔偿未来的收入损失和医疗费用。为解决诉讼，财产和意外伤害保险公司可同意在一段时间内向个人支付特定款项。与此同时，财产与意外保险公司可以从人寿保险公司购买保单以支付约定的付款。

8.2 保险业基础

保险公司的一个主要任务是决定它们应该接受哪些保险申请，以及拒绝哪些申请。决定接受或拒绝哪些申请的过程称为**承销过程**。如果保险公司接受申请，还必须确定收取多少保险费，这个活动被称为**保单定价**。因为保险公司是先收取保险费，然后在被保险事件发生后支付，所以保险公司会用收取的保险费购买一个投资组合，从而产生回报。保险公司的两大收入来源包括承保收入（保险费）和投资收益。保险费投资的收益不断累积，直到保险单上的资金付清为止。保险费收入相当稳定，投资回报可能会因保险公司管理层所追求的投资策略的表现而有很大差异。保险公司的利润来源于其收入（即收取的保险费加上投资收益）与经营费用和保险支付或收益之间的差额。承保的风险类型决定了收取的保险费和支付的收益水平，也决定了保险公司的性质。

保险业的一个基本知识点是弄清其收入和成本之间的关系。在实际中，面包师购买配料，用这些配料制作各种烘焙产品，然后销售这些产品，所有这些都在相当短的时间内完成，面包店的利润率可以相对容易地计算出来。相比之下，保险公司收取保费并进行投资，根据保险类型的不同，对保单持有人的赔付时间较晚，而且通常以不可预测的方式进行，付款取决于未来可能发生的事件。例如，人寿保险下的每个被保险人都会死，只是不清楚具体的个体何时会死亡。对于任何一家销售个人人寿保险的保险公司来说，付款的时间都是不确定的。尽管任何一份人寿保险单的赔付金额都是不确定的，但精算师可以预测大量寿险保单组合的死亡模式，从而使用标准精算表来预测各死亡模式的总和。

在另一个极端的例子中，不仅是针对飓风的房屋保险的支付极不确定，对房屋投资组合的支付同样不确定。如果某个地区的一所房屋被洪水冲毁，那么其他许多房屋也很可能被毁。因此，计算面包师和保险公司的盈利能力有两个重要区别。首先，对于保险公司来说，赔付的时间和数额不确定。其次，保险公司的收入和支付之间存在长期滞后，这就是购买投资组合从而产生投资收益的重要性。

烘焙食品和保险供应商之间的这些差异导致面包和保险消费者看待供应商的方式不同。即使烘焙产品的购买者在购买烘焙产品的第二天发现面包房破产，他们也不会受到损害，因为烘焙产品的购买者立即收到了产品，但保单所有者只有在发生保险事故时才能在未来收到保单上的款项，因此保单所有者必须关心保险公司的持续生存能力。可见，保险公司的信用评级对于保险购买者来说是很重要的，特别是对于那些将来可能会得到很好的赔付的保险类型。

8.3 保险公司的结构

根据前面的讨论，保险公司实际上是由三家公司组成的。首先是"内部部门"或实际的保险公司，这个公司设计保险合同（"制造"合同），并为合同上的财务担保提供支持，即向投保人保证合同将按照约定的条件予以赔付，这家公司被称为保险单的**制造商**和**担保人**。其次是**投资公司**，它将收到的保费进行投资，从而形成一个投资组合。最后是**销售公司**，销售公司有不同的类型。有一些与公司有关联的**代理商**，代理商只销售或主要销售公司自己的产品，这些代理商通常不是公司的雇员（尽管有些公司也使用雇员作为销售人员），而是与公司有财务关联的企业。还有一些**经纪人**与任何公司都没有关联，它们销售许多公司的保险产品。经纪人传统上是单独经营的，但现在越来越多地以**生产商集团**的形式经营。在许多国家，法规的变化使商业银行成为保险产品的分销商。我们将在本章后面描述这种银行保险模式。互联网也被一些保险公司用来直接向客户分销保险产品。互联网分销是一个非常新的领域，具有相当大的潜力，但仍处于初级阶段。这种销售模式在某些商品类保险产品的销售上最为成功，如定期人寿保险和汽车保险。

传统上，这三家公司构成一个完整的保险公司，但它们正日益分离，由不同的公司提供这三种职能。首先，如前所述，许多保险公司使用独立的经纪人或生产商集团分销其产品，而不是使用自己的代理人。还有一些保险公司不再拥有自己的代理商，而是通过经纪人、生产商集团或互联网独家销售所有产品。其次，保险公司越来越多地将部分投资组合甚至整个投资组合外包给外部独立投资经理。投资管理公司也越来越多样化，也就是说，不再专门管理任何一种类型的资产（如养老基金资产、共同基金或保险公司资产），而是管理几种或全部资产。最后，尽管保险公司的内部部门似乎是保险公司的核心，一些内部部门仍然会使用外部精算公司来设计它们的合同。而且，更重要的是，它们可以对其在提供保险时所承担的部分或全部责任进行再保险。

8.3.1 再保险公司

为了降低风险，保险公司可能会对它们在提供保险时所承担的部分或全部负债进行再保险，以此为目的而成立的公司称为**再保险公司**或**再保险人**。根据再保险交易，初始（主）保险人将保险单的风险转移给再保险人。因此，保险单上的担保由再保险人而不是初始保险人提供。

世界上最大的五家再保险公司分别是慕尼黑再保险公司、瑞士再保险有限公司、汉诺威再保险公司、伯克希尔·哈撒韦公司和劳埃德保险公司。亚洲最大的两家再保险公司是韩国再保险公司和中国再保险（集团）公司。

8.3.2 自保险公司

在第2章中，我们描述了公司如何决定保留某些风险。为了防范这些风险，公司成立了自己完全所有的保险公司，以此为目的设立的保险公司称为**自保保险公司**（简称"自保公司"）。这些保险公司为其所有者提供一种形式的自我保险，并提供保险保护，以防范由财产和意外伤害保险公司提供的任何类型的商业风险，以及人寿保险。在美国，大多数财富500强公司都建立了自保公司。近年来，规模较小的公司也创建了此种类型的保险公司。全世界大约有5 000个自保公司，甚至一个政府也可以设立一个自保公司。例如，中国政府为一些国有企业设立了专属自保公司和海运货物专业公司。

自保公司有几种类型，包括单一自保公司、协会自保公司、行业自保公司和多元化自保公司。大多数自保公司都是**单一自保公司**，这些自保公司为创建它们的母公司提供纯粹的自我保险。**协会自保公司**是由行业协会或行业成员创建的，为其成员提供保险，一般来说，协会自保公司对责任风险进行保险，如医疗事故风险。当同一行业的公司联合创建一个自保公司来处理行业面临的特定保险问题时，创建的自保公司称为**行业自保公司**。除了承保母公司的业务外，还承保不相关风险的自保公司被称为**多元化自保公司**。

大多数自保公司建立在创建自保公司的公司或协会所在国以外的法律管辖区。这些法律管辖区提供优惠的税收，并对资本化、投资限制、费用和财务报告的要求也有相应优惠。主要地区有安圭拉、巴巴多斯、百慕大、开曼群岛、爱尔兰（都柏林）、根西岛、马恩岛和卢森堡。在美国，由于《病人保护和可负担医疗法》（俗称"奥巴马医改"）的实施，美国制定了自己的关于自保医疗保险的法规。

8.3.3 股份保险公司与互助保险公司

美国主要的保险公司形式有两种。**股份保险公司**在结构上与任何公司或上市公司相似，股份（所有权）为独立股东所有，并且公开交易。股东只关心其持有的股票的表现（股票的增值和红利），他们的持有期可能是短期的，因此他们关注的点也是短期的。保险单只是公司的产品或业务，而管理层则是根据业绩来评估的。

相比之下，**互助保险公司**没有股票，也没有外部所有者，投保人就是所有者。投保人主要关心的是保险单的表现，尤其是公司支付保单的能力。由于这些付款可能会在未来相当长的时间内发生，投保人关注的点可能是长期的。股份保险公司要对两方负责（股东和投保人），互助保险公司只对投保人负责，因为它们的投保人和所有者是一样的。

这两种形式的保险结构存在的原因已经被经济学家们研究过。组织理论是管理学中的一个领域，它试图找出一种组织结构，以最有效的方式降低一个企业的管理者以牺牲公司所有者的利益为代价，基于自身利益做出决策的风险。这就是金融经济学中的委托代理问题——代理人以管理者的形式为自己行事，而不是以公司所有者的形式为委托人行事。一项研究对寿险公司存在两种结构的原因进行了研究，发现如下：

在财产保险业中，股份公司和互助公司的共存表明，下面三个假设中至少有一个是正确的，这三个假设是：两种组织形式具有竞争优势；市场可能足够丰富，不同的组织形式可以在不同的细分市场中生存；市场可能还没有达到最终均衡（或者历史可能会影响这个均衡）。⊖

在美国，最大的保险公司曾经以互助公司的形式运作，但一些互助公司已经转变为股份公司，这一过程被称为"非互助化"。非互助化的动机是企业需要获得资金支持企业增长。当互助公司转换为股份公司时，股票可以出售给公众筹集资金，股票也可以作为货币用于收购或与其他保险公司合并。

8.4 人寿保险单类型

表 8-1 显示了按总资产衡量的美国、欧洲和亚洲的五大人寿保险公司。虽然不同类型的人寿保险保单在不同的国家都有销售，但我们重点介绍在美国销售的保单，因此，了解美国税法对某些类型的保险产品的影响是很重要的。美国税法允许对某些具有投资特征的人寿保险单给予优惠的税收待遇，具体来说，来自某些类型的保单的投资收入是不用缴税的。人寿保险单的身故保险金受益人也不需要缴纳所得税；保单的身故保险金可能需要也可能不需要缴纳遗产税，这取决于受益人身份的结构，可谓对人寿保险产品提供了相当可观的税收优惠。

表 8-1 美国、欧洲和亚洲的五大人寿保险公司 （单位：十亿美元）

排名	公司	2017年12月31日总资产
美国		
1	美国保德信金融集团	821
2	美国大都会人寿保险公司	721
3	伯克希尔·哈撒韦公司	682
4	美国国际集团	503
5	美国教师退休基金会	294
欧洲		
1	安联保险集团（德国）	1 047
2	安盛集团（法国）	1 038
3	保诚集团（英国）	645
4	法通保险公司（英国）	643
5	忠利保险公司（意大利）	642
亚洲		
1	中国平安保险（集团）股份有限公司（中国）	926
2	日本邮政保险股份有限公司（日本）	699
3	日本人寿保险公司（日本）	661
4	Zenkyorena[①]（日本）	513
5	第一生命保险公司（日本）	476

① 截至 2017 年 3 月 31 日。

资料来源：https://www.relbanks.com/top-insurance-companies/world.

两种根本不同的人寿保险类型分别是定期保险和现金价值人寿保险，此外，其他投资型产品由人寿保险公司销售。

⊖ Patricia Born, William M. Gentry, W. Kip Viscusi, and Richard J. Zeckhauser, "Organizational Form and Insurance Company Performance: Stocks versus Mutuals," in The Economics of Property-Casualty Insurance, ed. David F. Bradford (Chicago: University of Chicago Press, 1998), chap. 6, 168–192.

8.4.1 定期保险

定期保险是纯粹的人寿保险。如果被保险人在保险单有效期内死亡，保险单受益人将获得死亡抚恤金。如果被保险人未在保单有效期内死亡，则保单无效，没有任何价值。定期保险单不产生现金价值或投资价值。此外，投保人不能以保单作为抵押进行借款。

8.4.2 现金价值人寿保险

人寿保险的广泛分类包括现金价值人寿保险或永久人寿保险或投资型人寿保险，通常称为"终身寿险"。除了提供单一的人寿保险（如定期保险一样），终身寿险还具有现金价值或投资价值。这种现金价值可以提取，也可以由保单所有人借用。或者，如果保单持有人希望保单失效，他可以提取现金价值。人寿保险单现金价值的增长被称为"内部积累"，这种保险产品和其他提供现金或投资价值的保险产品的一个主要优点是内部积累不需要纳税。

人寿保险产品可能很复杂，本章仅提供概述。两类现金价值人寿保单中的第一类是离散的，不管现金价值是有保证的还是可变的；第二类涉及保费是固定的还是灵活的。表8-2 列示了四种可能的组合，我们在此进行讨论。

表 8-2 现金价值保险的分类

	保证现金价值人寿保险	变额人寿保险
固定保费	终身人寿保险	变额人寿保险
灵活保费	万能人寿保险	变额万能人寿保险

1. 保证现金价值人寿保险

传统的保证现金价值人寿保险，即终身人寿保险，是在保险公司一般账户组合的基础上，提供有保障的现金价值积累。保险公司在每年年底保证最低现金价值，保证的现金价值以保单支付的最低股息为基础。此外，该保单可以分红，也可以不分红。对于**不分红保单**，保单红利和现金价值为保证金额；对于**分红保单**，根据公司及其投资组合实现的收益支付保单红利。

现金价值可高于但不低于保单的保证水平，保单的实际绩效在很大程度上受到超过保证金额的实际保单股利的影响。

2. 变额人寿保险

与基于保险公司一般账户组合的保证或固定现金价值保单不同，**变额人寿保险**允许保单持有人在一定范围内，将其保费分配到保险公司维护的独立投资账户中，并转移各独立账户之间的保单现金价值。因此，保单现金价值和身故保险金的金额取决于保单持有人选择的独立账户的投资结果，这项政策不提供有保证的现金价值或死亡抚恤金，而这取决于所选投资组合的表现。

保险公司提供的独立账户投资选择的类型各不相同，通常，保险公司提供一系列普通股和债券基金投资机会，由保险公司自己和其他投资经理管理。如果投资期权表现良好，保单中的现金价值积累将是显著的。然而，如果投保人选择了表现不佳的投资选项，变额人寿保险保单将表现不佳，导致很少或根本没有现金价值积累，或者，在最坏的情况下，保单终止。

3. 万能人寿保险与变额万能人寿保险

万能人寿保险的关键是投保人保费的灵活性。这种灵活的保费概念将纯粹的保险保障（定期保险）与保单的投资（现金价值）部分分开。保单现金价值设立为现金价值基金（或公积金），贷记投资收益，借记被保险人定期保险费用（死亡费用），费用也记入借方。

这种现金价值与纯保险的分离被称为传统人寿保险保单的拆分。万能人寿保险的保费由投保人自行决定，除了开始投保时的最低初始保费，保单中每月至少要有足够的现金来支付死亡费和其他费用，如果没有足够的现金投保，该保单将失效。保证现金价值和可变寿险都可以以灵活或固定保费为基础。

8.4.3 其他投资性保险产品

人寿保险公司越来越多地提供除了保险外，还具有重要投资成分的产品，即担保投资合同和年金。

1. 担保投资合同

人寿保险公司开发的第一个投资导向产品是担保投资合同。根据担保投资合同的说法，人寿保险公司同意在投资期限内支付本金和按照预定的结算利率产生的利息，所有这些都在担保投资合同到期日支付。例如，一个 1 000 万美元的 5 年期担保投资合同，其预定的结算利率为 10%，意味着在 5 年结束时，保险公司会按照保证的结算利率支付利息和本金。客户面临的风险是，本金的回报取决于寿险公司履行债务的能力，就像任何公司债务义务一样。保险公司面临的风险是，支持性资产组合的收益率低于支付给客户的结算利率。

担保投资合同的期限从 1 年到 20 年不等，保证的结算利率取决于市场状况和人寿保险公司的评级，结算利率将高于该国同期无风险利率。这些保单是由个人和养老金计划发起人作为养老金投资购买的，正如第 9 章所解释的，是由一种类型的养老金，即界定的养老金基金购买的，以"规避"它们的义务。

担保投资合同只是签发合同的人寿保险公司的债务。"担保"一词并不意味着除人寿保险公司外还有担保人。实际上，担保投资合同是人寿保险公司发行的零息债券，因此，投资者面临相同的信用风险。这种信用风险已经由几个主要的担保投资合同发行人的违约事件而引起人们的关注。在美国知名度最高的两家人寿保险公司是总部位于新泽西的互惠保险公司和总部位于加利福尼亚州的执行人寿保险公司，这两家公司均于 1991 年被监管机构接管。

2. 年金

保险公司的另一种投资产品是年金。在美国，年金通常被描述为"在保险包装下的共同基金"（第 32 章讨论了共同基金）。这具有什么含义呢？为了回答这个问题，假设一个保险公司的投资经理有两个相同的普通股投资组合，一个是共同基金，另一个是年金。对于共同基金，所有收入（即股息）都要纳税，基金实现的资本收益（或损失）也要纳税，尽管税率可能不同。无论是由共同基金持有人取出还是再投资于该基金，收入和已实现收益都要纳税。共同基金没有担保，其表现完全取决于投资组合的表现。

美国的年金由于下面讨论的保险包装，其被视为一种保险产品，因此，它能够获得税收优惠待遇。具体来说，如果不从年金产品中提取收入和实现收益，则不征税。因此，收益的"内部积累"对年金不征税，其他具有现金价值的保险产品也是如此。然而，在提取时，所有收益均按普通所得税税率征税。

使共同基金成为年金的保险包装可以有多种形式。最常见的包装是保险公司保证年金投保人将得到不低于年金投资金额的回报（在提取前也可能有一个最低期限来获得这种利益）。因此，如果一个投资者投资 100 美元购买普通股年金，而在提取时（或年金持有人去世时），年金的价值只有 95 美元，保险公司将向年金持有人（或其受益人）支付 100 美元。此外，保险公司还开发了许多其他类型的保护或保险功能。

当然，保险公司会对这种保险收益收取费用，即对年金的保险部分收取保险费。鉴于共同基金会对基金的业绩收取费用，年金也会收取一个**死亡和损失费用**。因此，对投资者来说，年金比共同基金更贵。作为回报，年金投保人得到了保险包装，这提供了税收优惠。年金可以是固定年金（类似于担保投资合同）或变额年金，其表现基于普通股或债券投资组合的回报。

8.4.4　一般账户产品和独立账户产品

保险公司的一般账户是指整个公司的投资组合。保险公司自己发行的产品一般带有"一般账户担保"，这些产品是保险公司的负债。当信用评级机构（如穆迪、标准普尔、惠誉）提供信用评级时，它们会对由普通账户承保或担保的产品进行信用评级，这些评级是根据公司的理赔能力而定的。一般账户承保或担保的典型产品有终身寿险、万能寿险和固定年金（包括担保投资合同）。保险公司必须在其偿付能力范围内支持其**一般账户产品**的可偿性。

其他类型的保险产品不接受保险人一般账户的担保，其业绩表现并不是基于保险公司一般账户的表现，而是完全取决于与一般账户分离的账户的业绩，通常是投保人选择的账户。这些产品称为**独立账户产品**。变额人寿保险和变额年金都是独立账户产品。投保人选择特定的投资组合来支持这些产品。保险产品的业绩几乎完全取决于所选投资组合的业绩，并根据保险公司的费用或开支进行调整。

个别账户产品的业绩取决于所选择的个别账户组合的业绩，而不受保险公司一般账户组合整体业绩的影响。此外，部分一般账户产品的业绩不受一般账户组合业绩的影响。例如，伤残收入保险保单可能是在一般账户上承保的，尽管其偿付取决于一般账户的偿付能力，但保单的表现（如保险费）并不参与保险公司一般账户投资组合的投资表现。

其他一般账户保险产品参与公司一般账户投资组合的业绩。例如，一家人寿保险公司为其整个寿险保单提供最低分红的保证，但如果投资组合表现良好，保单的实际分红可能会增加。股息的"利息部分"与费用部分和死亡率部分同时存在。因此，保单的业绩分红参与了整个公司的业绩分红。这种保单被称为**分红保单**，在本例中，其是分红型终身寿险保单。

8.4.5　人寿保险公司的专属自保安排

前面我们描述了自保保险公司。虽然最初的自保保险公司是由非保险实体创建的，但是人寿保险公司一直在创建自保保险公司来规避最近的一些监管要求。与非保险实体利用自保险公司进行自我保险不同，人寿保险公司拥有的自保保险公司只是给人寿保险公司提供了风险转移工具。⊖人寿保险公司创建的自保保险公司被称为再保险自保公司，它并没有使风险转移到独立的保险公司。因此，关于这些自保公司的争论相当激烈。纽约州金融服务部 2013 年 6 月发表的一份报告中将再保险自保公司的行为称为"影子保险"安排，因为它们掩盖了保荐寿险公司的财务弱点，并增加了整个金融体系的系统性风险。

对于人寿保险公司使用自保再保险安排，有两种观点。一种观点认为，自保再保险安排是寿险公司管理某些产品法定资本的有效工具。对消费者来说，这样做的好处是，保费比没有这样的安排时要低，而且可以使投保人在保险公司不增加破产风险的情况下得到更多的保险保障。另一种观点认为，采用专属再保险安排的寿险公司的破产风险，要远远高于母保险公司目前的信用评级所隐含的风险，这将给整个行业带来巨大的违约预期成本，这一观点得到了

⊖ 因此，它们被称为特殊目的公司——自保保险公司。

Koijen 和 Yogo 的实证研究的支持。⊖

8.5 对保险公司的监管

每个国家都有自己的保险公司监管体系。事实上，即使在一个国家内部，区域监管机构也可能有自己的监管体系。美国就是最好的例子，每个州都在监管保险公司。在欧盟，每个成员国也都有自己的监管体系。

8.5.1 国际保险监督官协会

在描述美国保险监管体系之前，有必要先描述一下全球监管保险业的努力。国际保险监督官协会是一个自愿会员组织，代表了来自 140 个国家（地区）的保险监管人员和监督人员，这些国家（地区）的保险费占世界保险费的 97%。成立于 1994 年的国际保险监督官协会的两个目标是：

- 促进对保险业有效的和全球一致的监督，以发展和维持公平、安全和稳定的保险市场，并造福和保护投保人；
- 促进全球金融稳定。⊜

国际保险监督官协会为实现其目标开展了三项活动。一是为有效的保险监管制定原则、标准和指导方针。二是推动国际组织、地区集团和监管机构贯彻落实监管原则和标准。三是在金融稳定问题上发挥关键作用，其中包括制定一种能识别全球具有系统重要性的保险公司的方法，并采取政策措施来应对其系统性风险。

保险公司监管的主要目标之一是降低破产风险。因此，我们从保险公司破产的简要历史开始，将我们的讨论局限于美国保险公司。

8.5.2 保险公司倒闭的原因

对于保险公司来说，倒闭意味着：①违约；②被清算；③被监管机构接管；④获得外部支持以避免前三种情况的发生。标准普尔在一项研究中指出了保险公司破产的原因，旨在改进评级公司制定保险公司评级标准的方式。⊜这项研究考察了 20 世纪 80 年代以来世界各地的保险公司倒闭的情况，主要发现存在以下关键因素：

- 流动性管理不善；
- 定价过低和储备不足；
- 对投资风险的高容忍度；
- 管理和治理问题；
- 与快速增长和 / 或向非核心活动扩张相关的困难；
- 主权相关风险。[四]

⊖ Ralph S. J. Koijen and Motohiro Yogo, "The Cost of Financial Frictions for Life Insurers," American Economic Review 105, no. 1 (2015): 445–475.

⊜ From http://www.iaisweb.org /home.

⊜ Michelle Brennan, Rodney A. Clark, and Michael J. Vine, "What May Cause Insurance Companies to Fail—and How This Influences Our Criteria" (New York: Standard & Poor's Rating Services, June 13, 2013).

[四] Brennan, Clark, and Vine, "What May Cause Insurance Companies to Fail," p. 3.

其中，前两个因素是美国保险公司倒闭的主要原因。

1991～1994 年，流动性管理不善导致一些美国人寿保险公司倒闭，包括第一执行公司、加利福尼亚州执行人寿保险公司、第一资本控股公司、互惠人寿保险公司、帝王人寿保险公司、肯塔基州中央人寿保险公司以及联邦人寿保险公司。这些倒闭公司的流动性问题是，非流动性资产过度集中，无法偿付保险公司的负债。

一些倒闭的人寿保险公司的非流动资产过度集中的案例如下。
- 互惠人寿保险公司：房地产开发。
- 加利福尼亚州执行人寿保险公司：非流动性高收益债券和混合资本证券投资。
- 帝王人寿保险公司：房地产股权投资。
- 肯塔基州中央人寿保险公司以及联邦人寿保险公司：商业房地产抵押贷款，包括新开发项目的建筑贷款和高贷款价值抵押贷款。

这些寿险公司面临的流动性问题与存款机构面临的挤兑情景非常相似。

1999 年，发行担保投资合同保单的人寿保险公司也面临流动性问题，如前所述，大多数担保投资合同产品允许投保人放弃或兑现其保单。1999 年，全球保险公司的退保率太高，导致五家人寿保险公司倒闭：GenAmerica 金融公司、美国人寿保险公司、ARM 财务集团有限公司、诚信人寿保险公司和 RGA 再保险公司。

1984～1989 年，几家美国保险公司（主要是财产和意外伤害保险公司）由于列出的第二个原因破产：定价过低、损失准备金不足。这些保险公司包括任务保险公司⊖和过境意外伤害保险公司⊜。

当然，也有一些保险公司"侥幸脱险"，比如外部支持阻止了保险公司倒闭。最著名的外部支持案例是联邦政府对美国国际集团的救助。美国国际集团采用了一种过度激进的投资策略（第 39 章所述的信贷衍生品），我们在第 2 章描述了 2008 年联邦政府对美国国际集团的救助。

8.5.3 美国监管体系

对美国保险公司的监管受 1945 年《麦卡伦－弗格森法案》的约束，该法案授予各州监管保险业务的权力，这就形成了一个以国家为基础的保险公司监管体系。另外，股票公开交易的保险公司也受到美国证券交易委员会的监管。

虽然初级保险监管机构在州一级，但联邦政府也参与其中，主要涉及联邦计划，以处理私人保险公司难以投保的风险。

1. 现行的以州为基础的监管体系

所有州都有一个保险监管部门，该部门要么是州金融监管部门的一部分，要么是一个独立的州机构。保险监管部门的负责人，通常被称为保险专员，由州长任命或选举产生。例如，在密歇根州，负责保险（以及银行和证券市场）的监管机构是金融和保险监管办公室，它是该州能源、劳动和经济增长部的一部分，专员由州长任命。在纽约州，保险部门是该州金融服务部的一部分。在 2011 年 10 月之前，纽约州有一个独立的机构负责保险监管，它就是纽约州保险部。纽约州金融服务部是由纽约州保险部和纽约州银行部合并而成的。

保险监管涉及偿付能力监管和消费者保护。偿付能力监管与我们在第 6 章中讨论的银行

⊖ Mission Insurance Company.

⊜ Transit Casualty Insurance Company.

监管（安全和稳健监管）相同。有关偿付能力监管的州法律涉及：①资本要求和准备金；②允许投资；③一般账户和独立账户。为保险业务参与者颁发牌照、制定行为准则，以及核准保险公司所开发的产品，是保障消费者权益的重点。

保险费收入与或有合同保险单最终支付额之间的关系是评价保险公司的一个重要方面。会计师、审计师、信用评级机构和政府监管机构都在监督保险公司，这些监管者根据保费和保单支付之间的同步程度以及支付的波动性等因素来观察保险公司的财务稳定性。为了确保保险公司的财务稳定，这些监管者要求保险公司保持充足的准备金或盈余，包括资产超过负债的部分。监管机构和会计师对这些准备金或盈余的定义不同，并用不同的名称来称呼它们。因为州法律规定了保险公司资产和负债的处理方式，盈余也被称为**法定盈余**（或**法定准备金**），或统计盈余。一般公认会计原则下的盈余（或准备金）是由会计师为其目的而定义的。法定准备金和一般公认会计原则下的准备金的计量方式不同，但它们的用途相似。法定盈余之所以重要，是因为监管机构将其视为可用于支付给投保人的最终金额。保险公司盈余的增长也决定了它能承保多少未来业务。

定义资产很简单，定义负债则较困难。由于保险公司承诺在未来某个时间付款，而这些未来付款在其财务报表中记为或有负债，因此在确定负债价值时就变得比较复杂。准备金只是一个会计条目，而不是一个可识别的投资组合。

《示范法律或条例》由全美保险专员协会（NAIC）制定，这是一个由国家保险专员组成的私人自愿协会。全美保险专员协会通过的《示范法律或条例》对任何州都没有约束力。然而，各州在编写自己的法律法规时通常使用这些准则。全美保险专员协会致力于促进监管的统一性，而当前体系中缺乏统一性已招致广泛批评，这成为将主要监管从各州转移到联邦政府的理由之一。虽然《示范法律或条例》的通过不具约束力，但全美保险专员协会确实拥有各州和联邦政府授予它的一些权力。例如，每个州都通过了一项法律，要求保险公司按照全美保险专员协会制定的表格编制财务报表，并使用全美保险专员协会的计算方法计算基于风险的资本要求。

通常，信用评级机构（如穆迪、标准普尔、贝氏、惠誉）对保险公司的偿付能力和未偿债务（如有）进行评级。在投资银行和经纪商处工作的股票分析师也会评估上市保险公司发行的普通股。

2. 联邦政府当前和潜在的监管机构

与存款机构一样，监管机构也对保险公司提出了资本金要求。如前所述，就保险公司而言，资本要求由州监管机构制定，因此，资本要求因州而异。这与其他国家（无论是发达国家还是发展中国家）处理保险公司的监管框架形成鲜明对比，在这些国家，监管都是在国家一级进行的。此外，没有实际的权威机构或政府要求州监管机构按照全美保险专员协会所示范的法律法规行事。

有人提议改变州一级的现行监管体系，并在联邦层面增大监管力度，使联邦机构成为主要的保险监管机构。这样做的理由是，它可以消除各州之间的监管不一致。支持者指出，这种形式的监管将允许与其他联邦机构进行协调，如联邦储备委员会和美国证券交易委员会。支持现行国家监管体系的人指出，2008～2009年金融危机期间，保险公司表现出色。虽然联邦监管的银行需要救助，但除美国国际集团需要政府救助外（见第2章），保险业表现良好。

《多德-弗兰克法案》承认了保险业监管改革的必要性，该法案迈出了联邦监管的第一步。该法第5章（保险）规定，联邦保险局（FIO）是财政部的一个分支机构。联邦保险局负责监管除医疗保健和大多数长期护理以外的所有保险。联邦保险局被赋予了有限的权力，以消除各州重复的监管规定，在保险事务上与国际监管机构进行协调，并向国会报告当前美国监管体系的特点以及如何使其现代化。

联邦保险局评估和推荐现代化保险监管的方法时，借鉴了2011年一份题为《美国保险监管现代化》[一]的研究报告，该报告通常被称为《克拉夫基金报告》。该报告中的建议处理了当前以州为基础的系统固有的问题，这些问题被描述为"分散、不一致和低效"，只能通过联邦一级的监管来解决。近期关于改变监管结构的建议是让联邦保险局发挥更好的协调作用，并改善国家监管。关于国家标准监管框架的中长期建议如下：

- 通过更多基于州的监管行动，保持统一的州的监管标准；
- 建立由联邦政府强制执行的州"通行证"，各州承诺在另一州注册的保险公司的能力将不受限制；
- 建立对保险的直接联邦监督和监管。

8.5.4 欧盟监管方法

1994年，第一部针对欧盟成员国的保险条例颁布。该条例的主要关注点是通过关注保险产品和定价政策来保护消费者，因为偿付能力并没有在欧盟立法程序《偿付能力监管Ⅰ号指令》中得到正式解决，该指令旨在协调欧盟成员国的保险监管制度。

2016年1月1日，欧盟通过了新法规，即《偿付能力监管Ⅱ号指令》，取代了14项保险指令。《偿付能力监管Ⅱ号指令》的主要目标（除了加强消费者保护之外）是让投保人对保险公司的产品有更强的信心，协调监管制度，并使监管现代化。《偿付能力监管Ⅱ号指令》要求的"监管审查流程"将监管机构的重点，从合规监控和资本监管转移到评估保险公司风险管理和治理体系的风险状况与质量上来。因此，《偿付能力监管Ⅱ号指令》不仅涉及保险公司的资本要求，还涉及授权、公司治理、监管报告、公开披露、风险评估和管理以及偿付能力和资本储备。

在比较欧盟和美国在保险监管方面的做法时，一项研究的作者认为，欧盟的做法比美国采取的方法更具"灵活性和原则性"。[二]作者的意思是，通过"灵活"的方法，强加给保险公司的基于风险的资本标准应该被用作保险公司的指导方针，而不是绝对标准。[三]通过提供更高的灵活性，保险公司可以制定应对风险的策略，从而降低保险业增加系统性风险的可能性。此外，研究报告的作者指出，根据实证研究，欧盟的做法在促进金融实力雄厚的保险行业有序发展上更为成功。

8.5.5 保险公司和全球系统重要性金融机构

大型保险公司的重要性是否会导致系统性风险事件的发生，对一国金融市场甚至全球金融市场造成不利影响，一直存在争议。大型人寿保险公司美国国际集团揭露了保险公司制造系统性风险事件的可能性，因为它也参与了金融衍生品市场，更具体地说，是参与了信用违约互换（第39章的主题）。

[一] L. Charles Landgraf, John S. Pruitt, and Tom Baker, "Modernizing Insurance Regulation in the United States," prepared for the Anthony T. Cluff Research Fund of the Financial Services Roundtable (New York: Dewey & LeBoeuf LLP, October 11, 2011), http://www.fsround.org/fsr/pdfs/cluff/CluffFundInsuranceModernizationStudy.pdf.

[二] The information in this section draws from Martin Eling, Robert W. Klein, and Joan T. Schmit, "Insurance Regulation in the United States and the European Union: A Comparison" (Oakland, CA: Independent Institute, November 2009).

[三] Martin Eling and Thomas Parnitzke, "Dynamic Financial Analysis: Conception, Classification, and Implementation," *Risk Management and Insurance Review* 10, no. 1 (2007): 33–50; Martin Eling, Hato Schmeiser, and Joan T. Schmit, "The Solvency II Process: Overview and Critical Analysis," *Risk Management and Insurance Review* 10, no. 1 (2007): 69–85.

日内瓦协会的一份报告内容涉及银行和保险公司之间的差异，以及这种差异对系统性风险的意义，和对监管机构的其他影响。⊖ 尽管银行和保险公司都是金融中介机构，愿意接受其他市场参与者的风险转移，但银行和保险公司面临的风险是不同的。在第 6 章中，我们已经讨论了银行的作用和银行的活动，我们看到银行的两个主要风险是由贷款活动产生的信用风险和由于短期借款和长期借款不匹配而带来的流动性风险。这两种风险可能导致一家大银行陷入困境，进而蔓延至另一家银行，导致"挤兑"。避免此类挤兑是银行存款购买保险和银行监管的动机之一，而这并不是保险公司在其核心业务中所面临风险的本质。因此，有人认为，保险业不容易出现系统性风险。

三十国集团的一份报告支持了这一观点。三十国集团是一个由顶尖金融和经济专家组成的国际组织，其使命是研究全球经济面临的经济和金融问题。⊜ 研究报告的作者得出结论，即使在压力条件下，对于保险公司来说，它也"不太可能在主要保险市场造成大范围的破产，对金融体系和整个实体经济的影响也很有限"。⊜ 哈林顿对联邦政府救助美国国际集团的研究得出的结论是，这家保险公司的财务问题不是由其销售的保险产品造成的，而是由其金融衍生品的交易活动及其证券借贷计划造成的。㉔

一些研究已经调查了保险公司是否会带来系统性风险。没有人发现这是事实。例如，调查美国保险公司是否有可能对美国经济造成系统性风险，卡明斯（Cummings）和韦斯（Weiss）研究了：①决定保险公司是否存在系统性风险的主要指标；②增加经济易受系统性风险影响的因素。㉕ 尽管作者得出的主要结论是，美国保险公司的核心活动不构成系统性风险，但这项研究确实识别了潜在问题。研究发现，人寿保险公司和财产保险公司在再保险危机面前都很脆弱，非核心活动（如金融担保和衍生品交易）可能会导致系统性风险。卡明斯和韦斯的结论是，为了降低非核心活动可能导致的系统性风险，必须继续加强保险集团的监管机制。

8.6 灾难性风险及其管理

保险公司在其业务中可能面临极端风险或灾难性风险，或者也称为"尾部风险"。事件的类型以及由此产生的赔付可能威胁到保险公司的偿付能力。

也就是说，保险公司可能没有足够的资本来满足所有投保人的索赔要求。对于财产和意外伤害保险公司而言，灾难性风险包括与自然灾害（飓风、风暴和地震）相关的潜在损害。对于人寿保险公司而言，灾难性风险是极端死亡风险和长寿风险，具体取决于寿险产品。

8.6.1 极端死亡风险和长寿风险

极端死亡风险是指极端死亡事件导致死亡人数超过死亡率表预测的风险。极端死亡事件

⊖ "Anatomy of the Credit Crisis," in The Geneva Reports Risk and Insurance Research, ed. Patrick M. Liedtke (Zurich: Geneva Association, January 2013).

⊜ Group of Thirty, Reinsurance and International Financial Markets (Washington, DC, 2006), p. 31–39.

⊜ Group of Thirty, Reinsurance and International Financial Markets, p. 5.

㉔ Scott E. Harrington, "The Financial Crisis, Systemic Risk, and the Future of Insurance Regulation," *Journal of Risk and Insurance* 76 (December 2009): 785–819. We discuss the specific financial derivative in chapter 39 and securities lending in chapter 9.

㉕ David Cummins and Mary A. Weiss, "Systemic Risk and the U.S. Insurance Sector," *Journal of Risk and Insurance* 81 (2011): 489–528.

包括疾病相关死亡、自然灾害（如地震、洪水）相关死亡、战争相关死亡或恐怖主义相关死亡。㊀考虑到疾病对全球人口的影响，疾病相关死亡事件似乎是寿险公司面临的主要极端死亡事件。流感大流行被认为是最严重的疾病相关死亡事件。极端死亡风险是纯人寿保险产品所关注的一个问题，因为死亡赔偿金必须比保险人确定保单保费时所预期的支付要早。

相比之下，**长寿风险**是指当保险成本（保费）确定时，投保人寿命超过预期的风险，当死亡率下降时就会发生这种情况。长寿风险是指与年金等投资产品相关的风险，投保人的寿命越长，相对于确定保险费时的预期支出，实际支付的金额就越大。长寿风险不仅是寿险公司提供的年金类产品所关注的问题，也是养老金固定收益计划所关注的问题。

8.6.2　保险关联证券：巨灾债券和巨灾死亡率债券

虽然保险公司是风险承担者，但这些机构投资者一直在寻求采用再保险分担风险的策略。其他灾难性风险管理策略包括第27章所述的结构性金融技术，以创建由保险公司发行的巨灾债券（绰号"猫债券"），为其提供一定程度的再保险市场上可能无法提供的针对巨灾风险的保护。

人寿保险公司和财产保险公司为转移巨灾风险而创建的证券称为**保险关联证券**。这些由保险公司发行的证券是利用结构性金融技术在保险业和金融市场之间融合的一个很好的例子。我们这里不讨论结构性金融技术。相反，我们只讨论两种保险关联证券——巨灾债券和巨灾死亡率债券㊁。

巨灾债券是由保险公司和再保险公司发行的，目的是转移巨灾风险。在某些方面，它们的结构类似于标准债券，它们有到期价值、到期日和利率。它们与标准债券的不同之处在于，如果承保人（即债券发行者）的损失超过一定数额，在到期日支付给债券持有人的金额会减少，一个公式规定了基于超额损失的到期价值将减少多少。投资者购买巨灾债券的动机是，它们提供的利率超过了具有相同信用评级的其他类似债券。

巨灾债券在1996年首次发行，由发生在美国的两个超级灾难触发，它们分别是：安德鲁飓风（5级）于1992年袭击南佛罗里达州和路易斯安那州，造成约260亿美元的损失；1994年加利福尼亚州北岭发生地震（6.7级）导致150亿～200亿美元的损失。第一批巨灾债券的利率比其他可比债券高出400个基点。也就是说，考虑到在到期日失去部分或部分本金的风险，第一种巨灾债券的投资者每年获得的补偿比其他同类债券高出4%。

寿险公司发行巨灾死亡率债券，它的支付取决于指定死亡率指数的变化。对于这个死亡率指数，有一个基准死亡率指数集。如果在到期日，死亡率指数超过了基准死亡率指数，那么发行时支付的本金金额是由特定公式确定的减少的金额。再保险公司瑞士再保险集团（维塔资本有限公司）于2003年年底发行了第一笔巨灾死亡率债券。

8.7　保险公司投资策略

一般来说，保险公司投资组合的特征应该反映其负债，即承保的保险产品。不同类型的

㊀ For a more detailed discussion of extreme mortality risk, see Dale Hagstrom, Chris Lewis, Scott Mitchell, and Steven Schreiber, "Quantifying and Managing Extreme Mortality Risk of Life Insurers," Milliman White Paper, May 2013, http://www.milliman.com/uploadedFiles/insight/life-published/pdfs/managing-extrememortality-risk.pdf.

㊁ For a discussion of the use of securitization technology to transfer risk by insurers, see Chris van Heerden, "Life Insurance Reserve Securitization," in *Structured Products and Related Credit Derivatives: A Comprehensive*.

保险单有许多不同之处，主要包括以下内容：
- 保险公司预计的平均费用的时间（技术上来说，是支付的"久期"）；
- 对保险事件发生时间和赔付金额（即保单的总体风险）的统计或精算估计。

此外，不同类型的保险单和保险公司的税收也有所不同。

人寿保险公司和财产保险公司的主要区别在于预测投保人是否会得到赔付以及赔付金额的难易程度。虽然这对人寿保险公司或财产和意外伤害保险公司都不是一件容易的任务，但从精算的角度来看，此事对人寿保险公司来说比较容易。自然灾害的随机性和责任案件中法院裁决的不可预测性，使财产和意外伤害保险公司索赔的金额和时间更难以预测。与人寿保险公司相比，用于满足索赔的现金支出的时间和金额的不确定性对财产和意外伤害保险公司的资金投资策略产生了影响。

在没有详细研究不同类型保险产品投资组合差异的情况下，人寿保险公司和财产保险公司投资组合的主要差异如下。平均而言，寿险公司的普通股较少，私人配售较多，商业抵押贷款较多，市政债券较少，债券期限较长（这些债券和金融资产将在后面的章节中讨论）。市政债券持有量的差异是由于这些债券的免税特性。私人配售和商业抵押贷款的大量持有表明寿险公司的收益取向，这种收益取向也与寿险公司持有较少普通股的情况相一致。

8.8 保险公司扩展到其他金融服务领域

在许多国家，保险业监管机构给予保险公司更多的自由，让它们销售非保险产品或提供传统上由其他金融机构（如银行和投资银行）提供的金融服务。这里我们描述保险公司为个人和企业提供其他金融服务的三种方式。

8.8.1 银行保险模式

如前所述，保险公司的销售渠道一直在变化。其中一个主要的变化涉及银行和保险公司之间的某种关系。由于经验不足和监管问题，以及开发保险产品所带来的风险，加之一些保险产品的回收期较长，所以银行不愿开发保险产品。然而，保险公司被商业银行的客户群所吸引，商业银行的加入能使保险公司产品的销售有很大的增长，这种银行保险模式被称为"银行保险"。

银行与保险公司之间的模式可以是：①战略联盟模式；②混合模式；③完全整合模式。在**战略联盟模式**中，只涉及银行推销保险公司的保险产品。**混合模式**要求所有的营销工作都由保险公司施行，而银行的唯一职责就是从其客户群中提供线索。**完全整合模式**是银行利用自身的保险品牌，为客户的金融需求提供定制化的解决方案，在这种模式下，银行还需要得到保险监管机构的批准。银行与完全整合模式有关的活动是推销保险和为索赔提供服务。

根据银行保险协议的类型，带给银行的好处⊖是：
- 减少对利差的依赖（特别是在低利率时期），增加收入，并通过多元化进入保险行业获得更稳定的收入流；
- 为现有银行客户提供广泛的金融服务，从而提高客户保留率；

⊖ The advantages for banks and insurers based on the type of arrangement is described in C. Wong and L. Cheung, "Bancassurance Developments in Asia—Shifting into a Higher Gear Bancassurance," *Sigma* 7 (2002): 3–38 (Swiss Re Institute).

- 根据客户的生命周期,改善为客户提供的金融服务;
- 使银行的客户基础得到充分利用;
- 获得本应投资于寿险公司的资金,寿险公司有时会获得税收优惠。

从保险公司的角度来看,因保险协议的类型不同,可能会获得以下利益:
- 通过利用银行合作伙伴拥有的渠道,减少对传统代理商销售产品的依赖;
- 获得银行合作伙伴的客户群;
- 与银行合作伙伴共同开发新的金融产品,并通过银行网络而不是代理商网络进行营销;
- 与银行合作伙伴分担服务成本;
- 利用合作银行的资本提高保险公司的偿付能力,扩大业务。

从监管角度来看,银行和保险公司的整合具有挑战性。有利的影响是,银行保险模式提供的多元化可以降低系统风险,因为它可能:①降低银行收入的波动性;②为保险公司提供获得额外资金的途径,从而提高偿付能力。

美国在1999年取消了对银行使用这种模式的限制(通过《格拉斯－斯蒂格尔法案》)之后,银行保险模式是允许的。相比之下,银行保险模式在欧洲早已成为一种惯例,到2007年已经在许多欧洲国家,特别是法国、意大利、葡萄牙和西班牙,取得了显著的进展。⊖在巴西和马来西亚等发展中国家,银行保险模式已经得到了广泛的应用。中国对销售非寿险保单没有限制,但对销售寿险保单并非如此。2003年,中国政府放宽了对银行开展保险业务的几个监管要求。

8.8.2 养老基金和保险公司

曾经有三种不同类型的个人产品可供选择:保险产品、储蓄/投资产品和私人退休产品。每种类型的具体产品如下所述。保险产品包括定期寿险和终身寿险。储蓄/投资产品包括股票、债券和集合工具(如共同基金和交易所买卖基金)。私人退休产品包括固定收益计划和固定供款计划(由雇主提供,第4章的主题)和个人退休账户(由投资公司提供)。

在过去的30年里,许多产品被开发成符合这几种类型要求的产品。例如,人寿保险代理人卖给客户的个人退休账户属于这三种类型中的哪一种?可以说,这个问题的正确答案是它符合所有三个类别的要求。图8-1提供了以上三种类型范围内的一些产品的摘要,这些产品实际上是混合的。我们在本章讨论了各种保险产品,第4章讨论了退休产品,共同基金和其他集体投资产品将在第32章讨论。此处讨论的产品是退休和储蓄的混合产品,但通常是由保险公司开发和分销的。

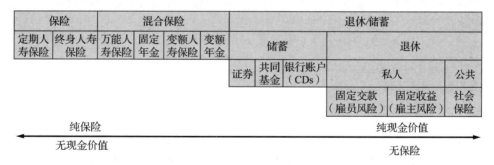

图8-1 保险/储蓄/退休工具

资料来源:Frank J. Jones, "An Overview of Institutional Fixed Income Strategies," in *Professional Perspectives on Fixed Income Portfolio Management*, volume 1 (Hoboken, NJ: John Wiley & Sons, 2000).

⊖ See Swiss Re, "Bancassurance: Emerging Trends, Opportunities and Challenges," *Sigma* 5 (2007): 11.

在美国，通常由保险公司和代理人分销的退休和投资产品是401（k）、罗斯401（k）和可变年金。这些产品通常也由许多保险公司分销，而保险公司通常会将自己的一些产品归入这些类别。因为这些计划是退休计划，它们对投资者有税收优惠。

8.9 基于保险的投资银行

正如本书解释的那样，资本市场参与者所面临的许多金融风险正从金融机构转移到公开市场。我们将在后面的几章中看到这种转移是如何通过证券化机制完成的。在保险业，债务工具（如债券）已经产生，使企业和政府能够直接进入资本市场，通过公开发行债券而不是购买传统保险来获得保护。也就是说，需要保险保护的实体可以发行一种债券，其到期日的收益取决于不利事件是否发生以及如果发生所损失的金额，而不是由保险公司来承担某些事件的风险。对购买该债券的投资者的补偿高于其他类似债券的利率。

能够以公开发行债券代替传统保险单的金融机构被称为**保险型投资银行**。两个例子有助于说明如何利用公开市场（这里是债券市场）来规避传统保险。

第一个例子有关东京迪士尼乐园的运营商日本东方乐园公司。1999年，该公司发行了2亿美元债券，以防范东京地震的风险。我们之前已经讨论过由财产和意外伤害保险人或再保险人发行的巨灾债券，这是第一个由非保险公司发行的此类债券。有两批5年期债券发行，每批债券的到期价值都为1亿美元。对于第一批发行债券的投资者来说，如果发生地震，整个本金和利息都会损失。这些收益将被日本东方乐园公司用于修复地震对公园造成的破坏。即使发生地震，投资者也会全额偿还第二批债券的持有人。然而，如果发生地震，债券发行期限将从5年延长至8.5年。第二批债券发行基本上为日本东方乐园公司提供了为期3.5年的紧急融资，以应对该实体在融资方面遇到的困难。因此，债券市场的投资者不仅提供了防震保护，还提供了未来的融资保护。

第二个例子是国际足球联合会（简称"国际足联"，FIFA）使用证券来防止恐怖主义行为，这些行为可能会导致2002年在亚洲举行的世界杯比赛被取消。由于2001年9月11日发生在纽约世贸中心、华盛顿特区五角大楼和宾夕法尼亚州上空的恐怖袭击，为恐怖主义行为提供的保险越来越难以获得。没有保险，2002年世界杯就无法举行，为了解决这一问题，国际足联与瑞士信贷第一波士顿银行合作，在2001年9月创建并发行了一种债券——"取消债券"，发行债券总额为2.6亿美元，此种债券在债券市场上的出售，将恐怖主义风险转移给了金融市场的投资者。

关键知识点

▲ 一般而言，保险公司承担希望通过将风险转移给保险公司来规避风险的各方风险。寻求转移风险的一方向保险公司支付保险费。当保险事故发生时，保险公司向被保险人支付保险金。

▲ 保险的类型包括人寿保险、健康保险、财产和意外伤害保险、责任保险、伞式保险、残疾保险、长期护理保险和结构性结算。

▲ 保险公司有三个组成部分："内部部门"或实际的保险公司、投资公司、销售公司。

▲ 保险公司的收入来自所收取的保费，以及在进行保费投资时获得的投资回报，直到赔付结清为止。

▲ 为了降低风险，主保险人可以将部分风险

- 转移给再保险公司。
- 如果保险公司决定保留某些风险,它可以通过建立全资拥有的专属保险公司来对这些风险进行自我保险。
- 自保保险公司分为单一自保公司、协会自保公司、行业自保公司和多元化自保公司。
- 在美国,保险公司的结构要么是股份公司(类似于任何公司或上市公司的结构),要么是互助公司(其所有者是投保人,而不是外部投资者)。
- 由于增长的资金需求,许多互助公司已经转变为股份公司,这一过程被称为非互助化。
- 有两种根本上不同的人寿保险,分别是定期保险(纯保险保护)和现金价值人寿保险(保险保护和投资工具)。
- 保险公司越来越多地提供除了保险外,还具有重要投资成分的产品,即投资合同和年金。
- 保险产品分为一般账户产品和独立账户产品。
- 保险公司的一般账户是指整个公司的投资组合,产品通常具有"一般账户担保",这些产品是保险公司的负债。
- 独立账户产品不接受保险公司一般账户的担保,而是基于一个与保险公司一般账户(通常是投保人选择的账户)分离的账户的业绩。
- 保险监管涉及偿付能力监管和消费者保护。
- 美国保险公司倒闭的两个主要原因是流动性管理不善、定价过低和储备不足。
- 在美国,保险公司是在州一级进行监管的,导致监管监督缺乏统一性和效率低下。
- 让联邦政府担任主要保险监管机构的理由是,消除各州之间的监管不一致,并允许与其他联邦机构(如美联储和美国证券交易委员会)进行协调。
- 在欧盟,《偿付能力监管Ⅱ号指令》已将重点从合规监控和资本监管转移到评估保险公司风险管理和治理体系的风险状况和质量上来。
- 对于大型保险公司是否会导致系统性风险事件的发生,从而对一个国家的金融市场和全球金融市场造成不利影响,一直存在争议。
- 已提出的有效论点是,与被归类为全球系统重要性金融机构的大型银行不同,保险公司的核心产品与银行的核心产品有很多的不同,因此它们不应被归类为全球系统重要性金融机构。
- 一些研究得出结论,尽管保险公司的非核心业务可能导致系统性风险,但保险公司不会对一国或全球金融市场构成系统性风险。
- 在出现极端风险或灾难性风险时,保险公司将面临偿付能力威胁。
- 保险公司已经进入其他金融领域:银行和养老基金。
- 对于财产和意外伤害保险公司而言,灾难性风险包括与自然灾害(飓风、风暴和地震)相关的潜在损害。对于人寿保险公司来说,灾难性风险是极端死亡风险和长寿风险,具体取决于寿险产品。
- 除了再保险,保险公司还创建了与保险相关的证券,即保险关联证券,通过证券化将风险从保险公司转移到投资公众,这些证券包括巨灾债券和巨灾死亡率债券。
- 以保险为基础的投资银行业务涉及创建债券,可以被那些寻求保险的人用来代替传统保险。

练习题

1. 为什么保险公司被称为"风险承担者"?
2. 对于保险公司来说,"承保流程"是什么意思?
3. 保险公司的主要收入来源是什么?
4. 保险公司的利润是如何确定的?
5. 人寿保险公司和健康保险公司的投资组合与财产和意外伤害保险公司的投资组合有何不同?
6. 以下引述摘自保罗-维斯律师事务所的一份出版物:

    在全球范围内,银行和保险公司已经提出了一个令人信服的理由,要求以比之前更为一体化的方式开展业务。银行保险模式在欧洲是一种极其成功的商业模式,银行和保

险公司都渴望在亚洲重演这一成功故事。⊖
什么是银行保险模式？

7. 在银行保险模式中，保险公司和银行之间可以做出哪些模式的安排？

8. 评论以下声明："所有保险活动不构成系统性风险的威胁。"

9. 纽约人寿是美国最大的共同人寿保险公司（也是美国100家最大的公司之一），在其网站上解释了它为什么没有转变为股票公司：

> 问题归根结底是，什么才是我们的投保人和公司的最大利益，维持互助保险公司不变或成为一家股票公司？对我们来说，答案是绝对明确的，作为一家互助保险公司，我们可以通过业内训练有素的金融专业人士，提供高绩效的终身寿险保单，从而使我们能够专注地服务于投保人。多年来，我们在产品和人员方面进行了创新，以确保我们能够继续满足投保人的长期需求和要求。我们相信，这种做法符合我们的投保人和公司的最大利益，无论是今天还是今后几年。⊜

 a. 股票公司和互助保险公司有什么区别？
 b. 解释一下为什么你同意或不同意纽约人寿提出的不转变为股票公司的论点。

10. 美国目前以州为基础的政府监管体系有哪些问题？

11. 为什么寿险购买者要关心自己保险公司的信用评级？

12. 什么是定期保险、终身人寿保险、变额人寿保险和万能人寿保险？

13. a. 什么是担保投资合同？
 b. 政府投资公司是否有像政府债务那样的"担保"？

14. 什么是法定盈余？为何法定盈余对保险公司来说是一个重要的衡量标准？

15. 保险公司对其债务进行再保险的含义是什么？

16. 谁的负债更难预测，是人寿和健康保险公司还是财产保险公司？为什么？

17. 在《福布斯》杂志的一篇文章中，出现了以下声明，对比上市保险公司和互助保险公司的管理：

> 在生死攸关的情况下，上市保险公司纷纷通过削减派息和发行新股（稀释现有投资者）、恳求监管机构放宽资本要求，并游说华盛顿削减7 000亿美元的华尔街救助资金等方式来获取现金。而上市保险公司共同的竞争对手——互助保险公司并没有要一分钱，这些互助保险公司的法定盈余（即账面价值的监管对等物）保持稳定，甚至有所增加，一些互助保险公司宣布计划向投保人支付接近历史最高水平的股息。⊜

这句话传达了什么信息？它与委托代理问题有什么关系？

18. 保险公司采用何种策略来处理巨灾风险？

19. 寿险公司关注什么类型的投资产品长寿风险？

20. 以下声明摘自克里斯托弗·坎帕和保罗·西格特的一篇文章：

> 保险关联证券曾被认为是风险转移的一种替代形式，现在已成为保险公司向资本市场转移风险的主流方式。随着机构一级对风险的更多关注以及在投资层面寻求投资组合多元化，与保险相关的证券似乎准备进一步促进资本市场和保险市场之间的融合。®

为什么像保险关联证券这样的产品代表了资本市场和保险市场的融合？

⊖ "Regulatory Foundations for Bancassurance in China" (New York: Paul/Weiss, July 2003), https://www.paulweiss.com/media/1864576/bancassurance.pdf.

⊜ "The Mutual Advantage," January 20, 2009, http://www.newyorklife.com/nyl/v/index.jsp?vgnextoid =5b1ece94229d2210a2b3019d221024301cacRCRD.

⊜ Bernard Condon and Daniel Fisher, "Mutual Respect," *Forbes*, December 4, 2008, p. 1.

® Christopher Kampa and Paul Siegert, "Alternative Risk Transfer: The Convergence of the Insurance and Capital Markets," July 19, 2010.

第9章

投资银行

学习目标

学习本章后，你会理解：
- ▲ 投资银行业务的性质；
- ▲ 投资银行的创收活动；
- ▲ 要求投资银行投入自有资本的活动；
- ▲ 投资银行在证券承销中的角色；
- ▲ 不同类型的承销协议；
- ▲ 无风险套利与风险套利的区别；
- ▲ 什么是自营交易，以及"沃尔克规则"；
- ▲ 投资银行在并购中扮演的各种角色；
- ▲ 什么是商业银行业务；
- ▲ 为什么投资银行会创建和交易风险控制工具。

投资银行在资本市场中发挥着重要作用，它们主要有两大功能。对于需要资金的企业、美国政府机构、州和地方政府以及外国实体（主权国家和公司）来说，投资银行将帮助它们获得资金。对于那些希望投资资金的投资者来说，投资银行在买卖证券时充当经纪人或交易商的角色，我们在第17章和第18章中描述了投资银行在一级市场和二级市场中所扮演的关键角色。

投资银行是高度杠杆化的公司，也就是说，借来的资金相对于自身股本的数量是很高的。它们所从事的活动决定了这一点。从历史上看，资本需求的增加导致了行业内公司的合并，并使许多公司从合伙制结构转变为公司制结构，这使公司更容易获得公共资金。投资银行的收入来自佣金、费用收入、利差收入和主要业务收入。具体地说，这些活动可分为以下几类：

- 公开发行证券；
- 证券私募；
- 资产证券化；
- 并购；
- 商业银行业务；
- 金融重组咨询；

- 证券交易；
- 大宗经纪业务；
- 衍生工具的交易和创造；
- 资产管理。

在本章中，我们将描述投资银行所从事的每一项活动，但在此之前，我们将描述投资银行的分类方式。

9.1 投资银行业

美国在1999年以前，联邦立法以《格拉斯－斯蒂格尔法案》的形式将商业银行、投资银行和保险公司的活动分开。正如本章所解释的，《格拉斯－斯蒂格尔法案》限制了美国商业银行可以承销的证券类型，这是一项重要的投资银行业务。这项法案自"大萧条"以来一直在规范这个行业。1999年的《格拉姆－里奇－布莱利法案》取代了《格拉斯－斯蒂格尔法案》，并取消了对各金融部门业务的限制，现在商业银行和保险公司都可以承销证券。

因此，从事投资银行业务的公司分为两类。第一类是隶属于大型金融服务控股公司的投资银行。大多数此类公司都隶属于大型商业银行控股公司，美联储是银行控股公司的监管机构，将其称为"非银行投资"。㊀拥有投资银行分支机构的商业银行控股公司包括美国银行、巴克莱银行、花旗集团、瑞士信贷银行、高盛集团、摩根大通、摩根士丹利和瑞银集团。这些投资银行被称为**银行附属投资银行**。第二类是独立于大型金融服务控股公司的投资银行，因此被称为**独立投资银行**，例如黑石集团、格林希尔公司、华利安诺基、瑞杰金融集团和摩根·基根公司。

根据投资银行业务的不同，投资银行也被分为全方位服务的投资银行和精品投资银行。**全方位服务的投资银行**基本上参与了本章所述的各种活动，与银行有关联的投资银行就属于这一类。由于规模、声誉、在关键市场的存在以及客户群的原因，较大的全方位服务的投资银行被视为一流的投资银行，因此也被称为"超大型投资银行"。**精品投资银行**专门从事有限领域的投资银行业务。

自2008年金融危机以来，美国投资银行的市场份额一直为美国公司所主导，欧洲投资银行的市场份额有所下降。㊁

一些评论表示，欧洲各国发现总部设在欧洲的全球投资银行很难得到支持，如果这些公司面临财务困难，将给所有欧洲国家带来重大问题。㊂预期在不久的将来，总部设在欧洲的全球投资银行发挥的作用很可能会继续下降。2015年以来，中国投行在亚太地区的市场份额已

㊀ 美联储将与银行业密切相关的非银行活动定义为"抵押银行、消费者及商业金融和贷款服务、租赁、催收代理机构、资产管理、信托公司、房地产评估、金融和投资咨询活动、管理咨询、员工福利咨询、职业咨询服务，以及某些与保险相关的活动"。见美联储网页：http://www.fedpartnership.gov/bank-life-cycle/grow-shareholder-value/bank-holding-companies.cfm.

㊁ Charles Goodhart and Dirk Schoenmaker, "The United States Dominates Global Investment Banking: Does It Matter for Europe?" Bruegel Policy Contribution (Brussells: Bruegel, March 2016), http://bruegel.org/wp-content/uploads/2016/03/pc_2016_06-1.pdf.

㊂ See, for example, Martin Wolf, "Top European Bankers Warn of US Threat to Their Future," *Financial Times*, October 12, 2015; Martin Wolf, "Europe Will Always Need Investment Banking," *Financial Times*, October 16, 2015; John Gapper, "A Global Retreat for European Banks," *Financial Times*, October 22, 2015; and "European Banks: Banking and Nothingness," *The Economist*, October 17, 2015.

超过美国和欧洲投行的市场份额。

古德哈特（Goodhart）和舍恩马克（Schoenmaker）认为，随着总部位于欧洲的全球投资银行的地位不断下降，最终将形成一个四级投资银行体系。其中第一级是总部设在美国的大型企业。㊀第二级将是全球实力雄厚的地区性投行。在欧洲，这些投行包括英国的巴克莱银行和德国的德意志银行。在亚太地区，这些投行包括中国的中信银行和汇丰银行，而汇丰银行是香港地区最大的银行，其业务遍及欧洲和亚太地区。第三级是由银行附属的投资银行组成的，它们支持企业和政府，但不参与全球投资银行活动，例如，澳大利亚和加拿大的银行。第四级是专门从事咨询和财富管理活动的精品投行。

9.2 公开发行证券

投资银行的传统角色是证券承销。在美国，发行新证券的传统流程包括投资银行履行以下三项职能中的一项或多项：①就发行条款和发行时间向发行人提供建议；②从发行人处购买证券；③向公众发售证券。

证券顾问的角色，可能要求投资银行设计一种相对于传统工具更能吸引投资者的证券结构。为了降低客户的借贷成本，投资银行设计了创新的证券结构，这些结构对投资者更具吸引力，而对发行人来说也不至于太过复杂。我们将在后面部分给出有关这些金融创新的几个例子。

在出售新证券时，投资银行不必履行从发行人处购买证券的第二个职能。投资银行只需充当新证券的顾问或发行人。向发行人购买证券的行为称为**承销**，当投资银行从发行人处购买证券，并接受以较低价格向投资者出售证券的风险时，该投行被称为**承销商**。当投资银行同意以固定价格从发行人处购买证券时，这种协议被称为**确定承诺承销协议**。投资银行在承销协议中接受的风险是，它从发行人那里购买证券的价格可能高于它再次向公众发行证券时所卖出的价格。相比之下，在**尽最大努力的承销协议**中，投资银行只同意使用其专业知识来销售证券，而不从发行人手中购买全部要发行的证券。

承销证券所得的收入是支付给发行人的价格与投资银行向公众卖出证券的价格之间的差额，这一差额被称为**总价差**，或**承销商折扣**。影响总价差大小的因素很多。两个重要因素是发行规模和证券类型。一般来说，发行规模越大，总价差就越小。一般而言，发行债券的总价差小于发行普通股的总价差。

新的普通股发行分为首次公开发行和二次普通股发行。**首次公开发行**（IPO）也称首次公开募股，是指以前未向公众发行普通股的公司发行的普通股。瑞特（Ritter）对 1999～2013 年首次公开发行的普通股的一项研究发现，除了少数例外，中等规模普通股首次公开发行的总价差约为 7%，但大规模首次公开发行的普通股的总价差则远低于 7%。㊁例如，2012 年 Facebook 公司 160 亿美元首次公开发行的总价差为 1.1%，2013 年推特（Twitter）公司 100 亿美元首次公开发行的总价差为 3.25%，2010 年通用汽车公司 158 亿美元首次公开发行的总价差为 0.75%，2008 年 Visa 179 亿美元首次公开发行的总价差为 2.8%。

二次普通股发行是指公司对过去发行的普通股的发行。总价差占募集资金的百分比范围为 3%～6%。由于 IPO 时，定价和向投资者出售股票存在风险，因此首次公开发行的总价差

㊀ Goodhart and Schoenmaker, "The United States Dominates Global Investment Banking."

㊁ Table 10 in Jay R. Ritter, "Initial Public Offerings: Updated Statistics," December 4, 2014, http://bear.warrington.ufl.edu/ritter/IPOs2013Statistics.pdf.

高于二次普通股发行的总价差。对于传统债券发行，总价差占本金的百分比约为 50 个基点，与普通股发行相比，这一较低的总价差反映出债券承销的风险较低。

典型的承销交易涉及如此多的资本损失风险，以至于单个投资银行单独承揽这一业务将使其面临损失相当大资本的危险。为了分散这一风险，一家投资银行会召集一批公司来承销这一证券。这类公司被称为**承销团**，总价差在主承销商和承销团中的其他公司之间进行分配，主承销商负责管理交易（为这些交易"管理账目"）。在许多情况下，多家公司可能担任主承销商。在这种情况下，主承销商被称为"共同牵头"或"共同管理"交易方。在债券交易中，主承销商通常会收取总价差的 20% 作为管理交易的补偿。

为了实现总价差，整个证券发行必须以计划的再发行价格出售给公众，这通常需要大量的营销力量。投资银行试图向它们的客户（个人和机构）出售这些证券。为了增加潜在的投资者基础，主承销商会组建一个**销售团队**，这个团队包括承销团和其他不属于这个承销团的公司。销售团队的成员可以以优惠价格（低于再发行价格）购买证券。因此，总价差在主承销商、承销团成员和销售团队成员之间进行分配。

证券承销并不仅限于美国。发行者可以在许多外国证券市场中选择发行证券的市场，从而降低资金成本。事实上，有些证券会在世界各地的几个市场同时发行。

投资银行也可以协助向私人投资者提供国有企业的证券，这一过程被称为**私有化**。1987 年 3 月由美国政府所有的联合铁路公司（Conrail）进行的首次公开募股就是一个例子。此次发行超过 5 800 万股，共募集资金 16.5 亿美元，这是美国历史上最大的首次公开发行。美国以外国有企业公开募股的其他例子还有英国的英国电信公司、智利的 Pacifica 公司和法国的巴黎银行。就英国电信公司（英国国有电话公司）而言，所筹集的金额为 47 亿美元，它的这次全球发行在几个国家同时进行。20 世纪 90 年代，投资银行在将国有企业的证券交到私人投资者手中发挥了较大的作用。例如，东欧就实行了一项重大的私有化方案。

在这个行业中，承销不同地区证券的投资银行根据某种程度的市场份额进行排名，从而形成了一个排行榜。投资银行将这一排行榜视为它们在市场领域重要性的关键指标。市场份额可以通过一年内完成的交易数量或一年内完成的所有交易的总金额来衡量。⊖

9.3 证券私募

除了承销向公众发行的证券外，投资银行也向有限数量的机构投资者发行证券，如保险公司、投资公司和养老基金。

投资银行以多种方式协助私募证券，它们与发行人和潜在投资者合作设计证券并给证券定价。投资银行首先在私募市场设计许多新的证券结构，本书所描述的创新证券的实地测试就通常发生在私募市场。例如，零息公司债券于 1981 年 4 月首次由杰西·潘尼公司公开发行，在此之前，百事可乐公司曾进行过非公开发行。

投资银行可能参与安排投资者以及设计要发行的证券。或者，如果发行人已经确定了投资者的身份，则投资银行只能担任证券顾问，证券顾问的工作产生费用收入，安排与投资者进行配售也是如此。投资银行也可以通过最大努力承销证券来参与交易。

安排私募的费用各不相同，这取决于发行金额和交易的复杂性。此外，在为客户筹集风

⊖ *The Financial Times* provides detailed information on league tables; see the web page http://markets.ft.com/investmentBanking/dealMap.asp.

险资本时，投资银行常常有机会分享公司的成功。这种机会通常以期权的形式出现，即以募集资金时设定的价格购买公司一定数量的股票，这种允许投资银行从公司成功中获益的安排被称为"股权激励"。

9.4 资产证券化

资产证券化是指以一批资产为抵押发行证券。这一过程的第一个例子就是住宅抵押贷款证券化创造抵押担保证券。1985年后，投资银行与企业合作，要么将一系列贷款和应收账款证券化，要么在市场上购买贷款和应收账款，并发行由它们支持的证券。

由一系列贷款和应收账款支持的证券被称为**资产支持证券**，这将在第27章中讨论。当一个投资银行与一家公司合作发行一种资产支持证券时，这种证券的出售会带来从买卖价差中产生的收入。当投资银行购买贷款和应收账款，然后发行证券时，资产担保证券交易的利润就产生了，它等于证券的出售价格减去投资银行购买抵押品的价格（购买贷款和应收账款的成本），再减去购买抵押品和应收账款所用资金直至证券出售所产生的利息成本。

9.5 并购

投资银行积极参与并购（M&A）活动。并购活动包括杠杆收购（LBO）、公司重组和资本重组以及对破产和陷入困境的公司进行重组。

投资银行通过以下几种方式之一参与并购活动：①寻找并购候选人；②就交易所的价格和非价格条款向收购公司或目标公司提供咨询服务，或帮助收购公司抵御不友好的收购企图；③协助收购公司获得必要的资金进行收购。

投资银行在并购中收取的费用取决于它们参与的程度和它们被要求执行的活动的复杂性。投资银行只须收取咨询费或聘请费。更有可能的是，投资银行将根据销售价格的百分比收取费用。这种情况下的费用结构可以是以下三种类型之一：①百分比可能随着销售价格的增加而下降；②无论销售价格如何，该百分比都是相同的；③百分比是固定的，但是如果收购价格高于预定的金额，则给予额外的奖励费。第一种收费结构的一个例子是所谓的5-4-3-2-1 "雷曼公式"，在这种收费结构中，有些公司采用了下面这种收费结构：第一个100万美元的5%，第二个100万美元的4%，第三个100万美元的3%，第四个100万美元的2%，任何超额金额的1%。典型的固定百分比是售价的2%～3%。

参与杠杆收购可产生若干费用。杠杆收购要求一家公司被收购时主要使用债务基金，并将其私有化。所筹集的债务有两种来源：高级银行债务和无担保初级债务（称为次级债务或夹层融资）。投资银行可以从以下方面获取费用：①提议收购；②安排融资；③安排过渡性融资（在永久性债务融资完成之前借出临时资金）；④其他咨询费用。

投资银行可以为过渡性融资提供自有资金。下面将讨论这种类型的商业银行业务。

在"其他咨询费用"项下，是指投资银行为被并购的公司提供估值以及"公平意见"所收取的费用。在这样一项交易中，公平的问题就产生了，因为该公司的收购者会考虑是否可能获得信息，是否能以低于真实市场价值的价格收购该公司。这种情况在杠杆收购中日益引起关注，尤其是管理层主导的杠杆收购（公司当前管理层提出收购要约）。被收购公司的董事会通常会聘请投资银行就所报股票价格的公平性提供独立和专业的意见，《萨班斯－奥克斯利法案》

的出台使人们对公平意见和建议的需求增加了，被收购公司的董事会将要求第三方审查收购主体一些主要的商业交易，然后再批准并购方案。提供公平意见或建议的费用取决于涉及交易的金额：交易金额在几百万美元的交易，一般收取 5 万美元的费用；交易金额巨大的交易可能收取 100 万美元或更多。

9.6 商业银行业务

当投资银行用自己的资金获得公司的股权或债权人地位时，这种活动被称为商业银行业务。投资银行有一些部门或团队，通过一系列私募股权基金从事商业银行业务。正如精品投资银行 Noble Capital Markets 所述，商业银行业务包括：

- 密切关注锁定的和专业领域内的国内公司；
- 分析某一家公司的机会并评估其在行业内的风险；
- 构建、协商和执行交易；
- 努力评估获得投资的适当时间和方式。⊖

交易完成后，商业银行团队的工作并不会停止。正如 Noble Capital Markets 所指出的，该公司旨在协助"管理团队和董事会创造价值，发展业务，以促进长期股东价值的增长"。

9.7 金融重组咨询

金融重组是为了提高效率而对公司的资本结构、经营结构或公司战略进行重大调整。金融重组可用于：①避免破产或产生与债权人之间的问题；②根据《美国破产法》⊜第 11 章进行重组。投资银行会为企业提供金融重组方面的建议，以赚取费用收入。

以下是格林希尔事务所在其网站上公布的两个金融重组案例。2011 年，该公司为位于得克萨斯州的博斯克电力公司的一家天然气发电厂提供咨询服务，协助其与贷款人进行谈判和重组。同年，该公司对英国上市的多渠道零售商 Findel 提出如下建议：重组其资产负债表，包括其债务和养老金义务的股权融资和再融资。⊜

9.8 证券交易

成功的证券承销需要强大的销售队伍。销售人员提供对交易的预先兴趣的反馈，交易员（或造市商）也为交易定价提供意见。如果认为一旦所有证券都被售出，投资银行与交易的联系就结束了，那就大错特错了。就证券而言，那些购买了这些证券的人会寻求投资银行为其发行的证券做市场推广。因此，投资银行必须在二级市场交易中占据主要地位。这项活动产生的收入来自：①投资银行出售证券的价格与证券支付价格之间的差额（买卖价差）；②手中持有的证券价格的升值。显然，如果证券价格下跌，收入也会减少。

为了防止损失，投资银行采用对冲策略。交易员从一种或多种证券头寸中赚取收入所采用的策略包括无风险套利、风险套利和投机，下面我们讨论前两种策略。

⊖ https://noblecapitalmarkets.com/investmentbanking.
⊜ 我们将在第 26 章讨论《美国破产法》。
⊜ http://www.greenhill.com/business/transactions/region/united-kingdom/target/restructuring.

9.8.1 无风险套利

在金融业，套利是指两种类型的交易：无风险套利和风险套利。**无风险套利**要求交易员寻找一种证券或一篮子证券，以不同的价格进行交易。一些公司的普通股不止在美国一个地方进行交易，就如一些跨国公司的普通股会在美国或多个其他国家的交易所进行交易。如果同一种证券在不同的市场中出现价格差异，那么通过在定价较高的市场出售该证券，在定价较低的市场购买该证券，就有可能获得去除交易成本后的利润。以外币计价的证券，其价格必须按汇率折算。

交易员不希望下面这种情况发生，这种情况也确实很少发生，尽管金融市场确实会周期性地出现下面这种情况，但下面所述类型的无风险套利机会是短暂的。然而，在某些情况下，一篮子证券和衍生工具合同，再加上借款，可以产生与另一种证券相同的回报，尽管这两种证券的定价不同。关键点在于，无风险套利交易不会使投资者面临交易中证券市场价格的任何不利变动。

无风险套利的概念提供了资产定价的基本过程，我们举例进行说明。表 9-1 显示了今天可以购买的三种证券：A、B 和 C，从今天起的一年内，我们假设它们只能经历两种可能的结果，状态 1 和状态 2。

在这个例子中，设 W_A 和 W_B 分别是投资组合中证券 A 和 B 的数量。那么在这两种状态下证券 A 和证券 B 的收益（即投资组合的最终价值）可以用数学公式表示如下：

如果状态 1 发生，回报是：$50 \times W_A + 30 \times W_B$；
如果状态 2 发生，回报是：$100 \times W_A + 120 \times W_B$。

表 9-1

证券	价格（美元）	状态 1 的支付（美元）	状态 2 的支付（美元）
A	70	50	100
B	60	30	120
C	80	38	112

我们能创造一个由证券 A 和证券 B 组成的投资组合，不管一年后发生什么情况，都能获得与证券 C 相同的回报吗（假设 W_C 为 1）？也就是说，我们希望选择的 W_A 和 W_B 能实现如下情况：

如果状态 1 发生：$50 \times W_A + 30 \times W_B = 38$（美元）；
如果状态 2 发生：$100 \times W_A + 120 \times W_B = 112$（美元）。

在这两个方程右边的美元收益是每个状态下证券 C 的收益。

我们可以用代数方法求解这两个方程，得到 W_A 为 0.4，W_B 为 0.6。因此，一个由 40% 的证券 A 和 60% 的证券 B 组成的投资组合将获得与证券 C 相同的收益。构建这个投资组合需要多少成本？由于证券 A 和证券 B 的价格分别为 70 美元和 60 美元，因此成本为

$$70 \times 0.4 + 60 \times 0.6 = 64（美元）$$

注意，证券 C 的价格是 80 美元，因此，只需 64 美元，投资者就可以获得与证券 C 相同的回报。这种无风险套利机会可以通过按上述比例买入证券 A 和证券 B，并卖空（卖出）证券 C 来实现。（卖空将在第 23 章中讨论。）这一行动允许投资者今天锁定利润 16（=80−64）美元，而不管一年后会发生什么。在状态 1 的情况下出售证券 C，投资者必须支付 38 美元，在状态 2 的情况下出售证券 C，投资者必须支付 112 美元。

9.8.2 风险套利

某些交易策略被认为具有较低的风险水平，但风险敞口的存在使这种交易策略不幸地被

贴上了**风险套利**的标签。有两种类型的风险套利，第一种出现在对破产程序结束的公司的证券进行交换的情况下。例如，假设 A 公司正在重组，它的债券现在在市场上以 200 美元的单价出售，如果交易员认为破产程序的结果将是用三种估计价值为 280 美元的证券与价值 200 美元的现有债券进行交换，那么交易员将购买现有债券。如果最终的交易报价确如预期的那样，交易者将实现 80 美元的利润，而一篮子交易的价值为 280 美元。

要实现 280 美元的潜在组合与 200 美元的债券价格之间的价差会面临两种风险：一种风险是交易不会按照交易员所相信的条款进行；另一种风险是未来会收到的由三种证券组成的一篮子证券的价值有可能低于 200 美元。

第二种风险套利发生在公司宣布并购时，称为**合并套利**。并购可能涉及现金交易、证券交易，或两者兼而有之。我们先考虑现金交易。假设 X 公司宣布它计划以每股 100 美元的价格收购 Y 公司的普通股，而此时 Y 公司的普通股售价为 70 美元。人们预计 Y 公司普通股的市场价格将升至 100 美元左右，但风险在于，无论出于何种原因，X 公司有可能撤回其计划购买的股票。因此，Y 公司的普通股价格可能上升到 90 美元，而不是 100 美元。10 美元的差价是市场对计划中的购买无法完成的可能性的评估。如果 Y 公司的普通股上涨到 100 美元，那么以 90 美元的价格购买该股票的投资者就可以锁定 10 美元的利润。风险在于，这种情况有可能不发生，而且价格可能会跌到 90 美元以下。

这种风险套利的一个典型例子就是，美国联合航空集团（联合航空公司的母公司）曾经做出的各种尝试。1989 年 9 月，一个由飞行员和管理层组成的小组以每股 300 美元的价格收购了美国联合航空集团的股票。尽管美国联合航空集团董事会批准了该报价，但投标人仍无法获得完成交易所需的资金。在此期间，该公司股票最高达到每股 296 美元。10 月中旬，当投标小组承认交易不会进行时，该股在短短几天内下跌了近 50%。1990 年 1 月，集团工会再次以每股 201 美元的价格收购美国联合航空集团，由于收购融资无法获得，再次导致该公司股票市场价格暴跌。业内专家估计，这些收购尝试的失败给风险套利者造成的损失超过 10 亿美元。

当交易涉及证券交易而非现金交易时，所公布的交易条款不会立即反映在所涉证券的价格中。例如，假设 B 公司宣布计划收购 T 公司，B 公司被称为投标或收购公司，T 公司是目标公司。B 公司宣布其拟以一股 B 公司股票换取一股 T 公司股票。在公告时，假设 B 公司股票和 T 公司股票的价格分别为 50 美元和 42 美元，如果收购确实如宣布的那样进行，以 42 美元一股收购 T 公司股票的交易员可以将其换成价值 50 美元的股票，价差为 8 美元。这种价差有三个风险：①收购可能由于某种原因无法完成，而不得不出售 T 公司的股票，出售股票可能会亏本；②收购时间延迟意味着购买 T 公司的股票头寸融资涉及的成本会增加；③ B 公司股票的价格可能会下跌，当 T 公司的股票与 B 公司的股票交换时，最终实现的价差会缩小。

防范最后一种风险的方法是，交易者买入 T 公司股票，卖空等量的 B 公司股票（一对一的股票交易），以便在交易完成时锁定 8 美元的价差。让我们看看，如果交易完成时 B 公司的股票价格发生变化，会发生什么。届时，B 公司和 T 公司的股票价格将相同。

假设 B 公司的股票价格从 50 美元下跌到 45 美元。然后，当交易者将一股 T 公司股票换成 B 公司股票时，以 42 美元的买入价买进 T 公司股票，将获利 3 美元。以 50 美元的价格卖空一股 B 公司股票，现在可以用 45 美元回购来弥补，实现利润 5 美元。交易者的整体利润将是 8 美元，这是交易者想要锁定的价差。

假设在交易完成时，B 公司股票的一股价值为每股 60 美元。通过以 42 美元一股购买的 T

公司股票与现在一股价值 60 美元的 B 公司股票交换，交易者可以在交易的这段时间里获得 18 美元的利润。然而，由于 B 公司股票的卖空价为 50 美元，现在必须以 60 美元的价格买入以弥补空头头寸，因此在交易的第二阶段，损失了 10 美元。总的来说，仍然实现了 8 美元的利润。因此，如果交易是按照宣布的条款完成的，锁定价差的风险套利，则包括购买目标公司的股票，并卖空投标或收购公司的股票。股票的数量取决于交换条件。我们的例子假设是一对一的交换，所以每购买一股 T 公司股票，就卖空一股 B 公司股票。如果交易是每一股 B 公司的股票可以换取两股 T 公司股票，那么每购买两股 T 公司股票，B 公司的一股股票就要被卖空。

收购可能由于某种原因无法完成的风险依然存在，为了降低这种风险，交易员或研究部门必须仔细研究成功并购的可能性。

9.8.3 自营交易

自营交易是指交易员利用特定的预期价格变动或两个价格之间的价差，对投资银行的资本进行持仓。尤其是在拥有高杠杆头寸的情况下，做正确的自营交易的好处是回报可观。我们在媒体上看到过，一些投资银行从一些特定的投机头寸中赚取了数百万美元。不过，我们应该记住，因为投机造成巨额交易损失的报道同样多。

以下是自营交易导致重大金融损失的几个值得注意的例子。

- 2012 年 4 月和 5 月，摩根大通在其伦敦办事处的复杂衍生品交易中损失了约 60 亿美元。⊖
- 现在已经破产的雷曼兄弟公司在 2008 年的自营交易和其他交易中损失了 320 亿美元。该公司当时的普通股权益只有 180 亿美元。
- 2008 年，美林集团和花旗集团分别在被称为债务抵押债券的结构性产品中损失了 200 亿美元和 150 亿美元。
- 2007 年第四季度，摩根士丹利在自营交易中损失了 40 亿美元。
- 1995 年 2 月，巴林银行（Barings Bank）的衍生品交易员尼克·利森（Nick Leeson）在日经 225 股指期货和日本政府债券上进行投机，造成了巨大损失，导致银行倒闭。尽管这些交易是未经授权的，但报告强调，自营交易必须处于风险控制系统的监管之下。

经济学家、监管者和市场参与者认为，银行附属投资银行的自营交易是 2008 年开始的全球金融危机的主要诱因。由于银行附属投资银行的自营交易引发了金融危机，因此奥巴马政府提议，作为监管改革的一部分，禁止受益于政府支持的金融机构（如联邦政府的存款保险）从事某些会使银行资本处于风险之中的活动，其中一种活动是自营交易。这项禁止或限制银行自营交易的规定，通常被称为"沃尔克规则"，该规则是以提出该规定的奥巴马总统的顾问、美联储前主席保罗·沃尔克的名字命名的。

继 2011 年提出"沃尔克规则"之后，有关争论也随之而来。实施"沃尔克规则"的一个主要问题是在自营交易和做市之间划清界限。也就是说，在某些情况下，自营交易可能难以定义，因为这种活动同与银行有关的投资银行的正常做市活动相似。沃尔克在致美联储的信中还警告监管机构在界定做市行为时要小心，他说，"在交易账簿中长期持有大量证券显然具有自

⊖ 该公司的首席投资官和他的交易员在信用衍生品上下了赌注（信用衍生品是第 39 章的内容），并损失惨重，美国证券交易委员会和英国监管机构以公司内部监管不力为由，对该公司处以约 9 亿美元的罚款。这一事件被称为"伦敦鲸"。

营头寸的特征，特别是如果没有特别对冲的话"⊖，这正是"沃尔克规则"试图阻止的。

银行反对任何此类限制，因为从历史上看，其利润的很大一部分来自自营交易以及其他涉及本金交易的活动。然而，"沃尔克规则"的主要支持者中有一些人曾在金融业担任要职。例如，花旗集团 1984～2000 年的首席执行官约翰·里德在致美国证券交易委员会的一封评论信中称，该规则是对自营交易的"关键回应"，并进一步表示，对违规行为的处罚不够严厉。他指出，"当一家公司专注于市场收益时，它会利用一切可用的手段来实现这些收益，包括使客户和使公司处于风险之中的手段"。值得注意的是，在 20 世纪 90 年代，里德是使商业银行和投资银行分离法案——《格拉斯–斯蒂格尔法案》得以通过的关键推动者。

在《华尔街日报》的一篇社论中，美林集团全球债券市场部主管罗杰·维西驳斥了"沃尔克规则"反对者的说法，反对者认为该规则将削弱银行的盈利能力。⊖维西认为，根据他的经验，银行可以在没有自营交易的情况下取得成功，他指出，在美林集团成为一家银行附属投资银行之前，情况就是如此。1999 年《格拉斯–斯蒂格尔法案》废除后，那些拥有政府担保存款的银行采取了更高风险的头寸。

除了攻击支持"沃尔克规则"的投资银行高管外，其他人也对该规则对做市活动的影响表示担忧。2012 年 1 月 16 日，斯坦福大学的达雷尔·达菲在给美国证券交易委员会的一封评论信中，集中讨论了"沃尔克规则"意外产生的对做市商的不利影响：

"沃尔克规则"的实施提议将降低银行向美国投资者提供的做市服务的质量和能力。投资者和证券发行者会发现，借贷、筹集资本、投资、对冲风险和为现有头寸获得流动性的成本更高了。最终，从事做市服务的非银行机构将填补部分或全部丧失的做市能力，但这也对金融体系的安全和稳健产生了不可预测的潜在不利影响。

信中还指出并解释了"沃尔克规则"的两大意想不到的后果：

- 在金融业适应"沃尔克规则"的这些年里，投资者将经历更高的市场执行成本和时间延迟。面对供需冲击，金融产品价格将更加动荡。市场流动性的丧失还会导致价格发现能力的丧失，以及房产所有者、市政当局和企业融资成本的上升。
- 金融业最终将通过做市商向受监管的银行业外部进行大量转移来实现调整，这将对金融稳定产生不可预测的、潜在的重大不利后果。

金融市场的其他重要参与者就"沃尔克规则"对非美国政府债券做市活动的影响表示担忧。"沃尔克规则"确实免除了美国政府债券，但没有免除其他国家的政府债券。⊜2012 年 1 月 30 日，加拿大央行行长马克·卡尼在接受彭博电视台采访时，对未能明确区分自营交易和做市活动可能对外国的政府债券市场产生不利影响表示担忧。重要的金融政策制定者——行长卡尼指出，由于"沃尔克规则"并没有免除其他国家的政府债券，而美国的银行在这个市场上发挥了关键作用，因此，"有发生真正的流动性变化的可能性"。㉔2012 年 1 月 25 日，安大略

⊖ 这是保罗·沃尔克在 2012 年 2 月 13 日写给几个政府机构的关于禁止和限制自营交易的评论信中发表的声明。

⊖ Roger Vasey, "Banks Don't Need to Gamble with Taxpayer Money," Wall Street Journal Online, April 16, 2012, http://online.wsj.com/news/articles/SB10001424052702304356604577337484269627406.

⊜ "沃尔克规则"规定金融市场的参与者只能买卖美国政府债券，不能买卖其他国家的债券。

㉔ Christine Harper and Greg Quinn, "Bank of Canada's Carney Says Volcker Rule Might Damage Markets," Bloomberg Businessweek, February 6, 2012, http://www.businessweek.com/news/2012-02-06/bank-of-canada-s-carney-says-volcker-rule-might-damage-markets.html. The rules may be found on the SEC's website, http://www.sec.gov/rules/final/2013/bhca-1.pdf.

省财政部部长德怀特·邓肯在接受彭博新闻社采访时，对加拿大联邦和省政府债券表达了同样的担忧。日本央行也认为"沃尔克规则"将导致日本国债交易成本上升。欧盟内部专员马克·巴利也向美国财政部表达了类似的担忧。

"沃尔克规则"最初于2011年11月提出，经过两年的辩论和微调，最终规则于2013年12月获得批准，生效日期为2014年4月。一般而言，目前采用的"沃尔克规则"禁止银行实体从事的活动包括：①短期自营交易；②收购或保留对冲基金或私募股权基金的所有权权益，或赞助此类基金。银行实体是指被保险的存款机构和与被保险的存款机构有关联的公司。"沃尔克规则"明确允许某些交易活动，如承销活动、做市相关活动、降低风险的对冲活动、政府债务交易、从事保险公司活动以及组织和提供对冲基金或私募股权基金。然而，从事"沃尔克规则"所允许的自营交易的大型银行和附属银行（规模以总资产规模为基础）必须提供合规报告，以确保它们符合规则。

受"沃尔克规则"的影响，有些银行下属的投资银行关闭了它们的自营交易部门，有些银行将自营交易部门剥离成独立的企业（具体来说被剥离成对冲基金，见第32章）。例如，瑞士信贷银行剥离了其内部对冲基金（一个从事自营交易的实体），创建了实体"信用价值合作伙伴"。瑞银集团成立了一家澳大利亚对冲基金（MST资本），从事自营交易。

9.8.4　为客户执行交易

佣金是通过为散户和机构投资者执行交易而产生的。投资银行被要求执行的两种常见的机构交易是大宗交易和程序（或篮子）交易，这些交易将在第23章中讨论。

9.9　大宗经纪业务

投资银行可以为对冲基金和大型机构投资者提供一篮子服务，该服务被称为大宗经纪业务，包括证券金融（证券借贷和证券融资）、全球托管、运营支持和风险管理系统。大宗经纪业务是一项收费服务，但证券金融不是收费服务，它赚取的是利息收入。

关于证券借贷，它是指在证券二级市场和机构投资者采用的各种交易策略中，市场参与者可能不得不借入资金购买证券或借入证券。因为一些投资者需要借入证券，其他拥有证券的投资者可能愿意借出这些证券。机构投资者通常会寻找在二级市场运营的投资银行来提供这些服务，投资银行通过参与这些活动而产生费用收入和利息收入。

9.10　衍生工具的交易和创造

期货、期权、互换、利率上限和下限都是可以用来控制投资者投资组合风险的工具，对发行者来说，它们也可以用来控制证券发行产生的相关风险。这些工具被称为**衍生工具**，允许投资银行以多种方式实现收入。首先，客户在买卖交易所交易工具时产生佣金的这个过程，与股票买卖时投资银行为客户提供经纪服务所产生佣金的过程没有什么不同。

其次，当投资银行作为协议的交易对手时，它会为客户创建某些衍生工具。这些产品被称为**场外交易工具**或**交易商创造的衍生工具**。一个例子是互换，我们在第37章中描述了这一点。当投资银行成为交易对手时，资本损失的风险就存在了，因为投资银行成为交易的主体。为了防止出现资本损失，投资银行将寻求其他机构或个人作为交易的另一方。当这种情况发生时，就会产生利差收入。

衍生工具也被用来保护投资银行在交易中的自身地位。这里有两个例子，假设一家投资银行承销了一笔债券发行，该投行所面临的风险是，从发行者手中购买的债券价格下跌，这些债券将重新出售给公众。利用利率期货或期权（第36章的主题），投资银行可以保护自己。第二个例子是，一家投资银行有许多交易部门持有某一证券的多头头寸或空头头寸，交易部门可以使用衍生工具来保护投行免受不利的价格波动的影响。

9.11 资产管理

提供全方位服务的投资银行设有相关部分，以便为各种客户管理资产，如保险公司、捐赠基金、基金会、企业和公共养老基金以及高净值个人。这些资产管理部门也可以管理受监管的投资公司，例如，高盛资产管理公司（高盛集团旗下子公司）以及摩根士丹利投资管理公司（摩根士丹利的一个部门）。资产管理活动根据所管理资产的百分比产生费用收入。

关键知识点

- ▲ 投资银行分销新发行的证券，并作为经纪人或交易商参与二级市场。
- ▲ 在1999年以前，美国《格拉斯－斯蒂格尔法案》将商业银行、投资银行和保险公司的活动分开，从而限制了美国商业银行可以承销的证券类型，这是一项重要的投资银行业务。
- ▲ 1999年的《格拉姆－里奇－布莱利法案》取代了《格拉斯－斯蒂格尔法案》，取消了对各金融部门业务的限制，现在商业银行和保险公司都可以承销证券。
- ▲ 从事投资银行业务的公司分为两类：银行附属投资银行和独立投资银行。
- ▲ 投资银行属于高度杠杆化的公司。
- ▲ 投资银行提供的服务包括：公开发行证券、证券私募、资产证券化、并购、商业银行业务、金融重组咨询、证券交易、大宗经纪业务、衍生工具的交易和创造以及资产管理。
- ▲ 全方位服务的投资银行从事与投资银行业务有关的许多活动；精品投资银行专门从事其中一项或几项活动。
- ▲ 在美国，发行新证券的传统流程包括投资银行履行以下三种职能中的一项或多项：①就发行条款和发行时间向发行人提供建议；②从发行人处购买证券；③向公众发售证券。
- ▲ 在投资银行的确定承诺承销协议中，投资银行同意以固定价格从发行人手中购买证券。
- ▲ 在尽最大努力的承销协议中，投资银行不会从发行人处购买全部证券，而只同意使用其专业知识来销售证券。
- ▲ 投资银行赚取的总价差是支付给发行人的价格与投资银行向公众卖出证券的价格之间的差额。
- ▲ 新的普通股发行分为首次公开发行和二次普通股发行。
- ▲ 首次公开发行是指以前未向公众发行普通股的公司发行的普通股。二次普通股发行是指公司对过去发行的普通股的发行。
- ▲ 为了分散单个投资银行单独承销某项证券可能导致的资本损失风险，投资银行会组成一个承销团。
- ▲ 为了增加潜在的投资者基础，主承销商会组建一个销售团队。
- ▲ 交易员使用以下多种策略从一种或多种证

- 券头寸中赚取收入：无风险套利、风险套利和投机。
- 无风险套利交易要求交易员找到以不同价格交易的证券或证券组合。
- 某些交易策略被认为风险较低，但由于风险敞口的存在，这种交易策略不幸地被贴上了风险套利的标签。
- 自营交易是指交易员利用特定的预期价格变动或两个价格之间的价差，对投资银行的资本进行持仓。
- 目前采用的"沃尔克规则"禁止银行实体从事以下活动：①短期自营交易；②收购或保留对冲基金或私募股权基金的所有权权益，或赞助此类基金。
- "沃尔克规则"明确允许某些交易活动，如承销活动、做市相关活动、降低风险的对冲活动、政府债务交易、从事保险公司活动以及组织和提供对冲基金或私募股权基金。
- 有人担心，"沃尔克规则"可能会对某些类型证券的流动性产生意想不到的负面影响。
- 投资银行协助证券的私人配售，而不是公开发行证券。
- 投资银行创建资产支持证券，或与客户合作创建此类证券。
- 投资银行从并购中获得收入，其中包括杠杆收购、公司重组和资本重组以及对破产和陷入困境的公司进行重组。
- 投资银行通过以下几种方式之一参与并购活动：①寻找并购候选人；②就交易所的价格和非价格条款向收购公司或目标公司提供咨询服务，或帮助收购公司抵御不友好的收购企图；③协助收购公司获得必要的资金进行收购。
- 商业银行业务指的是投资银行用自己的资金获得公司的股权或债权人地位。
- 金融重组是为了提高效率而对公司的资本结构、经营结构或公司战略进行重大调整。
- 证券借贷是投资银行将证券借入人和出借人组合在一起的一种活动。
- 证券借贷是被称为证券融资的更一般领域的一部分。
- 大宗经纪业务是一项收费服务，投资银行借此为对冲基金和大型机构投资者提供一篮子服务，服务包括证券金融（证券借贷和证券融资）、全球托管、运营支持和风险管理系统。
- 投资银行通过衍生工具获得收入的来源有：①客户在买卖交易所交易工具时产生的佣金；②作为交易对手的收入（投资银行会为客户创建某些衍生工具）。
- 全方位服务的投资银行设有相关部门，以便为各种客户管理资产，如保险公司、捐赠基金、基金会、企业和公共养老基金以及高净值个人。

练习题

1. 投资银行可以通过哪四种方式取得收入？
2. 投资银行可以通过哪三种方式参与新证券的发行？
3. 什么是"承销职能"？
4. 投资银行业的市场份额由总部设在欧洲的投资银行主导，解释你是否同意这一说法。
5. 有人建议，未来投资银行体系将分为四级，它们分别是什么？
6. 确定承诺承销协议和尽最大努力的承销协议之间的区别是什么？
7. 至少描述三种投资银行必须投入资本的活动。
8. 在一个典型的承销中，为什么有必要组成承销团和销售团队？
9. a. "总价差"是什么意思？
   b. 总价差如何在主承销商、承销团成员和销售团队成员之间分配？
10. "中等规模普通股首次公开发行的总价差在2%～4%之间。"请解释你同意或不同意这一说法的原因。
11. "无风险套利"是什么意思？

12. 如表 9-2 所示，假设一年后，证券 X、Y 和 Z 可能出现以下两种结果：

表 9-2

证券	价格（美元）	状态 1 的支付（美元）	状态 2 的支付（美元）
X	35	25	40
Y	30	15	60
Z	40	19	66

指出是否存在无风险套利机会。

13. 解释为什么试图从并购中获利不是无风险套利？
14. 什么是商业银行业务？
15. "资产证券化"是什么意思？
16. 在 2013 年提交给美国证券交易委员会的 10-K 表格报告中，高盛集团就其业务活动发表了以下声明：

　　投资银行服务于世界各地的公司和政府客户。我们提供财务咨询服务，帮助公司筹集资金，以加强和发展其业务。

请问高盛集团以财务顾问的身份提供哪些投资银行服务？

17. "沃尔克规则不允许银行实体从事做市活动。"解释你同意或不同意这一说法的原因。
18. 高盛集团在其 2013 年 10-K 表格报告中表示，"2012 年 3 月，我们开始赎回对冲基金的某些权益，并将继续赎回"。请问这是为什么？
19. 1999 年 5 月 7 日，投资银行高盛集团从合伙制转为公司制，完成了首次公开发行，出售了 5 100 万股普通股。

a. 你认为高盛集团为什么要转型为公司制？
b. 为什么出售其普通股被称为首次公开发行？

20. 富通私人股本公司（简称"富通"）是一家为个人、企业和机构客户提供银行和保险服务的国际供应商。其网站声明如下：

　　贵公司是否为家族企业，是否需要支持以解决继任问题？贵公司是否是一家寻求资金支持扩张的私人控股公司？贵公司是否是一个需要资金资助收购的管理团队？富通私人股本公司为不同行业中小型企业的管理团队提供融资和支持，这些企业的战略重点明确，市场地位强劲，具有增长潜力。

富通提供的是哪种类型的投资银行服务？富通在这项活动中有哪些风险？

21. 大宗经纪业务包括哪些内容？
22. "证券借贷"是什么意思？
23. 证券金融涉及什么内容？

第二部分
PART 2

理解风险和资产定价

第 10 章　风险及其管理概述

第 11 章　金融资产的性质和定价

第 12 章　资产收益率分布、风险度量方法和收益-风险比率

第 13 章　投资组合理论

第 14 章　资产定价理论

第10章

风险及其管理概述

学习目标

学习本章后,你会理解:
- 风险的一般含义;
- 风险和不确定性的区别;
- 系统性风险和特质风险的区别;
- 系统性风险(非分散风险)和特质风险(分散风险)之间的关系;
- 金融风险管理主要有三种活动,它们是识别金融风险、量化每个已识别的风险和评估如何处理每种已识别的风险;
- 风险保留决策和处理每个风险的选择有保留风险、中和风险和转移风险;
- 金融风险可以分为投资风险、融资风险和系统性金融风险;
- 投资风险的定义以及投资风险的类型,投资风险主要包括价格风险、信用风险、再投资风险、通货膨胀风险、流动性风险和外汇风险;
- 衍生品、资产证券化和结构性融资在管理金融风险中的作用;
- 信用风险的分类以及如何度量和控制信用风险;
- 价格风险的定义以及因子模型在量化价格风险中的作用;
- 影响债券价格敏感性的两个主要因素;
- 融资风险的定义以及不同类型的融资风险:杠杆风险、融资流动性风险、时机风险和固定-浮动融资风险;
- 系统性风险的定义以及定义它的各种方法;
- 对金融创新进行分类的方式和这种分类与管理各种形式的风险之间的相关性。

阅读任何与金融相关的出版物,你都会看到"风险"这个词。收听或收看广播或电视节目时,你很可能会碰到"风险"这个词在不同的场合被使用。原因是,风险是一个通用概念,有不同的含义。正如我们将在本章中解释的那样,在不同的环境中会出现不同类型的风险。因此,除非一个人限定了他所指的是什么类型的风险,否则这个词的含义就将是不清楚的。例如,我们将看到金融市场有众多的市场参与者,它们对不同类型的风险有着不同的容忍度,一个市场参与者愿意接受的风险不一定是另一个参与者可以接受的风险。运行良好的金融市场需要创造出降低风险的工具，这些工具可以将某种形式的风险从一个想要减少或消除风险的市场参与者转移到另一个愿意接受同样风险的市场参与者身上。

在这一章，我们提供了不同类型的金融风险的概述，这将贯穿整本书，并且涉及管理风险（被称为"风险管理"）的一般原则。这一章涵盖的话题范围很广，其中一些在本书的前面已经提到，而另一些将在后面几章中详细论述。

10.1 定义风险

风险的定义并不缺乏。"风险"一词来源于意大利语的动词"Riscare"，意为"冒险"。冒险或风险有两个含义，第一个含义意味着危险，第二个含义意味着机会。在日常用语中，风险通常被视为负面的东西，如危险、损失。但我们知道，一些风险会带来经济收益，而另一些风险则会带来纯粹的负面后果。例如，虽然购买彩票的行为可能会导致损失相当于彩票成本的金额，但它也可能会带来可观的金钱回报。相比之下，随机射击造成的死亡或受伤的风险纯粹是消极的后果。

接受风险是企业获得竞争优势，从而产生利润的必要条件。企业引进一种新产品或扩大生产设施这一行为既涉及收益也涉及风险。当企业面临可能导致财务目标或价值下降的事件时，这就是企业所面临的财务风险。财务目标或价值可以是公司利润的某种计量，如每股收益或公司所有者投资的回报。家庭的财务目标是用金钱量化的目标，例如，在储蓄和投资中积累一定目标的金额，然后用来购买汽车或房产，或者为孩子的大学教育提供资金，或者在某个目标年龄为退休提供资金。当寻求实现财务目标时，家庭必须接受与其所投资的金融资产相关的风险，以及与其所采用的投资策略相关的风险。

10.1.1 风险与不确定性

在阐述金融市场如何对资产进行估值时，有一个假设前提，那就是当面临风险时，投资者会遵循合理的决策来选择资产。公司财务理论同样假设，当面临风险时，管理层在做出对公司价值有影响的关键财务决策时，将遵循合理的规则。投资者和管理者在决策中应用的规则是基于他们对决策结果的信任。在阐述这些关于结果的信任时，金融理论假设投资者和管理者可以利用概率来量化与结果相关的风险。

通常风险指的是未来可能发生什么的不确定性。但是，风险就等于不确定性吗？经济学家提出了"风险即不确定性"或"风险与不确定性"的问题。风险和不确定性的区别最早是在1921年由两位经济学家弗兰克·奈特⊖和约翰·梅纳德·凯恩斯⊜提出的。奈特对风险和不确定性的区别解释如下："风险"适用于那些决策结果无法确定的决策，但决策者可以相当准确地量化与该决策可能产生的每个结果相关的概率，这种风险称为"可衡量风险"或"适当风险"；不确定性适用于决策者无法确定与决策结果相关的所有概率所需的所有信息，这种情况产生了所谓的**奈特不确定性**，也就是奈特所说的"不可测量的不确定性"或"真正的不确定性"。

奈特提供了下面的例子来帮助区分风险和不确定性。假设有一个装有红球和黑球的瓮，两个人正从瓮里抽球出来。第一个人不知道瓮中红球和黑球的数量，并假设抽到两种颜色球的

⊖ Frank Knight, Risk, Uncertainty, and Profit (New York: Houghton Mifflin, 1921).
⊜ John Maynard Keynes, Treatise on Probability (New York: Macmillan & Co., 1921).

概率相等。相比之下，第二个人得到的信息是，每个黑球对应三个红球。这意味着第二个人知道瓮中每四个球中有三个是红色的，因此，抽到红球的概率是75%，抽到黑球的概率是25%。根据奈特的观点，第二个人面对的是风险，而第一个人面对的是不确定性。

约翰·梅纳德·凯恩斯也做了类似的区分，认为存在可以计算的风险和另一种他称之为"不可减少的不确定性"的风险。凯恩斯认识到，在一些决策中，风险是无法计算的，因为如果想要确定该风险，就需要依赖于对未来的假设，而这些假设在概率论中没有任何基础。

在实践中，奈特和凯恩斯对风险和不确定性的区分在决策中是否重要呢？这是经济学家之间长期以来的争论：一些人认为这两个概念是相同的，但其他人认为风险和不确定性的区别是至关重要的。然而，2008～2009年的金融危机为奈特和凯恩斯区分风险和不确定性的观点提供了支持。导致金融危机的主要因素之一是风险管理模型未能对导致金融危机的金融问题发出警告，金融实体的管理层认为，他们有足够的风险模型以防止金融体系的重大崩溃，但金融实体的管理层没有意识到，他们所面对的是一种涉及奈特式的不确定性或凯恩斯式的不可减少的不确定性的情况。

"黑天鹅事件"一词被用来描述一种影响巨大、难以预测且罕见的事件，这种事件超出了基于金融市场、技术和科学上历史事件的正常预期范围。⊖ 在金融市场的语境中，"高影响事件"是指该事件对货币产生较大的影响。基本上，黑天鹅事件是决策者意料之外的事情，并且事件发生后，决策者被认为之前没有考虑到这样一个事件是不适当的。把这与奈特的不确定性联系起来，黑天鹅事件被认为是不存在的。

10.1.2 系统性风险与特质风险

在金融市场的研究中，本书涉及的关键问题之一是资产定价。为了确定资产的公允价值以及资产的价值如何随时间变化，必须确定驱动（影响）资产定价的因素。因为这些因素会影响资产定价，所以它们被称为"风险因素"。为了简单起见，我们将把它们简称为"因素"。

由于假设这些因素会影响某一资产类别中所有资产的定价，因此它们被称为共同风险因素或系统性风险。除了系统性风险之外，还有一些因素可能是特定资产发行者所独有的。这种风险被称为特质风险。例如，在后面的第14章中，我们将讨论普通股的系统性因素。公司特质风险的例子包括员工的长期罢工、一个破坏主要制造工厂的未投保的自然灾害、设施所在国政府征用主要海外制造设施或公司侵犯了专利权。

在第14章中，我们介绍了有关资产定价的理论。这些理论告诉我们，在为资产定价时有效运作的市场中，投资者只是因为接受了系统性风险而应该得到一定的补偿。换句话说，资产价格只存在系统性风险。原因是，根据金融学的主要理论之一，通过对资产的合理选择，可以消除特质风险，从而形成一个多元化的投资组合。相反，一个人不能通过创建一个多元化的投资组合来消除系统性风险。因此，系统性风险被称为**非分散风险**，而特质风险被称为**分散风险**。

10.2 金融风险管理

金融风险管理包括以下活动：

⊖ See Nassim N. Taleb, The Black Swan: The Impact of the Highly Improbable, 2nd ed. (New York: Random House, 2010), and Nassim N. Taleb, Foolishness by Randomness: The Hidden Role of Chance in Life and in the Markets (New York: Random House, 2005).

- 识别金融风险；
- 量化每个已识别的风险；
- 评估如何处理每种已识别的风险。

10.2.1 识别金融风险

并非家庭、金融实体和企业所面临的所有风险都很容易识别。不幸的是，有些风险只有在出现金融问题或金融危机之后才会被识别出来。家庭、金融实体和企业面临的三种金融风险一般分为：①投资风险；②融资风险；③系统性金融风险。我们将在本章的后面部分描述每一种风险。

10.2.2 量化每个已识别的风险

并不是所有的风险都可以量化。在金融领域，财务指标被用来量化本章后面描述的许多风险。这些指标借鉴了概率论和统计学领域的概念，这就是对金融感兴趣的学生，拥有良好的概率论和统计学背景至关重要的主要原因。

金融学中用于衡量风险的所有模型都是基于假设和估计的参数。一些市场观察人士称，用于量化金融机构风险的风险模型的失效，导致了 2008～2009 年的金融危机。因此，理解本书中讨论的风险度量和模型的基本假设是至关重要的。在管理金融风险时，在使用和应用风险度量时，应该始终记住奈特和凯恩斯对风险和不确定性的区别。

10.2.3 评估如何处理每种已识别出的风险

一旦确定了相关风险，企业和家庭的风险管理就包括评估如何处理每种风险。这就是风险保留决策，因为它涉及决定保留哪些风险。通常，处理每种风险的选择有：
- 保留风险；
- 中和风险；
- 转移风险。

当然，每一种被识别的风险都可以被区别对待。对于保留风险、中和风险和转移风险这三种选择中的每一种，都有关于如何处理风险的进一步决策。

1. 保留风险

企业或家庭应保留哪些已确定风险的决定是基于与承担该特定风险相关的预期收益与预期成本的经济分析。将企业或家庭选择承担的所有风险集合起来，就产生了所谓的**保留风险**。任何保留风险都将对经济产生潜在的不利影响。就企业而言，它可能对盈利、现金流和企业价值产生不利影响；对一个家庭来说，它可能会对收入和净值产生不利影响。

就企业而言，**未备资金的保留风险**是指在潜在损失发生之前不会为其融资的保留风险。相比之下，**资金留存风险**是指预先留出适当金额（作为现金或确定的筹资来源）以吸收潜在损失的风险。保留风险的管理被称为**风险金融**。

2. 中和风险

如果企业或家庭选择不保留已识别的风险，则有中和风险和转移风险两个选择。**中和风险**是一种风险管理政策，企业或家庭在不将风险转移给第三方的情况下，以自己的名义减轻已确定风险带来的预期损失。

中和风险策略可以包括降低已识别风险发生的可能性，或者在已识别风险确实发生的情况下降低损失的严重程度。对于企业来说，一些风险的中和风险策略可能是企业本身或影响企业财务因素的自然结果。例如，假设一家公司预计每年由于产品缺陷导致的收益损失为1亿～1.5亿美元，这一数额与公司的盈利能力相当。一个公司可以引进改进的制造工艺来降低每一件产品的缺陷概率，这将减少缺陷产品数量的方差和缺陷产品的期望数量。或者，该公司可以实施一项外汇政策，以减少每件缺陷产品的损失。这两种策略都可以降低潜在损失的上限。

举一个涉及财务因素的例子，一家在日本和欧元区国家运营的总部设在日本的公司，其流入和流出的现金很可能都是欧元。因此，公司面临本章后面讨论的外汇风险（属于投资风险之一），即汇率变动对公司以该货币计价的风险敞口有不利影响。但如果同一货币同时存在现金流入和流出，这种风险就有抵消的趋势。假设货币是欧元，现金流入面临欧元兑换日元贬值的风险；现金流出面临欧元兑换日元升值的风险。如果公司预计某一时期的未来现金流入为8 000万欧元，同期的现金流出为7 000万欧元，则公司的净货币敞口为1 000万欧元的现金流入。也就是说，7 000万欧元的风险敞口被自然对冲。

3. 转移风险

对于某些可识别的风险，公司可以决定将风险转移给第三方。这可以通过与愿意承担风险的另一方签订合同来实现，也可以通过将风险嵌入某种类型的证券来实现（创建一种收益取决于风险结果的市场工具）。

让我们首先分析家庭层面。最常见的风险转移工具是保险单。例如，保险公司出售的住房和汽车保险是家庭用来获得资产保护和家庭财富保护的工具，这些财产可能因涉及房屋或汽车的诉讼而面临风险。人寿保险单可为受益人提供一笔有保障的款项，以弥补因家庭主要收入来源者死亡而造成的收入损失；第8章讨论的年金可用于为退休人员提供收入来源，还有其他类型的保险，如医疗保险和伤残保险。基本上，保险单是将风险从家庭转移到了保险公司。

企业也可以利用保险公司保护资产，减轻这些资产可能造成的损害。有一些资本市场工具被称为"金融衍生品"（简称"衍生品"），可以有效转移风险。尽管衍生工具在大众媒体上经常被错误地描述为可能对金融市场造成破坏的投机性工具，但当市场参与者适当地对其加以利用时，它们可以减少本章后面提到和描述的风险。

除了衍生品外，还可以利用结构化金融技术创造出资本市场工具，将金融机构（如银行和保险公司）先前承担的风险转移给投资大众。一些例子将说明这种类型的工具。存款机构向公司发放商业贷款，向个人发放购买住宅（住宅物业）的消费贷款，这些机构将这些贷款保留在其投资组合中。与贷款有关的风险由存款机构承担，因为这些贷款是在存款机构的投资组合中持有的，它们占用了急需的资金。由于监管制度的变化，预计存款机构的监管资本要求⊖（存款机构必须持有的资本）将随着时间的推移而增加。因此，预计世界存款机构将没有足够的资本向世界各地的政府、企业和消费者提供贷款。存款机构采用的一种解决方案是出售由其发起

⊖ 尽管在后面的章节中，我们将讨论金融机构（如银行和保险公司）的"资本"，但该术语有时会与"实物资本"混淆，后者是制造企业生产商品和服务（例如机械、设备、设施）的术语。简单地说，当提到金融机构的"资本"时，这个术语意味着该机构的资产和负债之间的差额。这听起来很简单，除了（如第7章所述）金融机构的监管机构出于监管目的，用不同的方法来衡量资本。

的贷款池（一篮子）支持的债券，这些债券的投资者不再从发行债券的存款机构获取还款，而是从贷款的借款人那里获取还款。创建的债券被称为"证券化产品"或"资产支持证券"，而创建它们的过程称为**资产证券化**。

我们在第 27 章更详细地描述了资产证券化过程，它将与贷款池相关的风险从创建资产支持证券的存款机构转移给购买这些证券的投资者。然而，有人认为，资产证券化是 2007 年夏季次贷危机的罪魁祸首。因此，资产证券化被视为一种"邪恶"的资本市场机制，因为它试图利用公众的利益来转移风险，我们将在第 27 章讨论这种观点。据我们现在所了解的情况，世界各国政府或已通过立法或已提出立法，以促进资产证券化的发展。

尽管资产证券化经常被存款机构使用，但有时运营公司也会利用这一过程来消除与它们向客户发放贷款相关的风险。例如，汽车制造商为购买汽车而向客户提供贷款，汽车制造商可以保留这些贷款并承担与之相关的风险。通过集中汽车贷款来创造资产支持证券，汽车制造商将这些风险转移给购买这些证券的投资者。资产证券化并不是资本市场转移风险的唯一工具。

资产证券化是一种结构性融资工具，我们在第 27 章对此进行了描述。保险公司为转移特定风险也会创造资本市场工具。

财产保险公司担心可能造成重大损失的灾难性事件。例如，2016 年 6 月初，法国的强降雨导致保险损失预计高达 6 亿欧元（6.82 亿美元）。据估计，2015 年发生了 1 000 多起自然灾害，造成了 310 亿美元的整体保险损失[○]。为了将此类灾害的风险转移给愿意接受这种保险风险的投资者，财产保险公司创造了巨灾债券（"猫债券"）。对于一个投资者来说，猫债券的回报取决于是否发生符合标准的灾难或事件。如果发生这种情况，债券持有人将损失部分或全部本金，发行猫债券的财产保险公司可以使用未支付给债券持有人的资金来弥补部分或全部损失。

10.3 投资风险

一般而言，**投资风险**是指一项投资或一项投资策略的业绩低于投资者预期的可能性。在投资风险的一般类别中，有各种可能导致业绩低于预期的风险。这些风险包括以下几个方面：

- 信用风险；
- 价格风险；
- 再投资风险；
- 通货膨胀风险；
- 流动性风险；
- 外汇风险。

10.3.1 信用风险

信用风险是金融体系中的一大风险。这类风险包括多种形式的风险，对其含义没有标准定义。

大多数市场参与者所指的信用风险是贷款协议（包括贷款和债券）中借款人未能履行及时支付利息和偿还本金的合同义务，这种情况下，信用风险是指**违约风险**。例如，当一个人向银行借款购买住房时，贷款协议使贷款银行面临违约风险，即借款人无法偿还贷款的风险。2013

○ Insurance Information Institute, "Catastrophes: Global," http://www.iii.org/fact-statistic/catastrophes-global.

年4月，苹果公司发行了170亿美元的债券，这些债券的购买者面临违约风险，即苹果公司无法支付利息或偿还到期本金的风险。

"信用风险"一词在上文所述的情境中最常用，广义上的信用风险是指交易对手未能履行其义务，这种信用风险被称为**交易对手风险**，它不仅存在于金融市场交易中，而且存在于日常生活中的许多交易中。这里有两个此类交易的例子。当一个人购买了一年期的杂志订阅服务，并提前支付了订阅费，就有杂志出版商因倒闭而无法履行交付杂志的义务的风险。当一个人在一项服务履行之前支付了费用，就有服务提供者在收取费用的前提下无法履行义务的风险，而服务提供商通常在提供服务之前要求交纳预付款或押金。

金融市场中的许多交易都涉及交易对手风险。我们将在本书讨论私人交易时印证这一点。例如，假设在2014年5月1日，一个投资者与一家金融机构进行了一项交易，双方就如下事项达成一致意见：投资者在协议签订时向金融机构支付264 000美元，金融机构同意投资者在2018年5月1日以每股200美元的价格购买X公司10 000股股票。如第34章所述，该交易是一种特殊类型的衍生交易，称为"期权"。假设在2014年5月1日，X公司股票的价格为132美元，当X公司股票价格上涨至200美元以上时投资者会受益，无论4年后的2018年5月1日，X公司的股票发生了什么，投资者都要支付264 000美元。2018年5月1日，假设X公司的股价为448美元/股，这笔交易将为投资者带来如下利润：投资者将以每股200美元的商定价格从金融机构购买X公司的股票，这需要支付2 000 000（=200×10 000）美元，购买这10 000股股票的总成本为2 264 000美元，即购买股票所需的200万美元加上2014年5月1日签订协议所需的264 000美元；2018年5月1日10 000股的价值为4 480 000（=448×10 000）美元，因此这笔交易的利润为2 216 000（=4 480 000−2 264 000）美元。假设当投资者要求金融机构履行其部分协议时，交易对手并不具备履行该协议的财务能力，这种风险被称为交易对手风险。

上述类型的衍生品交易在金融市场中非常常见，金融体系中的交易对手风险也备受关注。交易对手风险的一个极端例子是2008年9月雷曼兄弟公司的破产，该事件凸显了这种风险的重要性。当时，该公司是许多涉及衍生工具的私人交易的对手，破产导致其无法履行在这些交易中的义务。此外，该公司还借入了资金，由于雷曼兄弟公司无法偿还债务，因此该公司的债权人面临着违约风险。

违约风险和交易对手风险看起来非常类似于同一类型的风险，即交易一方无法履约的风险，事实上，许多市场参与者也会交替使用这些术语。如果人们想要一种能区分这两种风险的方法，可以参考上述案例。术语"违约风险"通常用于描述借款人未能履行的贷款安排。"交易对手风险"是在衍生品交易失败时通常使用的术语，而不是在贷款或融资安排中使用的术语。一些市场参与者将交易对手风险称为"交易对手违约风险"。

信用风险还包括另外一种类型的风险，为了便于理解，我们再以苹果公司发行的债券为例。在债券发行时，这些债券的价格反映了市场参与者认为的违约风险。正如第11章所讨论的"价格"，我们指的是苹果公司发行债券时必须支付给债券持有人的利率。违约风险越大，苹果公司支付的利率就越高。利率至少由两部分组成：第一部分是投资者持有无违约风险债券所需的利率；第二部分是对投资者所感知到的违约风险的补偿。对违约风险的额外补偿高于无违约债券的利率，称为**信用利差**，这种信用利差在债券的有效期内并不是恒定不变的。苹果公司债券投资者面临的风险是，在未来某个时候，市场会认为苹果公司有更大的违约风险，因此需要更大的信用利差，这将对债券价格产生不利影响。信用风险的这一方面称为**信用利差风险**。

1. 测量信用风险

衡量违约风险和交易对手风险需要分析发行人或交易对手履行其义务的能力。专业资产经理分析发行人的财务信息和债务工具本身的规格，从而估计发行人履行其未来合同义务的能力，这种活动称为**信用分析**。大多数大型机构投资者都有自己的信用分析部门，不仅要评估发行人或交易对手的信用风险，还要确定对发行人或交易对手可接受的风险敞口限额。例如，银行设有信贷部门来评估信贷风险。这些部门的信贷分析员制定**内部评级**，在做出贷款决策时使用。

无法进行自身信用分析的投资者，在不同程度上使用信用分析机构提供的违约风险意见，这些机构进行信用分析并以信用评级的形式发表意见。正如第5章所述，三大评级机构分别是穆迪、标准普尔和惠誉，然而在过去几年里，更多的公司进入了评级业务领域。

对信用评级机构业绩的批评导致服务提供商制定信用评分模型和信用风险模型来评估信用风险。让我们先看看信用评分模型。

信用评分模型利用借款人的属性信息，通过统计分析得出**信用评分**。根据信用评分，贷款人可以决定发放贷款或将借款人分为不同的信用风险等级。对于个人信用评分来说，最著名的信用评分模型是FICO信用评分模型。该模型为信用记录的长度和所欠金额等因素分配了一个权重，所有的信息都由信用机构提供，从而得出FICO评分。FICO评分范围为300~850（分数越高表示信用评级越好），衡量消费者信用贷款的信用风险的标准有抵押贷款额度、汽车贷款额度和信用卡额度。对于公司和政府来说，**信用风险模型**已经被开发出来，以确定违约的概率，以及如果发生违约，能收回多少金额。

2. 控制信用风险的市场工具

由于控制信用风险的重要性，因此市场上有几种信用风险转移工具。其中一些工具是衍生工具，被称为"信贷衍生品"，这里面投资者最常用的类型是"信用违约互换"。此外，银行发行的证券化产品（称为"抵押贷款债务"）也已产生，还有一些公司发行的债券（称为"信用联系票据"）使用结构性融资，这些信贷风险转移工具我们将在第39章详细讲解。

10.3.2 价格风险

资产的价格会随着时间的推移而变化。也就是说，价格可以上涨也可以下跌。拥有资产的投资者担心的是价格会下跌。例如，假设一名投资者于2015年11月12日以每股30.41美元的价格购买了通用电气公司的股票，这位投资者面临的价格风险是每股价格可能跌破30.41美元，2018年8月1日，该股股价为13.63元，则这位投资者每股亏损16.78元。

有人可能会说，价格风险是资产价格下跌的风险，然而这一说法并不全面，因为价格风险取决于投资者的头寸类型。事实上，如果价格下跌，购买资产确实会导致亏损。当投资者购买一项资产时，投资者被称为持有"多头资产"，或对该资产持有多头头寸。另一种情况是"做空资产"，这意味着投资者出售了一项资产，即使投资者并不拥有出售的资产。出售非自有资产的能力，即所谓的"卖空"，是金融市场的一个重要方面，它使资产价格能够反映其真实价值。我们将在后面的几章对市场上的卖空机制和卖空的经济作用进行更多的讨论。这里重要的是，对于空头头寸而言，价格风险是价格上涨的风险。让我们再次以通用电气2015年11月12日的股票价格为例，该日其股价为每股30.41美元。现在假设投资者没有购买那只股票，而是以每股 30.41 美元的价格卖空股票。2016 年 4 月 19 日，股价为 31.14 美元。这意味着，如果投资者必须在当天买入股票（这被称为"回补空头头寸"），投资者将不得不以每股 31.14 美元的价格购买股票，而投资者在之前以每股 30.41 美元的价格出售了这只股票，该投资者每股将损失 0.73 美元。

可以说，价格风险是指资产价格发生对投资者利益不利变动的风险，资产价格的上涨或下跌是好还是坏，这取决于投资者的头寸，多头头寸的价格风险是价格会下跌，空头头寸的价格风险是价格会上涨。

什么导致价格风险？回答这个问题的出发点是了解什么因素会导致资产价格变化，这基本上意味着需要了解决定资产价格的影响因素。因此，要确定价格风险，我们至少必须定性地了解是哪些变量影响了资产的价格。就股票而言，人们可能认为股票价格受公司收益数额、收益增长水平和利率水平的影响。有理由预期，市场利率水平和发行人的信用评级是推动债券价格上涨的主要因素。

1. 衡量价格风险

考虑到影响资产价格的因素，我们必须建立一个模型，将资产的价格敏感性与这些因素联系起来，这类模型被称为"资产定价模型"。给定一个资产定价模型，人们可以衡量资产在每个因素下的价格风险敞口。对于一种资产，可能没有一种价格风险度量方法，而是针对每个因素的一种度量方法，也就是说，衡量资产价格风险的标准可能不是一种，而是需要把各种因素综合起来。资产对某一因子的敞口称为**因子贝塔**。因子贝塔可以利用各种统计模型来估计，包括资产的历史收益。

就债券等债务而言，影响债券价格变化的关键因素是利率水平和发行人的信用风险。利率水平由美国财政部发行的无违约证券的利率来衡量。如前所述，信用利差风险可以反映发行人信用风险补偿的利率组成部分。

债券价格与这两个因素之间的数学关系可以用来估计债券在这些因素中的风险敞口。一般来说，**久期**是用来量化债券价格对国债利率变化的敞口的。我们将在第 16 章更详细地描述这一衡量方法。债券价格对发行人信用风险变化的敞口称为**信用利差久期**，因为它指的是信用利差变化的敞口。

2. 控制价格风险的市场工具

市场上有许多衍生工具，用于控制单个资产和资产组合的价格风险。本书第八部分描述了控制普通股价格风险的衍生工具和控制利率风险敞口的衍生工具。

10.3.3 再投资风险

再投资风险是指当从投资中获得收益时，必须以低于最初投资时的利率进行再投资的风险。

债券投资者面临再投资风险。首先，如第 11 章所述，当债券被购买时，可以计算出该债券的潜在收益率。在计算收益率时，我们假设债券持有至到期，且从债券发行人收到利息支付之时起，任何利息支付都可以再投资，直到债券到期。这里有一个例子，假设 1984 年 5 月，一名投资者购买了美国财政部发行的 30 年到期的债券（2014 年 5 月到期），该债券的收益率约为 13%。也就是说，如果这些债券中有一种债券是以 1 000 美元的价格购买的，那么美国财政部本应支付的利息为每年支付 130 美元或每 6 个月支付 65 美元。一个投资者通常会说，13%

的收益率是赚来的。然而，正如第 11 章所要解释的，上述说法只有在以下两个条件下才成立：①每 6 个月收到的利息可以以 13% 的年利率进行再投资；②债券持有至到期（在我们的例子中是到 2014 年 5 月）。如果对 20 世纪 80 年代以来的利率发展历程稍加回顾，就可以清楚地知道为什么从美国财政部收到的利息不太可能允许以 13% 的年利率进行再投资。例如，在债券购买 10 年后（1994 年 5 月），收到的利息必须再投资于 20 年期国债，当时的国债利率为 7.5%，远远低于产生 13% 收益率所需的再投资利率。再往后推 10 年，到 2004 年 5 月，收到的利息必须再投资 10 年，10 年期国债利率约为 3.5%。5 年后，所得利息将以 2.13% 的年利率进行再投资。因此，我们可以看到 1984 年 5 月购买美国国债的投资者面临的再投资风险。再投资风险有多大呢？如第 11 章描述的，债券利息再投资产生预期 13% 收益的利息数额是可观的。相比之下，如果一个投资者在 2014 年 5 月购买了 30 年期国债，当时的收益率只有 3.4%，人们预期利率不会远低于这个利率，此时，再投资的风险将大大降低。

债券投资者面临的另一个再投资风险的例子是，债券具有一些特征，即允许发行人在未来某个日期从投资者手中回购债券。这项规定被称为**赎回条款**，该规定对发行人是有利的，因为它允许发行人在债券发行后利率下降的情况下退出债券发行，然后以较低的利率发行新债券。这种赎回条款会给投资者带来再投资风险，投资者必须以低于购买债券时的利率将从发行人处获得的收益进行再投资。

10.3.4 通货膨胀风险

当大多数商品和服务的价格上涨，导致购买力下降时，就会发生通货膨胀。当收入增长率低于通货膨胀率时，家庭的生活水平就会下降。在计划退休时，如果不考虑通货膨胀，可能导致退休收入支持的生活水平低于预期。当投资者投资资产以产生退休收入时，投资者实现的**实际回报**是调整通货膨胀率后的收益。通货膨胀风险（简称"通胀风险"），也称为**购买力风险**，是指名义收益率（不考虑通货膨胀的回报率）低于通货膨胀率的风险。换言之，通胀风险是获得负实际回报的风险。

当投资于不同的资产类别时，投资者会面临不同程度的通胀风险。例如，从历史上看，股票和房地产使投资者面临的通胀风险低于债券。由不同资产类别组成的投资组合将面临通胀风险，考虑到每个资产类别的通胀风险敞口不同，通胀风险将取决于在每个类别资产的投资分配。

尽管典型的债券可能比普通股和房地产具有更大的通胀风险，但美国财政部、金融公司和非金融公司发行的债券具有抵御通胀风险的能力。这些债券被称为**通胀调整债券**（也称为"通胀关联债券"），这种债券的利率或本金与通货膨胀率挂钩。此外，一些衍生工具允许控制通胀风险。

10.3.5 流动性风险

流动性允许投资者灵活地重新平衡投资组合（通过买卖资产）来实施投资策略。我们可以从投资者可能意识到的潜在损失来看流动性，如果投资者希望立即出售，而不是采用昂贵和耗时的方法寻找愿意支付更高价格的买家。金融资产的流动性可能取决于投资者希望出售（或购买）的数量，尽管投资者可能希望出售少量流动资产，但如果要出售大量资产，则可能存在流动性不足。

如第 9 章所述，尽管资产的流动性起着重要作用，但对于什么是流动性并没有统一的定义。现有的几项研究将流动性定义为，投资者在短时间内以低成本且不会对资产价格产生重大不利影响的方式进行交易的能力。资产的**流动性风险**可定义为，当投资者对该资产进行交易时，现行市场条件将导致成本更高，并对交易价格产生重大不利影响的风险。

10.3.6 外汇风险

当投资者购买的资产的现金流不是以本国货币计价时，投资者实际上持有两种头寸，其中一种是资产头寸，另一种是货币头寸。如果投资者持有多头头寸，则存在收到现金流时发生变化的风险，从而使本国货币变少。更具体地说，风险在于支付现金流的货币（外币）相对于本国货币贬值的可能性，这种风险被称为**外汇风险**或**货币风险**。第38章所述的某些外汇衍生品可用于控制投资者的外汇风险敞口程度。

如果投资资产的现金流以外币计价的话，那么还有一种潜在的风险与该投资资产有关，那就是外国政府阻止其货币完全兑换成可兑换货币的风险。（可自由兑换的货币是可以自由兑换成另一种货币的货币。）与外国政府采取行动使其货币不可兑换相关的损失风险称为**可兑换风险**。

10.4 融资风险

融资风险又称**筹资风险**，是指与获得资金相关的风险。融资风险包括：杠杆风险、融资流动性风险、时机风险和固定－浮动融资风险。

10.4.1 杠杆风险

当个人或企业借入资金时，就是在使用**财务杠杆**，或者简单地说是使用**杠杆**。企业使用杠杆的收益和风险都是相关联的。为了便于理解，我们以一家公司的首席财务官（CFO）为例，假设他正在考虑以每年6%的成本借入4亿美元，公司将借款用于各种商业活动，以产生超过借贷成本的收益率（每年6%），并通过获得收益和借款成本之间的差额来增加其利润。例如，如果公司从4亿美元的借款中获得8%的收益，那么该年度借入资金的成本为2 400万美元（=6%×4亿美元），而在业务中部署资金所获得的金额为3 200万美元（=8%×4亿美元），这里800万美元的差额就是公司增加的利润。如果首席财务官借了更多的资金，只要公司的年度收益率超过6%，增加的利润就会更多。

我们刚刚描述的是使用杠杆的好处。然而，风险应该是显而易见的，即公司无法从借款金额中获得大于其借款成本的回报。在我们的例子中，假设公司每年仅从借入资金中获得2%的收益，即它为所借资金支付了2 400万美元的成本，但只产生了800万美元的收益，这使得它的利润减少了1 600万美元。如果所使用的杠杆过高，使公司借入资金的成本超出自身偿还能力而导致公司无力偿还其债务，公司会面临破产的风险。

杠杆风险是指由于使用杠杆而对财务产生不利影响的风险。一个公司的杠杆程度可以用两种方式来衡量：**资产负债率**和**负债权益比率**。资产负债率是公司债权人提供的资金（负债）除以公司可供投资的资金总额（总资产），基本财务会计原理是：

$$总资产 = 所有者权益 + 负债$$

那么总资产就代表了可供公司投资的资金量。资产负债率为

$$资产负债率 = \frac{负债}{总资产}$$

资产负债率越高，公司使用的杠杆就越大。对于同一行业的企业来说，资产负债率越高，杠杆风险就越大。

第二种方法是通过**负债权益比率**来计算杠杆的大小：

$$负债权益比率 = \frac{负债}{所有者权益}$$

负债权益比率越高，杠杆就越大。对于同一行业的企业来说，负责权益比率越高，杠杆风险也就越大。

关于一个公司应该拥有的相对于股权的债务数额（杠杆程度）的决定被称为"资本结构决定"。有各种金融理论为公司在决定其最佳资本结构时应考虑的因素提供建议。

在第6章中，我们描述了包括银行在内的存款机构，这些金融机构的杠杆率很高。也就是说，它们投资的资金所占的百分比主要是借入资金相对于股东筹集股本的比例。例如，存款机构的负债率约为92%（以百分比表示）。存款机构的盈利能力主要取决于管理层投资于贷款和其他债务的能力，以便获得比借贷成本更高的回报。

家庭通过借入资金产生杠杆效应，同时也将面临杠杆风险。家庭使用杠杆的效益并不像公司和存款机构那样容易量化。家庭借贷是为了加速购买商品和服务，而不是推迟购买，即直到有足够的资金可以在没有借款的情况下直接购买。某些购买行为确实有经济效益，家庭认为这些效益可以通过借贷获得。我们举两个例子，分别是大学贷款和购买住宅。在前一种情况下，人们的预期是，大学贷款的成本将产生终身的未来收益，从而保证这一成本的正常归还。在使用借来的资金购买住宅的情况下，人们认为，拥有一套住房而不是租房，将因所购住房的潜在价格升值而受益。在2007年美国房地产泡沫破裂之前，这是许多家庭的共同观点。

10.4.2 融资流动性风险

金融市场的参与者在贷款人的要求下被迫立即清偿债务的情况并不少见。例如，银行的存款人出于某种原因可能想同时从银行取款，银行必须有能力立即履行这些义务。另一个例子是高杠杆投资者，其借款协议授予贷款人要求立即支付所借金额的权利，借款人立即清偿债务的能力被称为**资金流动性**。**资金流动性风险**则是指在特定期限内，借款人无法立即清偿其债务的风险。

10.4.3 时机风险

时机风险是与筹资时机有关的风险，它会导致在未来需要资金时，获得资金的成本将高于预期。

我们以一家信用评级为BBB的公司为例，该公司希望通过在市场上进行借贷来筹集资金。假设2008年9月，公司想发行4亿美元的20年期债券，公司的首席财务官负责决定筹集多少资金和何时筹集资金。假设首席财务官已经确定4亿美元不需要立即支付，需要考虑要么在当天发行债券，要么在未来5个月内发行债券。让我们接下来看看这位首席财务官面临的时机风险。根据美国联邦储备委员会公布的利率数据，2008年9月，信用评级为BBB的此类企业申请 20 年期贷款的利率约为 7.31%。如果立即发行债券，那么首席财务官将在未来 20 年锁定 7.31% 的成本。以下是美联储公布的未来 4 个月的利率：2008 年 10 月为 8.38%，2008 年 11 月为 9.21%，2008 年 12 月为 8.49%，2009 年 1 月为 8.19%。从这 5 个月期间利率的大幅变动可以看出，此时金融市场利率处于大幅波动的时期。首席财务官面临的时机风险是，由于当天不发行债券，该公司面临着在未来 4 个月内不得不以高于 2008 年 9 月支付的利率发行债券的风险。事实上，2008 年 9 月之后的 4 个月里，利率都在上升。

假设首席财务官在 2008 年 9 月决定不发行债券，但是看到利率在一个月内从 7.31% 上升到 8.38%，然后在下个月再次上涨到 9.21%，首席财务官决定在 2008 年 11 月以 9.21% 的利率发行债券。首席财务官在 2008 年 11 月决定发行债券时所面临的时机风险，就是失去从利率下降中获益的机会，而事实上，在接下来的两个月确实发生了利率下降（2008 年 12 月和 2009 年 1 月的利率分别为 8.49% 和 8.19%）。

州政府和地方政府与企业承担着同样的时机风险，它们筹集资金并关心它们必须支付的利息。受利率波动的影响，它们可能不得不承担在利率高于当前水平的时候筹集资金的风险。

我们对时机风险的阐述涉及以借钱的形式筹集资金（在我们的例子中是债券），首席财务官在做通过发行普通股来筹集资金的决策时也将面临时机风险。为了理解这一点，假设一家公司的首席财务官想在普通股每股 100 美元的时候发行普通股来筹集 2 亿美元，这些资金不是立即需要的，而是在未来 60 天的某个时候需要。不考虑发行普通股的成本，这意味着如果首席财务官立即发行普通股，那么就必须发行 200 万股（=2 亿美元/100 美元）。如果推迟发行，则可以利用公司普通股价格上涨的机会，但也冒着股价下跌的风险；如果股价下跌，公司需要发行 200 多万股普通股，公司将拥有更多的流通股，比今天发行普通股更能稀释公司收益。

家庭也面临着时机风险，尤其是在购买住宅方面。现在有能力以现行利率借入资金购买住宅的家庭面临两种形式的时机风险。第一种情况是，购买住宅进行借款的利率是已知的（称为按揭利率），但延迟购买可能导致必须支付更高的按揭利率。第二种情况是，如果将购买住宅推迟到未来某个时期，房价可能会上涨，导致家庭不得不借更多的钱买房。

10.4.4　固定 – 浮动融资风险

如果融资风险涉及在整个借款期间支付固定利率（**固定利率贷款**）或支付周期性变化的利率（**浮动利率贷款**或**可变利率贷款**），这种形式的融资风险称为**固定 – 浮动融资风险**。

对于浮动利率贷款，利率在指定时间根据公式重置（变化）。这个公式有两个组成部分：参考利率和固定数额。**参考利率**是随时间变化的市场利率，例如，最常见的参考利率是伦敦银行同业拆借利率（LIBOR），我们将在第 25 章进一步讨论这个利率。**固定数额**被称为**保证金**，例如，每年重置的浮动利率贷款的利率公式可能是一年期伦敦银行同业拆借利率加上 150 个基点。在这里，一年期伦敦银行同业拆借利率为参考利率，固定数额为 150 个基点。由于一年期伦敦银行同业拆借利率每年都在变化，因此，当债务尚未清偿时，借款人将支付的利率每年都有所不同。

让我们举例说明。一家美国公司的首席财务官面临两种选择：一是发行 4 亿美元的债券，该债券在未来 20 年内每年支付 6% 的固定利率；二是发行 4 亿美元的浮动利率债券，其利率每年根据一年期伦敦银行同业拆借利率加上 150 个基点（1.5%）的规律重置。假设第一年的一年期伦敦银行同业拆借利率为 3%，则在第一年，4 亿美元的借款成本为 4.5%（=3%+1.5%），这对于以浮动利率为基础的借款来说是一个明显的优势。然而，风险在于，在未来 19 年，一年期伦敦银行同业拆借利率可能会升至 4.5% 以上，这将使以固定利率为基础的借款更为有利。如果首席财务官选择固定利率借款方案，那么风险是一年期伦敦银行同业拆借利率将降至 4.5% 以下，在这种情况下，浮动利率借款将更为有利。

固定-浮动融资风险不仅是企业在确定融资方式时面临的风险，也是家庭在用借款购买住宅时面临的风险。家庭在贷款购房时，可以选择终身固定利率或终身浮动利率的贷款。用于购房的浮动利率贷款被称为"可调利率贷款"，这部分内容在第 29 章中有描述。

10.5 系统性金融风险

一般来说，**系统性风险**是指整个系统崩溃或失效的风险。当这一概念应用于金融领域时，系统性风险就被称为**系统性金融风险**。⊖ 我们在举例时，通常给出银行挤兑（银行存款人同时从银行取款）的例子来说明系统性金融风险。在美国通过联邦存款保险向银行存款人提供保护之前，如果一家银行无法满足提取存款的要求，这不仅会导致该银行破产，而且会引发连锁反应，使其他银行发生挤兑，最终导致其他银行破产。

2007 年，美国国会针对当年金融市场某些领域面临的问题，举行了题为"系统性风险：审查监管机构应对金融系统威胁的能力"的听证会。然而，尽管人们担心全球金融体系面临系统性金融风险威胁，但目前还没有一个针对这种风险所作的公认的定义。在 2007 年的一次演讲中，时任美国联邦储备委员会理事的弗雷德里克·米什金对系统性金融风险的定义如下：

当我们说到系统性金融风险时，我们指的是金融市场中突然的（通常是出乎意料的）信息流动中断的风险，这种中断使得金融市场无法让资金流向那些拥有最大盈利机会的人。

他接着说：

我们已经看到，当系统性金融风险变得特别严重时，会如何引发金融危机，即金融市场的失灵，而这可能会产生潜在的重要经济后果。⊜

国际清算银行对系统性金融风险的定义如下：

一个参与者未能履行其合同义务的风险可能反过来导致其他参与者违约，从而产生连锁反应，引发更大范围的金融困境。⊜

虽然系统性金融风险没有公认的定义，但其基本概念是明确的。全球金融机构之间相互联系，风险通过蔓延，可能会对全球金融体系造成重大破坏。在第 2 章中，我们在讨论政府干预金融市场时就已经给出了这种令人担忧的例子。

10.6 金融创新

自 20 世纪 60 年代以来，重大金融创新快速涌现，金融市场的观察者以不同的方式对这些创新进行了分类。下面我们将介绍两种可能的分类方法。在理解了本章所描述的风险之后，我们就可以清楚地了解金融创新的原因。

⊖ 不要将本章前面描述的系统性风险与这里描述的系统性风险混淆。

⊜ Speech titled "Systemic Risk and the International Lender of Last Resort," given at the Tenth Annual International Banking Conference, Federal Reserve Bank of Chicago, Chicago, Illinois, September 28, 2007. Available at http://www.federalreserve.gov/newsevents/speech/mishkin20070928a.htm#pagetop.

⊜ Bank for International Settlements, 64th Annual Report (Basel, Switzerland: BIS, 1994), p. 177.

加拿大经济委员会将金融创新分为以下三大类别[1]：

- **扩大市场工具**。该工具可以通过吸引新投资者和为借款人提供新机会，增加市场流动性和资金可用性。
- **风险管理工具**。该工具可以将金融风险重新分配给那些不那么厌恶这些风险或具有抵消风险敞口的人，而且这些人可能更有能力承担这些风险。
- **套利工具和流程**。它们使投资者和借款人能够利用市场之间的成本和收益差异，反映出对风险不同的认知以及信息、税收和法规的差异。

国际清算银行还提出了另一种基于更具体的功能的金融创新分类体系：价格风险转移创新、信用风险转移工具、流动性创造创新、信用创造工具和股权创造工具。[2]**价格风险转移创新**为市场参与者提供了更有效的手段来应对价格或外汇风险。**信用风险转移工具**具备对违约风险再分配的功能。**流动性创造创新**有三个作用：①增加市场流动性；②允许借款人利用新的资金来源；③允许市场参与者规避监管规定的资本限制。**信用创造工具**的功能是增加借款人可获得的债务资金数额，增加金融和非金融机构资本基础的工具是**股权创造工具**。

我们在本书中回顾关于金融市场各个部门的内容，是为了有助于了解该市场中各个创新背后的因素。

关键知识点

- 金融市场的参与者面临多种形式的风险。
- 风险和不确定性之间是有区别的，正如两位经济学家弗兰克·奈特和约翰·梅纳德·凯恩斯在1921年首先指出的那样。
- 奈特认为，风险适用于决策者能够相当准确地量化与该决策可能产生的每个结果相关的概率，他把这种风险称为"可衡量风险"或"适当风险"。
- "奈特不确定性"存在于决策者无法确定与决策结果相关的所有概率所需的所有信息。这种形式的不确定性被奈特称为"不可测量的不确定性"或"真正的不确定性"。
- 凯恩斯在风险和不确定性之间做了类似的区分，将后者称为"不可减少的不确定性"。
- 影响资产价值的风险可分为系统性风险与特质风险。
- 系统性风险或常见风险因素是指影响某一资产类别中所有资产定价的风险，因为它们不能分散，因此也被称为"非分散风险"。
- 特质风险是特定资产发行者所独有的风险。因为它可以在投资组合中分散，所以被称为"分散风险"。
- 企业、金融实体和家庭面临的金融风险是：①投资风险；②融资风险；③系统性金融风险。
- 广义上来说，投资风险是指一项投资或一项投资策略所实现的结果低于投资者预期的概率。
- 金融风险管理包括：①识别金融风险；②量化每个识别的风险；③评估如何处理每种已识别的风险。
- 一旦相关风险被识别，风险管理包括评估和保留哪些风险，选择是：①保留风险；②中和风险；③转移风险。
- 保留风险是企业或家庭选择承担的所有风险的总和。

---

[1] Economic Council of Canada, Globalization and Canada's Financial Markets (Ottawa: Supply and Services Canada, 1989), p. 32.

[2] Bank for International Settlements, Recent Innovations in International Banking (Basel: BIS, April 1986).

- 未备资金的保留风险是指在潜在损失发生之前不会为其融资的保留风险。资金留存风险是指预先留出适当金额（作为现金或确定的筹资来源）以吸收潜在损失的风险。
- 处理未保留的风险有两种选择：中和风险和转移风险。
- 中和风险是一种风险管理政策，企业或家庭在不将风险转移给第三方的情况下，以自己的名义减轻已确定风险带来的预期损失。
- 一个实体可以决定将风险转移给第三方，方法是与愿意承担实体希望转移的风险的另一方签订合同，或者将风险嵌入某种类型的证券来实现（创建一种收益取决于风险结果的市场工具）。
- 利用结构化金融技术创造了资本市场工具，以转移此前由金融机构承担的风险，资产证券化就是一个例子。
- 投资风险包括信用风险、价格风险、再投资风险、通货膨胀风险、流动性风险、汇率风险。
- 信用风险包括违约风险和信用利差风险。
- 市场上有几种信用风险转移工具。
- 价格风险是指资产价格可能因资产价格的上涨或下跌而发生不利变动的风险，具体取决于投资者的头寸：多头头寸的价格风险是价格会下跌，而空头头寸的价格风险是价格会上涨。
- 风险因素（简称"因素"）是影响资产价格的变量。显示这些因素如何影响资产价格的模型称为"资产定价模型"。
- 给定一个资产定价模型，可以衡量资产对每个因素的价格风险敞口，资产对某一因子的敞口称为"因子贝塔"。
- 久期是衡量债券价格对一般利率水平变化的敏感性的指标。信用利差久期是衡量债券价格对信用利差变化的敞口。
- 许多衍生工具可用于控制单个资产和资产组合的价格风险。
- 再投资风险是指当从投资中获得收益时，必须以低于最初投资时的利率进行再投资的风险。
- 通货膨胀风险（也称为"购买力风险"）是指名义收益率低于通货膨胀率的风险；也就是说，通货膨胀风险是获得负实际回报的风险。
- 资产的流动性风险是指当投资者对该资产进行交易时，现行市场条件将导致成本更高，并对交易价格产生重大不利影响的风险。
- 外汇风险（也称"货币风险"）是支付现金流的货币（外币）相对于本国货币贬值的可能性。
- 融资风险又称筹资风险，是指与获得资金相关的风险，包括杠杆风险、融资流动性风险、时机风险和固定-浮动融资风险。
- 杠杆风险是指由于使用杠杆而对财务产生的不利影响。
- 公司的杠杆程度可以通过其资产负债率（债务与总资产的比率）或通过其负债权益比率来衡量。
- 资金流动性是指借款人立即清偿债务的能力，实体不能立即清偿其债务的风险被称为"资金流动性风险"。
- 时机风险是与筹资时机有关的风险，它会导致在未来需要资金时，获得资金的成本将高于预期。
- 与决定是否以固定利率或浮动利率进行贷款相关的融资风险被称为"固定-浮动融资风险"。
- 一般来说，"系统性风险"指的是整个系统崩溃或失效的可能性。当这一概念应用于金融领域时，系统性风险就被称为"系统性金融风险"。
- 金融创新可以按照金融工具的类型分为：扩大市场工具、风险管理工具、套利工具和流程。按照更具体的功能又可以将金融创新分为：价格风险转移创新、信用风险转移工具、流动性创造创新、信用创造工具和股权创造工具。

练习题

1. 在一篇文章中，巴勃罗·A.古埃隆·昆塔纳对风险和不确定性之间的区别解释如下：

    考虑一下抛一枚均匀硬币的实验（情形A）。在这个实验中，我们不确定硬币落下来时是正面还是反面。因为我们抛出的是一枚均匀硬币，所以我们知道，每次抛硬币后正面朝上的概率是50%。也就是说，如果我们抛100次硬币，平均来说，硬币正面朝上和反面朝上的次数应该都是50次。从这个实验中得出的重要结论是，我们清楚地知道每一种可能事件发生的概率：50%的概率正面朝上和50%的概率反面朝上。此外，我们在开始实验之前就具备了这些知识……

    现在让我们考虑另一个实验（情形B）。和以前一样，我们对抛硬币的结果感兴趣。关键的区别是，我们知道硬币不再是均匀的，但我们不知道正面朝上的概率是多少。此外，在每次投掷后，硬币会被一个新的（非均匀的）硬币所取代。在这种情况下，我们唯一知道的是硬币落在地上，不是正面朝上就是反面朝上。如果抛100次硬币，我们无法（在我们开始实验之前）判断出会有多少次正面朝上。⊖

    a. 这两个实验中哪一个是奈特不确定性的例子？解释原因。

    b. 这两个实验中哪一个是奈特风险的例子？解释原因。

2. 下面这段话来自唐纳德·拉姆斯菲尔德，他曾在2001～2006年担任乔治·W.布什总统的国防部长。

    我认为那些说没有发生什么事的报道很有趣，因为我们都知道，有些事情我们知道我们知道。我们也知道有些已知的未知，也就是说，我们知道有些事情是我们不知道的。但也有未知的未知——那些是我们不知道自己不知道的。

    在风险和不确定性的背景下讨论此段报告的含义。

3. 下面的引文摘自高盛集团对风险的描述以及处理风险的方法。我们预留了三个空格。除了流动性风险，下面的引文讨论了另一种形式的风险。请问该种风险是什么？

    高盛_____的计划制订了我们在危机情况下和市场压力时期为商业活动提供资金的行动计划。该_____计划概述了被不断审查的潜在风险因素、关键报告和指标的清单，以帮助评估流动性危机和/或市场混乱的严重性并进行管理。该_____计划还详细描述了如果我们的评估显示公司已经进入了流动性危机，包括为我们潜在的现金需求和抵押品需求提供资金，以及利用流动性的二次来源，公司可能会采取哪些应对措施。

4. 解释购买有很大免赔额的房屋保险的个人所遵循的风险管理政策（也就是说，在保险公司付款之前房主承担的损失金额）。

5. 以下是英属哥伦比亚大学理事会关于重大资本项目的第125号政策：

    大学通过在项目规划、交付和采购过程中采用各种策略管理重大资本项目中存在的风险。风险管理策略包括在适当情况下避免、减少和转移大学的风险。然而，某些类型的风险无法通过这些手段得到全面或经济上的管理，在这些情况下，保留和自行投保防范这些风险是谨慎的和具有成本效益的。

    该政策接着描述了为主要基本建设项目设立基金（以防止超支）的情况，"以审慎和成本效益高的方式管理风险，包括酌情避免、减少或转移大学的风险"，请解释每项基金的筹资方式。

6. 以下内容摘自金伯利－克拉克公司（著名产

⊖ Pablo A. Guerron-Quintana, "Risk and Uncertainty," *Business Review* (Federal Reserve Bank of Philadelphia) Q1 (2012): 10.

品制造商，如好奇、舒洁）的各种文件：

根据历史损失模式和管理层对成本效益风险保留的判断，保留了选定的可保风险，这些风险主要涉及财产损害、工人赔偿、产品、汽车和房屋责任。

请描述该公司的风险管理政策。

7. 假设你的车进行大修，需要花费 3 000 美元。你和汽车修理厂签了一份协议来提供服务。修理厂必须订购必要的零件，并估计需要一周的时间才能获得零件。修理厂要求你在订购零件前预付 1 500 美元作为定金。你所面临的财务风险是什么？

8. "因为特质风险无法分散，所以被称为系统性风险。"解释你是否同意这个说法。

9. 在 2009 年的一次演讲中，时任美联储主席的本·伯南克总结道：

在持续的金融危机之后，各国政府迅速采取行动，制订了一系列支持金融市场运作的计划，并鼓励向企业和家庭提供信贷。然而，这些必要的短期行为必须伴随新的政策，以限制系统性风险的发生。⊖

a. 什么是系统性风险？

b. 为什么系统性风险会阻碍企业和家庭的信贷流动？

c. 为什么需要政府干预来降低系统性风险，而不是仅依靠市场个人参与者？

10. 以下节选自博洛尼亚大学的尼尔·阿德里安·S.卡布莱斯的一篇论文：

银行参与证券化有两个原因，一是证券化为银行提供了额外的资金来源，二是它可以成为一种风险管理工具。⊜

a. 什么是证券化？

b. 为什么资产证券化是一种风险管理工具？

11. 以下节选自乔治·迪翁的一篇文章：

结构性融资的产生主要是通过使用信用衍生品（例如，信用违约互换）和银行的贷款证券化，将信贷风险转移给投资者。例如，将银行贷款出售给信托公司，可以通过结构性产品将银行的信贷风险转移给各种投资群体，如养老基金、工业和服务公司、对冲基金甚至其他银行。⊜

a. 什么是"结构性融资"？

b. 给出两个例子说明结构性融资在证券化以外的风险管理中的应用。

12. 系统性风险与常见风险因素之间的关系是什么？

13. 为什么债券的期限是一个常见的风险因素？

14. a. 什么是信用分散风险？

b. 为什么人们会认为信用利差久期是衡量信用利差风险的量化指标？

15. 贝内特先生想在未来 10 年投资 10 万美元，这笔资金将投资于每月到期的无违约美国政府证券。每次证券到期时，投资者将用收益投资于另一种期限为一个月的政府证券。再假设一个月的政府证券现在的利率是 5%。在贝内特看来，这种投资策略的风险很小，因为期限为一个月的证券如果持有到到期日就没有价格风险，而且他在未来 10 年至少能锁定 5% 的回报。讨论这种投资策略和与之相关的风险。

16. 卡兰是居住在英国的美国公民，她想投资一种 10 年期的英国政府债券。她准备投资的政府债券每年以英镑支付利息，本金也以英镑偿还。这种政府债券的收益率为 4%，她认为英国未来 20 年的利率不会低于 4%。卡兰认为，她的投资至少能获得 4% 的收益

⊖ Ben Bernanke, "Financial Reform to Address Systemic Risk," speech to the Council on Foreign Relations, March 10, 2009, Washington, DC.

⊜ Neil Adrian S. Cabiles, "Credit Risk Management through Securitization: Effect on Loan Portfolio Choice," working paper, University of Bologna.

⊜ Georges Dionne, "Structured Finance, Risk Management, and the Recent Financial Crisis," *Ivey Business Journal* (October 2009), http://iveybusinessjournal.com/topics/strategy/structured-finance-risk-management-and-the-recent-financial-crisis#.U8qcF2cg_IU.

率。你对实现至少4%的收益率的风险有什么看法?

17. 20世纪80年代初,当利率处于历史高位时,投资银行推出了一种由美国政府债券支持的债券,这种债券不支付年息(称为零息债券),所有利息在债券到期日支付。这些债券被命名为老虎债券(美国国债收入增长收据,一种美林公司的产品)、猫债券(美国国债利息存单,一种所罗门兄弟公司的产品)和狮子证券(雷曼投资机会票据,一种雷曼兄弟公司的产品)。
  a. 你认为当时为什么推出这种功能的证券?
  b. 人们常常说这些证券没有风险,投资者在购买这些证券时会面临哪些风险?

18. 以下节选自露西·米金和大卫·古德曼的一篇文章:

    德国正计划拍卖迄今为止期限最长的通货膨胀挂钩债券,这一迹象表明,欧元区4年多来最慢的消费物价上涨速度并没有令投资者止步。⊖
  a. 什么是通货膨胀挂钩债券?
  b. 你认为为什么近年来通货膨胀率很低,投资者却不愿意购买这些债券。
  c. 什么是"信用评级"?
  d. 哪些商业实体能提供信用评级?
  e. 什么是内部信用评级?

19. 建立信用评分模型的目的是什么?

20. 哪些金融市场工具可以用来控制信用风险?

21. a. 债券中的"赎回条款"是什么意思?
    b. 债券中的赎回准备金为什么会增加再投资风险?

22. 2006年和2007年,由于担心韩元升值,该国的出口公司签订了一项名为"敲入、敲出"的衍生品合约。基本上,这是一项对冲韩元升值的协议。韩国出口商为什么要对冲韩元升值的风险?

23. 以下节选自2010年沙阿·吉兰尼的一篇文章:

    在当今的跨国公司中,管理外汇风险已经发展成为首席财务官的主要职责之一。微软前首席财务官约翰·康纳斯最近哀叹,外汇管理是金融业最困难也是最不被人理解的工作之一。如果首席财务官们疲于应对外汇风险,那我们就全都有麻烦了。⊖
    首席财务官如何应对外汇风险?

24. 公司的首席财务官在通过发行债券或普通股筹集资金时面临时机风险,解释原因。

25. 两家公司的财务主管正在争论最低成本的长期债务融资方式:固定利率还是浮动利率。他们征求你的意见,请发表你的看法。

26. 一家美国公司的首席财务官正在考虑以每年4%的成本借款5亿英镑。该公司将把所得资金用于扩大业务范围。
  a. 解释如果将募集的资金进行投资每年能获得7%的收益,公司收益会如何变化。
  b. 解释一下,如果将募集的资金进行投资每年能赚到1%的利润,公司的收益会有什么变化。
  c. 根据你对以上两个问题的回答,描述使用财务杠杆的优点和缺点。

27. a. 银行是高杠杆实体。假设一家银行的债务比率为92%,请问这意味着什么?
    b. 如果一家银行的债务比率为92%,那么它的债务权益比率是多少?

28. 一种证券是将贷款集中给个人,让他们用贷款来购买住宅。由贷款池支持的证券被称为"抵押贷款证券"。如果贷款池中的借款人有不良的信用历史,那么创建的抵押贷款证券被称为"次级抵押贷款证券"。通常,每笔贷款的期限是30年。这种证券的投资者面

⊖ Lucy Meakin and David Goodman, "Lowflation No Bar to Linker Sales as Germany Plans 2030 Bond," Bloomberg News, April 1, 2014, http://www.bloomberg.com/news/2014-04-01/lowflation-no-bar-to-linker-sales-as-germany-plans-longest-bond.html.

⊖ Shah Gilani, "Exchange-Rate Risk: The Unseen Enemy of U.S. Investors," Money Morning, September 29, 2010, http://moneymorning.com/2010/09/29/exchange-rate-risk/.

临的主要风险之一是信用风险。这种风险是借款人可能拖欠贷款，导致投资者损失本金和利息的风险。要评估这种风险，投资者必须预测未来30年每年有多少借款人会违约，以及如果借款人违约，能收回多少。违约和未来30年的复苏取决于众多因素，两个明显的因素是经济状况和房地产市场状况，也就是需要预测经济状况和房地产市场状况，进一步预测投资者在未来30年的收益来评估次级抵押贷款证券。除此之外，被归类为次级贷款的借款人的违约历史也很有限，因为这些都是相对较新的贷款类型。尽管做出必要的预测很复杂，而且有关违约的信息有限，在评估机构投资组合（包括这些股票以及持有这些股票的银行的交易部门）的风险时，市场参与者计算并依赖与次级抵押贷款支持证券相关的风险。

为什么这种类型的风险模型属于奈特的不可测量的不确定性和凯恩斯的不可减少的不确定性？

第11章

金融资产的性质和定价

学习目标

学习本章后，你会理解：
- 金融资产的许多关键属性，包括货币性、可分割性和面额、可逆性、可以产生现金流、具有到期期限、可转换性、币种、流动性、收益率可预测性、复杂性、符合纳税条件；
- 资产贴现率或所需收益率的组成部分；
- 基点的含义；
- 贴现率如何构建才可以包含资产风险的组成部分；
- 评估复杂金融资产的原则；
- 资产价格与其贴现率之间的反向关系；
- 资产性质如何通过贴现率或预期现金流影响其价值；
- 哪些因素影响金融资产对利率变化的价格敏感性；
- 久期意味着什么，它与资产对利率变化的价格敏感性之间是什么关系；
- 金融资产的某些性质决定或影响其对不同类别投资者和发行人的吸引力。

本章将介绍金融资产的属性，为后面几章更详细的阐述做准备。本章还提供了金融资产估价或定价的基本原则，并解释了金融资产的几种属性如何影响其价值。

11.1 金融资产的属性

金融资产有 11 个属性，分别是：①货币性；②可分割性和面额；③可逆性；④可以产生现金流；⑤具有到期期限；⑥可转换性；⑦币种；⑧流动性；⑨收益率可预测性；⑩复杂性；⑪符合纳税条件。⊖

11.1.1 货币性

有些金融资产被用作交换媒介或被用于交易结算，这些资产被称为货币。在美国，货币包括流通的货币和允许开支票的各种形式的存款。其他资产虽然不是货币，但它们与货币非常

⊖ Some of these properties are taken from James Tobin, "Properties of Assets," undated manuscript, Yale University, New Haven, CT.

接近，因为它们可以以很少的成本或风险转化为货币，它们被称为**准货币**。就美国而言，准货币包括定期存款和储蓄存款，以及美国政府发行的一种被称为"国库券"的证券。⊖货币显然是投资者理想的资产。

11.1.2 可分割性和面额

可分割性是指金融资产可以被清算和交换成货币的最小规模。规模越小，金融资产的可分割性就越大。一项金融资产（如存款）理论上是可分割至一分钱的，但一些金融资产的可分割程度取决于其面额（每单位资产到期时将支付的金额的美元价值）。因此，许多债券面额为 1 000 美元，商业票据面额为 25 000 美元⊜，特定类型的存单额度为 10 万美元或以上。总的来说，可分割性对投资者来说是可以实现的，但对借款人来说则无法实现。

11.1.3 可逆性

可逆性是指投资于一项金融资产，然后再把该种金融资产变为现金的成本。因此，可逆性也被称为往返成本或周转成本。

一项金融资产（如银行存款）显然是高度可逆的，因为增加投资或退出投资通常是不收费的。其他金融资产的交易成本可能不可避免，但这些成本很小。对于在有组织的市场交易的金融资产或与**做市商**交易的金融资产（在第 18 章中讨论）来说，与往返成本最相关的部分是所谓的**买卖价差**，可能还包括佣金以及交付资产的时间和成本（如果有的话）。做市商收取的买卖价差因金融资产的不同而有很大差异，主要反映了做市商"做市"所承担风险的大小。

这种做市风险（将在第 18 章详细讨论）可能与两个主要因素有关。第一个主要因素是衡量价格的变异性，比如，对于相对价格随时间的离散程度的衡量，价格波动性越大，做市商在买入和转售金融资产期间遭受的损失超过规定范围的可能性就越大。不同金融资产之间的价格差异很大，例如，国债有一个非常稳定的价格，其具体原因将在本章最后解释，但投机股票价格往往在短期内表现出更大的波动性。

做市商收取买卖价差的第二个主要因素是通常所说的**市场厚度**，它是指本质上，买卖指令到达做市商的现行速度（交易频率）。**市况淡静**是指很少有定期或持续性交易的市场。显然，交易的频率越高，证券在做市商库存中持有的时间就越短，因此持有时出现不利价格变动的可能性就越小。

市场厚度也因市场而异。三个月期美国国债市场很容易成为世界上市场厚度最大的市场，相比之下，进行小公司股票交易的市场，其市场厚度就比较薄。由于美国国债在价格稳定性和市场厚度方面都占据优势，因此它的买卖价差往往是市场上最小的。低周转成本显然是金融资产的理想属性，因此，市场厚度本身就是一种有价值的属性。这解释了大市场相对于小市场的潜在优势（规模经济），以及市场给公众提供标准化工具倾向的原因。

11.1.4 可以产生现金流

投资者通过持有一项金融资产而获得的收益取决于该金融资产将向其所有者支付的所有现金分配（包括股票股息和债券息票支付）。收益率还考虑了债务证券本金的偿还和股票的预期销售价格。在计算预期收益时，还必须考虑非现金支付，如股票股利和购买额外股票的期

⊖ 美国国债将在第 20 章讨论。
⊜ 第 25 章介绍商业票据。

权，或其他证券的分配。

在一个无法忽略通货膨胀率的世界里，区分名义预期收益率和实际预期收益率也很重要。我们上面描述的预期收益是名义预期收益。也就是说，它考虑了预期收到的美元，但没有考虑这些美元购买力的变化。实际预期收益率是对预期通货膨胀导致的金融资产购买力损失进行调整后的名义预期收益率。例如，如果一年期投资 1 000 美元的名义预期收益率为 6%，那么在一年结束时，投资者预计实现 1 060 美元（包括 60 美元的利息和 1 000 美元投资本金的偿还）。然而，如果同期通货膨胀率为 4%，那么 1 060 美元的购买力只有 1 019.23（= 1 060/1.04）美元。因此，该投资扣除通货膨胀影响后的实际收益率为 1.923%。一般而言，实际预期收益率大约等于名义预期收益率减去预期通货膨胀率。在我们的例子中，它大约是 2%（=6%-4%）。

11.1.5 具有到期期限

具有到期期限是指票据计划支付的最终付款日或所有人有权要求清算的期限。债权人可以随时要求还款的工具（如支票账户和许多存款账户），被称为"活期工具"。具有到期期限是金融资产（如债券）的一个重要属性，期限可以从一天到半个多世纪不等。没有到期期限的债券被称为"永久债券"，这种债券发行时的利率是固定的。在英国，英格兰银行发行的一种著名的永久债券被称为"永续国债"，包括股票在内的许多其他工具都没有到期期限，因此是一种永久性工具。

请注意，即使是具有规定到期期限的金融资产也可能在其规定到期期限之前终止。这种情况的发生可能有几个原因，包括破产或重组，或者因为有**催缴规定**，债务人有权提前偿还债务，这种偿还通常是在发行的若干年之后以交纳罚款的形式偿还。通常，永久债券有赎回条款，允许发行人在发行后 5 年内赎回债务。有时投资者可能有权要求提前还款，这一特征被称为**看跌期权**。有些资产的到期日可由发行人或投资者自行决定增加或延长，例如，法国政府发行了一个 6 年期的可偿还债务，允许投资者在第 3 年结束后转为新的 6 年期债务，英国政府也发行过类似的债券。所有这些与期限相关的特点将在后面讨论。

11.1.6 可转换性

正如前面的讨论所表明的，某些资产的一个重要属性是它们可以**转换**成其他资产。在某些情况下，转换发生在一类资产中，就像债券被转换成另一种债券一样。在其他情况下，转换会跨越类别。例如，公司可转换债券的持有人可以将其债券转换成股票，优先股可以转换成普通股。在票据中明确说明了转换的时机，并对转换的法律条件进行了说明。

11.1.7 币种

我们在整个讨论中注意到，全球金融体系已日益一体化。主要货币之间的自由浮动和汇率经常波动⊖这一事实，使金融资产选择何种用于支付现金流的货币更加重要。大多数金融资产都是以一种货币计价的，如美元、日元或欧元，投资者必须在考虑汇率波动的情况下进行选择。

一些发行人响应投资者降低货币风险的愿望，发行了双币证券。例如，一些欧洲债券⊖以一种货币支付相关利息，而用另一种货币支付本金或赎回价值。在这种情况下，美元和日元通常是成对的。此外，一些欧洲债券带有一种货币选择权，允许投资者以指定的两种主要货币之

⊖ 汇率和外汇市场是第 19 章的主题。

⊖ 欧洲债券将在第 26 章讨论。

一支付利息或本金。

11.1.8 流动性

流动性是一个重要而广泛使用的概念,但目前还没有一个公认的定义。詹姆斯·托宾⊖提出了一个思考流动性和非流动性的有用方法,即如果卖家希望立即卖出金融资产,而不是费时费力地寻找买家,它们将蒙受多少损失。

举例而言,小型公司的股票或小型企业发行的债券属于流动性很差的金融资产。这种证券的市场非常小,必须从极少数合适的买家中找到一个愿意购买的,这些买家包括投机者和做市商,为了证券被很快出售,需要通过适当的价格折扣来吸引它们投资于这些非流动性金融资产。

对于许多其他金融资产,流动性是由合同决定的。例如,普通存款具有完全的流动性,因为根据合同,银行有义务按票面价值按需兑换。相比之下,代表私人养老基金领取权的金融合同可能被视为完全缺乏流动性,因为它们只能在投资人退休时兑现。

流动性不仅取决于金融资产,还取决于人们希望出售(或购买)的金融资产的数量。虽然出售一小部分的金融资产可能是相当具有流动性的,但出售的数量比较大的话,可能会遇到流动性不足的问题。请注意,流动性再次与市场厚度和活跃度密切相关。即使是流动性金融资产,市场淡静也会增加其周转成本,并且,一旦超过某种程度,市场淡静就会成为市场形成的障碍,并直接影响到金融资产的非流动性。

11.1.9 收益率可预测性

收益率可预测性是金融资产的一个基本属性,是决定其价值的主要因素。假设投资者是风险厌恶者,那么资产的风险可以等同于其收益率的不确定性或不可预测性。我们将在第 12 章中看到如何衡量未来收益率的不可预测性,以及它与过去收益率的可变性之间的关系。但无论使用何种波动性衡量标准,⊜很明显金融资产的波动性差异很大,这种差异有几个原因。

首先,如本章后面所述,金融资产的价值取决于预期的现金流和用来贴现该现金流的利率。因此,波动性是未来利率和未来现金流不确定性的结果。未来现金流可能是契约性的,在这种情况下,其不确定性的唯一来源是债务人履行债务的可靠性。现金流可能具有剩余股权债权的性质,正如公司股权产生的付款一样。来自美国政府债券的现金流是唯一被认为完全没有风险的现金流。公司债券和公司股票的现金流通常比美国政府债券的现金流风险更大。公司股票存在着广泛的风险,包括社会和政治风险、市场风险、运营风险等。

其次,利率的变化,原则上会对所有的金融资产价格产生相反的影响,但对于期限较长的金融资产来说,其影响要比剩余期限短的金融资产的影响大得多。因此,从这个角度来看,短期美国政府债券,如国库券,往往是除了现金(在进行了适当的保险的情况下)最安全的资产。对于个股而言,利息效应通常被现金流的不确定性所覆盖,尽管利率的变动具有影响所有股票的特征,但预期现金流的变化很大程度上取决于公司的特定财务状况。一般而言,随着投资期限的延长,收益和未来价格的不确定性往往会增加。

到目前为止,我们所讨论的都与名义收益率的可预测性有关,尽管相关的衡量标准都是实际收益率,即经过通货膨胀修正后的收益率,当然,如果通货膨胀不存在或很小,实际和名

⊖ Tobin, "Properties of Assets."
⊜ 衡量波动性的指标包括预期收益率的标准差,或预期收益率可能以一定的概率降低的范围。

义上的不确定性与风险的决定因素就是一致的。但在幅度不可预测的通货膨胀（通常是高通胀）的情况下，实际收益率可能比名义收益率更难预测。

11.1.10 复杂性

有些金融资产是复杂的，因为它们实际上是两种或两种以上资产的组合。要想找到这种资产的真正价值，就必须将其分解成各个组成部分，并分别对这些组成部分进行定价，这些组成部分价值的总和就是复杂资产的价值。一个有关复杂资产的很好的例子是**可赎回债券**，即发行人有权在到期日之前偿还债务的债券。当投资者购买这种债券时，他们实际上购买了一种债权，并向发行人出售了一种期权，允许发行人在债券预定到期日之前以设定的价格赎回债券。因此，可赎回债券的正确或真实价格等于类似非可赎回债券的价格减去发行人提前赎回债券的权利的价值。

复杂资产可以看作属于发行人或持有人或两者的现金流和期权组合。复杂资产的其他例子包括可转换债券、债券持有人可以选择以不同货币支付的债券。

在某些情况下，资产的复杂性很高，例如，许多可转换债券也是可赎回的，有些债券赋予发行人延长资产期限或提前赎回的权利。此外，一些日本公司发行的债券可以转换成日本股票（以日元计价），这些债券也可以美元等另一种货币形式出售，并支付息票和本金。

11.1.11 符合纳税条件

金融资产的一个重要属性是其**符合纳税条件**。或者说，如果政府对资产的所有权征税范围不广的话，那么对资产的所有权征税也不尽相同。税率会应年份不同，国家不同，甚至一个国家内的地区和地方政府（美国的州和市）不同而有所不同。此外，不同金融资产的税率也可能不同，这取决于发行人的类型、持有资产时间的长短、所有者的性质等。例如，在美国，养老基金免交所得税（详见第 4 章），市政债券的利息收入一般由联邦政府免征所得税（见第 21 章）。

11.2 金融资产的定价原则

按现金流定价的基本原理是，资产的真实价值等于资产所有者预计收到的所有现金流的现值。一般来说，金融资产的正确价格可以表示为

$$P=\frac{CF_1}{(1+r)^1}+\frac{CF_2}{(1+r)^2}+\frac{CF_3}{(1+r)^3}+\cdots+\frac{CF_N}{(1+r)^N} \quad (11-1)$$

其中，

P——金融资产的价格；

CF_t——年现金流量（$t=1, \cdots, N$）；

N——金融资产的到期日；

r——适当贴现率。

11.2.1 适当贴现率

适当贴现率 r 是市场或投资者对资产所要求的收益率达成共识而得到的贴现率。对于适当贴现率而言，一个方便的（但近似的）表达式为

$$r=RR+IP+DP+MP+LP+EP \quad (11-2)$$

其中，

RR——实际利率，即对不消费和将钱借给其他用户的奖励；

IP——通货膨胀溢价，是对预期借给借款人的货币购买力下降的补偿；

DP——违约风险溢价，即在贷款或其他资产本金损失的情况下承担违约风险的报酬；

MP——到期溢价，是对长期贷款的补偿；

LP——流动性溢价，即投资于无法按公平市价转换为现金的资产的补偿；

EP——外汇风险溢价，即投资于非本币资产的补偿。

显然，资产的价格与其贴现率成反比关系：如果贴现率上升，资产价格下跌；如果贴现率下降，资产价格上涨。

11.2.2 举例说明

让我们构造一个简单的例子来说明金融资产的定价，然后我们可以使用假设性金融资产来说明本章前面解释的一些属性。

假设一种债券的期限为 4 年，每年年底支付 50 美元的年利息，第 4 年结束时支付 1 000 美元的本金。因为这种债券每 1 000 美元本金支付 50 美元，可以得到**定期票面利率**为 5%。因此，根据式（11-1）可得

$$N=4，CF_1=50，CF_2=50，CF_3=50，CF_N=1\,050$$

此外，假设市场认为实际利率为 2.5%，通货膨胀溢价为 3%，违约风险溢价为 2%，到期溢价为 0.5%，流动性溢价为 1%。因为现金流是以美元计价的，所以外汇风险溢价为零，可得

$$RR=2.5\%，IP=3.0\%，DP=2.0\%，MP=0.5\%，LP=1.0\%，EP=0\%$$

因此，根据式（11-2），我们得到适当贴现率的值为

$$r=2.5\%+3.0\%+2.0\%+0.5\%+1.0\%+0\%=9.0\%$$

根据式（11-1），我们得到这个债券的价格为

$$P = \frac{50}{(1.09)^1} + \frac{50}{(1.09)^2} + \frac{50}{(1.09)^3} + \frac{1\,050}{(1.09)^4}$$
$$= 870.41（美元）$$

11.2.3 价格和资产属性

我们可以用这个假设性金融资产来说明金融资产的某些属性对价格或资产价值的影响。首先，应该明确的是，金融资产的价格随着适当贴现率 r 的变化而变化。更具体地说，价格的变化与适当贴现率的变化方向相反。表 11-1 给出了 4 年期债券在不同适当贴现率下的价格。

下面，再让我们看看可逆性是如何影响资产价值的。假设经纪人对买卖债券收取 35 美元的佣金，则 4 年期债券

表 11-1 不同适当贴现率下的 4 年期债券价格

现金流：$CF_1=50$　$CF_2=50$　$CF_3=50$　$CF_4=1\,050$（单位：美元）	
适当贴现率（%）	债券价格（美元）
4	1 036.30
5	1 000.00
6	965.35
7	932.26
8	900.64
9	870.41
10	841.51
11	813.85
12	787.39
13	762.04
14	737.77

的价格为

$$P = -35 + \frac{50}{(1.09)^1} + \frac{50}{(1.09)^2} + \frac{50}{(1.09)^3} + \frac{1\,050-35}{(1.09)^4}$$
$$= 810.62\,(美元)$$

请注意，35 美元的初始佣金是在未贴现的基础上减去的，因为付款是在购买时进行的。再假设政府对每笔交易征收 20 美元的转让税，则 4 年期债券的价格为

$$P = -35 - 20 + \frac{50}{(1.09)^1} + \frac{50}{(1.09)^2} + \frac{50}{(1.09)^3} + \frac{1\,050-35-20}{(1.09)^4}$$
$$= 776.45\,(美元)$$

价格的变化意义重大，这也说明了当政府对资本市场交易施加限制或提高交易成本时，金融市场为什么会如此剧烈（迅速）地调整。

为了了解违约风险是如何影响资产价格的，假设在投资者购买债券之前，一则新闻让他们认为，这种债券的风险比他们想象得要低。因此，违约风险溢价从 2% 下降到 1%，适当贴现率从 9% 下降到 8%，不考虑佣金和过户费，如表 11-1 所示，债券价格将从 870.41 美元增加到 900.64 美元。

我们再来看看流动性对债券价格的影响。假设在购买该债券后，市场上的因素导致其流动性下降，购买这种资产的投资者会通过提高流动性溢价来应对。假设流动性溢价从 1% 增加到 3%，适当贴现率从 9% 增加到 11%，不考虑佣金和转让费，如表 11-1 所示，债券价格将从 870.41 美元下跌至 813.85 美元，该变化显示了流动性的重要性。

现在，让我们来处理金融资产复杂性的问题，假设债券可以转换成发行债券的公司固定数量的普通股。4 年期债券的价格将超过 870.41 美元，其超出部分的金额等于市场将债券转换为普通股的权利的价值。例如，假设我们观察到在我们假设中涉及的具有转换特权的债券的价格是 1 000.41 美元，这意味着转换特权被市场估价为 130（=1 000.41-870.41）美元。

尚未解决的问题是，130 美元是否是这种转换特权的公允价值。估值技术可以用来确定任何类型的期权（如转换特权）的公允价值，我们只用了解对期权进行估价很重要就足够了。由于许多金融资产中都含有期权，未能正确评估期权可能导致金融资产定价错误。

现在，让我们来看通用性。假设由一家德国公司发行的债券是用欧元支付的，美国投资者将获得的美元现金流是不确定的，因为美元兑欧元汇率在 4 年间是波动的。假设市场分配的汇兑溢价为 3%，则适当贴现率将从 9% 增加到 12%，债券价格为 787.39 美元（见表 11-1）。为了继续考虑通用性风险的影响，假设在购买该债券后，市场预期美元与欧元之间的汇率变得更加剧烈，则市场将通过增加外汇风险溢价来调整这种波动，从而增加适当贴现率并降低价格。

说明符合纳税条件对金融资产的影响是很容易的。假设我们的债券可以享受优惠的税收待遇，这样债券的利息和任何资本收益都不会被征税。假设等值应税债券的边际税率为 33.33%，适当贴现率为 9%，则税后贴现率约为 6%，计算如下：

$$税后贴现率 = 税前贴现率 \times (1-边际税率) = 0.09 \times (1-0.333\,3) \approx 6\%$$

如表 11-1 所示，6% 的适当贴现率对应的债券价格为 965.35 美元。

让我们继续讨论符合纳税条件对金融资产价格的重要性，假设在购买该债券之后，市场立即预期美国国会将提高边际税率，这种预期会通过降低基于边际税率预期上升的贴现率来增

加免税特征的价值。如果市场预期美国国会将降低边际税率，则会出现相反的情况。

虽然我们使用单一的贴现率来贴现每一个现金流，但从理论上讲，这是不合适的。具体地说，在第 18 章中，我们将研究债券的期限和收益率之间的关系。此外，金融资产应该被看作一篮子现金流，其中每一笔现金流都应该被当作一项只有一笔现金流的资产来处理，而这笔现金流有它自己的贴现率，该贴现率取决于现金流收到的时间。因此，一个更常用的金融资产定价公式为

$$P = \frac{CF_1}{(1+r_1)^1} + \frac{CF_2}{(1+r_2)^2} + \frac{CF_3}{(1+r_3)^3} + \cdots + \frac{CF_N}{(1+r_N)^N} \qquad (11\text{-}3)$$

其中，r_t 是适用于时期 t 的贴现率。

11.3 金融资产的价格波动

如表 11-1 所示，一个基本的定价原则是金融资产的价格变化与所需收益率的变化方向相反。我们把所需收益率称为**要求的收益率**。这一原则遵循的事实是，金融资产的价格等于其现金流的现值。投资者要求的收益增加（减少）会减少（增加）现金流的现值，因此，金融资产的价格也会下降（上涨）。

金融资产对要求的收益率变化的价格敏感性是不同的。例如，要求的收益率增加 1% 可能导致一种资产的价格下降 20%，而另一种资产的价格仅下降 3%。在本节，我们将看到金融资产的属性和利率水平如何影响金融资产对要求的收益率变化产生的价格反应。我们还提出了一种措施，用于衡量金融资产的大致价格敏感性的变化所要求的收益率。

请注意，这里的分析直接适用于对已知预期现金流和预期到期日的债券以及其他金融资产的价格敏感性分析。对其他主要金融资产的价格敏感性的分析，如优先股和普通股（它们是永久的，现金流不确定），我们将在以后介绍。

我们将用市场参与者所称的"基点"来衡量要求的收益率的变化，比用百分比的变化来衡量更方便。我们设定一个基点为 0.000 1，相当于 0.01%，因此，100 个基点等于 1%，9% 到 10% 的收益率变化代表 100 个基点的收益率变化，7% 到 7.5% 的收益率变化是 50 个基点的变化，6% 到 8.35% 的收益率变化是 235 个基点的变化。

11.3.1 期限的影响

资产的期限是影响其价格对收益变化的敏感性的一个因素。事实上，债券价格对贴现率变化的敏感性与债券的期限正相关。我们假设有两种债券，它们有相同的票面利率和相同的要求的收益率，但两种债券的期限不同，如果利率变动，期限较长的债券的价格敏感性将大于期限较短的债券。

表 11-2 说明了期限和价格变化之间的关系，它显示了每年支付 50 美元利息，到期支付 1 000 美元本金（票面利率为 5%）的各种期限和贴现率的债券价格，表 11-2 显示了贴现率上升 100 个基点时，债券美元价格的跌幅在不同到期日之间的差异。例如，如果贴现率从 9% 上升到 10%，4 年期债券的价格将从 870.41 美元跌至 841.51 美元，价格下跌 28.90 美元。相比之下，贴现率的类似上升会导致 20 年期债券价格大幅下跌，即从 634.86 美元跌至 574.32 美元，价格下跌 60.54 美元。

表 11-2 在不同的贴现率和期限下,每年支付 50 美元利息和到期支付 1 000 美元本金的债券价格

贴现率 (%)	债券价格(美元)				贴现率 (%)	债券价格(美元)			
	到期年限(年)					到期年限(年)			
	4	10	15	20		4	10	15	20
4	1 036.30	1 081.11	1 111.18	1 135.90	10	841.51	692.77	619.70	574.32
5	1 000.00	1 000.00	1 000.00	1 000.00	11	813.85	646.65	568.55	522.20
6	965.35	926.40	902.88	885.30	12	787.39	604.48	523.24	477.14
7	932.26	859.53	817.84	788.12	13	762.04	565.90	483.01	438.02
8	900.64	798.70	743.22	705.46	14	737.77	530.55	447.20	403.92
9	870.41	743.29	677.57	634.86					

11.3.2 票面利率的影响

债券的票面利率也会影响其价格敏感性。更具体地说,对于期限和收益率相同的两种债券,票面利率越低,对给定的要求的收益率变化的价格反应就越大。

为了说明这一点,考虑票面利率分别为 5%、10% 的两个债券,每一个债券的期限为 15 年,本金为 1 000 美元。如果这两种债券的收益率均为 9%,票面利率为 5% 的债券的价格为 677.57 美元,票面利率为 10% 的债券的价格为 1 080.61 美元。如果要求的收益率增加 100 个基点,从 9% 增加到 10%,票面利率为 5% 的债券的价格将降至 619.70 美元,而票面利率为 10% 的债券的价格将降至 1 000 美元。因此,票面利率为 5% 的债券的价格下跌 57.87 美元,降幅为 8.5%(=57.87/677.57),票面利率为 10% 的债券的价格下跌 80.61 美元,降幅为 7.5%(=80.61/1 080.61)。虽然高息票债券的美元价格绝对值变化更大,但相对值变化较小。

在后面,我们将讨论一种特殊类型的债券,它是一种没有票面利率的债券,该债券被称为**零息债券**。购买零息债券的投资者不会收到定期利息,相反,投资者以低于本金的价格购买债券,并在到期日收到本金。本金与零息债券购买价格之间的差额代表了投资者在债券存续期间获得的利息。例如,考虑一种本金为 1 000 美元,期限为 15 年的零息债券,如果要求的收益率为 9%,则该债券的价格为 274.54 美元⊖,本金与 274.54 美元价格之间的差额是投资者在到期日获得的利息。

相较于要求的收益率和期限相同的两种债券,零息债券的价格敏感性更高。例如,我们再次考虑 15 年期零息债券,如果要求的收益率从 9% 上升到 10%,15 年期零息债券价格的下跌幅度将大于 15 年期、票面利率为 5%、10% 的债券的价格下跌幅度。

11.3.3 收益率水平的影响

表 11-3 总结了年息为 50 美元,到期日支付 1 000 美元本金的各种贴现率和期限的债券价格,贴现率每增加 100 个基点,都会相应地引起价格下跌。

表 11-3 年息 50 美元,到期日支付 1 000 美元本金的各种贴现率和期限的债券价格

贴现率(%)	债券价格(美元)			
	到期年限(年)			
	4	10	15	20
从 4 增加到 5	−36.30	−81.11	−111.18	−135.90

⊖ 价格是 15 年后以 9% 贴现的现值(1 000 美元)。

(续)

贴现率（%）	债券价格（美元）			
	到期年限（年）			
	4	10	15	20
从5增加到6	−34.65	−73.60	−97.12	−114.70
从6增加到7	−33.09	−66.87	−85.04	−97.18
从7增加到8	−31.23	−60.83	−74.62	−82.66
从8增加到9	−30.23	−55.41	−65.65	−70.60
从9增加到10	−28.90	−50.52	−57.87	−60.54
从10增加到11	−27.40	−46.12	−51.15	−52.12
从11增加到12	−26.40	−42.17	−45.13	−45.06
从12增加到13	−25.35	−38.58	−40.23	−39.12
从13增加到14	−24.27	−35.35	−35.81	−34.12
	价格变化比率（%）			
从4增加到5	−3.50	−7.50	−10.01	−11.96
从5增加到6	−3.47	−7.36	−9.71	−11.47
从6增加到7	−3.43	−7.22	−9.42	−10.98
从7增加到8	−3.39	−7.08	−9.12	−10.49
从8增加到9	−3.36	−6.94	−8.83	−10.01
从9增加到10	−3.32	−6.80	−8.54	−9.54
从10增加到11	−3.29	−6.66	−8.25	−9.08
从11增加到12	−3.25	−6.52	−7.97	−8.63
从12增加到13	−3.22	−6.38	−7.69	−8.20
从13增加到14	−3.18	−6.25	−7.41	−7.79

表 11-3 还揭示了另一个有关资产价格的有趣特性，即对于给定的期限，较低的初始贴现率比较高的初始贴现率具有更敏感的美元价格绝对值变化和相对值变化。例如，考虑贴现率为 5% 的 15 年期债券，当贴现率从 5% 增加到 6% 时，债券价格从 1 000 美元下降到 902.88 美元，价格绝对值下降 97.12 美元，降幅为 9.71%。相比之下，当贴现率从 13% 上升 100 个基点至 14% 会使同一债券价格绝对值下降 35.81 美元（从 483.01 美元降至 447.20 美元），降幅为 7.41%。

这意味着，收益率水平越低，利率变化对金融资产价格的影响就越大。

11.3.4 衡量价格对利率变化的敏感性：久期

从我们目前的讨论中，我们看到有三个因素影响资产对利率变化的价格敏感性：期限、票面利率和收益率水平。在管理投资组合的价格敏感性时，市场参与者在衡量资产对利率变化的敏感性时，往往会考虑上述三个因素。

一个关于估计资产价格对利率变化的敏感性的有用方法是，假设收益率变化了几个基点，考察资产价格是如何变化的。为此，我们使用以下符号来表示：

Δy ——收益率变化（十进制）；

P_0 ——资产初始价格；

P_- ——收益率下降 Δy 后的资产价格；

P_+ ——收益率增加 Δy 后的资产价格。

那么，对于收益率的小幅下降，价格变动百分比为

$$\frac{P_- - P_0}{P_0} \quad (11\text{-}4)$$

每一个基点变动的价格变动百分比除以基点数（Δy 乘以 100）可得

$$\frac{P_- - P_0}{P_0(\Delta y)100} \quad (11\text{-}5)$$

同样，收益率每增加一个基点，价格变动百分比为

$$\frac{P_0 - P_+}{P_0(\Delta y)100} \quad (11\text{-}6)$$

利率上升和下降对价格变化的影响是不同的。因此，可以计算出收益率每一个基点变动的平均价格变动百分比，计算如下：

$$\frac{1}{2}\left[\frac{P_- - P_0}{P_0(\Delta y)100} + \frac{P_0 - P_+}{P_0(\Delta y)100}\right] \quad (11\text{-}7)$$

相当于，

$$\frac{P_- - P_+}{2P_0(\Delta y)100} \quad (11\text{-}8)$$

在 100 个基点的收益率变化下，我们将公示（11-8）乘以 100，得到近似的价格变化百分比为

$$\frac{P_- - P_+}{2P_0(\Delta y)} \quad (11\text{-}9)$$

例如，15 年期，本金 1 000 美元，票面利率为 5% 的债券的价格是 677.57 美元，如果收益率从 9% 上升 50 个基点至 9.5%，债券价格将是 647.73 美元。如果收益率从 9% 下降 50 个基点至 8.5%，债券价格将是 709.35 美元。因此，我们可以得到：

$\Delta y = 0.005$；
$P_0 = 677.57$ 美元；
$P_- = 709.35$ 美元；
$P_+ = 647.73$ 美元。

将数值代入式（11-9），可得

$$\frac{709.35 - 647.73}{2(677.57)(0.005)} = 9.09$$

这种衡量价格敏感性的方法通常被称为久期，我们在第 4 章附录中引入了这个概念。表 11-4 显示了期限不同，本金为 1 000 美元，票面利率为 5%，初始利率为 9% 的债券的久期的确定。

表 11-4 本金为 1 000 美元，票面利率为 5%，初始利率为 9% 的债券的久期确定

	到期年限（年）			
	4	10	15	20
票面利率为 9% 的美元债券价格（P_0）	870.41	743.29	677.57	634.86
票面利率为 9.5% 的美元债券价格（P_+）	855.80	717.45	647.73	603.44

(续)

	到期年限（年）			
	4	10	15	20
票面利率为8.5%的美元债券价格（P_-）	885.35	770.35	709.35	668.78
久期	3.40	7.12	9.09	10.29

注：久期 = $\dfrac{P_- - P_+}{2(P_0)(0.005)}$

表11-5显示了三种不同期限的债券在不同初始收益率水平下的久期的确定。从表11-5中可以看出，久期的相对大小与前面描述的属性是一致的。具体而言：①票面利率相同、收益率相同的债券，期限越长，久期越大；②期限和收益率都相同的债券，票面利率越低，久期越大；③收益率越低，给定债券的久期越大。久期综合了三个因素的影响：期限、票面利率和收益率水平。

表11-5 按期限、票面利率及收益率划分的各类债券的久期

票面利率（%）	收益率（%）	到期年限（年）				票面利率（%）	收益率（%）	到期年限（年）			
		4	10	15	20			4	10	15	20
5	5	3.55	7.73	10.39	12.48	10	12	3.10	5.85	7.05	7.69
5	9	3.40	7.12	9.09	10.29	0	5	3.81	9.53	14.30	19.08
5	12	3.29	6.67	8.16	8.79	0	9	3.67	9.18	13.77	18.38
10	5	3.36	6.93	9.15	10.95	0	12	3.57	8.93	13.40	17.88
10	9	3.21	6.30	7.91	8.97						

久期与价格敏感性相关，如下所示：

$$金融资产价格变动的近似百分比 = -久期 \times (十进位的收益率变动) \times 100$$

例如，假设一个15年期，票面利率5%的债券的要求的收益率从9%上升到10%，则该债券的久期是9.09，计算如下：

$$债券价格变动的近似百分比 = -9.09 \times 0.01 \times 100 = -9.09\%$$

在11.3.2节我们说过，如果要求的收益率从9%上升到10%，实际价格变动的百分比将是8.5%。因此，久期与实际价格变动的百分比非常接近，这种近似更适用于要求的收益率的较小变化。例如，如果要求的收益率变化20个基点（十进制形式为0.002），从9%变为9.20%，而不是变化100个基点，那么，根据久期得到价格变动的近似百分比为 −1.82%。如果要求的收益率增加20个基点，债券的实际价格是665.41美元，相比收益率为9%时的价格677.57美元，价格下跌12.16美元。因此，实际价格变动的近似百分比为 −1.79%（= −12.16/677.57）。在本例中，久期可以很好地估计价格变动的百分比。

一般来说，人们可以这样解释久期：久期是在当前收益率水平上，收益率每变化100个基点所带来的价格变动的百分比的近似值。久期很好地近似了收益率的微小变化（在上下变化大约50个基点的范围内）带来的价格变化。收益率变化越大，久期提供的近似值偏差就越大。

尽管我们研究了债券的久期，但请注意，这一基本原则同样适用于其他金融资产。例如，假设一项金融资产，其现金流如表11-6所示。

表11-6 某金融资产的现金流

年	现金流（美元）	年	现金流（美元）
1	30	5	200
2	75	6	250
3	120	7	300
4	140		

假设适当贴现率是 7%，那么金融资产的价格就是 794.31 美元。如果收益率下降 50 个基点至 6.5%，价格将是 812.82 美元。如果收益率提高 50 个基点至 7.5%，价格将是 776.36 美元。因此，对于这种金融资产，我们可以得到：

$\Delta y = 0.005$；

$P_0 = 794.31$ 美元；

$P_- = 812.82$ 美元；

$P_+ = 776.36$ 美元。

将数值代入久期公式，可得

$$\text{久期} = \frac{812.82 - 776.36}{2(794.31)(0.005)} = 4.59$$

虽然我们关注的是单个资产对利率变化的价格敏感性，但我们可以将这一原则扩展到资产组合上面。资产组合的久期就是组合中单个资产久期的加权平均值，每项资产的权重是其在投资组合中的市场价值。

此外，该原则还可以扩展到负的现金流。负债可以被视为具有负现金流的金融资产，现金支出的现值等于该负债的价值或价格，当利率变化时，该负债的价值也随之改变。负债久期的计算方法与金融资产久期的计算方法相同。

11.3.5 衡量价格对利率变化的敏感性的重要性

我们需要重点强调衡量单个资产、资产组合和负债的价格敏感性的重要性。要控制利率风险，就必须能够对其进行衡量。拥有资产组合的投资者希望能够衡量其对利率变化的风险敞口，以评估其风险敞口是否可以接受，如果不能接受，可以改变风险敞口。我们在本书后面描述各种金融工具时提供了一种方法：金融机构通过匹配所持有的资产和负债的量，来管理利率风险。金融机构的利率风险敞口是指其资产久期与负债久期之间的差。

从我们的讨论来看，计算资产的久期似乎很简单。不幸的是，事实并非如此，因为对于大多数资产来说，现金流会随着利率的变化而变化。在我们的例子中，我们假设当利率变化时，现金流是不变的，然而，当我们在后面的章节中描述各种金融工具时，我们将看到随着利率的变化，发行人或投资者都可以改变现金流。因此，如果利率变化时不考虑现金流的变化，计算出来的久期就可能会产生误导性。

如果在假设现金流不随利率变化而变化的情况下计算久期，则所得的久期称为**修正久期**。相反，在假设现金流随利率变化而变化的情况下计算的久期称为**有效久期**。对于某些资产，修正久期和有效久期之间的差异可能相当大。例如，对于本书后面讨论的一些更复杂的金融工具，修正久期可以是 4，而有效久期可以是 25！在这种情况下，投资者可能会认为，如果利率变动 100 个基点（修正久期），资产价格将变动约 4%，而实际上，如果利率变动 100 个基点（有效久期），资产价格将变动约 25%。

11.3.6 麦考利久期

"久期"一词最早于 1938 年由弗雷德里克·麦考利提出，用以衡量债券的加权平均到期时间。[⊖] 可以看出，麦考利制定的衡量标准与债券对利率变化的价格敏感性有关。不幸的是，太

⊖ Frederick R. Macaulay, Some Theoretical Problems Suggested by the Movements of Interest Rates, Bond Yields, and Stock Prices in the United States Since 1865 (New York: National Bureau of Economic Research, 1938).

多的市场参与者错误地将久期理解为衡量债券平均期限的指标，而不是衡量债券价格对利率变化的敏感性的指标。这种误解是导致几起金融危机的关键因素。例如，对于一些复杂的金融资产，有效久期大于麦考利久期。那些将久期错误地当作衡量资产平均期限指标的市场参与者就很难理解这一点。

因此，当你听到"久期"这个词时，就应该把它理解为一种衡量价格对利率变化敏感度的指标，而不是衡量资产平均期限的指标。此外，还必须理解使用的久期的类型，是有效久期还是修正久期，有效久期才是恰当的衡量标准。最后，如果有人认为麦考利久期是金融机构用来管理一个投资组合或资产/负债状况的，请推荐这一节，让他们好好看看相关讨论！

关键知识点

- ▲ 金融资产有许多属性，每种属性都以独特和重要的方式影响资产的价值。
- ▲ 某些属性是资产固有的，例如其到期日或承诺的现金流。
- ▲ 其他属性是资产市场的属性，如资产交易成本。
- ▲ 还有其他属性反映了政府如何确定资产的税收状况。
- ▲ 复杂资产可以看作属于发行人或持有人或两者的现金流和期权组合，因此其是简单的资产的组合。
- ▲ 资产价格是其预期现金流的现值，按适当贴现率贴现。
- ▲ 资产现金流的适当贴现率取决于资产的属性。
- ▲ 适当贴现率通常可以近似为资产对其买方构成的各种风险补偿的总和。
- ▲ 资产价格的变动方向与贴现率的变化方向相反。
- ▲ 复杂资产的价格是其组成部分资产价格的总和。
- ▲ 资产对贴现率或要求收益率的变化具有不同程度的价格敏感性。
- ▲ 影响资产价格敏感性的因素包括其到期日、票面利率和要求的收益率的初始水平。
- ▲ 资产期限越长，在其他条件相同的情况下，其价格对贴现率变化的敏感性就越大。
- ▲ 资产的票面利率越大，在其他条件相同的情况下，其对贴现率变化的价格敏感性就越低。
- ▲ 初始贴现率越低，大多数资产对该利率变化的价格敏感性就越大。
- ▲ 久期是衡量价格对利率变化的敏感度的一个指标，包括期限、票面利率和收益率水平，它用价格变动的百分比的近似值来衡量收益率的微小变化。
- ▲ 衡量资产或负债对利率变化的价格敏感性是非常重要的，通常合适的衡量标准是有效久期。

练习题

1. 你的经纪人建议你购买美国政府债券。解释如下："听着，在这个充满不确定性的时代，许多公司都可能破产，所以应该谨慎行事，购买长期美国政府债券是有道理的。它们是由美国政府发行的，所以是无风险的。"你对这种观点怎么看？

2. 你刚刚继承了一家你从未听说过的公司——ABD 公司的 30 000 股股票，你打电话给你的经纪人，看看你是否终于发财了。几分钟后，你的经纪人打电话给你说："我对这些股票一无所知，而且这些股票没有在金融市场交易，所以对你而言就省心多了。"这个经纪人是什么意思?

3. 假设你拥有一只债券,每年能获得75美元的息票利息,并且该债券很可能在两年内被赎回(因为公司已经宣布将提前赎回债券)。债券的召回价为1 050美元。如果该资产适当贴现率是9%,那么你拥有的债券现在在市场上的价格是多少?

4. 你的经纪人建议你购买"饥饿男孩"快餐公司的股票,该公司10年来每年每股派发股息1美元,而且(根据经纪人的说法)将持续多年。经纪人认为,这只股票现在的价格是12美元,5年后每股价值将达到25美元。你有充分的理由认为这家公司股票的年贴现率是22%,这样的贴现率能够补偿买方所有的相关风险。该股票的当前价格是否与它真实的财务价格接近?

5. 你一直在考虑零息债券,这种债券不付息,但在5年结束时将支付1 000美元的本金。目前,该债券的价格为712.99美元,要求的收益率为7.0%。今天早上的新闻播报一个令人惊讶的消息,政府宣布通货膨胀率是5.5%,而不是大多数人预期的4%。(假设大多数人认为实际利率是3%。)一旦市场开始对通货膨胀的新信息做出反应,债券的价格会变为多少?

6. 说明以下各项之间的基点差异:
   a. 5.5%和6.5%;
   b. 7%和9%;
   c. 6.4%和7.8%;
   d. 9.1%和11.9%。

7. a. 假设两种债券具有相同的票面利率和相同的收益率,贴现率上升100个基点是否会改变20年期债券的价格,就像改变4年期债券的价格一样?

   b. 假设两种债券期限相同,收益率相同,贴现率上升100个基点对票面利率为4%的债券价格的影响是否与对票面利率为10%的债券价格的影响一样大?

   c. 如果贴现率为4%,贴现率上升100个基点对10年期债券价格的影响是否与贴现率为12%时相同?

8. 在20世纪80年代初,许多长期债券的利率都在14%以上。20世纪90年代初,类似债券的利率要低得多。你认为市场利率的大幅下跌对债券价格的波动意味着什么?

9. a. 每年付息,7年后到期,本金1 000美元,且票面利率为6%的债券的现金流是多少?

   b. 假设贴现率为8%,这个债券的价格是多少?

   c. 假设贴现率为8.5%,这个债券的价格是多少?

   d. 假设贴现率为7.5%,这个债券的价格是多少?

   e. 假设债券价格是你在(b)部分计算得到的价格,这个债券的久期是多少?

   f. 如果收益率变化100个基点,从8%变成7%,利用你在(e)部分计算得到的久期来估计价格变化的百分比是多少?

   g. 如果收益率变化100个基点,实际价格变化的百分比是多少?

10. 为什么估计债券或债券投资组合的久期很重要?

11. 解释你同意或不同意以下陈述:"确定金融资产的久期是一个简单的过程。"

12. 解释为什么有效久期比修正久期更适合衡量复杂金融工具对利率变化的价格敏感性。

第 12 章

资产收益率分布、风险度量方法和收益－风险比率

学习目标

学习本章⊖后，你会理解：

- 如何计算资产收益率；
- 什么是随机变量；
- 什么是概率分布，以及离散型概率分布和连续型概率分布的区别；
- 用来描述概率分布的四个情形；
- 为什么理解资产收益率分布很重要；
- 概率分布的尾部包含哪些信息；
- 概率分布的稳定性，以及为什么它对投资组合管理和风险管理很重要；
- 正态分布的统计特性；
- 为什么正态分布作为资产收益率分布的概率分布被批评；
- 为什么描述资产收益率分布时，非正态稳定分布比正态分布更受青睐；
- 资产收益率分布的程式化证据；
- 什么是联合概率分布，为什么在投资组合管理和风险管理中需要它们；
- 使用协方差等来测量随机变量的联合随机性；
- 投资风险度量应考虑风险的相对性，风险的多维性，风险的非对称性；
- 算术平均收益率和几何平均收益率之间的差异；
- 什么是收益－风险比率，以及可以计算的不同类型的收益－风险比率。

在第 13 和 14 章中，我们将讨论两个重要的理论：投资组合理论和资产定价理论。这些理论基于对资产收益率的概率分布的假设、风险的度量，以及用于构建和选择可选投资组合的收益－风险比率。例如，第 13 章将讨论假设收益率的概率分布是正态分布，风险的度量是方差的投资组合理论。如果投资者按照理论建议，使用夏普比率（本章解释的一种收益－风险比率）来构建投资组合，则可以推导出一种资产定价理论。

本章的目的不仅是解释下两章所涵盖理论所需的统计概念，还简要回顾收益的替代概率分布、替代风险度量以及其他收益－风险比率，这些通常被学者用来弥补接下来两章中解释的

⊖ 第 12 章为与弗朗切斯科·A. 法博齐合著。

理论的缺陷。我们这里只讲述基本的内容，金融理论和风险管理课程对这些概念提供了更广泛的讨论。要理解的关键是，这里描述的风险定量度量是由假设和计算所选风险度量所需参数的估计驱动的。因此，与度量风险相关的主要风险是模型风险，或者是模型受到预测误差影响的风险。

12.1 衡量收益率

资产在给定时间间隔内的收益率等于资产价格的变化加上持有该资产所获得的收入分配，除以时间间隔开始时的资产价格。在计算资产收益率时，重要的是要包括对投资者的所有收入分配，否则收益率的衡量将是不充分的。如果是债务义务，收入分配可以是利息收入；如果是股票，收入分配可以是股息收入。

资产的收益率，用 R 表示，由以下公式给出：

$$R = \frac{P_1 - P_0 + c}{P_0} \tag{12-1}$$

其中，

P_0——时间间隔开始时的价格；

P_1——时间间隔结束时的价格；

c——现金分配。

例如，如果一项资产的价格从某年 1 月 1 日的 100 美元增加到同年 12 月 31 日的 105 美元，并且在 12 月 31 日进行了 1 美元的现金分配，那么该资产当年的收益率为

$$R = (105 - 100 + 1)/100 = 0.06 = 6\%$$

12.2 收益率分布

在研究金融市场时，了解资产收益率的分布是至关重要的。此外，在建立资产组合选择模型时，有必要对资产收益率分布做出一些假设。除无风险资产外，资产收益率是一个随机变量。

随机变量是用来量化随机事件的函数，它给实验的每个可能结果赋一个数值。例如，在掷骰子的实验中，我们可以将随机变量 X 定义为骰子朝上显示的点数，可能的结果（数值）为 1、2、3、4、5、6。抛硬币时，可能的结果为正面朝上或反面朝上，正面朝上记为 1，反面朝上记为 2。随机变量可以是离散变量，也可以是连续变量。顾名思义，**离散随机变量**限制结果，使得随机变量只能采用离散值；而**连续随机变量**可以在可能的结果范围内取任何可能的值。当一个随机变量是一项资产的收益率时，该随机变量是连续的。本章的重点是连续随机变量。

12.2.1 概率分布介绍

概率分布为随机事件的每个结果指定了一个概率。例如，在掷骰子时，每个结果被赋予 1/6 的概率。对于抛硬币，正面朝上（记为 1）的概率是 1/2，反面朝上（记为 2）的概率也是 1/2。在本书的大部分内容中，我们将使用概率分布来描述资产收益率的概率分布。

概率分布有离散型概率分布和连续型概率分布。因为我们的重点是连续型随机变量，我们将研究各种连续型概率分布的特点。

从资产预期收益率的连续型概率分布中获得的信息在资产定价（在第 14 章中解释）和构

建投资组合（在第13章中描述）时至关重要。通常有四种常用度量来描述概率分布：中心值、离散度、偏度和峰度。在统计术语中，这些度量被称为**概率分布的统计矩**（简称"矩"）。

概率分布的位置是其中心值的度量，**中心值**是概率分布的第一个矩。用来描述中心值的三个指标分别是平均值、中位数和众数。这三种度量之间存在着一种关系，这种关系取决于概率分布的偏度。金融中最常用的位置度量是平均值，通常用小写希腊字母 μ（"miu"）表示，平均值也被称为**期望值**。在实践中，当从容量为 n 的样本中计算随机变量的中心测度时，使用样本的平均值，其计算公式如下：

$$\bar{x} = \frac{1}{n} \sum_{i=1}^{n} x_i \qquad (12\text{-}2)$$

其中，$\bar{x}$ 是样本的平均值，x_i 是第 i 个观测值。**离散度**是衡量潜在结果的分散程度的一种方法。虽然方差、平均绝对偏差和极差的度量方法多种多样，但金融学中最常用的度量方法是方差。方差衡量的是相对于平均值可以实现的结果的离散度，离散度被称为概率分布的第二个矩。对于随机变量 x 的容量为 n（$i=1, 2, \cdots, n$）的样本，用 $\text{Var}(x)$ 表示的方差计算如下：

$$\text{Var}(x) = \frac{1}{n} \sum_{i=1}^{n} (x_i - \bar{x})^2 \qquad (12\text{-}3)$$

基本上，方差是每个样本值与全体样本值的平均数之差的平方的平均数。因为方差是以平方单位表示的，所以我们通常使用**标准差**，即方差的平方根。

在统计学中，用小写希腊字母 σ（"sigma"）来表示标准差，用 σ^2 来表示方差，金融学也使用相同的符号来表示。

当我们在第13章讨论投资组合理论时，我们将看到，根据该理论，在投资组合中选择资产的投资者只考虑资产收益率概率分布的前两个矩，即平均值和方差。⊖因此，投资组合理论通常被称为**平均值-方差分析**或**平均值-方差优化**，下面描述的其他度量或统计矩被忽略了。投资组合理论的最新方法是寻求包含比第二个矩更高的矩。

概率分布可以是围绕其平均值的对称分布，也可以是围绕其平均值的非对称分布。对于分布的非对称性，一个常用的度量是它的**偏度**，它是概率分布的第三个矩。非对称分布可以表现为负偏态（左偏概率分布）和正偏态（右偏概率分布）。负偏态表示分布向左倾斜，也就是说，与右尾翼相比，左尾翼被拉长（见图12-1a）。正偏态表示分布向右倾斜，也就是说，与左尾翼相比，右尾翼被拉长（见图12-1b）。

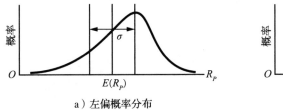
a）左偏概率分布

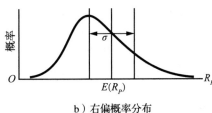
b）右偏概率分布

图12-1 左偏概率分布和右偏概率分布

概率分布的偏度度量用 β（"beta"）表示，取值范围为 $(-1, 1)$。⊜一个围绕其平均值对称的概率分布的 β 等于零。非对称概率分布（偏态分布）具有非零 β。正 β 表示概率分布向右

⊖ 还要考虑资产之间收益率的相关性，我们将在本章后面描述。
⊜ 在接下来的几章中，我们将以不同的方式使用希腊字母"β"，这里的符号只是用来描述概率分布的矩。

倾斜，负 β 表示概率分布向左倾斜。平均值和方差有统一的公式来计算概率分布的矩值，而偏度没有。两种最常用的偏度度量方法是费雪偏度和皮尔逊偏度，皮尔逊偏度等于费雪偏度的平方。

概率分布的尾部包含有关潜在结果的重要信息，因为概率分布的**尾部**是分布中包含随机变量可能出现的极端结果信息的部分。[⊖]概率分布尾部的"丰满度"与分布在其平均值附近的峰度有关，峰高度和尾厚度的联合度量称为峰度。**峰度**，用 α 表示，是概率分布的第四个矩，它决定了尾数的权重，峰度的测量是没有标准的。费雪峰度和皮尔逊峰度是两种常用的度量方法。费雪峰度，也称为**超额峰度**，是由皮尔逊峰度减去"3"得到的。

除刚才解释的描述概率分布的四个常用矩外，还有一个称为 α 分位数的概念，α 分位数提供了概率分布的第一个 $\alpha\%$ 的位置信息。给定某种概率分布的任意观测值，在 $\alpha\%$ 的情况下，该观测值将小于 α 分位数，用 q_α 表示，在（$100-\alpha$）% 的情况下将超过它。有些分位数有特殊的名称，例如四分位数和百分位数。25%、50% 和 75% 分位数被称为**四分位数**，25% 分位数为第一四分位数，50% 分位数为第二四分位数，75% 分位数为第三四分位数。1%、2%、……98% 和 99% 分位数称为**百分位数**。

12.2.2 用于描述收益率的连续型概率分布

概率分布可以用来描述资产收益率情况。在投资组合理论中，我们只讨论那些具有特定理想性质，即具有**稳定性**的概率分布。具有稳定性质的概率分布族是**稳定分布**，稳定分布的一个特例是**正态分布**，正态分布常见于投资组合理论和许多金融理论中。我们首先描述正态分布，然后讨论稳定分布族。

1. 正态分布

正态分布，也称高斯分布，它的形态显示为钟形分布（见图 12-2）。正态分布的平均值两边是对称的。这意味着一半的概率分布低于平均值（图 12-2 中的平均值的左侧），另一半的概率分布高于平均值（图 12-2 中平均值的右侧）。正态分布的另一个众所周知的特征是，大约 68% 的概率是由位于均值周围一个标准差范围内的值给出的，而当该值位于均值周围两个标准差范围内时，该概率约为 95%。几乎所有的概率（99%）都被分配到平均值附近的三个标准差内的值上面。

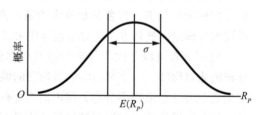

图 12-2 正态（高斯）概率分布

注：σ 表示用于描述收益率的标准差连续型概率分布。

根据连续型概率分布的四个矩，正态分布可以描述如下：中心值的度量值，即位置参数等于分布的平均值（μ）；离散度的度量值是方差（σ^2）；正态分布是对称的，偏度度量（β）等于 0；正态分布的费雪峰度（超额峰度）测度为 3。

关于峰度，图 12-3 显示了正态分布和对称但非正态分布之间的差异。对于这两种分布，平均值为 0，方差为 1。[⊖]我们可以看出，对称非正态分布的特征是平均值处的峰值高于正态

⊖ Extreme events are referred to as "black swan events" by Nassim Taleb, an options trader, in his book *The Black Swan: The Impact of the Highly Improbable* (London: Penguin, 2007).

⊖ 当一个正态分布的平均值为 0，方差为 1 时，它被称为"标准正态分布"。

分布，具有这种特性的概率分布称为**尖峰分布**。

图 12-3 显示了与正态分布相比，对称非正态分布的尾部含义，可以看出后者的峰值更大，更大的峰值导致对称非正态分布的尾部比正态分布的尾部更厚。当一个概率分布具有这个特征时，它被称为"厚尾分布"或"重尾分布"。由于正态分布的费雪（超额）峰度测度为 3，因此对于厚尾分布，同样的测度将大于 3。如果一个概率的峰值不是比正态分布的峰值更大，而是更小，则其概率分布称为**扁平分布**。对于这种概率分布，尾部的概率比正态分布中的概率要小，并且它们的费雪峰度测度将小于 3。

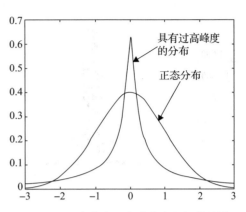

图 12-3　正态分布和尖峰分布之间的差异

让我们看看几个国家的主要股票市场指数的实际收益率分布（图 12-4、图 12-5、图 12-6 由韩国庆熙大学张浩金利用证券价格研究中心的数据创建而成，图 12-7、图 12-8、图 12-9、图 12-10、图 12-11、图 12-12 由张浩金利用雅虎的数据创建而成）：图 12-4、图 12-5、图 12-6 显示的是美国标准普尔 500 指数，图 12-7、图 12-8 显示的是德国 DAX 指数，图 12-9、图 12-10 显示的是日本日经 225 指数，图 12-11、图 12-12 显示的是英国富时 100 指数⊖。尽管所有指数和所有时期的数据可视化表明分布不是正态分布，但需要更严格的分析才能确定（统计检验可以用于确定一个分布是否是正态分布），常用的检验方法是雅克 – 贝拉检验、安德森 – 达令检验和柯尔莫哥洛夫 – 斯米尔诺夫检验。一般来说，这些检验拒绝正态分布假设。

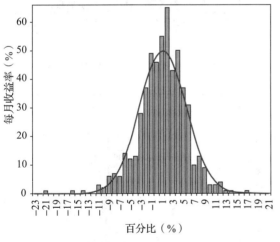

图 12-4　1970 ~ 2015 年标准普尔 500 指数每月收益率

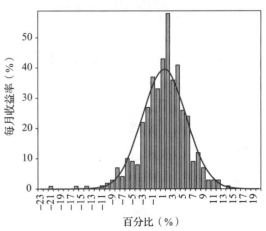

图 12-5　1980 ~ 2015 年标准普尔 500 指数每月收益率

⊖ 我们将在第 22 章讨论这些股票市场指数。

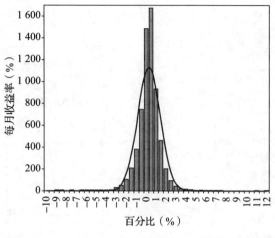

图 12-6　1990～2015 年标准普尔 500 指数每月收益率　　图 12-7　1991～2015 年 DAX 每月收益率

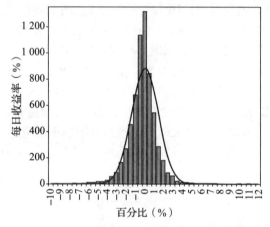
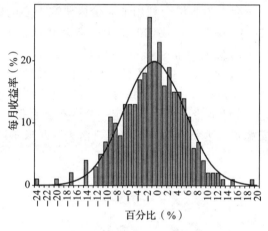

图 12-8　1991～2015 年 DAX 每日收益率　　图 12-9　日经 225 指数每月收益率

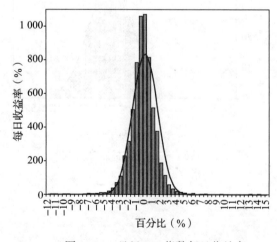
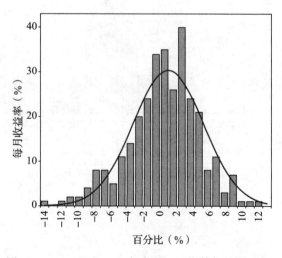

图 12-10　日经 225 指数每日收益率　　图 12-11　1990～2015 年富时 100 指数每月收益率

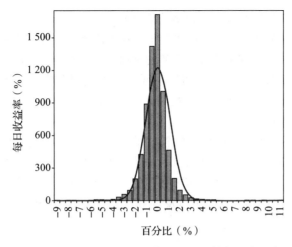

图 12-12 1990～2015 年富时 100 指数每日收益率

2. 稳定性

在投资组合管理和风险管理涉及处理资产收益率时，经常会用到正态分布。[⊖]正态分布有一个非常理想的性质，这个性质被称为"稳定性"，它是指 N 个服从正态分布的随机变量之和将再次服从正态分布，前提是这些随机变量的行为相互独立。

在投资组合管理和风险管理中，稳定性之所以重要有两个原因。第一个原因是，假设一个投资者有一个由 80 只股票组成的投资组合，这 80 只股票中的每一只都服从正态分布，其行为独立于其他股票。正态分布的稳定性意味着投资组合的收益率（投资组合由 80 只股票组成）也将服从正态分布。在下面我们对概率分布的讨论中，讨论仅限于那些满足稳定性的分布。第二个原因是，资产收益率随时间的推移而变得稳定。以某些股票的日收益率为例，如果股票的日收益率服从正态分布，并且如果一个投资者把日收益率加起来得到该股票的周收益率，那么根据稳定性，周收益率也服从正态分布。

3. 对正态分布的批判

正态分布的使用一直受到基于经验的学者的批判。理论上讲，持有一项符合正态分布的资产会使投资者遭受较小比例的每日损失并获得较小比例的每日收益，而不是使投资者暴露于可忽略不计或极端波动的情况之下。然而，基于观察到的不同资产类别和不同国家的资产投资收益率的经验证据，收益率分布为正态分布的假设被否决。[⊖]许多国家的经验证据表明，相对于正态分布，资产收益率分布呈现出厚尾现象。这意味着极值（在分布尾部发现的值）比正态分布预测的更有可能发生（发生的概率更高），即在某一资产的市场表现出相对温和的价格变化的时期，会有一个时期的变化比正态分布预测的变化要大得多（市场崩溃和市场繁荣）。就股票而言，正如罗伯特·希勒所观察到的那样，与基本经济变量的变化相比，厚尾现象的存在

⊖ See Svetlozar T. Rachev and Stefan Mittnik, Stable Paretian Models in Finance (Chichester, UK: John Wiley & Sons, 2000).

⊖ See Svetlozar T. Rachev, Christian Menn, and Frank J. Fabozzi, Fat-Tailed and Skewed Asset Return Distributions: Implications for Risk Management, Portfolio Selection, and Option Pricing (Hoboken, NJ: John Wiley & Sons, 2005), chapter 5.

有助于解释股票在短期内比在长期内的价格波动更大。[一]

2008～2009 年金融危机期间发生的极端损失让人们质疑，现有的主要基于正态分布的模型和做法能否代表一个充分可靠的投资组合管理和风险管理框架。然而，对正态分布的批评并非最近才有的。关于资产收益率分布特性的实证研究可以追溯到本华·曼德博[二]和尤金·法玛[三]的开创性工作。在他们批判正态分布的研究发表后不久，保罗·库特纳对这一发现对其统计检验的影响表示了关注，他说：

几乎无一例外，过去的计量经济学工作毫无意义。当然，在把几个世纪的工作付之一炬之前，我们要有一些把握来证实，我们所有的工作确实是无用的。如果我们任由自己被愚弄到相信高斯分布是可行的，那么帕累托分布不也可能同样是虚构的吗？[四]

尽管存在曼德博和法玛的研究结果以及许多其他研究结论，但正态分布假设仍然是许多金融领域主流理论的基石。

4. 稳定分布族

已经有人提出了描述资产收益率的替代概率分布，并进行了实证检验。测试这些可选的概率分布是必要的，因为没有基本理论可以为资产收益率提供分布模型，因此，这个问题在很大程度上仍然是一个统计问题。我们这里讨论的重点是被称为稳定分布的一类概率分布。

曼德博和法玛不仅拒绝了基于经验的正态分布假设，还提出了一种替代概率分布，即稳定的帕累托分布。所有被测试的可供选择的概率分布模型的一个主要缺点是它们不能满足稳定性属性，这是在投资组合管理环境下资产收益率一个非常理想的属性。只有一类投资产品的收益率服从稳定分布，才能得到投资组合的收益率服从稳定分布的性质。提到概率分布的"类别"，我们的意思是，属于该分布类别的概率分布具有该分布的一般统计特性。

稳定分布是一大类灵活的概率分布，它允许资产收益率的分布形态出现偏态和厚尾。正态分布是对称稳定分布的一种特殊情况。为了区分稳定分布类中的正态分布和非正态分布，曼德博将非正态稳定分布称为稳定的**帕累托分布**或**莱维分布**。

稳定分布由四个参数描述：①位置参数 (μ)；②尺度参数 (σ)；③偏度参数 (β)；④峰度参数 (α)。

当 $\beta \neq 0$ 时，稳定分布是偏态的，且具有厚尾特征。也就是说，当峰度参数 (α) 的值小于 2 时，相对于正态分布可能出现的结果，出现极端结果的可能性很高。这意味着 α 值（也称为**稳定性指数**）为正值，但不能超过 2。偏度参数 (β) 的范围是 $(-1, 1)$：如果 β 为正，则稳定分布向右倾斜；如果 β 为负，则向左倾斜。

正态分布和帕累托分布是稳定分布的特例。[五]

从计算的角度来看，稳定非正态分布（稳定的帕累托分布）的主要缺点是，受尾部特征的影响，它的方差等于无穷大。当我们在第 13 章讨论这个理论时，投资组合理论的含义就会很清楚，在第 13 章中我们解释了方差的关键作用。此外，涉及另一个技术问题，即估计概率函

[一] Robert Shiller, "Do Stock Prices Move Too Much to Be Justified by Subsequent Changes in Dividends?" *American Economic Review* 71 (1981): 421–436.

[二] Benoit Mandelbrot, "The Variation of Certain Speculative Prices," *Journal of Business* 26 (1963): 394–419.

[三] Eugene F. Fama, "Mandelbrot and the Stable Paretian Hypothesis," *Journal of Business* 36 (1963): 420–429; Eugene F. Fama, "The Behavior of Stock Market Prices," *Journal of Business* 38 (1965): 34–105.

[四] Paul H. Cootner, The Random Character of Stock Market Prices (Cambridge, MA: MIT Press, 1964), 337.

[五] 稳定分布的另一种特殊情况是柯西分布，它的尾部比正态分布厚得多。

数的能力问题。基本上，除正态分布和莱维分布外，[○]对于稳定的帕累托分布，没有闭合形式的表达式（解析解）。尽管使用稳定分布曾经是一个有效的方法，但现在不再如此，因为在过去的 25 年里，计算金融学的重大发展使得通过拟合观测收益率来确定稳定的帕累托分布的参数变得相当简单。

虽然观察到的股票收益率呈现出比正态分布更厚的尾部，但它们仍然与稳定的帕累托分布预测的尾部大小不一致。有人建议用**调和稳定分布**来模拟股票收益率的分布；这种分布不仅解决了尾部厚度与观察到的股票收益率不一致的问题，还解决了无限方差的问题。调和稳定分布的数学知识超出了本章的范围，但基本思想很简单。尾部调和是通过只修改稳定分布的尾部来实现的，使其保持比正态分布的尾部更厚，但不会导致无限的波动性。[○]

12.2.3　关于股票收益的一些典型事实

自 20 世纪 60 年代初以来，许多国家对股票市场的股票收益率进行了大量的实证研究，从这些研究中得出几个典型事实。在这里，"典型事实"一词指的是在不同时期和不同国家所调查的股票市场中得出的一致的实证结果。它们是：①偏态；②厚尾；③波动聚集；④自回归行为；⑤尾部厚度的时间行为。[○]

前面讨论了前两个典型事实，即偏态和厚尾。股票收益率的**偏态**意味着价格变动存在非对称性，可能有负偏态或正偏态。负（正）偏态是指价格行为表现出比对称分布所显示的更多的负（正）股价变化。**厚尾**意味着极端价格变动的概率比正态分布预测的要大得多。**波动聚集**是指大幅度价格变动后往往会出现大幅度价格变动，小幅度价格变动后往往会出现小幅度价格变动。**自回归行为**是指现在的价格变化取决于过去的价格变化（例如，上升的价格变化往往伴随着上升的价格变化）。最后，**尾部厚度的时间行为**意味着极端价格变化在正常市场中发生的概率较小，在动荡市场中发生的概率较大。

12.3　联合概率分布

到目前为止，我们已经讨论了单个随机变量，即资产收益率的概率分布。只涉及一个随机变量的概率分布称为**单变量概率分布**，了解这一概念有助于我们了解单个资产的收益属性。在第 13 章和第 14 章中，我们将提到资产组合，因此有必要介绍多个资产收益率的概率分布。这就要求我们把对概率分布的理解从单变量概率分布扩展到**多元概率分布**，或者称为**联合概率分布**。

为了理解资产收益率的联合概率分布的概念，假设一个投资者构建了一个由 ABC 公司和 XYZ 公司的普通股组成的投资组合。ABC 公司普通股收益率服从单变量概率分布，XYZ 公司普通股收益率也服从单变量概率分布。每个公司普通股的收益率分布称为**边际概率分布**。假设投资者对由这两家公司的普通股组成的投资组合的收益感兴趣，投资组合的收益率服从**联合概率分布**。

○　这对柯西分布也是成立的。

○　The technique is described in Michele Leonardo Bianchi, Svetlozar T. Rachev, Young Shin Kim, and Frank J. Fabozzi, "Tempered Infinitely Divisible Distributions and Processes," *SIAM: Theory of Probability and Its Applications* 55 (2010): 59–86.

○　Stoyan V. Stoyanov, Svetlozar T. Rachev, Boryana Racheva-Yotova, and Frank J. Fabozzi, "Fat-Tailed Models for Risk Estimation," *Journal of Portfolio Management* 37, no. 2 (2011): 107–117.

在处理联合概率分布时，投资者面临两个收益率概率分布之间的相关性问题。例如，对于 ABC 公司和 XYZ 公司的普通股收益而言，ABC 公司普通股的大额回报意味着 XYZ 公司普通股的高回报还是 XYZ 公司普通股的小回报？这种性质被称为**随机变量的相关性**。当两个随机变量之间不存在相关性时，这两个随机变量被称为**独立分布**。虽然对于独立分布的含义有一个技术定义，但是在只有两个随机变量的特殊情况下，其基本思想很简单。如果一个随机变量的值不提供另一个随机变量的值的任何信息，则称这两个随机变量为独立分布。

虽然统计学提供了几种方法来衡量两个随机变量之间的相关性，但金融学中使用的度量方法是协方差和相关性。

协方差和相关性

两个随机变量的**协方差**是随机变量联合变化的度量，其中关联被假定为线性关联。在两个随机变量的情况下，用样本数据计算协方差的方法如下。设 x 和 y 为两个随机变量，$\bar{x}$ 和 $\bar{y}$ 分别表示它们的样本均值。假设这两个随机变量有 n 个观测值，那么随机变量 x 和 y 之间的协方差用 $\text{cov}(x, y)$ 表示，具体计算公式如下：

$$\text{cov}(x, y) = \frac{1}{n} \sum_{i=1}^{n} (x_i - \bar{x})(y_i - \bar{y}) \quad (12\text{-}4)$$

换句话说，协方差的计算方法是：①计算每个随机变量的所有观测值与其各自平均值的偏差；②将每个随机变量的观测值偏差相乘；③将偏差的乘积相加；④除以样本数。样本协方差就是所有联合偏差的平均值。

协方差的一个问题是，它受随机变量规模的影响。换句话说，协方差是**标度变量**。因此，很难比较任何一对协方差，也很难解释它们的值。例如，对于两个随机变量 x 和 y，计算的协方差为 30，假设 x 以不同的方式测量，例如 $20+10x$，协方差的数学性质使协方差将是原始协方差的 10 倍，也就是说，此时的协方差是 300。

为了解决这一问题，可以通过将协方差除以两个随机变量的方差来得到另一个相关的度量。由此产生的测量值称为**皮尔逊相关系数**，或简单地称为**相关系数**。也就是说，用 $\text{cor}(x,y)$ 表示的相关系数，具体如下：

$$\text{cor}(x, y) = \frac{\text{cov}(x, y)}{\text{var}(x)\text{var}(y)} \quad (12\text{-}5)$$

其中 $\text{var}(x)$ 和 $\text{var}(y)$ 是使用式（12-4）计算的样本方差。

然后可以证明相关系数的取值范围为 $(-1, 1)$，其中 -1 表示两个随机变量完全负相关，1 表示它们完全正相关。与协方差不同，相关系数不受两个随机变量的尺度影响，因此相关系数具有的这种性质被称为**尺度不变性**。

12.4 投资组合风险度量

在第 13 章将描述的投资组合理论中，投资组合收益率的方差历来是最常用的投资风险衡量指标。然而，为了实现自己的投资目标，投资者会制定不同的投资策略。因此，金融理论家、从业者和监管者很难接受投资风险只有一个定义的观点。此外，如果投资收益率不服从正态分布，作为风险度量的方差或标准差可能不再适用。

在探索其他风险度量之前，让我们先了解投资风险度量的基本特征。莱斯利·A. 鲍尔泽认为，风险度量是专门针对投资者的，因此"不存在单一的普遍可接受的风险度量"⊖。他提出了投资风险度量应考虑的三个基本特征：①风险的相对性；②风险的多维性；③风险的不对称性。

风险的相对性指的是，风险的大小应该比某些替代投资的收益率或基准收益率低。投资风险是以已实现收益率低于投资者指定风险基准的收益率的概率来衡量的。⊖此外，投资者可以有多个投资目标，这就需要多个风险基准，这就是鲍尔泽所说的**风险的多维性**。风险的多维性的关键是确定一个合适的基准，以反映投资者的投资目标。**风险的不对称性**意味着可以合理地预期收益，风险是一个与下行结果相关的不对称概念，因此，任何实际的投资风险衡量指标都必须对上行和下行结果进行不同的估值。尽管标准差将与平均值的正偏差和负偏差视为潜在风险，但对于这一指标而言，相对于平均值表现出色的公司与表现不佳的公司一样处于不利位置。

12.4.1 风险价值度量

风险价值（VaR）度量是指在给定的、足够高的置信水平下，在预定时间范围内的最小损失水平，图 12-13 以图形方式说明了风险价值度量。

风险价值的预定时间范围可以是任意长度的时间段，实践中经常使用的置信水平是 95% 或 99%。例如，银行计算每日风险值。又如，假设一个投资组合在一周内 95% 的风险价值等于 1 000 万美元。这意味着在一周内，投资组合可能损失超过 1 000 万美元的概率等于 1 减去置信水平，在我们的例子中为 5%（=1-95%），

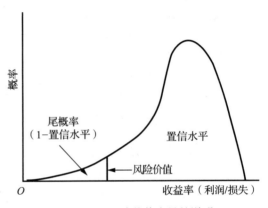

图 12-13 风险价值度量的说明

1 减去置信水平的概率称为**尾概率**。虽然这个例子是以投资组合的美元损失来计算的，但是投资组合的风险价值可以用百分比收益来计算。假设一个投资组合的市场价值是 1 亿美元，如果投资组合在一周内 95% 的风险价值为 2%，那么在一周的时间范围内，投资组合可能损失超过 2%（200 万美元）的概率等于 5%（=1-95%）。

与这里描述的所有定量风险度量一样，风险价值在很大程度上依赖于收益率分布的假设。例如，可以假设正态分布、t 分布或稳定分布来计算风险价值。风险价值随假设分布的不同而变化，分布的尾部也不同。关于收益率分布的假设如果不能反映真实分布，则可能对给定置信水平的风险价值造成低估或高估的后果。正如我们将在第 13 章讨论的投资组合理论，如果在选择最优投资组合时使用风险价值作为风险最小化的度量，那么基于优化过程构建的投资组合实际上不是最优的，因为风险度量不能反映真实的投资组合风险。

风险价值的计算并不像前面讨论的分散度量那样简单，风险价值的计算方法多种多样。实践中最常用的三种方法是风险度量法、历史模拟法和蒙特卡罗法。对这些方法及其基本原理

⊖ Leslie A. Balzer, "Investment Risk: A Unified Approach to Upside and Downside Returns," in Managing Downside Risk in Financial Markets: Theory, Practice and Implementation, ed. Frank Sortino and Stephen Satchell (Oxford: Butterworth-Heinemann, 2001), 103–156.

⊖ See, for example, Balzer, "Investment Risk".

的解释超出了本章的范围。现在需要理解的是，风险价值的计算比离散度更复杂，但由于识别投资组合的真实风险更重要，因此，不能以度量风险困难为由回避计算。

世界各地的银行监管机构都采用风险价值作为衡量银行风险的指标。风险价值的优点之一是易于理解，然而，这并不意味着它是所有市场参与者的风险衡量标准。风险价值有一个众所周知的缺陷，那就是它不能满足所谓的"一致性"。一致性是风险度量的理论属性之一，一致性风险度量的四个属性是单调性、正齐次性、次可加性和平移不变性。风险价值的问题在于它并不总是满足次可加性（处理多样化的属性）。结果表明，投资组合的风险价值可能大于组成投资组合的资产的风险价值之和。因此，如果资产组合成一个投资组合，风险价值可能会比资产单独持有时表现出更大的风险。

风险价值可以很好地说明我们在本章导言中讨论的模型风险的概念。摩根大通开发了自己的风险价值模型，用于衡量全公司的风险和交易操作的风险。在提交给美国证券交易委员会的文件中，它使用95%的置信水平来报告每日风险值。2012年4月，摩根大通报告称，该行改变了其用于计算风险价值的模型。根据新模型，风险价值为1.15亿美元，比2012年初使用的模型评估的风险价值减少了24%。这是自2012年1月开始，摩根大通对风险价值模型进行的几次重大变化中的第一次。⊖由于2012年该行的交易亏损超过62亿美元，这显然与1亿美元范围内的每日风险值的数字不一致，这些变化对摩根大通风险价值模型的影响以及对日常风险价值的影响逐渐暴露出来。摩根大通首席执行官杰米·戴蒙在美国参议院银行委员会作证时称，交易损失是由于采用了低估风险的新风险价值模型。摩根大通利用其风险价值模型得出的关键结论是，这些模型远非完美。

12.4.2 条件风险价值度量

使用风险价值作为风险度量还有另一个局限性，这将涉及我们提到的下一个相关的风险度量：**条件风险价值**（CVaR）度量。给定尾部概率的条件风险价值为大于尾部概率的风险价值的平均值，因此，条件风险价值关注的是尾部大于相应风险价值水平的损失。由于条件风险价值度量关注的是此类损失的大小，因此也称为**平均风险价值**（AVaR）度量。⊖

与风险价值一样，条件风险价值也有直观的解释。然而，与风险价值不同，平均风险价值是一个连贯的风险度量，它满足前面讨论的一致性风险度量的所有四个必需属性。此外，它还克服了风险价值的另一个缺点，即风险价值不能提供大于风险价值水平的损失大小的信息。

有许多计算和估计条件风险价值的简便方法，使其能够应用于最优投资组合管理和风险管理。然而，对这些方法的讨论超出了本章的范围。

12.5 收益-风险比率

在投资组合理论中，一个重要的指标是衡量相对于所接受的风险实现的收益，通常，这个指标被称为**收益-风险比率**，它被广泛用作选择备选投资组合的标准，以及评估投资组合经

⊖ Dawn Kopecki and Michael J. Moore, "JPMorgan Switches Risk Model Again after Whale Loss," Bloomberg.com, April 12, 2013, http://www.bloomberg.com/news/2013-04-12/jpmorgan-switches-risk-model-again-after-whale-loss.html.

⊖ A related measure also used to refer to CVaR: "expected tail shortfall" (ETL). There are slight technical differences between CVaR and ETL.

理业绩或资产类别业绩。收益-风险比率越高，绩效越好。收益-风险比率的分子是某种收益的度量，分母是某种风险的度量。

12.5.1 收益度量

在金融实践中，收益-风险比率是以资产收益率或投资组合收益率来表示的，收益是已实现的收益，已实现收益是一段时间内实现的平均收益。例如，如果时间间隔是一个月，并且有五年的月收益，那么实现的收益就是月平均收益。平均收益率可以用下面两种方法计算：算术平均收益率或几何平均收益率。

算术平均收益率是在一系列此类测量间隔期间获得的收益率的未加权平均值。公式为

$$R_A = (R_{P1} + R_{P2} + \cdots + R_{PT})/T \tag{12-6}$$

其中，

R_A——算术平均收益率；

R_{Pk}——k ($k = 1, \cdots, T$) 期收益率；

T——时期数。

例如，假设一个投资者实现了以下投资组合收益率：7月、8月和9月收益率分别为-10%、20%和5%，那么算术平均收益率为5%。

一个投资组合的算术平均收益率可以被认为是在每个区间结束时提取的平均值（表示为初始投资组合价值的一部分），同时保持初始投资组合价值不变。在前面的例子中，投资者必须在第一个月底增加初始投资组合价值的10%，在第二个月底可以提取初始投资组合价值的20%，然后在第三个月底提取初始投资组合价值的5%。

几何平均收益率，也称为时间加权平均收益率，它衡量的是初始价值的复合增长率，前提假设是所有现金分配都已进行再投资。公式为

$$R_G = [(1+R_{P1})(1+R_{P2})\cdots(1+R_{PT})]^{1/T} - 1 \tag{12-7}$$

其中，R_G是几何平均收益率，R_{Pk} 和 T 与算术平均收益率中的定义一样。

例如，如前例所述，如果投资组合收益率在7月、8月和9月分别为-10%、20%和5%，则几何平均收益率计算过程如下：

$$R_G = \{[1+(-0.10)](1+0.20)(1+0.05)\}^{1/3} - 1 = 0.043$$

由于几何平均收益率为每月4.3%，在6月底，投资于投资组合的1美元在三个月期间将以每月4.3%的速度增长。

一般而言，算术平均收益率和几何平均收益率提供的答案并不相同，因为算术平均收益率的计算假定初始投资金额保持在其初始投资组合价值的水平上。相比之下，几何平均收益率是一个投资组合的收益率，该投资组合的规模因假设所有收益都会进行再投资而变化。

下面一个例子说明了这两个平均数是如何不一致的。考虑一个投资组合，它在2017年年初的市值为1亿美元，2017年年底的市值为2亿美元，2018年年底的市值为1亿美元。年收益率分别为100%和-50%，算术平均收益率为25%，而几何平均收益率为0%。算术平均收益率为2017年年底计提1亿美元收益的收益率与2018年年底计提1亿美元亏损的收益率的平均值，然而，2017年100%的收益率正好被2018年在较大投资基础上的50%的损失所抵消，回报率显然为零。在本例中，算术平均收益率超过几何平均收益率。这个结果总是如此，除非在每个区间的收益率是相同的特殊情况下，算术平均收益率与几何平均收益率才是相同的。

既然我们知道了应使用几何平均收益率来计算已实现的收益率，那么让我们看看如何计算收益－风险比率中的收益率（分子）。收益率可以在绝对或相对的基础上衡量，在使用绝对收益率的收益－风险比率时，使用已实现收益率与无风险收益率之间的差额或零作为分子。当收益率在相对基础上衡量时，它是已实现的收益率与客户选择的基准之间的差额。

在绝对基础上衡量收益率的最常用的收益－风险比率是**夏普比率**。⊖无风险收益率用于减少该收益－风险比率中的已实现收益率。

$$夏普比率 = \frac{已实现收益率 - 无风险收益率}{已实现收益率的标准差} \quad (12\text{-}8)$$

以相对收益率（超过基准的收益率）衡量收益的两个著名的收益－风险比率是索提诺比率和信息比率，它们分别为

$$索提诺比率 = \frac{已实现收益率 - 无风险收益率}{低于最低可接受收益率的收益率的标准差} \quad (12\text{-}9)$$

$$信息比率 = \frac{已实现收益率 - 基准收益率}{超额收益率的标准差} \quad (12\text{-}10)$$

12.5.2 风险度量

夏普比率、索提诺比率和信息比率的分母代表了三种不同的风险比率。夏普比率受到研究人员和从业人员的攻击，因为它使用标准差（方差）作为风险度量，但它没有意识到收益率分布可能是倾斜的。索提诺比率通过只使用低于最低可接受收益率的已实现收益率的标准差来解决夏普比率的不足。信息比率使用一种风险度量，首先计算已实现收益率减去基准收益率，然后使用这些观察值计算标准差，这种标准差度量在投资管理界被更普遍地称为"跟踪误差"。

关键知识点

- 资产在给定时间间隔内的收益率等于资产价格的变化加上持有该资产所获得的收入分配，除以时间间隔开始时的资产价格。
- 除无风险资产外，资产收益率是一个随机变量。
- 在构建资产组合时，有必要对资产收益率分布做出一些假设。
- 随机变量是一种函数，它为实验的潜在结果赋值。
- 离散随机变量限制结果，使得随机变量只能采用离散值。当随机变量在可能的结果范围内具有任何可能的值时，它是一个连续随机变量。
- 当利息的随机变量是资产收益时，我们就可以假定随机变量是连续的。
- 概率分布用于描述随机变量的潜在结果。
- 描述概率分布（称为概率分布的"统计矩"）的四种常用度量是位置、离散度、非对称性和尾部集中。
- 概率分布的位置是其中心值（第一个矩）的度量，用来描述中心值的三个指标分别是平均值、中位数和众数。
- 金融中最常用的位置度量是平均值。
- 方差衡量的是相对于平均值可以实现的结果的离散度，离散度是概率分布的第二个矩。三种最常用的离散度方法是方差、平

⊖ William F. Sharpe, "Mutual Fund Performance," *Journal of Business* 39 (suppl.) (1966): 119–138.

均绝对偏差和极差。
- 方差是相对于平均值可以实现的结果离散度的度量，基本上是每个样本值与全体样本值的平均数之差的平方的平均数。方差的平方根是标准差。
- 概率分布在其平均值附近的非对称性是其偏度，是概率分布的第三个矩。非对称分布可以表现为负偏态（左偏概率分布）和正偏态（右偏概率分布）。
- 两种最常用的偏度度量方法是费雪偏度和皮尔逊偏度。
- 概率分布的尾部是分布中包含随机变量可能出现的极端结果信息的部分。
- 概率分布的峰值会影响尾部的厚度。
- 概率分布的第四个矩由峰度来衡量，峰度是峰高度和尾厚度的联合度量。
- 峰度的两种测量方法是费雪峰度（也称为超额峰度）和皮尔逊峰度。
- 概率分布的 α 分位数提供了概率分布的第一个 $\alpha\%$ 的位置信息。
- 当描述投资组合管理和风险管理时，概率分布应具有特定理想性质，即稳定性。具有这种性质的一类概率分布称为稳定分布。
- 正态分布或高斯分布是相对于平均值对称的钟形分布，它是稳定分布的一个特例。
- 只需要前两个矩，即平均值和方差，来描述正态分布。一个对称的非正态分布的平均值处的峰值比正态分布的高（低）称为尖峰（扁平）分布，其尾部比正态分布更厚（薄）。
- 正态分布满足的稳定性特性是，如果随机变量的行为相互独立，则遵循正态分布的 N 个随机变量之和将再次服从正态分布。
- 稳定性在投资组合管理和风险管理中非常重要。稳定性的特征意味着：①投资组合的收益率（投资组合由收益率服从正态分布的资产组成）也将服从正态分布；②资产收益率随时间的推移而变得稳定。
- 经验证据不支持这样一个假设，即现实世界的资产收益率分布最好用正态分布来描述，相反，它们的尾部比正态分布所预测的要大。
- 由于没有基本理论可以为资产收益率提供分布模型，因此必须对替代概率分布进行实证检验。
- 由于其在稳定性方面的理想特性，人们建议用稳定分布来描述资产收益率分布。
- 稳定分布是一大类灵活的概率分布，它也允许资产收益率的分布形态出现偏态和厚尾。正态分布是对称稳定分布的一种特殊情况，非正态稳定分布被称为帕累托分布或莱维分布。
- 稳定分布由四个参数描述：①位置参数；②尺度参数；③偏度参数；④峰度参数（也称为"稳定性指数"）。
- 过去，某些计算方面的因素使得很难将稳定的帕累托分布用于投资组合管理（例如，无限方差），但计算金融学（调和稳定分布）的重大发展消除了这些问题。
- 对于股票收益率，观察到五个典型事实：①偏态；②厚尾；③波动聚集；④自回归行为；⑤尾部厚度的时间行为。
- 协方差和相关性是度量两个随机变量之间相关性的常用方法。
- 假设为线性关联的两个随机变量的联合变化的度量是协方差及其相关性度量。
- 相关系数克服了协方差度量的局限性，协方差度量依赖于测量随机变量的尺度，相关系数范围为 $[-1, 1]$。
- 投资风险度量应考虑的三个基本特征是：①风险的相对性；②风险的多维性；③风险的不对称性。
- 风险的相对性意味着，风险的大小应该比某些替代投资的收益率或基准收益率低。
- 由于投资者可能有多个投资目标，因此需要多个风险基准，这就是风险的多维性。
- 风险不对称性意味着，由于有理由预期，风险是一个与下行结果相关的不对称概念，因此，任何实际的投资风险衡量指标都必须对上行和下行结果进行不同的估值。
- 本章提出的两种备选风险度量方法分别是，

- 风险价值度量和条件风险价值度量。
- 风险价值度量是指在给定的、足够高的置信水平下,在预定时间范围内的最小损失水平。
- 使用风险价值作为风险度量的一个限制是,它忽略了在尾部概率下大于风险价值水平的损失大小的信息。
- 给定尾部概率的条件风险价值也称为"平均风险价值",为大于尾部概率的风险价值的平均值,因此,条件风险价值关注的是尾部大于相应风险价值水平的损失。
- 平均收益率可用算术平均收益率或几何平均收益率来计算,后者是首选方法。
- 收益-风险比率可以在绝对或相对基础上衡量。
- 金融领域最著名和最常用的收益-风险比率是夏普比率,但由于夏普比率的缺点,索提诺比率是首选。
- 可根据不同的收益衡量方法和不同的风险衡量方法计算收益-风险比率。

练习题

1. 假设一个投资者以20美元的价格购买一项资产,并在一年后以22美元的价格出售该资产,并且投资者在出售该资产之前收到了1美元的现金分配,请问投资者这一年的收益率是多少?
2. 解释为什么在持有时间间隔内不支付现金分配的资产的收益率等于其售价与购买价的比率减1。
3. 为什么风险度量依赖于收益率的概率分布?
4. 一位投资组合经理正与公司的定量团队合作,为公司开发一个风险模型。投资组合经理建议(根据经验)根据一定的收益率概率分布建立模型。定量团队的一位成员指出,所提出的概率分布不满足稳定性特性。投资组合经理不理解反对意见,请向投资组合经理解释这个问题。
5. 一些从业者和研究人员认为,风险不能用一个数字来衡量。鲍尔泽提出的三个特征和风险有什么关系?
6. 当假设收益率分布为正态分布时,为什么观察值高于平均值的三个标准差被视为代表"尾部风险"?
7. 克派恩资本有限责任公司对标准普尔500指数从1927年12月30日到2008年11月21日的每日收益率进行了研究。对于20 319日的每日收益率,报告了以下信息:

平均值:0.026%;
标准差:1.182%;
峰度:18.347;
偏斜度:-0.098;
最高日收益率:16.61%;
最低日收益率:-20.47%。

下表显示了在这段时间内观察到的每日收益率分布,以及正态分布的预测值。这个分布是以高于平均值的标准分布的数量来表示的。

平均标准差数	实际分布		正态分布	
	观测值	百分比	预测值	百分比
6σ	26	0.13	0	0.00
5σ	13	0.06	0	0.00
4σ	34	0.17	1	0.00
3σ	89	0.44	27	0.13
2σ	276	1.36	435	2.14
1σ	1 393	6.86	2 761	13.59
0σ	16 603	81.71	13 872	68.27
-1σ	1 377	6.78	2 761	13.59
-2σ	325	1.60	435	2.14
-3σ	100	0.49	27	0.13
-4σ	43	0.21	1	0.00

Cook Pine Capital LLC, "Study of Fat-Tail Risk," November 26, 2008, http://www.cookpinecapital.com/pdf/Study%20of%20Fat-tail%20Risk.pdf.

平均标准	实际分布		正态分布	
差数	观测值	百分比	预测值	百分比
-5σ	19	0.09	0	0.00
-6σ	21	0.10	0	0.00
总和	20 319	100	20 319	100

注:由于四舍五入原因,结果不一定为100%。

表中的信息说明了标准普尔500指数每日收益率分布的什么情况?

8. 一家风险模型供应商FinAnalytica发布每日风险度量。以下摘录摘自该公司网址:⊖

作为一种行业标准,风险价值衡量的是在给定的置信水平下,特定时间间隔内投资组合的最坏预期损失。目前,大多数商业风险分析产品都是基于细尾对称正态分布曲线来度量风险价值的。正如当前的危机所证明的那样,这些正态分布假设导致了过于乐观的风险价值估计,它们不足以解释极端事件。

a. 解释上面节选的这段话是什么意思。

FinAnalytica的Cognity风险管理软件平台始终使用厚尾、非对称分布,并结合最先进的统计方法对市场危机时期的极端事件、波动聚集、制度转变和相关性变化进行建模分析。

b. 在上述摘录中,"极端事件"是什么意思?

c. 什么是"波动聚集"?

d. 为什么你认为模拟"市场危机时期的相关性变化"很重要?

认知风险分析提供了更准确的厚尾风险价值估计,不受正态分布过于乐观的影响。

e. 在上面的摘录中,"正态分布过于乐观"是什么意思?

但认知性超越了风险价值,还提供了下行预期尾部损失(ETL)衡量超过风险价值的平均或预期损失。与波动率和风险价值相比,

ETL又称条件风险价值(CVaR)和预期短缺(ES),是一种直观的且存在较大信息量的极端下行损失度量方法。

f. 在上面的摘录中,解释每个风险概念的含义。

9. 尼古拉斯·塔勒布是一位交易员,也是一位作者,他写了一篇题为《防止黑天鹅事件的十大原则》的文章。文章中列出的原则之一如下:

不要让拿"激励"奖金的人管理核电站或者你的财务风险,因为他很有可能会在宣称自己"保守"的同时,在安全问题上偷工减料以获取"利润"。奖金无法覆盖崩盘的潜在风险带来的损失,正是奖金制度的不对称性让我们走到了这一步。没有激励就没有抑制,资本主义是奖励和惩罚并重的,而不仅仅强调奖励。⊜

a. 这一原则是如何适用于银行必须向监管机构报告的风险衡量问题的?

b. 这一原则与摩根大通银行2012年62亿美元的交易损失有何关系?

10. 假设两个投资者的月收益率如下:

月份	投资者1(%)	投资者2(%)
1	9	25
2	13	13
3	22	22
4	−18	−24

a. 这两位投资者的算术平均月收益率是多少?

b. 这两位投资者的几何平均月收益率是多少?

c. 为什么投资者2的算术平均月收益率与几何平均月收益率的偏离程度大于投资者1?

11. 以下陈述出现在詹姆斯·皮切诺的一篇文章中:⊜

在一个给定的风险度量中找出弱点比提供解决方案更容易。不管公平与否,夏普比率的各种缺陷在多年来的众多研究中均被剖

⊖ FinAnalytica, http://www.finanalytica.com/daily-risk-statistics.
⊜ Nicholas Taleb, "Ten Principles for a Black Swan-Proof World," *Financial Times*, April 7, 2009, FT.com.
⊜ James Picerno, "Building a Better Sharpe Ratio," *Financial Advisor Magazine*, March 30, 2012, http://www.fa-mag.com/news/building-a-better-sharpe-ratio-10199.html.

析过，它的主要缺点可归结为，金融市场收益率不遵循正态分布。
a. 在上面的摘录中，为什么这个缺点与使用正态分布有关？
　　标准差可以用来分析任何分布曲线的数据，但它并不特别适合分析投资收益率的非正态性。
b. 解释原因。
　　那么，那些假设收益率是正态分布的人，就有可能低估巨大损失的可能性，尤其在短期内。这是因为金融市场表现出所谓的"厚尾"。
c. 解释原因。
12. 解释可用于收益-风险比率的每种收益度量。
13. 索提诺比率如何克服夏普比率的局限性？
14. 如果客户确定的最低可接受收益率是无风险收益率，那么索提诺比率是否等于夏普比率？
15. 为什么了解资产收益率分布的尾部很重要？
16. 正态分布的问题在于它不满足稳定性，解释你是否同意这一说法。
17. 关于连续型概率分布的四个矩——中心值、离散、偏度、峰度，它们的含义分别是什么？
18. a. 如果一只股票的资产收益率分布具有超额峰度，那么这个分布的尾部是大于还是小于正态分布？
b. 对于一只具有超额峰度的股票，资产收益率分布的名称是什么？
19. a. 什么是稳定的帕累托分布？
b. 稳定的帕累托分布的稳定性指数是什么意思？
20. 对于股票收益率，观察到的五个典型事实是什么？
21. 尾概率是什么意思？
22. 为什么条件风险价值比风险价值更高？
23. 在资产收益率分布的研究中，人们经常会看到关于雅克-贝拉检验、安德森-达令检验和柯尔莫哥洛夫-斯米尔诺夫检验的文章，这些检验的目的是什么？
24. 若给定以下数据：
实际收益率 = 8.5%；
无风险收益率 = 3.2%；
实际收益率的标准差 = 5%；
最低可接受收益率 = 4.2%；
低于最低可接受收益率的收益率的标准差 = 3%。
计算以下比率：
a. 夏普比率；
b. 索提诺比率；
c. 信息比率。

第13章

投资组合理论

学习目标

学习本章后，你会理解：
- ▲ 投资组合多元化的概念；
- ▲ 如何计算单一资产和资产组合的预期收益和风险；
- ▲ 投资组合理论关于投资者如何进行决策和分配收益的假设；
- ▲ 衡量投资组合风险时，两种资产之间相关性的重要性；
- ▲ 可行投资组合和一组可行投资组合的含义；
- ▲ 什么是马科维茨有效集或有效边界；
- ▲ 什么是最优投资组合，以及如何从马科维茨有效边界上的所有投资组合中选择最佳投资组合；
- ▲ 对投资组合理论的批判；
- ▲ 什么是行为金融学，以及它与标准金融理论的区别；
- ▲ 与投资组合理论在实践中的实施相关的问题。

  风险与预期收益率关系理论的发展是建立在两个经济学理论基础之上的，这两个经济学理论分别是投资组合理论和资本市场理论。投资组合理论研究的是投资组合的选择，以使预期收益率最大化，并与个人可接受的风险水平相一致。资本市场理论研究的是投资者决策对证券价格的影响，更具体地说，它揭示了如果投资者按照投资组合理论构建投资组合，证券收益率与风险之间应该存在的关系。

  投资组合理论和资本市场理论共同提供了一个框架来规定和衡量投资风险，并在风险和预期收益率之间（从而在风险和投资所需收益率之间）建立一种经济均衡关系。这些理论使投资组合经理能够量化投资组合的投资风险和预期收益率，并允许公司财务人员量化资本成本和衡量资本投资的风险。

  在这一章中，重点是投资组合理论，它涵盖了假设条件下投资者如何选择要包含在投资组合中的资产。所提出的理论涉及各种各样的现代投资组合理论，比如马科维茨投资组合理论和均值-方差理论，这些理论借鉴了第12章所述的概念。在本章介绍的投资组合理论得到发展之前，投资者通常会讨论风险和收益，但由于无法量化这些重要指标，因此，构建资产组合非常主观，无法洞察投资者期望的收益。此外，如果没有将风险集中到投资组合中，投资者对风险的理解又会受到怎样的影响呢？我们在本章和第14章中提出的理论量化了风险和预期收益率之间的关系。1990年10月，为了证实这些理论的重要性，投资组合理论的开创者哈里·马科维茨⊖和资本市场理论的开创者之一威廉·夏普⊜被授予了诺贝尔经济学奖。

尽管这些理论是许多金融学理论的基石，但它们一直受到批判。这在任何领域的学术发展中都不足为奇。投资组合理论由马科维茨于1952年提出，至今仍被称为"现代"投资组合理论。而今，有很多刊物致力于发表对马科维茨提出的投资组合理论的延伸性文章，这些延伸性文章并不是对马科维茨学术贡献的批评，而是指出了如何修改该理论的假设和处理与实施相关的问题。因此，本章从马科维茨提出的投资组合理论开始介绍，并在本章的其余部分对该理论的扩展和实施问题进行了简要描述。投资组合理论的主题远远超出了本书所涵盖的范围，常见于投资管理类书籍。

13.1　投资组合多元化的概念

投资者经常谈论将他们的投资组合"多元化"。多元化的投资者是指，在不牺牲收益的情况下，以降低投资组合风险的方式构建投资组合的投资者。这一目标无疑是投资者应该追求的目标。然而，问题是如何在实践中做到这一点。

一些投资者会说，包括所有资产类别的资产可以使投资组合多元化。例如，一个投资者可能会认为投资组合应该通过投资股票、债券和房地产来实现多元化。尽管这可能是合理的，但构建多元化投资组合必须解决两个问题。第一个问题是，每个资产类别应该投资多少？投资组合中40%是股票，50%是债券，10%是房地产，还是其他更合适的配置？第二个问题是，一旦配置确定，投资者应该选择哪些具体的股票、债券和房地产？

一些只关注一种资产类别（如普通股）的投资者认为，这些投资组合也应该多元化。他们的意思是，投资者不应该把他的资金全部投资于一家公司的股票，而应该投资于许多家公司的股票。在这方面，构建多元化投资组合必须回答两个问题。第一个问题是，投资组合中应包含哪些公司？第二个问题是，投资组合中应该给每个公司的股票分配多少份额？

在本章所述的投资组合理论得到发展之前，尽管投资者经常谈论多元化投资，但他们没有分析工具来回答上述问题。⊜例如，在1945年，迪克森·莱文斯写道：

> 对过去25年中出现的大约50本有关投资的书和文章的研究表明，大多数相关著作都提到了多元化投资的可取性。然而，大多数学者只是笼统地讨论它，而没有明确指出为什么它是可取的。@

迪克森·莱文斯假设风险是独立的，然后展示了投资者如何从多元化投资中获益。值得注意的是，他提醒投资者，每种证券的风险都是独立的这一假设很重要，但实际上该假设不太

⊖ Harry M. Markowitz, "Portfolio Selection," *Journal of Finance* 7, no. 1 (1952): 77–91; and Harry M. Markowitz, *Portfolio Selection*, Cowles Foundation Monograph 16 (New York: John Wiley & Sons, 1959).

⊜ William F. Sharpe, "Capital Asset Prices," *Journal of Finance* 19, no. 3 (1964): 425–442.

⊜ For a detailed discussion of the history of portfolio theory, see Harry M. Markowitz, "The Early History of Portfolio Theory: 1600–1960," *Financial Analysts Journal* 55, no. 4 (1999): 5–16.

@ The excerpts here and below are from Dickson H. Leavens, "Diversification of Investments," *Trusts and Estates* 80 (1945): 469–473.

可能成立：

同一个行业的公司间的多元化，不能防止可能影响整个行业的不利因素的发生，为此需要在各行业之间进行分散化投资。行业间的多元化也不能防止周期性因素的影响，因为周期性因素可能同时抑制所有行业。

7年后，哈里·马科维茨提出了投资组合理论，该理论利用第12章中解释的基本统计概念对迪克森·莱文斯的见解所表达的概念进行了量化。[⊖]正如我们将看到的，本章讨论的马科维茨多元化投资策略主要关注作为投资组合风险度量的投资组合中资产收益率之间的协方差，而不是孤立地关注每项资产的风险。

13.2 马科维茨投资组合理论

在构建一个投资组合时，投资者会考虑他们愿意接受的风险程度，并寻求从投资中获得最高的预期收益率。(另一种说法是，在给定目标预期收益率的情况下，投资者寻求使他们面临的风险最小化组合。)满足这一要求的投资组合称为**有效投资组合**。投资组合理论告诉我们如何实现有效投资组合。因为马科维茨是投资组合理论的开创者，所以，有效投资组合有时也被称为"马科维茨有效投资组合"。

为了构建一个有效投资组合，有必要对投资者在进行投资决策时的行为做出一些假设。一个合理的假设是投资者是**风险厌恶者**。当面临两种预期收益率相同但风险不同的投资时，风险厌恶型投资者会选择风险较低的投资。如果投资者可以从中选择有效投资组合，那么**最优投资组合**是最受欢迎的投资组合。

为了构建一个有效投资组合，投资者需要能够估计每种资产的预期收益率，这些资产是投资组合的候选对象，不仅要指定某种风险度量，而且要度量每种资产的风险。正如第12章所解释的，不同的风险度量有不同的风险量化指标，马科维茨投资组合理论中选择的风险量化指标是方差（标准差）。

13.2.1 衡量投资组合预期收益率

投资组合收益率的预期值（或简称"投资组合预期收益率"）是一段时间内每项资产的预期收益率的加权平均值。公式为

$$E(R_P) = w_1 E(R_1) + w_2 E(R_2) + \cdots + w_K E(R_K) \tag{13-1}$$

其中，

$E(R_p)$——投资组合预期收益率；

$E(R_k)$——资产k的预期收益率（$k = 1, \cdots, K$）；

w_k——期初资产k在投资组合中的权重（资产k的市场价值占投资组合总市值的比例）；

K——投资组合中的资产数量。

该理论在实际实施中，由投资者根据需要调整后的历史收益率的平均值将被用在式（13-1）中。

从式（13-1）可以看出，一旦对每项资产的预期收益率进行估计，那么投资组合预期收益

⊖ A similar framework for portfolio theory was set forth at the same time Andrew D. Roy, "Safety First and the Holding of Assets," *Econometrica* 20 (1952): 431–449.

率的计算就很简单了，它是组成投资组合中每项资产预期收益率加权平均值。然而，衡量投资组合的风险并没有那么简单。

13.2.2　衡量投资组合风险

投资组合理论中的风险量化指标使用的是均值和方差，因此该理论也被称为"均值－方差"理论。第 12 章解释了如何从历史收益率样本中计算资产收益率，从单个资产的方差转换到作为投资组合风险衡量标准的投资组合方差就不那么简单了。我们从由两个资产（资产 1 和资产 2）组成的投资组合方差的简单情况开始，即

$$\sigma^2(R_P) = w_1^2 \sigma^2(R_1) + w_2^2 \sigma^2(R_2) + 2w_1 w_2 \operatorname{cov}(R_1, R_2) \tag{13-2}$$

其中，

$\sigma^2(R_P)$——投资组合方差；

$\sigma^2(R_1)$、$\sigma^2(R_2)$——资产 1、资产 2 的方差；

w_1、w_2——资产 1、资产 2 的投资组合分配（权重）；

$\operatorname{cov}(R_1, R_2)$——资产 1、资产 2 的收益率之间的协方差。

从式（13-2）可以看出，该公式引入了两种资产收益率之间的协方差。如第 12 章所述，协方差是两个随机变量之间的依赖结构或协变量的度量。在我们的应用程序中，这些变量是资产 1 和资产 2 的收益率。

测量两个随机变量的协变量的另一种方法是确定相关性。如前一章所述，随机变量之间的相关性是两个随机变量的协方差除以其标准差的乘积，将此应用于资产 1 和资产 2 的收益率上，可得

$$\operatorname{cor}(R_1, R_2) = \operatorname{cov}(R_1, R_2) / [\sigma(R_1)\sigma(R_2)]$$

其中，$\operatorname{cor}(R_1, R_2)$ 是资产 1 和资产 2 的收益率之间的相关性。计算协方差，我们有

$$\operatorname{cov}(R_1, R_2) = \sigma(R_1)\sigma(R_2)\operatorname{cor}(R_1, R_2) \tag{13-3}$$

将式（13-3）代入式（13-2），则投资组合方差可改写为

$$\sigma^2(R_P) = w_1^2 \sigma^2(R_1) + w_2^2 \sigma^2(R_2) + 2w_1 w_2 \sigma(R_1)\sigma(R_2)\operatorname{cor}(R_1, R_2) \tag{13-4}$$

13.2.3　一般情形

从上可知，两个资产的案例并不复杂，但是从两个资产变为两个以上资产就会有点棘手。例如，根据方差和协方差定义，由三个资产（资产 1、资产 2 和资产 3）组成的投资组合方差为

$$\begin{aligned}\sigma^2(R_P) = &\ w_1^2 \sigma^2(R_1) + w_2^2 \sigma^2(R_2) + w_3^2 \sigma^2(R_3) + 2w_1 w_2 \sigma(R_1)\sigma(R_2)\operatorname{cor}(R_1, R_2) + \\ &\ 2w_1 w_3 \sigma(R_1)\sigma(R_3)\operatorname{cor}(R_1, R_3) + 2w_2 w_3 \sigma(R_2)\sigma(R_3)\operatorname{cor}(R_2, R_3)\end{aligned} \tag{13-5}$$

一般来说，对于一个有 K 个资产的投资组合，投资组合方差为

$$\sigma^2(R_P) = \sum_{k=1}^{K}\sum_{h=1}^{K} w_k w_h \operatorname{cov}(R_k, R_h) \tag{13-6}$$

在式（13-6）中，K 个资产的投资组合方差是 $k = h$ 的情况，每对资产之间的协方差是 $k \neq h$ 的情况。

13.3 相关性在确定投资组合风险和多元化中的作用

让我们考虑一个简单的两种资产投资组合的预期收益率和投资组合方差，这使我们能够评估相关性在决定投资组合风险中所扮演的角色。假设对于资产 1 和资产 2，我们获得的信息如表 13-1 所示。

假设投资组合对两种资产的权重相等（$w_1=w_2$），则根据式（13-1）可得投资组合预期收益率为

表 13-1

资产	$E(R)$	$\sigma(R)$
1	12%	30%
2	18%	40%

$$E(R_P) = 0.50 \times 12\% + 0.50 \times 18\% = 15\%$$

根据式（13-4），投资组合方差为

$$\sigma^2(R_P) = 0.5^2 \times (30\%)^2 + 0.5^2 \times (40\%)^2 + 2 \times 0.5 \times 0.5 \times 30\% \times 40\% \mathrm{cor}(R_1, R_2)$$
$$= 0.062\,5 + 0.06\mathrm{cor}(R_1, R_2)$$

对上述方程取平方根，可得投资组合标准差为

$$\sigma(R_P) = [0.062\,5 + 0.06\mathrm{cor}(R_1, R_2)]^{0.5}$$

我们现在可以看到，在两种资产收益率之间存在不同相关性的情况下，资产投资组合风险是如何变化的。我们知道，相关性的取值范围为 [−1, 1]。我们来考虑 $\mathrm{cor}(R_1, R_2)$ 分别等于 −1、0 和 1 的这三种情况，将这三种情况下 $\mathrm{cor}(R_1, R_2)$ 的相关性代入上述方程，所得结果如表 13-2 所示。

从表 13-2 中可以看出，随着资产 1 和资产 2 的预期收益率之间的相关性从 −1 增加到 0 再到 1，投资组合预期收益率的标准差从 5% 增加到 35%。请注意，尽管投资组合风险

表 13-2

$\mathrm{cor}(R_1, R_2)$	−1	0	+1
$\sigma(R_P)$	5%	25%	35%

随相关性而变化，但每种情况下的投资组合预期收益率仍为 15%。

这个例子清楚地说明了马科维茨多元化的影响。多元化原则指出，当一个投资组合中各项资产的资产收益率之间的相关性（协方差）降低时，投资组合收益率的方差和标准差也会降低，这是资产收益率之间关联程度的结果。

可以看出，投资者可以通过组合相关性较低（最好是负相关）的资产来构建一个投资组合，以保持在预期的投资组合收益率不变的情况下，降低投资组合风险。然而，在实践中，很少有资产与其他资产存在负相关性。那么，问题就变成了在大量资产中寻找，以确定在给定的投资组合预期收益率水平下，具有最小投资组合风险的投资组合，或者说，寻找在给定的投资组合风险水平下，具有最高投资组合预期收益率的投资组合。

13.4 构建投资组合

按照建议，构建一个投资组合（选择资产和分配给每项资产金额）的目标是寻找在给定风险水平下具有最高预期收益率的投资组合，具有此属性的投资组合称为有效投资组合。要构建有效投资组合，需要对投资者如何选择资产进行以下假设。

- 均值 – 方差假设：投资者在进行资产选择决策时只使用均值和方差。
- 风险规避假设：投资者是风险厌恶者，这意味着当面临在两种资产中选择一种进行投资的决策时，若两种资产的预期收益率相同但风险不同，投资者会选择风险较低的资产。

- **同质预期假设**：所有投资者对所有资产的预期收益率、方差和协方差具有相同的预期。
- **同一投资期限假设**：所有投资者都有一个相同的投资期限。
- **最优化假设**：在构建投资组合时，投资者寻求在给定风险水平下实现最高预期收益率。

考虑到潜在资产的范围，构建有效投资组合需要大量的计算。对于 G 个资产，有 $(G^2-G)/2$ 个协方差要计算，因此，对于有 50 种资产的投资组合，必须计算 1 225 个协方差；对于有 100 种资产的投资组合，必须计算 4 950 个协方差。此外，识别每一个收益率水平的风险最小化的投资组合需要使用优化算法，具体而言就是需要二次规划。

用于解决二次规划问题的算法已在运筹学的课程中有所涉及，这里没必要了解如何构建有效投资组合，我们继续使用前面由两种资产（资产 1 和资产 2）组成的投资组合作为例子，来展示优化过程的结果。回想一下，由两种资产组成的投资组合的主要特点是，$E(R_1)=12\%$，$\sigma(R_1)=30\%$，$E(R_2)=18\%$，$\sigma(R_2)=40\%$。在前面的例子中，我们没有对这两种资产之间的相关性做任何假设。然而，这里我们假设 $\text{cor}(R_1, R_2)=-0.5$。表 13-3 显示了由资产 1 和资产 2 的不同比例组成的 5 个不同投资组合（A、B、C、D、E）的预期收益率和标准差。

表 13-3 资产 1 和资产 2 的不同比例组成的 5 个不同投资组合的预期收益率和标准差

投资组合	资产 1 的权重（%）	资产 2 的权重（%）	$E(R_p)(\%)$	$\sigma(R_p)(\%)$
A	100	0	12.0	30.0
B	75	25	13.5	19.5
C	50	50	15.0	18.0
D	25	75	16.5	27.0
E	0	100	18.0	40.0

注：$E(R_1)=12\%$，$\sigma(R_1)=30\%$，$E(R_2)=18\%$，$\sigma(R_2)=40\%$，$\text{cor}(R_1, R_2)=-0.5$。

13.4.1 可行投资组合

在给定候选资产的范围内，投资者能够构建的任何投资组合都被称为**可行投资组合**。表 13-3 所示的 5 个投资组合都是可行投资组合，其中的风险是根据投资组合的标准差来衡量的。所有可行投资组合的集合称为可行投资组合集合，或简称为**可行集合**。

在我们的例子中，当只有两种资产是投资组合的候选资产时，很容易以图形方式显示一组可行投资组合。如图 13-1 所示，可行集合是一条曲线，它代表了通过从资产 1 和资产 2 的所有可能组合构建的投资组合可以实现的风险和投资组合预期收益率的组合。表 13-3 中的 5 个投资组合均可以在代表可行集合的曲线上找到。从投资组合 A 到投资组合 E，对资产 1 的分配从投资组合的 100% 减少到 0%，对资产 2 的分配从 0% 增加到 100%，因此，资产 1 和资产 2 的所有可能组合都位于投资组合 A 和 E 之间（图 13-1 中标记为 AE 的曲线上）。在两种资产的情况下，对这两种资产的任何其他资产配置都不可能不在这条曲线上，正是由于这个原因，曲线 AE 是可行集合。

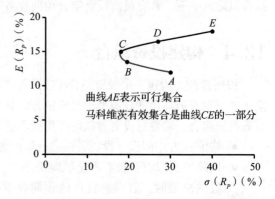

曲线 AE 表示可行集合
马科维茨有效集合是曲线 CE 的一部分

图 13-1 资产 1 和资产 2 的可行和有效投资组合

图 13-1 显示了两种资产的可行集合。对于一般资产而言，可能有两种以上的资产，[注]此时的可行集合就不是如图 13-1 所示的曲线，而是如图 13-2 中阴影所示的区域。原因在于，与两种资产情况不同，两种以上的资产可以创建组合，从而产生投资组合预期收益率和投资组合风险的组合，由此使得投资组合的预期收益率和风险不仅出现在图 13-2 的曲线 Ⅰ-Ⅱ-Ⅲ 上，而且出现在阴影区域。

13.4.2 有效投资组合

有效投资组合是指对具有相同风险的一组可行投资组合给出的最高预期收益率。它也被称为**马科维茨有效投资组合**或**均值-方差有效投资组合**。对于每一个层次的投资组合风险，都有一个有效投资组合，所有有效投资组合的集合被称为有效投资组合集合，或者简称为**有效集合**或**马科维茨有效集合**，有效集合也称为**有效边界**。

图 13-1 显示了两个资产的可行集合，它的一部分代表了有效集合。可行集合由曲线 AE 表示，有效集合由曲线 CE 表示，它是可行集合的一部分。在给定的投资组合风险水平下，CE 曲线上的投资组合能提供最高的投资组合回报。在表 13-3 所示的 5 个投资组合中，只有投资组合 C、D 和 E 属于有效组合，可行集合中剩余的两个投资组合 A 和 B 则被排除在有效组合之外，这是因为在有效组合中至少有一个投资组合（例如：组合 C）比投资组合 A 或投资组合 B 有更高的投资组合预期收益率和更低的投资组合风险。此外，投资组合 D 的预期收益率高于投资组合 A，而投资组合风险低于投资组合 A。事实上，由曲线 AC 表示的可行集合的整个部分都是无效的，因为在曲线 CE 上的任何一个投资组合相较于曲线 AC 都具有相同的投资组合风险和更高的投资组合预期收益率，或相同的投资组合预期收益率和较低的投资组合风险，或两者兼而有之。例如，投资组合 D 优于投资组合 A，投资组合 C 优于投资组合 A 和 B。

图 13-1 仅表示两种资产的特殊情况，图 13-2 显示了多于两种资产的一般情况。如图 13-2 所示，曲线 Ⅱ-Ⅲ 给出了有效集合，可以很容易地观察到，曲线上表示的所有可行投资组合都优于阴影内的投资组合。请注意，考虑到每项资产的预期收益率和风险及其相关性，任何优于有效集合的投资组合都无法构建。

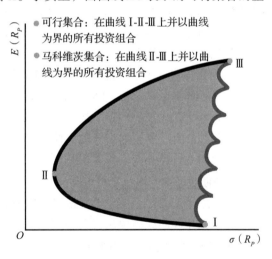

图 13-2 具有两种以上资产的可行和有效组合

13.5 选择最优投资组合

投资者应该选择的投资组合是有效集合上的投资组合（位于有效边界的某个地方），这在经济学上是有意义的。有效投资组合代表了投资组合预期收益率和投资组合风险之间的权衡，

[注] 请注意，图 13-2 仅用于说明目的，可行集合的实际形状取决于所选资产的预期收益率和收益率的标准差以及所有资产收益率之间的相关性。

以决定投资者在有效集合中选择哪个投资组合是最好的。到目前为止，我们所描述的框架中缺少的一个关键要素是投资者对风险的容忍度，投资者要根据其风险承受能力选择最佳投资组合，就必须引入风险。记住，在马科维茨的均值-方差理论中，风险是投资组合收益率的方差或标准差。

在经济学的选择理论中，用投资者的效用函数来表示权衡的概念。这个概念首先由约翰·冯·诺依曼和奥斯卡·摩根斯特恩提出。[⊖]当决策者面临一系列选择时，这个概念就会被提起。在我们的例子中，决策者是一个投资者，选择有效集合中包含的有效投资组合。因此，在讨论投资者如何从有效集合中选择投资组合之前，我们先回顾效用函数的概念。

效用函数为决策者所面临的所有可能选择赋值（数值），一个特定选择的赋值越大，从该选择获得的效用就越大，其目标是在一个或多个约束条件下使决策者的效用最大化。在微观经济学中，效用函数被用来描述不同消费品之间的权衡，目标是实现在预算约束下的效用最大化。[⊖]很明显，在投资组合理论的应用中，是在投资组合的预期收益率和投资组合的风险之间进行权衡。所施加的约束条件是，投资组合资金的分配必须使权重之和为1。

有效投资组合提供了不同水平的投资组合预期收益率和投资组合风险，因此投资组合的预期收益率越大，投资组合的风险就越大。当投资组合的预期收益率是提高效用水平的受欢迎的商品，而风险是降低效用水平的不受欢迎的商品时，投资者面临选择一种有效投资组合的决策。因此，投资者从不同的投资组合预期收益率和投资组合风险组合中获得不同水平的效用，从任何可能的投资组合中获得的效用用效用函数表示。简单地说，效用函数表达了投资者对投资组合预期收益率和投资组合风险的不同组合的偏好。

效用函数可以用数学公式表示。然而，这对于我们来说是不必要的，因为我们的目的是从概念上理解投资者是如何做出决定的。因此，我们不用数学公式来表示效用函数，而用图形来表示。图 13-3 显示了标记为 u_1、u_2 和 u_3 的三条曲线，其横轴衡量投资组合风险，纵轴衡量投资组合预期收益率。每条曲线代表一组具有不同投资组合预期收益率和投资组合风险的投资组合。这些投资组合基于投资者的偏好，提供了相同水平的效用。因为它们提供的效用水平相同，所以每条曲线都被称为**无差异曲线**。例如，在图中的无差异曲线 u_1 上，显示了两个点 P_1 和 P_2，这两个点代表两个投资组合，对应于 P_1 的投资组合比对应 P_2 的投资组合具有更高的投资组合预期收益率，但也具有更高的投资组合风险。因为两个投资组合位于同一条无差异曲线上，投资者对这两个投资组合或曲线上的任何投资组合都有相同的偏好。

关于无差异曲线需要注意两件事情。第一，无差异曲线的斜率是正的。这缘于一个合理的经济原因：在相同的效用水平下，投资者需要更高的投资组合预期收益率，以接受更高的投资组合风险。第二，无差异曲线的位置。无差异曲线离水平轴越远，投资者获得的效用就越大，因为在每一个投资组合风险水平下，无差异曲线离水平轴越远代表着更高的投资组合预期收益率。因此，对于图 13-3 所示的三条无差异曲线，u_3 的效用最高，u_1 的效用最低。

当从一组有效投资组合中进行选择时，最优投资组合是投资者偏好的投资组合，其中偏好由投资者的效用函数表示。图 13-3 以图形化的方式展示了这一点，图中不仅显示了三条代表投资者效用函数的无差异曲线，还显示了马科维茨有效边界。在该图中，根据所示的

⊖ John von Neumann and Oskar Morgenstern, Theory of Games and Economic Behavior (Princeton, NJ: Princeton University Press, 1944).

⊖ 在描述利率理论的第 15 章中，我们将看到效用函数的另一个公式。

无差异曲线，可以确定投资者的最优投资组合。请记住，投资者希望在有效边界上实现可达到的最高的无差异曲线。根据这一要求，最优投资组合可用无差异曲线与有效边界相切的点来表示。在图 13-3 中，这一点是投资组合 P^*_{MEF}。假设 P^*_{MEF} 对应图 13-1 中的投资组合 D，从表 13-3 可知，该投资组合由 25% 的资产 1 和 75% 的资产 2 组成，其中，$E(R_p)$ =16.5%，$\sigma(R_p)$ =27.0%。

因此，对于有投资组合偏好的投资者而言，图 13-3 中的无差异曲线的形状决定了预期收益率和风险，表 13-3 则给定了资产 1 和资产 2 组成的投资组合的期望值（预期收益率和标准差），其中，投资组合 D 是最优投资组合，因为它使投资者的效用最大化。如果这个投资者对投资组合预期收益率和投资组合风险有不同的偏好，就会有不同的最优投资组合。例如，图 13-4 显示了相同的有效边界，但由不同的投资者给出了三条不同的无差异曲线。在这种情况下，最优投资组合是 P^{**}_{MEF}，它比图 13-3 中的 P^*_{MEF} 具有最优的投资组合预期收益率和投资组合风险。同样，如果投资者有一套不同的投入预期，最优投资组合也会有所不同。

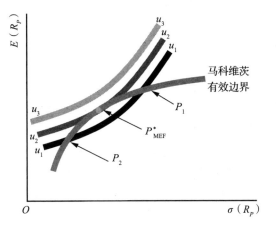

图 13-3 最佳投资组合的选择

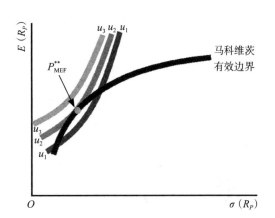

图 13-4 不同无差异曲线（效用函数）下的最优投资组合选择

在我们讨论的这一点上，自然有人会问：我们如何估计投资者的效用函数，以便确定无差异曲线。不幸的是，几乎没有关于如何构建效用函数的指导性说明。一般来说，经济学家还没有成功地估计出效用函数。无法估计效用函数并不意味着该理论有缺陷，它的真正含义是，一旦投资者构建了有效边界，投资者将主观地决定哪一种有效投资组合适合自己的风险容忍度。

13.6 投资组合理论的批判

正如之前我们所阐述的，投资组合理论是一种规范性理论。也就是说，它是一种描述投资者在构建投资组合时应该追求的行为规范的理论。如果投资者在做出投资组合分配决策时确实遵循了这种行为规范，那么所选择的投资组合应该是一个有效投资组合。因此，对投资组合理论的批判主要集中在该理论所建立的假设上。在我们讨论这些批判之后，我们将描述与应用现代投资组合理论相关的问题。

在本章的前面已经确认了投资组合理论中的一些假设：均值–方差假设、风险规避假设、同质预期假设、同一投资期限假设和最优化假设。均值–方差、同质预期假设和同一投资期限假设遭到的批评最多。讨论这些批评，然后描述另一种投资决策过程的行为属于行为金融学。

均值－方差假设指出，投资者所考虑的适当风险度量是投资组合收益率分布的方差。第12章详细介绍了使用方差作为风险度量的局限性。

同质预期假设认为，每个投资者对投入在均值、方差和资产收益率之间的相关性方面都有相同的期望。由于投资者通常无法获得相同的数据，这一假设不太可能成立。

关于同一投资期限假设，该假设并没有具体说明这个共同的投资期限是什么。

除理论问题外，还有与实施均值－方差假设相关的实际问题。具体地说，预测中的估计误差会显著影响得到的投资组合权重。研究表明，预期收益率的估计误差往往比方差和协方差的估计误差产生更大的影响。⊖此外还发现，方差中的误差大约是协方差误差的两倍。⊜因此，一些投资组合经理采用均值－方差优化技术获得的"误差最大化者"⊜，可以作为投资组合中某些资产产生的极端或非直观的权重。

由于存在估计误差，研究者提出了这样一个问题：在一个投资组合中简单地对每一种证券进行同等的加权是否会像应用马科维茨框架确定最优权重所构建的投资组合一样好。20世纪80年代初以来的几项研究发现，通过朴素的多元化所创建的投资组合（同等权重的投资组合）往往优于采用均值－方差分析法创建的投资组合。㉔

行为金融学与投资者决策

20世纪70年代末，丹尼尔·卡尼曼和阿莫斯·特沃斯基对金融经济学家在构建金融理论时所使用的经济原理基础发起了最早的批判。在大量的实验中，这两位心理学家证明了决策者的行为与经济学家的假设不一致。然后他们提出了"前景理论"来批判预期效用理论。㉕

其他来自心理学领域对标准金融理论假设的批判使得金融领域产生了一个专业分支，即行为金融学。**行为金融学**研究人的心理如何影响投资者的决策，其影响不仅包括我们在本章所描述的投资组合理论，还包括资产定价理论（第14章）、期权定价理论（第34章）和市场效率的含义。卡尼曼、保罗·斯洛维奇和特沃斯基的研究奠定了行为金融学的基础。㉖

赫什·谢夫林提出了三个行为金融学主题。㉗

行为金融学主题1：投资者在做出投资决策时会犯错，因为他们依赖经验法则。

行为金融学主题2：投资者在进行投资决策时既受到形式的影响，也受到实质的影响。

⊖ See, for example, Michael J. Best and Robert T. Grauer, "The Analytics of Sensitivity Analysis for Mean-Variance Portfolio Problems," *International Review of Financial Studies* 4 (1991): 315–342.

⊜ See, for example, Vijay K. Chopra and William T. Ziemba, "The Effect of Errors in Means, Variances, and Covariances on Optimal Portfolio Choice," *Journal of Portfolio Management* 19 (1993): 6–11.

⊜ Richard Michaud, Efficient Asset Allocation: A Practical Guide to Stock Portfolio Optimization and Asset Allocation (Boston: Harvard Business School Press, 1998).

㉔ See, for example, Victor DeMiguel, Lorenzo Garlappi, and Raman Uppal, "Optimal versus Naive Diversification: How Inefficient Is the 1/N Portfolio Strategy?" *Review of Financial Studies* 22 (2009): 1915–1953.

㉕ Daniel Kahneman and Amos Tversky, "Prospect Theory: An Analysis of Decision under Risk," Econometrica 47, no. 2 (1979): 236–291. See also Daniel Kahneman and Amos Tversky, "Advances in Prospect Theory: Cumulative Representation of Uncertainty," *Journal of Risk and Uncertainty* 5 (1992): 297–323.

㉖ Daniel Kahneman, Paul Slovic, and Amos Tversky, Judgment under Uncertainty: Heuristics and Biases (New York: Cambridge University Press, 1982).

㉗ Hersh Shefrin, Beyond Greed and Fear: Understanding Behavioral Finance and the Psychology of Investing (New York: Oxford University Press, 2002), 4–5.

行为金融学主题 3：金融市场中的价格会受到各种错误和决策框架的影响。

行为金融学主题 1 涉及**启发式**。这个术语意味着一个经验法则或者一个可以用来缩短决策时间的很好的指南。例如，以下是"MSN Money"网站上提供的三条在投资于普通股股票时，增加成功可能性的经验法则：①忽略专家的预测；②避免购买廉价股票；③跟随大玩家。[一]对于退休计划，有一条经验法则建议每年把税前收入的 10% 用于投资以备退休之用。至于投资于什么资产以达到退休目标（资产类别之间的分配），一个被推荐使用的经验法则是，投资者分配给债券的百分比应通过 100 减去投资者的年龄来确定。例如，一个 45 岁的人应该把自己的退休基金的 55% 投资于债券。

这些都是启发式的例子。在某些情况下，这样的经验法则或快速指南可以很好地发挥作用。然而，心理学文献告诉我们，启发式也会导致决策过程中的系统偏差，或者心理学家所称的**认知偏差**。在金融领域，这些偏差会导致在做出投资决策时出现错误。谢夫林把这些偏差称为**启发式驱动的偏差**。

我们回顾一下前面提到的现代投资组合理论中关于投资者行为的假设。第一个假设是均值－方差假设，即投资者计算出金融资产收益率的均值和方差，并基于这些统计信息构建一个最优投资组合。然而，行为金融学发现，投资者不会进行这种均值－方差计算，而是依赖启发式来指导他们的投资组合选择。

行为金融学主题 2 涉及框架的概念。这里的**框架**是指向投资者呈现一种情况或选择的方式。行为金融学认为，投资选择的框架可能导致投资者对每种选择的风险和收益率的评估存在显著差异，从而导致最终决策。[二]赫什·谢夫林与梅尔·斯塔特曼提供了一个框架错误和认知偏差的例子。[三]个人投资者往往不能以市场价值来看待他们的股票投资组合的价值。相反，投资者有一个"心理账户"。在这个账户中，尽管市场价值发生了变化，他们仍然会按照买入价来标记投资组合中每只股票的价值。他们不愿承认自己所持股票的任何亏损，是因为人们一直希望这些股票能够扭亏为盈。当他们最终卖出亏损的股票时，他们关闭了心理账户，只有在那时才承认真实发生的损失。因此，投资决策基于这种心理账户的影响，而不是基于投资决策对投资者的真实经济影响。行为金融学假设这种"框架依赖效应"在投资决策中起作用，因此，行为金融学主题 2 就有了"框架依赖"这个名词。相比之下，标准金融理论假设框架具有独立性，这意味着投资者可以"通过透明、客观的风险和收益率的视角来看待所有决策"。[四]

行为金融学主题 3 展示了启发式和框架依赖效应所导致的错误是如何影响资产定价的。在第 18 章中，我们讨论了市场的定价效率。行为金融学认为，由于投资者的决策方式，资产价格不能反映其基本价值。也就是说，市场价格将是无效的。因此，谢夫林将行为金融学主题 3 命名为"无效市场"。

行为金融学可以解释与均值－方差理论不一致的投资行为。这里有一个例子。据估计，

[一] Harry Domash, "10 Rules for Picking Stock Winners," *MSN Money*, September 27, 1997.

[二] See Amos Tversky and Daniel Kahneman, "The Framing of Decisions and the Psychology of Choice," Science 211 (1961): 453–458; and Amos Tversky and Daniel Kahneman, "Rational Choice and the Framing of Decisions," *Journal of Business* 59, pt. 2 (October 1986): S251–S278.

[三] Hersh Shefrin and Meir Statman, "The Disposition to Sell Winners Too Early and Ride Losers Too Long: Theory and Evidence," *Journal of Finance* 40, no. 3 (1985): 777–790.

[四] Shefrin, *Beyond Greed and Fear*, 4.

如果投资者遵循均值-方差理论，他们应该持有 300 多只股票。然而据报道，普通投资者只持有三四只股票，这个问题被称为**多元化之谜**，它可以在行为金融学的背景下得到解释。更具体地说，行为金融学理论家提出的投资组合理论被称为"行为投资组合理论"，该理论主张投资者将其投资组合构建为分层金字塔。金字塔底层的目标是提供下行保护，金字塔顶层的目标是提供上行潜力。在行为投资组合理论中，当构建投资组合时，取代传统的风险规避的动机，不是投资者对风险的态度，而是投资者的愿望。在行为投资组合理论的背景下，投资者在金字塔的顶端放置一些没有多元化投资组合的股票，其他投资者通过购买彩票来实现愿望。无论是投资者持有无差异投资组合还是购买彩票，都可以用行为投资组合理论来解释，而不是用均值-方差理论来分析。

这会让我们思考，是标准金融理论正确还是行为金融理论正确。公平地说，我们没有提供标准金融理论支持者对行为金融学支持者批判的回应，也没有提出对行为金融学的批判。幸运的是，大卫·赫什莱弗确实提供了这种分析，他提出了对这两种方法的共同反对意见。他将标准金融理论称为"完全理性方法"，将行为金融学理论称为"心理学方法"。[⊖]对这两种方法的批判是，这两种理论从市场数据中找到支持自己的立场无非都是在进行"理论钓鱼"。对完全理性方法的反对意见是：①实施这种方法所需的计算极其困难；②金融文献中的经验证据不支持投资者的理性行为。对心理学方法的反对意见是：①所谓的心理偏见是任意的；②研究人员进行的实验也发现，所谓的心理偏见是任意的。

关键知识点

- 由哈里·马科维茨开发的投资组合理论解释了投资者应如何构建有效投资组合，并从所有有效投资组合中选择最佳或最优的投资组合。
- 马科维茨投资组合理论不同于以往的投资组合选择方法，因为马科维茨演示了如何衡量投资组合选择问题的关键参数。
- 只有两个统计矩用于构建投资组合，即由预期收益和方差（或标准差）衡量的风险，因此该理论也被称为"均值-方差"理论。
- 投资组合理论的一个基本假设是，投资者对具有不同预期收益率和方差的投资组合的偏好可以用一个函数（效用函数）来表示。另一个基本假设是，投资者是风险厌恶者。
- 投资组合多元化的目标是在不牺牲预期收益率的前提下降低投资组合的风险。
- 投资组合选择的目标不仅可以根据预期收益率和方差确定，还可以根据资产之间的相关性（或协方差）来确定。
- 投资组合的预期收益率是投资组合中每项资产预期收益率的加权平均值，分配给每项资产的权重等于投资组合中资产相对于投资组合总市值的市场价值。
- 资产的风险是通过其收益率的方差或标准差来衡量的。与预期收益率不同，投资组合的风险不是投资组合中单个资产标准差的简单加权平均。
- 投资组合风险受投资组合中资产之间相关性的影响，即相关性越低，投资组合风险越小。
- 对均值-方差理论的批判是，它忽略了在现实世界金融市场中观察到的资产收益率的倾斜和厚尾等情况。

⊖ See table 1 in David Hirshleifer, "Investor Psychology and Asset Pricing," *Journal of Finance* 56, no. 4 (2001): 1533–1597.

- 行为金融学的支持者抨击均值-方差理论，因为在他们看来，投资者并没有按照投资组合理论假设的方式做出投资决策。
- 在实践中，马科维茨理论已得到扩展，以考虑交易成本、重新平衡投资组合时的税收影响、约束和卖空。
- 实施马科维茨理论时遇到的最严重的困难之一（与任何需要估计的理论一样）是对单个均值、标准差和成对相关性的预测对投资组合所产生的影响。

练习题

1. 1990年诺贝尔经济学奖获得者哈里·马科维茨教授写道：

    例如，一个有60种不同铁路证券的投资组合，其多元化程度不如具有铁路、公用事业、采矿、各种制造业等相同规模证券的投资组合。⊖

    为什么这是正确的？

2. 两位投资经理正在讨论现代投资组合理论。经理A表示，马科维茨投资组合分析的目标是构建一个在给定的投资组合风险水平下使投资组合预期收益率最大化的投资组合。经理B不同意，他认为目标是在给定的投资组合预期收益率水平下构建一个最小化投资组合风险的投资组合。哪个投资经理的观点是正确的？

3. 什么是"厌恶风险的投资者"？

4. "马科维茨有效边界"是什么意思？

5. 解释为什么不是所有可行投资组合都在马科维茨有效边界上。

6. 什么是"最优投资组合"？它与有效投资组合有什么关系？

7. a. 投资者如何选择最佳投资组合？

    b. 解释投资者偏好在选择最佳投资组合时的作用。

8. 在确定多元化带来的潜在利益时，解释资产之间相关性的关键作用。

9. "如果资产收益率是完全相关的，则可以实现最大的多元化收益。"解释你同意或不同意这一说法的原因。

10. 那些主张投资股票和债券的投资组合的投资顾问指出，这两种资产类别之间的收益率相关性小于1，因此这种投资组合提供了多元化的好处。

    a. 两种资产类别之间的收益率的相关性如何衡量？

    b. 为什么股票和债券之间的收益率相关性小于1意味着潜在的多元化收益？

11. 我们假设有关于资产1和资产2的信息如表13-4所示。

    表 13-4

资产	$E(R)$(%)	$\sigma(R)$(%)	权重(%)
1	12%	30%	60
2	18%	40%	40

    a. 如果两个资产之间的相关性为-1，那么组合方差和标准差是多少？

    b. 如果两个资产之间的相关性为0，那么组合方差和标准差是多少？

    c. 如果两个资产之间的相关性为1，那么组合方差和标准差是多少？

    d. 随着相关性从-1增加到1，投资组合标准差会发生什么变化？

    e. 如果两个资产之间的相关性为-1、0或1，那么投资组合预期收益率是多少？

12. 以下内容摘自沃伦·贝利和雷内·斯图尔兹：

    最近国际多元化研究文献使用国外股市的月度数据，指出美国投资者应持有国外股票，以减少国内股票投资组合的方差，而不使投资组合预期收益率降低。⊖

⊖ Harry M. Markowitz, "Portfolio Selection," *Journal of Finance* 7, no. 1 (1952): 89.

⊖ Warren Bailey and Rene M. Stulz, "Benefits of International Diversification: The Case of Pacific Basin Stock Markets," *Journal of Portfolio Management* 16, no. 4 (1990): 57–61.

a. 为什么你会认为，投资外国股票市场以分散投资，从而在不降低投资组合预期收益率的情况下减少国内股票投资组合的方差的能力取决于经验？

b. 在试图证明通过投资国外股票市场来实现国际投资分散好处的研究论文中，通常比较两个有效边界。一个是只使用国内股票构建的有效边界，另一个是同时使用国内股票和国外股票构建的有效边界。如果投资国外股票可以实现收益，那么同时使用国内股票和国外股票所构建的有效边界是高于还是低于只使用国内股票所构建的有效边界呢？解释你的答案。

13. 以下摘自约翰·亨特和T. 丹尼尔·科金：

    投资风险分散的程度取决于国家市场完全由一个世界市场因素控制的程度（所有跨国关系的相关性都是1），那么国际多元化将没有任何好处。如果所有国家市场完全独立（所有跨国关系的相关性均为0），那么对无限多国家的国际投资分散将完全消除国家市场变化的影响。⊖

    a. 为什么"跨国关系的相关性"在证明国际多元化带来的好处方面至关重要？

    b. 为什么亨特和科金认为，如果这些跨国关系的相关性都是1，那么国际多元化不会带来任何好处？

14. 说明你为什么同意或不同意以下声明："由于很难确定投资者的效用函数，马科维茨投资组合理论在实践中不能用于构建马科维茨有效投资组合。"

15. 以下是马歇尔·E. 布卢姆关于《谨慎人规则》的摘录：

    根据这一规则，投资经理必须根据自身的价值对每个资产进行投资。如果每个资产都是安全的，那么总投资组合将是安全的。例如，尽管投资经理现在知道，当期货与其他资产结合时，可以降低投资组合风险，但是在"谨慎人规则"下，期货不能使用，因为它们本身就有风险……

    马科维茨关注的是整个投资组合，而不是明确地关注投资组合中的单个资产，这显然与投资个人信托的"谨慎人规则"相抵触。事实上，根据20世纪70年代中期通过的《雇员退休收入保障法》，投资衍生品以降低投资组合的风险，在很大程度上是合法的不谨慎行为。⊖

    为什么投资个人信托的"谨慎人规则"与马科维茨投资组合理论所建议的投资组合方式相冲突？

16. 行为金融学方法与标准金融理论方法有何不同？

17. "多元化难题"是什么意思？

18. 在实践中应用均值-方差理论的主要障碍是什么？

⊖ John E. Hunter and T. Daniel Coggin, "An Analysis of the Diversification from International Equity Investment," *Journal of Portfolio Management* 17 (1990): 33–36.

⊖ Marshall E. Blume, "The Capital Asset Pricing Model and the CAPM Literature," in The CAPM Controversy: Policy and Strategy Implications for Investment Management, ed. Diana R. Harrington and Robert A. Korajczyk (Charlottesville, VA: Association for Investment Management and Research, 1993), 5.

第14章

资产定价理论

学习目标

学习本章后，你会理解：
- ▲ 资本市场理论的假设；
- ▲ 资本市场线和无风险资产在其发展中的作用；
- ▲ 为什么资本市场线主导马科维茨有效边界；
- ▲ 证券市场线是什么；
- ▲ 系统性和非系统性风险之间的差异；
- ▲ 资本资产定价模型以及该模型中的相关风险度量和模型的局限性；
- ▲ 什么是市场模型；
- ▲ 资本资产定价模型的实证检验结果以及检验该模型的困难；
- ▲ 套利定价理论模型；
- ▲ 实践中使用的不同类型的因素模型，包括统计因素模型、宏观经济因素模型和基本因素模型；
- ▲ 一些关于风险和回报的基本原则，无论使用何种资产定价模型，都是有效的。

在第13章中，我们介绍了投资组合理论。在本章中，我们将介绍资本市场理论以及该理论和投资组合理论对金融资产定价的影响。本章的大部分内容集中于资产定价模型，即均衡模型。模型对投资者的行为和期望以及资本市场均进行了假设，这些模型可以预测投资者应该要求的预期收益率，为投资者应该要求多少风险溢价提供了答案。知道了预期现金流和预期收益率，就可以确定资产的理论价值，因此，这些模型被称为"资产定价模型"。

14.1 经济假设

经济理论是对现实世界的抽象，这种抽象基于一些简化的假设。这些假设虽然大大简化了问题，但有些看起来却不切实际。然而，从数学的角度看，它们使经济理论更易于理解。本章讨论的一些假设正是行为金融学支持者所批评的假设。值得注意的是，尽管我们称这些假设为"行为假设"，但它们是由标准金融理论或者我们在前一章中提到的完全理性方法做出的行为假设，不是那些提倡行为金融学的人做出的假设。

14.1.1 关于投资者行为的假设

在构建风险投资组合时，资本市场理论对投资者的行为做出如下假设。

行为假设1：资本市场理论假设投资者根据两个参数进行投资决策，即资产预期收益率和方差。如第13章所述，投资组合理论有时被称为均值–方差理论。这个假设告诉我们投资者在做投资决策时使用什么作为度量指标，为了接受更大的风险，他们必须以实现更高收益作为补偿，我们称这种投资者为风险厌恶者。但这个定义过于简单，我们可以通过投资者效用函数的数学说明，对风险规避进行更严格的定义。然而，我们不必担心这种复杂性。重要的是，当投资者在两个预期收益率相同的投资组合中做出选择时，他会（假设）选择风险较低的投资组合。

行为假设2：资本市场理论假设厌恶风险的投资者同意通过使用将资产与平衡相关性相结合的方法来降低投资组合的风险（如第13章所述）。

行为假设3：资本市场理论假设所有投资者在某个单一时期内进行投资决策，该时期的长度（6个月、1年、2年等）没有具体说明。实际上，投资决策过程更为复杂，许多投资者关注的投资范围不止一个。尽管如此，假设某个单一时期的投资期限是必要的，这样可以对数学模型进行简化。

行为假设4：资本市场理论假设所有投资者对用于推导马科维茨有效投资组合的度量指标具有相同的期望，即资产预期收益率、方差和相关性，这是同质期望假设。

14.1.2 关于资本市场的假设

上面列出的四个行为假设处理的是投资者在做出投资决策时的行为。此外，还需要对投资者交易的资本市场的特征做出假设。这方面的三个假设如下所示。

资本市场假设1：资本市场理论假设资本市场是完全竞争的。一般来说，买方和卖方的数量足够多，所有投资者相对于市场而言都是微不足道的，没有任何个人投资者能够影响资产的价格。因此，所有的投资者都是价格接受者，市场价格是由供求关系决定的。

资本市场假设2：资本市场理论假设没有交易成本或障碍物干扰资产的供求关系。经济学家把这些不同的成本和障碍称为摩擦。与摩擦相关的成本通常导致买方支付比没有摩擦时更多的钱，而卖方得到的钱则更少。就金融市场而言，摩擦包括经纪人收取的佣金和交易商收取的买卖价差，还包括税收和政府征收的转让费。

资本市场假设3：资本市场理论假设存在一种投资者可以投资的无风险资产。此外，它假设投资者能以与无风险资产相同的利率借入资金。也就是说，它假设投资者可以以某种无风险利率借贷。

14.2 资本市场理论

根据马科维茨提出的投资组合理论，投资者应该在给定的风险水平下创建一个预期收益率最高的投资组合，其中风险由投资组合的方差来衡量。在第13章中，我们没有考虑在无风险资产（收益确定的资产）存在的情况下构建有效投资组合的可能性。

在没有无风险资产的情况下，投资组合理论告诉我们，马科维茨有效投资组合可以通过投资组合预期收益率和投资组合方差来构建。一旦引入无风险资产，并假设投资者可以以无风险利率借贷（资本市场假设3），投资组合理论的结论就可以如图14-1所示。无风险资产和马科维茨有效投资组合 M 的每个组合都显示在图中的切线上，这条切线 P_BM 是从纵轴上出发并与马科维茨有效集相切的无风险利率，也被称为"有效边界"，切点用 M 表示。切线 P_BM 上的所有投资组合对投资者来说都是可行的。M 点左侧的投资组合代表风险资产和无风险资产的投资组合，M 点右侧的投资组合是以无风险利率借入资金购买风险资产的投资组合。

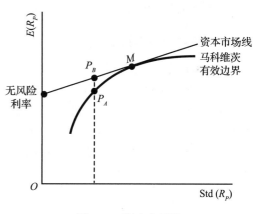

图 14-1　资本市场线

现在我们比较在资本市场线上的投资组合和具有相同风险的在马科维茨有效边界上的投资组合。举例来说，我们将比较处于马科维茨有效边界上的投资组合 P_A 和处于资本市场线上的投资组合 P_B，二者把具有无风险利率和马科维茨有效投资组合 M 联系起来。注意，对于相同的风险，P_B 的预期收益大于 P_A。事实上，除了在马科维茨有效边界上的投资组合 M 之外，所有的投资组合都具有这种优势。

认识到这种偏好，我们必须修正投资组合理论的结论，即投资者将根据风险厌恶程度，在马科维茨有效边界上选择一个投资组合。随着无风险资产的推出，我们现在可以说，一个投资者将在资本市场线上选择一个组合，该组合代表以无风险利率借贷和购买马科维茨有效投资组合 M 的组合。投资者在该线上选择的特定有效投资组合取决于投资者的风险偏好。

一些研究表明，以无风险利率借贷可能暗示了这样一个资本市场，在这个市场中，厌恶风险的投资者将倾向于持有由无风险资产和马科维茨有效边界上的 M 组成的投资组合。⊖ 夏普把有效边界上从无风险利率到投资组合 M 的线称为**资本市场线**（CML），这也是业内采用的名称。

还有一个关键问题是，投资者如何构建投资组合 M。M 必须由投资者可获得的所有资产组成，每项资产必须按其市场价值相对于所有资产的总市场价值的比例持有。⊜ 因此，如果某项资产的总市值为 5 亿美元，而所有资产的总市值为 X 美元，则应分配给该资产的投资组合的百分比为 5 亿美元除以 X 美元。因为投资组合 M 包含了所有的资产，所以它被称为**市场投资组合**。

设想一个厌恶风险的投资者，当他按照投资组合理论的建议进行投资决策并能够以无风险利率借贷时，他应该如何构建有效投资组合。这个过程将无风险资产的投资与市场投资组合结合起来。所有投资者都将持有无风险资产和市场组合的理论称为两基金分离定理，⊜ 即一只基金由无风险资产组成，另一只基金由市场投资组合组成。虽然所有的投资者都会在资本市

⊖ William F. Sharpe, "Capital Asset Prices: A Theory of Market Equilibrium under Conditions of Risk," *Journal of Finance* 19, no. 3 (1964): 425–442; John Lintner, "The Valuation of Risk Assets and the Selection of Risky Investments in Stock Portfolio and Capital Budgets," *Review of Economics and Statistics* 47, no. 1 (1965): 3–37; Jack L. Treynor, "Toward a Theory of Market Value of Risky Assets," unpublished paper, Arthur D. Little, Boston, 1961; and Jan Mossin, "Equilibrium in a Capital Asset Market," *Econometrica* 34 (1966): 768–783.

⊜ Eugene F. Fama, "Efficient Capital Markets: A Review of Theory and Empirical Work," *Journal of Finance* 25, no. 2 (1970): 383–417.

⊜ James Tobin, "Liquidity Preference as Behavior toward Risks," *Review of Economic Studies* 25, no. 2 (1958): 65–86.

线上选择一个投资组合，但对于某个特定投资者来说，最优的投资组合是能够使该投资者的风险偏好最大化的投资组合。

14.2.1 资本市场线公式的推导

图 14-1 以图形的形式展示了资本市场线，但我们也可以从数学上推导出资本市场线的公式。这个公式将是实现我们目标的关键，它能够显示出风险资产应该如何定价。

为了推导资本市场线的计算公式，我们将两基金分离定理与同质期望假设（行为假设 4）相结合。假设一个投资者创建了一个由两只基金组成的投资组合：一个由投资于无风险资产的 w_F 和投资于市场投资组合的 w_M 组成的投资组合，其中 w 代表分配给每个资产的投资组合的相应百分比（权重）。因此可得

$$w_F + w_M = 1 \text{ 或者 } w_F = 1 - w_M$$

这个投资组合的预期收益率和风险是多少？正如我们在第 13 章中所解释的，投资组合预期收益率等于两项资产各自预期收益率的加权平均数。因此，对于我们的两只基金投资组合预期收益率 $E(R_P)$ 为

$$E(R_P) = w_F R_F + w_M E(R_M)$$

因为我们知道 $w_F = 1 - w_M$，可得 $E(R_P)$ 为

$$E(R_P) = (1 - w_M) R_F + w_M E(R_M)$$

可以简化为

$$E(R_P) = R_F + w_M [E(R_M) - R_F] \tag{14-1}$$

既然我们知道了投资组合预期收益率，就可转向用投资组合的方差来衡量投资组合风险。我们从公式中得知如何计算两资产组合的方差，我们在这里重复式（13-4）

$$\sigma^2(R_P) = w_1^2 \sigma^2(R_1) + w_2^2 \sigma^2(R_2) + 2 w_1 w_2 \sigma(R_1) \sigma(R_2) \text{cor}(R_1, R_2)$$

我们可以用式（13-4）来计算我们的两只基金组合。在这种情况下，资产 1 是无风险资产 F，资产 2 是市场投资组合 M，则有

$$\sigma^2(R_P) = w_F^2 \sigma^2(R_F) + w_M^2 \sigma^2(R_M) + 2 w_F w_M \sigma(R_M) \sigma(R_F) \text{cor}(R_F, R_M)$$

我们知道，无风险资产的方差 $\sigma^2(R_F)$ 等于零，因为在已知未来收益率的情况下，收益率不可能发生变化。无风险资产与市场投资组合 cor(R_F, R_M) 之间的相关性为零。这是因为虽然市场投资组合是一种风险资产，但是无风险资产没有可变性，它根本不随市场投资组合收益率的变动而变动。将这两个值代入投资组合方差的公式中，结果如下：

$$\sigma^2(R_P) = w_M^2 \sigma^2(R_M)$$

也就是说，两只基金组合的方差用市场组合的加权方差来表示。我们可以用标准差代替方差来求解市场投资组合的权重。

因为标准差是方差的平方根，我们可得

$$\sigma(R_P) = w_M \sigma(R_M)$$

进而，我们得到

$$w_M = \sigma(R_P) / \sigma(R_M)$$

现在我们回到式（14-1）并用我们刚刚得到的结果代替 w_M，可得

$$E(R_P) = R_F + \frac{\sigma(R_P)}{\sigma(R_M)}[E(R_M) - R_F]$$

整理得到

$$E(R_P) = R_F + \frac{E(R_M) - R_F}{\sigma(R_M)}\sigma(R_P) \tag{14-2}$$

我们从这个方程中可以得到资本市场线。

14.2.2 解释资本市场线方程

资本市场理论假设所有投资者对模型的变量持有相同的期望（行为假设4），在同质预期下，$\sigma(R_M)$ 和 $\sigma(R_P)$ 是市场对市场投资组合 M 和投资组合 P 的预期收益率分布的共识。

通过表达式 $[E(R_M) - R_F]/\sigma(R_M)$ 我们来看看资本市场线斜率的经济意义。该表达式的分子是市场在无风险收益率之外的预期收益率，它提供了一种衡量风险溢价的方法，即持有有风险的市场投资组合而非无风险资产的收益率。分母是市场投资组合的风险。因此，斜率衡量的是每单位市场风险的收益率。因为资本市场线代表的是为补偿感知的风险水平而提供的收益率，所以线上的每一点都是一个平衡的市场条件。资本市场线的斜率决定了补偿单位风险变化所需的额外收益率。因此，资本市场线的斜率也被称为市场风险价格。

资本市场线表示，投资组合预期收益率等于无风险利率加上风险溢价。如第13章所述，我们寻求风险溢价的度量。根据资本市场理论，风险溢价等于风险的市场价格乘以投资组合的风险数量（以投资组合的标准差衡量）。也就是说，

$$E(R_P) = R_F + 风险的市场价格 \times 投资组合的风险数量$$

14.3 资本资产定价模型

到目前为止，我们知道了一个基于风险和预期收益率这两个参数进行决策的风险厌恶型投资者应该如何构建一个有效的投资组合：利用市场投资组合和无风险利率的组合。基于这个结果，我们可以推导出一个模型来说明风险资产应该如何定价。在这样做的过程中，我们可以改进我们对资产相关风险的思考。具体地说，我们可以证明，投资者接受补偿的适当风险不是资产预期收益率的方差，而是其他一些数值。为了说明这一点，我们需要更仔细地研究投资组合风险。

14.3.1 系统性和非系统性风险

在马科维茨投资组合理论中，方差是用来度量风险的。这种风险度量可以分解为两种一般类型的风险：系统性风险和非系统性风险。

系统性风险是指一项资产的收益率可变性中可归因于一个共同因素的部分，它也被称为**不可分散风险**。系统性风险是指通过对大量随机选择的资产进行多元化投资而获得的最低风险水平。因此，系统性风险来自无法分散的一般市场和经济条件。

一项资产的收益率可变性的一部分可以被多元化投资分散，这部分被分散的风险称为**非系统性风险**，有时也称为**可分散风险**、**剩余风险**、**特殊风险**或**公司特定风险**。这是公司特有

的风险，例如罢工、诉讼的不利结果或自然灾害所带来的风险。在现实生活中这类风险的两个例子是 1982 年 10 月泰诺胶囊（强生公司生产）的药物中毒事件和 1984 年 12 月印度博帕尔联合碳化物厂发生的化学事故，这两起无法预料的悲剧都对两家相关公司的股价产生了负面影响。

图 14-2 描述了随着投资组合中增加更多证券，多元化投资如何降低投资组合的非系统性风险。它显示，随着投资种类的增加，总投资组合风险下降。不断增加的多元化倾向于逐步消除非系统性风险，只留下系统性风险。剩下的可变性是因为几乎每种证券的收益率在某种程度上取决于某些共同因素的整体表现，而这个共同因素就是一般市场。一个良好的多元化投资组合的收益率与市场高度相关，其可变性或不确定性基本上就是整个市场的不确定性，因此，系统性风险也被称为**市场风险**。无论投资者持有多少股票，都会面临市场风险，这就是系统性风险被称为不可分散风险的原因。

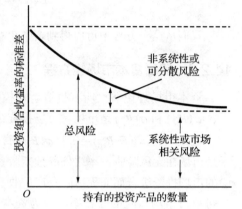

图 14-2　系统性和非系统性投资组合风险

对普通股投资收益率的实证研究支持这些关于系统性和非系统性风险的描述。多元化对普通股投资组合风险影响研究的主要结论如下：

（1）平均收益率与投资组合中持有的投资产品的数量无关，但收益率的标准差随着持股数量的增加而下降；

（2）在随机选取的 20 只普通股的投资组合规模下，总投资组合风险水平降低，非系统性风险逐步被消除，剩下的就是系统性风险；

（3）对于个股而言，系统性风险占总风险的平均比例约为 30%；

（4）平均而言，通过随机选择 20 只股票的投资组合，可以消除约 40% 的单一股票风险；

（5）多元化投资组合的收益率与市场密切相关，系统性风险占总风险的比例超过 90%。

1. 系统性风险的量化

系统性风险可以通过将证券收益率分成两部分来量化：第一部分与市场收益率完全相关并成正比；第二部分独立于市场收益率之外（与市场无关）。收益率的第一部分通常称为"系统收益率"，第二部分称为"非系统收益率"或"多元化收益率"。因此，我们可以得出以下结论：

$$\text{证券收益率} = \text{系统收益率} + \text{非系统收益率} \tag{14-3}$$

由于系统收益率与市场收益率成正比，可以用 β 乘以市场收益率（R_M）来表示。比例因子 β 是一个市场敏感指数，表明证券收益率对市场水平变化的敏感性。（如何估计证券或投资组合的 β 系数将在后面讨论。）非系统收益率独立于市场收益率之外，通常用符号 ε 后跟一个素数 ε' 来表示。因此，证券收益率 R 可以表示为

$$R = \beta R_M + \varepsilon' \tag{14-4}$$

例如，如果一种证券的 β 系数为 2.0，那么 10% 的市场收益率将为该股票带来 20% 的系统收益率。这段时间的证券收益率是 20% 加上非系统收益率，非系统性因素取决于公司特有的因素，如劳动纠纷、高于预期的销售额等。

式（14-4）给出的证券收益率模型通常可以表示为，通过在模型中加入因子 α 来表示非系统收益率随时间变化的平均值，使得残差项 ε' 的平均值为零，以表示非系统收益率随时间变化的平均值。也就是说，我们设定

$$\varepsilon' = \alpha + \varepsilon$$

可得：[⊖]

$$R = \alpha + \beta R_M + \varepsilon \tag{14-5}$$

一段时间内的 ε' 的平均值应该趋于零。

式（14-5）给出的证券收益率模型通常被称为**市场模型**。如图14-3所示，从图形上看，该模型可以描述为一条与证券收益率曲线相吻合的直线。

β 系数可以看作直线的斜率。在市场收益率增加 1% 的情况下，证券收益率会相应增加。在图14-3中，平均而言，如果一种证券的 β 系数为 1.0，则 10% 的市场收益率将导致 10% 的证券收益率。

α 因子由直线在纵轴上（证券收益率）的截距表示，它等于股票在一段时间内的非系统收益率 ε' 的平均值。对大多数股票而言，α 因子往往较小且不稳定。

在利用市场模型给出的证券收益率的定义里，系统性风险和非系统性风险的定义是直观的，它们只是两个收益率的标准差。[⊜]

单个证券的系统性风险等于 β 系数乘以市场收益率的标准差，即

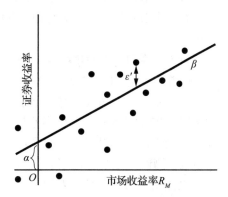

图14-3 市场模型的图形化描述

注：β 是市场敏感指数，是该线的斜率，α 是剩余收益率的平均值，是该线在纵轴上的截距，素数 ε' 是剩余收益率，是图中各点到直线的垂直距离。

$$\text{单个证券的系统性风险} = \beta \sigma(R_M) \tag{14-6}$$

非系统性风险等于剩余收益系数的标准差 ε。

$$\text{非系统性风险} = \sigma(\varepsilon) \tag{14-7}$$

给定了单个证券的系统性风险，我们现在可以计算投资组合的系统性风险，它等于投资组合的 β 系数 β_P 乘以市场指数的风险 $\sigma(R_M)$，即

$$\text{投资组合的系统性风险} = \beta_P \sigma(R_M) \tag{14-8}$$

投资组合的 β 系数可以简单地表示为单个证券 β 系数的平均值，按投资组合中每种证券的比例进行加权平均可得

$$\beta_P = w_1 \beta_1 + w_2 \beta_2 + \cdots + w_n \beta_n$$

⊖ 夏普在1963年的《管理学》中使用的公式是"第293号管理学模型"。一些销售商和学者将超额收益率作为计算 β 系数的变量，超额收益率是通过从资产收益率和市场收益率中减去适当的无风险利率得出的。该模型被称为"风险溢价"形式的市场模型。

⊜ 各种风险之间的关系为 $\sigma^2(R_P) = \beta^2 \sigma^2(R_M) + \sigma^2(\varepsilon')$。这是直接根据式（14-5）和 R_M 和 ε' 统计独立性的假设得出的。先前讨论的 R^2 是系统性风险与总风险的比率（均以方差衡量）：$R^2 = \dfrac{\beta^2 \sigma^2(R_M)}{\sigma^2(\varepsilon')}$。

或者总结为

$$\beta_P = \sum_{i=1}^{n} w_i \beta_i \qquad (14\text{-}9)$$

其中，

w_i——证券 i 代表的证券组合市值比例；

n——证券数量。

因此，一个投资组合的系统性风险仅仅是单个证券系统性风险的市场价值的加权平均值，由所有证券组成的投资组合的 β 系数为 1。如果一只股票的 β 系数超过 1，它就高于平均水平。如果在一个投资组合中，对每种证券的投资金额相同，那么 β_P 是组成证券 β 系数的未加权平均值。

证券投资组合的非系统性风险也是非系统性证券风险的函数，但形式更为复杂。⊖重要的是，随着多元化程度的提高，这种风险趋于零。

有了投资组合风险的这些结果，有助于回到分散化投资对投资风险影响的研究上来。一项研究将 20 只股票组合的标准差与基于平均系统风险的预测下限进行了比较。

预测下限等于投资组合的平均 β 系数乘以市场收益率的标准差，所有研究例子的标准差均接近预测值，这些结果支持了投资组合的系统风险等于组成证券的平均系统风险的论点。

这些结果的影响是巨大的。第一，我们预计长期实现收益率与系统性风险有关，而不是与证券的总风险有关。由于非系统性风险相对容易消除，我们不应期望市场为投资者提供承担此类风险的"风险溢价"。第二，证券系统性风险等于证券的 β 系数乘以 $\sigma(R_M)$（这适用于所有证券），其中 β 系数是一个有用的相对风险度量。β 表示证券（或投资组合）相对于市场风险的系统性风险。因此，用相对的术语来谈论系统性风险是很方便的，也就是说，用 β 系数而不是用 β 系数乘以 $\sigma(R_M)$。

2. 估计 β 系数的值

一个证券或投资组合的 β 系数可以通过对式（14-5）给出的市场模型进行估计，即利用历史收益率进行回归分析。通过市场模型估计出来的斜率就是 β 系数的估计值。一系列的收益率是在一段时间内计算的一些广泛的市场指数（如标准普尔 500 指数）和股票或投资组合的结果。⊖例如，可以计算过去 5 年的每月收益率，为市场指数和股票或投资组合提供 60 个观察值。或者可以计算过去一年的每周收益率。金融理论中没有任何研究表明应该使用每周、每月甚至每天的收益率。金融理论也没有指出任何特定数量的观察结果是合适的，只是从统计方法上来看，更多的观察可以更可靠地估计 β 系数的值。⊜

在互联网上，雅虎财经和谷歌财经提供了针对个股的 β 系数的估计值。表 14-1 显示了雅

⊖ 假设证券的非系统回报 (ε') 是不相关的（这在实践中是合理的），非系统的投资组合风险为

$$\sigma^2(\varepsilon'_P) = \sum_{i=1}^{n} w_i^2 \sigma^2(\varepsilon'_i)$$

其中，$\sigma^2(\varepsilon'_i)$ 是股票 i 的非系统风险。假设投资组合由投资于每种证券的相同百分比组成，$\sigma^2(\varepsilon')$ 是 $\sigma^2(\varepsilon'_i)$ 的平均值。则 $w_i = 1/n$，且 $\sigma^2(\varepsilon'_P) = \dfrac{1}{n}\sigma^2(\varepsilon')$。

在此，我们假设 $\sigma^2(\varepsilon')$ 是有限的，当投资组合中证券的数量增加时，$\sigma^2(\varepsilon'_P)$ 显然接近于零。

⊖ 我们将在第 22 章中讨论几种广泛的市场指数。

⊜ 假设影响股票 β 值的经济决定因素在测量期间不会改变。

虎财经 2018 年 8 月 3 日公布的 5 只股票的 β 系数估计值，雅虎财经使用公司股票每月的价格变化和标准普尔 500 指数每月的变化，共计使用公司股票 3 年（36 个月）的收益率数据（如有）。

我们的目的不是解释计算 β 系数的原理，而是指出在估算 β 系数时存在的实际问题。（涉及其他计量经济学方面问题，但我们不特别关注这些问题。）计算出的 β 系数的差异将取决于以下因素：

表 14-1　2018 年 8 月 3 日雅虎财经公布的 5 只股票的 β 系数估计值

公司（股票代号）	雅虎财经公布的 β 系数估计值
苹果公司（AAPL）	1.14
可口可乐有限公司（KO）	0.53
通用动力公司（GD）	0.85
奈飞公司（NFLX）	1.39
联邦快递公司（FDX）	1.53

- 计算股票投资收益率的时间长度（例如每天、每周、每月）；
- 使用的观察次数（例如，3 年的每月收益率或 5 年的每月收益率）；
- 使用的具体期限；
- 选定的市场指数（例如，标准普尔 500 指数。股票指数是在交易所交易的所有股票按其相对市值加权后的指数）。

此外，还要考虑 β 系数在不同时间间隔内的稳定性问题。也就是说，股票或投资组合的 β 系数随着时间的推移是保持相对不变，还是会发生变化？此外，公司的风险特征应该反映在它的 β 系数中。一些实证研究试图找出这些影响 β 系数的宏观经济因素和微观经济因素。

14.3.2　证券市场线

资本市场线代表一个均衡条件，其中资产组合的预期收益率是市场投资组合预期收益率的线性函数。单个证券的预期收益率也存在类似的关系

$$E(R_i) = R_F + \frac{E(R_M)}{\sigma(R_M)} \sigma(R_i) \qquad (14\text{-}10)$$

式（14-10）使用单个证券的风险和预期收益率代替式（14-2）给出的资本市场线中的投资组合值。这种单个证券的风险/收益关系称为**证券市场线**（SML）。与资本市场线的情况一样，资产的预期收益率等于无风险利率加上风险的市场价格与证券风险数量的乘积。

证券市场线关系的另一个更常见的版本是使用一个证券的 β 系数。如前所述，在一个充分多元化的投资组合（马科维茨多元化投资）中，非系统性风险随着证券数量的增加被消除。因此，可以证明

$$\sigma^2(R_i) = \beta_i^2 \sigma^2(R_M)$$

标准差为

$$\sigma(R_i) = \beta_i \sigma(R_M)$$

因此，可得

$$\beta_i = \frac{\sigma(R_i)}{\sigma(R_M)}$$

如果将 β_i 代入式（14-10），我们就得到了证券市场线版的 β 系数，如式（14-11）所示，

该公式通常被称为**资本资产定价模型**（CAPM）。^㊀

$$E(R_i) = R_F + \beta_i[E(R_M) - R_F] \quad (14\text{-}11)$$

式（14-11）表明，鉴于前面描述的资本市场理论的假设，单个资产的预期（或所需）收益率是其系统风险指数（用 β 系数衡量）的正线性函数。β 系数越大，预期收益率就越高。请注意，只有资产的 β 系数才决定其预期收益率。

我们看看资本资产定价模型对几个 β 系数值的预测。无风险资产的 β 系数为零，因为无风险资产收益率的可变性为零，它不与市场投资组合的预期收益率共同变化。因此，如果我们想知道无风险资产的预期收益率，我们可以用 0 代替式（14-11）中的 β_i，可得

$$E(R_i) = R_F + 0[E(R_M) - R_F] = R_F$$

因此，无风险资产的收益率仅仅是预期的无风险收益率。

如果市场投资组合的 β 系数是 1 且资产 i 的 β 系数与市场投资组合相同，则将 1 代入式（14-11）可得

$$E(R_i) = R_F + 1[E(R_M) - R_F] = E(R_M)$$

在这种情况下，资产的预期收益率与市场组合的预期收益率相同。如果资产的 β 系数大于市场组合的 β 系数（大于 1），那么资产的预期收益率将高于市场组合的预期收益率。反之亦反。图 14-4 给出了证券市场线的图形。

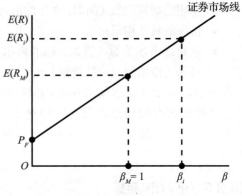

图 14-4　证券市场线

14.3.3　证券市场线、资本市场线和市场模型

在均衡状态下，单个证券的预期收益率将取决于证券市场线而不是资本市场线，因为单个证券之间仍然存在高度的非系统性风险，这种风险可以从证券组合中分散出来。因此，投资者唯一需要支付溢价以避免的风险就是市场风险。具有相同系统性风险的两项资产将具有相同的预期收益率。在均衡状态下，只有有效的投资组合才会同时适用于资本市场线和证券市场线，这就强调了这样一个事实，即系统性风险度量 β 系数被认为是衡量单个证券对多元化证券投资组合系统性风险贡献的指标。

指出市场模型与资本市场线和证券市场线的区别是很重要的。资本市场线和证券市场线代表预期收益率的预测模型，而市场模型是用来描述历史数据的描述性模型。因此，市场模型

㊀ 风险有时在模型中表示。风险溢价或超额收益率是通过从收益率中减去无风险利率得到的，证券和市场的预期风险溢价分别为 $E(r_i)$ 和 $E(r_M)$，其中，

$$E(r_i) = E(R_i) - R_F$$
$$E(r_M) = E(R_M) - R_F$$

将这些风险溢价代入式（14-11），可得

$$E(r_i) = \beta_i[E(r_M)]$$

在这种形式下，资本资产定价模型指出，投资者投资组合的预期风险溢价等于其 β 系数的值乘以预期市场风险溢价。或者说，预期风险溢价应当等于证券风险数量（用 β 系数衡量）与市场风险价格（按预期市场风险溢价衡量）的乘积。

无法预测预期收益率。

14.3.4 资本资产定价模型检验

资本资产定价模型确实是一个简洁的模型，但模型本身所具有的属性并不保证它将有助于解释观察到的风险/收益模式。在这里，我们简要地回顾有关试图验证该模型的实证文献。

测试资本资产定价模型的主要困难在于，该模型是根据投资者的预期而不是以实现的收益率来表述的。为了检验资本资产定价模型，有必要将式（14-11）给出的理论上的资本资产定价模型转换成实证检验的形式。我们在这里不做真正的检验，只提供一个典型测试的模型。我们也不会深入研究与验证资本资产定价模型相关的计量经济学问题，尽管我们在本章后面讨论了一个重要的理论问题，该问题对资本资产定价模型的可测试性以及研究人员的实证结果提出了严重的质疑。

在所分析的时间段内，式（14-11）实证检验结果为：①市场平均风险溢价收益率与股票或投资组合的平均风险溢价收益率之间存在线性关系，其斜率为 β_i；②该线性关系决定的直线应通过原点。此外，根据资本资产定价模型，β 系数是衡量股票风险的一个完整指标。因此，可能提出的替代性风险度量（最常见的是收益率标准差）不应成为解释股票收益率的重要因素。回想一下，标准差衡量的是股票的总风险，包括系统性风险和非系统性风险两个部分。

资本资产定价模型适用于单个证券和投资组合，可以基于两者进行实证检验。然而，基于单个证券的检验并不是获得风险/收益权衡规模估计值的最有效方法，原因来自以下两个问题。

第一个问题被称为"变量误差偏差"，其原因是股票的 β 系数通常是通过将股票收益率与一些历史数据样本相关联来衡量的，拟合出来的线的斜率（回归系数）是 β 系数的估计值，它容易受到各种来源的错误影响。这些错误的影响是随机的，也就是说，有些股票的 β 系数被高估了，而另一些则被低估了。然而，当这些估计的 β 系数值用于测试时，测量误差往往会减弱平均收益率和风险之间的关系。通过仔细地将证券分组到具有相似 β 系数的证券组合中，可以消除大部分这种测量误差。个股 β 系数的误差被抵消了，因此可以更精确地测量投资组合的 β 系数。反过来，基于投资组合收益率的测试将比基于单个证券收益率的测试更有效。

第二个问题涉及残差变化的遮蔽效应。已实现的证券收益率包括一个很大的随机成分，通常占收益率变化（股票的非系统性风险）的70%左右。通过将证券分组到投资组合中，我们可以消除大部分这种"噪音"，从而更清楚地了解收益率与系统性风险之间的关系。

在此，我们应当指出的是，分组不会扭曲潜在的风险/收益关系。个别证券的关系与证券投资组合的关系完全相同。

20世纪70年代初进行的实证检验的主要结果为以下几点。

（1）证据显示，以 β 系数衡量的已实现收益率与系统性风险之间存在显著的正相关关系。然而，估计的平均市场风险溢价通常低于资本资产定价模型的预测。

（2）风险与收益之间呈线性关系。这些研究没有证据表明风险/收益关系存在显著的曲线关系。

（3）试图区分系统性风险和非系统性风险影响的检验并不能产生明确的结果。这两种风险似乎都与证券收益率呈正相关关系，但大量证据支持这样一种观点，即收益率与非系统性风险之间的关系至少部分是虚假的，部分反映了统计问题，而不是资本市场的真实性质。

显然，我们不能断言资本资产定价模型是绝对正确的。但早期的实证检验确实支持这样一种观点，即 β 系数是一种有用的风险衡量指标，β 系数值大的股票的定价往往是为了获得相应的高收益率。

然而，1977 年，理查德·罗尔写了一篇论文，批评了之前发表的资本资产定价模型测试。[⊖]罗尔认为，虽然资本资产定价模型原则上是可检验的，但还没有提出对该理论的正确测试。他还论证了在现实中不可能完成正确的检验。

罗尔断言背后的推理围绕着他的研究进行，即只有一个潜在的可检验假设与资本资产定价模型相关联，也就是说，真正的市场投资组合位于马科维茨有效边界（均值－方差有效）上。此外，由于真正的市场投资组合必须包含世界范围内的所有资产，而其中大多数资产的价值是无法观察到的（如人力资本），因此该假设很可能是不稳定的。[⊖]

自 1977 年以来，一些研究声称支持或反对资本资产定价模型。这些研究试图检验资本资产定价模型的含义，而不是检验作为其方法论基础的风险／收益关系的线性关系。不幸的是，这是一个无法确定的问题，也是市场面临的最具挑战性的问题。

14.4 套利定价理论模型

1976 年斯蒂芬·A. 罗斯开发了资本资产定价模型的替代模型[⊖]，该模型完全基于套利理论，因此被称为**套利定价理论（APT）模型**。

套利定价理论模型假设证券的预期收益率受多种因素的影响，而不仅仅是资本资产定价模型的单一市场指数。式（14-5）指出，证券的收益率取决于其市场敏感指数和非系统收益率。相比之下，套利定价理论声明，证券收益率与 h 个影响因子呈线性关系。套利定价理论模型没有说明这些影响因子是什么，但假设证券收益率与影响因子之间的关系是线性的。

为了说明套利定价理论模型，我们假设投资组合由三种证券和两个影响因子组成（否则，必须引入更复杂的数学符号），其中，

$\tilde{R}_i$——证券 i 的随机收益率（$i=1$，2，3）；

$E(R_i)$——证券 i 的预期收益率（$i=1$，2，3）；

F_h——这三种资产收益率的共同影响因子 h（$h=1$，2）；

$\beta_{i,h}$——证券 i 对第 h 个影响因子的敏感性；

$\tilde{\varepsilon}_i$——证券 i 的残差（$i=1$，2，3）。

套利定价理论模型坚持这样的观点，证券 i 的随机收益率如下所示：

$$\tilde{R}_i = E(R_i) + \beta_{i,1}F_1 + \beta_{i,2}F_2 + \tilde{\varepsilon}_i \tag{14-12}$$

⊖ Richard Roll, "A Critique of the Asset Pricing Theory: Part 1. On the Past and Potential Testability of the Theory," *Journal of Financial Economics* 4 (1977): 129–176.

⊖ 之前引用的传统资本资产定价模型检验的假设（证券平均收益率和 β 系数值之间存在线性关系）并没有阐明这个问题。这是因为，在涉及大量多元化的普通股组合的测试中，无论证券是根据资本资产定价模型定价的，还是根据某种完全不同的模型定价的，风险和收益之间都可以近似地达到线性关系。其结果是重复的，实际收益率与 β 系数值之间的正相关关系通常只表明用于真实市场投资组合的代理指数的收益率大于全球最小方差投资组合的平均收益率。

⊖ Stephen A. Ross, "The Arbitrage Theory of Capital Asset Pricing," *Journal of Economic Theory* 13, no. 3 (1976): 343–360; and Stephen A. Ross, "Return, Risk and Arbitrage," in Risk and Return in Finance, ed. Irwin Friend and James Bicksler (Cambridge: Ballinger, 1976).

要使这三种资产之间达到均衡，必须满足以下套利条件：不使用额外的资金且不增加风险，还能带来收益。一般而言，这样的投资组合是不存在的。从本质上讲，这个条件说明市场上没有"摇钱树"。罗斯介绍了每个证券 i 的风险/收益关系。

为了说明套利定价理论模型，我们假设在一个简单的世界，投资组合由三种证券和两个影响因子组成（否则，必须引入更复杂的数学符号），可得

$$E(R_1) = R_F + \beta_{iF1}[E(R_{F1}) - R_F] + \beta_{iF2}[E(R_{F2}) - R_F] \tag{14-13}$$

其中，

β_{iFj}——证券 i 对第 j 个影响因子的敏感性；

$E(R_{Fj}) - R_F$——第 j 个影响因子相对无风险利率的超额收益率，可以被认为是第 j 个系统风险的价格（或风险溢价）。

式（14-13）可推广为包含 h 个影响因子的情况

$$E(R_i) = R_F + \beta_{iF1}[E(R_{F1}) - R_F] + \beta_{iF2}[E(R_{F2}) - R_F] + \cdots + \beta_{iFh}[E(R_{Fh}) - R_F] \tag{14-14}$$

式（14-14）为套利定价理论模型。它指出，投资者希望对系统影响证券收益率的所有因素进行补偿。补偿是每个因素的系统性风险（β_{iFh}）和市场分配给它的风险溢价 $[E(R_{Fh}) - R_F]$ 的乘积之和。正如前面所述的其他两个风险/收益模型一样，投资者接受非系统性风险不会得到补偿。

14.4.1 套利定价理论模型与资本资产定价模型的比较

通过分析，我们可以看出，资本资产定价模型公式是套利定价理论模型公式的特例。

资本资产定价模型：$E(R_i) = R_F + \beta_i[E(R_M) - R_F]$

套利定价理论模型：$E(R_i) = R_F + \beta_{iF1}[E(R_{F1}) - R_F] + \beta_{iF2}[E(R_{F2}) - R_F] + \cdots + \beta_{iFh}[E(R_{Fh}) - R_F]$

14.4.2 套利定价理论模型的优点

套利定价理论模型的支持者认为，相较于资本资产定价模型，它存在优势。第一，它对投资者在风险和收益方面的偏好做出了较少的限制性假设。如前所述，资本资产定价模型理论假设投资者仅根据预期收益率和预期投资的标准差来权衡风险和收益。相比之下，套利定价理论模型只需要对潜在投资者效用函数设置一些相当不明显的界限。第二，对证券收益率的分布没有任何假设。第三，由于套利定价理论模型不依赖于对真实市场投资组合的识别，因此该理论具有潜在的可检验性。

14.5 因子模型在实践中的应用

套利定价理论告诉我们如何根据证券暴露出的各种类型的风险来定价，除此之外，在实践中，常用三种因素模型来评估普通股，它们分别是统计因素模型、宏观经济因素模型和基本因素模型。⊖

⊖ Gregory Connor, "The Three Types of Factor Models: A Comparison of Their Explanatory Power," *Financial Analysts Journal* 51, no. 3 (1995): 42–57.

14.5.1 统计因素模型

如前所述，确定这些因素存在一定的困难。在**统计因素模型**中，股票收益率的历史数据和横截面数据均被放入统计模型中。统计模型使用的是主成分分析，主成分分析是一种被称为因子分析的统计技术的特例。统计模型的目标是用线性收益组合和相互不相关的因子最完美地解释观察到的股票收益率。

例如，假设计算了1 500家公司10年来的每月收益率，使用主成分分析的目的是产生最能解释观察到的股票收益率的因素，假设有6个因素提供了解释，这些因素是统计上的人为因素。统计因素模型的目标是确定这些统计衍生因素的经济意义。

因为解释起来比较困难，所以很难使用统计因素模型中的因子来获得预期收益率。相反，从业者更喜欢另外两个模型，因为另外两个模型允许他们预先指定有意义的因素，从而产生一个更直观的模型。

14.5.2 宏观经济因素模型

我们把历史股票收益率和被称为"原始描述符"的可观察宏观经济变量输入**宏观经济因素模型**中。其目的是确定哪些宏观经济变量在解释历史股票收益率时是普遍存在的。那些在解释收益率时无处不在的变量就是模型中包含的因素。股票对这些因素的反应是用历史时间序列数据来估计的。估计了这些因素的敏感性，使它们在统计上是独立的，这样就不会重复计算了。

美国股市宏观经济因素模型的一个例子是Burmeister、Ibbotson、Roll和Ross模型。[⊖]该模型有5个宏观经济因素，反映了投资者信心（信心风险）、利率（时间范围风险）、通货膨胀率（通货膨胀风险）、真实商业活动（商业周期风险）和市场指数（市场时机风险）的意外变化。

14.5.3 基本因素模型

最受欢迎的模型是基本因素模型，该模型使用公司和行业属性以及市场数据作为"原始描述符"。所使用的影响因素包括市盈率、账面市价比率、估计的经济增长率和交易活动。基本因素模型的输入数值是股票收益率和公司的潜在"原始描述符"。如果这些关于公司的基本变量在解释股票收益率和经济意义上是普遍存在的，那就会被保留在模型中。股票收益率对某一因素的敏感性是通过统计分析来估计的。

在一系列学术论文中，尤金·法玛和肯尼斯·弗伦奇指出，在一个因素模型中应该包括5个因素。在其最初的论文中，他们表明，三因素模型包括了市场（按β系数衡量并由资本资产定价模型提出）、规模（以市值衡量）和价值（以账面市价比率衡量）这三个因素，三因素模型解释股票收益率的效果优于资本资产定价模型。[⊜]后来，他们发现，通过纳入两个额外的因素，即盈利能力和投资衡量，生成的五因素模型在解释股票收益率方面优于三因素模型。[㊀]另有多家资产管理公司提出了其他因素模型。[㉕]

⊖ Edwin Burmeister, Roger Ibbotson, Richard Roll, and Stephen A. Ross, "Using Macroeconomic Factors to Control Portfolio Risk," unpublished paper.

⊜ Eugene Fama and Kenneth French, "Common Risk Factors in the Returns on Stocks and Bonds," *Journal of Financial Economics* 33 (1993): 3–56.

㊀ Eugene Fama and Kenneth French, "A Five-Factor Asset Pricing Model," *Journal of Financial Economics* 116 (2015): 1–22.

㉕ See, for example, Andrea Frazzini and Lars Pedersen, "Betting against Beta," *Journal of Financial Economics* 111 (2014): 1–25.

14.6 一些原则要摒弃

在本章和上一章中，我们讨论了现代投资组合理论和套利定价理论的核心内容。我们指出了这些理论的内容及这些理论在实践中所起的关键作用，并解释了实证结果。即使你现在了解了所涵盖的主题，但鉴于资本资产定价模型缺乏理论和实证支持，以及难以识别套利定价理论模型中的因素，你可能仍然对我们的进展感到不满意。你并不是唯一一个对此有意见的人，许多从业者和学者对这些模型也感到不满意，尤其是对资本资产定价模型不满意。

然而，令人欣慰的是，很少有人会质疑从这些理论中得出的关于风险和收益的几个一般性原则，具体内容如下所示。

（1）投资有两个维度，即风险和收益。只关注投资者获得的实际收益，而不考虑为实现该收益而接受的风险是不恰当的。

（2）在决定是否将单个资产纳入投资组合时，考察单个资产的风险也是不恰当的，重要的是考虑将资产纳入投资组合将如何影响投资组合的风险。

（3）无论投资者考虑的是一种风险还是1 000种风险，风险都可以分为两大类，即系统性风险（不能通过多元化投资来消除）和非系统性风险（可以通过多元化投资来消除）。

（4）投资者只应因接受系统性风险而得到补偿。因此，在制定投资策略时，识别系统性风险至关重要。

关键知识点

- 资本市场理论基于一系列行为假设和市场假设。
- 如果投资者按照投资组合理论的假设选择投资组合，并且引入无风险资产，就可以构建一组新的有效投资组合，代表无风险资产和市场投资组合的组合。
- 以方差衡量的资产收益风险可分为系统性风险和非系统性风险。
- 可归因于共同因素的资产的收益率可变性部分是其系统性风险。
- 由于系统性风险无法分散，因此被称为不可分散风险。如果它是风险的一个来源，则称为市场风险。
- 由于一个投资组合的系统性风险无法消除，因此它是通过对许多随机选择的资产进行多元化投资之后可以获得的最低风险水平。
- 非系统性风险是资产的收益率可变性的一部分，可以分散开来，称为"可分散风险"。非系统性风险又被称为剩余风险、特殊风险或公司特定风险。
- 因为资产的 β 系数可以衡量该资产的市场敏感度，因此资产的 β 系数是该资产系统性风险的相对度量。
- 可以通过对从资产的历史收益率和一些市场指数中获得的数据进行回归分析来估计资产的 β 系数的值。
- 资本资产定价模型是一种描述风险与预期收益率之间关系的经济理论。或者说，它是一个风险证券的定价模型。
- 资本资产定价模型认为，理性投资者定价的唯一风险是系统性风险，因为这种风险不能通过多元化来消除。
- 基本上，资本资产定价模型认为，证券或投资组合的预期收益率等于无风险证券的利率加上风险溢价。
- 资本资产定价模型中的风险溢价等于风险的市场价格与证券风险数量的乘积。
- 单个证券或投资组合的 β 系数是资产系统

风险的一个指标，并且是统计估计的。
- β系数根据资产收益率和市场收益率的历史数据计算。
- 总体而言，针对资本资产定价模型的大量实证检验未能完全支持该理论。
- 理查德·罗尔批评了对资本资产定价模型的研究，因为很难确定真正的市场投资组合，他认为这样的测试不太可能出现，甚至根本不可能出现。
- 资本资产定价模型假设投资者只关心一个风险来源，即与证券未来价格有关的风险。然而，其他风险还包括投资者未来消费商品和服务的能力。
- 套利定价理论纯粹从套利理论发展而来，它假设证券或投资组合的预期收益率受几个因素的影响。
- 套利定价理论模型的支持者将其限制性较低的假设作为一个特征，使其比资产定价模型更具吸引力。
- 测试套利定价理论模型不需要识别真实的市场组合。但是，它确实需要对因素进行实证检验，因为这些因素不是由理论规定的。
- 套利定价理论模型用选择和衡量潜在因素的问题取代了资产定价模型中确定市场投资组合的问题。
- 最受欢迎的基本因素模型是法玛–弗伦奇五因素模型。
- 虽然所提出的理论有争议或难以在实践中实施，但有几个一般性原则是没有争议的，可以用来理解如何为金融资产定价。

练习题

1. a. 解释为什么资本市场线要假设无风险资产，并假设投资者可以以无风险利率借贷。
   b. 画图说明为什么资本市场线支配着马科维茨有效边界。
2. 在无风险资产存在的情况下，投资者应如何构建有效投资组合？
3. a. 两基金分离定理是什么意思？
   b. 这两只基金是由什么组成的？
4. 说明你同意或不同意以下陈述的原因："作为总风险的百分比，多元化投资组合的非系统性风险大于单个资产的非系统性风险。"
5. 在资产定价模型中，为什么系统性风险又称为市场风险？
6. 说明你同意或不同意以下陈述的原因："投资者接受非系统性风险应得到补偿。"
7. a. 假设一只股票的β系数为1.15，你如何解释这个值？
   b. 假设一只股票的β系数为1.00，一个人能通过只购买那只股票来模仿股票市场的表现吗？
8. a. 什么是市场模型？
   b. 根据市场模型，对资本资产定价模型引入的变量是什么？
9. 假设如下：预期市场收益率=15%，无风险利率=7%。如果证券的β系数值是1.3，根据资产定价模型，它的预期收益率是多少？
10. 以下是1990年10月20日《经济学人》发表的文章《风险与收益》的节选：

    资产定价模型是否有事实支持？退一步说，这是有争议的。夏普先生（1990年诺贝尔经济学奖的共同得主）的研究可追溯至20世纪60年代初，至今仍引起激烈争论，这是对他的褒奖。最近人们的注意力已经从β系数转向了更复杂的风险分散方式，但资产定价模型对金融经济学的意义很难夸大。

    a. 对资产定价模型进行实证研究的一般结论是什么？
    b. 总结理查德·罗尔关于实证检验资本资产定价模型固有问题的论点。
11. 套利定价理论模型的基本原理是什么？
12. 套利定价理论模型相对于资本资产定价模型有哪些优点？
13. 套利定价理论模型在实际应用中有哪些困难？
14. 理查德·罗尔对资本资产定价模型的批评是

否也适用于套利定价理论模型?
15. "在资本资产定价模型中,投资者因接受系统性风险而应该得到补偿。在套利定价理论模型中,投资者因接受系统性风险和非系统性风险而获得收益。"解释你同意或不同意这一说法的原因。
16. 使用统计因素模型有什么困难?
17. 宏观经济因素模型与基本因素模型有何不同?
18. 请说明你同意或不同意以下陈述的原因:"关于资产定价的理论存在相当大的争议。因此,区分系统性风险和非系统性风险是没有意义的。"
19. 说明你同意或不同意以下陈述的原因:"资本资产定价理论是非常值得怀疑的。只存在一种风险,基本上投资者在购买单个证券时应该设法避免这种风险。"
20. 解释法玛–弗伦奇因素模型。

第三部分
PART 3

利率、利率风险和信用风险

第 15 章 利率理论
第 16 章 利率结构

第 15 章

利率理论

学习目标

学习本章后，你会理解：
- 费雪解释利率水平的经典方法；
- 在选择当前和未来消费时，个人偏好在决定利率中的作用；
- 贷款市场在确定利率方面发挥的作用；
- 生产机会在确定利率方面发挥的作用；
- 如何确定市场均衡利率；
- 什么是帕累托最优；
- 均衡的含义，以及需求和供给函数的变化如何影响利率的均衡水平；
- 可贷资金理论是费雪定律的扩展；
- 凯恩斯利率决定理论中流动性偏好的含义；
- 庞巴维克的资本实证理论；
- 决定经济体实际利率的因素；
- 实际利率和名义利率的含义是什么；
- 实际利率与名义利率和通货膨胀之间的关系（费雪定律）；
- 通货膨胀保值债券的基本特征；
- 如何使用美国国债估算预期通货膨胀率；
- 自然利率是多少；
- 涉及安全资产的争议；
- 为什么一个经济体需要安全资产；
- 经济中可能存在负利率的经济原因；
- 什么是量化宽松货币政策和负利率政策；
- 美国历史利率水平。

利率是指借款人在贷款协议中同意每年向贷款人支付的利息与贷款金额的比率。例如，假设一家银行同意向消费者贷款 2 万美元，贷款期限为 4 年，贷款协议要求年利率为 5%，并在 4 年结束时偿还 2 万美元的贷款金额。消费者每年须向银行支付 5% 的利息，即 1 000

（=20 000×5%）美元。从根本上讲，利息是向贷款人借款的成本和对贷款人贷款的补偿。利率这个概念在现代经济体中并不新鲜，其历史悠久。以下是过去5 000年来历史上曾出现过的利率水平：公元前3000年的美索不达米亚、公元前1772年的巴比伦和公元1150年的意大利部分城市的年利率约为20%，公元前443年的罗马、公元前300～200年的雅典、15世纪70年代的荷兰和19世纪70年代的美国的年利率约为8%。自2008年以来，全球利率一直处于历史低位。事实上，在一些国家，利率一直是负的！也就是说，借款人向贷款人收取持有资金的费用。

在本章中，我们描述了一个利率理论，它解释了决定利率水平的因素。利率理论关注的是一种可以为其他利率提供基准的利率，即短期、无风险的实际利率。我们所说的**实际利率**，是指在物价水平保持不变，并被期望无限期地保持不变的前提下，在经济中占主导地位的利率。这里有三个重要问题。首先是无风险利率的含义，即有没有一种金融工具可以提供一个没有任何风险的正利率。其次，我们研究负利率，并讨论该利率是否存在下限。最后，我们来看看可以作为经济体基准利率的替代利率。在第16章中，我们将描述利率结构。在一个经济体中，所有的贷款协议中都没有单一的利率。特定贷款的利率取决于借款人（债券发行人）类型、贷款协议特点和与经济状况相关的众多因素。

15.1 费雪的利率理论

为了了解决定基准利率的因素，我们必须探究为什么有些人可能决定不消耗他们现有的所有资源（储蓄），以及为什么其他人想要投资。那些希望借款的人可能希望将所得收益用于进一步贷款（收购金融资产）或进行投资（获得收益性实物资产，如厂房、设备或住宅）。在我们的讨论中，我们将金融中介抽象化，并假设所有贷款都直接或间接地转移给投资者。

经济学家发展了利率理论，这些理论主要是由奥地利经济学家欧根·冯·庞巴维克于1884年[1]、美国经济学家欧文·费雪于1930年在各自编写的著作中阐述的。[2]我们将从费雪提出的利率理论开始，然后解释庞巴维克的理论。[3]

首先，我们来定义什么是储蓄。储蓄主要反映当前消费和未来消费之间的选择，为了理解这种选择（以及所有消费者的选择），我们需要考虑两个基本概念——偏好和机会。

15.1.1 当前与未来消费偏好

首先考虑偏好的含义。假设我们的消费者在各种篮子（或捆绑包）中进行选择，其中每个篮子包含一定数量的当前消费和一定数量的未来消费。

偏好可以通过所有相关篮子的完整偏好排名来完整地描述。只要当前和未来的消费量可

---

[1] Actually, Böhm-Bawerk's writings on the theory of interest rates appear in two books. His 1884 book, Geschichte und Kritik der Kapitalzins-Theorieen, translated by William Smart as Capital and Interest (North Charleston, SC: Createspace, 1989) described the various practical and theoretical opinions about interest rates. The book laid the foundation for his book (translated by William Smart in 1989), The Positive Theory of Capital (North Charleston, SC: Createspace, 1989). The 1989 translated book is available at https://mises.org/system/tdf /The% 20Positive%20 Theory%20of%20Capital.pdf ?file=1&type=document.

[2] Irving Fisher, *The Theory of Interest Rates* (New York: Macmillan, 1930).

[3] The two theories are described in Paul A. Samuelson, "Two Classics: Böhm-Bawerk's Positive Theory and Fisher's Rate of Interest through Modern Prisms," *Journal of the History of Economic Thought* 16, no. 2 (1994): 202–228.

以随任何微小的变化而变化,那么在可能的篮子中的一些选择就将被平行地排列。也就是说,消费者对篮子中的某些选择并不关心。

这种考虑使得获得有效的偏好成为可能。如图 15-1 所示,图中的横轴表示当前消费量(C_1),纵轴表示未来消费量(C_2)。因此,图中的任何一点都代表一个篮子,比如 H 点,而另外一个点 H^* 代表对 H 点的无所谓选择。更一般地说,从 H 到 H^* 的曲线包含了与 H 和 H^* 无关的篮子,这种曲线称为**无差异曲线**。图 15-1 中的无差异曲线标记为 u。

请注意,虽然无差异曲线穿过图中的每一个点,但无差异曲线不能相交,如果相交就意味着交点上篮子的排名既高于又低于另一个篮子,这显然是不可能的。这里的无差异曲线 u 是从左向右向下倾斜的,表示当前消费量和未来消费量都被认为是可取的。由于

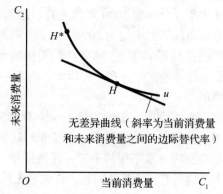

图 15-1 当前消费量和未来消费量之间的无差异曲线

图 15-1 中的篮子 H 包括比篮子 H^* 更多的当前消费量,为了与篮子 H^* 保持差异性,篮子 H 的未来消费量就必须减少。

无差异曲线凸向原点的原因是,当消费者放弃连续相等数量的当前消费量时,未来将需要更多的消费量来弥补消费者当前损失的消费量。这个解释似乎是合理的,尽管对它的证明超出了本章的范围。

在无差异曲线的任何一点上,我们都可以画一条与之相切的线。费雪把这个切线的斜率称为**时间偏好的边际比率**,它衡量下一个时期需要多少额外的消费量来补偿消费者当前损失的消费量。也就是说,切线斜率衡量当前消费和未来消费之间的边际替代率。

我们可以猜想,某人会迫不及待地选择当前消费,而不是选择未来消费。因此,要想让他放弃当前一个单位消费带来的享受,未来就要对他花上不止一个单位的消费进行补偿。换句话说,时间偏好的边际比率或无差异曲线的斜率的绝对值将大于 1。出于这个原因,费雪提议将斜率超过统一的程度称为"不耐程度"。

然而,事实证明,这种关于斜率的推测是错误的。我们很容易验证无差异曲线的斜率随着线上的移动而变化,因此它不太可能处处大于这个统一的程度。在图 15-1 的左边,当前消费量很小,因此切线的斜率要大于这个统一的程度。然而,当我们沿着曲线向右移动时,当前消费量相对于未来消费量越来越大,斜率的绝对值变为小于 1,这意味着,消费者可能愿意放弃今天一个单位的充足供应,以增加明天少于一个单位的稀缺供应。这一观点对于理解为什么利率原则上可以为负是非常重要的。

15.1.2 在贷款市场里的机会

为了理解储蓄行为,我们需要研究偏好是如何与机会相互作用的。我们首先考虑这样一种情况:机会(或一个人可以选择的篮子)被定义为商品现在和以后的初始禀赋;在一个贷款市场中,个人可以自由地以 $R=1+r$ 的固定汇率借贷,方式是将当期所借商品的每一个单位交换到下一个时期(我们所示的未来)。R 是总收益率或市场毛利率 [=(本金 + 利息)/本金],r 是净收益率或市场利率。例如,如果一个单位的当前消费量以 5% 的市场利率借出,那么 $r=0.05$,$R=1.05$。

在图 15-2 中，我们用通过 B 点禀赋篮子的向下倾斜的直线 mm 表示这个机会轨迹（B 点对应的当前禀赋为 Y_1，未来禀赋为 Y_2）。我们把贷款市场的机会轨迹称为市场线，它向下倾斜，因为要得到更多的 C_1，就必须减少 C_2。这是一条直线，在它的任何一点上，放弃一个单位的当前消费量，我们就可以得到相同的未来消费量。这条直线必须通过 B 点，因为如果没有贷款使当前消费量等于当前禀赋 Y_1，那么未来消费量将不等于未来禀赋 Y_2。

现在让我们在图 15-2 中添加一系列无差异曲线，如图 15-3 所示。图中有一条无差异曲线与市场线相切，如无差异曲线 u_4 与市场线相切于 D 点。在给定市场线的情况下，D 点对应的消费篮子可能是所有可用的消费篮子中的首选，因此它将是所选篮子。

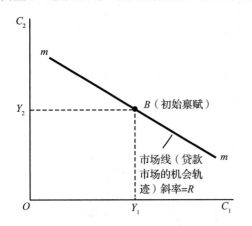

图 15-2 贷款市场的机会轨迹（市场线）示意图

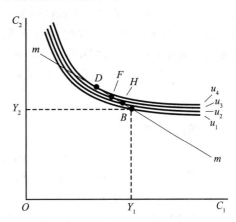

图 15-3 无差异曲线族和市场线

按照这一逻辑，假设消费者开始考虑无差异曲线 u_2 上的 H 点，此时当前消费量大于 D 点对应的消费篮子。假设下一步，消费者考虑放弃一些当前消费，转而选择沿着市场线寻求更多的未来消费，他会首先到达 F 点，然后发现这是一个更好的选择，因为 F 点处于一条更高的无差异曲线 u_3 上。然后，他将到达 u_4 的 D 点，D 点能带给他更高的效用。但在 D 点之外，他会立即开始到达越来越低的无差异曲线，比如无差异曲线 u_2 和 u_3。我们看到市场线与无差异曲线的切点提供了所有可能选择中最好的一个。

回顾无差异曲线在任何一点的斜率表示当前消费和未来消费之间的边际替代率，我们看到，在选定的点上，边际替代率等于市场毛利率 R（或不耐边际比率等于市场利率 r）。完美市场的一个重要性质是，由于每个人都面临相同的市场利率 r，因此每个人在选择的点上都必须表现出同样的不耐程度。特别地，如果 r 是正的（在我们的经济类型中通常是这样），每个人都会不耐，也就是说，每个人都会愿意放弃一个单位的当前消费来放贷，前提是他们以后能得到 $1+r$（$r>0$）单位的未来消费，因为这个机会是由市场提供的。

15.1.3 影响市场利率的经济力量

到目前为止，我们假设市场利率 r 是给定的。但在这个简单的经济中，究竟是什么决定了 r 呢？答案当然是供求关系。对于任何给定的市场毛利率 R，每个人都将决定现在消费多少，储蓄或取出多少（当前禀赋和当前消费量之间的差）。在这个简单的经济中，储蓄等于借贷。通过将每个参与者的净贷款相加，我们得到了每个 R 的贷款供给曲线，如图 15-4 所示。我们把它画成从左向右上升的曲线，这是基于通常认为净贷款额会随着 R 的上升而上升的假设。对于足够低的 R，净贷款为负，因为借款将超过贷款。我们假设一开始投资为零，那么市场均衡要求净贷款为零，它发生在 E 点，曲线与水平轴相交。（请注意，贷款供给曲线逐渐向下倾斜下降。我们稍后将讨论这种情况发生的原因。）

市场毛利率 R 反映了两个主要因素：参与者的时间偏好和他们的禀赋。在任何给定的 R 点，更多的不耐倾向于使贷款（储蓄）供给减少，并使图15-4中的贷款供给曲线降低，从而使 E 点向右平移。相对于未来而言，当前商品的大量禀赋使得人们更愿意放贷，提高了曲线，从而降低了 R。如果曲线上升得足够高，E 点可能会向左平移，直到它小于1，此时 R 将变为负值。这一点看似自相矛盾，但重要的是要明白，除了借贷之外，资金不存在通过投资（或被忽视）的方式转移到未来的机会。

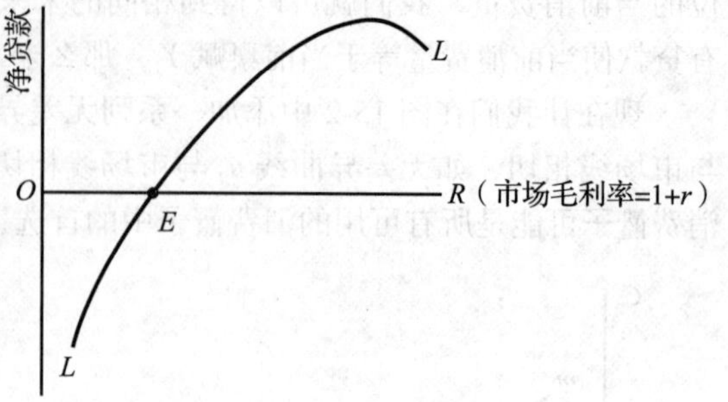

图15-4 贷款供给曲线

15.1.4 通过投资结转

我们现在扩大这个模型，考虑投资的可能性，即引入生产过程，通过使用当前资源作为投入，我们获得未来商品的产出。投资机会轨迹可能类似于图15-5中的 tt 曲线，即**转换曲线**或**生产函数**。该曲线从左向右上升的前提是，投资越多，未来的产出就越多。它从下往上凸是基于惯常性假设，即随着生产规模的扩大收益率递减（尽管在某些地区，在不改变论据的情况下，收益率可能会增加）。转换曲线的斜率衡量的是**资本的边际生产率**。

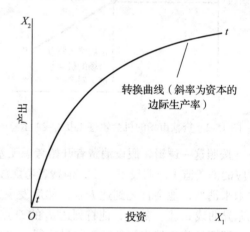

图15-5 投资机会轨迹（转换曲线或生产函数）

15.1.5 消费者选择

消费者面临以下几个决定：①投资多少；②贷款（或借贷）多少；③现在和以后消费多少。但在这些选择中只有两个是独立的，因为现有资源是给定的，一旦一个人决定消费和投资多少，净贷款将由收入减去其他两项支出来确定。同样，净贷款和投资加上未来的收入，决定了未来的消费。

我们先考虑投资多少的决定。由于消费者的收入（或消费者现在和将来可用于消费的钱）受到其禀赋和生产机会所能获得的所有利润的总和的限制，实现最佳可行消费的一个必要条件是为自己确保尽可能多的利润。要了解如何得到这个结果，请再次查看图15-5。回想一下，任何产出（或投入）的利润是投入（或投资）产生的产出与投入成本之间的差额。任何投资的产出由图15-5中的曲线 tt 给出。

费用如何确定呢？让我们首先假设一家公司的所有者必须借到投资所需的全部资金。在这种情况下，显然任何给定投资的成本将是下一期偿还的金额，即借款金额乘以市场毛利率 R。该成本可在图15-6中用斜率为 R 且穿过原点的直线 MM 表示，产出的利润都将是曲线 tt

和曲线 MM 之间的差值，假设投资为 X_1^*。我们将图中的 MM 线称为成本线，因为它代表借款成本，但它与图 15-2 中的市场线具有相同的斜率（绝对值）。

当消费者从零开始增加投资时，我们可以看出利润最初是上升的（只要有利润）。不过，投资增加带来的额外利润越来越少，直到达到不再增加利润的地步，如图 15-7 中的 A 点所示。如果消费者继续扩大投资，利润（用成本线 MM 和转换曲线 tt 之间的垂直距离来衡量）会越来越少。如图 15-8 所示，A 点的一个显著特征是，曲线 tt 与成本线 MM 具有完全相同的斜率 R。我们画一条与 R 斜率相同的直线 mm（与 MM 平行）。这条线在 A 点与曲线 tt 相切。

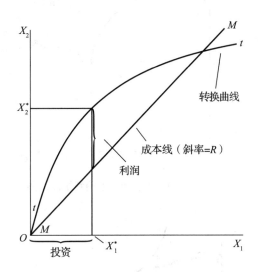

图 15-6　衡量投资产生的利润

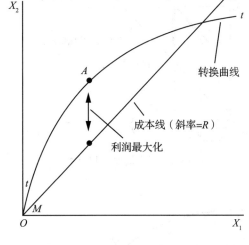

图 15-7　衡量投资利润

因为曲线 tt 的斜率代表了资本的边际生产率，由此，我们可以得出这样的结论：企业的最优投资率是资本的边际生产率 M 等于市场毛利率 R，或者同样地，从额外的投入单位中获得的额外产出正好等于借来额外投入单位的成本（并且通过进一步增加投资获得的金额小于借款成本）。

我们现在可以继续研究消费决策及其与投资决策的相互作用。为此，我们首先在图 15-9 中展示了转换曲线，即通过将图 15-5 中的曲线 tt 旋转 180 度并将原点移到 B 点，得到图 15-9 中的转换曲线（生产函数），曲线 tt 上的 B 点代表图 15-2 中的初始禀赋。通过初始禀赋和转换曲线的组合，得到所有可实现的当前和未来商品篮子的轨迹。

如图 15-9 所示，横轴表示投资金额，由当前禀赋 Y_1 与转换曲线上任何一点对应的横轴上的点之间的差值表示。如图 15-10 所示，在 W 点，横轴上对应的值为 I^W，投资金额为 Y_1 和 I^W 之间的差值。转换曲线上 W 点对应的未来消费量为 C_2^W，它等于未来禀赋 Y_2 加上以 C_2^W 与 Y_2 之差计算的投资利润。

假设暂时没有市场允许 C_1 与 C_2 交换，那么图 15-10 中的 tt 曲线将代表个人机会轨迹。个人的最佳选择，即篮子（C_1，C_2）会在曲线与无差异曲线的切点处找到。但在市场经济中，预算约束并不是来自图 15-2 中的初始禀赋 B，也不是来自图 15-9 中通过转换函数扩大的初始禀赋，而是来自禀赋加上通过生产和销售 C_2 所获得利润之和。因此，为了使满意度最大化，首先，个人应最大化从改造活动中获得的利润。这种最大化将产生一个新的预算等式，其中包括选择最佳篮子（C_1，C_2）。

这个最优决策如图 15-11 所示。转换曲线 tt 上的点 A 处的斜率等于市场线 mm 的斜率。我们知道，这一点（对应图 15-8 中的 A 点）代表使利润最大化的投资（$Y_1-X_1^0$）和产出（X_2^0）。通过 A 点，一条新的预算线 mm（同样与 A 点处的曲线 tt 相切）表示在图 15-11 中将最大利润加到禀赋上的结果。效用最大化篮子将在这个增加利润的预算线与一条无差异曲线的切点处，如点 C_0。

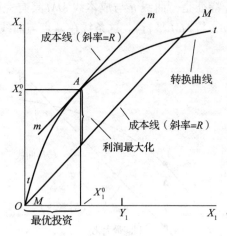

图 15-8　利润最大化和成本线

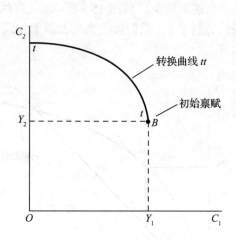

图 15-9　当前和未来消费量曲线图

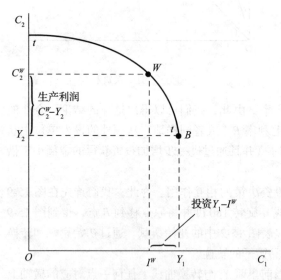

图 15-10　衡量投资和投资利润

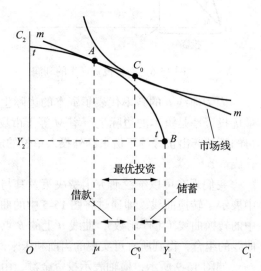

图 15-11　最优投资和借款决策

完美贷款市场的存在和转型带来了一个最重要的特性，即它将当期消费决策与当期收入分离开来，通过转型和净贷款给储蓄和非储蓄之间进行转换提供了可能性。同样，它使投资从储蓄决策中解放出来，因为人们可以通过借贷来弥补储蓄和投资之间的差距。在图 15-11 所示的具体案例中，我们发现所选的消费量 C_1^0 小于初始禀赋 Y_1，因此可以节省如图 15-11 所示的金额（储蓄）。但是这个数额称不上是为一个最优投资提供资金，这个最优投资等于选择的生产 Y_1 与生产 I^A 之间的距离。因此，如图 15-11 所示，差额（$C_1^0-I^A$）是通过借款来弥补的。

图 15-11 说明了一个理性的人如何既能储蓄又能借贷。其他组合可以通过改变点 A 和 C_0

的相对位置以及与禀赋篮子 B 的相对位置来表示。例如，如果 A 介于 C_0 和 B 之间，那么这个人的储蓄最终超过了他投资所需的金额，因此他将进行储蓄、投资和贷款。但是，如果 C_0 落在 B 的右边，这个人就会取出存款，但他可以同时通过借钱和动用自己的存款进行投资。

顺便说一句，很明显我们应该放弃最初的假设，即投资完全是通过借款来融资的，因为如果投资是用所有者自己的储蓄来融资的，那么投资者的资金成本仍然是市场毛利率 R，这是将资金从市场上的贷款转向为投资融资所必须放弃的利息（机会成本）。

15.1.6　市场均衡

到目前为止，我们已经讨论了一个人在给定市场毛利率 R 的前提下对储蓄、投资和借贷的反应。但是 R 本身又是由什么决定的呢？答案还是需求和供给，也就是说，价格必须如此才能使需求和供给达到均衡，即市场出清。我们所描述的两个市场需要出清。第一个是贷款市场，这个市场中的 R 必须使总贷款额等于总借款，或者说，使净借款等于零。第二个市场是现货市场，它的两个需求来源是消费和投资，R 必须使总消费（C）加上总投资（I）等于给定的禀赋（Y）。因此，$C+I=Y$，或等效地，$I=Y-C=S$。

因此，这个市场中的 R 必须使投资需求等于经济体的净储蓄（净储蓄用 S 表示）。但是 R 如何能同时让两个市场出清呢？一个变量不能同时满足两个方程，除非其中一个方程是多余的，因为这个变量提供了两个相同的解。事实上，这里的两个市场出清的条件是多余的。想要知道为什么，就需要回想一下每个人的决定都必须满足一个"预算约束"，也就是说，一个人的净贷款必须等于他储蓄超过投资的部分。如果我们把整个市场的这种约束加起来，我们便可得到 $L=S-I$，其中 L 是净贷款。

从这个方程可以明显看出，如果一个利率使 $S=I$，商品市场出清，那么同样的利率也会使 $L=0$，或者贷款市场出清。因此，我们可以得出结论，均衡的 R 必须使储蓄的供给和投资的需求相等，或者相应地使可贷资金的需求和供给相等。如果我们想把决定 R 的机制描述出来，利用商品市场（储蓄等于投资）会更有启发性。

图 15-12 表示了这个市场的均衡，其中上升曲线描绘了储蓄的供给，类似于图 15-4 中的曲线 LL。投资函数与 R 一同下降。这一选择的合理性见图 15-8。我们已经证明，在转换曲线的斜率等于 R 的点是我们所选择的最优投资。如果 R 上升到 R_1，那么投资必须转移到斜率等于 R_1 的点上，而且由于 R_1 大于 R，所以在 R_1 处的转换曲线必须更陡。但由于转换曲线的凸性，只有当投资在初始水平的左侧，即较小的时候，这种情况才会发生。市场出清利率就在储蓄和投资函数的交点上，在交点上两者的值相等。

从图 15-12 也可以明显看出，只要交点出现在储蓄率随 R 上升而上升的区域，市场出清利率越高，投资函数就越高。如图 15-13 所示，投资向上和向右的转移（意味着在任何给定的 R 条件下，对投资的需求更多）将提高利率，并导致储蓄和投资增加。类似地，增加的储蓄倾向（储蓄曲线向上向左平移，如图 15-14 所示）将降低利率并带来储蓄和投资，尽管幅度小于平移幅度，这是因为较低的 R 将对储蓄产生抑制作用。

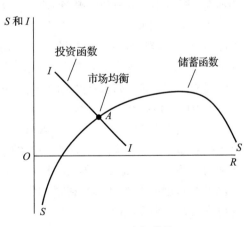

图 15-12　市场均衡

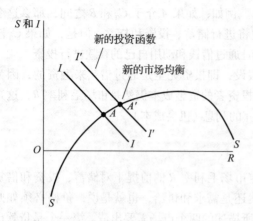

图 15-13　投资函数增加时 I、S 和 R 的变化

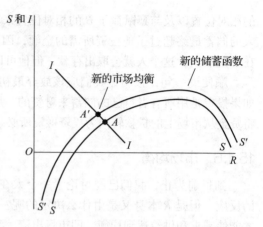

图 15-14　储蓄倾向增加时 I、S 和 R 的变化

由此我们可知，利率反映了一系列复杂的因素，这些因素影响投资需求和储蓄供给的变化。这些因素在其他地方有广泛的讨论，我们在这里不讨论它们，只是列出一份有关因素的有代表性的目录：人口增长率和生产力；财政政策，包括储蓄和投资的激励措施；人口统计变量；遗赠的作用；技术进步的性质；国际资本市场的开放性。

15.2　利率的可贷资金理论

费雪的理论忽略了某些实际问题，例如政府（与存款机构合作）创造货币的权力，以及政府对借款资金的大量需求，这些资金往往不受利率水平的影响。此外，费雪的理论没有考虑个人和企业可能投资于现金余额的可能性。将费雪的理论扩展到涵盖这些情况，就产生了**利率的可贷资金理论**。

该理论认为，利率的总体水平是由两种因素的相互作用决定的。首先是企业、政府和家庭（或个人）对资金的总需求，它们利用这些资金进行各种经济活动，这种需求与利率负相关（政府的需求除外，因为其通常不取决于利率水平）。如果收入和其他变量不变，那么利率的提高将减少许多公司和个人的借款需求，因为项目利润减少，消费和持有现金的成本增加。影响利率水平的第二个因素是企业、政府、银行和个人的资金供应总量，如果所有其他经济因素保持不变，资金供应量与利率水平正相关。

随着利率的上升，企业和个人的储蓄和贷款增加，银行也渴望发放更多贷款。（利率上升可能不会显著影响政府的储蓄供给。）在均衡状态下，供求函数的交集决定了利率水平和贷款水平。在均衡状态下，资金需求等于资金供给。在这种情况下，所有的经济体都在借入他们想要的资金，投资到他们想要投资的领域，并持有他们想持有的所有资金。换句话说，均衡贯穿于货币市场、债券市场和资本市场。

正如费雪的利率理论一样，需求和供给曲线的变化可能有很多原因：货币供应量的变化、政府赤字、个人偏好的改变和新的投资机会等。这些变化以可预测的方式影响利率和投资的均衡水平。最后，通胀预期可以通过资金供给曲线影响均衡利率，因为储蓄者对任何水平的储蓄都要求更高的利率（因为通货膨胀）。请注意，这里排除了贷款违约问题，因为讨论的利率是无风险利率，无论是名义利率还是实际利率（名义利率和实际利率将在下文讨论）。

15.3 利率的流动性偏好理论

流动性偏好理论最初由凯恩斯提出，[一]它通过货币供应量与公众持有货币的总需求量的相互作用来分析利率的均衡水平。凯恩斯假设大多数人只持有两种形式的财富：货币和债券。凯恩斯认为，货币相当于流通中的货币和活期存款，它们支付很少的利息或不支付利息，但具有流动性，可用于即时交易。债券代表了一个广泛的凯恩斯主义类别，包括长期的、付息的金融资产，这些资产没有流动性，而且会带来一些风险，因为它们的价格与利率水平成反比。债券可能是政府或公司的债务（此处不考虑违约风险，利率为实际或名义形式的无风险利率。）。

公众（包括个人和公司）持有货币有几个原因：交易方便、防范意外事件以及对利率可能上涨的猜测。虽然货币不付息，但货币需求是利率的负函数。在低利率下，人们持有大量货币，因为这样做不会损失太多利息，而且利率上升（以及债券价值下降）的风险可能很大。在高利率的情况下，人们希望持有债券而不是货币，因为从利息支付损失来看，流动性成本是巨大的，而且利率下降会导致债券价值的增加。利率与货币需求之间的负相关关系如图15-15中的直线 D 所示，考虑到收入水平和预期的物价通胀，利率与经济中的货币供给相关。

对凯恩斯来说，货币供应量完全由中央银行（美联储）控制。此外，货币供应量不受利率水平的影响。因此，如图15-15所示，横轴表示货币供给，垂直于横轴的直线 MS 和 MS 上的点表示的是不随利率变化的数量。当然，货币市场的均衡要求货币总需求等于总供给。在图15-15中，均衡意味着利率为 i。此外，货币市场的均衡意味着债券市场的均衡。

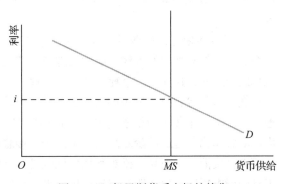

图 15-15 凯恩斯货币市场的均衡

如果影响需求或供给曲线的任何变量发生变化，均衡利率都可能会发生变化。在需求方面，凯恩斯认识到两个变量的重要性，这两个变量是收入水平与商品和服务价格水平。收入的增加（没有其他变量变化）会提高货币流动性的价值，并使需求曲线向右移动，从而增加均衡利率。因为人们想持有"实际货币"（或特定购买力的货币单位），预期通胀的变化也会使需求曲线向右移动，进而提高利率水平。

凯恩斯认为，货币供应曲线只能通过央行的行动来改变。央行之所以对利率具有控制权，是因为它有能力买卖证券（公开市场操作），这可以改变经济中可用的资金数额。凯恩斯认为，货币供应量的增加，通过将供给曲线向右移动，将导致均衡利率下降。同样，他推断，减少货币供应量将提高利率。然而，现在人们普遍认识到，货币供应量与利率水平之间的联系比这更为复杂。

通过综合分析这一理论可知，货币供应量的变化可以通过流动性效应、收入效应和价格预期效应影响利率水平，它们对利率的影响将取决于货币供应量变化时的经济活动水平变化的相对大小。

⊖ John Maynard Keynes, The General Theory of Employment, Interest and Money (New York: Harcourt, Brace & World, 1936).

15.4 庞巴维克的资本积极理论

在费雪提出本章所述利率理论的 40 年前，奥地利经济学家庞巴维克阐述了他的利率理论以及为什么利率必须为正。首先，庞巴维克提出他的理论是有道理的。然而，在他近 500 页的《资本实证论》一书中，只出现两个数字，这两个数字对理解他的理论的价值是有限的。这就是罗伯特·希勒为什么在描述庞巴维克利率理论时写道："这不是数学经济学，这是文学经济学。"⊖ 在对比庞巴维克和费雪的理论时，保罗·萨缪尔森写道，庞巴维克"并不能很好地阐述他的直觉，以满足今天挑剔的理论家陪审团"。⊜

我们现在将描述庞巴维克关于利率决定因素的理论以及为什么利率必须是正的。⊜庞巴维克提出的理论如费雪的理论一样，强调时间作为影响利率的主要因素的重要性。庞巴维克提出了三个理由。他的前两个原因与经济学家所说的**正的时间偏好**有关。庞巴维克提出的第一个原因是，随着时间的推移，个人的边际效用下降，因为个人期望未来收入会更高。从心理学角度来看，他的第二个理由是，一种产品/服务的边际效用会随着时间的推移而下降。综上所述，根据庞巴维克的观点，正的时间偏好会导致那些想要借钱的人支付正利率，而那些愿意借钱的人则要求以正利率的形式进行补偿。这种正的时间偏好的概念与费雪的理论框架是一致的。

除了时间偏好，像费雪一样，庞巴维克认识到技术的重要性，并认为技术是正利率的第三个原因。他对技术的解释可能更难理解，那就是他所说的生产的"迂回"效果，或者他简单地称之为迂回，这涉及一个耗时的生产过程。

为了理解庞巴维克所说的迂回，我们可以使用"高阶商品"的概念，这一术语由另一位奥地利经济学家卡尔·门格尔提出。⑳他先从"最低阶商品"即可以**直接消费的商品**开始，农民生产的农作物就是最低阶商品的一个例子。接着提到生产中使用的工具，这些工具的阶次要高于可以直接消费的商品，锄头和拖拉机就是这类商品的例子。位阶再高一点，我们就有了生产工具的资本货物，生产锄头或拖拉机所需钢材的制造和拖拉机轮胎橡胶的制造是资本货物的一个例子。位阶高的产品与位阶低的产品的生产距离离得越远，需要的时间就越多。

现在让我们回到庞巴维克的理论。生产过程从生产资本货物开始，这些资本货物一旦生产出来，就被用来帮助生产经济所需要的低阶商品。因此，对于相同的输入量，迂回的生产过程将产生更大的输出量。换言之，如果分配一些生产资料来生产更高阶的产品，而这些产品可以用来被更有效地生产低阶的产品，那么生产率就可以提高。

庞巴维克用一个人从泉中取水的例子来说明迂回的问题。获得水的最简单的方法是每次需要水时到泉那里。然而，一个更有效的生产过程是要么用桶把泉水送到这个人的家里，要么用管子把泉水抽到这个人的家里。制造一个水桶或创造一个管道系统，把泉水送到这个人的家里，这些都是迂回的例子。桶和管道的创造涉及资本货物的创造，但这种创造需要时间。我们

⊖ Robert Shiller, http://oyc.yale.edu/transcript/1076/econ-252-11.

⊜ Samuelson, "Two Classics: Böhm-Bawerk's Positive Theory and Fisher's Rate of Interest through Modern Prisms," p. 228.

⊜ 诚然，我们不仅没有公正地看待他的著作对资本理论的重要贡献，而且也没有公正地看待他的理论如何与卡尔·马克思所建立的社会理论的观点相冲突。

⑳ This is described in chapter 3 ("The Principle Determining the Value of Goods of Higher Order") of his 1871 book, Grundsätze der Volkswirtschaftslehre. The book was translated by James Dingwall and Bert F. Hoselitz, Principles of Economics (Auburn, Alabama: Ludwig von Mises Institute, 1976).

可以考虑其他的例子，例如钢铁或木材产品的生产，农民可以使用这些产品来制造工具，使农业更加高效。

迂回的含义是，它不仅增加了资本货物，而且影响了利率。如果资本货物在一定的投入水平上产生了更高水平的产出，那么这样做必须得到回报。产出的增长以回报率的形式出现，即所谓的"净生产率"，它可以用年化百分比来衡量。这是一个"净"指标，因为它是生产资本货物的净成本。只有当预期这样做会导致正的净生产力（因此会导致正的利率），并且即使两种正时间偏好理论不成立时，资本货物的生产者才会创造资本货物。

15.5 市场的效率特点

从经济生产和资源配置效率的角度来看，通过贷款市场的中介实现的均衡是一个重要的特性，经济学家把这种特性称为**帕累托最优**。我们本能地认为经济效率意味着浪费的减少，帕累托最优使这一概念更加精确，并具有可操作性，即如果不存在重新分配商品（投入和产出），使一些人过得更好，而没有人遭受损失，那么这种分配就是帕累托最优。

显然，如果一个分配不是帕累托最优，则存在一些萧条或浪费。反之，如果存在萧条，则分配就不是帕累托最优。在我们的简化经济中，在实现利润最大化和市场均衡时，对于每个企业和每个消费者而言，资本的边际生产率和时间偏好的边际比率都等于 R，从而确保实现帕累托最优。因此，不可能通过重组企业之间的投入来增加产出。那些获得投入的人的额外产出正好被那些损失投入的人损失的产出所抵消。通过类似的推理，我们可以推断，在消费者中重组给定的产出不会带来任何收益。

尽管这一结果在逻辑上很重要，但事实证明，对于现有的自由市场经济体来说，我们不能过分看重它。首先，这一结果的前提是有一个完全竞争的市场，而由于限制性做法，自由竞争可能无法确保市场完全竞争。其次，它忽略了交易成本、信息成本和不完全信息的后果。再次，它提出了一个外部性问题，即生产可能对产品购买者以外的人产生负面或正面影响。最后，社会可能看重效率以外的东西，比如福利的分配。因此，一些非帕累托最优解可能会以效率换取其他性质。所有这些考虑都是为了促使市场更加完善，并允许通过价格机制评估外部性。

15.6 实际利率和名义利率：费雪定律

到目前为止，我们在讨论中使用的利率是实际利率，在没有通货膨胀的情况下，这种利率将占上风，它衡量的是下一个时期可以兑换一个单位的商品的数量。实际利率通常与名义利率不同，名义利率衡量的是现在每单位贷款在下一期要偿还的金额。这两个利率之间有一个简单的关系，即**费雪定律**。它所依据的原则是，现在的货币兑换成以后的货币必须意味着现在的商品和以后的商品之间有相同的兑换比率，就像实际利率所暗示的那样。

假设实际毛利率是 $1+r$，那么现在交付 1 个单位的商品，我们可以在下一个时期获得 $(1+r)$ 个单位的商品。或者，我们现在可以以现货价格 P_1 出售商品，然后以名义毛利率 $1+i$ 将收益投资于贷款，下一期获得 $P_1(1+i)$ 单位的货币。

这个表达式代表下一期商品的多少单位呢？要找到答案，我们必须除以商品的第二阶段价格 P_2。因此，第二阶段的量是 $P_1(1+i)/P_2$，此数量必须等于实际毛利率 $1+r$，用公式表示为

$$1+r = \frac{1+i}{1+P^*} \tag{15-1}$$

式（15-1）的分母来自

$$\frac{P_1}{P_2} = \frac{1}{P_2/P_1} = \frac{1}{1+(P_2-P_1)/P_1}$$

并且 $(P_2-P_1)/P_1 = P^*$，它是贷款期间物价水平上涨的百分比。

式（15-1）可重述为

$$1+i = (1+r)(1+P^*)$$

因此，名义毛利率是实际毛利率与通货膨胀率的乘积。反过来，这个等式意味着

$$i = r + P^* + rP^*$$

对于最常见的 r 和 P^* 值，r 和 P^* 的乘积很小，可以忽略不计，方程可以写为

$$i \approx r + P^*$$

或者

$$r \approx i - P^* \tag{15-2}$$

式（15-2）是计算贷后实际利率的常用公式，实际利率在市场上无法被直接观察到。同样常见的方法是用预期通货膨胀率代替 P 来衡量预期或贷前实际利率。由于预期误差，贷前利率与贷后利率不同。应该清楚的是，这样计算出来的实际利率不一定与在没有通货膨胀的情况下市场出清的利率相同，因为市场不完善（包括税收和可能的通货膨胀幻觉）会改变实际利率。例如，在未预料到的通货膨胀的早期阶段，实际利率通常会下降。换句话说，除了反映基本面因素（如储蓄和生产率），实际利率还可能受到其他因素（如通货膨胀）的影响，特别是在短期内。

15.7 估计市场预期通货膨胀率

经济学家经常预测未来一段时间内的通货膨胀率。在1997年以前，市场专业人士经常用这些预测来估计在考虑购买债券或贷款时应做出何种利率调整以补偿通胀。然而，自1997年以来，市场专业人士会利用某些美国政府债券的收益率来获得市场对预期通货膨胀率的具有共识的估计，这种情况特别普遍。

美国财政部之所以发行通货膨胀保值债券（TIPS），具体原因如下。这些债券是由美国财政部发行的一种特定类型的通胀调整债券或通胀挂钩债券。第20章对它们进行了更详细的描述。在这里，关于通货膨胀保值债券的细节并不重要。基本上，通货膨胀保值债券是通过拍卖过程发行的，在拍卖过程中，通货膨胀保值债券的收益率是确定的。通货膨胀保值债券的投资者获得一定的收益，收益率是通过投标过程加上对滞后两个月的通货膨胀率的调整来确定的。通货膨胀率是用消费者物价指数（CPI）来衡量的。投资者竞购的收益率是实际利率，即名义收益率与预期通货膨胀率之间的差额（如前所述）。因此，如果一个投资者出价0.50%，那么投资者得到的是0.50%加上由两个月后的消费者物价指数衡量的通货膨胀率。

为了估计预期的通货膨胀率，投资者将通货膨胀保值债券的收益率与相同期限的传统国债的收益率进行比较，这个收益率是名义利率。因为我们从费雪定律中知道，名义收益率减去

预期通货膨胀率就是实际收益率，所以我们可以由此倒推出预期通货膨胀率。这是通过从具有给定到期日的国债的名义收益率中减去同一期限国债的实际收益率来实现的。2017年8月29日，传统10年期国债收益率报价为2.17%，10年期通货膨胀保值债券收益率报价为0.42%。因此，未来10年的预期年通货膨胀率为1.75%（=2.17%-0.42%）。

15.8 自然利率

自然利率（也称中性利率）是在没有短期金融动荡的情况下普遍存在的实际短期利率。也就是说，稳定的经济产出和稳定的通货膨胀率将以自然利率为准。自然利率为货币政策的实施提供了一个基准。如果短期实际利率低于自然利率，则货币政策将被判断为扩张性货币政策，反之则为紧缩性货币政策。自然利率可以用于政策讨论和决策。

与自然利率密切相关的是自然失业率。失业率对美联储等政策制定者也至关重要。从技术上讲，自然失业率即为非加速通货膨胀失业率（NAIRU），它是指除总需求波动外的所有来源的失业率。即使在经济景气时期，随着工人跳槽（摩擦性失业）以及新工人进入劳动力市场和其他工人离开劳动力市场，一个健康、充满活力的经济体基本都会有一些失业情况发生。美联储做出货币政策决定，以维持与物价稳定相一致的最低失业水平。2017年6月，联邦公开市场委员会估计，美国长期正常失业率为4.5%～5.0%。⊖

2017年的一项关于自然利率的研究，有四个主要的研究结果，涉及四个发达经济体（美国、加拿大、欧元区和英国）。⊜对这四个经济体的研究结果是一致的。第一个发现是，自然利率随时间变化。第二个发现是，自然利率呈下降趋势，四个经济体的自然利率都处于历史低位。第三个发现是，四个经济体之间自然利率的实质性共同变动。第四个发现是，对自然利率的估计是非常不精确的。

15.9 无风险利率与安全资产的存在性

无风险利率是指投资者在一定时间内对无风险投资所要求的理论利率。这里的无风险是指在投资中不存在第10章中所述的任一风险。

例如，3个月期国债通常被称为无风险投资，它是希望规避任何风险的投资者的安全保障。然而，如果持有1个月或6个月，它将有价格风险。如果持有期为1个月，3个月期国债将不得不在到期前以初始未知价格出售，从而使投资者面临价格风险。由于持有期为6个月，在3个月结束时，投资者将不得不以最初未知的收益率投资一个新的3个月投资。无论哪种情况，投资者在不是3个月的持有期内都面临着未知的风险。因此，对于计划持有3个月期美国国债的美国投资者来说，许多投资者认为3个月期美国国债是无风险利率。然而，在将3个月期国债归类为无风险证券时，有两个隐含的假设。第一，假设美国政府不会违约（没有信用风险）。第二，假设通货膨胀微不足道（没有通货膨胀风险）。此外，对于本币不是美元的投资者，投资3个月期国债将使投资者面临外汇风险。

⊖ "What is the Lowest Level of Unemployment That the U.S. Economy Can Sustain?" Available at https://www.federalreserve.org/faqs/economy14424.htm.

⊜ Kathryn Holston, Thomas Laubach, and John C. Williams, "Measuring the Natural Rate of Interest: International Trends and Determinants," *Journal of International Economics* 108 (2017): 59–75.

有一个持续的争议，即**安全资产**的争议。在现实世界的金融市场中，缺乏或缺少一种能提供有意义的正无风险利率的无风险资产。关于什么是安全资产有几种定义。加里·戈顿将安全资产定义为"一种（几乎总是）按面值估价的资产，而无须进行昂贵和长期的分析"[⊖]。安全资产在金融市场中起着四个关键作用：①某些金融实体使用安全资产来满足监管要求；②它们被用作定价基准；③它们被用作金融交易的抵押品；④资产定价理论和衍生品定价的发展依赖于安全或无风险资产的存在。然而，正如美国财政部前副部长彼得·费雪在一篇关于无风险利率含义的文章中所说："最好把无风险主权债券视为一种矛盾修饰法，或近代史上的一种反常现象。它不是有用的、必要的，也不是金融格局的一个持久的特征。"[⊜]

有几项研究关注的是在缺乏安全资产的情况下，货币政策和全球金融稳定所面临的挑战。[⊜]其他研究关注当没有提供正利率的有意义的无风险资产，或者由于某些原因市场参与者（如投资者和交易员）选择不投资无风险资产时，资产定价（在第 14 章讨论）将受到怎样的影响。费希尔·布莱克在金融理论中对无风险资产的作用进行了早期调查，他证实了，即使在没有无风险资产的情况下，资本资产定价模型仍然有效（被称为"布莱克零贝塔资产定价模型"）。[⊠]

15.10 负利率

近年来，一些国家在一定时期内实现了名义负利率。实现名义负利率的经济原因如下。当经济疲软导致通货紧缩（价格水平下降）时，投资者倾向于节约开支和储蓄，而不是进行消费和投资。他们计划在未来物价因通货膨胀走低时消费，这导致总需求进一步下降，并带来进一步的通货紧缩。扩张性货币政策，即降低利率，通常被用来对抗经济学家所谓的停滞。美联储（以美国为例）的货币宽松政策是通过购买未偿债务债券以降低国债收益率来实现的，这是应对通货紧缩的标准方法。根据这种方法，联邦基金利率是利率目标。这种方法被称为**定性宽松**。然而，如果通货紧缩的压力足够弱，即使将美联储利率降至零，也可能无法为经济提供足够的刺激。因此，可能需要负利率。当美联储采用这种方法时，它被称为**负利率政策**。

在负利率的情况下，美联储以及随后的个别商业银行都会向其贷款人收取负利率。也就是说，银行里的储户不是从存款中得到钱，而是付钱把钱存在银行里。这为储户提供了一种激励，即鼓励他们把钱花掉，而不是把钱存起来获取利息。例如，根据负利率政策，如果负利率为 -0.2%，银行存款人将不得不支付其存款的 0.2%，而不是获得正利率。

当 2008～2009 年金融危机爆发时，英国中央银行（英国央行）和其他大型央行将银行隔夜拆借利率下调至几乎为零。当它们的经济仍未复苏时，它们开始尝试其他工具，其中一个工具就是量化宽松政策。其他几个国家也采用了负利率政策。欧洲中央银行在 2014 年代表其成员国引入了负利率，以防止欧元区陷入通货紧缩螺旋。丹麦、瑞典和瑞士等非欧元区国家也曾

⊖ Gary B. Gorton, "The History and Economics of Safe Assets," *Annual Review of Economics* 9 (2017): 547–586.

⊜ Peter R. Fisher, "Reflections on the Meaning of 'Risk Free'," in *Sovereign Risk: A World without Risk-Free Assets* (Basel, Switzerland: Bank for International Settlements, 2013), pp. 65–72.

⊜ See, for example, Gauti B. Eggertsson and Paul Krugman, "Debt, Deleveraging, and the Liquidity Trap: A Fisher-Minsky-Koo Approach," *Quarterly Journal of Economics* 127 (2012): 1459–1513; and Pierre-Oliver Gourinchas and Jeanne Olivier, "Global Safe Assets," BIS Working Paper 399 (Basel, Switzerland: Bank for International Settlements, December 2012).

⊠ Fischer Black, "Capital Market Equilibrium with Restricted Borrowing," *Journal of Business* 45 (1972): 444–453.

出于不同目的使用负利率。

2008年之后，美联储发现，即便是极低的利率或负利率也不足以刺激经济，因此，美联储没有使用降低利率的货币政策，而是开始通过购买未偿还的长期债券来增加资产负债表上的持有量。这种宽松政策被称为量化宽松政策（QE）。根据量化宽松政策，重点是美联储购买美国政府债券和其他证券来改变资产负债表的规模，而不是影响利率，这是量化宽松货币政策的重点。美国的量化宽松政策始于2008年11月25日，当时美联储宣布将购买高达6 000亿美元的机构抵押贷款支持证券和机构债务。美联储在2010年第四季度启动了第二轮量化宽松政策，即QE2，随后又进行了几轮量化宽松政策。日本央行和欧洲央行也以这种方式实施了量化宽松。

此外，在2007年涉及削减开支的联邦政府预算问题进一步削弱了美国经济。具体而言，没有出台刺激性财政政策，进一步削弱了经济。到2017年9月，美国经济走强，美联储开始解除2008年由时任美联储主席伯南克实施的量化宽松政策，以刺激疲软的经济。在这次量化宽松期间，美联储的资产负债表规模增加了两倍多，达到4.5万亿美元。这一宽松计划是对经济复苏充满信心的表现。

15.11 美国利率的历史进程

到目前为止，我们已经描述了被称为利率的两种类型，它们分别是名义利率和实际利率。在这里，我们以美国短期国债、中期国债、长期国债的收益率为基础，简要介绍美国历史上的名义利率和实际利率。短期国债是美国政府发行的期限不超过1年的短期票据，而中期国债和长期国债的期限超过1年，中期国债的期限最长为10年，而长期国债的期限则超过10年。这三种类型的国债均由美国政府担保。

1870～1978年，美国短期国债的收益率大部分时间在2%～7%的区间内波动。因此，在这109年的时间里，美国国债的历史收益率相当简单。但是1970～1979年，由经济增长缓慢和通货膨胀加速引发经济停滞，这种停滞是由1973年的石油危机和1979年的能源危机引起的。由此引发的通货膨胀引起了联邦政府决策者的极大关注，其中包括美联储和时任总统吉米·卡特。这种担忧是所谓的"沃尔克紧缩政策"的基础，保罗·沃尔克在1979年8月出任美联储主席，一直留任到1987年8月。沃尔克从1979年开始实施了一系列收紧美联储联邦基金利率的措施，以消除通货膨胀。在沃尔克的领导下，美联储联邦基金利率在1979～1980年达到了20%的高点。这一系列紧缩政策还导致了美国1980年（6个月）和1981～1982年（16个月）的两次经济衰退。此外，在1981年，30年期美国国债收益率上升至14%以上。

尽管这是当时的坏消息，但这些紧缩和衰退带来的好消息是，它们开启了一段时期的经济增长、通胀率下降和债券收益率下降。它们还引发了股市反弹，并持续到2018年年中（2000～2002年和2007～2009年的股市是两个主要的熊市）。2015年10年期美国国债收益率下降至约1.50%，2017年略高于2%。

回到1979～1981年美联储的紧缩时期。在此之前的1979年，美国通货膨胀率为13.31%，长期公司债券的收益率为4.18%。美联储开始紧缩后，美联储联邦基金利率超过19%，1年期美国国债收益率超过10%，10年期美国国债收益率超过15%，通胀率超过11%（1980年年初）。⊖

⊖ Marvin Goodfriend and Robert G. King, "The Incredible Volcker Disinflation," *Journal of Monetary Economics* 52 (2005): 981–1015.

美国经济从两次衰退中迅速复苏。通货膨胀率在 1979 年和 1980 年分别为 13.3% 和 12.4%（1980 年 3 月达到 14.8% 的峰值），1981 年下降到 8.9%，1982 年下降到 3.9%。在 1980 年、1981 年和 1982 年的实际 GDP 增长率分别为 -0.04%、1.29% 和 -1.40% 之后，实际 GDP 增长率分别为 7.83%（1983 年）、5.63%（1984 年）和 4.28%（1985 年）。20 世纪 80 年代其余时间和 20 世纪 90 年代上半期，除了 1991 年，由于房地产经济衰退，造成了短暂（8 个月）的温和的（实际 GDP 增长为 -0.17%）衰退外，其他时间都表现出温和的增长。

1995～1999 年，美国股市出现了历史上最强劲的增长之一。这是一个大范围的增长，科技板块引领反弹，最终以所谓的技术"泡沫"结束。2003～2006 年构成了一段经济和金融调控时期，事实上，由于宏观经济的低波动性，这段时期被称为"大调控"。

2007～2008 年，是又一个投机时期，这次主要是由于次级抵押贷款的不良影响，使美国经济经历了一段时间的大衰退（与 1929 年的"大萧条"相反），这是自"大萧条"以来最严重的经济衰退。大衰退对债券市场产生了持续影响。2008 年，美国国债收益率从年初的略高于 3.0% 降至年底的近乎零。2008～2009 年金融危机之后，投资者的行为可以被描述为向安全的极端逃离，即投资者只愿意接受很少的风险（如果有的话），以换取他们能收回本金的保证。换言之，资本收益率优先于基于资本的收益率。⊖ 2009～2017 年，10 年期美国国债收益率为 2.3%，仍接近历史低点。2009～2015 年，90 天美国国债收益率不超过 0.12%。

截至 2017 年年底，这些波动导致债券市场当时出现了一个难题。许多债券市场观察家以 1970～2000 年这段时间作为债券市场正常水平的基础，询问债券收益率何时才能恢复到 5% 甚至更高的"正常"水平。相比之下，许多债券市场观察人士，在观察 1970～2000 年的债券收益率水平之后得出的结论是，10 年期美国国债收益率目前处于略高于 2% 的正常水平，并且 10 多年来一直处于这一水平。认为 2000 年后的低收益率是正常现象的支持者认为，1970～2000 年是一个反常时期，因此不能代表市场参与者对未来利率的预期。

关键知识点

▲ 利息是为临时使用资源而支付的价格，贷款金额是其本金。

▲ 欧文·费雪的利率理论分析了储蓄者的储蓄意愿和借款人对投资基金需求相互作用的结果，即利率的均衡水平。

▲ 用费雪的话说，利率反映了储户的时间偏好的边际比率和借款人的资本的边际生产率之间的相互作用。

▲ 可贷资金理论是费雪定律的延伸，提出均衡利率反映了资金的需求和供给，这取决于储户的储蓄意愿、借款人对投资盈利能力的预期以及政府对货币的供应。

▲ 流动性偏好理论是凯恩斯的观点，即利率是在市场上为货币余额设定的。

▲ 在流动性偏好理论中，货币需求反映了货币相对于长期金融工具的流动性，而需求则取决于利率、收入和价格水平。

▲ 在流动性偏好理论中，货币供应量的变化可以通过流动性效应、收入效应和价格预期效应影响利率水平；它们对利率的影响将取决于货币供应量变化时的经济活动水平变化的相对大小。

▲ 庞巴维克阐述了他的利率理论以及为什么利率必须为正：正的时间偏好、产品/服务的边际效用会随着时间的推移而下降、技术（生产的"迂回"效果）。

⊖ Goodfriend and King, "The Incredible Volcker Disinflation."

- 费雪定律指出，可观测名义利率由两个不可观测变量组成：实际利率和预期通货膨胀率。
- 实际利率是指在没有通货膨胀情况下的利率。
- 可以看出，名义利率约等于实际利率加上预期通货膨胀率，这种关系被称为"费雪定律"。
- 通货膨胀保值债券的收益率是市场的实际利率。
- 预期年通货膨胀率可根据通货膨胀保值债券的收益率和相同期限的传统国债的收益率进行估算。
- 自然利率（或中性利率）是在没有短期金融动荡的情况下普遍存在的实际短期利率。
- 安全资产在金融市场中起着四个关键作用：①某些金融实体使用它们来满足监管要求；②它们被用作定价基准；③在金融交易中被用作抵押品；④资产定价理论和衍生品定价的发展依赖于安全或无风险资产的存在。
- 负利率可能存在于一个经济体中，而央行的政策可能会导致这种结果。

练习题

1. 解释费雪利率理论中这些术语的含义：
   a. 时间偏好的边际比率；
   b. 资本的边际生产率；
   c. 均衡利率。
2. 可贷资金理论如何扩展费雪的利率决定理论？
3. 在凯恩斯的流动性偏好理论中，货币和债券这两类资产有何不同？
4. 在他解释为什么利率必须为正的理论中，庞巴维克所说的"迂回"是什么意思？
5. "实际利率"是什么意思？
6. "名义利率"是什么意思？
7. 根据费雪定律，实际利率和名义利率之间的关系是什么？
8. 为什么很难衡量一个经济体的实际利率？
9. 2017年7月30日，投资者可获得以下信息：10年期通货膨胀保值债券收益率为0.58%，10年期国债收益率为2.31%。截至2017年6月30日，未来10年的预期年通货膨胀率是多少？
10. 解释你是否同意以下说法："在没有暂时性金融动荡的情况下，无风险利率是指实际的短期利率。"
11. 关于安全资产存在的争议是什么？
12. 至少解释两种安全资产在金融市场中起的关键作用。
13. 解释你同意或不同意以下陈述的原因。
    a. "信用评级最高的公司发行的债券可以作为无风险资产。"
    b. "由于美国政府提供担保，5年期美国国债将符合无风险资产的条件。"
14. "负实际利率不可能存在于一个正常运转的经济体中。"解释你同意或不同意这一说法的原因。
15. "负利率政策"是什么意思？
16. 你对未来的正常利率有何看法？

第 16 章

利率结构

学习目标

学习本章后，你会理解：
- 为什么从历史上看，美国财政部发行的证券的收益率一直被用作全世界的基准利率；
- 什么是"风险溢价"；
- 什么因素影响两种债券之间的收益率差；
- 互换曲线是什么，为什么将其用作利率基准；
- "利率期限结构"的含义；
- 收益率曲线是什么；
- 期限结构可以采取的不同形式；
- 什么是"即期利率"和"即期利率曲线"；
- 如何根据美国国债收益率曲线确定理论即期利率曲线；
- 什么是"隐含远期利率"，以及如何计算；
- 长期利率与当前短期利率和短期远期利率的关系如何；
- 观察美国国债收益率曲线的不同形状；
- 关于期限结构形状决定因素的不同理论，包括纯预期理论、流动性理论、期限优先理论和市场分割理论；
- 利率变化时投资债券的相关风险，包括价格风险和再投资风险。

在第 15 章中，我们解释了在一个简单经济体中，利率是如何确定的。然而，没有一个经济体只有一个利率，而是存在一个利率结构。借款人必须支付的利率取决于多种因素，我们将在本章中描述这些因素。我们首先讨论利率结构，解释影响非美国国债收益利差或风险溢价的因素（为什么非美国财政部发行债务的潜在收益率高于美国国债的收益率）。然后我们关注一个特殊的关系，即债务收益率与到期日之间的关系，这种关系被称为"利率期限结构"。

16.1 利率结构

世界各地公共和私营实体发行的大量债券有着不同的利率。当一个实体同意对其发行的债券按某种利率支付利息时，利率不是随机确定的。相反，某些因素会影响利率，从而决定一个实体想要借钱时必须承担的利率。我们把这些影响利率的因素称为"利率结构"，决定借款人必须承担的利率的参照是基准利率。

16.1.1 基准利率

美国财政部发行的证券，通俗地称为美国国债，有美国政府的充分信任和信用支持。对全世界的市场参与者而言，美国国债没有信用风险。因此，美国国债的利率一直是美国经济和国际资本市场的基准利率。国际资本市场也制定了其他重要的基准，我们将讨论其中一个资本市场。

美国国债分为贴现证券和息票证券，这两种类型之间的根本区别在于持有人收到的付款的形式，而收到的付款又反映了证券发行的价格。息票证券每6个月支付一次利息，到期支付本金。贴现证券在到期时只支付合同规定的固定金额。美国国债通常是根据特定期限证券的正常周期在拍卖基础上发行的。目前美国财政部的做法是将所有期限在一年或一年以下的证券作为贴现证券发行，这种证券被称为**美国短期国债**。所有期限在两年或两年以上的证券均作为**美国长期国债**发行。

最新拍卖的美国国债被称为**新券**或**当前息票证券**。在当前息票证券发行之前拍卖的债券通常被称为**旧券**，它们的流动性不如新券的流动性强，因此提供的收益率高于相应的新券。请注意，美国财政部每天都会根据新券和旧券的收益率来估算美国国债的收益率。

投资者对投资于非国债证券所要求的最低利率或**基本利率**，是指在可比较期限内的国债的收益率。例如，如果投资者想在某一天购买10年期债券，此时10年期国债的收益率为4.49%，那么投资者希望的最低收益率就是4.49%，这个最低收益率称为基本利率，也称为**基准利率**。⊖

16.1.2 风险溢价

市场参与者把非国债证券的利率称为与某一特定的正在运行的国债证券的交易利差（或与选定的任何特定基准利率的交易利差）。例如，如果10年期非国债收益率为5.89%，而10年期国债收益率为4.49%，则利差就是140个基点。该利差反映了投资者通过购买非美国政府发行的证券而面临的额外风险，这种利差被称为风险溢价。因此，我们可以将非国债证券的利率表示成"基准利率+利差"，或者"基准利率+风险溢价"。

我们已经在第15章讨论了影响基准利率的因素，其中一个影响因素是预期通货膨胀率。也就是说，基准利率可以表示成"实际利率+预期通货膨胀率"。

如何估计市场参与者所需的实际通货膨胀率？美国财政部发行了与消费者物价指数挂钩的证券，这些证券被称为**通货膨胀保值债券**（TIPS），我们将在第20章讨论它们。

有一些因素也会影响证券的利率，使其高于其他证券的利率。这个差额被称为收益利差或简单的利差，影响收益利差的因素包括：

（1）发行人类型；
（2）发行人信誉度；

⊖ "基准利率"一词也被用来描述几乎无风险的短期参考利率，如我们在第25章中描述的"IBORS"。三种主要的基准利率分别是伦敦同业拆借利率（LIBOR）、欧元同业拆借利率（EURIBOR）和东京银行同业拆借利率（TIBOR）。

（3）债券期限或到期日；

（4）授予发行人或投资者选择权的条款；

（5）利息的可征税性；

（6）债券的预期流动性。

通常，使用的基准利率是根据美国国债收益率确定的。然而，必须强调的是，收益利差必须根据所使用的基准利率来解释，尤其需要考虑其与上述第二个和最后一个因素的关系，因为当基准利率不是美国国债收益率时，这些因素会影响利差。

1. 发行人类型

债券的一个关键特点是发行人的性质。债券市场是根据发行人的类型来分类的。各种债券的发行人被称为**市场部门**。债券市场的两个市场部门对同一期限的债券所提供的不同利率之间的利差被称为**市场间利率价差**。

除国债市场部门外，其他市场部门包括范围广泛的发行人。每个发行人履行其合同义务的能力各不相同。例如，在公司市场部门，发行人被分为四种类型：①公用事业；②工业；③金融；④银行。债券市场的两个市场部门对同一期限的债券所提供的不同利率之间的利差被称为**市场部门内价差**。

2. 发行人信誉度

如第 10 章所述，信用风险包括违约风险和信用利差风险等。债券发行人可能无法及时支付本金或利息的风险被称为违约风险，这种风险由信用评级机构（三大信用评级机构分别是穆迪、标准普尔和惠誉）指定的发行人信用评级来衡量。

在所有信用评级系统中，高等级一词意味着低信用风险，或者反过来说，意味着未来不会违约的概率高。最高三个等级中第一级的债券穆迪用 Aaa 表示，标准普尔和惠誉用 AAA 表示。最高等级中第二级的债券用 Aa（穆迪）或 AA（标准普尔和惠誉）表示。最高等级中的第三级，三大评级机构都使用 A 表示。接下来的三个等级分别为 Baa 或 BBB、Ba 或 BB 和 B。还有 C 级。穆迪使用 1、2 或 3 来提供等级中更详细的信用质量分类，标准普尔和惠誉使用加号和减号来达到同样的目的。

评级为 AAA 或 Aaa 的债券被称为优质债券，评级为 AA 或 Aa 的债券质量较高，A 级债券被称为中高级债券，而 B 级债券则被称为中级债券。评级较低的债券据说有投机性成分或明显具有投机性。

评级排名前四位的债券被称为投资级债券。评级低于前四位的债券被称为非投资级债券，或者更通俗地说是高收益债券或垃圾债券。因此，债券市场可以分为两个部门，即投资级市场和非投资级市场。

另一种我们在第 10 章中没有描述的信用风险（因为我们之前没有讨论信用评级）是发行人的信用评级可能被降低的风险，这种风险被称为**降级风险**。

除信用质量外，国债与非国债之间的利差在所有方面都相同，称为**信用利差**。例如，假设某一个期限为 10 年的公司债券，AAA 级债券的收益率为 5.39%，AA 级债券的收益率为 5.66%，而 10 年期国债的利率为 4.49%。因此，10 年期 AAA 级公司债券的收益利差为 90 个基点（=5.39%-4.49%），AA 级公司债券的收益利差为 117 个基点（=5.66%-4.49%）。在这个例子中，我们看到，信贷质量越低，收益利差就越大。这是现实世界债券市场中观察到的典型相关关系。

3. 债券期限或到期日

如第 11 章所述，金融资产的价格在其生命周期内随着市场收益率的变化而波动。正如我们所证明的，债券价格的波动取决于其期限或到期日。更具体地说，保持所有其他因素不变，债券期限越长，市场收益率变化导致的价格波动就越大。市场上任意两个到期部门之间的利差称为**期限利差**，或**收益率曲线利差**。（某类市场的收益率与到期期限之间的图形关系被称为"收益率曲线"。）尽管该利差可用于任何市场部门，但最常见的是用于财政部门。

在公司债券市场中，期限利差可以类似地计算，但发行的债券必须具有相同的信用品质。例如，假设在某一天，AA 级公司债券的收益率为：

2 年期 AA 级公司债券的收益率是 4.67%，
5 年期 AA 级公司债券的收益率是 5.07%，
10 年期 AA 级公司债券的收益率是 5.66%。

到期利差为：

2 年期 AA 级公司债券与 5 年期 AA 级公司债券的利差是 5.07%−4.67%=0.40% = 40 个基点，
2 年期 AA 级公司债券与 10 年期 AA 级公司债券的利差是 5.66%−4.67%=0.99% = 99 个基点，
5 年期 AA 级公司债券与 10 年期 AA 级公司债券的利差是 5.66%−5.07%=0.59% = 59 个基点。

不同期限的可比证券的收益率之间的关系称为**利率期限结构**。"债券期限"这一主题非常重要，我们会在本章的最后对此进行讨论。

4. 授予发行人或投资者选择权的条款

在债券发行中加入一项条款，赋予债券发行人或投资者对另一方采取某种行动的选择权，这种情况并不少见。债券发行中包含的期权被称为**嵌入期权**。

债券发行中最常见的期权类型是**赎回条款**，该条款授予债券发行人在预定到期日之前全部或部分收回债券的权利。在市场利率下降时，加入赎回条款可以让发行人以更低的利息成本发行旧债券，从而使发行人受益。实际上，赎回条款允许发行人改变债券的到期日。赎回条款对债券持有人是不利的，因为债券持有人对到期时间不确定，如果债券被赎回，并且债券持有人希望将其资金用于具有类似违约风险的债券，则可能不得不以较低的利率将所得收益进行再投资。

赎回条款也可以包括允许债券持有人改变债券到期日的条款，具有**回购条款**的债券持有人有权在指定日期以票面价值将债券卖回给发行者。该条款对投资者的好处是，如果利率在发行日后上升，导致债券价格低于面值，投资者可以强迫发行人按面值赎回债券。

可转换债券是指赋予债券持有人将债券转换成一定数量普通股的权利，这一权利使债券持有人能够利用发行人普通股价格的有利变动。

这些嵌入期权债券的赎回条款会影响其相对于美国国债的利差，以及相对于其他没有嵌入期权的可比债券的利差。一般来说，市场参与者会要求将债券与同类美国国债相比，带有对发行者有利的嵌入期权（如赎回条款）的发行比没有这种期权的发行有更大的利差。与此相反，具有对投资者有利的嵌入期权（如回购条款或可转换债券）的债券相对可比的美国国债而言，市场参与者要求的利差更小。事实上，对于一个具有有利于投资者的嵌入期权的债券，发行的利率可能低于美国国债的利率。

债券市场的一个主要部分是抵押贷款市场。第 30 章和第 31 章将讨论各种抵押贷款支持证券。但正如第 10 章所解释的，这些证券使投资者面临一种叫作"提前支付风险"的赎回风险。抵押贷款证券和可比的短期国债之间的收益利差反映了这种买入风险。在现实中，有一种叫作"吉利美债券"的基本抵押担保证券，这种证券有美国政府的充分信任和信用支持。因此，吉利美债券与美国国债之间的收益利差不是信用风险存在的结果。相反，这主要是赎回风险造成的。

5. 利息的可征税性

在美国现行税法下，除非得到联邦的税收豁免，否则利息收入要按联邦标准纳税。除了联邦所得税，州税和地方税也适用于利息收入。

美国联邦所得税法明确规定，合格市政债券的利息收入在联邦层面免征税收。**市政债券**是由州和地方政府发行的证券。

大部分未偿付的市政债券是免税的。由于市政债券的免税特性，市政债券的收益率低于同期限的国债。免税证券和国债之间的收益利差通常不是用基点来衡量的，而是用百分比来衡量的。更具体地说，它是用免税证券的收益率相对于国债收益率的百分比来衡量的。

支付联邦所得税后的应税债券的收益率为

$$税后收益率 = 税前收益率 \times (1 - 边际税率)$$

例如，假设应税债券的收益率为 3%，而投资者的边际税率为 35%，则税后收益率为

$$0.03 \times (1 - 0.35) = 0.0195 = 1.95\%$$

或者，我们可以确定发行应税债券必须提供的收益率，以获得与免税债券相同的税后收益率。该收益率称为**应税等价收益率**，其确定方法为

$$应税等价收益率 = \frac{免税收益率}{1 - 边际税率}$$

例如，假设一个边际税率为 35% 的投资者以 1.95% 的收益率购买了一个免税债券。应税等价收益率为

$$应税等价收益率 = \frac{0.0195}{1 - 0.35} = 0.03 = 3\%$$

请注意，边际税率越低，应税等价收益率就越低。因此，在我们前面的例子中，如果边际税率是 25% 而不是 35%，那么应税等价收益率将是 2.6% 而不是 3%，如下所示：

$$应税等价收益率 = \frac{0.0195}{1 - 0.25} = 0.026 = 2.6\%$$

在美国，州和地方政府可以对发行债券的利息收入征税，而这些利息收入可以被免除联邦所得税。有些城市对所有市政债券的利息收入免税，但并非所有城市都如此。有些州对本州市政当局发行债券的利息收入免税，但对本州以外市政当局发行债券的利息收入征税。这意味着，由于不同的税收政策，以及对不同州的市政债券的相对需求，同一质量评级、同一期限的两种市政债券可能以一定的利差交易。例如，在高税收州（比如纽约州）对市政债券的需求压低了它们相对于低税收州（比如佛罗里达州）市政债券的收益率。

在美国，市政当局不允许对美国财政部发行证券的利息收入征税。因此，同一期限的国债证券和应税非国债证券之间的差额部分反映了州税和地方税豁免的价值。

6. 债券的预期流动性

债券具有不同程度的流动性。一个债券的预期流动性越大，投资者要求的收益率就越低。

如前所述，美国国债是世界上流动性最强的证券，国债收益率相对于非国债收益率较低，这在很大程度上反映了流动性的差异。然而，即使在美国国债市场，流动性也会出现一些差异，因为新券的流动性比旧券的流动性更大。影响债券流动性的一个重要因素是债券的规模，美国国债流动性强的原因之一是每只债券的发行规模都很大。

16.1.3 另一个基准利率：互换利率

我们回到对非美国国债收益利差的解释上来。由于市场参与者认为美国国债具有最低的信用风险，因此非美国国债证券和美国国债证券之间的收益利差反映了信用风险，以及流动性风险和与任何嵌入期权相关的风险。前面，我们已经提出了几个可供选择的基准利率，基准利率的特点是：①金融工具市场应该被视为具有最小的信用风险；②金融工具市场应该具有高度的流动性。

在上述提出的几种可供选择的基准利率中，使用最频繁的利率是互换利率。我们将在第37章更详细地描述利率互换和互换利率，这里我们只是简要地解释一般利率互换。利率互换是一种衍生工具。

利率互换合约双方在指定日期支付利率：在互换合约期内，一方支付固定利率，另一方支付浮动利率。在典型的利率互换交易中，浮动利率基于参考利率，参考利率通常为伦敦银行同业拆借利率。伦敦银行同业拆借利率是伦敦主要银行向其他主要银行支付美元存单的利率。

由交易对手支付的固定利率称为互换利率，互换市场上的交易商会对不同期限的互换利率进行报价。例如，固定利率可能是10年期国债利率，因此，10年期国债利率将被"换成"伦敦银行同业拆借利率。互换利率与互换到期日之间的关系称为**互换收益率曲线**，或通常被称为**互换曲线**。由于参考利率通常是伦敦银行同业拆借利率，因此互换曲线也被称为**伦敦银行同业拆借利率曲线**。

大多数国家都有互换曲线。对于欧元利率互换，参考利率为欧洲同业拆借利率（Euribor），即一家主要银行向另一家主要银行提供已采用欧元货币的欧盟国家的银行存款的利率。

在美国以外的许多国家，互换曲线都被当作基准。然而，与一个国家的政府债券收益率曲线不同，互换曲线不是无违约收益率曲线。相反，它反映了利率互换交易对手的信用风险。由于利率互换的交易对手通常是银行相关实体，因此互换曲线反映了提供利率互换的银行的平均信贷风险。更具体地说，互换曲线被视为**国债收益率曲线**，它也被称为**AA级收益率曲线**，因为以伦敦银行同业拆借利率向对方借款的银行的信用评级为Aa或AA或更高。此外，互换曲线反映了流动性风险。不过，目前利率互换市场的流动性已经提高，成为一个流动性高于某些政府债券市场的市场。

人们会认为，如果一个国家有一个政府债券市场，该市场的收益率将是最好的基准，但事实并非如此。与使用一个国家的政府债券收益率曲线相比，使用互换曲线有几个优点。⊖ 首先，受技术影响，使用互换曲线可能是有利的。因为在政府债券市场中，一些利率可能并不代表真实利率，而是受到了该市场特有的某些技术或监管因素的影响。例如，市场参与者可能

⊖ For a further discussion, see Uri Ron, "A Practical Guide to Swap Curve Construction," in *Interest Rate, Term Structure, and Valuation Modeling*, ed. Frank J. Fabozzi (New York: John Wiley & Sons, 2002), chapter 6.

需要对某一特定政府债券的空头头寸进行补仓，而补仓行为将推高对该特定政府债券的需求，并压低其收益率。在互换市场，什么都不需要交割，因此技术性市场因素的影响较小。此外，有些政府债券也可能以高于或低于其面值的价格出售。如前所述，政府税务机关可能会对购买并持有至到期的债券征收不同的税。因此，这些债券在市场上交易的收益率将反映出其具有的税收优势或劣势。

在我们对金融市场的研究中，虽然目前可能很难理解这些因素，但关键是由于这些因素，政府债券的利率可能不能反映真实的利率。互换利率就不存在这种缺点，由于这个市场不受监管，因此互换利率代表真实利率，且反映了信贷风险和流动性风险。

其次，要创造一个具有代表性的政府债券收益率曲线，就必须有大量的期限取值。然而，在大多数政府债券市场，发行债券的期限有限。例如，正如我们将在第 20 章讨论美国国债时所看到的，美国政府只发行期限为两年或两年以上（2 年、5 年、10 年和 30 年）的 4 种债券。尽管有很多旧券可以用来构建政府债券收益率曲线，但由于上述原因，这些债券的收益率可能不代表真实利率。相比之下，在互换市场上，各种期限的债券都有报价。事实上，在美国，30 年期国债一度暂停发行，这使得 30 年期国债利率无法获得。然而，利率互换市场上的交易商报出了 30 年期的互换利率。

最后，由于每个国家的信贷风险不同，比较各国政府债券收益率是困难的。相比之下，如前所述，互换曲线被视为国债收益率曲线，较易对基准利率进行跨国比较。

16.2　利率期限结构

现在我们来看看债券收益率和到期日之间的关系。因为债券的到期日被称为**到期日期限**或简称为**期限**，因此收益率与到期日之间的关系被称为**利率期限结构**。在这里我们解释了关于决定利率期限结构的各种理论。

描述相同信用质量但不同期限债券收益率之间关系的图形称为**收益率曲线**。市场参与者倾向于通过观察美国国债市场的价格和收益率与到期日来构建收益率曲线，造成这种趋势的原因有两个。第一，美国国债没有违约风险，信用度的差异不会影响收益率的估计。第二，作为最大、最活跃的债券市场，美国国债市场流动性不足或交易不频繁的问题最少。

图 16-1 显示了在美国时常能观察到的三条假设的国债收益率曲线的一般形状。每日收益率曲线信息可从各种来源实时获取，有关 1990 年以来每日收益率曲线的历史信息，可从美国财政部网站上获得。⊖

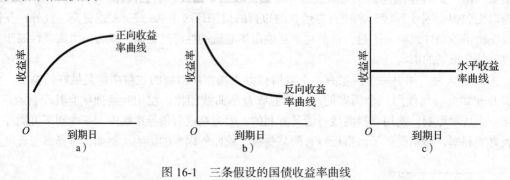

图 16-1　三条假设的国债收益率曲线

⊖ See http://www.ustreas.gov/offices/domestic-finance/debt-management/interest-rate/yield historical main.shtml.

正如我们在第 15 章中所解释的,从实际角度来看,国债收益率曲线主要作为债券定价和债券市场许多其他部门设定收益率的基准,如银行贷款、抵押贷款、公司债和国际债券。最近,市场参与者开始意识到,传统上构建的国债收益率曲线并不能令人满意地衡量所需收益率与到期日之间的关系。关键原因在于,相同期限的债券实际上可能提供不同的收益率。正如我们将要解释的,这种现象反映了债券票面利率差异的作用和影响。因此,有必要对国债收益率曲线进行更准确、更可靠的估计。在下文中,我们将介绍构建传统的国债收益率曲线带来的问题,并为构建收益率曲线提供一种创新且日益流行的方法。该方法包括识别适用于零息债券的收益率,从而消除收益率–期限关系中的不一致性问题。

16.2.1 即期利率

如第 11 章所述,金融资产的价格是其所有现金流的现值。然而,在本书中我们对这一点的说明和讨论中,我们使用了一个利率对金融资产的所有现金流进行贴现。在第 15 章中,我们指出,适当的利率是指与金融资产到期日相同的国债收益率加上适当的收益溢价或利差。

然而,正如刚才所指出的,使用国债收益率曲线来确定适当的收益率,在这个收益率下对债券的现金流进行贴现是存在问题的。为了说明这一问题,我们将使用以下两种假设的 5 年期国债 A 和国债 B。这两种国债之间的差额是票面利率,国债 A 的票面利率为 12%,国债 B 的票面利率为 3%。这两种债券在 10 个 6 个月期限内,每 100 美元国债面值的现金流如表 16-1 所示。

表 16-1

期限	国债 A 的现金流 (美元)	国债 B 的现金流 (美元)
1～9	6.00	1.50
10	106.00	101.50

由于存在不同的现金流模式,因此,使用相同的利率来贴现所有的现金流是不合适的。相反,每一笔现金流都应该按照一个独特的利率进行贴现,这个利率应该与将要收到现金流的时间段相适应。但是每个时间段的利率应该是多少呢?

正确看待国债 A 和国债 B 的方式不是将其看作债券,而是将其看作现金流的组合。更具体地说,它们是一套零息债券工具。零息债券是指以低于到期价值的金额购买,不会定期支付利息的债券。相反,利息是投资者在收到到期价值或本金时,在到期日赚取的。因此,获得的利息是到期价值和支付价格之间的差额。例如,国债 A 可以被视为十种零息工具:第一种到期价值为 6 美元,6 个月后到期;第二种到期价值为 6 美元,1 年后到期;第三种到期价值为 6 美元,1.5 年后到期;依此类推,第十种零息债券工具从现在起将有 10 个 6 个月的期限到期,到期价值为 106 美元。

同样,国债 B 可以看作是十种零息债券:第一种是 6 个月后到期的 1.50 美元;第二种是从现在起 1 年后到期的 1.50 美元;第三种是 1.5 年后到期的 1.50 美元;依此类推,第十种零息债券工具从现在起将有 10 个 6 个月的期限到期,到期价值为 101.50 美元。显然,就每一种零息债券而言,债券的价值或价格等于其零息债券工具的总价值。

一般来说,任何债券都可以被视为一套零息债券。也就是说,一篮子工具中的每一个零息债券工具的到期日等于其息票支付日,或者在支付本金的情况下,等于到期日。债券的价值应等于所有组成部分的零息债券的价值。如果这一点不成立,市场参与者就有可能获得无风险利润。因为没有人可以放弃无风险利润,市场必然推动这两个价格相等,我们在这里的讨论假设是平等的。

为了确定每一种零息债券的价值,有必要知道相同期限的零息国债的收益率。这种收益率被称为**即期利率**,而用图形描述即期利率与其到期日之间关系的曲线被称为**即期利率曲线**。如下所述,这条曲线是从实际交易的国债收益率的理论得出的,这种曲线称为**理论即期利率曲线**。

1. 构建理论即期利率曲线

我们看看理论即期利率曲线是如何从收益率曲线中构造出来的。收益率曲线是基于观察到的短期国债和长期国债的收益率描绘而成的。

以这种方式创建理论即期利率曲线的过程称为**拔靴法**。⊖为了解释这个过程,我们将使用表16-2所示的20种假设的国债的到期期限、票面利率、到期收益率和价格。(在实践中,所有的票面利率都是经过估算的,因此每张债券的价格都是票面价值。)

表 16-2 20 种假设的国债的相关信息

到期期限(年)	票面利率(%)	到期收益率(%)	价格(美元)	到期期限(年)	票面利率(%)	到期收益率(%)	价格(美元)
0.50	0.000 0	0.080 0	96.15	5.50	0.105 0	0.109 0	98.38
1.00	0.000 0	0.083 0	92.19	6.00	0.110 0	0.112 0	99.14
1.50	0.085 0	0.089 0	99.45	6.50	0.085 0	0.114 0	86.94
2.00	0.090 0	0.092 0	99.64	7.00	0.082 5	0.116 0	84.24
2.50	0.110 0	0.094 0	103.49	7.50	0.110 0	0.118 0	96.09
3.00	0.095 0	0.097 0	99.49	8.00	0.065 0	0.119 0	72.62
3.50	0.100 0	0.100 0	100.00	8.50	0.087 5	0.120 0	82.97
4.00	0.100 0	0.104 0	98.72	9.00	0.130 0	0.122 0	104.30
4.50	0.115 0	0.106 0	103.16	9.50	0.115 0	0.124 0	95.06
5.00	0.087 5	0.108 0	92.24	10.00	0.125 0	0.125 0	100.00

在接下来的分析和说明中,重要的是要记住,国债的价值应等于零息国债的价值,这种零息国债与息票债券的现金流是相同的。

让我们从表16-2中的6个月期国债开始。正如我们在本章前面所解释的,国债是一种零息债券。因此,国债8%的到期收益率等于即期利率。同样,对于1年期国债,8.3%的到期收益率即为1年期即期利率。⊖鉴于这两种即期利率,我们可以计算1.5年期零息国债的理论即期利率。理论上1.5年期零息国债的价格应等于实际1.5年期息票国债的三种现金流的现值,其中用于贴现的收益率是与现金流相对应的即期利率。以100美元为面值,票面利率为8.5%的1.5年期国债的现金流为

$$0.5 \text{ 年}: 0.085 \times 100 \times 0.5 = 4.25 \text{(美元)}$$
$$1.0 \text{ 年}: 0.085 \times 100 \times 0.5 = 4.25 \text{(美元)}$$
$$1.5 \text{ 年}: 0.085 \times 100 \times 0.5 + 100 = 104.25 \text{(美元)}$$

⊖ 在实践中,用来构建理论即期利率曲线的国债是某一特定期限内最近拍卖的国债(运行中的国债)。正如我们在第20章中将解释的,在市场上有实际的到期时间超过一年的零息国债,它们不是由美国财政部发行的,而是由某些市场参与者根据实际的国债息票发行的。用观察到的零息国债收益率来构建实际的即期利率曲线似乎是合乎逻辑的,但这种方法存在问题。首先,这些债券的流动性不如债券市场中的债券的流动性好。其次,零息国债市场的某些到期类别吸引了某些特定的投资者,这些投资者可能愿意提高收益率以交换与该特定到期类别相关的有吸引力的特征,从而扭曲了期限结构关系。

⊖ 美国财政部不再发行1年期国债,为了便于解释,我们假设它存在。

现金流的现值为

$$\frac{4.25}{(1+z_1)^1}+\frac{4.25}{(1+z_2)^2}+\frac{104.25}{(1+z_3)^3}$$

其中，

z_1——6 个月理论即期利率的一半，

z_2——1 年期理论即期利率的一半，

z_3——1.5 年期理论即期利率的一半。

由于 6 个月期理论即期利率和 1 年期理论即期利率分别为 8.0% 和 8.3%，可得 $z_1 = 0.04$ 和 $z_2 = 0.041\ 5$。

1.5 年期息票国债的现值为

$$\frac{4.25}{(1.040\ 0)^1}+\frac{4.25}{(1.041\ 5)^2}+\frac{104.25}{(1+z_3)^3}$$

由于 1.5 年期息票国债（见表 16-2）的价格为 99.45 美元，因此市场价格与现金流现值之间必须保持以下关系，即

$$99.45=\frac{4.25}{(1.040\ 0)^1}+\frac{4.25}{(1.041\ 5)^2}+\frac{104.25}{(1+z_3)^3}$$

通过求解可得 z_3 的值为 0.044 65。

把这个收益率乘以 2，我们得到债券等价收益率为 0.089 3，即 8.93%，这是 1.5 年期的理论即期利率，这个利率是市场上适用于 1.5 年期零息国债的利率，如果这种债券确实存在的话。

给定 1.5 年期理论即期利率，我们可以得到 2 年期理论即期利率。表 16-2 中 2 年期息票国债的现金流为

0.5 年：$0.090 \times 100 \times 0.5 = 4.50$（美元）
1.0 年：$0.090 \times 100 \times 0.5 = 4.50$（美元）
1.5 年：$0.090 \times 100 \times 0.5 = 4.50$（美元）
2.0 年：$0.090 \times 100 \times 0.5 + 100 = 104.50$（美元）

现金流的现值为

$$\frac{4.50}{(1+z_1)^1}+\frac{4.50}{(1+z_2)^2}+\frac{4.50}{(1+z_3)^3}+\frac{104.50}{(1+z_4)^4}$$

其中，z_4 是 2 年期理论即期利率的一半。因为 6 个月期理论即期利率、1 年期理论即期利率和 1.5 年期理论即期利率分别为 8.0%、8.3% 和 8.93%，可得 $z_1 = 0.04$，$z_2 = 0.041\ 5$，$z_3 = 0.044\ 65$。

因此，2 年期国债的现值为

$$\frac{4.50}{(1.040\ 0)^1}+\frac{4.50}{(1.041\ 5)^2}+\frac{4.50}{(1.044\ 65)^3}+\frac{104.50}{(1+z_4)^4}$$

如表 16-2 所示，2 年期息票国债的价格为 99.64 美元，求解可得 z_4 为 0.046 235。将这个收益率乘以 2，我们得到 2 年期理论即期利率债券等价收益率为 9.247%。

根据 z_1、z_2、z_3 和 z_4 的计算值（分别是 6 个月、1 年期、1.5 年期和 2 年期利率）以及 2.5 年期国债的价格和息票，可以迭代地得出 2.5 年期理论即期利率。此外，我们还可以得出其他

全部理论即期利率。由此得到的理论即期利率如表 16-3 所示，它们代表债券期限最长为 10 年的利率期限结构。

表 16-3 20 种假设的国债的理论即期利率

到期期限（年）	到期收益率（%）	理论即期利率（%）	到期期限（年）	到期收益率（%）	理论即期利率（%）
0.50	0.080 0	0.080 00	5.50	0.109 0	0.111 75
1.00	0.083 0	0.083 00	6.00	0.112 0	0.115 84
1.50	0.089 0	0.089 30	6.50	0.114 0	0.117 44
2.00	0.092 0	0.092 47	7.00	0.116 0	0.119 91
2.50	0.094 0	0.094 68	7.50	0.118 0	0.124 05
3.00	0.097 0	0.097 87	8.00	0.119 0	0.122 78
3.50	0.100 0	0.101 29	8.50	0.120 0	0.125 46
4.00	0.104 0	0.105 92	9.00	0.122 0	0.131 52
4.50	0.106 0	0.108 50	9.50	0.124 0	0.133 77
5.00	0.108 0	0.110 21	10.00	0.125 0	0.136 23

表 16-3 第 2 列再现了表 16-2 中所列的到期收益率，将这一列与最后一列给出零息债券理论即期利率进行比较是有启发性的，它证实了相同期限的债券可以有不同的到期收益率。也就是说，相同信用质量的债券的收益率并不仅仅取决于其到期日。虽然这两列一开始变化不大，但第 3 年后变化增大，到了第 9 年，零息债券到期收益率为 12.20% 的情况下，同期限的理论即期利率为 13.152%，溢价出售的收益率差了将近 100 个基点。

2. 用即期利率对债券估值

对给定即期利率的债券进行估值，债券的理论价值可以通过将某一时期的现金流贴现为该期间的相应即期利率来计算，如表 16-4 所示。

我们例子中的债券是 10 年期，10% 息票的美国国债。表 16-4 的第二列显示了 10% 息票债券每 100 美元面值的现金流，第三列显示年化理论即期利率，第四列是前一列年化理论即期利率的一半，即半年期的理论即期利率。最后一列显示第二列现金流按半年期的理论即期利率贴现后的现值。该债券的总现值为 85.354 77 美元。

表 16-4 对使用理论即期利率对 10 年期 10% 息票的美国国债进行估值的解释说明

到期期限（年）	现金流（美元）	理论即期利率（%）	半年期的理论即期利率（%）	现值（美元）	到期期限（年）	现金流（美元）	理论即期利率（%）	半年期的理论即期利率（%）	现值（美元）
0.5	5	0.080 00	0.040 00	4.807 7	6.0	5	0.115 84	0.057 92	2.544 1
1.0	5	0.083 00	0.041 50	4.609 5	6.5	5	0.117 44	0.058 72	2.381 3
1.5	5	0.089 30	0.044 65	4.385 9	7.0	5	0.119 91	0.059 96	2.212 8
2.0	5	0.092 47	0.046 24	4.173 0	7.5	5	0.124 05	0.062 03	2.027 4
2.5	5	0.094 68	0.047 34	3.967 6	8.0	5	0.122 78	0.061 39	1.927 4
3.0	5	0.097 87	0.048 94	3.753 9	8.5	5	0.125 46	0.062 73	1.777 4
3.5	5	0.101 29	0.050 65	3.538 2	9.0	5	0.131 52	0.065 76	1.588 9
4.0	5	0.105 92	0.052 96	3.308 8	9.5	5	0.133 77	0.066 89	1.461 3
4.5	5	0.108 50	0.054 25	3.108 0	10.0	105	0.136 23	0.068 12	28.107 9
5.0	5	0.110 21	0.055 11	2.924 2	总计				85.354 77
5.5	5	0.111 75	0.055 88	2.749 4					

16.2.2 远期利率

到目前为止，我们已经可以从国债收益率曲线推断出理论即期利率。此外，我们还可以推断一些市场参与者所说的"市场对未来利率的共识"。为了了解市场对未来利率的共识的重要性，我们考虑以下两种投资选择，对于投资期限为 1 年的投资者来说，有以下两种备选方案。

备选方案 1：投资者购买 1 年期工具。

备选方案 2：投资者购买 6 个月期工具，到期后，投资者再购买另一个 6 个月期工具。

在备选方案 1 中，投资者将实现 1 年期即期利率，该利率是确定无疑的。相比之下，在备选方案 2 中，投资者将实现 6 个月期即期利率，但 6 个月后的 6 个月期利率则未知。因此，对于备选方案 2，1 年内的收益率并不确定，如图 16-2 所示。

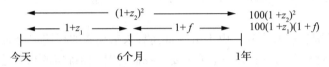

图 16-2 两种可供选择的 1 年期投资方案

假设这位投资者预计 6 个月后的 6 个月期利率将高于今天，投资者可能会觉得备选方案 2 是更好的投资。然而，这种预期并不一定是真的。为了理解其中的原因，并理解为什么有必要了解市场对未来利率的共识，接下来我们将进一步解释说明。

如果这两种方案在 1 年的投资期内产生相同金额的收益，投资者将对它们漠不关心。考虑到 1 年期即期利率，6 个月后的 6 个月期金融工具具有一定的利率，这将使投资者对这两种选择并不在意，我们用 f 表示这个比率。

根据 1 年期即期利率和 6 个月即期利率，可以很容易地确定 f 的值。如果投资者在 1 年期工具（备选方案 1）中存入 100 美元，则备选方案 1 在年末的总美元数为 $100(1+z_2)^2$，其中 z_2 是 1 年期即期利率。（请记住，我们以 6 个月为周期，因此下脚标 2 代表两个 6 个月或 1 年。）以 6 个月即期利率投资的收益将在 6 个月结束时产生以下数额的美元，即备选方案 2 在 6 个月结束时的总美元数为 $100(1+z_1)$，其中，z_1 是 6 个月即期利率。如果这个金额在 6 个月以后以 6 个月期利率再投资，我们用 f 表示，那么备选方案 2 在年末的总美元数为 $100(1+z_1)(1+f)$。如果总金额相同，投资者将对这两种选择漠不关心。使两种方案相等，我们得到：$100(1+z_2)^2 = 100(1+z_1)(1+f)$。求解方程可得

$$f = \frac{(1+z_2)^2}{1+z_1} - 1 \tag{16-1}$$

将 f 乘以 2，就得到了我们比较感兴趣的 6 个月期利率的债券等价收益率。

我们可以用表 16-2 所示的理论即期利率来说明 f 的计算过程。根据表 16-3，我们可知
6 个月即期利率 =0.080，因此，$z_1=0.0400$。
1 年期即期利率 =0.083，因此，$z_2=0.0415$。
代入式（16-1），可得

$$f = \frac{1.0415^2}{1.0400} - 1 = 0.043$$

因此，以债券等值为基础的 6 个月期证券的远期利率为 8.6%（=0.043×2）。

下面介绍如何使用 8.6% 的利率。如果 6 个月后的 6 个月期利率低于 8.6%，那么投资 1 年期工具（备选方案 1）后，年末得到的总美元数将更高。如果 6 个月后的 6 个月期利率高于 8.6%，投资于 6 个月期的工具，并将 6 个月后的收益按当时的 6 个月期利率进行再投资，则年末得到的总美元数将更高（备选方案 2）。当然，如果 6 个月后的 6 个月期利率为 8.6%，那么这两个备选方案在年末得到的总美元数就是相同的。

现在我们有了我们感兴趣的比率 f，并且知道如何使用这个比率，让我们回到开始时提出的问题。从表 16-3 可以看出，6 个月期即期利率为 8%。假设投资者预期 6 个月后，6 个月期利率将为 8.2%。也就是说，投资者预计 6 个月期利率将高于目前水平。那么，投资者是否会因为预期 6 个月后的 6 个月期利率更高，而选择备选方案 2 呢？

答案是否定的。如前所述，如果比率低于 8.6%，那么备选方案 1 是更好的选择。因为这位投资者预计利率为 8.2%，那么他应该选择备选方案 1，尽管他预计 6 个月后的利率会高于今天的水平。

这一结果令一些投资者有些意外，由于市场将其对未来利率的预期定价为不同期限投资的利率，因此了解市场对未来利率的共识至关重要。我们针对 f 而确定的利率是市场对 6 个月后 6 个月期利率的共识。根据即期利率或收益率曲线计算出的未来利率称为**远期利率**或**隐含远期利率**。

同样，借款人需要了解远期利率的含义。例如，假设一个借款人必须在 1 年期贷款和两个 6 个月期贷款之间进行选择。如果远期利率低于借款人对 6 个月后 6 个月期利率的预期，那么借款人最好选择 1 年期贷款。相反，如果借款人的预期是 6 个月后的 6 个月期利率将低于远期利率，那么借款人最好选择两个 6 个月期贷款。

远期利率由两部分组成，第一部分是这期利率开始的时间，第二部分是利率的时间长度。例如，3 年后的 2 年期远期利率是指 3 年后的利率，期限为 2 年。用于远期利率 f 的符号将有两个下脚标，一个在 f 之前，一个在 f 之后，例如，$_tf_m$。f 前面的下脚标 t 是利率的时间长度，f 后面的下脚标 m 是远期利率开始的时间。

表 16-5

符号	远期利率的解释
$_1f_{12}$	从现在起 6 年（12 期）开始的 6 个月（1 期）远期利率
$_2f_8$	从现在起 4 年（8 期）开始的 1 年期（2 期）远期利率
$_6f_4$	从现在起 2 年（4 期）开始的 3 年期（6 期）远期利率
$_8f_{10}$	从现在起 5 年（10 期）开始的 4 年期（8 期）远期利率

假设我们的时间段还是 6 个月。考虑到我们在前面所使用的符号，如表 16-5 所示，下面是这些符号含义的解释。

可以证明，计算所有远期利率的公式为

$$_tf_m = \left[\frac{(1+z_{m+t})^{m+t}}{(1+z_m)^m}\right]^{1/t} - 1 \qquad (16\text{-}2)$$

请注意，如果 $t=1$，式（16-2）将减少为 1 期（6 个月）的远期利率。

举例来说，对于表 16-3 所示的即期利率，假设一个投资者想知道 3 年后的 2 年期远期利率。就符号取值而言，$t=4$ 和 $m=6$。将 t 和 m 代入式（16-2）中，可得

$$_4f_6 = \left[\frac{(1+z_{6+4})^{6+4}}{(1+z_6)^6}\right]^{1/4} - 1$$

这个表达式意味着需要以下即期利率：z_6（3年期即期利率）和z_{10}（5年期即期利率）。从表16-4可知

z_6（3年期即期利率）= 9.787%/2 = 4.894% = 0.048 94，
z_{10}（5年期即期利率）= 11.021%/2 = 5.511% = 0.055 11。

然后可得

$$_4f_6 = \left[\frac{(1.055\,11)^{10}}{(1.048\,94)^6}\right]^{1/4} - 1$$

因此，$_4f_6$等于6.443%，将该利率乘以2得到12.886%，即债券等价物基础上的远期利率。我们可以验证这个结果。以5.511%的半年期即期利率投资100美元，得到的总收益为

$$100 \times 1.055\,11^{10} = 170.99 （美元）$$

以4.894%的利率投资6期100美元，并以6.443%的远期利率将收益再投资4期，会得到相同的总收益

$$100 \times 1.048\,94^6 \times 1.055\,11^4 = 170.99 （美元）$$

1. 即期利率和短期远期利率之间的关系

假设一个投资者以58.48美元的价格购买一个5年期零息国债，到期价值为100美元。投资者可以购买一张6个月期的国债，每6个月将总收益再投资，为期5年。未来实现的美元数量将取决于6个月远期利率（假设投资者实际上可以将每6个月到期的收益按隐含的6个月远期利率进行再投资）。

让我们看看5年后的总收益共计多少美元。根据表16-3给出的收益率曲线计算隐含的6个月远期利率。让f_t表示从现在开始的6个月期的6个月远期利率，使用表16-3所示即期利率的半年期隐含远期利率为

$f_1 = 0.043\,000$，$f_2 = 0.050\,980$，$f_3 = 0.051\,005$，$f_4 = 0.051\,770$，
$f_5 = 0.056\,945$，$f_6 = 0.060\,965$，$f_7 = 0.069\,310$，$f_8 = 0.064\,625$，
$f_9 = 0.062\,830$。

将58.48美元按6个月期即期利率4%（按债券等价物计算为8%）进行投资，再按上述远期利率进行再投资，5年结束时累积的美元数量将为

$$58.48 \times 1.04 \times 1.043 \times 1.050\,98 \times 1.051\,005 \times 1.051\,77 \times 1.056\,945 \times$$
$$1.060\,965 \times 1.069\,31 \times 1.064\,625 \times 1.062\,83 \approx 100 （美元）$$

因此，我们看到，如果隐含远期利率得以实现，58.48美元的投资将产生与按5年期即期利率计算的5年期零息国债投资相同的美元数量。从这个例子中，我们可以看出，5年期即期利率与目前的6个月期即期利率和隐含的6个月期远期利率有关。

一般来说，t期即期利率、当前6个月期即期利率和隐含的6个月期远期利率之间的关系为

$$z_t = [(1+z_1)(1+f_1)(1+f_2)(1+f_3)\cdots(1+f_{t-1})]^{1/t} - 1 \qquad (16\text{-}3)$$

为了说明如何使用这个等式，让我们看看5年期（10期）即期汇率与6个月期远期利率之间的关系。将刚刚给出的相关远期利率和1期即期利率4%（年即期利率8%的一半）代入式（16-3），可得

$$z_{10} = (1.04 \times 1.043 \times 1.050\,98 \times 1.051\,005 \times 1.051\,77 \times 1.056\,945 \times$$
$$1.060\,965 \times 1.069\,31 \times 1.064\,625 \times 1.062\,83)^{1/10} - 1 = 5.51\%$$

将5.51%乘以2，年化即期利率为11.02%，与表16-3中给出的即期利率一致。

2. 作为可对冲利率的远期利率

关于远期利率，一个自然要问的问题是，它们能在多大程度上预测未来利率？研究表明，远期利率不能很好地预测未来利率。[⊖]那么，为什么我们要了解远期利率？原因是，正如我们在阐述如何在两种备选投资方案中进行选择一样，远期利率表明投资者的预期必须与市场共识存在多大差异，才能使投资者做出正确的决定。

在我们的例子中，6个月期远期利率可能无法实现，这是无关紧要的。重要的是，6个月期远期利率向投资者表明，如果对6个月后的6个月期利率的预期低于8.6%，投资者最好选择备选方案1。

由于这个原因，以及后面解释的其他原因，一些市场参与者不愿意把远期利率作为市场共识利率来讨论。相反，他们将远期利率称为**可对冲利率**。例如，通过购买1年期债券，投资者可以在6个月后对冲6个月期的利率。

16.2.3 国债收益率曲线的历史形状

如果我们绘出期限结构（按到期日逐次到期的收益率或按即期利率），它可能是什么样子的呢？图16-1显示了美国国债收益率曲线随时间推移出现的三种常见形状。表16-6以表格形式列出了5个选定日期的国债日收益率曲线。

表16-6　5个日期的美国国债收益率曲线

日期	3个月	6个月	1年	2年	3年	5年	7年	10年	20年	30年	形状
2001年4月23日	3.75	3.78	3.75	3.77	4.15	4.38	4.78	5.06	5.84	5.73	正向
1992年4月10日	3.74	3.88	4.12	5.16	5.72	6.62	7.03	7.37	N/A	7.89	陡峭
1981年8月14日	N/A	N/A	16.71	16.91	15.88	15.34	15.04	N/A	14.74	13.95	反向
1990年1月3日	7.89	7.94	7.85	7.94	7.96	7.92	8.04	7.99	N/A	8.04	平坦
2001年1月4日	5.37	5.2	4.82	4.77	4.78	4.82	5.07	5.03	5.56	5.44	驼峰

资料来源：2001年4月23日、1992年4月10日、1990年1月3日和2001年1月4日的数据来自美国财政部提供的日收益率曲线。1981年8月14日的数据来自美国财政部公布的各种国债收益率表。

图16-1a显示了一条向上倾斜的收益率曲线，也就是说，收益率随着到期日的增加而稳步上升，这种形状通常被称为**正向的收益率曲线**。市场参与者根据收益率曲线的倾斜度或斜率来区分向上倾斜的收益率曲线。斜率通常用到期利差来衡量，到期利差是长期和短期收益率之间的差额。虽然有许多候选期限可以用作长期和短期收益率的替代变量，但在我们的例子中，我们将使用6个月和30年期收益率之间的期限差来表示。

如表16-6所示的前两个日收益率曲线向上倾斜。3个月期和6个月期的收益率在这两个日期大致相同。然而，倾斜程度不同。2001年4月23日，6个月期和30年期收益率之间的到期利差为195个基点（=5.73%-3.78%），1992年4月10日为401个基点（=7.89%-3.88%）。市场上的惯例是指一种向上倾斜的收益率曲线，当利差为300个基点或更低时，以6个月和30

[⊖] Eugene F. Fama, "Forward Rates as Predictors of Future Spot Rates," *Journal of Financial Economics* 3 (1976): 361–377.

年期收益率衡量的到期利差为正常收益率曲线，当利差超过 300 个基点时，收益率曲线被称为陡峭的收益率曲线。

当收益率曲线的到期利差增大（或者用市场的说法为"变宽"）时，收益率曲线被称为陡峭。当到期利差减小（"变窄"）时，收益率曲线被称为平坦。

图 16-1b 显示了一条**向下倾斜或反向的收益率曲线**，其中收益率通常随着到期日的增加而下降。在美国国债市场的近期历史中，收益率曲线表现出这一特征的例子并不多。最典型的例子发生在 1981 年 8 月，表 16-6 显示了 1981 年 8 月 14 日的日收益率曲线。当时美国国债收益率处于历史高位，2 年期的收益率为 16.91%，随后每一个到期日都会下降，直到 30 年期的收益率达到 13.95%。

最后，图 16-1c 显示了**一条水平的收益率曲线**。虽然对于水平的收益率曲线，每个到期日的收益率是相同的，但这并不是观察到的。相反，所有到期日的收益率都是相似的。1990 年 1 月 3 日的收益率曲线如表 16-6 所示。请注意，6 个月期和 30 年期收益率之间的到期利差非常小，仅为 10 个基点。水平的收益率曲线，其短期和长期国债的收益率相似，但中期国债的收益率较低。

16.2.4 期限结构形状的决定因素

两个主要的理论发展可以用来解释这些观察到的收益率曲线形状，它们是**预期理论**和**市场分割理论**。

预期理论包括几种形式：纯预期理论、期限结构流动性理论和期限优先理论。它们都对短期和远期利率的行为有一个共同的假设，而且它们还假设当前长期合约中的远期利率与市场对未来短期利率的预期密切相关。然而，这三种理论在其他因素是否以及如何影响远期利率方面存在分歧。

纯预期理论假设，除了预期的未来短期利率外，没有其他系统性因素会影响远期利率，而流动性理论和期限优先理论则认为其他因素也会影响远期利率。因此，后两种形式的预期理论有时被称为**有偏见的预期理论**。

1. 纯预期理论

根据**纯预期理论**，远期利率只代表预期利率。因此，特定时间的整个期限结构反映了市场当前对未来短期利率的预期。根据这一观点，如图 16-1a 所示，期限结构的上升一定表明市场预期未来短期利率都会上升。同样，水平的期限结构反映了对未来短期利率基本保持不变的预期，而下降的期限结构一定反映出未来短期利率将稳步下降的预期。

我们可以通过考虑未来短期利率上升的预期如何影响不同市场参与者的行为，从而导致收益率曲线上升来说明这一理论。假设最初的期限结构是水平的，随后的市场消息导致市场参与者预期利率在未来会上升。

（1）那些对长期投资感兴趣的市场参与者不愿意购买长期债券，因为他们预计收益率结构迟早会上升，从而导致债券价格下降，购买的长期债券会出现资本损失。相反，他们希望投资短期债券，直到收益率上升，从而允许他们以更高的收益率将资金进行再投资。

（2）预期利率上升的投机者预期长期债券的价格会下降，因此会希望出售他们所持有的任何长期债券，并可能"卖空"一些他们现在并不拥有的债券。⊖（如果利率如预期上升，长

⊖ "卖空"指的是出售一种不是拥有而是借来的债券，第 22 章介绍了卖空股票的过程。

期债券的价格将下降。如果投机者将这些债券卖空，然后以较低的价格购买以弥补卖空，会获得利润。）投机者出售长期债券或卖空长期债券所获得的收益将投资于短期债券。

（3）希望获得长期资金的借款人，如果预期未来借款的成本会升高，则会选择现在就借入市场长期资金。

所有这些反应要么会降低对长期债券的净需求，要么会增加长期债券的供给，而其中两种反应都会增加对短期债券的需求。市场出清将需要长期收益率相对于短期收益率的上升，也就是说，投资者、投机者和借款人的这些行为将使期限结构向上倾斜，直到其与未来更高利率的预期相一致。通过类似的推理，一个导致预期未来利率下降的意外事件会导致收益率曲线向下倾斜。

不幸的是，纯预期理论有一个缺点，从性质上说，这个缺点是相当严重的。它忽略了对债券和类似工具投资的内在风险。如果远期利率是未来利率的完美预测者，那么债券的未来价格将是确定无疑的。任何投资期限的收益都是确定的，且独立于最初获得的工具的到期日和投资者需要清算工具的时间。然而，伴随着未来利率的不确定性以及债券未来价格的不确定性，投资这些工具存在风险，因为在某些投资期限内，这些工具的收益率是未知的。

同样，从借款人或发行人的角度来看，如果借款人未来必须再融资债务的利率是已知的，则任何所需融资期限的借款成本都是确定的，且与最初出售的工具的到期日无关。但由于未来利率的不确定性，如果借款人必须在最初需要资金的时期内的某个时候再融资，借款成本就不确定了。

下面，我们将更仔细地研究纯预期理论忽略的风险来源和类型。

有两种与债券投资相关的风险会导致在一定投资期限内收益的不确定性。

第一个风险是投资期结束时债券价格的不确定性。例如，计划投资 5 年的投资者可能会考虑以下三种投资选择：①投资 5 年期债券并持有 5 年；②投资 12 年期债券并在 5 年期结束时出售；③投资 30 年期债券并在 5 年期结束时出售。第二种和第三种方案的收益率尚不清楚，因为每种长期债券在 5 年期结束时的价格不得而知。以 12 年期债券为例，价格将取决于 5 年后 7 年期债券的收益率，30 年期债券的价格将取决于 5 年后 25 年期债券的收益率。由于 5 年后 7 年期债券和 25 年期债券期限结构中隐含的远期利率并不是实际未来利率的完美预测因子，因此 5 年后这两种债券的价格仍不确定。

在投资期结束时，债券价格低于当前预期的风险称为**价格风险**。价格风险的一个重要特征是，债券期限越长风险越大。根据我们在第 15 章的讨论，到期时间越长，当收益率上升时，债券的价格波动就越大。因此，当投资者投资于债券到期日前就需要对其进行出售的债券时，他们面临着价格风险。

第二个风险与不确定性有关，即在投资期限结束前到期的债券的收益可以再投资到投资期限结束。例如，计划投资 5 年的投资者可能会考虑以下三种投资选择：①投资 5 年期债券并持有 5 年；②投资 6 个月期的债券，并在到期后将收益在整个 5 年投资期限内再投资于 6 个月期的债券；③投资 2 年期债券，到期后将收益再投资于 3 年期债券。第二种和第三种方案的风险在于，5 年期投资的收益率是未知的，因为收益可以再投资到投资期限结束的利率是未知的。这种风险被称为**再投资风险**。

经济学家们对纯预期理论提出了以下三种解释。这些解释是不对等的，它们之间也不一致，很大程度上是因为它们对处理我们刚刚解释过的与收益相关的两种风险提供了不同的方法。⊖

⊖ These formulations are summarized by John Cox, Jonathan Ingersoll, Jr., and Stephen Ross, "A Re-examination of Traditional Hypotheses about the Term Structure of Interest Rates," *Journal of Finance* 36 (1981): 769–799.

第一种对纯预期理论的最广泛解释表明，投资者期望任何投资期限的收益都是相同的，而不管选择的是哪种到期策略。[一]为了说明这一点，我们考虑一个投资期限为 5 年的投资。根据纯预期理论，投资者购买并持有 5 年期、12 年期或 30 年期债券没有任何区别，因为投资者预计 5 年内这三种债券的收益率都是一样的。对这一理论广义解释的一个主要批评是，由于投资于到期期限大于投资期限的债券存在价格风险，投资这三种不同债券的预期收益也应存在显著差异。[二]

第二种解释，被称为纯预期理论的**局部预期**形式，它表明从今天开始，短期投资的收益率将是相同的。例如，如果投资者的投资期限为 6 个月，那么购买 5 年期、10 年期或 20 年期债券将产生相同的 6 个月期收益率。研究表明，范围狭窄的局部预期公式是纯预期理论中唯一能够维持均衡的解释。[三]

纯预期理论的第三种解释表明，投资者通过将短期债券滚动到某个投资期限所获得的收益，将与持有期限与投资期限相同的零息债券的收益相同。（零息债券没有再投资风险，因此投资期内的未来利率不会影响收益率。）这被称为**预期到期收益**解释。例如，我们再次假设投资者的投资期限为 5 年。通过购买 5 年期零息债券并将其持有至到期，投资者的收益率是到期价值与债券价格之差除以债券价格。根据预期到期收益，购买一个 6 个月期的债券，并在 5 年内每 6 个月滚动一次，就能实现同样的收益率。这个解释的有效性受到相当大的质疑。

2. 期限结构流动性理论

我们解释了纯预期理论的缺点是，它没有考虑与投资债券的内在风险。尽管如此，我们刚刚表明，持有一个长期债券确实涉及风险，而且风险随着债券到期期限的延长而增加，这是因为到期日和价格波动是直接相关的。

鉴于这种不确定性，以及对投资者通常不喜欢不确定性的合理考虑，一些经济学家和金融分析师提出了不同的理论。这一理论指出，如果投资者获得的长期利率高于预期未来利率的平均水平，且风险溢价与到期期限正相关，那么投资者将持有较长期的债券。[四]换一种说法，远期利率应同时反映利率预期和流动性溢价（实际上是风险溢价），期限较长的债券溢价应更高。

根据这个被称为**期限结构流动性理论**的理论，隐性远期利率不会是对市场未来利率预期的无偏估计，因为它们体现了流动性溢价。因此，向上倾斜的收益率曲线可能反映出预期未来利率将上升、持平甚至下降，但流动性溢价随到期期限的延长而增加，从而产生向上倾斜的收益率曲线。

3. 期限优先理论

一种理论，被称为**期限优先理论**，也采纳了这样的观点，即期限结构反映了对未来利率路径的预期以及风险溢价。然而，期限优先理论拒绝了风险溢价必须随到期日上升的说法。[五]期限优先理论的支持者说，如果所有投资者都打算在第一个可能的日期变现他们的投资，而所

[一] F. Lutz, "The Structure of Interest Rates," *Quarterly Journal of Economics* 55 (1940): 36–63.

[二] Cox, Ingersoll, and Ross, "A Re-examination of Traditional Hypotheses," 774–775.

[三] Cox, Ingersoll, and Ross, "A Re-examination of Traditional Hypotheses."

[四] John R. Hicks, Value and Capital, 2nd ed. (London: Oxford University Press, 1946), 141–145.

[五] Franco Modigliani and Richard Sutch, "Innovation in Interest Rate Policy," *American Economic Review* 56 (1966): 178–197.

有借款人都渴望长期借款，那么后一种结论是可以接受的，但这种假设可以被拒绝，原因有两个。

第一，很明显，许多投资者希望将投资持续相当长的一段时间，例如买房或为退休提供资金。这些投资者关心的是在适当的时候可获得的金额，而不是达到目标的途径。因此，风险规避意味着他们应该选择一种期限与他们希望投资的期限相匹配的工具，而不是较短期的投资工具。如果这些投资者购买短期工具，他们将承担再投资风险，即将短期工具收益进行再投资时面临利率下降的风险。投资者只有通过长期合约锁定当前的长期利率，才能避免这种风险。同样，如果他们购买的工具的到期日超过了他们希望投资的时间，他们将承担由于利率上升而在到期日前变现资产时造成资产价格损失的风险（价格风险）。类似的考虑也适用于借款人，即审慎和安全要求借款期限与所需资金的时间长度相匹配。

第二，现在很多债券的需求和供应都来自金融中介机构，这些中介机构的负债期限是特定的。这些机构力求尽可能使其负债的到期日与资产组合的现金流相匹配，在构建这样一个投资组合时，金融机构会将其投资限制在特定的期限区域。

为了说明这种对期限区域的偏好，我们来考虑一家发行5年期担保投资合同的人寿保险公司。⊖由于相关的再投资风险，保险公司将不考虑投资6个月期的工具。再举一个例子，假设一家存款机构以固定利率借入1年的资金，收益来自发行1年期存单。如果借入资金投资于到期日为20年的债券，储蓄者将面临价格（或利率）风险。显然，这两家机构中的任何一家如果投资于到期期限以外的工具，都将面临某种风险。

期限优先理论认为，如果某一特定期限内的资金需求和供给不匹配，一些贷款人和借款人将被诱导转向显示为相反失衡的到期日。然而，它们需要一个适当的风险溢价来补偿，其幅度反映了对价格或再投资风险的厌恶程度。

因此，该理论认为，收益率曲线的形状是由对未来利率的预期和或正或负的风险溢价共同决定的，以诱使市场参与者离开他们的优先期限区域。显然，根据这一理论，收益率曲线显示为向上、向下、水平或驼峰都是可能的。

4. 市场分割理论

市场分割理论也承认投资者的优先期限决定了储蓄和投资的流动。它还提出，收益率曲线形成的主要原因在于资产/负债管理限制（监管或自我施加）和/或债权人（借款人）将其贷款（融资）限制在特定到期区间。⊖然而，市场分割理论与期限优先理论的不同之处在于，它假定投资者和借款人都不愿意从一个到期区间转移到另一个到期区间，以利用预期利率和远期利率之间的差异带来的机会。

对于市场分割理论来说，收益率曲线的形状是由每个到期区间内债券的需求和供给决定的。这种说法似乎站不住脚，因为它预先假定了绝对风险厌恶的普遍存在，但现实证据并不支持这一主张。因此，当市场上的实际利率和预期利率之间出现足够大的差异时，市场参与者必须离开他们的优先期限区域。这种潜在的转变确保了市场上的实际利率和预期利率之间的差异不会变得太大，而这种考虑又证实了期限优先理论。

⊖ 关于担保投资合同的讨论，见第8章。

⊖ This theory was suggested in J.M. Culbertson, "The Term Structure of Interest Rates," *Quarterly Journal of Economics* 71 (1957): 489–504.

关键知识点

- 每个经济体都不是只有一个利率，而是有一个利率结构。
- 收益利差是任何两种债券收益率之间的差额，反映了它们的风险差异。
- 一个国家政府债券的利率可作为该国的基本利率或基准利率。
- 基准利率等于实际利率加上预期通货膨胀率。
- 风险溢价是非政府证券与政府证券之间的收益利差。
- 影响收益利差的因素包括：①发行人（机构、公司或政府）类型；②由信用评级机构的评级系统衡量的发行人信誉度；③债券的期限或到期日；④授予发行人或投资者选择权的条款；⑤利息的可征税性；⑥债券的预期流动性。
- 互换收益率曲线还提供了有关国家的利率信息。
- 互换收益率曲线简称"互换曲线"，不是无违约收益率曲线，能够反映提供利率互换的银行的平均信贷风险。
- 在许多国家，市场参与者使用该国的互换曲线，而不是该国的国债收益率曲线作为基准利率。
- 利率期限结构是指债券的收益率与期限之间的关系。
- 收益率曲线是对相同信用质量但不同期限债券收益率之间关系的图示。
- 从历史上看，国债收益率是非政府债券的基准利率。因此，最常用的收益率曲线是国债收益率曲线。
- 使用国债收益率曲线来确定贴现其他债券的现金支付的收益率时，通常会出现问题。
- 债券的现金流模式中的每一种现金流，都应按收到现金流时适用的唯一利率贴现。
- 任何债券都可以被视为一个零息债券工具的组合，因此其价值应等于所有零息债券工具的总价值。
- 即期利率是零息债券的利率。
- 零息债券的利率可以使用一种被称为拔靴法的方法从国债收益率曲线估算出来。
- 在某些假设下，市场对未来利率的预期可以从理论上的国债即期利率曲线推断出来，由此产生的远期利率称为隐含远期利率。
- 即期利率与当前的6个月期即期利率和隐含的6个月期远期利率相关。
- 在制定投资策略和借贷政策时，了解隐含在当前长期利率中的远期利率是必要的。
- 关于利率期限结构的确定，已经提出了几种理论。
- 纯预期理论假设，一期远期利率仅代表市场对未来实际利率的预期，因此，长期即期利率本身将完全由市场对未来短期利率的预期来解释。
- 根据纯预期理论，利率期限结构可能是向上倾斜的、向下倾斜的或水平的，这取决于市场预期短期利率会上升、下降或不变。
- 当投资者购买到期日与计划持有债券的时间不同的债券时，纯预期理论未能识别与债券投资相关的风险，即价格风险和再投资风险。
- 基于长期债券投资的价格风险和风险随到期期限的延长而增加的事实，产生了另一种理论，即期限结构流动性理论。
- 根据期限结构流动性理论，远期利率是预期未来利率和风险溢价的总和，该风险溢价随着到期期限的延长而增加，因此，产生向上倾斜的收益率曲线。
- 期限结构流动性理论是有缺陷的，因为它假定所有贷款人都想获得短期贷款，所有借款人都想获得长期贷款，如果是这样，长期借款人必须向贷款人提供溢价，并且该溢价随到期期限的延长而增加，以接受更多的风险。
- 事实上，贷款人和借款人在期限区域的偏好上存在很大差异，每个市场参与者不是通过短期借贷，而是通过在与其期限优先一致的时期内放贷（或借款）消除风险。但同时，由于风险溢价的存在，可能会诱使代理人改变他们的期限优先。
▲ 尽管预期理论中的期限优先理论认为，远期利率是反映预期未来利率和风险溢价的一个组成部分的总和，但该溢价不会随着到期期限的延长而持续上升，而是会在供大于求的到期区间实现。
▲ 根据期限优先理论，如果供给超过需求，则预期会出现负溢价或折扣。
▲ 一种期限结构理论通过市场分割的概念来解释利率期限结构的形状。
▲ 与期限优先理论一样，市场分割理论承认债券市场的参与者具有到期偏好，然而，它假设这些偏好是绝对的，无论收益多大，都无法通过预期不同期限的更高收益来克服这些偏好。
▲ 市场分割理论的支持者认为，每个到期日都是一个独立的市场，每个市场的利率都是由给定的需求和供给决定的，因此，任何期限的利率与对未来利率的预期完全无关。
▲ 在现实中，很多人对这一市场分割理论的使用保持怀疑态度，因为它暗示了高度非理性、不可信和反事实的行为。

练习题

1. a. 与美国国债相关的信用风险是什么？
   b. 为什么美国国债收益率被视为基准利率？
   c. 上市国债是什么意思？
   d. 非上市国债是什么意思？

2. 考虑以下 5 种公司债券及其交易信息，如表 16-7 所示。

   表 16-7

发行机构	评级	收益率（%）	价差（基点）	国债基准
公司 A	AAA	7.87	50	10
公司 B	AA	7.77	40	10
公司 C	AAA	8.60	72	30
公司 D	AA	8.66	78	30
公司 E	BBB	9.43	155	30

   a. 5 种债券中哪一种信用风险最大？
   b. 利差的含义是什么？
   c. 美国国债基准是什么意思？
   d. 为什么报告的每个利差都反映了风险溢价？

3. 对于练习题 2 报告的公司债券的发行，回答以下问题：
   a. 发行 AAA 级债券的收益率应该高于或低于相同期限的 AA 级债券吗？
   b. A 公司发行的股票和 B 公司发行的股票之间的利差是多少？
   c. 第 b 部分报告的利差与你对 a 部分的回答是否一致？
   d. 这两次债券发行之间的收益率之差反映的不仅仅是信用风险，那么，它还反映出哪些其他因素？
   e. B 公司的证券是不可赎回的，然而，A 公司的证券是可赎回的。这些信息如何帮助你了解这两类证券之间的差异？

4. 2014 年 8 月 4 日，美国国债、公司债券和免税债券（市政债券）的收益率如表 16-8 所示。

   表 16-8

发行人	评级	2 年	5 年	10 年
美国国债	—	0.52	1.75	2.56
公司债券	AAA	—	1.87	2.92
公司债券	AA	0.52	2.02	3.26
公司债券	A	0.65	2.12	3.42
免税债券	AAA	0.42	1.15	2.15
免税债券	AA	0.43	1.3	2.44
免税债券	A	0.63	1.47	2.42

   a. 为什么免税债券的收益率低于相同期限和信用评级的国债的收益率？
   b. 为什么免税债券的收益率低于相同期限和信用评级的公司债券的收益率？
   c. 公司债券的收益率与到期日之间的关系是

什么？

d. 对于边际税率为 40% 的投资者，比较两年期 AA 级公司债券和免税债券的收益率（在同等应税收益率基础上）。

5. a. 债券中的"嵌入期权"是什么意思？
   b. 举例说明债券发行中可能包含的嵌入期权。
   c. 嵌入期权是否会增加或减少相对于基准利率的风险溢价？

6. a. 互换利率是什么意思？
   b. 互换曲线是什么意思？

7. 一些国家的市场参与者为什么更喜欢使用互换曲线而不是政府债券收益率曲线？

8. a. 什么是收益率曲线？
   b. 为什么美国国债收益率曲线受到市场参与者的密切关注？

9. 即期利率是什么意思？

10. 解释为什么用一个收益率来贴现金融资产的所有现金流是不恰当的。

11. 解释为什么金融资产可以被视为一套零息债券工具。

12. 为什么贷款人和借款人了解远期利率很重要？

13. 你是个财务顾问，在不同的时候，你会听到客户对利率的以下评论，你会如何回应每一条评论？
    a. "今天收益率曲线向上倾斜，这表明市场普遍认为，未来利率有望上调。"
    b. "我搞不懂现在的期限结构，对于短期收益率（最多 3 年），即期利率随到期期限的延长而增加，对于期限大于 3 年但小于 8 年的债券，即期利率随到期期限的延长而下降，对于期限超过 8 年的债券，每个到期期限的即期利率几乎都相同，根本没有理论可以解释这种形状的期限结构。"
    c. "当我想确定市场对未来利率的共识时，我会计算隐含远期利率。"

14. 你可以观察表 16-9 中隐含的国债收益率曲线（所有收益率都以债券等价物为基础）。所有 1.5 年后到期的债券都按面值出售，6 个月期和 1 年期债券是零息债券。
    a. 计算缺失的即期利率。
    b. 6 年期美国国债的价格应该是多少？
    c. 从第 6 年开始的 6 个月期远期利率是多少？

15. a. 使用表 16-9 中的理论即期利率，计算 7% 的 6 年期国债的理论价值。
    b. 使用表 16-9 中的理论即期利率，计算 4 期后的 2 年期远期利率。

表 16-9

到期期限（年）	到期收益率（%）	理论即期利率（%）
0.5	5.25	5.25
1.0	5.50	5.50
1.5	5.75	5.76
2.0	6.00	?
2.5	6.25	?
3.0	6.50	?
3.5	6.75	?
4.0	7.00	?
4.5	7.25	?
5.0	7.50	?
5.5	7.75	7.97
6.0	8.00	8.27
6.5	8.25	8.59
7.0	8.50	8.92
7.5	8.75	9.25
8.0	9.00	9.61
8.5	9.25	9.97
9.0	9.50	10.36
9.5	9.75	10.77
10.0	10.00	11.20

c. 假设投资额为 100 美元，投资期限为 6 年，以此验证你对 b 部分的回答。

16. "远期利率对实际实现的远期利率的预测能力很差。因此，它们的价值对投资者来说微乎其微。"解释一下你为什么同意或不同意这一说法。

17. 一位投资者正在考虑另外两种投资。第一种是投资于两年后到期的工具；第二种是投资于一年后到期的工具，在一年结束时，将收益再投资于一年期工具。这位投资者相信一年后的一年期利率将高于现在的水平，因此倾向于第二种投资。你会向这位投资者提出什么建议？

18. a. 正向收益率曲线和陡峭收益率曲线有什么

区别？

　b. 驼峰收益率曲线是什么意思？

19. 关于短期远期利率行为具有一个共同假设，该假设是各种形式的预期理论所共有的假设，请说明该共同假设是什么。

20. a. 与债券投资相关的风险有哪些，这些风险如何影响纯预期理论？

　b. 给出纯预期理论的三种解释。

　c. 关于利率期限结构的两种有偏见的预期理论是什么？

　d. 两种有偏见的利率预期理论的基本假设是什么？

第四部分
PART 4

一级市场和二级市场

第 17 章　一级市场

第 18 章　二级市场

第 19 章　外汇市场

第17章

一级市场

学习目标

学习本章后，你会理解：
- 一级市场和二级市场之间的差异；
- 一级市场监管原则；
- 涉及一级市场监管的三个关键问题，即如何定义证券、证券发行时的披露要求以及募集资金；
- 关于在美国发行新证券的联邦证券法；
- 证券承销的变化；
- 什么是买入交易，发行人为什么使用它；
- 怎样利用拍卖发行证券；
- 什么是优先购买权发行以及为什么需要备用承销安排；
- 什么是一体化和分散化的世界资本市场，以及对筹资的影响；
- 为什么企业可能寻求在当地资本市场之外筹集资金。

  1998年9月，拉里·佩奇和谢尔盖·布林通过各种私人投资者的初步投资，筹集了100万美元创办了谷歌公司，也就是说，他们没有向公众发售谷歌的普通股。2004年4月29日，谷歌公司向美国证券交易委员会提交了首次公开发行的申请（一家私人公司首次向公众发行普通股）。2004年8月19日，谷歌公司的股票开始向公众出售，谷歌正式成为一家上市公司。如第1章所述，金融市场可分为处理新发行的金融债权的市场，即一级市场，以及交易先前发行的金融债权的市场，即二级市场，或有价证券市场。谷歌公司和其他初创公司一样，都在一级市场上通过IPO筹集资金。一级市场包括向投资者发行新发行证券或向公众发行已上市证券，这个市场还包括向私人投资者提供国有公司的证券，这一过程被称为**私有化**。

  与发行人合作发行新发行证券的市场参与者是投资银行和第9章描述的一些实体。在那一章中，我们描述了证券承销的传统流程，以及投资银行如何至少履行以下三项职能中的一项：①就发行条款和发行时间向发行人提供咨询；②从发行人处购买证券；③向公众发行证券。

  在这一章中，我们将解释一级市场，重点介绍许多发达国家遵循的法规以及新证券发行的各种方式。

17.1 一级市场的监管

寻求在发达国家筹集资金的实体必须遵守该国的证券法。例如，在美国，与证券相关的联邦立法主要有两个，包括《1933年证券法》（简称《证券法》）和《1934年证券交易法》（简称《证券交易法》）。随后的立法修订了这两项法案的各项条例，主要对期间发生的重大金融危机引起的筹资问题进行了重大修正。这些修正案包括2002年的《萨班斯-奥克斯利法案》、2010年的《多德-弗兰克法案》和2012年的《创业企业扶助法》。

在日本，1948年的《证券交易法》与美国《证券法》和《证券交易法》相对应，该法和《日本商法典》和《日本民法典》是日本处理证券的主要法规。

美国证券交易委员会是负责管理1933年和1934年法案中规定的联邦证券法的美国联邦机构。州法律也被称为"蓝天法"，由一个指定的机构负责管理州内证券公司的销售。金融业监管局是美国的一个自我监管实体，于2007年取代了全国证券交易商协会。在日本，财务省是主要的监管机构，而证券交易商协会是第二大监管机构，由会员证券公司组成。以下是有关其他国家主要监管机构举例：加拿大证券管理局（加拿大）、金融服务管理局（英国）、澳大利亚证券投资委员会（澳大利亚）、国家市场委员会（西班牙）。

在所有国家，有关一级市场的证券法都涉及以下三个关键问题：
- 如何定义证券；
- 证券发行时的披露要求；
- 募集资金。

17.1.1 定义证券

所有国家的证券法都是从定义什么是证券开始的。我们很自然地会把本书后面章节中描述的金融产品看作证券（股票和债券）。尽管在本书中，"证券"一词始终与"金融工具"互换使用，但就担保法而言，它的含义远不止股票和债券。1946年美国最高法院一个里程碑式的案件（证券交易委员会诉豪威公司案，以下简称"豪威案"）涉及土地买卖合同的判决，该案件需要确定一项交易是否属于"证券"交易的范畴。最终，法院裁定："《证券法》所称投资契约，系指一人将其金钱投资于一个普通企业，并仅因发起人或第三人之努力而预期获利之契约、交易或计划。"在获得资金的实体可能使用的实物资产中，是否有正式证书或名义上的利益并不重要。

最高法院在豪威案裁决中规定的担保定义已用于分析交易是否涉及渔船股份、特许经营权销售、墓地出售和住房合作社股份等事项的证券交易。事实上，2004年最高法院对ETS付费电话公司公开销售付费电话一案的裁决认定，这种承销是一种证券交易，这笔交易涉及付费电话的售后回租安排。虽然下级法院表示，这类交易不是证券交易，但最高法院最终裁定这类交易是证券交易，从而重申了豪威案的判决。美国法院裁定，当一项投资不是出于盈利或获得财务收益的目的进行时，该投资工具不是证券。例如，在1975年的一个案件中，案件涉及某些个人对合作住房项目的投资（联合住房基金会公司诉福尔曼案），法院裁定，这些个人的投资是为了获得住所，而不是为了获得经济利益或利润。

17.1.2 披露要求

美国《证券法》有两个基本目标，它们通常也是其他国家的目标。第一个目标是披露实体计划发行的证券的信息。披露是通过所发行股票的招股说明书来完成的，招股说明书"充分而公平地对通过邮寄或公开出售的证券的信息进行了完整披露"。《证券法》的第二个目标是防止因欺诈、虚假陈述和其他欺诈行为而出售证券。《证券法》的这两个目标涉及证券的初始分配和登记，而《证券交易法》则通过规定向投资者持续定期报告财务信息来规范证券的二级市场。

在其他国家，与美国《证券法》要求一级市场要进行信息披露类似，寻求在欧盟（EU）发行证券的实体需要发布新发行证券的招股说明书。根据欧盟规则，当发行人获得欧盟成员国对其招股说明书的批准时，该招股说明书对所有欧盟国家的证券发行都是有效的。这通常被称为"发行人的单一护照"，其理由是，不管证券是在哪个欧盟国家发行的，它至少确保投资者能得到最低限度的保护。

全球一级市场的监管机构定期修订其对招股说明书的要求。事实上，许多国家都有关于发行人应遵循简化原则和使用简明语言的披露规定（创建一份通俗易懂的招股说明书）。1998年，美国证券交易委员会在国内外发行人的公开发行中采用了简明的英文披露规则。具体而言，美国证券交易委员会希望发行人在准备招股说明书封面和封底提供的摘要和重点时遵守六项简明英语规则：使用短句，使用明确、具体和日常的用语，使用积极的措辞，尽可能使用表格式陈述，避免使用法律术语或技术性很强的商业术语，避免使用双重否定。对于整个招股说明书而言，规则要求招股说明书"清晰、简洁、易懂"。有一些规则表述得很详细，可以更好地就公司、业务和风险进行解释。

就在美国对招股说明书制定了简明披露规则的同一年，其他几个国家和地区也纷纷效仿。例如，香港证券及期货事务监察委员会发表了《使用平实语言：如何创建清晰招股说明书》一文，其中包括招股说明书样本。⊖

欧盟委员会在 2015 年进行的一项研究指出了欧盟对招股说明书规定的不足之处。研究报告称，对于发行人来说，这些规定构成了大量的法律文书，尤其是对规模较小的公司而言，编写招股说明书的成本很高。该研究还表明，投资者发现很难通读并遵循这些数百页的招股说明书。因此，2017 年 6 月，欧盟通过了第 2017/1129 号法规，以解决这些问题。

美国证券交易委员会备案要求

除非能获得豁免或有特殊适用规则（如针对较小公司的规则），否则美国证券交易委员会要求公司提交如表 17-1 所示的文件。《证券法》规定，如果公司提供的信息不准确或遗漏了重要信息，将被处以罚款、监禁或两者兼而有之。此外，购买证券的投资者有权起诉发行人，要求其赔偿因误导性信息而遭受的损失。如果能够证明承销商没有对发行人报告的信息进行合理调查，承销商也有可能被起诉。

表 17-1 按要求须向美国证券交易委员会提交的文件

注册声明： 向美国证券交易委员会提交的初始登记文件，即表 S-1，必须包含财务会计信息，以及业务、证券、投资者面临的风险因素和所得收益将如何使用的说明。要求包括的财务报表为最近两个会计年度的经审计的资产负债表、最近一次审计资产负债表提交日期之前的三个会计年度或公司成立较短期间内的每个会计年度的经审计的损益表和现金流量表，以及中期财务报表。

10-K 报告： 表 10-K 必须在公司会计年度结束后 90 天内，每年向美国证券交易委员会提交。表 10-K 由以下三部分组成：①业务概览；②管理层讨论和分析；③经审计的财务报表（资产负债表、损益表、现金流量表和股东权益变动表）。

⊖ See http://www.sfc.hk/web/EN/assets/components/codes/files-current/web//project-on-the-use-of-plain-language-how-to-create-a-clear-prospectus/project-on-the-use-of-plain-language-how-to-create-a-clear-prospectus.pdf.

(续)

10-Q 报告：表 10-Q 与表 10-K 相似，不是每年提交一次，而是每季度提交一次，而且所需的详细信息要少得多。财务报表可以未经审计，但须经审核。

8-K 报告：表 8-K 是一个临时文件，如果发生某个事件，必须提交。例如进入破产或接管、完成资产的收购或处置、董事或主要管理人员离职、董事或主要管理人员进行选举或任命、控制权发生变更等。表 8-K 必须在事件发生后的 4 个工作日内提交。

委托书：公司出具的委托书中提供了股东表决事项和管理层建议的信息。

表 3、表 4 和表 5：表 3、表 4 和表 5 是向美国证券交易委员会提交的文件，其中包含公司内部人士（高管和董事）和每一位受益所有人（持有公司 10% 以上权益证券的所有者）证券所有权的信息，以及所有权如何随时间变化。

附表 13D 和附表 13G 报告：证券交易委员会将公司的受益所有人定义为直接或间接分享投票权或投资权（出售证券的权力）的任何人。附表 13D，通常被称为实益所有权报告，当一个人或一群人在购买公司股票后 10 天内获得该公司股权中超过 5% 的表决权时，必须提交附表 13D。附表 13G 与附表 13D 类似，但当购买股票的人只是被动投资者，无意改变或影响发行人的控制权时，需要的信息较少。

承销商最重要的职责之一就是尽职调查。以下摘录摘自法院判决，解释了承销商履行尽职调查的义务：

> 承销商应通过参与发行，建设性地表明注册材料中所做的陈述是完整和准确的。投资大众可以适当地依赖承销商来检查声明的准确性和发行的合理性，当承销商不表态时，投资者可以合理地假设不存在未披露的重大缺陷。注册声明中的陈述与发行人的陈述一样，都是承销商的陈述。⊖

向美国证券交易委员会提交注册声明并不意味着可以向公众出售证券。在向公众出售证券之前，注册声明必须经过美国证券交易委员会公司金融部的审查和批准。通常情况下，该部门的工作人员会审查注册声明中可能存在的问题。然后，工作人员会向发行人发送一封"意见函"或"不足信"，解释所遇到的问题。发行人必须提交对注册声明的修订，以修正所有问题。如果工作人员对此感到满意，它将发出命令，宣布注册声明"有效"，承销商可以招揽销售。然而，证券交易委员会的批准并不意味着这些证券具有投资价值、定价合理或信息准确，而仅仅意味着该公司已经对要发行的证券披露了适当的信息。

首次提交注册声明与注册声明生效之间的时间间隔称为"等待期"。在等待期内，美国证券交易委员会允许承销商分发初步招股说明书。由于初步招股说明书无效，招股说明书封面页用红笔标明了这一状况，因此，初步招股说明书通常被称为"红鲱鱼"。在等待期内，承销商不能出售该证券，也不能接受投资者的书面要约购买该证券。

一个与此密切相关的概念是"安静期"。美国证券交易委员会禁止管理团队或其营销人员在首次公开募股前对公司的价值做出预测或发表意见。此外，对于公开交易的股票，在商业季度结束前的四周内，企业内部人士不能向公众谈论公司的业务，这样做通常是为了避免出现内幕信息。

自愿注册规则。1982 年，美国证券交易委员会批准了第 415 条规则，该规则允许某些发行人提交一份登记文件，表明其打算在未来两年内一次或多次出售一定数量的某类证券。"规则 415"通常被称为**上架注册规则**，在该规则下，证券被视为放在了在一个"架子"上，可以从架子上取下来并出售给公众，而无须获得美国证券交易委员会的额外批准。本质上，一份登记文件的归档可以让发行人迅速上市，因为证券的出售已经得到了美国证券交易委员会的预先批准。在第 415 条规则确立之前，证券向公众出售，需要等待很长时间，在一个快速变化的市

⊖ *Chris-Craft Industries, Inc. v. Piper Aircraft Corp.*, 1973.

场中，公司无法迅速上市，以利用其认为具有吸引力的融资机会。例如，如果一家公司认为利率有吸引力，想发行债券，就必须提交一份登记文件，在登记文件生效之前不能发行债券。在这种情况下，该公司会面临在等待期内利率上升，从而使债券发行成本更高的风险。

美国豁免规则。在大多数国家，除非一个国家的证券法中规定了豁免，否则寻求通过发行证券筹集资金的实体必须向监管机构登记该证券。即使一个实体可以豁免向监管机构登记证券，该国的证券法仍将对与发行证券有关的一般招标或一般广告加以限制。

在美国，《创业企业扶助法》要求美国证券交易委员会修改《证券法》第144A条规则，这条规则是非公开发行证券的私募发行可豁免注册，为筹集资金提供了便利。这种注册豁免适用于证券交易委员会将证券转售给合格机构买家（QIB）的情况。美国证券交易委员会将合格机构买家定义为一个大型、复杂的机构，其主要职责是管理持有至少1亿美元证券的大型投资组合，监管机构认为，合格机构买家与一般公众投资者相比，要求获得的保护要少一些。在《创业企业扶助法》颁布之前，第144A条规则规定证券只能转售给机构买家。随着《创业企业扶助法》的修订，第144A条规则规定，只要证券只出售给卖方有理由认为是机构买家的人，就可以向非机构买家的投资者出售证券。

在美国，《证券法》还规定了另外两种豁免：州内发行豁免和私募发行豁免。《证券法》允许豁免在一个州（州内）出售的证券，这也就是所谓的"州内发行豁免"。获得州内发行豁免必须满足的三个条件是：①发行人必须在发行证券的国家注册成立；②发行人必须在发行证券的州拥有大量的业务；③这些证券必须只出售给该州真正的居民。"私募发行豁免"也称"非公开发行豁免"或"私募豁免"，豁免发行人不涉及任何公开发行的交易。买方必须满足三个要求：①能够评估证券的投资风险和属性，或能够承担与证券相关的经济风险；②能够获得招股说明书中通常提供的注册证券信息；③同意不将担保转售或分散给公众。

证券私募。公开发行的证券和私募发行的证券在发行人必须满足的监管要求方面有所不同。美国《证券法》和《证券交易法》规定，除非被给予特别豁免，否则向公众发行的所有证券都必须在证券交易委员会进行登记。《证券法》允许三项联邦注册豁免。第一，州内发行，即只在一个州内出售的证券的发行是豁免的。第二，小额发行豁免（条例A）特别用于发行价为100万美元或以下的证券，在这种情况下，证券无须注册。第三，美国《证券法》第4（2）节免除了"发行人不涉及任何公开发行的交易"的登记，但是，《证券法》没有提供具体的指南来确定什么是私募发行或配售。

1982年，美国证券交易委员会通过了D条例，该条例规定了获得第4（2）节规定的豁免注册所必须满足的具体准则。条例要求，通常证券不得通过公开发行中常见的任何一般形式的广告或招标来发行。最重要的是，该条例限制了向合格投资者出售证券。符合条例要求的这些"合格"投资者是指：①有能力评估（或有能力聘请顾问评估）证券的风险和收益特征的投资者；②有能力承担经济风险的投资者。⊖

发行豁免并不意味着发行人无须向潜在投资者披露信息，发行人仍必须提供美国证券交易委员会认为重要的同等信息。这些信息是在私募备忘录中提供的，而不是在公开发行的招股说明书中提供的。私募备忘录和招股说明书之间的区别在于，前者不包括美国证券交易委员会认为的"非实质性"信息，而招股说明书要求提供此类信息。此外，与招股说明书不同，私募

⊖ 根据目前的法律，一位合格投资者必须满足以下条件之一：①净资产不低于100万美元（不包括汽车、家庭和家居用品）；②在过去两年内，个人年收入不低于20万美元，夫妻共同年收入不低于30万美元，并且预计该年收入仍将在本年度持续。

备忘录不受美国证券交易委员会审查。

在美国，对私募证券购买者的一项限制是，这些证券在收购后两年内不得转售。因此，市场上的私募证券在这两年的时间内没有流动性。私人配售证券的购买者必须因所购证券在一定的时间内缺乏流动性而得到补偿，这增加了证券发行人的成本。

然而，1990年4月，美国证券交易委员会第144A条规则开始生效。这条规则取消了两年持有期的规定，允许大型机构之间买卖私人配售获得的证券，而无须向美国证券交易委员会登记这些证券。根据第144A条规则，大型机构被定义为持有至少1亿美元证券的机构。现在私人配售可按照第144A条规则发行或非第144A条规则发行，后者通常被称为"传统的私人配售"。按照第144A条规则发行的证券是由投资银行承销的。

第144A条规则鼓励外国公司在美国私募市场发行证券，原因有二。第一，它将吸引新的大型机构投资者进入市场，这些投资者此前因持有的这些证券在两年内不能转售而不愿购买。机构投资者数量的增加可能会鼓励外国实体发行证券。第二，在第144A条规则确立之前，外国实体不愿意在美国筹集资金，因为它们必须登记其证券，并按照美国《证券法》的规定进行必要的信息披露，私募证券需要较少的信息披露。第144A条规则还改善了流动性，降低了筹资成本。

17.1.3 募集资金

当发行人寻求资金时，它必须使用一种或多种方法来吸引潜在投资者，如直接邮寄、广告或网上发帖。《证券法》通常对发行人可能采取的募集资金的方法进行了明确规定。

例如，在美国，美国证券交易委员会第502（c）节就什么类型的活动构成了一般性招标和广告宣传提供了指导，它们包括在报纸和杂志上刊登广告、在电视和无线电广播上播放广告，以及赞助受邀者参加研讨会。虽然有了美国证券交易委员会提供的一般性指导意见，但是仍然难以确定构成一般性招标和广告宣传的内容。对此，美国证券交易委员会的立场是，构成一般性招标的是一个特定的事项。

在美国，《证券法》D条例第506条规定了一种常见的豁免，可以用来避免对一般性招标和广告宣传的禁令。这一规则允许发行人向最多35名合格投资者和最多35名非合格投资者筹集无限量的资本。合格投资者一词具有特定含义，定义见D条例。合格投资者包括个人合格投资者和机构合格投资者。**个人合格投资者**是指满足特定年度收入和/或净值阈值的个人。⊖**机构合格投资者**包括银行、保险公司、共同基金和风险投资基金等实体。

2013年7月，美国证券交易委员会被迫通过了一套新的规则，取消了在特殊情况下对一般性招标和广告宣传的禁令。这是2012年美国国会通过《创业企业扶助法》的结果，该法旨在通过简化小企业和初创企业寻找投资者的程序来刺激美国经济复苏，并预期就业机会将会增加。尽管《创业企业扶助法》要求美国证券交易委员会取消了对证券发行进行一般性招标和广告宣传的禁令，但它仍对寻求筹集资金的实体规定了两项要求。第一，证券销售必须限于合格投资者。第二，证券发行人必须采取"合理的步骤"，以核实证券的所有购买者实际上都是合格投资者。发行人的第二项要求听起来很简单，但其实不然，因为它伴随着美国证券交易委员会制定的一套复杂的原则来确定什么是"合理的步骤"，以确保吸引合格投资者。尽管在实践中实施起来困难重重，但《创业企业扶助法》取消了对投资者的限制，只要这些投资者是合格投资者。

⊖ 美国国会已授权美国政府问责局负责确定个人合格投资者资格的规则。

17.2 证券承销的各种类型

在第 9 章对投资银行的讨论中，我们描述了传统的银团融资流程，然而，并非所有的交易都使用这个流程进行承销。承销过程包括证券承销的"购买承销"、股票和债券的拍卖以及普通股的配股发行。

17.2.1 通过购买承销发行证券

购买承销是指在证券发行时，承销商同意以固定价格从发行人处购买全部证券，而不在发行人公开发行证券之前提前进行交易。1981 年，瑞士信贷第一波士顿银行（现为"瑞士信贷银行"）从通用汽车金融服务公司手中购买了价值 1 亿美元的债券。虽然购买承销最初用于公开发行债券，但现在也普遍用于公开发行股票。

购买承销的机制如下。首席经理，或一组经理，向一个潜在的证券发行人出价购买全部发行的证券。发行人有权在短时间内接受或拒绝投标。如果出价被接受，承销商就进行"购买承销"。它可以将这些证券卖给其他投资银行，然后分发给它们的客户，或者将这些证券分发给自己的客户。通常情况下，购买交易的承销公司将向其机构客户预售发行的大部分证券。

如果对象是普通股，则不适用于首次公开募股，取而代之的是一种股权再融资的股票公开发行。也就是说，该公司已发行普通股，并寻求筹集资金。一种方法是在普通股发行前对其进行营销，这是一个相当漫长的营销过程。购买承销被称为"加速增发普通股"，目前这种方式是北美地区主要的发行方式，传统的定期发行普通股的绝对承诺相对少见。[⊖] 研究还表明，这种方式已成为欧洲发行证券主要的方式。[⊖] 例如，加拿大康托·菲茨杰拉德公司是美国投资银行的子公司，2017 年 6 月，该公司同意以购买承销的方式购买加拿大 Prometic 生命科学公司 3 125 万股普通股，每股价格 1.70 美元，共计支出 5 312.5 万美元。

17.2.2 通过拍卖程序发行证券

证券发行的另一个方式是拍卖。在拍卖过程中，发行人宣布发行条款，利益相关方提交密封投标文件，以获得所有拍卖证券的配售。美国财政部使用拍卖系统来分配其大规模发行的证券，州政府和地方政府在债券发行和公共事业建设领域也会采用拍卖方式。这个过程被称为"竞争性销售"。证券发行在拍卖的情况下，投标者是个人承销商和承销商财团。中标的承销商（财团）是出价最低的承销商，在赢得整个发行后，它们会将债券重新提供给其客户群。

使用拍卖方式进行首次公开募股

拍卖方式也被用于首次公开募股（IPO）。在传统的 IPO 中，投资银行利用其股票分析师

⊖ See Erdal Gunay and Nancy Ursel, "Underwriter Competition in Accelerated Seasoned Equity Offerings," Working Paper, University of Windsor, Ontario. Available at https://ssrn .com /abstract =2138215. The following study reports that by 2003, accelerated offerings exceeded traditional seasons equity offerings in the United States: Don Autore, Raman Kumar, and Dilip Shome, "The Revival of Shelf-Registered Corporate Equity Offerings," *Journal of Corporate Finance* 14 (2008): 32–50. The following study finds that from 1993 to 2005, 69% of Canadian seasoned equity offerings were accelerated bought deal offerings: J. Ari Pandes, "Bought Deals: The Value of Underwriter Certification in Seasoned Equity Offering," *Journal of Banking and Finance* 34 (2010): 1576–1589.

⊖ See, for example, Bernardo Bortolotti, William L. Megginson, and Scott Smart, "The Rise of Accelerated Seasoned Equity Underwritings," *Journal of Applied Corporate Finance* 20 (2008): 35–37.

团队和销售团队，从机构客户群中确定上市公司可以以什么价格出售股票。例如，推特公司于 2013 年 11 月 7 日首次公开募股的股票定价为每股 26 美元，该价格是由投资银行、推特公司的主承销商（高盛、摩根士丹利和美国银行）确定的。首次公开募股的另一种选择就是拍卖。从 20 世纪 90 年代中期开始，科技行业的几家公司都采用这种首次公开募股发行的方式，其中包括雅虎、Overstock.com 和谷歌公司。

我们首先讨论如何确定拍卖的机制和中标者必须支付的价格，然后再看看传统的首次公开募股相较于拍卖的相对优势。假设首次公开募股 3 000 万股，出价和股数如表 17-2 所示。

表中的第一列显示所有投标者，第二列显示每股投标价格。A 代表出价 50 美元的所有投标者，他们总共竞购 300 万股。因为有 3 000 万股要配售，所以，剩下的股份数（见最后一栏）是 2 700 万股。以 34 美元的竞价计算，投资者 I 竞购结束后只剩下 200 万股待配售。投资者 J 以 32 美元竞购剩余 200 万股中的 300 万股。因此，以 32 美元的价格竞价，市场已经清仓（出售完毕所有的股份数）。

表 17-2 首次公开募股拍卖出价和股数

投标者	每股投标价格（美元）	投标股票数	剩余股份数	投标者	每股投标价格（美元）	投标股票数	剩余股份数
A	50	3 000 000	27 000 000	H	36	2 000 000	4 000 000
B	48	3 000 000	24 000 000	I	34	2 000 000	2 000 000
C	46	7 000 000	17 000 000	J	32	3 000 000	−1 000 000
D	44	5 000 000	12 000 000	K	30	4 000 000	0
E	42	2 000 000	10 000 000	L	28	3 000 000	0
F	40	2 000 000	8 000 000	M	26	4 000 000	0
G	38	2 000 000	6 000 000	N	24	5 000 000	0

接下来的问题是，中标者（投资者 A～J）将支付的价格是多少。价格将是最低中标人的价格，即 32 美元。也就是说，所有投标人将以同一价格支付。这种拍卖称为荷兰式拍卖。因此，即使投资者以每股 50 美元的价格竞购 300 万股，他们也只会支付每股 32 美元。投资者 K～N 将不会得到股票。投资者 J 竞购剩余 200 万股中的 300 万股，那么将分配给他多少额度呢？所有出价 32 美元的人将按比例分配剩余额度。例如，如果陈太太以 32 元竞购 3 000 股，她将只获配 2 000 股。

对于我们假设的首次公开募股发行人来说，在支付所有费用之前将筹集到 9.6 亿美元。

2004 年 8 月，谷歌公司通过荷兰式拍卖的方式进行了首次公开募股拍卖，共计筹资 27 亿美元。那么问题是，首次公开募股的最佳方式是什么呢？是投行承销的传统发行方式，还是荷兰式拍卖方式？让我们以 2013 年 11 月 7 日推特公司的首次公开募股为例。其发行价为每股 26 美元，该发行价是由负责承销该公司股票的投资银行确定的。按照每股 26 美元计算，该公司的估值为 152 亿美元，其在纽约证券交易所的开盘价为每股 45.00 美元，收盘价为每股 44.90 美元。以 45.00 美元的股价计算，该公司的估值为 318 亿美元。因此，投资银行认为该公司价值 152 亿美元，而市场认为该公司价值 318 亿美元。由此可见，有些估价模型出错了！

当然，投行人士辩称，他们通过中介机构直接购买首次公开募股发行的股票会增加其价值，因为他们会寻找自己的机构客户群，因此在调整承销费用后，发行人很可能会获得最高价格（收益）。然而，自 20 世纪 90 年代以来，衡量承销质量的标准似乎不再是公司首次公开募股所获得的收益，而是发行时股价的飙升。例如，以推特公司为例，其定价远低于开盘当天市场建议的价格（约 45 美元），导致推特公司的收益大幅减少。受益者是那些有幸从经纪人（主要是机构投资者）那里获得股票分配的人。谷歌公司选择荷兰式拍卖的原因之一是，这种拍卖方式被认为更"民主"，即荷兰式拍卖允许散户投资者参与首次公开募股。

关于传统承销流程的优势，投资银行提出的一个观点是，参与承销流程的银团在发行后的一段时间内能够支撑市场价格。这是因为在大多数此类承销中，投资银行同意保持二级市场价格的稳定，以防止其跌破向公众出售时的价格。有人可能会认为这构成了市场操纵，然而，美国证券交易委员会规则 10b-7 允许这种行为，美国证券交易委员会在该规则中规定了它认为构成新股发行市场稳定的活动，以及它认为的市场操纵行为。

17.2.3 优先购买权发行

公司可以通过**优先购买权**直接向现有股东发行新的普通股，优先购买权授予现有股东以低于市场价值的价格购买一定比例新股的权利，购买新股的价格称为**认股价格**。配股保证了现有股东能够维持他们在公司中的股权比例。在美国，通过优先购买权发行普通股的做法并不常见。在其他国家，这种方式较为常见，甚至在一些国家，这是出售新发行的普通股的唯一方式。

通过优先购买权出售股票，不需要投资银行的承销服务。但是，发行公司可以利用投资银行的服务来分配未认购的普通股。在这种情况下，将使用**备用承销安排**。这种安排要求承销商购买未认购的股票，而发行公司向投资银行支付**备用费用**。

17.3 世界资本市场一体化与筹资启示

一个实体可以在本地资本市场以外寻求资金，并期望以低于本地资本市场筹集资金的成本进行融资。能否降低成本取决于资本市场的整合程度，世界资本市场可以分为完全分割的市场和完全整合的市场两个极端。

在前一种情况下，一国的投资者不得投资另一国实体发行的证券。因此，在一个**完全分割的市场**中，即使调整了税收和外汇汇率，在世界各地不同资本市场交易的具有可比风险的证券所要求的收益率也会不同。一个实体可以在另一个国家的资本市场以比本地资本市场更低的成本筹集资金。

另一个极端——一个**完全整合的市场**，则不受任何限制，投资者可以投资于全世界任何一个资本市场发行的证券。在这样一个理想的世界资本市场中，经过税收和外汇汇率调整后，在所有资本市场上，具有可比风险的证券所要求的收益率将是相同的。这种情况意味着，在世界任何一个资本市场上，一个寻求资金的实体选择在哪里筹集资金，资金成本都将是相同的。

现实世界的资本市场既不是完全分割的也不是完全整合的，而是介于两者之间的。**适度分割的市场**或**适度整合的市场**意味着，世界资本市场提供了在本地资本市场以外以较低成本筹集资金的机会。

境外融资动机

一家公司可能会寻求在国内市场之外筹集资金，一共有四个原因。

第一个原因是，在一些国家寻求筹集大量资金的大公司可能别无选择，只能在另一国的外国市场部门或欧洲市场获得融资，因为有可能融资公司的国内市场还不够发达，不能满足在全球竞争条件下筹资人对资金的需求。另外，一些发展中国家的政府也会利用这些市场为私有化过程中的国有公司寻求资金。

第二个原因是，与国内市场相比，在境外有机会获得较低的融资成本（考虑发行成本）。正如我们在第16章中所解释的，融资成本将体现在以下两个方面：①无风险利率，即作为相同期限的美国国债或其他低风险证券的利率（称为基准利率）；②反映投资者认为与发行人或发行人有关的更大风险的利差。

寻求降低融资成本的企业借款人会寻求减少利差，然而全世界资本市场的一体化减少了这种机会。但是，全世界资本市场的不完善阻碍了完全一体化，从而可能降低资金成本。这些不完善或市场摩擦的出现，是由于各国在证券监管、税收结构、对受监管机构投资者的限制以及发行人对信用风险的认知等方面存在差异而产生的。就普通股而言，公司力图为其股票获取更高的价值，并降低大规模发行股票的市场影响成本。

第三个原因是，企业财务主管希望使资金来源多样化，以减少对国内投资者的依赖。就股票而言，多元化的资金来源可能会鼓励对公司未来业绩有不同看法的外国投资者。从美国公司的角度来看，股票筹集外国资金的两个好处是：①一些市场观察人士认为，某些外国投资者对公司更忠诚，他们关注的是长期业绩，而不是一些美国投资者关注的短期业绩；[⊖]②投资者的多元化减少了美国机构持股的主导地位及其对公司治理的影响。

第四个原因是，公司可以发行以外币计价的证券，作为其整体外币管理的一部分。举个例子，假设一家美国公司计划在外国建立一个工厂，建设成本将以外币计价。假设公司计划在该国出售工厂的产品，收入也以外币计价，于是，该公司面临着外汇风险：以美元计的建筑成本是不确定的，因为在施工期间，美元相对于外币可能会贬值。此外，预计收入以美元计也不确定，因为外币相对于美元可能贬值。假设公司为工厂安排债务融资，在这种情况下，公司的收益以外币计价，负债也以外币计价。这种融资安排可以降低外汇风险，因为得到的收益将以外币计价，这些外币不仅可用于支付建筑成本，也可用于偿还债务。

《企业融资周刊》询问了几家跨国公司的企业财务主管，为什么利用非本地资本市场筹集资金。[⊖]这些财务主管的回答印证了上述一个或多个原因。例如，通用汽车公司的财务总监说，公司利用欧洲债券市场的目的是"使资金来源多样化，吸引新的投资者，并实现可比的（如果不是更便宜的话）融资"。西尔斯公司的总经理罗巴克表示，该公司"有一个长期的政策，使地域资金来源和工具多样化，以避免依赖任何特定的市场，即使成本更高"。他进一步表示，"西尔斯公司通过每三年左右发行一次债券来培育其在国际市场的影响力"。

关键知识点

▲ 一级市场涉及向投资者分配新发行的证券和增发新股。

▲ 寻求在发达国家筹集资金的实体必须遵守该国的证券法。

[⊖] "U.S. Firms Woo Investors in Europe and Japan," *Euromoney Corporate Finance*, March 1985, 45; and Peter O'Brien, "Underwriting International Corporate Equities," in *Capital Raising and Financial Structure*, ed. Robert L. Kuhn, vol. 2 in The Library of Investment Banking (Homewood, IL: Dow Jones–Irwin, 1990), chapter 4.

[⊖] Victoria Keefe, "Companies Issue Overseas for Diverse Reasons," *Corporate Financing Week*, November 25, 1991, Special Supplement, 1, 9.

- 在美国，关于证券的联邦立法有两个主要部分：《证券法》和《证券交易法》。
- 证券交易委员会是美国联邦机构，负责管理《证券法》和《证券交易法》中规定的联邦证券法。
- 在所有国家，有关一级市场的证券法都涉及三个关键问题：①如何定义证券；②证券发行时的披露要求；③募集资金。
- 各国证券法通常有两个基本目标：①披露实体计划发行的证券的信息；②防止因欺诈、虚假陈述和其他欺诈行为而出售证券。
- 招股说明书"充分而公平地对通过邮寄或公开出售的证券的信息进行了完整披露"。
- 除非能获得豁免或有特殊适用规则，否则新证券的发行人必须向监管机构提交某些文件。在美国，一些文件必须提交美国证券交易委员会，它们是注册声明、10-K 报告、10-Q 报告、8-K 报告、委托书、表3、表4和表5、附表13D和附表13G报告。
- 美国证券交易委员会第415条规则，即上架注册规则，允许某些发行人提交一份登记文件，表明其打算在未来两年内一次或多次出售一定数量的某类证券。
- 承销过程中的变化包括证券承销的购买承销和股票增发、股票和债券的拍卖以及普通股的配股发行。
- 就发行人必须满足的监管要求而言，私募与公开发行证券是有差异的。美国《证券法》中的某些条款允许发行人无须在美国证券交易委员会登记就可以发行新证券。

练习题

1. 为什么一个国家的证券法必须规定证券的定义？
2. 为什么一个国家的证券法对公开发行证券的监管如此重要？
3. "在美国，是联邦政府而不是各州负责监管证券的发行。"解释你是否同意这一说法。
4. 提供招股说明书的目的是什么？
5. 在欧元区，证券的公开发行是根据《欧盟招股说明书指令》进行的，允许欧盟成员国批准招股说明书的发行人在任何其他欧盟成员国使用相同的招股说明书。这种情况被称为"护照"机制，那么欧盟允许此机制的原因是什么？
6. 美国《证券法》和《证券交易法》规定，除非获得特别豁免，否则向公众发行的所有证券都必须在美国证券交易委员会登记，美国《证券法》规定，部分证券可以免除在联邦注册，请介绍其中一些豁免条款。
7. 唐纳德·兰格沃特在2009年发表的一篇文章中认为，美国证券监管历来侧重于保护散户投资者，而非机构投资者。他接着指出，希望在美国出售证券的外国实体只被要求遵守其母国的法律，只要这些法律"是合理保护机构投资者利益的"。⊖解释你为什么同意或不同意这一观点。
8. 2013年9月，推特公司收购了 MoPub（一家移动广告初创公司）。这项收购发生在推特公司宣布公司将上市的几天前。作为收购的结果，推特公司必须向美国证券交易委员会提交什么文件？
9. 以下是脸书公司2013年4月26日提交的一份文件。

   年会将对哪些业务项目进行表决？
   年会拟表决的议题有：
   - 提案一：选举八名董事；
   - 提案二：就本委托书中披露的我们指定的高管薪酬方案进行无约束力的咨询投票；
   - 提案三：就我们对指定高管薪酬计划进行

⊖ Donald Langevoort, "The SEC, Retail Investors, and the Institutionalization of the Securities Markets," *Virginia Law Review* 95 (2009): 1079.

非约束性咨询投票的频率进行非约束性咨询投票；

▲ 提案四：在截至 2013 年 12 月 31 日的财政年度中，我们选择安永会计师事务所作为我们独立的注册会计师事务所。

脸书公司向美国证券交易委员会提交的包含这些信息的文件，其名称是什么？

10. a. "购买承销"的含义是什么？

  b. 为什么那些寻求用股票增发来筹集资金的公司更愿意使用购买承销的方法，而不是一个企业的承诺协议？

11. 当把为增发股票而进行的购买交易与通过包销承诺而进行的传统发行进行比较时，后者被称为"市场化"发行，请解释为什么。

12. 2010 年 7 月 29 日，松下公司宣布，其董事会决定在日本提交一份普通股股票发行的上市登记声明，计划发行期为自暂搁注册声明生效之日起一年内（2010 年 8 月 12 日～2011 年 8 月），计划发行金额不超过 5 000 亿日元。普通股将在日本公开发行，所得收益将用于偿还短期有息债务。请解释为什么董事会要使用暂搁注册。

13. FewerSearches.Net 公司正利用荷兰式拍卖的方式进行其股票的首次公开募股，该公司将一共发行 1 000 万股股票。表 17-3 列出了每股投标价格和对应的投标股票数：

表 17-3

投标者	每股投标价格（美元）	投标股票数
A	70	2 000 000
B	60	1 000 000
C	55	3 000 000
D	54	2 000 000
E	50	1 000 000
F	49	2 000 000

（续）

投标者	每股投标价格（美元）	投标股票数
G	44	3 000 000
H	42	3 000 000
I	41	4 000 000
J	40	3 000 000
K	33	2 000 000
L	28	4 000 000
M	20	4 000 000
N	14	7 000 000

a. 谁是中标者？

b. 每个中标者将为赢得 FewerSearches.Net 的份额支付多少钱？

c. 每个中标者将被分配多少证券？

d. 在支付费用之前，FewerSearches.Net 将获得多少收益？

14. 说明你是否同意以下陈述："优先认购权发行始终要求发行人使用投资银行的服务来承销未认购的股票。"

15. 以下内容来自 1990 年 12 月 24 日 *Corporate Financing Week*：

与公开市场一样，今年私人配售市场的增长有所放缓，原因包括利率上升（导致许多发行人离场）、中东危机以及投资者转向高质量资产。根据第 144A 条规则，外国私人配售大幅增加。

a. 私募发行与公开发行有什么主要区别？

b. 为什么第 144A 条规则会使得外国私募发行增加？

16. 什么是"完全整合的世界资本市场"？

17. 如何才能最好地描述世界资本市场的一体化，以及其对融资的影响？

18. 为什么一家公司会寻求在当地资本市场之外筹集资金，即使这样做会导致资金成本上升？

第 18 章

二级市场

学习目标

学习本章后，你会理解：
- 二级市场的定义；
- 金融资产为什么需要二级市场；
- 连续市场和集体竞价市场之间的差异；
- 完美市场的要求；
- 什么是卖空，卖空对金融市场证券定价的重要性；
- 导致实际金融市场与完美市场不同的摩擦成本；
- 为什么需要经纪人；
- 交易商作为做市商的角色及其与做市相关的成本；
- 什么是市场的"交易有效"；
- 什么是市场的"定价效率"；
- 定价效率的影响；
- 定价效率的不同形式；
- 定价效率对市场参与者的影响。

在第1章中，我们描述了金融市场的各种功能，并指出金融市场可分为一级市场和二级市场，已经发行的金融资产在二级市场进行交易。如第1章所述，一级市场与二级市场的关键区别在于，在二级市场中，资产的发行人不从买方那里获得资金。相反，现有的债券在二级市场易手，资金从资产的买方流向卖方。

在本章中，我们将介绍二级市场的各种特征，这些特征在任何类型的金融工具交易中都是常见的。在后面的几章中，我们将更详细地介绍各个市场。

18.1 二级市场的功能

在二级市场上，证券发行人无论是公司还是政府部门都可以定期获得有关资产价值的信息。资产的定期交易向发行人揭示了该资产在公开市场上一致认同的价格。因此，公司可以发现投资者对其股票的重视程度，公司或非公司发行人可以观察其债券的价格以及投资者预期和要求的隐含利率。这些信息有助于发行人评估他们使用从早期一级市场活动中获得的资金情况，同时这些信息也代表了投资者对新股发行的接受程度。

二级市场为发行人提供的另一项服务是，资产的原始购买者有机会通过出售该资产获取现金来转换投资。除非投资者有信心在必要时从一种金融资产转移至另一种金融资产，否则他们自然不愿意购买任何金融资产。这种不愿意将以两种方式损害潜在发行人的利益，要么发行人根本无法出售新证券，要么他们将不得不提供更高的收益率，因为投资者将提高贴现率，以补偿证券预期流动性的不足。

金融资产的投资者可以从二级市场获得一些好处，这样的市场显然为其资产提供了流动性，同时也提供了有关资产的公允价值或一致认同价值的信息。此外，二级市场将许多利益相关方聚集到一起，从而降低了寻找可能的资产买家和卖家的成本。同时，通过容纳许多交易，二级市场使交易成本保持在较低水平。二级市场通过降低成本的方式来鼓励投资者购买金融资产。

18.2 二级市场结构

在为金融资产建立二级市场时，可以使用不同的体系结构。㊀ 两种一般的体系结构分别是订单驱动型市场和报价驱动型市场。在现实世界中，针对不同类型的金融资产，金融市场使用上述两种市场结构的混合体。为了理解订单驱动型市场和报价驱动型市场之间的区别，我们必须明白谁是潜在交易方。

18.2.1 潜在交易方

潜在交易方包括：①自然买家；②自然卖家；③经纪人；④交易商。**自然买家**和**自然卖家**都希望确定自己的投资组合，它们可以是散户投资者，也可以是机构投资者。

经纪人是交易中代表希望执行订单的买方或卖方的第三方。在经济和法律术语中，经纪人被称为交易一方的"代理人"。经纪活动并不要求经纪人买入和持有存货或从存货中出售作为交易标的的金融资产，相反，经纪人接收、传输和执行客户的订单。作为提供这项服务的交换，经纪人会收到一笔明确的佣金。

交易商通过为自己的账户进行买卖，在交易中充当中间人的实体。基本上，交易商购买一项金融资产并放入其存货中，或从其自有存货中出售一项金融资产。交易商被认为在资产中"占有一席之地"。请注意，交易商为自己的账户购买和出售（在交易中充当中间人）与自然买家和自然卖家为自己的账户购买或销售之间存在的区别。当交易商充当中间人时，交易商承诺自己的资本以适应其他方寻求的交易。因此，与经纪人不同，交易商在交易中充当**委托人**。从这种中介活动中获得的潜在收入是交易商愿意向投资者提供金融资产的价格（卖价）与交易商愿意从投资者手中购买金融资产的价格（买入价）之间的差额，这种差额被称为**买卖价差**。

一种特殊的交易商被称为**做市商**，这个术语描述了在二级市场上负有特殊义务的交易商。这项特殊义务是利用其资本为指定金融资产建立一个有序的市场。

㊀ 有关二级市场结构的详细讨论，请参阅：Robert A. Schwartz and Reto Francioni, *Equity Markets in Action: The Fundamentals of Liquidity, Market Structure, and Trading* (Hoboken, NJ: John Wiley & Sons, 2004).

18.2.2 订单驱动型市场和报价驱动型市场

现在我们来探讨"订单驱动型市场"和"报价驱动型市场"的含义,它们的区别在于交易是如何发生的,价格是如何确定的。

从最纯粹的意义上讲,**订单驱动型市场**是一个所有交易参与者都是自然买家和自然卖家的市场,没有交易商充当中介。结算价格由买卖订单决定。另一个用来描述订单驱动型市场的术语是**拍卖市场**。

在**报价驱动型市场**中,价格不是由自然买家和自然卖家的交互作用决定的,而是由交易商决定的,并且价格是基于当前的市场信息的。然后,交易商随时准备以其所报价格买卖金融资产。受交易商在报价驱动型市场中扮演角色的影响,这种市场结构也被称为**交易商市场**。

18.2.3 订单驱动型市场的类型

订单驱动型市场可以进一步分为连续订单驱动型市场和周期性集合竞价市场。

在一个**连续订单驱动型市场**中,价格在整个交易日随着买方和卖方提交订单而不断被重新确定。例如,考虑到上午10时的订单交易量,金融资产的市场结算价格可能是70美元。同一交易日上午11时,同一金融资产,订单交易量不同,市场结算价格则可能变为70.75美元。因此,在一个持续的市场中,价格会随着到达市场的订单的变化而变化,而不是因为基本的供求状况的变化而变化。我们将在本章后面回到这一点。

另一种由订单驱动的市场结构是**周期性集合竞价市场**,在这种市场拍卖中,订单被分成批次或组合,以便在预告时间同时执行。例如,周期性的集合竞价可以在交易日开盘时、交易日结束时或交易日的指定时间进行。竞价可以是口头的,也可以是书面的。无论是哪种情况,竞价都将确定交易日特定时间的市场结算价格。通过价格式扫描拍卖或密封式竞价拍卖,可以确定周期性的集合竞价。

在**价格扫描式拍卖**中,拍卖师宣布暂定价格,参与者亲自到场,表明他们愿意以每个暂定价格买卖多少。然后,市场结算价格由平衡买卖订单的价格决定。在**密封式竞价拍卖**中,出价、卖价以及参与者愿意交易的数量都要提交。关于参与拍卖的一方当事人的顺序的信息不会向参与拍卖的其他参与人披露。然后,买卖订单按价格来拍卖,一方面,从买家最高出价到最低出价累计;另一方面,从卖家最低卖价到最高要价累计。市场结算价格是累计买入订单等于累计卖出订单时的价格。

18.3 交易地点

在第22章中,我们将描述股票、债券和衍生工具的不同类型的交易场所。交易场所可以分为交易所、柜台交易市场和场外交易市场,这里我们简要地介绍前两个场所。

在所有国家,都合法设有国家证券交易所的二级市场,我们将其简称为交易所。在交易所交易的产品由交易所董事批准,称为上市产品。例如,在普通股的情况下,该上市产品就是公司的股票。然而,并非一个国家所有公司的普通股都在证券交易所上市。证券交易所将规定公司在该交易所交易的要求,这样的公司被称为上市公司。其他可以在交易所交易的产品是某些特定类型的衍生品,如期权和期货。事实上,正如第33章将解释的,根据定义可知,期货合约是交易所交易的产品,只有成为交易所的会员才可以在交易所进行交易。普通公众不能在交易所交易，必须通过交易所会员进行交易。交易所的交易规则由交易所规定。以前的交易是面对面的，但现在已经演变成可以通过电子交易系统来交易。

场外交易市场就是用来交易非交易所交易产品的市场。

场外交易市场的交易是由地理位置分散的交易商通过电信系统相互联系来完成的。就普通股而言，非上市股票在场外交易市场交易。非交易所交易的衍生工具在场外交易市场交易。（我们将在第 37 章解释场外衍生品。）尽管有些债券在交易所交易，但这种债券交易极为罕见。债券是一个很好的例子，这种产品可以在交易所交易，但大部分交易是在场外交易市场进行的。外汇（货币）主要在场外交易市场进行交易。衍生品既可以在交易所进行交易，也可以在场外交易市场进行交易。

交易所的体系结构可以是订单驱动的，也可以是报价驱动的。纽约证券交易所（NYSE）是一个订单驱动的市场，并且是一个连续订单驱动型市场和周期性集合竞价市场的混合。相比之下，纳斯达克是一个报价驱动型市场，但也有订单驱动型市场的元素，这是因为纳斯达克的开市是一个定期的竞价拍卖。[⊖] 所有的场外交易市场都是报价驱动型市场。

18.4 理论上完美市场的特征

为了解释二级市场的理论特征，我们首先描述一个金融资产的**完美市场**。然后，我们就可以证明，现实市场中的常见事件是如何制约它们在理论上完美的。

一般来说，当买方和卖方的数量足够大，并且所有参与者相对于市场而言都足够小，以至于没有一个单独的市场代理人能够影响商品的价格，那么一个完美的市场就产生了。因此，所有的买方和卖方都是价格接受者，市场价格是在供需平等的情况下确定的。如果交易的商品相当同质（如玉米或小麦），则更可能满足这一条件。但市场并不是完美的，因为市场主体是价格接受者。一个完美的市场也不存在交易成本和商品供求关系的任何障碍。经济学家把这些成本和障碍称为**摩擦成本**。摩擦成本的存在通常会导致买方比没有摩擦成本时支付更多（或卖方得到更少）。就金融市场而言，摩擦成本包括：

- 经纪人收取的佣金；
- 交易商收取的买卖价差；
- 订单处理费和清关费；
- 税收（特别是在资本收益方面）和政府征收的转让费；
- 获取金融资产信息的成本；
- 交易限制（例如交易所对买方或卖方可能采取的金融资产头寸规模施加的限制）；
- 对做市商的限制；
- 金融资产交易场所的监管机构可能实施的交易暂停。

卖空及其在金融市场中的重要性

预期证券价格上涨的投资者可以从购买该证券中获益。然而，假设一个投资者预期一种证券的价格会下跌，并且希望在价格真的下跌的情况下受益，投资者该怎么做呢？投资者可以在不拥有证券的情况下出售证券。各种机构允许投资者借入证券，并保证借入的证券能够交付

⊖ 从历史上看，纳斯达克（Nasdaq）（一度缩写为 NASDAQ，它的含义是 "全国证券交易商报价协会"）最初是一个股票市场的场外交易市场。现在在纳斯达克交易所交易的股票都是上市股票。

以满足投资者需求。

这种出售并不拥有的证券的做法被称为**卖空**。证券由投资者购买并返还给出借方。当证券被返还时，被称为"补足了空头头寸"。如果买入价格低于投资者卖空证券的价格，投资者将实现利润。投资者能够选择卖空是金融市场的一个重要机制。在缺乏有效的卖空机制的情况下，证券价格往往会偏向于更乐观的投资者的观点，导致市场偏离完美定价的标准。事实上，许多大型和发达的证券市场允许卖空，尽管相对于市场的其他特征，监管机构更密切地监督这种做法。尽管如此，卖空的盛行显然证明了卖空对证券市场的定价功能是有用的。

下面我们解释卖空机制对金融市场运作的重要性。

1. 卖空的理论与实证基础

我们先看看有利于卖空的理论论据。当限制卖空一种证券时，该证券的价格由最乐观的投资者决定。对于对发行人未来前景不太乐观的投资者来说，交易机会有限，这会影响证券的未来价格。对于那些对证券价格不太乐观的投资者来说，在没有（或限制）卖空的情况下，他们将不得不出售所持股票，其结果是使得一些证券的潜在定价过高。只有当这种定价过高的证券是由可能在不久的将来显露出来的因素造成价格高估的时候，卖空这种证券的机会才会被利用。

爱德华·米勒在这一原则的基础上提出，投资者对一只股票存在意见分歧意味着预期收益率为负。[⊖]这是因为对卖空的限制阻止了负面意见在股价中的充分反映。因此，在限制卖空的情况下，意见分歧往往会导致价格上涨，通过避免投资意见分歧较大的证券（尤其是分析师意见不一致的证券）可以提高利润。米勒进一步证明，由于风险与意见分歧相关，风险收益率低于投资者所要求的投资收益率。这一推理使得米勒得出以下建议，即典型的投资者应该增持其投资组合中风险较小的股票。第23章对普通股卖空的介绍表明，现实世界的市场对想卖空的投资者施加了约束，这些约束包括交易成本和法律制度约束。当对某些证券施加此类约束时，这些证券可能会被高估，因此在纠正过高定价之前，这些证券的未来收益率很低。以股票为例，拉蒙特和琼斯提供了这种定价过高的经验证据，表明具有高度卖空限制的股票的未来收益率往往特别低。[⊖]他们还提出了极端卖空限制导致价格极高的具体案例。

2. 卖空机制

为了举例说明卖空行为，我们假设威尔逊制药公司的普通股股价为每股20美元，斯托克斯女士认为该定价过高，如果她的评估正确，她希望能够通过卖空从中受益。斯托克斯打电话给她的经纪人耶茨先生，表示她想出售100股威尔逊制药公司的股票。耶茨将做两件事：代表斯托克斯出售100股威尔逊制药公司的股票，并协议借入100股该股票。假设耶茨先生能以每股20美元的价格出售该股票，并通过协议向乔丹先生借入100股该股票。向乔丹先生借来的股票将交付给100股的买方。销售收入（不计佣金）为2 000美元。不过，这笔收益不会交给斯托克斯女士，因为她还没有把100股股票交给她的经纪人。

⊖ See Edward M. Miller, "Risk, Uncertainty, and Divergence of Opinion," *Journal of Finance* 32 (1977): 1151–1168, and the following two chapters in Frank J. Fabozzi, ed., *Short Selling: Strategies, Risks, and Rewards* (Hoboken, NJ: John Wiley & Sons, 2004): "Implications of Short Selling and Divergence of Opinion for Investment Strategy" (chapter 5), and "Short Selling and Financial Puzzles" (chapter 6). 4.

⊖ Charles M. Jones and Owen A. Lamont, "Short Sale Constraints and Stock Returns," *Journal of Financial Economics* 66 (2002): 207–239.

假设一周后，威尔逊制药公司的股票价格跌至每股 15 美元。斯托克斯可能会指示她的经纪人购买 100 股威尔逊制药公司的股票。购买这些股票的成本（再次忽略佣金）为 1 500 美元，然后将购买的股票交给乔丹，因为乔丹将原来的 100 股借给了斯托克斯。此时，斯托克斯已经卖出 100 股，并且买入了 100 股，因此她不再对经纪人或乔丹先生负有任何义务，即她已经"补回了空头头寸"。她有权获得其账户中由买卖活动产生的资金。她以 2 000 美元卖出股票，并以 1 500 美元买入股票。因此，她在扣除佣金和手续费之前实现了 500 美元的利润。经纪人的佣金和股票出借人收取的费用将从 500 美元中扣除。此外，如果威尔逊制药公司在股票被借出时支付了股息，斯托克斯女士必须将股息返还给乔丹，因为乔丹当时仍持有该股。

现在假设威尔逊制药公司的股票价格上涨，而不是下跌。当斯托克斯被迫补回空头头寸时，她将意识到自己的损失。例如，如果股价上涨到每股 27 美元，斯托克斯女士将损失 700 美元，此外，还必须加上佣金和股票借贷成本。

注意卖空者和多头买家的下行风险。当一个投资者购买一只股票（持有多头头寸）时，投资者损失最多的是购买价格。相反，当投资者卖空一只股票时，损失的金额可能是巨大的，而且在卖空股票时并不知道。例如，在我们的例子中，如果威尔逊制药公司的价格上涨到每股 50 美元，那么损失将是 3 000 美元。如果价格上涨到 100 美元，将损失 8 000 美元。这就是卖空是一种非常危险的交易的原因。

18.5 经纪人和交易商在现实市场中的作用

现实市场中的一些常见现象使市场无法达到完美的理论标准，这些情况的发生使经纪人和交易商成为二级市场顺利运作的必要条件。

18.5.1 经纪人

一个现实的市场可能无法满足理论上完美的市场的所有严格标准，其中一个原因是，许多投资者可能并不总是出现在市场中。

此外，一个普通的投资者可能不擅长交易，也不完全了解资产交易的各个方面。显然，即使在运转平稳的市场中，大多数投资者也需要专业人士的帮助。投资者需要有人来接收和跟踪他们的买入或卖出订单，找到希望卖出或买入的其他各方，协商好价格，充当交易的关键点，并执行指令，经纪人会执行所有这些功能。显然，这些功能对于复杂的交易更为重要，例如一些非常小或非常大的交易，而不是一些简单的交易或典型规模的交易。

经纪人是指代表希望执行订单而不是为自己账户交易的投资者行事的实体。也就是说，与交易相关的风险（长期或短期）属于客户（投资者），而不属于经纪人。这些职能由投资者的经纪人或代理人履行。重要的是要认识到，经纪活动不要求经纪人买卖或持有交易主体的金融资产。（这种活动号称在资产中"占有一席之地"，该活动是交易商承担的角色，交易商是下文要讨论的另一个重要的金融市场参与者。）相反，经纪人与其他投资者一起接收、传递和执行投资者的指令。经纪人收到提供这些服务的特定的佣金。佣金是证券市场的交易成本。如果经纪人还提供其他服务，如提供研究、记录、保存、咨询服务等，投资者需要支付额外费用。

18.5.2 作为市场制造商的交易商

现实的市场也可能与完美的市场不同，因为投资者在任何特定时间对任何证券的买入和卖出订单数量可能会经常出现暂时的不平衡。这种订单量的不匹配或不平衡会引起两个问题。第一个问题是，即使证券的供求都没有发生变化，证券价格也可能会突然发生变化。另一个问题是，如果买家想立即交易，可能需要支付高于市场结算价格（或卖方接受较低价格）的费用。

我们来举例说明这些要点。假设 ABC 证券的一致认同价格是 50 美元，该价格是由最近几次交易确定的，持有现金的投资者突然向市场发出了大量购买该证券的订单，但却没有卖出订单与之匹配，这种暂时的供求失衡可能足以将 ABC 证券的价格推高至 55 美元。因此，尽管发行人在基本财务方面没有任何变化，但价格却发生了巨大变化。想立即购买该证券的买家必须支付 55 美元而不是 50 美元，这种产生差额的价格可以看作即时价格。"即时"的意思是买卖双方不想等到交易对方订单充足时再进行交易，这会使价格更接近近期成交水平。

如前所述，失衡的存在说明了交易商或做市商有必要这样做，即他们随时准备并愿意为自己的账户购买金融资产（增加金融资产的库存）或从自己的账户中出售金融资产（减少金融资产的库存）。在给定的时间，交易商愿意以一定的价格（买入价）购买一项金融资产，该价格比他们愿意出售相同金融资产的要价（卖出价）要低。在 20 世纪 60 年代，乔治·斯蒂格勒[一]和哈罗德·德姆塞茨[二]两位经济学家分析了交易商在证券市场中的作用，他们认为交易商是即时向市场提供交易的供应商。反过来，买卖价差可以被看作交易商在短期订单不平衡的情况下为提供即时性和短期价格稳定（连续性或平滑性）而收取的价格。交易商还起着另外两个作用，即向市场参与者提供可靠的价格信息，以及在某些市场结构中，交易商充当拍卖人，提供维护市场秩序和公平的服务。[三]

交易商稳定价格的作用来自我们前面的例子。在没有任何干预的情况下，当订单暂时不平衡时，特定交易的价格可能会发生变化。在没有其他订单的情况下，通过采取反向交易，交易商可以防止价格与最近完成交易的价格有实质性的偏离。

投资者关心的不仅有即时性，还有当前的市场状况能否以合理的价格进行交易。尽管交易商并不能确切地知道证券的真实价格，但他们在某些市场结构中确实享有特权地位，不仅涉及市场订单的流动，而且包括限价单，这些订单是只有当资产的市场价格以特定方式变化时才能执行的特殊订单。（关于限价单的更多信息，请参见第 23 章。）例如，在有组织的市场中，被称为"专家"的交易商就拥有这样的一种特权和地位，他们可以从中获得有关市场订单流动的特殊信息。

交易商还在某些市场结构中充当拍卖人，从而在市场运作中维护秩序和公平。如第 22 章所述，美国有组织证券交易所的做市商通过组织交易来履行这一职能，以确保交易优先权的交易规则得到遵守。

做市商在周期性集合竞价市场结构中的角色是拍卖师，做市商不会像交易商在连续订单驱动型市场中那样，在交易资产中持有头寸。

什么因素决定了交易商应该为他们提供的服务收费？或者说，是什么因素决定了买卖价差？其中最重要的是交易商产生的订单处理成本。例如，做生意所需的设备成本和交易商的行政和运营人员费用支出，这些成本越低，买卖价差就越小。随着计算成本的降低和训练有素的人员增加，这些成本自 20 世纪 60 年代以来一直在下降。

⊖ George Stigler, "Public Regulation of Securities Markets," *Journal of Business* 37 (1964): 117–134.

⊜ Harold Demsetz, "The Cost of Transacting," *Quarterly Journal of Economics* 82 (1968): 35–36.

⊜ 有关更详细的讨论，请参阅下面书中的第 1 章：Robert A. Schwartz, Equity Markets: Structure, Trading, and Performance (New York: Harper & Row, 1988), 389–397.

交易商承担风险也必须得到补偿。**交易商头寸**可能包括增加一种证券的库存（**多头头寸**）或出售不在库存中的证券（**空头头寸**）。在卖空很常见的市场中，头寸通常被称为"只做多"或"只做空"。在证券交易中维持多头头寸或空头头寸有以下三种风险。

第一种风险是证券的未来价格存在不确定性，在证券交易中持有净多头头寸的交易商担心价格将来会下降，持有净空头头寸的交易商担心价格会上涨。简言之，交易商为自己的账户交易，而经纪人为其他人的账户交易，即为他们的客户进行交易。

第二种风险与交易商平仓所需的预期时间及其不确定性有关，而这又主要取决于证券市场上买卖双方的数量。在交易冷淡的市场中，寻求证券交易的买卖双方的数量较少，而在活跃市场中则有大量的买卖双方。

第三种风险在于尽管交易商可能比一般公众能够获得更有价值的订单信息，但在某些交易中，交易商会承担与掌握更有价值的信息的人进行交易的风险。[○] 这会导致消息灵通的交易者以牺牲交易商的利益为代价获得更优的价格。因此，当存在买卖价差时，交易商会评估交易者是否掌握了更有价值的信息。[○]

18.6 市场效率

"有效资本市场"一词在许多情况下被用来描述资本市场的运作特征。然而，交易（或内部）有效市场与价格（或外部）有效市场之间存在区别。[○]

18.6.1 交易有效

在一个**交易有效**的市场中，考虑到提供这些服务的相关成本，投资者可以尽可能便宜地获得交易服务。交易成本对投资者和专业资产管理公司而言至关重要。此外，美国证券交易委员会持续修订《证券交易法》，以便投资者能够获得最佳执行力。下面我们对交易成本进行简要说明。[○]

交易成本不仅仅是经纪佣金（佣金、手续费、执行成本和机会成本）。佣金是支付给经纪人执行指令的费用，该佣金可在投资者和经纪人之间协商。其他类型的费用包括保管费和转移费，保管费是为投资者保管证券的金融机构收取的费用。

除了上述费用，还有交易的隐性成本。**执行成本**是指证券的执行价格与在没有交易的情况下可能存在的价格之间的差额。执行成本可以进一步分解为市场（或价格）影响成本和市场时机成本。**市场影响成本**（简称"影响成本"）是由买卖价差和交易商提取的价格让步的结果，以减少交易商面临的风险，该风险在于投资者对流动性的需求是由信息驱动的。（我们所说的"价格让步"，是指投资者在购买时必须支付较高的价格，而在出售时必须支付较低的价格。）当证券在交易期间的不利价格变动部分归因于证券的其他活动，而不是某一特定交易的结果时，就会产生**市场时机成本**。因此，执行成本既与流动性需求有关，也与交易当日的交易活动有关。

○ Walter Bagehot, "The Only Game in Town," *Financial Analysts Journal* 27, no. 2 (1971): 12–14, 22.
○ 我们将在第 18 章中讨论的一些交易可以被视为无信息交易：交易商知道或相信一笔交易被要求完成一个投资目标，而不是受证券未来潜在价格变化的影响。
○ Richard R. West, "Two Kinds of Market Efficiency," *Financial Analysts Journal* 31, no. 6 (1975): 30–34.
○ Some of this discussion draws from Bruce M. Collins and Frank J. Fabozzi, "A Methodology for Measuring Transactions Costs," *Financial Analysts Journal* 47, no. 2 (1991): 27–36.

信息驱动交易和无信息交易是有区别的。当投资者认为他们拥有当前未反映在证券价格中的相关信息时，就会发生信息驱动交易。这种交易方式往往会增加市场影响，因为它强调执行速度，或者因为做市商认为理想的交易是由信息驱动的，他们便会增加买卖价差来提供某种保护。它可能牵扯到一种证券的出售以支持另一种证券的出售。没有信息的交易，要么是财富的重新分配，要么是只依赖于现有公共信息的投资策略的实施。前者的一个例子是养老基金决定将现金投资于股票市场，无信息交易的例子包括投资组合再平衡、新资金投资或清算。在这种情况下，仅仅对流动性的需求不应导致做市商要求与新信息相关的重大价格让步。

衡量执行成本的问题在于，真正的衡量标准（没有投资者交易的证券价格与执行价格之间的差额）是不可观察的。此外，执行价格取决于边际供需状况。因此，执行价格可能会受到要求立即执行的竞争性交易者或其他有类似交易动机的投资者的影响。然后，投资者实现的执行价格是市场机制结构、边际投资者对流动性的需求以及具有相似交易动机的投资者竞争的结果。

不交易的成本代表机会成本。当期望的交易未能执行时，可能会产生机会成本。这一部分成本代表了在调整执行成本、佣金和费用后，投资者期望的投资与同一投资者的实际投资之间的绩效差异。

机会成本是交易的隐性成本。一些分析师认为，许多积极管理的投资组合表现不佳，是未能执行所有预期交易的结果。机会成本的计量与执行成本的计量同样存在问题。真正衡量机会成本的方法要求在一个投资周期内，所有期望的交易都在期望的时间内被执行，那么才能得知证券的最终表现。由于有些预期的交易没有被执行，比较的基准就是不可观察的。

18.6.2 定价效率

定价效率指的是一个市场中，价格在任何时候都充分反映了与证券估值相关的所有可用信息。也就是说，证券的相关信息被迅速整合到证券价格中。

在关于定价效率的开创性评论文章中，尤金·法玛指出，要检验一个市场是否具有定价效率，界定两个概念是必要的。第一，有必要界定价格"完全反映"信息的含义。第二，必须定义假定在价格中"完全反映"的"相关"信息集。法玛和其他人一样，根据持有证券的预期收益定义"完全反映"。在某个持有期内的预期收益等于预期现金分配加上预期价格变动，再除以初始价格。法玛等人定义的价格形成过程是，从现在起一个时期的预期收益是一个随机变量，它已经考虑了"相关"信息集。

在定义价格应该反映的"相关"信息集时，法玛将市场的定价效率分为三种形式：弱式有效、半强式有效和强式有效。这三种形式之间的区别在于证券价格中假设的相关信息。**弱式有效**是指证券的价格反映了证券的历史价格和交易模式。**半强式有效**是指证券的价格充分反映

> Larry Cuneo and Wayne Wagner, "Reducing the Cost of Stock Trading," *Financial Analysts Journal* 31, no. 6 (1975), pp. 35–43.
>
> For a discussion of opportunity cost in the context of costs defined as the implementation shortfall of an investment strategy, see André F. Perold, "The Implementation Shortfall: Paper versus Reality," *Journal of Portfolio Management* 14 (1988): 4–9.
>
> For a discussion of the consequences of high opportunity costs, see Jack L. Treynor, "What Does It Take to Win the Trading Game?" *Financial Analysts Journal* 37, no. 1 (1981), pp. 55–60.
>
> Eugene F. Fama, "Efficient Capital Markets: A Review of Theory and Empirical Work," *Journal of Finance* 25 (1970): 383–417.

所有公开信息，包括但不限于历史价格和交易模式。如果一个证券价格反映了市场中的所有信息，不管这些信息是否公开，则该市场都被认为是**强式有效**市场。

一个价格有效的市场对投资者希望追求的投资策略有一定的影响。在本书中，我们提到了投资者采用的各种积极策略。在积极策略中，投资者寻求利用他们认为的最重要的东西——错误定价。在价格有效的市场中，考虑到交易成本和与积极管理策略（而不是简单地购买和持有证券）相关的风险，积极策略不会持续产生异常收益。在某些市场中，经验证据表明价格是有效的，投资者可能会追求一种指数化策略，这种策略仅仅是为了与某些金融指数的表现相匹配。我们将在第23章研究股票市场的定价效率。

18.7　电子交易

传统上的证券交易主要是通过个人（例如，在证券交易所的交易大厅里）或通过电话（通常用于债券市场）进行的。但目前，证券买卖双方主要是通过电子方式（通过电子交易平台）聚集在一起，即所谓的电子交易，电子交易提供了虚拟的交易平台。交易清算和结算系统通常集成在交易系统中，这被称为**直通式处理系统**。除此之外，还有许多类型的股票和债券电子交易系统。

关键知识点

- 金融资产的二级市场是投资者之间进行现有或未偿付资产交易的市场。
- 二级市场为在一级市场发行证券的公司或政府部门的多种需求提供服务。
- 二级市场向发行人提供有关其已发行股票或债券价值的定期信息，并鼓励投资者从发行人处购买证券，因为它为投资人提供了一个转换其证券投资的机会。
- 投资者从二级市场获得服务，因为市场为其持有或想购买的资产提供流动性和价格，市场将感兴趣的投资者聚集在一起，从而降低寻找其他投资者和进行交易的成本。
- 一般来说，二级市场结构可分为订单驱动型市场和报价驱动型市场，现实世界中的金融市场使用这两种市场结构的混合体。
- 在报价驱动型市场中，价格不是由自然买家和自然卖家的交互作用决定的，而是由交易商决定的。
- 订单驱动型市场可进一步分为连续订单驱动型市场和周期性集合竞价市场。
- 交易场所可以分为交易所、柜台交易市场和场外交易市场。
- 二级市场可以是连续订单驱动市场和周期性集合竞价市场或两者的组合。
- 在一个连续订单驱动型市场中，当买卖指令到达市场时，交易和价格确定会持续一整天。
- 在周期性集合竞价市场中，价格是由成批或分组订单的执行来决定的，这些订单是在交易日的某些（或几个）特定时间进行买卖的。
- 从理论上讲，一个市场只有在满足参与者数量、信息流动、免于监管和避免阻碍交易的成本等诸多条件的情况下才可能是完美的。
- 预期证券价格下跌的投资者可以通过卖空该证券受益。
- 允许投资者卖空的机制对金融市场至关重要，因为如果没有这种机制，证券价格将偏向更乐观的投资者的观点。

- 即使是最发达和运行最顺利的二级市场，也很难在经济理论意义上做到完美。
- 实际市场往往存在许多摩擦成本，这些摩擦成本会影响市场的价格和投资者行为。
- 关键的摩擦成本为交易成本，包括佣金、费用和执行成本。
- 由于实际市场的不完善，投资者需要两类市场参与者的服务：经纪人和交易商。
- 经纪人协助投资者收集并向市场发送订单，将有意愿的买家和卖家聚集在一起，协商价格，执行订单，这些服务的费用是经纪人的佣金。
- 交易商在市场中履行三项职能：①它们为投资者提供了立即交易的机会，而不是等着拥有充足订单的另一方到来（即时性），而且它们在这样做的同时还保持了短期价格的稳定（连续）；②向市场参与者提供可靠的价格信息；③在某些市场结构中，交易商充当拍卖人，维持市场秩序和公平。
- 交易商为自己的账户购买并维持资产库存，其利润来自以高于其购买价格的价格出售资产。
- 如果一个市场向投资者提供与买卖有关的价格合理的服务，那么它的运作效率就很高。
- 执行成本是指证券的执行价格与在没有交易的情况下可能存在的价格之间的差额。这些成本是由于对流动性的需求和交易当日的交易活动而产生的。
- 当期望的交易未能执行时，可能会产生机会成本。
- 如果价格在任何时候都完全反映了与证券估价相关的所有可用信息，那么市场就是价格有效的。
- 基于相关信息集的定价效率的三种形式：弱式有效、半强式有效和强式有效。
- 在价格效率市场中，在调整风险和交易成本后，积极的策略不会持续产生高收益。电子交易以电子方式将买卖双方联系在一起，取代了大多数市场中通过个人和电话联系产生的交易。

练习题

1. 二级市场如何让投资者受益？
2. 什么是"场外交易市场"？
3. 订单驱动型市场与报价驱动型市场有何不同？
4. 解释你同意或不同意以下陈述的原因：
   a. "现实世界的金融市场可以是连续订单驱动市场，也可以是周期性集合竞价市场，但不能两者兼而有之。"
   b. "场外交易市场的市场结构是周期性集合竞价市场。"
5. 从理论意义上讲，一个市场只有满足一些特定的条件，该市场才可能是完美的。这些条件是什么？
6. "交易商可以为投资者提供即时性和价格连续性等服务"的说法意味着什么？
7. 几年前，一个州的立法者声称，土地投机将价格推到了过高的水平。他们提议通过一项法律，要求该州任何一块土地的购买者在转售前必须持有该土地至少 3 年。
   a. 请你试着从完美市场和本章描述的可能存在的摩擦成本的角度分析这一提议。
   b. 如果那项提案通过了，你认为土地价格会上涨还是下跌。
8. a. 为什么投资者会卖空证券？
   b. 如果卖空的证券价格上涨会产生什么样的后果？
9. 经纪人在卖空交易中扮演什么角色？
10. 在一个不允许投资者卖空的金融市场上，人们预期会发生什么呢？
11. 经纪人和交易商有什么区别？
12. 交易商如何在做市时获利？
13. 交易商在做市时会承受哪些风险？
14. 住宅房地产市场有许多经纪人，但很少有交易商，请解释出现这种情况的原因。
15. "买卖价差"是什么意思？

16. 市场的订单流量（或厚度）如何影响交易商的买卖价差？
17. 交易商的行为带给一个市场的好处是什么？
18. a. 什么是"信息驱动交易"？
    b. "无信息交易"是什么意思？
19. 哪些因素决定了一个市场在运作上或内部是否有效？
20. 一个外部有效市场的关键特征是什么？
21. "半强式有效"的市场定价效率是什么意思？
22. 说明你同意或不同意以下陈述的原因："认为市场具有定价效率的投资者应采取积极的投资策略。"

第 19 章

外汇市场

学习目标

学习本章后，你会理解：
▲ 什么是外汇汇率；
▲ 外汇汇率的不同报价方式（直接报价与间接报价）；
▲ 外汇报价惯例；
▲ 汇率的基本决定因素是购买力平价；
▲ 交叉汇率是什么；
▲ 如何计算理论交叉汇率；
▲ 什么是三角套利；
▲ 外汇市场的结构；
▲ 外汇市场中的现货市场和衍生品市场；
▲ 政府在外汇市场中的作用；
▲ 交易商在外汇市场中的作用；
▲ 市场中不具吸引力的私人参与者，包括进口商、出口商（非金融交易）和金融机构（金融交易）；
▲ 外汇市场融资交易的主导作用；
▲ 什么是外汇风险。

　　在国际金融市场上，不同的国家发行不同的货币，这些货币的相对价值可能会迅速、实质性地、毫无预警地发生变化。此外，这种变化可能反映了经济发展，也可能是对毫无经济意义的政治事件的反应。因此，一种货币价值可能发生不利变化的风险，即**外汇风险**或**货币风险**，它是国际金融市场所有参与者的重要考虑因素。购买以不同货币计价的证券的投资者，在汇率发生变动后，必定担心这些证券的收益率。发行外币债务的公司面临着需要支付不确定的投资者的现金额度的风险。

　　在本章中，我们首先介绍外汇汇率和外汇市场。外汇市场包括现货市场（或现金市场）和衍生品市场。现货市场是两个营业日内结汇的市场。衍生品市场包括外汇期货和远期外汇合约、外汇期权和货币互换。所有这些衍生工具都将在第 38 章中描述。

19.1 外汇汇率

汇率是指一种货币可以兑换成另一种货币的金额。事实上,外汇汇率是一种货币对另一种货币的价格。而且,根据具体情况,一种货币可以定义为另一种货币的价格。因此,外汇汇率可以"双向"报价。例如,美元和欧元之间的汇率可以用以下两种方式之一报价:

(1)购买一欧元所需的美元数,是一欧元的美元价格;
(2)购买一美元所需的欧元数,是一美元的欧元价格。

19.1.1 外汇汇率报价惯例

外汇汇率报价可以是直接的,也可以是间接的。其区别在于将一种货币确定为本国货币,另一种货币作为外国货币(外币)。例如,从美国参与者的角度来看,本国货币是美元,而任何其他货币都是外币。从瑞士参与者的角度来看,本国货币是瑞士法郎,而其他货币都是外币。**直接报价**是指一种本国货币可以兑换成一种外币的数量。

间接报价是指一种外币可以兑换成一种本国货币的数量。从一个美国参与者的角度,我们可以看到,表明一个单位外币可以兑换的美元数量的报价是直接报价。从同一参与者的角度来看,间接报价是可以兑换一美元的外币数量。显然,从非美国参与者的角度来看,美元兑换一个单位的非美元货币是间接报价,非美元货币兑换一个美元的单位数是直接报价。

给定一个直接报价,我们可以得到一个间接报价(这只是直接报价的倒数),反之亦然。例如,2013年10月25日,一位美国投资者收到1欧元兑1.380 5美元的直接报价。也就是说,欧元的价格是1.380 5美元。直接报价的倒数是0.724 4,这是对美国投资者的间接报价,也就是说,一美元可以兑换成0.724 4欧元,这是一美元的欧元价格。

如果用一美元可以获得的一种外币的单位数(一美元在这种货币中的价格或间接报价)上升,则美元相对于该货币升值,而该货币贬值。因此,升值意味着直接报价下降。

尽管报价可以是直接报价,也可以是间接报价,但问题在于如何界定报价是从谁的角度给出的。外汇交易惯例实际上规范了报价的方式。由于美元在国际金融体系中的重要性,货币报价都是相对于美元的。当交易商报价时,他们要么给出每单位外币的美元(从美国的角度直接报价),要么给出每美元外币的单位数(从美国的角度看是间接报价)。以美元为单位的外币报价称为美式术语,而按每一美元的外币单位数报价称为欧洲术语。交易商在进行外汇报价时的惯例是使用欧洲术语,但有少数例外。不是以美国术语报价的例子有英镑、爱尔兰镑、澳大利亚元和新西兰元。

19.1.2 国际标准化组织货币代码

货币通常通过参考国际标准化组织(ISO)制定的ISO 4217货币代码来识别。货币代码由两部分组成,它的前两个字符是该国的两个字符的互联网国家代码,第三个字符是货币单位。所选国家的货币代码如表19-1所示。例如,美国、日本和英国的互联网国家代码分别为US、JP和GB,并且每个国家的货币单位分别为美元(D)、日元(Y)和英镑(P)。因此,这三个国家的ISO 4217货币代码分别为USD、JPY和GBP。欧元区成员国的ISO 4217货币代码为EUR。

表 19-1 选定国家的 ISO 4217 货币代码

国家(货币单位)	ISO 4217 货币代码	国家(货币单位)	ISO 4217 货币代码
阿根廷(阿根廷比索)	ARS	伊朗(里亚尔)	IRR

(续)

国家（货币单位）	ISO 4217 货币代码	国家（货币单位）	ISO 4217 货币代码
澳大利亚（澳大利亚元）	AUD	以色列（新谢克尔）	ILS
玻利维亚（玻利维亚诺）	BOB	日本（日元）	JPY
巴西（雷亚尔）	BRL	朝鲜（朝鲜元）	KPW
英国（英镑）	GBP	韩国（韩国元）	KRW
保加利亚（列弗）	BGN	科威特（第纳尔）	KWD
加拿大（加拿大元）	CAD	拉脱维亚（拉脱维亚拉特）	LVL
智利（智利比索）	CLP	黎巴嫩（黎巴嫩镑）	LBP
中国（人民币元）	CNY	马来西亚（马来西亚林吉特）	MYR
哥伦比亚（哥伦比亚比索）	COP	墨西哥（墨西哥比索）	MXN
塞浦路斯（塞浦路斯镑）	CYP	新西兰（新西兰元）	NZD
捷克（捷克克朗）	CZK	挪威（挪威克朗）	NOK
丹麦（丹麦克朗）	DKK	巴基斯坦（巴基斯坦卢比）	PKR
埃及（埃及镑）	EGP	俄罗斯（卢布）	RUB
萨尔瓦多（美元）	SVC	瑞士（瑞士法郎）	CHF
欧元成员国（欧元）	EUR	泰国（泰国铢）	THB
匈牙利（匈牙利福林）	HUK	土耳其（土耳其里拉）	TRY
冰岛（克朗）	ISK	阿拉伯联合酋长国（迪拉姆）	AED
印度（印度卢比）	INR	英国（英镑）	GBP
印度尼西亚（印尼卢比）	IDR	美国（美元）	USD
伊拉克（第纳尔）	IQD		

19.1.3 外汇汇率的确定

自 20 世纪 70 年代初以来，主要货币之间的汇率自由浮动，由市场力量决定一种货币的相对价值。因此，一种货币相对于另一种自由浮动货币的价格每天都可能保持不变、上涨或下跌。

影响一国对另一种货币汇率变动预期的一个关键因素是两国的相对预期通货膨胀率。即期汇率不断调整以补偿相对通货膨胀率，这种调整反映了所谓的**购买力平价**关系——汇率即国内外币价格与国内通货膨胀率成正比，与国外通货膨胀率成反比。

让我们看看当两种货币之间的即期汇率变化时会发生什么。假设在第一天，美元与 X 国货币之间的即期汇率为 0.796 6 美元，第二天变为 0.801 1 美元。因此，第一天，X 国的货币单位价格为 0.796 6 美元。第二天，购买 X 国的一个货币单位要花费更多的美元（0.801 1 美元）。因此，X 国的货币单位在第二天相对于美元升值，或者说，美元相对于 X 国货币贬值。进一步假设在第三天，X 国一个货币单位的即期汇率为 0.800 0 美元。相对于第二天，美元相对于 X 国货币升值，或者说，X 国货币相对于美元贬值。

19.1.4 交叉汇率

除了政府的限制，无风险套利将确保两国之间的汇率在两国都是一样的。从两国与美元的汇率可以推断出美国以外的两个国家之间的理论汇率。以这种方式计算的汇率称为理论交叉汇率。对于 X 和 Y 两个国家，理论交叉汇率计算方法如下

$$理论交叉汇率 = \frac{以美式术语报价的货币 X}{以美式术语报价的货币 Y}$$

举例说明，让我们一起计算 2018 年 8 月 11 日日元与英镑的理论交叉汇率。两种货币的美元即期汇率分别为 1.276 91 美元 / 英镑和 0.009 02 美元 / 日元。那么每单位英镑（货币 X）的日元（货币 Y）数量为

$$\frac{1.276\,91}{0.009\,02} = 141.564\,3\text{ 日元 / 英镑}$$

也就是说，要获得 1 英镑，需要 141.564 3 日元，取其倒数即为 1 日元可兑换的英镑数。在我们的示例中，它是 0.007 1。

在现实世界中，根据实际交易商美元汇率报价计算出的理论交叉汇率与交易商所报的实际交叉汇率几乎不存在差异。当与买卖货币的交易成本相比差异较大时，就会出现无风险套利的机会。利用交叉汇率错误定价的套利被称为**三角套利**，因为它涉及三种货币的头寸，即美元和两种外币。套利使实际交叉汇率与理论交叉汇率保持一致。

19.2 外汇交易额

国际清算银行在其三年一次的外汇和场外衍生品调查中，每三年报告一次外汇市场交易量（或市场成交量）的统计数据。2016 年的调查发现，截至 2016 年 4 月，外汇市场（现货和衍生品市场）的日均市场交易额为 5.067 万亿美元。其中，现货市场每日交易额为 1.652 万亿美元，占全部交易额的 33%，余额 3.415 万亿美元（67%）就是外汇衍生工具的营业额。

表 19-2 显示了 2016 年全球外汇市场交易量调查中排名前八的货币分布情况。我们可以从美元所占的巨大份额中看出其主导地位。

表 19-2 2016 年全球外汇市场交易量调查中排名前八的货币分布

排名	货币	比例（%）	排名	货币	比例（%）
1	美元	88	5	澳大利亚元	7
2	欧元	31	6	加拿大元	5
3	日元	22	7	瑞士法郎	5
4	英镑	13	8	人民币元	4

资料来源：Taken from Bank for International Settlements, "Triennial Central Bank Survey: Foreign Exchange Turnover in April 2016" (Basel, Switzerland, 2016), 10, table 2.

注：所示为 2016 年 4 月日均营业额的百分比份额，针对本地和跨境经销商间重复计算进行调整。

表 19-3 显示了 2016 年在国际清算银行调查中排名前八的货币对成交额。可以看出，交易最为频繁的三种货币对分别是美元、欧元、日元和英镑。事实上，国际清算银行报告的数据表明，自 2001 年以来，这三种货币对一直是前三名。

表 19-3 2016 年全球外汇市场成交量排名前八位的货币对

货币对	总量（十亿美元）	比例（%）	货币对	总量（十亿美元）	比例（%）
USD/EUR	1 172	23.1	USD/CAD	218	4.3
USD/JPY	901	17.8	USD/CNY	192	3.8
USD/GBP	470	9.3	USD/CHF	180	3.6
USD/AUD	262	5.2	USD/MXN	90	1.8

资料来源：Taken from Bank for International Settlements, "Triennial Central Bank Survey: Foreign Exchange Turnover in April 2016" (Basel, Switzerland: 2016), 11, table 3.

注：所示为 2016 年 4 月的日均营业额。

19.3 外汇市场的市场参与者

外汇市场是一个全天 24 小时运作的场外交易市场。外汇市场的市场参与者包括中央银行、交易商、非国防私人实体和外汇交易结算所。

19.3.1 中央银行

虽然主要货币可以浮动，但实际上，国家货币当局可以出于各种经济原因干预外汇市场。因此，目前的外汇制度有时被称为"有管理的"浮动汇率制度。

在美国，进行与货币有关的活动是联邦储备系统和美国财政部的责任。这是因为美国国会将实施国际金融政策的主要责任下放给了美国财政部。然而，在管理美国外汇储备时，实际执行这些活动的是纽约联邦储备银行（FRBNY）。纽约联邦储备银行在监测和分析全球市场发展后定期对外汇市场进行干预。

1978 年，纽约联邦储备银行成立了外汇委员会（FXC），积极参与全球外汇市场的一些有影响力的金融机构是外汇委员会的成员。外汇委员会寻求实现的三个目标是：①作为一个工作组讨论外汇市场的最佳做法和技术问题；②提供可用于外汇市场风险管理的建议和指南；③支持降低外汇交易中交易对手风险的活动。最后一个目标涉及后面描述的外汇交易结算所。

其他国家也有与外汇委员会同样作用的实体。例如，1973 年，英国成立了伦敦外汇联合常设委员会，由英格兰银行担任主席和管理机构。

19.3.2 交易商

因为外汇市场是一个 24 小时全天候运作的场外交易市场，想要买卖某种货币的市场参与者必须在不同的交易商之间搜索，以获得特定货币的最佳汇率。或者，想要交易的市场参与者可以参考各种广泛使用的银行或经纪人报价，如彭博金融市场和路透社的报价。这些报价仅供参考（既不是实盘报价，也不是有约束力的报价）。

外汇交易商报出的不是一个价格，而是他们愿意购买外币（出价）和愿意卖出外币（出价或要价）的汇率。例如，2017 年 9 月 4 日，路透社给出的 1 欧元兑美元的买入价和卖出价分别为 1.188 3 和 1.188 4。这意味着一个人可以用 1 欧元兑换 1.188 3 美元，或者用 1.188 4 美元购买 1 欧元。以欧元计，买卖价差为 0.000 1。

外汇交易商是专门从事外汇市场交易的大型国际银行和其他金融机构。商业银行主导市场。外汇交易没有有组织的交易所，但交易商通过电话、电报和各种信息传递服务。因此，外汇市场可以被恰当地称为银行间场外交易市场。银行之间的大多数交易是通过外汇经纪人进行的，外汇经纪人是指在交易中不持有外币头寸的代理人。一笔交易的正常规模是 100 万美元或更多。

外汇交易商从一个或多个来源实现收入：①买卖价差（买入价－卖出价）；②外汇交易收取的佣金；③交易利润（交易商持有的多头或空头头寸的货币升值或贬值）。

根据《三年一度中央银行调查报告》，交易商外汇交易的地理分布集中在全球五个金融中心，这五个金融中心占据了 75% 的市场活动。截至 2016 年，占主导地位的五个金融中心为英国、美国、新加坡、中国香港和日本。⊖

⊖ Bank for International Settlements, "Triennial Central Bank Survey: Foreign Exchange Turnover in April 2013" (Basel, Switzerland, 2016), 8.

19.3.3 非国防私人实体

外汇市场上的外汇交易商代表客户行事，正是客户推动了一国外汇的供需。让我们看看这些客户是谁。

客户可以分为两类。第一类包括进口或出口商品和服务并寻求外汇以执行关联交易的任何实体。进出口商包括企业和个人。进口商需要收到产品所在国家的外汇，出口商需要把卖方货币兑换成本国货币。个人到其他国家旅行时也需要外币。20世纪70年代以前进出口商对外汇的供求是影响外汇汇率的主要因素。

20世纪70年代以后，到目前为止，决定外汇汇率的主要因素是机构投资者的金融交易。⊖虽然宏观经济基本因素是影响外汇汇率的主要因素，但一般来说，短期外汇汇率波动反映了金融交易的影响。当一个国家的外汇汇率在短期内上升（下降），这通常是由于投资者认为购买（出售）以该国货币计价的金融资产时，预期汇率会进一步上升（下降）。

美元升值可能反映出其他国家的投资者寻求投资的避风港，从而导致非美国投资者购买美元。在2016年第二季度，美元相对于其他主要货币一直在升值，原因是国际形势的发展，特别是6月23日英国"脱欧"公投的结果使美元成为避险投资的主要选择，从而进一步升值。

第二类是非金融参与者。非金融参与者寻求货币进出口的转变可以从2016年《三年一度中央银行调查报告》中看出，该调查报告显示了与交易对手的货币交易。如前所述，截至2016年4月，外汇市场日均交易额为5.067万亿美元。在这一数额中，约39%是向交易商提供的，52%是向其他金融机构提供的，只有9%是向非金融客户（进出口商）提供的。⊖

19.3.4 外汇交易结算所

交易中的风险是交易对手未能履行其承诺，有了可靠的结算系统，这种风险就降低了。就金融工具和外汇而言，银行也有这样的系统。

环球银行金融电信协会是一个合作协会，是一个国际金融市场交易的通信网络，连接世界各地的金融机构。该协会由北美和欧洲的一组银行拥有，允许成员银行通过它们之间的信息进行交易、国际支付和其他有关银行交易的通信。通信速度很重要，因为它允许交易对手即时响应并使用下面讨论的电子票据交易所之一进行结算交易。

主要的电子票据交易所包括纽约清算所银行同业支付系统（CHIPS）和伦敦票据交换所银行同业制度系统（CHAPS）。纽约清算所银行同业支付系统由组成纽约清算所协会的12家商业银行所有。自1971年开始，纽约清算所银行同业支付系统就是全球最大的电子支付系统（包括外汇交易），用于纽约银行间的结算。也就是说，不需要进行支票或资金的实物交换来结算交易。这些资金随后通过美联储转移大额付款的系统（Fedwire）进行转移，美联储转移大额付款的系统是一个连接7 000多家银行和联邦储备银行的通信网络。与纽约清算所银行同业支付系统类似，伦敦票据交换所银行同业制度系统是伦敦的一种清算机制。

⊖ 根据国际清算银行的《三年一度中央银行调查报告》，近年来，在基于互联网的交易平台的推动下，散户投资者（代表自己进行交易的个人）增加了他们对外汇市场的参与。

⊖ 正如国际清算银行所报告的，"Triennial Central Bank Survey," 12, table 4。

19.4 外汇风险和衍生工具

本章主要关注外汇市场的一个领域——现货市场，正如本章在描述外汇交易活动时所强调的，外汇市场的交易涉及外汇衍生品，因为市场参与者需要保护自己免受外汇汇率不利变动的影响，所以会用外汇衍生品来控制外汇风险。为了理解外汇衍生品的需求，我们接下来描述外汇风险。

我们考虑一个需要控制外汇风险的金融交易，如前所述，外汇交易的主要形式是金融交易。从美国投资者的角度来看，以外币计价的资产的现金流使投资者面临以美元计量的现金流实际水平的不确定性，投资者最终收到的美元实际数量取决于收到非美元现金流并兑换成美元时美元与外币之间的汇率。如果外币相对于美元贬值（美元升值），现金流的美元价值将按比例减少，从而导致外汇风险。

任何投资者在购买以非本国货币计价的资产时都将面临外汇风险。例如，当一位法国投资者购买了以日元计价的日本债券时，就面临着日元相对于欧元贬值的风险。

外汇风险也是发行人的考虑因素之一。假设 IBM 发行以欧元计价的债券，IBM 的外汇风险是，在必须支付息票利息和偿还本金时，美元相对于欧元贬值，这就要求 IBM 支付更多的美元来履行其义务。

关键知识点

- 汇率是指一种货币可以兑换成另一种货币的金额。
- 直接报价是一种外币的国内价格，间接报价是指以本国货币计价的外币价格。
- 汇率可采用美式术语（每单位外币以美元计）或欧洲术语（以每一美元的外币单位数计）。除了少数例外，市场惯例是使用欧洲术语。
- 货币通常通过 ISO 4217 货币代码进行识别。
- 即期汇率市场是一种货币在两个工作日内结算的市场。
- 在发达国家和一些发展中国家，汇率可以自由浮动。
- 根据购买力平价关系，汇率即外币对本国货币的价格与本国通货膨胀率成正比，与国外通货膨胀率成反比。
- 外汇市场是一个由经纪人和机构投资者主导的场外交易市场。
- 外汇交易商会同时报出一个他们愿意购买外币的价格和一个他们愿意卖出外币的价格。
- 在外汇市场中，主要的交易形式是金融交易。
- 现金流以外币计价的投资者或发行人面临外汇风险。

练习题

1. a. 什么是 ISO 4217 货币代码？
   b. 解释汇率 CAD/MXN 的含义。
2. 表 19-4 是 2016 年 8 月 19 日四种货币的报价，报价单位为美元，请计算第三列的数值。

表　19-4

ISO 4217 货币代码	货币单位	单位数 / 美元	美元 / 单位数
EUR	欧元	?	1.132 547 738 2
GBP	英镑	?	1.307 700 000 0
INR	印度卢比	?	0.014 896 891 2
AUD	澳大利亚元	?	0.762 635 000 0

3. 表 19-5 是 2016 年 8 月 19 日四种货币对美元的报价，完成最后一列数值的计算。

表 19-5

ISO 4217 货币代码	货币单位	单位数/美元	美元/单位数
MYR	马来西亚林吉特	4.015 499 668 1	?
JPY	日元	100.216 000 000 0	?
CNY	人民币元	6.650 700 000 0	?
NZD	新西兰元	1.374 305 975 5	?

4. 表 19-6 是 2013 年 10 月 25 日的即期汇率报价。

表 19-6

	日元	英镑	澳大利亚元
美元	0.010 267	1.616 500	0.957 900

注：汇率表示购买一单位外币所需的美元数。

a. 从美国投资者的角度来看，上述外汇汇率是直接报价还是间接报价？
b. 购买一美元，每种外币需要多少钱？

5. 对于练习题 4 中的汇率，计算下列各项之间的理论交叉汇率：
a. 澳大利亚元和日元；
b. 澳大利亚元和英镑；
c. 日元和英镑。

6. 表 19-7 是 2015 年 8 月 19 日和一年后（2016 年 8 月 19 日）欧元与其他货币之间的汇率报价，报价是按每欧元使用的货币单位数计算的。

表 19-7

ISO 4217 货币代码	货币单位	单位数/欧元（2015 年 8 月 19 日）	单位数/欧元（2016 年 8 月 19 日）
GBP	英镑	0.707 128 14	0.867 300 414
INR	印度卢比	72.097 182 53	76.042 239 67
AUD	澳大利亚元	1.511 989 135	1.486 415 575
CAD	加拿大元	1.455 905 913	1.458 507 691
SGD	新加坡元	1.554 966 916	1.525 800 563
CHF	瑞士法郎	1.073 200 586	1.086 794 982
MYR	马来西亚林吉特	4.539 774 144	4.548 440 709
JPY	日元	137.274 324 2	113.544 739 4
CNY	人民币元	7.075 979 567	7.535 923 69
NZD	新西兰元	1.685 256 522	1.558 592 403
THB	泰国铢	39.370 400 71	39.227 922 37
HUF	匈牙利福林	310.139 515 5	310.157 123 8

a. 哪种货币相对于欧元升值了？
b. 哪种货币相对于欧元贬值了？

7. 解释三角套利的含义，并说明它与交叉汇率的关系。

8. 解释为什么影响外汇汇率短期变动的主要因素是进出口商对某种货币的供求关系。

9. 在 2016 第二季度，英镑在英国"脱欧"的公投结果公布之后立即对美元贬值。这导致英镑对美元汇率在第二季度下降了 7.3%。为什么英镑相对于美元贬值了？

10. 一家购买英国政府债券的美国人寿保险公司面临着外汇风险。根据公司以美元计算的预期收益，说明该风险的性质。

第五部分
PART 5

全球政府债券市场

第 20 章　主权债务市场

第 21 章　地方政府（市政）债券市场

第 20 章

主权债务市场

学习目标

学习本章⊖后，你会理解：

- 一个国家拥有一个发达的政府债券市场的好处；
- 政府贴现债券和息票债券的两种基本类型；
- 与通货膨胀挂钩的政府债券、浮动利率政府债券和与汇率挂钩的政府债券；
- 一级市场结构的目标和政府债券的主要分配方式；
- 单一价格拍卖和多重价格拍卖之间的差异；
- 一级交易商的职能；
- 发达的二级市场的特点；
- 二级市场的结构，即有组织的交易所与场外交易市场；
- 政府息票债券的剥离和重组如何运作；
- 回购协议在政府市场中的作用。

主权债务是指某个国家最高政府发行的债务。主权国家政府在金融市场中占据中心地位，它们不仅是大多数国家最大的单一借款人集团之一，而且中央政府发行的可销售债务也被认为是违约风险最低的债券。原因是中央政府借贷的货币是它们控制的货币，为了偿还它们的名义债务，政府只需印更多的钱来偿还这些债务。一个值得注意的例外是欧盟，欧盟成员国将货币政策的控制权拱手让给了欧洲央行。表 20-1 显示了截至 2016 年年底 28 个国家的未偿债务金额。在 20 多万亿美元的未偿债务总额中，59.7% 是由美国政府发行的。

表 20-1 截至 2016 年年底 28 个国家的未偿债务金额

	债券（十亿美元）				
	总计	固定利率	浮动利率	通胀挂钩	外汇挂钩
所有国家	20 259	16 900	827	2 444.20	86.9
阿根廷	74.5	6.1	13.6	13.3	41.4
澳大利亚	333.8	311	0.0	22.8	0.0
比利时	361.8	347.6	5.2	0.0	9.0

⊖ 第 20 章是与史蒂文·V. 曼合著的。

(续)

	债券（十亿美元）				
	总计	固定利率	浮动利率	通胀挂钩	外汇挂钩
巴西	897.8	319.3	269.8	304.1	4.6
加拿大	386.3	353.8	0.0	32.5	0.0
智利	43.2	17.5	—	25.8	—
哥伦比亚	76.8	53.3	0.0	23.5	—
捷克共和国	51.4	43.2	8.2	0.0	0.0
德国	1 245.70	1 115.10	28.4	72.2	30.1
匈牙利	45.1	35.3	6.1	3.6	
印度	—	—	—	—	—
印度尼西亚	130.2	122.7	6.3	0	1.2
以色列	129.7	64.2	11.3	54.1	0
韩国	500.4	491.3	—	9.1	—
马来西亚	139.3	139.3	0.0	0.0	0.0
墨西哥	247.5	131.3	56.0	60.2	—
秘鲁	18.8	17.7	0.0	1.1	0.0
菲律宾	73.2	71.5	1.1	—	0.5
波兰	138.0	102.3	34.6	1.1	0.0
俄罗斯	64	61.2	—	2.9	0.0
沙特阿拉伯	56.9	32.4	24.5	—	—
新加坡	69.8	69.8	0.0	0.0	0.0
南非	124.9	91.5	0.0	33.4	—
西班牙	853.1	819.7	3.1	30.4	0.0
泰国	112	112	0.0	0.0	0.0
土耳其	133.2	79.3	23.5	30.3	0.0
英国	1 860.40	1 383.70	0.0	476.7	0.0
美国	12 090.30	10 508.00	335.1	1 247.20	0.0

资料来源：国际清算银行统计公报 2017 年 9 月，191，表 C。

注："—"代表数据不可用。出于某种原因，国际清算银行没有纳入日本政府的债务，日本政府债务为 9 万亿美元，是第二大政府债务发行国。

政府主要通过两种创收来偿还债务。首先，政府或多或少拥有向公民征税的无限权力，这种权力只能在短期内行使。从长远来看，对于那些必须在公平和合法选举中面对选民的政府来说，选民对任何税收政策的合法性拥有最终决定权。其次的主要创收来源是对额外借款未使用的能力的洞察，额外借款的预期取决于经济的生产能力以及政府管理债务的声誉。

根据世界银行的说法，一个拥有发达证券市场的国家会获得各种好处。[⊖] 首先，政府证券市场为货币政策，为货币目标和通货膨胀目标的传导与执行提供了渠道。其次，它提供了除中央银行以外的另一种预算赤字融资渠道。再次，主权债务市场的存在可以使当局在应对宏观经济冲击时能够平稳消费和投资支出。最后，从中长期来看，一个具有流动性并且发达的市场几乎一定可以降低债务的利息成本。

我们以金融实体（银行、合同式存款机构、集体投资基金）和非金融实体（非金融公司和

⊖ World Bank, Developing a Government Bond Market (Washington, DC: 2001).

个人散户）来区分。金融实体是主权债务市场的关键参与者。商业银行投资政府债券有多种原因，它们使用这些债券来满足流动资产要求，管理利率风险，并为某些交易提供抵押品（本章后面将介绍回购协议）。合同式存款机构包括养老基金和人寿保险公司，它们的任务是为债务结构提供资金，因为它们的负债是长期的，它们是长期国债的重要买家。集体投资基金，包括债券共同基金及货币市场基金，是整个收益率曲线的积极参与者。

在本章中，我们将描述主权债务工具及其交易市场。我们解释了这个市场的参与者、证券如何分配给一级市场的投资者以及一级交易商在这个过程中扮演的角色。一旦有价证券发行，它们就在二级市场交易。我们强调一个高效率和流动性强的二级市场在政府融资方面的作用，以及与主权债务市场有效运作有关的重要市场。运行良好的主权债务市场的另一个重要方面是主权债券的利率衍生合同，我们会在第37章对其进行讨论。

20.1 发行证券种类

中央政府通常发行有价证券和非流通证券，我们的重点是有价证券。大多数主权借款人发行的债券期限相当广泛，这样会让债券的收益率更贴近基准收益率，这有助于其他债务工具的定价。政府通常发行两种债券——贴现债券和息票债券。**贴现债券**在其到期时支付一笔现金流，到期价值与购买价格之间的差额就是投资者获得的利息。这类债券的一个例子是由包括美国和瑞士在内的几个国家政府出售的3个月期贴现工具。大多数原始到期日为一年或一年以下的主权债务是作为贴现债券发行的。表20-2列出了我们选出的部分国家定期发行的短期债券的各种到期时间。

表 20-2 选定国家的短期债券的到期时间

国家	1个月	3个月	6个月	9个月	1年	浮动	通胀	国家	1个月	3个月	6个月	9个月	1年	浮动	通胀
美国	x	x	x		x	是	是	葡萄牙		x	x		x	否	否
加拿大		x	x		x	否	是	瑞典	x	x	x			否	是
巴西	x	x	x	x		是	是	荷兰		x	x		x	否	否
墨西哥	x	x	x	x		否	是	瑞士		x	x		x	否	否
英国	x	x	x	x		否	是	希腊		x	x			否	是
法国		x	x	x		否	否	日本			x		x	否	否
德国		x	x	x		是	是	澳大利亚	x	x	x		x	否	是
意大利		x	x	x		否	否	新西兰			x		x	否	否
西班牙	x	x	x	x		是	是	韩国			x		x	否	是

资料来源：国际货币基金组织、国际清算银行和各国中央银行网站。

与贴现债券不同的是，**息票债券**是以规定的利率发行的，定期支付利息，并有与本金相等的最终付款。在一些国家，如美国，利息每半年支付一次。在其他国家，如许多欧洲国家，每年都要支付利息。原始到期日超过一年的主权债务通常以息票债券的形式发行。例如，新加坡政府发行的期限为两年或两年以上的债券是息票债券，利息每半年支付一次，到期支付本金。表20-3列出了选定国家提供的息票债券。

表 20-3 选定国家 2～30 年息票债券的到期日和是否可剥离

国家	2	3	4	5	6	7	8	9	10	15	20	30	剥离
美国	x	x		x		x			x				是
加拿大	x			x					x				是
巴西	x	x	x	x		x			x				否
墨西哥		x		x		x			x				是
英国	x	x	x	x	x	x	x	x	x	x	x	x	是
法国	x	x	x	x	x	x	x	x	x	x	x	x	是
德国	x	x	x	x	x	x	x	x	x	x	x	x	是
意大利	x	x	x	x	x	x	x	x	x	x	x	x	是
西班牙	x	x	x	x	x	x	x	x	x	x	x	x	是
葡萄牙	x	x	x	x	x	x	x	x	x	x	x	x	否
瑞典	x			x					x			x	否
荷兰	x	x	x	x	x	x	x				x		否
瑞士	x	x	x	x	x	x	x				x		否
希腊	x			x					x	x	x	x	是
日本	x	x	x	x	x	x	x	x	x	x	x	x	是
澳大利亚	x	x	x	x	x	x	x	x	x	x			否
新西兰	x			x		x			x				否
韩国	x	x	x	x					x		x		是

资料来源：国际货币基金组织、国际清算银行和各国中央银行网站。

注："剥离"表示政府是否允许息票剥离。

从表 20-1 可以看出，政府债券市场最大的板块是固定利率债券。除了贴现债券和固定利率息票债券，主权国家还可能发行两种支付方式不固定的债券：通货膨胀调整债券和浮动利率债券。**通货膨胀调整债券**调整了支付给投资者的款项（息票或本金），以衡量国家的通货膨胀率。**浮动利率债券**是指利息支付按照预先确定的息票公式定期变化的债券。息票公式包括一个经利差调整的参考利率（基准利率）。发行浮动利率债券的发达国家包括德国、西班牙、比利时和美国。美国在 2014 年 1 月才开始发行浮动利率债券。发行浮动利率债券的发展中国家包括巴西、土耳其、波兰和印度尼西亚。日本和英国两个最大的主权债务发行国从未发行过浮动利率债券。对于选定的国家，表 20-2 显示了政府是发行浮动利率债券还是通货膨胀调整债券。接下来将介绍浮动利率债券和通货膨胀调整债券。

20.1.1 浮动利率债券

世界各国政府发行浮动利率债券，也称为"浮动债券"，其票面利率根据预先确定的公式（息票公式）定期重置。浮动利率债券的基本息票公式由两部分组成：参考利率和息差报价。

参考利率是指一些基准利率，如 3 个月伦敦银行同业拆借利率。息差报价通常被称为"价差"，可以加到参考利率上，也可以从参考利率中减去。息差报价是利率水平和浮动债券风险敞口的函数。例如，浮动利率的票面利率公式可能是 3 个月伦敦银行同业拆借利率加 50 个基点。参考利率为 3 个月伦敦同业拆借利率，利差为 50 个基点。因此，在每个时期，票面利率都是根据当前 3 个月伦敦银行同业拆借利率水平重新设定的。2014 年 1 月，美国财政部首次发行了浮动利率债券，这些债券的利率根据 13 周美国国债的利率涨跌进行调整。阿根廷共和国于 2014 年发行了一种浮动债券，该债券于 2024 年 1 月 25 日到期，其票面公式为 BADLAR+200 个基点（BADLAR 是阿根廷公共或私人银行为超过 100 万美元的存款支付的平均利率）。波兰政府于 2014 年发行的浮动债券到期日为 2017 年 3 月 28 日，息票公式为 6 个月 WIBO 持平（WIBO 是波兰华沙银行同业拆借利率，而持平意味着价差为零）。

20.1.2　通货膨胀调整债券

主权政府和企业都发行利率与通货膨胀率挂钩的债券，这些债务工具被称为**通胀挂钩债券**，或简称"挂钩债券"，自 1945 年以来一直由主权政府发行。通胀挂钩债券较早的发行者是阿根廷、巴西和以色列政府。现代通胀挂钩债券是 1981 年英国政府发行的与通货膨胀指数挂钩的国债，随后发行的是澳大利亚、加拿大和瑞典政府。

美国在 1997 年 1 月推出了一种与通货膨胀挂钩的债券，称之为通货膨胀保值债券（TIPS），这些债券承载着美国政府的全部诚信。1997 年通货膨胀保值债券推出后不久，美国政府相关实体开始发行通胀挂钩债券。

通胀挂钩债券有不同的设计方式。参考利率可以代表通货膨胀率，它会根据消费者物价指数的变化而变化。例如，在英国，使用的指数是商品零售价格指数（所有商品）。在法国，有两种通胀挂钩债券与两个不同指数挂钩的指标：法国居民消费价格指数（不含烟草）和欧元区调和消费者价格指数（HICP）（不含烟草）。在美国，使用的指数是由美国劳工统计局计算的非季节性调整的城市居民消费价格指数（CPI-U）⊖。

在给定参考利率的情况下，通胀挂钩债券的设计可以是这样的：随着时间的推移，本金或息票收入将根据发行日期和现金流支付日期之间的通货膨胀进行调整。如今，通胀挂钩债券最常用的设计要求同时调整本金和息票利率。在交易到期前，二级市场的交易价格也进行了类似的调整。通货膨胀调整通常是滞后的。在美国，这种结构被用于其通胀挂钩债券（通货膨胀保值债券），城市居民消费价格指数有 3 个月的滞后性。

为了突出传统债券和通货膨胀调整债券的区别，我们考虑两种 8 年期的年度支付债券，它们一种是传统债券，另一种是通货膨胀调整债券。通货膨胀调整债券的实际票面利率为每年 2%，假定通货膨胀率在未来 8 年保持不变，每年为 1%，传统债券的年利率为 3%，两种债券的本金都是 100 美元，两种债券的比较如表 20-4 所示。请注意，对于传统债券，本金和息票支付的名义价值保持不变，但它们的实际价值随通货膨胀而下降。可以肯定的是，随着通货膨胀，传统债券实际本金价值每年缩水 1%。对于通货膨胀调整债券而言，情况正好相反，实际本金价值保持不变，但本金和息票支付的名义价值随通货膨胀而增加。注意，通货膨胀指数债券的票面利率保持不变，但票面支付增加，并与通货膨胀调整后本金的增加一致。名义本金价值每年膨胀 1%，以保持实际本金价值不变。

⊖　CPI-U 是人们关注最广泛的通胀指数，或许也是人们理解最透彻的通胀指数，比如 GDP 平减指数和个人消费支出平减指数。CPI-U 的变化代表城市消费者面对的一篮子固定商品和服务价格的平均变化，这类城市消费者约占美国总人口的 87%。在下列情况下，财政部保留对其他价格指数进行替代的权利：①CPI-U 终止；②CPI-U 发生重大变化，对投资者或者证券造成损害；③因立法或行政命令以对投资者或证券有害的方式改变 CPI-U。

表 20-4　传统债券与通货膨胀调整债券的比较

期限（年）	传统债券				通货膨胀调整债券			
	名义本金价值	实际本金价值	名义息票支付	实际息票支付	名义本金价值	实际本金价值	名义息票支付	实际息票支付
1	100	99.010	3	2.970	101.000	100	2.020	2
2	100	98.030	3	2.941	102.010	100	2.040	2
3	100	97.059	3	2.912	103.030	100	2.061	2
4	100	96.098	3	2.883	104.060	100	2.081	2
5	100	95.147	3	2.854	105.101	100	2.102	2
6	100	94.205	3	2.826	106.152	100	2.123	2
7	100	93.272	3	2.798	107.214	100	2.144	2
8	100	92.348	3	2.770	108.286	100	2.166	2

名义利率、实际利率和未来通胀预期之间的关系被认为是由费雪定律决定的。正如第15章所解释的，费雪定律表明，名义收益率近似等于实际收益率加上市场对未来通胀的预期。这种关系只是一种近似值，因为它不包括通货膨胀和实体经济之间潜在的相互作用。这种关系的一个含义是，名义美国国债和通货膨胀保值债券在到期日匹配收益率上的差异，往往被视为市场通胀预期的一个指标。

20.1.3 汇率挂钩债券

由表 20-1 可以看出，中央政府债券市场中有一小部分与汇率挂钩的债券，也称为本金汇率挂钩债券。这种债务工具的结构是，本金取决于美元和其他货币之间的汇率，通常是发行国的汇率。这类债券的两个主要发行国家分别是阿根廷和德国。

20.2　主权债务的一级市场

在第 17 章中，我们讨论了一级市场。就债券发行而言，一级市场是首次发行有价证券的市场。世界银行认为，政府债券一级市场的结构应实现以下五个目标：①确保成本效益；②鼓励包括外国机构在内的广泛投资者参与；③实现竞争最大化；④降低安置风险；⑤促进透明度。⊖ 分销渠道的基础设施必须设计得很好，以满足这些目标。

构建一级市场的两个关键问题是分销方式的类型和是否需要一级交易商。

20.2.1 分销方式

一级主权债务市场采用了多种分销方式，主要方式有以下三种：①拍卖；②购买/承销；③随卖发行。对于市场发达的国家，主要的分销方式是拍卖。事实证明，与其他销售方式相比，拍卖更加透明，性价比更高。在发展中国家的市场中，还采用了其他方式，如银团、承销和随卖发行。

1. 拍卖

许多主权国家对发行的所有有价证券采用**单一价格拍卖**（也称为统一价格拍卖）或**多重价格拍卖**（也称为歧视性拍卖）方式。在多重价格拍卖中，有竞争力的竞标者（如一级交易商）

⊖　World Bank, Developing a Government Bond Market.

表明它们想要的证券数量和它们愿意接受的收益率。⊖然后将收益率从低到高排列，这个排名相当于把出价从最高排列到最低。从最低收益率投标开始，接受所有竞争性投标，直到分配给竞争性投标人的金额全部分配完毕。主权国家所接受的最高收益率称为"停止收益率"，按该收益率出价的投标者可获得其投标总额的一定百分比。单一价格拍卖以同样的方式进行，除了所有已接受的投标之外，均以已接受的竞争性投标的最高收益率（停止收益率）成交。

为了突出这两种拍卖类型之间的差异，我们举一个简单的例子。假设一个政府有5亿欧元的10年期债券要拍卖，竞标者提交有关投标的收益率和数量，这4个竞标者的资料如表20-5所示。投标从最低收益率开始被接受，直到分配的数量用尽。在表20-5中，竞标者1、2和3将被接受，而竞标者4被市场拒之门外，并且没有分配到债券。停止收益率为2.62%，其为最高可接受收益率（最低可接受价格）。在多重价格拍卖中，所有被接受的竞标者将支付它们出价的数量。相比之下，在单一价格拍卖中，所有被接受的出价在停止收益率上支付相同的价格，且该价格是被接受的最低出价。在

表 20-5 拍卖说明

竞标者	收益率（%）	数量（百万欧元）
1	2.60	300
2	2.61	100
3	2.62	100
4	2.64	200

我们的例子中，停止收益率是2.62%，所以这是所有被接受的投标者将支付的价格。

美国财政部自1992年9月开始每月对两年期和五年期债券进行单一价格拍卖，于1998年开始对所有国债实行单一价格拍卖。保罗·马尔维和克里斯汀·阿奇博尔德对两种拍卖机制的相对表现进行了研究。⊖他们的实证结果表明，单一价格拍卖扩大了参与度，从而降低了证券发行时的集中度。（所谓"集中"，我们指的是过少的投资者拥有过多的证券。）此外，单一价格拍卖降低财政部融资成本的证据也有些不足。原则上，相对于多重价格拍卖而言，单一价格拍卖鼓励更激进的竞价，从而降低融资成本。多重价格拍卖存在所谓的"赢家的诅咒"问题。⊜相反，在单一价格拍卖中，所有成功的竞标者支付相同的价格，因而较少有动机保守地出价。对给定数量的多重价格拍卖会使需求曲线向左下方移动。

拍卖的频率取决于政府的债务管理实践和促进二级市场流动性的愿望。短期证券（如票据）通常每周拍卖一次。在大多数国家，拍卖的日期是固定的。长期息票证券（如票据和债券）通常拍卖频率较低，一般按月或按季度拍卖。一个提前宣布的明确的时间表被认为会导致较低的有效借贷成本。

2. 辛迪加

在竞标人很少的欠发达市场，拍卖可能不是最好的分销方式。相反，政府会指定一批金融机构，由这些机构以可转让的费用认购整批债券，并将其出售给其他投资者。这些机构通常被称为**辛迪加**，它的主要优点是，当对证券的需求非常不确定时，它减少了配售风险。如果政府试图引入一种新的债务工具，辛迪加也能获取更多收益。与拍卖相比，辛迪加的主要缺点是缺乏透明度，价格和费用必须与认购此次发行的金融机构协商；拍卖更加透明，因为无须进行此类谈判。

⊖ 在美国实行单一价格拍卖之前，美国国债自1929年以来一直使用多重价格拍卖方式出售。

⊜ Paul F. Malvey and Christine M. Archibald, "Uniform-Price Auctions: Update of the Treasury Experience" (Washington, DC: U.S. Treasury, October 1998).

⊜ "赢家的诅咒"是在信息不完全的拍卖中出现的一种现象，即拍卖的赢家往往出价过高。

另一种出售政府债券的方式叫作**承销**。政府为发行的债券设定一个最低价格。作为佣金，承销商以最低价格认购整个发行。然后，承销商可以保留自己想要的部分债券，并将其余部分出售给其他投资者。

3. 随卖发行

随卖发行是一种分配债券的方式，该方式允许发行方出售过去发行的额外债券。债券以当前市场价格出售，但保留原有票面价值、票面利率和期限。英国和法国政府已经用这种方式发行了额外的债券。对发行者来说，其好处包括省却了拍卖新债券的一些固定成本。当新发行债券的成本过高时，这种方法用于发行本金少的债券。

20.2.2 一级交易商

政府债券一级市场的一个关键组成部分是一组一级交易商的参与。**一级交易商**（具有特殊地位）是一个指定的中介机构，它有义务成为一级市场中有意义的参与者，并在二级市场上成为活跃的做市商。一级交易商通常由中央银行指定。所谓"活跃的做市商"，是指愿意并能够对部分或全部债券双向报价（买卖）的交易商。赋予少数金融机构特殊地位的风险在于，它可能会导致这些金融机构共谋。在初级交易商较少、市场发展不佳的情况下，这种共谋更有可能出现。为了排除这种可能性，如何选择、组织和监控一级交易商成为一项重要的政策决策。

在美国，一级交易商是由美联储挑选和监管的专门指定的银行和投资银行，它们通常规模庞大且资本充足。作为一级交易商有好处也有义务：当美联储进行公开市场操作时，一级交易商拥有与美联储进行交易的独家权利；一级交易商被认为将积极参与美国国债一级和二级市场，并为双边市场报价。美联储积极监控一级交易商的参与情况，如果发现它们的表现不佳，该公司就有被从一级交易商名单上除名的风险。

意大利于1994年在财政部的监督下建立了一个由16名经销商和专家组成的初级交易商系统。这些专家由投资银行和商业银行组成，包括外国机构。它们有义务在政府债券拍卖中投标，并在二级市场上双向报价。作为交换，这些专家获得了销售和回购的独家渠道。⊖专家身份每两年审查一次。

20.3 二级市场

如第18章所述，投资者在二级市场买卖先前发行的证券。证券可以在投资者之间直接交易，也可以通过经纪人或一级交易商进行交易。全球政府债券二级市场的主要参与者是大型机构投资者和央行。政府债券二级市场的散户投资者很少。

政府债券二级市场必须为债券的即时买卖提供条件。世界银行认为，二级市场的交易应具备以下特点：①交易成本低；②价格信息连续且广泛传播；③交易即时执行；④结算系统安全快速；⑤保管服务高效。

流动性强、发展良好的市场的一个特点是它处理现货交易的效率很高。即期交易是指证券的立即买卖，交易执行和结算之间的时间是衡量市场效率的一个重要指标。间隔越小，现金类证券就会越多。结算是交易完成后发生的过程，债券被交付给买方，由卖方支付款项。政府债券的二级市场通常选择 T + 1 为基准的结算方式，也就是交易日的第二天进行。现金结算是

⊖ 主权国家偶尔会回购未到期的有价债券，以管理其未偿公共债务。回购是不定期进行的。

发达二级市场上多数政府的标准结算方式，即交易和结算在同一天进行。两种主要清算系统分别为欧洲清算系统和明讯银行，它们中的任何一种都可以清算交易。结算是通过债券与清算系统账簿上的现金同时交换的方式进行的，连接欧洲清算系统和明讯银行的电子桥梁允许债券从一个系统转移到另一个系统。

在日本，日本银行负责监管支付和结算系统，并在这些系统上提供结算账户。在证券结算方面，日本银行负责结算所有日本政府债券的交易。日本政府债券的交易是通过日本银行BOJ-NET资金转账系统进行的，这是一个在金融机构之间转移日本政府债券的在线系统。

二级市场的结构主要有两种：一种是有组织的交易所，另一种是场外交易市场。一个有组织的交易所为买卖双方提供了一个见面交易的场所。尽管买卖订单可能来自各个地方，但交易必须在交易所按照交易所规定的规则进行。相比之下，在场外交易市场，来自不同地方的买卖订单通过一个通信网络进行匹配。因此，场外交易市场需要电子交易平台，用户通过电子交易平台提交买卖订单。彭博固定收益交易平台就是这样一个平台，通过这个平台，交易员可随时在全球多个债券市场进行交易。尽管在世界各地的许多证券交易所有一些政府债券和非常活跃的公司债券交易，但几乎所有债券是在场外交易市场进行交易的。

美国国债的二级市场是一个场外交易市场，一群美国政府债券交易商对已发行的美国国债进行连续 24 小时的买卖。三个主要的交易地点是纽约、伦敦和东京。国债的正常结算周期为交易日之后的营业日（"次日"结算）。

某一特定期限国债的最近拍卖发行被称为**最新发行的债券**或**新发债券**。例如，最近发行的 10 年期美国国债被称为新发行的 10 年期美国国债。被现货发行所取代的证券称为现货发行。有时，交易员使用"前一期证券"和"前两期证券"来表示美国国债发行的时间有多短。被几个新发债券所取代的债券称为"被当期拍卖发行券替代"。

尽管政府债券的二级市场交易量巨大，但其交易报告（市场的透明度）还没有达到美国普通股的水平。然而，自 1991 年以来，政府债券交易的报告取得了一些重大进展。这些发展都来自私营部门，最典型的代表就是 GovPX 公司，该公司于 1990 年由政府债券市场的一级交易商和交易商间经纪人（下文描述）创建，提供市场参与者通过交易商间经纪人进行交易的 24 小时全球发行的政府债券的信息。由 GovPX 公司报告的信息包括最佳出价和出价的价格与规模，以及回购交易的当前回购利率和交易量（即日更新）。该公司报告的信息主要以可选服务的形式通过主要的市场数据供应商（彭博社、路透社、德励财经资讯）和客户网站发布。

国债交易商与投资公众和其他交易商公司进行交易。当它们互相交易时，是通过被称为交易商间经纪人的中介机构进行的。交易商使用交易商间经纪人是为了提高交易完成的速度和效率。交易商间经纪人不为自己的账户进行交易，对参与交易的交易员的姓名保密。交易商间经纪人将国债的买家和卖家撮合在一起（匿名），如果撮合成功，就会收取费用。政府经销商提供的报价代表"内部"或"交易商间"市场的价格。

20.3.1 剥离和重组

长期零息债券通常不是由主权政府发行的。相反，它们是由市场参与者通过一个叫作"剥离和重组"的过程创建的。市场参与者有能力将债券的个别息票支付分离，并将它们作为独立的零息债券进行交易，这个过程称为剥离。此外，交易商可以重组个别适当的零息债券，并复制基础息票主权债务工具。为此，试图重新发行债券的实体必须给被重新构成的债券获得适当的本金剥离债券收益和所有未成熟的利益组件，这个过程叫作重组。

为了说明这一过程,我们来看看英国政府发行的,于 2025 年 9 月 7 日到期,票面利率为 2% 的英国金边债券。有两种可剥离的金边债券。第一种,即票面日期为 6 月 7 日和 12 月 7 日的优惠券支付工具,在 1997 年 12 月可以剥离。第二种,即那些在 3 月 7 日和 9 月 7 日支付息票的债券,在 2002 年 4 月可以剥离。只有金边做市商、英国财政部和英国央行可以取消和重组金边债券,所有金边债券的剥离和重组都需要通过金边剥离机构进行。

表 20-6 展示了 21 次剩余支付,其中 20 次票面付款为 10 000 英镑,到期付款为 1 000 000 英镑。每一笔支付都可以作为在到期日到期的零息债券单独交易。由息票支付衍生的零息债券和由本金支付衍生的零息债券是有区别的。由息票支付衍生的零息证券称为"息票剥离债券"。由本金支付衍生的零息债券称为"本息分离债券"。

表 20-6　总付款被剥离后的金边债券　　　　　　　　　　　　（单位:英镑）

2016 年 3 月 7 日	10 000	2016 年 9 月 7 日	10 000	2017 年 3 月 7 日	10 000	2017 年 9 月 7 日	10 000	2018 年 3 月 7 日	10 000
2018 年 9 月 7 日	10 000	2019 年 3 月 7 日	10 000	2019 年 9 月 7 日	10 000	2020 年 3 月 7 日	10 000	2020 年 9 月 7 日	10 000
2021 年 3 月 7 日	10 000	2021 年 9 月 7 日	10 000	2022 年 3 月 7 日	10 000	2022 年 9 月 7 日	10 000	2023 年 3 月 7 日	10 000
2023 年 9 月 7 日	10 000	2024 年 3 月 7 日	10 000	2024 年 9 月 7 日	10 000	2025 年 3 月 7 日	10 000	2025 年 9 月 7 日	10 000
2025 年 9 月 7 日	1 000 000								

注:表条目列出了付款日期,之后是付款金额。

在许多国家,投资于政府的纳税实体的一个缺点是,应计利息每年都要纳税,即使利息没有支付。因此,这些工具在到期日之前都是负现金流工具。它们之所以是负现金流工具,是因为购买了这些工具就意味着必须为已赚但未收到的利息支付税款。区分以本金为基础创建的本金剥离国债和以息票为基础创建的息票剥离债券的一个原因是,一些非美国买家对以本金为基础创建的债券(本金剥离国债)带有偏好,因为它们可以获得本国利息税收优惠。一些国家的税法将购买本金所得的利息视为资本收益。与普通收入相比,资本利得可获得税收优惠待遇(享受较低的税率)。

20.3.2　回购协议

回购协议(简称"回购")是指卖方在出售一种证券的同时,同意在未来某一天以商定的价格从买方手中买回同一种证券。⊖ 在实际操作中,回购协议可以被看作一种抵押贷款,其中出售的证券和随后被回购的证券代表了提交的抵押品,即一方借款并按一定利率为贷款提供担保。该利率被称为回购利率,通常低于类似银行贷款的利率。另一方在贷款时接受证券作为抵押。因此,回购协议中的卖方实际上是一个有担保的贷款人。

在世界上许多国家,回购是经销商共同的资金来源。一个活跃的回购市场支撑着每个具有流动性的债券市场。金融和非金融机构根据自身情况,作为担保品的卖方和买方积极参与市场。央行在日常货币市场操作中也是回购协议的积极使用者,它们要么向市场放贷以增加资金供应,要么从市场中撤回过剩资金。

回购和反向回购协议的结构

假设一个交易商预测了一个国家的利率走势,并且该预测预计将在未来 24 小时内实现。该交易商决定多头持有该国 10 年期政府债券。

交易商将如何为政府债券的头寸融资呢?假设交易商想要在一夜之间(直到下一个营业

⊖　回购协议可以使交易在需要时终止。

日）为头寸提供资金，那么有两种基本选择，要么使用自己的资金，要么借入资金。交易商通常选择利用杠杆为头寸融资。商人可以从银行借钱。然而，在这种情况下，交易商选择回购来为头寸融资。如上所述，回购是一种担保贷款，即一方提供担保品进行借款，另一方接受担保品进行借款。回购协议可以这样构建：交易商今天将 30 年期政府债券卖给交易对手换取现金。与此同时，该交易商承诺在下一个营业日以商定的价格购买相同的 30 年期政府债券。交易商回购政府债券的价格被称为回购价格。30 年期政府债券被回购的日期（本例中的下一个营业日）被称为**回购日**。当回购协议的期限为一天时，它被称为"隔夜回购"，隔夜回购可以展期。期限超过一天的回购协议，称为**定期回购**。

正如没有单一的利率一样，也没有单一的回购利率。不同回购协议的回购利率不同，回购利率取决于各种因素：抵押品的质量、回购期限、交付要求、抵押品的可用性以及替代资金来源的现行利率。在美国，对一些机构来说，替代资金来源的现行利率是美国联邦基金利率。回购利率与抵押品的质量成反比。利率因期限和基准收益率曲线的当前形态而不同。如果需要交付抵押品，回购利率就会降低。获得抵押品的难度越大，回购利率就越低。要理解为什么会这样，可以假设借款人（或者等价的，抵押品的卖方）有一种证券，而贷款人无论出于什么原因都想要这种证券。这种抵押品被称为**热门抵押品**或**特殊抵押品**。不具备这一特点的抵押品被称为**一般抵押品**。需要热门抵押品的一方，将愿意以较低的回购利率出借资金，以获得抵押品。

在上面的例子中，一个交易商利用回购协议为 30 年期政府债券的多头头寸提供资金。简单地说，交易商是在借钱。回购协议也可以用来借入证券建立空头头寸，在这种情况下，交易商借出资金并接受其想要作为抵押品的证券。对方借钱并提供有价证券作为担保，这种交易被称为**逆回购协议**。在市场用语中，回购协议和逆回购协议的区别总是从交易商的角度来看待。如果交易商借钱，它就是逆回购协议。如果交易商正在借入证券，则情况正好相反。这两种类型的交易在结构上是相同的。

20.4 主权信用风险

主权债务使投资者面临的信用风险与本书中讨论的其他债务市场中存在的风险一样多种多样。主权评级是我们在第 5 章中描述的信用评级机构对国家做出的信用评级。具体来说，主权评级是对借款人（中央政府）违约的相对可能性的评估。各国政府寻求这些信用评级，以增加其进入国际资本市场的机会。主权评级对投资者很重要，因为在其他条件不变的情况下，投资者更喜欢有评级的债券，而非没有评级的债券。它们对借款人也很重要，因为评级机构不愿意将信用评级分配给较低级别的借款人。

信用评级机构有两种主权债务评级：一种是**本币债务评级**，另一种是**外币债务评级**。评级时分析的两类风险是**经济风险**和**政治风险**。前者是对一个政府履行其义务的能力的评估。在评估经济风险时，采用定量和定性分析。政治风险是对政府履行其义务意愿的评估。政府可能有能力支付，但可能不愿意支付。政治风险的评估是基于对影响政府经济政策的政治因素的定性分析。

区分本币债务评级和外币债务评级的原因是，从历史上看，违约频率因债务计价的货币类型的不同而有所区别。具体来说，以外币计价的债务违约更多。本币债务和外币债务的违约频率之所以不同，是因为如果一国政府愿意增税并控制其国内金融体系，它就能产生足够的本币来偿还本币债务。以外币计价的债务则不是这样，一个国家的政府必须购买外币以偿还其外币债务，因此对其汇率的控制较少。因此，本币相对于外币的大幅贬值将损害国家政府履行这种债务的能力。欧盟欧元区的国家没有这种区别，在这些国家，无论一国发行何种货币，其主权债券都只有一种信用评级。

那些被认为违约风险最低的借款人从三家信用评级机构处获得了令人羡慕的AAA/Aaa评级。截至2015年年底，只有9个主权债券发行者（理论上）被评为无风险水平（澳大利亚、加拿大、丹麦、德国、卢森堡、挪威、新加坡、瑞典和瑞士）。2008～2009年的金融危机导致许多主权债券发行者在接管本国破产银行的债务时，承担了潜在的不可持续的债务负担。随后，许多国家的主权信用评级从AAA/Aaa级下调，包括爱尔兰2009年和西班牙2010年的评级。2011年8月，评级机构标准普尔下调了美国的AAA信用评级，这是自1917年赋予美国主权信用评级以来的首次下调。

如果一国的本币是一种流动货币，并拥有庞大的国内机构储蓄基础，那么该国就有能力以本币为其债务融资。⊖但是，如果外国投资者对以另一种货币形式发行的债券有需求，主权国家也可以发行外国货币债券。当这种情况发生时，它通常会将收益兑换成本国货币。不同投资者对某一特定主权名称的需求可能会导致发行方以外币发行债券，这在评级较高的借款人身上很常见，比如瑞士、芬兰和瑞典，这些国家发行美元和欧元债券。

在评估一国政府本币债务和外币债务的信誉度时，所分析的因素会有所不同。例如，在评估本币债务的信用质量时，评级机构标准普尔就会强调本国政府促进或阻碍债务及时偿还的政策。

在对一国外币债务进行评级时，标准普尔的信用分析则会侧重于国内和国外政府政策的相互作用。标准普尔分析一个国家的国际收支和外部资产负债表结构，关于其外部资产负债表的分析领域是净公共债务、净外债总额和净外债。

另一家主要评级机构穆迪将以下四个因素作为其主权债券评级方法的基础：①经济实力，即财富、规模、多样化和长期潜力；②制度力度，即治理、制度质量和政策可预测性；③政府财政实力，即部署资源以应对当前和预期负债的能力；④事件风险敏感性，即风险迁移中突然变化的风险。⊜

关键知识点

- 主权债务是指某个国家最高政府发行的债务。
- 政府发行两种债券——贴现债券和息票债券。
- 贴现债券在其到期时支付一笔现金流，到期价值和买入价格之间的差额就是投资者获得的利息。
- 息票债券是以规定的利率发行的，定期支付利息，期末支付等于其本金。
- 浮动利率债券是指利息支付按照预先确定的息票公式定期变化的债券。
- 浮动利率债券的息票公式包括两部分：参考利率和息差报价。
- 通货膨胀调整债券根据该国通货膨胀率的某种指标调整向投资者支付的款项（票面金额或本金）。

⊖ 我们所说的"流动货币"，是指一种能够在接近其真实价值的情况下快速低价买卖的货币。
⊜ Moody's, "Sovereign Bond Ratings" (New York: Moody's Investors Service, September 2008).

- 美国通胀挂钩债券被称为通货膨胀保值债券（TIPS）。
- 通胀挂钩债券可采用不同的设计方式。
- 给定参考利率，通胀挂钩债券的设计可以是这样的：随着时间的推移，本金或息票收入将根据发行日期和现金流支付日期之间的通货膨胀进行调整。
- 中央政府债券市场的一小部分是与汇率挂钩的政府债券。这种债务工具的结构是，本金取决于美元和其他货币之间的汇率，通常是发行国的汇率。
- 政府债券一级市场的结构应实现五个目标：①确保成本效益；②鼓励包括外国机构在内的广泛投资者参与；③实现竞争最大化；④降低安置风险；⑤促进透明度。
- 一级主权债务市场使用的三种分销方法是：①拍卖；②购买/承销；③随卖发行。
- 市场发达的国家，债券主要的分销方式是拍卖。
- 许多主权国家使用单一价格拍卖或多重价格拍卖来发行有价证券。
- 一级交易商是一个指定的中介机构，它有义务成为一级市场中有意义的参与者，并在二级市场上成为活跃的做市商。
- 二级市场是投资者之间交易先前发行的证券的地方。
- 将息票债券分解成零息债券的过程称为剥离。
- 从债券组合中重新组合有价债券的过程称为重组。
- 回购协议是政府债券交易商的主要融资来源。
- 主权评级是由信用评级机构对借款人（中央政府）违约的相对可能性进行的评估。
- 信用评级机构有两种主权债务评级：一种是本币债务评级；另一种是外币债务评级。
- 信用评级机构在评级时分析的两类风险是经济风险和政治风险。

练习题

1. 开发一个可行的政府债券市场对一个国家有什么好处？
2. 主权政府通常发行什么类型的债券？
3. 假设一位投资者购买了意大利政府发行的10年期债券。该头寸的票面价值为100万欧元，息票率为1.5%，每半年支付一次。如果持有至到期，投资者期望获得多少现金流？
4. 解释通货膨胀调整债券是如何运作的。
5. 解释浮动利率债券是如何运作的。
6. 主权债务一级市场的结构如何？理想情况下，这个结构要实现什么目标？
7. a. 政府债券的主要发行方式是什么？
   b. 分销方式的选择如何受到市场发展阶段的影响？
8. 单一价格拍卖与多重价格拍卖的显著区别是什么？赞成或反对这两种拍卖方式的理由是什么？
9. 除了拍卖，还有什么其他方式来分配政府债券？每种方式的收益和成本是什么？
10. 以下节选自2013年11月6日美国财政部借款顾问委员会写给美国财政部部长的信。请解释这段节选的意思。

    随着国库券电子交易量的增加，它可以增强其流动性并降低未来发行国债的借贷成本，特别是在电子交易的场外交易量也随着时间的推移而增加的情况下。

11. 什么样的经济机制会使国债的实际市场价格趋向于基于理论即期利率的理论价值？
12. 一级交易商在一级市场上发挥什么作用？一级交易商在二级市场上发挥什么作用？
13. 一个发达的二级政府债券市场有什么特点？
14. 剥离和重组是如何工作的？
15. 什么是回购协议？
16. 一个可行的回购市场的存在如何有助于主权债务市场的运作？
17. 中国是美国国债最大的外国投资者。一个国家持有另一个国家很大一部分的债务，这对债务国的一级或二级市场的运作有什么影响吗？

18. 恭喜你！你刚刚被任命为 X 国的财政部部长，目前 X 国没有一级交易商制度，你的第一个正式任务是就 X 国是否应该为其主权债务市场采用一级交易商制度提出建议，在给出建议的同时，请提出支持和反对的理由。

19. 陈述你是否同意以下陈述：
    a. 在一个国家发行主权债务的信用风险最低。
    b. 信用评级机构对以主权本国货币发行的债务和以外国货币发行的债务进行区别对待。
    c. 政治风险是对一个政府履行其义务的意愿的评估。

20. 假设购买 5 年期英国国债（零息债券）1 亿英镑，票面利率为 4%。进一步假设息票支付日期是 6 月 30 日和 12 月 31 日。从这些债券中可以创建什么样的息票条和本金条？

21. 欧洲央行行长马里奥·德拉吉在 2015 年 11 月 5 日的一次讲话中说："历史告诉我们，通货紧缩虽然相对不那么常见，但也会带来与过度通胀同样不稳定的后果。"通货紧缩对经通货膨胀调整债券的息票支付和本金有什么影响？

第 21 章

地方政府（市政）债券市场

学习目标

学习本章后，你会理解：
▲ 地方政府是什么；
▲ 发展中国家和发达国家的地方政府为大型基础设施项目获得融资的必要性；
▲ 市政债务结构有两种类型，包括银行贷款和发行债券；
▲ 什么是市政银行；
▲ 什么是市政债券银行；
▲ 多边金融机构在发展中国家可持续市政债券市场发展方面的作用；
▲ 利用公私合作伙伴关系和项目直接融资为地方政府融资提供基础设施；
▲ 什么是绿色债券；
▲ 美国市政债券结构类型；
▲ 免税市政债券与应税市政债券的区别；
▲ 与美国市政债券相关的信用风险；
▲ 信用评级机构对美国市政债券进行评级时考虑的因素；
▲ 美国的市政破产程序是什么；
▲ 市政债券二级市场；
▲ 中国为创建可持续的市政债券市场而采取的行动。

地方政府包括州、地区、省、县和市政府，以及由这些实体拥有或管理的地方公用事业公司。据美国证券交易委员会，美国约有 44 000 个州和地方实体在发行证券。德克夏银行的报告称，欧盟的地方政府数量为 90 380 个，其中包括 89 149 个直辖市、981 个"中介实体"（包括部门和省）和 250 个地区。欧盟 27 个成员国的 89 149 个城市中，约有 80% 的城市位于 5 个国家：法国（41%）、德国（13%）、西班牙（9%）、意大利（9%）和捷克共和国（7%）。

地方政府需要获得收益，以履行其被下放的职责。传统上，地方政府的收入来源于以下的一项或多项：①税收收入（所得税、财产税和销售税）；②中央财政收入分成；③提供当地

服务收取的费用；④资产销售；⑤投资收益；⑥来自非政府组织的资助。⊖

为了获得运营地方政府所需的资金，资金的收入来源需要与一些债务安排（银行借款或发行债券）相结合。随着发展中国家工业化和城市化的快速发展，需要对基础设施进行大规模投资。对于发达国家来说，基础设施的老化需要大量的资金投入。虽然在发达国家和发展中国家，一些资金来自中央政府和多边金融机构，但其余资金来自地方政府本身和它们能够获得的所有债务融资。咨询公司麦肯锡提供了对全球基础设施融资需求的估计。麦肯锡估计，2012～2030 年，全球将需要 57 万亿美元用于基础设施建设。因此，许多国家的中央政府都在寻求改善其市政债券市场的途径。

在本章中，我们描述有关地方或地方政府债务市场发展的问题，包括两种获得资金的模式，包括银行贷款模式和债券发行模式。上述第一种模式存在严重的局限性，因此许多国家的主要推动力是发展市政债券市场。美国市政债券市场是一个非常发达的债券发行市场，我们在本章中对此进行了相当详细的描述。

21.1 中央政府对市政借贷的管控

关于地方政府在金融市场上筹集资金的一个关键问题是，中央政府是否应管制地方政府（市政）借贷。有人认为，这种监管没有必要，因为金融市场的投资者会约束地方政府的借贷行为。随着借贷成本上升，市场参与者所认为的过度借贷将受到管制。银行借贷的成本将会过高。

然而，这种观点是建立在以下诸多假设之上的，如果这些假设不成立，就需要中央政府控制地方借贷者。这些假设包括：①贷款机构有足够的信息渠道了解其资助的地方政府；②地方政府以适当的方式应对私募市场，避免被信贷市场拒之门外；③贷款机构认为，如果地方政府违约，中央政府会出手救助。鉴于这些假设不太可能在现实世界成立，有人认为，为地方政府开发的信贷市场将受益于一些中央政府的规章和控制。⊖

21.2 市政信贷市场的结构

中央政府有两种发展地方债务市场的模式。第一种是通过银行贷款，第二种是发行市政债券。而今在欧洲和亚洲，银行向地方政府贷款是地方政府获得资金的主要来源，但在北美，地方政府获得资金的主要来源是市政债券。当然，也可以是两者的结合。

21.2.1 银行贷款模型

一些银行专门向地方政府贷款，其中最大的一家是 Credit Local de France，它现在是德克夏银行的一部分，这些银行为投资项目提供 15 年～30 年的贷款。地方银行寻求与地方政府建

⊖ Otaviano Canuto and Lili Liu, "Subnational Debt: Making It Sustainable," in The Day after Tomorrow—A Handbook on the Future of Economic Policy in the Developing World, ed. Otaviano Canuto and Marcelo Giugale (Washington, DC: World Bank, 2010), chapter 13.

⊖ For a detailed discussion of controlling local financing by central governments, see the contributed chapters in Bernard Dafflon, ed., *Local Public Finance in Europe: Balancing the Budget and Controlling Debt, Studies in Fiscal Federalism and State-Local Finance* (Cheltenham, UK: Edward Elgar, 2002).

立永久的伙伴关系，它们提供的补充贷款的典型服务包括准备和编制预算、规划和设计地方政府正在考虑资助的投资项目、管理地方政府的财政，以及在有关分税制安排和赠款分配的问题上充当地方政府和中央政府之间的中间人。[1]

市政银行在履行其向地方政府提供贷款的职责时往往能获得某些好处，有些国家的银行在向地方政府贷款方面享有法律垄断权。地方银行可以获得某种形式的低于市场利率的资金，这是其他类型的银行无法获得的。法律要求市政当局在市政银行开户，市政银行通常从中受益，这些存款以低于市场的利率支付利息。

由于金融业放松管制，市政银行的环境一直在发生变化，合法的垄断正在消失，这些都迫使地方银行与其他金融机构竞争融资。由于金融部门放松管制，市政银行失去了获得低于市场利率的机会，这再次要求它们与金融机构（特别是商业银行）完成合作。在市政银行占主导地位时存在的那种银行业务已经消失，地方政府现在必须与企业和消费者借款人竞争可用资金。传统上，商业银行不太可能成为长期基础设施项目的资金来源。为此，中央政府大力扶持了市政债券市场的发展。

21.2.2　债券发行模式

通过发行债券筹集资金与从地方银行借款是截然不同的筹资方式。投资银行寻求与地方政府建立长期关系，每次一个地方政府发行债券，投资银行之间的竞争决定了谁将是该次发行的承销商。这种类型的竞争，特别是对于那些经常发行债券的地方政府来说，很可能会使融资成本降低。

对于不经常发行债券的小规模地方政府来说，较低成本的融资可能无法实现，半政府性质的市政债券银行可以部分克服这一问题。这些银行从在债券市场上不经常发行债券的小规模地方政府那里购买债券，并将这些债券集中起来，形成另一种债券（联合债券）发行，并将其转售给公众。由于联合债券的发行信用评级高于个别地方政府发行的债券，因此联合债券必须支付的利率将低于个别地方政府必须支付的利率。较低费用的好处可以转移到个别的地方政府身上。在美国，市政债券银行的例子是缅因州市政债券银行和印第安纳州市政债券银行，它们都是由各自的州建立的。

任何国家市政债券市场的发展都需要信用评级机构进行信用评级，这些信用评级机构我们已经在第 5 章进行了介绍。正如本章后面所解释的，信用评级机构评估与被评级实体相关的各种因素，其中一个主要因素是企业的财务状况。如果没有可靠的财务资料，将无法进行信用评级。在对地方政府发行的债券进行评级时，信用评级机构需要有关其地方预算、所有未偿财务义务以及其与中央政府协议的信息。这些评级对该国的某些投资者购买地方政府债券是必要的，而且在许多国家，中央政府在允许地方政府发行债券之前，需要地方政府的债券至少有一个评级。回顾我们在第 5 章中对信用评级机构的讨论，由于评级采用的是发行方支付模式，人们担心信用评级机构可能会屈服于经济压力，给出必要的评级，以使地方评级机构获得中央政府的批准。

美国市政债券市场在促进州、县和乡镇融资方面是一个非常成功的典范。在本章的后面，我们将关注美国的市政债券市场，这是一个非常成功的市政债券市场。

---

[1] George E. Peterson, "Banks or Bonds? Building a Municipal Credit Market" (Washington, DC: Urban Institute, undated), The discussion of municipal banks here draws from this publication. Available at http://www.oecd.org/greengrowth/21559374.pdf.

21.3 多边金融机构协议

多边金融机构也被称为超国家金融机构，包括国际货币基金组织、世界银行集团、欧洲复兴开发银行、欧洲投资银行、亚洲开发银行和全球环境基金。有人认为，由于亚洲的城市化发展迅猛，因此发展中国家对基础设施融资的需求最大。亚洲开发银行估计，仅仅为了维持该地区的经济增长率，亚洲就需要价值8万亿美元的基础设施项目。认识到基础设施融资日益增长的需求，中国于2015年牵头创建了亚洲基础设施投资银行。该银行有57个创始成员国，承诺为该地区的基础设施项目提供1 000亿美元的资金，中国捐助了3 000万美元，日本也承诺注入大量资金。

多边金融机构在促进可持续市政债券市场发展方面的经验是一个谜。以巴西为例，该国30多年来一直利用多边金融机构的贷款发展市政债券市场。尽管这种融资方式在低利率的市政贷款和投资方面取得了许多成功，但市场观察人士认为，巴西"距离建立一个正常运转的地方信贷市场还很遥远"。⊖巴西的地方政府不得发行债券，而且由于私人银行认为向地方政府贷款风险太大，它们不发放中长期贷款。其他形式的借款，须经中央政府逐个批准。

为了促进发展中经济体的基础设施融资，多边金融机构采用了公私伙伴关系和项目融资举措，这一点我们接下来讨论。

21.4 通过公私伙伴关系和项目融资进行基础设施融资

由于世界各地对基础设施项目的大量融资需求和地方政府预算的限制，导致一些国家转向与私营部门合作。这可以通过公私伙伴关系或项目直接融资（称为项目**融资倡议**）来实现。⊖这些可供选择的融资倡议是有吸引力的，因为它们通常不作为地方政府预算的一部分出现。因此，它们被称为"预算外"机制。

公私伙伴关系（PPP）是公共机构或政府部门与私营部门实体（或多个实体）之间的协议，要求采购、建设、开发设施或服务，并在公共部门和私营部门合作伙伴之间分担风险和收益。这通常以特许协议的形式出现。特许协议是一个私营部门实体和一个政府实体之间的合同，在该政府实体的管辖范围内经营一个具体的服务，但要受到某些限制。然而，这有时可能采取私人资助项目的形式，称为**私人融资倡议**（PFI）。⊜

公私伙伴关系和私人融资倡议之间的关键区别在于，公私伙伴关系描述了一种总体方法，用于帮助那些可能只有部分私有化的项目进行更有效的采购或管理。因此，该项目的部分或全部所有权仍掌握在与私营部门实体合作的政府实体手中，该项目通过特许协议来运营设施。与此形成对比的是，私人融资倡议包括为项目筹集资金，通常还包括将所有权转移给私营部门。即使只是在资金使用期间，也要向私营部门倾斜。尽管有这种区别，公私伙伴关系和私人融资倡议这两个术语有时也是可互换使用的。

尽管地方政府使用公私伙伴关系和私人融资倡议为基础设施项目融资的原因有很多，但其中一个主要原因是，与通过公共部门融资相比，这些协议将降低利息成本。

⊖ Peterson, "Banks or Bonds? Building a Municipal Credit Market," 3.

⊖ 有关 PPP 和 PFI 的更详细描述，请参见：Frank J. Fabozzi and Carmel F. de Nahik, Project Financing, eighth edition (London: Euromoney International Investors, 2012), chapter 30.

⊜ PFI 一词通常被认为是起源于1992年的英国，并在2001年的一份议会研究报告中被定义。

美国最大的公私伙伴关系项目是耗资 40 亿美元的纽约拉瓜迪亚机场 B 航站楼再开发项目。私营实体是拉瓜迪亚门户合作伙伴，而政府实体是纽约和新泽西港务局。融资的目的是建造一个新的 130 万平方英尺⊖的拉瓜迪亚机场 B 航站楼，并管理航站楼的运营，以更好地满足每年 1 500 万名使用该航站楼的乘客和四家以航站楼为家的航空公司（美国航空公司、美国联合航空公司、西南航空公司和加拿大航空公司）的需求。拉瓜迪亚机场的合作伙伴包括 Vantage 机场集团、Skanska、Meridiam 和 JLC 基础设施基金，它们负责航站楼的开发并提供股权投资。Vantage 机场集团负责航站楼的运营管理。

21.5 市政绿色债券

绿色债券由超国家组织、开发银行、政府和公司发行。最大的发行者是欧洲投资银行、国际复兴开发银行、非洲开发银行和国际金融公司。⊜

绿色项目指的是以促进气候或其他环境可持续性为目标的项目或活动。绿色债券是一种金融工具，其收益仅用于资助新的和现有的绿色项目。世界银行集团和欧洲开发银行是引入和发展绿色债券市场的催化剂。⊜世界银行自 2008 年开始发行绿色债券，截至 2013 年年中，世界银行共有 67 笔交易，交易币种为 17 种，总价值超过 64 亿美元。㊞2014 年 9 月，挪威的一个地方政府机构（挪威地方银行）发行了 5.5 亿美元的绿色债券。

这些债券是为了满足特定投资者对 AAA 级产品的需求而发行的，该产品支持缓解气候变化的项目，或帮助受气候变化影响的人适应气候变化。首批绿色债券的投资者是一组斯堪的纳维亚养老基金，它们在寻求"投资组合中固定收益部分的投资机会，以帮助它们支持减缓和适应气候变化的项目"。㊝

为了促进绿色债券市场的诚信和发展，政府制定了自愿透明和披露指引，即《绿色债券原则》。㊨根据绿色债券原则，债券收益可用于的潜在合格绿色项目的大类包括（但不限于）可再生能源、能效（包括节能建筑）、可持续废物管理、可持续土地利用（包括可持续的林业和农业）、生物多样性保护、清洁交通、清洁水或饮用水。绿色债券按用途主要分为四类：绿色用途债券、绿色收入债券、绿色项目债券和绿色证券化债券。㊉

21.6 美国市政债券市场

美国市政债券，是由州和地方政府及其建立的实体发行的。各州都发行市政债券，地方

⊖ 1 平方英尺 = 0.092 903 米^2。
⊜ RBC Capital Markets, "Green Bonds: Fifty Shades of Green" (Toronto, March 26, 2014).
⊜ 世界银行集团中参与培育绿色债券的两个集团是国际复兴开发银行和国际金融公司。
㊞ Heike Reichelt and Alexandra Klöpfer, "Green Bonds Market Tops $20 Billion, Expands to New Issuers, Currencies & Structures" (Washington, DC: World Bank, July 23, 2014), http://blogs.worldbank.org/climatechange/green-bondissuance-tops-20-billion-and-expanding-new-issuers-currencies-products.
㊝ Reichelt and Klöpfer, "Green Bonds Market Tops $20 Billion."
㊨ Ceres, "Green Bond Principles, 2014: Voluntary Process Guidelines for Issuing Green Bonds" (Boston: Ceres, January 13, 2014), http://www.ceres.org/resources/reports/green-bond-principles-2014-voluntaryprocess-guidelines-for-issuing-green-bonds.
㊉ Ceres, "Green Bond Principles, 2014."

政府包括市和县，发行债券的市政当局可以细分为学区和防火、供水、下水道和其他用途的特殊区。公共机构包括当局和委员会。

市政债券发行的目的多种多样。短期债券通常是在预期获得税收或债券发行收益的情况下出售的。出售短期债券的收益使发行的市政当局能够弥补支出与税收流入之间的季节性和临时性失衡。市政当局发行的长期债券可以作为长期资本项目（如学校、桥梁、道路和机场的建设），也可以作为因当前经营而产生的长期预算赤字的主要融资手段。

市政债券市场包括两个部分：免税债券和应税债券。免税市政债券的吸引力在于它们在联邦所得税方面所具有的税收待遇。大多数市政债券是免税的，这意味着债券的利息不用缴纳联邦所得税。这项豁免适用于利息收入，而非资本收益。豁免可能延伸到州和地方一级，也可能延伸不到地方一级，每个州对于市政债券的利息如何征税都有自己的规则。[⊖]目前应税的市政债券规模较小，包括利息按联邦所得税水平征税的债券。

从历史上看，市政债券的投资者包括散户投资者、共同基金、封闭式基金、交易所买卖基金、银行信托部门以及财产和意外伤害保险公司，这些投资者对市政债券的免税特性感兴趣。散户投资者通过其拥有的集体投资工具（共同基金、封闭式基金或交易所买卖基金）直接或间接持有75%的市政债券。对冲基金、套利者、人寿保险公司和外国银行已经成为市政债券重要的参与者。这些投资者对免税功能不感兴趣，相反，它们的主要兴趣在于从寻求产生资本利得的杠杆策略中获益。

21.6.1 市政债券的种类和特点

市政债券按结构可以分为两种基本类型，它们分别是税收支持债券和收入债券。其他债券也具有税收支持债券和收入债券的特点。[⊜]

1. 税收支持债券

由州、县、特别行政区、城市、城镇和学区发行，并以某种形式的税收收入担保的债务称为**税收支持债券**。这类债券包括一般债务债券、拨款支持债券和公共信用增强计划支持债券。

最常见的税收支持债券是**一般债务债券**。一般债务债券可以分为无限和有限两种。无限税收一般债务债券采取较强的一般义务质押形式，它以发行人的无限额税收权力作为担保。税收来源包括企业所得税、个人所得税、营业税和财产税。无限税收一般债务债券据说是由发行人的完全信任和信用担保的。有限税收一般债务债券采取有限的税收质押形式，因为发行人为偿还债务而征收的税率有法定限制。

某些一般债务债券不仅有发行者以一般税收权力累积的收入（该收入积累在一个普通基金里面）作为担保，而且也有某些确定费用、补助金和特殊费用作为担保，这些费用提供了一般基金以外的额外收入。由于这种债券的收入来源具有双重性质，因此被认为是有双重保障的债券。例如，特殊目的服务系统发行的债券可以通过财产税质押、特别费用或所提供服务的营业收入质押，或者同时质押二者来担保。针对上述例子中的最后一种情况，它们双管齐下，获得双重担保。

⊖ 州一级债务的税收待遇是：①所有市级债券免征利息税；②对所有市政债券的利息征税；③如果发行人在州内，市政债券免征利息税，但如果发行人在州外，则对利息征税。

⊜ For a further discussion of these securities, see Sylvan G. Feldstein and Frank J. Fabozzi (eds.), *The Handbook of Municipal Securities* (Hoboken, NJ: John Wiley & Sons, 2008).

由几个州的机构或当局发行，承担潜在的国家责任，以弥补发行实体债务不足的债券，被称为**拨款支持义务债券**。从州的一般税收中拨款必须经过州立法机关的批准。然而，州的承诺并不具有约束力，这种不具约束力的税收质押债券被称为**道德义务债券**。因为道德义务债券需要立法机构的批准才能拨付资金，所以它被归类为拨款支持义务债券。道德义务质押的目的是提高发行单位的信用，然而，投资者必须依靠国家的批准来获得拨款。另一种拨款担保债券是租赁担保债券。

虽然道德义务是国家提供的一种信用增强形式，但它不是一种会由国家法律强制执行或约束的义务。这种信用增强发生在由州或联邦机构对债券进行担保或承担义务，自动扣留和部署州援助，以支付发行实体拖欠债务的情况。一般来说，后一种形式的公共信用增强用于州学校系统的债务义务。

2. 收入债券

收入债券是市政债券结构的第二种基本类型。这类债券是为项目融资或企业融资而发行的，债券发行人将经营项目所产生的收入抵押给债券持有人。在购买债券之前债券持有人要进行可行性研究，以确定它是否能够自给自足。

收入债券包括机场收入债券、学院和大学收入债券、医院收入债券、独栋房屋抵押贷款收入债券、多户收入债券、公共权力收入债券、资源化收入债券、海港收入债券、体育综合设施收入债券、会议中心收入债券、学生贷款收入债券、公路收费和汽油税收入债券以及水费收入债券。

3. 混合和特殊债券结构

一些市政债券创建了特殊的债券结构，使其同时具有税收支持债券和收入债券的特点，它们包括保险债券、预融资债券和结构性/基于资产的债券。

保险债券除了由发行人的收入进行担保外，还由商业保险公司承保。保险债券是指保险公司（被称为"单一险种保险公司"）向债券持有人支付债券发行者未支付的在指定到期日到期的债券本金或票面利息的协议。这种保险债券一旦发行，通常会延长债券发行期限，并且不能被保险公司取消。保险债券只是市政债券发行者使用的一种信用增强形式，并且是最常用的形式。

由于保险债券降低了投资者的信用风险，因此某些市政债券的可发行性得以大大提高。受益最大的市政债券包括质量较差的债券、由在金融界不太知名的较小政府单位发行的债券、结构虽复杂且难以理解但健全的债券，以及不常见的地方政府借款人发行的债券，这些借款人在投资者中没有普遍追随的市场。当然，发行人想获得债券保险的一个主要原因是，没有保险时，其信用价值会大大低于有保险时的信用价值。也就是说，在发行人的基本信用等级较低时，所节省的利息成本仅足以抵销保险费成本。

保险债券于1971年首次推出，在2008年之前一直是一种常见的信用增强形式。2000～2007年，所发行的超过一半的市政债券是有保险的债券或具有其他信用增强形式的债券。2007年在美国爆发的次贷危机导致抵押贷款担保债券（而非市政债券）获得了巨额回报，结果是，随着单一险种保险公司的信用评级被下调，担保债券的发行量大幅下降。单一险种保险公司为市政债券提供保险，从而获得最高的投资评级（标准普尔和惠誉评级的AAA级，穆迪Aaa级），保险公司必须达到最高的投资评级，如果它们都被降至最高的投资评级以下，有保险的市政债券会停止发行。根据债券买家报告,2005 年,57% 的市政债券得到了保险,但在 2010 年和 2011 年,这一数字分别只有 5.2% 和 6.2%。㊀事实上,在 2009 年、2010 年和 2011 年,只有 17% 的市政债券有某种形式的私人信用增强。㊁虽然私人信贷的发行有所减少,但公共信贷的发行有所增加。

市政债券有作为收入债券或一般债务债券发行的,也有预融资发行的,预融资债券被称为**国债保障债券**(也称**已偿还债券**)。预融资通常发生在原始债券由美国政府担保的直接债务托管或担保时。由美国政府担保的债券投资组合置于一个信托机构中。投资组合是为了使来自债券的现金流与发行者必须支付的债务相匹配。例如,假设某市政当局发行了 5% 的 1 亿美元债券,期限为 12 年。市政当局的义务是在今后 12 年每 6 个月支付 250 万美元,从现在起 12 年支付 1 亿美元。如果发行人想提前为此次发行融资,它将购买未来 12 年每 6 个月现金流为 250 万美元的美国政府债券投资组合,从现在起 12 年购买 1 亿美元现金流。

一旦现金流与市政债券相匹配的债券组合到位,预先融资的市政债券就不再作为一般债务债券或收入债券获得担保。这些债券现在由投资组合或托管基金中持有债券的现金流支撑。这种债券如果由美国政府担保的证券托管,信用风险就算有,也是微乎其微的,它们是最安全的市政债券。

国债保障债券的托管基金可以结构化,以便在原始债券契约中确定的第一个可能的赎回日期或随后的赎回日期赎回待偿还债券。虽然国债保障债券通常在第一个或随后的赎回日被赎回,但有些债券的结构与债务的到期日相匹配,这种债券被称为**代管至到期日债券**。

一些州和地方政府发行债券,这些债券还本付息的资金来自所谓的专用收入,如销售税、烟草结算款项、费用和罚款收入。这些结构的债券被称为资产支持债券,我们将在第 27 章中对此进行讨论。资产支持债券也被称为**专用收入债券**和**结构性债券**。

21.6.2 市政票据

发行期限不超过 3 年的市政债券被认为是短期债券,它们包括预期税收票据、预期收入票据、补助金预期票据、预期债券票据、免税商业票据、可变利率即期票据、商业票据/可变利率即期债务票据。

预期税收票据(TAN)、**预期收入票据**(RAN)、**补助金预期票据**(GAN)和**预期债券票据**(BAN)是各州、地方政府和特殊管辖区的临时借款。票据的发行期通常为 12 个月,但发行期短至 3 个月或长至 3 年的票据也并不罕见。预期税收票据和预期收入票据(也称为预期税收和收入票据)是在税收或其他收入可预期的情况下发行的,借款的目的是平衡流入发行实体的非正常资金。预期债券票据的发行是为了预期长期债券的销售。

我们将在第 25 章讨论由公司发行的商业票据。市政当局利用**免税商业票据**筹集短期资金,期限为 1 ~ 270 天不等。交易商为不同的到期日设定利率,然后投资者选择所需的日期。税收规定限制了免税商业票据的发行。具体来说,税收法规限制了新发行的免税市政债券的数量,每次到期的免税市政债券都被认为是新发行的债券。因此,免税商业票据的发行非常有限,发行者可以使用接下来两种产品中的一种来筹集短期资金。

可变利率即期票据(VRDN)是一种浮动利率票据,其名义上有长期期限,但票面利率每

㊀ The Bond Buyer's 2011 in Statistics, February 13, 2012, available at http://www.bondbuyer.com/pdfs/2012_bb_stats_supp.pdf.

㊁ Securities and Exchange Commission, *Report on the Municipal Securities Market* (Washington, DC, 2012), 26.

天或每7天重置一次。投资者可以提前7天，在接到通知的情况下，随时将票据提交给受托人，卖出价格为票据票面价值加上应计利息。

商业票据/可变利率即期债务票据是为满足机构投资者的现金流需求而定制的，与免税商业票据一样，其期限结构灵活，因为再销售代理的票据有一系列期限确定的利率。虽然该票据名义期限较长，但与可变利率即期债务票据一样，它也有回购条款。持有期限可以从1天到超过360天不等。在卖出日，投资者可以回购票据，收取本金和利息，也可以选择按照当时市场代理机构公布的新利率和卖出日期延期。因此，投资者在最初购买该工具时，可就利率和卖出日期进行选择。

21.6.3 违约风险

市政债券的投资者面临违约风险，即发行人未能履行合同义务的风险。市政债券的违约率低于同一期限、初始信用评级相同的公司债券。例如，穆迪对2012年违约率的研究⊖发现，市政债券和公司债券10年后的累计违约率如表21-1所示。

表 21-1

初始评级	市政债券（%）	公司债券（%）
Aaa	0.00	0.50
Aa	0.01	0.92
A	0.05	2.48
Baa	0.30	4.74

穆迪还研究了1970~2012年市政市场不同部门的违约率。一般债务债券的违约率低于收入债券的违约率，约为7%。违约率最高的收入债券是住房部门，违约率为40%；其次是医院和医疗保健部门，违约率为30%。

正如我们将在第26章解释的那样，单凭违约率并不能表示债券的违约风险。穆迪报告称，1970~2012年，市政债券最终的平均违约回收率约为62%。就高级无担保公司债券而言（与所有公司债券相比，其可比性更好），1987~2012年的最终违约回收率要低得多（49%），而市政债券的违约回收率为2%~100%。

詹姆斯·斯皮欧图提供了市政债券违约的历史，以及违约的原因和性质。⊖违约原因包括以下几点。

- 经济状况：经济衰退和高利率导致违约。
- 非必要服务：为不再需要的服务发行收入债券。
- 项目和行业的可行性：收入债券是在项目可行性研究完成后发行的，但可行性研究对项目的需求或完成项目的费用可能过于乐观。
- 欺诈：市政官员未能遵守相关文件的条款。
- 管理不善：市政当局无法成功管理项目。
- 不愿支付：市政当局可能只是不愿支付（如拒付债务）。
- 自然灾害：市政当局预算的减少（收入的减少和成本的增加）可能是自然灾害（如飓风）造成的。

请记住，违约并不意味着市政当局破产，破产也不意味着违约。也就是说，市政当局可以在某个问题上违约，但违约可能不会导致破产。市政当局的破产也不一定导致市政债务违约。事实上，从历史上看，申请破产的市政当局实际上没有违约。

1. 信用评级机构在进行评级时考虑的因素

许多市政债券市场的机构投资者会依靠自己内部的市政信贷分析师来确定市政债券的信

⊖ As reported in Moody's Investors Service, "US Municipal Bond Defaults and Recoveries, 1970–2012," May 7, 2013.

⊖ James E. Spiotto, "A History of Modern Municipal Defaults," chapter 44 in Feldstein and Fabozzi, *The Handbook of Municipal Securities*.

用可靠性，其他投资者则依赖信用评级机构。指定的评级系统与我们将在第 26 章讨论的公司债券的评级系统相同。中央政府的信用评级是其国民信用评级的最高限额，尽管这并非史无前例，但很少看到一个地方政府的评级高于主权国家的评级。

为了评估一般债务债券，信用评级机构从四个基本类别评估信息：①发行人的债务结构和总体债务负担；②发行人维持稳健预算政策的能力和政治纪律，人们关注的焦点通常是发行人的一般运营基金以及它是否在 3～5 年内保持了预算平衡；③发行人可获得的具体地方税和政府间收入，以及有关税收征收率（在研究财产税征收情况时这一点很重要）和地方预算对特定收入来源的依赖性的历史信息；④对发行人整体社会经济环境的评估，这一类别的决定因素包括当地就业分布和构成趋势、人口增长、房地产估价和个人收入以及其他经济因素。

尽管许多证券结构可用于收入债券，但评级的基本原则是，所融资的项目是否会产生足够的现金流，以满足债券持有人的债务。

2. 市政破产

我们现在介绍市政破产。《美国破产法》中的第 9 章是有关市政当局破产保护的条款，这一条款很像《美国破产法》第 11 章，它规定了一个重组计划。对于市政当局来说，没有与《美国破产法》第 7 章破产申请中规定的同等标准，该文件涉及公司的清算，然而市政当局不能被清算，因为这将违反美国宪法第十条修正案赋予各州的内部事务主权。⊖ 实际上，《美国破产法》第 9 章赋予市政当局对其债权人的权力大于公司对其债权人的权力，市政当局的债权人不能强迫市政府清算其资产。

各州不允许根据《美国破产法》的第 9 章申请破产，因此，只有不是州一级的市政实体（市、县、乡、学区、公共设施区和创收单位主管部门）可以申请破产，这就解释了为什么历史上根据第 9 章申请破产保护的市政实体很少。例如，根据美国破产协会的数据⊜，1980～2011 年第二季度的破产案只有 159 宗。如果根据《美国破产法》第 11 章的规定，任何一年的破产案都远远超过这个数字。

市政实体必须克服申请破产的一个主要障碍。《美国破产法》第 9 章第 11 节规定，市政府所在地的州必须批准该实体申请破产保护，这使得各州能够在寻求破产保护的市政实体的不利经济影响与需要通过《美国破产法》第 9 章申请提供保护的市政实体的需要之间进行权衡。22 个州不允许市政实体依照《美国破产法》第 9 章申请破产，16 个州规定市政当局必须满足申请条件，其余 12 个州对申请提供全面授权。⊜

由于美国宪法第十条修正案的规定，美国破产法官在处理市政破产案和公司破产案时没有同样的权力。因此，美国破产法官在处理根据《美国破产法》第 9 章申请破产的案件时，并不像处理根据《美国破产法》第 11 章申请破产的案件时那样积极。在确定市政实体根据州法律是否有权申请破产后，破产法官负责批准市政实体如何偿还其债权人的计划，并确保市政实体执行该计划。截至 2017 年，根据《美国破产法》第 9 章宣告破产的最大的市政破产案有 4 个。

- 密歇根州的底特律市在 2013 年申请破产，原因是该市无力履行未备基金的养老金义务 180 亿美元。

⊖ 1791 年批准的美国宪法第十条修正案规定，宪法既不授权给联邦政府，也不禁止各州行使的权力保留给各州或人民。

⊜ See http://www.abiworld.org/statcharts/Ch9Filings1980-Current.pdf.

⊜ See http://archive.news10.net/news/pdf/State-Policies-on-Chapter-9-bankruptcy.pdf.

- 亚拉巴马州杰斐逊城在 2011 年申请破产，原因是一项失败的投资策略（押注利率）导致损失 40 亿美元。
- 加利福尼亚州奥兰治县于 1994 年申请破产，原因是在外来抵押担保证券产品的杠杆投资中损失超过 10 亿美元。
- 加利福尼亚州斯托克顿市在 2012 年申请破产，原因是难以履行 10 亿美元的养老金义务。

21.6.4 市政债券二级市场

市政债券在 1 500 多家市政债券交易商支持的场外市场进行交易。较小发行方（称为地方信贷）的债务市场由地区经纪公司、当地银行和一些较大的华尔街公司维持。大型发行方的债券市场由大型经纪公司和银行支持，其中许多与这些发行人有投资银行业务方面的关系。

在市政债券市场，散户投资者购买的零星债券的票面价值为 2.5 万美元或更低。对机构而言，票面价值低于 10 万美元的交易都被认为是零星交易。交易商利差取决于几个因素。对散户投资者来说，利差可低至大量销售的活跃债券的 0.25 个百分点（每 5 000 美元票面价值的利差为 12.50 美元），低至零星销售的非活跃债券的 4 个百分点（每 5 000 美元票面价值的利差为 200 美元）。对于机构投资者而言，交易商的利差很少超过 0.5 个百分点（每 5 000 美元票面价值的利差为 25 美元）。公司债券和美国国债的惯例都是以票面价值的百分比报价，票面价值等于 100。然而，市政债券一般以收益率（到期收益率或赎回收益率）交易和报价。在这种情况下，债券的价格被称为"基础价格"。某些长期收益债券是例外，以美元价格（实际上是按面值的百分比）交易和报价的债券被称为美元债券。

如前所述，散户（个人投资者）直接或间接持有超过 75% 的市政债券本金余额。历史上，人们一直认为，投资者倾向于购买市政债券，然后持有至到期。因此，在首次出售市政债券后，交易并不频繁。然而，二级市场确实出现了大量交易。根据市政债券规则制定委员会（MSRB）编制的交易数据，2010～2013 年市政债券的年平均交易本金价值为 3.4 万亿美元，同期年平均交易数量为 1 030 万笔。⊖ 在那些年里，收入债券的交易数量大约是一般债务债券的两倍。在截至 2013 年的 3 年中，免税债券的交易量几乎是应税债券交易量的 10 倍。

投资者通常很难获得交易前的信息。一般来说，市政债券交易商不向公众提供实盘和询价。投资者可以通过其他交易系统获得交易前的信息，例如，通过市政债券交易商提供的电子通信网络，交易通常以委托人为基础（市政债券交易商从自己的库存中买卖）。对于没有以这种方式执行的客户交易，交易商将寻找场外交易市场来执行该交易或使用替代交易系统。一般而言，特别是对散户投资者，由于缺乏市场透明度，交易成本高于其他投资级债券市场。

根据市政债券规则委员会编制的数据，2012 年和 2013 年市政债券约 43% 的交易是通过 5 家债券交易商进行的，大约 2/3 的交易是由 20 家债券交易商执行的。⊖

美国证券交易委员会对市政债券市场的研究，为改善二级市场和提供更多的投资者保护提出了若干建议。建议改善的两个主要领域分别是持续信息披露和改善市场结构。

21.6.5 免税市政债券的收益

由于市政债券的免税特性，其收益率低于同期限的国债。免税债券和国债之间的收益差

⊖ The data reported here were computed from several tables in Municipal Securities Rulemaking Board, *2013 Fact Book* (Washington, DC, 2014).

⊖ Municipal Securities Rulemaking Board, 2013 Fact Book.

通常不是用基点来衡量，而是用百分比来衡量的。更具体地说，它是用市政债券的收益率与可比的国债收益率之比来衡量的，称为收益比率。从历史上看，收益比率的变化不仅取决于信用评级和期限，还取决于时间。收益比率的范围在 0.80 ~ 1.0。

在市政债券市场中，存在几种基准曲线。一般来说，基准收益率曲线是为 AAA 级的国家一般债务债券构建的。在国债和公司债券市场中，不难发现第 16 章中描述的收益率曲线在不同时期的形状（见图 16-1）。一般而言，市政债券收益率曲线呈正斜率。

市政债券市场的参与者计算的收益率大致相当于购买应税债券的税后净收益率，这种收益被称为等值应税收益率，我们在第 16 章中描述了这种收益率的度量及计算。

21.7 中国市政债券市场

中国正在大力推动创建一个可持续的市政债券市场，该市场一直依赖银行为债券发行提供基础设施融资。例如，2011 年，经国务院批准，上海市、浙江省、广东省、深圳市开展地方政府自行发债试点。这些债券的发行没有主权担保。2014 年 9 月 1 日，全国人民代表大会通过了对《中华人民共和国预算法》的修改，允许地方政府直接发行债券。地方政府可以发行债券，为促进公共利益的项目（基础设施投资）提供资金，但不得将借来的钱用于日常运营。近年来，中国政府大力发展国内的市政债券市场。在 2010 年之前，地方政府实体通过城市建设投资公司借款，城市建设投资公司是中国地方政府实体的投融资平台，通过公司从金融市场借款，地方政府负责偿还债务。

自全球金融危机以来，中国使用的重要融资工具是"地方政府融资平台"，主要被用来资助基础设施项目。地方政府融资平台是指设立地方政府为唯一股东的国有企业。为了创建一个这样的企业，地方政府将土地、公用设施或基础设施转让给该企业，以换取股权所有权。与普通企业一样，这家地方政府支持的企业通过银行贷款或出售债务工具筹集资金，地方政府通过出售土地来偿还债务。它们不允许用税收收入来偿还债务。⊖

关键知识点

- 地方政府包括州、地区、省、县和市政府，以及由这些实体拥有或管理的地方公用事业公司。
- 为了获得运营地方政府所需的资金，资金的收入来源需要与一些债务安排（银行借款或发行债券）相结合。
- 发展中国家和发达国家的地方政府面临的一个主要问题是如何为大规模基础设施投资获得债务融资。
- 尽管一些基础设施融资来自中央政府和多边金融机构，但其余资金必须来自地方政府本身和它们能够获得的所有债务融资。出于这个原因，许多国家的中央政府都在寻求改善其市政债券市场的途径。
- 中央政府有两种发展地方债务市场的模式：银行贷款模式和债券发行模式。
- 银行贷款是通过一个国家建立的市政银行进行的。

⊖ Brent Ambrose, Yongheng Deng, and Jing Wu, "Understanding the Risk of China's Local Government Debts and Its Linkage with Property Markets" (Social Science Research Network: January 2015). Available at http://papers.ssrn.com/sol3/papers.cfm?abstract_id=2557031.

- 任何国家市政债券市场的发展都需要信用评级机构进行信用评级。
- 对于不经常发行债券的小规模地方政府而言,可以通过市政债券银行发行债券。
- 多边金融机构与发展中国家合作,寻求创建可持续的市政债券市场。
- 由于世界各地对基础设施项目的大量融资需求以及地方政府预算的限制,导致一些国家通过政府和社会资本合作与项目直接融资转向私营部门融资。
- 通过政府和社会资本合作与项目融资举措进行的融资安排对地方政府很有吸引力,因为它们通常不会出现在地方政府的预算中。
- 绿色债券是指收益仅限于资助新的和现有的绿色项目的债券。绿色项目是指以促进气候或其他环境可持续性为目标的项目或活动。
- 在美国,市政债券是由州和地方政府及其建立的实体发行的。
- 尽管在美国有免税和应税市政债券,但大多数市政债券都是免税的。
- 免税的市政债券的利息不用缴纳联邦所得税。
- 市政债券的投资者被其税收优势所吸引,这些投资者包括散户投资者、共同基金、封闭式基金、交易所买卖基金、银行信托部门以及财产和意外伤害保险公司。
- 由于市政债券的免税特性,免税市政债券的收益率低于同期限的国债。
- 收益率衡量的是市政债券相对于可比国债的收益率。
- 市政债券按结构可以分为两种基本类型,它们分别是税收支持债券和收入债券。
- 税收支持债券是由州、县、特别行政区、城市、城镇和学区发行的工具,以某种形式的税收收入作为担保。
- 税收支持债券包括一般债务债券(最广泛的税收支持债券类型)、拨款支持债券和公共信用增强计划支持债券。
- 某些一般债务债券不仅有发行者以一般税收权力累积的收入(该收入积累在一个普通基金里面)作为担保,而且也有某些确定的费用、补助金和特别收费作为担保,这些费用提供了一般基金以外的额外收入。
- 一般债务债券是双重担保时,不仅由发行人的一般征税权力创造收入并积累于一般基金中,也由某些确定费用、补助金和特殊费用,在一般基金之外提供额外收入。
- 收入债券是为项目融资或企业融资而发行的,以已完成项目本身产生的收入为担保,或为一般公共目的融资而发行,在这种融资中,发行人向债券持有人抵押以前属于一般基金的税收和其他收入资源。
- 一旦现金流与市政债券相匹配的债券组合到位,国债保障债券就不再作为一般债务债券或收入债券获得担保,而是由托管基金持有的投资组合的现金流支撑。这种债券如果由美国政府担保的证券托管,它就是最安全的市政债券。
- 国债保障市政债券是一种由托管基金构成的债券,其债券可在原始债券契约中确定的第一个可能的赎回日期或随后的赎回日期被赎回。
- 市政债券结构为资产支持债券,由专用收入支持,如销售税和烟草结算款项。
- 市政票据的发行期限(1~3年)比市政债券短。
- 投资市政债券使投资者面临违约风险。
- 与其他类似的公司债券相比,市政债券的违约率更低,违约回收率更高。
- 从历史上看,违约的原因一般是经济状况、非必要服务、项目和行业的可行性、欺诈、管理不善、不愿支付和自然灾害。
- 为了评估一般债务债券,信用评级机构从4个基本类别评估信息:①发行人的债务结构和总体债务负担;②发行人维持稳健预算政策的能力和政治纪律;③发行人可获得的具体地方税和政府间收入;④对发行人整体社会经济环境的评估。
- 《美国破产法》第11章中有关市政当局破产保护的条款规定了重组计划。

练习题

1. 解释你为什么同意或不同意以下说法："地方政府可以自由选择获得债务的形式。"
2. 为什么地方政府对债务有很大的需求?
3. 市政银行在建立可持续的市政债券市场方面有哪些局限性?
4. 地方政府发行市政债券的先决条件是什么?
5. a. 什么是市政债券银行?
   b. 为什么通过地方债券银行发行债券对一个很少发行地方债券的小型地方银行有好处?
6. 公私伙伴关系与项目融资倡议的主要区别是什么?
7. 为什么公私伙伴关系和项目融资倡议被称为"失衡融资"?
8. 为什么要发行绿色债券?
9. 请解释你同意或不同意以下说法的原因:"所有美国市政债券都免除联邦所得税。"
10. 国债收益率曲线的形状与市政债券收益率曲线的形状相比有何区别?
11. 收益比率是如何计算的?为什么通常小于1?
12. 2017年12月,美国国会修改税法,以降低边际税率。你认为市政债券的价格会发生什么变化?
13. 税收支持的债务和收入债券的主要区别是什么?
14. 为什么自2007年开始的次贷危机以来,市政债券保险公司的评级被下调,导致了保险债券的发行基本上被取消?
15. a. 什么是国债保障债券?
    b. 给出两个发行市政当局想提前为未偿债券融资的理由。
16. 为什么结构合理的国债保障债券没有信用风险?
17. 以下声明刊登在爱达荷州财务主管办公室的一份出版物上:

    63-3202.票据发行程序。(1)当州财政部部长认为根据《爱达荷州法典》第63-3201节的规定发行爱达荷州税收预期票据符合爱达荷州的最大利益时,州财政部部长应向州审查委员会提出书面申请,说明爱达荷州税务局局长认为可取的预征税票据金额。在州税务局通过正式记录在州税务局会议记录上的命令或决议批准后,州财务主管应根据本章的规定签发预征税通知单。⊖

    什么是预征税通知单?

18. 美国4大烟草公司与46名州检察长达成和解协议,将在接下来的25年内支付总额为2 060亿美元的款项。纽约市是第一个出售由烟草公司未来付款支持的债券的州和市政府。这些债券叫什么?
19. 为什么地方政府破产(根据《美国破产法》第9章申请破产)的很少?
20. 在描述中国市政债券市场的发展时,美国消费者新闻与商业频道发表了以下声明:

    不过,外国投资者仍有一些挥之不去的担忧,尤其是对地方政府财政的担忧。澳新银行的李刚说,地方政府将需要改善其账户披露,中央政府可能需要对债务设定上限,并授权美国三大评级机构对地方政府进行评级。⊖

    请解释这些举措对中国市政债券市场发展的重要性。

⊖ Idaho State Treasurer's Office, Title 63, Revenue and Taxation, chapter 32, "Anticipation of Revenue by State." https://legislature.idaho.gov/wp-content/uploads/statutesrules/idstat/Title63/T63CH32.pdf.

⊖ Mia Tahara-Stubbs, "China's Muni Bond Market Set for Take Off," CNBC online, May 5, 2015. https://www.cnbc.com/2015/05/05/chinas-muni-bond-market-set-to-explode.html.

第六部分
PART 6

企业融资市场

第 22 章　股票市场的结构和交易场所

第 23 章　美国普通股市场：定价效率、交易与投资策略

第 24 章　非美国股票市场

第 25 章　全球短期融资和投资市场

第 26 章　公司债务市场

第 27 章　资产支持证券市场

第 28 章　中小企业融资市场

第 22 章

股票市场的结构和交易场所

学习目标

学习本章后，你会理解：
- ▲ 股票市场的发展；
- ▲ 股票市场是如何制度化的；
- ▲ 股票电子交易；
- ▲ 股票市场监管；
- ▲ 订单驱动市场与报价驱动市场；
- ▲ 美国进行股票交易的场所；
- ▲ 不同类型的替代交易系统；
- ▲ 为什么投资者使用替代交易系统；
- ▲ 经纪人如何在市场上执行订单；
- ▲ 当前监管框架的历史背景；
- ▲ 谁是股票市场的联邦监管机构；
- ▲ 处理市场波动性（交易限额和熔断机制）、卖空和内幕交易的联邦法规；
- ▲ 什么是全球存托凭证和欧洲股票。

股权代表公司的所有权权益，当公司的收益以股息的形式分配时，股票持有人有权获得公司的收益。如果公司被清算，他们也有权按比例分享剩余股权。股票分为普通股和优先股两种，这两种股票的关键区别在于它们可以在多大程度上参与收益和资本的分配，以及在收益分配中是否具有优先权。一般情况下，优先股股东在普通股股东收到股息之前，有权获得固定股息，他们也比普通股股东在清算中的资产主张上享有优先权。因此，我们将优先股称为高级公司证券。

在普通股的二级市场上，投资者对公司经济前景的看法会通过他们所执行的交易来表达。这些交易合在一起建立了关于股票价格的市场共识，并反过来确定公司普通股的估计成本。

在本章和随后的两章中，我们将介绍全球股票市场。本章的重点是介绍美国股票二级交易的场所。在第 23 章中，将描述美国二级市场的交易安排，并解释交易成本，回顾股票市场的定价效率及其对股票策略的影响。在第 24 章中，将研究非美国股票市场。

22.1 股票市场的演进及其制度化

世界各地的股票传统上都是在实体场所，比如场所内或交易所（证券交易所）进行交易的。然而，自1980年以来，证券交易所的性质发生了很大变化。表22-1总结了这些主要变化（表中列出的许多术语将在本章和后面的章节中进行解释），该表显示了证券交易所从单一国家、有限产品、会员拥有、场内交易向国际化、多产品、公共拥有、电子交易的演变。

表22-1 股票市场交易的过去和现在

1980年	现在
交易所	交易所
• 共有组织	• 公共所有
• 会员所有：通过"席位"或会员资格进行交易	• 股份化
	• 首次公开发行
	• 营利组织
	自动化交易系统
	• 场外交易
	• 电子通信网络（ECNs）
	• 明池市场
	• 交叉网络
	• 暗池（交易前无透明度）
• 纽约证券交易所、纳斯达克证券交易所、美国证券交易所、地区交易所①	• 纽约证券交易所高增长板市场、纳斯达克证券交易所、更好的替代交易系统（BATS）
场内交易	电子交易
• 专家	• 高频交易
• 场内交易者	• 低延迟（微秒）
人工交易系统	电子交易系统
单一国家	多个国家
	• 纽约证券交易所、泛欧交易所
	• 德意志证券交易所、伦敦证券交易所
	• 大型多产品国际公司
	• 并购
普通股	普通股
	• 期权：股票和其他
	• 交易所买卖基金
	• 清算和结算服务

① 芝加哥证券交易所、费城证券交易所、波士顿证券交易所、美国全国股票交易所（原辛辛那提证券交易所）和太平洋证券交易所。

在过去的40多年中，全世界的股票市场经历了重大变化，这是因为：①从传统的小型个人投资者向大型机构投资者的转变导致股票市场的制度化；②将交易从共同会员拥有的场内交易转变为公共拥有的计算机交易和自动化交易系统；③结算系统自动化；④政府对市场监管的变化。

普通股市场的制度化对股票交易制度的设计具有重要的意义，因为机构投资者的需求与传统的小型个人投资者的需求不同。此外，股票市场在促进上市公司资本形成方面的作用意味着设计一个市场结构不仅需要考虑大公司，还需要考虑寻求募集股本的小公司和初创公司，在

第 28 章中将描述这一点。

计算机技术的进步使股票交易目前主要是通过所谓的算法来交易，利用计算机生成订单。鉴于计算机交易的主导地位，股票市场也被称为算法市场，相比以前股票市场的运作方式，后者被称为人工市场。⊖本章将讨论这些内容。

电子交易

传统来说，股票交易是在全球范围内进行的，交易所是个体交易员之间进行交易的物理场所。在过去几十年里，美国交易所的性质发生了很大变化。在全球范围内，交易所也遵循了类似的趋势。如表 22-1 所示，当前股票交易的总体方法包括交易所和股票场外交易系统［称为"替代交易系统"（ATS）］的组合。考虑到目前交易方式的进步，这被称为**电子交易**。

电子交易是指交易者通过电子交易平台或网络，而不是通过实体交易场所聚集在一起，形成一个"虚拟市场"的证券交易方式。如下文所述，电子交易在很大程度上取代了场内交易和电话交易，场内交易和电话交易的交易者分别在交易场内或通过电话联系在一起。

首先我们来了解美国的交易场所。直到近代，大型证券交易所才开始使用场内交易，下文提到的纽约证券交易所（NYSE）现在也仅仅在一小部分交易中使用场内交易。成立于 1971 年的纳斯达克证券交易所是世界上第一个电子股票市场。

与场内交易相比，电子交易具有以下几个优势。

- 降低交易成本：整个流程自动化（包括交易处理、持仓、清算和结算，称为"直通式处理"），进一步降低了成本。
- 提高透明度：更容易追踪电子系统中的价格。
- 增加流动性：更有效地连接所有买家和卖家，市场变得更具流动性。
- 更小的价差：自动化降低了成本，增加了透明度，增加了流动性，从而导致了更小的价差。
- 扩大交易时间。

在美国的交易场所中，纽约证券交易所和纳斯达克都使用电子交易。纽约证券交易所是一个拍卖市场（下文讨论），每只股票都有一名专家，但是大部分交易都是由独立的场内交易员完成。此外，纽约证券交易所还拥有一个电子超级指定订单周转系统（SuperDOT system），用于 10 万股以下的"小规模"交易（优先处理 2 100 股以下的交易），并将订单（包括市场订单和限价订单）直接传送给该股票的专家。这个系统提供了更有效的交易，因为订单直接交给专家，而不是交给场内交易员，然后再进行人工交易。执行的订单也会通过超级指定订单周转系统报告给经纪人。指定订单周转（DOT）系统和超级指定订单周转（SuperDOT）系统始于 1976 年。纽约证券交易所最近推出的高增长板市场（Arca）则完全是电子化的。

22.2　美国股票市场监管

对包括证券交易所在内的全球证券市场进行监管主要有三个目标：①保护投资者；②确保市场平稳运行；③降低系统性风险。

⊖ This term was used in a speech by the chair of the Securities and Exchange Commission, Mary Jo White, "Enhancing Our Equity Market Structure," June 5, 2014, http://www.sec.gov/News/Speech/Detail/Speech/1370542004312#.U8KHXmcg_IW.

为了保护投资者，监管必须解决证券发行人和投资者之间的信息不对称问题，这可以通过对披露进行监管来实现。大多数国家的股票市场都受到高度监管，以确保投资者免受公司在发行股票时或经纪人和交易商在执行投资者交易订单时可能会采取的欺诈做法。市场的顺利运行需要交易和结算规则，以尽量减少市场混乱的风险。系统性风险已在第10章中讨论过，并在本书的其他几章中有所涉及。

美国监管体系

在美国，有三种类型的监管：证券交易委员会的联邦监管、金融业监管局（简称"FINRA"，一个自律组织）的监管，以及州监管机构的监管。这里我们简要介绍每种类型。

1. 证券交易委员会

美国证券市场的主要监管机构——证券交易委员会是由《1934年证券交易法》（简称《证券交易法》）设立的。在1929年10月股市崩盘和随后的"大萧条"之后，国会通过了两项重要的立法。第一个是《1933年证券法》（简称《证券法》），它要求投资者在公司上市（证券的主要市场）之前以"招股说明书"的形式获得财务信息。第二个是《证券交易法》，它创建了证券交易委员会，其目的是保护投资者，维护证券市场公平有序运行。证券交易委员会的职责之一是促进信息全面公开披露，保护投资者免受欺诈和操纵市场的影响。简言之，《证券法》涵盖了美国证券交易的一级市场，而《证券交易法》则涵盖了二级市场。

出台《证券法》和《证券交易法》的目的是恢复投资者对股票市场的信心，美国国会试图通过以下两种方式来实现这一目标：①公开发行证券的公司必须向投资者（一级市场）提供信息（并提供该信息发布的时间）；②明确经纪人、交易商和交易场所代表投资者（二级市场）执行订单时必须遵循的惯例。

美国证券交易委员会负责的五大领域是：①解释和执行国会通过的联邦证券法；②颁布新规则和修订现有规则；③监督和监测证券市场的主要参与者（证券公司、经纪人、投资顾问和评级机构）；④监督证券、会计和审计领域的私营自律组织；⑤与其他联邦实体（如国会、财政部和美联储）、州监管机构以及外国当局协调美国证券监管。

为了履行职责，美国证券交易委员会需要依靠其五个部门。

- 公司财务部：该部门负责履行美国证券交易委员会的职责，监督公司在公开发行证券时向投资者披露重要信息。
- 交易与市场部：该部门负责履行美国证券交易委员会维护公平、有序和高效市场的职责。
- 投资管理部：该部门的职责是利用其对投资管理行业的监督和监管权力，为投资者提供保护，促进资本形成。
- 执法部门：该部门通过建议调查违反《证券法》的违规行为，建议证券交易委员会向联邦法院提起民事诉讼或向行政法官提起行政诉讼，并起诉这些案件从而履行执法职能。
- 经济和风险分析部门：该部门提供复杂的、由数据驱动的经济和风险分析，为证券交易委员会的决策、规则制定、执行和检查提供信息。

2. 金融业监管局

金融业监管局（FINRA）是一个独立的非营利自律组织，由美国国会授权，肩负保护投资者和培育市场诚信的双重使命。

金融业监管局成立于2007年，美国全国证券交易商协会与纽约证券交易所的监管职能部门合并后，其负责制定和执行监管证券公司活动的规则，审查证券公司是否遵守这些规则，并提高市场透明度。

为了完成其双重使命，金融业监管局做了以下工作[⊖]。

（1）通过执行规则来阻止不当行为。为了保护投资者免受欺诈和不良行为的侵害，金融业监管局为所有美国经纪公司和经纪人制定规章制度并监督经纪人、交易商是否遵守其制定的规则以及联邦证券的法律和规则。金融业监管局给所有经纪人授权，金融审查员进行现场检查，评估经纪公司的运营情况，重点关注市场和投资者面临的主要风险。

（2）惩戒违反规则的人。如果经纪人未能遵守规则，金融业监管局可能会对其处以罚款，或将违规者停职一段时间，或禁止其进入该行业。

（3）发现并防止不当行为。金融业监管局使用数据收集和分析技术监测美国上市股票市场的交易（交易量约60亿股），该技术能够发现潜在的滥用行为。

（4）教育和提示投资者。金融业监管局网站为投资者提供工具和资源，帮助他们做出投资决策。

（5）解决证券纠纷。通过仲裁和调解，金融业监管局解决投资者与证券公司或个人经纪人之间发生的与证券相关的纠纷。

3. 州监管

除了联邦证券法，还有州证券法。州法律被称为"蓝天法"，其重点是证券发行和定期披露，而不是市场监管。每个州都有一个监管机构负责监管该州的证券销售，并且每个州都是北美证券管理者协会的成员，该协会虽然缺乏执行法律的权力，但负责制定和推广证券示范法。大多数州将1956年的《统一证券法》作为其证券法的基础，鉴于该法案的内容很宽泛，而且各州的法律可能各不相同，所以这里不讨论州证券法。

22.3 股票交易市场结构

交易所通常被定义为一个市场，在这里，中介机构聚集在一起交付和执行客户订单。然而，这种描述也适用于许多经销商网络。在美国，交易所是执行此功能并在美国证券交易委员会注册的机构。一些场外交易市场也会表现出这种功能。

股票交易有两种整体的市场模式。第一种模式是订单驱动市场，在这种模式中，作为证券持有人的公共参与者的买卖订单确定了其他公共参与者可以交易的价格。这些订单可以是市场订单，也可以是限价订单，我们将在第23章中进行描述。第二种模式是报价驱动市场，即中介机构（做市商或交易商）对公众参与者交易的价格进行报价。做市商提供一个买入报价和一个卖出报价，他们从股票的价差和换手率中获利。

22.3.1 订单驱动市场

订单驱动市场的参与者被称为"自然人"（自然买家和卖家）。在一个纯粹的订单驱动市场中，没有中间人以交易员的身份参与进来。相反，投资者自己提供流动性。也就是说，**自然买**

⊖ For further discussion, see FINRA's website, www.finra.org/AboutFINRA/WhatWeDo.

家是**自然卖家**的流动性来源，反之亦然。自然人可以是买家，也可以是卖家，每个人都使用市场订单或限价订单。

订单驱动的市场可以有两种不同的结构：一种是连续市场；另一种是特定时间点的集合竞价。在连续市场中，买卖可以在连续时间内的任何时刻进行，在此期间买卖订单在特定时间相遇。在这种情况下，交易是一系列的双边交易。在集合竞价中，订单被成批地集中在一起，以便在多边贸易中的某个特定时间点同时执行，即执行此价格及更高价格的所有买入订单和此价格及更低价格的所有卖出订单。

连续交易对那些需要即时性的客户来说更好。然而，对于交易量非常低的市场，日内看涨期权可能会将流动性集中在一天的某一时间（或几次）被允许进行交易。此外，连续交易的可行性可能有助于促进非常大的订单（大宗交易）的顺利交易。

非中介市场只涉及自然市场，也就是说，此类市场不需要第三方。中间人是自然买卖双方之外的第三方，如果没有中间人的参与，市场可能就没有足够的流动性来运作，因此它是需要中介机构和报价驱动的市场。

22.3.2 报价驱动市场

报价驱动市场允许中介机构提供流动性。中间人可以是经纪人（自然人的代理人）、交易商或做市商（交易的委托人），也可以是专家，如纽约证券交易所的中间人既是代理人又是委托人。在这一过程中，交易商是独立的、盈利的参与者，他们作为委托人而不是代理人进行运作。交易商不断提供买卖报价，从自己的账户买入或卖出，并从买卖报价之间的价差中获利。

交易商们在出价和进价上互相竞争。显然，从客户的角度来看，最好的市场是交易商出价最低、进价最高的市场。这种最低出价和最高进价的组合被称为"内部市场"或"最优价格"。例如，假设交易商 A、B 和 C 拥有股票 Alpha 的买价与卖价（也称为要价），具体如表 22-2 所示。

表 22-2 报价驱动 / 交易商市场

股票 Alpha				
买价		卖价		
交易商	买价（美元）	交易商	卖价（美元）	
A	40.50	C	41.00	最优价格
B	40.35	B	41.10	40.50（A）/41.00（C）
C	40.20	A	41.20	

交易商 A 的买价最高，为 40.50 美元，交易商 C 的卖价最低，为 41.00 美元。因此，内部市场是 40.50 美元的买价（A）和 41.00 美元的卖价（C）。注意 A 的价差是 40.50 美元的买价和 41.20 美元的卖价之间的差额，价差（或利润率）为 0.70 美元。A 的买价最高，但卖价最低。C 的买价最低，卖价也最低。B 既没有最高买价，也没有最低卖价。对于美国市场的股票，所有市场的最高买价和最低卖价被称为**全国最优买价和卖价**。

交易商通过为交易提供资金和促进订单处理为交易过程增加价值。在提供交易资金方面，交易商分别以买入价和卖出价买入和卖出自己账户的股票，从而提供流动性。关于订单处理，交易商以两种方式提供价值。首先，它们有助于提高客户订单的价格，也就是说，订单在买卖价差内执行。其次，它们有助于客户订单的市场时机选择以实现价格发现。价格发现是一个动态过程，价格发现不是即时的，个体参与者有动机在"市场时间"下订单。中介可能了解订单流程，并在这方面为客户提供帮助，而中介可以是一个人或一个电子系统。

场外交易市场（OTC）是报价驱动市场，场外交易是从股票报价通过柜台传递的时候开始的。客户可以选择从某个特定的做市商处购买或出售给他们希望直接下单的做市商，将订单定向到特定市场被称为"偏好"。

22.3.3 订单驱动市场与报价驱动市场

总的来说，非中介、订单驱动的市场可能成本更低，因为没有追求利润的经销商。但许多股票的市场本身并没有足够的流动性来进行这种操作。因此，对于流动性较差的市场来说，中间市场和交易商市场往往是必要的，因为交易商提供资金，参与价格发现，并促进市场时机选择。

由于这两种方法的优势不同，许多股票市场现在都是**混合市场**。例如，纽约证券交易所主要是一个基于客户订单的连续竞价订单驱动系统，专家通过做市来增强流动性，以维持市场公平有序，做市商也提高了流动性。总的来说，纽约证券交易所主要是一个拍卖、订单驱动的市场，有专业人士（通常从事做市）、其他场内交易员、开盘和收盘时的叫价市场以及为大宗交易提供专有资本的楼上交易商。因此，纽约证券交易所是这两种市场的混合体。纽约证券交易所的另一个混合因素是，它的开盘和收盘都采用了叫价拍卖，将连续市场和集合竞价市场相结合。这样，纽约证券交易所在交易日内是一个连续的市场，也是一个集合竞价市场，用于开盘和收盘，并在停牌后重新开盘。

纳斯达克证券交易所作为OTC交易商网络的产物，是一个交易商报价驱动的市场，但也增加了一些订单驱动的因素，比如其名为SuperMontage的限价订单簿，使其成为一个混合市场。

图22-1概述了美国的非中介市场和中介市场。

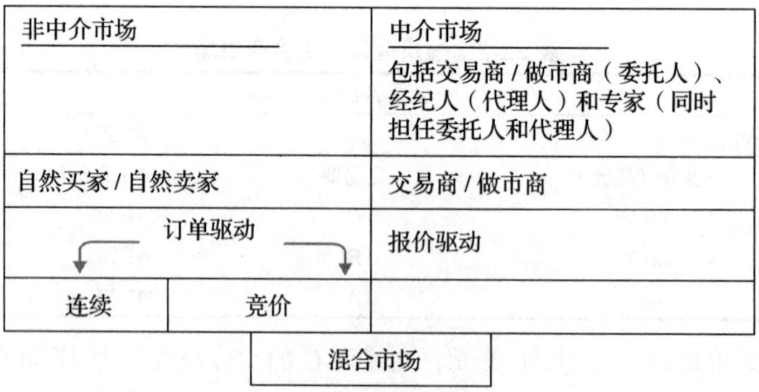

非中介市场	中介市场
	包括交易商/做市商（委托人）、经纪人（代理人）和专家（同时担任委托人和代理人）
自然买家/自然卖家	交易商/做市商
订单驱动	报价驱动
连续 | 竞价	
混合市场	

图 22-1　美国股市结构

交易所发生的另一个结构性变化是，它们从会员拥有、场内交易组织演变为公共拥有、电子交易（无交易大厅）的组织。这种演变（变革）的性质在前面已经讨论过了。

22.4　美国股票交易场所

一般来说，美国的股票交易主要通过以下两种方式进行：①全国性证券交易所；②替代交易系统，图 22-2 总结了这些方式。根据《证券交易法》第 6 条的规定，证券交易所在美国证券交易委员会登记。**替代交易系统**（ATS）也被称为场外交易场所，涉及未在交易所挂牌的股票交易，或者在盘后市场（当全国性交易所关闭时）进行股票交易。根据美国的《证券法》，替代交易系统可以选择注册为注册证券交易所或经纪交易商⊖。因此，如果替代交易系统选择在美国证券交易委员会注册，它也可以被归类为注册证券交易所。

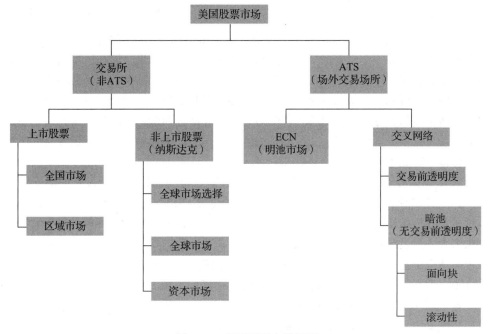

图 22-2　美国股票交易场所

在美国，有 14 种证券交易所在美国证券交易委员会注册交易股票。如下文所述，美国证券交易委员会注册的一些交易所实际上是替代交易系统，它们选择在全国性证券交易所进行注册并受其监管。

在讨论不同类型的交易场所时，根据股票在交易所的上市情况来考虑交易股票的分类是很有用的。《证券交易法》定义了两类可交易股票。第一类是在交易所交易的股票，也称为"上市"股票。第二类是场外交易股票，也叫非交易所交易的股票或"非上市"股票。因此，我们将非替代交易系统场所称为交易上市股票的交易所或交易未上市股票的交易所。在使用上市股票和场外交易股票以及在交易所交易和替代交易系统进行交易时存在一些重叠（和模糊）。尽管这有助于对非替代交易系统证券交易所进行分类，但应指出的是，对于非上市股票在交易所进行交易需要达到特定的要求。

交易场所提供的信息对市场透明度很重要。**交易前透明度**以买卖价格衡量，是指交易场所披露的股票供求关系。这些信息由所谓的订单提供，表示该股票的市场流动性和深度。**交易后透明度**是指在交易场所进行的交易披露。

透明度通过报告合并报价系统和统一数据汇总系统提供。通过在合并报价系统上显示股票的全国最佳出价和进价，可以提供交易前透明度。合并磁带系统通过提供交易后数据（包括交易价格和交易数量）提供交易后透明度。下面将进一步讨论这些主题。

⊖ See SEC Release No. 34–40760, http://www.sec.gov/rules/final/34-40760.txt.

22.4.1 纽约证券交易所：上市股票交易市场

传统上，交易所市场是由会员组成的实体场所，这些会员使用交易所的设施和系统来交换或交易上市股票，在交易所交易的股票被称为上市股票。公司上市必须符合交易所规定的最低资本额、股东权益、平均收盘价等标准。即使在上市之后，如果公司的股票不再符合交易所的要求，交易所也可以将其退市。

一些股票在区域证券交易所交易，能在区域证券交易所上市的股票有两种：①不符合在某个主要的全国性交易所上市的公司股票，或有资格上市但选择不在该交易所上市的公司股票；②双重上市股票，也在一个主要的全国性交易所上市。例如，如果一家在区域交易所购买会员资格的当地经纪公司可以交易该公司上市的股票，而不必在全国性证券交易所购买相当昂贵的会员资格，则公司可能会被激励双重上市。另一种情况是，当地经纪公司可以利用主要的全国性证券交易所会员的服务来执行订单，但随后它会放弃部分佣金。区域证券交易所与主要的全国性证券交易所竞争小规模交易。主要的国内经纪公司将此类订单交给区域证券交易所，因为由它们执行订单的成本较低，或价格较高。

传统的纽约证券交易所主要交易自己上市的股票。纽约证券交易所最新的电子版——纽约证券交易所高增长板市场将在下文讨论。会员在交易大厅的一个称为"驿站"的指定地点，集中连续拍卖在传统纽约证券交易所上市的股票，经纪人代表客户买卖订单，每只股票有一个专家是做市商。成员公司可以被指定为一个以上公司普通股的专家，也就是说，几个股票可以在同一个岗位上交易。但每家上市公司的普通股只指定一名专家。

在 2006 年之前，纽约证券交易所是一个纯连续订单市场⊖。这种市场也被称为"连续市场"或"连续拍卖市场"。在这种订单驱动的市场中，价格在整个交易日内随着买方和卖方提交订单而持续确定。另一种类型的市场结构是订单驱动市场或拍卖市场，其特征是周期性的叫价拍卖，在这种市场中，订单被分成批次或组合在一起，以便在预告时间同时执行。如今，纽约证券交易所采用了两种市场结构，即连续叫价和拍卖叫价。更具体地说，纽约证券交易所在交易日是一个连续的拍卖市场，也是一个开盘和收盘的叫价拍卖市场（如果股票停止交易，也可以重新开始交易）。因此，纽约证券交易所可以说是一个混合市场。

每只股票都有一名专家站在纽约证券交易所一个交易点附近。每个驿站本质上都是一个拍卖站点，订单、出价和进价都会在此到达。除了交易所单一的专业做市商外，交易所的成员公司也可以自行交易或代表客户进行交易。纽约证券交易所的会员公司是为投资大众服务的经纪人－经销商组织，它们在交易大厅雇用经纪人作为客户订单执行的受托人。

专家必须参与拍卖过程，并维持一个或多个指定股票的有序市场。专家可以兼任经纪人（代理人）和交易商（委托人）。作为经纪人或代理人，专家需要处理分配的股票客户订单，这些订单以电子方式到达他们的岗位，或者由场内经纪人委托他们在股票达到客户指定的价格时执行。作为交易商或委托人，专家需要给自己的账户买卖指定的股票，以维持市场秩序。比起使用自己的账户进行交易，专家必须始终优先处理开放订单。

某些不能在交易大厅立即执行的的订单称为限价订单和止损订单（将在第 23 章中讨论）。如果订单是限价订单或止损订单，会员公司的场内经纪人可以在交易人群中等待，或将订单下达给专家，根据市场价格与限价订单或止损订单中指定的价格之间的关系，在该专家的限价订单簿（或简称为"簿"）中输入订单，以便后续执行。订单簿列出了限价订单和止损订单，按

⊖ 参见本章后面关于股票市场结构的讨论。

大小和接近当前市场价格排列。订单簿以前是一本真正的纸质书,但现在是电子版的。交易者可以看到在每一个买入价和卖出价下的总限价订单量,从而提高了市场透明度。

纽约证券交易所指定的专家有四个主要角色:①作为交易商,他们只有在暂时没有公共买卖双方的情况下,并且在以指定价格执行完毕其拥有的所有开放订单之后,才能为自己的账户进行交易;②作为代理人,他们执行经纪人委托给他们的市场订单,并等待特定市场价格的订单;③作为催化剂,他们有助于将买家和卖家聚集在一起;④作为拍卖商,他们所报的现价反映了分配给他们的每一只股票的总供求关系。

在履行职责时,专家可以是代理人或委托人。作为代理人时,专家只需通过相反的订单(买入或卖出)执行客户的市场订单或限价订单或止损订单(新订单或限价订单簿中的订单)。作为委托人时,专家承担着维护市场公平有序的责任。法规禁止专家从事证券交易,除非此类交易是为维护公平有序市场所必需的。专家只从他们所参与的交易中获利,他们作为代理人时交易产生的收入与他们无关。

公平有序市场是指市场具有价格连续性和合理深度的特征,它要求专家在买价和卖价之间保持合理的价差,并在交易之间保持价格的微小变化。为了确保一个公平有序的市场,专家们需要使用自己的账户给出买价和卖价。但是他们不能把自己的利益置于开放订单之前,必须根据市场趋势自行交易,以帮助维持股票价格上涨或下跌时的流动性和连续性。只有出于维持公平有序的市场这一目的,他们才可以用自己的账户投资购买股票。

专家们在交易日开盘时平衡买卖订单,为股票安排一个合理的开盘价。他们仅在平衡供求关系的范围内参与市场开放。如前所述,全天交易是以连续拍卖系统为基础进行的,但开盘是由专家们确定,并在一个单一价格的叫价拍卖系统中进行的。

如果在开盘时或交易日内,由于买卖订单之间的不平衡导致无法维持公平有序的市场,那么专家可以在限制条件下关闭该股票的市场(停止交易),直到专家能够确定一个重新建立买卖订单的平衡价格。此类交易的结束可以发生在交易日或开盘时,通常持续几分钟或几天。例如,当一家公司收购另一家公司或一家公司发布意外公告时,可能会停止交易一天或一天以上(停止交易后会发布许多公告)。

纽约证券交易所的交易官员负责监督专业经纪人和场内交易经纪人的活动。如果开盘时延迟交易,或在交易日内因出现异常交易情况或价格差异需要停止交易,必须获得这些官员的批准。鉴于专家扮演了关键的公共角色,以及在履行其做市商职能时需要一定的资金,专家必须遵守交易所规定的资金要求。

迄今为止对纽约证券交易所的描述可能会给人留下这样的印象:美国的证券市场是由许多以专家为基础的纽约证券交易所组成的,然而,纽约证券交易所通过内部发展,特别是1976年开始的电子指定订单周转系统和超级指定订单周转系统,在电子交易方面取得了长足的进步。但是,最大的变化发生在一场收购之后。

在2001年之前,太平洋证券交易所是一个以旧金山为基地的区域证券交易所。1999年,太平洋证券交易所成为美国第一家股份制的证券交易所,它在旧金山的交易大厅于2002年关闭。2003年,太平洋证券交易所启动了一个电子期权交易平台。2005年,太平洋证券交易所被群岛控股公司(1996年在芝加哥成立)收购,这是美国第一家全电子证券交易所,也是股票交易的一个重大进步。2006年2月,纽约证券交易所(实际上是纽约证券交易所泛欧交易所)与群岛控股公司(通过反向合并)合并,并更名为**纽约证券交易所高增长板市场**(就在此次合并完成之前,纽约证券交易所实现了股份制,成为盈利性的纽约证券交易所集团)。在这一背景下，纽约证券交易所拥有了美国第一个全电子化的股票交易平台。纽约证券交易所高增长板市场目前是纽约证券交易所的电子交易平台，交易量可观。纽约证券交易所高增长板市场为洲际交易所所有，其总部位于芝加哥，即其创始人群岛控股公司所在地，除了股票，该市场还买卖期权和交易基金。

随后，纽约证券交易所继续开拓新市场。纽约证券交易所以其在大型上市公司和大型投资者中的地位而闻名。然而，在 2017 年，纽约证券交易所开始改变其上市标准和规则，以吸引创业企业通过首次公开募股上市，这样做的机制被称为"直接上市"。他们试图吸引的大型企业被称为"独角兽企业"，即价值 10 亿美元或以上的创业企业。直接上市允许企业在不筹集资金的情况下进行交易（像典型的首次公开募股），而且对于内幕人士何时可以出售股票也没有任何限制。⊖

鉴于"独角兽企业"有足够现金来筹集资金，因此它们不需要投资银行来承销，纽约证券交易所使那些想上市的"独角兽企业"得以上市。

在直接上市中，公司将其股份转让给交易所，并允许其公开交易，而无须像华尔街 IPO 那样由华尔街银行承销。这一方式通常被那些在监管不严的场外交易市场交易，但希望转投纽约证券交易所或纳斯达克证券交易所的公司采用。但这一方式通常对于首次公开募股上市的私有企业来说仍是比较罕见的。

直接上市将使"独角兽企业"避免承担高达数百万美元的巨额承销费用，而且上市还可以使这些公司的现有股东更容易、更快地套现。这是因为直接上市不一定涉及禁售期，而禁售期旨在让公司内部人士在抛售股票之前等待，保护新投资者免受大量抛售的影响。高管们也可以公开讨论与公司运营相关的话题，而在典型的首次公开募股中，美国证券交易委员会要求在发行前有一段安静期。

22.4.2 纳斯达克证券交易所：非上市股票交易市场

场外交易市场被称为非上市股票市场，有两种这样的市场：第一种是纳斯达克证券交易所，这是一个在美国证券交易委员会注册的全国性证券交易所，进行非上市股票的交易。尽管纳斯达克证券交易所被称为非上市股票市场，但在该交易所交易的股票仍然必须遵守某些上市要求。尽管如此，在交易所（如纽约证券交易所）交易的股票被称为**上市股票**，而在纳斯达克证券交易所交易的股票被称为**非上市股票**。第二种场外交易市场，一般称为"第三市场"，专门对真正未上市的股票（未在纳斯达克股票市场交易的股票）进行交易。

纳斯达克证券交易所由三个市场层次组成：①纳斯达克全球精选市场；②纳斯达克全球市场；③纳斯达克资本市场。每个市场层次都有其自身的财务要求、流动性要求和公司治理要求，必须满足这些要求才能获准上市，且每个层次的公司治理要求都是相同的。纳斯达克全球精选市场具有最严格的财务要求和流动性要求，其次是纳斯达克全球市场，纳斯达克资本市场的要求最低。在市值要求上，纳斯达克全球精选市场针对大市值股票，纳斯达克全球市场针对中市值股票，纳斯达克资本市场针对小市值股票。

纳斯达克证券交易所本质上是一个通信网络，连接着数千个地理位置分散的做市参与者。其电子报价系统为纳斯达克上市股票的市场参与者提供报价。尽管纳斯达克证券交易所没有中央交易大厅，但它的功能是一个电子"虚拟交易大厅"。超过 4 100 只普通股在纳斯达克系统中交易，500 多家交易商（做市商），（代表世界上一些最大的证券公司），向投资者提供纳斯达

⊖ "'Spotify Rule' Would Benefit the NYSE," *Wall Street Journal*, May 27–29, 2017, p. B1.

克股票买价和卖价的竞价。纳斯达克证券交易所的做市商必须做到：①持续发布对大多数股票有利的双边报价；②及时报告交易情况；③随时准备根据报价自动执行交易；④将客户限价订单整合到其专有报价中；⑤优先考虑客户的限价订单，除非该系统与纳斯达克连接，否则不得在任何与纳斯达克报价不同的系统上报价。许多纳斯达克交易都是"内部化"的，这意味着在客户委托的基础上，经纪–交易商公司作为做市商执行其客户的交易。虽然这些交易不是在交易所进行的，但必须通过常规方式进行报告，这部分内容将在下文进行说明。

22.4.3 替代交易系统

如前所述，替代交易系统是场外交易场所，可作为交易所交易和盘后交易的替代品。替代交易系统有两种类型——电子通信网络和交叉网络。

1. 电子通信网络

电子通信网络（ECN）显示实际订单的报价，并为用户提供匿名输入订单的方式。从本质上讲，电子通信网络是一种广泛传播并对用户开放持续交易的限价订单簿，用户可以输入和访问电子通信网络上显示的订单。电子通信网络提供透明、匿名、自动化服务，并能够降低用户的成本，因此，它们对于处理小订单非常高效。由于电子通信网络提供了交易前订单的透明度和交易后执行交易的透明度，因此被称为明池市场，这与不提供交易前透明度的暗池市场不同（后续讨论）。需要注意的是，一些电子通信网络现在正在变"暗"，也就是说，它们也有暗池。类似地，一些暗池正在被"点亮"——它们现在开始提供交易前的透明度。

电子通信网络通常用于向购买或租赁了电子通信网络操作硬件，或者已经与电子通信网络建立了自定义连接的参与者或认购者传递确定的交易承诺（确定的买价或卖价）。一般来说，电子通信网络通过互联网绕过经纪人和交易大厅连接买家和卖家。电子通信网络的例子有 Bloomberg Tradebook、Track ECN 和 LavaFlow。

电子通信网络的用户包括机构投资者和散户投资者、做市商和交易商。在第 23 章中，我们将描述不同类型的订单。电子通信网络的用户可以将订单输入其中，然后电子通信网络会将这些订单发布到系统上，供其他用户查看。用户可以查看的买卖订单列表是电子通信网络的订单簿。电子通信网络以电子方式匹配订单完成执行。买方和卖方通常彼此保持匿名，公开披露的交易执行报告将电子通信网络识别为交易方。

电子通信网络收取的费用结构取决于订单的类型。订单可以增加或减少电子通信网络订单⊖的流动性。费用结构包括向交易方提供回扣，从而增加电子通信网络订单的流动性，并向交易方收取费用。电子通信网络可根据交易量，向用户提供更高折扣或更低费用的奖励。

经纪人可以允许客户直接进入电子通信网络市场，费用和回扣转由客户来提供。

2. 交叉网络

替代交易系统允许机构投资者"交叉"交易，通常由计算机买家和卖家直接匹配交易者⊖。

⊖ 在本章后面，我们将描述不同类型的市场订单。向电子通信网络的订单簿增加流动性的一个例子是，不能立即执行的限价订单（对于买入限价订单，限价低于卖价；对于卖出限价订单，限价高于买价）。当电子通信网络的订单是可执行的时候，它将从电子通信网络的订单簿中移除流动性。

⊖ The SEC defines crossing networks as "systems that allow participants to enter unpriced orders to buy and sell securities. These orders are crossed at a specified time at a price derived from another market." Securities and Exchange Commission, "Regulation of Exchanges and Alternative Trading Systems," Release Number 34-40760, December 8, 1998, footnote 37.

交叉网络是一个在指定时间执行聚合订单的批处理过程。交易前透明度因交叉网络的类型而异，不提供交易前透明度的交叉网络被称为"暗池"。

对于暗池来说，交易后的透明度是必需的，但由于已执行的交易被视为场外交易，因此需要的信息比在纽约证券交易所进行的交易要少。由于没有交易前透明度（不公开显示订单），暗池为机构投资者提供了几个好处，包括减少了订单中包含的信息泄露，避免了大额订单的提前交易，以及降低了市场对成本的影响（第 23 章中将讨论这一成本）。关于信息泄露，该订单可能是机构投资者所追求的自营交易策略的一部分，显示订单可能会向竞争对手提供有关此类策略的信息，从而导致其他市场参与者（如经纪商和交易商）抢占先机，造成交易成本高于没有公开展示订单的情况。

一些暗池要么正在朝着交易前透明度的方向发展，要么已经具有一定的交易前透明度。例如，一些暗池使用电子信息向部分认购者显示意愿，这就像给出一个确定的报价。

暗池根据每个订单可交易的最小交易规模进行分类。**大额导向暗池**为每个订单设置了最小规模，例如 5 000 股。**流动资金池**没有订单最小规模的限制。除交易规模外，暗池的特征还包括暗池的所有权——谁可以在暗池中进行交易（选区）、价格和订单发现、流动性水平和类型、可获得性以及是否存在流动性合作伙伴。基于暗池的特征，希特什·米塔尔将暗池的类型总结为以下五大类（不一定相互排斥）。⊖

公共交叉网络：传统的暗池是由经纪公司发起的公共交叉网络。由于经纪公司实现的佣金减少，这些暗池试图创造收入来抵销损失的佣金。公共交叉网络的例子有：POSIT、POSIT Now、BLOCKalert、Liquidnet、NYFIX Millennium、Pipeline 和 Instilnet CBX。公共交叉网络区别于其他类型暗池的一个关键特征是没有来自暗池运营商的专有交易流。

内部化池：被称为"内部化池"的暗池，其主要目的是将暗池交易流的运营商内部化。内部化池最初是由主要交易商建立的，目的是通过在交易平台内执行订单而不是将这些订单发送到其他场所执行来产生收入。内部化池的组成部分是机构投资者和散户投资者以及暗池运营商的交易部门，内部化池可以限制竞争对手（其他卖方公司）的准入。也就是说，与公共交叉网络不同，并非所有的流动性都来自外部投资者，而是可能来自暗池运营商的做市部门或其自营交易部门。但是，由于担心潜在的流动性不足，运营商已与其他实体合作提供流动性。这些流动性合作伙伴具有特殊的地位，可能会对暗池的常规客户产生不利影响⊖。

Ping 目标：Ping 目标有两个不同于其他暗池的特征。第一个特征是，如果下的订单没有被立即执行，订单就会被取消。此类订单称为"立即执行或取消"（IOC）订单，因此，与其他接受不同类型订单的暗池不同，只有立即执行或取消订单会被接收。第二个特征是，客户只与暗池运营商的流程交互。通常，这类暗池由对冲基金或电子做市商操作。其客户通常是卖方公司，而不是买方公司。暗池运营商是否接受立即执行或取消订单的决策取决于运营商开发的定量模型。

基于交易所的暗池：由于在定价方面相似，基于交易所的暗池包括两种类型。第一种类型是在美国证券交易委员会注册为全国性证券交易所的暗池（回想一下，替代交易系统可以选择被注册证券交易所或经纪交易商监管）。第二种类型由电子通信网络和交易所组成，它们创建由隐藏订单产生的流动池，与其他暗池不同，隐藏订单通常与常规显示订单进行交互。与其他

⊖ Hitesh Mittal, "Are You Playing in a Toxic Dark Pool? A Guide to Preventing Information Leakage," *Journal of Trading* 3, no. 3 (2008): 20–33.

⊖ For further discussion of the potential asymmetry of information that may arise, see Mittal, "Are You Playing in a Toxic Dark Pool?" 26–27.

类型的暗池按每股收取费用不同，基于交易所的暗池遵循电子通信网络定价政策，该政策根据交易方是流动性的提供者还是接受者确定费用和回扣。

基于联盟的暗池：基于联盟的暗池由多个经纪交易商发起。与由一家经纪交易商运营，不允许其他卖方公司（即其他经纪交易商）进入的内部化池不同，基于联盟的暗池为其竞争对手（卖方公司）提供了准入途径。作为财团合作伙伴的经纪人－交易商通常有一个用于交叉交易的内部化池，以便在他们同财团交易之前产生费用收入。

22.5 执行订单

由于普通股有相当多的二级交易场所，因此订单处理应当尽可能的简单。然而，事实并非如此。大量可供选择的交易场所创造了分散的市场。了解订单交给经纪人后即被执行的过程是十分重要的，因为经纪人最终如何执行订单会影响交易订单的价格，从而影响交易的整体有效成本。

收到客户的订单后，经纪人必须决定如何执行订单，即经纪人必须决定使用前面描述的哪个交易场所来执行订单。在决定交易场所时，经纪人有义务为客户订单实现"最佳执行"。为此，经纪人会考虑所有客户的订单，并对哪个交易场所能够提供最优惠的条件进行评估。

在评估备选交易场所以实现客户订单的最佳执行时，经纪人需要考虑以下几点：①在下单时，选择一个比市场报价更好的价格（称为"价格改进"）；②执行订单的可能性；③执行速度。在下达市场订单时，执行速度很重要，因为在快速变化的市场中，订单执行的任何延迟都可能导致最终价格低于收到订单时的价格。尽管美国证券交易委员会没有任何规定，要求在订单下达后的特定时间内完成订单的执行，但如果经纪公司宣传其执行订单的速度，则应相应执行。

客户确实有权指示经纪人使用特定交易场所执行订单，但这样做可能会产生成本。经纪人可收取费用。假设客户没有指定交易场所，则由经纪人决定将订单发送到哪里。对于在交易所上市的股票，经纪人有三种选择：①将订单发送给股票上市的交易所；②将订单发送给区域交易所；③将订单发送给愿意以公开报价执行订单的公司。对于最后一种选择，这类公司被称为**第三方做市商**。如果订单涉及的不是在交易所上市的股票，而是在纳斯达克交易的未上市的股票，则经纪人可以将订单发送给纳斯达克的做市商。

为了吸引经纪人将订单发送到股票上市的交易所、区域交易所、第三方做市商和许多纳斯达克做市商，这些交易场所将根据指定的股票数量向经纪人支付费用，这种做法被称为**订单流付款**。在客户不知情和未获得客户批准的情况下，经纪人不能这样做。开户时，经纪公司必须书面通知客户是否收到订单流付款，该通知还必须每年提供一次。此外，在交易确认书上，必须告诉客户，经纪人是否收到订单流付款。如果客户愿意，可以通过向经纪人索取信息的方式来获取有关交易付款的更多信息。

经纪人还可以选择将订单发送至其他两类交易场所：①经纪人所在公司可以执行该订单的部门；②电子通信网络。当订单在内部传递时（在经纪公司内部），公司将从自己的库存中完成订单，这被称为**订单的内部化**。

22.6 美国的市场交易监管

联邦证券市场（如股票市场）的监管，有三个主要目标：①保护投资者；②确保市场平稳运行；③降低系统性风险。在保护投资者时，监管必须解决证券发行人和投资者之间的信息不对称问题，这可以通过对披露的监管来实现。市场的顺利运行还涉及交易和结算的规则，以尽量减少市场混乱的风险。而系统性风险已经在本书的前几章中讨论过。

在这里，我们对美国股票市场监管的讨论集中于二级市场交易监管。发生在这一领域的监管是由于股市发生金融危机，需要对市场进行重大监管改革，或是由于明显的市场混乱导致必须填补监管漏洞。此处首先简要介绍20世纪60年代以来美国的股票市场监管，然后再介绍当前的监管机构，最后，再来看看与市场波动有关的几项关键法规。在第23章将继续回顾某些股票市场的交易监管，因为它们需要了解监管机构发现的可能会导致市场混乱的交易策略。

22.6.1 监管背景

在20世纪60年代和70年代初，美国股票二级市场变得越来越分散。正如本章前面所阐述的，在分散的市场中，某些股票的订单处理方式与其他订单不同。因此，对订单的处理方式是不同的，而这具体取决于它最终执行的场所。如果这些订单的规模不同，即使它们是同一个股票并在同一个交易场所执行，也可能会对这些订单区别对待。

监管机构担心的是，投资者并没有得到统一的最佳执行，也就是说，这些交易不一定是由经纪人代表客户以最优惠的价格进行的。对股票二级市场日益分散的另一个担忧是，上市股票中未向公众报告的已完成交易越来越多。之所以出现这种报告失误，是因为第三市场和区域交易所的交易并没有立即在该股上市的主要全国性交易所股票交易统一数据汇总系统上披露。

出于这些考虑，美国国会在1975年颁布了《证券法修正案》。这项立法中最重要和相关的规定是第11A（a）（2）节，该节修订了《证券交易法》，并指示美国证券交易委员会"促进建立全国证券市场体系"。美国证券交易委员会在努力实施国家市场体系时，这一内容由N.S.波斯纳针对以下六个要素进行了阐述[⊖]：

（1）合并公开报告已完成交易的系统（统一数据汇总系统）；

（2）用于收集和显示报价和要价的复合系统（复合报价系统）；

（3）从一个市场向另一个市场传送买卖证券的订单和完成交易报告的系统（市场连接系统）；

（4）取消对交易所会员对上市证券进行场外交易能力的限制（场外交易规则）；

（5）对限价订单给予全国范围内的保护，以防止该订单在另一个市场被劣质执行（全国限价订单保护系统）；

（6）定义有资格在全国市场系统交易证券的规则。

这六个要素需要技术支持和获得立法上的主动权，或者两者兼而有之。例如，统一数据汇总系统、复合报价系统、市场连接系统和全国限价订单保护系统，都需要技术支持。取消场外交易规则和规定将证券纳入国家市场体系需要立法主动权。事实上，这两类变化都发生了。

2005年，各种相关规则被合并为全国市场系统规则（Reg NMS），包括订单保护规则（也称为"交易通过规则"），这为即时自动访问报价提供了市场间价格优先权（规则610）。订单保护规则一直备受争议，因为它要求在交易场所进行的交易必须以最低的价格进行，而不是在执行速度最快或最可靠的交易场所进行。

全国市场系统规则旨在通过鼓励市场竞争，确保投资者获得订单的最佳价格执行，其由

[⊖] N. S. Posner, "Restructuring the Stock Markets: A Critical Look at the SEC's National Market System," *New York University Law Review* 56, no. 883 (1981): 916.

以下四种不同的规则组成：

（1）"订单保护规则"要求交易中心制定和执行书面政策，防止以低于自动交易中心显示的受保护报价的价格进行交易；

（2）"准入规则"要求公平、无歧视地获取报价，对准入费进行限制，以协调不同交易中心之间的报价，要求每个全国性证券交易所和协会通过和执行规则，并要求每个全国性证券交易所和协会通过和执行禁止其成员显示锁定或交叉自动报价的规则；

（3）"低于一分钱的规则"禁止市场参与者接受排名或显示价格上涨幅度小于一美分的订单、报价或意向，每股价格低于1.00美元的订单除外；

（4）"市场数据规则"更新了合并、分发和显示市场信息的要求。

总体而言，美国证券交易委员会面临的普遍问题是如何设计全国市场系统，是应将其构造为现有交换大厅的电子连接，还是应设计成不依赖于任何现有交易所的电子交易系统。在尝试了几个试点项目之后，美国证券交易委员会为上市股票制定了一套方式。

正如本章前面所解释的，虽然市场自1978年以来已演变为电子交易平台，但市场分化仍在继续。

22.6.2 市场监管

这一部分描述了涉及三种活动的监管：市场波动、卖空和内幕交易。在描述了投资者使用的各种交易方式之后，下一章将提供更多关于市场监管的内容。

1. 市场波动规则

市场波动规则包括交易限额规则和熔断机制。

交易限额规则中的交易限额是指市场价格指数水平在一定时间内不会因为机构强制终止交易而下降，至少不会低于规定价格（限价）。例如，假设一个市场指数⊖的交易价格为11 000点，而它的价格限制为低于该值500点，那么在10 500点以下就不可能发生交易。暂停交易的目的是"给市场一个喘息的机会"，至少可以让情绪平静下来。两种不同类型的价格限制是熔断机制和跌停板。

熔断机制是在市场严重下跌期间暂时停止交易。建立熔断机制的关键是协调和不频繁。由于股票市场、股指期货市场和股指期权市场之间的相互关系，跨市场的协调非常重要。我们将在第35章讨论这种关系。1929年"黑色星期一"之后，政府和交易所赞助的几项研究都强调了暂停交易的罕见性。这些研究指出，除极端波动外，过于频繁的停止交易会妨碍价格发现，也会影响投资者实施有效的投资组合策略。

为了应对重大的市场波动，股票市场采用了两种熔断机制，即全市场熔断和个股熔断。涉及整个市场的熔断机制规则将根据市场波动的程度实施，交易可能会暂时停止，或者在市场剧烈波动的情况下，市场可能会在交易日正常结束前收盘。标准普尔500指数是用来衡量市场波动性以决定是否暂停交易的股市指标。三个熔断阈值分别为7%（1级）、13%（2级）和20%（3级），触发点是根据标准普尔500指数前一天收盘价计算得出的水平。这三个阈值的含义是：如果在下午3:25之前出现1级或2级市场下跌，整个市场将暂停交易活动15分钟；如果触发发生在下午3:25或之后，则不需要在整个市场范围内停止交易。在交易日内的任何时间出现市场下跌触发3级熔断的极端情况时，在交易日的剩余时间内，需要在整个市场范围内暂停交易。

⊖ 在第23章讨论股票市场指数。

美国证券交易委员会制定单只股票熔断规则，以应对许多个股价格的极端波动，而这些波动又不足以引发整个市场熔断的情况。在 2012 年 5 月，美国证券交易委员会用所谓的"涨跌停板"规则取代了个股熔断规则。以前的个股熔断规则是在交易发生后触发的，有时可能是由错误的交易触发的。涨跌停板规则是防止个股的交易在规定的价格区间之外进行。价格区间是建立在股票平均价格之上和平均价格之下的百分比水平，其中平均价格是在前 5 分钟的交易期间内计算的。在价格区间外交易的股票价格如果未能在 15 秒内回到该价格区间，将导致 5 分钟的停牌。

2. 卖空规则

在第 18 章中，我们描述了卖空证券的机制。卖空证券是指出售不属于投资者的证券。卖空证券的投资者预期证券价格会下跌，这样投资者就可以在未来某个日期以低于该证券出售时的价格购买该证券。卖空行为只有在投资者意图操纵市场的情况下才是非法的，这种操纵行为的一个例子是，投资者进行一系列交易，意图压低一种证券的价格，从而诱使他人购买或出售该证券。

美国证券交易委员会在处理卖空交易时采用的两条规则是替代上涨规则和适用于裸卖空的规则。目前对股票的卖空价格测试的限制（通常被称为**替代上涨规则**⊖），限制卖空行为进一步压低单个交易日跌幅超过 10% 的股票价格，其中跌幅根据前一个交易日的收盘价计算。如果与这种卖空相关的熔断机制被触发，只有当证券价格超过当前最佳出价时，才允许被卖空。

卖空机制虽然需要借入卖空的证券来弥补卖空，但也存在未发生借入或未及时安排借入以结算卖空证券的问题，该问题被称为**裸卖空**。这可能导致卖空者无法交付卖空的证券，而未能在规定的结算日交割，会导致"卖空失败"。裸卖空并不违反美国证券交易委员会的规定。事实上，卖空的做法可能还会增强市场的流动性。例如，一个做市商准备全天连续卖出一种证券，并提供相应的流动性，而做市商没有库存证券，并且市场上没有证券卖家，那么做市商实际上是在追求裸卖空。做市商的目标是在快速变动的市场中为证券建立市场，因此他们可能没有时间通过某种借贷或购买证券安排偿付出售的证券。美国证券交易委员会采取了一些规则来处理与交易失败相关的问题。

3. 内幕交易规则

内幕人士利用重大的非公开信息进行股票交易，这种行为削弱了投资者对股市公平性和完整性的信心。美国证券交易委员会将非法内幕交易活动描述为"拥有相关证券的重大非公开信息，违反信托义务或其他信心关系"⊜的证券交易。但这不是一个法律定义，因为涉及内幕交易的法律是在司法意见上建立的。也就是说，虽然国会赋予美国证券交易委员会保护投资者和维护市场完整性的责任和执法权力（包括刑事和民事），但是根据《联邦证券法》的反欺诈条款 [主要是《证券交易法》第 10（b）节的简要介绍]，内幕交易的构成实际是在具体案例的基础上发展起来的。

内幕人士和非法内幕交易的例子包括公司管理人员、董事和员工，他们在获得重要的、机密的公司发展信息后交易公司股票。内幕交易违规行为也适用于其他从可能接触过从获得重

⊖ 这条规则之所以被称为替代上涨规则，是因为它替代了《证券交易法》中的卖空规则。替代上涨规则于 2010 年 2 月生效。

⊜ See the website http://www.sec.gov/answers/insider.htm.

大非公开信息的人处收到信息的其他人，包括公司高管、董事和员工的家庭成员、朋友和业务伙伴，他们在收到信息后进行证券交易。⊖

并非所有内幕交易都是非法的，也就是说，公司内部人士可以合法地买卖其公司的股票，前提是交易活动不是基于重大非公开的信息。因此，当对在股票发生重大变动之前买卖股票的公司内部人士提起任何法律诉讼时，美国证券交易委员会必须证明交易活动是基于内幕信息进行的。公司内部人士买卖自己公司的股票，必须在事件发生后的特定时间内向美国证券交易委员会报告。

涉及内幕交易的条款在《证券交易法》第10（b）节进行了规定，该法规定以下个人做法是非法的：

违反美国证券交易委员会规定的规则和条例，使用或采用任何操纵性或欺骗性的手段或装置购买或出售在国家证券交易所注册的任何证券或任何未登记的证券。

美国证券交易委员会采用了10b-5规则来实施《证券交易法》第10（b）节的内容。这条规则定义了在什么情况下，该交易是基于重要的非公开信息进行的。证券交易委员会10b-5规则由两条规则组成：10b-5-1和10b-5-2。前者适用于以重大非公开信息为基础进行交易的人，前提是此人在交易时知道其所掌握的信息实际上是重大的非公开信息，定义了内部人可以进行内幕交易的条件。例如，如果内幕信息不是决定交易的因素，则允许内幕交易。举例而言，制定投资计划的高管可以在指定时间间隔自动购买公司股票。

规则10b-5的第二部分，即规则10b-5-2，适用于非商业关系（如家庭成员和朋友）在交易时使用重要的非公开信息。该规则规定了这种非商业关系产生美国证券交易委员会所称的"信任或信心义务"的情况，即如果一个人使用这种关系，违反重大非公开信息披露，则被视为非法。⊖

22.7 其他类型的普通股交易

在这一部分，我们主要描述其他可供投资者使用的普通股交易工具和证券类型。

22.7.1 离岸交易

证券经纪公司可在海外交易所（如百慕大证券交易所）或通过海外交易平台（如证券经纪公司的伦敦办事处）进行场外交易。一般来说，此类交易必须在下一个交易日向美国市场（通常是第三市场）报告。

22.7.2 证券第144A条规则

美国证券交易委员会于1990年4月通过了第144A条规则，旨在为合格机构投资者在二级市场上进行不可撤销的未注册证券交易提供一个"避风港"，使其不受《证券法》登记要求的影响。合格机构投资者是指对发行人的证券投资至少1亿美元的机构，第144A条规则允许非注册证券的发行，并由合格机构投资者购买。

美国存托凭证（ADR）是美国银行在美国发行的记名可转让凭证，证明特定数量的外国股

⊖ 其他被视为内幕人士的非公司相关人员包括证券公司和政府实体的雇员，作为职责的一部分，他们需要接收重大非公开的信息。

⊖ 这一规则基于美国证券交易委员会在第10（b）节所述的内幕交易挪用理论。美国证券交易委员会应用这一理论说明当披露方或交易方对发行方没有义务，但"挪用"了信息，违反了对信息来源的保密义务的情况。

票已存入银行（或其他金融机构）的海外分支机构，该分支机构在原籍国担任托管人。

美国存托凭证为那些想投资于外国公司股票的投资者提供了一个购买、持有和出售这些外国证券权益，而不必实际占有这些证券的机会，同时也可以方便地获得股息和行使投票权。美国存托凭证的持有人可随时要求认购标的股票。美国存托凭证使持有未获准进入美国证券交易所的外国公司得以进入美国公共资本市场。通常，只有在公认的外国证券交易所交易的股票才有美国存托凭证。

当一家公司的股票在国外市场交易时，不管它们是否在国外市场发行，它们通常以**全球存托凭证（GDR）**的形式存在。全球存托凭证由银行发行，作为银行以信托形式持有的外国公司标的股票所有权的凭证。每一个全球存托凭证可以代表一个公司一股或多股普通股的所有权。全球存托凭证结构对公司的优势在于，公司不必遵守股票交易所在国的所有监管发行要求。全球存托凭证通常由发行公司赞助，但也存在其他情形。也就是说，发行公司与银行合作，通过全球存托凭证出售在外国发行的公司普通股。

美国版的全球存托凭证即上面刚刚讨论过的美国存托凭证，一家公司的全球存托凭证和美国存托凭证的组合被简单地称为"存托凭证"，美国存托凭证结构的初步成功引起了全球存托凭证的兴起。美国存托凭证以美元计价，并以美元支付股息，但这些支付的基础是基础股票的当地货币。因此，标的公司当地货币与美元之间的汇率变化将影响美国存托凭证的美元价格和股息。

美国存托凭证可以由以下任一方法产生。一家或数家银行或经纪公司可以将某一外国公司的大量股份集合起来，在没有外国公司参与的情况下发行美国存托凭证，在这一情况下形成的美国存托凭证被称为**无保荐存托凭证**。纽约银行是美国存托凭证的主要存管银行。但外国公司寻求在美国进行股票交易时，大多数还是通过**有保荐存托凭证**，在这种情况下，只有一家存托银行发行美国存托凭证，发行公司向美国存托凭证的持有人提供英文版的定期财务报告。

从结构上讲，美国存托凭证不是公司的直接持股，而是持有标的证券的金融机构创造的衍生品。美国存托凭证的持有人通常没有投票权或优先购买权，然而，是否将美国存托凭证的持有人与直接股东进行区别对待由公司自行决定，而这种区别有时可能不适用⊖。

美国存托凭证既可以在交易所交易，也可以在场外交易市场交易。无保荐存托凭证通常在场外交易市场交易。因为可以不断创建美国存托凭证以满足投资者的需求，因此它们提供的交易流动性与它们所代表的国内市场证券相同。

投资者购买国际公司的美国存托凭证而不是直接持有国际股票有如下几个优势：第一，投资者可以在美国时间按照美国的交易惯例在美国市场上（在交易所或场外交易市场）交易股票；第二，投资者以美元而不是外币支付和收取款项，虽然投资者可能会面临外汇风险；第三，美国投资者可以使用美国托管人，而不是全球托管人，这样更简单还能够节省成本，而且在某些情况下，还可以避免一些针对特定国家的税收。

22.7.3 欧洲股票

公司可以在本国以外的市场发行股票，从而为设其他国家的子公司降低融资成本。事实上，新的股票可以在不止一个国家同时发行。**欧洲股票**一词适用于国际财团在多个国家同时发行的股票。

⊖ Craig Karmin, "ADR Holders Find They Have Unequal Rights," *Wall Street Journal*, March 1, 2001, C1, C15.

美国公司除了在美国参与股票发行，还将一部分保留在欧洲市场发行，这部分在欧洲市场新发行的股票被称为**欧洲股票份额**。同样，欧洲公司也提供美国股票份额。欧洲股票市场的创新不仅是新的股票或结构的问题，这项创新更意味着一个可以同时向不同国家的不同市场出售和分配股票的高效的国际体系。

关键知识点

- 股权代表公司的所有权权益，当收益以股息形式分配时，股票持有人有权获得公司的收益。
- 股票的两种类型是普通股和优先股，后者是一种高级公司证券，因为它在清算中对资产的债权优先于普通股，并且在普通股持有人收到股息之前收到固定股息。
- 股票市场在过去的40多年中发生了巨大变化，这是因为：①股票市场由传统的小型个人投资者向大型机构投资者转变而更加制度化；②很大程度上是由于计算机技术的进步而产生的创新；③政府对市场的监管发生了变化。
- 市场由小型个人投资者主导转向机构投资者主导，其重要的后果包括需要重新设计股票交易系统，以适应机构投资者所需的交易类型。
- 为确保投资者免受公司在发行股票时或经纪人和交易商在执行投资者交易订单时可能会采取的欺诈做法，股票市场受到高度监管。
- 监管由证券交易委员会（联邦监管机构）、金融业监管局（一个自律组织）和州监管机构执行。
- 证券交易委员会负责：①解释和执行《联邦证券法》；②颁布新规则和修改现有规则；③监督和检测证券市场的主要参与者；④监督证券、会计和审计领域的私营自律组织；⑤与其他联邦实体、州监管机构以及外国当局协调美国证券监管。
- 金融业监管局是经美国国会授权的独立非营利自律组织。
- 金融业监管局的双重目标是保护投资者和培养市场诚信。
- 金融业监管局制定并执行监管证券公司活动的规则，审查证券公司是否遵守这些规则，并提高市场透明度。
- 州证券法侧重于证券发行和定期披露，而不是市场监管。
- 美国的股票交易通常在全国性证券交易所或替代交易系统进行。
- 不同类型的交易场所可根据其在交易所的上市情况进行分类：在交易所交易的股票（上市股票）和场外交易股票（非上市股票）。
- 交易场所提供的信息对市场透明度非常重要。
- 由交易所披露的股票供求关系被称为交易前透明度，以股票的买入/卖出价格衡量。
- 订单簿显示股票的交易前透明度信息，显示该股票的流动性和市场深度。
- 通过在合并报价系统上显示股票的全国最佳出价和进价，可以提供交易前透明度。统一数据汇总系统通过提供交易后数据（包括交易价格和交易数量）提供交易后透明度。
- 区域证券交易所与主要的全国性证券交易所在小型交易的执行上竞争。主要的国内经纪公司将此类订单交给区域证券交易所，因为区域证券交易所执行订单的成本较低，或价格较高。
- 纽约证券交易所是上市股票交易的主要交易所。
- 在纽约证券交易所，交易由一名专家在指定地点的集中连续拍卖市场进行，该专家是每只股票的做市商。
- 尽管纽约证券交易所曾经是一个纯连续订单市场，但今天它既使用交易日的连续叫

- 价市场，也使用拍卖叫价来开盘和收盘。
- 为了维持一个或多个指定股票的有序市场，专家需要参与拍卖过程。
- 专家可以兼任经纪人（代理人）和交易商（委托人）。
- 专家需要开展活动以维护公平有序的市场，即一个以价格连续性和合理深度为特征的市场。
- 场外交易市场有两个组成部分：①纳斯达克证券交易所，这是一个在美国证券交易委员会注册并交易未上市股票的全国性证券交易所；②第三市场。
- 纳斯达克证券交易所是在美国证券交易委员会注册的全国性证券交易所，在纳斯达克证券交易所上市的公司必须遵守上市要求。
- 纳斯达克股票市场由三个市场层次组成：①纳斯达克全球精选市场；②纳斯达克全球市场；③纳斯达克资本市场。
- 纳斯达克证券交易所本质上是一个通信网络，连接着数千个地理位置分散的做市参与者。
- 纳斯达克证券交易所的做市商必须持续发布对大多数股票有利的双边报价。
- 许多纳斯达克证券交易所的交易都是"内部化"的，这意味着在客户委托的基础上，经纪-交易商公司作为做市商执行其客户的交易。
- 替代交易系统是场外交易场所，可作为交易所交易和盘后交易的替代品。
- 替代交易系统有两种类型——电子通信网络和交叉网络。
- 电子通信网络显示实际订单的报价，并为用户（包括机构投资者和散户投资者、做市商和交易商）提供匿名输入订单的方式。
- 电子通信网络提供交易前订单的透明度和交易后执行交易的透明度，被称为明池市场。
- 电子通信网络收取的费用结构取决于订单是否增加了电子通信网络订单的流动性或从电子通信网络的订单簿中移除了流动性。
- 交叉网络是一种自动测试系统，在该系统中，订单在指定时间汇总执行，交易前透明度因交叉网络的类型而异。
- 不提供交易前透明度的交叉网络被称为"暗池"。交易后透明度是必需的，但由于已执行的交易被视为场外交易，因此需要的信息比在纽约证券交易所进行的交易要少。
- 当交叉网络中没有公开显示订单（没有交易前透明度）时，暗池为机构投资者提供了几个好处，包括减少了订单中包含的信息泄露，避免了大额订单的提前交易，以及降低了市场对成本的影响。
- 暗池分为五大类：公共交叉网络、内部化池、Ping目标、基于交易所的暗池和基于联盟的暗池。
- 当决定在何处执行客户订单时，经纪人有义务找到客户订单合理可用的"最佳执行"。
- 在评估备选交易场所以实现客户订单的最佳执行时，经纪人需要考虑以下几点：①在下单时，选择一个比市场报价更好的价格；②执行订单的可能性；③执行速度。
- 经纪人可将订单发送至其公司可以执行该订单的部门执行，这被称为订单的"内部化"。
- 联邦证券市场的监管有三个主要目标：①保护投资者；②确保市场平稳运行；③降低系统性风险。
- 美国股票市场被称为"分散的市场"，因为特定股票的订单处理方式与其他订单不同。
- 交易或价格限制规定了一个最低价格，市场价格指数水平在一定时间内不会因为机构强制终止交易而下降，至少不会低于规定价格（限价）。
- 熔断机制是在市场严重下跌期间暂时停止交易，包括全市场熔断和个股熔断。
- 美国证券交易委员会在处理卖空交易时采用的两条规则是替代上涨规则和适用于裸卖空的规则。
- 替代上涨规则的目的是限制卖空进一步压低股票价格（该股票在单个交易日内比前一个交易日的收盘价下跌了10%以上）。
- 裸卖空是指没有借入股票或没有及时安排借入以结算卖空证券的卖空行为。
- 裸卖空的风险是卖空者无法交付卖空的证券。
- 尽管没有内幕交易的法律定义，但美国证券交易委员会将非法内幕交易活动描述为："拥有相关证券的重大非公开信息，违反信托义务或其他信心关系。"
- 根据《联邦证券法》的反欺诈条款，内幕交易的构成是在具体案例的基础上发展起来的。
- 并非所有公司内部人士的交易都是非法的，只要交易活动不是基于重大非公开的信息，他们就可以合法地买卖其公司的股票。
- 证券交易委员会采用规则 10b-5-1 和规则 10b-5-2 执行《联邦证券法》来处理内幕交易。
- 投资者可使用的其他类型的普通股交易工具和证券类型有离岸交易、第 144A 条规则证券和美国存托凭证。
- 一家公司可能希望在其他国家的交易所上市，以使其资本来源多样化，并利用各种全球可用的资金投资于新发行的股票。管理层可能认为，国际上不同的所有权减少了其他国内企业收购的可能性，或者可能期望在国外上市能够提高公司的知名度，从而提高公司产品的销量。
- 当一家公司的股票在国外市场交易时，不管它们是否在国外市场发行，它们通常以全球存托凭证的形式存在。全球存托凭证由银行发行，作为银行以信托形式持有的外国公司标的股票所有权的凭证。
- 全球存托凭证结构对公司的优势在于，公司不必遵守股票交易所在国的所有监管发行要求。
- 公司可以在本国以外的多个国家同时发行新股，"欧洲股票"一词用来描述一个国际财团在多个国家同时发行的新股。

练习题

1. "在纳斯达克交易的股票是非上市股票。"解释你为什么同意或不同意这一说法？
2. 解释为什么纽约证券交易所被称为"混合市场"？
3. 在替代交易系统中，为什么只有一个交易方需要支付交易费？
4. "与全国性证券交易所不同，替代交易系统的危险在于它们不受监管。"解释你同意或不同意这一说法的原因。
5. 机构投资者使用交叉网络的动机是什么？
6. 电子通信网络与交叉网络有何不同？
7. 什么是明池市场和暗池市场？
8. 大额导向暗池和流动资金池有何区别？
9. 什么是交易的内部化？
10. a. 什么是订单流付款？
    b. 经纪人收到订单流付款的要求是什么？
    c. 对于投资者来说，要求经纪人将订单定向到特定地点对投资者有什么不利之处？
11. a. 经纪人在进行交易时有什么选择？
    b. 经纪人决定如何交易时必须考虑哪些因素？
12. a. 熔断机制是什么意思？
    b. 采用熔断机制的动机是什么？
13. a. 替代上涨规则的目的是什么？
    b. 裸卖空有什么风险？
14. "《联邦证券法》定义了什么是非法内幕交易。"解释你是否同意这一说法。
15. 上市公司的管理人员和董事普遍使用 10b-5-1 规则，他们通常掌握重要的非公开信息，但他们希望在不掌握重大非公开信息的时候买卖公司股票。通常，10b-5-1 交易计划是公司内部人士和经纪人之间的合同。为什么这些计划会被公司内部人士，比如高管和董事使用？
16. 一些学术研究表明，10b-5-1 规则产生了高于市场的收益。这些发现引起了联邦检察官和美国证券交易委员会执法人员的兴趣，解释其中的原因。
17. 什么是第 144A 条规则？
18. a. 什么是欧洲股票和欧洲股票份额？
    b. 欧洲股票取得的最重要的创新是什么？
19. 一些股票在全球多家交易所上市，给出公司希望其股票在本国交易所和其他国家同时上市的三个原因。
20. 有保荐存托凭证和无保荐存托凭证之间有什么区别？

第 23 章

美国普通股市场：定价效率、交易与投资策略

学习目标

学习本章后，你会理解：
- 基于市值和风格的股票类别；
- 股票市场指数所起的作用及其构成方式；
- 各类股票市场指数；
- 市值、大盘股、中盘股和小盘股的含义；
- 成长型股票和价值型股票的含义及定义；
- 什么是股票市场的定价效率和不同形式的定价效率；
- 定价效率的技术分析和图表形式；
- 有效市场假说和随机游走假说之间的区别；
- 什么是宏观和微观市场效率；
- 关于股票市场定价效率的证据以及对普通股策略选择的影响（弱形式、半强形式和强形式）；
- 长期策略、长期／短期策略和短期策略之间的差异；
- 主动和被动普通股投资策略的区别；
- 什么是指数策略和智能贝塔策略；
- 市值加权的优势；
- 基本面指数的含义以及基本加权指数的定义和优点；
- 芝加哥期权交易所波动性指数；
- 不同类型的订单，如市价订单、限价订单、止损订单、止损限价订单、触价委托订单、开盘、收盘、成交或取消订单，以及闪电订单；
- 如何计算多头和卖空交易的利润；
- 不同类型的交易成本，如显性交易成本和隐性交易成本（影响成本、时间成本和机会成本）；
- 交易机制，如订单类型、保证金交易；
- 经纪佣金以外的不同类型的交易成本；
- 适应机构交易员的交易方式，如大宗交易和程序交易；
- 什么是高频交易，高频交易的不同形式，以及高频交易对股市影响的争论。

在第 22 章中，我们研究了美国股票市场的结构，包括交易场所和市场监管。在本章中，

我们将研究美国股票市场指数，股票市场的定价效率及其对普通股投资策略的影响，以及股票的交易机制、交易成本和交易策略。

23.1 股票资产类别

如第 1 章所述，市场参与者谈论资产类别，而普通股或股票是主要的资产类别之一。基于对不同类别普通股表现的研究，市场实践是根据市值和风格来划分股票类别的。我们将在下面讨论每个类别。

23.1.1 基于市值的资产类别

20 世纪 70 年代后期，许多学术研究表明，简单的股票分类应该以市值的规模为基础，因为这些规模类别产生了不同的业绩模式。公司的市值等于其普通股的总市值，即市值 = 每股价格 × 股数。这个计算似乎很简单，只是必须定义"股数"。

计算公司市值的方法有两种：全市值法和自由流通市值法。在全市值法中，用于计算公司市值的股份数是所有流通股的数量。在自由流通市值法中，所使用的股份数是市场上可流通的股份数。市场上的股票数量不同于自由流通股的原因是，有些股票给了高层管理人员、董事会成员和关键员工。因此，基于自由流通市值法计算的市值将比采用全市值法计算的市值低。

许多为构建股票市场指数而计算市值的服务使用了自由流通市值法。使用这种方法构建股票市场指数是因为只考虑可供交易的股票能够更好地反映股票市场的趋势。

以下是按市值分类的股票资产类别：
- 巨额资本股票（超过 2 000 亿美元）；
- 大型资本股票（100 亿～2 000 亿美元）；
- 中型资本股票（10 亿～100 亿美元）；
- 小型资本股票（3 亿～10 亿美元）；
- 微型资本股票（5 000 万～3 亿美元）；
- 纳米资本股票（少于 5 000 万美元）。

23.1.2 基于风格的资产类别

20 世纪 70 年代初，学术研究发现，有几类股票具有相似的特征和表现模式。此外，不同类别的股票，其收益表现也不相同。同一类别股票的收益率是高度相关的，而不同类别股票之间的收益率是相对不相关的。从业者开始将这类表现类似的股票视为同一种投资风格。如今，股票投资风格的概念在投资界被广泛接受。股票投资风格的接受程度可以从几家供应商发布的风格指数的激增，以及基于这些风格指数推出的期货和期权合约中看出。

根据风格对股票进行分类有很多种方法，最常见的是衡量"成长型"和"价值型"的一个或多个指标。价值型和成长型的分类已经获得了充分的经验支持。最常用的衡量成长型或价值型的指标是每股市盈率，使用这一指标的理由是，公司的盈利增长会增加每股的账面价值。假设公司市盈率没有变化，如果盈利增长，其股价将上涨。因此，市盈率越低，股票越偏价值型；市盈率越高，股票越偏成长型。

当把股票划分为价值型和成长型时，"低市盈率"和"高市盈率"的概念是相对的。区分一组股票（例如，标准普尔 500 指数）的步骤为：①计算体系中所有股票的总市值；②计算体系中每只股票的市盈率；③将股票从最低市盈率到最高市盈率进行排序；④计算从最低市盈率股票到最高市盈率股票的累计市值；⑤选择最低市盈率股票，直到找到在①时计算的总市值的一半为止；⑥将在⑤中找到的股票归类为价值型股票；⑦将体系中剩余的股票归类为成长型股票。

如上所述，任何给定的增长和价值风格都有一个基于某种规模衡量（市值）的子风格。风格和市值的组合如表 23-1 所示。

表 23-1

高价值	高成长性
低价值	低成长性

表 23-1 中显示的四个单元格具有不同的风险/收益组合。除了账面价值（P），风格通常被计算为收益的比率（E），也就是说，风格比率就是市盈率（P/E）。

23.2　股票市场指数

股票市场指数具有多种功能，既能够作为专业理财经理业绩的评估基准，也能够回答"今天市场表现如何"的问题，因此，股票市场指数（或平均值）是人们日常生活的一部分。通常来说，股票市场指数的涨跌模式很相似。但是，不同的指数并不总是以完全相同的方式变动，变动的差异反映了指数构建方法的不同。媒体普遍引用的几个普通股指数有，道琼斯工业平均指数、标准普尔 500 指数和纳斯达克综合指数。

现在让我们看一下如何创建股票指数。首先，每个股票指数都需要一个保荐人，其工作是定义指数中的股票，每天收集这些股票的价格，根据这些价格计算指数，然后将指数分发给用户。

有两种不同类型的保荐人。第一类保荐人是指数股票交易的交易所，纽约证券交易所综合指数和纳斯达克综合指数就是此类保荐人的例子。第二类是定义、计算和分配指数的独立财务组织，标准普尔 500 指数和道琼斯工业平均指数就是拥有此类保荐人的例子。

发起人根据单只股票价格开发指数时必须做出三个决定。第一个决定是如何定义要纳入指数股票的一般类别或范围。例如，标准普尔 500 指数旨在捕捉大盘股，罗素 2 000 指数旨在捕捉美国小盘股，摩根士丹利资本国际发达国家指数（MSCI 发达国家指数）旨在捕捉发达国家的非美国股票。此外，除了规模（大盘股和小盘股）以外，指数中还包括风格（成长型和价值型）和行业（金融、工业）。

给定股票类别为普通股，第二个必须做出的决定是选择要纳入指数的特定股票。一些指数的保荐人以一种透明的、基于规则的方法来选择这个体系中的个股。罗素指数和摩根士丹利资本国际发达国家指数都属于这种类型。例如，罗素 3 000 指数每年（6 月 30 日）由 3 000 只最大的股票（按市值计算）组成。其他指标由发起该指数的组织根据主观决定进行选择。标准普尔 500 指数和道琼斯工业平均指数就是在这样一个临时性基础上制定的。

必须做出的第三个决定是在整体指数中对个股进行加权的方法，我们接下来将讨论这个方法。

23.2.1　股票加权方法

一般有三种股票加权方法。第一种方法是价格加权法，即指数中的每只股票拥有相同的数量。第二种方法是等权重法，即在指数中的每只股票买入的金额相同（如 100 美元）。

第三种方法是市值加权法（价格乘以流通股数量），即指数中每只股票的"上限加权"值相等。

例如，在一个指数中选择两个股票，并使用上述三种加权方法分别来构造这两种股票价格的加权平均数，只有权重不同。在这个例子中，我们将使用两个假设的股票 A 和 B，其价格分别为 5 美元和 25 美元，市值分别为 200 亿美元和 500 亿美元，如表 23-2 所示。根据每种方法计算的权重见表格内的括号内容。表 23-2 还显示了三种加权方法中 A 和 B 的资产配置（指数中每只股票的百分比），这些数字代表了 A 和 B 的比例（每只股票的权重）。根据所使用的加权方法，A 的权重变化范围相当大，从 16.7%（价格加权）到 50%（等权重）。

表 23-2　股票权重指数加权法假设数据

股票	价格加权	等权重	市值加权
A	16.7%（5/30）	50%	28.6%（20/70）
B	83.3%（25/30）	50%	71.4%（50/70）
合计	100%	100%	100%

表 23-3 提供了一个计算这些指数的实际数据的例子，假设这个股票市场只有两只股票：字母表（谷歌母公司）和福特汽车，这两只股票代表了整个股票市场，数据来自 2016 年 5 月 21 日。同样，这三个不同的指数可以从这两只股票的数据使用三种不同的加权方法计算出来。请注意，字母表的权重在三种加权方法中从 98.2% 到 89.0% 到 50% 不等。福特汽车的权重从 1.8% 到 50% 不等。这个例子显示，投资组合使用不同加权方法计算权重，将存在非常显著的差异。

表 23-3　股票指数加权方法实际数据

	价格加权	等权重	市值加权	收益（净收入）（十亿美元）	账面价值（十亿美元）
字母表	715.31（98.2%）	1.00（50%）	425.0（89.0%）	16.35（68.9%）	120.33（80.8%）
福特汽车	13.09（1.8%）	1.00（50%）	52.4（11.0%）	7.37（31.1%）	28.64（19.2%）
合计	728.40	2.00	477.40	23.72	148.97
比例（字母表/福特汽车）	54.6%	1.0%	8.09%	2.2%	4.21%

注：指标权重列在括号内。

在上文中使用了市值来度量股票的"大小"，虽然也考虑了其他衡量规模的标准，但市值（股票的流通股数量乘以每股价格）仍是最常用的衡量标准。

历史上，最早的加权方法是 1896 年 5 月 26 日首次发布的道琼斯工业平均指数（DJIA）采用的价格加权法，这种方法只需购买指数中每只股票的一股。要计算指数的价值，指数提供者只需将股票价格相加，然后除以指数中的股票数量。道琼斯工业平均指数现在仍然采用这种方法（包括了道琼斯公司选择的 30 只股票，尽管该指数的名称是道琼斯工业平均指数，但并非所有这些股票目前都是工业股）。因此，不管股票的市值如何，价格加权平均指数将向高价股倾斜。

等权重法是指投资者选择指数中每只股票的价值相同。对于标准普尔 500 指数等权重指数，500 只股票中每只股票价值 1 美元，即在 500 美元的总投资组合中，每只股票占总投资组合的 0.2%（1/500）。因此，标准普尔 500 指数中最大和最小（按市值计算）的股票在投资组合中的权重相同，这显然是从大型股向小型股"倾斜"。有多种标准普尔 500 指数共有基金和交易所交易基金（ETF）等权重基金。

价格加权指数和等权重指数都有很大的局限性。当道琼斯工业平均指数在19世纪90年代发展起来时，唯一现成的数据就是股票价格。价格加权指数因其简单性和历史性而广受欢迎。但股票价格与股票基本面之间的关系是虚假的。在这方面，考虑如表23-4所示的，2016年5月20日埃克森美孚和联邦快递的数据。

表 23-4

	股价 （单位：美元）	市值 （单位：十亿美元）
埃克森美孚	89.74	372.12
联邦快递	161.63	43.39

尽管埃克森美孚的市值是联邦快递的8倍多（372.12/43.39 ≈ 8.6），但仅仅因为联邦快递的价格比埃克森美孚高出80%，所以联邦快递的权重要比埃克森美孚高出80%（161.63/89.74 ≈ 1.80）。

等权重指数也有很强的小盘股偏好，这在大盘股反弹期间给投资者带来困惑。因此，目前大多数指数采用第三种方法（市值加权法）作为衡量规模的标准，也就是市值加权指数。

让我们回到表23-3，该表显示了2016年5月21日字母表和福特汽车的三种加权方法的指数权重。请注意，在价格加权、等权重和市值加权计算中，合成权重变化很大。市值加权指数似乎比等权重指数或价格加权指数更为合理。

也有理论上的论据支持市值加权。首先，市值加权投资组合是"宏观一致"的，这意味着如果所有投资者都投资于这样一个投资组合，那么整个投资组合中所有股票都将被持有，而且不会有剩余的股票，此时的价格将是稳定的均衡价格。但使用其他加权方法，从数学上讲，所有投资者都不可能以初始价格持有该指数组合中的股票。那么就有必要改变投资组合的持有量，而证券价格也会因其他加权方法而发生变化。假如投资者持有市值加权的投资组合，当某些市场价格发生变化时，则不需要使投资组合重新复制指数来平衡投资组合的权重，也就是说，该投资组合保持"指数化"。不需要重新平衡以维持指数权重，这是市值加权在实际操作中的主要优势，同时它还能帮助节省交易成本。因此，大多数股票投资组合系列主要采用市值加权就不足为奇了。这些组合包括标准普尔、罗素、摩根士丹利资本国际和晨星。

但市场对市值权重仍存在顾虑。如前所述，等权重有一个小市值偏差。有研究指出，市值权重具有较大的市值增长偏差，并可能由此产生一些投资劣势。

考虑到它的理论优势（宏观一致性）、操作优势（无须再平衡）以及证券在形成指数时应按规模加权的自然性，同时考虑到市值是衡量股票规模的常用指标，市值加权法成为主要的指数权重机制就显得不足为奇了。

然而，有研究又发现了市值加权法的一个局限性。假定一个在1995～2000年3月的科技泡沫期间，以标准普尔500指数为基准的投资组合。在此期间，由于科技板块的带动，大盘成长股实现大幅升值，而这以股票市场其他板块的损失为代价。随着对大盘成长型股票的持续投资，它们的价格也随之上涨，当它们成为标准普尔500指数的一个组成部分时，它们也随之被高估。这些投资的资金来源于大盘股和小盘股的清算。购买大盘成长股的原因要么是严格的指数化，要么是将指数化作为一个普遍的基准。

结果，这一过程导致大型成长股由于作为指数的一部分被买入而变得更贵（价格更高），大市值和小市值股票由于需求不足而变得更便宜（因为它们不是指数的一部分）。从本质上讲，投资者购买的是昂贵的大盘成长科技股，而卖出或不买入廉价的小盘股。也就是说，他们高买低卖，这不是一个理想的投资策略。当然，泡沫最终总会破裂，就像2000～2002年的这一次。如表23-5所示，从1998年科技泡沫的形成到2001年泡沫破裂，大盘股和小盘价值股的收益率急剧逆转。

在 1998 年（产生科技泡沫），大型成长股的表现明显优于小型价值股。在泡沫破裂的 2001 年，这一模式发生了逆转。

这些结果表明，市值加权指数加剧了超买和超卖，从而导致市场动荡。这一观点的支持者还提出了市值加权指数的替代方案，这些支持者一致认为，虽然规模是衡量指数中股票权重的一个正确指标，但是市值是衡量规模的错误标准。在市值衡量规模的过程中，其价格变量推动了随后的超买和超卖。这些支持者主张，所使用的规模衡量应该是公司财务报表（损益表和资产负债表）中的"基本"变量，而不是基于价格的衡量。正是规模衡量中的价格变量导致了极端的过度反应。这些替代变量包括净收入、股息、销售额、现金流、账面价值等。这些指数通过规模来衡量股票价格，但这种衡量方法不具有自我延续的特征，因为它不包括股价变量，这种方法被称为"基本面指数法"。许多基于基本面因素的共同基金和交易所交易基金已经出现，最常见的基本面因素是净收入和股息。然而，市值加权指数仍然主导着机构和个人市场。

表 23-5

	收益	
	大型成长股	小型价值股
1998 年	0.346 4	−0.086 3
2001 年	−0.155 9	0.402 4

尽管市值权重使指数具有较大的市值和增长偏差，但通过基本面因素（如净收入和股息）加权，指数会出现价值倾斜。

23.2.2　美国主要股市指数

如前所述，股票市场指数可分为两类：第一类是由在证券交易所产生并包括所有在交易所交易的股票编制而成的指数；第一类是由其他金融机构根据主观选择纳入指数的股票编制的指数。

第一类包括纽约证券交易所综合指数，该指数反映了在该交易所交易的所有股票的市值。纳斯达克证券交易所综合指数也属于这一类，该指数代表纳斯达克系统追踪的所有股票的市值。第二类包括道琼斯工业平均指数和标准普尔 500 指数，它们是由其他金融机构编制的。

一些指数代表了整个股市的大部分，而另一些指数则代表某个特定的行业，如科技、能源或金融。此外，由于股票投资风格的概念在投资界被广泛接受，因此一些指数代表两种股权风格中的一种，即成长型或价值型。成长型是一个名称，适用于高收益增长预期公司的股票。也就是说，随着公司未来现金流的不断增加，该股票有望升值。相比之下，价值型是指投资于预期收益增长率较低且市场价值被低估的股票。此外，还有根据规模大小进行分类的指数（中小市值股票或大市值股票）。

1. 纽约证券交易所综合指数

纽约证券交易所综合指数属于第一类股市指数，该指数包括 2 000 多只股票，其中约 1 600 只来自美国，约 360 只来自其他国家，该指数包括美国存托凭证、房地产投资信托基金（REITs）和外国上市公司。纽约证券交易所还提供科技/媒体/电信、能源、金融和医疗保健等分项指数。纽约证券交易所采用的是流通股市值加权法。但是这些指数在实践中并没有得到广泛应用。

2. 纳斯达克证券交易所综合指数

纳斯达克综合指数也属于第一类股市指数，该指数囊括了在纳斯达克证券交易所交易的所有股票，包括美国存托凭证、追踪股票和有限合伙权益，但对信息技术股的权重较大。该指数使用的是市值加权法，也是美国最常遵循的指数之一。

纳斯达克证券交易所有纳斯达克100指数，该指数以纳斯达克100家最大的非金融公司为基础。1998年的科技泡沫以来，这个指数就被称为"技术指数"。纳斯达克证券交易所还有基于工业、银行、保险、其他金融、电信和计算机等不太常用的指数。纳斯达克100指数和其他子指数都是经过修改的市值加权指数（它们使用限制最大股票影响力的规则）。

3. 道琼斯工业平均指数

道琼斯工业平均指数属于第二类股市指数，该指数最初包括30只大型且被广泛持有的工业股，被纳入平均值的公司是《华尔街日报》出版商道琼斯公司选定的公司，该指数目前还包括科技、金融和其他行业股票。道琼斯公司现在还提供道琼斯运输平均指数（20只股票）和道琼斯公用事业平均指数（15只股票）。道琼斯工业平均指数最具争议的地方是，它采用了价格加权（它是唯一一个使用价格加权的重要指数），而这可能是由于它是在19世纪的早期发展起来的。虽然该指数使用价格加权，但价格是根据股票分割和其他变化进行调整的。

4. 标准普尔500指数

标准普尔500指数也属于第二类股市指数，标准普尔500指数代表500只大型股，但不一定是最大的500只股票，股票从两大全国性证券交易所（纽交所和纳斯达克）和场外交易市场上市的股票中选取。指数中的股票全部由标准普尔公司的一个委员会来决定，这个委员会偶尔会增加或删除（没有预先规定的时间表）个股或整个行业集团的股票，该委员会在选择上有相当大的自由裁量权。标准普尔500指数采用自由流通市值加权法确定（流通股是可供公开交易的股票数量，而不是已发行的股票总数）。

标准普尔500指数是最受关注的美国股指之一，常被用作股市指标。标准普尔还提供了基于规模和风格的指数。它们的规模指数是中型股400和小盘股600，与大盘股的标准普尔500指数一起，提供了代表整个股市的标准普尔1 500综合指数。标准普尔还为每个规模类别提供了风格指数（成长型和价值型），这些子指数经常被专业投资人士使用。

道琼斯工业平均指数和标准普尔500指数没有限制哪些股票必须纳入其指数或时间变动的具体规则，也就是说，这两个指数的构成并非基于规则。因此，指标的构成由发起人自行决定。

5. 摩根士丹利资本国际指数

由摩根士丹利资本国际公司（MSCI）提供的一系列美国和全球股票指数（以及固定收益指数和对冲基金指数）。美国股票指数分为以下几类：可投资市场指数（2 500只股票）、主要市场指数（750只股票）、大盘股指数（300只股票）、中型股450指数（450只股票）、小盘股1 750指数（1 750只股票）和微型股指数。

6. 罗素指数

另一个非交易所美国股票指数的发起人是罗素家族（罗素公司）。在这个家族股票指数中，广义指数是罗素3 000指数，它以美国最大的3 000只股票为基础。罗素3 000指数分为大盘股的罗素1 000指数和其余小盘股的罗素2 000指数。这些指数每年都会重新确认（通常基于6月最后一个星期五的收盘价）。这些市值决定了最大的3 000只股票，以及1 000只大盘股和2 000只小盘股股票的拆分，这一过程被称为"重构"。相比标准普尔500指数和道琼斯工业平均指数的自由裁量程序，这一选股过程完全是基于规则的。罗素指数也有成长型和价值型的版本，这些指数在实践中得到了广泛应用。

7. 威尔希尔指数

威尔希尔 5 000 总市场指数由威尔希尔公司（位于加利福尼亚州圣莫尼卡）发起，也是基于纽约证券交易所和纳斯达克证券交易所活跃交易的大多数普通股（包括房地产投资信托基金）构建的一个市值加权指数。截至 2016 年年底，该指数共有 3 618 只股票，这个指数有适度的用途。另一个威尔希尔指数——威尔希尔 4 500 完成指数，是使用威尔希尔 5 000 指数中包含的股票剔除标准普尔 500 指数包含的股票以后构建的。

其中，上市股票的数量从 1996 年的 7 322 只到 2016 年的 3 671 只，下降了约 50%。下降的主要原因是，合并、收购和私人股本活动导致的退市数量超过了首次公开募股。

8. 芝加哥期权交易所波动性指数

另一个在股票市场上非常流行的指数是芝加哥期权交易所波动性指数。波动性指数不是股票指数，但它是一个股票相关指数。波动性指数是衡量标准普尔 500 指数期权隐含波动性的指标，由芝加哥期权交易所计算，供股票交易员使用。波动性指数提供了一个衡量标准普尔 500 指数股票市场，在未来 30 天内波动的市场预期。波动性指数以百分比表示，这与波动性的计算一致。波动性指数高意味着预计股市将非常动荡，并被视为看跌信号。因此，波动性指数被视为一种"恐惧指数"。可从芝加哥期权交易所获得基于波动性指数的期货和期权合约。

23.3 股票市场的定价效率

如第 18 章所述，一个价格有效的市场是指证券价格在任何时候都能充分反映与其估值相关的所有可用信息的市场。当一个市场具有定价效率时，在调整了风险和交易成本后，追求跑赢基础广泛的股票市场指数的投资策略不会持续产生良好的收益。

许多研究已经检验了股票市场的定价效率。虽然本章并不打算对这些研究进行全面的回顾，但我们可以总结定价效率的基本形式及其对投资策略的影响。

23.3.1 定价效率的形式

定价效率的三种不同形式包括：①弱形式；②半强形式；③强形式。这些形式之间的区别在于，假定证券价格是否在任何时候都需要考虑相关信息。**弱形式**是指证券的价格反映了证券的过去价格和交易量。**半强形式**是指证券的价格充分反映所有公开信息，包括（但不限于）历史价格和交易模式。重要的是，这些信息包括公司向美国证券交易委员会提供的财务信息。**强形式**是指在一个证券价格中反映了市场中存在的所有信息，无论是公开的还是只有内部人员（如公司的经理或董事）才知道的信息。当然，使用内幕信息可能是非法的。

大量的经验证据显示普通股市场是弱形式。证据来自复杂的测试，这些测试探索历史价格变动是否可以用来预测未来价格，从而产生高于市场波动和证券风险等级预期的收益。该收益被称为**正异常收益**。这意味着，那些只根据价格模式或成交量来选择股票的投资者（通常被称为**技术分析师**或**图表分析师**），不应该期望自己的表现比市场的表现好。事实上，由于频繁买卖股票的交易成本较高，这一情况可能更糟。

股票市场是否在半强形式下具有定价效率，尚未达成统一意见。一些研究支持有效的命题，他们认为投资者在股票基本面分析（包括分析财务报表、管理质量和公司的经济环境）的基础上选择股票不会超过市场表现。这一结果无疑是合理的，因为许多分析师使用相同的方法，使用同样的公开数据，使得股票价格与决定价值的所有相关因素保持一致。相比之下，相当数量的其他研究也提供了证据，给出了长期以来股票市场定价效率低下的实例。经济学家和金融分析师经常将这些例子称为市场中低效定价**市场异象**，即无法轻易解释并持续存在的现象。因此，定价效率的半强形式仍然存在争议。

强形式下的定价效率实证检验分为两类：①职业基金经理的业绩研究；②内部人士（公司董事、主要高管或大股东）的活动研究。研究职业基金经理的业绩，以测试强形式下的定价效率基于这样一个信念，即职业基金经理能够比一般公众获得更充分的信息。这一点是否正确还没有定论，因为经验证据表明，职业基金经理的表现并不总是优于市场。相比之下，基于内部人士活动的证据通常显示，这一群体通常能获得更高的收益。当然，如果股票价格充分反映了公司价值的所有相关信息，内部人士就无法获得如此高的超额收益。因此，关于**内幕交易**的经验证据反驳了市场在强形式意义上是有效的这一观点。当然，这种行为是不合法的。

有效市场假说与随机游走假说

有效市场假说认为市场完全且迅速地吸收了新的信息。在一个有效的市场中，股票价格的行为就像是随机游走（有时被称为"醉酒的水手散步"）。根据随机游走假设，在任何时候，都无法确定下一个时期的价格是上涨还是下跌。

用数学方法表示，下一个时期的价格用 P_{t+1} 表示，用 P_t 表示当前时期的价格，用 e_{t+1} 表示随机误差项，则可得到公式：

$$P_{t+1} = P_t + e_{t+1}$$

序列相关系数是 P_{t+1} 与 P_t 之间的相关系数。从统计学上讲，序列相关系数（也称为"自相关系数"）是指一个时期的价格与下一个时期的价格之间的关联程度。

如果序列相关系数为零，则收益呈现随机游走关系。如果序列相关性为正相关或负相关，则收益表现为一种关系，且分别具有正动量或负动量。1926～2016 年，基于大盘股和小盘股的年收益率的序列相关系数均接近于零（分别为 0.02 和 0.06）[⊖]。

有效市场假说和随机游走假说是相关的，但并不完全相同。为了表现市场是有效的，随着价格向有效水平不断靠近，市场价格应当表现为随机游走。价格表现为随机游走时，市场却并不一定是有效的。另外，定价模型是决定市场效率的必要条件。因此，随机游走是市场有效的必要条件，但不是充分条件。计算序列中的随机性程度很简单，但是确定市场的有效性却很困难，这仍然是一个有争议的话题。

总体而言，如果一个市场的价格效率很高，个人就不可能一直跑赢市场，因此，被动策略是理想的。为了使积极的策略是合适的，市场价格必须存在可以利用的低效率。当然，这些积极的策略还需要覆盖交易成本才能成功。

23.3.2 微观与宏观股票市场效率

诺贝尔经济学奖获得者保罗·萨缪尔森教授就股票市场效率发表过如下评论：

"现代市场表现出相当大的微观效率（原因是，发现微观效率的异常少数人可以从这些事件中获利，而且在这样做的过程中，他们往往会消除任何持续的低效率现象）。在与前一句不

⊖ Ibbotson SBBI, *2017 Classic Yearbook* (Chicago: Morningstar, 2017).

矛盾的情况下，我假设了相当大的宏观无效性，即证券价格综合指数在时间序列的长期波动中低于和高于各种定义下的基本价值。"⊖

基本来说，萨缪尔森认为，有效市场假说对个股的作用可能比对整体股市更有效。按照萨缪尔森的说法，股票市场是"微观有效的"，但不一定是"宏观低效的"。这种观点被称为"萨缪尔森格言"，并且有相当多的实证支持。已有研究在总的股票市场和股票市场的各个组成部分（如行业）中确认市场有效性。⊖在这些研究中，定价方面的低效率是根据过度波动（例如，在有效市场中不应存在过度波动）来衡量的。研究发现，低效率存在于总体股票市场（从而为宏观低效率提供支持），但不存在于行业层面或个人股票层面（从而为微观效率提供支持）。

23.3.3 定价效率对普通股投资的影响

普通股投资策略可分为两大类：主动投资策略和被动策略。**主动投资策略**试图通过以下一种或多种方法来超越市场：选择交易时机（例如在技术分析时），使用股票基本面分析确定低估或高估的股票，根据市场异常情况选择股票。显然，采取主动投资策略的决定取决于这样一种信念，即使在覆盖成本后，这种策略也能获得某种形式的收益，但只有在定价效率低下的情况下，收益才有可能实现。具体策略的选择取决于投资者认为发生了什么样的定价效率低下。

相信市场正在有效定价股票的投资者应该接受这样一个暗示：除非运气好，否则，试图跑赢大盘的尝试不可能取得系统性的成功。这一暗示并不意味着投资者应该回避股市，而是建议他们应该采取一种**被动投资策略**，即不试图超越市场的策略。对于一个相信股票市场的定价效率并因此获得股票市场风险溢价的人来说，有没有一个最优的投资策略呢？答案是有，其理论基础是现代投资组合理论和资本市场理论。根据现代投资组合理论，在价格有效的市场中，市场投资组合提供了每单位风险的最高收益水平。与包含整个市场的投资组合（市场投资组合）具有相似特征的金融资产组合，将能够捕捉市场的定价效率。

但这样一个被动投资策略如何实施呢？更具体地说，什么是市场投资组合，以及该如何构建这个投资组合呢？理论上，**市场投资组合**包括所有金融资产，而不仅仅是普通股。原因是投资者在投资时会比较所有的投资机会，而不限于股票。因此，我们的投资原则必须以资本市场理论为基础，而不仅仅是股票市场理论。当这一理论应用于股票市场时，市场投资组合是由大量普通股组成的。但在构建市场投资组合时，每只普通股应购买多少呢？理论认为，所选择的投资组合应该是市场投资组合中的一个适当的部分，因此，市场投资组合中每一只股票的权重都应该基于其相对市值。如果市场投资组合中包含的所有股票的总市值为 T 美元，而其中一只股票的市值为 A 美元，则应在市场投资组合中持有的该股票的份额为 A/T。

刚刚描述的被动投资策略称为**指数化**。越来越多的证据表明，在扣除交易成本和费用后，

⊖ Cited in Robert J. Shiller, *Irrational Exuberance*, 2nd ed. (New York: Broadway Books, 2001), 243.

⊖ See, for example, Robert J. Shiller, "Do Stock Prices Move Too Much to Be Justified by Subsequent Changes in Dividends?" *American Economic Review* 71 (1981): 421–436; Stephen F. LeRoy and Richard D. Porter, "The Present Value Relation: Tests Based on Variance Bounds," *Econometrica* 49 (1981): 555–574; John Y. Campbell and Robert J. Shiller, "The Dividend-Price Ratio and Expectations of Future Dividends and Discount Factors," *Review of Financial Studies* 1 (1988): 195–228; John Y. Campbell and Robert J. Shiller, "Stock Prices, Earnings, and Expected Dividends," *Journal of Finance* 43 (1988): 661–676; John Y. Campbell, "A Variance Decomposition for Stock Returns," *Economic Journal* 101 (1991): 157–179; Tuomo Vuolteenaho, "What Drives Firm-Level Stock Returns?" *Journal of Finance* 57 (2002): 233–264; and Jeeman Jung and Robert J. Shiller, "Samuelson's Dictum and the Stock Market," *Economic Inquiry* 43 (April 2005): 221–228.

许多投资经理无法在风险调整的基础上跑赢股市,采用指数策略管理的基金数量大幅增长。指数基金在机构股票投资中占据了较大的比重,且仍在不断增长。

如本章前面所述,指数策略是以市值加权为基础,设计的市场指数之一。但是,人们越来越关注使用替代基准作为一种低成本策略来捕获股票市场的风险溢价,这种策略被称为**智能贝塔策略**。支持智能贝塔策略的人的基本假设是,与试图复制整体股市指数中的风险溢价的指数相比,智能贝塔策略寻求通过低成本的投资过程获取整个股市子集的风险溢价。为此,智能贝塔策略需要识别股票收益的系统风险驱动因素,以构建一个基准(称为"智能贝塔"),该基准可能提供比传统市值加权股票市场指数更好的收益-风险比率。

核心-卫星策略是纯被动和纯主动方法的混合,其中整体投资组合的核心是大量持有被动、低成本的有效资产类别,围绕核心的卫星则意味着少量持有昂贵、主动的非核心资产。

23.4　普通股投资策略

职业理财师追求的投资策略可以用几种不同的方式来组织。如上所述,最常见的方法是将策略分为两类:被动投资策略和主动投资策略。

简单地说,假设一个投资者的投资组合有 N 只股票:$S_1, S_2, \cdots, S_N$。投资者希望开发一个由这些股票组成的投资组合,权重为 $WS_1, WS_2, \cdots, WS_N$。假设投资者选择了一个指数 I 作为投资组合的基础,指数的权重为 $IS_1, IS_2, \cdots, IS_N$。

被动投资组合也称为相对于指数 I 的**指数投资组合**,其中:$WS_1=IS_1$,$WS_2=IS_2$,$\cdots$,$WS_N=IS_N$。也就是说,$WS_i=IS_i$ 代表所有 i。投资组合中每只股票的权重与其在指数中的权重相同。

如果这是被动投资策略的定义,那么主动投资策略的定义是什么呢?很明显,权重不可能单独出现在两个投资组合中。因此,对于一组给定的 N 只股票,只有一种被动投资策略,而有无限多个主动投资策略。如果 $WS_i \neq IS_i$(对于任意两个或多个 i),则策略是主动的。⊖

请注意,纯被动投资组合的收益率必须等于指数收益率(不包括下文所述的费用)。还要注意的是,任何单独的主动投资组合的收益率可能大于或小于指数的收益率,也就是说,一个单独的主动管理投资组合的收益率可能高于或低于其指数。正如威廉·夏普所说,关于这个主题的最初发现是,如果以合理的方式定义"主动"和"被动"管理风格,则必须满足以下条件:

(1)在扣除成本前,主动管理美元的平均收益率将等于被动管理美元的平均收益率;

(2)在扣除成本后,主动管理美元的平均收益率将低于被动管理美元的平均收益率。

这些断言在任何时期都有效。⊖

基本上,"被动"只有一种情况能达到,即存在一个在证券的构成和权重上完全匹配的指数。但有许多不同类型的主动投资组合。

一般而言,两种占主导地位的主动投资策略是"选股"和"择时"。**选股**是指根据某些股票指数进行股票的增持和/或减持(包括零权重)。股票分析师通过基本面分析来决定哪些股票应该增持或减持。**择时**是指在高预期收益资产和低预期收益资产之间转换,这取决于投资者看涨和看跌的程度,这种转换通常在股票和现金之间进行。

在被动投资策略和主动投资策略这两个极端之间,基于它们的"活跃程度",在一系列策

⊖ 请注意,$\sum_{N}^{i=1} WS_i = \sum_{N}^{i=1} IS_i$,其中 WS_i 和 IS_i 是作为整个投资组合的百分比提供的。

⊖ William F. Sharpe. "The Arithmetic of Active Management," *Financial Analysts Journal* 47, no. 1 (1991): 7.

略上有了发展。⊖有些投资组合可能会显著偏离其指数，而有些组合则只会略微偏离指数。

迄今为止所述的策略只有多头头寸，即用现金购买股票，这些策略被称为"只做多"策略。然而，从对冲基金开始，投资者也开始使用空头头寸。空头头寸是通过从另一方（例如，经纪人）借入一家公司的股票，出售该股票，然后用出售所得的现金购买额外的股票或让其保持现金，这些策略被称为**多空策略**。总的来说，多头头寸是一个看涨的头寸，也就是说，如果股价上涨，该头寸就会获利。空头头寸是看跌头寸，也就是说，如果股价下跌，空头头寸就会获利。因此，多空策略可以是看涨的，也可以是看跌的，这取决于你选择的是多头头寸还是空头头寸以及该头寸的权重⊖。

23.5 普通股交易方式

普通股的交易方式涉及投资者下的订单类型。此处，我们要讨论订单类型、保证金交易、交易成本、机构投资者的交易方式（大宗交易和程序交易），以及高频交易。

23.5.1 订单类型

当投资者想购买或出售普通股股份时，必须将执行订单的价格和条件告知经纪人。如第18章所述，最简单的订单类型是**市场订单**，即以市场上最优惠的价格执行的订单。如果股票在一个有组织的交易所上市交易，则通过交易所的规则来确保最佳价格，即当买卖交易的同一侧有多个订单同时到达市场时，以价格最优的订单为准。因此，出价较高的买家优先于出价较低的买家，出价较低的卖家优先于出价较高的卖家。

交易所交易的另一个优先规则是处理相同价格下的多个订单。大多数情况下，执行此类指令的优先顺序是基于订单的到达时间。尽管某些类型的市场参与者比寻求以相同价格进行交易的其他类型的市场参与者具有更高的优先级，但是最先进入的订单应当被最先执行。例如，在交易所，订单分为开放订单或成员公司为自己的账户交易的订单（包括非专业人士和专家）。按照交易所规则的要求，开放订单应当优先于公司为自己的账户进行交易的订单。

市场订单的风险在于，在投资者下订单和执行订单之间，价格可能发生不利的变动。为了避免这种风险，投资者可以发出**限价订单**，为交易的执行指定一个价格阈值。**限价买入订单**意味着股票只能以指定价格或更低的价格购买。**限价出售订单**需要以指定的价格或更高的价格出售股票。限价订单的主要缺点是它不能保证一定会被执行，指定的价格可能根本无法获得。如第22章所述，在到达市场时不可执行的限价订单将被记录在**限价订单簿**中。

限价订单是一种**条件订单**，即只有在可以得到限价或更好的价格时才被执行的订单。另一种有条件订单是**止损订单**，在市场达到订单价格前，订单不得执行，达到相应的价格时它才会成为市场订单。**止损买入订单**规定，在市场上涨到订单价格之前，即在其交易价格或买价达

⊖ A recently developed concept, "active share," is a metric that is the percentage difference between the individual holdings of a portfolio and its benchmark; it has been used to measure the degree of difference from the index. For example, an active share of 70% of a portfolio (by market cap) deviates from its index and 30% is consistent with its index. See Antti Petojisto and Martijn Cremers, "How Active Is Your Fund Manager? A New Measure that Predicts Performance," *Review of Financial Studies* 22, no. 9 (2009): 3329–3365.

⊖ 一般的多空策略和对冲基金包括各种各样不同活跃程度的策略。例如：市场中性策略（多头头寸和空头头寸在市场风险中完全相互抵消）、130%/30%策略（投资组合包括130%的多头头寸和30%的空头头寸）和熊市策略（空头头寸完全抵消了多头头寸）。

到或高于订单价格之前，不得执行该订单。**止损卖出订单**规定，在市场价格低于订单价格之前，即在其交易价格或卖价达到或低于订单价格之前，不得执行该订单。当投资者不能持续观察市场时，止损订单是有用的。通过允许市场波动触发交易，可以保持股票头寸的利润或将损失最小化。在止损买入（卖出）订单中，订单价格低于（高于）股票当前的市场价格。在限价订单中，订单价格高于（低于）股票当前的市场价格。

止损订单有两种风险。股票价格有时会出现突然的变化，因此股票价格的变化方向可能是暂时的，从而导致股票过早交易。而且，一旦达到订单价格，止损订单就成为市场订单，并受到先前市场订单执行价格的不确定性的影响。

止损限价订单是止损订单和限价订单的混合体，是止损订单的限价订单。止损订单如果达到停止点，止损订单就变成了市场订单。此外，如果达到了停止点，止损限价订单就变成了限价订单。止损订单可以用来缓冲止损单对市场的影响。投资者可以在停止点激活后限制可能的执行价格。与限价订单一样，在限价订单启动后，可能永远达不到限价，因此止损订单保护利润或限制亏损的目的可能会落空。

投资者也可以选择**触价委托单**。如果达到指定价格，此订单即成为市场订单。如果市场下跌到某个指定的价格，触价买入委托单就变成了一个市场订单，而如果市场价格上升到某个指定的价格，止损买入订单就变成了市场订单。类似地，如果市场上涨到某个特定的价格，触价卖出委托单变成了一个市场订单，而如果市场下跌到一个指定的价格，止损卖出订单就变成了市场订单。我们可以把止损订单看作一种以可接受的价格（不指定具体价格）从现有头寸中脱手的订单，而触价委托单是一种旨在以可接受的价格（也不指定具体价格）进入头寸的订单。表 23-6 显示了这些条件订单之间的关系以及触发它们的市场波动。

表 23-6 条件订单和触发证券价格变动的方向

证券价格	限价订单	触价委托单	止损限价订单	止损订单
高于初始价格	指定价格卖出的限价卖出订单	指定价格卖出的触价委托单	指定价格买入的止损限价订单	指定价格买入的止损订单
低于初始价格	指定价格买入的限价买入订单	指定价格买入的触价委托单	指定价格卖出的止损限价订单	指定价格卖出的止损订单
解释	只能以指定价格或更好的价格执行，在达到相应的价格之前不会成为市场订单	在达到相应的价格时成为市场订单	当价格达到时不会立即成为市场订单，还需要以该价格或更好的价格执行	当达到相应的价格时即成为市场订单

在当日开盘或收盘时可以买卖订单。**开盘订单**是只在当日开盘区间内执行的交易，**收盘订单**是只在当日收盘范围内执行的交易。

投资者可以输入包含取消条款的订单。一个成交或取消订单必须在到达交易大厅后被立即执行或者立即取消。订单可以指定有效期为一天、一周或一个月，或者一天内的某个特定时间。一个**开放订单**，或**取消前有效订单**，在投资者明确终止订单前是有效的。

在后面讨论的交易策略（高频交易）中，一种重要的订单类型是**闪电订单**。对于闪电订单，交易必须立即执行，如果没有立即执行，则撤销交易。

订单也可以按规模分类。**一手交易**通常是 100 股股票，**零股**的定义是少于一手的交易。例如，一份 75 股微软股票的订单就是一个零股的批量订单。微软 350 股的订单包括 50 股的零股。在纽约证券交易所，**大宗交易**的定义是，某一特定股票的 1 万股及以上或总市值 20 万美元及以上的订单。

23.5.2 保证金交易

如第 18 章所述，投资者可以借入现金购买证券，并将证券本身用作抵押。投资者以股票本身作为抵押品借款购买股票的交易称为**保证金购买**。为购买额外股票而借入的资金将由经纪人提供，经纪人从银行获得资金。**活期贷款利率**或经纪人贷款利率是银行为此向经纪人收取的利率，经纪人向借款的投资者收取活期贷款利率和服务费。

经纪公司不能随意放贷给投资者购买证券。《1934 年证券交易法》禁止经纪人放贷超过证券市值一定比例的贷款。初始保证金要求是指投资者必须以权益股形式支付的证券总市值的比例，其余部分则是向经纪人借款。《1934 年证券交易法》赋予美联储理事会（美联储）设定初始保证金要求的责任，这是根据 T 条例和 U 条例制定的。美联储将保证金要求作为经济政策的一种工具加以改变。最初的保证金要求不低于 40%，截至本文撰写时，该比例已调整为 50%。股票和债券的初始保证金要求各不相同。

美联储还规定了维持保证金要求，即投资者保证金账户中权益占总市值的最低比例。如果投资者的保证金账户低于最低维持保证金（股价下跌就会发生这种情况），投资者就需要拿出额外的现金。如果投资者收到经纪人发出的追加保证金通知，说明需要存入额外现金到投资者保证金账户。如果投资者未能提供额外现金，经纪人有权为投资者的账户出售证券。

接下来举例说明维持保证金。假设一个投资者以每股 60 美元的价格购买 100 股股票，并以 50% 的保证金来购买这 6 000（= 60 × 100）美元的股票，维持保证金为 25%。若以 50% 的保证金购买 6 000 美元的股票，投资者需要拿出 3 000 美元的现金（或其他股权），并借款 3 000 美元（称为**借方余额**）。然而，投资者必须保持 25% 的保证金。股价下跌到什么程度会达到维持保证金水平呢？答案是 40 美元。按这个价格计算，股票价值为 4 000（= 40 × 100）美元。贷款 3 000 美元，账户权益为 1 000（= 4 000 − 3 000）美元，或账户价值的 25%（= 1 000/4 000）。如果股票价格下跌到 40 美元以下，投资者必须存入更多的股权，使股本水平达到 25%。一般来说，账户水平降低至借款金额（借方余额）的 1.333 倍，就会达到最低维持保证金水平。

保证金惯例也适用于卖空交易。让我们考虑一个类似的空头头寸保证金的例子，一个投资者以 60 美元的价格卖空（借贷和出售）100 股股票，总价值为 6 000（= 60 × 100）美元。在初始保证金为 50% 的情况下，投资者必须存入 3 000 美元（除此之外，还需要把那笔买卖的 6 000 美元留在账户里）。所以投资者有 9 000 美元的贷方余额（这不会随着股票价格变化，因为它是现金）。然而，按目前的市价，投资者欠下 100 股股票。股票价格必须上涨到什么水平才能达到假设为 30% 的维持保证金水平（即账户权益占股票市值的百分比）呢？答案是 69.23 美元，总价值为 6 923 美元。如果股票价值为 6 923 美元，账户包含 2 077（= 9 000 − 6 923）美元的股本，约占股票市值的 30%（= 2 077/6 923）。触发维护级别的股票价值是用贷方余额乘以 10/13（10/13 × 9 000 = 6 923）来计算的。

23.5.3 交易成本

投资经理必须达到业绩标准，这通常是基于他们投资组合的总收益率。他们投资组合的收益是交易成本的净值。0.5 个百分点的收益都会对经理的业绩产生重大影响。因此，投资策略的一个重要方面是控制实施策略所需的交易成本。交易成本的衡量虽然重要，但却很困难。⊖

⊖ For more on this point, see Bruce M. Collins and Frank J. Fabozzi, "A Methodology for Measuring Transactions Costs," *Financial Analysts Journal* 47, no. 2 (1991): 27–36.

机构投资者已经开发了计算机程序来输入交易订单，以尽量减少与交易相关的成本，相关内容，我们将在下面讨论。为此目的使用计算机程序被称为**算法交易**。一旦机构投资者决定购买或出售大量股票，该程序会将交易分成几个较小的订单，以最小化交易成本。

我们从定义交易成本开始。交易成本可以分解为两个主要部分：显性交易成本和隐性交易成本。**显性交易成本**是交易的直接成本，如经纪人佣金、费用和税收。**隐性交易成本**是指交易对价格的影响和未能及时或根本没有执行的机会成本。显性交易成本与可辨认会计费用相关，但隐性交易成本没有相关的报告。

1. 显性交易成本

主要的显性交易成本是支付给经纪人执行的佣金。佣金是完全可协商的，并因经纪人类型和市场机制的不同而有系统的变化。佣金可能取决于每股价格和交易中的股份数量。除佣金外，其他显性交易成本包括保管费（由为投资者保管证券的机构收取的费用）和转让费（将资产从一个所有者转移到另一个所有者相关的费用）。

竞争和计算机技术使股票买卖价差降至每股 1 美分。显性交易成本的下降始于 1975 年 5 月 1 日，也就是通常所说的"五一"期间，美国证券交易委员会取消了固定佣金。此后，交易费用由市场竞争决定。在 2001 年之前，股票价格是以 1/8 美元（12.5 美分）的增量报价的。2001 年，美国证券交易委员会取消了这种做法，转而采用十进制，这导致利差降至每股 1 美分。在一些分析师看来，十进制的影响可以与固定佣金结束的影响相提并论。

2. 隐性交易成本

隐性交易成本包括交易的影响成本、时间成本和机会成本。

交易的影响成本是指由于交易引起的供求失衡从而产生的市场价格变化。买卖价差估计虽然提供了丰富的信息，但未能捕捉到这样一个事实，大宗交易（超过做市商愿意以报价买入和卖出交易的股票数量）可能会使价格向交易方向移动。也就是说，大宗交易可能会提高买入订单的价格，降低卖出订单的价格。由此产生的市场影响或对交易价格的影响可以被认为是交易价格与未扰动价格之间的偏差，如果交易没有发生，此时价格为未扰动价格。第 22 章讨论的交叉网络旨在将影响成本降至最低。

交易的时间成本是指在实施过程中各方承担交易责任和完成交易之间的价格变化。交易的时间成本发生在买方公司（如投资管理公司）的交易平台上，由于交易员担心交易可能会淹没在市场从而尚未交给经纪人。

交易的机会成本是指证券不交易的"成本"。这一成本是由于错过或仅部分完成交易造成的。这些成本是交易延迟的自然结果。例如，如果在交易完成前价格波动太大，经理就不会进行交易。实际上，这一成本是以未交易的股票为基础的，用决策时的市场价格与 30 天后的收盘价之间的差额来衡量。

佣金和影响成本是实际的和可见的自付成本，而时间成本和机会成本则是无形的，是放弃机会的成本。机会成本的产生有两个原因。第一，有些订单是延迟执行的，在此期间价格会对投资者产生不利影响。第二，由于订单只是部分完成或者根本没有执行，从而产生了机会成本。

3. 交易成本研究

总的来说，虽然交易佣金是最明显、最可衡量和讨论的交易成本，但它只是交易成本中的一种，而且实际上可能是最小的成本。相比之下，隐性交易成本要难估量得多。

通过对交易成本的研究，我们可以得出以下几个结论。

(1) 尽管围绕如何衡量交易成本仍存在相当大的争论，但人们一致认为，隐性交易成本相对于显性交易成本（也相对于已实现的投资组合收益）而言在经济上意义重大。

(2) 股票交易成本随交易难度和交易策略而有系统的变化。

(3) 市场设计、投资风格、交易能力和声誉的差异是交易成本的重要决定因素。

(4) 即使研究人员控制了交易的复杂性和交易地点，不同管理者的交易成本也存在很大的差异。

(5) 交易成本的准确预测需要整个订单提交过程的更详细的数据，尤其是交易前决策变量的信息。

23.5.4 机构投资者的交易方式

随着机构投资者交易量的增加，更适合这些机构投资者的交易方式应运而生。机构投资者的需求包括以较低的佣金和较低的市场影响进行大宗交易和成批交易。这些要求导致了机构投资者在执行某些类型订单时执行方式的转变，这些订单包括：①需要对某一股票执行大量交易的订单；②需要对多个不同股票同时进行交易的订单。前一种交易称为大宗交易，后一种交易称为程序交易。大宗交易的一个例子是：某一共同基金试图购买 15 000 股苹果公司的股票。程序交易的一个例子是：某一养老基金想在一个交易日结束时购买 200 家公司的股票。

容纳这两类机构性交易的制度安排是主要证券公司和其他机构投资者通过电子显示系统和电话相互交流的交易平台网络，这个网络被称为"楼上市场"。楼上市场的参与者起着以下关键作用：①为市场提供流动性，以便执行此类机构交易；②通过套利活动帮助整合分散的股票市场。

1. 大宗交易

纽约证券交易所大宗交易的第 72 条规则将大宗定义为 1 万股及以上某一特定股票的交易或市值为 20 万美元及以上的股票交易，以二者中较低者为准。对于机构投资者来说，由于大量大宗订单的执行给专家系统带来了压力，纽约证券交易所实施了特殊的处理程序。通常，机构投资者会联系经纪公司的销售人员，表示希望下大宗订单。然后，销售人员再将订单交给经纪公司的大宗交易执行部门。需要注意的是，销售人员不会将要执行的订单直接提交给股票可能交易的交易所，或者对于未上市的股票，则不会直接尝试在纳斯达克系统上执行订单。

大宗交易执行部门的销售交易员会联系其他机构，试图找到一家或多家愿意接受该订单的机构。也就是说，他们利用楼上市场来完成大宗交易订单。如果销售交易员找不到足够的机构来收购整个大宗交易订单（例如，如果大宗交易订单是针对苹果公司 30 000 股股票，但只有 25 000 股可以与其他机构"交叉"），那么大宗交易订单的差额将交给公司的做市商。

然后，做市商必须决定如何处理大宗交易订单的差额。经纪公司可以在这只股票上占有一席之地，并为自己的账户购买股票。或者，未完成的订单可以通过做市商的竞争来执行。在前一种情况下，经纪公司正在投入自己的资金。

纽约证券交易所第 127 条规则规定，如果一家成员公司收到一份可能不容易被市场吸收的大宗交易订单，该成员公司仍应在场内探索市场，包括在适当的情况下，就专家对证券的兴趣咨询专家。如果成员公司打算以超出当前报价的价格将大量股票向公众出售，则应将其意图告知专家。

纽约证券交易所大宗交易量由楼上交易员推动，但并非所有大宗交易都在楼上进行。楼上交易和大宗交易是有区别的。大宗交易的判断方式是其订单规模而非执行方式。尽管在非正式的楼上市场进行的谈判比在楼下市场（在纽约证券交易所的交易大厅）进行的谈判具有更好的执行力，但这些差异在经济效果上是很小的。

2. 程序交易

程序交易涉及同时买卖大量股票，这种交易也被称为**篮子交易**，取这个名字是因为，实际上正在交易的是一篮子股票。纽约证券交易所将程序交易定义为任何涉及购买或出售至少15只股票，总价值在100万美元及以上的一篮子交易。

程序交易的两个主要应用是资产配置交易和指数套利。关于资产配置交易，机构投资者可能希望使用程序交易的一些例子是，将新的资金投入股票市场，将投资于债券市场的资金转移到股票市场的决定，以及投资策略的改变，需要重新平衡股票投资组合的组成。例如，一个共同基金的资金管理人可以通过一个单一的程序交易，将资金迅速地移入或移出整个股票投资组合的股票市场。所有这些策略都与资产配置有关。

程序交易也用于一种叫作**指数套利**的策略。在第33章，我们将讨论基于股票指数交易的期货合约，这被称为"股指期货"。在第35章，我们将讨论期货合约的价格是如何从基础现金产品中衍生出来的。就股指期货合约而言，基础现金产品包括构成股指的所有股票。具体而言，考虑到交易成本和借贷资金成本，股票指数的价格与指数中包含的股票价值之间存在数学关系。这种关系为股指期货合约的价格确定了界限。当股指期货合约的价格超出这些界限时，就有机会通过买卖指数和期货合约中的股票来获得无风险利润。

大众媒体经常将"程序交易"和"指数套利"两个术语互换使用，这是不正确的。虽然程序交易是实现指数套利的必要手段，但两者一个是机构交易方式（程序交易），另一个是投资策略（指数套利）。

另一个值得注意的问题是，因为计算机是用来执行程序交易的，大众媒体常常错误地把程序交易定性为计算机交易。程序交易不一定要而且通常也不是由计算机发起的。有时计算机算法有助于决策过程，计算机确实帮助程序中的每只股票确定交易路线，但仍由交易者做出决定并付诸实施。

23.5.5 高频交易

据美国证券交易委员会宣称，近年来市场发展最显著的是**高频交易**（HFT）⊖。高频交易是一种利用高速计算、高速通信、逐点数据和技术进步在几毫秒内完成交易的交易形式。高速交易策略使用计算机化的定量模型（算法）来识别买卖哪些股票，以及交易的数量、价格、时间和地点。高频交易最早应用于股票市场。然而，如今，它也被用于债券市场和衍生品市场。这里讨论的重点是它在股票市场上的应用。美国证券交易委员会估计，高频交易占美国上市股票总成交量的50%以上，并得出结论："无论以何种标准衡量，高频交易都是当前市场结构的主要组成部分，并可能会影响市场结构几乎所有方面的表现。⊖"

目前还没有高频交易的公认定义。伦敦证券交易所前副首席执行官马丁·惠特利（Martin

⊖ Securities and Exchange Commission, "Concept Release on Equity Market Structure," Securities Exchange Act Release 34–61358, 75 FR 3594, 3606, January 21, 2010.

⊖ Securities and Exchange Commission, "Concept Release on Equity Market Structure," 45.

Wheatley)将高频交易定义为："基于计算机程序或算法执行交易策略，以捕捉可能很小或存在时间很短的机会。㊀"惠特利认为与高频交易相关的四个特征是：①每天都有大量交易，每笔交易的利润水平很低；②股票持有期极短；③提交大量订单；④隔夜不存在重大空头头寸。如何量化这些特征是一个有争议的问题，一个提议是将高频交易者（HFTers）定义为持仓时间在 10 毫秒到 10 秒之间的交易者。㊁其执行时间通常用微秒表示。然而，美国证券交易委员会采用了一个不那么精确的定义，将高频交易者定义为以专有身份行事，每天都能进行大量专业交易行为的人。

就投资者的交易成本而言，高频交易对金融市场的影响存在相当大的争议。有两个事件使高频交易问题成为投资公众和监管机构关注的焦点。第一个是高频交易在 2010 年 5 月 6 日造成严重市场混乱，即所谓的"闪电崩盘"。受开盘时关于欧债危机消息的影响，当日下午，主要股指（以及第 33 章所述的股指期货合约）较前一交易日收盘价下跌了 4%。短短几分钟内，股市指数下跌了 5%～6%。但这种损失并没有持续下去。市场迅速反弹，在交易日结束时比前一个交易日只损失了 3%。㊂用来形容崩盘的修饰词"闪电"是指所下的订单是闪电订单（立即执行的订单或不立即执行的撤销订单）。

第二个关于高频交易的讨论是在迈克尔·刘易斯（Michael Lewis）出版的 *Flash Boys: A Wall Street Revolt* 一书中，论及高频交易投资者操纵股市。这引发了对刘易斯和其他反对高频交易的人的一系列批评，这些批评认为他们不了解使用高频交易活动的广泛性。虽然这并不是说对高频交易者使用的某些交易策略存在担忧是不合理的，然而，关于高频交易对市场不利影响的笼统陈述，反映出公众对高频交易的用途存在理解上的分歧。正如世界上最大的资产管理公司贝莱德公司在一份关于高频交易立场的文件中指出的那样，高频交易的其中一些用途在市场上具有建设性，它们具有合法的目的，并为市场参与者提供利益。部分用户部署高频交易从而"操纵市场或使最终投资者处于不利地位"。贝莱德公司将这种使用称为"掠夺性"高频交易，称"这些行为构成市场滥用，应在法律上予以处理。㊃"

高频交易与我们之前讨论的"程序交易"有何不同呢？两者都使用无须人工干预的算法交易。不同之处在于，机构投资者对大宗订单使用算法交易，如果一次执行，将对价格产生过度影响。这是对快速算法交易的合法使用。在这种情况下，计算机算法只是将订单分解成许多更小的订单，随着时间的推移，这些订单就会流入市场。美国证券交易委员会认识到："这些大订单算法不应被归类为高频交易，因为它们通常能使机构投资者建立或清算头寸的时间范围远远超过高频交易的主要日内期限。㊄"

㊀ Martin Wheatley, "We Need Rules to Limit the Risk of Superfast Trades," *Financial Times*, September 20, 2010. Available at http://www.ft.com/cms/s/0/ad7f31f6-c4cd-11df-9134-00144.

㊁ Michael Kearns, Alex Kulesza, and Yuriy Nevmyvaka, "Empirical Limitations on High Frequency Trading Profitability," faculty paper, University of Pennsylvania, Philadelphia, September 2010. Available at http://www.cis.upenn.edu/~mkearns/papers/hft.pdf.

㊂ As reported in "Findings Regarding the Market Events of May 6, 2010: Report of the Staffs of the CFTC and SEC to the Joint Advisory Committee on Emerging Regulatory Issues," September 30, 2010. Available at http://www.sec.gov/news/studies/2010/marketevents-report.pdf.

㊃ Barbara Novick, Richie Prager, Hubert de Jesus, Supurna VedBrat, and Joanne Medero, "Viewpoint: US Equity Market Structure: An Investor Perspective" (New York: BlackRock, April 2014). Available at http://www.blackrock.com/corporate/en-es/literature/whitepaper/viewpoint-us-equity-market-structure-april-2014.pdf.

㊄ SEC Staff of the Division of Trading and Markets, "Equity Market Structure Literature Review Part II: High Frequency Trading," U.S. Securities and Exchange Commission, March 18, 2014, p. 5.

高频交易由多种实体参与，包括电子做市商、自营交易平台、对冲基金和机构投资者。这些公司中有许多是私人持有的自营交易公司或对冲基金。据报道，高频交易中最大的参与者包括电子做市商和大型银行的自营交易平台。高频交易者的技术目标是减少在下订单、填写订单、确认订单或取消订单时存在的潜在因素（例如，延迟），他们的业务目标通常是从短期内存在的小套利机会中获利。

美国证券交易委员会将高频交易策略分为四类。

（1）被动做市策略：被动做市策略主要涉及电子做市商提交后无法立即执行的订单，因为订单寻求的价格高于市场上的价格。此类订单以特定价格向市场提供流动性。因此，它们与闪电订单有很大不同，并且不依赖于市场的走向。

（2）套利策略：套利策略试图捕捉相关产品或市场之间的定价差异。如前所述，指数套利就是其中一个例子，投资者试图捕捉现金股票市场和股指期货市场之间的定价差异。这些策略依赖于价格的趋同，而不是价格的方向性变动。

（3）结构性交易策略：结构性交易策略寻求利用市场中的结构性漏洞。一个例子是，获得低到最低延迟的市场数据和计算机算法的交易者，能够通过在提供过时市场数据的交易场所与市场参与者进行交易获利。

（4）定向交易策略：此类策略通常要求在市场上买入多头或空头头寸，以预期价格的定向变动（上涨或下跌）。有两种类型的定向交易策略：①订单预期策略，该策略旨在发现市场中是否存在大型买家或卖家，然后在预期这些大额订单将推动市场价格的情况下，提前进行这些交易；②动量激发策略，该策略旨在通过发起一系列订单和交易来创造快速的价格运动。

例如，贝莱德公司认为，将高频交易用于被动做市视为"通过更紧密的利差和在分散的交易环境中提供中介，从而为客户带来切实利益"[1]的一种高频交易。在本章中已经描述了套利活动对维持有效市场的必要性。对高频交易的担忧主要与定向交易和结构性交易策略有关。在结构性交易策略中，高频交易者利用信息优势从特殊渠道获取市场数据就是掠夺性高频交易策略的最好例子。美国证券交易委员会指出，定向交易策略并非新鲜事。但是，技术进步，让追求定向交易策略的高频交易者有机会更好地识别和执行交易策略。在高频交易之前，提前交易（使用订单预期策略）和市场操纵（使用动量激发策略）都是非法的。

由于立法者不了解各种类型的高频交易策略和程序化交易策略，因此有人提议实施监管以限制高频交易的影响。而限制高频交易影响的有效监管方法之一是建议征收金融交易税。这种税收的问题在于，通过试图减轻掠夺性高频交易的潜在影响，它将显著减少交易量、流动性和价格发现，从而显著影响所有市场参与者。还有一些人认为，使用熔断机制是缓解已经存在的掠夺性高频交易不利影响的一个有效的方法，这是我们在第22章中讨论过的。

解决高频交易者相对于其他投资者的速度优势问题的一种方法，是以合理的成本提供对交易场所数据中心的访问和主机托管（主机托管是从事高频交易的私有公司使用的工具之一）。为了进一步减少延迟，高频交易者将其交易服务器放置在交易场所，以便靠近交易所匹配引擎。这通常被称为"主机托管"。芝加哥联邦储备银行金融市场小组的金融市场和支付系统风险专家卡罗尔·克拉克（Carol Clark）说，据估计，服务器距离匹配引擎的距离每增加100英里[2]，传输交易订单，执行匹配交易或访问中央订单簿（其中存储着买卖报价和当前市场价格的信息）所需的时间就会增加1毫秒。运营自己数据中心的交易所，以及托管交易所匹配引擎的

---

[1] Novick et al., "Viewpoint: US Equity Market Structure," 2.

[2] 1英里=1 609.344米。

第三方可以提供主机托管服务。例如，纽约证券交易所在新泽西州马瓦赫建成了一个近40万平方英尺的数据中心设施，以吸引华尔街大型银行、传统经纪公司和对冲基金。该中心每秒40G的标准硬件能够每秒处理多达一百万条信息，而新的交易技术还将把延迟减少到10微秒。美国证券交易委员会正着手分析异地办公对长期投资者和市场质量的影响。

哥伦比亚商学院查尔斯·琼斯（Charles Jones）的一份调查报告得出了以下关于高频交易的结论：

> 基于迄今为止绝大多数的工作经验，高频交易和自动竞争市场提高了市场流动性，降低了交易成本，并使股票价格更有效率。更好的流动性降低了企业的股票成本，这对实体经济是一个重要的利好因素。轻微的监管调整或许是应该的，但那些制订政策的人应该特别小心，不要扭转过去20年来流动性改善的局面。⊖

关键知识点

- 普通股通常根据市值进行分类，最常见的三个类别是小型、中型和大型市值。
- 除市值外，普通股可根据其市盈率分为"成长型"和"价值型"。
- 股票市场指数可分为两类：①由在证券交易所产生并包括所有在交易所交易的股票编制而成的指数；②由其他金融机构根据主观选择纳入指数的股票编制的指数。
- 一些指数代表了整个股市的大部分，而另一些指数则代表某个特定的行业，如科技、能源（石油和天然气）或金融。
- 根据股票价格中始终包含的相关信息，定价效率有三种形式：①弱形式；②半强形式；③强形式。
- 大量的经验证据似乎表明，市场在弱形式下是有效的。
- 对半强形式下的市场效率意见尚未统一，因为观察到了一些低效现象。强形式下定价效率的实证检验也产生了相互矛盾的结果。
- 保罗·萨缪尔森格言断言，股市是"微观有效的"，但不一定是"宏观低效的"。
- 普通股投资策略可分为两大类：主动投资策略和被动投资策略。
- 主动投资策略试图通过以下一种或多种方法超越市场：选择交易时机（例如在技术分析时），使用股票基本面分析确定低估或高估的股票，根据市场异常情况选择股票。
- 当股票市场被认为具有定价效率时，最佳策略是被动投资策略，因为它允许投资者捕捉市场的效率。
- 智能贝塔策略是一种替代的低成本被动投资策略，已被建议用于捕捉股市中无法被市值加权指数捕获的风险溢价。
- 核心-卫星策略是纯被动和纯主动方法的混合。
- 根据随机游走假设，在任何时候，都无法确定下一个时期的价格是上涨还是下跌。
- 可向股市提交不同类型的订单。
- 最简单的订单类型是市场订单，即必须立即以最佳价格完成的订单。
- 其他类型的订单，如限价订单和止损订单，只有在市场价格达到订单中规定的价格时才被执行。
- 对于闪电订单，交易必须立即执行，如果没有立即执行，则撤销交易。这些订单被

⊖ Charles M. Jones, "What Do We Know about High-Frequency Trading?" Columbia Business School Research Paper 13-11 (New York: Columbia University Business School, March 20, 2013). Available at http://ssrn.com/abstract=2236201 or http://dx.doi.org/10.2139/ssrn.2236201.

- 某些类型的高频交易者使用。
- 成本的几个组成部分与交易有关。
- 尽管佣金是最主要的显性成本，也是交易商之间针对机构投资者和散户投资者竞争的对象，但其他类型的交易成本可能超过佣金，这些成本包括交易的影响成本、时间成本和机会成本。
- 大宗交易是指1万股及以上某一特定股票的交易，或市值为20万美元及以上的股票交易。
- 程序交易，即篮子交易，涉及同时买卖大量股票。为满足这些需求而制定的制度安排是楼上市场，是主要证券公司和其他机构投资者通过电子显示系统和电话相互交流的交易平台网络。
- 保证金购买是一种投资者以股票本身作为抵押品借款购买股票的交易。
- 在保证金交易中，为购买额外股票而借入的资金将由经纪人提供，经纪人向借款的投资者收取活期贷款利息和服务费。
- 机构投资者已经开发了计算机程序来输入交易订单，以尽量减少与交易相关的成本。为此目的使用计算机程序被称为算法交易。
- 交易成本可分解为显性交易成本和隐性交易成本。
- 显性交易成本是交易的直接成本，如经纪人佣金、费用和税收。
- 隐性交易成本是指受到交易的价格影响和未能及时或根本无法执行的机会成本等间接成本。
- 主要的显性成本是支付给经纪人执行的佣金。
- 隐性交易成本包括影响成本、时间成本和机会成本。
- 交易的影响成本是指由于交易引起的供需失衡导致的市场价格变化。
- 交易的时间成本是指在实施过程中各方承担交易责任和完成交易之间的价格变化，这是由于投资者给交易员的订单尚未交给经纪人，而交易员担心交易可能会淹没在市场。
- 机会成本是指由于错过交易或仅部分完成交易而未交易的证券的成本。
- 显性交易成本通常是交易成本中的最小组成部分。
- 由于机构投资者的交易量显著增加，因此制定了更适合这些投资者的交易安排：大宗交易和程序交易。
- 大宗交易和程序交易使机构投资者有机会以较低的佣金和较低的市场影响买卖大型和交易类股票。
- 大宗交易允许订单执行给定股票的多股交易。
- 程序交易允许订单尽可能同时执行多个不同股票的交易。
- 高频交易是一种交易形式，利用高速计算、高速通信、逐点数据和技术进步，使用计算机化的定量模型（算法）在几毫秒内执行交易，以确定买卖哪些股票以及数量、价格、时间和地点。
- 高频交易的四个特点是：①每日交易量大，每笔交易的利润水平很低；②股票持有期极短；③提交大量订单；④隔夜无重大空头头寸。
- 就投资者的交易成本而言，高频交易对金融市场的影响存在相当大的争议。
- 美国证券交易委员会将高频交易策略分为四类：①被动做市策略；②套利策略；③结构性交易策略；④定向交易策略。
- 延迟是指"速度"，是指完成执行所需的时间。对高频交易者而言，延迟是以毫秒甚至微秒计算的。

练习题

1. 为什么股票按市值分类？
2. 2002年，全球指数的一个主要发起人转向了计算市值流通法。这是什么意思？
3. 当把股票分为价值股和成长股时，使用的关键指标是什么？
4. 市值加权指数和同等权重指数有什么区别？

5. 标准普尔500普通股指数的主要特点是什么？
6. "标准普尔500指数选择的股票是美国最大的500家公司。"请说明你是否同意这一说法。
7. 股票市场中的一些参与者和分析师被称为"图表分析师"或"技术分析师"，市场弱有效的理论如何解释这些投资者战胜市场的机会？
8. 一个相信市场有效的投资者为什么要采用指数策略？
9. 根据所分析市场的市场效率程度讨论交易策略的选择。
10. 解释什么是"基本指数"？
11. 智能贝塔策略的支持者相信，从长远来看，它可以提供比以市值指数为基准的指数策略更高的收益。解释原因。
12. 以下引自韦恩·H. 瓦格纳（Wayne H. Wagner）的话：

    当一个交易者决定如何向市场发出订单时，他必须处理一些非常重要的问题。对我来说，最重要的是，这是一种什么样的交易。它可以是主动交易，也可以是被动交易。交易类型将决定执行速度是否比执行成本重要。换言之，我是想要即时交易（市场订单），还是我愿意放弃即时交易，即"给出"交易时机（限价订单）⊖以换取更便宜的交易。

    a. 什么是"市场订单"？
    b. 当投资者希望即时交易时，为什么要下市场订单？
    c. "限价订单"是什么意思？
    d. 限价订单有哪些风险？
13. "算法交易"是什么意思？
14. 假设马丁内斯女士以90美元的价格购买了XYZ公司的股票，她将该股票的最大损失设定为85美元。马丁内斯女士能下什么样的订单？
15. 为什么机构投资者会使用大宗交易或程序交易？
16. 大宗交易和程序交易有什么区别？
17. 机构投资者如何使用程序交易？
18. 以下声明摘自格雷塔·E. 马歇尔（Greta E. Marshall）1987年12月3日在纽约市举行的一次会议的会议记录：

    交易成本有三个组成部分。首先，直接成本可以用佣金来衡量。其次，存在间接或市场影响成本。最后，还有未定义的未交易成本。

    a. 什么是市场影响成本？你认为"未定义的未交易成本"代表什么？

    与经纪人佣金不同，市场影响成本很难确定和衡量。⊜

    b. 为什么市场影响成本难以衡量？
19. 以下声明载于2010年9月30日提交给联合咨询委员会的关于新兴监管问题的报告：

    一般来说，一个客户在如何进行一笔大交易方面有很多选择。首先，客户可以选择聘请一个中间人，由中间人来执行大宗交易或管理头寸。其次，客户可以选择手动向市场输入订单。最后，客户可以通过自动执行算法来执行交易，该算法可以通过考虑价格、时间和数量来满足客户的需求。实际上，客户必须选择在执行交易时需要多少人的判断。⊜

    解释执行每一笔大交易的备选方案。
20. 查尔斯·施瓦布（Charles Schwab）——查尔斯·施瓦布经纪公司董事长，为了支持迈克尔·刘易斯 *Flash Boys: A Wall Street Revolt* 一书中的结论："高频交易是一种日益严重的癌症，需要加以解决。"他总结说，高频交易是一种技术军备竞赛，旨在从合法市场中"参与者"的口袋里掏钱，监管者应该把它定为非法的骗局。解释一下你是否同意这一说法。
21. 在发表于《投资组合管理期刊》上的特邀社论中，先锋集团的创始人约翰·博格尔（John Bogle）就迈克尔·刘易斯的 *Flash*

⊖ Wayne H. Wagner, "The Taxonomy of Trading Strategies," in *Trading Strategies and Execution Costs*, ed. Katrina F. Sherrerd (Charlottesville, VA: Institute of Chartered Financial Analysts, 1988).

⊜ Greta E. Marshall, "Execution Costs: The Plan Sponsor's View," in *Trading Strategies and Execution Costs* (New York: Institute of Chartered Financial Analysts, 1988).

⊜ "Findings Regarding the Market Events of May 6, 2010."

Boys: A Wall Street Revolt 一书发表了以下两项声明：

a. 解释你是否同意以下陈述。

畅销书作家迈克尔·刘易斯的 *Flash Boys: A Wall Street Revolt* 以其对高频交易兴起的论战，令金融界欢欣鼓舞。"股市被操纵了，"刘易斯对观看《60分钟》的电视观众说，但他没有解释清楚这意味着什么。"华尔街已经疯了，"他对《卫报》说，《卫报》将他的观点描述为"一场道德的远征"，但他似乎忽视了高频交易在将交易摩擦成本降至极小水平方面的重要作用。刘易斯认为高频交易对普通个人投资者的危害尤为尖锐。但就在这里，他似乎最明显地错了。是的，他在高频交易中看到了很多烟，但发现火苗最大的地方几乎没有烟。自行交易的散户投资者是新交易环境的受益者，那里交易成本更低，市场准入更快。⊖

b. 博格尔先生在以下声明中提到的"有充分的理由担忧"是指什么？

高频交易离完美还有很长的路要走。关于内部人员的抢先交易（主要基于对未决交易的了解）有充分的理由担忧和激烈的争论，大量取消的订单（来自高频交易公司以及其他公司），那些神秘的暗池，以及高频交易公司获得的超额利润。

⊖ This and the following statements are from John Bogle, "No Speed Limits: High-Frequency Trading and Flash Boys," *Journal of Portfolio Management* 40, no. 4 (2014): 1.

第 24 章

非美国股票市场

学习目标

学习本章后，你会理解：
- ▲ 投资者在国内股票市场以外进行投资的动机；
- ▲ 过去二十年来，全球交易所发生了哪些重大变化；
- ▲ 主要的非美国股市指数；
- ▲ 英国和欧洲证券市场的监管体制；
- ▲ 英国"金融大爆炸"的影响；
- ▲ 中国股票市场的结构和监管；
- ▲ 中国上海、深圳、香港三大证券交易所及其差异；
- ▲ 国有企业在中国经济发展和中国股市中的作用；
- ▲ 在中国证券交易所交易的 A 股、B 股和 H 股之间的差异。

在前两章中，我们的重点是美国股票市场的各个方面。这一章将讨论非美国股票市场，并以此结束这三章的内容。本章首先回顾发达国家的非美国股票市场、新兴市场（发展中市场）和前沿市场。由于中国股票市场相对年轻，但规模很大，增长迅速，而且相当复杂，因此我们对中国股票市场进行了更详细的讨论。

尽管非美国股票已成为许多机构投资者投资组合的重要组成部分，但散户（个人）投资者也可以投资这些股票。如表 24-1 所示，截至 2017 年 4 月 30 日，北美洲（美国和加拿大[⊖]）占富时（FTSE）全球总市值指数的 56.1%。大多数个人投资者通常不直接交易非美国股票，而是通过投资于个别国家或地区（如共同基金和交易所交易基金）与存托凭证（美国存托凭证和全球存托凭证）的集体投资工具获得敞口。

表 24-1 构成富时全球总市值指数的国家和地区及其占比（截至 2017 年 4 月 30 日）

国家/地区	富时全球总市值指数份额（%）
欧洲/地区	
英国	6.0
法国	3.1

⊖ 墨西哥不包括在内，如本章后面所述，因为它是一个新兴的股票市场。

(续)

国家/地区	富时全球总市值指数份额（%）
德国	3.0
瑞士	2.8
西班牙	1.1
瑞典	1.1
荷兰	1.1
其他	2.7
小计	20.9
太平洋地区	
日本	8.0
澳大利亚	2.4
韩国	1.7
其他	0.6
小计	12.7
新兴市场	
中国	3.7
印度	1.2
其他	4.0
小计	8.9
北美洲	
美国	53.0
加拿大	3.1
小计	56.1
中东地区	0.2

24.1 在国内股票市场之外投资的理由

投资者可以选择只投资于本国股票市场，也可以扩大投资组合，将本国市场以外的公司股票也包括在内。例如，法国投资者可以只投资法国公司的股票并在法国股票市场交易，或者不仅可以投资法国公司，还可以投资欧洲、亚洲和北美洲国家的公司股票。为什么投资者要费心在本国股票市场之外投资呢？这样做有以下几个原因。

第一，投资于本土市场以外的公司可实现多元化。回想一下我们在第13章中的讨论，马科维茨有效边界以及该有效边界如何影响资产之间的相关性。在国内市场以外投资的理由是，股市收益相关性小于1，因此有机会构建有效边界。构建有效边界意味着可以在较低的风险水平下实现给定水平的预期收益。经济学家认为这是一顿"免费午餐"，他们是否正确是一个经验问题，一些研究支持可以产生这种结果的国家股票市场收益之间的相关性水平。然而，其他研究表明，随着世界一体化程度的提高，相关性已接近一个水平，尤其是在金融危机期间。

第二，不同国家的市场效率水平不同。由于市场效率低下，因此国内股票市场可能不会提供获得高收益的机会，而一些国家的市场效率可能要高得多。

然而，在本国市场之外投资会使投资者面临其他必须考虑的问题，如流动性、税收和其他类型的风险（特别是不同的信贷风险、国家风险和货币风险）。

24.2 非美国股票市场

如第1章所述，国家及其股票市场通常分为三类：发达市场、新兴市场（发展中国家）和前沿市场。这三种类型的差异主要基于两个因素：经济发展水平和资本市场发展水平[⊖]。经济发展水平主要是指人均收入和潜在增长率。发达市场的人均收入水平较高，但潜在增长率较低。资本市场发展水平是指其资本市场的规模、流动性水平及其配套的监管和法律机构的发展。这些特征影响其市场投资的增长潜力、风险和流动性。发达市场主要分布在北美洲、欧洲和大洋洲，包括美国、加拿大、德国、英国、澳大利亚、新西兰和亚洲的日本等国家。

新兴市场是指具有发达市场某些特征但并非全部特征的市场，主要分布在"金砖四国"（巴西、俄罗斯、印度和中国），以及"欧洲五国"（葡萄牙、爱尔兰、意大利、希腊和西班牙）。如表24-1所示，在富时全球总市值指数中，新兴市场占8.9%，其中中国占3.7%，印度占1.2%，其他新兴市场占4.0%。北美洲（美国和加拿大）占全球股市的56.1%，其他发达市场（欧洲和太平洋地区）占34.8%。中东地区占0.2%。

前沿市场是指规模太小、不能被视为新兴市场的市场。与新兴市场相比，这些市场规模较小，流动性较低，可进入性较差，但仍具有可投资性。这些市场往往具有较高的预期长期收益，与其他市场的相关性较低。与上述股票市场分类标准不一样，摩根士丹利资本国际公司认为有22个市场是前沿市场，如表24-2所示[⊖]。

表24-2 全球股票指数

摩根士丹利资本国际 ACWI 指数		
A. 发达市场		
美洲	欧洲和中东	大洋洲
加拿大	奥地利	澳大利亚
美国	比利时	新西兰
	丹麦	
	芬兰	
	法国	
	德国	
	爱尔兰	
	以色列	
	意大利	
	荷兰	
	挪威	
	葡萄牙	

⊖ "What Is the Difference between a Developed, Emerging, and Frontier Market?" May 11, 2012. http://www.nasdaq.com/article/what-is-the-difference-between-a-developed-emerging-and-frontier-market-cm140649.

⊖ https://www.msci.com/market-classification, table2 results from MSCI's Annual Classification Review, which is communicated every June.

(续)

摩根士丹利资本国际 ACWI 指数

A. 发达市场

美洲	欧洲和中东	大洋洲
	西班牙	
	瑞典	
	瑞士	
	英国	

B. 新兴市场

美洲	欧洲、中东和非洲	亚洲
巴西	捷克	中国
智利	埃及	印度
哥伦比亚	希腊	印度尼西亚
墨西哥	匈牙利	韩国
	卡塔尔	菲律宾
	俄罗斯	泰国
	南非	
	土耳其	
	阿拉伯联合酋长国	

C. 前沿市场

美洲	欧洲	非洲	中东地区	亚洲
阿根廷	克罗地亚	肯尼亚	巴林	孟加拉国
	爱沙尼亚	毛里求斯	约旦	巴基斯坦
	立陶宛	摩洛哥	科威特	斯里兰卡
	罗马尼亚	尼日利亚	黎巴嫩	越南
	塞尔维亚	突尼斯	阿曼	哈萨克斯坦
	斯洛文尼亚			

D. 独立市场

美洲	欧洲	非洲	亚洲
牙买加	波斯尼亚	博茨瓦纳	巴勒斯坦
特立尼达	黑塞哥维那	加纳	沙特阿拉伯
托巴哥	保加利亚	津巴布韦	
	乌克兰		

资料来源:《摩根士丹利资本国际——我们是谁》, 详见 https://www.msci.com/market-cap-weighted-indexes。

总体而言,欠发达市场的风险更高,潜在收益也更高,这在金融市场并不罕见。

对股票市场进行分类有几种方法。在本章中,我们使用摩根士丹利资本国际公司的市场分类法,这是该组织构建和维护的一系列指数。其结构和当前数据如表 24-2 所示,摩根士丹利资本国际公司最广泛的指数是摩根士丹利资本国际 ACWI 指数(ACWI 代表"世界各国指数")。正如展示的那样,这一指数分为发达市场、新兴市场、前沿市场和独立市场,其中每一个市场都按照地理区域进行了细分。总的来说,新兴市场以几种不同的方式进行分组,最常用的分组是金砖四国集团[⊖]，这四个国家被认为具有相似的发展水平。随后，南非加入这一集团，组成金砖五国。有趣的是，截至2017年年底，中国是全球第二大股市，但仍是一个发展中市场。

表24-3提供了全球市值最大的20家证券交易所的基本数据。《华尔街日报》《巴伦周刊》《经济学人》和彭博社经常会看到许多国家或地区、交易所和行业的全球股票数据（每日或每周）。

表24-3 全球市值最大的20家证券交易所（2015年1月31日）

排名	交易所	所属国家或地区	总部	市值（十亿美元）	月交易额（十亿美元）
1	纽约证券交易所	美国	纽约	19 223	1 520
2	纳斯达克证券交易所	美国	纽约	6 831	1 183
3	伦敦证券交易所	英国	伦敦	6 187	165
4	日本交易所集团	日本	东京	4 485	402
5	上海证券交易所	中国内地	上海	3 986	1 278
6	香港证券交易所	中国香港	香港	3 325	155
7	泛欧交易所	欧盟	阿姆斯特丹 布鲁塞尔 里斯本 伦敦 巴黎	3 321	184
8	深圳证券交易所	中国大陆	深圳	2 285	800
9	多伦多证券交易所集团	加拿大	多伦多	1 939	120
10	德意志证券交易所	德国	法兰克福	1 762	142
11	孟买证券交易所	印度	孟买	1 682	11.8
12	印度国家证券交易所	印度	孟买	1 642	62.2
13	瑞士证券交易所	瑞士	苏黎世	1 516	126
14	澳大利亚证券交易所	澳大利亚	悉尼	1 272	55.8
15	韩国交易所	韩国	首尔	1 251	136
16	OMX北欧交易所	北欧	斯德哥尔摩	1 212	63.2
17	南非证券交易所	南非	约翰内斯堡	951	27.6
18	马德里证券交易所	西班牙	马德里	942	94.0
19	台湾证券交易所	中国台湾	台北	861	54.3
20	圣保罗证券交易所	巴西	圣保罗	824	51.1

资料来源：世界交易所联合会，详见www.world-exchanges.org/statistics/monthly-reports。

24.3 股票市场指数

全球所有国家和交易所都提供股票市场指数。在每个进行股票交易的国家，至少有一个指数衡量国内交易所的总体股价变动。如果一个国家有多个证券交易所，每个交易所通常都有自己的指数。非交易所金融机构也提供股票市场数据，如接下来要介绍的新闻机构和金融咨询服务机构创建和发布的指数。

[⊖] Jonathan Lemco, "Are Emerging Markets Still Built on BRICS?" Vanguard, May 2016. https://institutional.vanguard.com/VGApp/iip/site/institutional/researchcommentary/article/InvResEmergingMarketsBRICS.

24.3.1 交易所提供的指数

在这里我们回顾四个国家的交易所提供的股票指数，它们分别是日本、英国、德国和法国的股票指数。

日本有两大股票指数。第一大指数是东京证券交易所编制的东京股票价格指数（TOPIX），这一综合指数以东京股市第一板块的所有股票为基础，该板块是为那些股票交易最活跃、持有量最大的老牌大公司保留的，东京股票价格指数是根据所包括公司的市值计算的。第二大指数是由金融信息公司日本经济新闻公司（Nihon Keizai Shimbun Inc.）发起的，该公司还计算并发布了日经225种股票平均价格指数，这一平均价格指数基于东京证券交易所上市的225家最大公司的股票价格，以与道琼斯30指数相同的方式计算。

英国伦敦证券交易所（LSE）涵盖了几个广受关注的指数，所有这些指数都是英国《金融时报》制定的。《金融时报》是一家总部设在伦敦由日本经济新闻公司所有的国际日报。最受欢迎的是富时100指数（FTSE 100指数），通常被称为"Footsie"，它是一个市场价值指数，通常包括英国最大的100家公司的股票，它们的市值构成了所有英国股票市值的大部分。其他指数分别是富时350指数（包括英国最大的350家公司）、富时小盘指数和富时全股票指数（这是英国最大股票的总和加上富时小盘指数的股票）。

德国主要的股票指数是DAX，是德国股票指数"Deutscher Aktienindex"的缩写，由法兰克福证券交易所提供，这个交易所的德文名称是"Frankfurter Wertpapierbörse"，所以一些金融服务机构经常用缩写FWB称呼法兰克福证券交易所，DAX指数以法兰克福交易所上市的30只交易最活跃的股票为基础。FAZ指数是另一个受欢迎的德国指数。FAZ指数由《法兰克福汇报》编制，根据在法兰克福交易所上市的100家最大公司的股价计算得出。

在法国，一个全国性的股票经纪人协会和巴黎证券交易所根据在交易所交易的40家大型著名公司的股票编制了一个指数。这个指数以交易所电子交易系统的名称命名，被称为CAC40指数。鉴于欧洲经济一体化程度的不断提高，CAC40指数、富时100指数和DAX指数都被视为反映欧洲股市和市场整体表现的可靠指标。

24.3.2 非交易所发起的国际指数

为了满足人们对全球股票投资日益增长的兴趣，全球非交易所金融机构开发了几种备受推崇的国际指数。

摩根士丹利资本国际公司提供了美国和国际股票系列指数。被大量机构投资者关注的国际全球股票指数是MSCI EAFE（欧洲、澳大利亚和远东地区）指数。摩根士丹利资本国际公司提供的指数有摩根士丹利资本国际全球标准指数、摩根士丹利资本国际全球小盘股指数和摩根士丹利资本国际价值和增长指数。摩根士丹利资本国际公司数据库中的数据已用于28 000多个指数的创建。摩根士丹利资本国际世界指数是全球股市的共同基准。这一指数采用市值加权的方法。表24-2列出了摩根士丹利资本国际公司提供的股票指数，分为发达市场、新兴市场、前沿市场和独立市场。这些指数被机构投资者广泛使用，并且这些指数也有增长型和价值型。

《金融时报》也创造了一系列全球股票指数，如富时环球指数系列、富时新兴市场指数、富时全球股票指数系列、富时全球行业指数系列、富时全球小盘股指数系列、富时全球风格指数系列、富时金矿指数系列、富时跨国公司指数系列、富时沙利亚全球股票指数系列和富时观察名单指数系列，这一系列指标也被广泛使用。

24.4 英国和欧洲股市监管

这里难以详细地讨论英国和欧洲的股票市场监管。因此，在这里简单地介绍一下重大事件和立法。

24.4.1 欧盟金融工具市场指令

2007年11月颁布的欧盟《金融工具市场指令》（MiFID）对欧盟（EU）证券市场监管基础设施进行了重大变革。请注意，在全球经济发生大衰退的2007～2009年期间，美国股市也发生了重大改革。

目前，美国（见第22章）和欧盟的金融监管既有相似之处，也有不同之处[⊖]。这两种监管体系都试图维护公平有序的市场，保护投资者，并提供价格透明度。虽然欧盟《金融工具市场指令》的监管不适用于暗池，但两者有两个主要区别。第一，欧盟对投资者的保护规则分为针对散户投资者和针对专业投资者两个层次。在美国，同样的监管制度保护所有投资者（对机构投资者有一些限制）。第二，在美国，交易所报告的报价和交易数据被合并成一个系统，并分发给市场参与者。相比之下，在欧盟，报价和交易分散在多个交易场所之间，不需要合并。

2018年1月3日，欧盟修订了其欧盟《金融工具市场指令》的规则，将欧盟《金融工具市场指令Ⅱ》纳入其中，该规则通过分拆资产管理公司为投资研究支付的费用，确保资产管理公司获得交易研究的价值。根据这些规则，资产管理公司不得不自己支付研究费用，或者向客户收取研究费用。在欧盟或英国做生意的美国投资者也会受到影响，这些变化的影响预计是显著的。

欧盟证券市场的竞争加剧，但交易却变得更加分散，流动性也从交易所转移，引发了人们对"流动性分散"的担忧，这导致了监管条例的出台。美国的全国市场系统介绍可参考第22章所述。在欧盟和美国，交易所之间的合并都有所增加，而且似乎越来越多的股票交易已经转移到了暗池。

24.4.2 金融大爆炸

欧洲监管变革的一个强大推动力是1986年发生在伦敦的"金融大爆炸"。"金融大爆炸"对英国市场结构和机制造成了重大的永久性变化，这些变化包括终止固定佣金以及终止股票经纪人和股票工作人员之间的区别。股票经纪人是以佣金为基础为客户进行代理的。股票工作人员创造市场，也就是说，他们为自己的"账簿"从事股票买卖，因此，他们是市场的主要参与者，为市场提供了流动性。在此之前，经纪人和股票工作人员必须是独立的，而不是更广泛的金融集团的一部分。这些限制在"金融大爆炸"之后被取消了。

这些监管变化将伦敦证券交易所从基于场内、公开喊价的市场转变为基于屏幕的电子交易市场。伦敦证券交易所的规定于1986年10月27日生效。随后交易活动激增，但很快，电子交易的市场结构发生了彻底的变化，伦敦证券交易所的交易大厅变得空无一人，因为所有交易都在"楼上"，也就是说进入了交易所以外的办公室。伦敦证券交易所发生的这些变化在其他许多全球证券交易所发生类似变化之前。

⊖ Tanja Boskovic, Caroline Cerruti, and Michel Noel, "Comparing European and U.S. Securities Regulations, Mi-FID versus Corresponding U.S. Regulations," World Bank Working Paper 184 (Washington, DC: World Bank, 2010).

24.5 中国股票市场

中国股票市场相对年轻，而且中国目前是发展中国家，还不是发达国家。中国股票市场与大多数其他发达国家的全球股票市场有很大不同，它是由散户而非机构投资者推动的。根据美国消费者新闻与商业频道（CNBC）的数据，大约 85% 的交易是由散户投资者进行的。[1]

中国散户投资者往往对风险非常敏感，与美国的机构投资者和散户投资者相比，他们在坏消息下抛售，在好消息下买入的速度更快。散户投资者通常被认为是"噪音投资者"，因为他们通常在不使用基本面数据的情况下做出买入和卖出的决定，而且往往对好消息和坏消息反应过度。总体而言，中国的散户投资者是非常活跃的交易者和投机者，而不是长期投资者。此外，在中国，大多数大盘股公司为大型国有企业（SOE）所有，散户投资者被部分小盘股公司吸引，使得这些规模较小的市场更加动荡，这些因素导致中国股市比美国股市波动性大得多。

总的来说，中国股市存在几个缺点。第一个缺点是投资者的短期投机倾向严重，这导致中国股市大幅波动。第二个缺点是缺乏金融顾问为散户投资者提供咨询。零售交易由银行进行，但银行不提供财务建议。第三个缺点是缺乏长期机构投资者，也就是说，只有很少的共同基金（包括指数基金）。第四个缺点是非上市市场的不透明性加剧了波动性。第五个缺点是以问责制为导向的股东保护政策质量低下，加之商业惯例薄弱，例如，财务披露有限和内幕交易。第六个缺点是中国政府的市场干预政策还不完善，投资者也不太了解。

中国股票市场的优势在于：①规模大；②增长迅速；③中国股票市场与其他国际市场的相关性较低。投资者发现这些优势引人注目。

随着中国股市的成熟，上述不利因素可能会有所缓和。目前，中国股市规模巨大，增长迅速，已经成为许多全球投资组合的重要组成部分。

24.5.1 中国股票市场结构

中国股市的结构和运作方式与其他国际交易所大不相同，中国股市的结构如图 24-1 所示，约有 30% 的公司在三家证券交易所（香港、上海和深圳证券交易所）之一上市，70% 的公司没有在交易所上市。未在上述任何交易所上市的股票被称为"未上市"股票，即不在任何交易所交易。在 30% 的上市股票中，大约一半是国有企业，另一半是私营企业。随着时间的推移，国有企业和私营企业之间的这种组合已经发生了变化。

国有企业是完全或部分属于国家所有，代表国家从事商业活动的法人。截至 2011 年，中华人民共和国 35% 的商业活动和 43% 的利润来自政府拥有多数股权的国有企业。[2]

国有企业在中国经济发展中发挥了重要作用。20 世纪 80 年代，国有企业占中国经济的 80%。然而，随着私营经济的快速增长，到 2017 年，国有企业仅占经济总量的 20%。

表 24-4 显示了中国的证券交易所。中国的证券市场是世界第二大证券市场。中国证券市场由世界第五、第六和第八大证券交易所组成。在这些交易所交易的股票被称为"上市"和"主流"股票。

---

[1] Mark Fahey and Eric Chemi, "Three Charts Explaining China's Strange Stock Market," www.cnbc.com/2015/07/09/three-charts-explaining-chinese-strange-stock-market.html, July 9, 2015.

[2] Gabriel Wildau, "China's State Owned Zombie Economy," *Financial Times*, February 29, 2016, available at https://www.ft.com/content/253d7eb0-11e5-84df-70594b99fc47.

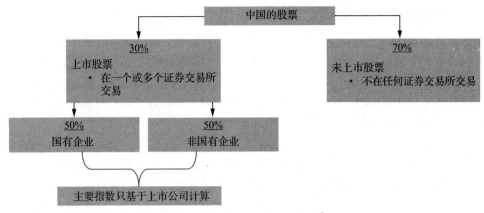

图 24-1 中国的股票市场结构⊖

表 24-4 中国证券交易所（截至 2015 年 1 月 31 日）

交易所	市值规模（十亿美元）	世界排名（市值）	成立时间	指数
上海证券交易所	3 986	5	1990/11/26	上海证券交易所综合指数
香港证券交易所	3 325	6	1891/1986	恒生指数
深圳证券交易所	2 285	8	1990/12/1	深圳证券交易所综合指数
创业板（深圳证券交易所旗下一部分）	—	—	2009/10/23	—

深圳证券交易所（SZSE）还拥有一家成立于 2009 年 10 月 23 日的科技交易所——中国创业板（ChiNext）。一般认为，上海证券交易所（SSE）与纽约证券交易所类似，在纽约证券交易所上市的是许多大型股，而深圳证券交易所则专注于小盘股和科技股，被认为与纳斯达克证券交易所相似。

上海证券交易所和深圳证券交易所两家内地证券交易所于 1990 年成立并开始营业。香港证券交易所于 1891 年正式成立，并于 1986 年初开始了一系列重要的发展。

表 24-4 的最后一列显示了中国股票市场指数的名称，下文将对此进行讨论。如上所述，这些指数只包括在股票交易所交易的股票。

中国的货币

中国的官方货币叫人民币（以 RMB 表示），人民币可直译成"人民的货币"。1948 年 12 月中国人民银行成立，发行第一套人民币。虽然它的官方缩写是"￥"，但最常见的缩写是"RMB"。

元是中国的基本货币单位，也就是说货币以 1 元、2 元等计价。元用￥表示。美联储票据的价值单位（一种类似于元的价值单位）和美元（一种类似于人民币的货币）之间可以进行类比。价格是指美元，而不是美联储的纸币。

在实际操作中，它们是可替代的。人民币的国际应用广泛。《华尔街日报》和《纽约时报》会报道人民币兑美元的汇率。

⊖ 图 24-1 描述了中国的股票市场结构、中国的证券交易所、中国的股票指数。

24.5.2 中国股票市场的监管

中国证券监督管理委员会(简称"中国证监会")是中华人民共和国的一个机构,它是中国证券业的主要监管机构。1999年7月1日生效的《中华人民共和国证券法》是中国第一部证券立法。《中华人民共和国证券法》规定了中国证监会的职责,《中华人民共和国证券投资基金法》及一系列相关法律扩大了中国证监会的职权范围。中国证监会同时还颁布了几项监管条例,以支持中国股票市场朝着更加市场化的方向发展。

中国法律授权中国证监会对中国证券市场实施集中统一监管,以确保其合法运作。中国证监会监督中国全国性的证券集中监管体系,有权对证券发行人进行监管,并对"与证券、期货有关的违法行为"进行调查和处罚,其职能与美国证券交易委员会相似。

中国证监会的职责包括:①制订有关证券、期货合同市场的政策、法律和法规;②监督股票、债券和投资基金的发行、交易、托管和结算;③监督期货合同的上市、交易和交割,监督期货交易所以及证券和期货公司。

中国证监会对中国证券期货市场实施统一监管,维护证券期货市场秩序,保障资本市场合法运行。中国证监会总部设在中国北京。

1. 股权分置改革

在2005年4月之前,在中国股票市场上交易的公司采取了股权分置的结构,即1/3的股份是公开发行的股票,可以自由交易,2/3的股份是国有企业,是非流通股。非流通股导致了许多公司治理问题,并导致许多企业的国有股权结构缺乏激励和管理者责任,这被认为是造成国有企业效率低下和生产率低下的原因⊖。这两种股票具有相同的股息和投票权,它们的区别只在于它们是否可以交易,即在于两者的流动性。

中国政府建立股票市场的目标是为国有企业筹集资金,同时需要保留对这些企业的控制权。实现这一目标需要二级市场交易,这也是非流通股结构存在的最初原因。其中,可交易的股票被称为流通股,不可交易的股票被称为国有"非流通股"或"合法股"。1/3的股票是自由交易的公开股票,2/3是未公开交易的国有企业股票。

但是这种所谓的股权分置结构并没有实现其目标,非流通股的交易效率不高。因此,2005年4月,中国证监会通过了"股权分置改革"方案,所有非流通股都可以在上市股票市场交易,也就是说,这些股票变成了流通股。

鉴于流动性的差异,流通股的价值高于其他完全相同的非流通股。因此,在非流通股开始根据股权分置改革进行交易之前,流通股持有人必须从之前的非流通股持有人那里获得其价值差异的补偿。基于这个原因,非流通股与流通股股东通过谈判达成了一项和解协议,该协议将在非流通股可交易时适用。

股权分置改革对中国股市产生了显著的积极影响。自证券市场定价制度实施以来,证券市场定价的质量和可靠性有了显著提高。具体而言,一项实证研究证实,股权分置改革有利于小型股、治理较差的股票和流动性较差的股票,被忽视的股票的交易量和价格也有所上升。⊖

⊖ Cheng Wui Wing, "Impact of Split Share Structure Reform of China State-Owned Enterprises on China's Corporate Government Development," Hang Seng Management College, Hong Kong, China, undated, http://wbiconpro.com/308-Andy.pdf.

⊖ Andrea Beltratti, Bernardo Bortolotti, and Marianna Caccavaio, "The Stock Market Reaction to the 2005 Non-Tradable Share Reform in China," Working Paper 1339 (Frankfurt: European Central Bank, May 2011), 4.

总的来说，股权分置改革取消了通常由国家或与政治相关的机构投资者持有的非流通股股票。股权分置改革实施后，中国 A 股市场的效率、流动性和定价水平均得到显著提高。如下文所述，股权分置改革只适用于中国 A 股，而不适用于 B 股和 H 股。

2. 合格境内外机构投资者计划

合格境外机构投资者（QFII）计划允许某些持牌国际投资者参与中国内地证券交易所。中国于 2002 年推出合格境外机构投资者计划，允许外国投资者进入其在上海和深圳的证券交易所。在合格境外机构投资者之前，由于中国严格的资本管制，外国投资者无法在中国的证券交易所买卖股票。随着合格境外机构投资者计划的推出，持牌投资者可以买卖以人民币计价的 A 股股票。外国投资者对这些股票的准入受到特定配额的限制，这些配额决定了持牌外国投资者获准在中国资本市场投资的金额。因此，外国投资者有机会在中国境内投资，否则会受到资本管制和资产出入境的管制。

截至 2012 年 4 月，合格境外机构投资者计划的总额度为 800 亿美元。配额由中国国家外汇管理局授予，配额可以根据国家经济和金融状况进行调整，投资品种为 A 股上市股票（不含外资 B 股）。要被批准为持牌投资者，必须具备某些资格（资格取决于投资者的类型，如基金管理公司和保险公司）。例如，基金管理公司必须具备至少 5 年的资产管理经验，并且必须管理至少 50 亿美元的证券资产。

合格境外机构投资者计划有助于摩根士丹利资本国际公司将 A 股纳入美国股指。摩根士丹利资本国际公司之所以在将 A 股纳入其指数方面进展缓慢，是因为投资者必须为合格境外机构投资者计划的一部分才能投资 A 股，合格境外机构投资者计划对投资者可以投资的金额设定了限制。

如前所述，合格境外机构投资者允许外国投资者在中国投资。与之对应的是合格境内机构投资者（QDII）计划，该计划允许某些中国机构投资者（如银行、基金和投资公司）在中国境外投资证券。合格境内机构投资者计划在中国的设立是为了给越来越多的中国投资者提供一个更大的市场。中国股市的深度并不总是能够提供足够的投资市场，例如，根据合格境内机构投资者的规定，机构投资者可以被批准将其净资产的 50% 投资于允许的外国证券，只要对单个证券的投资不超过 5%。

24.5.3 中国证券交易所

中国股票市场有三大交易所，分别为香港证券交易所、上海证券交易所和深圳证券交易所。最后两个交易所通常被称为"内地"或"在岸"证券交易所。表 24-4 提供了中国证券交易所及其相应指数的名称。

香港证券交易所是全球第六大证券交易所，也是亚洲第三大证券交易所，仅次于东京证券交易所和上海证券交易所。香港证券交易所在引进电子交易方面一直非常积极。在 1986 年推出电脑辅助交易系统后，香港证券交易所于 2000 年 10 月推出完整的系统，小规模的实物交易虽然仍然存在，但占总交易量的比例不到 1%。香港证券交易所对外国投资者完全开放。

上海证券交易所是全球第五大证券交易所，也是中国内地最大的证券交易所，它是一个由中国证监会管理的非营利组织。股票、基金和债券都在上海证券交易所进行交易，交易所有上市要求，包括公司必须在上市前至少三年内营业并盈利。上海证券交易所成立于 1990 年，截至 2009 年年底，共有约 870 家上市公司，1 351 只上市股票（A 股和 B 股），总市值约为 2.78 万亿美元，股票成交量约为 5.22 万亿美元。上海证券交易所交易系统每天可处理和执行 1.8 亿份 A 股交易订单和 400 万份 B 股交易订单。

深圳证券交易所是全球第八大证券交易所、中国第三大证券交易所、亚洲第四大证券交易所。深圳证券交易所的上市公司中大部分属于国有企业。2009 年 10 月，深圳证券交易所开设了创业板，这是纳斯达克类型的科技初创企业交易所。深圳证券交易所成立于 1990 年，设有主板、中小企业板、创业板和股权转让代理系统。截至 2009 年年底，主板有 467 家公司，中小企业板有 327 家，创业板有 36 家，市值分别约为 0.6 万亿美元、0.25 万亿美元和 2 410 万美元。

24.5.4　中国股票市场类别（A 股、B 股和 H 股）

中国的股票交易通常被认为是复杂的，这主要是因为它有多个类别，而且每个类别都有允许投资者交易的规则。如上所述，中国股票交易在三个交易所进行，即香港证券交易所、上海证券交易所和深圳证券交易所。此外，许多中国股票未上市，即它们不在交易所交易（见图 24-1）。中国的上市公司（在这些交易所）被分为三大类：A 股、B 股和 H 股。

在上海证券交易所或深圳证券交易所上市的每一只股票都有两类，即 A 股和 B 股。一般来说，A 股由中国内地投资者交易，B 股由国际投资者交易。

A 股以人民币进行交易，面向所有中国内地投资者，外国投资者也可以购买 A 股，但只能通过合格境外机构投资者计划进行。A 股只对中国内地投资者开放，但这一限制在 2013 年结束。从那时起，获得中国政府特别许可的外国机构也可以参与 A 股市场交易（如上所述）。

B 股主要在国际投资者中交易。拥有合法外币账户的中国内地投资者也可以使用这些账户。B 股以中国本土企业为基础，它们的面值是人民币，但主要由国际投资者交易。不过，B 股也对国内投资者开放，前提是这些投资者设立了外币账户。B 股在上海证券交易所以美元计价交易，在深圳证券交易所以港币计价交易。许多公司同时在香港证券交易所和内地证券交易所上市交易，因此提供两种股票类别，称为"双重上市"。

H 股是指在中国内地注册成立并在香港证券交易所上市的公司股票。虽然它们受中国法律制度的约束，但 H 股以港币计价交易，其交易方式与香港证券交易所其他股票的交易方式相同。许多公司在香港证券交易所和内地两个证券交易所之一（双重上市）同时上市。

表 24-5 的上半部分总结了 A 股、B 股和 H 股的特征，下半部分总结了中国和美国投资者可获得的三种股票类别。

表 24-5　中国股票类型

股票类型汇总		
股票	上市公司	投资者
A 股	基于中国内地公司，以人民币计价，在上海和深圳证券交易所交易	主要由中国投资者在上海和深圳证券交易所交易，合格境外机构投资者也可以交易（自 2013 年起）
B 股	基于中国内地公司，面值是人民币，在上海、香港或深圳证券交易所交易	主要由国际投资者进行交易：①在上海证券交易所以美元计价交易；②在深圳证券交易所以港币计价交易
		中国内地投资者可以使用合法的外币账户进行交易

股票类型汇总		
股票	上市公司	投资者
H 股	中国法律监管的中国公司，在中国内地注册成立并在香港证券交易所上市的公司，以港币计价交易	所有投资者均可自由交易，与香港交易所其他股票的交易方式相同，以港币计价交易

股票和投资者类型			
	A 股	B 股	H 股
中国投资者	可以（上海证券交易所和深圳证券交易所）	只有拥有合法外币账户的中国投资者可以	可以，在香港证券交易所（通过与沪港通或深港通的连接）
美国投资者	必须通过合格境外机构投资者计划	可以	可以，在香港证券交易所

24.5.5 A 股与 H 股

2013 年之前，A 股只对中国内地投资者开放，由中国投资者（在上海证券交易所和深圳证券交易所）交易。不过，自 2013 年起，合格境外机构投资者也可以交易 A 股。拥有合法外币账户的任何人（包括中国内地投资者）都可以自由买卖 H 股。在 2007 年之前，中国投资者只能交易 A 股（在两个内地证券交易所），不能交易 H 股，即使是 A 股和 H 股同时上市的股票。

从 2007 年开始，中国允许中国投资者投资在香港证券交易所上市的 H 股。不同类型的投资者可以拥有相同的内地股票的 A 股（在两个内地证券交易所交易）和 H 股（在香港证券交易所交易）。结果导致在两个市场之间，对于两个原本相同的股票，价格可能会出现非常大的差异，价差可能为 30%、80% 甚至 100%。也就是说，对于这些双重上市的股票，A 股的交易价格可能高于 H 股。

尽管价差如此之大，但这两个市场之间没有套利渠道。这些利差存在的原因包括：①大型机构投资者投资 H 股，机构更善于评估价值，不具有投机性；②由于市场分割，中国优质股票的供求关系严重失衡；③限制或监管与高需求相结合增加了 A 股的溢价。

双重上市（同一只股票在内地证券交易所和香港证券交易所同时上市）的股票数量很少。2017 年年初，双重上市的股票不足 100 只。

1. 红筹股

红筹股是指总部设在中国内地，在国际注册成立并在香港证券交易所上市的公司。红筹股需要按照香港证券交易所的要求申报，这使它们成为希望参与中国经济快速增长的外国投资者投资的主要渠道。同一家公司除了发行 A 股外，还可能发行红筹股，不过只有中国公民可以投资 A 股（除非投资者是合格境外机构投资者计划的一部分）。

2. 沪港通

沪港通是一个连接上海证券交易所和香港证券交易所的投资渠道，因此每个市场的投资者都可以通过他们当地的经纪人在另一个市场上交易股票和清算股票。这是内地和香港投资者的第一道连接。该项目于 2014 年 11 月开始实施。另一个类似的连接——深港通，始于 2016 年 12 月，连接深圳证券交易所和香港证券交易所。这些连接主要由机构使用。对于使用这些连接的个人来说，他们必须通过最低限度的资产水平和测试证明自己是成熟的投资者。这可能还需要个人前往香港，并在当地的经纪人那里开户。这些股票只与 A 股挂钩，B 股不包括在内。

24.5.6 中国股票市场指数

中国股票市场指数完全基于上市股票，即在某个交易所上市的股票。上市股票中大约 50% 为国有企业股票，另外 50% 为非国有企业股票。非上市股票在活跃的市场交易，但不在任何交易所交易。中国股市的主要指数有恒生指数、上证综指、深证成指和沪深 300 指数。

恒生指数（HSI）是在香港证券交易所交易的流通股市值加权股票市场指数。恒生指数的 50 个成员公司约占香港证券交易所资本总额的 58%。该指数用于记录和监测最大公司的日常变化。恒生指数始于 1969 年 11 月，目前由恒生银行全资子公司恒生指数有限公司编制和维护。恒生指数 50 只个股也分为四个分项指数：金融、公用事业、地产和工商业。

上证综指是一个资本加权指数，它追踪所有在上海证券交易所上市的 A 股和 B 股的价格表现。该指数以 1990 年 12 月 19 日为 100 基准值进行制定。

深证成指是深圳证券交易所的主要指数，由 500 只股票组成。它是 1991 年 4 月 3 日启用的资本加权指数。

沪深 300 指数是指在两个内地证券交易所上市的 300 只 A 股股票的自由流通市值加权指数。该指数于 2005 年 4 月建立，由中证指数有限公司编制，分为能源、材料、工业、非必需消费品、必需性消费品、医疗保健、金融、信息技术、电信、公用事业 10 个子指数。

标准普尔中国 500 指数以 500 家规模最大、流动性最强的中国公司为基础，其构成与中国股市整体行业构成接近。中国 A 股和海外上市公司均符合纳入条件。该指数通过流通股市值加权计算，是标准普尔、道琼斯指数系列之一。

美国股票指数发起人越来越多地将在中国交易所交易的股票纳入指数。例如，2017 年 7 月，摩根士丹利资本国际公司将中国 A 股纳入摩根士丹利资本国际相关指数（摩根士丹利资本国际中国指数、摩根士丹利资本国际新兴市场指数等），其中包括在上海证券交易所和深圳证券交易所上市的 A 股股票。这一变化增加了来自上海证券交易所和深圳证券交易所的 222 只中国 A 股。在此之前，摩根士丹利资本国际新兴市场指数和其他相关指数只包括非 A 股的中国股票，例如，阿里巴巴（在纽约证券交易所交易）和中国移动（在香港证券交易所交易）。将 A 股纳入摩根士丹利资本国际指数，有助于为这些中国股票提供更大的机构投资者基础。如上所述，非中国投资者必须通过合格境外机构投资者获得购买 A 股的资格。

24.6 中国股票市场和美国股票市场

让我们把中国股票市场和美国股票市场做个比较。两者都有很长的历史，中国证券交易所成立年份如表 24-4 所示：上海证券交易所成立于 1990 年，香港证券交易所始于 1891 年，然后在 1986 年重组后重新开放。美国的纽约证券交易所成立于 1792 年。

在美国，很大一部分股票交易是由机构进行的，而中国股市的大部分交易是由散户进行的。虽然美国企业严重依赖股权融资，但中国企业更依赖银行贷款和留存收益。

美国股票市场比中国股票市场对外国投资者开放得多。如前所述，在中国证券交易所，A 股主要在上海证券交易所和深圳证券交易所的中国投资者之间交易，B 股主要由非中国投资者交易，H 股对中国和非中国投资者都开放。

在投资者参与方面，中国股票市场结构比美国股票市场结构复杂得多。

关键知识点

- 在国内市场之外投资的原因是，它可以实现更好的多元化（更有效的边界），并通过投资于价格效率较低的市场获得有吸引力的收益。
- 投资者可以投资其他国家的股票市场，不仅可以购买在这些国家交易的股票，还可以投资于集体投资工具，如封闭式基金、共同基金和指数型股票基金，以及通过购买存托凭证（美国存托凭证和全球存托凭证）。
- 非美国股市约占全球股市的50%。
- 非美国股市由欧洲、大洋洲和亚洲等地区的股市组成。
- 英国的"金融大爆炸"使股票交易发生了重大变化，并立即从场内交易转向"楼上"电子交易。
- 中国股票市场是全球第二大股票市场，由内地证券交易所（上海和深圳证券交易所）和香港证券交易所组成。
- 中国的证券交易所很大。上海证券交易所是全球第五大证券交易所，香港证券交易所是全球第六大证券交易所，深圳证券交易所是全球第八大证券交易所。
- 中国证监会是中国的证券监管机构，类似于美国证券交易委员会。
- 中国股市主要由散户组成，而不是由机构投资者组成。
- 由于中国股市的散户投资者是非常短线的交易者，他们对风险非常敏感，因此中国股市波动较大。
- 中国股市由70%未上市（未在任何交易所上市）的股票和30%的在交易所上市交易的股票组成，后者由大约50%的非国有企业和50%的国有企业组成。
- 中国有几个股票指数，有些与交易所有关，有些独立于交易所发展。
- 沪深300指数被认为是中国的标准普尔500指数。
- 元（以RMB表示）是中国官方货币的记账单位。
- 合格境外机构投资者计划允许部分国际投资者在中国内地证券交易所投资。具体而言，持有合格境外机构投资者牌照的国际投资者可以参与中国A股市场。
- 中国的证券交易所列出了三种不同的股票类别：A股、B股和H股。
- A股和B股是在上海证券交易所和深圳证券交易所上市的一只股票的两种类型，而H股则是在内地注册成立并在香港证券交易所上市的股票。
- 不同类型的投资者（中国投资者和国际投资者）可以在不同的交易所交易不同类型的股票。
- A股主要供中国投资者使用，B股主要供国际投资者使用。
- 在上海证券交易所，B股以美元计价，而在深圳证券交易所，则以港币计价。
- 红筹股是指总部设在中国内地，在国际注册成立并在香港证券交易所上市的公司。
- 中国股市的主要指数有恒生指数、上证综指、深圳成指和沪深300指数。
- 尽管按照国际标准，中国股票市场的资本化率很高，但它们相对年轻。
- 中国股票市场主要是散户市场，而美国股票市场是机构市场。
- 股权融资在中国不如在美国重要。

练习题

1. 一位投资者认为，她的国内股票市场具有很高的定价效率，但希望积极管理自己的投资组合。解释为什么这位投资者投资国外的股票市场是有益的。

2. 一位西班牙投资者希望开发国内和非西班牙股票的投资组合。在投资非西班牙股票时，除了直接投资其他国家的股票之外，还有哪些其他投资选择？

3. 投资者在投资国内股市以外的股票时应该考虑哪些问题？
4. 发达国家、发展中国家和前沿国家的主要股市指数是什么？
5. 新兴市场股票在全球投资者中越来越受欢迎，全球机构投资者投资新兴市场股票的考虑因素是什么？
6. 讨论以下新兴市场股票类别：金砖四国、金砖五国、欧洲五国和摩根士丹利资本国际公司类别。
7. a. 什么是合格境外机构投资者计划？
   b. 它对全球股市有何影响？具体来说，它会对美国投资者产生什么影响？
8. a. 什么是欧盟《金融工具市场指令》和欧盟《金融工具市场指令Ⅱ》？
   b. 欧盟《金融工具市场指令》结构与美国股票监管结构相比如何？
9. 讨论摩根士丹利资本国际公司全球股票市场数据的结构，包括不同类型的股票和不同类别的国家类型。
10. 描述中国股票市场的股票类型和他们的投资者类型。
11. a. 美国投资者可以投资哪些中国股票类型？
    b. 中国内地投资者可以投资哪一类？
12. 描述中国A股以及H股之间的关系。除了在不同的交易所上市外，这两种股票其他方面都相同，解释这两种股票的价格是否相等。
13. a. 介绍2005年股权分置改革前中国股票市场的运行情况以及这一改革对中国股票市场的影响。
    b. 这种变化对中国股市有利吗？
14. a. 描述中国A股、B股和H股之间的关系。
    b. 讨论A股、B股和H股投资者之间的联系、重叠和差异。
15. a. 讨论美国和中国散户投资者投资方式的差异。
    b. 对相关股票市场的市场行为有何影响？

第25章

全球短期融资和投资市场

学习目标

学习本章后，你会理解：
- ▲ 什么是货币市场；
- ▲ 货币市场上交易的不同类型的私人债务工具；
- ▲ 2008～2009年金融危机对货币市场交易工具的影响；
- ▲ 银行间融资（贷款）市场是什么，其重要性和未来；
- ▲ 什么是回购协议，以及如何利用回购协议为证券头寸融资；
- ▲ 什么是欧洲货币；
- ▲ 联邦基金市场的特征和联邦基金利率；
- ▲ 联邦基金利率与伦敦银行同业拆借利率（LIBOR）之间的联系；
- ▲ 伦敦银行同业拆借利率的计算及其对全球金融市场参与者的重要性；
- ▲ 不同的无担保贷款利率；
- ▲ 影响回购协议利率的因素；
- ▲ 是什么导致回购利率为负，后果是什么；
- ▲ 什么是商业票据及其发行原因；
- ▲ 商业票据发行人（金融和非金融）的类型和主要购买者；
- ▲ 什么是欧洲商业票据，它与美国发行的商业票据有何不同；
- ▲ 什么是银行承兑汇票及其产生方式；
- ▲ 什么是存单以及不同类型的存单；
- ▲ 不同类型的货币市场基金，以及这些集体工具在货币市场中发挥的关键作用；
- ▲ 为提高货币市场基金的流动性和安全性而进行的监管改革。

正如我们所看到的，金融市场可以用不同的方式分类。例如，根据金融工具持有人所有权的性质，可以将其分为股票市场和债务市场。如前几章所述，现货市场和衍生工具市场是不同的。如第1章所述，对于债务义务，可根据金融工具的到期日进行区分。基于期限分类的两个市场是货币市场和资本市场。在发行时到期日为一年或一年以下的金融工具称为货币市场工具，其交易的市场称为货币市场。相反，资本市场是指期限超过一年的金融工具交易的市场。

由于股票具有永久到期日，因此它是资本市场的一部分。

本章的重点是货币市场，这个市场在金融体系中扮演着以下三个重要角色。首先，它为那些想投资流动资产的投资者提供了一个可以投资的市场。其次，它为那些需要流动性的实体提供了一个可以借钱的市场。最后，货币市场为全球各国央行提供了一个可以通过影响流动性的可用性和成本来实施货币政策的方法。

本章描述了在货币市场上交易的各种私人货币市场工具。所谓私人货币市场工具，指的是非政府实体（非金融和金融公司）发行的工具。私人货币市场工具包括银行间无担保贷款、回购协议、商业票据、大额可转让存单、银行承兑汇票和货币市场基金。

正如我们在本书中经常提到的，流动性是金融和非金融公司的一个重要问题。当我们在第2章描述了最近的金融危机以及历史上的政府救助时，需要救助的实体遇到的问题是流动性问题。事实上，流动性是2007年开始的次贷危机的罪魁祸首，这场危机随后在2008～2009年引发了全球经济衰退。私人货币市场工具必须由愿意接受相关信用风险的投资者购买。自金融危机以来，货币市场的结构和监管发生了重大变化。本章将重点介绍这些变化。

25.1 同业拆借市场

在2007年次贷危机爆发前，银行最直接的流动性来源是银行间融资市场（也称银行间拆借市场）。顾名思义，这是一个银行相互拆借资金的市场，尽管非存款机构也参与了这一市场。在这个市场上，银行之间有两种贷款：无担保贷款和有担保贷款。无担保贷款是通过联邦基金市场进行的。担保贷款是通过回购协议完成的，该部门被称为**回购市场**，我们将在本章后面描述这些协议。

在金融市场，银行间融资市场是正常市场条件下流动性最强的部分。某些事件使这个市场备受关注。例如，2001年9月11日的恐怖袭击导致美国通信和报告系统中断，银行对流动资金的需求大幅度增加。然而，几天之内，市场就恢复了正常运转。相比之下，2008～2009年的全球经济衰退造成了银行间融资市场的混乱，由此引发了对这一市场未来生存能力的质疑。事实上，2007年次贷危机以来的一个关键问题就是银行间融资市场面临的问题。理解这些问题产生的原因对于我们理解在本章中描述的货币市场其他部门（私人货币市场工具）十分重要，这是因为自金融危机以来，银行间融资市场的变化使货币市场的整个结构也发生了变化。

欧洲货币市场是一个在不同监管机构下运作的存款市场，而不是用于进行国内交易的存款市场，一个突出的例子是在英国以外的银行以英镑计价的银行存款。"欧洲货币"中的"欧洲"用词不当。这些市场起源于欧洲。但在今天，这个词指的是在海外存款中持有的任何货币。另一个例子是**国际银行设施**。这些设施允许美国的存款机构向非居民提供银行服务，且不受限制银行行为的美国法规的约束。国际银行设施不受美联储某些要求的限制（见第6章）。

在提供银行服务方面有一个平行的结构——在岸和离岸。**在岸**是指传统的国内市场。**离岸**是指欧洲货币。如前所述，欧洲货币是指存放在其原籍国以外银行的任何货币。这些存款在欧洲货币市场交易，这些存款的来源是大型金融机构和公司。银行间利率是大型金融机构相互收取的贷款利率。

同业拆借利率

1. 联邦基金利率和中央银行利率

在美国，存款机构与另一存款机构或合格的非储蓄实体的交易一般发生在**联邦基金市场**，并涉及一方向另一方提供无担保贷款。这些联邦基金在市场上进行交易的平均利率被称为**联邦基金利率**。利用联邦基金市场主要经纪商自愿提供给纽约联邦储备银行的联邦基金交易每日数据，每天计算隔夜联邦基金利率，这个利率被称为**每日联邦基金有效利率**。

如第6章所述，银行必须在其当地的联邦储备银行保留准备金。有一段时间，联邦储备银行对存放在他们手中的储备不支付利息。这些存储准备金有两个组成部分；第一个组成部分是法定准备金；第二个组成部分是超额准备金（超过法定准备金的准备金数额）。2008年，由于持续的金融危机，联邦储备银行开始支付准备金利息[⊖]。联邦储备银行对法定准备金和超额准备金支付不同的利息。按法定准备金利率支付的利息称为**准备金利息**，按超额准备金利率支付的利息称为**超额准备金利息**。美联储支付准备金利息的目的是消除银行以储备形式捆绑资金时所面临的机会成本。支付超额准备金利息的目的与美联储控制每日联邦基金有效利率的能力有关。在美联储基金市场，超额准备金被交易（借出）给那些没有足够存款来满足所需准备金的银行。在联邦储备银行支付超额准备金利息之前，拥有超额准备金的银行可以按市场利率放贷。随着美联储对超额准备金支付利息，拥有超额准备金的银行发放这些资金的吸引力降低。

美联储用来影响隔夜美联储基金利率的机制，使市场设定的利率接近联邦公开市场委员会制定的隔夜联邦基金利率目标水平，它的运行机制为，通过公开市场操作，美联储改变市场上的储备供应量，并结合超额准备金利息，使隔夜美联储基金利率在联邦公开市场委员会确定的目标水平范围内受到影响。

联邦基金储备利率是美联储制定的利率，其他国家的中央银行也制定了类似的利率。表25-1列出了部分国家中央银行的名称及其利率。

表25-1 部分国家中央银行的名称及其利率

国家	中央银行，利率
澳大利亚	澳大利亚储备银行，官方现金利率
巴西	巴西中央银行，特别清算和保管费率制度
加拿大	加拿大银行，关键政策利率
智利	智利中央银行，货币政策利率
中国	中国人民银行，基准利率
捷克	捷克国家银行，两周回购利率
丹麦	国家银行，贷款利率
匈牙利	匈牙利国家银行，两周票据利率
印度	印度储备银行，关键短期贷款利率
印度尼西亚	印度尼西亚银行，印尼银行利率
以色列	以色列银行，整体利率
日本	日本银行，无抵押隔夜拆借利率

⊖ 2006年的《金融服务监管救济法》要求联邦储备银行支付所需准备金和超额准备金的利息，为此美联储修改了D条例（存款机构的准备金要求）。2008年《紧急经济稳定法案》加速了这项任务的执行，直至2008年10月。

(续)

国家	中央银行，利率
墨西哥	墨西哥银行，隔夜同业拆借利率
新西兰	新西兰储备银行，官方现金利率
挪威	挪威银行，关键政策利率
波兰	波兰国家银行，参考利率
俄罗斯	俄罗斯银行，俄罗斯中央银行关键利率
沙特阿拉伯	沙特阿拉伯货币机构，回购利率
南非	南非储备银行，回购利率
韩国	韩国银行，基准利率
瑞典	瑞典央行，回购利率
瑞士	瑞士国家银行，三个月瑞士法郎伦敦银行同业拆借利率
土耳其	土耳其共和国中央银行，一周回购利率
英国	英格兰银行，官方银行利率
美国	美国联邦储备系统，联邦基金利率

2. 无担保银行同业拆借利率基准

美国联邦基金利率并不是一个反映银行在银行间融资市场的无担保借款的由市场决定的利率。相反，联邦基金利率是一种人为的利率，其目标水平由美联储决定。相比之下，有一个银行间融资利率，银行可以在美国以外的伦敦货币市场无担保地借款。这个利率就是**伦敦银行同业拆借利率（LIBOR）**。

伦敦银行同业拆借利率并非直接来自银行间融资市场的实际无担保贷款交易。相反，伦敦银行同业拆借利率是根据该利率管理者对每日市场调查的反应来计算的。2014年之前，英国银行家协会（BBA）是该利率的管理者。2014年年初，伦敦银行同业拆借利率的管理职责被转移到洲际交易所（ICE），伦敦银行同业拆借利率现在被称为"洲际交易所伦敦银行同业拆借利率（ICE LIBOR）"。

为了计算伦敦银行同业拆借利率，一些大型银行⊖估计了它在银行间市场上7种不同期限的借款利率：隔夜（1天）、1周、1个月、2个月、3个月、6个月和12个月。此外，伦敦银行同业拆借利率是根据5种不同的货币计算的，即美元（美元伦敦银行同业拆借利率）、英镑（英镑伦敦银行同业拆借利率）、欧元（欧元伦敦银行同业拆借利率）、日元（日元伦敦银行同业拆借利率）和瑞士法郎（瑞士法郎伦敦银行同业拆借利率）⊜。汤森路透（Thomson Reuters）公司每天公布一次洲际交易所各到期日和每种货币的官方伦敦银行同业拆借利率值。

欧元隔夜指数平均值是隔夜欧元同业拆借利率的平均值，它是35家供款银行对以欧元计价的隔夜无担保贷款收取的平均利率。出资银行包括欧盟银行和欧元区非欧盟国家的大型国际银行。

了解如何计算每个到期日和货币的官方伦敦银行同业拆借利率是很重要的。每家报价银行在每个工作日伦敦时间上午11点向汤森路透报告预计届时能够在银行间货币市场筹集大量贷款的利率。因为并非每家报价银行每天都会为每个到期日（或任何到期日）借入大量资

⊖ 英国银行家协会在英国外汇市场和货币市场委员会的协助下选择报价银行。对于每种货币，一组报价银行由最少8家，最多16家被认为是伦敦货币市场参与者的代表银行组成。

⊜ 2013年，英国银行家协会停止了5种货币的伦敦银行同业拆借利率：加元、澳元、新西兰元、瑞典克朗和丹麦克朗。

金，因此计算并非基于实际贷款交易。汤森路透从各报价银行报告的利率中剔除最低和最高的25%，然后平均剩余报告利率，以获得给定期限和货币的官方伦敦银行同业拆借利率。

伦敦银行同业拆借利率是一个关键利率，因为它被用作约360万亿美元衍生品合约的参考利率。此外，它还用于设定商业贷款、消费贷款以及住宅和商业房地产抵押贷款的利率。因此，伦敦银行同业拆借利率被视为全球金融市场最重要的基准利率，它的计算对于金融市场的所有参与者都是极其重要的。

目前关于伦敦银行同业拆借利率的问题是，这种基于调查的借款成本是否真实反映了银行间的融资成本，尤其是在市场低迷时期（如2008～2009年金融危机期间）。在此期间，伦敦银行间融资市场几乎没有交易。因此，许多市场参与者质疑英国银行家协会担任伦敦银行同业拆借利率管理人时公布的官方利率组合。

2012年，一些媒体报道称，一些报价银行提交了用于计算伦敦银行同业拆借利率的虚假信息。据称，某些报价银行故意低估了它们可以从其他银行隔夜拆借资金的利率。低估借款利率的原因是，如果不这样做，隔夜贷款的成本就会增加，这表明提交信息的银行的财务状况正在恶化。随后，一些国家的监管机构对计算伦敦银行同业拆借利率的过程进行了调查，证实一些专门银行操纵了伦敦银行同业拆借利率。这起伦敦银行同业拆借利率操纵丑闻导致了对参与其中的报价银行的诉讼。几家银行已经解决了这些诉讼案⊖。在英国，英国银行家协会同意根据英国金融服务管理局总经理马丁·惠特利（Martin Wheatley）领导的独立审查委员会的建议，将伦敦银行同业拆借利率的监管权移交给该国的监管机构。

无担保贷款利率在全球金融市场中扮演着重要角色。为此，金融稳定委员会在2014年编写了一份题为《改革主要利率基准》的报告⊜。报告提出了两项建议。第一项建议涉及提高无担保贷款市场关键银行间同业拆借利率的现行利率基准。这些关键的银行同业拆借利率被称为"银行同业拆借利率"。第二项建议是促进制定和采用几乎无风险基准利率的利率。2015年7月，金融稳定委员会发布了一份名为《主要利率基准改革进展》⊜的报告，作为一份中期报告，其描述了2014年报告中提出建议的实施情况。2015年7月中期报告发布后，负责银行同业拆借利率的部门采取了进一步措施，落实2014年金融稳定委员会报告中的建议，即改善无担保贷款的利率基准，尽可能根据交易数据获取利率，以避免出现前面讨论的与伦敦银行同业拆借利率存在的问题来改善无担保贷款的利率基准。

3. 银行间融资市场的未来

在2008～2009年金融危机期间，银行间融资市场出现了严重的混乱。一些观察家认为市场发生冻结，而且，一些人认为市场不会复苏。

⊖ To settle its role in the manipulation of LIBOR, Barclays in June 2012 agreed to pay a total of $453 million in fines to the U.S. Commodities Future Trading Commission, the U.S. Department of Justice, and the British Financial Services Authority. To settle its role in the LIBOR scandal, UBS agreed in December 2012 to pay a record-setting fine of $1.5 billion to authorities in the United States, the United Kingdom, and Switzerland. For a summary of the lawsuits and potential lawsuits arising from the manipulation of LIBOR, see C. Cowden W. Rayburn, "The LIBOR Scandal and Litigation: How the Manipulation of LIBOR Could Invalidate Financial Contracts," *North Carolina Banking Institute Journal* 17 (2013): 221–247.

⊜ Financial Stability Board, *Reforming Major Interest Rate Benchmarks*, 2014, www.fsb.org/wp-content/uploads/r_140722.pdf.

⊜ Financial Stability Board, *Progress in Reforming Major Interest Rate Benchmarks*, 2015, www.fsb.org/wp-content/uploads/OSSG-interest-rate-benchmarks-progress-report-July-2015.pdf.

2008～2009年的金融危机导致对高流动性资产的需求增加。美国银行的经理们更倾向于采取下述这一策略，即在危机恶化时维持可能需要的流动资产，而不是发放资产负债表上流动性较差的贷款[○]。此外，银行管理层的偏好转向了非常短期、高信用质量的担保贷款。与危机前相比，对担保贷款抵押品类型的偏好有所改变。在与其他银行和金融机构的贷款交易中，银行管理层倾向于流动资产。也就是说，在回购协议（将在本章后面讨论）等贷款安排中，抵押品可以是高信用质量的短期金融工具，或是向信用记录受损的借款人提供的住宅抵押贷款池。银行更倾向于前一类贷款而不是后一类贷款。

因此，经济和金融状况导致了这样一种环境，即银行为了保持资产负债表上的高流动性资产而在放贷金额上保持保守，在发放担保贷款时，优先选择信贷质量高、流动性强的抵押品。此外，短期贷款是首选。由于银行间贷款供应减少，因此借贷成本大幅上升。这导致了一个恶性循环，银行管理层采取进一步的保守政策，增加了流动性需求，减少了贷款金额，并进一步增加了借贷成本。例如，在雷曼兄弟公司申请破产保护的前一个月，美国商业银行之间的贷款在2008年9月达到4 940亿美元的峰值。申请破产后，美国商业银行间的贷款降至1 530亿美元[○]。直到联邦政府采取我们在第2章中描述的措施，这一恶性循环才被打破，但人们仍然担心，未来可能无法依赖银行间融资市场提供流动性。

一些研究为全球银行间融资市场的冻结提供了经验证据。例如，加里·戈顿和安德鲁·迈特里克发现，在回购市场中，涉及增加所需抵押品数量的银行政策实际上导致了回购市场的挤兑，尤其是涉及低信用质量资产的贷款[○]。关于银行间同业拆借市场的生存，加拉·阿方索、安娜·科夫纳和安托瓦妮特·朔尔调查了美联储基金市场对雷曼兄弟公司破产的反应，这项研究给出了不同的结论[○]。他们发现，尽管美联储基金利率大幅提高，贷款协议的条款对借款银行的风险特征变得更加敏感，但平均借款额是稳定的。他们认为，市场并没有冻结，但也没有扩张去满足需要流动性的银行增加的需求。

25.2 回购市场

回购协议（简称"回购"）是指卖方承诺在指定的未来日期以指定价格从买方回购证券的协议。基本上，回购协议是一种抵押贷款，抵押品是证券或资产池。回购协议中的抵押品可以是货币市场工具、国债、联邦机构证券、抵押贷款支持证券、资产支持证券或贷款池。正如我们在讨论银行间融资市场时指出的，银行利用回购协议向其他银行发放贷款。

现举例说明。假设一个证券交易商购买了1 000万美元的特定债券。交易商从何处获得资

[○] The same occurred in the United Kingdom. See Viral V. Acharya and Ouarda Merrouche, "Precautionary Hoarding of Liquidity and Inter-Bank Markets: Evidence from the Sub-Prime Crisis," Working Paper, World Bank and New York University, Stern School of Business, July 3, 2009; rev. January 2012.

[○] Mark Gilbert and Matthew Brown, "Interbank Lending Market 'Died with Lehman' Bankruptcy: Chart of the Day," *Bloomberg News*, June 1, 2010, http://www.bloomberg.com/news/2010-06-01/interbank-lendingmarket-died-with-lehman-bankruptcy-chart-of-the-day.html.

[○] Gary Gorton and Andrew Metrick, "Securitized Banking and the Run on Repo," *Journal of Financial Economics* 104, no. 3 (2012): 425–451.

[○] Gara Afonso, Anna Kovner, and Antoinette Schoar, "Stressed, Not Frozen: The Federal Funds Market in the Financial Crisis," revised May 2011, Federal Reserve Bank of New York Staff Report 437, http://www.newyorkfed.org/research/staff_reports/sr437.pdf.

金来为该头寸融资呢？当然，交易商可以用自己的资金或从银行借款来为头寸融资。然而，通常情况下，交易商利用回购市场获得融资。在回购市场，交易商可以将发行的 1 000 万美元债券用作贷款的抵押品。贷款期限和交易商同意支付的利率（简称**回购利率**）都有明确规定。贷款期限为 1 天的称为**隔夜回购**，超过 1 天的贷款称为**定期回购**。

该交易被称为回购协议，因为它要求出售证券并在未来日期回购。销售价格和回购价格均在协议中规定。购买（回购）价格与出售价格之间的差额是贷款的美元利息成本。

在上述例子中，交易商需要为其购买并计划隔夜持有的面值 1 000 万美元的债券融资。假设交易商的客户有 1 000 万美元的超额资金。交易商同意以回购利率确定的金额向客户交付（出售）1 000 万美元的债券，并在第二天以 1 000 万美元的价格从客户处购买（回购）同一债券。假设隔夜回购利率为 3.5%，那么，交易商同意以 9 999 027.78 美元的价格交付债券，并在第二天以 1 000 万美元的价格回购同一债券。9 999 027.78 元的销售价格与 1 000 万美元的回购价格之间 972.22 元的差额，是本次融资的利息。从客户的角度来看，这种协议被称为**反向回购**。

以下公式用于计算回购交易的利息：

$$利息 = 本金 \times 回购利率 \times 回购期限 / 360 \qquad (25\text{-}1)$$

请注意，利息是以 360 天为基础计算的。在我们的例子中，回购利率为 3.5%，回购期限为 1 天（隔夜），利息为 972.22 美元，推导过程如下：

$$利息 = 10\ 000\ 000 \times 0.035 \times 1/360 = 972.22（美元）$$

交易商利用回购市场进行短期借款的好处是利率低于银行融资成本。我们将在本节后面解释原因。从客户的角度来看，回购市场为流动性强的短期担保交易提供了诱人的收益。

这个例子说明了交易商的多头头寸可以在回购市场融资，但交易商也可以利用回购市场来弥补空头头寸。例如，假设一个政府交易商在两周前卖出了 1 000 万美元的国债，现在必须补仓，也就是说，交割这些证券。交易商可以进行反向回购（同意买入证券并将其卖出）。当然，交易商最终将在市场上买入美国国债，以弥补其空头头寸。

华尔街的很多行话都用来描述回购交易。为了理解这一点，记住一方是在放贷并接受证券作为贷款的抵押品，另一方是在借款并为贷款提供抵押品。当有人借出证券以获得现金（借钱），也即以证券作为抵押品借钱的一方被称为"倒卖"证券。"回购证券"和"进行回购"也作为行话被使用。前者意味着有人要用证券作为抵押品来融资，后者意味着该方将投资于回购。最后，"出售抵押品"和"购买抵押品"用于描述一方通过回购为证券融资，另一方以抵押品为基础放贷。

25.2.1 信用风险

尽管回购交易通常有高质量的抵押品，但交易双方都面临信用风险（如交易对手风险）。在 2008～2009 年金融危机之前，20 世纪 80 年代参与回购交易的少数小型政府证券交易商公司的破产，使得市场参与者对回购交易对手的信用度更加谨慎⊖。

回购交易中为什么会出现信用风险呢？在前面例子中，交易商使用 1 000 万美元的政府证

⊖ 失败的公司包括德莱斯代尔政府证券（Drysdale Government Securities）、狮子资本（Lion Capital）、RTD 证券公司（RTD Securities Inc.）、贝尔维尔－布雷斯勒和舒尔曼公司（Belvill Bressler&Schulman Inc）和 ESM 政府证券公司（ESM Government Securities Inc）。

券作为这次借款的抵押品，如交易商不能购回政府证券，客户可保留抵押品。如果政府证券的利率在回购交易后上升，政府证券的市场价值就会下降，客户持有的证券的市值低于其借给交易商公司的金额。如果证券的市场价值上升，抵押品的市值会高于贷款。

为了降低信用风险，现在的回购结构更加谨慎。借出的金额低于用作抵押品的证券的市值，这为贷款人在证券市值下跌时提供了一定的缓冲。用作抵押品的证券的市值超过贷款价值的数额称为"保证金"或"折减"。保证金的数额因抵押品类型的不同而不同，例如，流动性和借款人的信誉。

另一种限制信用风险的做法是定期将抵押品按市值计价。按市值计价的做法是指按市值记录头寸的价值。当市场价值发生一定比例的变化时，回购头寸也随之调整。假设一家交易商公司使用市场价值为 2 080 万美元的抵押品借款 2 000 万美元，因此保证金率为 4%。进一步假设抵押品的市场价值下降到 2 010 万美元。回购协议可以指定追加保证金或对回购重新定价。在追加保证金的情况下，交易商公司必须提供市值为 70 万美元的额外抵押品，以使保证金达到 80 万美元。如果同意重新定价，交易各方就必须将交易中抵押品的金额调整到正确的保证金水平。然后，交易商向客户追加足够的资金，以便使贷款的新金额与抵押品的市场价值一致。

构建回购协议的一种方法是向贷款人交付抵押品。最明显的程序是借款人向贷款人交付抵押品。在回购期限结束时，贷款人将抵押品返还给借款人，以换取本金和利息。不过，这一程序可能成本过高，尤其是对于短期回购而言，其交付抵押品的成本较高。

交割成本以借款人提供较低的回购利率形式计入交易。贷款人不占有抵押品的风险在于，借款人可能出售该证券或使用相同的证券作为与另一方回购的抵押品。

作为交付抵押品的替代方案，贷款人可同意允许借款人在单独的客户账户中持有抵押品。当然，贷款人仍然面临着借款人可能通过将抵押品作为另一笔回购交易的抵押品而欺诈性地使用抵押品的风险。

另一种方法是借款人将抵押品交付至贷款人在借款人清算银行的托管账户。然后，托管人占有抵押品，并代表贷款人持有该抵押品。这种做法降低了交付成本，因为这仅仅是借款人清算银行内部的转账。例如，如果某交易商与客户 A 达成隔夜回购协议，则第 2 天抵押品将被转移回交易商。然后，交易商可以与客户 B 签订回购协议，为期 5 天，而无须重新交付抵押品。清算银行只需为客户 B 建立一个托管账户，并将抵押品转到该账户中。这种安排被称为**三方协议**。

基于对回购的理解，我们可以了解到戈顿和迈特里克[一]的报告中在 2008～2009 年金融危机期间银行间融资市场的运行。在危机期间，银行提高了回购的折减额，特别是当抵押品是流动性差、信用质量低的资产时，如一批次级抵押贷款。要了解增加折减的影响，请再次考虑一家交易商公司，该公司使用市场价值为 2 080 万美元、保证金率为 4% 的抵押品借款 2 000 万美元。假设在期限结束时，贷款人希望获得 10% 的利润率，而不是 4%。那么对于 2 080 万美元的抵押品，保证金或折减额将是 18 909 091（= 20 800 000/1.10）美元，而不是 2 000 万美元。也就是说，交易商公司将从回购协议中获得 1 090 909 美元的收益。现在假设我们例子中的交易商公司是一家银行，正在利用回购市场获得资金。因此，由于更高的折减，该银行将获得 1 090 909 美元的收益，正如戈顿和迈特里克所言，这实际上是回购市场的挤兑。

⊖ Gorton and Metrick, "Securitized Banking and the Run on Repo."

25.2.2 市场参与者

由于回购被交易商公司（作为交易商的投资银行和货币中心银行）用来为头寸融资和补仓，因此回购市场是货币市场中最大的市场之一。金融和非金融公司作为抵押品的买卖方参与市场，具体角色取决于它们所面临的情形。存款机构（商业银行和节俭机构）通常是抵押品的净卖家（资金的净借款人），而货币市场基金（MMF）、银行信托部门、市政当局和公司通常是抵押品的净买家（资金提供者）。

尽管银行和交易商公司将回购市场作为库存融资和弥补空头头寸的主要手段，但他们还利用回购市场，通过接受相同期限的回购和反向回购来管理一个**匹配账簿**。交易商公司使用匹配账簿来获取其签订回购协议和反向回购协议的利差。例如，假设一家交易商公司与货币市场基金签订为期10天的定期回购协议，并以10天的储蓄基金进行反向回购，其中抵押品是相同的。在这个交易中，交易商公司向货币市场基金组织借款，并把钱借其他机构。如果回购利率为3.5%，反向回购利率为3.55%，交易商公司借款利率为3.5%，贷款利率为3.55%，锁定利差为0.05%（5个基点）。

另一个参与者是**回购经纪人**。为了理解回购经纪人的角色，假设一家交易商公司做空了5 000万美元的证券。然后，该公司调查其老客户，以确定是否可以通过反向回购的方式借入其做空的证券。假设它找不到愿意进行回购交易的客户（从客户的角度来看是回购，从交易商的角度来看是反向回购）。此时，交易商公司使用了回购经纪人的服务。

美联储也参与了回购市场。美联储通过公开市场操作（直接购买或出售政府证券）影响短期利率。然而，美联储通常不遵循这种做法。相反，它利用回购市场通过购买或出售抵押品来实施货币政策。通过购买抵押品（借贷资金），美联储向金融市场注入资金，从而对短期利率施加下行压力。当美联储为自己的账户购买抵押品时，这被称为**系统回购**。美联储还在回购交易中代表外国央行购买抵押品，称为**客户回购**。美联储主要通过系统回购影响短期利率。通过出售自己账户上的证券，美联储从金融市场抽走资金，从而对短期利率施加上行压力。这种交易称为**匹配销售**。

应当注意用于描述美联储回购市场交易时的语言。当美联储根据抵押品借贷资金时，我们称之为"系统回购"或"客户回购"，而不是"反向回购"。使用抵押品借入资金称为"匹配销售"，而不是"回购"。行话令人困惑，这也是为什么我们用"购买抵押品"和"出售抵押品"来描述市场上的各方在做什么的原因。

25.2.3 回购利率的决定因素

回购利率因交易而异，具体取决于以下因素：

- 质量。抵押品的信用质量和流动性越高，回购利率就越低。
- 回购期限。回购期限对利率的影响取决于收益率曲线的形状。
- 交货要求。如前所述，如果需要向贷款人交付抵押品，回购利率将更低。如果抵押品可以存入借款人的银行，则将支付更高的回购利率。
- 抵押品的可用性。获得抵押品越困难，回购利率就越低。要理解原因，请记住借款人（或相当于抵押品的卖方）可能拥有一种热门或有特殊问题的证券。需要抵押品的一方愿意以较低的回购利率放贷以获得抵押品。抵押品分为一般抵押品和特殊抵押品。**一般抵押品**是指在市场上可以随时借款的抵押品。当抵押品难以取得时，称为**特殊抵押品**（或**热门抵押品**）。特殊抵押品的回购利率低于普通抵押品的回购利率。

虽然这些因素决定了特定交易的回购利率,但联邦基金利率决定了回购利率的总体水平。回购利率将低于联邦基金利率,因为回购涉及抵押借款,而联邦基金交易是无担保借款。

负回购利率

我们在第 15 章讨论了负利率。负回购利率可能出现在所谓的正常市场,尤其是在欧洲。当抵押品成为特殊抵押品时,表明回购市场的借贷需求异常高,因此,回购利率可能变为负值。这在一般利率水平处于或接近于零的国家更为常见。另一个可能导致负回购利率的情况是金融危机,这是负回购利率的主要滋生地。在金融危机期间,将这些证券作为避风港的高需求导致即使是一般抵押品利率也可能变成负值。负回购利率是指现金出借人向现金借款人支付回购利息,因为回购价格低于购买价格。

假设一个客户有超过 10 000 000 欧元的现金,两周内没有立即使用这些资金。另外,假设一个交易商希望为面值是 10 000 000 欧元的主权债务头寸融资两周。回购保证金为 2%,回购利率为 −0.25%。本交易中的贷款金额为 9 803 921.57(=10 000 000/1.02)欧元。这个值就是购买价格。回购价格是买价加上两周的回购利息。回购利息为 −953.16 [= 9 803 921.57 ×(−0.002 5)× 14/360] 欧元,因此回购价格为 9 802 968.41 欧元。以下总结了当回购利率为负时,此次回购的情形:

购买价　9 803 921.57（= 10 000 000/1.02）欧元

购买日期　第 1 天

回购利率　−0.25

回购利息　−953.16 [= 98 039 212.57 ×（−0.002 5）× 14/360] 欧元

回购日期　第 15 天

回购价格　9 802 968.41（=9 803 921.57−953.16）欧元

当回购利率为正时,交易商(卖方)有动力在购买日交付抵押品。未交付抵押品的交易商在抵押品交付之前不会收到购买价格。无论抵押品是否已交付,交易商都有义务在回购日向客户(买方)全额支付回购利息。对无法使用的现金支付利息,为交付抵押品提供了强有力的激励。当回购利率为负时,在购买日交付抵押品的动力就消失了,因为回购价格低于买入价格。

25.3　商业票据市场

商业票据是在公开市场发行的短期无担保本票,代表发行公司的义务。商业票据发行人通常具有较高的信用评级。在美国,国内外公司都发行商业票据。外国实体发行的商业票据被称为**扬基商业票据**。货币市场基金购买的商业票据约占全部发行商业票据的 1/3。养老基金、州政府和地方政府以及寻求短期投资的非金融公司购买了剩下的商业票据。商业票据的二级交易很少发生。通常情况下,商业票据的投资者是计划将其持有至到期的实体,这是可以理解的,因为投资者可以通过与发行人直接交易的方式购买商业票据,发行人出售投资者期望的特定期限的票据。

对于信用评级较高的大公司来说,发行商业票据是银行借款的一种选择,它是金融市场上发行的最大的短期债务工具。商业票据的最初目的是为季节性和营运资金需求提供短期资金,但公司将此工具用于其他目的,它被用于过渡融资。例如,假设一家公司需要长期资金来建造工厂或购置设备。公司可选择推迟发行，直至资本市场条件更为有利，而不是立即筹集长期资金。发行商业票据筹集的资金将一直使用到出售长期证券为止。在美国，商业票据的到期日通常不到 270 天，大多数到期日不到 90 天。有几个原因解释了这种到期模式。首先，《1933 年证券法》要求证券必须在证券交易委员会登记，但免除了到期日不超过 270 天的商业票据的登记。因此，为了避免产生与向美国证券交易委员会登记相关的成本，公司很少发行到期日超过 270 天的商业票据。其次，要看商业票据是否有资格作为银行从美联储贴现窗口借款的抵押品。为符合资格，该票据的到期日不得超过 90 天。由于合格票据的交易成本低于不合格票据，因此公司更愿意发行到期日不超过 90 天的票据。

为了偿还到期商业票据的持有人，发行人通常使用出售新商业票据所得的收益。这一过程通常被描述为"短期票据滚动"。商业票据投资者面临的风险是发行人无法在到期时出售新的商业票据，从而无法获得融资，偿还到期商业票据的投资者。这种风险被称为**滚动风险**。作为防范滚动风险的一种保障措施，在美国发行的商业票据通常由未使用的银行信贷额度作为担保。银行为提供信贷额度而收取的承诺费增加了发行商业票据的实际成本。

信用评级机构评估商业票据的信用风险，并根据违约可能性进行信用评级。穆迪、标准普尔和惠誉对商业票据的评级如表 25-2 所示。

表 25-2 商业票据评级

种类	商业评级机构		
	惠誉	穆迪	标准普尔
高级	F1+ 或 F1	P1	A1+ 或 A1
满意	F2	P2	A2
合格	F3	P3	A3
投机	F4	NP	B 或 C
违约	F5	NP	D

25.3.1 商业票据市场的发行人

商业票据市场按发行人类型分为：金融公司、非金融公司和资产支持商业票据（ABCP）。国内外各类商业票据的分类⊖如表 25-3 所示，截至 2017 年 10 月，美国有 1 009.4 万亿美元的未偿商业票据。

表 25-3 国内外各类商业票据的分类 （单位：万亿美元）

非金融			金融				
总数	国内	国外	总数	国内	国外	资产支持商业票据	其他
290.4	228.6	61.8	476.6	213.4	263.2	242	0.4

从表 25-3 可以看出，商业票据的发行主体是金融实体，发行商业票据的金融公司有三种：银行控股公司、专属金融公司和独立金融公司。银行控股公司可以有一个附属财务公司，提供贷款，使个人和企业能够获得广泛的产品。专属金融公司是设备制造公司的子公司，他们的主要目的是为母公司的客户争取融资。独立金融公司不是设备制造公司或银行控股公司的子公司。

本章附录描述了资产支持商业票据市场。

⊖ The data are from "Commercial Paper Rates and Outstanding Summary," published by the Board of Governors of the Federal Reserve System, available at https://www.federalreserve.gov/releases/cp/.

虽然金融实体现在主导了商业票据的发行，但在商业票据市场发展的早期，非金融公司主导了商业票据市场。主要发行人是公用事业和运输公司。直至 1992 年，金融业主导了市场。在金融危机爆发之初，即 2007 年年中，金融业占到商业票据发行量的 92% 以上[⊖]。

找出商业票据发行的主导地位从非金融公司转向金融公司的原因一直是一些研究的重点。一项研究发现，这种转变可以归因于三个因素[⊖]。第一个因素是非金融公司积极推行减持库存政策。随着持有量的下降，获得短期借款（如商业票据）来为库存头寸提供资金的需求减少。第二个因素是非金融公司利用相对较低的利率发行长期债券的趋势日益增强。这项企业管理财务战略消除了未来利率可能更高的再融资风险的不确定性。第三个因素是发行人信用质量下降，投资者对信用风险的承受能力下降。

从非金融公司发行向金融公司发行的转变对商业票据市场具有重要意义，特别是考虑到本章前面对银行间融资市场未来的讨论。事实上，如今有人认为商业票据市场是新的银行间融资市场。

25.3.2 直接募集票据和交易商募集票据

商业票据分为直接募集票据和交易商募集票据。**直接募集票据**无需代理人或中介机构的帮助（发行人可以设立自己的交易商公司来处理销售业务），由发行公司直接出售给投资者票据。大多数直接募集票据的发行人都是金融公司。这些实体需要持续的资金，以便能够向客户提供贷款。因此，建立一支销售队伍直接向投资者出售其商业票据于这些金融公司而言具有成本效益。通用电气金融公司（GE Capital）是直接发行人的一个例子，发行了超过 50 年的商业票据。通用电气金融公司是通用电气公司的主要金融服务部门，也是美国最大、最活跃的直接发行人。

交易商募集票据是指在出售发行人的票据时需要代理机构的服务的票据。商业票据代理机构通常是大型证券交易商和银行控股公司的子公司。通常，非金融公司和较小的金融公司使用这种方式发行商业票据，因为他们需要借款的金额和频率难以维持一支销售队伍。代理人在投资银行尽最大努力承销（有关最大努力承销的更多信息，请参阅第 9 章）的基础上分发票据。

25.3.3 一级票据和二级票据

商业票据的一个主要投资者是货币市场基金，美国证券交易委员会对这些实体的投资施加限制。具体而言，《1940 年投资公司法》第 2a-7 条规定限制了货币市场共同基金的信用风险敞口，将其投资限制在"合格"票据上。合格根据表 25-2 所示的商业票据信用评级进行定义。要想成为合格的票据，必须获得至少两个国家认可的评级机构的两个最高评级（1 或 2）之一。一级票据是指至少由两个评级机构评定为一级的合格票据，二级票据是指不属于一级证券的合格票据。

货币市场基金在任何一家发行人的一级票据中持有的资产不得超过其资产的 5%，在任何单个发行人的二级票据中持有的资产不得超过其资产的 1%。此外，持有的二级票据不得超过基金资产的 5%。

⊖ Marcin Kacperczyk and Philipp Schnabl, "When Safe Proved Risky: Commercial Paper during the Financial Crisis of 2007–2009," *Journal of Economic Perspectives* 24, no. 1 (2010): 29–50.

⊖ Pu Shen, "Why Has the Nonfinancial Commercial Paper Market Shrunk Recently?" Federal Reserve Bank of Kansas City, *Economic Review* 88, no. 1 (2003): 55–75. Further evidence to support the conclusion in this paper can be found in Richard G. Anderson and Charles S. Gascon, "The Commercial Paper Market, the Fed, and the 2007–2009 Financial Crisis," *Federal Reserve Bank of St. Louis Review* 91, no. 6 (2009): 589–612.

25.3.4 商业票据市场的违约

从诞生到 1970 年，商业票据市场持续增长，没有出现过真正的危机。1970 年 6 月，当时商业票据的主要发行人宾夕法尼亚中央铁路公司面临财政困难，这引起了对商业票据市场的担忧。由于商业票据市场的重要性，联邦政府提供了援助，允许宾州中央银行偿还到期的商业票据。但是该计划失败了，一年后，宾州中央银行申请破产。

尽管经历了衰退期，但在宾州中央银行事件之后的几年里，货币市场基金作为商业票据的主要投资者，在货币市场基金增长的推动下，商业票据市场在发行量方面有所增长。直到 1982 年，市场才出现了自宾州中央银行以来的首次违约，即约翰斯·曼维尔公司违约[○]。随后在 1989 年市场出现了三次违约，1990 年又出现了三次违约[○]。1989 年的违约促使联邦立法收紧了货币市场基金购买商业票据的规则，如前所述（第 2a-7 条规则）。临近 2007 年秋天，美国次贷危机拖累了资产支持商业票据市场的增长。如本章附录所述，商业票据市场为证券化产品的发行提供了资金，特别是我们将在第 30 章中描述的次级抵押贷款支持证券。资产支持票据发行人在该市场的失利导致了该市场的关闭。商业票据市场的另一个关键事件是 2008 年 9 月雷曼兄弟公司破产。由于这些事件的发生，因此市场参与者对商业票据市场的生存能力表示担忧。投资者将他们的短期投资从商业票据市场重新分配给只持有政府证券的货币市场基金。

美国财政部和美联储制订了联邦计划，以解决商业票据市场失灵造成的两个潜在问题。第一个问题是担心商业票据的金融发行人不会在到期日及时向投资者支付债务，从而延长到期日。为了应对这一担忧，美联储在金融危机期间制订了几项贷款计划，但处理商业票据市场的两个主要计划是商业票据融资工具和资产支持的商业票据货币市场基金流动性工具，两者均于 2008 年 9 月设立。这些计划涉及美联储购买商业票据，这是美联储历史上首次购买此类资产。美联储于 2008 年 10 月底开始参与，稳定了商业票据市场。到 2009 年 1 月，美联储成为商业票据最大的单一投资者。当时美联储持有 22% 的未偿商业票据，但在 2009 年 10 月将其持有量减至 3.4%[○]。

第二个问题在于对商业货币基金主要持有人的潜在影响。如后文所述，这些集体投资工具旨在保持 1 美元的净资产价值（NAV）。令人担忧的是，这些基金会因其持有的商业票据出现问题而暂停赎回股票。当我们在本章后面讨论货币市场基金时，我们将描述联邦政府如何解决第二个问题。

25.3.5 商业票据收益率

商业票据可以以贴现形式或计息形式发行。在贴现形式下，投资者以低于面值的价格购买票据，当票据到期时收到面值。票面价值和购买价格之间的差额就是利息。当票据以计息形式发行时，它是按面值和特定利率从发行人处购买的。到期时，投资者收到票面价值加上按规定利率计算的应计利息。

商业票据提供的收益率跟踪其他货币市场工具的收益率。商业票据的收益率高于同期限

○ Mitchell A. Post, "The Evolution of the U.S. Commercial Paper Market Since 1980," *Federal Reserve Bulletin* 78, no. 12 (1992): 880–891.

○ Anderson and Gascon, "The Commercial Paper Market, the Fed, and the 2007–2009 Financial Crisis."

○ Kacperczyk and Schnabl, "When Safe Proved Risky," 20.

美国短期国债的收益率有三个原因。第一，商业票据的投资者面临信用风险。第二，投资国债所得利息免征州和地方所得税，因此，商业票据必须提供更高的收益率，以抵消相对于国债的税收劣势。第三，商业票据的流动性低于国债。然而，所需的流动性溢价可能很小，因为投资者通常会对商业票据采用买入并持有策略，因此对流动性的关注程度较低。

25.3.6 非美国商业票据市场

非美国公司在美国市场发行商业票据，如前所述，被称为"扬基商业票据"。其他国家已经为其国内的公司和外国公司开发了自己的商业票据市场。例如，在日本，商业票据可以由日本公司在日本国内市场发行，也可以由非日本实体企业发行以日元为主导的商业票据。后者被称为武士商业票据。根据亚洲开发银行的数据，发行商业票据的其他亚洲国家是马来西亚和菲律宾。尽管一些欧洲国家（尤其是法国、西班牙和英国）的国内商业票据有所发展，但欧洲商业票据市场（ECP）是许多欧洲商业票据发行人的首选市场。欧洲商业票据是在欧洲市场发行的短期无担保债务，期限为 1 ~ 360 天。根据欧洲中央银行的数据，截至 2016 年 6 月，金融机构的欧洲商业票据为 3 257.3 亿美元，企业的欧洲商业票据为 219.9 亿美元。

欧洲商业票据是在面额货币的管辖范围之外发行和存放的，美国商业票据和欧洲商业票据在票据特征和市场结构方面有所不同。第一，在美国发行的商业票据的期限通常少于 270 天，最常见的期限为 30 ~ 50 天或更短。欧洲商业票据的期限则长得多。欧洲商业票据的平均到期日是美国商业票据的两倍。第二，美国的发行人必须拥有未使用的银行信贷额度，但在欧洲商业票据市场上没有这种支持也是有可能发行欧洲商业票据的。第三，欧洲商业票据扩大了发行人信用质量的分布范围。与大多数美国商业票据不同，大多数欧洲商业票据没有评级。第四，在美国，商业票据可能是直接募集票据或交易商募集票据，但欧洲商业票据几乎都是交易商募集票据。欧洲商业票据是通过经销商财团在尽最大努力的基础上发行的。第五，许多经销商参与了欧洲商业票据市场，而在美国只有少数经销商主导市场。第六，由于欧洲商业票据的期限较长，它在二级市场上的交易频率高于美国商业票据。美国商业票据的投资者通常会将购买的票据持有至到期，因此这些票据在二级市场的流动性较差。

25.4 大额可转让存单

存单是存款机构发行的金融债务，表明在发行存款机构存入一定数额的资金。存款机构通过发行存单筹集资金，从而为其业务活动提供资金。存单上有一个到期日和一个特定的利率。存单可以发行各种面额。存款机构发行的存单由联邦存款保险公司投保，但每个账户的金额最多为 250 000 美元。存单对最长到期日没有任何限制，但根据美联储的规定，存单的期限不能少于 7 天。

存单可以是不可转让存单或可转让存单。在前一种情况下，初始存款人必须等到存单到期日才能获得资金。如果存款人选择在到期日之前提取资金，将被处以提前提款罚款。相比之下，可转让存单允许初始存款人（或该存单的任何后续所有人）在到期日之前在公开市场上出售该存单。机构投资者购买的可转让存单是**大额可转让存单**，面额通常为 1 000 万美元或更多。

这里的重点是大额可转让存单，因此将其简称为存单。此类存单最大的投资者群体是货币市场基金。

25.4.1 存单发行人

根据发行机构不同，存单可分为四类。第一类是国内银行发行的存单。第二类是以美元计价但在美国境外发行的存单，这些存单被称为**欧洲美元存单**，或**欧洲存单**。第三类是**扬基存单**，一种以美元计价、由在美国设有分行的外国银行发行的存单。第四类是**储蓄存单**，它由储蓄贷款协会和储蓄银行发行。

货币中心银行和大型地区银行是国内存单的主要发行者。大多数存单的发行期限都不到一年，到期日超过一年的存单被称为**定期存单**。

与国债、商业票据和银行承兑汇票（稍后讨论）不同，国内存单的收益率是以计息为基础的。到期日为一年或一年以下的存单在到期时支付利息。为了计算利息，一年被视为有360天。在美国发行的定期存单通常每半年支付一次利息，同样一年为360天。

对于**浮动利率存单**，利率按照预定的公式周期性变化，当高于某一指数的价差（或利差）时利率将定期重置。浮动利率存单可以每天、每周、每月、每季度或每半年重置。通常，浮动利率存单的期限为18个月～5年。

欧洲存单主要是由美国、加拿大、欧洲和日本的银行在伦敦发行的以美元计价的存单。

25.4.2 存单收益率

存单上公布的收益率会有所不同，这取决于三个因素：①发行银行的信用评级；②存单的到期日；③存单的供求关系。关于第三个因素，银行和节俭机构发行存单是其负债管理战略的一部分，因此存单的供应将受到对银行贷款的需求和为这些贷款提供资金的其他资金来源的成本的驱动。此外，银行贷款需求取决于可供选择的资金来源（如商业票据）的成本。当贷款需求疲弱时，定期存款利率会下降。当需求旺盛时，利率就会上升。到期的影响取决于收益率曲线的形状，这是我们在第16章中讨论过的主题。

信用风险是一个重要的考虑因素，因为大额可转让存单的存款金额远远超过联邦存款保险公司的最高保险金额。货币中心银行发行的国内存单交易一度是"不记名的"（无论发行货币的是什么中心银行，它们都提供统一的收益率）。然而，金融危机的发生，让投资者更加关注发行银行。**优质存单**（由评级较高的国内银行发行的存单）的收益率低于**非优质存单**（由评级较低的国内银行发行的存单）的收益率。由于投资者对外国银行不熟悉，一般来说，扬基存单的收益率要高于国内存单。

欧洲存单的收益率高于国内存单，原因有三。第一，美联储对美国银行发行的存单规定了准备金要求，但对欧洲存单发行人则不存在此要求。存款准备金率实际上提高了发行银行的资金成本，因为它无法将发行存单所得的全部收益用于投资，而必须作为准备金保留的金额也不会为银行带来收益。由于国内发行银行通过出售国内存单筹集的资金收益较少，因此国内发行银行在国内存单上的支付比在欧洲存单支付的要少。第二，发行存单的银行必须向联邦存款保险公司支付保险费，这再次提高了资金成本。第三，欧洲存单是在外国司法管辖区经营的实体应支付的美元债务，使持有人面临风险（称为"**主权风险**"），其债权可能无法由外国司法管辖区强制执行。因此，欧洲存单与国内存单收益率之间的一部分利差反映了所谓的"主权风险溢价"。这种溢价随着对国际银行体系的信心程度变化而变化。

存单收益率高于相同期限的国债收益率。利差主要是基于存单投资者所面临的信贷风险以及存单提供的流动性较少这一事实。信用风险产生的利差随经济状况和对银行体系信心程度的变化而变化，在向高质量转移（投资者将大量资金转移到高质量或低风险债务上面）或银行系统危机期间，利差会增加。

25.5 银行承兑汇票

银行承兑汇票（BA）是一种为促进商业交易而设立的金融工具。这一金融工具之所以被称为银行承兑汇票，是因为开证行承担向金融工具持有人偿还贷款的最终责任。使用银行承兑汇票为商业交易融资被称为承兑融资，因此银行承兑汇票有时也被称为"承兑汇票"。

创建银行承兑汇票的交易包括：①向美国进口货物；②从美国向外国实体出口货物；③在进口商和出口商均不是美国公司的两个国家之间储存和运输货物⊖；④在美国两个实体之间进行货物储存和运输。到期日通常涵盖装运和处置融资货物所需的时间。

就像国债和商业票据一样，银行承兑汇票是以贴现的方式出售的。为了计算客户发行银行承兑汇票所收取的利率，银行确定了其在公开市场上出售银行承兑汇票的利率。除此之外，它还增加了佣金。

25.5.1 创建银行承兑汇票的说明

解释银行承兑汇票产生的最好方法是举例说明，我们假设一个交易涉及多个实体：
- 美国汽车进口公司（汽车进口公司）——新泽西州一家销售汽车的公司；
- 德国快速汽车公司（GFA）——德国汽车制造商；
- 第一霍博肯银行（霍博肯银行）——新泽西州霍博肯的一家商业银行；
- 柏林国家银行（柏林银行）——德国的一家银行；
- 高水平货币市场基金——美国一个投资于货币市场工具的共同基金。

美国汽车进口公司和德国快速汽车公司正在考虑进行商业交易，美国汽车进口公司希望进口 15 辆德国快速汽车公司生产的汽车。德国快速汽车公司关注的是美国汽车进口公司在收到 15 辆汽车时支付货款的能力，承兑汇票融资被认为是促进交易的一种手段。美国汽车进口公司对这 15 辆车的报价为 30 万美元。销售条款规定，在德国快速汽车公司将 15 辆汽车运到美国汽车进口公司后 60 天内付款。德国快速汽车公司需要决定是否愿意接受 30 万美元的报价。在考虑发行价格时，德国快速汽车公司必须计算 30 万美元的现值，因为它在发货后 60 天内不会收到付款。假设德国快速汽车公司同意这些条款。

美国汽车进口公司和霍博肯银行达成一致，由霍博肯银行签发信用证。信用证表明，霍博肯银行将在德国快速汽车公司装运后 60 天代表美国汽车进口公司支付 30 万美元。信用证或远期汇票将由霍博肯银行寄给德国快速汽车公司的银行——柏林银行。在收到信用证后，柏林银行将通知德国快速汽车公司，然后由德国快速汽车公司装运这 15 辆汽车。汽车装船后，德国快速汽车公司将货运单据交给柏林银行，并收到 30 万美元的现值，便不再参与剩下的事宜。

柏林银行向霍博肯银行提交远期汇票和装运单据。而后者将在定期汇票上加盖"已接受"的印章。通过这样做，霍博肯银行创建了银行承兑汇票，并同意在到期日向银行承兑汇票持有人支付 30 万美元。美国汽车进口公司收到货运单据，只要与霍博肯银行签署票据或其他形式的融资安排后，即可购买这 15 辆汽车。

此时，这个银行承兑汇票的持有者是柏林银行。它有两个选择，它可以继续持有银行承

⊖ 由这些交易产生的银行承兑汇票称为"第三国承兑汇票"。

兑汇票作为其贷款组合的投资，也可以要求霍博肯银行支付 30 万美元的现值。假设柏林银行要求支付 30 万美元的现值。

现在这个银行承兑汇票的持有者是霍博肯银行。它有两个选择：保留银行承兑汇票作为其贷款组合的一部分进行投资，或将其出售给投资者。假设霍博肯银行选择后者，而高水平货币市场基金正在寻求与银行承兑汇票相同期限的高质量投资。霍博肯银行以 30 万美元的现值将银行承兑汇票出售给货币市场基金。霍博肯银行可以将其出售给交易商，然后再由交易商将其转售给投资者，如货币市场基金。不管是哪种情况，在到期日，货币市场基金会向霍博肯银行出示银行承兑汇票，收到 30 万美元，然后银行从美国汽车进口公司收回这笔钱。

25.5.2　承兑银行

创建银行承兑汇票的银行称为**承兑银行**。银行承兑汇票可以通过一个交易商市场进行分销，该市场涉及 15～20 家大公司，其中大多数公司的总部都在纽约市。较大的地区性银行拥有自己的销售队伍来销售他们创建的银行承兑汇票，但将使用经销商来分销他们无法销售的银行承兑汇票。

25.5.3　合格银行承兑汇票

美联储理事会将银行承兑汇票分为合格银行承兑汇票和不合格银行承兑汇票，这一分类很重要。有两种合格的银行承兑汇票，第一种合格的银行承兑汇票，银行将其用作美联储贴现窗口贷款的抵押品。美联储条例 A 规定了资格要求。第二种合格的银行承兑汇票是允许联邦公开市场委员会购买的。美联储条例 B 规定了资格要求。

合格的一个要求是到期，除了少数例外，期限不能超过 6 个月。虽然合格的其他要求过于详细，在这里无法审查，但基本原则很简单⊖，即候选银行承兑汇票应该为一项自我清偿的商业交易融资。

合格很重要，因为美联储对不符合资格的银行账户融资规定了准备金要求。承兑银行出售的银行承兑汇票是银行的潜在负债，但对符合条件的银行无准备金要求。因此，大多数银行承兑汇票满足各种资格标准。最后，美联储还对银行可能发行的合格银行债券的数量施加了限制。

尽管美联储不再购买银行承兑汇票作为其公开市场操作的一部分，但情况并非总是如此。美联储参与英国金融市场的历史可以追溯到 1916 年美联储成立之初，其目标是发展货币市场，从而与伦敦的银行竞争。当时，美联储积极贴现银行承兑汇票并购买合格的银行承兑汇票。事实上，在美国历史上的一个时期内，美联储的公开市场政策只涉及购买银行承兑汇票⊖。

25.5.4　信用风险

投资银行承兑汇票会使投资者面临信用风险，即借款人和接受银行都无法支付到期日的本金。银行承兑汇票向投资者提供的市场利率反映了这种风险，因为银行承兑汇票的收益率高于无风险国债。收益率也可能包括相对流动性不足的溢价。银行承兑汇票的收益率之所以有如此高的溢价，是因为它的二级市场远不如美国国债。因此，银行承兑汇票利率与国债利率之间

⊖ The eligibility requirements are described in William C. Melton and Jean M. Mahr, "Bankers' Acceptances," *Federal Reserve Bank of New York*, *Quarterly Review* 6, no. 2 (1981): 39–55.

⊖ See chapter 4 in Allan H. Meltzer, *A History of the Federal Reserve* (Chicago: University of Chicago Press, 2003).

的利差代表着对承担银行承兑汇票的较高风险和相对非流动性的投资者的综合回报。随着时间的推移，这种差距并不是恒定不变的。价差的变化揭示了投资者对资产之间风险和非流动性差异的估值变化。

25.6 货币市场基金

既然我们已经描述了货币市场工具，我们在本章结束时来讨论参与货币市场的主要机构投资者——货币市场基金。在第32章中，我们将解释共同基金（开放式基金），一种注册投资工具和一种集体投资工具。共同基金是一种只投资于1年或1年以下到期的金融工具的基金，这些共同基金被称为**货币市场基金**。

尽管我们在本章中多次提到货币市场基金作为投资者的作用，但由于货币市场基金被视为现金等价物，因此它们吸引了寻求高流动性短期投资工具的散户投资者和机构投资者。货币市场基金投资组合经理的投资目标是获得最高的潜在收益，这与他们可以投资的货币市场工具类型的限制相一致，并始终保持1美元的资产净值。从历史上看，货币市场基金根据第2a-7条规则维持的1美元稳定资产净值目标吸引了投资者，并导致货币市场基金的大幅增长。投资者担心的是，投资组合可能包括市场价值大幅下跌（资产净值跌至1美元以下的货币市场工具称为"破发"）。在货币市场基金的招股说明书中，对潜在投资者关于投资货币市场基金的风险的一个典型警告是："对货币市场基金的投资不受联邦存款保险公司的保险或担保。本基金力求将您的投资价值保持在每股1美元。然而，通过投资该基金可能会导致资本损失。这是因为利率上涨会导致货币市场证券价格上涨，从而使基金的价值下降。"

由于货币市场基金在金融体系中扮演着至关重要的角色，证券交易委员会对其进行监管。例如，前面我们描述了美国证券交易委员会第2a-7条规则，它限制了货币市场基金可以购买的商业票据类型。由于在2008～2009年金融危机期间货币市场基金出现问题，已通过立法并提出其他立法来规范货币市场基金，我们将在后面讨论。

25.6.1 货币市场基金的类型

货币市场基金是根据基金经理可以投资的货币市场工具的类型进行分类的。第一种分类是基于对可能包含在投资组合中的货币市场工具的税务处理。应税货币市场基金投资于本章前面描述的私人货币市场工具，还有国债和联邦机构证券。免税货币市场基金投资于州政府和地方政府发行的货币市场工具，详见第32章。

应税货币市场基金和免税货币市场基金基于它们被允许投资的货币市场工具的类型可进一步分类。应税货币市场基金可分为三类：①仅投资于国债的货币市场基金；②投资于国债和联邦机构证券的货币市场基金；③投资于国债、联邦机构证券和私人货币市场工具的货币市场基金。

投资于国债、联邦机构证券和私人货币市场工具的应税货币市场基金被称为**优质货币市场基金**。就信用风险而言，优质货币市场基金比只投资于国债或投资于国债和联邦机构证券的应税货币市场基金承担更大的风险。因此，优质货币市场基金的潜在收益率更高。

免税货币市场基金分为国家市政货币市场基金和州市政货币市场基金。**国家市政货币市场基金**投资于高质量、短期的市政货币市场工具，这些工具通常免征联邦所得税。**州市政货币市场基金**限制持有指定州的工具。

25.6.2 金融危机后提议和通过的美国证券交易委员会货币市场基金规则

由于货币市场对金融市场的重要性,以及货币市场基金作为货币市场资本供应商的关键作用,因此美国证券交易委员会对货币市场基金进行了高度监管,以降低投资者在这一集体投资工具中面临的利率风险、信用风险和流动性风险。在 2007 年开始的次贷危机之前,只有一个货币市场基金跌破 1 美元(资产净值跌破 1 美元)。自货币市场基金发展以来这唯一破发的记录,让投资者对货币市场基金作为短期投资工具的安全性充满信心。自 2008 年金融危机以来,再加上关于如果没有货币市场基金保荐人的支持,其他货币市场基金将如何破发的报道,促使了对货币市场基金的进一步监管。

2008 年,一只价值 650 亿美元的优质货币市场基金——储备金基金,成为第二只破发的货币市场基金。其破发原因是该基金对雷曼兄弟公司商业票据的投资。需要说明的是,除了财政部和联邦机构金融工具外,储备金基金还可以投资商业票据。2008 年 9 月 15 日雷曼兄弟公司破产时,储备金基金持有 7.85 亿美元的仓位,没有足够的资产来确保其股票持有人能够以每股 1 美元的价格赎回这些股票。雷曼兄弟公司的破产导致净资产价值为 0.97 美元,损失了 3%。结果,出现了大量赎回,相当于银行挤兑。为了满足赎回的需求,该基金的投资组合经理对已经处于恐慌状态的货币市场的投资进行了清算。储备金基金面临的问题随后蔓延至其他货币市场基金,导致在雷曼兄弟公司破产的一周内,优质货币基金(主要为机构投资者)赎回了约 3 100 亿美元[⊖]。

然而,至少有两项研究报告称,如果没有货币市场基金保荐人的支持,更多的货币基金面临着破产的风险。在纽约联邦储备银行 2012 年的员工报告中,该报告的作者发现,在 2008 年 9 月和 10 月,至少有 29 个货币市场基金的损失大到如果没有货币市场基金保荐人的支持将破发[⊜],平均损失为 2.2%。报告发现,至少有 5 个货币市场基金经历了 3% 的资产损失。而如前所述,主要储备基金下跌了 3%。与此同时,波士顿联邦储备银行 2012 年的一项研究对 2007~2011 年的 341 只优质货币市场基金进行了调查,结果发现至少有 21 只基金因为获得了支持而免于破产[⊜]。这 21 只货币基金中的每只基金都获得了基金资产约 0.5% 的支持,以维持 1 美元的资产净值。

鉴于货币市场基金作为金融公司和非金融公司的资本提供者的重要作用,一旦货币市场冻结,依赖发行商业票据的公司将面临融资问题。储备金基金在货币市场基金的失利和货币市场本身的失利产生的连锁反应导致了政府干预。美国财政部于 2008 年 9 月 19 日宣布财政部货币市场临时担保计划,该计划将暂时为所有货币市场基金提供担保,从而阻止了对货币市场基金的挤兑。

作为解决金融危机引发的监管问题的第一步,美国证券交易委员会对货币市场基金几项规则进行了修改。2010 年 2 月,为了更好地保护货币市场基金的投资者,采取了以下关键改革措施:

⊖ Security and Exchange Commission, "Unofficial Transcript: Roundtable on Money Market Funds and Systemic Risk," May 10, 2011, http://www.sec.gov/spotlight/mmf-risk/mmf-risk-transcript-051011.htm.

⊜ Patrick E. McCabe, Marco Cipriani, Michael Holscher, and Antoine Martin, "The Minimum Balance at Risk: A Proposal to Mitigate the Systemic Risks Posed by Money Market Funds," Federal Reserve Bank of New York Staff Report 564, July 2012.

⊜ Steffanie A. Brady, Ken E. Anadu, and Nathaniel R. Cooper, "The Stability of Prime Money Market Mutual Funds: Sponsor Support from 2007 to 2011," Federal Reserve Bank of Boston, Risk and Policy Unit, Working Paper RPA 12-13, August 13, 2012.

- 加强货币市场基金投资组合风险限制的规则；
- 促进货币市场基金份额有序赎回的程序；
- 对回购协议施加限制。

加强风险限制的规则包括收紧货币市场基金组合持有的信贷标准，缩短持有的加权平均到期日，以及采取流动性要求。有序赎回程序是一项新规则，其目的是减轻因违约造成的系统性风险。根据新的规则，面临破发风险的货币市场基金的投资组合经理可以立即暂停赎回，并有序地清算其投资组合。

鉴于货币市场基金在回购协议中的重要性，新规则对可使用的抵押品类型实施了更严格的限制。如前所述，在回购协议中，抵押品可以是现金或证券（政府证券或私人债务工具）。回购协议进一步的限制，要求抵押品是私人债务工具。

为了进一步提高对货币市场基金投资者的保障，2010年10月21日发表的《美国总统金融市场工作组报告：货币市场基金改革方案》（又称"普华永道报告"），确定了货币市场基金易受挤兑影响的特点，并讨论了与主要货币市场基金系统性风险有关的问题[⊖]。尽管普华永道报告认可了2010年2月通过的新规则，但报告仍提出需要进一步改革，以防止发生与2008年9月类似的市场混乱。更具体地说，普华永道报告"对可能的进一步改革内容进行了研究，这些改革可以单独地或者整体结合起来，通过补充美国证券交易委员会对货币市场基金监管来减轻系统性风险"[⊖]。

普华永道报告指出了进一步降低货币市场基金挤兑风险的若干政策选择，并征求公众对这些建议的意见。普华永道报告中建议的关键政策包括以下几点。

- 允许资产净值浮动，而不是维持在每股1美元。在金融危机期间，正是由于这种脆弱性，才导致了货币市场基金的挤兑。
- 采用两级货币市场基金体系，包括稳定的资产净值货币基金和浮动利率资产净值货币基金。
- 要求货币市场基金建立资本缓冲。
- 建立一个私人应急流动资金机制。

2014年7月，美国证券交易委员会在869页的规则中纳入了新的货币市场基金规则。这两个关键规则是：①要求机构优质货币市场基金和机构免税货币市场基金按市场价值评估其投资组合证券，并基于浮动美元资产净值出售和赎回股票；②允许政府货币市场基金和散户货币市场基金继续寻求将美元资产净值保持在1美元的稳定水平。

关键知识点

▲ 货币市场工具是指在发行时到期日不超过一年的债务。

▲ 银行间融资市场（银行间拆借市场）是银行间进行无担保贷款和有担保贷款的市场。

⊖ U.S. Department of the Treasury, *Report of the President's Working Group on Financial Markets: Money Market Fund Reform Options* (Washington, DC: December 21, 2010), available at http://www.treasury.gov/press-center/press-releases/Documents/10.21%20PWG%20Report%20Final.pdf. The President's Working Group consists of the secretary of the Treasury, the chair of the Federal Reserve Board of Governors, the chair of the Securities and Exchange Commission, and the chair of the Commodity Futures Trading Commission.

⊖ U.S. Department of the Treasury, *Report of the President's Working Group on Financial Markets*, 1.

- 银行间融资市场的无担保贷款在联邦基金市场进行。
- 担保贷款是通过回购市场的回购协议完成的。
- 在伦敦，银行间融资市场中的无担保贷款用于估计银行的借贷成本。这个市场的利率是伦敦银行同业拆借利率。
- 欧洲货币是指存放在其原籍国以外银行的任何货币。
- 伦敦银行同业拆借利率由英国银行家协会根据一组大银行报告的实际和估计借款利率计算得出。
- 官方伦敦银行同业拆借利率报告7种期限和5种货币，鉴于它被用作利率衍生工具的参考利率以及企业和消费者贷款利率的设定，因此是最重要的全球利率基准。
- 伦敦银行同业拆借利率操纵案导致监管机构进行调查，并由声称因操纵而造成财务损失的各方提起诉讼。
- 在联邦基金市场，存款机构借入（购买）和出售（出借）以联邦储备银行存款形式持有的超额准备金。
- 联邦基金市场确定的超额准备金隔夜贷款利率为基金利率，美联储为这个利率设定了一个目标水平，因此它并不是真正由市场决定的利率。
- 联邦储备银行支付所需准备金的利息，并提高超额准备金的利率。
- 金融危机期间，银行间融资市场的中断引发了这个市场在未来是否可行的思考。
- 回购协议是借款人使用证券作为借款抵押品的借贷交易，该交易被称为"回购协议"，因为它规定了证券的出售及其在未来某个日期的后续回购。
- 对于回购协议，购买（回购）价格和销售价格之间的差额是贷款的美元利息成本。
- 隔夜回购为1天，超过1天的回购称为"定期回购"。
- 回购中的抵押品可以是国债、货币市场工具、联邦机构证券或抵押贷款支持证券。
- 回购方面临的信用风险，受回购协议中包含的保证金和市场惯例的限制。
- 美联储利用回购市场实施货币政策。
- 决定回购利率的因素包括联邦基金利率、抵押品的信用质量和流动性、回购期限、交割要求和抵押品的可用性。
- 在市场压力时期和利率接近于零的正常市场中，回购利率可能为负值。
- 商业票据是在公开市场发行的短期无担保本票，代表发行实体的义务。
- 一般而言，商业票据的到期日少于90天。
- 金融和非金融公司都可以发行商业票据，但大多数由金融公司发行。
- 直接发行的商业票据由发行公司直接出售给投资者，而无须使用代理机构作为中间人。对于交易商发行的商业票据，发行人使用代理机构的服务来出售其票据。
- 资产支持商业票据已用于通过证券化过程为资产提供资金。与传统的证券化不同，特殊目的公司必须对已发行的商业票据进行展期，还可以通过发行额外的商业票据获得额外的资产。
- 欧洲商业票据是在面额货币的管辖范围之外发行和存放的，它与在美国发行的以美元计价的票据在几个方面有所不同。
- 银行和节俭机构发行大额可转让定期存单以筹集资金，并为其商业活动提供资金。与其他银行存款不同的是，存单在二级市场是可转让的。存单可分为四类：国内存单、欧洲美元存单（或欧洲存单）、扬基存单和储蓄存单。
- 银行承兑汇票是为促进商业交易，特别是国际交易而设立的工具。
- "银行承兑汇票"一词的产生是因为在债务人未能履行义务的情况下，开证银行承担责任，向金融工具持有人偿还贷款。
- 合格银行承兑汇票的优势在于，当在贴现窗口向美联储借款时，它们可以用作抵押品，而且不需要准备金。
- 货币市场基金是货币市场工具的主要机构投资者，它们的设计目的是保持1美元的

- 资产净值。
- 货币市场基金有两种类型：应税和免税。
- 三种类型的应税货币市场基金是指：①只投资于国债的货币市场基金；②投资于国债和联邦机构证券的货币市场基金；③投资于国债、联邦机构证券和私人货币市场工具的货币市场基金（称为"优质货币市场基金"）。
- 免税货币市场基金分为国家市政货币市场基金和州市政货币市场基金。
- 货币市场基金的担忧是，投资组合选择可能导致资产净值低于每股1美元。这种情况被称为"破发"。
- 货币市场基金对金融市场的重要性导致美国证券交易委员会采取了额外的保障措施，以提高其投资组合的信用和流动性。
- 美国证券交易委员会为提高货币市场基金的安全性而采取的新规则基于该基金是机构优质基金、机构免税基金、政府还是零售货币基金。
- 机构优质货币基金和机构免税货币基金必须以浮动利率资产净值估值。政府和零售货币市场基金仍需保持1美元的资产净值。

练习题

1. 什么是银行间融资市场？
2. 使用联邦基金市场的银行同业拆借与回购市场有何不同？
3. 在2008～2009年金融危机期间，银行间融资市场遇到了哪些问题？
4. 对于以下每一项表述，请解释你是否同意：
   a. 美联储基金利率和伦敦银行同业拆借利率是美国银行同业拆借市场根据银行向其他银行借款的实际交易确定的利率。
   b. 联邦储备银行支付超额准备金的利息，但不支付所需准备金的利息。
   c. 官方的伦敦银行同业拆借利率仅针对美元，且只适用于期限最长为6个月的债券。
5. 在提供在岸和离岸银行服务方面，存在一种平行结构，请解释一下。
6. a. 为什么伦敦银行同业拆借利率是全球金融市场最重要的基准利率？
   b. 解释操纵伦敦银行同业拆借利率的丑闻。
7. 为什么回购交易中的一方被称为"购买抵押品"，另一方被称为"出售抵押品"？
8. 为什么回购交易中的资金出借人会面临信用风险？
9. 回购交易商运行"匹配账簿"是什么意思？
10. 当回购交易中出现特定证券短缺时，回购利率会上升还是下降？
11. a. 什么是系统回购？
    b. 什么是客户回购？
12. 在回购交易中，"折减"是什么意思？
13. 假设回购交易中的美元本金为4 000万美元，回购利率为2.9%。
    a. 如果回购期限是1天，美元利息是多少？
    b. 如果回购期限是5天，美元利息是多少？
14. 负回购利率会给回购合同的交易对手带来不正当的激励，请解释一下原因。
15. 在2008～2009年金融危机期间：
    a. 愿意在银行间融资市场放贷的银行更喜欢哪种抵押品？
    b. 为什么回购交易中折减率的增加会像回购市场的挤兑？
16. 为什么商业票据是公司短期银行借款的替代品？
17. 解释以下陈述："商业票据市场现在是金融机构流动性的关键市场。"
18. 特殊目的公司发行资产支持商业票据的证券化与传统证券化有何不同？
19. a. 为什么在美国发行的商业票据到期日少于270天？
    b. 为什么在美国发行的商业票据的期限通常少于90天？
20. "大额可转让存单"是什么意思？
21. 什么是欧洲商业票据？它与美国发行的商业票据有何不同？
22. 为什么创建银行承兑汇票的银行被称为"承兑银行"？

23. 为什么银行承兑汇票的"合格"很重要？
24. 什么是货币市场基金"破发"？
25. 为什么与其他应税货币基金相比，优质货币基金的信贷风险更大？
26. 解释你是否同意以下陈述：
    a. 在货币市场基金的历史上，美元只跌破过一次。
    b. 只要到期日不到1年，优质货币基金就可以投资于任何私人货币市场工具。
27. 在2014年7月通过的新规定中，美国证券交易委员会解释说，新规定的目的不是阻止"股东合理的风险管理或反映出避免损失的一般动机"的赎回，美国证券交易委员会表示，新规定的目的是通过消除投资者寻求以稳定股价赎回股票（使投资组合遭受亏损）可能导致的赎回活动激励，从而降低稳定资产净值基金固有的先动优势。
    a. 什么类型的货币市场基金需要有浮动资产净值？
    b. 解释什么是"先动优势"，以及为什么浮动资产净值会降低美国证券交易委员会指出的对投资者有害的赎回活动的可能性？

附录25A：资产支持商业票据

在第27章中，我们将讨论证券化过程和企业可以用来获得债务融资的资产支持证券（ABS）。当商业票据作为短期到期证券化的一部分发行时，该票据被称为资产支持票据[⊖]。与公司债务一样，资产支持证券和资产支持票据的区别主要在于金融工具的使用期限。前者是中长期资产，而后者具有短期到期日。

在第27章对资产支持证券的描述中，我们解释了短期应收账款（如信用卡应收款）可由特殊目的公司购买，为购买该短期应收款，特殊目的公司将发行中长期到期的资产支持证券。相比之下，特殊目的公司可以通过发行资产支持票据来为长期应收款池融资。特殊目的公司通过发行商业票据为购买应收账款池提供资金，其证券化的目标是使在应收账款池中获得的收益与支付给资产支持票据持有人的资金成本之间产生利差。实际上，特殊目的公司采用了杠杆策略，就像存款机构在短期内借入资金，并试图投资这些资金以赚取高于基金成本的收益。

第27章所述的传统证券化与使用资产支持商业票据为应收款池提供资金的证券化之间的一个关键区别与持续融资和抵押品（应收款池）有关。在传统的证券化中，一旦获得资金（发行资产支持证券），就不再需要获得资金。也就是说，特殊目的公司使用发行的资产支持证券购买了应收账款池。相比之下，当使用资产支持商业票据证券化时，特殊目的公司不仅有必要将资产支持商业票据展期为应收账款池融资，而且证券化结构还包括增加应收账款池。也就是说，抵押品会随着时间的推移而增加。

银行一直是资产支持商业票据的主要发行人，维持着持续的资产支持票据计划。这些都是在银行建立的叫作资产支持商业票据渠道的实体的资产负债表上进行的，资产支持商业票据渠道是一家资本稀薄的特殊目的公司，为了继续增加更多的应收账款，并通过发行资产支持票据来为其购买提供资金。尽管银行是资产支持商业票据的主要发行人，但非银行实体也发行了商业票据。根据提供应收款发起人的数量，资产支持商业票据渠道被分为单一卖方资产支持商业票据渠道或多个卖方资产支持商业票据渠道。

投资资产支持商业票据的风险

资产支持商业票据持有人面临的展期风险，与非金融公司和金融公司发行的商业票据投资者面临的风险相同，即当前资产支持票据到期时，可能无法找到愿意购买新发行的资产支持票据的投资者。与非金融公司和金融公司发行

⊖ For a more detailed discussion of ABCP, see chapter 9 in Frank J. Fabozzi and Vinod Kothari, *Introduction to Securitization* (Hoboken, NJ: John Wiley & Sons, 2008).

的商业票据一样,资产支持商业票据也需要流动性支持。资产支持商业票据根据流动性支持的类型进行分类,可由发起资产支持商业票据计划的银行提供全部或部分支持。

银行完全支持其资产支持商业票据计划的缺点是,出于监管目的,渠道持有的资产必须作为银行资产的一部分,用以确定资本要求。这是一个劣势是因为必须有储备金,而这会增加资产支持商业票据计划的资金成本。银行已经开发出各种完全支持渠道的变体,尽管这些渠道得到了银行的支持,但出于监管目的,这些渠道并未被视为银行完全支持的渠道。

另一个关键风险是资产支持商业票据渠道可能购买了非流动性的长期信贷风险资产。具体来说,一些资产支持商业票据渠道购买了向信用记录受损的借款人发放的住宅抵押贷款。正如将在第29章所解释的,向借款人提供的具有这种信用特征的抵押贷款被称为"次级抵押贷款"。而抵押贷款本身流动性很差,因此,如果需要资金赎回即将到期的资产支持商业票据,并且该渠道无法展期,则为次级抵押贷款池提供资金的资产支持票据渠道可能面临清算此类贷款的困难。正如本章正文所讨论的,这也确实是金融危机中发生的事情。

第26章

公司债务市场

学习目标

学习本章后，你会理解：
- 公司可用的债务融资替代方案；
- 不同形式的信用风险，如违约风险、信用利差风险和降级风险；
- 什么是事件风险和头条风险；
- 信用评级的重要性；
- 《1978年破产改革法》的基本规定；
- 清算与重组之间的区别；
- 破产中的绝对优先原则；
- 什么是银行贷款，以及投资级银行贷款和杠杆银行贷款之间的区别；
- 杠杆贷款市场；
- 什么是银团贷款；
- 银团贷款的两种销售方式，如转让和参与；
- 贷款协议的基本条款；
- 公司债券发行的关键条款；
- 公司债券的特点及其纳入原因；
- 公司债券二级市场，包括不同类型的电子债券交易系统；
- 公司债券市场的高收益债券部门；
- 高收益债券市场使用的不同类型的债券结构；
- 高收益债券和杠杆贷款之间的差异；
- 优先股、公司债务和普通股之间的差异；
- 什么是中期票据，以及结构性票据的特点；
- 公司债券的违约和追偿；
- 什么是融资租赁交易；
- 单一投资者租赁和杠杆租赁之间的差异。

公司债务包括六种金融工具：①商业票据；②银行贷款；③公司债券；④中期票据；

⑤资产支持证券；⑥融资租赁。本章的重点是银行贷款、债券和中期票据。商业票据的内容在第 25 章已有所论述，资产支持证券将在第 27 章涉及。在本章的最后，我们将讨论与公司债权人有关的破产法。

26.1 银行贷款

作为证券发行的一种替代，公司可以通过向银行借款来筹集资金。⊖直到最近，许多国家公司借贷的主要形式是银行贷款，因为公司债券市场还不发达。

公司可以使用 5 种贷款来源中的任何一种：①公司所在国的国内银行；②在公司所在国设立的外国银行的子公司；③在公司开展业务的国家注册的外国银行；④在公司开展业务的国家设立的国内银行的子公司；⑤离岸银行或欧洲银行。离岸银行发放的贷款称为**欧洲货币贷款**⊜。

市场将银行对企业借款人的贷款分为两类：投资级贷款和杠杆贷款。**投资级贷款**是向具有投资级评级的公司借款人提供的银行贷款。这些贷款通常由发起银行在其投资组合中发起和持有，因为这些贷款是循环信用额度贷款。在这种贷款安排中，银行规定了一个公司可以借款的最高限额，公司可以从中提取任何一部分，并随时偿还。由于公司借款人在任何时候都有偿还能力，而且没有贷款的到期日，因此，发起银行不向机构投资者出售投资级贷款。

相比之下，**杠杆贷款**是银行对评级低于投资级别公司的贷款。杠杆贷款有期限，利率浮动，参考利率为伦敦银行同业拆借利率。事实上，当市场参与者提到公司银行贷款时，通常是指杠杆贷款，这些贷款可以卖给机构投资者。下面，我们将讨论由评级低于投资级别的公司发行的公司债券，它被称为"高收益债券"。一家公司可能同时承担杠杆贷款和高收益债券的债务。在本章后面，我们将讨论杠杆贷款和高收益债券之间的区别。

26.1.1 银团贷款

银团贷款是一个银行集团（或银团）向借款人提供资金的贷款。美国企业大约有 2.5 万亿美元的融资是由银团贷款提供的，且银团贷款的规模从 2 000 万美元到 20 多亿美元不等。在这一背景下需要一个银行集团提供融资，因为借款人要求的金额可能太大，任何一家银行都无法承受借款人的信贷风险。因此，寻求筹集大量资金的借款人通常使用银团贷款，而不是通过发行证券筹集资金。

如第 39 章所述，银团可能使用证券化程序来创建抵押贷款债务，因此银团是公司银行贷款市场的重要组成部分。这个市场的另一个重要组成部分是为寻求资金的公司提供短期或支持性融资，直到其获得更永久性融资来源的贷款。如果提供贷款，此类贷款称为**过渡性贷款**。如果协议是提供未来贷款，则称为**过渡性贷款承诺**。过渡性贷款和过渡性贷款承诺统称为**过渡性贷款服务**。

银团贷款被称为**高级银行贷款**，因为它们在偿还利息和本金方面比次级贷款人（债券持有人）具有优先地位。银团贷款的利率是浮动利率，这意味着贷款利率是以某个参考利率为基础的。贷款利率会使用参考利率加上利差定期重置。参考利率通常是伦敦银行同业拆借利率，尽管它可以是最优惠利率（银行向最有信誉的客户收取的利率）或大额可转让存单利率。

⊖ 银行债务被广泛用作杠杆收购、收购或资本重组的高级融资，这些行为统称为"高杠杆交易"。

⊜ 这种贷款可以以多种货币计价，以美元计价的贷款称为"欧洲美元贷款"。

贷款期限是固定的。银团贷款的结构通常是按照预先确定的时间表分期偿还，本金在规定的年限（通常不超过5年或6年）后开始偿还。在到期日之前不偿还本金的贷款，称为**一次性贷款**。

银团贷款由银行或证券公司安排。安排人会组织银团进行排队。银团中的每一家银行都提供其承诺的资金。银团中的银行有权将其部分贷款出售给其他银行。

银团贷款有两种分配方式，即转让或参与。每种方法都有其优缺点，其中转让是两种方法中比较理想的一种。有兴趣出售部分贷款的贷款持有人可以通过转让的方式将贷款利息转嫁出去。在这一程序中，卖方将所有权利完全转让给转让的持有人，现在称为**受让人**。受让人与借款人具有合同关系。由于借款人和受让人之间的路径清晰，转让是交易和所有权更可取的选择。参与的方式涉及贷款持有人"参与"持有该特定贷款的一部分。参与持有人不成为贷款协议的一方，并且参与持有人和借款人没有关系，而是与参与的卖方有关系。与转让不同，参与并不赋予参与持有人合同关系，尽管参与持有人有权就贷款协议修订的某些法律事项进行表决。这些事项包括到期日、利率和有关贷款抵押品问题的变化。鉴于银团贷款能够以这种方式出售，所以它们是可销售的。

针对银行贷款发放量大、信用保障力度大的特点，一些商业银行和证券公司更愿意投入资金和资源，以券商身份便利交易。此外，这些高级银行贷款可以通过与第27章讨论的贷款证券化相同的创新方式进行证券化，这一内容将在第39章进一步讨论。高级银行贷款市场的进一步发展无疑将最终削弱证券和贷款之间曾经重要的区别，即长期以来，证券一直被视为一种可销售的金融资产，而贷款则不具有可销售性。有趣的是，这些贷款的交易不限于**履约贷款**，即借款人正在履行合同承诺的贷款。还存在交易不良贷款（借款人违约的贷款）的市场。

26.1.2 银团贷款的二级市场

银团贷款可以在二级市场进行交易，也可以使用第27章讨论的证券化技术进行证券化，以创建抵押贷款债务。一直以来，倡导将商业贷款作为一种资产类别的行业协会是银团及贷款转让协会（LSTA）。银团及贷款转让协会通过建立市场惯例、结算和操作程序，帮助促进银行贷款二级市场的流动性和透明度的发展，并且该协会负责每天收集美国贷款的报价。

结合标准普尔杠杆评论及数据指数，银团及贷款转让协会制定了杠杆贷款指数，以衡量银团贷款市场不同部门的表现。标准普尔／银团及贷款转让协会杠杆贷款100指数是一个周总收益指数。

26.2 公司债券

公司债券的发行人可分为四大类：①公用事业公司；②运输公司；③银行／金融公司；④工业公司。⊖更精细的分类通常用于创建更同质的分组。例如，公用事业被细分为电力公司、输气公司、供水公司和通信公司。运输公司又分为航空公司、铁路公司和卡车运输公司。银行／金融公司包括货币中心银行和地区银行、储蓄和贷款机构、经纪公司、保险公司和金融公司。就投资特征而言，工业公司是最具吸引力的类别，也是最具异质性的集团。工业公司包

⊖ 传统来说，扬基债券和加拿大债券被认为是公司债券市场的一部分，这些债券包括主权国家政府、地方政府和非美国公司在美国发行的美元债券。

括制造商、矿业公司、销售公司、零售商、能源公司和服务相关行业的公司。

26.2.1 全球公司债券市场分类

全球公司债券市场没有统一的分类系统。一种可能的分类是我们在第一章中用来描述全球金融市场的分类。我们说，从一个国家的角度来看，全球金融市场可以分为两个市场：内部金融市场和外部金融市场。

内部金融市场又称"国家金融市场"，可分为国内金融市场和国外金融市场两部分，国内金融市场包括国内公司债券市场。这个市场是指居住在该国的发行人发行债券并随后进行交易的地方。

一个国家的国外金融市场包括该国的外国公司债券市场。在这个市场中，发行人的债券在这里发行和交易。例如，在美国，外国债券市场是由非美国实体发行债券并随后进行交易的地方。在美国的外国债券市场交易的债券被称为"扬基债券"。在日本，由一家英国公司发行并随后在日本债券市场交易的日元债券是日本外国债券市场的一部分。非日本实体发行的以日元计价的债券被称为"武士债券"，英国的外国债券被称为"猛犬债券"，荷兰的外国债券被称为"伦勃朗债券"，西班牙的外国债券被称为"斗牛士债券"。

债券发行国的监管机构对债券的发行实行一定的规则，可能包括以下内容：
- 对可能发行的债券结构的限制（例如，无担保债务、零息债券、可转换债券）；
- 对发行的最小或最大规模的限制以及对发行人上市频率的限制；
- 发行人将发行的股票推向市场之前的等待期（为了避免供应过剩的问题）；
- 发行人或发行人的最低质量标准（信用评级）；
- 披露和定期报告要求；
- 对允许承销证券的金融机构类型的限制。

20 世纪 80 年代，各国政府普遍放宽或取消了这些限制，向发行人开放债券市场。

外部公司债券市场，又称**国际公司债券市场**，是一个国家对外金融市场的一部分，其包含的债券具有以下特点：
- 由国际银团承销；
- 向多个国家的投资者同时发行；
- 在任何一个国家的管辖范围之外签发；
- 它们是未注册的形式。

26.2.2 公司债券发行的基本特征

公司债券发行的基本特征相对简单。公司发行人承诺在指定日期支付一定比例的票面价值（称为票息），并在债券到期时偿还债券的面值或本金。在一些国家，如美国，每半年支付一次利息，在另一些国家，每年支付一次利息。到期未支付本金或利息构成法律违约，可提起法院诉讼强制执行合同。债券持有人作为债权人，相对普通股股东和优先股股东，就公司的收入和资产对到期本金和利息享有优先权。

公司债券发行人的承诺和购买债券投资者的权利都在被称为**债券契约**的合同中有详细的规定。在分析公司债券发行的信用风险时，管理契约或管理限制非常重要。为了确定公司发行人在特定时间内是否履行了其义务，需要使用合同的第三方，即公司受托人。公司受托人是一家债券或信托公司，设有公司信托部门和在履行受托人职能方面的专家。契约以公司受托人为代表，代表债券持有人的利益，也就是说，受托人以其受托人的身份为持有债券的投资者服务。

债券契约清楚地概括了三个重要方面：债券到期日、债券担保和偿还债券准备金。

1. 债券到期日

大多数公司债券都是**定期债券**，也就是说，它们的有效期为若干年，然后到期付清。定期债券通常被认为是**一次还本债券**，也简称为**子弹型债券**。到期前未清偿的债务，必须在到期日清偿。债券可以是长期的也可以是短期的。一般来说，自发行之日起不满10年到期的债券称为**票据**⊖。

大多数公司借款采取债券形式，期限为20～30年。定期债券可以在最终到期时通过付款方式收回，或者如果契约中有规定，可以在到期前收回。一些公司债券的发行安排是，规定的本金在到期前的特定日期到期。这种债券被称为**系列债券**。设备信托债券（稍后讨论）的结构是系列债券。

2. 债券担保

不动产（使用抵押贷款）或个人财产可作为抵押，以提供超出发行人一般信用状况的担保。**抵押债券**授予债券持有人对抵押资产的留置权。**留置权**是一种出售抵押财产以清偿对债券持有人未付债务的法定权利。在实践中，止赎和出售抵押财产是罕见的。如果发生违约，发行人会通过财务重组向债券持有人提供债务清偿准备金。抵押留置权十分重要，因为它使抵押债券的持有人相对于其他债权人在发行人决定破产重组的情况下有着较强的讨价还价地位（我们将在本章后面讨论重组）。

有些公司没有固定资产或其他不动产，因此他们没有任何东西用于抵押贷款留置权，以保证债券持有人的安全。相反，这些公司拥有其他公司的证券，成为控股公司。被拥有股份的公司是子公司。为了满足债券持有人对抵押的需求，控股公司将股票、票据、债券或任何其他类型的金融工具质押。这些资产被称为"抵押品"（或"个人财产"），由这些资产担保的债券被称为"抵押信托债券"。

许多年前，铁路公司开发了一种为购买汽车和机车（机车车辆）融资的方式，使它们能够以在公司债券市场上几乎最低的利率借款。长期以来，铁路机车车辆一直被投资者视为良好的债务担保。该设备已充分标准化，既可供一条铁路使用，也可供另一条铁路使用。当然，它可以很容易地从一条铁路的轨道移到另一条铁路的轨道上。因此，一般来说，汽车和机车的租赁或销售有一个良好的市场。铁路公司利用了机车车辆的这些特点，制定了一项法律安排，给予投资者合法的索赔权，而且通常优于抵押留置权。

在这种情况下，这一法律安排将铁路设备的法定所有权授予受托人。当铁路公司向制造商订购一些汽车和机车时，制造商将设备的法定所有权转让给该受托人。受托人又将设备租赁给铁路公司，同时出售设备信托债券以获得支付给制造商的资金。受托人从铁路公司收取租赁付款，并使用这些资金支付债券的利息和本金。因此，本金在指定日期付清，这是一项区别于定期债券的规定。

设备信托债券的一般思想也被从事提供其他运输的公司使用。例如，卡车运输公司以同样的融资方式购买大量卡车，航空公司利用这种融资方式购买飞机，国际石油公司以此来购买

⊖ 从我们在第25章对各种债务工具的讨论可以看出，"票据"一词用于描述各种工具，例如中期票据。在这里，"票据"一词的使用是根据按照证券发行时的到期年数来区分票据和债券的市场惯例。

大型油轮。

无担保债券不以特定的财产抵押担保，这并不意味着这种债券对发行人的财产或收益没有要求权。债券持有人对发行人的所有资产持有普通债权人的债权，而发行人的所有资产没有特别抵押以担保其他债务。此外，债券持有人可以要求抵押资产，只要这些资产的价值大于满足有担保债权人的必要价值。**次级债券**是一种在资产和收益上排在有担保债券、无担保债券并且通常在某些普通债权人之后的债券。

发行公司债券的类型决定了发行人的成本。对于一个特定的公司，抵押债券的成本低于无担保债券，而无担保债券的成本低于次级债券。**担保债券**是由另一实体担保的债券。担保债券的安全性取决于担保人满足担保条款的财务能力，也取决于发行人的财务能力。担保条款可要求担保人保证支付利息或偿还本金。

请注意，当发行人支付债务的现金流能力受到严重削弱时，相对优先的法律地位并不能防止债券持有人遭受财务损失。

3. 偿还债券准备金

大多数公司发行的股票都包含一项赎回条款，允许发行人在债券到期前回购全部或部分债券。有些债券有**偿债基金**的规定，规定发行人必须定期收回预定数额的债券。

在协商新债券发行条款时，一个重要的问题是发行人是否有权在到期日前赎回全部未偿债券。发行人通常希望拥有这一权利，因为他们发现，在未来的某个时候，一般的利率水平可能会降至发行的票面利率以下，因此赎回发行的债券并用另一个票面利率较低的债券进行替代将是有吸引力的。出于本章后面讨论的原因，这项权利对债券持有人是不利的。

通常的做法是，拒绝发行人在发行日后的前5~10年内，以出售与待赎回债务同等或更高级别的低成本债务所得收益赎回债券的权利。这种类型的赎回被称为**退款**。尽管大多数长期债券都有这些退款限制，但如果资金来源不是通过债务筹集的资金，且利息成本较低，它们可能会立即全部或部分赎回。根据这一规定，可接受的来源包括经营活动产生的现金流、出售普通股的收益或出售财产所得的资金。

投资者经常混淆退款保护和赎回保护。赎回保护更全面，因为它禁止以任何理由提前赎回债券。相比之下，退款限制只针对前面提到的一种赎回类型提供保护。一般来说，公司债券可按高于面值的溢价赎回。当债券接近到期日时，溢价的金额会下降，通常在发行数年后达到零。溢价的初始金额可以是一年的息票利息，也可以是半年的息票利息。

如果发行人可以选择在债券到期前收回全部或部分债券，债券的买方就有机会在不利的时候撤回该债券。这种风险被称为**赎回风险**或**时机风险**。从投资者的角度来看，赎回条款有两个弊端。首先，正如第11章所解释的，经济体中利率的下降会提高债务工具的价格，尽管对于可赎回债券的这一情况，价格的上涨幅度在一定程度上是有限的。如果利率下降到远低于票面利率的程度，使得赎回成为一种直接或潜在的危险，那么可赎回债券的市场价值将不会像在所有其他方面都相似的不可赎回债券的市场价值那样上升。其次，当债券发行因利率下降而被叫停时，投资者必须以较低的利率将所得收益进行再投资（除非投资者选择风险较大的债券）。

公司债券契约可能要求发行人每年收回发行的特定部分。用于偿还债务的偿债基金条款可设计为在到期日前清偿所有已发行的债券，也可以要求在期限结束前只清算总额的一部分。如果退出前只支付一部分未偿债券，其余部分称为**气球型期限**。偿债基金条款的目的是降低信用风险。一般情况下，发行人可通过以下方式满足偿债基金要求：①将待退债券的票面金额支付给公司受托人，由公司受托人通过抽签方式赎回债券；②向受托人交付总面值等于从公开市场购买的债券中收回的金额的债券。

26.2.3 债券特征

在这一部分，将描述被世界各地公司使用的不同类型的债券特征。

1. 可转换和可交换债券

公司债券发行中的转换条款授予债券持有人将债券转换为发行人预定数量普通股的权利。因此，**可转换债券**是一种带有购买发行人普通股看涨期权的公司债券。**可交换债券**授予债券持有人将债券换成债券发行人以外公司普通股的权利。例如，福特汽车信用可交换债券可与母公司福特汽车公司的普通股交换。

2. 带认股权证的债券

认股权证可以作为债券发行的一部分。认股权证授予持有人以指定价格从债券发行人处购买指定债券的权利。认股权证只是一种看涨期权。它允许持有人购买债券发行人的普通股或者发行人以外公司的普通股，或者授予持有人购买发行人债务的权利。一般来说，认股权证可以从债券中分离出来单独出售。通常情况下，在行使认股权证时，投资者可以选择支付现金或提供此次发行中一部分的债务（按票面价值计算）。认股权证与可转换或可交换债券的一个主要区别是，投资者行使后者提供的期权时，必须将债券交给发行人。

3. 可赎回债券

可赎回债券授予债券持有人在指定日期以票面价值向发行人出售债券的权利。对债券持有人的好处是，如果利率在发行日后上升，从而降低了债券的市场价值，债券持有人可以将债券按面值出售给发行人。

4. 零息债券

零息债券，顾名思义，是没有息票支付或规定利率的债券。在美国国债市场，美国政府不发行零息债券。交易商剥离发行的债券，并从息票国债的现金流中创建这些债券。然而，公司可以发行零息债券。零息债券的第一次公开募股是在1981年的春天。从投资者的角度来看，零息债券的吸引力在于，持有债券至到期日的投资者将实现债券的预定收益，与息票债券不同的是，如果息票债券持有至到期，实际实现的收益取决于息票支付可以再投资的利率。

5. 浮动利率债券

浮动利率债券的息票利率会跟随某一预定基准利率水平的变化而定期重置。例如，票面利率可能每6个月重置一次，利率与6个月期国债利率相差100个基点。

浮动利率债券对一些机构投资者很有吸引力，因为它们允许购买收入流与特定负债收入的浮动性质密切匹配的资产。一些投资者将某些浮动利率工具视为短期投资的被动替代品，尤其是短期投资组合中或多或少一直维持在某个最低水平的那部分。因此，浮动利率债券节省了在短期债券到期时不断滚动的成本。

公司为什么发行浮动利率债券呢？一个原因是紧密地匹配来自可变利率资产的收入流与浮动利率负债是非常重要的，尤其是对于银行、节俭机构和金融公司这样的贷款人。发行人可以固定或锁定借入资金成本与这些资金出借利率之间的利差。另一个原因可能是为了避免在未来某个日子里市场不可接受的不确定性。发行人能够以短期利率为中长期资金寻找新的来源，从而减少在市场交易的次数，并避免相关的发行成本。

此外，在通货膨胀的情况下，浮动利率证券（如有必要可以展期）的利息成本可能低于固定利率的长期债券的利息成本。原因是，在通货膨胀的情况下，长期利率可能会对未来通货膨胀和利率的不确定性产生实质性的溢价。最后，正如我们将在第37章讨论利率互换时指出的，发行人可能会发现，它可以发行浮动利率债券，并通过利率互换协议将支付转换为固定利率流。如果发行浮动利率债券的成本和使用利率互换比单纯发行固定利率债券的成本低，发行人将选择这种方法。

浮动利率债券的发行还可能包括其他特征。例如，许多浮动利率发行包括看跌期权。有些债券可以在某一天（通常在发行后5年）自动交换，或者由发行人选择转换成固定利率债券。少数股票可转换为发行人的普通股。许多浮动利率债券的发行对票面利率有一个上限或最高利率，有些有票面利率的下限或最低利率。

6. 通货膨胀指数债券

企业通货膨胀指数债券具有与国家认可的通货膨胀措施挂钩的利息或本金，如美国的美国消费物价指数（美国 CPI）、欧元区统一的消费物价指数（不包括烟草）、英国的零售价格指数和法国的消费物价指数（不包括烟草）。如第20章所述，这些债券被称为"通货膨胀保值债券"，英文缩写为"TIPS"。在美国以外的国家，债券票面利率与通货膨胀率挂钩，被称为**连接债券**。

7. 双重货币债券

有些债券以一种货币支付息票利息，用另一种货币支付本金。这类问题被称为双重货币发行。对于第一种双重货币债券，在债券发行时指定用于将本金和息票支付转换为特定货币的汇率。第二种双重货币债券与第一种双重货币债券的不同之处在于，适用汇率是现金流产生时的汇率（按付款时的即期汇率计算）。第三种类型是向投资者或发行人提供货币选择，这些债券通常被称为**选择货币债券**。

26.2.4 调整不同付息频率的收益率

对于支付息票利息的债券，发行人支付利息的频率因国家而异。虽然收益率指标，如到期收益率，在评估投资债券的潜在收益率方面并不是很有用，但市场惯例将其用来计算收益率。

让我们从计算到期收益率的传统惯例开始。在该惯例中，基准是计算每半年支付一次利息的债券收益率。到期收益率的计算方法是，首先确定使半年现金流现值等于价格的利率，然后将利率加倍。如第16章所述，以这种方式计算的到期收益率称为债券等价收益率（BEY）。

公司债券的付息频率可以是半年或一年。不同的国家遵循其中任一种发行方式。例如，在美国、加拿大、英国、日本和澳大利亚，公司债券的支付频率是每半年一次。在欧洲债券市场和许多欧洲国家，惯例是每年支付息票利息。在债券等价收益率的基础上，为了将按年付息的债券与按半年付息的债券进行比较，公式如下：

$$按年付息债券的债券等价收益率 = 2[(1+按年付息债券的到期收益率)^{1/2}-1] \quad (26-1)$$

例如，假设按年付息债券的到期收益率为6%。那么它的债券等价收益率为

$$2[(1+0.06)^{1/2}-1]=0.0591=5.91\%$$

请注意，债券等价收益率将始终低于按年付息债券的到期收益率。

为了将按半年付息债券的收益率与按年付息债券的到期收益率进行比较，公式如下：

$$按年付息债券的到期收益率=[1+（到期收益率/2）]^2-1 \qquad (26\text{-}2)$$

例如，假设按半年付息债券的到期收益率是5.5%，那么按年付息债券的到期收益率为

$$[(1+0.055/2)^2]-1=0.0558=5.58\%$$

按年付息债券计算的到期收益率总是大于按债券等价收益率计算的到期收益率。

如前所述，高收益债券是信用评级低于BBB的债券。市场中这一领域的债券发行可能在发行时被评为投资级，随后又被降为非投资级，或者在发行时就被评为非投资级，后者称为**原始发行高收益债券**。

被降级的债券分为两类：①由于发行人自愿因杠杆收购或资本重组而大幅增加债务被降级的债券；②因其他原因被降级的债券，后者通常被称为"堕落天使"。

1. 高收益债券在金融市场中的作用

首次发行高收益债券被证明是一项重要的金融创新，对整个金融体系产生了广泛影响。一种普遍观点认为，高违约风险债券对投资大众没有吸引力，至少在借款人可以接受的利率下对投资大众没有吸引力。这一观点基于高收益债券的扭曲性质，即投资者可以获得的最大收益由票面价值和票面利率限制，但损失可能与投资的本金一样大。德雷克塞尔·伯纳姆·兰伯特和迈克尔·米尔肯反驳了这一观点，这一点在这个市场的爆炸式增长中得到了证明。

在高收益债券市场发展之前，不能在公债市场发行债券的美国公司，会向商业银行或金融公司取得短期或中期借款，或者被切断信贷。随着高收益债券结构的出现，融资从商业银行转向了公开市场。

从本质上讲，高收益债券市场将风险从商业银行转移到一般的投资大众。这种转变有几个好处。首先，当商业银行向高信用风险借款人放贷时，所有美国公民都间接地接受了这种风险，虽然他们可能不愿意接受这种风险。原因是商业银行的债务由联邦存款保险公司担保，有美国政府做保证。如果高信用风险企业拖欠贷款，导致联邦存款保险公司纾困，最终所有纳税人可能都要付出代价。其他投资者（不包括投资高收益债券的存款机构）的负债没有得到美国政府的支持（因此，也没有美国公民的支持）。这种投资的风险由愿意接受这些风险的特定投资者群体承担。

其次，商业银行贷款通常是短期的浮动利率贷款，这使得债务融资对企业的吸引力降低。高收益债券的发行给了公司发行长期固定利率债券的机会。再次，商业银行根据信用分析制定利率。当高收益债券在公开市场交易时，投资者来确定利率。最后，高收益债券市场为一些以前没有办法获得资金的公司提供了融资的可能性。

公司债券发行人将债券销售的收益用于各种目的，包括营运资本、设施扩张、未偿债务再融资和收购融资（并购）。就非投资级债券而言，正是利用这些收益为收购（特别是敌意收购）融资，才引起公众对美国企业过度使用债务的担忧[⊖]。

⊖ 在敌意收购中，目标公司的管理层抵制合并或收购。

2. 高收益债券结构

在高收益债券市场的早期，所有的发行都遵循传统的结构：发行的债券支付固定的票面利率，是定期债券。然而，如今，更复杂的债券结构占据了垃圾债券的空间，尤其是为杠杆收购（LBO）融资和资本重组而发行的债券，这些债券产生了更高的债务。

在杠杆收购或资本重组中，公司承担了沉重的利息支付负担，这给公司带来了严重的现金流限制。为了减轻这一负担，参与杠杆收购和资本重组的公司发行具有递延息票结构的债券，允许发行人在 3～7 年内避免使用现金支付利息。递延息票债券包括：①递延利息债券；②升息债券；③实物支付债券。

递延利息债券是最常见的递延息票债券。这些债券以很高的折扣出售，并且在最初的一段时期内不支付利息，通常是 3～7 年（由于初期不支付利息，这些债券有时被称为零息债券）。**升息债券**需要支付息票利息，但初始时期的票面利率较低，然后逐步上升至更高的票面利率。最后，**实物支付债券**使发行人有权在息票支付日支付现金或向债券持有人提供类似债券（具有相同票面利率和票面价值的债券，其票面价值等于应支付的息票金额）。发行人可以选择的期限为 5～10 年不等。

如本章前面所述，杠杆贷款是指借款人为非投资级借款人提供的银行贷款。因此，杠杆贷款和高收益债券是非投资级借款人债务的替代来源。在这里，我们总结了这些债务融资来源的特点。

高收益债券的票面利率通常是固定利率。对于杠杆贷款来说，这是一个浮动利率，最常见的参考利率是 3 个月的伦敦银行同业拆借利率。高收益债券的期限通常为 10 年，在发行后的前 3～5 年是不可赎回的。杠杆贷款期限较短，通常为 5～8 年，不提供赎回保护——它们可以随时赎回。

在资本结构中，杠杆贷款是最高级的债券，而高收益债券则从属于银行贷款。就契约而言，杠杆贷款比高收益债券的契约性更强，这也是企业借款人更愿意发行债券的原因之一。最后，正如我们在下面解释的，投资者关心的是违约时可以收回的金额。历史上，违约杠杆贷款的平均回收率远高于违约高收益债券的平均回收率。

关于公司债券违约及回收率，大量已发表的研究对公司债券违约率进行了调查。信用评级机构和研究人员使用各种方法来衡量公司债券违约率[⊖]。正如预期的那样，所有研究都表明，

⊖ See, for example, Edward I. Altman, "Measuring Corporate Bond Mortality and Performance," *Journal of Finance* 44, no. 4 (1989): 909–922; Edward I. Altman, "Research Update: Mortality Rates and Losses, Bond Rating Drift" (unpublished study prepared for a workshop sponsored by Merrill Lynch Merchant Banking Group, "High Yield Sales and Trading," New York, 1989); Edward I. Altman and Scott A. Nammacher, *Investing in Junk Bonds* (New York: John Wiley & Sons, 1987); Paul Asquith, David W. Mullins, Jr., and Eric D. Wolff, "Original Issue High-Yield Bonds: Aging Analysis of Defaults, Exchanges, and Calls," *Journal of Finance* 44 (1989): 923–952; 1989); Marshall Blume and Donald Keim, "Realized Returns and Defaults on Lower-Grade Bonds," *Financial Analysts Journal*, July/August 1987, 26–33; Bond Investors Association, "Bond Investors Association Issues Definitive Corporate Default Statistics," press release, August 15, 1989; Gregory T. Hradsky and Robert D. Long, " High-Yield Default Losses and the Return Performance of Bankrupt Debt, " *Financial Analysts Journal* 45, no. 4 (1989): 38–49; "Historical Default Rates of Corporate Bond Issuers 1970–1988," *Moody's Special Report*, July 1989; "High-Yield Bond Default Rates," Standard & Poor's *Creditweek*, August 7, 1989, 21–23; David Wyss, Christopher Probyn, and Robert de Angelis, "The Impact of Recession on High-Yield Bonds," mimeo (Washington, DC: Alliance for Capital Access, 1989); and the 1984–1989 issues of *High Yield Market Report: Financing America's Futures* (New York and Beverly Hills: Drexel Burnham Lambert).

从历史上看，信用评级的下降导致违约率变高。例如，穆迪的报告显示，1982～2010年，获得其前三大评级类别（Aaa、Aa1和Aa2）的公司债券几乎没有违约。相比之下，穆迪Ca级公司债券的违约率约为33%。从投资级和投机性债券的违约率来看，前者的平均违约率低于1%，而后者为4.8%[⊖]。

要评估公司债券行业的表现，不能只考虑违约率。原因在于，违约率本身并不是最重要的。只要投资组合的收益率利差足够高，足以抵消违约造成的损失，那么公司债券组合完全有可能同时出现违约但跑赢美国国债的情况。此外，由于违约债券的持有人通常会收回其投资票面金额的一个百分比（这被称为**回收率**），因此，研究公司债券行业表现的一个重要指标是**违约损失率**，它的计算公式如下：

$$违约损失率 = 违约率 \times (100\% - 回收率) \tag{26-3}$$

例如，违约率为5%，回收率为30%，意味着违约损失率为3.5%（= 5%×70%）。因此，如果假设所有违约债券都一文不值，只关注违约率只会凸显出多元化公司债券组合可能遭受的最坏后果。

与违约率一样，计算回收率的方法也不同。根据穆迪的报告，1982～2010年，第一留置权银行贷款的年平均回收率为65.8%，第二留置权银行贷款的年平均回收率为29.1%，第三留置权银行贷款的年平均回收率为47.8%。债券方面，债券留置权头寸的年平均回收率从高级担保债券的50.8%到次级债券的24.7%[⊖]。

26.2.5 欧洲债券市场的公司发行

根据发行货币的不同，欧洲债券市场分为不同的部门。例如，当欧元债券以美元计价时，它们被称为**欧洲美元债券**。以日元计价的欧洲债券称为**欧洲日元债券**。

根据前面提到的特征，将债券发行归类为外国债券或欧洲债券变得越来越困难。如果一个公司债券只有一个承销商，并且它的发行主要在发行人和承销商的国家市场之外，则通常将其称为"欧洲债券发行"。欧洲债券的另一个特点是，它不受其用于支付债券持有人货币的单一国家的监管。但实际上，只有美国和加拿大不限制在两国以外出售以美元或加元计价的债券。欧洲债券发行中使用其货币的其他国家的监管机构对此类发行进行了密切监督。它们监管欧洲债券发行的权力来自它们实施外汇或资本限制的能力。

尽管欧洲债券通常在国家证券交易所（最常见的是卢森堡、伦敦或苏黎世交易所）注册，但大部分交易都在场外交易（OTC）市场进行。上市纯粹是为了规避对一些机构投资者的限制，部分机构投资者被禁止购买未在交易所上市的证券。一些实力较强的发行人私下向国际机构投资者发债。

26.2.6 亚洲公司债券市场

亚洲国家或地区在债券市场的融资主要是通过传统的银行借贷来进行的。然而，在金融危机之后，企业更多地利用债券市场来实现资金来源的多元化。根据一个国家或地区的经济规

⊖ The default rates cited here are based on the issuer-weighted recovery rates obtained from Exhibit 32 in Moody's Investors Service, "Corporate Default and Recovery Rates, 1982–2010," February 28, 2011.

⊖ The average corporate debt recovery rates by lien position provided here are based on post-default trading prices and on issuer-weighted recovery rates obtained from Exhibit 7 in Moody's Investors Service, "Corporate Default and Recovery Rates, 1982–2010."

模（按国内生产总值计算）衡量，五个国家或地区的债券超过了国内生产总值的50%，被视为拥有先进的债券市场，它们分别是中国香港、新加坡、韩国、马来西亚和中国台湾⊖。中国大陆、印度、印度尼西亚和泰国都处于公司债券市场发展的早期阶段，但有迹象表明这些市场将迅速发展。例如，2009～2013年，中国大陆公司债券占国内生产总值的比例翻了一番，成为以美元计价的最大的地区性公司债券市场。

根据发行货币是外币还是本币，亚洲公司的债券市场分为两个部分。以外币计价的公司债券称为**地区公司债券**，以本国货币计价的公司债券称为**本地货币债券**。大多数地区公司债券使用的外币是美元。这个市场上的公司发行人是全球和本地的顶级公司。亚洲约83%的非金融公司债券市场以本币计价⊜。

26.2.7　二级公司债券市场及其监管

与所有债券一样，公司债券的主要二级市场是场外交易市场。主要关注点是市场透明度。

在美国，金融业监管局的报告系统和合规工具——交易报告和合规引擎（简称TRACE）要求，所有身为金融业监管局成员的经纪交易商必须根据美国证券交易委员会批准的一套规则报告公司债券的交易（投资级、高收益率，以及可转换债券）。在每个交易日结束时，公布公司债券市场活动的市场总统计数据。提供的尾盘回顾信息包括：①交易证券的数量和总票面金额；②上涨、下跌和52周的高点和低点；③当天最活跃的10种投资级、高收益率和可转换债券。

欧盟通过了各种有关金融市场的法律法案，这些法律行为是以欧盟称之为"法规"和"指令"⊜的形式存在的，欧盟对金融市场的各个方面都有法规和指令。这些法规和指令涉及的问题范围广泛，并试图建立一个单一的欧洲金融市场，为投资者提供更大的保护，改善市场参与者的行为，稳定金融体系，提高市场透明度。为二级债券市场（包括证券化产品）提供透明度的关键法规，是欧盟议会于2014年4月通过的欧盟《金融工具市场指令Ⅱ》（MiFID Ⅱ）的一部分。该指令现在适用于债券和衍生品，而欧盟金融工具市场法规，简称为欧盟《金融工具市场指令Ⅰ》，只为股票制定规则。

欧盟《金融工具市场指令Ⅱ》引入了一个市场结构框架，确保在适当的情况下，在受监管的平台上进行交易。该条例要求尽可能实时地报告交易后信息。金融工具市场监管允许基于某些因素豁免报告要求，有关豁免（以及延迟报告）的具体规则留给欧洲证券和市场管理局制定。规则提高了透明度，加强了交易数据的有效整合和披露。这些规则要求交易场所以合理的成本向市场参与者提供交易前和交易后的数据，并通过建立交易后数据的统一数据汇总机制来实现这一点。

电子债券交易

传统上，公司债券交易一直在场外交易市场以交易经纪人的交易平台为基础，通过电话进行交易，从而完成客户的买卖订单，这一方式在公司债券中占据主要位置。现在正从这种传

⊖ See "Asia's Corporate Bond Markets—Large Differences, Close Cooperation Needed," *Revue-Banque France*, May 19, 2014. Available at http://www.revue-banque.fr/banque-investissement-marches-gestion-actifs/article/asia-corporate-bond-markets-large-differences-c.

⊜ "Asia's Corporate Bond Markets—Large Differences, Close Cooperation Needed."

⊜ 正如欧盟官方网站所解释的，法规是一项具有约束力的立法行为，适用于所有欧盟成员国。相比之下，一项指令为欧盟成员国确立了一个目标，但如何实现这一目标这一问题则留给了各个成员国。有关欧盟有关债券市场的法规和指令的更多信息，请参见 http://europa.eu/eu-law/decision-making/legal-acts/index_en.htm。

统的债券交易方式向电子交易方式转变。

电子债券交易约占公司债券交易的 30%。在场外交易市场，电子交易相对于传统公司债券交易的主要优势有：①向市场提供流动性的能力；②增强价格发现（特别是对于流动性较差的市场）；③新技术的使用；④交易和投资组合管理效率。作为优势的一个例子，投资组合经理可以在网站上加载买卖订单，从这些订单中进行交易，然后清除订单。

电子公司债券交易系统有五种类型。**拍卖系统**允许市场份额较低的参与者对一级市场和二级市场发行的新股进行电子拍卖。通常不使用拍卖系统。**交叉配对系统**将交易商和机构投资者聚集在电子交易网络中，提供实时或定期交叉配对会议。买卖订单在匹配时自动执行。**交易商间系统**允许交易商通过"经纪人的经纪人"的匿名服务，以电子方式与其他交易商进行交易。交易商间系统不包含交易商的客户。**多交易商系统**允许拥有来自两个或多个经销商的合并订单的客户从多个报价中执行。多经销商系统，也称为**客户对经销商系统**，通常向客户显示所有经销商发布的最佳买入价或卖出价。参与交易的交易商通常是交易的委托人。**单一交易商系统**允许投资者直接与所需的特定交易商进行交易；该交易商在交易中充当委托人，投资者可以通过互联网与交易商取得联系。这样，单一交易商系统用互联网取代电话来联系单一经销商和客户。

26.3 中期票据

中期票据（MTN）是一种公司债务工具，其独有的特征是由发行人的代理人持续向投资者发行此类票据。中期票据的投资者可以选择几个期限：9 个月～1 年，1 年以上～18 个月，18 个月以上～2 年，等等，最多 30 年。中期票据根据第 415 条规则（货架注册规则）在美国证券交易委员会注册，该规则为公司连续发行债券提供了最大的灵活性。

用"中期票据"来描述这一公司债务工具是一种误导。传统上，"票据"或"中期"一词用来指期限超过 1 年但少于 15 年的债务发行。当然，这一特点对于中期票据来说是捉襟见肘的，因为它们的发行期限为 9 个月～30 年，甚至更长。例如，在 1993 年 7 月，沃尔特·迪斯尼公司发行了一种 100 年期的中期债券。

1982 年，第 415 条规则开始实施，使发行人更容易连续出售注册债券。

借款人在设计中期票据以满足其自身需求时具有灵活性，他们可以发行固定利率或浮动利率债券，息票付款可以用美元或外币支付。

当一家公司的财务主管考虑发行中期票据或公司债券时，有两个因素会影响其决定。第一个是在考虑了注册和发行成本后所筹集的资金成本，这一成本被称为**综合资金成本**。第二个是发行人在组织发行时的灵活性。中期票据市场的增长证明了中期票据在成本和灵活性方面的相对优势。然而，有些公司同时发行公司债券和中期票据来筹集资金，这表明在任何情况和市场环境下都无法获得绝对优势。

中期票据由信用评级机构评级。在发行的所有中期票据中，约 99% 在发行时获得投资级评级。

26.3.1 一级市场

中期票据与公司债券的不同之处在于它们在最初出售时分配给投资者的方式。尽管一些投资级公司债券是在尽最大努力的基础上出售的，但通常是由投资银行承销的。中期票据的传统分销方法是由投资银行或作为代理的其他经纪交易商尽力销售。公司债券和中期票据发行的另一个不同之处在于，中期票据通常以相对较小的数量、通过连续或间断的方式出售，而公司债券则以大规模、分散的方式出售。

在美国，想要实行中期票据计划的公司须向美国证券交易委员会提交证券发行的货架注册。美国证券交易委员会对中期票据发行的注册金额为10亿～100亿美元，但一旦全部售出，发行人就可以再次提交一份货架注册。注册包括一份投资银行的名单，通常是2～4家投资银行，这些公司聘请这些投资银行作为代理分销中期票据。总部位于纽约的大型投资银行主导着中期票据的分销市场。

然后发行人公布一系列期限的利率：例如，9个月～1年，1年～18个月，18个月～2年，以及此后每年。通常，发行人会将利率设定为可比期限国债的价差。发行人可以根据不断变化的市场条件，或由于发行人在某一特定到期日筹集了所需数额的资金而随时更改利率发行计划。在后一种情况下，发行人既不能公布到期日范围的利率，也不能降低利率。然后，代理商将发行利率表提供给对中期票据感兴趣的投资者，对发行感兴趣的投资者联系代理商，代理商联系发行机构以确认交易条款。由于发行利率表中的到期日范围没有规定具体的到期日，投资者可以选择最终到期日，但须经发行人批准。投资者购买中期票据发行的最低规模通常为100万～2 500万美元。

26.3.2 结构性中期票据

如今，中期票据发行人通常将其发行的债券与衍生品市场的交易（期权、期货/远期合同、互换、上限和下限）结合起来，以创造比公司债券市场更具吸引力的风险/收益特征的债券。具体而言，一次发行可能在证券的整个或部分生命周期内采用浮动利率，息票重置公式可以基于基准利率、权益指数或个股价格、外汇汇率或商品指数。

有些中期票据甚至提供了与基准利率成反比的息票重置公式，也就是说，如果基准利率增加（降低），则票面利率降低（增加）。具有这种息票特征的债务工具被称为**反向浮动利率债券**。

当发行人同时在衍生品市场交易时产生的中期票据被称为**结构性票据**。在创建结构性票据时，最常用的衍生工具是互换——我们将在第37章讨论的衍生工具。发行结构性票据的动机是，投资者愿意为此类债券支付溢价，因此，发行人将实现比仅发行标准中期票据或公司债券更低的融资成本。

26.4 融资租赁

融资租赁市场是大型设备融资市场的一部分。任何一种可以用借款购买的设备也可以租赁。我们在这里的重点是租赁设备，这些设备可归类为大额项目（设备成本超过500万美元），包括商用飞机、大型船舶、大量生产设备和能源设施。一种特殊类型的租赁安排，称为杠杆租赁，用于融资租赁此类设备。

租赁过程如下。潜在的设备用户，称为**承租人**，首先选择设备以及经销商或制造商，从中购买设备。承租人就交易的各个方面进行谈判，如购买价格、规格、保证和交付日期。当承租人接受交易条款时，另一方，如银行或金融公司，从经销商或制造商处购买设备并将其租赁给承租人，这一方当事人叫**出租人**。租赁安排使出租人实现与租赁设备所有权相关的税收优惠。

基本上，租赁是一种可以将税收优惠从设备使用者（承租人）转移到另一个可以利用这些设备的实体（出租人）的工具，承租人可能无法享受与设备所有权相关的税收优惠（如折旧和任何税收抵免）。作为这些税收优惠的交换，出租人向承租人提供的融资成本低于承租人用借入资金购买设备所能获得的融资，这种租赁被称为**税收导向租赁**。

出租人融资购买设备有两种方式。第一种方式是从自有资金中提供所有融资，此时用于购买设备的资金 100% 面临风险。这种租赁安排被称为**单一投资者租赁**或**直接租赁**。基本上，这种租赁是双方协议（承租人和出租人之间）。第二种方式是出租人只使用其自有资金的一部分购买设备，并从银行或银行集团借入余额。这种租赁安排称为**杠杆租赁**，杠杆租赁协议的三方是承租人、出租人和贷款人。杠杆租赁方式允许出租人从拥有的设备中获得所有税收利益，并从借贷资金中获得税收利益——可抵扣利息，同时只拿出一部分自有资金购买设备。因此，杠杆租赁通常用于大额项目的融资。

在杠杆租赁交易中，一方有必要安排所涉资金的股权和债务部分。同一方可以同时安排。股权部分通常由一个或多个机构投资者提供。债务部分由银行安排。由于杠杆租赁交易针对的是大额项目，因此，银行债务通常安排为银团贷款。例如，飞机融资租赁通常通过杠杆租赁融资完成。

26.5 破产法

每个国家都有自己的破产法来处理有财务困难的公司偿还其债务的问题。我们首先回顾各国破产法所涵盖的一般问题。但是我们无法对每个国家的破产法进行说明。鉴于许多国家的破产程序都是以美国的破产制度为基础的，所以我们先介绍这一制度。

26.5.1 破产法所涵盖的问题

破产法涉及以下问题：
- 谁可以申请破产；
- 处理破产的法院将给予债权人、股权投资者和其他利益相关者的权重；
- 是否允许公司管理层继续管理企业；
- 允许的破产安排类型（清算或重组）；
- 当公司申请破产时，是否会有自动禁令阻止债权人收回其债务（称为"自动中止"）。

企业必须满足使用本国破产法的先决条件。符合这些条件的，企业才可以自行申请破产，称为自愿破产，也可以由债权人强制其破产，称为非自愿破产。在分析了大约 42 个国家的破产条件后，一项研究发现，"总体而言，大多数国家将无力偿还债务作为破产的基本条件"[⊖]。

大多数国家对债权人遵循优先权规则，即优先债权人在次级债权人获得任何偿付之前可获得全额偿付。大多数国家优先考虑有担保债权人而不是雇员债权人（应付给雇员的赔偿额）。这取决于一国金融市场的发展。优先考虑有担保债权人而不是雇员债权人的国家之所以这样做，是因为在经济发展的早期阶段，在金融市场筹集资金被视为比劳动力需求更为重要[⊖]。

大多数国家破产法的一个共同目标是允许企业实体与债权人制定一项财务计划，使其能够履行一些债权人的义务，并作为一个新的商业实体继续经营下去，这是指企业实体的**重组**。

[⊖] Wang Huaiyu, "An International Comparison of Insolvency Laws," in *Legal & Institutional Reforms of Asian Insolvency Systems* (Paris: Organisation for Economic Co-Operation and Development, 2006), available at https://www.oecd.org/china/38182541.pdf.

[⊖] Huaiyu, "An International Comparison of Insolvency Laws."

破产规则涉及如何进行重组。一些针对破产企业实体的债权持有人收到现金作为其债权的交换，另一些人可以从重组后的新企业实体中获得新的证券，还有一些人则可能在重组后的企业实体中同时获得现金和新证券的组合。与重组相反的是企业实体的**清算**。在清算中，破产企业实体的所有资产将分配给债权持有人，企业实体将不存在。

26.5.2 美国破产制度

美国管理破产的法律是《1978年破产改革法》及其修正案。该法案规定了公司清算或重组的规则。破产法的另一个目的是让公司有时间决定是重组还是清算，然后有必要的时间制订计划来完成这两个决定。给予公司时间是因为当一家公司申请破产时，该法案给予公司保护，使其免受债权人的追索。破产申请可以由公司自己提出（自愿破产），也可以由债权人提出（非自愿破产）。根据破产法申请保护的公司通常会成为"拥有控制权的债务人"，并在法院的监督下继续经营其业务。

《美国破产法》由15章组成，每章都涵盖了特定类型的破产。被广泛应用的是第7章和第11章，第7章涉及公司清算，第11章涉及公司重组。

优先权的理论与实践

在公司清算时，债权人根据绝对优先权规则在资产可用的范围内获得分配。**绝对优先权规则**认为，在次级债权人得到任何偿付之前，优先债权人必须得到全额偿付。对于有担保债权人和无担保债权人，这一规则保证其优先于股东。

在清算中，绝对优先权规则通常适用。相比之下，大量的文献认为，在重组中，法院或美国证券交易委员不会严格支持绝对优先权[一]。根据第11章对实际重组进行的研究发现，违反绝对优先权是规则而非例外[二]。

法院未能遵循严格的绝对优先权会对公司的资本结构决定（债务和股权之间的选择）产生影响。金融经济学家认为，如果股东不被视为剩余求偿人，公司实际上是由债权人拥有的，债权人向股东出售了公司资产的看涨期权，且这一看涨期权是不可持续的[三]。

对于在重组中为什么对索赔人的分配与绝对优先权规则所要求的分配不同，有人提出了若干假设。**激励假设**认为，当事人之间的谈判过程持续的时间越长，破产成本就越大，分配给

[一] See, for example, William H. Meckling, "Financial Markets, Default, and Bankruptcy," *Law and Contemporary Problems* 41 (1977): 124–177; Merton H. Miller, "The Wealth Transfers of Bankruptcy: Some Illustrative Examples," *Law and Contemporary Problems* 41 (1977): 39–46; Jerold B. Warner, "Bankruptcy, Absolute Priority, and the Pricing of Risky Debt Claims," *Journal of Financial Economics* 4 (1977): 239–276; and Thomas H. Jackson, "Of Liquidation, Continuation, and Delay: An Analysis of Bankruptcy Policy and Nonbankruptcy Rules," *American Bankruptcy Law Journal* 60 (1986): 399–428.

[二] See Julian R. Franks and Walter N. Torous, "An Empirical Investigation of U.S. Firms in Reorganization," *Journal of Finance* 44 (1989): 747–769; Lawrence A. Weiss, "Bankruptcy Resolution: Direct Costs and Violation of Priority of Claims," *Journal of Financial Economics* 27 (1990): 285–314; and Frank J. Fabozzi, Jane Tripp Howe, Takashi Makabe, and Toshihide Sudo, "Recent Evidence on the Distribution Patterns in Chapter 11 Reorganizations," *Journal of Fixed Income* 2, no. 4 (1993): 6–23.

[三] Fischer Black and Myron Scholes, "The Pricing of Options and Corporate Liabilities," *Journal of Political Economy* 81 (1973): 637–654. Also, in the derivation of the pricing of risky debt, Robert Merton assumes that absolute priority holds; see Robert Merton, "The Pricing of Corporate Debt: The Risk Structure of Interest Rates," *Journal of Finance* 29 (1974): 449–470.

各方的金额也就越小。在重组中，为拟订重组计划，通常会指定一个代表各债权持有人的委员会。重组计划要被接受，必须得到当事人的批准。因此，会有一个漫长的谈判过程。当事人之间的谈判过程所需时间越长，公司就越有可能以不符合债权人最大利益的方式运作，分配给各方的金额也就越少。由于包括股东在内的所有受损类别通常都必须批准重组计划，债权人往往通过向股东提供一些价值来说服股东接受重组计划。

重订契约过程假说认为，对绝对优先权规则的违反反映了股东与优先债权人之间的重新契约过程，承认管理层有能力代表股东保值⊖。依据**股东对重组计划的影响假说**，与管理层相比，债权人对公司真实经济运行状况的了解较少。由于重组计划中对债权人的分配是以企业的价值为基础的，因此没有完全信息的债权人可能会遭受损失⊜。依据凯伦·胡珀·克鲁克的说法，管理者通常比债权人或股东更了解公司的内部运作，而债权人和股东则可以更好地了解行业趋势。因此，管理层可以利用其卓越的知识，以加强其地位的方式呈现数据⊕。

战略谈判过程假说的实质是，宣布破产的公司日益复杂，这加剧了谈判过程，并导致违反绝对优先权规则的概率更高。重组过程中官方委员会数目的增加以及财务和法律顾问人数的增加，进一步支持了可能的结果。

一些观察者认为，债权人在重组中获得的价值高于在清算中获得的价值，部分原因是与清算的费用有关⊛。最后，由于税收制度缺乏对称性（尽管可以结转亏损扣除额，但不允许税收为负），导致使用所有当前亏损扣除额的唯一方法即是合并⊕。税收制度可以鼓励企业继续经营或合并，阻止企业破产。

因此，尽管公司债务的投资者可能会觉得他们比股权所有人有优先权，比其他类别的债务人有优先权，但破产的实际结果可能与债务协议条款规定的结果相差甚远。

弗兰克·J.法博兹、简·特里普·豪、真真壁崇和利秀须藤研究了有担保债权人、无担保债权人和股权持有人在各类债务和权益证券中违反绝对优先权规则的程度。它们还提供证据，证明哪些资产类别承担了违反绝对优先权规则的代价，以及总分配价值相对于清算价值的初步估计⊛。他们的研究结果表明，无担保债权人承担了不成比例的重组成本，高级无担保债权人相对于初级无担保债权人更可能承担不成比例的成本，股权持有人往往从违反绝对优先权的行为中获益。

关键知识点

▲ 公司债务包括商业票据、银行贷款、公司债券、中期票据、资产支持证券和融资租赁。

⊖ Douglas G. Baird and Thomas H. Jackson, "Bargaining after the Fall and the Contours of the Absolute Priority Rule," *University of Chicago Law Review* 55 (1988): 738–789.

⊜ L. A. Bebchuk, "A New Approach to Corporate Reorganizations," *Harvard Law Review* 101 (1988): 775–804.

⊕ Karen Hooper Wruck, "Financial Distress, Reorganization, and Organizational Efficiency," *Journal of Financial Economics* 27 (1990): 419–444.

⊛ Michael C. Jensen, "Eclipse of the Public Corporation," *Harvard Business Review* 89 (1989): 61–62; and Wruck, "Financial Distress, Reorganization, and Organizational Efficiency."

⑤ J. I. Bulow and J. B. Shoven, "The Bankruptcy Decision," *Bell Journal of Economics* 9 (1978): 437–456. For a further discussion of the importance of net operating losses and the current tax law, see Fabozzi et al., "Recent Evidence on the Distribution Patterns in Chapter 11 Reorganizations."

⊛ Fabozzi et al., "Recent Evidence on the Distribution Patterns in Chapter 11 Reorganizations."

- 公司债务在破产情况下优先于公司普通股持有人。
- 公司银行贷款是证券发行的替代品,分为投资级贷款和杠杆贷款。
- 杠杆贷款可以出售给机构投资者,并在二级市场交易。
- 虽然银行向企业提供的贷款包括两种类型的银行贷款,但在市场上,人们普遍将"银行贷款"和"杠杆贷款"互换使用。
- 在银团贷款中,是由一组银行向借款人提供资金。
- 公司债券是要求公司支付定期利息的债务,到期时全额偿还。
- 公司债券发行人的承诺和投资者的权利载于债券契约中。
- 规定的准备金包括赎回和偿债基金准备金。
- 债券担保可能是不动产或个人财产。
- 公司债券没有特定财产抵押担保。
- 次级债券是指在有担保债券、无担保债券并且通常在某些普通债权人之后的债券。
- 特殊公司债券特征包括:可转换和可交换债券、带认股权证的债券、可赎回债券、零息债券、浮动利率债券、通货膨胀指数债券和双重货币债券。
- 高收益债券是信用评级低于BBB的债券。
- 高收益债券部分有几种复杂的债券结构,特别是为杠杆收购融资和资本重组而发行的债券,产生了更高的债转股水平。
- 高收益债券结构包括递延息票债券(递延利息债券、升息债券和实物支付债券)和可延长重置债券。
- 关注公司债券的违约率并不能充分了解投资公司债券的风险和收益。投资者必须同时考虑违约率和回收率。
- 违约损失率等于违约率与(1−回收率)的乘积。
- 可以使用几种不同的方法来计算违约率。
- 公司债券的二级交易信息由交易报告和合规引擎提供。
- 电子公司债券交易系统分为五类:拍卖系统、交叉匹配系统、交易商间系统、多交易商系统和单一交易商系统。
- 欧盟的法规和指令涉及范围广泛的债券问题,主要立法侧重于改善市场参与者的行为,稳定金融体系,提高市场透明度。
- 欧盟《金融工具市场指令Ⅱ》(MiFID Ⅱ)的第1级提高了二级债券市场在交易后细节和交易前指示性报价报告方面的透明度。
- 中期票据是一种公司债务工具,其独有的特征是由发行人的代理人持续向投资者发行此类票据。
- 中期票据的投资者可以选择几个期限:9个月~1年,1年以上~18个月,18个月以上~2年,等等,最多30年。
- 中期票据与公司债券在最初分配给投资者的方式上有所不同,与典型的由投资银行承销的投资级公司债券发行不同,中期票据是在尽最大努力的基础上出售的。
- 公司债券和中期债券发行时的另一个不同之处在于,中期债券通常以相对较小的数额通过连续或间断的方式出售,而公司债券则以大规模、分散的方式出售。
- 在美国,想要实行中期票据计划的公司将向美国证券交易委员会提交证券发行的货架注册。
- 中期票据发行人通常将其发行的债券与衍生品市场的交易(期权、期货/远期合同、互换、上限和下限)结合起来,以创造比公司债券市场更具吸引力的风险/收益特征的债券,此类中期票据被称为结构性票据。
- 租赁是一种银行借款形式,基本上是一种工具,通过这种方式,可以将税收优惠从设备使用者(承租人)转移到另一个可以利用这些设备的实体(出租人)身上。
- 单一投资者租赁是只涉及承租人和出租人的两方协议。
- 在杠杆租赁中,出租人仅使用其自有资金的一部分购买设备,并从银行或银行集团借入余额。
- 破产法涉及的问题包括:①谁可以申请破产;②法院在破产程序中给予债权人、股

- 权投资者和其他利益相关者的权重；③是否允许公司管理层继续管理企业；④允许的破产安排类型（清算或重组）；⑤当公司申请破产时，是否会有自动禁令阻止债权人收回其债务（称为"自动中止"）。
- 在自愿破产中，企业本身可以申请破产。在非自愿破产中，债权人可以强迫其破产。
- 破产规则涉及如何进行重组。
- 在重组中，破产企业实体的一些债权持有人收到现金作为其债权的交换，另一些人可以从重组后的新企业实体中获得新的证券，还有一些人则可能在重组后的企业实体中同时获得现金和新证券的组合。
- 在一个企业实体的清算过程中，破产企业实体的所有资产将分配给债权持有人，企业实体将不存在。
- 《1978年破产改革法》及其修正案规定了美国的破产程序。
- 《美国破产法》第7章涉及公司清算，第11章涉及公司重组。
- 理论上，债权人在资产可用的情况下，根据绝对优先权规则获得分配，这意味着在次级债权人得到任何偿付之前，优先债权人得到全额偿付。
- 在实践中，绝对优先权规则适用于清算，但这一规则在重组中通常被违反。

练习题

1. a. 银行贷款分为投资级贷款和杠杆贷款，解释一下这两种贷款的区别。
   b. 在这两种银行贷款中，哪一种可以在二级市场出售和交易？
2. a. 什么是银团贷款？
   b. 银团贷款通常使用的参考利率是多少？
   c. 银行分期偿还贷款和一次性银行贷款有什么区别？
3. 解释银行出售银团贷款头寸的两种方式。
4. a. 投资可赎回债券有什么缺点？
   b. 发行可赎回债券对发行人有什么好处？
5. 不可赎回债券和不可退还债券的区别是什么？
6. a. 债券发行中的偿债基金要求是什么？
   b. "债券发行中的偿债基金条款对投资者有利。"你同意这一说法吗？
7. 解释以下几种概念：
   a. 系列债券；
   b. 抵押债券；
   c. 设备信托证书；
   d. 抵押债券。
8. 可转换债券和可交换债券有什么区别？
9. "堕落天使"和原始发行的高收益债券有什么区别？
10. 是什么决定了中期债券的收益率？
11. a. 什么是结构化票据？
    b. 发行人创建结构性票据的动机是什么？
12. 中期票据的原始发行与公司债券的发行有何不同？
13. 在评估高收益公司债券的投资绩效时，为什么只关注价值有限的违约率？
14. 如果违约率为5%，回收率为60%，违约损失率是多少？
15. 什么是交易报告和合规引擎？为什么它对公司债券市场的市场参与者很重要？
16. 关于债券透明度，欧盟《金融工具市场指令Ⅱ》第1级的主要规定是什么？
17. a. 对于融资租赁交易，谁是承租人和出租人？
    b. 谁有权享受税收优惠，这些税收优惠是什么？
    c. 如果一家制造企业没有应纳税所得额，它是否有可能购买设备或租赁设备？为什么？
18. 单一投资者租赁和杠杆租赁有什么区别？
19. a. 清算和重组有什么区别？
    b. 第7章和第11章的破产申请有什么区别？
20. 拥有控制权的债务人是什么意思？
21. 绝对优先原则是什么？
22. 给出三个理由解释重组中绝对优先权可能被违反的原因。
23. 与传统的公司债券场外交易相比，电子交易的主要优势是什么？

第 27 章

资产支持证券市场

学习目标

学习本章后，你会理解：
- 资产支持证券是如何产生的；
- 证券化的基本结构；
- 证券化的当事人是谁；
- 金融市场如何从证券化中获益；
- 金融机构所采用的"发放－持有"和"发放－分销"方法的含义；
- 对证券化的担忧；
- 公司如何通过证券化降低融资成本；
- 特殊目的公司的作用；
- 对全球金融危机导致的证券化进行的监管；
- 证券化监管中风险保留规则的目的；
- 企业如何利用证券化来管理风险。

在本章中，我们将重点讨论金融公司和非金融公司用于筹集债务的工具。这种被称为"资产支持证券"的金融工具是通过一种被称为资产证券化或简单称为证券化的过程而产生的。证券化产品的创建主要是在美国，直到 20 世纪 80 年代末，证券化产品才成为一些欧洲国家使用的一种技术。美国境外证券化产品开发较晚的一个原因是，这一过程需要建立法律和法规框架，以实现证券化的好处。尽管在世界范围内发生的主要证券化类型包括住宅房地产抵押贷款证券化，但非银行和银行已经创造出了以各种非房地产消费贷款和应收账款为支持的产品。例如，银行和汽车制造商的子公司已经将汽车贷款和租赁进行了证券化。

在本章中，我们将对证券化的过程和由此产生的债券的类型，证券化在金融市场中的作用，以及 2008～2009 年金融危机后有关证券化的公共政策问题进行解释。本章概述了公司使用的证券化。在第 30 章中，我们将研究证券化市场的一个主要部分，即由一个政府机构和两个政府资助企业发行的美国住宅抵押贷款证券市场。这个市场太大了，它有自己的特色。

27.1 证券化与证券化产品的创造

为了解释证券化产品是如何产生的以及说明证券化的当事人,我们将用一个例子来说明。假设FAF实验室设备公司制造全世界医疗和临床实验室使用的高质量设备,尽管该公司有现金销售,但其大部分销售额来自分期付款销售合同。分期付款销售合同是向买方提供实验室设备(如牙科、医疗或临床实验室)的贷款,买方同意在规定的时间内偿还FAF实验室设备公司所借金额加上利息,购买的实验室设备是贷款的抵押品,我们假设贷款期限都是5年。

FAF实验室设备公司的信贷部门决定是否向客户提供信贷,也就是说,信贷部门收到潜在客户的信贷申请,并根据公司制定的标准决定是否发放贷款。发放贷款的标准被称为"承销标准"。因为由FAF实验室设备公司发放贷款,所以该公司被称为**贷款的发起人**。

此外,FAF实验室设备公司可能有一个部门负责贷款的服务。服务包括向借款人收取款项,通知可能拖欠的借款人,以及在必要时(如借款人未能按合同规定支付贷款),收回和处置抵押品(在这一例子中抵押品即实验室设备)。虽然贷款的服务商不必是贷款的发起人,但在这一例子中,FAF实验室设备公司是贷款的服务商。

现在让我们来看看这些贷款是如何在证券化交易中使用的。我们假设FAF实验室设备公司有超过3亿美元的分期付款销售合同,我们进一步假设FAF实验室设备公司希望筹集3亿美元,公司的财务主管决定通过证券化来筹集资金,而不是发行3亿美元的公司债券。为此,FAF实验室设备公司将成立一个称为**特殊目的公司**的法律实体。我们暂时不解释成立这个法律实体的目的,但后面的内容会显示,特殊目的公司在证券化交易中是至关重要的。

在我们的例子中,成立的特殊目的公司被称为"FAF资产信托"(FAFAT),然后,FAF实验室设备公司将向FAF资产信托出售3亿美元的贷款。FAF实验室设备公司将从FAF资产信托获得3亿美元现金,这是它希望筹集的资金。FAF资产信托通过出售由3亿美元贷款支持的证券获得3亿美元,证券为上述资产支持的证券。

在美国发行的证券化招股说明书中,这些证券通常被称为"证书"。

27.1.1 证券化的各方

让我们阐明一下证券化的各方。在我们假设的证券化中,FAF实验室设备公司不是证券化产品的发行人(尽管它有时被称为"发行人",因为它是最终筹集资金的实体)。相反,它发起了贷款。因此,在本次交易中,FAF实验室设备公司有不同的名称:"卖方""存款人"或"发起人"。之所以称它为"卖方",是因为它将应收账款出售给了FAF资产信托。它被称为"存款人",因为它将应收账款存入贷款池。它被称为"发起人",是因为它发起了应收账款。实际上,FAF实验室设备公司可能有一个子公司,该子公司是一家专属金融公司,其职责是为母公司的产品融资。在这种情况下,该专属金融公司将是卖方、存款人或发起人。

证券化中的特殊目的公司在招股说明书中被称为"发行人"或在某些国家称为"信托"。在简单的交易中,FAF实验室设备公司制造了实验室设备并发放了贷款。特殊目的公司的关键作用将在后面解释。

发行的证券将有一个受托人,受托人的责任是通过监督契约的遵守情况来代表证券类别的利益,并且在违约的情况下,执行管理文件中规定的补救措施[⊖]。

[⊖] For further discussion of the role of the trustee in a securitization, see Karen Cook and F. Jim Della Sala, "The Role of the Trustee in Asset-Backed Securities," in *Handbook of Structured Financial Products*, ed. Frank J. Fabozzi (Hoboken, NJ: John Wiley & Sons, 1998), chapter 7.

27.1.2 证券化产品的产生和交易结构

证券化的最终结果是创造出一般称为资产支持证券（ABS）的证券。在证券化招股说明书中，资产支持证券被称为"证书""资产支持票据"和"债券类别"。在市场上，用于描述所创建证券的术语通常是"份额"。

证券化具有交易结构，这是指创建的证券、规定结构中证券之间损失分配方式的规则、结构中证券之间每月利息分配的规则以及结构中证券之间本金偿还分配的规则，这些规则被称为"瀑布"结构。

让我们看一些不同类型的结构，从一个简单的例子开始，使用 FAF 实验室设备公司将应收账款出售给 FAF 资产信托——特殊目的公司和证券发行人。假设债券结构中有 A、B 和 C 三种债券类别。证券化交易中的应收账款总额为 3 亿美元，出售的债券类别的票面金额相同。A 类债券的面值为 2.6 亿美元，B 类债券的面值为 3 000 万美元，C 类债券的面值为 1 000 万美元，支持证券化的应收账款池损失分配规则如下：

- 首先，将应收账款池的损失分配给 C 类债券，最高 1 000 万美元（该类债券的票面金额）；
- 其次，将应收账款池的后续损失分配给 B 类债券，最高 3 000 万美元（该类债券的票面金额），高于 C 类债券吸收 1 000 万美元的损失；
- 最后，如果应收账款池的损失超过 4 000 万美元，则损失将由 A 类债券承担。

对于借款人支付本金时的分配，规则如下：

- 支付 A 类债券，收到的本金不超过其面值（2.6 亿美元）；
- 一旦 A 类债券全额偿还其 2.6 亿美元的票面金额，收到的本金将分配给 B 类债券，其票面价值不超过 3 000 万美元；
- 在 B 类债券付清后，任何额外本金将支付给 C 类债券。

让我们考虑在不同情况下，应收账款池的损失会发生什么。假设在证券有效期内应收账款池的总损失为 600 万美元。在这种情况下，A 类债券和 B 类债券将全额偿还其票面价值。然而，C 类债券将吸收 600 万美元的损失，因此仅获得 1 000 万美元面值中的 400 万美元。如果证券存续期内应收账款池的总损失为 2 800 万美元，则 C 类债券收取不到本金，而 A 类债券则能收取全部本金。但是，B 类债券必须吸收 C 类债券吸收的 1 000 万美元以上的损失。该金额为 1 800 万美元（=2 800 万 -1 000 万）。因此，B 类债券将只收到其面值的 1 200 万美元（=3 000 万 -1 800 万）。最后，让我们考虑损失为 6 000 万美元的情况。在这种情况下，B 类债券和 C 类债券都不会收到任何本金，而 A 类债券必须吸收其他两类债券吸收的超额损失。超出的金额为 2 000 万美元（= 6 000 万 -1 000 万 -3 000 万），因此 A 类债券将获得 2.4 亿美元的本金，而不是其 2.6 亿美元的票面金额。

注意在这个结构中发生了什么。C 类债券为 A 类和 B 类债券的应收账款池损失提供信贷支持，金额高达 1 000 万美元。此外，B 类债券为 A 类债券的应收账款池损失提供了信贷支持，在 C 类债券信贷支持的基础上，提供额外的 3 000 万美元。基于这个原因，我们说 B 类债券和 C 类债券是"次级"债券类别。因为 C 类债券是第一个吸收损失的债券，所以被称为"第一损失"部分。而且，由于 A 类债券没有为其他两类债券提供信贷支持，所以它是**高级债券**。该结构本身是一个**高级次级结构**。

我们将在下一节讨论信用风险和高级从属结构。这里我们只注意到每个债券类别都将获得一个信用评级。高级债券类别将获得最高信用评级，两个次级债券类别将获得较低的信用评级。具体而言，B 类债券的信用评级低于 A 类债券，但高于 C 类债券，因为 B 类债券由 C 类债券提供信用支持。

显然，这种结构的目的是重新分配与抵押品（应收账款池）相关的信用风险。这一过程被称为"信用分档"，也就是说，创建一套债券类别，让投资者可以选择他们更愿意承担的信用风险金额。

让我们在结构上再加一个层次。假设结构如表 27-1 所示，其中债券类别 B 和 C 是次级债券类别，如前一结构所示，但有四个高级债券类别，A1、A2、A3 和 A4。

在这种结构中，B 和 C 两个次级债券类别为所有高级债券类别提供信用支持。然而，与之前的结构不同的是，高级债券类别不是一个而是四个。向高级债券类别分配本金的规则如下：

- 所有本金支付给 A1 类债券，直到该类债券的面值达到 1.5 亿美元；
- 一旦 A1 类债券付清，则所有本金将支付给 A2 类债券，直到该类债券的票面价值为 6 000 万美元；
- 一旦 A2 类债券付清，则所有本金将支付给 A3 类债券，直到该类债券的票面价值为 3 000 万美元；
- 一旦 A3 类债券付清，则所有本金将支付给 A4 类债券，直到该类债券的票面价值为 2 000 万美元。

表 27-1

债券类别	面值（百万美元）
A1（高级）	150
A2（高级）	60
A3（高级）	30
A4（高级）	20
B（次级）	30
C（次级）	10
合计	300

一旦所有高级债券全部付清，本金分配规则与之前的结构相同：

- 收到的本金分配给 B 类债券，票面价值不超过 3 000 万美元；
- 在 B 类债券付清后，额外本金将支付给 C 类债券。

在这个例子中，很显然，高级债券类别没有为任何其他高级债券类别提供信贷支持。假设 3 年结束时，存在以下情况：

情况 1：截至第 3 年，应收账款池没有损失，但在第 4 年的第 1 个月，该池遭受了 6 000 万美元的损失；

情况 2：支付给 A1 类债券的本金到第 3 年为 7 000 万美元。

截至第 4 年第 1 个月底，两个次级债券类别被淘汰（将不会收到任何本金）。到期本金（损失调整前）与证券化发行时相同，但 A1 类债券的票面价值减去支付给该类债券的 6 000 万美元本金。也就是说，面值为 9 000 万美元（=1.5 亿 − 6000 万）。因此，在调整超出两种次级债券类别的应收账款损失之前，现在的情形如表 27-2 所示。

表 27-2

债券类别	面值（百万美元）
A1（高级）	90
A2（高级）	60
A3（高级）	30
A4（高级）	20
合计	200

四个高级债券类别必须分配两个次级债券类别未吸收的损失。这一数额是 2 000 万美元：6 000 万美元的损失减去两个次级债券类别吸收的 4 000 万美元。因为第四年年初，所有高级债券类别的票面价值总计为 200 美元，这意味着每个高级债券类别必须分配 10% 的损失（2 000 万美元将被分配除以 2 亿美元的优先债券面值）。因此，各债券类别的本金如表 27-3 所示。

表 27-3

债券类别	面值（百万美元）
A1（高级）	81
A2（高级）	54
A3（高级）	27
A4（高级）	18
合计	180

优先结构中的高级债券类别（债券类别 A）具有一定的到期日。使用四种高级债券类别，可以创建不同期限的债券（我们将在第 30 章中更详细地介绍这一点）。因此，划分一个高级债券类别被称为**时间分档**（创建不同期限的债券）。这种结构既有高级债券类别的时间段（通过创建 A1、A2、A3 和 A4 类债券），还有信用分档（通过创建高级债券类别和两个次级债券类别 B 和 C）。

第一个损失部分（第一个吸收抵押品损失的债券类别）在结构中至关重要。正如我们在讨论证券化问题时所看到的，投资者担心的是，资金池中的贷款/应收账款得到适当的承销。因为贷款/应收账款的发起人不会在其资产负债表上持有这些资产，而是将这些资产打包并通过证券化将其分配给公众，那么如何控制这种道德风险问题（贷款承销不佳）呢？

在美国和欧洲，正如本章后面所解释的，有法规要求发起人在其投资组合中保留第一个损失部分，以使发起人在承销不良信贷时承担相关风险。

27.2 证券化对金融市场的好处

正如我们在本书中强调的那样，一些工具已经被引入金融市场，以减少借款人对银行的依赖。高收益公司债券（第 26 章的主题）就是此类工具的一个例子。通过证券化过程发行的债券就是另一个例子。

就在全球金融危机（这场危机可以追溯到 2007 年初夏，部分由证券化引起的次贷危机）爆发之前，当时美国的主要公职人员正评论证券化在金融市场中的关键作用。例如，在金融危机开始几个月后，当时的美国财政部长亨利·M. 保尔森（Henry M. Paulson, Jr.）在一次演讲中将证券化描述为"一个在向全国数百万房屋拥有者提供信贷并降低其融资成本方面极为有价值的过程"。[⊖]

2008 年 6 月 1 日，欧洲中央银行（欧元区中央银行和 17 个欧盟国家的货币政策管理者）执行董事会成员何塞·曼努埃尔·冈萨雷斯－帕拉莫（José Manuel González-Páramo）介绍了银行证券化的好处：

贷款组合的证券化为银行提供了一个额外的资金来源，使它们能够减轻与流动性转换核心业务内在相关的一些风险。……通过允许银行将其非流动性资产转化为有价证券，并为扩大贷款提供额外的资金来源，证券化提供了一种有效的机制来减轻这种风险，并减少了传统上由存款银行进行流动性转换的作用。[⊜]

一些观察人士认为，在亚洲，证券化将比美国和欧洲发挥更为关键的作用，原因有二[⊕]。首先，与欧美发达的债券市场相比，亚洲债券市场还不发达。其次，亚洲企业的融资仍高度依赖银行。证券化为发展亚洲债券提供了一种手段，使各国不再仅仅依赖银行体系，俄罗斯也是如此。

2012 年 1 月，时任美国代理货币审计长的约翰·沃尔什（John Walsh）就证券化问题发表

[⊖] Henry M. Paulson, Jr., "Current Housing and Mortgage Market Developments," speech, Georgetown University Law Center, Washington, DC, October 16, 2007, HP-612.

[⊜] José Manuel González-Páramo, speech, Global ABS Conference 2008, Cannes, June 1, 2008.

[⊕] Eiichi Sekine, Kei Kodachi, and Tetsuya Kamiyama, "The Development and Future of Securitization in Asia," Nomura Institute of Capital Markets Research, paper presented at the Fourth Annual Brookings–Tokyo Club–Wharton Conference, Washington, DC, October 16, 2008.

了以下观点，这一观点使人们认识到证券化的好处：

证券化有时被人诬蔑和误解，它对我国经济的重要性往往没有得到充分的认识。无论是抵押贷款、信用卡、汽车金融还是学生贷款，满足美国消费者的需求在很大程度上依赖于证券化。如果没有一个运转良好的证券化市场所提供的流动性和融资渠道，很难想象金融体系的全面复苏。⊖

在这一点上应该清楚，证券化在金融市场中起着至关重要的作用。让我们将这一观察结果与我们先前讨论的金融中介对金融市场的重要作用联系起来，更具体地说，金融中介有三项经济功能，分别是：①提供到期中介；②通过多样化降低风险；③降低交易和信息处理的成本（参见第3章）。然而，证券化是一种不需要金融中介机构，直接在公开市场筹集资金的工具，也就是说，证券化导致金融脱媒。

让我们看看证券化如何实现金融中介的三大经济角色。第一，可以使用贷款池创建不同期限的资产支持证券。例如，正如本章前面所解释的，时间分档可用于创建短期、中期和长期到期的证券化工具。(在第30章中，本书将用30年期住宅抵押贷款来说明这一原则。)因此，证券化提供了到期中介。

第二，在一个典型的证券化中，由于大量的贷款，一种资产类型内部的多样化得以实现。因此，证券化通过多样化来降低风险。

第三，对资产证券化中的契约成本和信息处理成本进行了规定。合同费用由贷款发放人提供。信息处理分为两个层次，首先是贷款的发放时间，其次是信用评级机构对交易中的资产支持证券进行评级。

证券化对金融市场的主要好处是，它允许为金融债权创造具有更好流动性的可交易证券，否则这些证券将留在金融中介机构的投资组合中，从而流动性很差。例如，很少有机构或个人投资者愿意投资住宅抵押贷款、汽车贷款或信用卡应收账款。然而，他们愿意投资于由这些贷款类型支持的证券。通过使金融资产以这种方式进行交易，证券化不仅降低了代理成本，从而使金融市场更加有效，并且提高了基础金融债权的流动性，从而降低了金融体系中的流动性风险。

27.3 对证券化的担忧

证券化并非没有重大的潜在风险。为了了解主要的风险，让我们看看银行采用的传统贷款方式，然后更具体地考虑贷款购买住宅的过程。

首先，我们考虑银行在发放贷款购买房产时采取的方法，在贷款发放后，银行将贷款保留在其资产负债表上。该方法被称为"原始持有"方法，"持有"意味着银行将在其投资组合中保留贷款。在这种方法中，银行的贷款专员审查申请人的贷款申请。申请人提供其有关的信用历史和就业历史的信息，以及有关将要购买的财产的信息。银行聘请一名合格的评估师（由银行或独立第三方雇用）评估房地产的属性并获得评估价值。根据贷款专员的尽职调查，贷款要么被批准，要么被拒绝。如果获得批准，贷款将保留在银行的投资组合中。银行管理层密切监控贷款组合在违约方面的表现，并调查组合中的问题贷款。如果确定贷款专员或评估人员未能正确评估贷款的信用风险，则将对责任个人采取行动。由于银行面临贷款风险，它将进行必

⊖ John Walsh, speech delivered at the American Securitization Forum Annual Conference, January 24, 2012, available at http://www.occ.gov/news-issuances/speeches/2012/pub-speech-2012-11.pdf.

要的尽职调查，以尽量减少这种风险。

现在让我们考虑一下涉及证券化的案例。这种方法涉及所谓的"贷款并证券化"方法。在这种情况下，银行可以出于证券化的目的发放贷款，也可以购买其他实体发放的贷款（例如，从作为银行子公司的抵押贷款银行获得的贷款）。发放贷款的这些其他实体的雇员以及这些实体本身从批准的贷款中获得补偿。因为这些贷款将被出售给一家银行，然后银行将把这些贷款纳入证券化，而不是把它们放在投资组合中，所以信用评估过程就失效了。发放贷款的实体有动机批准尽可能多的贷款，以便从已批准的贷款中产生收入，并且银行不会重新承销其购买的贷款，因为这些贷款不会由银行持有。相反，银行产生与证券化相关的费用（支持证券化的贷款池中的贷款获得的利率，高于其必须支付给证券化债券投资者的利率）。产生尽可能多的可以证券化而且最终不承担信贷风险的贷款的经济动机，是证券化过程中出现的主要问题。

27.4　需要发展一个通融的法律结构

证券化产品的市场在没有一个能够容纳证券化的法律结构之前是无法有效发展的。在这里，我们将解释特殊目的公司的作用，特殊目的公司是证券化中的一个实体，我们只简单地讨论过。事实上，在一个寻求开发证券化产品市场国家的信托法中，如果没有一项与特殊目的公司相当的条款，寻求筹集资金实体的证券化收益将受到限制。以判例法或先例为基础的法律被称为"普通法"，以司法裁决为基础。信托是一种由一方代表另一方持有财产的关系，它也是以普通法为基础的。因此，在证券化中，设立了一个信托（特殊目的公司），而该信托要遵守一个国家的普通法体系。

27.4.1　特殊目的公司的作用

用前述假设的 FAF 实验室设备公司来说明特殊目的公司的关键作用，FAF 实验室设备公司是一家从信用评级机构获得信用评级的公司。为了便于说明，我们假设分配给 FAF 实验室设备公司的信用评级为 B 级。这样的信用评级意味着 FAF 实验室设备公司具有非投资级评级。

假设 FAF 实验室设备公司的财务公司想要筹集 3 亿美元。一种选择是发行 5 年期公司债券，而不是使用资产证券化发行债券。财务公司主要关心的是公司债券的借款成本（利率），因为财务公司的主要目标是获得尽可能低的利率。利率或融资成本是以某个基准的利差来衡量的。假设基准利率是与将要发行的公司债券具有相同期限的美国国债利率，公司发行 5 年期公司债券，利率是 5 年期国债利率加上利差，这个利差反映了投资者希望得到的报酬，以诱使他们购买公司债券。信用评级机构对公司债券发行的评级将是影响利差大小的主要因素。影响信用风险利差的另一个因素是可能用于债券发行的抵押品。如第 26 章所述，有担保的公司债券是担保债券，与没有担保的公司债券（即无担保公司债券）的利差相比，预计会减少一小部分信用利差。财务公司可以将贷款用作担保公司债券发行的抵押品。因此，如果 FAF 实验室设备公司发行 5 年期公司债券筹集 3 亿美元，那么，在信用评级为 B 级的情况下，信用利差将主要反映其信用评级，而抵押品则略有反映。我们来看看为什么抵押品对信用利差的影响很小。

现在假设，FAF 实验室设备公司的财务公司不是用贷款作为担保公司债券发行的抵押品，而是通过创建一个法律实体并在公平交易中将合同出售给该实体的特殊目的公司（我们在本章前面称之为"FAF 资产信托"）来进行证券化。在我们对证券化机制的说明中，FAF 实验室设备公司将应收账款出售给FAF资产信托后,FAF资产信托(而不是FAF实验室设备公司)即合法拥有该应收账款。因此,如果FAF实验室设备公司在出售的应收账款尚未清偿时破产,FAF实验室设备公司的债权人则无法收回应收账款,因为这些应收账款是FAF资产信托合法拥有的。

作为证券化的结果,当特殊目的公司发行证券化债券时,这些债券由来自贷款池的现金流支持,考虑购买该证券化结构中任何债券类别的投资者将评估与收取应收账款项相关的信用风险,该应收账款不受FAF实验室设备公司的信用评级的影响。

信用评级将被分配到证券化过程中创建的不同债券类别,并将反映信用评级机构如何根据抵押品(贷款池)的预期表现评估信用风险。由于特殊目的公司、担保品的质量以及特殊目的公司的资本结构(高级和次级债券类别的数量),公司可以通过证券化筹集资金,其中一些债券类别的信用评级比寻求筹集资金的公司本身的信用评级更高。因此,总的来说,融资成本低于发行有担保的公司债券。这是特殊目的公司在证券化中的关键作用。

重要的是要理解为什么证券化的融资成本可能低于由与证券化相同的抵押品担保的公司债券。原因在于许多国家在公司重组案件中对有担保债权人的待遇。例如,在美国,在公司清算期间,绝对优先权规则规定了破产公司的资产如何在债权人和股东之间分配(见第26章)。绝对优先权规则的原则是,在次级债权人得到任何偿付之前,优先债权人得到全额偿付。对于有担保债权人和无担保债权人,绝对优先权规则保证其优先于股东。在清算中,绝对优先权规则通常适用。相比之下,有充分证据表明,在实际重组中,法院在分配资产时没有遵循严格的绝对优先权规则。因此,尽管公司债务的投资者可能认为他们比股权所有人有优先权,也比其他类别的债务人享有优先权,但在实践中,破产的实际结果可能会大大偏离债务协议的条款。也就是说,无法保证,如果公司债券有担保(担保债券),债务人的权利将在重组发生时得到尊重。正是由于这个原因,与无担保债券相比,有担保债券的信用利差并没有大幅减少。相比之下,对于证券化,法院没有自由裁量权,这是因为没有破产发生。取而代之的是,当受托人从贷款池中收到现金流时,受托人必须遵循的规则(在结构中的证券之间分配损失、利息和本金偿还的规则),规定了证券化资本结构中的每一类债券如何吸收损失。

下面这一例子将具体说明证券化如何降低成本。这一例子是汽车制造商福特汽车公司。从2000年开始,人们担心福特汽车公司的信用评级会被下调。该公司拥有一家专属金融公司福特汽车信贷(Ford Motor Credit),其信用评级也将被下调。然而,这家专属金融公司有能力将其汽车贷款证券化,并发行了证券化债券。福特汽车信贷所做的是将标准公司债券发行的风险敞口从420亿美元减少到80亿美元,使用信用评级最高(AAA)的汽车贷款证券化进行替代。事实上,从2000～2003年,福特汽车信贷将证券化从250亿美元(占总融资的13%)增加到550亿美元(占总融资的28%)亿美元。此外,尽管2005年5月福特汽车公司和其他主要汽车制造商的信用评级被下调,但这些汽车制造商的一些证券化交易的信用评级并未被下调。事实上,有些甚至被上调了。

需要资金实体的信贷风险与特殊目的公司发行的债券类别之间这种重要的脱钩,表明特殊目的公司的法律角色至关重要。这种情况在美国发生是因为法律制度对特殊目的公司的处理。也就是说,尽管已经出现了一些挑战(下文将讨论),结构合理的证券化中的资产属于特殊目的公司,而不是出售资产给特殊目的公司以换取资金的实体。

然而,其他国家可能没有与美国相同的法律框架。这就是为什么在美国以外的一些国家,由于不存在信托法,它们在发行证券化债券方面遇到了障碍。

27.4.2 美国法律面临的挑战

长期以来的观点认为，资产担保证券的投资者不受抵押品卖方债权人的保护。也就是说，当抵押品的卖方将其转让给信托公司（特殊目的公司）时，该转让代表着"真正的出售"，因此，在卖方破产的情况下，破产法院不能从信托公司收回抵押品或抵押品的现金流。然而，这一问题未得到充分的检验。以 LTV 钢铁公司的破产问题为例。在该破产案中，LTV 辩称，其证券化并非真正的销售，因此，它应有权获得其转移给信托公司的现金流。该案已结案，尽管其和解协议包括一项总结性裁定，即 LTV 的证券化是真实的出售，但法院允许 LTV 在和解前使用现金流的决定是投资者的一个主要担忧。

27.5　证券化监管

全球金融危机暴露出来的证券化滥用等问题导致了全球金融市场监管发生了重大变化。尽管证券化滥用是由于房地产贷款证券化（我们在第 30 章中描述）和债务抵押债券（证券化技术应用于债务工具池，如抵押贷款支持证券和某些类型的资产证券化）造成的，但危机后的金融监管却普遍适用于证券化。

史蒂芬·施瓦茨（Steven Schwarcz）将证券化监管分为四类：增加信息披露、要求风险自留、改革信用评级机构和实施资本要求[⊖]。最后一类涉及第六章所述的风险支持资本要求的规则。监管机构将改革信用评级机构纳入其中，是因为这些实体在对某些类型的抵押贷款支持证券进行评级时的做法存在问题。

在美国，2010 年 7 月的《多德-弗兰克法案》对主要法规进行了规定，该法案修订了《1934 年证券交易法》。这项法案涉及的问题不仅仅是美国证券化的监管。然而，我们在这里只关注《多德-弗兰克法案》中有关证券化的部分。尽管美国国会在 2010 年年中通过了该法案，但法案条款的实施授权给了各个政府机构：美国证券交易委员会、三家联邦银行机构（美联储委员会、货币监理署和联邦存款保险公司）、联邦住房金融局以及住房和城市发展部。

《多德-弗兰克法案》将进行证券化的实体称为"证券化者"，并将证券化者或证券化发起人定义为"通过直接或间接（包括通过关联公司）向发行人出售或转让资产来组织和发起资产支持证券交易的人"。资产支持证券通常被《1934 年证券交易法》定义为"由任何类型的自偿性金融资产（包括贷款、租赁、抵押或其他有担保或无担保的应收账款）担保的固定收益或其他证券，该证券的持有人可以接收主要依赖于现金流的付款资产"。

《多德-弗兰克法案》要求美国证券交易委员会通过几项有关证券化的规则。这些规则涉及：
- 资产支持证券招股说明书中证券化交易的报告标准和披露；
- 证券化交易中需要提供的陈述和保证及其执行机制；
- 关于证券化交易贷款的尽职调查要求。

从我们在这一章中讨论的内容中可以清楚地了解最后一条规则的重要性，当贷款通过证券化进行分配时，需要更好的承销标准。

《多德-弗兰克法案》第 941 条论述了另一个关键因素，即降低证券化中贷款和应收账款

[⊖] Steven L. Schwarcz, "Securitization and Post-Crisis Financial Regulation," *Cornell Law Review Online* 101 (2016): 115–139. https://scholarship.law.duke.edu/faculty_scholarship/3558/.

承销质量低劣的风险。第 941 条所依据的基本原则是，发行人应在证券化交易中持有足够的经济利益，使得未能对贷款或应收账款进行适当的尽职调查将对证券化公司产生不利影响。这是通过让证券化者持有发行的债券类别中相当一部分来实现的。解决这一问题的规则被称为"风险自留规则"。该规则旨在确保证券化者保留的信贷风险金额具有经济意义，同时降低风险自留规则对消费者信贷的可用性和成本产生不利影响的可能性业务[⊖]。

欧洲议会和理事会于 2015 年 9 月提出了有关证券化的规定。此外，欧洲议会和理事会还为简单、透明和标准化的证券化创建了一个欧洲框架。与美国一样，拟议中的欧洲监管也有风险自留规则。

27.6 证券化作为企业风险管理的工具

前面，我们解释了为什么证券化为公司发行人提供了降低融资成本的潜力。此外，它还允许企业发行人多元化融资来源。正如丰田汽车信贷公司在向美国证券交易委员会提交的文件中所述："我们盈利资产组合的资产支持证券化为我们提供了另一种融资来源"[⊖]。

除了潜在的融资收益外，证券化的另一个重要好处是，它可以被用作企业风险管理的工具。更具体地说，它可以用来管理：①利率风险；②信用风险；③与抵押品相关的其他风险。

首先，让我们考虑利率风险。支持证券化的贷款或应收账款是债务或固定收益工具，因此，如果贷款或应收账款仍保留在发起人的账簿上，利率上升，它们的价值就会下降。也就是说，贷款或应收账款组合的发起人面临利率风险。但是，如果贷款或应收账款组合被用作证券化的抵押品而从发起人的资产负债表中删除，发起人就不再面临与这些贷款或应收账款有关的利率风险。

其次，与贷款和应收账款组合相关的信用风险被消除。为了理解这背后的原因，再次参考福特汽车公司及其附属金融子公司福特汽车信贷。自 2000 年以来，福特汽车信贷利用证券化来减少汽车贷款组合。通过这样做，它降低了与这些贷款相关的信用风险敞口（借款人违约的风险）。2001 年年底，福特汽车信贷公司的汽车贷款为 2.08 亿美元，第一季度信贷损失了 9.12 亿美元。到 2003 年，第一季度的信贷损失已经下降到 4.93 亿美元，资产负债表上的贷款减少了 2 800 万美元，至 1.8 亿美元。

最后，考虑管理与贷款或应收账款组合相关的其他风险。让我们再看看汽车行业的证券化。正如本章后面所解释的，不仅贷款用于证券化，租赁（资产是租赁应收账款）也是如此。在汽车租赁中，汽车使用者（简称"承租人"）在租赁期内向汽车所有人（称为"出租人"）付款。在租赁期结束时，承租人可以选择以预定的价格购买汽车，也可以选择将汽车归还出租人。租赁期结束时租赁汽车的市场价值被称为"剩余价值"。承租人在租赁期结束时的决定取决于汽车的市场价值与租赁协议中规定的预定固定价格的比较。如果市场价值低于预定的固定价格，承租人将把汽车归还给出租人。因此，出租人拥有一个汽车投资组合，其市场价值低于租赁开始时的预期。从出租人或发起人的角度来看，租赁交易中的这种风险称为"剩余风险"。当证券化产生时，这种风险就被消除了，因为风险会转嫁给证券化债券的投资者。

⊖ 风险自留规则也有例外。当所有集合资产都是"合格住宅抵押贷款"时，证券化者不必保留信贷风险。合格住宅抵押贷款的定义留给某些联邦银行机构。

⊖ From p. 50 of Toyota's 2013 Form 10-K, available at http://www.toyotafinancial.com/consumer/ShowBinary/BEA%20Repository /tfs/en_US/document/Fiscal_2013_Form_10K.pdf.

关键知识点

- 资产证券化（简称"证券化"）在金融市场和实体经济中发挥着关键作用。
- 证券化的最终结果是创造了通常称为资产支持证券的证券或由贷款或应收账款池支持的债券类别或部分。
- 证券化的主要当事人是卖方/发起人（寻求筹集资金的一方）、特殊目的公司和服务商。
- 证券化导致了金融脱媒。
- 为了寻求资金的实体发行资产支持证券而非公司债券的动机是降低潜在的融资成本。
- 证券化可能产生潜在较低融资成本的关键在于特殊目的公司的作用。
- 在证券化中，交易结构或"瀑布"结构是指创建的证券，在结构中证券之间规定损失分配方式的规则，结构中证券之间每月利息分配的规则以及结构中证券之间在偿还本金分配的规则。
- 资产支持证券是信用增强型，为债券类别提供更大的违约保护。
- 在高级次级结构中，高级债券的信贷支持由次级债券提供。
- 高级债券类别将比次级债券类别获得更高的信用评级。
- 高级次级结构的目的是重新分配与抵押品（应收账款池）相关的信用风险，再分配被称为"信用分档"。
- 高级次级结构使投资者能够选择他们更愿意承担的信用风险。
- 高级债券类别可以进一步划分，以创建不同期限的债券，称为"时间分档"，允许投资者选择到期日。
- 证券化在金融市场中发挥着至关重要的作用，这三项功能历来由金融中介提供：①提供到期中介；②通过多样化降低风险；③降低交易和信息处理的成本。
- 证券化是一种筹资工具，直接在公开市场筹集资金，不需要金融中介机构，因此导致金融脱媒。
- 证券化对金融市场的主要好处是，它能够为金融债权创造具有更好流动性的可交易证券，否则这些债权本应保留在金融中介机构的投资组合中，从而流动性极低。
- 银行发放贷款可以遵循的两种方法是"发放-持有"和"发放-分销"。
- 证券化是发放-分销的方法。
- 证券化引起了对道德风险的担忧（贷款发放中的承销标准差），因为贷款/应收账款的发起人不会在其资产负债表上持有这些资产（发放-持有），而是将这些资产集中起来，并向公众发放由贷款池支持的证券。
- 尽可能多地发放贷款的经济刺激使这些贷款最终可以证券化，且无须发起人承担信用风险，而这也是证券化的主要关注点。
- 美国的立法试图缓解与证券化有关的贷款发放中的道德风险问题。
- 在能够容纳证券化的法律结构到位之前，证券化产品市场无法有效发展。
- 在一国的信托法中，如果没有类似于特殊目的公司的规定，那么寻求筹集资金的实体通过证券化获得的好处就是十分有限的。
- 特殊目的公司能够分离需要资金实体的信贷风险和通过证券化发行的债券类别（当特殊目的公司是发行人时）。
- 美国和欧盟有关证券化的法规分为四类：增加信息披露、要求风险自留、改革信用评级机构和实施资本要求。
- 2010年美国的《多德-弗兰克法案》解决了全球金融危机中暴露出来的与证券化相关的弊端和问题，该法案要求证券交易委员会通过有关证券化的若干规则。
- 除了通过证券化可以获得以较低成本筹集资金的机会外，证券化还为公司发行人提供了使资金来源多样化的能力和转移风险的工具（它是一种公司风险管理工具）。

练习题

1. 资产证券化如何导致金融脱媒？
2. 为什么寻求通过证券化筹集资金的实体被称为"卖方"或"发起人"？
3. 什么是特殊目的公司？
4. "贷款服务"是什么意思？
5. 与贷款证券化相关的"道德风险"是什么？
6. 证券化的"瀑布"是什么意思？
7. 在证券化结构中，解释以下内容：
   a. 第一损失部分；
   b. 高级债券。
8. 什么是"高级次级结构"？
9. 信用评级为 BBB 的金融公司有一个消费贷款组合。一位投资银行家建议该公司考虑发行一种资产支持证券，其中证券的抵押品将是消费者贷款组合。发行资产支持证券，而不是以消费者贷款组合作为抵押品的公司债券有什么好处？
10. 在实现与证券化相关的利益时，为什么特殊目的公司对交易很重要？
11. 信用分档和时间分档有什么区别？它们是如何用来创造对投资者更具吸引力的证券的？
12. 以下声明载于全球联合倡议报告的执行摘要中：

    证券化和结构性信贷市场已成为全球资本市场乃至世界经济的重要组成部分。缺乏运作良好的证券化市场对消费者、银行、发行人和投资者产生了负面影响，导致经济活动减少，未来创造的新就业机会也会少于需要。对于消费者来说，信贷的价格可能会更高，而可用性更为稀缺。银行将不再有工具来降低风险，使其融资来源多样化，从而为其他活动腾出资金。投资者在获得已成为其投资组合重要组成部分的资产类别时，将遇到越来越大的困难。[⊖]

    a. 解释为什么"证券化和结构性信贷市场已成为全球资本市场乃至世界经济的重要组成部分"。
    b. 解释为什么"对于消费者来说，信贷价格可能更高，而可用性更为稀缺"。
    c. 解释为什么银行"将不再有工具来降低风险，并使其融资来源多样化，从而为其他活动腾出资金"。

13. 以下内容摘自国际货币基金组织的一份工作文件，作者是米格尔·塞戈维亚诺、布拉德利·琼斯、彼得·林德纳和约翰内斯·布兰肯海姆：

    与其他形式的金融创新一样，证券化也有相关的成本和收益。在某些条件下，证券化可以为金融体系带来净收益，反之带来净成本。因此，证券化作为一个概念本身，既不好也不坏——在全球金融危机期间和之后不同类别证券化资产表现的显著差异凸显了这一点。这一出发点与在全球金融危机之后提出的一些与证券化相关的更为两极分化的观点形成了鲜明对比。[⊖]

    引文所指的与证券化相关的成本是什么？

14. 在上一个问题所引用的工作文件中，也有以下说法：

    与证券化热潮相关联的"发放－分配"模式意味着，发起人通常对其所借贷款几乎没有经济利益（"风险共担"），因此，只要贷款有买家，发起人并不仅仅满足于发放借款人可以实际偿还的贷款。

    "发放－分配"模式是什么意思？

⊖ Securities Industry and Financial Markets Association, American Securitization Forum, European Securitisation Forum, and Australian Securitisation Forum, "Restoring Confidence in the Securitization Markets," Executive Summary, December 3, 2008.

⊖ Miguel Segoviano, Bradley Jones, Peter Lindner, and Johannes Blankenheim, "Securitization: Lessons Learned and the Road Ahead," IMF Working Paper WP/13/255 (Washington, DC: International Monetary Fund, November 2013), Introduction.

15. 在描述欧洲监管机构对导致金融危机的证券化滥用行为的反应时，史蒂芬·施瓦茨写道：

    为了避免所谓有缺陷的发放－分配模式再次出现，发放人或发起人必须在证券化中保留至少5%的未对冲实质性净经济利益。⊖

    这是什么意思？

16. 就历史上由金融中介提供的功能而言，证券化在金融市场中扮演着至关重要的角色。解释证券化如何：

    a. 提供成熟中介；
    b. 通过多样化降低风险；
    c. 降低交易和信息处理的成本。

17. 以下报价来自西奥多·鲍姆斯：

    西方各国建立证券化法律框架的进程相对缓慢。在这方面取得成功的国家发现，它们拥有许多特殊目的公司，发行以本国或外国资产为担保的证券。然而，对大多数国家来说，到目前为止，这一进程一直很缓慢。⊖

    请解释作者在上述引文中所指的内容。

⊖ Schwarcz, "Securitization and Post-Crisis Financial Regulation."
⊖ Theodor Baums, "Asset Securitization in Europe," in *Forum International*, volume 20 (Alphen aan den Rijn, Netherlands: Kluwer Law and Taxation Publishers, 1990).

第28章

中小企业融资市场

学习目标

学习本章后,你会理解:
- ▲ 中小企业和新企业对一个经济体的重要性;
- ▲ 中小企业和新企业在获得资金方面的困难;
- ▲ 为中小企业和新企业提供资金的政府计划和倡议;
- ▲ 新企业的发展和融资阶段;
- ▲ 种子轮融资的资金来源;
- ▲ 天使投资人、天使团体和超级天使在提供种子轮融资方面的作用;
- ▲ 股权众筹平台和种子加速器在种子轮融资中的作用;
- ▲ 从风险资本家、企业风险投资家和在线风险投资基金获得扩张阶段融资;
- ▲ 机构投资者参与扩张阶段融资;
- ▲ 上市的利弊(如通过首次公开募股发行股票);
- ▲ 新企业中使用的不同类型的股权稀释证券(可转换优先股、可转换债券和带认股权证的债务)。

在企业融资市场上,金融市场的焦点主要集中在上市公司的资金来源以及它们可以使用的金融工具的特点上。然而,有相当多的证据表明,一国实体经济的增长与其产品和服务市场的创新息息相关。这些创新创造了就业机会。通常,这种创新来自中小型企业(SME)和创业公司。在许多国家,被归为中小企业的公司在企业中所占的份额很大,但在该国国内生产总值中所占的份额要小得多。例如,据估计,在欧盟,大约90%的企业属于中小企业。在日本,约469万家企业被列为中小企业,占所有企业的99.7%,雇用了70%的劳动力。就国内生产总值而言,最成功的国家之一——从世界上最贫穷的国家之一跃居第十二大经济体的韩国,99.9%的公司是中小企业,它们雇用了87.7%的劳动力[⊖]。

中小企业的具体定义因国家而异。尽管经济学家认为,中小企业与一国经济增长之间的联系并不简单(事实上,这可能是一个薄弱环节),但各国政府将中小企业和新企业视为其经济的重要组成部分,并制定了法律来支持这些企业实体融资。这种支持中小企业的观点得到了

[⊖] Wonsik Choi, Richard Dobbs, Dongrok Suh, Jan Mischke, Eunjo Chon, Hangjip Cho, Boyoung Kim, and Hyunmin Kim, "Beyond Korean Style: Shaping a New Growth Formula" (New York: McKinsey Global Institute, April 2013).

超国家组织（如世界银行）和中央银行的认同。

在本章中，我们描述了中小企业和新企业的融资市场以及新企业使用的融资工具。

28.1 中小企业的定义

对于什么是中小企业，没有一个统一的定义。但这个定义很重要，因为它可能会影响到企业是否有资格具有获得一个国家的融资项目和从超国家实体获得融资计划的能力。在一个国家/地区，这可能还会影响企业的税收状况和监管待遇。

各国政府和国际组织为界定中小企业制定了自己的指导方针。通常，此定义基于以下一个或多个指标：员工人数、销售水平（年收入）和总资产。表28-1显示了三个国家（澳大利亚、加拿大和美国）、欧盟和三个超国家组织（世界银行、美洲开发银行多边投资基金和非洲开发银行）对中小企业的定义。可以看出，中小企业的定义存在很大的差异。此外，新兴国家对中小企业的定义差异更大。

表 28-1 中小企业的各种定义

类别	员工人数	年收入/销售额	总资产	备注
国家				
澳大利亚①	≤200	N/A	N/A	
加拿大	<200	<50（百万加元）	N/A	
美国②	<500	N/A	N/A	
地区				
欧盟③	<250	≤50（百万欧元）	≤43（百万欧元）	年收入或资产负债表总额
超国家组织				
世界银行	≤300	≤15（百万美元）	≤15（百万美元）	
美洲开发银行多边投资基金	≤100	≤3（百万美元）	N/A	
非洲开发银行	≤100	N/A	N/A	

资料来源：澳大利亚：澳大利亚政府，澳大利亚统计局，《小企业的定义》，（澳大利亚多克兰：澳大利亚统计局，2009年4月3日）；加拿大：加拿大政府，加拿大工业部，《小企业季刊》，2010年2月；美国：美国国际贸易委员会，《中小企业企业：参与美国出口概述》（华盛顿特区：美国国际贸易中心，2010年）；欧盟：欧盟委员会，企业和工业总局，《新的中小企业定义：用户指南和示范声明》（布鲁塞尔：欧盟委员会，2005年）。

注：N/A表示无资料。
① 为非农业企业定义的时间。
② 所有制造企业的最低工资标准。
③ 使用年收入或总资产。

对中小企业还可以采取进一步的分类。例如，欧盟将微型、小型和中型企业进行了进一步的确定，如表28-2所示。

表 28-2

特征	微型企业	小型企业	中型企业
员工人数	<10	<50	<250
收入（百万欧元）①	≤2	≤10	≤50
资产负债表（百万欧元）	≤2	≤10	≤43

① 从技术上讲，衡量标准是"营业额"，即调整后的营业收入。

28.2 政府计划和倡议

众所周知，中小企业融资市场的特点是市场失灵和市场不完善。2008年开始的金融危机，导致市场体系未能为中小企业提供资金即凸出了这一缺陷。市场的不完善导致中小企业在寻求小额贷款规模时，存在信息不对称和高交易成本的问题。市场这些不受欢迎的特点导致了资本的次优配置。认识到中小企业和新企业对经济增长的重要性，各国政府和区域机构制定了政策，使这些企业更容易获得融资，同时也保护了投资者。政府未能进行干预以支持制造业的中小企业和创业企业导致了两个不利影响。首先是研发（R&D）投资不足，这可能会阻碍创造新的就业机会和产品。其次，由于中小企业制造商比大型企业更不可能实施和采用新技术，也不太可能在工人培训和教育方面进行投资，因此中小企业生产率的提高比在能获得政府支持下的速度要慢。

信息技术与创新基金会2011年的一份报告确定并分析了11个国家（阿根廷、澳大利亚、奥地利、加拿大、中国、德国、日本、韩国、西班牙、英国和美国）⊖实施的中小企业制造企业支持计划和实践。越来越多的国家以制造业为重点，引进并资助了支持中小企业制造商提高全球竞争力、生产力和创新能力的机构、计划和政策工具。据信息技术与创新基金会研究报告的合著者约翰·埃泽尔和罗伯特·阿特金森说，这些政府举措旨在：

（1）采用精益或优质制造原则和新的制造工艺技术指导与培训中小企业制造商不断改进其流程和运营绩效；

（2）促进大学、国家实验室或公共研究机构向中小企业制造商推广新技术和新知识；

（3）支持中小企业的新产品和新服务的研发与创新；

（4）解决中小企业制造商在获得研发和创新活动融资方面的差距⊜。

欧盟的《小企业法》是欧洲支持中小企业的主要政策举措，这为促进创业精神和提高欧洲中小企业的竞争力提供了一个全面的框架。该法侧重于三个领域：①改善融资渠道；②制定审慎的监管措施；③利用欧盟寻求建立单一市场的概念。为了改善中小企业获得融资的机会，该法涉及可用于促进风险资本投资筹集的金融工具，并为中小企业贷款提供担保。此外，欧盟委员会还设立了一个常设中小企业融资论坛，汇集了中小企业界、银行和其他金融机构的代表，包括欧洲投资银行。中小企业融资论坛的目的是解决中小企业寻求信贷过程中所面临的各种障碍。

当我们在本章后面讨论不同的资金来源时，我们将给出政府计划、机构和倡议的例子。

28.3 企业的发展阶段和融资

根据美国注册会计师协会的描述，本文将以私人控股公司取得的阶段性成果来描述其发展阶段⊜。商业风险的这种分类对于理解企业家可用的资金来源非常重要。

美国注册会计师协会提供了以下6个发展和融资阶段：

⊖ Stephen J. Ezell and Robert D. Atkinson, "International Benchmarking of Countries' Policies and Programs Supporting SME Manufacturers" (Washington, DC: Information Technology & Innovation Foundation, September 2011), available at http://www.nist.gov/mep/data/upload/International_benchmarking.pdf.

⊜ Ezell and Atkinson, "International Benchmarking of Countries' Policies and Programs Supporting SME Manufacturers," p. 12.

⊜ *Valuation of Privately-Held-Company Equity Securities Issued as Compensation* (New York: American Institute of Certified Public Accountants, 2004).

第1阶段：在这一阶段，合资企业的典型特征是，创始人有想法，但没有产生产品收入，可能产品开发处于初始阶段。这一阶段最好描述为**商业化前阶段**或**营销前阶段**。就技术而言，这时的公司处于早期技术阶段，因为公司尚未商业化和未经绘图板验证的技术（除了实验室实验之外没有其他技术）。事实上，此时无论是基础研究还是商业可行性研究可能都尚未完成。每一种新的高科技产品都需要一个广泛的商业化前阶段。对于一些公司，其法律结构可能尚未由创始人决定，因为可能还没有做出正式组建公司的决定。因此，创始人的融资需求可能会有所不同，具体取决于进行商业可行性研究、构建产品原型、测试和验证产品、评估市场潜力、提交法律文件以保护开发的知识产权。融资方式为前期**种子轮融资**，后期为**首轮融资**或**A轮融资**。

第2阶段：本阶段没有产品收入，但有相当大的费用。产品开发已经开始，创始人团队正在发现并管理新的业务挑战。在这个阶段，风险投资家提供第二轮或第三轮融资。创始人需要进一步的管理策略指导，以促进业务的发展，因此，除了资本之外，新的企业还需要专业知识和关系建设（合作关系），这些都可以由资本供应商（如风险资本家）提供。

第3阶段：通常情况下，由于缺乏创收能力，合资企业因此处于亏损状态。但企业在产品开发方面取得了重大进展，比如完成了产品的 α 和 β 测试。合资企业通过实现其他关键里程碑，比如雇用管理团队，从而进一步增加其价值。

第4阶段：虽然仍处于亏损状态，但有关产品通常已达到重要的里程碑阶段，此时客户能以首次订单和首次发货的形式进行验证，从而产生了一些收入。这家新公司现在可以被视为处于扩张阶段，因此希望能改进生产流程和产品，并投资于成本更高的营销活动。公司已经充分超过关键非财务指标的要求，可以考虑首次公开发行的可能性。

第5阶段：产品收入的总体水平允许企业达到关键的财务里程碑，如实现盈亏平衡运营，实现盈利运营或正现金流。有可能发生某种类型的退出事件——可能是首次公开募股或出售公司。

第6阶段：如果该阶段尚未发生退出事件，则该公司拥有足够强大的财务和运营记录，使其成为收购的有力候选人。

这种对企业发展和融资阶段的概括描述并非一成不变。没有两家企业的收入增长率和产品开发速度完全相同，它们也因此有不同的资本需求，从而并不完全属于上述阶段。文献中描述这些阶段的惯例甚至在不同的风险资本家之间也会有所不同。例如，假设一个新企业的创始人在开发出产品原型之前，不会为我们上面所说的种子资本寻求资金。一个为新企业提供融资的风险资本家可能确实将这种投资归类为种子资本，然而，另一个风险资本家可能会将其归类为早期创业融资。重要的不是使用特定的术语，而是了解随着业务发展需要什么类型的融资。

为了描述可用于新风险融资的各种资金来源，在公司因收购、合并或首次公开发行而被清算之前，我们可以将这6个阶段简化为两个更广泛的融资阶段：早期融资和扩张阶段融资。

早期融资包括上述6个阶段中的第1阶段。反过来，这可以分为两个阶段：种子轮融资和第一轮融资。在种子轮融资，创始人寻求为产品或服务的开发提供资金。通常，预期发行的股票尚未商业化，因此，这一融资阶段有时被称为商业化前融资阶段。除了管理成本外，所产生的主要成本是开发客户群、开发产品原型和市场测试。可能有必要雇用技术人员，如工程师、科学家和软件开发人员，对于高科技公司更是如此。对于投资者来说，这是风险最大的创业阶段，应该获得最高的收益。

通常，早期阶段的资金主要来自创始人，他们使用可以从个人储蓄中获得的任何现金，将房屋用作第二次抵押贷款的抵押品进行融资，寿险保单的兑现以及个人银行贷款（与商业银行贷款不同）。一些创业者会在其他组织工作的时候开始创业，并用他们的薪水来资助新的企业。创始人使用的这些资金来源被称为**自助融资**。现阶段的其他资金来源可能来自家庭成员和朋友的个人资产、谨慎使用信用卡以及战略性地使用供应商融资。

最著名的信用卡融资方式可能是谷歌的创始人。20 世纪 90 年代中期,在斯坦福大学计算机科学系攻读博士生时,谷歌的创始人拉里·佩奇和谢尔盖·布林在公司运营的头两年里,通过谨慎使用信用卡为公司提供资金。他们仔细观察消费限额,用信用卡购买二手电脑和软件[⊖]。另一个例子是《吉他英雄 3:摇滚传奇》的设计师查尔斯·黄,他在 2007 年用信用卡为自己的公司融资[⊖]。信用卡融资是债务融资的一种形式,具有与使用债务相关的风险。信用卡融资的优势在于,拥有良好信用评级的创始人可以轻松获得多张信用卡,信用额度也很宽裕。

利用供应商为购买设备、生产所需的材料和生产所需的服务提供资金的方式称为供应商融资或贸易信贷。对供应商的好处是,提供有吸引力的贸易信用条款可以刺激销售,而且供应商也确实在他们提供的贸易信用条款上进行竞争。贸易信贷的工作原理为,假设一家公司的创始人从一家供应商那里购买了一件东西。供应商可以给创始人一个特定的付款期限,如果在指定期限内付款,创始人可以从发票价格中获得折扣。创始人有权享受折扣的时期称为"折扣期"。折扣期一过,公司必须支付全部价款。如果不采取折扣,供应商融资就成为另一种形式的债务融资,它也会带来成本,尽管没有规定的利率。取而代之的是,在使用这种形式的债务融资之前,应该估算出一个隐含的利率,并与其他融资形式进行比较。

上述资源用尽后,管理层将寻求其他资金来源。首轮融资通常称为 A 轮融资,在这一阶段所达到的里程碑是创收。在这一阶段,通常既不能实现盈亏平衡,也不能实现盈利。尽管首轮投资者的风险仍然相当大,但其风险低于种子轮投资者。在首轮融资中,最常见的资金来源是风险投资家,我们将在本章后面介绍。

在种子轮融资阶段,创始人很难以贷款的形式从银行获得银行融资,除非创始人有足够的抵押品或资产来提供个人担保。这家创业公司也没有产生足够的现金流来证明商业贷款的合理性。然而,一旦从风险资本家获得首轮融资,就会有专业银行和非银行实体愿意提供此类贷款。这些贷款被称为**风险债务**,并以认股权证的形式包含贷款人的股权激励因素。

扩张阶段融资包括上述业务发展和融资的最后 5 个阶段。这部分的资金是为了扩大公司的业务,根据公司的营销战略扩大生产和获得客户。这里的融资包括过渡性贷款、第二轮融资(也称 B 轮融资)、第三轮融资(也称 C 轮融资)等。如果公司在几轮融资后没有清算事件,则可能需要额外的融资。正如本章后面所解释的那样,一个新的投资者群体,机构投资者的加入使企业可以通过首次公开发行筹集资金,公司无须上市就可以为其扩张提供大量资金。

28.4 种子轮融资来源

在上述资源用尽后,种子资金可以来自以下一个或多个方面:政府通过机构、计划和倡议支持的资金,天使投资人、天使团体和超级天使,以及种子加速器。

28.4.1 政府支持

由于本章前面所述的原因,各国政府已经认识到支持中小企业和新企业的必要性。各国

⊖ Tom Ehrenfeld, *The Startup Garden: How Growing a Business Grows You* (New York: McGraw-Hill, 2002).

⊖ "FinanceYour Start-up with Credit Cards? Google Did," CreditCards .com, April 27, 2011, http://smallbusiness.foxbusiness.com/finance-accounting/2011/04/26/finance-start-credit-cards-google-did/.

政府支持的融资计划使中小企业和新企业更容易获得贷款担保、直接信贷、贷款补贴、赠款计划和为中小企业贷款机构提供更优惠的税收待遇。2008 年，世界银行报告了一项关于发达国家和发展中国家中小企业融资的研究结果⊖。这项调查包括 91 家银行，调查的重点之一是政府贷款计划的作用。研究发现，7 个发达国家中的 6 个国家以及 45 个发展中国家中的 32 个国家制订了促进中小企业融资的政府计划。研究认为，担保计划是发达国家和发展中国家支持中小企业融资的最常见的政府项目。在发达国家的计划中，第二受欢迎的计划是利率补贴。相比之下，对于发展中国家来说，第二个最常见的计划是直接信贷计划。

筹资安排的类型

贷款担保（或**信贷担保**）不是政府向中小企业提供的直接贷款。取而代之的是由私人金融机构提供贷款，并由担保政府提供担保。担保可以覆盖全部借款金额，也可以只覆盖其中的一部分。由于担保政府和私人金融机构分担借款人违约的风险，这类计划被称为"风险分担"或"成本分担"计划，这是美国和英国采用的中小企业融资支持模式。

直接信用贷款是指担保政府向中小企业发放的贷款，政府对全部贷款承担风险。加拿大的中小企业融资计划主要是直接信贷计划，还有一些贷款有利率补贴和直接的政府补助计划。

更优惠的税收待遇包括为符合条件的中小企业和新企业提供一系列税收减免。税收减免的形式可以是对符合条件的实体降低税率，甚至是免税期（在指定时期内不征税）和税收抵免（在纳税义务中用美元换美元）⊜。法国针对中小企业提供了广泛的税收优惠。尽管许多国家出于各种原因提供税收抵免，但法国对中小企业有特定的研发税收抵免。这项信贷的特点是在第一个财政年度全面免除企业所得税。在英国，《种子企业和企业投资计划》以不同形式提供税收减免，鼓励投资者购买符合条件的早期公司和小型高风险公司的股权。英国的《小企业税率减免》也提供了税收优惠。

这里我们描述了一些国家提供政府支持的政府部门。

在美国，小企业管理局是根据 1953 年《小企业法》成立的一个美国政府的独立机构，其任务是"帮助、建议、协助和保护小企业的利益，维护自由竞争的企业，维护和加强国家的整体经济"⊜。在小企业管理局提供的项目中，小企业管理局不是贷款人。参与银行和其他贷款人用小企业管理局担保的大部分贷款来发放贷款。

日本早就认识到中小企业的重要性，并通过了立法，成立了旨在支持中小企业的机构，支持创办新企业或开拓新产品市场的行为㉕。例如，1948 年设立了中小型企业机构。随着日本经济在 20 世纪 60 年代的迅速增长，1963 年通过了《中小企业基本法》，以解决中小企业与大公司之间的差距问题。《中小企业基本法》于 1999 年和 2013 年修订㉖。日本的应对措施是加强

⊖ Thorsten Beck, Asli Demirgüç-Kunt, and María Soledad Martínez Pería, "Bank Financing for SMEs around the World: Drivers, Obstacles, Business Models and Lending Practices," Policy Research Working Paper 4785 (Washington, DC: World Bank, November 2008).

⊜ See https://www.gov.uk/government/uploads/system/uploads/attachment_data/file/192088/seed_enterprise_investment_scheme.pdf.

⊜ U.S. Small Business Administration website, http://www.sba.gov/about-sba/what_we_do/mission.

㉕ For a discussion of this development, see Teruhiko Yoshimura and Rika Kato, "The Policy Environment for Promoting SMEs in Japan," 2011, pp. 103–127. Available at https://pdfs.semanticscholar.org/5257/03766cc3cefead56278e86c54cbed28b33aa.pdf?ga=2.166615161.673805255.1534172925-1038845931.1534172925.

㉖ 1999 年《中小企业基本法》从资本规模和雇员人数两方面对中小企业按行业（制造业和其他行业、批发业、零售业和服务业）进行了定量界定。

政府附属金融机构的融资职能，包括1953年成立的日本中小企业金融公司、国民人寿金融公司和商工中金（Shoko Chukin）银行。

如本章开头所述，韩国已从世界上最贫穷的国家之一实现了惊人的转变，该国大多数雇员在中小企业工作。为了实现经济增长，政府为中小企业提供资金帮助，并在全球金融危机期间增加了对中小企业的支持。韩国的融资框架包括：①韩国中央政府管理下的中小企业公司、韩国金融公司、信用担保基金和韩国技术信用担保基金；②韩国银行；③地方政府。例如，韩国中央政府支持其中小企业通过韩国金融机构直接和间接贷款。地方政府的支持形式是信用担保和利率补贴。

28.4.2 天使投资人、天使团体和超级天使

在创始人的个人资产和从家人朋友处获得的资金来源用尽后，在风险资本家加紧提供资金之前，早期融资的主要资金来源是所谓的天使投资人。在欧洲，天使投资人被称为"商业天使"。欧洲商业天使网络对商业天使的定义如下：

商业天使是指直接（或通过个人持股）将自己的资金主要投资于没有家庭关系的种子公司或创业公司的个人投资者（符合某些国家法规的规定）。商业天使做出自己的（最终）投资决策，并且在财务上是独立的，例如，他们的商业天使投资可能全部损失但不会显著改变其资产的经济状况。商业天使在设定的中长期期限内进行投资，并准备在其个人投资的基础上，为创业者从投资到退出提供后续战略支持。⊖

这一定义提到了"国家法规规定的合格投资者"。例如，在美国，天使投资适用于符合美国证券交易委员会"合格投资者"定义的个人。

所使用的融资工具通常是可转换证券，我们将在本章后面介绍。除了提供资金，天使投资人还提供战略规划建议，协助团队建设，并为发展关键合作伙伴关系和进一步筹资提供联系。

在美国，大约有27万活跃的天使投资人⊖。据《福布斯》报道，最活跃的天使投资人包括杰夫·贝佐斯（Jeff Bezos，亚马逊网站创始人、总裁、首席执行官兼董事会主席）、保罗·布克海特（Paul Buchheit）和保罗·格雷厄姆（Paul Graham，硅谷种子加速器YCombinator的合作伙伴）、让·弗朗索瓦·克莱维尔（Jean François Clavier，SoftTech的创始人和管理合伙人）以及大卫·李（David Lee，SV Angel的创始人和管理成员）。据估计，2012年，天使投资人向67 000多家创业公司投资了约230亿美元，占这些企业外部资本的近90%。与风险投资公司相比，天使投资人为创业公司提供的资金大约是创业公司的20倍，风险投资公司投资了270亿美元⊜。尽管风险资本家在种子轮融资方面取得了成功，例如苹果、美国在线、亚马逊、Facebook和谷歌，但这些公司都依赖天使融资。

据估计，截至2010年，欧洲约有75 000名商业天使⊕。商业天使在欧洲甚至比其在美国更重要，因为一些欧洲国家缺乏风险资本家，加上2008年金融危机的影响，导致银行贷款和风险资本投资减少。因此，在这些国家，商业天使是种子企业和创业公司股权融资的主要来源。

⊖ European Business Angel Nework, http://www.eban.org/glossary/business-angel-ba/#.Ve75FMxAIT0.

⊖ Angel Capital Association, http://www.angelcapitalassociation.org/blog/why-is-the-aca-making-a-big-deal-about-the-sec-ruling-on-general-solicitation/.

⊜ Angel Capital Association, http://www.angelcapitalassociation.org/blog/why-is-the-aca-making-a-big-deal-about-the-sec-ruling-on-general-solicitation/.

⊕ European Business Angel Network, *Statistics Compendium 2010* (Brussels: European Business Angel Network, December 2010).

与美国的天使投资相比,欧洲商业天使投资还处于起步阶段。截至 2010 年,商业天使在欧盟的投资额为每年 30 亿～50 亿欧元(相比之下,美国为 200 亿美元),在欧盟投资的公司也更少,仅为 2 800 家,而在美国有 62 000 家[○]。

自 20 世纪 90 年代中期以来,天使投资人通常通过团体或网络进行投资。一些集团专门从事特定行业,并可能限制其在该国特定地区的投资。天使投资人通过组建天使集团,共同评估和投资创业公司,这有四大好处。第一,集合资金可以投资更多的创业公司,至少在理论上,这些创业公司可以通过多元化来降低风险。第二,信息收集和签约的成本可以由团队成员分担。第三,天使集团成员的不同专业知识降低了可能导致潜在好企业的关键因素被忽视。第四,对一群富有的个人,而不是一个单独的个人,更大程度的认可可能会导致更多的交易达成。从天使投资人的角度来看,参与(成为)天使集团的一个不利因素是所需的时间承诺。会员们必须参加活动,尤其是参与交易筛选。

天使资本协会是一个支持美国专业天使社区的行业协会,每年都会发布一份行业状况报告。报告的标题是光环报告。根据 2017 年光环报告,天使集团 63% 的交易集中在三个领域:软件(27%)、消费品和服务(21%)以及医疗保健(15%)。虽然在前几年,互联网和移动公司主导了交易,但在 2017 年,这两个行业在交易中的比例从 11.2% 下降到 4.48%[○]。据介绍,2017 年五大天使团体分别是凯瑞苏论坛、休斯敦天使网络、Y 组合、德州中部天使网络、纽约天使。

尽管风险资本家主要投资于首轮融资,但一些风险投资公司提供种子轮融资。这些被称为"**超级天使**"的公司被称为私人股本公司(当我们在本章后面描述风险投资公司时,会对私人股本公司进行描述)。它们与传统风险投资公司的不同之处在于,从超级天使那里筹集的资金较少。

一项研究调查了天使投资人在高成长性创业公司的成长性、生存性和后续融资渠道方面的作用[○]。这项研究的四个主要发现是:

(1)创业公司的成功与天使投资人在最初的陈述和天使投资人在后续尽职调查中表现出的兴趣水平高度相关;

(2)如果有天使基金的话,创业公司至少能生存 4 年;

(3)如果创业公司从天使投资人那里获得资金,他们更有可能在天使集团之外筹集后续资金;

(4)如果创业公司获得天使投资人的资金,创业公司的业绩和增长更有可能得到改善。

此外,研究发现,天使团体为创业公司的创业者提供的资金本身可能无法获得。然而,提供建议和提供有价值的商业联系方式可能会带来好处。

对于天使投资人是否能从他们投资的风险投资中获得有吸引力的回报,人们意见不一[○]。正如威拉米特大学的罗伯特·威尔特班克所言:

○ Jeffrey Sohl, "The Angel Investor Market in 2010: A Market on the Rebound" (Durham: Center for Venture Research, University of New Hampshire, April 2011).

○ 光环报告记录了天使集团的投资活动,并由天使资源研究所与硅谷银行和观商界(CB Insights)合作,每季度发布一次。详见 http://www.angelresource.org/en/Research/Halo-Report.aspx.

○ William R. Kerr, Josh Lerner, and Antoinette Schoar, "The Consequences of Entrepreneurial Finance: A Regression Discontinuity Analysis," Working Paper 10-086 (Boston: Harvard Business School, 2010).

○ For arguments suggesting why angel investors do not make money, see Andy Racheff, "Why Angel Investors Don't Make Money … And Advice for People Who Are Going to Become Angels Anwa y," September 20, 2012, available at http://techcrunch.com/2012/09/30/why-angel-investors-dont-make-money-and-advice-for-people-who-are-going-to-become-angels-anyway/.

投资界似乎肯定天使投资人是个讨厌鬼。传统观念认为,他们在非常早期的风险投资中进行了不计后果的投资,而这些投资大多注定要失败。无论何时,只要他们接近成功,精明的"专业"投资者就会蜂拥而至,把他们挤下来,赢得真正的回报。此外,天使还面临着一个选择问题,即所有最好的创业者和机会都会自然而然地被最好的风险投资基金所吸引,只剩下"残羹剩饭"留给天使投资人。[一]

威尔特班克和博克利用现有最全面的数据,研究了 2007 年完成的天使投资收益率[二]。他们对集团附属天使投资收益率的调查结果如下:

- 3.5 年后的平均投资收益率为 2.6 倍;
- 几乎 48% 的退出投资收益率高于天使集团的投资额,或者说相当于 52% 的收益率导致了亏损;
- 7% 的退出投资收益率是投资额的 10 倍以上。

以上研究结果是个人投资的收益率。当研究天使投资人的投资组合时,他们发现只有 39% 的投资组合发生了亏损(相比之下,52% 的个人投资发生了亏损)。总体结果似乎与我们在本章后面描述的风险资本家的结果相当。

在亚特兰大联邦储备银行赞助的一项研究中,德根纳罗和德怀尔研究的不是天使投资的实际收益率,而是研究推动投资的预期收益率[三]。他们对 1972～2007 年间的 588 项天使投资进行了抽样调查,其中包括到 2007 年年底完成的 419 项投资(退出投资)[四],他们发现天使投资人平均持有期为 3.67 年,预期净收益率将超过市场上可用的无风险收益率的 70%。这与风险投资家的情况大致相同[五]。

28.4.3 股权众筹平台

众筹是一种从大量投资小额资金的投资者那里,为创业公司筹集资金的做法。通常,这些资金是通过互联网筹集的。众筹有两种类型:**奖励众筹**(捐赠众筹)和**股权众筹**[六]。我们的重点是股权众筹,它允许投资者获得创业公司的股权。

任何有意筹集股本的创业公司都必须遵守本国的证券法规。例如,在美国,创业公司必须遵守美国证券交易委员会规定的一般招标和广告宣传。2012 年 4 月 5 日之前,美国不允许股权众筹。然而,《创业启动法案》中的条款允许创业公司募集资金,允许股权众筹。从那时起,众多的股权众筹平台开始运作。

28.4.4 种子加速器

种子加速器为创业者提供了一个在高科技行业创办公司的工具,他们通过提供种子轮融

[一] Robert Wiltbank, "Angel Investors Do Make Money, Data Shows 2.5 × Returns Overall," October 13, 2012, available at http://techcrunch.com/2012/0/13/angel-investors-make-2-5x-returns-overall/.

[二] Robert Wiltbank and Warren Boeker, "Returns to Angel Investors in Groups," November 1, 2007. Available at http://ssrn.com/abstract=1028592.

[三] Ramon P. DeGennaro and Gerald P. Dwyer, "Expected Returns to Stock Investments by Angel Investors in Groups," Working Paper 2010–14 (Atlanta: Federal Reserve Bank of Atlanta, August 2010).

[四] The data used were from the Angel Investor Performance Project.

[五] John H. Campbell, "The Risk and Return of Venture Capital," *Journal of Financial Economics* 75 (2006): 3–52.

[六] Tanya Prive, "Crowdfunding: It's Not Just for Startups," *Forbes* February 6, 2013, available at http://www.forbes.com/sites/tanyaprive/2013/02/06/crowdfunding-its-not-just-for-startups/.

资来换取创业公司的一小部分股权。种子加速器提供的资金数额为 20 000 ～ 100 000 美元不等，以换取公司 2% ～ 10% 的股权。资金是以可转换债券的形式提供的，天使投资人使用的同一工具，将在本章后面部分进行描述。

对于那些正在考虑种子加速器的创始人来说，关键是要有机会获得所需资金，还可以接触其他潜在投资者，在短时间内接受培训，获得临时办公场所，以及接触专家团队。种子加速器为创业者提供指导，帮助创业者向潜在的风险投资家展示他们对产品或服务的想法。课程结束时（毕业时），有一个"演示日"，创始人可以向潜在投资者和新闻界发表演讲。

28.5 扩张性融资

直到 2010 年左右，扩张性融资的主要来源一直是传统的风险投资公司、企业风险投资公司和在线风险投资基金。为创业公司提供融资的最新进入者是机构投资者，如共同基金和封闭式投资公司。

28.5.1 风险投资家

根据美国国家风险投资协会（NVCA）的说法，风险投资公司是"专业的、机构化的风险资本管理者，能够帮助和支持最具创新性和前景的公司。[1]"投资于创业企业的资金以股权的形式存在。这些投资通常以一系列或一轮的方式进行，通常每两年进行一次，以创业公司达到的预定里程碑为基础。股权投资通常是高度缺乏流动性的，预计在公司成立后的 5 ～ 8 年时间里，即在公司成熟之前几乎没有价值。

风险投资公司通常在私人公司中持有股权，他们与投资于私人公司的私募股权公司有何不同呢？风险投资公司通常被认为是一种特殊类型的投资于创业公司的私人股本公司[2]。相比之下，典型的私募股权投资公司投资于那些寻求私有化或被认为以业绩不佳、具有高收益潜力的成熟公司。风险投资公司和私募股权投资公司之间如何产生收益的一个重要区别是后者对杠杆的使用。

2015 年，资本风险投资约为 591 亿美元，用于资助美国国家风险投资协会分类的以下融资阶段：种子轮融资，2%；早期融资，34%；后期融资，27%；扩张期融资，37%。在全部的 591 亿美元中，421 亿美元投资于 2 620 家信息技术公司，109 亿美元投资于 664 家医疗 / 健康 / 生命科学公司，其余 61 亿美元投资于 420 家非高科技公司。在 2015 年由风险投资公司投资的 9 个行业中，有一半资金只投资于两个行业，即软件行业（40%）和生物技术行业（13%）[3]。

---

[1] National Venture Capital Association, "Venture Capital 101: What Is Venture Capital?" Available at www.nvca.org/index.php?option=com_docman&task. From a regulatory perspective, there was some concern that under the Dodd-Frank Act, venture capital funds, hedge funds, and private equity firms would need to supply certain information to the SEC. Fortunately for venture capital firms, the SEC in 2011 provided a definition of a venture capital fund that would avoid this requirement. The SEC defined a venture capital fund as one that invests in "qualifying investments." A qualifying investment is mainly in shares of private companies. However, a capital venture fund is permitted to invest 20% in nonqualifying investments. It may not use significant leverage.

[2] 《福布斯》每年都会公布一份全球十大风险投资公司和全球十大风险投资者名单。《福布斯》将这份榜单称为"大富翁榜"。

[3] The data in this paragraph are from figures 5.0, 6.0, and 7.0 in *National Venture Capital Association Yearbook 2015* (Toronto: Thomas Reuters, 2015).

据美国国家风险投资协会称，通常只有10%的商业计划书提交给风险投资公司，最终只有1%的商业计划书得到资金支持。

由于对创业公司长期投资，风险投资公司的合伙人会积极参与他们所投资公司的各个方面。而这至少需要获得一个或多个董事会席位来参与公司治理。

风险投资公司创建的风险投资组合被称为"风险投资基金"。一般来说，风险投资公司组建一个有限合伙企业。有限合伙企业有普通合伙人和有限合伙人。前者管理企业的投资组合，承担无限责任，后者不参与选择企业，将其纳入投资组合，并承担有限责任。对于风险投资基金，风险投资公司是普通合伙人，有限合伙人是风险投资公司从中获得投资基金承诺的外部投资者。因此，投资者不投资于资本风险公司或个人风险投资，而是投资于特定的风险投资基金（风险投资组合）。

风险投资公司创建的风险投资基金的投资者是机构投资者、家族理财办公室和高净值个人。机构投资者包括养老基金、保险公司、捐赠基金和基金会。家族理财办公室是管理富裕家庭财务和个人事务的实体。

当风险投资公司从投资者那里获得足够的承诺时，风险投资基金就成立了。当投资者向风险投资公司提供现金时，风险投资基金的普通合伙人对公司分析师确定的风险投资进行投资。因为有多轮融资，所以为未来几轮融资预留了一定数量的储备。风险投资基金的回报是通过首次公开募股上市，被另一家公司收购或与另一家公司合并实现的。

风险投资家、尤因·马里恩·考夫曼基金会㊀私募股权部前主管黛安·穆尔凯西在《哈佛商业评论》㊁上发表的一篇文章解释了她认为存在的有关风险资本家的神话。她打破这6个神话的动机是"帮助公司创始人对这个行业及其所提供的东西有一个更现实的认识"。穆尔凯西所指的6个神话如下。

- 神话1：创业公司的主要资金来源是风险资本家。
- 神话2：风险资本家在投资创业公司时会冒很大的风险。
- 神话3：大多数风险投资家提供有价值的建议和指导。
- 神话4：风险投资公司创造的回报是惊人的。
- 神话5：风险投资基金规模越大越好。
- 神话6：风险投资家是创新者。

在有争议的神话1中，穆尔凯西指出：①风险投资基金为不到1%的美国公司提供了资金；②与天使投资者（他们的数量不断增长）相比，风险投资行业正在收缩。神话2很清楚，风险投资基金的投资者承担了与投资创业公司相关的风险，而非作为风险投资基金普通合伙人的风险投资公司。并不是所有的风险投资公司都会用同样的时间为创业公司提供咨询和指导（神话3）。因此，创业者在选择风险投资公司时必须进行尽职调查，以便所选公司能够提供预期的参与。关于回报表现的神话4，我们将在下面讨论。需要知道的是，经验证据并不支持风险投资基金创造了近乎惊人回报的观点。经验证据也无法支持风险投资基金规模越大越好的观点（神话5）。特别是，有证据表明，当风险投资基金的规模超过2.5亿美元时，业绩就会下降。最后，据穆尔凯西（神话6）所言，尽管风险资本家可能会为创业者提供资金，但在过去20年里，风险投资公司的管理一直没有创新。她最后表示，尽管风险资本家在未来为创业公司提供

㊀ 该基金会是美国最大的私人基金会之一，资产约为20亿美元。

㊁ Diane Mulcahy, "Six Myths About Venture Capitalists," *Harvard Business Review*, May 1, 2013, available at https://hbr.org/2013/05/six-myths-about-venture-capitalists.

资金方面将发挥重要作用，但将比过去有所减少，因为随着新的资金来源的出现，风险投资行业正在收缩。

28.5.2 企业风险投资家

企业风险投资家是指投资于创业公司的公司，并且有可能为其公司的产品提供良好的战略配合。虽然我们已经将风险投资基金描述为首轮融资的来源，但它们也参与了早期融资的种子阶段。

企业风险基金的例子包括戴尔风险投资、谷歌风投、思科投资、礼来风投、强生发展公司、微软风投、英特尔资本和三星风投。从企业风险投资家那里获得资金的好处是，他们为创始人提供了进入企业分销渠道和基础设施以及潜在战略合作伙伴的渠道。

2011年上半年，企业风险基金是创业资金的重要来源，因为全球金融危机，传统的风险投资公司很难筹集到资金。当时，企业风险基金提供了11%的风险资本融资㊀。根据企业风险投资报告，2013年第三季度，企业风险基金的投资额达到2011年以来的最高水平，140项投资中的利差为21亿美元。企业风险基金占所有风险资本融资的30%。从企业风险基金获得的美元投资比传统风险投资公司提供的要多。

企业风险基金对所属母公司的潜在好处有三个方面㊁。首先，它可以帮助母公司比传统的研发项目更快地应对技术变革。哈佛商学院的乔希·勒纳以礼来风投为例，该基金帮助其母公司礼来制药公司"赶上生物科学的快速发展，这些进步正威胁着他们的化学专业知识变得无关紧要"㊂。其次，可以实现潜在的有吸引力的财务收益。最后，由于技术外溢，企业风险基金有可能为母公司的产品或服务提供动力。

铉诚·丹尼尔·姜和威莱姆·楠达根据1985～2006年期间796家企业风险基金在生物制药行业的投资所产生的技术和财务收益的分析报告实证证据支持了第三个好处。他们发现，企业风险基金投资的技术进步确实增加了母公司的价值。然而，与技术对企业价值产生的正溢出效应相反，他们发现财务收益的影响可以忽略不计㊃。

28.5.3 在线风险投资基金

2012年5月，FundersClub推出了一个平台，允许合格投资者在线选择风险投资，成为创业公司的股权持有人㊄。FundersClub有5 000名会员（合格投资者），它向会员提供两种类型的基金，即由FundersClub管理的单一公司基金和多公司基金。对于单一公司基金，成员从预先筛选的创业公司列表中选择其投资概况。相比之下，对于多公司基金，投资者投资的是尚未确定的创业公司投资组合，在这些投资组合中，要选择的公司是基于由FundersClub投资委员会

㊀ Josh Lerner, "Corporate Venturing," *Harvard Business Review*, October 2013, pp. 86–94.

㊁ These potential benefits are identified in Lerner, "Corporate Venturing."

㊂ Lerner, "Corporate Venturing," p. 86.

㊃ Hyunsung Daniel Kang and Vikram K. Nanda, "Technological Spillovers and Financial Returns in Corporate Venture Capital," working paper, Georgia Institute of Technology, March 2011, available at http://www.researchgate.net/publication/256016429_Technological_Spillovers_and_Financial_Returns_in_Corporate_Venture_Capital.

㊄ 美国证券交易委员会提出了一个监管问题，即FundersClub是一家经纪交易商，因此必须在美国证券交易委员会注册。FundersClub驳斥了这一观点，认为它是一位线上工作而非线下工作的风险投资顾问。2012年5月，FundersClub收到了美国证券交易委员会一封"不采取行动的信"，表示不会建议采取强制行动。

制定并执行的投资策略[1]。

虽然在发起时，FundersClub 的 5 000 名会员中有 500 名在 9 个不同的基金中投资了大约 250 万美元，但投资者的投资通常在 2 500 ~ 250 000 美元之间。可供投资的创业公司包括早期、中期和晚期的美国私营科技公司，每周都会由 FundersClub 投资委员会和 FundersClub 专门小组进行预先筛选。筛选出来的创业公司通常是从 FundersClub 网络和合伙人中确定的。根据 FundersClub 的数据，只有不到 5% 的企业被选中在其网站上列出，供会员审核。通过网络平台，会员可以浏览预先筛选出的创业公司，查看他们的投资概况（其中包括创始人的宣传视频），并签署法律文件。会员也有机会通过一个问答论坛来询问一家创业公司的创始人。为了让投资者在投资一家创业公司后及时了解最新情况，并有可能让他们进一步参与互动，创业公司将在其简介中确定与投资者沟通的方式。有几种沟通方式可供选择，例如每季度更新一次电子邮件或将其列入"内部投资者分配名单"，向投资者通报重大里程碑、已取得的进展以及创业公司创始人的视频信息。

FundersClub 平台看起来像本章前面描述的众筹。然而，这并不是众筹，因为众筹的投资者每个人都在一家公司单独投资一笔钱。相反，FundersClub 将个人投资的资金集中起来，然后创建一个风险投资基金，该基金既可以投资于一家创业公司，也可以投资于多家创业公司。因此，这种投资方式与传统风险资本家在创建风险投资基金时所做的无异，可以被正确地形容为"在线风险投资基金"。为了避免在其中一项基金中选择创业公司时可能出现利益冲突，FundersClub 不对创业公司加入其平台收取费用。

28.5.4　机构投资者：共同基金和对冲基金

在首次公开募股、收购或合并之前，为新企业提供扩张融资的新进入者是机构投资者。这些投资者包括共同基金和对冲基金。

与风险投资基金一样，这些机构投资者也是集体投资工具。这些集体投资工具的投资者按比例拥有基金投资组合的份额。一些共同基金家族的发起人，如贝莱德金融管理公司（BlackRock Financial Management）、富达投资公司（Fidelity Investments）、普信集团（T.Rowe Price）、骏利资产管理集团公司（Janus Capital Group）和惠灵顿管理公司（Wellington Management）等，已为其部分基金投资了科技创业公司。根据观商界（CB insights）的数据，2010 年共同基金和对冲基金为 11 家科技创业公司投资了 6.28 亿美元。在接下来的 3 年里，他们完成了超过 31 宗交易。

因为对创业公司的投资被称为"另类投资"，将基金资产的很大一部分投资于创业公司的共同基金被称为"另类"共同基金。例如，以新视野基金公司（New Horizons Fund Inc.）为例。根据该基金的招股说明书，该基金追求"积极的股票型基金，主要通过投资快速成长的小型公司寻求长期资本增长"。该基金获准投资私人控股公司，其 2013 年年报显示，早期公司持有的股份约占投资组合的 1/3。2009 年对推特（Twitter）的投资就是该基金持有创业公司股份的一个例子。

共同基金参与创业公司的一个例子是 Apptio。Apptio 成立于 2007 年，主要开发按照需求和基于云的商业软件应用程序。2007 年夏天，该公司从两家风险投资公司和一位天使投资人那里获得了 700 万美元的 A 轮融资。经过两轮额外融资，截至 2012 年 5 月，Apptio 现有的投

---

[1] 这两类基金的股东都是 FundersClub。

资者包括四家风险投资公司。2012年5月，Apptio不仅从现有的风险投资公司处获得了5 000万美元的第四轮融资（D轮融资），而且还从普信集团获得了5 000万美元，后者收购了其赞助的多个共同基金的股份。2013年5月，Apptio在现有投资者的基础上增加了另一只共同基金骏利资产以及另一位未具名的机构投资者，进行了4 500万美元的E轮融资。

首次公开募股前的后期扩张融资通常不涉及机构投资者现在可能进行的大型交易，涉及的金额可能高达数亿美元。高科技创业公司创始团队的优势在于，他们可以推迟上市（首次公开募股），这样他们就可以以更好的业绩增长和品牌知名度进入公开市场。这些机构投资者的动机是参与首次公开募股前的估值。例如，在2014年第一季度，爱彼迎（Airbnb）公司在机构投资者参与的情况下筹集了约4.5亿美元。除了推特的首次公开募股，没有一家科技创业公司在上市时募集到超过这个数额的资金。

28.5.5 首次公开募股

随着公司的发展，对融资的需求也在增加，创始人会求助于公众来满足他们的需求，通过首次公开募股获得公共资金。长期以来，人们一直认为，首次公开募股是退出策略的圣杯。但并非所有的创始人都有退出的策略。对于一些创始人来说，IPO是从传统渠道获得充足资金的必要手段（包括天使融资和风险资本融资）。然而，如上所述，市场中新的参与者——机构投资者，使得一些公司不必急于进行首次公开募股。机构投资者可以提供大量资金，让创始人在不需要公共资金的情况下进行扩张，因此，一些公司的上市时间推迟了几年。

上市的决定首先要与公司的财务顾问进行讨论，以确定该公司是否适合上市，以及市场环境是否适合首次公开募股。财务顾问知道投资者在首次公开募股时会考虑什么。例如，在某些行业，一家公司可能只有通过展示长期以来强劲的财务业绩（包括收入和收益增长）才能上市（但是，对于某些高科技行业的公司来说，短期业绩记录是可以接受的）。此外，创始人必须确定其股票的交易地点（交易所或场外交易市场）。如果公司的股票在交易所上市，则有交易所规定的上市要求。就时机而言，市场环境可能会使上市的首次公开募股面临较低的估值。这种不利的情况会促使首次公开募股推迟，直到市场状况好转。

1. 上市的优点

公司上市有两个主要优点。首先，公开交易的普通股为创始人以及作为股东的投资者和雇员所拥有的股票提供了流动性。对于一些希望从建立公司所创造的价值中收获或套现的创始人来说，首次公开募股给他们提供了条件。

其次，创始人可以将股票作为一种货币形式，允许他们进行必要的收购，以扩大业务，并通过提供股票期权来吸引关键高管。股票是一种货币形式，因为它们有市场价格，因此在涉及收购或雇用关键管理人员的交易中，不必协商交易所使用的股票的价值。创始人收购目标公司的管理层和关键高管，通过查看股票的市场价值，对他们所提供的服务有明确的概念。

上市还有两个好处。第一，上市公司有更多的机会获得其他融资渠道，比如银行贷款和债券融资。第二，上市公司被认为比私人公司更有声望，它向公众和供应商提供了更多的产品敞口，同时也为公共投资界提供了更多的敞口。

2. 上市的弊端

一些因素使得上市对创始人的吸引力降低。第一，上市公司必须遵守监管要求。例如，在美国，美国证券交易委员会的监管要求导致持续成本超出了与首次公开募股相关的初始成本

（法律、会计和银行费用），以及交易所收取的上市费用（如果交易所选择了交易场所）。2002年《萨班斯–奥克斯利法案》的出台使美国上市公司的成本增加了。

第二，存在隐性成本，即创始人必须定期向公众投资者提供信息所花费的时间。

第三，可能失去保密性。在美国，报告公司在其首次公开募股的招股说明书和10-K表格中被要求披露创始人可能认为与IT运营或商业战略高度敏感的信息，包括产品信息、客户信息、研发信息和管理策略信息。

第四，上市后在做商业决策时可能会失去控制权和灵活性。当创始人失去控制权时，重大决策（甚至是次要决策）可能需要股东批准，在寻求股东批准时可能存在相当长的时间延迟。董事会可能不再由创始人控制，而是由主要股东集团控制，前提是向公众出售了超过半数的股份。当然，投票权有限的普通股可以出售，但这可能会降低普通股对投资者的吸引力，从而导致股票估值较低。此外，并非所有创始人都能发行有限投票权的股票。

第五，首次公开募股后仍留在公司的创始人将面临股东和金融界预期的业绩压力，以实现目标财务指标，如每股收益和每股收益增长。这往往导致创始人的注意力从建立一个更强大的公司转移到以牺牲长期业绩为代价实现短期财务目标。

28.6　新企业的股权稀释证券

为筹集资金而发行的金融工具分为股权和债务。对于大多数公开交易的非金融公司来说，股权是资本结构中较大的组成部分。对于创业公司而言，股权（或股权型债务）通常在资本结构中所占的比例更大，尤其在融资的早期阶段，这一比例甚至高于非金融上市公司。由于可用的纯债务融资来源有限，有关其资本结构的决定（股权融资与债务融资的比例）通常是由创始人做出的。所谓纯债务融资，是指债权人无权将债务转为股权的债务。随着创业公司进入后期阶段，有机会发行纯债券。

在这里，我们回顾了美国新企业发行的证券，这些证券导致了普通股的发行，被称为股权稀释证券。这些证券包括可转换优先股和可转换债券。由于本章所述的原因，创业公司的大多数投资者更喜欢股权稀释证券而非普通股。

当发行普通股或股权稀释证券以获得融资时，创始人会担心对公司所有权和控制权的影响。在所有权方面，创始人将研究他们在一轮融资后的持股比例如何变化。控制权是指创始人在管理公司的战略规划和未来指导公司时所拥有的灵活性。

许多创业公司已经从"一股一票"的共同结构转向了双重股权结构，即不同类别的股票有不同的投票权。创建具有不同表决权的不同类别股票的动机是，它允许公司创始人通过拥有最多投票权的普通股来保持对公司的控制。通常在双重股权结构中，这两类普通股被称为"A类股票"和"B类股票"。人们无法简单地从标签上判断出哪一类股票拥有更多的投票权。也就是说，没有行业规则规定A类股票或B类股票将拥有更多的投票权。

从历史上看，公司的创始人不是通过持有大多数股份，而是通过控制有表决权的股份来维持控制权。例如，新闻集团（News Corp）首席执行官鲁珀特·默多克持有不到1%的无表决权股票（在市场上交易），但却控制着40%的有表决权股票。2004年，谷歌采用了A类普通股和B类普通股的双重结构。A类普通股每股有一票，而B类普通股每股有10票。当时的创始人谢尔盖·布林尼和两位首席执行官都持有股份。当谷歌上市时，它的A类普通股是通过荷兰拍卖出售的。双重股权结构使创始人和首席执行官控制了2/3的有表决权的股份。Facebook

拥有与谷歌相同的 A 类普通股和 B 类普通股的双重结构。该公司首席执行官兼联合创始人马克·扎克伯格（Mark Zuckerberg）持有 B 类普通股股票，在 2012 年 A 类普通股通过 IPO 出售后，该股得以保留控制权[⊖]。

28.6.1 可转换优先股

优先股是一种混合证券，它结合了普通股和债务（如债券）的特点。尽管它具有类似债务的特征，但它被视为一种股权担保形式，在资产负债表上作为股东权益的一部分出现。与普通股股东不同，除非在后面描述的某些情况下，否则优先股股东通常没有投票权。在创业公司的早期阶段，允许天使投资人和风险投资家等投资者将优先股转换为普通股的优先股，是寻求从普通股的升值潜力中获益的投资者的首选工具。

优先股的投资者有转让权利、优先权和特权的条款。公司优先股的持有人对公司董事会宣布的股息享有权利，且该权利要求优先于公司普通股持有人。优先股有面值和股息率，然而，与创业公司发行的普通股一样，由于需要保留现金，通常不支付优先股投资者的股息。

接下来描述优先股的不同特征。

1. 股息

如果有足够的收益支付优先股股东，票面价值和优先股股息率决定了将支付的股息金额。例如，假设一家公司的优先股每股面值 100 美元，股息率为 6%。将面值 100 美元乘以 6% 的股息率，就得到了公司同意支付给优先股股东的年度股息金额（在本例中，年度股息是 6 美元）。

公司没有法律义务向优先股股东支付任何股息。然而，在这种情况下，通常有一项规定，在未支付股息时对管理层施加限制。其中一项规定将优先股股东选举某些成员的投票权，转让给发行人的董事会。这项功能被称为"或有投票权"，因为投票权取决于未支付的股息。尽管存在这种不利影响，但未能支付优先股股息的法律后果并不像公司未能向债权人支付到期利息那样可怕。在这种情况下，公司在法律上有义务立即偿还本金（清偿债务），否则可能导致破产。

如果向优先股股东支付的季度股息出现缺口，公司是否需要在未来几个季度补足差额呢？答案取决于优先股协议如何规定这种情况。优先股可以是累积优先股，也可以是非累积优先股。对于累积优先股，股息支付一直累积到全部付清为止，因此普通股股东在这之前不能收到任何股息。在非累积优先股的情况下，季度股息支付的任何差额都将损失。如前所述，创业公司通常不支付股息。因此，创业公司发行的优先股通常是累积优先股，未付股息将加到优先股的面值上。

2. 清算优先权

在清算事件中，票面价值是在普通股股东能够收到任何数额的清算收益之前，持有人有权获得的金额。通常，清算事件在协议中有广泛的定义。但不限于公司因破产或解散而实际清算。相反，它通常包括出售公司和控制权变更。实际上，如果发生清算事件导致公司破产，创业公司通常不会有太多收益。

[⊖] 在 Facebook 公司首次公开募股前向美国证券交易委员会提交的文件（S-1 文件）中，该公司估计，B 类股东在发行前拥有 70% 的投票权，并警告说："这种集中控制将限制你在可预见的未来影响公司事务的能力。"上市后，扎克伯格拥有 57% 的有表决权股份，但只拥有 28% 的股份。

在清算事件中给予优先股股东的优先权被视为此类证券的关键条款，并影响后续融资。为了说明所授予优先权的重要性，让我们考虑一个清算事件。一家公司以 2 200 万美元的价格出售（扣除与出售相关的所有成本），并假设以下预售资本结构：优先股面值为 500 万美元，债务为 200 万美元。一旦债权人得到 200 万美元的偿付，所有股权投资者（优先股股东和普通股股东）的可用金额为 2 000 万美元。现在的问题是 2 000 万美元如何在优先股股东和普通股股东之间分配。如果发生清算事件时，优先股股东不得参与超过其面值的任何收益，则该优先股被称为"不参与优先股"（或"1× 清算优先权"）⊖。在我们的例子中，出售所得收益的分配如下：500 万美元分配给优先股股东，1 500 万美元分配给普通股股东。

创始人会寻求谈判条款，从而使优先股不参与。相比之下，新企业中的优先股股东将寻求参与优先股面值以外的清算收益。如果优先股股东有权与普通股股东一起分享任何剩余的清算收益，那么优先股被称为"参与优先股"。有转让参与权的优先股可以有不同的参与形式，定义为优先股面值的倍数。例如，如果优先股股东有权获得票面价值的 2 倍或 3 倍（分别称为"2 倍清算优先权"和"3 倍清算优先权"），则分配如表 28-3 所示。

表 28-3

被分配人	2 倍清算优先权	3 倍清算优先权
优先股股东	1 000 万美元	1 500 万美元
普通股股东	1 000 万美元	500 万美元

上述两种优先股的混合形式是参与式优先股，但在数量上存在上限。这种形式的优先股被称为有上限参与优先股或部分参与优先股。例如，在前面的例子中，假设优先股股东有权平均分享高达 800 万美元的清算收益。然后优先股股东将获得 800 万美元，普通股股东将获得 1 200 万美元的余额。

3. 转换准备金

优先股发行中的可转换功能通常授予创业公司的投资者，这些投资者拥有将优先股转换为公司普通股的权利。当必须进行转换时，可能会受到限制。通常，如果发生某些事件（如首次公开募股），转换是强制性的。有条款保护的投资者不受潜在股权头寸稀释的影响。

28.6.2 可转换债券

可转换债券通常是在首轮（A 轮）融资之前，在创业公司融资的早期阶段向投资者发行的债券。与可转换优先股不同，可转换优先股是一种权益形式，可转换债券是一种债务形式。可转换债券的持有人可以选择将债券兑换成股票头寸，或者在进行 A 轮融资时自动将该头寸转换为股票头寸。可转换债券持有人收到的股票头寸通常是优先股。

1. 转换条件

首先来看看一家成熟公司发行的传统的可转换债券，传统的可转换债券赋予投资者将债券转换为发行人普通股的权利。可转换债券可转换成的普通股股数被称为"转换率"。通常，转换率在可转换债券的有效期内是固定的。如果可转换债券的面值为 1 000 美元，转换比率为 20∶1，则投资者有权将该债券转换为 20 股普通股。实际上，投资者通过行使转换特权为每股普通股支付的价格（转换价格）为每股 50 美元。

⊖ 为了简单起见，我们忽略了优先股股东应得金额反映自优先股发行以来累积股息的可能性。

当创业公司用于种子融资时，转换债券在两个方面有所不同。首先，这种转换通常是转换成优先股，而不是像传统的可转换债券那样转换成普通股。此外，优先股是可转换优先股。因此，行使转换特权使投资者能够转换成证券，而证券又能够最终转换为普通股。因为可转换债券最终会导致更多普通股的发行，因此它是一种股权稀释债券。

其次，转换发生时优先股支付的价格。如果发生转换，投资者必须基于可转换债券发行中的规定为优先股股份支付相应的价格。可能存在转换折扣或转换估值上限。如下文所述，这两项规定都是为了使可转换债券投资者受益，以补偿他们作为早期投资者所承担的重大风险。

2. 转换折扣

创业公司的早期投资者购买可转换债券是为了获得有吸引力的回报，如果创业公司表现良好，普通股价格会随之上涨。因此，在可转换债券发行中必须有明确规定，允许投资者在创业初期因为接受这种风险敞口而获得补偿。此外，这一回报可能会比投资于创业公司后期融资的投资者获得的回报更高。换言之，当后来的投资者（如风险投资家）确定创业公司的价值购买优先股时，可转换债券的投资者能够以较低的价格购买优先股，因为他们是创业公司高风险的最初承担者。

允许可转换债券投资者这样做的规定是转换折扣，它规定了可转换债券投资者购买优先股的折扣低于 A 轮投资者购买优先股的价格。下面以有 25% 的转换折扣为例。

假设可转换债券资金为 300 000 美元，利率为 10%。两年后，一家风险投资基金进行了 A 轮融资，获得的条件是，优先股可以以每股 1 美元的价格购买。25% 的转换折扣意味着可转换债券投资者将支付每股 0.75 美元的优先股（这是我们之前提到的转换价格）。可转换债券投资者将获得多少优先股呢？因为可转换债券投资者有权转换票面价值（300 000 美元）加上应计利息（60 000 美元），转换后的金额为 360 000 美元。由于可转换债券的转换金额为 360 000 美元，每股可购买优先股的价格为每股 0.75 美元，因此优先股的数量将为 480 000（= 360 000/0.75）股。

转换折扣在证券有效期内无须固定。相反，它的结构可以使它随着时间的推移而增加，直到获得 A 轮融资。人们可能预计，获得 A 轮融资所需时间越长，可转换债券投资者的风险敞口就越大，因此有必要提高转换折扣。这也是对创始人尽快寻求 A 轮融资，以避免被进一步摊薄的激励。

创业公司不一定能够通过可转换债券一次性筹集所有资金。在不同时间发行的可转换债券可能有好几种。每一次发行的转换折扣可能不同，这取决于每次发行时吸引投资者所需的条件。例如，对于有兴趣购买可转换债券的早期投资者，转换折扣可能高于后来购买可转换债券的投资者。

与传统的可转换债券不同，投资者从公司价值的上升中获益，尽管创业公司可转换债券的投资者也从估值的提高中获益，但投资者不希望看到它在 A 轮融资中上涨那么多。A 轮投资者的估值越高，获得的优先股股份就越少。

3. 转换估值上限

转换估值上限是可用于确定可转换债券持有人为转换成优先股而必须支付转换价格的最大金额。这项规定使投资者受益的原因是，优先股的价格比 A 轮投资者支付的价格要低。

举例来说，假设一个投资者拥有一张面值 300 000 美元的可转换债券，转换估值上限为 600 万美元，而该公司正在通过一系列融资筹集资金。进一步假设，融资前的估值（回想一下，这是天使融资之前的估值）是 800 万美元，优先股的票面价值为 1 美元。在融资时，假设可转换债券的应计利息为 60 000 美元。转换估值上限为 600 万美元，这意味着可转换债券持有人购买优先股的转换价格调整为低于 A 轮投资者支付的价格。通过将转换估值上限（在这一例子中为 600 万美元）除以货币发行前的估值（在这一例子中为 800 万美元），可以找到获得调整的程序。在我们的例子中，调整是 75%。因此，可转换债券投资者将支付 A 轮投资者购买优先股的 75%。由于 A 轮投资者每股支付 1 美元的优先股，可转换债券投资者只需支付 0.75 美元。因此，由于可转换债券投资者正在转换 36 万美元（本金加上应计利息），他们将获得 48 万股优先股（= 36 万美元 /0.75 美元）。

28.6.3 附认股权证的债务

另一种形式的债务是股权稀释证券，它是带有购买公司普通股的认股权证的债务。认股权证是一种期权形式，授予认股权证持有人行使认股权证并获得特定证券的权利。这类融资通常是在公司的后期阶段筹集的，目的是在各轮融资之间获得融资（过渡性融资）。

例如，一家公司可能会发行带有认股权证的可转换债券，购买高达 15% 的普通股。这被称为 "15% 认股权证覆盖率的可转换债券"。假设该可转换债券的面值为 500 万美元。那么，持有认股权证的可转换债券的投资者有权购买发行人 75 万美元（= 0.15 × 500 万美元）的普通股。认股权证的行权价格取决于投资者在下一轮融资中同意支付的普通股价格。因此，投资者有信心会有另一轮融资来决定转换价格。这就是为什么这类融资在融资的早期阶段使用较少，但在公司已经经历了几轮融资之后的过渡融资中却出现了。然而，一些研究者建议调整可转换债券的认股权证结构，以增加其在某些早期融资情况下的使用。

关键知识点

- 每个国家对什么是中小企业都有自己的定义。
- 各国政府和国际组织为界定中小企业制定了各自的指导方针。
- 将企业划分为中小企业时使用的指标包括员工人数、销售水平（年收入）和总资产。
- 政府提供各种计划和倡议，以增加合格中小企业的资金。
- 早期融资包括种子轮融资和首轮融资或 A 轮融资。
- 在种子轮，有时被称为 "商业化前融资阶段"，创始人寻求为产品或服务的开发提供资金。
- 在非常早期的融资中，资金的主要来源通常是创始人的个人资产，这种融资被称为 "自助融资"。
- 在首轮融资（或 A 轮融资）中，已经达到的里程碑是创收，尽管在这个阶段通常既没有达到盈亏平衡的运营，也没有实现盈利。
- 创业者通常很难在种子轮获得银行融资（除非创始人有足够的抵押品或资产提供个人担保），但一旦获得首轮融资，就会有专业银行和非银行实体愿意以认股权证的形式为贷款人提供包含股权激励因素的风险债务。
- 种子轮融资的来源包括信用卡、供应商、小企业管理局贷款、天使投资人和天使团体、超级天使、种子加速器、孵化器和众筹平台，其中最常见的大额种子轮融资来源是天使投资人。
- 各国政府支持的融资计划使中小企业和新企业更容易获得融资，包括贷款担保、直接信用贷款、贷款补贴、赠款计划和对中小企业贷款机构的优惠税收待遇。

- 扩张阶段融资是通过增加产量和通过营销获得客户来扩大公司的业务。
- 扩张阶段融资包括过渡性贷款、第二轮融资（B轮融资）、第三轮融资（C轮融资）等。
- 如果公司在几轮融资后没有清算事件，则可能需要额外的融资。一个新的投资者团体（机构投资者）的加入使企业可以通过首次公开发行筹集资金，使得公司无须公开上市就可以为其扩张提供大量资金。
- 早期融资的主要来源是天使投资人，这些富有的个人通常投资15万～200万美元，符合美国证券交易委员会"合格投资人"的定义。
- 除了提供资金外，天使投资人还为公司提供战略规划建议，协助团队建设，并为发展关键合作伙伴关系和进一步筹资提供联系。天使投资人通常通过团体或网络进行投资。
- 风险资本家主要投资于首轮融资，提供种子轮融资的风险资本公司被称为"超级天使"，并且被设立为私人股本公司。
- 众筹是从大量投资者那里为创业公司筹集资金的做法，这些投资者通常通过互联网进行小额投资。股权众筹是众筹的一种形式，这种形式允许投资者获得创业公司的股权。
- 种子加速器为创业者提供了机会，不仅可以通过股权交换获得早期融资，还可以获得其他潜在投资者、短期培训、临时办公场所和专家团队。
- 孵化器是另一种类型的项目，作为种子加速器的一种，指导企业家和其他类似服务。
- 扩张融资的主要来源是传统风险投资公司、企业风险投资公司和在线风险投资基金。
- 风险投资公司以股权的形式投资创业公司，投资通常以每两年一次的顺序或轮次进行，以实现预定的里程碑为基础。
- 风险投资公司通常被称为一种特殊类型的私人股本公司，投资于创业公司，而典型的私募股权公司投资于寻求私有化的成熟公司或被视为业绩不佳、具有高吸引力回报潜力的成熟公司。
- 企业风险投资家是指投资于创业公司的公司，这些创业公司有可能为其公司的产品提供良好的战略配合。
- 机构投资者，如共同基金和对冲基金，是在首次公开募股、收购或合并之前为新企业提供扩张融资的最新进入者。
- 机构投资者为扩张提供了大量资金，导致新企业推迟了上市融资或被收购。
- 一家公司的创始人可以通过其股票的首次公开发行向公众求助，以满足公司的需要，其发行受证券法的约束。
- 首次公开募股的两个主要优点是：①公开交易的普通股为创始人拥有的股份以及作为股东的投资者和员工拥有的股份提供流动性；②创始人可以将股票作为一种货币形式，允许他们进行必要的收购，以扩大业务，并通过提供股票期权来吸引关键高管。
- 首次公开募股的缺点是，公司必须遵守并承担与美国证券交易委员会监管备案要求相关的成本，创始人面临着花费时间准备必须定期向公众投资者提供信息的隐性成本，而且由于要求披露信息而面临保密性损失，同时管理层面临着股东和金融界为实现目标财务指标所期望的表现的压力，导致创始人们将注意力从建立更强大的公司转移到以牺牲长期业绩为代价实现短期财务目标。
- 在美国，新企业发行的证券导致普通股的发行，称为"股权稀释证券"，因为创业公司的投资者更喜欢这些证券，而不是直接投资普通股。
- 股权稀释证券包括可转换优先股和可转换债券。
- 优先股是一种混合证券，它结合了普通股和债务的特点。与普通股股东不同的是，除非在某些情况下，优先股股东通常没有投票权。
- 在创业公司的早期阶段，允许投资者将优先股转换为普通股的优先股是投资者选择

- 的工具。
- 优先股附有规定,向该证券的投资者转让权利、优先权和特权。
- 优先股的面值很重要,因为如果发生清算事件,它通常被包含在收购或合并公司以及出售公司大部分资产的相关内容中。
- 当清算事件发生时,非参与优先股不允许投资者拥有超过其优先权金额的收益。
- 参与优先股允许投资者与普通股股东以某种方式分享任何形式的剩余清算收益。
- 有上限参与优先股(部分参与优先股)是一种允许参与但有特定金额上限的优先股。
- 可转换优先股允许投资者将其转换为普通股。
- 可转换票据,通常在融资的早期阶段(在A轮融资之前)发行给投资者,是一种债务形式。
- 可转换债券持有人可选择将票据兑换成股票头寸,或在进行A轮融资时自动将头寸转换为股票头寸。

练习题

1. 如何定义中小企业?
2. 以下是世界银行的引述:
   中小企业获得融资已成为全球改革议程的一个重要议题,已成为决策者、监管机构、研究人员、市场从业人员和其他利益相关者非常感兴趣的话题。⊖
   解释原因。
3. 早期融资的阶段是什么?每个阶段的资金可能来自哪里?
4. a. 使用信用卡作为创业资金来源有什么好处?
   b. 在转向信用卡融资时,应该考虑哪些因素?
5. a. 高科技创业公司最有可能使用的小企业管理局贷款计划是什么?
   b. 这类贷款有哪些还款方式,哪些还款方式不可用?
6. 对于一个投资者来说,加入天使集团有什么好处和坏处?
7. 除了获得资金,创业公司如何从天使投资人的支持中获益?
8. 解释你是否同意以下说法:"在扩张阶段融资阶段,公司通过IPO为业务扩张筹集资金。"
9. 描述种子加速器和孵化器以及它们之间的区别。
10. 你是一家打算首次公开募股的私人公司的董事会顾问,你会向董事会解释哪些因素有助于做出上市决定。
11. a. 风险投资公司和私人股本公司有什么区别?
    b. 股权众筹和在线风险投资基金有什么区别?
12. 下面是马克·德坎贝尔在Quartz发表的一篇文章的标题《共同基金正在绕过首次公开募股,直接走上正轨》。文章的标题是什么意思?
13. 在《华尔街日报》发表的一篇文章中,发表了以下声明:
    像富达、普信集团和贝莱德这样的大型机构投资者正越来越多地出现在押注了有前途的年轻科技企业家的风险投资公司旁边⊖。
    大型机构投资者的参与对私营企业上市的速度有何影响?
14. a. 什么是股权稀释证券?
    b. 为什么创业公司的投资者更喜欢股权稀释证券?
15. a. 累积优先股和非累积优先股有什么区别?
    b. 什么是有上限参与优先股?
16. a. 什么是可转换债券?(请在回答中包括转换率和转换价格)
    b. 当可转换债券的发行人是一家成熟公司或一家创业公司时,转换条款通常有什么不同?

⊖ World Bank and FIRST Initiative, *Principles for Public Credit Guarantee Schemes for SMEs* (Washington, DC: World Bank, 2015).

⊖ "Mutual Funds Moonlight as Venture Capitalists: Firms Are Pushing into Silicon Valley at a Record Pace," *Wall Street Journal*, April 20, 2014.

第七部分
PART 7

房地产市场

第 29 章　住宅抵押贷款市场

第 30 章　住宅抵押贷款证券市场

第 31 章　商业房地产市场

第29章

住宅抵押贷款市场

学习目标

学习本章后，你会理解：
- 什么是抵押贷款；
- 住宅抵押贷款的主要发起人是谁；
- 抵押贷款发放流程；
- 贷款人在评估抵押贷款申请人的信用风险时考虑的借款人和财产特征；
- 与住宅抵押贷款发放过程相关的风险；
- 住宅抵押贷款服务涉及的内容；
- 基于利率类型、分期偿还类型、还款结构、贷款人追索权、留置权状态、信用分类、信用担保、合规与不合规贷款的类型；
- 什么是提前还款；
- 抵押贷款的现金流；
- 什么是提前还款罚金抵押；
- 与抵押贷款投资相关的风险；
- 提前还款风险的重要性；
- 住宅抵押贷款二级市场的发展。

任何国家的抵押贷款市场都是一级市场（或原始市场）和二级市场（抵押交易市场）的集合。**抵押贷款**以财产作抵押以保证债务的偿还，通常，财产是指不动产。如果财产所有人/借款人（抵押人）未能向贷款人（抵押权人）付款，贷款人有权取消贷款赎回权并扣押财产，以确保抵押物得到偿还。可以抵押的房地产分为两大类：单户住宅房地产和商业房地产。前一类包括房屋、公寓和合作社。在美国，抵押贷款的期限（到期的年限）为15～30年不等。对于欧洲大多数国家来说，住宅抵押贷款的期限通常为15～40年，但在一些国家（如法国和西班牙），期限可能长达50年。日本是一个极端的例子，期限可以是100年。商业房地产是指创收性房地产和多户型房地产，如公寓楼、办公楼、工业房地产（包括仓库）、购物中心、酒店和医疗保健设施（如老年住房护理设施）。

虽然本章的重点是美国住宅抵押贷款市场和抵押贷款类型，但本章也讨论了其他国家的各种抵押贷款类型。同时还讨论了政府在住宅抵押贷款市场中的作用。

29.1 住宅抵押贷款的发放

原始贷款人被称为**抵押贷款发起人**。美国住宅抵押贷款的主要发起人是节俭机构、商业银行和抵押贷款银行。

抵押贷款发起人以一种或多种方式从抵押活动中获得收入。第一个收入来源是收取**发起费**。这项费用以点数表示，每一个点代表所借资金的1%。例如，一笔20万美元的抵押贷款，2个点的贷款手续费是4 000美元。发起人还可能收取申请费和一定的手续费。第二个收入来源是以高于最初成本的价格出售抵押贷款可能产生的利润，这种利润称为**二级市场利润**。如果抵押贷款利率上升，当抵押贷款在二级市场出售时，发起人将产生损失。

虽然从技术上讲，发起部门的收入来源是发起费和二级市场利润，但还有两个潜在的来源。首先，抵押贷款发起人可以为他们发起的抵押贷款提供服务，并为此获得**服务费**。抵押贷款的服务包括每月向抵押人收取款项，并将所得款项转交给贷款所有人，向抵押人发送付款通知，在逾期付款时提醒抵押人，保存本金余额记录，向抵押人提供税务信息，为房地产税和保险目的管理托管账户，必要时启动止赎程序。服务费是未偿抵押贷款余额的固定百分比，通常为每年25～100个基点。抵押贷款发起人可以将抵押贷款的服务出售给另一方，后者随后将收取服务费。其次，抵押贷款发起人可以在其投资组合中持有抵押贷款。

抵押贷款银行发起抵押贷款活动。银行和节俭机构从事抵押贷款业务。然而，也有一些与银行或节俭机构没有关联的公司参与抵押贷款银行业务。与银行和节俭机构不同，这些抵押贷款银行通常不投资于它们发起的抵押贷款。它们的收入来自发起费。而商业银行的收入来源于以上三个方面。

29.1.1 抵押贷款发放流程

想借钱买房的人会向抵押贷款发放人申请贷款。潜在房主填写一份申请表，提供申请人的财务信息，并支付申请费，然后抵押贷款发起人对申请人进行信用评估。发起人指定的发放贷款的要求称为**承销标准**。

两个主要的定量承销标准是：①**支付收入比**（PTI）；②**贷款价值比**（LTV）。支付收入比是月供与月收入之比，衡量申请人每月支付（抵押贷款和房地产税）的能力。这个比率越低，申请人能够满足所需付款的可能性就越大。

房产购买价与借款金额之间的差额是借款人的首付款。贷款价值比是贷款金额与房地产市场（或评估）价值的比率。这个比率越低，对贷款人的保护就越大，如果申请人拖欠付款，贷款人必须收回和转售房产。例如，如果一个申请人想借22.5万美元的房产，评估价值为30万美元，贷款价值比为75%。假设申请人随后拖欠抵押贷款。然后，贷款人可以收回房产并将其出售，以收回所欠金额。但贷款人将收到的金额取决于房产的市场价值。在我们的例子中，即使房地产市场状况疲软，例如房产价值下降了7.5万美元，贷款人仍能收回贷款收益。假设申请人想借27万美元买同样的房子，此时贷款价值比为90%。如果贷款人因为申请人违约而不得不取消对该房产的赎回权，然后将其出售，那么对贷款人的保护就更少了。

如果贷款人决定借出资金，它会向申请人发出一份**承诺书**。该承诺书承诺贷款人向申请人提供资金。承诺期限在30～60天之间。在出具承诺书时，贷款人将要求申请人支付承诺费。重要的是，承诺书要求贷款人而不是申请人履行义务。如果申请人决定不购买房地产或使用其他来源资金购买房地产，申请人支付的承诺费即告丧失。因此，承诺书规定，贷款人收取费用后，申请人有权但无义务要求贷款人按一定利率和条件提供资金。贷款人实际上已授予申请人借入资金的选择权，申请人支付的承诺费为选择价格。

抵押贷款发起人可以做出如下选择：①在他们的投资组合中持有抵押贷款；②将抵押贷款出售给希望在其投资组合中持有抵押贷款的投资者；③将抵押贷款放入抵押贷款池中，作为发行证券的抵押品；④将抵押贷款出售给另一方，另一方将把抵押贷款放在抵押贷款池中，作为证券的抵押品。当抵押贷款被用作抵押物时，该抵押贷款被称为证券化抵押贷款。我们在第30章讨论住宅抵押贷款证券化。从抵押贷款发起人处购买抵押贷款，以便在证券化中用作抵押品的实体称为**抵押贷款渠道**。

29.1.2 抵押贷款风险

正在处理的贷款申请和抵押贷款发起人作出的承诺统称为管道。**管道风险**是指与原始抵押贷款相关的风险，这种风险有两个组成部分：价格风险和辐射风险。

价格风险是指如果市场中抵押贷款利率上升，对管道价值的不利影响。如果抵押贷款利率上升，且抵押贷款发起人以较低的抵押贷款利率作出承诺，它要么在抵押贷款以低于借给房主的资金的价格收盘时出售抵押贷款，要么将抵押贷款作为一种组合投资，以低于市场的抵押贷款利率获得回报。抵押贷款发起人面临同样的风险，因为申请人在提交抵押贷款申请时选择了固定利率。

辐射风险是指申请人或已发出承诺书的人将无法成交的风险（通过从抵押贷款发起人处借来的资金购买房地产来完成交易）。潜在的借款人可能会取消他们的承诺或撤回他们的抵押贷款申请的一个主要原因是抵押贷款利率下降到特别低的程度，此时寻求另一个贷款人是经济的。辐射风险是指抵押贷款发起人给予潜在借款人权利，而不是关闭义务（取消协议的权利）的结果。除抵押贷款利率下降外，其他原因也可能导致潜在借款人退出融资渠道。房地产检查报告可能是不利的，或者此次购买可能是基于没有发生就业变动。

抵押贷款发起人有几种选择来保护自己免受管道风险的影响。为了防范价格风险，发起人可以从抵押贷款发起人计划向其出售抵押贷款的实体处获得承诺。这种承诺实际上是一种远期合同，我们将在第33章讨论这个合同。抵押发起人同意在未来某个日期交付抵押，另一方（如渠道）同意在该时间以预定价格（或抵押利率）购买抵押。

但是，如果抵押贷款利率下降，潜在借款人选择取消协议，会发生什么呢？抵押贷款发起人已同意以指定的抵押贷款利率交付抵押贷款。如果潜在借款人未完成交易，并且抵押贷款发起人已承诺将抵押交付给渠道，则抵押贷款发起人不能退出交易。因此，抵押贷款发起人将发生损失，它必须在较低的抵押贷款利率环境下以较高的抵押贷款利率提供抵押贷款。这是辐射风险。

抵押贷款发起人可以通过与一个渠道签订协议来保护自己免受辐射风险的影响，而不是强制交付抵押贷款。在这样的协议中，抵押贷款发起人实际上是在购买一种期权，该期权赋予其权利，但不是义务，来交付抵押贷款（回想一下，当发起人发出承诺书时，它给了申请人这样一个选择权）。渠道已将该期权出售给抵押贷款发起人，因此允许对选择性交割收取费用。

29.1.3 抵押贷款服务商

每一笔抵押贷款都会配备服务。如前所述，为抵押贷款提供的服务包括每月收取付款并将收益转交给贷款所有人，向抵押人发送付款通知，在逾期付款时提醒抵押人，保存本金余额记录，管理用于房地产税和保险目的的托管账户，必要时启动止赎程序，并在适用时向抵押人提供税务信息。

抵押贷款服务机构包括银行、储蓄银行和抵押贷款银行。抵押贷款服务有四个收入来源。第一个收入来源是服务费。这笔费用是未偿还抵押贷款余额的固定百分比。因此，如果借款人需要每月还款以减少抵押贷款余额，则服务收入会随着时间的推移而下降。第二个收入来源是服务商可以从借款人经常与服务商维持的托管余额中获得的利息。第三个收入来源是每月抵押贷款支付的浮动。这个收入机会的出现是因为在服务商收到付款和必须向投资者发送付款之间允许存在延迟。第四个收入来源是辅助收入来源，它有以下几个方面：①如果未按时支付抵押贷款，服务商收取的滞纳金；②交叉销售借款人保险产品的佣金；③提供邮件列表服务产生的收入。

29.2　住宅抵押贷款种类

存在抵押贷款市场的国家有不同类型的住宅抵押贷款。它们可以根据以下属性进行分类：
- 利率类型；
- 还款结构；
- 提前还款的处理；
- 贷款人追索权；
- 留置权状态；
- 信用分类；
- 信用担保；
- 合格与不合格状态。

29.2.1　利率类型

抵押贷款的利率是指抵押贷款利率或票据利率。根据利率类型，抵押贷款可分为以下几类：
- 固定利率抵押贷款；
- 指数可调利率抵押贷款；
- 可审查的可调利率抵押贷款；
- 展期（可重新谈判）抵押贷款；
- 混合抵押贷款；
- 可转换抵押贷款。

对于**固定利率抵押贷款**（FRM），抵押贷款在抵押期限内保持不变。这种类型的抵押贷款在许多国家都可以找到，包括美国、法国、德国和丹麦，它们是前两个国家中最常见的抵押贷款类型。在这些国家抵押贷款市场的发展初期，固定利率抵押贷款是抵押贷款最常见的一种。直到最近，固定利率抵押贷款在丹麦和意大利都是最常见的类型，也是西班牙和希腊直到20世纪90年代初最常见的类型。现在，欧洲和大多数其他国家的主要抵押贷款类型是我们接下来描述的一种。

可调利率抵押贷款（ARM），也称为**可变利率抵押贷款**，是指利率定期重置的抵押贷款。

抵押贷款利率重置的频率可以是每月、每半年或每年。从借款人的角度来看，使用可调利率抵押贷款的主要风险是，在资本市场中存在抵押贷款利率可能会大幅上升，从而严重削弱借款人偿还抵押贷款能力的情形。为了降低借款人的这种被称为"支付冲击风险"的风险，通常会对抵押贷款利率的上升幅度设定上限。可能存在定期利率上限、终身利率上限，或两者兼而有之。**定期利率上限**限制了抵押贷款利率在重置日期可能增加的金额。**终身利率上限**规定了在抵押贷款的有效期内可能征收的最高利率。当有上限时，贷款人与借款人分担支付冲击风险。可调利率抵押贷款还可以指定一个下限，低于该下限，不能定期或在抵押期限内降低抵押贷款利率。在抵押贷款中加入一个下限可以降低贷款人面临的利率冲击风险。

在美国，典型的可调利率抵押贷款协议有两种利率上限。在一些国家，利率上限可能设定得太高，以至于不能真正降低借款人的支付冲击风险。西班牙就是一个例子。在欧盟成员国，找到现实利率上限的情况并不少见，因为固定利率抵押贷款占主导地位，可调利率抵押贷款是贷款人提供的另一种抵押贷款产品。法国的情况就是这样，该国的利率上限设定为高于初始抵押贷款利率 200 个基点[⊖]。

在重置日期确定新抵押贷款利率的方法决定了可调利率抵押贷款的类型，可以是指数化的，也可以是可审查的。对于指数可调利率抵押贷款，在欧盟被称为指数跟踪可调利率抵押贷款，重置日期的抵押贷款利率由一个公式设定，该公式将抵押贷款利率与利率指数联系起来。例如，在美国，每年重置的指数可调利率抵押贷款可能与一年期美国国债利率挂钩。在韩国和西班牙，指数可调利率抵押贷款占主导地位[⊖]。当在重置日期调整抵押贷款利率的金额由贷款人决定时，该抵押贷款被称为**可审查的可调利率抵押贷款**。在澳大利亚、爱尔兰和英国，这是主要的抵押贷款类型[⊖]。

与可调利率抵押贷款一样，展期抵押贷款（或可重新谈判的抵押贷款）和混合抵押贷款都有一个固定的抵押贷款利率，该利率会在一段特定时间后进行调整。展期抵押贷款与混合抵押贷款的区别在于初始指定期限后的抵押贷款利率类型。如果在重置日期之后，抵押贷款利率在另一个时期内是固定的，则称为**展期抵押贷款**。在一些国家，新的固定利率可能适用于抵押贷款的剩余期限。在加拿大、丹麦、德国、荷兰和瑞士，展期抵押贷款是最主要的形式[⊖]。当抵押贷款以固定利率开始，然后在规定的初始期限后成为可调利率抵押贷款时，该抵押贷款被称为**混合抵押贷款**。例如，混合抵押贷款的前 5 年可能为固定利率，5 年后可能会转换为指数可调利率抵押贷款，每年调整一次。

最后，**可转换抵押贷款**开始时有一个抵押贷款利率，该利率在规定的时间内可以是固定的，也可以是可调整的。借款人可以选择将抵押贷款转换为固定利率抵押贷款或转换为在抵押贷款剩余期限内的可调利率抵押贷款。这类抵押贷款对借款人的吸引力在于它减轻了支付冲击风险。这种类型的抵押贷款在美国和其他几个国家都有。日本几乎一半的抵押贷款是可转换的[⊖]。

[⊖] Hans-Joachim Dübel and Marc Rothemund, "A New Mortgage Credit Regime for Europe: Setting the Right Priorities" (Brussels: Centre for European Policy Studies/European Credit Research Institute June 2011), 68.

[⊖] Michael Lea, "International Comparison of Mortgage Product Offerings," special report (Washington, DC: Research Institute for Housing America and American Bankers Association September 2010).

[⊜] Lea, "International Comparison of Mortgage Product Offerings."

[⊛] Lea, "International Comparison of Mortgage Product Offerings."

[⊕] T. Shimizu and Y. Nakada, "Japan's Residential Mortgage Loan Characteristics and Trends: RMBS Outlook for 2009" (New York: Standard & Poor's, July 2009).

29.2.2 还款结构

借款金额称为"原抵押余额",抵押期结束前必须偿还的金额和偿还方式称为**还款结构**。抵押贷款通常按月支付。如果每月抵押付款的任何金额超过该金额所需的利息金额,则该超额金额将用于减少原抵押贷款余额。借款人更倾向于在抵押期限内偿还部分本金的抵押贷款,以降低贷款时面对的信贷风险。

偿还作为每月贷款支付一部分的借款本金称为分期偿还,抵押贷款可以规定每个月的付款包括分期偿还。也就是说,每月的抵押贷款支付可以包括基于月初抵押余额的每月利息加上代表计划分期偿还的预定本金金额。规定借款人必须按时支付本金的抵押贷款称为**分期偿还抵押贷款**。分期偿还抵押贷款在大多数国家都是典型的存在。

对于分期偿还的抵押贷款,每月计划的本金支付可以是这样的,即当所有计划本金付款相加时,其总额等于原始抵押贷款余额。因此,当借款人支付最后一笔抵押贷款时,最后一笔还款足以支付未偿还的抵押贷款余额。此时,借款人无须进一步付款。例如,假设一个抵押贷款的原始抵押余额为 20 万美元,抵押贷款利率为 7.5%,期限为 30 年。那么每月的抵押贷款将是 1 398.43 美元。请注意,在所有 360 个月,每月的抵押付款是相同的。本章附录中解释了如何确定每月的抵押贷款。假设借款人已经按时支付了 360 个月的全部贷款,则可以证明(见附录)在最后 1 个月的抵押贷款支付完成后,未偿还的抵押贷款余额为零(抵押贷款已付清)。这种类型的分期偿还抵押贷款被称为**完全分期偿还抵押贷款**,是典型的美国抵押贷款。

虽然我们的例子是针对固定利率抵押贷款的,但可调利率抵押贷款通常也是完全分期偿还的抵押贷款。由于抵押贷款利率发生变化,每月的抵押贷款付款必须在每个重置日期重新计算,以便新的每月抵押贷款付款足以在重置日期完全分期偿还未偿还的抵押贷款余额。附录中解释了每月新抵押付款的确定,称为"重新计算贷款"。例如,让我们再次考虑 20 万美元的 30 年期抵押贷款。假设抵押贷款是一个每年调整的分支,初始抵押贷款利率(前 12 个月的抵押贷款利率)为 7.5%。可以看出,在第 12 个月的月底,未偿抵押贷款余额为 198 156.33 美元。重新计算贷款需要计算每月的抵押贷款付款,将 198 156.33 美元的抵押贷款全部分期偿还 29 年,即 348 个月(30 年期抵押贷款,1 年之后贷款还有 29 年)。用于重新计算贷款的利率是重置日期的新抵押贷款利率。假设重置利率为 8.5%。然后,每月偿还抵押贷款的金额显示为 1 535.26 美元,这是未来 12 个月的每月抵押付款金额。

分期偿还抵押贷款也可以是每月计划本金支付总额低于原始抵押贷款余额。此类分期偿还抵押贷款,称为**部分分期偿还抵押贷款**,在抵押贷款期限结束时所欠金额为原始抵押贷款余额与预定本金支付总额以及可能已支付的任何计划外本金支付总额之间的差额。这个金额,必须由借款人支付给贷款人,这被称为**大额支付**(分期付款中最后一笔较大金额的付款)。

在澳大利亚、丹麦、芬兰、法国、德国、希腊、爱尔兰、韩国、荷兰、葡萄牙、西班牙、瑞士和英国等国家,以及在一定程度上的美国,提供的抵押贷款在规定的时间内无须每月定期支付本金[⊖]。相反,只有每月利息是在这段时间内支付的,因此没有原抵押余额的分期偿还。这种类型的抵押贷款是**只付利息抵押贷款**,没有预定本金支付的这段时间称为**锁定期**。在锁定期之后,每月抵押贷款会发生变化,因此每月抵押贷款支付包括一个预定的本金金额,该金额

⊖ See table 7 in Kathleen Scanlon, Jens Lunde and Christine Whitehead, "Mortgage Product Innovation in Advanced Economies: More Choice, More Risk," *European Journal of Housing Policy* 8, no. 2 (2008): 109–131.

足以在贷款剩余期限内将贷款的原始金额全额分期偿还。一种特殊类型的只付利息抵押贷款是在抵押期内没有预定的本金支付，这种类型的抵押贷款被称为**只付利息终身抵押贷款**或**子弹抵押贷款**，在丹麦、荷兰和英国都有这一贷款形式。这种类型的抵押贷款显然比分期偿还的抵押贷款面临更大的信贷风险。

29.2.3 提前还款项的处理

借款人通常希望在预定的到期日前偿还全部或部分抵押贷款余额。这可能出于许多原因，但其中一个关键的原因是，如果市场利率下降，借款人有机会以较低的抵押贷款利率进行再融资，即使考虑到获得新抵押贷款的相关成本，再融资的经济价值也可能相当可观。

超过每月抵押付款的金额称为**提前还款**。作为一个例子，再次考虑 30 年期 20 万美元的抵押贷款，抵押利率为 7.5%。每月抵押还款 1 398.43 美元。假设借款人支付 5 398.43 美元，4 000 美元的抵押贷款是提前还款，减少了 4 000 美元的长期抵押贷款余额。这种类型的提前还款，其中全部的抵押贷款余额没有还清，被称为**部分提前还款**或**部分削减**。当进行贷款削减时，抵押贷款不会被重新计算（每月的抵押付款没有改变）。借款人继续每月支付同样的抵押贷款。提前还款的效果是，更多的后续每月抵押付款被用于减少未偿还的抵押贷款余额。更常见的提前还款方式是在抵押合同到期前付清全部未偿抵押贷款余额。

实际上，借款人提前偿还全部或部分抵押贷款而无须支付罚金的权利是一种看涨期权。减轻借款人提前还款权的抵押是**提前还款罚金抵押**。如果借款人提前还款，这种类型的抵押贷款会产生罚款。罚款旨在阻止再融资活动，如果贷款在融资后一定时间内提前偿还，则需要支付费用。

贷款人主要担心的是，当利率下降时，借款人会提前还款，因此提前还款罚款可以被视为一种收益维持准备金，可以在可赎回债券和商业抵押贷款（如第 31 章所述）中找到。美国提供的提前还款罚金抵押贷款结构通常允许借款人部分提前偿还其贷款的 20%（罚金生效），并向借款人收取剩余 80% 余额的 6 个月利息。如果房产被出售，一些罚款会被免除，这被称为"软"罚款，而"硬"罚款是指即使因为出售房产而提前还款也要支付的罚款。

有关实施提前还款罚款的法律法规不仅由每个国家制定，甚至会由一个国家的司法管辖区制定。欧洲国家的法律通常允许对提前还款进行处罚，事实上，提前还款罚款的抵押贷款在欧洲很常见。在美国，固定利率抵押贷款的适用法律通常由州一级规定。一些州不允许对固定利率抵押贷款进行提前还款处罚，其他州允许这样做，但会限制惩罚的类型。对于可调利率抵押贷款，某些联邦法律凌驾于州法律之上。因此，虽然提前还款罚款的抵押贷款在美国所占比例很小，但允许实施此类罚款的州确实存在。

29.2.4 贷款人追索权

当借款人发生违约时，贷款人有权收回房产，然后出售。但是，如果出售房产所得的收益少于未偿还的抵押贷款余额，贷款人如何弥补损失呢？答案取决于贷款是有追索权贷款还是无追索权贷款。如果贷款人有权就差额向借款人提出索赔，则该抵押贷款被称为**有追索权抵押贷款**。因此，贷款人可以指望借款人的其他资产，试图通过法律制度尽可能多地收回差额。对于**无追索权抵押贷款**，除非有欺诈索赔，否则贷款人对借款人没有索赔权。也就是说，贷款人只能指望房产收回未偿还的抵押贷款余额。

贷款人是否有权在违约的情况下获得追索权，因国家而异。在美国，购买住宅的所有抵押贷款都是无追索权抵押贷款。在欧洲和日本，抵押贷款是有追索权的。这是美国抵押贷款违约率高于欧洲和日本的原因之一。正是美国这一对住宅抵押贷款的法定禁令，鼓励了借款人在房屋价值下降至未偿抵押贷款余额以下时行使违约选择权，即使他们有足够的财力及时支付抵押贷款，借款人的这种做法被称为"战略违约"。

29.2.5 留置权状况

抵押物的**留置权状况**表明贷款人在因借款人违约而强制清算财产时的资历。对于作为第一留置权的抵押，如果财产被收回，贷款人将首先催缴财产清算的收益。抵押贷款也可以是第二留置权或次级留置权，在清算的情况下，贷款人对收益的索赔将在拥有第一留置权的贷款人全额偿付之后提出。

29.2.6 信用分类

在美国，借款人被认为具有高信用质量的抵押贷款（借款人有良好的就业和信用记录，收入足以在不损害借款人信誉的情况下支付抵押贷款，以及标的财产中的大量股权）被归类为**优质贷款**。借款人的信用质量较低或贷款不是房产的第一留置权的贷款被归类为**次级贷款**。在优质贷款和次级贷款之间是一个有点模糊的类别，该类别被称为**另类 A 贷款**（Alt-A 贷款），这些贷款被认为是优质贷款（"A"是指承销机构指定的 A 级），但它们具有某些属性，要么会增加借款人的信用风险，要么导致难以对借款人进行分类和评估。

在评估抵押贷款申请人的信用质量时，贷款人会考虑各种各样的衡量标准。

申请人的信用评分是评估的基础。一些公司从贷款机构收集个人支付历史的数据，并使用统计模型，根据信用评分评估和量化个人信用。基本上，信用评分是借款人信用记录的数字等级。计算信用评分的三家最受欢迎的信用报告公司是益百利（Experian）、美国环联（Transunion）和爱克菲（Equifax）。尽管这些信用报告公司使用不同的方法确定信用评分，但评分通常称为 FICO 评分[⊖]。通常情况下，贷款人将获得一个以上的分数，以尽量减少不同供应商信用评分差异的影响。FICO 分数为 350～850。FICO 评分越高，信用风险越低。

贷款价值比已被证明是一个很好的违约预测指标：贷款价值比越高，违约的可能性就越大。根据定义，购买交易中贷款的贷款价值比是房产首付款和购买价格的函数。贷款人计算收入比率，如支付收入比（PTI），以评估申请人的支付能力。这些比率比较的是，如果贷款按月发放给申请人，申请人每月必须支付的抵押贷款。最常见的衡量标准是前比率和后比率。**前比率**的计算方法是将每月总付款（包括贷款利息和本金加上财产税和房主保险）除以申请人的税前月收入。**后比率**的计算方法类似。不同之处在于，还本付息比率将汽车贷款和信用卡支付等其他债务支付加到总支付额中。对于被归类为"优质"的贷款，其前比率、后比率应分别不超过 28% 和 36%。

信用评分是用来将贷款定性为优质贷款或次级贷款的主要属性。优质（或 A 级）贷款通常提供给 FICO 分数为 660 或更高的借款人，贷款的前比率、后比率分别为 28% 和 36%，贷款价值比低于 95%。Alt-A 贷款可能在许多重要方面有所不同。尽管次级贷款通常与借款人的 FICO 分数低于 660 分相关，但贷款计划和贷款等级是取决于贷款人的。一个贷款人可能会将 FICO 评分为 620 的贷款视为"B 级贷款"，而另一个贷款人则可以将同一贷款的评级定得更高

⊖ 之所以使用这个名字，是因为信用评分公司通常使用由 Fair Isaacs&Co. 开发的模型，该模型使用 45 个标准来对个人的信用度进行排名。

或更低，尤其是当贷款的其他属性（如贷款价值比）高于或低于平均水平时。

在美国以外，有一些贷款可供信用受损的借款人寻求获得抵押贷款。例如，在英国，这类抵押贷款被称为"不合格"抵押贷款，包括向先前宣布破产的个人提供贷款。另外两个向信用受损借款人提供抵押贷款的国家是爱尔兰和西班牙（在这两个国家，贷款可提供给那些想居住在西班牙主要城市，而没有或具有有限信用记录的移民）。欧洲甚至有自己的另类 A 贷款版本[⊖]。

29.2.7 信用担保

抵押贷款可以根据是否有第三方担保进行分类。担保可以由国家政府、相关实体或私人实体提供。

在美国，由联邦政府机构担保的贷款，是指在**政府贷款**的一般条款下，以美国政府的充分信任和信誉为保证的贷款。住房和城市发展部监督两个为政府贷款提供担保的机构，第一个是联邦住房管理局（FHA），这是一个由国会于 1934 年创建的政府实体，1965 年成为住房和城市发展部的一部分。**联邦住房管理局担保的贷款**针对那些只能支付较低的首付，而且收入水平也相对较低的借款人。第二个是退伍军人管理局（VA），它隶属于美国退伍军人事务部。**退伍军人保障贷款**提供给符合条件的退伍军人和预备役军人，使他们能够获得优惠的贷款条件。虽然担保贷款没有最高限额，但通常贷款仅限于法规规定的金额，因为当退伍军人管理局出售其源自二级市场的贷款时，这些限制变得非常重要，如本章后面和第 30 章所述。

与政府贷款不同，其他贷款没有联邦政府的明确担保，这类贷款是通过"传统融资"获得的，因此在市场上被称为**传统抵押贷款**。传统抵押贷款在产生时可能不被保险，但是当它被包括在抵押贷款支持证券的抵押贷款池中时，它可能有资格被保险。更具体地说，住宅抵押贷款证券是由两个政府资助的企业发行的证券，即房地美（前联邦住房贷款抵押贷款公司）和房利美（前联邦国家抵押贷款协会），我们将在第 30 章更详细地讨论这些实体。因为房地美和房利美的担保不具备美国政府的完全信任和信用，因此它们不属于政府贷款。

传统贷款可以由私人抵押保险公司投保。通常，当首付款低于房产购买价格的 20%（当贷款价值比大于 0.8 时），借款人需要购买私人抵押保险。因为保险来自私人实体，从投资者的角度来看，担保与保险公司的信用评级一样好。

29.2.8 合格与不合格状态

如第 30 章所述，房地美和房利美是政府资助企业（GSE），其任务是为抵押贷款市场提供流动性和支持。虽然他们是私营公司，但他们得到了联邦政府的特许。联邦宪章允许这些政府资助企业以其他公司无法获得的某些利益运营。然而，联邦宪章对他们的商业活动施加了限制。

他们完成任务的一种方式是买卖抵押贷款[⊖]。他们购买的抵押贷款可以是组合持有，也可以打包成抵押贷款支持证券。他们创造的证券是第 30 章的内容。房利美和房地美可以买卖任何类型的住宅抵押贷款，但打包成证券的抵押贷款仅限于政府贷款和符合其承销准则的贷款。符合条件的常规贷款被称为**合格贷款**。因此，符合条件的贷款仅仅是一种符合房利美和房地美

⊖ Dübel and Rothemund, "A New Mortgage Credit Regime for Europe," 19.

⊖ 这两个政府资助企业必须为住房和城市发展部指定的目标地理区域内的低收入和中等收入家庭或房产分配特定比例的贷款。这类贷款被归类为"经济适用房贷款"。

承销标准的常规贷款。市场上的常规贷款是指**符合条件的常规贷款**或**不符合条件的常规贷款**。

核保标准之一是贷款发放时的贷款余额。对于政府贷款和由房地美和房利美担保的贷款，贷款余额有限制。根据联邦住房金融委员会公布的平均房价（新房和现房）的百分比变化，1～4户家庭住房的最高贷款规模每年都会发生变化。房地美和房利美的贷款限额是相同的，因为它们是由同一法令规定的。例如，自2013年1月1日起，住宅抵押贷款的合格限额为417 000美元，而被指定为高成本地区的限额则更高。超过某一特定财产类型合格限额的贷款被称为**巨额抵押贷款**。

必须满足的其他重要承销标准涉及以下方面：
- 房地产类型（主要住宅、度假或第二居所、投资性房地产）；
- 贷款类型（如固定利率抵押贷款、可调利率抵押贷款）；
- 贷款类型的贷款价值比；
- 借款人的信用记录；
- 证明文件。

符合条件的抵押贷款对借款人和抵押贷款发起人都很重要，因为这两个政府资助企业是美国最大的抵押贷款买家。因此，符合条件贷款的抵押贷款更有可能被房利美和房地美购买并打包成抵押贷款支持证券，它们的利率比不合格的传统抵押贷款要低。

当"合格抵押"一词在其他国家使用时，其含义可能会大不相同。我们在讨论抵押贷款的信用分类时提到，在英国，向信用受损借款人提供的抵押贷款术语是"不合格"抵押贷款。在美国，这样的抵押贷款可能会被归类为次级抵押贷款。在英国，向信誉良好的借款人提供的抵押贷款（无论该国如何定义）被称为"合格"抵押贷款。这里的重点是，在其他国家，术语"合格"抵押贷款和"不合格"抵押贷款对这些术语在美国的使用方式没有影响，在美国，它们只表示抵押贷款是否满足两个政府资助企业的要求。

29.3　投资风险

抵押贷款的主要投资者包括节俭机构和商业银行。养老基金和人寿保险公司也投资于这些贷款，但与节俭机构和商业银行相比，它们的所有权很小。投资者投资住宅抵押贷款面临四大风险：①信用风险；②流动性风险；③价格风险；④提前还款风险。

29.3.1　信用风险

信用风险是房主/借款人违约的风险。对于联邦住房管理局和退伍军人管理局保险的抵押贷款，这种风险是最小的。对于私人保险的抵押贷款，风险可以通过为抵押贷款投保的私人保险公司的信用评级来衡量。对于未投保的传统抵押贷款，信用风险取决于借款人的信用质量。贷款价值比为违约时本金损失的风险提供了一个有用的衡量标准。当贷款价值比较高时，违约的可能性更大，因为借款人在房地产中几乎没有股权。

29.3.2　流动性风险

尽管住宅抵押贷款有一个二级市场，我们将在第30章中讨论，但与其他债务工具相比，买卖价差仍然很大。也就是说，抵押贷款往往是相当缺乏流动性的，因为它们规模庞大，且不可分割。

29.3.3 价格风险

固定收益工具的价格与市场利率的走势相反。因此,利率上升会降低抵押贷款的价格。

29.3.4 提前还款风险

抵押贷款每月现金流的三个组成部分是:①利息;②本金偿还(预定本金支付或分期偿还);③任何形式的提前还款。

提前还款风险是由于提前还款而导致的与抵押贷款产生的现金流有关的风险。具体来说,投资者担心,当现行抵押贷款利率低于借款人的抵押贷款利率时,借款人将偿还抵押贷款。例如,如果借款人5年前的抵押贷款利率为6%,而现行抵押贷款利率(可获得新抵押贷款的利率)为3.5%,则借款人有再融资的动机。再融资的决定将取决于几个因素,但最重要的一个因素是现行抵押贷款利率与借款人的抵押贷款利率。

对投资者的不利之处在于,从偿还贷款中获得的收益必须以低于目前借出给借款人的收益的利率进行再投资。这种风险与可赎回债券的投资者面临的风险相同。然而,与可赎回债券不同的是,对于住宅抵押贷款,除了提前还款罚金抵押贷款外,借款人不必支付溢价。在预定到期日之前偿还的本金按面值支付。

29.4 二级抵押市场的发展

二级抵押贷款市场的基础可以追溯到"大萧条"时期和随后的立法。鉴于"大萧条"及其对金融市场的影响,国会对此做出的反应是建立几个公共机构。美联储通过美联储贴现窗口为商业银行提供了更多的流动性。联邦住房贷款银行被授予从财政部借款的权利,为节俭机构提供了流动性。建立联邦住房贷款银行的目的是建立一个储备信贷系统,以支持住房融资,并为受"大萧条"影响的房主和贷款机构提供救济。

美国国会另一个帮助住房金融市场的机构是联邦住房管理局,旨在解决当时住房金融中使用的抵押贷款所带来的问题。这个政府机构发展和推广了固定利率、分期付款、分期偿还的抵押贷款。联邦住房管理局还通过提供抵押贷款违约保险来降低投资者的信用风险。并非所有的贷款都可以投保,但是抵押申请人必须满足联邦住房管理局的承保标准,这使得联邦住房管理局成为第一个规范抵押贷款条款的机构。虽然今天我们可能认为标准化是理所当然的,但它是二级抵押贷款市场发展的基础。1944年,退伍军人管理局开始为合格贷款提供保险。

但是谁来投资这些贷款呢?节俭机构可以这样做,尤其是在存在税收和监管优势的刺激下。但在没有抵押贷款交易市场的情况下,这笔投资将缺乏流动性。美国国会也考虑到了这一点。1938年,它创建了一个联邦政府机构——联邦国家抵押贷款协会。这个机构现在的官方名称是房利美,负责为联邦住房管理局和弗吉尼亚州保险的贷款建立一个流动的二级市场,它试图通过购买贷款来实现这个目标。房利美需要资金来源,以防面临流动性紧缩。美国国会为房利美提供了财政部的信贷额度。

1954年,房利美从一个政府机构转变为一个政府资助企业。尽管成立了房利美,但二级抵押贷款市场并没有得到任何显著的发展。在银根紧缩时期,房利美对缓解房地产危机几乎无能为力。1968年,国会将房利美拆分为两个组织:①目前的房利美;②政府国民抵押贷款协会,俗称吉利美(Ginnie Mae)。吉利美的职能是利用"美国政府的充分信任和信誉"来支持联邦住房管理局和退伍军人管理局抵押贷款市场。两年后，即 1970 年，美国国会授权房利美购买常规贷款（那些未被联邦住房管理局或弗吉尼亚州保险的贷款），并创建了联邦住房贷款抵押公司（俗称房地美），为联邦住房管理局和弗吉尼亚州保险的抵押贷款和常规抵押贷款提供支持。

吉利美通过担保私人实体发行的证券来实现其目标，这些实体将贷款集中在一起，然后将这些贷款用作出售证券的抵押品。房地美和房利美购买贷款，将其集合起来，并发行证券，将这些贷款作为抵押品。创建的证券被称为"转手抵押证券"，在第 30 章中有描述。它们被许多类型的投资者（国内和国外）购买，而这些投资者以前一直回避抵押贷款市场的投资。

住宅抵押贷款二级市场发展强大的驱动力是金融创新，这涉及贷款的打包（集中）和以这些贷款为抵押的证券的发行。正如我们在第 27 章中所解释的，这一过程称为"资产证券化"，与传统的资产收购融资制度有着根本的不同。传统制度要求一个金融中介机构（如节俭机构、商业银行或保险公司）做到：①发放贷款；②将贷款保留在其资产组合中，从而接受与贷款相关的信用风险；③通过收取付款和向借款人提供税收或其他信息来偿还贷款；④从公众处获得资金为其资产融资（代表机构股本的小额资金除外）。

通过资产证券化，一个以上的机构可以参与资本借贷。在抵押活动的情况下，贷款场景如下所示：

（1）储蓄银行或商业银行发放贷款；

（2）储蓄银行或商业银行将其抵押贷款出售给一家投资银行，该公司创造了一种由贷款池支持的证券；

（3）投资银行从私人保险公司为贷款池购买信用风险保险；

（4）投资银行将贷款服务权出售给另一家节俭机构或一家专门提供贷款服务的公司；

（5）投资银行将证券出售给个人和机构投资者。

除了最初的节俭机构和商业银行，参与者还包括一家投资银行、一家保险公司、另一家节俭机构、个人和其他机构投资者。在这种情况下，节俭机构和商业银行不必承担信贷风险、偿还抵押贷款或提供资金。

1970 年，吉利美首创并发行了第一批住宅抵押贷款证券。次年，房地美发行了第一批住宅抵押贷款证券。1981 年，房利美发行了第一批住宅抵押贷款证券。20 世纪 80 年代，不使用这三家机构的支持，而是采用某种形式的私人信用增级（见第 30 章）的住宅抵押贷款私人发行人开始发行由传统住宅抵押贷款支持的住宅抵押贷款。

房地产市场以及房利美和房地美的重大挫折，始于 2007 年夏季的次级抵押贷款市场危机。我们将在第 30 章中描述这场危机，并解释它是如何导致房利美和房地美于 2008 年 9 月被联邦住房金融局接管的。此外，我们还讨论了终止房利美和房地美存在的建议。

关键知识点

▲ 任何国家的抵押贷款市场都是一级市场（或原始市场）和二级市场（抵押交易市场）的集合。

▲ 抵押贷款以财产作抵押以保证债务的偿还，通常，财产是指不动产。

▲ 可以抵押的房地产分为两大类：单户住宅房地产和商业房地产。前一类包括房屋、公寓和合作社。

- 商业房地产是指创收性房地产和多户型房地产，如公寓楼、办公楼、工业房地产（包括仓库）、购物中心、酒店和医疗保健设施（如老年住房护理设施）。
- 抵押贷款发起人（原始贷款人）包括节俭机构、商业银行和抵押贷款银行。
- 抵押贷款发起人收取发起费，并可能以其他方式产生额外收入。
- 房利美和房地美这两个政府资助企业可以购买任何类型的贷款，但是，它们能够证券化以创建抵押贷款支持证券的唯一常规贷款是合规贷款，即满足其承销标准的常规贷款。
- 对于抵押贷款发起人，"管道风险"是指与原始抵押贷款相关的风险，这种风险有两个组成部分：价格风险和辐射风险。
- 价格风险是指如果市场中抵押贷款利率上升，对管道价值的不利影响。
- 辐射风险是指申请人或已发出承诺书的人无法成交的风险（通过从抵押贷款发起人处借来的资金购买房产来完成交易）。
- 贷款人在决定是否发放贷款时使用的两个主要定量承销标准是：①支付收入比；②贷款价值比。
- 支付收入比是每月付款与每月收入的比率，衡量申请人每月付款（抵押贷款和房地产税的支付）的能力。这个比率越低，申请人能够满足所需付款的可能性就越大。
- 贷款价值比是贷款金额与房地产市场（或评估）价值的比率。这个比率越低，对贷款人的保护就越大，如果申请人拖欠付款，贷款人必须收回并出售房产。
- 每笔抵押贷款都必须配备服务。抵押贷款的服务包括每月收取付款并将收益转交给贷款所有人，向抵押人发送付款通知，在逾期付款时提醒抵押人，保存本金余额记录，管理用于房地产税和保险目的的托管账户，必要时启动止赎程序，并在适用时向抵押人提供税务信息。
- 在有抵押贷款市场的国家，可提供的不同类型的住宅抵押贷款按以下属性分类：利率类型、还款结构、提前还款的处理、贷款人追索权、留置权状态、信用分类、信用担保以及合格与不合格状态。
- 抵押贷款的利率决定了抵押贷款的类型：固定利率抵押贷款、指数可调利率抵押贷款、可审查的可调利率抵押贷款、展期（可重新谈判）抵押贷款、混合抵押贷款和可转换抵押贷款。
- 长期偿还本金的方法称为"还款结构"，通常按月支付。
- 贷款人更倾向于在抵押期限内偿还部分本金的抵押贷款，以降低其在贷款时面对的信贷风险。
- "分期偿还"是指偿还作为每月贷款支付一部分的借款本金。
- 分期偿还抵押贷款规定了借款人必须按时支付的本金，这在大多数国家都是典型的存在。
- 对于分期偿还的抵押贷款，每月计划的本金支付可以是这样的，即当所有计划本金付款相加时，其总额等于原始抵押贷款余额。
- 部分分期偿还抵押贷款是指每月计划本金支付总额低于原始抵押贷款余额。然后，在贷款期限结束时，必须支付相当于所欠金额与本金总额之间的差额的大额支付。
- 提前还款是指超过每月抵押付款的金额。
- 提前还款罚款抵押通过对提前还款施加罚款来减轻借款人提前还款的权利。
- 对于有追索权抵押贷款，如果发生违约，贷款人有权就差额向借款人提出索赔。对于无追索权抵押贷款，除非存在欺诈索赔，否则贷款人无权向借款人索赔。
- 贷款人是否有权在资金短缺（违约）的情况下获得追索权，因国家而异。在美国，购买住宅的所有抵押贷款都是无追索权抵押贷款。
- 抵押物的留置权状况表明贷款人在因借款人违约而强制清算财产时的资历。
- 对于作为第一留置权的抵押，如果财产被收回，贷款人有权优先追索财产清算所得收益，而对于第二留置权或次级留置权，贷款人在清算的情况下对收益的索赔发生在第一留置权贷款人全额支付之后。
- 在美国，贷款按借款人的信用度分类。优质贷款是指向被认为具有高信用质量的借款人提供的贷款。次级贷款是指向信用质量较低的借款人发放的贷款，或者贷款不是对房产的第一留置权的贷款。向借款人提供的是另类A贷款（Alt-A贷款）被认为具有良好的信用度，但它们具有某些属性，要么会增加借款人的信用风险，要么导致难以对借款人进行分类和评估。
- 申请人的信用评分是将贷款定性为优质贷款或次级贷款的主要指标。
- 抵押贷款可以根据是否有第三方担保进行分类。担保可以由国家政府、相关实体或私人实体提供。
- 在美国，由联邦政府机构担保的贷款被称为"政府贷款"，以美国政府的充分信任和信誉作为担保。没有联邦政府明确担保的贷款被称为"传统抵押贷款"。
- 传统抵押贷款可由私人抵押保险公司投保。
- 符合条件的贷款是指有资格由房利美和房地美购买的贷款，以便将其纳入其发行的抵押贷款支持证券中。
- 投资住宅抵押贷款时，投资者面临信用风险、流动性风险、价格风险和提前还款风险。
- 抵押贷款每月现金流的三个组成部分是：①利息；②本金偿还（预定本金支付或分期偿还）；③任何形式的提前还款。
- 提前还款风险是由于提前还款而导致的与抵押现金流有关的风险。
- 提前还款风险的产生是因为，偿还贷款所获得的收益可能必须以低于目前借给借款人的收益的利率进行再投资。
- 提前还款风险与投资者在可赎回债券中面临的风险相同。然而，与可赎回债券不同，在住宅抵押贷款的情况下，借款人不必支付溢价，除非是提前还款罚金抵押贷款。
- 发展强大的住宅抵押贷款二级市场的驱动力是资产证券化：打包（集中）贷款和发行以这些贷款为抵押的证券。

练习题

1. 抵押贷款产生的收入来源是什么？
2. 抵押贷款发放流程有哪些风险？
3. a. 抵押贷款发起人在抵押贷款发放后可以做些什么？
   b. 当出售抵押贷款以备将来交付时，一份选择性而不是强制性的交付协议有什么好处？
   c. 选择性交货的缺点是什么？
4. 抵押贷款服务商的收入来源是什么？
5. 决定资金是否会借给住宅抵押申请人的两个主要因素是什么？
6. 设置抵押贷款利率上限的目的是什么，设置抵押贷款利率下限的目的是什么？
7. 什么是"重新计算贷款"？
8. 指数可调利率抵押贷款和可审查可调利率抵押贷款有何区别？
9. 展期（可重新谈判）抵押贷款和混合抵押贷款有什么区别？
10. 从贷款人的角度来看，提前还款罚金抵押贷款有什么好处？
11. 从放款人的角度看，仅利息抵押贷款有什么风险？
12. 所有其他因素不变，请解释为什么贷款价值比越高，贷款人面临的信贷风险就越大。
13. 前比率和后比率是多少？它们有什么不同？
14. 优质贷款和次级贷款有什么区别？
15. 什么是另类A贷款？
16. 如何使用FICO评分对借款人的信用评分进行分类？
17. a. 什么是联邦住房管理局保险贷款？
    b. 什么是常规贷款？

18. a. 什么是合格抵押？
    b. 什么是巨额抵押贷款？
19. a. 当提前还款的金额低于完全还清抵押贷款所需的全部金额时，对于固定利率抵押贷款，未来每个月的抵押付款会发生什么变化？
    b. 提前还款少于完全还清贷款所需金额的影响是什么？
20. 解释为什么在固定利率抵押贷款中，用于利息的抵押付款金额会随着时间的推移而下降，但用于偿还本金的金额却会增加。
21. 为什么住宅抵押贷款的现金流不为人知？
22. 住宅按揭贷款的投资者在何种意义上给予借款人选择权，这个选择权与可赎回债券有何区别？
23. 以下是汉斯·约阿希姆·杜贝尔和马克·罗瑟蒙的论文摘录。[⊖]对于每个节选，回答下面的问题。
    a. "然而，在欧洲市场上，借款人的选择通常是不正确的。"
       解释为什么这个说法是正确的。
    b. "在爱尔兰，房价暴跌前典型的首次购房者贷款价值比为95%，这是基于高度膨胀的房价。"
       这意味着什么？为什么这些数值会导致爱尔兰更高的违约率？
    c. "除了经典的风险分层之外，欧洲在数量上最相关的风险特征是，在法国、德国、比利时和荷兰等核心国家以外的可调利率抵押贷款（ARM）具有很高的经验相关性，这带来了巨大的潜在支付冲击风险。"
       这是什么意思？
    d. "2000年的指数跟踪热潮深刻地改变了ARM市场，包括英国和爱尔兰等国，这些国家主要使用可审查的利率工具，允许放款人控制利率波动，平滑利率周期。到2007年，它们几乎全部被价差极低的指数跟踪器所取代。"
       这是什么意思？
24. 使用本章附录中的信息，考虑以下固定利率的分期付款抵押贷款：到期限为360个月，借款金额为100 000美元，年抵押贷款利率为10%。
    a. 制定前10个月的分期偿还计划。
    b. 假设没有提前还款，到第360个月月底，抵押贷款余额是多少？
    c. 如果不制定分期偿还计划，假设没有提前还款，270个月月底的抵押贷款余额是多少？
    d. 如果不制定分期偿还计划，假设没有提前还款，270个月月底的计划本金支付是多少？

附录29A：抵押贷款数学

每月偿还的贷款金额，代表借款本金的偿还，称为分期偿还。传统上，固定利率抵押贷款和可调利率抵押贷款都是完全分期偿还贷款。这意味着借款人每月支付的抵押贷款不仅向贷款人提供合同利息，而且在最后一个月抵押贷款支付完成时，也足以完全偿还借款金额。因此，例如，对于一笔30年期完全分期偿还的贷款，在第360个月结束时，最后一次抵押贷款的支付足以偿还贷款余额，因此，在最后一次还款之后，所欠金额为零。

全额分期偿还固定利率贷款

完全分期偿还的固定利率贷款在贷款期限内是不变的。例如，假设一笔贷款的原始余额为20万美元，票据利率为7.5%，期限为30年。那么每月的抵押贷款将是1 398.43美元。每月抵押付款的计算公式是：

$$MP = MB_0 \left[\frac{i(1+i)^n}{(1+i)^n - 1} \right]$$

⊖ Dübel and Rothemund, "A New Mortgage Credit Regime for Europe," various pages.

其中，

MP = 每月抵押付款；
MB_0 = 原始抵押余额；
i = 票据汇率除以 12（十进制）；
n = 抵押贷款的月数。

例如，假设

MB_0=200 000 美元，i=0.075/12=0.006 25，n=360。

那么按月付款

$$MP = 200\,000 \left[\frac{0.006\,25(1.006\,25)^{360}}{(1.006\,25)^{360}-1} \right] = 1\,398.43$$

要计算任意月末的剩余抵押余额，则使用以下公式：

$$MB_t = MB_0 \left[\frac{(1+i)^n - (1+i)^t}{(1+i)^n - 1} \right]$$

其中，

MB_t = t 个月后的抵押余额

例如，假设第 12 个月（t=12）有：

MB_0=200 000 美元，i=0.006 25，n=360。

12 月底的抵押贷款余额为

$$MB_t = 200\,000 \left[\frac{(1.006\,25)^{360} - (1.006\,25)^{12}}{(1.006\,25)^{360} - 1} \right]$$

$= 198\,156.33$

要计算每月抵押付款中作为一个月计划本金支付的部分，使用以下公式：

$$SP_t = MB_0 \left[\frac{i(1+i)^{t-1}}{(1+i)^n - 1} \right]$$

其中，

SP_t = 第 t 个月的预定本金还款。

例如，假设第 12 个月（t=12）有：

MB_0=200 000 美元，i=0.006 25，n=360。

那么第 12 个月的计划本金偿还是

$$SP_{12} = 200\,000 \left[\frac{0.006\,25(1.006\,25)^{12-1}}{(1.006\,25)^{360} - 1} \right] = 158.95$$

假设借款人已经按时支付了所有的月供，那么，在最后一个月的抵押还款完成后，未偿余额为零（贷款已还清）。这可以在表 29-1 中看到，该表被称为分期偿还计划表（为节省空间，并非所有 360 个月都显示出来）。标有"本金偿还"的列是贷款的每月分期偿还金额。在第 360 个月，期末余额为零。还要注意的是，每月用于利息的抵押贷款金额都会下降，这是因为未偿余额每月都在下降。

表 29-1 分期偿还计划表

原始余额（美元）	200 000.00			
票据利率	7.50%			
期限	30 年			
每月付款（美元）	1 398.43			
月份	期初余额（美元）	利息（美元）	本金偿还（美元）	期末余额（美元）
1	200 000.00	1 250.00	148.43	199 851.57
2	199 851.57	1 249.07	149.36	199 702.21
3	199 702.21	1 248.14	150.29	199 551.92
4	199 551.92	1 247.20	151.23	199 400.69
5	199 400.69	1 246.25	152.17	199 248.52
6	199 248.52	1 245.30	153.13	199 095.39
7	199 095.39	1 244.35	154.08	198 941.31
8	198 941.31	1 243.38	155.05	198 786.27
9	198 786.27	1 242.41	156.01	198 630.25
10	198 630.25	1 241.44	156.99	198 473.26
11	198 473.26	1 240.46	157.97	198 315.29
12	198 315.29	1 239.47	158.96	198 156.33
13	198 156.33	1 238.48	159.95	197 996.38
14	197 996.38	1 237.48	160.95	197 835.43

(续)

月份	期初余额（美元）	利息（美元）	本金偿还（美元）	期末余额（美元）
⋮	⋮	⋮	⋮	⋮
89	182 656.63	1 141.60	256.83	182 399.81
90	182 399.81	1 140.00	258.43	182 141.37
91	182 141.37	1 138.38	260.05	181 881.33
⋮	⋮	⋮	⋮	⋮
145	165 499.78	1 034.37	364.06	165 135.73
146	165 135.73	1 032.10	366.33	164 769.40
147	164 769.40	1 029.81	368.62	164 400.77
⋮	⋮	⋮	⋮	⋮
173	154 397.69	964.99	433.44	153 964.24
174	153 964.24	962.28	436.15	153 528.09
175	153 528.09	959.55	438.88	153 089.21
⋮	⋮	⋮	⋮	⋮
210	136 417.23	852.61	545.82	135 871.40
211	135 871.40	849.20	549.23	135 322.17
212	135 322.17	845.76	552.67	134 769.51
⋮	⋮	⋮	⋮	⋮
290	79 987.35	499.92	898.51	79 088.84
291	79 088.84	494.31	904.12	78 184.71
292	78 184.71	488.65	909.77	77 274.94
⋮	⋮	⋮	⋮	⋮
358	4 143.39	25.90	1 372.53	2 770.85
359	2 770.85	17.32	1 381.11	1 389.74
360	1 389.74	8.69	1 389.74	0.00

可调利率抵押贷款

如果是可调利率抵押贷款，每月的抵押贷款支付会定期调整。因此，每月的抵押付款必须在每个重置日期重新计算。这个重置抵押贷款支付的过程被称为重新计算贷款。例如，再次考虑一笔 20 万美元的 30 年期贷款。假设贷款每年调整一次，初始票据利率（前 12 个月的票据利率）为 7.5%。在一年结束时，有多少贷款尚未偿还呢？我们可以通过查看表 29-1 中第 12 个月的最后一列（"期末余额"）。这个数额是 198 156.33 美元。

现在重新计算贷款需要计算每月的抵押付款，将 198 156.33 美元的贷款全部分期偿还 29 年（348 个月），因为 1 年之后，贷款还有 29 年。使用的票据利率是重置利率。假设重置利率为 8.5%。那么，每月偿还的抵押贷款总额是 1 535.26 美元，这是未来 12 个月的每月抵押付款。

仅利息抵押贷款

仅支付利息而不支付本金的抵押贷款是仅利息抵押贷款。对于这种类型的贷款，只需支付预定期间的利息，称为锁定期。在锁定期之后，贷款将被重新计算，这样每月的抵押付款将足以在贷款的剩余期限内完全分期偿还贷款的原始金额。仅支付利息抵押贷款的产品可以是固定利率抵押贷款、可调利率抵押贷款或混合可调利率抵押贷款。

例如，考虑一笔价值 20 万美元，30 年期的仅利息抵押贷款，锁定期为 5 年，票据利率为 7.5%（固定利率抵押贷款）。在前 60 个月，每月抵押付款仅为每月利息，即 1 250（=7.5%× 200 000/12）美元。在第 61 个月，每月抵押还款必须包括利息和分期偿还（本金偿还）。抵押贷款剩余期限内的每月抵押付款是将一笔价值 200 000 美元的 25 年期贷款以 7.5% 的票据利率全部分期偿还所需的付款，每月的抵押贷款是 1 477.98 美元。

请注意，如果抵押贷款是 30 年期 7.5% 的固定利率贷款，则前 5 年每月的抵押贷款支付额将为 1 398.43 美元，而不是仅利息抵押贷款的 1 200 美元。这是仅利息抵押贷款的吸引人的特点。房主可以用只付利息的贷款购买更昂贵的房子。对房主的不利之处在于，在剩余的贷款期限内，仅利息抵押贷款每月需要支付的抵押贷款（1 477.98 美元）高于 30 年期完全分期偿还贷款（1 398.43 美元）。然而，如果房主预期收入会增加，这将大大抵消每月抵押贷款支付增加的影响。从贷款人的角度来看，信用风险更大。这是因为在 5 年结束时，贷款人的风险敞口仍保持在 20 万美元，而不会在锁定期内随分期偿还而减少。

第30章

住宅抵押贷款证券市场

学习目标

学习本章后，你会理解：
- 住宅抵押贷款证券化的过程；
- 什么是预付款风险，以及预付款如何计量；
- 住宅抵押贷款证券市场的不同部门，包括机构和私人标签；
- 不同类型的机构抵押贷款支持证券及其投资特点，包括转手证券、抵押贷款债券和剥离式抵押贷款支持证券；
- 创建抵押贷款债务和不同类型的贷款/债券类别的动机；
- 抵押贷款的风险是如何在不同的批次中产生的；
- 高级和次级住宅抵押贷款支持证券之间的差异；
- 2007年的次贷危机。

如第29章所述，投资住宅抵押贷款会使投资者面临违约风险、价格风险、流动性风险和提前还款风险。参与这一市场的一个更有效的方式是投资于由这些贷款池支持的证券。这类证券是通过第27章中描述的创建资产支持证券的相同证券化技术创建的。住宅抵押贷款被用作抵押品来创造证券，被称为"证券化"。通过证券化技术过程创建的，由房地产相关抵押贷款支持的证券被称为**抵押贷款支持证券**（MBS）。更具体地说，住宅抵押贷款证券是当一个或多个抵押贷款持有人形成一个贷款集合（池）并在集合中出售股票或参与证书时创建的证券。一个资金池可能包括几千笔贷款，也可能只有几笔。规避风险的投资者更愿意投资于一个资产池，而不是投资于单一抵押贷款，部分原因是抵押贷款转手证券的流动性要比个人抵押贷款的流动性大得多。

依据贷款证券是针对住宅抵押贷款，还是针对商业抵押贷款，可以将抵押证券市场分为两类。我们在第29章讨论了住宅抵押贷款，在第31章我们描述了商业抵押贷款。由住宅抵押贷款支持的住宅抵押贷款证券被称为**住宅抵押贷款支持证券**（RMBS），这一市场是本章的主题。由商业抵押贷款支持的抵押贷款支持证券被称为**商业抵押贷款支持证券**（CMBS），在第31章我们将描述商业房地产市场。

如第29章所述，根据借款人的信贷质量，住宅抵押贷款市场可分为两个子部门：主要抵押贷款市场和次级抵押贷款市场。前者包括：①符合政府国民抵押贷款协会（"吉利美"）、房利美和房地美承销标准的贷款；②由于信贷质量以外的原因而未能符合要求的贷款，或者贷款不是房产的第一留置权。次级抵押贷款部门是向信用评级受损或贷款为第二留置权的借款人提供贷款的市场。

根据住宅抵押贷款的特点，将住宅抵押贷款证券市场分为两个部分。如第 29 章所述，合格贷款是指满足代理机构承销标准的贷款。使用合格贷款的住宅抵押贷款支持证券被称为**机构住宅抵押贷款支持证券**。不合格贷款也可用于创建住宅抵押贷款支持证券，使用此类贷款的证券被称为**私人标签住宅抵押贷款支持证券**或**非机构住宅抵押贷款支持证券**。反过来，私人标签住宅抵押贷款支持证券在历史上被进一步按照抵押物是优质住宅抵押贷款还是次级住宅抵押贷款进行分类，我们在第 29 章中对此进行了描述。由后者支持的住宅抵押贷款支持证券被称为**次级住宅抵押贷款支持证券**。

本章分为两大部分：一是机构住宅抵押贷款支持证券市场；二是私人标签住宅抵押贷款支持证券市场。

30.1 机构住宅抵押贷款支持证券市场

机构住宅抵押贷款支持证券市场是美国投资级市场中最大的部分。也就是说，在所有具有投资级评级的证券（包括美国国债在内的类别）中，机构住宅抵押贷款支持证券市场一直是最大的板块。自 2000 年以来，这一行业在投资级市场的份额为 35%～45% 不等。

机构住宅抵押贷款支持证券市场包括三种证券：机构抵押转手证券、机构抵押贷款债券和机构剥离式抵押贷款支持证券。正如我们在下面解释的，机构剥离式抵押贷款支持证券和机构抵押贷款债券是由抵押贷款转手证券产生的。机构抵押贷款支持证券是本节的主题。

30.1.1 机构抵押转手证券

机构抵押转手证券的现金流取决于基础抵押贷款的现金流。正如第 29 章所解释的，现金流包括按月支付的抵押贷款利息、按计划偿还的本金和任何提前还款。

每月向证券持有人付款。然而，抵押贷款池中的现金流和传递给投资者的现金流的金额和时间并不完全相同。转手证券的每月现金流少于基础抵押贷款的每月现金流，数额等于服务费和其他费用。其他费用是通过证券的发行人或担保人为保证发行而收取的费用（稍后讨论）。

现金流的时间也不同。每个抵押人在每个月第一天支付每月的抵押贷款，但延迟会相应地影响每月现金流传递给证券持有人。延迟的长度因转手安全的类型而异。

图 30-1 说明了创建抵押转手证券的过程。

1. 机构抵押转手证券的发行人

机构抵押转手证券由吉利美、房利美和房地美发行。这三个实体是由国会创建的，目的是增加住宅抵押贷款市场的资本供应，并为活跃的二级市场提供支持。

2. 吉利美

吉利美（Ginnie Mae）是一个与联邦政府有关的机构，因为它隶属于美国住房和城市发展部。因此，它所担保的转手证券在及时支付利息和本金方面具有美国政府的完全信任和信誉。也就是说，即使抵押人没有按月支付抵押贷款，利息和本金也会在到期时支付。由吉利美担保的证券是一种抵押担保证券。

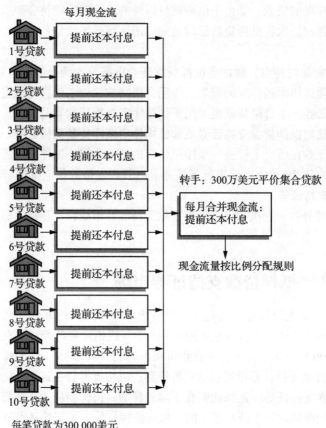

图 30-1　抵押转手证券的创建

虽然吉利美提供担保，但它不是发行人。带有担保和名称的转手证券由其批准的贷款人发行，如储蓄机构、商业银行和抵押贷款银行。只有当基础贷款满足吉利美制定的承销标准时，这些贷款人才会获得批准。吉利美为经批准的贷款人发行的证券提供担保时，允许这些贷款人将缺乏流动性的个人贷款转换为美国政府支持的流动性证券。在这一过程中，吉利美完成了向住宅抵押贷款市场提供资金和活跃的二级市场的目标。吉利美对其担保时会收取一笔费用，称为"担保费"。

3. 房利美和房地美

正如第 29 章末尾所解释的，这两家政府资助企业（GSE）的使命是支持抵押贷款市场的流动性和稳定性。他们通过买卖抵押贷款，创建转手证券并为其提供担保，以及购买抵押担保证券来实现这一点。房利美和房地美作为投资购买和持有的抵押贷款以一种被称为**保留投资组合**的投资组合持有。然而，他们发行的抵押贷款支持证券并没有得到美国政府的充分信任和信用担保。取而代之的是，抵押贷款支持证券的投资者的支付首先由基础贷款池的现金流担保，然后由公司担保。然而，这种公司担保与向这两家政府资助企业的其他债权人提供的公司担保相同。与吉利美一样，这两家政府资助企业以承担借款人未能履行贷款义务的信贷风险而获得担保费。

虽然房利美和房地美发行的证券在本章中被称为"机构抵押担保证券",但它们也被称为"传统转手证券"。如第29章所述,这是因为其抵押品通常是符合这两家政府资助企业承销标准的常规贷款。

房利美发行的转手证券被称为"住宅抵押贷款证券",房地美使用"**参与证书**"一词来描述房地美的转手证券。所有房利美抵押贷款支持证券都能保证及时支付利息和本金。虽然房地美现在发行的参股权证也有同样的担保,但仍有一些未偿付的参股权证,保证了利息的及时支付,但最终会在到期日后一年内归还本金。

4. 与转手证券相关的提前还款风险

持有转手证券的投资者不知道现金流是多少,因为现金流取决于提前还款的情形。与提前还款相关的风险称为提前还款风险。

要了解提前还款风险,请参考以下示例。假设一个投资者在抵押贷款利率为7.5%的时候购买了一张7.5%的息票。如果抵押贷款利率下降到5.5%,那么提前还款会怎么样?房主将有动力提前偿还全部或部分贷款。因此,投资者必须以较低的利率将所得收益进行再投资。另外,转手证券的升值潜力有限。随着利率的下降,无期权债券(如美国国债)的价格将上涨。就转手证券而言,价格上涨幅度不会像无选择权债券那么大,因为利率下降会增加市场利率低于借款人支付利率的概率。利率的下降促使借款人提前偿还贷款,并以较低的利率再融资。在这种情况下,证券持有人将不会以包含溢价的价格,而是按面值偿还。持有人面临资本损失的风险,这反映了这样一个事实,即按票面价值计算的预期偿付不会产生初始现金流。

抵押贷款利率下降的不利后果与可赎回公司债券和市政债券持有人面临的后果相同。就这些工具而言,由于提前还款,转手证券的上行价格潜力被截断。这一结果并不令人惊讶,因为抵押贷款实际上授予了借款人按面值收回贷款的权利。抵押贷款利率下降的不利后果被称为**收缩风险**。

如果抵押贷款利率上升到9.5%又会发生什么呢?转手债券的价格和任何债券的价格一样,都会下跌。但是,它的下降幅度会更大,因为较高的利率会减缓提前还款的速度,实际上会增加以低于市场利率的票面利率投资的金额。提前还款将放缓,因为当抵押贷款利率高于合同利率7.5%时,房主不会再融资或部分提前偿还抵押贷款。当然,现在正是投资者希望预付款提速的时候,这样他们就可以以更高的市场利率对预付款进行再投资。抵押贷款利率上升的这种不利后果称为**延期风险**。

因此,提前还款风险包括收缩风险和延期风险。从资产和负债的角度来看,提前还款风险使得转手证券对某些金融机构来说没有吸引力。那么,为什么特定的机构投资者可能会觉得转手证券不吸引人呢?原因可能有以下几点。

(1)正如第4章所描述的,节俭机构和商业银行希望锁定资金成本的利差。他们的资金是短期筹集的。如果他们投资于固定利率的转手证券,将会产生错配,因为转手证券是一种长期证券。尤其是,存款机构在投资转手证券时面临延期风险。

(2)为了满足保险公司的某些义务,转手证券可能没有吸引力。具体而言,假设一家人寿保险公司,它已经签发了一份4年期的担保投资合同。转手证券现金流的不确定性,以及缓慢的预付款可能导致该工具长期存在,使得它成为此类账户中一个不吸引人的投资工具。在这种情况下,转手担保使保险公司面临延期风险。

(3)养老基金可能希望为15年的债务提供资金。购买转手证券会使养老基金面临提前还款加快、投资期限缩短到 15 年以下的风险。当利率下降时，预付款会加速，从而迫使预付款项以较低的利率进行再投资。在这种情况下，养老基金面临收缩风险。

我们可以看到，一些机构投资者在购买转手证券时，关注的是延期风险，而另一些机构投资者则关注收缩风险。为了降低机构投资者的收缩风险和延期风险从而改变转手交易的现金流，将在本章后面讨论机构抵押贷款债券时进行说明。

5. 提前还款惯例

预测现金流的唯一方法是对基础抵押贷款池的整个生命周期内的提前还款率做出一些假设。假定的提前还款率称为**提前还款速度**，或简称为速度。

有条件提前还款率（CPR）是一个年度提前还款率。为了估计每月的提前还款，有条件提前还款率必须转换成每月提前还款率，通常称为**单月死亡率**（SMM）。对于给定的有条件提前还款率，可使用以下公式确定单月死亡率：

$$单月死亡率 = 1 - (1 - 有条件提前还款率)^{1/12} \quad (30-1)$$

假设用于估算预付款的有条件提前还款率为 6%，对应的单月死亡率为

$$单月死亡率 = 1 - (1-0.06)^{1/12}$$
$$= 1 - (0.94)^{0.08333} = 0.005\,143$$

单月死亡率为 $w\%$，意味着月初抵押贷款余额的约 $w\%$，减去预定的本金，将在当月提前偿还。也就是说，

$$对月份 t 提前偿还的金额 = 单月死亡率 \times (t 月月初抵押余额 - t 月计划本金支付) \quad (30-2)$$

例如，假设一个投资者拥有一个转手证券，其中某个月初的抵押贷款余额为 2.9 亿美元，单月死亡率（SMM）为 0.514 3%，预定本金为 300 万美元，则该月的预计预付款为

$$0.005\,143 \times (290\,000\,000 - 3\,000\,000) = 1\,476\,041 (美元)$$

公共证券协会（PSA）的提前还款基准是以年度预付费率的月度数据表示的。公共证券协会基准假定新产生的抵押贷款的提前还款率较低，然后随着抵押贷款的成熟而加快。

公共证券协会基准假设 30 年期抵押贷款的有条件提前还款率如下：

（1）第一个月的有条件提前还款率为 0.2%，在接下来的 30 个月里，每年增加 0.2%，直到其达到每年 6%；

（2）在剩下的几年里按照 6% 的有条件提前还款率执行。

这个基准被称为"100%PSA"，或者简称为"100 PSA"，如图 30-2 所示。

从数学上讲，100 PSA 可表示为：

如果 $t \leq 30$，则有条件提前还款率 $= 6\%(t/30)$；

如果 $t>30$，则有条件提前还款率 $=6\%$；

其中，t 是自抵押贷款产生以来的月数。

较慢或更快的速度被称为 PSA 的某个百分比。例如，"50 PSA"是指 PSA 基准提前还款率的一半，"150 PSA"是指 PSA 基准提前还款率的 1.5 倍，"300 PSA"是指基准提前还款率的 3 倍。提前还款率为 0 PSA 意味着不提前还款。

通过式（30-1），可以将有条件提前还款率转

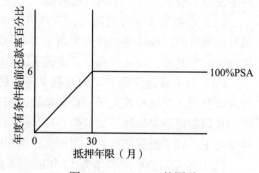

图 30-2　100 PSA 的图示

换为单月死亡率。例如，假设 100 PSA，第 5 个月、第 20 个月和第 31～360 个月的单月死亡率计算如下。

对于第 5 个月：

有条件提前还款率 = 6%（5/30）= 1% = 0.01

单月死亡率 = 1 −（1−0.01）$^{1/12}$ = 1 −（0.99）$^{0.083\,333}$ = 0.000 837

对于第 20 个月：

有条件提前还款率 = 6%（20/30）= 4% = 0.04

单月死亡率 = 1 −（1−0.04）$^{1/12}$ = 1 −（0.96）$^{0.083\,333}$ = 0.003 396

对于第 31～360 个月：

有条件提前还款率 = 6%

单月死亡率 = 1 −（1−0.06）$^{1/12}$ = 1 −（0.94）$^{0.083\,333}$ = 0.005 147

假设 165 PSA，第 5 个月、第 20 个月和第 31～360 个月的单月死亡率计算如下。

对于第 5 个月：

有条件提前还款率 = 6%（5/30）= 1% = 0.01

165 PSA = 1.65（0.01）= 0.016 5

单月死亡率 = 1 −（1−0.016 5）$^{1/12}$ = 1 −（0.983 5）$^{0.083\,333}$ = 0.001 386

对于第 20 个月：

有条件提前还款率 = 6%（20/30）= 4% = 0.04

165 PSA = 1.65（0.04）= 0.066

单月死亡率 = 1 −（1−0.066）$^{1/12}$ = 1 −（0.934）$^{0.083\,333}$ = 0.005 674

对于第 31 至 360 个月：

有条件提前还款率 = 6%

165 PSA = 1.65（0.06）= 0.099

单月死亡率 = 1 −（1−0.099）$^{1/12}$ = 1 −（0.901）$^{0.083\,333}$ = 0.008 65

注意，假设 165 PSA 的单月死亡率并不是假设 100 PSA 的单月死亡率的 1.65 倍。有条件提前还款率是假定 100 PSA 的有条件提前还款率的倍数。

6. 月度现金流量构成说明

我们现在展示了如何在 PSA 假设的前提下构建月度现金流。出于说明的目的，假设此转手证券为固定利率、分期付款的转手抵押贷款，并且假设转手证券利率为 7.5%。此外，假设抵押贷款池的加权平均到期日（WAM）为 357 个月[⊖]。

表 30-1 显示了假设 100 PSA 的给定月份的现金流。现金流分为三个部分：①利息（基于转手证券利率）；②定期偿还本金；③基于 100 PSA 的提前还款。

表 30-1 4 亿美元转手证券的给定月份现金流（假设 100 PSA）

月份	未偿余额（美元）	单月死亡率	抵押付款（美元）	净利息（美元）	计划本金（美元）	提前还款	本金总额（美元）	现金总额（美元）
1	400 000 000	0.000 67	2 975 868	2 500 000	267 535	267 470	535 005	3 035 005

⊖ 有必要计算一系列抵押贷款的加权平均价值，因为并非所有抵押贷款的到期剩余月数都相同。

（续）

月份	未偿余额 （美元）	单月 死亡率	抵押付款 （美元）	净利息 （美元）	计划本金 （美元）	提前还款	本金总额 （美元）	现金总额 （美元）
2	399 464 995	0.000 84	2 973 877	2 496 656	269 166	334 198	603 364	3 100 020
3	398 861 631	0.001 01	2 971 387	2 492 885	270 762	400 800	671 562	3 164 447
4	398 190 069	0.001 17	2 968 399	2 488 688	272 321	467 243	739 564	3 228 252
5	397 450 505	0.001 34	2 964 914	2 484 066	273 843	533 493	807 335	3 291 401
6	396 643 170	0.001 51	2 960 931	2 479 020	275 327	599 514	874 841	3 353 860
7	395 768 329	0.001 68	2 956 453	2 473 552	276 772	665 273	942 045	3 415 597
8	394 826 284	0.001 85	2 951 480	2 467 664	278 177	730 736	1 008 913	3 476 577
9	393 817 371	0.002 02	2 946 013	2 461 359	279 542	795 869	1 075 410	3 536 769
10	392 741 961	0.002 19	2 940 056	2 454 637	280 865	860 637	1 141 502	3 596 140
11	391 600 459	0.002 36	2 933 608	2 447 503	282 147	925 008	1 207 155	3 654 658
12	390 393 304	0.002 54	2 926 674	2 439 958	283 386	988 948	1 272 333	3 712 291
13	389 120 971	0.002 71	2 919 254	2 432 006	284 581	1 052 423	1 337 004	3 769 010
14	387 783 966	0.002 88	2 911 353	2 423 650	285 733	1 115 402	1 401 134	3 824 784
15	386 382 832	0.003 05	2 902 973	2 414 893	286 839	1 177 851	1 464 690	3 879 583
16	384 918 142	0.003 22	2 894 117	2 405 738	287 900	1 239 739	1 527 639	3 933 378
17	383 390 502	0.003 40	2 884 789	2 396 191	288 915	1 301 033	1 589 949	3 986 139
18	381 800 553	0.003 57	2 874 992	2 386 253	289 884	1 361 703	1 651 587	4 037 840
19	380 148 966	0.003 74	2 864 730	2 375 931	290 805	1 421 717	1 712 522	4 088 453
20	378 436 444	0.003 92	2 854 008	2 365 228	291 678	1 481 046	1 772 724	4 137 952
21	376 663 720	0.004 09	2 842 830	2 354 148	292 503	1 539 658	1 832 161	4 186 309
22	374 831 559	0.004 27	2 831 201	2 342 697	293 279	1 597 525	1 890 804	4 233 501
23	372 940 755	0.004 44	2 819 125	2 330 880	294 005	1 654 618	1 948 623	4 279 503
24	370 992 132	0.004 62	2 806 607	2 318 701	294 681	1 710 908	2 005 589	4 324 290
25	368 986 543	0.004 79	2 793 654	2 306 166	295 307	1 766 368	2 061 675	4 367 841
26	366 924 868	0.004 97	2 780 270	2 293 280	295 883	1 820 970	2 116 852	4 410 133
27	364 808 016	0.005 14	2 766 461	2 280 050	296 406	1 874 688	2 171 094	4 451 144
28	362 636 921	0.005 14	2 752 233	2 266 481	296 879	1 863 519	2 160 398	4 426 879
29	360 476 523	0.005 14	2 738 078	2 252 978	297 351	1 852 406	2 149 578	4 402 736
30	358 326 766	0.005 14	2 723 996	2 239 542	297 825	1 841 347	2 139 173	4 378 715
100	231 249 776	0.005 14	1 898 682	1 445 311	332 928	1 187 608	1 520 537	2 965 848
101	229 729 239	0.005 14	1 888 917	1 435 808	333 459	1 179 785	1 513 244	2 949 052
102	228 215 995	0.005 14	1 879 202	1 426 350	333 990	1 172 000	1 505 990	2 932 340
103	226 710 004	0.005 14	1 869 538	1 416 938	334 522	1 164 252	1 498 774	2 915 712
104	225 211 230	0.005 14	1 859 923	1 407 570	335 055	1 156 541	1 491 596	2 899 166
105	223 719 634	0.005 14	1 850 357	1 398 248	335 589	1 148 867	1 484 456	2 882 703
200	109 791 339	0.005 14	1 133 751	686 196	390 372	562 651	953 023	1 639 219
201	108 838 316	0.005 14	1 127 920	680 239	390 994	557 746	948 740	1 628 980
202	107 889 576	0.005 14	1 122 119	674 310	391 617	552 863	944 480	1 618 790
203	106 945 096	0.005 14	1 116 348	668 407	392 241	548 003	940 243	1 608 650
204	106 004 852	0.005 14	1 110 607	662 530	392 866	543 164	936 029	1 598 560
205	105 068 823	0.005 14	1 104 895	656 680	393 491	538 347	931 838	1 588 518
300	32 383 611	0.005 14	676 991	202 398	457 727	164 195	621 923	824 320

(续)

月份	未偿余额 （美元）	单月 死亡率	抵押付款 （美元）	净利息 （美元）	计划本金 （美元）	提前还款	本金总额 （美元）	现金总额 （美元）
301	31 761 689	0.005 14	673 510	198 511	458 457	160 993	619 449	817 960
302	31 142 239	0.005 14	670 046	194 639	459 187	157 803	616 990	811 629
303	30 525 249	0.005 14	666 600	190 783	459 918	154 626	614 545	805 328
304	29 910 704	0.005 14	663 171	186 942	460 651	151 462	612 113	799 055
305	29 298 591	0.005 14	659 761	183 116	461 385	148 310	609 695	792 811
350	4 060 411	0.005 14	523 138	25 378	495 645	18 334	513 979	539 356
351	3 546 432	0.005 14	520 447	22 165	496 435	15 686	512 121	534 286
352	3 034 311	0.005 14	517 770	18 964	497 226	13 048	510 274	529 238
353	2 524 037	0.005 14	515 107	15 775	498 018	10 420	508 437	524 213
354	2 015 600	0.005 14	512 458	12 597	498 811	7 801	506 612	519 209
355	1 508 988	0.005 14	509 823	9 431	499 606	5 191	504 797	514 228
356	1 004 191	0.005 14	507 201	6 276	500 401	2 591	502 992	509 269
357	501 199	0.005 14	504 592	3 132	501 199	0	501 199	504 331

注：转手证券利率 =7.5%，加权平均息票率 =8.125%，平均到期日 =357 个月。

让我们一列一列地浏览表 30-1。

- 第 1 列（"月"）：表示月份。
- 第 2 列（"未偿余额"）：月初的未偿抵押余额等于上个月初的未偿余额减去上个月的本金总额。
- 第 3 列（"单月死亡率"）：基于有条件提前还款率的假设，100 PSA 的单月死亡率变化。这一栏有两个方面值得注意。首先，对于第 1 个月，单月死亡率是经过 3 个月的转手证券，也就是说，有条件提前还款率是 0.8%，因为加权平均到期日是 357。其次，从第 27 个月起，单月死亡率为 0.005 14，相当于 6% 的有条件提前还款率。
- 第 4 列（"抵押付款"）：由于提前还款减少了未偿还的抵押贷款余额，每月总的抵押贷款支付随着时间的推移而减少。一个公式决定了给定预付款后每个月的余额⊖。
- 第 5 列（"净利息"）：支付给转手证券投资者的每月利息，是由月初的未偿抵押贷款余额乘以 7.5% 的转手证券利率除以 12 来确定的。
- 第 6 列（"计划本金"）：定期计划本金偿还是每月总抵押付款（第 4 栏所示金额）与当月总票面利息之间的差额。总票面利率为 8.125% 乘以月初未偿还抵押贷款余额，然后除以 12。
- 第 7 列（"提前还款"）：通过式（30-2）计算当月提前还款。因此，例如，在第 100 个月，期初抵押贷款余额为 231 249 776 美元，预定本金支付为 332 928 美元，100 PSA 下的单月死亡率为 0.005 143 01（为了节省空间，表 30-1 中只显示了 0.005 14），因此预付款为 0.005 143 01 ×（231 249 776－332 928）=1 187 608 美元。
- 第 8 列（"本金总额"）：本金支付总额包括计划本金支付和第 6 列和第 7 列中的提前还款金额。
- 第 9 栏（"现金总额"）：本次转手的预计月度现金流是第 5 栏中支付给转手投资者的利

⊖ The formula is presented in Frank J. Fabozzi *Fixed Income Mathematics: Analytical and Statistical Techniques* (New York: McGraw-Hill 2006) chapter 21.

息和第 8 栏中当月总本金支付的总和。

表 30-2 显示了假设为 165 PSA 时同一转手证券给定月份的现金流。

表 30-2 4 亿美元转手证券的给定月份现金流（假设 165 PSA）

月份	未偿余额（美元）	单月死亡率	抵押付款（美元）	净利息（美元）	计划本金（美元）	提前还款	本金总额（美元）	现金总额（美元）
1	400 000 000	0.001 11	2 975 868	2 500 000	267 535	442 389	709 923	3 209 923
2	399 290 077	0.001 39	2 972 575	2 495 563	269 048	552 847	821 896	3 317 459
3	398 468 181	0.001 67	2 968 456	2 490 426	270 495	663 065	933 560	3 423 986
4	397 534 621	0.001 95	2 963 513	2 484 591	271 873	772 949	1 044 822	3 529 413
5	396 489 799	0.002 23	2 957 747	2 478 061	273 181	882 405	1 155 586	3 633 647
6	395 334 213	0.002 51	2 951 160	2 470 839	274 418	991 341	1 265 759	3 736 598
7	394 068 454	0.002 79	2 943 755	2 462 928	275 583	1 099 664	1 375 246	3 838 174
8	392 693 208	0.003 08	2 935 534	2 454 333	276 674	1 207 280	1 483 954	3 938 287
9	391 209 254	0.003 36	2 926 503	2 445 058	277 690	1 314 099	1 591 789	4 036 847
10	389 617 464	0.003 65	2 916 666	2 435 109	278 631	1 420 029	1 698 659	4 133 769
11	387 918 805	0.003 93	2 906 028	2 424 493	279 494	1 524 979	1 804 473	4 228 965
12	386 114 332	0.004 22	2 894 595	2 413 215	280 280	1 628 859	1 909 139	4 322 353
13	384 205 194	0.004 51	2 882 375	2 401 282	280 986	1 731 581	2 012 567	4 413 850
14	382 192 626	0.004 8	2 869 375	2 388 704	281 613	1 833 058	2 114 670	4 503 374
15	380 077 956	0.005 09	2 855 603	2 375 487	282 159	1 933 203	2 215 361	4 590 848
16	377 862 595	0.005 38	2 841 068	2 361 641	282 623	2 031 931	2 314 554	4 676 195
17	375 548 041	0.005 67	2 825 779	2 347 175	283 006	2 129 159	2 412 164	4 759 339
18	373 135 877	0.005 97	2 809 746	2 332 099	283 305	2 224 805	2 508 110	4 840 210
19	370 627 766	0.006 26	2 792 980	2 316 424	283 521	2 318 790	2 602 312	4 918 735
20	368 025 455	0.006 56	2 775 493	2 300 159	283 654	2 411 036	2 694 690	4 994 849
21	365 330 765	0.006 85	2 757 296	2 283 317	283 702	2 501 466	2 785 169	5 068 486
22	362 545 596	0.007 15	2 738 402	2 265 910	283 666	2 590 008	2 873 674	5 139 584
23	359 671 922	0.007 45	2 718 823	2 247 950	283 545	2 676 588	2 960 133	5 208 083
24	356 711 789	0.007 75	2 698 575	2 229 449	283 338	2 761 139	3 044 477	5 273 926
25	353 667 312	0.008 05	2 677 670	2 210 421	283 047	2 843 593	3 126 640	5 337 061
26	350 540 672	0.008 35	2 656 123	2 190 879	282 671	2 923 885	3 206 556	5 397 435
27	347 334 116	0.008 65	2 633 950	2 170 838	282 209	3 001 955	3 284 164	5 455 022
28	344 049 952	0.008 65	2 611 167	2 150 312	281 662	2 973 553	3 255 215	5 405 527
29	340 794 737	0.008 65	2 588 581	2 129 967	281 116	2 945 400	3 226 516	5 356 483
30	337 568 221	0.008 65	2 566 190	2 109 801	280 572	2 917 496	3 198 067	5 307 869
100	170 142 350	0.008 65	1 396 958	1 063 390	244 953	1 469 591	1 714 544	2 777 933
101	168 427 806	0.008 65	1 384 875	1 052 674	244 478	1 454 765	1 699 243	2 751 916
102	166 728 563	0.008 65	1 372 896	1 042 054	244 004	1 440 071	1 684 075	2 726 128
103	165 044 489	0.008 65	1 361 020	1 031 528	243 531	1 425 508	1 669 039	2 700 567
104	163 375 450	0.008 65	1 349 248	1 021 097	243 060	1 411 075	1 654 134	2 675 231
105	161 721 315	0.008 65	1 337 577	1 010 758	242 589	1 396 771	1 639 359	2 650 118
200	56 746 664	0.008 65	585 990	354 667	201 767	489 106	690 874	1 045 540
201	56 055 790	0.008 65	580 921	350 349	201 377	483 134	684 510	1 034 859
202	55 371 280	0.008 65	575 896	346 070	200 986	477 216	678 202	1 024 273

月份	未偿余额 （美元）	单月 死亡率	抵押付款 （美元）	净利息 （美元）	计划本金 （美元）	提前还款	本金总额 （美元）	现金总额 （美元）
203	54 693 077	0.008 65	570 915	341 832	200 597	471 353	671 950	1 013 782
204	54 021 127	0.008 65	565 976	337 632	200 208	465 544	665 752	1 003 384
205	53 355 375	0.008 65	561 081	333 471	199 820	459 789	659 609	993 080
300	11 758 141	0.008 65	245 808	73 488	166 196	100 269	266 456	339 953
301	11 491 677	0.008 65	243 682	71 823	165 874	97 967	263 841	335 664
302	11 227 836	0.008 65	241 574	70 174	165 552	95 687	261 240	331 414
303	10 966 596	0.008 65	239 485	68 541	165 232	93 430	258 662	327 203
304	10 707 934	0.008 65	237 413	66 925	164 912	91 196	256 107	323 032
305	10 451 827	0.008 65	235 360	65 324	164 592	88 983	253 575	318 899
350	1 235 674	0.008 65	159 202	7 723	150 836	9 384	160 220	167 943
351	1 075 454	0.008 65	157 825	6 722	150 544	8 000	158 544	165 266
352	916 910	0.008 65	156 460	5 731	150 252	6 631	156 883	162 614
353	760 027	0.008 65	155 107	4 750	149 961	5 277	155 238	159 988
354	604 789	0.008 65	153 765	3 780	149 670	3 937	153 607	157 387
355	451 182	0.008 65	152 435	2 820	149 380	2 611	151 991	154 811
356	299 191	0.008 65	151 117	1 870	149 091	1 298	150 398	152 259
357	148 802	0.008 65	149 809	930	148 802	0	148 802	149 732

注：转手证券利率 =7.5%，加权平均息票率 =8.125%，平均到期日 =357 个月。

7. 平均周期

由于提前还款风险的存在，用抵押贷款转手证券的规定到期日衡量证券周期是不适当的。因此，市场参与者通常使用证券的平均周期来衡量证券周期。抵押贷款证券的平均周期是指收到本金支付（计划本金支付和预计提前还款）的平均时间，用预期本金金额加权。从数学上讲，平均周期如式（30-3）所示。

$$\text{平均周期} = \sum_{t=1}^{T} \frac{t \times \text{时间} t \text{收到的本金}}{12 (\text{本金总额})} \quad (30\text{-}3)$$

其中，t 是月数。

转手证券的平均周期取决于 PSA 预付款假设。表 30-3 显示了不同预付速度下的平均周期（以年为单位），用以说明表 30-1 和表 30-2 中 100 PSA 和 165 PSA 的现金流。

表 30-3

PSA 速度	50	100	165	200	300	400	500	600	700
平均周期	15.11	11.66	8.76	7.68	5.63	4.44	3.68	3.16	2.78

30.1.2 机构抵押贷款债券

部分机构投资者在投资直通车时，关注的是扩张风险，而其他机构投资者则关注收缩风险。这一问题可以通过将抵押贷款转手证券的现金流重新定向到不同的债券类别（称为**部分债券**）来缓解，从而创造出具有不同提前还款风险敞口的证券，这样其风险/收益模式不同于创建该部分债券的转手证券的风险/收益模式。

当抵押贷款转手证券池的现金流被重新分配到不同的债券类别时，产生的证券被称为**机**

构抵押贷款债券。抵押贷款债券机构的设立并不能消除提前还款风险,它只能在不同类别的债券持有人之间分配这一风险的各种形式。中央结算公司的主要金融创新在于,发行的证券更能满足机构投资者的资产/负债需求,从而扩大了抵押贷款支持产品对传统债券投资者的吸引力。

我们没有列出可以在机构抵押贷款债券结构中创建的不同类型的分档,而是展示如何创建该部分债券,以作为金融工程的一个例证。尽管已经创建了许多不同类型的抵押贷款债券,但我们只关注抵押贷款债券市场中的三个关键创新:连续付款部分、应计部分和计划分期偿还部分。这里没有说明的另外两个重要部分是浮动利率部分和反向浮动利率部分。

1. 连续付款部分

第一个抵押贷款债券创建于1983年,其结构使得每一类债券都将按顺序退出。这种结构被称为**连续付款的抵押贷款债券**。为了说明一个连续付款的抵押贷款债券,我们将讨论CMO-1——一个假设性的交易,来说明该结构的基本特征。假设该抵押贷款债券的抵押品是总面值为4亿美元的转手证券,具有以下特征:①转手证券利率为7.5%;②加权平均息票率为8.125%;③平均到期日为357个月。我们在本章早些时候使用了同样的转手证券来描述基于某些PSA假设的转手证券现金流。

从这4亿美元的抵押品中,产生了四个债券类别或部分。表30-4总结了它们的特征。四个部分的总面值等于抵押品的面值(转手证券)。在这种简单的结构中,每一部分的票面利率都是相同的,而且也与抵押品的票面利率相同。实际上,票面利率通常会因贷款的不同而有所不同。

我们在此回顾一下,抵押贷款债券是根据一套支付规则将现金流利息和本金重新分配给不同的部分而创建的。表30-4的注释中的付款规则描述了如何将转手证券(抵押品)产生的现金流分配给四个部分。分开的规则决定了息票利息的支付和本金的支付,本金是定期计划的本金支付和任何提前还款的总和。

表30-4 CMO-1(假设分为四个部分的连续付款结构)

部分	票面金额(美元)	票面利率(%)	部分	票面金额(美元)	票面利率(%)
A	194 500 000	7.5	D	73 000 000	7.5
B	36 000 000	7.5	总计	400 000 000	
C	96 500 000	7.5			

注:付款规则为:①支付定期息票利息,即根据期初未偿本金向每期支付定期息票利息;②本金全部付清为止。在A批贷款全部付清后,向B批贷款支付本金,直至其全部付清。在B批贷款全部付清后,向C批贷款支付本金,直至其全部付清。在C批贷款全部付清后,向D批贷款支付本金,直至其全部付清。

在CMO-1中,每一部分定期收到基于月初未偿余额的息票利息。然而,本金支付是以一种特殊的方式进行的。在优先权结构中该部分之前的全部本金付清之前,该部分无权收取本金。更具体地说,A批收到所有本金,直到该类债券的全部本金(194 500 000美元)付清。然后B批开始收取本金,并继续这样做,直到付清全部36 000 000美元。然后C批收到本金,当它被付清时,D批开始接收本金支付。

虽然本金支付的优先权规则是已知的,但并不知道每个时期本金的确切数额。该金额取决于现金流,因此取决于抵押品的本金支付,而本金支付取决于抵押品的实际提前还款率。假设PSA速度允许预测现金流。表30-2显示了假设165 PSA的现金流(利息、定期偿还本金和提前还款）。假设抵押品确实以 165 PSA 的速度提前还款，CMO-1 中所有四个部分的可用现金流将为表 30-2 所显示的现金流。

为了证明 CMO-1 的优先权规则是如何运行的，表 30-5 显示了给定月份的现金流，假设抵押品预付速度为 165 PSA。对于每一笔贷款，该表显示：①月末余额；②已付本金（定期偿还本金加上提前还款）；③利息。在第 1 个月，抵押品的现金流包括 709 923 美元的本金支付和 250 万美元（=0.075×4 亿美元/12）的利息支付。利息支付根据未付票面价值分为四个部分。例如，A 批收到 250 万美元中的 1 215 625（=0.075×194 500 000/12）美元。然而，本金全部分配给 A 批。因此，A 批贷款在第 1 个月的现金流量为 1 925 548 美元。A 批贷款 1 月底的本金余额为 193 790 076（= 原始本金余额 194 500 000− 本金支付 709 923）美元。由于 A 批贷款的本金余额仍未偿还，因此没有本金支付给其他三个部分。这一情况在第 2 个月到第 80 个月都是如此。

表 30-5 CMO-1 给定月份的现金流（假设 165 PSA）

月份	余额（美元）	本金（美元）	利息（美元）	余额（美元）	本金（美元）	利息（美元）
	A 批			B 批		
1	194 500 000	709 923	1 215 625	36 000 000	0	225 000
2	193 790 077	821 896	1 211 188	36 000 000	0	225 000
3	192 968 181	933 560	1 206 051	36 000 000	0	225 000
4	192 034 621	1 044 822	1 200 216	36 000 000	0	225 000
5	190 989 799	1 155 586	1 193 686	36 000 000	0	225 000
6	189 834 213	1 265 759	1 186 464	36 000 000	0	225 000
7	188 568 454	1 375 246	1 178 553	36 000 000	0	225 000
8	187 193 208	1 483 954	1 169 958	36 000 000	0	225 000
9	185 709 254	1 591 789	1 160 683	36 000 000	0	225 000
10	184 117 464	1 698 659	1 150 734	36 000 000	0	225 000
11	182 418 805	1 804 473	1 140 118	36 000 000	0	225 000
12	180 614 332	1 909 139	1 128 840	36 000 000	0	225 000
75	12 893 479	2 143 974	80 584	36 000 000	0	225 000
76	10 749 504	2 124 935	67 184	36 000 000	0	225 000
77	8 624 569	2 106 062	53 904	36 000 000	0	225 000
78	6 518 507	2 087 353	40 741	36 000 000	0	225 000
79	4 431 154	2 068 807	27 695	36 000 000	0	225 000
80	2 362 347	2 050 422	14 765	36 000 000	0	225 000
81	311 926	311 926	1 950	36 000 000	1 720 271	225 000
82	0	0	0	34 279 729	2 014 130	214 248
83	0	0	0	32 265 599	1 996 221	201 660
84	0	0	0	30 269 378	1 978 468	189 184
85	0	0	0	28 290 911	1 960 869	176 818
95	0	0	0	9 449 331	1 793 089	59 058
96	0	0	0	7 656 242	1 777 104	47 852
97	0	0	0	5 879 138	1 761 258	36 745
98	0	0	0	4 117 880	1 745 550	25 737
99	0	0	0	2 372 329	1 729 979	14 827
100	0	0	0	642 350	642 350	4 015

(续)

月份	余额（美元）	本金（美元）	利息（美元）	余额（美元）	本金（美元）	利息（美元）
		A 批			B 批	
101	0	0	0	0	0	0
102	0	0	0	0	0	0
103	0	0	0	0	0	0
104	0	0	0	0	0	0
105	0	0	0	0	0	0
		C 批			D 批	
1	96 500 000	0	603 125	73 000 000	0	456 250
2	96 500 000	0	603 125	73 000 000	0	456 250
3	96 500 000	0	603 125	73 000 000	0	456 250
4	96 500 000	0	603 125	73 000 000	0	456 250
5	96 500 000	0	603 125	73 000 000	0	456 250
6	96 500 000	0	603 125	73 000 000	0	456 250
7	96 500 000	0	603 125	73 000 000	0	456 250
8	96 500 000	0	603 125	73 000 000	0	456 250
9	96 500 000	0	603 125	73 000 000	0	456 250
10	96 500 000	0	603 125	73 000 000	0	456 250
11	96 500 000	0	603 125	73 000 000	0	456 250
12	96 500 000	0	603 125	73 000 000	0	456 250
95	96 500 000	0	603 125	73 000 000	0	456 250
96	96 500 000	0	603 125	73 000 000	0	456 250
97	96 500 000	0	603 125	73 000 000	0	456 250
98	96 500 000	0	603 125	73 000 000	0	456 250
99	96 500 000	0	603 125	73 000 000	0	456 250
100	96 500 000	1 072 194	603 125	73 000 000	0	456 250
101	95 427 806	1 699 243	596 424	73 000 000	0	456 250
102	93 728 563	1 684 075	585 804	73 000 000	0	456 250
103	92 044 489	1 669 039	575 278	73 000 000	0	456 250
104	90 375 450	1 654 134	564 847	73 000 000	0	456 250
105	88 721 315	1 639 359	554 508	73 000 000	0	456 250
175	3 260 287	869 602	20 377	73 000 000	0	456 250
176	2 390 685	861 673	14 942	73 000 000	0	456 250
177	1 529 013	853 813	9 556	73 000 000	0	456 250
178	675 199	675 199	4 220	73 000 000	170 824	456 250
179	0	0	0	72 829 176	838 300	455 182
180	0	0	0	71 990 876	830 646	449 943
181	0	0	0	71 160 230	823 058	444 751
182	0	0	0	70 337 173	815 536	439 607
183	0	0	0	69 521 637	808 081	434 510
184	0	0	0	68 713 556	800 690	429 460
185	0	0	0	67 912 866	793 365	424 455
350	0	0	0	1 235 674	160 220	7 723
351	0	0	0	1 075 454	158 544	6 722

(续)

月份	余额（美元）	本金（美元）	利息（美元）	余额（美元）	本金（美元）	利息（美元）
		C 批			D 批	
352	0	0	0	916 910	156 883	5 731
353	0	0	0	760 027	155 238	4 750
354	0	0	0	604 789	153 607	3 780
355	0	0	0	451 182	151 991	2 820
356	0	0	0	299 191	150 389	1 870
357	0	0	0	148 802	148 802	930

81 个月后，A 批贷款的本金余额将为零。对于抵押品，第 81 个月的现金流为 3 318 521 美元，包括 2 032 196 美元的本金支付和 1 286 325 美元的利息支付。在第 81 个月初（第 80 个月底），A 批贷款的本金余额为 311 926 美元。因此，抵押物本金 2 032 196 美元中的 311 926 美元将支付给 A 批。在支付该笔款项后，由于本金余额为零，因此不再向该部分支付额外本金。抵押物的剩余本金支付为 1 720 271 美元，支付给 B 批。根据 165 PSA 的假定提前还款速度，B 批贷款随后在第 81 个月开始收到本金支付。

如表 30-5 所示，B 批贷款在第 100 个月前已全部付清，这也是 C 批贷款开始收到本金付款的时间。C 批贷款直到 178 个月才全部付清，届时 D 批贷款开始收到剩余的本金付款。假设 165 份 PSA，这四批债券的到期日（本金全部付清的时间）为 A 批 81 个月，B 批 100 个月，C 批 178 个月，D 批 357 个月。

让我们看一下通过创建抵押贷款债券实现了什么。首先，如本章前面所示，假设提前还款速度为 165 PSA，则转手证券的平均周期为 8.76 年。表 30-6 报告了假设不同的提前还款速度下抵押品和四个部分的平均周期。请注意，这四个部分的平均周期比抵押品或短或长，因此有助于吸引偏好不同抵押品平均周期的投资者。

表 30-6 抵押品和 CMO-1 的四个部分的平均周期（年）

预付款速度（PSA）	平均周期				
	抵押品	A 批	B 批	C 批	D 批
50	15.11	7.48	15.98	21.08	27.24
100	11.66	4.9	10.86	15.78	24.58
165	8.76	3.48	7.49	11.19	20.27
200	7.68	3.05	6.42	9.60	18.11
300	5.63	2.32	4.64	6.81	13.36
400	4.44	1.94	3.70	5.31	10.34
500	3.68	1.69	3.12	4.38	8.35
600	3.16	1.51	2.74	3.75	6.96
700	2.78	1.38	2.47	3.30	5.95

一个主要的问题仍然存在：这些部分的平均周期差别很大。我们将在本章后面介绍如何解决这个问题。但是，对每一笔贷款都提供了一定的保护，以防范提前还款风险。优先分配本金（建立本金支付规则）有效地保护了这种结构中的短期 A 批贷款，使其免受延期风险的影响。这种保护必须来自某个地方，所以它来自其他三个部分。同样，C 和 D 部分为 A 和 B 部分提供了延期风险保护。同时，C 和 D 部分受益，因为它们提供了针对收缩风险的保护，即来自 A 和 B 部分的保护。

2. 应计部分

在 CMO-1 中,利息支付规则规定所有部分每月都要支付利息。在许多连续付款的抵押贷款债券结构中,至少有一部分不收取当期利息。取而代之的是,该笔贷款的利息将累计并计入本金余额。此类债券通常被称为应计部分或 Z 债券(因为这种债券类似于零息票债券)。本应支付给应计债券类别的利息随后用于加速偿还早期债券类别的本金余额。

要了解这一过程,请考虑 CMO-2,这是一个假设性的抵押贷款债券结构,其抵押品与 CMO-1 相同,分为四个部分,每部分的票面利率为 7.5%。结构如表 30-7 所示。不同之处在于最后一部分 Z,这是一种应计债券。

表 30-7 CMO-2(假设具有应计债券类别的四档连续付款结构)

批	票面金额(美元)	票面利率(%)
A	194 500 000	7.5
B	36 000 000	7.5
C	96 500 000	7.5
Z(应计项目)	73 000 000	7.5
合计	400 000 000	

注:付款规则为:①支付定期息票利息,即根据期初未偿本金向 A、B 和 C 批支付定期息票利息。对于 Z 类贷款,根据本金加上前期应计利息计提利息。Z 部分的利息将作为本金偿还支付给前一部分;②支付本金,即将本金支付给 A 批贷款,直至其全部付清。在 A 批贷款全部付清后,向 B 批贷款支付本金,直至其全部付清。在 B 批贷款全部付清后,向 C 批贷款支付本金,直至其全部付清。在 C 批款项全部付清后,向 Z 批支付本金,直至原本金余额加上应计利息全部付清。

让我们看看第 1 个月,并将其与表 30-5 中基于 165 PSA 的第 1 个月进行比较。抵押物的本金为 709 923 美元。在 CMO-1 中,该金额是 A 批贷款的本金偿还额。在 CMO-2 中,Z 批贷款的利息 456 250 美元(见表 30-5)并未支付给该笔贷款,而是用于支付 A 批贷款的本金。因此,对 A 批贷款的本金付款为 1 166 173 美元,这是从抵押品本金支付 709 923 美元(见表 30-2)加上从 Z 批贷款中转移的利息 456 250 美元(见表 30-5)获得的。

计入应计部分会缩短 A、B 和 C 批的预期最终到期日。结果表明,A 批贷款的最终支付期限为 64 个月,而非 81 个月。B 批贷款的最终付款期限为 77 个月,而非 100 个月。C 批贷款的最终付款期限为 112 个月,而非 178 个月。

由于包含应计债券,CMO-2 中 A、B 和 C 部分的平均周期比 CMO-1 短。例如,在 165 PSA 时,平均周期(年)如表 30-8 所示。

表 30-8

批	A 批	B 批	C 批
CMO-2	2.9	5.86	7.87
CMO-1	3.48	7.49	11.19

缩短非应计部分的原因是,将支付给应计债券的利息分配给其他部分。CMO-2 中的 Z 部分比 CMO-1 中的 D 部分具有更长的平均周期。

因此,短期债券和长期债券是通过包括应计债券产生的。权责发生制债券对关注再投资风险的投资者很有吸引力。缺乏必须再投资的息票支付消除了再投资风险,直到所有其他部分都付清。

3. 计划分期偿还部分

20 世纪 80 年代,因为平均周期波动性很大,许多投资者担心继续投资于这种工具会带来重大提前还款风险。传统的公司债券购买者寻求一种具有公司债券(既可以一次性到期,也可以是偿债基金型的本金偿还计划)的特性和高信用质量的结构。虽然抵押贷款债券满足第二个条件，但它们不满足第一个条件。

1987年，抵押贷款债券发行人开始发行债券，其特点是如果预付款在一定范围内，现金流模式是已知的。这类债券被称为**计划分期偿还部分（PAC）债券**，现金流具有更大的可预测性，这是因为它必须满足本金偿还计划。计划分期偿还部分债券持有人在从标的抵押品中收取本金付款时，优先于抵押贷款债券发行的其他所有类别。计划分期偿还部分债券现金流的更大确定性是以非计划分期偿还部分类债券（称为**支持债券**或**伴生债券**）为代价的。这些债券吸收了提前还款的风险。由于计划分期偿还部分债券既有延期风险，又有收缩风险，因此可以说它们提供了**双向提前偿付保护**。

为了说明如何创建计划分期偿还部分债券，我们以4亿美元的流通债券作为抵押品，转手证券利率为7.5%，加权平均息票率为8.125%，平均到期日为357个月。表30-9的第二列显示了所选月份的本金支付（定期计划的本金偿还加上提前还款），假设提前还款速度为90 PSA。下一列显示了给定月份的本金支付，假设转手证券提前付款速度为300 PSA。

表30-9 4亿美元的给定月份本金支付（假设预付比率为90 PSA和300 PSA）

月份	90 PSA 速度（美元）	300 PSA 速度（美元）	最低本金支付 PAC 计划（美元）	月份	90 PSA 速度（美元）	300 PSA 速度（美元）	最低本金支付 PAC 计划（美元）
1	508 169.52	1 075 931.20	508 169.52	102	1 452 725.55	1 484 126.59	1 452 725.55
2	569 843.43	1 279 412.11	569 843.43	103	1 446 761.00	1 458 618.04	1 446 761.00
3	631 377.11	1 482 194.45	631 377.11	104	1 440 825.55	1 433 539.23	1 433 539.23
4	692 741.89	1 683 966.17	692 741.89	105	1 434 919.07	1 408 883.01	1 408 883.01
5	753 909.12	1 884 414.62	753 909.12	211	949 482.58	213 309.00	213 309.00
6	814 850.22	2 083 227.30	814 850.22	212	946 033.34	209 409.09	209 409.09
7	875 536.68	2 280 092.68	875 536.68	213	942 601.99	205 577.05	205 577.05
8	935 940.10	2 474 700.92	935 940.10	346	618 684.59	13 269.17	13 269.17
9	996 032.19	2 666 744.77	996 032.19	347	617 071.58	12 944.51	12 944.51
10	1 055 784.82	2 855 920.32	1 055 784.82	348	615 468.65	12 626.21	12 626.21
11	1 115 170.01	3 041 927.81	1 115 170.01	349	613 875.77	12 314.16	3 432.32
12	1 174 160.00	3 224 472.44	1 174 160.00	350	612 292.88	12 008.25	0
13	1 232 727.22	3 403 265.17	1 232 727.22	351	610 719.96	11 708.38	0
14	1 290 844.32	3 578 023.49	1 290 844.32	352	609 156.96	11 414.42	0
15	1 348 484.24	3 748 472.23	1 348 484.24	353	607 603.84	11 126.28	0
16	1 405 620.17	3 914 344.26	1 405 620.17	354	606 060.57	10 843.85	0
17	1 462 225.60	4 075 381.29	1 462 225.60	355	604 527.09	10 567.02	0
18	1 518 274.36	4 231 334.57	1 518 274.36	356	603 003.38	10 295.70	0
101	1 458 719.34	1 510 072.17	1 458 719.34	357	601 489.39	10 029.78	0

注：转手证券利率=7.5%，加权平均息票率=8.125%，平均到期日=357个月。

表30-9的最后一栏给出了在第1个月~第349个月的抵押速度为90 PSA或300 PSA 时的最低本金支付（346个月后，如果预付速度介于90 PSA~300 PSA，则未偿本金余额将被付清）。例如，在第一个月，如果抵押品以90 PSA预付，则本金支付为508 169.52美元；如果抵押品以300 PSA预付，则本金支付为1 075 931.20美元。因此，如表30-9最后一列所示，最低本金为508 169.52美元。在第103个月，如果提前还款速度为90 PSA，则最低本金支付额为1 446 761美元，而300 PSA为1 458 618.04美元。然而，在104个月，300 PSA的预付速

度将产生 1 433 539.23 美元的本金支付，低于假设 90 PSA 的 1 440 825.55 美元的本金付款。因此，1 433 539.23 美元列在表 30-9 的最后一列。事实上，从第 104 个月起，最低本金支付是假定提前还款速度为 300 PSA。

事实上，如果抵押品以 90 PSA ~ 300 PSA 的任何速度提前还款，则最低本金支付额将为表 30-9 最后一列中报告的金额。例如，如果我们假设提前还款速度为 200 PSA，则最低本金支付不会发生变化：从第 1 个月~第 103 个月，最低本金支付是由 90 PSA 产生的，但从 104 个月起，最低本金支付是由 300 PSA 产生的。

假定抵押品在其生命周期内以 90 PSA ~ 300 PSA 的恒定速度提前还款，抵押品的这一特点为创建计划分期偿还部分债券提供了条件。

指定了计划分期偿还部分债券持有人有权在抵押贷款债券的任何其他债券类别之前获得的本金偿还的时间表。每月偿还本金的时间表见表 30-9 最后一列的规定，表 30-9 显示了最低本金支付。虽然不能保证这两种速度之间的抵押品提前还款，但是计划分期偿还部分债券可以被构造成假设它是。

表 30-10 显示了一个抵押贷款债券结构，即 CMO-3，由 4 亿美元、7.5% 的转手证券利率、加权平均息票率为 8.125% 和平均到期日为 357 个月而产生。

这一结构中的两种债券类别是 7.5% 票面秒率的计划分期偿还部分债券，假设恒定速度在 90PSA ~ 300 PSA，票面价值为 2.438 亿美元，支持债券的票面价值为 1.562 亿美元。

表 30-10 带有一个计划分期偿还部分债券和一个支持债券的 CMO-3 结构

批次	票面金额（美元）	票面利率（%）
P（PAC 债券）	243 800 000	7.5
S（支持债券）	156 200 000	7.5
合计	400 000 000	

注：付款规则为：①支付定期息票利息，即根据期初未偿本金向每期支付定期息票利息；②支付本金，即根据本金偿还时间表向 P 批支付本金。就本期及未来的本金支付而言，P 批享有优先权，以符合附表。一个月内超过满足 P 批贷款计划表所需金额的任何超额本金支付给 S 批。当 S 批贷款全部付清后，所有本金支付均应支付给 P 批贷款，而不论时间表如何。

表 30-11 报告了在各种实际预付速度下，CMO-3 中计划分期偿还部分债券和支持债券的平均周期。请注意，在 90 PSA ~ 300 PSA，PAC 债券的平均周期稳定在 7.26 年。然而，在更慢或更快的 PSA 速度下，这一时间表将被打破，其平均周期会发生改变，当预付速度小于 90 PSA 时平均周期延长，当大于 300 PSA 时平均周期缩短。即便如此，其支持债券的平均周期仍具有较大的可变性，而这是相当可观的。

表 30-11 假设不同预付速度（年），CMO-3 中计划分期偿还部分债券和支持债券的平均周期

预付比率（PSA）	PAC 债券	支持债券	预付比率（PSA）	PAC 债券	支持债券
0	15.97	27.26	250	7.26	5.37
50	9.44	24	300	7.26	3.13
90	7.26	18.56	350	6.56	2.51
100	7.26	18.56	400	5.92	2.17
150	7.26	12.57	450	5.38	1.94
165	7.26	11.16	500	4.93	1.77
200	7.26	8.38	700	3.7	1.37

30.1.3 机构剥离式抵押贷款支持证券

房利美 1986 年推出的机构剥离式抵押贷款支持证券是衍生抵押贷款证券的另一个例子。抵押贷款转手证券按比例将基础抵押贷款池中的现金流分配给证券持有人，而剥离式抵押贷款支持债券，是通过将本金和利息从按比例分配改为不平等分配而产生的。因此，所创建的一些证券表现出与基础抵押贷款池不同的价格/收益关系。剥离式抵押贷款支持证券，如果使用得当，将为投资者提供一种可以对冲提前还款风险的手段。

第一代剥离式抵押贷款证券被部分剥离，其中包括 1986 年中期由房利美发行的证券。B 类剥离式抵押贷款证券由房利美转手证券支持，票面利率为 9%。来自基础抵押贷款池的抵押付款被分配给 B-1 类和 B-2 类，因此这两类贷款都获得了相等数额的本金，但 B-1 类收到了 1/3 的利息，而 B-2 类收到了 2/3 的利息。

在随后的一期中，房利美以一种截然不同的方式分配来自基础抵押贷款池的现金流。利用房利美 11% 的息票池，房利美创造了 A-1 类和 A-2 类。A-1 类股获得 11% 息票池 4.95% 的利息，A-2 类股获得其他 6.05% 的利息。A-1 类股几乎得到了全部本金支付（99%），而 A-2 类股仅获得本金支付额的 1%。

1987 年年初，剥离式抵押贷款证券开始发行，其将所有利息分配给一个类别（称为"仅利息"或"IO 类别"），将所有本金分配给另一个类别（称为"仅本金"或"PO 类别"）。IO 类没有收到本金支付。IO 和 PO 证券也被称为**剥离式抵押贷款**。

仅本金证券（PO 证券）按照票面价值的大幅度折扣购买。投资者实现的收益取决于提前还款的速度。提前还款的速度越快，投资者的收益率就越高。例如，假设一个抵押贷款池仅包含 30 年期抵押贷款，本金为 4 亿美元，投资者可以用 1.75 亿美元购买由该抵押贷款池支持的仅本金证券。这项投资的收益将达到 2.25 亿美元。仅本金证券投资者收回收益的速度决定了实现的收益率。在极端情况下，如果基础抵押贷款池中的所有房主决定立即提前偿还贷款，仅本金证券投资者将立即变现 2.25 亿美元。另一个极端是，如果所有的房主都决定在自己的房子里住 30 年，并且不提前还款，那么 2.25 亿美元将在 30 年内摊开，这将导致仅本金证券投资者的收益率降低。

当利率下降时，仅本金证券的价格上升；当利率上升时，仅本金证券的价格下降。这种价格/利息关系是本书迄今为止讨论的所有证券的典型。仅本金证券的一个特点是其价格对利率的变化很敏感。

仅利息证券（IO 证券）没有面值。与仅本金证券投资者不同，仅利息证券投资者希望预付款缓慢，因为仅利息证券投资者只收取未偿本金的利息。当提前还款时，未偿本金减少，将收到较少的美元利息。事实上，如果提前还款过快，仅利息证券投资者可能无法收回为仅利息证券支付的金额。仅利息证券的独特之处在于其价格的变化与利率的变化方向一致。此外，与采购订单证券的情况一样，其价格对利率的变化具有高度的相关性。

剥离式住宅抵押贷款证券的这些价格波动特征，可以使机构投资者利用这些特征来控制住宅抵押贷款证券投资组合的风险，创造一种更适合他们需求的风险/收益模式。

30.2 私人标签住宅抵押贷款支持证券

私人标签住宅抵押贷款支持证券（也称为"非机构住宅抵押贷款支持证券"）是由吉利美、

房利美和房地美以外的实体发行的住宅抵押贷款支持证券。私人标签住宅抵押贷款支持证券通过以下渠道发行：①商业银行（如花旗集团的花旗抵押贷款）；②投资银行；③与商业银行或投资银行没有关联的实体。

曾经，私人标签住宅抵押贷款支持证券市场被分为两个部门，主要部门和次级部门。这种区别是基于抵押贷款池中借款人的类型。如第 29 章所述，抵押贷款可分为主要贷款和次级贷款。后者是向信用记录受损或贷款不是财产第一留置权的借款人发放的贷款。住宅抵押贷款证券市场的惯例是将优质交易归类为私人标签的住宅抵押贷款支持证券，而将次级抵押贷款交易归类为消费贷款，称为抵押贷款相关资产支持证券。次级抵押贷款包括房屋净值贷款和制造住房贷款。在 2007 年次级抵押贷款市场崩溃之后，次级贷款交易几乎没有发行，市场往往不区分优质交易和次级交易。

对于机构抵押贷款相关证券，我们注意到有转手证券、抵押贷款债券和剥离式抵押贷款支持证券。通常，用于私人标签住宅抵押贷款支持证券的结构是抵押贷款债券结构。私人标签抵押贷款债券的创建与机构抵押贷款债券的创建不同。在描述机构抵押贷款债券时，我们说过，这个过程首先涉及将贷款集中起来，以创建一个机构转手证券，然后将一个机构转手证券集合起来，创建一个机构抵押贷款债券。在一个私人标签的抵押贷款债券中，贷款被集中起来，用于创建不同的债券类别（部分）。

在 2007 年之前，交易可以包括我们在第 27 章中描述的所有形式的信用增级。在衡量信用增级规模时，次级贷款交易需要的信用增级要比优质交易多得多。回顾过去，有人认为，次级抵押贷款市场的崩溃可以归因于信用增级不足。

30.2.1 信用增级

与机构住宅抵押贷款支持证券不同，私人标签抵押贷款债券由一个或多个信用评级机构评级。因为没有政府或政府资助企业担保，要获得投资级评级，这些证券必须有额外的信贷支持。它们需要信贷支持来吸收因违约而导致的基础贷款池的预期损失。如第 27 章所述，这种额外的信贷支持被称为**信用增级**。信用增级有不同的形式：①高级-次级结构；②超额利差；③过度抵押；④单一险种。我们在这里简要描述这些形式。如第 27 章所述，企业在创建资产支持证券结构以获得资金时，也会使用这些相同形式的信用增级。

当商业评级机构对私人标签抵押贷款债券中的份额进行评级时，他们会关注与该份额相关的信用风险。基本上，这种分析首先要看抵押贷款基础池的信用质量。例如，一个贷款池可以由高级借款人或次级借款人组成。显然，人们会预期，与由次级借款人组成的资金池相比，由高级借款人组成的资金池的预期损失占贷款总额的百分比将更少。考虑到资金池中借款人的信用质量和其他因素（如交易的结构），评级机构将确定特定部分获得特定信用评级所需的信用增级金额。评级机构确定所需信用增级金额的过程被称为"调整交易规模"。

在私人标签抵押贷款债券中有提供信用增强的标准机制。我们在下面描述这些机制。

1. 高级-次级结构

在一个**高级-次级结构**中，创建两个一般类别的部分，即高级部分和次级部分。例如，考虑表 30-12 假设的私人标签抵押贷款债券结构，包括 4 亿美元的抵押品。

请注意，在这一交易中有 7 个部分。评级最高的部分称为高级部分，次级部分是指低于高级部分的那些部分。

表 30-12 私人标签抵押贷款债券结构

批次	本金（万美元）	信用评级
X1	35 000	AAA
X2	2 000	AA
X3	1 000	A
X4	500	BBB
X5	500	BB
X6	500	B
X7	500	未评级

招股说明书中解释了各部分现金流（利息和本金）的分配规则以及如何分配损失。这些规则被称为交易**瀑布**。基本上，损失是根据份额在结构中的位置来分配的。损失从底部（最低或未评级的部分）到高级部分。例如，如果在这个私人标签抵押贷款债券的生命周期内，损失不到 500 万美元，只有 X7 部分会实现亏损。如果损失额为 1 500 万美元，X7、X6 和 X5 部分将实现全部损失，而其他部分则没有损失。

注意这个结构的几点。首先，该结构中的其他部分提供了部分贷款的信用增级。例如，高级股 X1 的损失高达 5 000 万美元。这是因为只有当实现 5 000 万美元的损失时，X1 部分才会实现亏损。X4 期贷款的信用增级为 1 500 万美元，因为在 X4 期贷款出现亏损之前，抵押品可以实现 1 500 万美元的损失。

其次，比较在这个私人标签抵押贷款债券和机构抵押贷款债券中分配信用风险的做法。在机构抵押贷款债券中，不存在信用风险。当创建不同的部分时，所做的是重新分配预付款风险。相比之下，在私人标签抵押贷款债券中，既存在信用风险，也存在提前还款风险。在次级信贷结构中，风险被重新分配到次级结构中。因此，目前正在进行的是信贷分拨。提前还款风险也可以再分配吗？答案是肯定的，但通常只有高级抵押贷款债券级别才能完成。也就是说，我们假设的私人标签抵押贷款债券结构中 3.5 亿美元的高级份额可以分割，以创建具有不同提前还款风险敞口的高级份额。

最后，当这些股票在市场上出售时，它们以不同的收益率出售。显然，一部分债券的信用评级越低，必须提供的收益率就越高。

2. 超额利差

超额利差基本上是指未用于清偿债务的抵押品的利息（支付给该结构各部分的利息）和费用（如抵押贷款服务和管理费）。超额利差可以用来抵消任何损失，如果超额利差被保留在结构中而不是支付出去，它可以被累积到一个储备账户中，不仅用于支付抵押品所经历的当前损失，而且还用于支付未来的损失。因此，超额利差是信用增级的一种形式。由于次级贷款的贷款利率高于高级贷款，而且次级贷款的预期损失更大，因此超额利差是次级住宅抵押贷款证券信用增级的重要来源。

3. 过度抵押

在我们假设的非机构抵押贷款债券中，负债为 4 亿美元，抵押品的面值为 4.05 亿美元。在这种情况下，资产超过负债 500 万美元。这种超额抵押品被称为过度抵押，可以用来吸收损失。因此，它是信用增级的一种形式。

在次级抵押贷款交易中，过度抵押贷款比在优质贷款交易中更常用于信用增级。这是使次级抵押贷款交易更加复杂的一个方面，因为这一结构内置了一系列测试，以确定何时可以释放抵押品。

4. 单一险种

在第 8 章中，我们讨论了人寿保险公司和财产保险公司。有些保险公司只提供财务担保。这些保险公司被称为单一险种保险公司。这些公司为美国的市政债券提供担保。对于人民币结算系统，它们提供相同的功能，因此这被视为一种信用增级形式。

30.2.2 次贷危机与证券化

2007 年夏天，次贷市场经历了一场危机，导致了信贷和流动性危机，对信贷和股票市场的其他部门产生了连锁反应。金融市场史上的这一幕被称为**次贷危机**。

与打击金融创新的历史一样，人们对这场危机的反应过度，信息失实，观点大相径庭。一些市场观察人士认为，这是"房地产泡沫"不可避免的破裂，而这在前几年一直是房地产市场的特征。另一些人则认为这是抵押贷款机构令人讨厌的做法的产物，他们欺骗次级贷款借款人购买他们买不起的住房。此外，当贷款利率作为贷款协议的一部分向上调整时，一些特定的抵押贷款设计，如混合贷款，使次级贷款借款人有可能获得贷款，这可能会在未来造成财政困难。

当然，抵押贷款的贷款人指责借款人误导他们。另一些人则把责任推到华尔街银行家的身上，这些银行家将次级贷款打包成债券并出售给投资者，他们引用了本章早些时候描述的金融机构推行的"从源头到分配"的观点。

不管确切原因是什么，很难否认，证券化——允许华尔街将这些贷款打包成抵押贷款支持证券的金融框架——对经济有巨大的好处。证券化增加了对房主的信贷供应，降低了借贷成本。它还可以将风险分散到更大的投资者群体中，而不是集中在一小部分银行和节俭机构中，它还可以向更广泛的借款人群体提供信贷。对证券化持批评态度的人认为，这类借款人可能不是贷款的合适人选。这些批评人士声称，贷款人发放此类贷款的唯一原因是，它不持有资产负债表上的贷款。相反，它在市场上出售这些贷款，要么卖给将贷款证券化的渠道，要么将其自身证券化。

尽管可以说，并非所有在证券化之前被排除在市场之外的人实际上都是弱势借款人，但先前讨论的与次级贷款证券化相关的承销实践的经验证据似乎支持了标准可能宽松的观点。然而，这是对抵押贷款行业承销标准的攻击，而不是攻击证券化的一般理由。正如我们在本章前面所说的，证券化是金融市场今天比过去更有效运作的一种重要和合法的方式。这并不是欺诈性公司用来掩盖其经营活动真实性质的一个烟雾和镜子式的金融结构。尽管有时很复杂，但真正的证券化通常发生在受监管的债务市场，并有复杂的各方参与，如承销商、贷款服务商、机构投资者、评级机构和提供财务担保的单一险种保险公司。这些实体中的每一个都有其独特的作用，有助于产生一个平衡但不是无风险的结果。

一些市场观察人士还认为，信用评级机构在危机中起了重要作用。为了帮助投资者在比较证券的相对信用风险时，发行人通常会要求一个或多个金融机构对证券化进行信用评级。尽管没有人，甚至没有评级机构，总能准确地预测证券在一段时间内的表现，但这些机构的长期业绩记录是可靠的。如第 5 章所述，信用评级是对未来业绩的看法。信用评级机构不是资产管理公司，它们为资产管理公司提供初步筛选，以帮助确定哪些证券类别可能适合进行进一步的信用分析。信用评级并不能代替那些声称自己是固定收益证券专家的投资者应该进行的尽职调查。

令许多人惊讶的是，为什么次贷危机发生在 2007 年 7 月。当时市场上没有新消息。在此之前，投资者对潜在违约了如指掌。此外，自 2005 年以来，中央结算局采取了对市场透明的行动。具体地说，信用评级机构调整了它们对次级住宅抵押贷款支持证券交易的评级标准和假设，他们下调了一些问题的评级，并公开评论了它们对次贷行业的担忧。

次贷危机对金融市场的影响是毁灭性的，但认为证券化导致了随后的全球金融危机的说法是错误的。2008 年 2 月 5 日，时任美国财政部副部长的罗伯特·斯蒂尔在美国证券化论坛上的演讲中指出：

> 证券化市场就是以这种惊人的创新速度改变金融市场的一个例子。保尔森部长和我一直非常清楚，我们相信证券化的好处是巨大的。它能够使投资者提高风险管理水平，获得更好的风险调整收益和更多的流动性。⊖

关键知识点

- 住宅抵押贷款支持证券市场分为两个部门：机构住宅抵押贷款支持证券和私人标签住宅抵押贷款支持证券。
- 机构抵押转手证券是由吉利美、房利美和房地美发行的抵押贷款支持证券。
- 在机构抵押贷款支持证券中用作抵押品的贷款是合规贷款。
- 机构抵押贷款支持证券包括机构抵押转手证券、机构抵押贷款债券和机构剥离式抵押贷款支持证券。
- 为了预测抵押贷款池的现金流，有必要对抵押贷款池整个生命周期内的提前还款率做出一些假设。
- 有条件提前还款率假设，在抵押贷款的剩余期限内，每年提前偿还部分剩余本金。
- 根据资金池的特点（包括其历史预付款经验）以及当前和预期的未来经济环境，对预付款模型进行估算。
- 为了估算每月的提前还款，必须将有条件提前还款率（年利率）转换为每月提前还款率，通常称为单月死亡率。
- 公共证券协会（PSA）的提前还款基准是每月一系列的有条件提前还款率，假设新产生的抵押贷款的提前还款率较低，然后随着抵押贷款的成熟而加快，更慢或更快的速度被称为 PSA 基准的某个百分比。
- 住宅抵押贷款证券的平均周期是指收到本金支付（计划本金支付和预计提前还款）的平均时间，乘以预期本金金额。
- 当一个或多个贷款持有人形成一个贷款集合（池）并出售池中的股份或参与证书时，就创建了抵押转手证券。
- 抵押贷款债券由转手证券创建，以解决与投资直通证券相关的提前还款风险：收缩风险和延期风险。
- 抵押贷款债券规定了结构中不同债券类别的利息和本金偿还分配规则。
- 抵押贷款债券份额是为了满足机构投资者的不同需求而设立的。
- 机构抵押贷款债券是时间分档的一个例子。
- 与抵押贷款债券一样，剥离式抵押贷款支持证券是通过转手证券创建的。
- 创建剥离式抵押贷款支持证券的目的是提供一种可用于控制抵押贷款相关证券组合风险的工具。
- 根据借款人的信贷质量，私人标签住宅抵

⊖ Robert Steel, speech delivered at the American Securitization Forum Annual Conference, Las Vegas, February 5, 2008, http://www.ustreas.gov/press/releases/hp808.htm.

押贷款证券市场一度被分为高级住宅抵押贷款证券和次级住宅抵押贷款证券部门。
▲ 次级住宅抵押贷款证券结构比高级住宅抵押贷款证券结构更复杂，需要更多的信用增级。
▲ 次贷危机始于 2007 年夏季，原因是次级住房金融市场的崩溃。

练习题

1. 什么是机构抵押转手证券？
2. 描述机构抵押转手证券的现金流。
3. 机构抵押转手证券有哪些不同类型？
4. "提前还款风险""收缩风险"和"延期风险"是什么意思？
5. 为什么转手证券对储蓄和贷款协会来说是一项没有吸引力的投资？
6. 转手证券的"平均周期"是什么意思？
7. 为什么假设的提前还款速度对于预测转手证券的现金流是必要的？
8. 转手证券的现金流通常基于某种提前还款基准，描述这一基准。
9. 8% 的有条件提前还款率意味着什么？
10. "250 PSA"是什么意思？
11. 为什么连续付款债券类是时间分档的一个例子？
12. 抵押贷款债券如何改变抵押贷款的现金流，从而转移不同类别债券持有人的提前还款风险？
13. "抵押贷款债券的设立消除了与基础抵押贷款相关的提前还款风险。"解释你是否同意这一说法。
14. 解释在抵押贷款债券结构中包含应计部分对连续付款结构平均周期的影响。
15. 哪种类型的投资者会被应计债券吸引？
16. 创建计划分期偿还部分债券的动机是什么？
17. 描述如何创建计划分期偿还部分债券的时间表。
18. a. 为什么一个私人标签住宅抵押贷款支持证券需要信用增级？
    b. 谁来决定所需的信用增级金额？
19. a. 什么是"高级－次级结构"？
    b. 为什么高级－次级结构是信用增级的一种形式？
20. 超额利差如何成为信用增级的一种形式。

第 31 章

商业房地产市场

学习目标

学习本章后，你会理解：
- 什么是商业房地产以及商业房地产的不同类型；
- 四类商业房地产，包括私人商业房地产股权、公共商业房地产股权、私人商业房地产债券和公共商业房地产债券；
- 投资商业房地产的主要原因；
- 主要商业房地产指数；
- 投资私人商业房地产股权的各种工具；
- 将公共商业房地产组建为房地产信托公司和房地产运营公司；
- 不同类型的房地产投资信托基金；
- 私人商业房地产债券的持有方式；
- 什么是商业贷款及其结构；
- 商业抵押贷款与住宅抵押贷款有何不同；
- 用于评估商业抵押贷款信用风险的两个绩效指标，包括偿债覆盖率和贷款价值比；
- 投资公共商业房地产债务的方式有商业抵押贷款支持证券和投资抵押债务的房地产投资信托基金；
- 什么是商业抵押担保证券；
- 商业抵押担保证券交易的结构特征；
- 商业房地产市场的投资者。

房地产市场包括住宅房地产和商业房地产。**住宅房地产**包括 1～4 户住宅，是第 30 章的主题。**商业房地产**是一种创收性房地产。主要的商业房地产类型有多户住宅、公寓楼、办公楼、工业地产（包括仓库）、购物中心、酒店、医疗保健设施（如老年住房护理设施）和林地。在这一章中，我们讨论商业房地产市场。

31.1 商业房地产市场分类

在引入房地产相关股权和债务证券化之前，房地产被定义为仅包括私人商业房地产股权和私人商业房地产债务的投资。传统上,保险公司构建的投资组合由个人的私人房地产抵押贷款组成。养老基金和富裕家庭直接投资于个人建筑和混合基金。鉴于房地产债券和股票没有二级市场,投资者采取了买入持有的策略。

随着 20 世纪 60 年代证券化的出现,商业房地产投资的定义也随之扩大。今天的商业房地产投资包括以下四个类别[⊖]:

第一类,私人商业房地产股权;

第二类,公共商业房地产股权;

第三类,私人商业房地产债券;

第四类,公共商业房地产债券。

无论商业房地产投资属于哪一类,其收益率都会对一组共同的因素做出反应。但有一些独特的因素会影响特定类别的房地产投资。因此,将房地产投资的定义扩大到私人债务和股权的历史定义之外的理由是,推动这两个私人类别房地产收益的因素或多或少地反映在这两个公共类别的收益中。

投资者通常明确或隐含地投资于这四个类别,在考察商业房地产投资的原因时,我们应该考虑商业房地产的类别,而不是接受传统的商业房地产投资原因。从历史上看,这些传统的原因都是基于私募股权,不仅忽视了投资者可以获得的其他三种类型,而且忽略了影响收益的因素。

31.2 投资商业房地产的主要原因

将商业房地产作为投资组合的一部分,有五个主要原因[⊜]:

(1)通过组合对预期和意外事件有不同反应的资产类别来降低投资组合风险;

(2)产生远远超过无风险利率的绝对收益;

(3)对冲意外的通货膨胀或通货紧缩;

(4)构成投资组合的一部分,它是对整个投资领域的合理反映;

(5)为投资组合产生强大的现金流。

有几项研究试图确定投资房地产的这些理由是否能够得到实证支持[⊜]。从经验上研究这些所谓的理由是困难的,即使是计算股票和固定收益证券市场收益率的实证调查中一个简单的部分,在房地产市场上也是有争议的。此外,研究必须检验四个类别中的每一个,而不是将房地产视为一个资产类别。

我们总结了一些研究,涉及投资房地产的主要原因。

⊖ These four categories were suggested by Jacques Gordon, "The Real Estate Capital Markets Matrix: A Paradigm Approach," *Real Estate Finance* 11, no. 3 (1994): 7–15; Susan Hudson-Wilson, Susan Guenther, and Daniel P. Guenther, "The Four Quadrants: Diversification Benefits for Investors in Real Estate—A Second Look," *Real Estate Finance* 12, no. 2 (1995): 82–99.

⊜ These are arguments are given in Susan Hudson-Wilson, Frank J. Fabozzi, and Jacques N. Gordon, "Why Real Estate?" *Journal of Portfolio Management* 29, no. 5 (Special Issue 2003): 12–25.

⊜ Hudson-Wilson, Fabozzi, and Gordon, "Why Real Estate?"; Susan Hudson-Wilson, Jacques N. Gordon, Frank J. Fabozzi, Mark J. P. Anson, and S. Michael Giliberto, "Why Real Estate? And How? Where? And When?" *Journal of Portfolio Management* 31, no. 5 (Special Issue 2005): 12–31.

31.2.1 投资组合分散化与风险降低

部分研究发现，房地产与股票、债券、现金之间的相关性表明，房地产在混合资产组合中可以发挥重要作用⊖。回顾马科维茨在第13章中提出并解释的投资组合多元化和风险降低的基本原则。当两个不完全相关的资产（相关系数小于1.0）被包含在一个投资组合中时，就有机会构建一个在每个风险水平上都有较高预期收益的投资组合，或者等价地，在给定的预期收益水平上降低风险，风险就是投资组合的标准差。当对某一资产类别的预期收益足够高，或风险足够低，或回报的相关性反映出一种完全不同的收益模式时，应在投资组合中为该资产类别至少分配一部分收益风险。商业房地产满足这些要求，因此，应在多元化的混合资产组合中对其进行配置。

31.2.2 绝对收益或风险调整收益

投资商业房地产可能为投资组合带来较高的绝对收益或风险调整收益。一项研究报告说，从1987～2004年，平均而言，房地产的绝对表现没有超过股票和债券⊜。然而，就单位风险的总收益而言，房地产的表现优于股票和债券。此外，研究还发现，用夏普比率进行风险调整后，房地产的表现优于股票和债券，其中夏普比率是第12章所述的收益-风险比率。

同样的研究也从风险调整收益的角度为将房地产纳入投资组合提供了依据。然而，该研究的作者也认为，仅仅为了给投资组合带来较高的绝对收益而将房地产包括在内并不是立竿见影的，因为房地产作为一个较高的绝对收益项目并不可靠。

31.2.3 通货膨胀保值

一些观察家认为房地产是一种通货膨胀对冲工具，因为，如果通货膨胀率超过预期通货膨胀率，那么房地产收益率将弥补这一意外，其有助于抵消投资组合中其他资产过度通胀的负面反应。但问题是这个理由是否能得到经验的支持。

让我们从房地产收益的关系开始进行说明。这种关系很复杂，因为四种主要的房地产类型（写字楼、仓库、购物中心和公寓）对通货膨胀的反应不同。收益由收入和价格变化组成。通货膨胀对每种房地产类型的收益和价值构成的影响方式不同。

在讨论了对不同房地产类型的影响并回顾了经验证据后，一项研究表明，尽管私募股权房地产是一种非常有用的部分通货膨胀对冲工具，但不同房地产类型的通货膨胀对冲能力并不一致⊜。对于公开交易形式的股权房地产，通货膨胀对冲的一些好处将得到体现，但与私人股本相比，这种价值传递的成功率要低一些。原因是，与股票市场的关联通常会受到通货膨胀的不利影响，在传递这种价值方面不太成功。然而，最近的研究结果表明，房地产投资信托基金的收益率与股市收益率的相关性已经降低，这可能导致房地产投资信托基金能更好地对冲通货膨胀。

这项研究并未发现投资房地产的通货膨胀对冲理由适用于这两个债务类别。与大多数债务一样，房地产债务并不是一个很好的通货膨胀对冲工具，因为意外的通货膨胀和随之而来的名义利率上升会对未偿付的固定收益证券（抵押贷款和商业抵押贷款支持证券）的价值产生负

⊖ Hudson-Wilson, Fabozzi, and Gordon, "Why Real Estate?"; Hudson-Wilson et al. "Why Real Estate? And How? Where? And When?"

⊜ Hudson-Wilson et al., "Why Real Estate? And How? Where? And When?"

⊜ Hudson-Wilson et al., "Why Real Estate? And How? Where? And When?"

面影响。

31.2.4 投资领域的合理反映

有人认为，房地产能平衡投资组合，因为这类资产是投资领域的重要组成部分。从投资组合中忽略房地产，房地产的表现将不如市场驱动的相对价格所暗示的那样好，这基本上是投资者的观点。即使对房地产进行了一些配置，资本市场理论认为，任何低于房地产在投资领域的总体份额的配置都意味着投资者的观点与指数投资组合的观点不同。因此，任何对房地产的分配不足都是合理的。

31.2.5 强大的现金流

投资者对定期分配现金的需求各不相同。以总收益相对于基准收益最大化为目标的投资者对强大现金流的需求不如那些需要现金来满足当前和短期负债的投资者重要。对于后一类投资者而言，资产类别表现出强大的现金流更能吸引他们的目光。问题是房地产是否符合这一要求。

一项研究分析了房地产的相对收益率，并将其与债券和股票的收益率进行了比较[⊖]。这项研究发现，房地产对投资者来说是一个远远优于稳定收益的提供者。对于那些寻求以已实现收入（而非未实现资本增值）形式获得更高比例投资组合收益的投资者来说，房地产提供了实现这一目标的更好机会。这一结论适用于所有四类房地产，与股票和债券相比，现金流产出更好。

31.3 私人商业房地产股权

私人商业房地产股权是投资者作为个人资产或混合工具持有的。个人投资者可以通过不同的投资工具投资私人商业房地产股权。历史上，通过设计各种结构，使个人能够参与私人房地产市场。最引人注目的尝试是 20 世纪 70 年代末 80 年代初的有限合伙企业联合会。然而，在美国，这些设计结构是短暂的，因为税收收益通常取决于某些税收优惠。当允许这种税收优惠的税法随着 1986 年《税收改革法案》的通过而被取消时，这些以税收为导向的设计结构就消失了。

个人投资者通常通过他们的养老金计划获得商业房地产的风险敞口。如第 3 章所述，美国有两种养老金计划：养老金固定收益计划和养老金固定缴款计划。以前的计划在房地产上有相当大的拨款。

个人投资者可以利用集体投资工具获得对私人股本房地产的敞口，其困难有两个方面：房地产资产组合持有的每日定价和设定提存计划的流动性要求。解决流动性问题的办法是由基金的资产管理人分配比传统房地产投资组合或房地产投资信托基金更多的现金。主要的障碍是一个行业的每日定价，在这个行业中，定价通常是按季度进行的。为解决这一难题所建议的方法包括以下一种或几种方法的组合：①在整个季度轮流评估资产组合；②每天使用一种按标记到模型的方法对每处房产估价；③使用定期的季度评估，但也在发生任何重大的经济事件的时候监测和重估资产。埃思里希、科拉萨和托斯卡纳讨论了目标日期基金如何比其他类型的私募股权房地产更好地满足投资者的日常定价和流动性需求。

⊖ Hudson-Wilson et al., "Why Real Estate? And How? Where? And When?"

个人投资者参与私人商业房地产市场的另外两种方式是私人房地产投资信托基金和众筹房地产项目。在美国，**私人房地产投资信托基金**的股票不在交易所交易，也不在证券交易委员会登记。相反，它们是根据《证券法》的一个或多个豁免条款发行的。更具体地说，私人房地产投资信托基金是根据条例 D 规定的两条规则发行的。第一条规则允许发行人向"合格投资者"出售证券，第二条（第 144A 条）规则豁免向合格机构买家发行的证券。关于众筹（第 28 章讨论），个人投资者可以使用任一在线众筹平台搜索潜在的房地产投资。然后，个人投资者的资金被集中起来为房地产项目融资。实际上，参与房地产项目的个人是有限合伙人。2014 年，据估计，通过房地产众筹筹集了 10 亿美元[⊖]。

商业房地产指数

随着人们对商业房地产作为一种机构资产类别兴趣的增加，商业房地产指数也随之发展起来。大多数国家都有许多房地产指数，但我们只讨论几个主要的指标。

在美国，全国房地产投资信托委员会编制了一系列房地产指数（NPIs），除国家指数外，还包括五种房地产类型（公寓、工业地产、办公地产、零售和酒店）以及美国四个主要地区的指数。评估值用于构建房地产指数。为每个指数创建三种类型的收益指数：①总收益；②收入收益；③资本增值收益。

投资房地产数据库（IPD）提供有关英国和世界各地商业房地产的信息。现在是摩根士丹利资本国际集团的一部分，投资房地产数据库指数系列包括基于评估价值的房地产价格。例如，投资房地产数据库英国指数基于英国机构、信托公司、合伙企业和上市房地产公司持有的约 21 175 种资产。

房地产指数和投资房地产数据库指数基于评估值计算，但穆迪指数/实物资本分析商业房地产价格指数基于房地产交易，这些交易衡量的是美国公寓、零售、办公和工业地产的全国性房地产价格。有针对主要属性类型和选定大都市统计区域的指数。

31.4 公共商业房地产股权

公共商业房地产股权结构为房地产投资信托基金或**房地产运营公司**（REOC）。房地产投资信托基金可以投资于股权和债务，前者是一种公共房地产股权。我们在第 32 章中更详细地描述了房地产投资信托基金，它涵盖了集体投资工具。

房地产投资信托基金和房地产运营公司都投资于房地产，并向公众发行在交易所交易的股票。然而，房地产运营公司和房地产投资信托基金之间有两个区别。首先，在房地产投资的类型上，房地产运营公司比房地产投资信托基金具有更大的灵活性。其次，房地产运营公司将其收益再投资于公司，而不是像房地产投资信托基金那样将收益分配给股东。

股权房地产投资信托基金可分为多元化房地产投资信托基金、行业房地产投资信托基金和专业房地产投资信托基金。顾名思义，**多元化房地产投资信托基金**投资于多种房地产类型。**行业房地产投资信托基金**仅限于持有房地产市场的主要特定行业，如办公房地产投资信托基金、工业房地产投资信托基金、零售房地产投资信托基金、住宿房地产投资信托基金、医疗保健房地产投资信托基金、自储房地产投资信托基金和林地类房地产投资信托基金。**专业房地产**

⊖ Vanessa Grout, "With $1 Billion Invested and $100 Entry Points, Real Estate Crowdfunding Grows Up." Forbes.com, March 24, 2015, available at http://www.forbes.com/sites/vanessagrout.

投资信托基金投资于不包括在房地产投资信托基金主要行业中的独特的房地产类型组合，如加油站、高尔夫球场、赛马场和电影院。

许多发达国家和发展中国家都有立法允许设立房地产投资信托基金，以下是几个例子。

- **英国**。2006 年之前，在英国，投资者通过上市房地产公司获得商业房地产市场敞口。2006 年的《金融法》（2007 年 1 月生效）允许在英国设立房地产投资信托基金，要求它们在英国金融服务管理局批准的证券交易所上市设立投资信托。与美国一样，英国房地产投资信托基金需要将 90% 的收入分配给投资者。因为房地产投资信托基金对投资者有税收优惠，而上市房地产公司却没有，9 个主要上市房地产公司，也即英国主要股票市场指数（FTSE 100）的成员，转入房地产投资信托基金。为了给投资者提供更大的透明度和有关英国房地产投资信托基金的信息，由一些商业房地产和金融服务公司设立的房地产集团创建了"瑞塔"(Reita)。
- **德国**。德国是欧洲最大的房地产市场，商业房地产和住宅房地产几乎平分秋色。鉴于房地产市场规模庞大，开发投资工具（如房地产投资信托基金）至关重要。2007 年，德国财政部批准了允许房地产投资信托基金的法律，2007 年 4 月，第一家房地产投资信托基金（REIT-AG）成立。德国房地产投资信托基金也有 90% 的分配规则和股票在交易所交易的要求。
- **日本**。日本 2001 年通过了允许设立房地产投资信托基金的立法。日本房地产投资信托基金在东京证券交易所交易。日本前两个房地产投资信托基金都在 2001 年上市，分别是日本建设基金公司和日本房地产投资公司。日本房地产投资信托市场最初由写字楼主导。近年来，房地产投资信托基金已经多元化，包括了来自主要行业的更广泛的房地产。
- **新加坡**。新加坡房地产投资信托基金成立于 2002 年 7 月，是受新加坡金融管理局《集体投资守则》监管的集体投资工具或商业信托。新加坡的房地产投资信托基金可以投资于中国、日本、印度尼西亚的房地产领域。要求分配至少 90% 的年收入。新加坡房地产投资信托基金吸引人的税收优惠是其没有被二次征税，即收入只在投资者层面征税，而不在房地产投资信托层面征税。
- **巴西**。巴西在 1993 年首次将房地产投资基金称为巴西投资基金。2006 年，这些房地产投资信托基金支付的股息对个人投资者（不是公司）是免税的，前提是该基金至少有 50 名投资者，并在股票市场公开交易。

在拥有房地产投资信托基金的国家，已经制定了评估其业绩的指数。例如，在美国，最受欢迎的房地产投资信托基金指数是 MSCI US REIT 指数、道琼斯美国房地产指数和道琼斯美国精选房地产投资信托基金指数。德国房地产投资信托基金的三个指数是基于德意志交易所（Deutsche Borse，德国主要证券交易所）开发的：RX REIT All Share Index，包括所有在 Prime Standard 和 General Standard 上市的德国房地产投资信托基金，RX Real Estate Index 包含多达 30 个房地产投资信托基金和来自通用标准的房地产公司，RX 房地产投资信托指数包含了 20 家规模最大、流动性最强的在 Prime Standard 上市的房地产投资信托基金（"Prime Standard"是法兰克福证券交易所的一组股票，列出了符合国际透明度标准的德国公司）。

富时 EPRA/NAREIT 全球房地产指数系列涵盖全球、发达和新兴指数，以及英国的 AIM 市场。

欧洲公共房地产协会（EPRA）、富时指数（FTSE）和国家房地产信托协会（NAREIT）联合编制的可用于全球上市行业指数。该指数系列涵盖全球（有无英国和美国）、区域（欧洲、欧元区和亚太地区，有无日本）、发达国家（美洲）和新兴房地产股票市场。

投资者投资公共股本商业房地产的另一种方式是通过交易所交易基金（ETF），这是一种集体投资工具（见第 32 章）。三个例子是 Vanguard REIT Index ETF、iShares Dow Jones U.S.Real Estate 和 Schwab U.S.REIT ETF。Vanguard REIT Index ETF 跟踪摩根士丹利资本国际美国房地产投资信托基金公司指数投资于偏于大型交易所交易基金的股票型房地产投资信托基金。截至 2016 年 4 月 30 日，该交易所交易基金持有 150 只房地产投资信托基金，其中 1/4 的投资组合投资于零售房地产投资信托。顾名思义，iShares Dow Jones U.S.Real Estate 以道琼斯美国房地产指数为基准，而施瓦布美国房地产投资信托基金跟踪道琼斯美国精选房地产投资信托指数。

公开非交易房地产投资信托基金

最受欢迎的房地产投资信托基金是在交易所公开交易的，属于公共商业房地产股权。然而，也有一些**公共非评级房地产投资信托基金**的结构与传统房地产投资信托基金相同（且受相同的投资和支付限制），但不在公共交易所交易，在流动性事件（如出售或上市）允许将收益返还给投资者之前，投资通常会被冻结 7～10 年。非评级房地产投资信托基金通常面向散户投资者，是个人可获得的私人商业房地产权益的一部分。根据投资计划协会的数据，2000～2014 年，非评级房地产投资信托基金筹集了 1 240 亿美元的资本，仅 2014 年就筹集了 211 亿美元。非评级房地产投资信托基金的发起人因其收取的高昂费用以及其经纪人积极出售这一投资工具，有时还会做出误导性的陈述而饱受批评。美国证券交易委员会确定了与投资非评级房地产投资信托基金相关的下列问题。

- **缺乏流动性**。非交易房地产投资信托基金是非流动性投资，这意味着它们不能轻易在市场上出售。相反，投资者通常必须等到非交易房地产投资信托基金在交易所上市或清算资产，以获得流动性。然而，这些流动性事件可能要到投资 10 年后才会发生。
- **股份赎回被限制**。非交易房地产投资信托基金通常为投资者提供提前赎回其股份的机会，但这些股份赎回计划通常受到重大限制，可由房地产投资信托公司自行决定在不发出通知的情况下中止。赎回计划还可能要求折价赎回股票，这意味着如果投资者赎回股票，他们将损失部分投资。
- **费用高**。非交易房地产投资信托基金通常收取高额的前期费用，以补偿出售投资的公司或个人，并降低其发行和组织成本。除了高昂的前期费用外，未交易的房地产投资信托基金可能会产生巨大的交易成本，如房地产收购费和资产管理费。
- **分配可能来自委托人**。与其他投资选择（包括公开交易 REIT）相比，非评级房地产投资信托基金的高发行量可能会吸引投资者，这可能被称为股息收益率。然而，初始分配可能并不代表经营收益，因为非评级 REIT 通常在获取重要资产之前声明这些分配。
- **缺乏股票价值透明度**。由于未交易的房地产投资信托基金不是公开交易的，因此没有现成的市场价格，很难确定未交易房地产投资信托基金份额的价值或投资业绩。此外，任何股票估值都将基于对未交易房地产投资信托基金所拥有财产的定期或年度评估，因此可能不准确或不及时。⊖

⊖ SEC, "Investor Bulletin: Non-traded REITs," August 31, 2015, available at http://www.sec.gov/oiea/investor-alerts-bulletins /ib_nontradedreits .html.

31.5 私人商业房地产债券

私人商业房地产债券作为直接发行的商业抵押贷款持有包括基金、混合工具或全部贷款（尚未证券化的单一商业抵押贷款），或两者兼而有之。商业抵押贷款是对创收财产的抵押贷款。商业抵押贷款的产生要么是为了商业购买融资，要么是为了先前的抵押债务再融资。整个贷款市场主要由保险公司和银行主导，主要集中在传统财产类型（多户住宅、零售、办公和工业地产）发放的1 000万～5 000万美元的贷款。

商业抵押贷款使贷款人面临信用风险。对于商业抵押贷款，贷款人依赖于借款人的偿还能力，如果不满足付款条件，贷款人没有向借款人追索的权利。也就是说，商业抵押贷款是无追索权的贷款。因此，贷款人只能指望有收入的房地产作为贷款的担保，以偿还利息和本金。由于信用风险的存在，贷款人依靠各种手段来评估信用风险。衡量潜在信用风险最常用的两个指标是，偿债覆盖率和贷款价值比。

偿债覆盖率（DSCR）衡量的是相对于所需的偿债金额，物业产生收入以偿还贷款债务的能力。更具体地说，这一比率等于房地产的净营业收入（NOI）除以还本付息。净营业收入等于预计租金收入减去现金运营费用（根据重置准备金进行调整）。偿债覆盖率超过1意味着净营业收入足以支付贷款所需的偿债。偿债覆盖率越高，借款人就越有可能通过房地产的现金流偿还债务。

与第29章所述的住宅抵押贷款一样，贷款价值比（LTV）是衡量贷款金额与通过贷款融资的房地产的价值比率。对于住宅抵押贷款，"价值"是指市场价值或评估价值。对于商业房地产，房地产的价值基于我们在本书中提到的基本估价原则。资产的价值是其预期现金流的现值。估值需要预测资产的现金流，并以适当的利率贴现。对于商业房地产的估价，现金流是未来的净利润。贴现率（单一利率）被称为"资本化率"，反映与现金流相关的风险，然后用于计算未来净营运收入的现值。因此，在估计房地产的市场价值时，净营业收入估计值和适当的资本化率可能会发生很大的变化。因此，投资者往往对房地产市场价值的估计以及由此产生的贷款价值比表示怀疑。

对于住宅抵押贷款，只有提前还款罚金抵押贷款为贷款人提供了一些保护，以防止提前还款。对于商业抵押贷款，赎回保护可以采取以下形式：提前还款锁定、提前还款扣分、收益维持费和失效。

提前还款锁定是一种合同协议，它禁止在指定的时间内（称为锁定期）进行任何提前还款。锁定期为2～10年。在锁定期之后，提前偿还保护通常以提前还款扣分或收益维持费的形式出现。

提前还款扣分是如果借款人希望再融资，借款人必须支付的预定罚金。例如，5-4-3-2-1是一种常见的提前还款扣分结构。如果借款人希望在第一年支付5%的违约金，则在第二年必须支付4%的违约金。

收益维持费旨在使贷款人对提前还款丧失兴趣。收益维持费也被称为"全部费用"，使得仅仅为了获得较低的抵押贷款利率而再融资是不经济的。最简单和最具限制性的收益维持费用（"财政部固定收益维持"）根据抵押息票和现行国库券利率之间的差额惩罚借款人。

在失效后，借款人为服务商提供足够的资金投资于一个国库券投资组合，该投资组合复制了在没有预付款的情况下可能存在的现金流。

商业抵押贷款的另一个特点是，它们通常是**大额贷款**，其需要在贷款期限结束时支付大量本金。如果借款人未能全额付款，则借款人违约。贷款人可以延长贷款期限，这样做通常会修改原始贷款条款。在贷款偿还期内，将按违约利率收取较高的利率。由于借款人无法在大额付款日安排再融资，或无法出售房地产以产生足够的资金偿还大额余额，借款人将无法进行大额付款的风险称为**大额风险**。由于贷款期限将由贷款人在贷款偿还期内予以展期，大额风险也被称为展期风险。

31.6 公共商业房地产债券

公共商业房地产债券包括投资于抵押贷款债务的商业抵押担保证券和房地产信托投资基金等结构。后者将在第 32 章讨论，投资于抵押贷款债务的房地产投资信托基金只占房地产投资信托基金市场的一小部分。下面我们介绍商业抵押担保证券。

在关于商业抵押担保证券市场的讨论中，参与者区分发行的商业抵押担保证券的类型（交易结构）如下所述。全球金融危机前被称为"CMBS 1.0"，随后几年被称为"CMBS 2.0"。

1. 商业抵押担保证券

许多类型的商业贷款可以由贷款的发起人以商业整体贷款的形式出售，也可以结构化为商业抵押担保证券交易。商业抵押担保证券是由本章前面描述的一个或多个商业抵押贷款支持的证券。在商业抵押担保证券中，几乎任何规模（单笔房产交易从小到 100 万美元到高达 2 亿美元）的贷款都可以证券化。

在美国，商业抵押担保证券和第 30 章所述的住宅抵押贷款证券一样，可以由吉利美、房利美、房地美和私人实体发行。吉利美、房利美和房地美发行的所有证券都与它们为住宅提供资金的使命相一致。这包括由养老院项目和医疗设施支持的证券。吉利美发行的证券由美国联邦住房管理局（FHA）提供担保，也就是说，它们为多户型住房贷款投保。这些贷款被称为**项目贷款**。通过这些贷款，吉利美创建项目贷款转手证券。证券可以由一个已完成项目的单个项目贷款或多个项目贷款作为担保。房地美和房利美从批准的贷款人手中购买多户型住房贷款，要么将其保留在其投资组合中，要么将其用作担保品。这与这两个实体处理他们获得的单户住宅抵押贷款没有什么不同。尽管由吉利美、房利美和房地美支持的证券构成了住宅抵押贷款支持证券市场最大的板块，但迄今为止，由私人实体发行的证券构成了商业抵押担保证券市场的最大板块。

商业抵押贷款担保由新产生的或经验丰富的商业抵押贷款支持，大多数商业抵押贷款担保由新发放的贷款支持。商业抵押担保证券可按贷款池的类型进行分类，第一类商业抵押担保证券由单一借款人担保的贷款组成，通常，此类商业抵押担保证券由大型房地产支持，如区域性商场或写字楼，这类商业抵押贷款的投资者是保险公司。第二类商业抵押担保证券由多个借款人贷款支持，这是最常见的一种商业抵押贷款，由各种不同的房地产类型支持，由多个借款人提供商业抵押贷款支持的最普遍的交易形式是渠道交易，这些交易是由投资银行创建的，这些公司与抵押贷款银行建立了一种渠道安排，专门用于商业抵押贷款的证券化（创建商业抵押贷款证券化）。抵押贷款银行利用投资银行提供的资金发放和承销贷款。有多个借款人商业抵押担保证券交易将渠道交易中包含的贷款与大额或"巨额"贷款合并在一起。这些商业抵押担保证券交易被称为**融合交易**或**混合交易**。融合交易主导美国商业抵押担保证券市场，在美国以外是一个重要但非主导的交易。

在欧洲，全球金融危机的后果之一是简化了交易，即只包括一笔大额商业贷款，而不是多笔规模不等的商业贷款。支持商业抵押担保证券的单一大额贷款的一个例子是 2013 年 7 月由私营零售商玩具反斗城（Toys R Us）零售店提供支持的 2.63 亿英镑（该公司于 2017 年 9 月宣布破产）。欧洲的问题是，鉴于可能没有足够规模的发行人来支持商业抵押担保证券，单一的大额贷款商业抵押担保证券是不可持续的。

我们在第 30 章中解释了私人标签住宅抵押贷款支持证券是如何构建以重新分配信贷风险的，商业抵押担保证券交易的结构大致相同。不同的债券类别或部分被创建，瀑布法则也适用于利息、本金和损失的分配。商业抵押担保证券的交易结构与私人标签的住宅抵押贷款支持证券结构相同，两者的大多数结构都有具有不同评级的多个债券类别（部分），并且存在向债券类别分配利息和本金的规则。然而，两者具有三个主要的差异，而这些差异来自基础贷款的特点[⊖]。

首先，正如前面在讨论私人商业房地产债务时所解释的，商业抵押贷款的提前还款条款与住宅抵押贷款的提前还款条款有很大不同。前者对提前还款施加提前还款罚款或限制。尽管一些住宅抵押贷款有提前还款罚款，但它们只占市场的一小部分。在构建商业抵押担保证券时，对于债券持有人之间的任何提前还款罚金的分配有规则。此外，如果撤销发生，商业抵押担保证券的信用风险就消失了，因为它接下来由美国国债支持。

其次，结构上的差异源于商业抵押贷款和住宅抵押贷款，在发生违约时服务商角色的显著差异。对于商业抵押贷款，当借款人违约、即将违约或违反契约时，贷款可由服务商转让给"特殊服务商"。这里的关键是贷款可以在违约迫在眉睫时转移。特别服务机构有责任在即将违约的情况下修改贷款条款，以降低违约的可能性。在即将违约的情况下，住宅抵押贷款没有类似的功能。特殊服务机构在商业抵押贷款中可能采取的特定行动选择通常会对商业抵押担保证券结构中的各种债券类别产生不同的影响。此外，在贷款期限结束时未能支付大额贷款，可能会导致违约，不同的贷款可能有不同的机制来处理此类违约。因此，在构建商业抵押担保证券交易时，必须将大额风险考虑在内，因为大额支付的巨大规模可能会对结构的现金流产生相当大的影响。在构建住宅抵押贷款支持证券制度时，大额风险不是必须要处理的问题。

商业抵押担保证券和住宅抵押贷款支持证券在结构上的第三个不同之处在于，在构建结构时，买方的角色是不同的。具体而言，对于商业抵押担保证券而言，发行人通常会在交易结构形成之前寻找初级债券类别的潜在买家。潜在买家审查拟议的抵押贷款池，在审查过程中，根据市场对商业抵押担保证券产品的需求，可能会要求从组合中删除一些贷款。在构建过程中的这一阶段，人们在住宅抵押贷款支持证券交易中找不到，这为高级买家提供了额外的保障，特别是因为一些初级买家往往是知识渊博的房地产投资者。

2. 商业抵押担保证券交易实例

在第 30 章中，我们讨论了如何创建代理抵押贷款债券和私人标签抵押贷款债券。商业抵押担保证券交易的结构大致相同。有不同的债券类别或部分，并且有关于利息、本金和损失分配的规则。

表 31-1 显示了商业抵押担保证券交易的债券类别，美国银行商业抵押贷款信托基金 2006-

[⊖] David P. Jacob, James M. Manzi, and Frank J. Fabozzi, "The Impact of Structuring on CMBS Bond Class Performance," in *The Handbook of Mortgage-Backed Securities*, ed. Frank J. Fabozzi, 6th edition (New York: McGraw-Hill, 2006), chapter 6.

1。只有向公众提供的债券类别才得到显示评级。每个债券类别的信用评级都会显示出来。对于所提供的债券类别，本次 CMBS 交易中的高级证书为 A-1 级、A-2 级、A-3A 级、A-3B 级、A-4 级、A-1A 级和 XP 级证书。初级证书为 A-M 级、A-J 级、B 级、C 级和 D 级。补充招股说明书中规定的从属关系（信用支持）、支付优先权和损失分配顺序如图 31-1 所示。

表 31-1　商业抵押担保证券交易：美国银行商业抵押贷款信托基金 2006-1

等级	余额（美元）	票面利率（%）	穆迪/标准普尔评级	等级	余额（美元）	票面利率（%）	穆迪/标准普尔评级
A-1	81 500 000	5.219	Aaa/AAA	A-M	203 766 000	5.421[①]	Aaa/AAA
A-2	84 400 000	5.334	Aaa/AAA	A-J	142 637 000	5.46[①]	Aaa/AAA
A-3A	130 100 000	5.447	Aaa/AAA	XP	1 989 427 000	0.340 6[②]	Aaa/AAA
A-3B	25 000 000	5.447	Aaa/AAA	B	20 377 000	5.49[①]	Aa1/AA+
A-4	616 500 000	5.372[①]	Aaa/AAA	C	22 924 000	5.509[①]	Aa2/AA
A-1A	355 399 000	5.378[①]	Aaa/AAA	D	20 376 000	5.642 4[③]	Aa3/AA-

资料来源：补充招股书。
① A-4 类、A-1A 类、A-M 类、A-J 类、B 类和 C 类证书将按固定利率计息，但以加权平均净抵押贷款利率为上限。
② D 类债券将按加权平均净抵押贷款利率减去 0.134% 计息。
③ 如补充招股说明书所述，XP 类证书将按其相关名义金额计息。

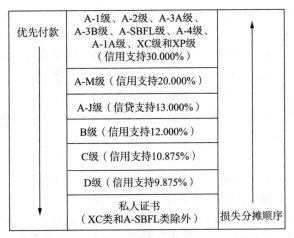

图 31-1　2006-1 美国银行商业抵押贷款信托的从属（信用支持）、支付优先权和损失分配顺序

抵押贷款池包括 192 笔贷款，一笔贷款可以用于多个房产。债券类别的发行文件将按类型披露抵押房地产的数量，以及抵押贷款池中最大的 10 笔贷款，以及发行时的偿债比率。

3. 商业抵押担保证券市场交易

有人可能会认为，由于商业抵押担保证券和住宅抵押贷款支持证券是由抵押贷款支持的，它们在市场上的交易方式也会类似。事实并非如此，主要原因在于，与住宅抵押贷款支持证券相比，商业抵押担保证券为投资者提供了更大的提前还款保护。我们在贷款层面描述了这种保护。在结构层面（当商业抵押贷款被集中起来创建商业抵押担保证券时)，可以创建某些债券类别，以提供更大的提前还款保护。我们描述了在某些住宅抵押贷款支持证券部分抵押贷款债务中这是如何做到的。因此，商业抵押担保证券的交易方式更像是公司债券，而不是住宅抵押贷款支持证券。

31.7 商业房地产市场的投资者

20世纪80年代，机构投资者对商业房地产这一资产类别的兴趣与日俱增。然而，20世纪90年代初房地产价格暴跌带来的困境，导致机构投资者大规模撤出这类资产。此后用了很多年时间向机构投资者证明房地产不会在每次衰退中崩溃。对于任何类别的资产，都有两种收益成分：周期性成分和长期性成分。正是市场的低迷（这是一个周期性因素）吓跑了机构投资者，导致了机构投资者对商业房地产配置的下降。

即使在2008～2009年金融危机之后，鉴于本章前面所讨论的投资商业房地产的几个原因，机构投资者并没有放弃该资产类别。事实上，由于世界各国政府所追求的低利率环境，商业房地产作为一种相对稳定的收益来源，变得更具吸引力。根据养老金房地产协会2015年投资者报告，截至2014年年底，机构投资者对房地产的平均配置占总资产的8.4%，较2013年略有增加。养老金房地产协会的报告指出，对于一些机构投资者来说，远远高于8.4%的分配比例并不少见。

商业房地产与对冲基金和私人股本一样，属于另类资产类别。根据韬睿惠悦咨询公司（Towers Watson）在其"2015年全球另类资产调查"中的数据，对于100家另类资产管理公司而言，房地产占管理总资产的1/3，成为另类资产类别中最大的组成部分。因此，房地产现在已成为"主流另类"的资产。

有研究认为，机构投资者对商业房地产市场的承诺模式与以往周期不同[⊖]。机构投资者对全球商业房地产市场的承诺预期模式发生变化的原因在于投资者行为方式的改变和潜在的基本面表现良好。房地产市场以往周期的变化反映了未来可能继续并加速的新趋势。

在全球金融危机之后的几年里，商业房地产市场吸引了来自两个主要来源的大量资本流入。受全球市场、养老基金、基金会和捐赠基金的低利率激励，第一个来源是房地产的传统机构投资者，他们在寻求收益时，增加了对房地产的配置。第二个来源是非传统机构投资者进入房地产市场。其中一些新机构投资者已经成为市场的重要参与者，对商业地产价值和房地产收益产生了重大影响。尽管其他非传统机构投资者现在也在参与房地产市场，但他们仍处于参与的早期阶段。然而，这些新的市场参与者可能会对市场产生重大影响。

主权财富基金是一个对房地产比较陌生的特别重要的投资者。主权财富基金是一个庞大且快速增长的资本池。根据Preqin（一家提供可变资产数据的公司）的数据[⊖]以及国际货币基金组织的一项研究[⊜]，主权财富基金管理下的总资产从2008年年底的3.07万亿美元增加到2015年5月的6.31万亿美元。根据Preqin的数据，59%的主权财富基金投资于房地产市场。然而，对于规模较大的主权财富基金来说，这一比例要高得多，超过1 000亿美元的主权财富基金会100%投资于房地产。主权财富基金一直是全球房地产市场的投资者，房地产市场对主权财富基金的吸引力在于，它们通常将长期财富保值作为投资目标，而且几乎没有短期负债。因此，某些类型的房地产很适合作为他们的投资目标。由于主权财富基金拥有庞大的资本金池

⊖ See Jim Clayton, Frank J. Fabozzi, S. Michael Giliberto, Jacques N. Gordon, Youguo Liang, Greg MacKinnon, and Asieh Mansour, "New Horizons and Familiar Landscapes: New Capital Sources Confront Shifting Real Estate Fundamentals," *Journal of Portfolio Management* 41, no. 5 (Special Real Estate Issue, 2015): 11–20.

⊖ Preqin, "2015 Preqin Global Real Estate Report," 2015.

⊜ A. Al-Hassan, M. Papaioannon, M. Skanke, and C. C. Sung, "Sovereign Wealth Funds: Aspects of Governance Structures and Investment Management," IMF Working Paper 13-231 (Washington, DC: International Monetary Fund, 2013).

和较长的投资视野，因此人们认为它们参与市场将对房地产市场产生巨大影响。

房地产市场的另一个重大变化是跨境交易的增长。以美元计算，自2009年以来，跨境交易稳步增长。2014年，跨境房地产交易额达3 270亿美元。这一水平的跨境交易占2014年总交易量的46%。资本跨境流动的增加会对跨境市场产生重要影响。有研究认为，外国资本的涌入增加了全世界主要房地产市场的房地产价值，导致收益率下降[⊖]。

到目前为止，我们讨论的是非传统机构投资者作为新的资本来源参与房地产市场的影响，这种新的资本来源的影响力可能会继续增长。不过，一些市场观察人士认为，小投资者可能会给商业房地产市场带来最大的变化。个人（零售）投资者可以通过第32章所述的一个或多个集体工具进入私募股权房地产私人市场。对于个人投资者来说，这些投资选择相对较新。我们认为，个人投资者对房地产投资的目标和约束条件（如流动性）与传统机构投资者不同，个人投资者不仅可以改变房地产的需求，而且可以改变长期市场的特征。

关键知识点

- 商业抵押贷款是用于购买创收性房地产的无追索权贷款。
- 主要的商业房地产类型有多户住宅、公寓楼、办公楼、工业地产（包括仓库）、购物中心、酒店、医疗保健设施（如老年住房护理设施）和林地。
- 商业房地产投资包括四类：①私人商业房地产股权；②公共商业房地产股权；③私人商业房地产债券；④公共商业房地产债券。
- 将商业房地产作为投资组合的一部分的主要原因是：①降低多元化投资组合中的投资组合风险；②产生超过无风险利率的绝对收益；③对冲意外的通货膨胀或通货紧缩；④构成投资组合的一部分，合理反映整个投资领域；⑤为投资组合产生强大的现金流。
- 研究商业房地产是否提供较高的绝对收益或高风险调整收益的研究结果不支持投资这类资产。
- 私人商业房地产权益由投资者作为个人资产或混合工具持有，如私人房地产投资信托基金。
- 大多数国家都有一个或多个房地产指数。
- 公共商业房地产股权结构为房地产投资信托基金或房地产运营公司，这两个实体向公众发行股票，在交易所交易。
- 许多发达国家和发展中国家都有允许设立房地产投资信托基金的立法。
- 股权房地产投资信托基金可分为多元化房地产投资信托基金、行业房地产投资信托基金和专业房地产投资信托基金。
- 公开非交易房地产投资信托基金的结构与传统房地产投资信托基金相同，但不在公共交易所交易，存在以下问题：缺乏流动性、股份赎回被限制、费用高、分配可能来自委托人、缺乏股票价值透明度。
- 私人商业房地产债券作为直接发行的商业抵押贷款持有，包括基金、混合工具或全部贷款（尚未证券化的单一商业抵押贷款），或两者兼而有之。
- 商业抵押贷款是一种无追索权的抵押贷款，用于产生收入的房地产，使贷款人面临信贷风险。

⊖ The first study empirically supporting this view for the office sector is Patrick McAllister and Anupam Nanda, "Does Foreign Investment Affect U.S. Office Real Estate Prices?" *Journal of Portfolio Management* 41, no. 5 (Special Real Estate Issue, 2015): 38–47.

- 衡量潜在信用风险最常用的两个指标是，偿债覆盖率和贷款价值比。
- 商业抵押贷款的赎回保护包括提前还款锁定、提前还款扣分、收益维持费和失效。
- 公共商业房地产债券包括投资于抵押贷款债务的商业抵押担保证券和房地产投资信托基金等结构。
- 商业抵押贷款担保由新产生的或经验丰富的商业抵押贷款支持，该交易由单个借款人的贷款、多个借款人的贷款（称为"渠道交易"）或包含在大额或"大型"贷款渠道交易中的贷款组合（称为融合交易或混合交易）。
- 融合交易主导美国商业抵押担保证券市场，在欧洲，商业抵押担保证券主要由单个大型商业贷款支持。
- 商业抵押担保证券的结构旨在在交易中的债券类别之间重新分配信用风险。
- 尽管经历了2008～2009年金融危机，机构投资者投资组合在商业房地产市场的配置有所增加，新进入者如主权财富基金进入市场。
- 商业房地产是机构投资者分配资金的最大类型的另类资产。

练习题

1. 将商业房地产市场分为四类的理由是什么？
2. 晨星房地产投资信托基金的实际业绩报告显示，房地产投资信托基金2011年9月的实际业绩与房地产公开交易的业绩相比有显著提高私人股本房地产基金，以及其他公共市场属性，如流动性、透明度、监测和获得公共债务和股权融资⊖。解释什么是"以及其他公共市场属性"。
3. 以下声明摘自2012年6月美林的一份出版物：

    房地产历来与其他主要资产类别的相关性较低或呈负相关，为投资者提供了有价值的多元化收益，有助于提高投资者的有效边界。⊜

    请解释这句话。
4. 以下陈述来自里克·费里（Rick Ferri）的一篇在线文章：

    由于租金收入和收入增长相结合，房地产投资信托基金的实际预期收益率为正。房东根据物价上涨的一般水平将通货膨胀率的增加转嫁给房客，这给了房地产业主一种内在的通胀对冲。房地产的价值最终会通过更高的价格反映出更高的租金。⊜

    解释你是否同意这一说法。
5. 解释散户投资者如何获得商业房地产股票市场的敞口。
6. 房地产运营公司与房地产投资信托基金有何不同？
7. 什么是商业抵押贷款？
8. 商业房地产的净营业收入是如何确定的？
9. 为什么投资者会对商业抵押贷款的贷款价值比持怀疑态度？
10. 如果借款人提前还款，哪些类型的提前还款保护条款会导致提前还款溢价被支付？
11. 为什么大额险被称为"延期险"？
12. 构建商业抵押担保证券和住宅抵押贷款支持

⊖ "Commercial Real Estate Investment: REITs and Private Equity Real Estate Funds," Morningstar, September 2011.
⊜ James D. Bowden and Michael R. Smith, "Commercial Real Estate," Merrill Lynch, June 2012.
⊜ Rick Ferri, "REITS and Your Portfolio," Forbes, January 7, 2014. https://www.forbes.com/sites/rickferri/2014/01/07/reits-and-your-portfolio/#1cc300a771ac.

证券交易的主要区别是什么?
13. 美国典型的商业抵押担保证券与欧洲的有什么不同?
14. 为什么商业抵押担保证券在市场上的交易更像是公司债券,而不是住宅抵押贷款支持证券?
15. 以下引述自吉姆·克莱顿(Jim Clayton)等人:

尽管传统机构投资者对房地产持续的和不断增加的投入促进了资本流动,有助于推动房地产价值,对资产类别的未来而言,或许更为重要的是,过去几年来,第二大资本流入来源日益重要(传统上不涉及房地产的资本来源)。[⊖]

a. 商业房地产市场的传统投资者由哪些机构投资者组成?
b. 商业房地产投资者的第二大来源是什么?
16. 为什么现在机构投资者对商业房地产市场的承诺模式与过去房地产周期不同?
17. 一些观察人士认为,未来可能是个人(散户)投资者在商业房地产市场上创造最大的变化。为什么?

[⊖] Jim Clayton, Frank J. Fabozzi, S. Michael Giliberto, Jacques N. Gordon, Youguo Liang, Greg MacKinnon, and Asieh Mansour, "New Horizons and Familiar Landscapes: New Capital Sources Confront Shifting Real Estate Fundamentals," *Journal of Portfolio Management* 41, no. 6 (Special Real Estate Issue, 2015): 12.

第八部分
PART 8

集合投资工具和金融衍生品市场

第 32 章　集合投资工具市场

第 33 章　金融期货市场

第 34 章　期权市场

第 35 章　期货和期权合约的定价

第 36 章　期货和期权合约的应用

第 37 章　场外利率衍生品：远期利率协议、利率互换、利率上限和下限

第 38 章　外汇衍生品市场

第 39 章　信用风险转移工具市场

第32章

集合投资工具市场

学习目标

学习本章后，你会理解：
- 集合投资工具的好处；
- 什么是投资公司，以及不同类型的投资公司的注册投资工具，包括开放式基金（共同基金）和封闭式基金；
- 资产净值是如何计算的；
- 投资公司的股价是如何确定的；
- 投资公司如何依据其投资目标的差异进行划分；
- 什么是交易所交易基金；
- 交易所交易基金和封闭式基金的异同；
- 交易所交易基金份额是如何创造和赎回的；
- 投资者对交易所交易基金份额的使用；
- 什么是对冲基金，以及不同类型的对冲基金；
- 对冲基金的属性；
- 对对冲基金的担忧；
- 房地产投资信托基金的三种类型，包括权益型、抵押型和混合型；
- 房地产投资信托基金的税收优势；
- 什么是风险投资公司，以及它对初创公司的作用；
- 风险投资公司创建风险投资基金的步骤；
- 投资者对风险投资基金的投资承诺。

　　集合投资工具是由资产管理公司管理的产品。这些投资工具涉及如何汇集投资者的资金以及将这些资金如何投资于某些金融资产。投资者在基金投资组合的净资产（资产减去负债）中拥有份额。总的来说，通过集合基金而非直接投资于金融资产的优势是获得更好的投资组合多元化、更好的流动性以及专业资产管理的经验。资产管理公司以收取管理费的形式获得报酬，对于一些集合投资工具，还会获得基于业绩的额外报酬，这被称为"激励费"。

　　本章涵盖的主要集合投资工具是投资公司股票、交易所交易基金、对冲基金、房地产投资信托基金（REIT）和风险投资基金。

32.1 投资公司股票

投资公司是向公众出售基金份额，并将收益投资于多元化的金融资产组合的金融中介机构。每一份份额代表了所持基金一定比例的净资产权益。

美国对投资公司的主要监管机构是证券交易委员会，1940年颁布的《投资公司法》是监管投资公司的主要立法。《投资公司法》对投资公司的定义是"作为发起人，主要从事或拟主要从事'证券'投资、再投资或交易业务。"根据联邦证券法，符合投资公司定义的集合投资工具必须注册。因此，投资公司在技术上被称为受监管投资公司（RIC）。

《投资公司法》将投资公司分为管理型投资公司、单位投资信托、面额凭证公司三类。本章我们关注的是管理型投资公司。这类投资公司通常被构造成公司型或信托型，由董事会或受托人监督投资公司的管理。管理型投资公司的运营由投资顾问承担，投资顾问通常是在美国证券交易委员会注册的独立实体。管理型投资公司分为开放型公司和封闭型公司，它们通常被称为开放式基金和封闭式基金。尽管这两种类型的管理型投资公司通常被称为"共同基金"，但从技术角度讲，只有开放式基金才是共同基金。

32.1.1 开放式基金

开放式基金，通常简称为共同基金，主要是由股票、债券和货币市场工具组成的证券投资组合。共同基金的投资者按比例拥有整个投资组合的份额，由买卖证券的基金投资经理负责管理。

此外，投资组合中每份基金份额的价值或价格称为资产净值（NAV），等于投资组合的市场价值减去共同基金的负债再除以基金投资者拥有的份额数，如式（32-1）所示。

$$\text{NAV} = \frac{\text{投资组合的市场价值} - \text{负债}}{\text{已发行的股份数量}} \tag{32-1}$$

例如，假设一只共同基金共发行了1 000万股，其投资组合资产的市场价值为2.15亿美元，负债为1 500万美元。

则，$\text{NAV} = \dfrac{215\,000\,000 - 15\,000\,000}{10\,000\,000} = 20.00$

共同基金的资产净值或基金价格每天只确定一次，发生在当天收盘时。例如，股票型共同基金的资产净值是由当天的股票收盘价决定的。当天对共同基金的所有新投资或从基金中提取的资金都按收盘时的资产净值定价（当天结束后或非营业日的投资按第二天收盘时的资产净值定价）。如果一天中投资多于提款，共同基金的股票总数就会增加。例如，假设一天开始时，一只共同基金的投资组合的市值为100万美元，没有负债，发行了10 000份份额。因此，该共同基金的资产净值为100美元。假设在一天中，投资者将5 000美元存入基金，并从中提取1 000美元，投资组合中所有证券的价格保持不变。这些交易意味着以5 000美元的存款发行了50份份额（因为每份份额价值100美元），以1 000美元赎回了10份份额。新股发行的净数量等于40份份额。因此，在一天结束时，该基金包含10 040份份额，投资组合的市值为1 004 000美元。资产净值仍为100美元。

相反，如果投资组合中证券的价格发生变化，那么，投资组合的总市值和资产净值都会发生变化。假设在前面的例子中，投资组合的市值在一天内翻倍至 200 万美元。因为存款和取款都是按当天的资产净值定价的，现在是 200 美元（在投资组合市值翻倍后），5 000 美元的存款将购买 25 份额（=5 000/200），而提取的 1 000 美元将减少 5 份额（=1 000/200）。因此，在一天结束时，共同基金有 10 020 股已发行股票（=10 000+25−5）资产净值为 200 美元，投资组合的市值为 2 004 000 美元（=10 020 × 200）。

总体而言，共同基金的资产净值随着投资组合中证券价格的上升或下降而增加或减少。同时，基金发行的份额数量会随着基金的净存款和净提款而增加或减少。基金投资组合的市值在以上两个原因的作用下将会增加或减少。

32.1.2 封闭式基金

封闭式基金（CEF）的份额类似于公司的普通股，封闭式基金的份额最初由承销商发行，发行后的股份数量保持不变。也就是说，在首次发行之后，基金的投资组合经理不会像开放式基金那样买卖封闭式基金份额。相反，这些份额是在交易所市场或场外交易市场等二级市场进行交易的。

投资者可以在首次发行时或在二级市场购买封闭式基金份额，但基金份额只在二级市场出售。封闭式基金份额的价格由基金份额交易市场的供求关系决定。因此，交易封闭式基金份额的投资者必须在购买和出售基金份额时支付经纪佣金。

封闭式基金资产净值的计算方法与共同基金相同。然而，封闭式基金份额的价格是由供求关系决定的，所以价格可以低于或高于每股资产净值。基金价格低于资产净值的交易被称为"折价交易"，而高于资产净值的交易被称为溢价交易。

所以，开放式共同基金与封闭式基金有两个重要的区别。首先，共同基金的份额数量各不相同，因为基金发起人向投资者出售新的份额，并从持有者手中购买份额。其次，共同基金份额的价格总是等于其资产净值。相比之下，封闭式基金发行的份额数量是不变的，因为封闭式基金发起人不会赎回基金份额，也不会向投资者出售新的基金份额，除非是在承销新基金的时候。因此，市场的供给和需求决定了封闭式基金份额的价格，该价格可能高于或低于资产净值。

尽管基金份额价格与资产净值的差异常常令人困惑，但在某些情况下，溢价或折价的原因却很容易理解。例如，一只封闭式基金的份额价格可能会低于其资产净值，因为封闭式基金有大量的内置税收负债，而且投资者会对该基金份额的价格进行贴现以应对未来的税收负债（本章稍后将讨论这一纳税义务问题）。封闭式基金的杠杆和由此产生的风险可能是封闭式基金份额价格低于其资产净值的另一个原因。一只基金的份额价格可能高于其资产净值，因为该基金提供了相对廉价的获取途径、专业的管理能力以及另一国的股票信息，而获取这些信息对于小投资者来说并不容易。

本章接下来将讨论相对较新的交易所交易基金（ETF），对开放式共同基金和封闭式基金发展的威胁。交易所交易基金本质上是混合型封闭式基金，在交易所交易，但份额价格通常与其资产净值非常接近。因为封闭式基金份额的交易就像股票交易一样，对任何投资者来说，买卖封闭式基金份额的成本与买卖股票的成本是类似的。一个显著的费用就是股票经纪人收取的佣金。此外，股票交易市场的买卖价差也是一种成本。

32.1.3 基金销售费用和年度运营支出

共同基金的投资者需承担两种成本。首先是持有费，通常称为销售费。该成本是特定交易（如购买、赎回或交换）中记入投资者借方的"一次性"费用。收费类型与基金的销售或分配方式有关。其次是基金年度运营费用，通常称为费用比率，此项成本包含了基金的费用，其中最大的是投资管理费。这项费用每年征收一次，适用于所有基金和所有类型的分配。

1. 销售费

开放式共同基金的销售费与其分销方式有关。一般存在销售人员（批发）分销和直接分销两种类型。

销售人员（批发）分销是通过中介进行的，如代理人、股票经纪人、保险代理人或向客户提供投资建议和激励的其他实体，这种实体积极进行销售并提供后续服务。**直接分销**即共同基金公司直接销售给投资者。客户通过媒体广告或一般信息联系共同基金公司（最有可能通过免费电话号码或网站），开立账户。在最初或随后一段时期，基金公司很少或完全不会提供投资咨询或服务。

对于销售人员在分销中提供的服务，客户需要承担支付给代理人的销售费用。销售费用被称为**佣金**。传统的佣金模式被称为**前端收费**，因为佣金是在购买当时或购买前扣除的，也就是说佣金是客户实际投资金额与支付给代理商/经销商的金额之差。直接购买共同基金不需要中介销售代理，因此，很少收取销售费用。不收取销售费用的基金叫作**免收销售费的共同基金**。

销售佣金的最近调整是**后端收费**和**水平收费**。前端收费是在购买基金时支付的，而后端收费是在出售或赎回基金份额时支付的。水平收费是每年统一评估。这两种替代方法都向代理商提供了补偿方式。然而，与前端收费不同的是，这两种分配机制都允许客户以资产净值购买基金，也就是说，在投资到股东账户之前，不将任何初始投资借记为销售费用。目前，最常见的后端收费模式是**或有递延销售费用**。在这种方法中，提款的佣金随着持有时间逐渐下降。例如，常见的 3-3-2-2-1-1-0 或有递延销售费用方法是对 1 年后提取的金额支付 3% 的佣金，对第 2 年后提取的金额支付 3% 的佣金，对第 3 年后提取的金额支付 2% 的佣金，依此类推，第 7 年后，提款则不收取任何销售费用。

另一种收取佣金的方法既不是投资时的前端收费，也不是退出时的后端收费（逐渐下降），而是每年以固定比例收费的模式（例如，每年 1% 的佣金），这种方法被称为**水平收费**。这种收费模式对那些收取年费而非佣金（如销售费用）的财务规划者很有吸引力。

许多共同基金公司提供三种类型的基金——前端基金份额（这些基金份额通常被称为"A 类基金份额"）、后端基金份额（被称为"B 类基金份额"）和水平基金份额（被称为"C 类基金份额"），并允许分销商及其客户、投资者选择他们喜欢的基金份额类型。

销售费用实际上是由客户支付给分销商的。那么基金公司（通常被称为基金的"赞助商"或"制造商"）如何覆盖成本并获利呢？投资者承担的另一种成本是基金的年度运营费用。

2. 基金年度运营费用（费用比率）

运营费用，也称为费用比率，由基金发起人每年从投资者的基金余额中借记。年度运营费用包括管理费、业绩报酬费和其他费用三类。

管理费也称为**投资顾问费**，是投资顾问为管理基金投资组合而收取的费用。如果投资顾问为一家独立于基金发起人的公司工作，部分或全部投资顾问费将由基金发起人转移给投资顾问。在这种情况下，基金经理被称为**次级投资者**。管理费因基金类型而异，特别是管理基金的难度。

管理费通常是完全基于基金资产市场价值的固定费用。一些共同基金的管理费用是浮动的，费用随着基金资产市场价值的下降而下降。一些共同基金采取了基于业绩的管理费收费模式，规定如果季度业绩良好，基金经理将收到一笔费用，如果业绩不佳，则该季度的费用将被免除。

1980 年，美国证券交易委员会批准征收固定年费，称为 **12b-1 费用**，通常用于支付分销成本，包括持续代理补偿、营销和广告费用，许多共同基金现在都征收 12b-1 费用。根据相关法律，12b-1 费用每年不得超过基金资产的 1%。12b-1 费用可包括每年高达资产 0.25% 的服务费，以补偿销售专业人员提供的服务或维护股东账户。销售代理商可以获得部分 12b-1 费用的主要原因是激励销售代理在收到基于交易的费用（如前端收费）后继续为其账户服务。因此，12b-1 费用与通过销售人员销售收取佣金的基金类似，而不同于直接出售给投资者的免收销售费基金。部分 12b-1 费用应由基金份额发行者承担的基本原理是提供激励并补偿持续的广告和营销成本。

其他费用主要包括以下费用：①托管费（持有基金的现金和证券）；②转移代理活动费用（在证券的买卖双方之间转移现金和证券以及进行资金分配等产生的费用）；③独立公共会计师费；④董事费。

每年的管理费、业绩报酬费和其他费用的总和称为"费用比率"。基金的所有成本信息，包括销售费用和年度费用，都包含在基金的招股说明书中。

32.1.4 基金的经济动机

在第 3 章中，我们注意到金融中介机构通过对外发行金融债权产品募集资金，然后通过投资获取收益。投资公司是一种金融中介，即汇集个人投资者的资金，然后用这些资金购买证券投资组合。我们还注意到金融中介在金融市场中发挥的特殊作用。金融中介机构提供以下六项中的部分或全部经济功能：①通过多样化降低风险；②降低签订合同和处理信息的成本；③专业投资组合管理；④流动性；⑤多样性；⑥支付机制。我们可以把这些经济功能看作由共同基金提供的。

金融中介机构的第一个经济功能是，通过多样化降低风险。通过投资基金，投资者可以获得足够广泛和数额的证券来降低投资组合风险（我们在第 10 章就降低风险的方式有更具体的描述）。尽管个人投资者也能够获得广泛的证券投资组合，但其多样化程度将受到个人可投资金额的限制。然而，通过投资一家投资公司，投资者就可以以较低的成本有效地获得多元化投资的好处，即使自己可投资的资金数额并不大。

第二个经济功能是降低签订合同和处理信息的成本，因为比起投资者直接、单独与投资顾问谈判，投资者通过购买基金可以以更低的成本获得技术娴熟的金融顾问服务。咨询费较低是因为基金公司管理的资产规模较大，寻找投资经理和获取证券信息的成本下降。此外，证券交易的成本也会降低，因为基金公司能够更好地协商交易成本，基金的托管费和记账管理成本也低于个人投资者。投资基金管理相对个人投资者可获得的利益要多，还享有规模经济带来的好处。

与前两个功能相关的第三个经济功能是共同基金专业化管理。第四个功能是流动性，共同基金可以在任何一天以收盘时的资产净值购买或清算。第五个功能是可获得资产整体的多样性，甚至在一个特定的基金家族中也存在多样性。第六个功能是，货币市场基金和一些其他类型的基金允许投资者根据基金账户开出支票来提供支付服务，尽管这种工具可能在各种方式下受到限制。

32.1.5 按投资目标划分的基金类型

共同基金是为了满足投资者的各种投资目标而发展起来的。总的来说，主要存在股票基金、债券基金、货币市场基金以及其他（几个基金的子类别）等类型。其他基金分类仅限美国、国际（未持有美国证券）或全球（持有美国和国际证券）。还有一些基金被认为是**被动或主动基金**。被动（指数）基金旨在复制一个指数，如S&P 500指数，巴克莱资本综合债券指数，或摩根士丹利资本国际EAFE（欧洲，澳大利亚和远东）指数。这些基金是 *β 产品*。相比之下，**主动基金**通过积极交易基金组合，试图超越指数和其他基金，因此是 *α 产品*。根据美国证券交易委员会和1940年《投资公司法》的要求，众多其他类别基金的目标都需在特定基金的招股说明书中陈述。

股票基金在以下方面有所不同：
- 投资组合中股票的平均市值（市值分为大、中、小三种）；
- 风格（成长型、价值型、混合型等）；
- 部门专业化，如技术、医疗保健或公用事业。

就风格而言，虽然也会考虑其他因素，但一般高市净率和高市盈率的股票被视为成长型股票，低市净率和低市盈率的股票被视为价值型股票。有些风格可能被认为是混合型股票。

债券基金根据其债券发行人（如美国政府、投资级公司、高收益公司）的信誉以及债券的到期日（长期、中期、短期）进行分类。另一类债券基金被称为"市政债券基金"，提供免税的息票利息。这些基金也可以是单一州债券基金（投资组合中的所有债券都由同一州的发行者发行）或多州债券基金。

资产配置型基金、混合型基金或平衡型基金都可同时持有股票和债券。可转换债券基金为投资者提供了另一种选择。

期限为一年或更短的货币市场基金，为抵御利率波动提供了保护。这些基金可能存在一定程度的信用风险，但美国政府发行的货币市场基金除外。这些基金大多可以提供支票开立的特权，除了应纳税的货币市场基金，免税的市政货币市场基金也可开立。

其他发行的基金包括指数基金和基金中基金。正如已经讨论的，指数基金试图被动地复制一个指数。**基金中基金**是投资于同一基金家族中的其他共同基金。

数个机构提供了共同基金的数据。最受欢迎的是晨星（Morningstar）和理柏（Lipper）。它们提供有关基金支出、投资组合经理、基金规模和基金持有量的数据。但是，也许最重要的是，它们提供了业绩（收益率）数据和基于业绩与其他因素的基金排名情况。为了在对等的基础上比较基金的表现，这些公司根据投资目标的一致性将共同基金分为几个类别。晨星和理柏提供的类别相似但不相同。共同基金的数据由一个全国性的共同基金协会——投资公司协会提供。

32.1.6 基金家族的概念

共同基金行业被称为一个**基金家族**、一组基金或一个基金联合体，这一概念彻底改变了基金行业，让许多投资者受益。许多基金管理公司为投资者提供了在同一基金家族中基于不同投资目标的基金的选择。在许多情况下，投资者通过电话可以将他们的资产从一个基金转移到家族中的另一个基金，而成本很低或者没有成本。当然，如果这些资金在一个应税账户中，税收后果可能伴随着出售。虽然关于佣金和其他费用的政策可能适用于基金家族中的所有成员，但投资管理公司在其控制下的不同基金之间的转账可能有不同的收费结构。

大型基金家族通常包括货币市场基金，几种类型的美国债券基金，全球股票和债券基金，广泛分散的美国股票基金，以市值和风格为特色的美国股票基金，以及专门用于特定行业的股票基金，如医疗保健、技术或贵金属公司。根据晨星公司的数据，十大共同基金家族是美国基金、贝莱德公司、哥伦比亚管理公司、富达投资公司、富兰克林邓普顿投资公司、奥本海默基金公司、太平洋投资管理公司（PIMCO）、特罗普莱斯、摩根大通和先锋集团。基金家族也可以在使用其内部顾问的同时使用外部投资顾问。

受监管投资公司的税收

受监管投资公司必须将其至少 90% 的净投资收益（债券息票和股票红利）分配给股东（同时满足其他标准），不包括已实现的资本利得或损失，以获得受监管投资公司资格。在分配给股东之前，它们不需要在基金层面纳税。因此，基金在分配中产生的税款只在投资者层面支付，而不是在基金层面。尽管许多受监管投资公司的投资者选择将这些分配进行再投资，但这些分配对投资者来说是应该纳税的，或者作为普通收入，或者作为资本利得（长期或短期），以相关者为准。

资本收益分配必须每年进行一次，通常在每年年末进行。资本利得分配可能是长期资本利得，也可能是短期资本利得，这取决于基金持有证券的时间是一年还是更长时间。投资者无法控制这些分配的规模，其结果是，对其持有的基金支付税款的时间和金额在很大程度上超出了他们的控制。特别是，一些投资者的撤资可能需要出售基金，这反过来又会导致持有基金的投资者实现资本收益，并承担相应的纳税责任。

基金的新投资者可能会承担纳税义务，即使他们没有获得任何收益。所有在登记日前持有股份的股东都将获得全年的股息和资本利得，即使他们仅持有一天的股份。对资本利得税缺乏控制被视为投资于受监管投资公司的一个主要障碍。事实上，这种税收的不利后果是封闭式基金价格低于票面价值的原因之一。此外，这种税收也是导致交易所交易基金受欢迎的原因之一，下面将对此进行讨论。当然，投资者还必须为收入分配支付普通所得税。

当基金的投资者卖出他们的股票时，他们会实现长期或短期的资本收益或损失，这取决于他们是否至少持有基金一年。

32.1.7　交易所交易基金

开放式共同基金经常受到批评，原因有三点。首先，基金份额是以（且只能以）日终或收盘价进行交易的。具体来说，交易——购买和销售——不能以当天价格进行，而只能以收盘价进行。其次，批评涉及税收和投资者对税收的控制。如前所述，一些基金股东的撤资可能会导致持有头寸的股东因实现资本利得而纳税。最后，有人认为资产管理公司收取的费用过高。

1993 年诞生了一种新的投资工具，它与开放式共同基金有许多相同的特点，但它回应了以上三种批评中的两种⊖。这种投资工具被称为**交易所交易基金**（ETF），是一种类似于共同基金的基金，但交易方式类似于交易所的股票。从某种意义上来说，交易所交易基金类似于封闭式基金，其交易价格高于或低于资产净值。它们为投资者提供 β（被动）产品，以获得以前不容易获得的资产类别和市场部门的风险敞口。截至 2017 年 8 月 25 日，晨星追踪了市场资产总额约 3 万亿美元的交易所交易基金。迄今为止，交易所交易基金最大的资产类别是股票型基金，其价值接近 2.4 万亿美元。

每只交易所交易基金都基于一个基准指数。对于第一代交易所交易基金，其投资组合经

⊖ 尽管在本章中，我们将交易所交易基金视为不同于开放式共同基金的投资工具，但根据《联邦证券法》，从技术上讲，交易所交易基金被视为受监管投资公司。

理通过购买证券和使用第 23 章中描述的衍生工具来寻求匹配基准指数的表现。因此，交易所交易基金的投资组合经理寻求的收益与指数的收益相同。第二代交易所交易基金——目前仅是交易所交易基金市场的一小部分——由积极管理的交易所交易基金组成，其投资组合经理的目标是超越基准指数。

由于交易所交易基金在交易所交易，所以，它的价格由市场供求力量决定。交易所交易基金份额可以通过保证金购买，可以卖空，也可采取用于持有股票的指令类型（如止损指令和限价指令）。甚至还有交易所交易基金作为基础工具而衍生出的期货和期权，我们将在第 33 章对此进行讨论。

与封闭式基金一样，供求力量会导致交易所交易基金的市场价格围绕其资产净值上下波动。如果执行得当，交易所交易基金的资产净值和市场价格之间的偏差将会很小。这是因为被称为**授权参与者**的套利者可以在任何一天以资产净值购买或赎回大量基金份额，从而大大限制了两者的偏离。后面，我们将很快描述授权参与者的关键作用。

对于开放式共同基金和交易所交易基金而言，共同基金或交易所交易基金出售时实现的股息收入和资本收益都应向投资者征税。但是，在赎回的情况下，开放式共同基金可能不得不出售证券（如果现金头寸不足以为赎回提供资金），从而导致持有其份额的人实现资本收益或损失。相比之下，交易所交易基金不需要出售投资组合证券，因为回购是通过交易所交易基金份额与一篮子基础投资组合证券的实物交换来实现的。根据美国税法，该交易所对投资者来说不是应税事件。因此，交易所交易基金的投资者只有在出售其交易所交易基金份额时（以高于原始购买价格的价格），才需要缴纳高额资本利得税。然而，交易所交易基金确实分配了现金红利，并且可能分配有限数量的已实现资本收益，那么这些分配是应纳税的。总的来说，与指数共同基金一样，交易所交易基金通过其较低的投资组合周转率来避免已实现的资本收益及其税收。但与指数共同基金（或其他基金）不同的是，由于赎回方式的独特性，交易所交易基金不会给那些为满足股东赎回要求而持有基金份额的人带来潜在的巨额资本利得税负担。

交易所交易基金的费用比率通常低于具有相同基准指数的封闭式基金或开放式共同基金。这是因为与大多数封闭式基金和开放式共同基金不同，交易所交易基金是被动管理的。此外，由于交易所交易基金的投资组合周转率较低（因为大多数交易所交易基金都是被动管理的），它们的投资组合交易成本通常比封闭式基金或共同基金要低。

32.1.8 交易所交易基金及其发起人的类型

交易所交易基金于 1993 年首次被引入美国金融市场，此后的几年里，可供选择的交易所交易基金的类型全部基于美国股票指数和国际股票市场指数⊖。美国的第一只交易所交易基金是标准普尔存托凭证（SPDR），一种指数基金，旨在跟踪 S&P 500 指数的表现。接下来的一个交易所交易基金被设计用来跟踪 S&P 500 的次级部门，也就是中端的标准普尔存托凭证。随后推出了基于其他美国股票指数的交易所交易基金。其中包括由道富环球投资赞助跟踪道琼斯工业平均指数的"钻石"基金，以及旨在跟踪纳斯达克 100 指数的 QQQs。

如今，有许多交易所交易基金产品不仅可以跟踪股票市场指数，还可以为其他资产类别定制股票市场基准和指数。事实上，雅虎金融有一个专门针对交易所交易基金的网站，叫作

⊖ 第一只交易所交易基金是多伦多证券交易所指数参与份额，在多伦多证券交易所上市，旨在跟踪多伦多证券交易所 35 指数，后来又跟踪多伦多证券交易所 100 指数。

"ETF 中心"，它允许投资者根据不同的标准和基金家族搜索交易所交易基金。

与开放式共同基金和封闭式基金一样，交易所交易基金也有主动和被动管理之分。大多数共同基金和封闭式基金都是主动管理的。相比之下，在交易所交易基金领域，大多数都是被动管理的。显然，主动管理的交易所交易基金具有更高的成本结构，但是可以为投资者提供 α 产品。

32.1.9 创建和赎回交易所交易基金份额的过程

交易所交易基金的目标是使证券组合的表现尽可能接近目标指数，也就是说，交易所交易基金投资组合的资产净值应该尽可能少地偏离其市场价格。这只能在第三方的干预下实现，该第三方负责对交易所交易基金的资产净值和份额价格之间的任何差异进行套利。

以下是对代理在两种不同情况下的套利过程的解释。

场景 1：交易所交易基金的份额价格超过了其投资组合的资产净值（交易所交易基金的份额价格相对较高）。在这种情况下，代理人为产生套利过程而采取的行动将是购买交易所交易基金基础投资组合并出售其份额。

场景 2：交易所交易基金的份额价格低于其投资组合的资产净值（交易所交易基金的份额价格相对较低）。在这种情况下，代理人将购买交易所交易基金份额，并以资产净值出售基础投资组合。

在这两种情况下，代理人行为的结果将是产生有利可图的套利。此外，代理人捕捉潜在套利的行为往往会导致交易所交易基金的份额价格与其投资组合的资产净值非常接近（相等）。

我们称第三方为代理人。事实上，有许多代理机构，都是由其发起人选择的大型机构投资者。因为这些代理人执行套利，他们被称为**套利者**。它们被交易所交易基金发起人保留，以采取上述行动，通过创建和赎回交易所交易基金份额，使份额价格和投资组合资产净值相同，它们被称为授权参与者（AP）。

代理人只有被授权通过向交易所交易基金发起人提供某一特定篮子的证券才能创建份额。这种代理人以此换取交易所交易基金份额的行为，称为**创建单位**。这些单位只能以大的、特定的数量进行交易。在场景 1 中，代理人（授权的专业人员）所采取的行为产生了创建单元。当授权的专业人员将特定数量的交易所交易基金份额交付给其发起人，以换取特定的一篮子证券时，交换的交易所交易基金份额被称为**赎回单位**。在上面的场景 2 中，授权专业人员的行为导致赎回单位。

对于一只主动管理的交易所交易基金来说，上述套利过程变得更加困难。原因是授权的专业人员不知道基础投资组合是什么，因为投资组合被允许偏离基准指数。

32.1.10 追踪交易所交易基金的表现

授权专业人员的任务很关键但看似也很简单，然而，套利过程必须满足一个基本要求，那就是必须准确知道交易所交易基金投资组合的成分和资产净值，并且投资组合中的证券必须在整个交易日持续交易。这种投资组合的一个明显例子是 S&P 500 指数投资组合。指数中的 500 只股票流动性很强，它们的价格和指数的价值在整个交易日都是连续报价的。

⊖ See the web page http://finance.yahoo.com/etf.

⊖ See the web page http://finance.yahoo.com/etf/lists/? mod_id =mediaquotesetf &tab=tab5rcnt=50.

比托和亨德森的一项研究分析了大量在美国交易所交易的交易所交易基金样本[1]，他们的样本包括所有能够从招股说明书中识别出一个基准指数的美国交易所交易基金，并收集了交易所交易基金和基准指数的收益序列。

在他们的研究中，大多数交易所交易基金的日收益率密切跟踪了各自指数的收益率，并显示出与指数的高度相关性。然而，一些交易所交易基金确实又表现出显著的跟踪误差，并且与基准指数的收益率相关性较低。当交易所交易基金的基准指数由流动性较差的资产组成时，这种较差的表现在跟踪误差和与指数收益的相关性方面往往更大。

32.1.11 交易所交易基金的用途

在这本书里，我们描述了不同的资产类别和不同的投资策略。交易所交易基金为散户和机构投资者提供了一种具有成本效益的方式，即通过被动或主动管理的交易所交易基金获得资产类别和行业的敞口。

交易所交易基金可以用来改变美国市场的资产类别。同样，通过使用非美国基准指数的交易所交易基金，投资者可以避免与非美国市场风险敞口相关的托管和交易成本。一个积极的投资组合经理如果想改变对某个市场领域的敞口，可以通过使用被动管理的交易所交易基金来实现。例如，考虑一个正在寻求超越 S&P 500 指数的主动型股票投资组合经理，希望通过增加对其认为将超越其他行业的股票市场的投资来做到这一点。也就是说，经理希望增持该部门的敞口。这可以通过使用适当的交易所交易基金来实现。为了使例子更具体，假设投资组合经理想增持 S&P 500 指数的电信板块，可以通过购买先锋电信服务交易所交易基金的份额来实现，如果做空该交易所交易基金将减少对电信行业的敞口。

32.1.12 对冲基金

如果能够定义什么是对冲基金，比如说，指出《联邦证券法》中对对冲基金的定义，那就太好了。然而，不存在这样的法律定义，也没有任何被普遍接受的定义来描述美国 9 000 家被称为"对冲基金"的私人集合投资实体，这些实体总共投资了超过 1.3 万亿美元的资产。

《财富》杂志在 1966 年首次使用对冲基金这个术语，来描述阿尔弗雷德·温斯洛·琼斯的私人投资基金。在管理投资组合时，琼斯试图通过创建一个投资组合来"对冲"该基金的市场风险，该投资组合在股票市场上的多头和空头数量相等。（正如第 18 章所解释的，卖空股票市场意味着出售非自有股票，并预期价格在未来会下跌。以这种方式构建的投资组合被称为针对股票市场风险的"对冲"。）此外，琼斯认定，根据美国《证券法》，如果投资者是"合格投资者"，他的私人投资合伙人身份将不受美国证券交易委员会的监管。根据《证券法》的定义，合格投资者是指不需要像其他投资者那样通过向美国证券交易委员会提交文件获得保护的投资者[2]。

对冲基金一直受《联邦证券法》管制，直至 2010 年《多德-弗兰克法案》通过。该法案改变了之前因对冲基金为"私人顾问"而获得注册豁免的条例，取而代之以对诸如风险投资基金等几项较窄的注册豁免，下面将对此进行讨论。该法案不仅规定了对冲基金注册的监管变化，还规定了报告和记录要求。更具体地说，该法案授权美国证券交易委员会收集对冲基金数据。制定这些要求不仅是为了保护投资者，也是为了允许金融稳定监督委员会（参见第 2 章）

---

[1] Gerald W. Buetow and Brian J. Henderson, "An Empirical Analysis of Exchange-Traded Funds," *Journal of Portfolio Management* 30, No. 3 (2012): 112–127.

[2] 《1933 年证券法》对被归类为合格投资者的投资者规定了更加具体的标准，目前对细节的讨论并不重要。

使用授权信息，来评估大型对冲基金可能带来的系统性风险。

32.1.13 对冲基金的属性

让我们来看看这些基于对冲基金的贡献而提出的一些定义。乔治·索罗斯是索罗斯基金管理公司的董事长，他的公司为一个私人拥有的对冲基金集团——量子基金集团提供咨询。他对对冲基金的定义如下：

对冲基金从事各种投资活动，它们针对熟练的投资者，不像面向普通大众的共同基金那样受到监管。基金经理的薪酬基于业绩，而不是固定的资产比例。"绩效基金"是一个更准确的描述。[⊖]

总统金融市场工作组由时任总统罗纳德·里根创建，由财政部部长、联邦储备委员会理事会主席、证券交易委员会主席和商品期货交易委员会主席组成，该工作组提出以下定义：

"对冲基金"一词通常用来描述各种不同类型的投资工具，它们具有一些共同的特征。尽管这一术语没有法定定义，但它包括了任何由私人组织、专业基金经理管理、不向公众广泛募集的集合投资工具。[⊜]

英国金融服务管理局基于对冲基金特征提出了如下一个有用的定义，该机构是英国所有金融服务商的监管机构。

该术语也可以通过考虑对冲基金最常见的特征来定义。通常，对冲基金：

（1）被组织成私人投资合伙企业或离岸投资公司；
（2）使用多种多样的交易策略，包括在一系列市场中持仓；
（3）使用各种交易技术和工具，通常包括卖空、衍生工具和杠杆；
（4）向经理支付绩效费；
（5）拥有由富有的个人和机构组成的投资者基础和相对较高的最低投资限额（大多数基金的最低投资限额为 10 万美元或更高）。[⊜]

从以上定义中，我们可以去掉以下关于对冲基金的内容。第一，对冲基金中的"对冲"一词具有误导性。虽然这个词可能适合用来描述阿尔弗雷德·温斯洛·琼斯管理的基金，但它不是今天对冲基金的特征。

第二，对冲基金使用广泛的交易策略和技术，试图获得更高的收益。对冲基金使用的策略可以包括以下一项或多项：

- 杠杆或借入资金的使用；
- 卖空，或在预期金融工具价格下跌的情况下出售不属于自己的金融工具；
- 套利，或同时买卖相关的金融工具，从价格的暂时失调中获利；
- 风险控制，或使用金融工具（如衍生品）来降低损失风险。

风险控制比对冲更普遍。在对冲中，人们通常会考虑消除风险。风险控制意味着风险被

⊖ George Soros, *Open Society: Reforming Global Capitalism* (New York: PublicAffairs, 2000), 100.

⊜ President's Working Group on Financial Markets, *Hedge Funds, Leverage, and the Lessons of Long-Term Capital Management: Report of the President's Working Group on Financial Markets* (Washington, DC: Department of the Treasury et al., April 1999), 1, available at http://www.treasury.gov/resource-center/fin-mkts/Documents/hedgfund.pdf.

⊜ Financial Services Authority, "Hedge Funds and the FSA," Discussion Paper 16 (London: Financial Services Authority, 2002), 8.

减轻到投资者期望的程度。很少有对冲基金采用对冲来消除所有风险。

第三，对冲基金在本书描述的所有金融市场——股票、债券和货币的现货市场以及衍生品市场中运作。

第四，对冲基金的管理费结构由基于被管理资产的市场价值的固定费用和正收益份额组合而成。后者是一种基于绩效的薪酬，称为**激励费**。

第五，在评估对冲基金时，投资者感兴趣的是资产经理创造的**绝对收益**（absolute return），而不是相对收益。投资组合的绝对收益就是实际实现的收益。**相对收益**（relative return）是绝对收益与某个基准或指数收益之间的差额。使用绝对收益而不是相对收益来评估资产经理管理对冲基金的业绩，与评估资产经理管理本章讨论的其他类型投资组合的业绩的标准有很大不同。

32.1.14 对冲基金的类型

不同类型的对冲基金可以用不同的方式分类。马克·安森给出了以下四大分类：市场定向型、企业重组型、收敛交易型以及机会主义型（opportunistic）⊖。

市场定向型对冲基金是一种资产管理公司承担一定"系统性风险"的基金。在市场定向型对冲基金的类别中，包括追求以下策略的基金：股票多头/空头策略、股票市场时机和卖空。

公司重组型对冲基金是这样一种基金，其资产管理人对投资组合进行定位，以利用重大公司事件的预期影响。这些事件包括合并、收购或破产。

收敛交易型对冲基金的策略包括识别价格和收益率的潜在失调，预计价格和收益率将回到或收敛期望值。资产经理对投资组合进行定位，以便从收敛中获益。

机会主义型对冲基金在四大对冲基金类别中覆盖范围最广泛。机会主义型对冲基金的资产经理可以在股票或期货上进行特定的押注，或者他们可以拥有多元化的投资组合。两组对冲基金属于这一类，即全球宏观对冲基金和基金中基金。**全球宏观对冲基金**是基于宏观经济考虑而在世界任何市场进行机会投资的对冲基金。最著名的对冲基金可能就是量子对冲基金。以下是这家对冲基金的资产管理者采用的两种有据可查的策略，它们创造了可观的利润。根据英国1992年的宏观经济状况，该对冲基金押注英镑贬值。事实上，英国政府确实让英镑贬值了。1997年，该对冲基金的宏观经济分析表明，泰国货币泰铢被高估，泰国政府将使其贬值。最后，它在货币上的赌注是对的，因为泰国政府确实让泰铢贬值了。

正如我们在本章前面所解释的，有投资于共同基金的基金，同样，也有投资于其他对冲基金的基金。也就是说，一个基金的投资组合由其他对冲基金的权益组成。

32.2 对金融市场对冲基金的担忧

对冲基金的规模及其投资策略对金融市场的影响使人们对其在金融市场中的作用存在相当大的争议。从积极的一面来看，有人认为它们为市场提供了流动性。美联储的一项研究发现，市场参与者将对冲基金描述为利率期权市场中"一股重要的稳定力量"⊖。（我们将在第34章和第37章描述利率期权。）此外，对冲基金通过参与市政债券市场提供流动性。

⊖ Mark J. P. Anson, *Handbook of Alternative Assets*, 2nd ed. (Hoboken, NJ: John Wiley & Sons, 2006).

⊖ Federal Reserve Board, *Concentration and Risk in the OTC Markets for U.S. Dollar Interest Rate Options* (Washington, DC: Department of the Treasury, Board of Governors of the Federal Reserve System, March 2005), 3.

然而，人们担心的是，对冲基金的活动和投资策略，尤其是过度杠杆的使用，可能导致严重的金融危机（系统性风险）。最著名的例子是1998年9月长期资本管理公司的倒闭，对该公司的研究表明，它使用的杠杆水平为50倍。也就是说，投资者每提供100万美元的资本，长期资本管理公司就能借入5000万美元。该公司之所以能够借这么大一笔钱，是因为放贷者不理解或忽视与该对冲基金投资策略相关的巨大风险。由于长期资本管理公司投资错误而导致其损失的情况并不令人担忧，因为该对冲基金的投资管理者过去都是抓住机会获得丰厚收益的熟练老手。问题是，参与对冲基金活动的真正输家将是向长期资本管理公司放贷的主要商业银行和投资银行。在美联储看来，该公司的潜在失利会带来潜在的可怕后果，因此，美联储为该对冲基金组织了一个救援计划。

在2007年6月，由投资银行贝尔·斯登发行的两个对冲基金崩溃了，即高级结构性信贷策略增强杠杆基金和高级结构性信贷策略基金。这些失利要求发起人贝尔·斯登拯救对冲基金⊖。

由于长期资本管理公司的失利，总统的金融市场工作组为改善对冲基金在金融市场的运作提出了几项建议。其中的主要建议是，向对冲基金放贷的商业银行和投资银行应完善其信贷风险管理举措。

32.3　房地产投资信托基金

房地产投资信托基金是一种收益凭证，代表了一个潜在的房地产资产池的收益。它们类似于封闭式基金，因为收益凭证是公开交易的，市场价格可能不同于房地产投资信托基金的资产净值。就房地产投资信托基金而言，投资组合中的投资品是房地产。房地产投资信托基金的主要优势在于，它们允许投资者获得非流动性资产，而这些资产对于个人投资者来说是很难直接投资的。此外，由于房地产投资信托基金的投资组合中有大量的房地产，相比直接投资房地产，个人投资者能获得更好的分散化投资。

此外，有资格成为房地产投资信托基金的公司具有税收优惠。具体来说，根据美国联邦税法，在确定应税收入时，公司支付的股息不能获得税收减免。因此，公司收入存在双重征税，即在公司层面征税，然后在分配给股东时再次征税。但房地产投资信托基金获得的公司税待遇是不同的，在确定其公司应税收入时，房地产投资信托基金被允许扣除支付给股东的股息再纳税。只有当股息支付给股东时，收入才在个人层面而不是在公司层面征税。大多数州对房地产投资信托基金的收入实行相同的税收待遇。因此，为了避免收入双重征税，大多数房地产投资信托基金遵循股息分配政策，将所有应纳税收入分配给股东，而不缴纳公司税。

为了获得房地产投资信托基金的优惠税收待遇，公司必须满足联邦税法规定的要求。其大部分投资资产必须是真实的房地产相关投资。至于产生的收入，其来源必须来自主要的房地产投资，且至少90%的房地产投资信托基金应税收入必须以股息的形式每年分配给股东。

房地产投资信托基金的投资者包括散户（个人）投资者和机构投资者。散户投资者通过他们的非经常性储蓄、个人退休账户或养老金固定缴款计划进行投资。机构投资者，如固定收益计划和捐赠基金，投资于房地产投资信托基金，以获得商业房地产市场的风险敞口。

房地产投资信托基金ETF的交易基于各种房地产投资信托指数。

⊖ 这些基金主要投资于次级抵押贷款，第30章讨论了2007年夏天的次贷危机。2008年3月，美联储不得不制订一项拯救贝尔·斯登的计划。

房地产投资信托基金的类型

房地产投资信托基金分为：权益型、抵押型和混合型三种。

在一只**权益型房地产投资信托基金**中，基金经理会购买房地产。也就是说，房地产投资信托基金的投资组合由房地产投资信托基金拥有的房地产组成。此外，房地产投资信托基金经理还可以管理、翻新和开发房地产。一只权益型房地产投资信托基金的收入来自持有物业的租金和租赁收入以及任何价格升值。大约90%的房地产投资信托基金是权益型的。

多元化权益型房地产投资信托基金投资于多种类型的房地产。然而，典型的情况是，权益型房地产投资信托基金专注于一种类型的房地产。全国房地产投资信托协会是代表房地产投资信托行业的主要组织，它将权益型信托基金按其专长的财产类型进行分类，这些类别是：

- 专门经营工业和办公物业的工业和办公信托基金；
- 零售房地产投资信托基金，专门从事购物中心、大型购物中心和其他类型的零售物业；
- 住宅房地产投资信托基金，专门从事多户公寓和预制住房开发；
- 专门从事住宿和度假的房地产投资信托基金，持有酒店、汽车旅馆和度假地产的所有权；
- 专门从事自营单位所有权和管理的房地产投资信托基金；
- 专门从事医院和其他卫生保健设施的卫生保健信托基金。

拥有高尔夫球场、林地或监狱等资产的其他权益型房地产投资信托基金不属于上述类别。

房地产投资信托基金市场中一个较小的类别是**抵押型房地产投资信托基金**，产生并持有各种用于购买房地产的房地产债务。因此，抵押型房地产投资信托基金的投资组合包括代表房屋所有者、开发商和购房者融资的投资工具。抵押型房地产投资信托基金不拥有房地产，投资者的收益来自他们所提供融资的利息。

根据房地产的类型，有两种抵押型房地产投资信托基金：住宅或商业房地产。住宅物业包括单户住宅。当对权益型房地产投资信托基金进行分类时，商业房地产包括上面提到的其他类型的不动产。因此，抵押型房地产投资信托基金分为住宅抵押型房地产投资信托基金和商业抵押型房地产投资信托基金。一只**住宅抵押型房地产投资信托基金**主要产生并获得用于购买单户住宅的贷款。目前美国大约有30只这样的房地产投资信托基金。**商业抵押型房地产投资信托基金**主要投资由商业房地产支持的贷款和证券。商业抵押型房地产投资信托基金投资的证券是商业抵押贷款支持证券，我们在第31章讨论过。在房地产投资信托领域，只有大约10%是抵押型房地产投资信托基金。

投资于房地产产权和债务权益的房地产投资信托基金被称为**混合型房地产投资信托基金**。混合型房地产投资信托基金为房地产的收购和开发提供贷款，就像抵押型房地产投资信托基金一样，也像权益型房地产投资信托基金一样，自己购买和开发房地产。一些混合型房地产投资信托基金在其招股说明书中明确说明了它们在权益和抵押贷款融资之间进行分配的情况。其他混合型房地产投资信托基金并不固定所有权和融资之间的分配，而是允许灵活性，以便管理层能够利用市场上发现的机会。

基准指数可用于评估房地产投资信托基金的表现。最受欢迎的指数是富时NAREIT美国房地产指数系列，包括权益型和抵押型房地产投资信托基金。（就指数构建而言，混合型房地产投资信托基金分为权益型和抵押型两种。）子指数可用于衡量上文讨论的不同特殊类别（权益型房地产投资信托基金和抵押型房地产投资信托基金），以及不同类别的权益型房地产投资信托基金。专注于美国房地产投资信托基金的其他房地产投资信托基金指数有摩根士丹利资本国际美国房地产投资信托基金指数、威尔希尔不动产证券指数和标准普尔美国房地产投资信托基金指数。

32.4 风险投资基金

企业家是实体经济中的一个重要参与者，他们开发新的产品和服务。企业家为了将他们的商业计划和设计的任何原型发展到组建一家来具体实施的公司，需要不同数量的资本。但是初创公司通常缺乏可用作贷款抵押品的有形资产，而且在未来几年内不太可能产生正收益。

初创公司的成长阶段是：①早期阶段；②扩张阶段；③收购阶段。在非常早期的阶段，资金通常来自企业家自己的资源，来自家人和朋友的贷款或投资，以及由企业家个人资产抵押的银行贷款。随着公司的扩张，创业者可能会向天使投资人寻求资金。天使投资人拥有大量资金，并将自己的资金投资于初创公司，投资金额为 15 万～200 万美元不等。投资的形式为股权或可转换债权（可转换为股权的债权）。美国广播公司电视网上的真人秀节目《鲨鱼坦克》展示了初创企业家向诸如马克·库班等一些知名投资人推销他们的企业。为了更好地研究和评估初创企业，天使投资人成立了团体或组织。根据天使资本协会的数据统计，北美已有超过 330 个天使团体。

由于企业家需要的资金远超通过贷款和天使投资人所能筹集到的资金，所以，企业家转向风险投资公司募集资金。反过来，这些风险投资公司创建具有集合投资基金属性的风险投资基金。

32.4.1 风险投资公司

风险投资公司是一家机构型管理公司，为那些没有足够跟踪记录来吸引传统渠道的（如公共市场或贷款机构）投资资本的初创公司提供股权融资。风险投资公司通常按经济部门划分专注于初创公司业务的一个或多个阶段。风险投资公司通常专注于产业。

风险投资公司的最终目标（退出战略）是通过收购或首次公开发行出售其投资组合公司的股权。风险投资公司投资一家公司后，就不再是被动的投资者了。相反，他们要么以顾问的身份，要么作为公司董事会的代表，发挥积极的作用。公司的发展受到监控，企业家和管理团队的激励计划得以设计和实施，初创公司的财务目标得以确立。除了为他们投资的公司提供指导，风险投资公司通常有权雇用和解雇核心经理，包括初创企业家。

32.4.2 投资风险投资基金

为了获得投资初创公司的资金，风险投资公司从个人和机构投资者那里筹集资金。投资者不投资于风险投资公司，而是投资于该公司管理的特定基金，称为**风险投资基金**。

风险投资基金通常以有限合伙企业的形式构建⊖。**有限合伙企业**又分普通合伙人（风险投资基金中的风险投资公司）和有限合伙人。该基金的收入和资本收益不在合伙企业层面纳税，而是向投资者征税。普通合伙人负责管理基金，即评估和选择风险投资基金投资的公司组合。基金的所有合伙人将在有限合伙企业成立时承诺特定的投资金额。当投资者履行他们的承诺协

⊖ 另一种法律结构是有限责任公司。

议时，风险投资公司获得投资的现金。与本章讨论的其他集合投资工具中的投资者不同，风险投资基金的投资者必须是长期投资者，通常至少持有 10 年。有限合伙人仅在普通合伙人要求其缴纳现金时，才需缴纳。这被称为履行承诺，是由普通合伙人通过资本请求实现的。当创业公司被确定为风险投资基金的管理团队想要投资的公司时，普通合伙人将做出资本请求。资本不仅由有限合伙人出资，也要由普通合伙人和风险投资公司出资。通过投入自己的资本，风险投资公司将其利益与投资者和公司的利益关联起来，减少委托代理问题。

风险投资公司在管理风险投资基金时收到的费用是管理费和利润分成或激励费。大多数风险投资基金的管理费为 2%～2.5%，用于支付风险投资公司的营运费用。利润分成或激励费是风险投资公司的主要收入来源，它为公司提供了基金产生的利润份额，通常为 20%，但也存在高达 35% 的激励费。

32.4.3 风险投资基金的成立步骤

以下是风险投资公司成立风险投资基金的几个步骤。第一步是向外部投资者筹资，尽管这一阶段的持续时间因风险投资公司的声誉和经济状况而异，但筹资通常需要 6 个月～1 年的时间。

一旦筹集到资金，基金就会"封闭"，第二步就开始了。这一阶段包括公司的管理团队为评估候选创业公司的潜在吸引力而进行的尽职调查。这一阶段可能需要长达 5 年的时间，在此期间，风险投资基金不会产生任何利润。相反，由于根据有限合伙人做出的承诺，需要支付管理费，所以基金会出现损失。

第三步包括投资初创公司。风险投资公司的管理团队决定给每个创业公司投入多少资金，以及投资应该采取什么形式。投资通常以可转换优先股或可转换债券的形式进行。在这一阶段，普通合伙人（风险投资公司）将向风险投资基金的有限合伙人（外部投资者）履行资本要求，以提取承诺的出资资金。在这一阶段，基金仍然没有产生收入。

第四步是投资基金创建公司投资组合，这一阶段几乎持续到基金的期末。在此期间，风险投资管理团队继续运作，因为它可能会参与前面讨论的几项活动。此外，基金在这一时期有望开始创收。

第五步是风险投资基金的清盘和清算。到这个阶段时，所有承诺的资本都已投入，风险投资基金正从其公司投资组合中获得财务收益。投资组合中的每家公司最后都是通过首次公开发行在公开市场出售或通过法定破产清算程序进行清算的。有限合伙人和风险投资公司（普通合伙人）将获得相应的利润份额（就风险投资公司而言，就是激励费）。

关键知识点

- 集合投资工具是资产管理公司通过汇集资金和管理（投资）这些资金而创造的产品，该公司通过管理费和可能的激励费获得补偿。
- 散户和机构投资者投资于集合基金，因此在基金净资产中占有权益。
- 与金融资产的直接投资相比，集合投资工具的优势在于获得更好的投资组合多元化、更好的流动性、专业的资产管理的经验以及可能有利的税收待遇。
- 投资公司向公众出售基金份额，并将收益投资于多元化的证券投资组合，每一份份额代表了所持基金一定比例的净资产权益。

- 投资公司必须在美国证券交易委员会注册，因此被称为"注册投资公司"。
- 根据联邦证券法，投资公司的一种类型是管理型投资公司，它既可以是公司型也可以是信托型。
- 管理型投资公司进一步分为开放式基金（也称为"共同基金"）和封闭式基金。
- 有很多不同投资目标的基金可供选择，证券法要求基金在招股说明书中明确规定其投资目标，其目标要确定基金将购买和持有的资产类型。
- 开放式共同基金和封闭式基金提供了与金融中介相关的两个重要经济功能：通过多样化投资降低风险以及降低合同签订和信息处理成本。货币市场基金允许股东根据他们的基金份额开出支票，从而提供一种支付功能，这是金融中介的另一种经济功能表现。
- 投资公司受到广泛监管，其中大部分监管发生在联邦层面。关键立法是1940年颁布的《投资公司法》。
- 有关监管条例的最重要特点是，如果基金收益在相对较短的时间内分配给投资者，其收益可以免税。即使考虑到这种特殊的免税地位，也有必要认识到监管条例适用于基金管理的许多特点，包括销售费用、资产管理、多元化程度、分配和广告。
- 交易所交易基金克服了开放式共同基金的两个主要缺点，即共同基金交易的定价只能在交易日结束时进行，以及税收效率低下。
- 交易所交易基金与开放式共同基金的相似之处在于，它们都基于资产净值进行交易，但与开放式基金不同的是，它们可以像股票一样进行交易。
- 每只交易所交易基金有一个发起人，交易所交易基金的资产经理负责管理投资组合，以便尽可能复制基准指数的收益。
- 尽管"对冲基金"作为私人投资实体的定义并没有被普遍接受，但这些实体都使用杠杆、卖空、套利和风险控制等手段来寻求更高的收益。
- 尽管在描述这些实体时使用了"对冲"一词，但它们并没有完全对冲自己的头寸。
- 2010年的《多德－弗兰克法案》要求对冲基金在美国证券交易委员会注册，并对它们提出了某些报告要求。
- 对冲基金可以分为市场定向型、企业重组型、收敛交易型以及机会主义型。
- 与对冲基金相关的公共政策担忧是杠杆的过度使用。
- 房地产投资信托基金是公开交易的收益凭证，代表一个潜在的房地产资产池的收益。与封闭式基金类似，房地产投资信托基金的市场价格可能不同于资产净值。
- 三种类型的房地产投资信托基金是权益型房地产投资信托基金、抵押型房地产投资信托基金和混合型房地产投资信托基金。大约90%的房地产投资信托基金是权益型房地产投资信托基金。
- 权益型房地产投资信托基金的经理可以购买、改造和开发房地产。这类房地产投资信托基金的收入来自持有物业的租金和租赁收入以及任何所持资产的升值。
- 权益型房地产投资信托基金基于购买的投资组合财产类型而有所区别。例如，有针对工业和或办公物业的房地产投资信托基金、针对零售物业的房地产投资信托基金、针对住宅房地产投资信托基金、针对住宿和度假的房地产投资信托基金以及针对健康养老的房地产投资信托基金。
- 抵押型房地产投资信托基金通过发起或通过获取贷款和投资抵押相关证券为房地产提供融资。
- 混合型房地产投资信托基金既投资房地产又提供融资。
- 风险投资公司为初创公司提供融资，它们按照行业和初创企业的融资阶段进行专业化运作。
- 风险投资公司创建风险投资基金，并为此寻找投资者。风险投资基金的投资者承诺

- 一定的投资金额，但只有在风险投资公司做出资本要求时，才需要提供现金。
- 风险投资基金的资本不仅由外部投资者投入，也由风险投资公司本身投入，这有利于协调外部投资者和风险投资公司的利益。
- 风险投资基金的最后阶段是清盘和清算阶段。每个投资组合公司都被出售，通过首次公开发行上市，或者通过合法的破产清算程序进行清算。利润被分配给所有投资者，激励费被支付给风险投资公司。

练习题

1. 一家投资公司拥有 105 万美元的资产，5 万美元的负债和 1 万股流通股。
   a. 它的资产净值是多少？
   b. 假设该基金还清了债务，同时其资产价值翻了一番。投资 5 000 美元的投资者将获得多少基金份额？
2. a. "开放式基金的资产净值在整个交易日都是连续确定的。"你是否同意这种说法，并进行解释。
   b. "封闭式基金总是以其资产净值进行交易。"你是否同意这种说法，并进行解释。
3. 为什么封闭式基金的价格会偏离其资产净值？
4. a. 解释如下概念：前端收费、后端收费、水平收费、12b-1 费用、管理费。
   b. 为什么共同基金有不同类别的份额？
5. 什么是基金中的基金？
6. 共同基金会产生什么成本？
7. 为什么共同基金的投资者可能面临资本收益产生的潜在纳税义务？即使投资者没有从这种投资中受益。
8. 投资公司是否可以提供个人投资者无法提供的任何经济功能？解释你的答案。
9. 什么是交易所交易基金？
10. 相对开放式和封闭式投资公司，交易所交易基金有哪些优势？
11. 交易所交易基金的授权参与者起什么作用？
12. a. 为什么"对冲基金"中的"对冲"一词会产生误导？
   b. 美国《证券法》中是如何定义"对冲基金"一词的？
13. 对冲基金、风险投资基金或房地产投资信托基金的资产管理人收取的管理费结构与共同基金有何不同？
14. 《多德-弗兰克法案》如何影响对冲基金的监管？
15. 一些对冲基金称它们的策略为"套利策略"，为什么这种说法会产生误导？
16. 什么是"收敛交易型对冲基金"？
17. 总统金融市场工作组关于对冲基金的主要建议是什么？
18. 两个投资者正在争论房地产投资信托基金的投资类型。一位投资者认为，房地产投资信托基金是房地产的投资者。另一位投资者认为，房地产投资信托基金为购买房地产提供融资。两个投资者问你谁是对的，你会如何回应？
19. 抵押型房地产投资信托基金的两种类型是什么？
20. 风险投资公司不仅为初创公司提供融资，请解释公司管理团队执行的其他活动。
21. 风险投资基金募集资金与其他集合投资工具有何不同？
22. a. 当风险投资基金以合伙人的身份组建时，谁是有限合伙人，谁是普通合伙人？
   b. 当风险投资基金的普通合伙人向有限合伙人发出资金请求时，这意味着什么？
23. 什么是风险投资基金的退出策略？

第 33 章

金融期货市场

学习目标

学习本章后，你会理解：
- 什么是衍生品合约；
- 衍生品的类型；
- 什么是期货合约；
- 期货合约的基本经济功能；
- 期货与远期合约之间的差异；
- 清算所的作用；
- 期货合约的盯市制度和保证金要求；
- 衍生品的"风险分担安排"是什么意思；
- 衍生品的"保险安排"是什么意思；
- 美国基于市场整体的股指期货合约、单一股票期货合约和基于小范围市场的股指期货合约的合同规范；
- 主要利率期货合约的合约规范；
- 货币远期和期货合约；
- 期货合约在金融市场中的作用。

　　在本书这一部分的最后七章中，我们将介绍被称为金融**衍生品**或简称为衍生品的金融工具。衍生品的价格或价值来源于某项基础资产、参考利率或指数的价值。我们可以简单地将基础资产、参考利率或指数作为"标的"资产。衍生品的经济目的是通过将风险转移给愿意接受不必要风险的另一方，从而为控制某些风险提供有效的工具。因此，衍生品被称为"风险转移工具"。全球衍生品市场的发展是对股票价格和利率波动导致的有效风险转移机制需求的回应。正如我们将在本书的这一部分讨论衍生品时所看到的，一些衍生品提供了一种**风险分担**安排，而另一些则提供了一种**保险**安排。

　　衍生品分为期货、远期、期权和互换。我们在本章和下一章的重点是介绍期货和远期合约。这里我们提供了相关基础知识，一些更重要的金融期货合约，以及它们在金融市场中的作用。我们将期货定价及其应用的相关阐述分别推迟到第 35 章和第 36 章。

期货合约可以分为商品期货合约和金融期货合约。商品期货包括农业商品（如谷物和牲畜）、进口食品（如咖啡、可可和糖）和工业商品。基于金融工具或金融指数的期货合约被称为金融期货。金融期货可以分为：①股指期货；②利率期货；③货币期货。

世界上三大衍生品交易所是芝加哥商业交易所、纽约泛欧交易所和欧洲期货交易所。从历史上看，期货合约的交易一直是通过公开叫价进行的，在这种环境中，交易者和经纪人在交易大厅或交易圈中大声叫价和出价。尽管公开叫价一直是交易特定类型期货合约的主要方式，但自2004年以来，美国许多金融期货的交易已经转向电子交易平台，市场参与者在计算机交易系统上发布他们的出价。美国境外的期货合约交易是在电子平台上进行的。

33.1 期货合约

期货合同是买方和卖方之间的协议，其中：
（1）买方同意在指定的期限结束后以特定的价格接收某种东西；
（2）卖方同意在指定的期限结束后按特定的价格交付某种东西。

在签订期货合约时，没有人买卖任何东西。相反，合约双方同意在指定的未来日期购买或出售特定数量的特定物品。当我们谈到合约的"买方"或"卖方"时，我们只是采用了期货市场中的术语，实际上就是承担未来期货义务的合同当事人。

让我们仔细看看期货合约的关键要素。双方同意在未来交易的价格称为期货价格。双方必须交易的指定日期是结算日或交割日。双方同意交换的"东西"是标的物。

举例来说，假设一份期货合约在一个交易所交易，交易的标的资产是XYZ，结算日是3个月后。进一步假设鲍勃买了这个期货合约，莎莉卖了这个期货合约，他们同意未来交易的价格是100美元。那么100美元就是期货价格。在结算日，莎莉将把资产XYZ交给鲍勃，鲍勃会给莎莉100美元，这就是期货价格。

当投资者通过购买一份期货合约（同意在未来购买）在市场上建仓时，该投资者被称为持有多头头寸或多头期货。相反，如果投资者的持仓是出售一份期货合约（这意味着在未来出售某些东西的合约义务），投资者被称为持有空头头寸或空头期货。

如果期货价格上涨，期货合约的买方将实现利润。如果期货价格下跌，期货合约的卖方将获得利润。例如，假设鲍勃和莎莉在期货合约中建仓一个月后，资产XYZ的期货价格上升到120美元。期货合约的买方鲍勃可以出售期货合约，实现20美元的利润。实际上，他已经同意在结算日以100美元买入资产XYZ，以120美元卖出资产XYZ。期货合约的卖方莎莉将会损失20美元。

如果期货价格跌至40美元，莎莉买下合约，她实现了60美元的利润，因为她同意以100美元出售资产XYZ，现在可以以40美元的价格购买，鲍勃会意识到损失了60美元。因此，如果期货价格下跌，期货合约的买方出现亏损，期货合约的卖方实现利润。

33.1.1 清算头寸

根据合同，在合约结算月中有一个预先确定的时间停止交易，其价格是由从事合约结算的交易所决定的。离结算日期最接近的合约称为附近期货合约。下一个期货合约是在附近期货合约之后结算的合约。在时间上离结算日最远的合约被称为**最远（递延）期货合约**。

期货合约的一方有两种清算头寸的选择。一种选择是头寸可以在结算日之前清算。为此，该方必须在同一合约中抵消头寸。对期货合约的买方来说，这意味着卖出相同数量的同一种期货合约；对期货合约的卖方来说，这意味着买入相同数量的同一种期货合约。

另一种选择是等到结算日交易。这个时候，购买期货合约的一方接受标的的交付，卖出期货合约的一方通过约定的价格交付标的资产来清算头寸。对于我们将在本章后面描述的一些期货合约，结算只以现金进行。这些合约被称为现金结算合约。

衡量合约流动性的一个有用的统计数据是已经签订但尚未清算的合约数量，也被称为未平仓合约数量。

交易所公布所有在其平台交易的未平仓期货合约的数量。

33.1.2 清算所的作用

与每个期货交易所都相关的是清算所，它具体有几项功能。其中之一是保证交易双方履行合约。要了解这一功能的重要性，可以从买方鲍勃和卖方莎莉双方的角度考虑前面所描述的期货交易中可能存在的问题。双方必须考虑对方在结算日履行合约的能力。假设在结算日，资产XYZ在现货市场的价格是70美元，莎莉可以用70美元买下资产XYZ，然后把它交给鲍勃，而鲍勃又必须付给她100美元。然而，如果鲍勃没有能力支付100美元或拒绝支付，莎莉就失去了实现30美元利润的机会。相反，假设资产XYZ在结算日的现货市场价格为150美元，在这种情况下，鲍勃准备好并愿意接受资产XYZ的交付，并支付商定的价格100美元。如果莎莉不能交付或拒绝交付资产XYZ，鲍勃就失去了实现50美元利润的机会。

清算所的存在就是为了解决这个问题。当有人在期货市场上建仓时，清算所将持有相反的头寸，并同意满足合同中的条款。因为有了清算所，双方不必担心对方的财务实力和诚信。一项命令首次执行后，双方的关系就结束了。清算所将自己定位为每次销售的买方和每次购买的卖方。这样，双方就可以自由地平仓，而不必让另一方参与原始合同，也不用担心另一方可能违约。这种功能被称为**担保功能**。

除了其担保功能，清算所还使期货合约的当事人在结算日之前平仓（冲销）变得简单。假设鲍勃想摆脱他的期货头寸，他不必去找莎莉，也不必和她达成协议来终止原来的合约。相反，鲍勃可以通过出售相同的期货合约来平仓。就清算所而言，它的记录将显示鲍勃买卖了相同的期货合约。在结算日，莎莉不会将资产XYZ交付给鲍勃，但会根据清算所的指示，交付给购买且仍持有未平仓期货头寸的人。同样，如果莎莉想在结算日前平仓，她可以购买一份相同的期货合约。

清算所对衍生品市场成功的重要性无论怎样强调都不为过。正如第37章将解释的，一些衍生品引发了人们对交易对手风险越来越多的担忧，尤其是在金融危机和雷曼兄弟公司破产之后。因此，国际协定力求确保一个有效的清算所机制得以实施。

33.1.3 保证金要求

当在期货合约中第一次建仓时，投资者必须按照交易所规定的每份合约的最低金额缴款。这一金额被称为初始保证金，是签订合约所需的订金。个体经纪公司可以在交易所设定的最低保证金之上自由设定保证金要求。初始保证金可以是有息证券的形式。随着期货合约的价格在每个交易日波动，投资者在期货头寸中的权益价值也会发生变化，期货账户中的权益是账户的所有保证金和所有每日收益减去所有每日损失的总和。我们将在下面阐述这个重要概念。

在每个交易日结束时，交易所决定期货合约的结算价格。结算价格不同于收盘价，后者是许多人从股票市场上知道的,是当天最后一笔交易中证券的价格(当天交易发生时)。相反,**结算价格**是交易所认为代表当天最后交易的价值。这个代表价格实际上可能是当天最后一笔交易的价格。但是,如果在一天结束时有一系列的交易,交易所会查看过去几分钟的所有交易,并确定这些交易的中间价格或平均价格。交易所利用结算价格对投资者的头寸进行市场定价,这样头寸的任何收益或损失都会迅速反映在投资者的权益账户中。

维持保证金是由于不利的价格变动,在要求投资者存入额外保证金之前,投资者保证金账户中权益头寸可保持的最低水平(由交易所规定)。存入的额外保证金称为变动保证金,它是将保证金账户中的权益恢复到初始保证金水平所必需的金额。与初始保证金不同,变动保证金必须是现金,而不是生息工具。投资者可以提取保证金账户中的任何超额保证金,如果期货合约的一方没能在24小时内存入变动保证金,交易所将关闭期货头寸。

尽管对保证金购买证券有初始保证金和维持保证金的要求,但保证金的概念对于证券和期货是不同的。当证券以保证金方式获得时,证券价格和初始保证金之间的差额从经纪人处借入。购买的证券作为贷款的抵押品,投资者支付利息。对于期货合约来说,初始保证金实际上是一笔诚信资金,表明投资者将履行合约义务。通常,持有期货头寸的投资者不会借钱。

为了说明逐日盯市程序,让我们假设资产 XYZ 交易需要以下保证金要求:①每份合约的初始保证金为 7 美元;②每份合约的维持保证金为 4 美元。让我们假设鲍勃以 100 美元的期货价格买入 500 份合约,莎莉以同样的期货价格卖出同样数量的合约。鲍勃和莎莉的初始保证金都是 3 500 美元,这是由 7 美元的初始保证金乘以 500 份期货合同所决定的。鲍勃和莎莉必须拿出 3 500 美元现金或国库券或其他可接受的抵押品,此时,3 500 美元也被称为"保证金账户中的权益"。这两个头寸的维持保证金为 2 000 美元(每份合约的维持保证金 4 美元乘以 500 份合约)。保证金账户中的权益不得低于 2 000 美元。如果是这样,权益低于维持保证金的一方必须追加保证金,即变动保证金。这里有两点值得注意。首先,变动保证金必须是现金。其次,变动保证金要求的金额是使保证金水平达到初始保证金,而不是维持保证金所需的金额。

假设交易达成后几个交易日结束时的结算价格如表 33-1 所示。

表 33-1

交易日	结算价格(美元)
1	99
2	97
3	98
4	95

首先,从鲍勃的角度考虑。在第一个交易日结束时,鲍勃意识到每份合约损失 1 美元,或者他购买的 500 份合约损失 500 美元。鲍勃 3 500 美元的初始股本减少了 500 美元,至 3 000 美元。清算所没有采取任何行动,因为鲍勃的保证金权益头寸仍高于 2 000 美元的维持保证金。第二天结束时,鲍勃意识到进一步的损失,因为期货合约价格又下跌了 2 美元,至 97 美元,导致他的保证金权益头寸又减少了 1 000 美元。鲍勃的保证金权益头寸是 2 000 美元(第一个交易日结束时的权益 3 000 美元减去第二个交易日的损失 1 000 美元)。尽管亏损,清算所没有采取任何行动,因为保证金权益头寸仍然满足 2 000 美元的最低维持要求。在第三个交易日结束时,鲍勃实现了前一个交易日每份合约 1 美元或 500 美元的利润。鲍勃的股本增加到 2 500 美元。在第四个交易日结束时,价格从 98 美元降至 95 美元,导致 500 份合约损失 1 500 美元,鲍勃的保证金权益头寸也因此减少到 1 000 美元。由于鲍勃的保证金权益头寸现在低于 2 000 美元的维持保证金,鲍勃需要追加 2 500 美元的保证金(变动保证金),以使保证金权益头寸达到 3 500 美元的初始保证金水平。如果鲍勃不能提高变动保证金,他的头寸将被平仓。

现在,让我们看看莎莉这边的情况。如果期货合约价格下跌,作为期货合约卖方的莎莉会受益，因为她的保证金账户中的权益在前两个交易日结束时上涨了。事实上，在第一个交易日结束时，她实现了 500 美元的利润，这使她的保证金权益头寸增加到 4 000 美元。她有权提取 500 美元的利润，并将这些资金用于其他地方。假设她这样做了，那么在第一个交易日结束时，她的保证金权益头寸仍为 3 500 美元。在第二个交易日结束时，她实现了 1 000 美元的额外利润，但她也提取了。在第三个交易日结束时，价格从 97 美元到 98 美元，她意识到损失了 500 美元，这导致她的保证金权益头寸减少到 3 000 美元。最后，在第四个交易日，她实现了 1 000 美元的利润，使她的保证金权益头寸达到 4 000 美元，她可以提取 500 美元。

33.1.4 期货的杠杆作用

在期货合约中持有头寸的一方并不需要支付全部投资，相反，交易所或清算所只要求支付初始保证金。为了展现这一事实的关键后果，我们假设鲍勃有 100 美元，并想投资 XYZ 资产，因为他相信它的价格会升值。如果资产 XYZ 以 100 美元出售，他可以购买一个单位的资产，鲍勃的收益将基于一个单位资产 XYZ 的价格走势。

进一步假设交易资产 XYZ 期货合约的交易所只需要 5% 的初始保证金，在这种情况下初始保证金是 5 美元。这意味着鲍勃可以用他的 100 美元投资购买 20 份合约。（我们忽略了这样一个事实，即鲍勃可能需要资金来获得变动保证金。）他的收益将取决于 20 单位资产 XYZ 的价格走势。因此，他可以放大所使用的资金规模。（杠杆率等于 1/ 保证金比率，在这种情况下，杠杆率等于 1/0.05，即 20。）尽管期货市场的可用杠杆程度因合约而异，但随着初始保证金要求的不同，其杠杆可达到的程度比现货市场大得多。

期货市场上存在的杠杆可能表明，市场主要是使那些想投机价格波动的人受益。然而，正如我们将在第 35 章看到的，期货市场也可以用来降低价格风险。如果在期货交易中没有杠杆作用，对许多市场参与者来说，使用期货降低价格风险的成本可能会太高。

33.1.5 每日价格最大波动限制

交易所有权从前一天的收盘价开始限制期货合约的每日价格变动。**每日价格最大波动限制**设定了当日期货合约的最低和最高交易价格。当达到每日价格上限时，交易不会中止，而是以不超出最低或最高的价格继续进行。

每日价格最大波动限制的理由是，当新信息可能导致期货价格出现极端波动时，这种机制为市场提供了稳定性。那些支持每日价格最大波动限制的人认为，如果在违反限价的情况下价格最大波动被限制，会让市场参与者有时间去消化或重新评估这些信息，从而对市场更加有信心，但并非所有经济学家都同意这种观点。关于每日价格最大波动限制的作用和是否有必要的问题依然是大家争论的主题。

33.2 期货与远期合约

远期合约就像期货合约一样，是约定在未来某一确定的时间，以特定的价格在未来交割标的的协议。期货合约是关于交割日期（月份）和交割质量的标准化协议，它们在有组织的交易所交易。远期合约通常是非标准化的，因为每份合约的条款都是买卖双方单独协商的。此外，没有交易远期合约的清算所，二级市场通常不存在或极其薄弱。与交易所交易的期货合约不同，远期合约是一种场外交易工具。

尽管期货和远期合约都规定了交割条件，但期货合约并不打算通过交割来结算。事实上，通常只有不到 2% 的期货合约是通过交割结算的。相比之下，远期合约就是为了现货交割。

期货合约在每个交易日结束时按市价计价。因此，期货合约受制于内部现金流，因为在价格反向波动的情况下可能需要额外的保证金，或者投资者在价格有利波动后提取的现金超过了账户的保证金要求。远期合约可能会，也可能不会按市价计价，这取决于双方的意愿。对于未按市价计价的远期合约，不存在中期现金流效应，因为不需要额外的保证金。

此外，远期合约的双方都面临信用风险，因为任何一方都可能违约。在期货合约下，信用风险是最小的，因为与交易所相关的清算所将保证任何参与交易的另一方履约。

除了这些反映两个市场制度安排的差异以外，我们对期货合约的大部分看法同样适用于远期合约。

33.3 风险分担与保险安排

如本章开头所述，衍生品允许风险转移。两种类型的风险转移安排是风险分担安排和保险安排。

33.3.1 风险分担安排

由于期货合约的支付性质，实际上期货和远期合约就是风险分担的一种安排。简单起见，让我们考虑商品期货合约，而不是金融期货合约。

考虑一家原油生产商和一家使用原油的制造公司。双方都担心未来原油价格波动，前者担心原油生产后，原油的未来价格会低于当前市场价格，后者担心，当未来需要原油时，其价格将高于当前市场价格。双方都担心价格风险，期货合约允许双方管理这种风险。

管理风险的一个简单方法是双方同意在未来某个特定的时间以固定价格进行交易（买卖）。例如，假设原油生产商和制造公司同意在 3 个月后以每桶 101 美元的固定价格交换 10 桶原油。通过这种操作，双方在 3 个月后消除了原油价格风险，同时两者也都放弃了从 3 个月后原油价格的有利变动中获益的机会。因为双方都在分担价格风险，所以期货合约被称为一种**风险分担安排**。

鉴于这种安排，让我们考虑一下从现在起 3 个月后原油市场价格每变动 1 美元会发生什么。油价下跌 1 美元，原油生产商就会通过同意在原油市场价格为每桶 100 美元时以每桶 101 美元的价格出售而获利。该协议的收益抵消了 3 个月后在市场上以每桶 100 美元的价格出售带来的损失。该制造公司实现了每桶 1 美元的亏损，但亏损被该公司以降低 1 美元的价格在市场上购买原油所抵消。同样，如果原油市场价格从现在起 3 个月后上涨，原油生产商就会在协议中意识到损失，但这种损失被生产商能够以更高的价格出售原油所抵消。类似地，制造公司在这种安排上实现了收益，但这种收益被在市场上购买原油产生的较高成本所抵消。

这种支付模式被称为**对称收益**。因为在这样的收益中，基础价格每变化 1 美元，双方就会产生相同的收益或损失，这种类型的安排也被称为**线性收益衍生品**。

利率和股票互换是风险分担安排的其他类型的衍生品。

33.3.2 保险安排

既然我们已经理解了什么是转移价格风险的风险分担安排，那么让我们看一下在我们的示例中管理双方面临的价格风险的另一种方式，并从制造企业的角度介绍这种解决方案。我们将通过这种方式来厘清保险安排的概念。

假设某第三方愿意确保从现在起 3 个月后，制造公司不必为原油支付超过 101 美元一桶的价格。基本上，这将是第三方提供的保险合同。它将明确规定，从现在起的 3 个月后，制造公司支付的费用（实际上是保险费）不得超过每桶 101 美元，让我们假设保险费是每桶 1.50 美元。

实际上，这家制造公司正在设定原油的最高价格为每桶 102.50 美元，即保险合同规定的 101 美元加上 1.50 美元的保险价格。假设 3 个月后原油价格上涨至每桶 101 美元以上。然后，制造公司将要求保险公司以每桶 101 美元的价格出售给制造公司原油。制造公司实际上支付了 102.50 美元，但避免了更高的价格。现在假设原油价格跌至每桶 98 美元。然后，制造公司就退出协议（记住，合同允许且不要求制造公司必须购买原油），只损失 1.5 美元的保险费。

实际上，制造公司支付每桶 99.50（=98+1.50）美元。这样，这家制造公司便从原油价格的有利变动中获益，但它的损失是保险费。从第三方（实际上是保险公司）的角度来看，存在相当大的下行风险，上行潜力仅限于保险费。这种类型的支付被称为"非线性支付"，因此，具有这种属性的衍生工具被称为**非线性收益衍生品**或**不对称收益衍生品**。

出现这种类型的支付，是因为不像线性支付衍生品的情况，即双方都需要行动，而非线性支付衍生品只有一方被要求履行，即提供保险的一方。就其经济功能而言，非线性支付衍生品相当于保险，因此它们通常被称为**保险安排**。

哪种类型的衍生品是这种安排方式？正如我们将在第 34 章看到的，期权属于这一类衍生品。

33.4 股票相关合约

在这一部分，我们主要描述股票相关期货合约。与股票相关的期货合约包括基于市场整体的股指期货，基于小范围市场的股指期货和单一股票期货。另一种与股票相关的期货合约是其标的资产在衡量股票市场的波动。

33.4.1 基于市场整体的股指期货

为了满足机构投资者对控制投资组合风险的金融工具的需求，1982 年，交易所推出了一些覆盖美国和非美国股票市场的基于市场整体的股指期货合约。

在美国，《证券法》将基于市场整体的股票指数定义为一篮子证券，其中任何单一成分的权重不超过指数的 30%，5 个最大成分的权重不超过指数的 60%。所有其他指数被称为"基于小范围"市场的指数和股指期货，我们将在下面讨论。

区别基于市场整体的指数和基于小范围市场的指数很重要，因为这决定了与股票相关的期货合约的美国政府监管实体，是证券交易委员会还是商品期货交易委员会⊖。前者监管标的资产是基于市场整体指数的股指期货合约，后者监管标的资产是基于小范围市场指数的股指期货合约。

无论股指期货合约如何，其美元价值都是期货价格和合约倍数的乘积，即

⊖ 股票相关期货合约的监管机构由美国证券交易委员会和美国商品期货交易委员会达成的《沙德-约翰逊协议》决定。

$$\text{股指期货合约的美元价值} = \text{期货价格} \times \text{合约倍数} \qquad (33\text{-}1)$$

例如，S&P 500 期货合约的合约倍数是 250 美元。对于一些指数，有一个"迷你合约"。迷你合约的引入是为了让散户投资者（相对于机构投资者而言）能够使用它们。因此，当提及具有相应小型合约的期货合约时，较大的合约被称为"完整合约"。例如，在 S&P 500 期货合约下，完整合约的合约倍数是 250 美元。迷你合约是 S&P 500 期货合约的 1/5，因此合约倍数为 50 美元。

为了说明这个公式，如果 S&P 500 期货合约的期货价格是 2 160，那么整个合约的美元价值为 540 000（=2 160×250）美元，迷你合约的美元价值为 108 000（=2 160×50）美元。

现在我们知道了股指期货合约的价值是如何确定的，让我们看看当期货价格变化时，投资者是如何获利或亏损的。再一次考虑 S&P 500 完整期货合约。假设一个投资者以 2 160 美元的价格买入（持有）一份 S&P 500 期货合约，并以 2 190 美元的价格卖出。投资者实现了 7 500（=30×250）美元的利润。如果期货合约以 2 140 美元的价格卖出，投资者将损失 5 000（=20×250）美元。

如前所述，芝加哥商业交易所的 S&P 500 期货合约是基于 S&P 500 价值的 250 倍。因此，如果 S&P 500 指数为 3 000，期货合约的价值将为 75 万美元。如此巨大的规模和由此产生的波动性使得它对许多个人投资者和投机者来说是一个非常大的交易风险。因此，1997 年 9 月，芝加哥商业交易所基于 S&P 500 指数上市了一个较小的期货合约，它的价值是 S&P 500 的 50 倍，是完整合约的 1/5。其他合约规格相同。这份合约是通过电子交易的，而不是像原始合约那样在场内交易。由于是电子交易，它能够保持较长的交易时间（周日至周五，中部夏令时下午五点至次日下午四点）。它每天关闭一小时进行维护。因此，这种合约提供了几乎每天 24 小时的市场准入。规模小、保证金低、交易时间长，是活跃投机者的理想选择。这份合约已经成为世界上最大的期货合约之一。由于其规模较小，这个合约也被称为"迷你电子"合约。纳斯达克 100 指数和 S&P MidCap 400 指数等股指期货合约也加入其中。这些迷你电子期货的价格是连续可得的，并被媒体广泛报道。股指期货合约是一种现金结算合约，意味着在结算日，现金将被用来结算合约。如前所述，期货合约有保证金要求（初始、维持和变动），保证金要求定期修订。交易所将合约的使用者分为套期保值者和投机者，前者的利润率低于后者。期货头寸在每个交易日结束时按市价计价。

33.4.2 基于小范围市场的股指期货

期货交易所发现，有些投资者希望在股票市场上买入一组股票的多头头寸和空头头寸，并且只为一笔交易买单。因此，交易这组股票只需支付一笔经纪佣金。这些期货合约被称为基于小范围市场的股指期货。

在美国，《证券法》将基于小范围市场的股票指数定义为这样一种指数：①该指数成分证券不超过 9 种；②其中一种成分证券占该指数权重的 30% 以上；③ 5 种权重最高的成分证券占该指数权重的 60% 以上，或者权重最低的成分证券占该指数权重的 25%，且平均每日交易量的合计美元价值少于 5 000 万美元（或者在指数包含 15 种及以上成分证券的情况下，为 3 000 万美元）。基于小范围市场指数的证券指数期货不受美国证券交易委员会监管。

这些指数的交易单位是指数的名义价值除以 1 000，也就是说，指数中每个组成部分的市场价值乘以合同中规定的股票数量，然后计算所有组成部分的市场价值总和，最后用市场价值总和除以 1 000。

33.4.3 单一股票期货

特定股票有单一股票期货,即期货的基础资产是一家公司的股票。这些合约的标的股票为 100 股。在结算日,需要实际交付库存。尽管单一股票期货在美国以外的几个国家都有交易,但这些合约的交易直到 2000 年年末才被禁止。直到 2002 年 11 月,它们才开始在美国交易⊖。单一股票期货合约可以被投资组合经理用来代替多头头寸和空头头寸。截至 2016 年年末,欧洲期货交易所共有来自 20 个不同全球市场(包括新兴市场)的 1 100 多种单一股票期货。

33.4.4 股票市场波动期货

股票投资者面临的一个关键风险因素是股市波动。目前,市场上已经开发了好几种指数来衡量股票市场的波动性。这些指数是投资者在一段时间内可能预期看到的股市波动的前瞻性指标。所用的测量波动的工具是基于一个特定市场整体指数交易的期权的隐含波动率。因此,标的资产不能用现金购买。当我们在第 34 章描述期权和在第 35 章描述期权定价时,期权隐含波动率的概念将被解释。

第一个商业化的股票市场波动指数是芝加哥期权交易所市场波动指数(VIX),该指数被称为"投资者恐惧指数"。VIX 指数基于 30 天到期的 S&P 500 指数期权。因此,VIX 是未来 30 天 S&P 500 前瞻性波动的一个衡量指标。为构建 VIX 而开发的方法已被芝加哥期权交易所用来创建道琼斯工业平均波动率指数(VXD)、纳斯达克 100 波动率指数(VXN)和罗素 2 000 波动率指数(RVX)。纽约泛欧证券交易所已经为好几个欧洲国家创建了市场波动率指数:AEX(一个在阿姆斯特丹交易的 25 只股票的指数)、比利时 20 指数(一个 20 只比利时股票的指数)和法国 40 指数(一个 40 只法国股票的指数)。

33.5 利率期货合约

美国于 1975 年 10 月首次推出利率期货合约。今天,交易的利率期货合约种类繁多,而且数量还在持续增加。在美国,交易利率期货合约的两个主要交易所是芝加哥商业交易所集团(CME)和纽约泛欧交易所集团旗下的全球衍生品交易所。

两家交易所都提供短期利率期货产品,允许持有美国短期 LIBOR(欧洲美元期货)和短期欧元利率(欧洲同业拆借利率期货)。此外,交易所已经提供或计划提供其他短期利率产品,即,允许持有美国以外的短期利率风险敞口。例如,纽约泛欧交易所集团旗下的伦敦金融期货交易所交易的短期金边债券利率期货和欧洲瑞士法郎利率期货,分别受英国和瑞士的短期利率影响。

两家交易所都提供美国国债期货,包括 2 年期、5 年期、10 年期、30 年期国债和超长期国债的期货,超低利率债券期货是为管理长期利率而创造的期货合约。

每份期货合约都规定了允许交割的范围(可交割等级)、报价系统、最小报价单位(金融工具报价的最小价格增量)、合约月份、最后一个交易日、最后一个交割日和交割方式。对于

⊖ 这一禁令是美国证券交易委员会和美国商品期货交易委员会之前就哪家监管机构应该监管单一股票期货发生监管争议的结果。这场争端导致了 1984 年出台了禁止单一股票期货合约的《沙德-约翰逊协议》。2002 年的《商品期货现代化法案》废除了对单一股票期货的禁令,为这种产品在美国的交易扫清了障碍。

上述期货合约，信息可从每个交易所的网站获得。在这里，我们讨论在两个交易所交易的两个短期利率期货合约（欧洲美元期货和欧洲同业拆借利率期货）和美国国债期货合约（长期、中期和超长期国债期货）。

在美国以外，有一些交易所推出了短期、中期和长期利率期货产品。例如，欧洲期货交易所推出了包括基于欧元指数和欧元隔夜平均指数交易的短期利率期货。例如，在欧元期货交易所交易的政府债券期货包括四种到期日：短期欧元债券期货（期限为 1.75～2.25 年的短期债务工具）、中期欧元债券期货（期限为 4.5～5 年的中期债务工具）、长期欧元债券期货（期限为 8.5～10.5 年的长期债务工具）和超长期欧元债券期货（期限为 24～35 年的长期债务工具）。

下面我们简要介绍一下美国利率期货合约。

33.5.1 欧洲美元期货

欧洲美元期货合约是全球交易量最大的期货合约之一，经常用于交易收益率曲线的短端，许多套期保值者发现该合约是各种套期保值情况下的最佳套期保值工具。

欧洲美元期货合约代表对支付/接收季度利息收益的承诺，该利息收益由 3 个月期的伦敦银行同业拆借利率水平决定。支付的金额是根据结算日以 100 万美元的名义本金计算的。欧洲美元期货合约有各种各样的季度结算日——3 个月、6 个月、9 个月和 12 个月，这些日期可以延长至 10 年。欧洲美元期货合约是一种现金结算合约。也就是说，双方在结算日根据伦敦银行同业拆借利率以现金结算合约价值。

这份合约以指数价格为基础进行交易，合约报价所依据的指数价格等于 100 减去年度期货 LIBOR。例如，欧洲美元期货价格为 97.00 意味着 3 个月的 LIBOR 期货为 3%。

合约的最低价格波动（单位）为 0.01（或以 LIBOR 计算就是 0.000 1）。因此，该合约一个基点的价格为 25 美元，如下所示。

100 万美元 90 天的简单利息等于 1 000 000 ×（LIBOR × 90/360）。如果 LIBOR 变动一个基点（0.000 1），则 1 000 000 ×（0.000 1 × 90/360）= 25（美元）。

33.5.2 欧洲同业拆借利率期货

欧洲同业拆借利率是欧元区的银行借出无担保资金给另一家银行的一个参考利率。与伦敦银行同业拆借利率一样，这一参考利率是银行同业拆借利率。该合约表示承诺支付/接收由 3 个月期欧洲同业拆借利率决定的季度收益支付，支付的金额是根据结算日以 100 万美元的名义本金计算的，该合约是现金结算合约。

与欧洲美元期货一样，该合约以指数价格为基础报价，即 100 减去年化期货参考利率，其中参考利率基于欧洲同业拆借利率而非 LIBOR。例如，欧洲同业拆借利率期货价格为 97.00 意味着 3 个月的欧洲同业拆借利率期货为 3%。本合约的最低价格波动（单位）为 0.005（或以欧洲同业拆借利率计为 0.000 05）。因此，合约同一个基点的价格为 12.50 欧元。

33.5.3 美国长期国债期货

美国长期国债期货的标的是面值为 10 万美元，期限为 20 年，息票利率为 6% 的美国长期国债。报出的期货价格是 100 美元面值债券的价格，价格的最小波动幅度为面值 1% 的 1/32。因此，国债期货合约的报价为 97–16 意味着 97 或 97.50。因此，如果买方和卖方就 97–16 的期货价格达成一致，买方同意接受假设的基础国债的交付，并支付票面价值的 97.50%，卖方同意接受票面价值的 97.50%。因为票面价值是 100 000 美元，买方和卖方同意为这个假设的国债支付的期货价格是 97 500 美元。

如上所述，长期国债期货合约的最低价格波动是其面值 1% 的 1/32。100 000 美元面值（标的长期国债的面值）1% 的 1/32 为 31.25 美元。因此，本合约的最低价格波动为 31.25 美元。

我们一直把假设的长期国债作为标的债券，但这并不意味着合约是现金结算合约。长期国债期货的卖方如果不是在结算日之前通过回购合约来平仓，而是决定交割，就必须交割一些国债。但长期国债怎么操作呢？卖方可以根据交易所允许的多种国债中的一种提出交割。卖方可能交割的特定长期国债数量由交易所在期货合约指定结算日首次交易之前发布。

长期国债期货合约的交割过程会使合约产生收益。在结算日，期货合约的卖方（空头）必须向买方（多头）交付面值 100 000 美元、票面利率 6% 的 20 年期国债。因为没有这种债券，卖方必须从交易所指定的可接受的可交割国债中选择一种进行交割。假设卖方有权交付面值 100 000 美元、票面利率 4% 的 20 年期国债，用于结算期货合约。当然，这种债券的价值低于票面利率为 6% 的 20 年期国债。交付票面利率为 4% 的 20 年期国债，对期货合约的买家来说是不公平的，因为买家本可以获得面值 10 万美元、票面利率为 6% 的 20 年期国债。或者，假设卖方交付面值 100 000 美元、票面利率 10% 的 20 年期国债。票面利率 10% 的 20 年期国债的价值高于票面利率 6% 的 20 年期国债，这对卖方来说又是不利的。

为使交割对双方公平，交易所提供转换系数，以确定每笔可接受的可交割国债的票面价格。转换系数由交易所在期货合约某一指定结算日开始交易前决定，并在某一指定结算月的整个期货合约交易期内保持不变。卖空者必须在交割日期前一天，通知多头将要交割的实际债券。

长期国债期货合同的票面价格是期货价格加上应计利息。然而，正如刚刚提到的，卖方可以交付几种可接受的国债中的一种，并且为了使交付对双方公平，票面价格必须根据实际交付的国债发行进行调整。转换系数用于调整票面价格，即

$$\text{票面价格} = \text{期货合约数量} \times \text{期货合同结算价格} \times \text{换算系数} + \text{应计利息} \qquad (33\text{-}2)$$

假设长期国债期货合约以 94-08 价格结算，卖空者选择以 1.20 的转换系数交割。94-08 的期货合约结算价意味着票面价格的 94.25%。由于合约金额为 100 000 美元，买方支付给卖方的票面价格为 $100\,000 \times 0.942\,5 \times 1.20 + \text{应计利息} = 113\,100 + \text{应计利息}$。

当选择要交割的债券时，卖空者将从所有可交割的债券中选择最便宜的一个。这个债券被称为**最便宜的可交割债券**，它在期货合约的定价中起着关键作用，最便宜的可交割债券由如下所示的市场参与者决定。对于卖方可选择的每一只可接受的债券，卖方都会计算通过购买该债券并在结算日交割时可以获得的收益。请注意，卖方可以根据国债当前的价格和同意交割的期货价格来计算收益。这样计算的收益被称为**隐含回购利率**。因此，在所有可接受的隐含回购利率最高的发行的美国国债中，最便宜的交割债券是唯一的一种，因为这种债券会通过买入然后交割的方式，给期货合约的卖方带来最高的收益。

除了选择发行哪种可接受的债券（有时也称为**质量期权**或**转换期权**）之外，根据交易所交割准则，空头头寸还有另外两种选择权。空头可以决定在交付月份实际发生交割的时间，这被称为**时机期权**。另一种选择权是空头头寸有权在期货结算价格已经确定的当天，即使在交易所关闭后（芝加哥时间下午三点十五分），仍可以在芝加哥时间下午八点前发出交割意向通知。该选择权称为**百搭牌期权**。质量期权、时机期权和百搭牌期权（统称为**交割选择权**）意味着多

头永远无法确定将交割哪些国债或何时交割。

美国长期国债期货合约的规范已经被其他国家用于设计其政府债券期货合约。

33.5.4 美国中期国债期货

美国中期国债期货合约有三种：10年期、5年期和2年期。这三种合约都是仿照美国长期国债期货合约在交易所交易的。10年期国债期货合约的标的是面值为 100 000 美元，期限为 10 年，息票利率为 6% 的美国国债。卖空者可能会交割一些可接受的美国国债，从合约交割月份的第一天起，到期日不小于 6.5 年且不大于 10 年的政府债券均可交割。交割选择权在空头手中。

对于 5 年期国债期货合约，标的资产是面值 100 000 美元、息票利率为 6% 的美国国债，但同时需满足如下条件：①不超过 5 年零 3 个月的原始到期期限；②不超过 5 年零 3 个月的剩余到期期限；③不低于 4 年零 2 个月的剩余到期期限。2 年期美国国债期货合约的标的，是面值 20 万美元、名义息票率 6%、剩余到期期限不超过 2 年且不低于 1 年零 9 月的美国国债。此外，为满足 2 年期期货而交付的国债的原始到期期限，不能超过 5 年零 3 个月。

33.5.5 美国超长期国债期货

从 2011 年 3 月开始，美国长期国债期货合约的交易规则是，可接受的可交割债券的到期期限须至少为 15 年，但不超过 25 年。超长期国债期货合约的可交割债券规格是，要求可接受的可交割债券距离到期至少还有 25 年，该合约的所有其他规则与长期国债期货合约相同。

交易所通过修改长期国债期货合约，将可交割债券的发行期限限制在 25 年以内，并要求超长期国债期货合约的可交割债券发行期限至少为 25 年，使得市场分析师可以更有效地管理长期收益率曲线。长期国债期货合约实际上是一种有效的短期债券期货合约，超长期国债期货合约实际上是一种有效的长期债券期货合约，更适合管理长期债券组合的利率风险。

33.6 货币远期和期货合约

市场参与者可以利用远期和期货合约来控制外汇风险。

33.6.1 货币远期合约

大多数货币远期合约的期限都不超过 2 年。期限较长的远期合约存在相对较大的买卖价差，也就是说，给定货币的买卖价差随着合约到期日的增长而增加。因此，远期合约对对冲长期外汇风险没有吸引力。在第 38 章中，我们将讨论可用于此目的的衍生工具（货币互换）。

期货合约是交易所的产物，在许多情况下相较于远期合约具有一定的优势，比如股票指数和政府证券。相比之下，远期市场是外汇的首选市场，在那里交易要比在交易所交易大得多。然而，由于外汇远期市场是一个银行间市场，任何时候关于未平仓合约数量或未平仓头寸的可靠信息都无法公开获得。

33.6.2 货币期货合约

如前所述，期货合约是交易所交易的产品，而远期合约是场外交易的产品。就货币期货合约而言，主要的交易所是芝加哥商业交易所。交易所交易的产品是美元与下列国家货币之间的汇率：澳大利亚、比利时、加拿大、日本、新西兰、挪威、瑞士、英国和瑞典。

此外，还有一些期货合约的标的是交叉汇率（涉及其他国家货币的汇率）。例如，对美国投资者来说，欧元和日元的汇率将是一对交叉汇率。期货合约有以下交叉汇率：瑞士法郎/日元汇率、欧元/加元汇率、英镑/日元汇率。

此外，新兴市场货币对美元和以下四种货币也可签订期货合约：巴西雷亚尔、捷克克朗、以色列新谢克尔和匈牙利福林。欧元也有交叉汇率。

一份期货合约交付的每种外币金额因货币不同而有所不同。例如，英镑期货合约要求交割 62 500 英镑，日元期货合约要求交割 1 250 万日元，欧元期货合约要求交割 125 000 欧元。有些"迷你电子"合约只提供合约规模的 1/10。货币期货的到期周期是 3 个月、6 个月、9 个月和 12 个月，最长期限是 1 年。因此，就像货币远期合约一样，货币期货合约对对冲长期外汇风险并不是一个很好的工具。

33.7　期货合约在金融市场中的作用

在没有期货合约的情况下，当投资者获得将会影响资产价值的新信息时，他们只有一个交易地点来改变投资组合头寸，那就是现货市场。如果收到预计会对资产价值产生负面影响的经济消息，投资者可以减少对该资产的价格风险敞口。如果新信息预计会对该资产的价值产生有利影响，情况则正好相反，即投资者会增加该资产的价格风险敞口。当然，交易成本与资产风险状态改变相关：显性成本（佣金）和隐性成本或执行成本（买卖价差和市场影响成本）。

期货市场提供了另一个市场，投资者可以利用这个市场在获得新信息时改变他们对资产的风险敞口。但是，投资者在收到新信息后，应该利用哪个市场——现货还是期货——来快速改变头寸呢？答案很简单，就是哪个市场实现其目标的方法更有效，就选择哪个市场。要考虑的因素是流动性（包括执行速度）、交易成本和杠杆。在发达的期货市场中，期货市场相比现货市场提供了更好的流动性和更低的交易成本，并具有内在的杠杆作用（本章前面描述的期货的特性）。

投资者认为能够更有效地来实现他们的投资目标的市场，应该是其价格能够反映新的经济信息的市场。也就是说，它将是具备价格发现功能的市场，其价格信息然后被传递到另一个市场。在本书讨论的许多市场中，改变期货市场的投资组合头寸更容易，成本也更低。因此，期货市场将是首选市场，并将作为具备价格发现功能的市场。正是在期货市场上，投资者发出了一个任何将影响现货市场的集合信息。

这个信息是如何传递到现货市场的呢？我们将在第 35 章看到理论期货价格是如何确定的。这一章讨论了期货价格和现货市场价格是如何以特定的方式关联在一起的，并显示如果实际期货市场价格偏离理论期货价格，套利者（试图获得套利利润的投资者）将寻求一种策略来使它们回到正轨，即套利使现货市场价格与期货市场价格保持一致。这一机制确保了现货市场价格将反映在期货市场收集的信息中。

期货市场是否具有自己的生命力，以至于期货价格不能反映合约标的工具的经济价值呢？这种情况是有可能发生的，如果没有机制使期货价格和现货市场价格保持一致。但这个机制存在，就是我们刚才提到的套利，将在第 34 章给予解释。

33.7.1 期货对标的资产波动性的影响

一些投资者和大众媒体经常提出的批评是，期货市场的引入增加了基础资产价格的波动性。这种批评被称为"不稳定假说"㊀。不稳定假说的两种变体是流动性变体和民粹主义变体。

根据流动性假说，期货市场的流动性更好，在现货市场难以适应的大宗交易将首先在期货市场进行。期货市场可能出现的波动性增加将只是暂时的，因为一旦流动性问题得到解决，波动性就会恢复到正常水平。这意味着不会对基础资产现货市场的波动性产生长期影响。

相比之下，民粹主义者认为，期货市场的投机交易使现货市场工具不能反映标的资产的经济价值。在没有期货市场的情况下，资产价格会更好地反映经济价值。

期货市场的引入是否会导致价格不稳定，这是一个经验性的问题㊁。然而，不管期货或互换合约的引入是否会增加现货市场价格的波动，我们可能会问，更大的波动是否会对市场造成负面影响。乍一看，波动似乎会对配置效率和市场参与者产生负面影响。

事实上，一些分析师指出，如果基本面本身受到较大冲击，且新市场的引入让价格对基本面的变化能更迅速地做出反应，那么上述推论可能就不成立㊂。因此，创新带来的更大波动可能更真实地反映了基本价值的波动性。在这种情况下，更多的资产波动不一定是一件坏事，而是一个运行良好的市场的表现。当然，说更多的波动不一定是坏的并不意味着它是好的。显然，价格波动超过相关新信息或基本面（标准资产定价模型）所能证明的范围，就是不可取的。因为它使价格无效，被称为"过度波动"㊃。

没有人能够检验最近的金融创新是否真的增加或减少了过度波动。此外，正如富兰克林·爱德华兹所指出的，"波动性过小也同样不好，但这一概念似乎没有引起足够的兴趣，以至于没有被贴上'波动性不足'的标签"㊄。

33.7.2 详细了解股指期货的好处

以上我们主要关注期货市场。让我们更具体地看看股指期货，以及与期货市场相关的几个问题的证据。

首先，对交易成本的比较表明，股指期货市场的交易成本远低于现货市场。通常，这个市场的交易成本是现货市场交易成本的5%～10%。

其次，订单执行的速度也给期货市场带来了优势。以合理的价格卖出一批股票的估计时间大约是2～3分钟，而期货交易可以在30秒或更短的时间内完成。在交易中必须投入的资金量（杠杆）方面，股指期货市场也有优势。正如第23章所解释的，股票市场的交易保证金要求远远高于股指期货市场。因此，美国证券交易监督委员会市场监管司的一项研究得出结

㊀ Lawrence Harris, "S&P 500 Futures and Cash Stock Price Volatility," unpublished manuscript, University of Southern California, Los Angeles, 1987.

㊁ The following study concluded that, in general, it would take a substantial number of "irrational" speculators to destabilize cash markets: Jerome L. Stein, "Real Effects of Futures Speculation: Rational Expectations and Diverse Opinions," Working Paper 88 (New York: Center for the Study of Futures Markets, Columbia University, 1984).

㊂ Eugene F. Fama, "Perspectives on October 1987 or What Did We Learn from the Crash?" in Black Monday and the Future of Financial Markets, ed. Robert J. Barro, Robert W. Kamphuis, Roger C. Kormendi, and J. W. Henry Watson. (Homewood, IL: Dow Jones Irwin, 1989), 72.

㊃ Franklin R. Edwards, " Futures Trading and Cash Market Volatility: Stock Index and Interest Rate Futures," Journal of Futures Markets 8, no.4(1988): 423.

㊄ Edwards, " Futures Trading and Cash Market Volatility," 423.

论：（机构可以）通过指数期货，以比直接在股票交易所更快、更便宜的方式出售部分股权。

期货被用来代替股票，因为在期货市场交易单一产品的速度更快、交易成本更低。由于期货市场的流动性较好，投资者在进行大宗交易时，对市场的影响要比单独买卖股票小得多。

投资者选择哪个市场来改变他们的股票市场风险敞口呢？约翰·梅里克发现，在1985年以前，相对于股指期货市场，现货市场主导了价格发现过程。[○]然而，自1985年以来，S&P 500指数期货市场一直扮演着价格发现的主导角色。主导市场的逆转并非偶然，它遵循交易量的模式。当期货市场的交易量超过现货市场时，期货市场占主导地位。

具有上述特征的竞争性市场的存在如何影响股票市场呢？1987年7月23日，当时的商品期货交易委员会主席苏珊·菲利普斯在国会作证时说："期货市场的深度和流动性有助于迅速吸收新的基础信息，从而提高股票市场的效率。"[○]

对股指期货持批评态度的人士指出，当现货市场大幅下跌或股价波动加剧时，股指期货就会出现程序交易和指数套利。正如我们在第23章中所解释的，程序交易是一种交易股票的技术，可以使股票交易尽可能及时进行。正如大众媒体常说的那样，这不是一种交易策略。程序交易通常是利用交易所的自动化订单执行机制以电子方式实现的。这种机制允许订单在传输过程中自动执行。为什么对一个机构来说，尽可能及时地执行一系列订单很重要呢？有几种投资策略取决于交易的时机：指数化投资和指数套利。问题是，这些依赖程序交易和股指期货的策略是否会对股市造成破坏性影响。我们将在第34章描述指数套利，以及它如何将现货市场价格和期货联系在一起。这里我们只讨论索引。

指数策略是第23章中所解释的一种策略，它不是一种试图利用信息进行交易的策略。理论告诉我们，指数化投资是投资者在有效市场中获取市场效率的一种策略。然而，该理论没有告诉我们如何实施该策略。为了管理指数化投资组合，资产经理首先构建一个初始投资组合来复制市场的表现。然而，资产管理公司必须重新平衡投资组合，因为新的资金被添加到指数化投资组合中或从指数化投资组合中提出。程序交易的使用使得投资组合中的所有股票都可以以收盘价同时买入或卖出，这样指数化投资组合就能很好地跟踪指数。因此，指数化投资不应该是一种破坏性的市场力量。

此外，让我们看看股指期货对股票市场价格波动的影响。一些实证研究了股指期货交易的引入对股票价格波动的影响。一项研究得出结论，以股指期货为例：

投资者关心的是他们投资（财富）的未来价值。更大的波动性会导致人们认为风险更大，从而威胁到投资者的资产和财富。当股市大跌时，投资者会看到他们资产的价值迅速蒸发。如果有人告诉他们，这种价格变化没有社会成本，只是财富的再分配，他们并不会感到安慰。更重要的是，当资产价格在非常短的时间内（如一天）表现出显著波动时，投资者会对市场失去信心。他们开始将金融市场视为投机者和内幕人士的领地，而不是理性者的领地[○]。

[○] John J. Merrick, Jr., "Price Discovery in the Stock Market," Working Paper 87-4 (Philadelphia: Federal Reserve Bank of Philadelphia, March 1987).

[○] *Hearings before the Subcommittee on Telecommunications and Finance, Committee on Energy and Commerce, U. S. House of Representatives,* 100th Cong. (July 23, 1987) (testimony of Susan M. Phillips, chairwoman, Commodity Futures Trading Commission), 1.

[○] Franklin R. Edwards, "Does Futures Trading Increase Stock Price Volatility?" Financial Analysts Journal 44, no.1 (1988):64.

从所有这些研究中可以得出一个公平的结论，即股指期货（以及第34章中描述的股指期权和与指数相关的策略）的引入并没有增加股价波动性，除非可能在股指期货结算和股指期权到期时。

关键知识点

- 衍生品的经济功能是让市场参与者控制风险，因此衍生品被称为"风险转移工具"。
- 衍生品的关键作用在于，在一个运转良好的期货市场中，这些合约为投资者提供了一种更有效的手段来改变他们对资产的风险敞口。
- 期货合约分为商品期货合约和金融期货合约。
- 期货合约是在交易所交易的。
- 期货合约是买方和卖方之间的协议，买方同意在结算日以期货价格接受某物的交付，卖方同意进行交付。
- 期货合约的一方可以在结算日之前通过在同一期货合约中建立对冲头寸来平仓。
- 与每个期货交易所相关联的是一个提供担保功能的清算所。
- 期货合约各方必须满足保证金要求（初始保证金、维持保证金和变动保证金），期货合约在每个交易日结束时按市价计价。
- 因为当投资者持有期货头寸时，只需要初始保证金，所以期货市场为投资者提供了大量投资资金的杠杆。
- 如果期货价格上涨（下跌），期货合约的买方（卖方）实现利润；如果期货价格下跌（上涨），期货合约的买方（卖方）就会蒙受损失。
- 远期合约是一种场外衍生品，远期合约的各方都面临着交易对手不履约的风险，而解除远期合约中的头寸可能很困难。
- 虽然没有规定远期合约的各方必须按市定价，但这通常是为了降低交易对手的风险。
- 金融衍生品可以通过风险分担安排转移风险，也可以通过保险安排转移风险。
- 转移安排的类型取决于收益的类型：对称还是非对称。
- 对称收益衍生工具（线性收益衍生工具）是风险分担安排，不对称收益衍生工具（非线性收益衍生工具）是保险安排。
- 期货和远期合约是风险共担型衍生品。
- 对于线性收益衍生品，双方都需要执行，而非线性支付衍生品（不对称收益衍生品）有其特定的支付模式，因为只有协议的一方有义务履行，而另一方要支付费用才能签订协议。
- 期权是保险类型的衍生品。
- 与股票相关的期货合约包括基于市场整体的股指期货，基于小范围市场的股指期货，单一股票期货和股票市场波动指数期货。
- 股指期货合约的美元价值是由期货价格和合约倍数的乘积决定的。
- 波动指数型期货可用于管理或投机未来市场波动。
- 欧洲美元期货和欧洲同业拆借利率期货是最受欢迎的短期利率期货合约，两种合约都是现金结算型合约。
- 美国长期国债期货合约有两种类型：①可接受的可交割债券的到期期限至少为15年，但不超过25年；②可接受的可交割的超长期国债期货的到期期限至少为25年。
- 中长期国债期货合约的空头有几种交割期权，包括质量期权或转换期权、时机期权和百搭牌期权。
- 存在货币远期合约和货币期货合约。
- 由于货币和期货合约的期限短，它们在向市场参与者提供控制外汇风险的能力方面受到限制。

- 存在主要货币对美元汇率的期货合约，选择交叉汇率的期货合约，以及新兴市场货币与美元和欧元汇率的期货合约。
- 期货市场通常是改变资产头寸的首选市场，因此也成为价格发现市场，因为与现货市场相比，期货市场交易成本更低，订单执行速度更快。
- 套利者的行为确保了期货市场的价格发现将被传递到现货市场。
- 期货市场的批评者认为，期货市场是标的资产的现货市场价格造成更大波动的根源。
- 尽管关于引入期货市场的不稳定假设是一个经验问题，即使现货市场的价格波动更大，也不一定意味着更大的波动对经济不利。

练习题

1. 你所在公司的首席财务官最近告诉你，他强烈倾向于使用远期合约，而不是期货合约。"你可以根据自己的需要制定合同。"
    a. 对首席财务官声明的评论。
    b. 还有哪些其他影响因素决定使用期货或远期合约？
2. 解释与期货交易相关的清算所的功能。
3. 假设你以 200 美元购买了一份股指期货合约，并被要求提供 10 000 美元的初始保证金。合同价值是 500 美元的 200 倍，或者在接下来的 3 天里，合同的结算价格处于这样的水平：第 1 天，205 美元；第 2 天，197 美元；第 3 天，190 美元。
    a. 计算每天你的保证金账户的价值。
    b. 如果合约的维持保证金是 7 000 美元，那么交易所要求你在第 3 天结束时支付多少变动保证金？
    c. 如果你没有投入那么多，交易所会怎么做？
4. 期货市场的保证金要求与现货市场的保证金要求有何不同？
5. 远期合约是不面向市场的衍生品。解释你同意或不同意这种说法的原因。
6. a. 什么是"未平仓量"？
    b. 为什么未平仓量对投资者很重要？
7. a. 为什么期货合约被称为转移风险的"风险分担安排"？
    b. 为什么期货合约是对称收益合约？
8. 你作为资产管理公司投资组合管理团队的一员，团队中的一位初级投资组合经理问你用什么类型的衍生品来防范价格风险。她表示，保险类风险转移衍生品总是最好的，因为潜在的上行收益不必与交易对手分享。评论初级投资组合经理的立场。
9. 什么是"现金结算型期货合约"？
10. 对于一个不想在现货市场做空某家公司的股票的投资者来说，有什么选择呢？
11. a. 创建基于小范围市场的股指期货合约的动机是什么？
    b. 基于小范围市场的股指期货合约的成分股是如何选择的？
12. 9 月 1 日，你以 1 800 英镑的价格卖出了 100 份 S&P 500 期货合约，价格的倍数为 250 美元，三个月后到期，初始保证金为 10%。在那之后，指数稳步下跌，你不需要公布任何额外的保证金，但你也没有提取任何你赚取的现金利润。11 月 1 日，该合约的期货价格为 1 620 英镑，你买入了 100 份合约，从而反转了头寸。
    a. 你赚了多少钱（不包括税金和佣金）？
    b. 你投资基金的收益率是多少？
    c. 在这两个月里，S&P 500 期货价格下跌了 10%。解释为什么你的收益率比这个水平高得多。
13. "期货市场是价格发现发生的地方。"你同意这个说法吗？请解释你同意或不同意这一说法的原因。
14. 欧洲美元期货合约的基本工具是什么？
15. 如果欧洲美元期货合约的指数价格是 92.40，

那么年化期货 LIBOR 是多少？
16. 什么是欧洲美元期货合约？
17. a. 长期国债期货合约和超长期国债期货合约的基础工具是什么？
    b. 美国长期国债期货合约转换系数的目的是什么？
18. 解释为什么隐含回购利率在确定最便宜的交割方式时很重要。
19. a. 对于美国长期国债期货合约，合约的一方有选择权，哪一方有这些选择权呢？买方还是卖方？
    b. 该方的选择权是什么？
20. 在控制长期外汇风险方面，货币远期合约通常优于货币期货合约。请对这一说法发表评论。
21. 美国会计总署的一项研究讨论了衍生品对市场参与者的重要性，该研究报告第 6 页指出：

> 衍生品在全球金融市场中发挥着重要作用，为终端用户提供更好地管理与其业务交易相关的金融风险的机会。衍生品的快速增长和日益增加的复杂性反映了终端用户对更好地管理金融风险的需求增加，以及金融服务行业应对市场需求的创新能力。

请解释你是否同意该报告的结论。

第34章

期权市场

学习目标

学习本章后,你会理解:
- 什么是期权合约,以及期权的基本特征;
- 看涨期权和看跌期权的区别;
- 为什么期权是衍生工具;
- 期权的不同行权方式(美国期权、欧式期权、百慕大期权);
- 交易所交易期权和场外交易期权的区别;
- 期货合同和期权合同的区别;
- 看涨期权和看跌期权分别对于买方和卖方的风险/收益特征;
- 期权在金融市场中的对冲作用;
- 有组织的交易所在规范和保证交易所交易合约方面发挥着广泛的作用;
- 股票期权如何改变投资组合的风险/收益状况;
- 股票指数期权的基本特征;
- 利率期权的基本特征;
- 什么是奇异期权;
- 非美国期权市场的一些关键问题;
- 期货期权的基本特征。

在第33章,我们介绍了一种衍生工具——期货合约。在这一章中,我们将介绍另一种衍生工具——期权合约,并讨论了两者之间的区别。特别是,在第33章中,我们解释了衍生品是如何通过风险分担安排或保险安排转移风险的。与存在风险分担安排的期货合约不同,期权合约是保险安排。在第35章,我们将阐述如何确定期权的价格,在第36章,我们将解释市场参与者如何使用这些合约。

34.1 期权合约

期权合约有两个参与者:买方和卖方。在期权合约中,期权的卖方授予期权的买方在指定的时间或指定的日期以指定的价格向卖方购买或出售某物的权利,但没有义务。卖方将这一权利授予买方,以获得一定数额的现金,这被称为**期权价格**或**期权费**。买卖标的(资产或商品)的价格称为**行权价格**,也称执行价格,期权失效后的日期称为**到期日**。我们在这一章的重点是期权,其标的资产是金融工具或金融指数。

当期权授予买方从卖方购买标的资产的权利时,它被称为**看涨期权**。当期权买方有权将标的资产出售给卖方时,这种期权被称为**看跌期权**。

期权可能行使的时间是合约的一个重要特征,期权的这一特征被称为**行权风格**。某些期权可以在到期日之前的任何时间行权,这种期权被称为**美式期权**。只能在到期日行权的期权被称为**欧式期权**。**百慕大期权**,也称为**大西洋期权**,只能在指定日期行权。

让我们用一个例子来演示基本期权合约。假设杰克以 3 美元(期权价格)购买了一个看涨期权,条件如下:

(1)基标的资产是资产 XYZ 的一个单位;
(2)行权价格是 100 美元;
(3)到期日是从现在起的三个月,期权可以在到期日之前的任何时点行权(也就是说,它是美式期权)。

在到期日之前(包括到期日),杰克可以决定从期权的卖方购买一个单位的资产 XYZ,为此他将支付 100 美元。如果行使选择权对杰克来说没有好处,他就不会行权,我们将简要解释他的行权决定是否带来好处。不管杰克是否行使期权,他为期权支付的 3 美元将由期权卖方保留。如果杰克买了看跌期权而不是看涨期权,那么他就能以 100 美元的价格把资产 XYZ 卖给期权卖方。

期权买方可能损失的最大金额是期权价格,期权卖方能实现的最大利润是期权价格。期权买方有很大的回报潜力,而期权卖方有很大的下行风险。本章后面我们将研究期权头寸的风险/收益关系。

一旦期权价格被全额支付,期权的买方就没有保证金要求。因为期权价格是投资者所能损失的最大金额,不管标的资产的价格变动有多不利,都不需要保证金。因为期权的卖方已经同意承担期权仓位的全部风险(而没有收益),所以通常要求卖方将期权费作为保证金。此外,由于价格变化有可能对卖方的头寸产生不利影响,因此,卖方需要在按市价计价的头寸中存入额外的保证金(有一些例外)。

期权和其他金融工具一样,可以在有组织的交易所或场外交易市场进行交易。**交易所交易期权**有三个优势。第一是行权价格、标的数量和合约到期日的标准化。第二是像期货合约一样,由于交易所交易期权的交换能力,因此在指令执行后,买卖双方之间的直接联系就被切断了。与期权交易相关的清算所可以履行像期货市场一样的功能。第三是交易所交易期权的交易成本低于场外交易期权。

场外交易期权的较高成本,反映了机构投资者由于标准化的交易所交易期权不能满足其投资目标,而需要定制期权的成本。投资银行和商业银行是场外期权市场的委托人和经纪人。大多数机构投资者并不担心场外期权的流动性不如交易所交易期权,因为他们将场外期权作为资产/负债策略的一部分,并打算持有至到期。

34.2 期权和期货合约的区别

期权和期货合约的一个区别是,期权合约的一方没有义务在以后必须行权交易。具体而言，期权买方有权但无义务行使期权。然而，如果期权的买方坚持行使期权，期权的卖方确实有义务履行。在期货合约下，买方和卖方都有义务履行合同。当然，期货买方不会向卖方支付接受义务的费用，而期权买方会向卖方支付期权费。

因此，这两种合约的风险/收益特征也是不同的。就期货合约而言，当期货价格上涨时，合约买方实现了实打实的收益，而当期货合约价格下跌时，买方遭受一定的损失。期货合约卖方的情况正好相反，期权不提供这种对称的风险/收益关系。期权买方的最大损失是期权费。尽管期权的买方获得了所有的潜在收益，但收益总是因支付期权费而有所减少。卖方可能实现的最大利润是期权费，这抵消了巨大的下行风险。期权和期货之间的区别非常重要，因为正如我们将在后面的几章中看到的，投资者可以用期货来防范对称风险，用期权来防范不对称风险。

现在我们明白为什么期权是具有转移风险的保险安排的衍生品。与风险共担衍生品（如期货合约）不同的是在期权合同中，只有提供保险的一方需要履行义务。此外，期权合约具有不对称的收益，因此是非线性收益衍生品。

当我们在本章后面讨论这些合约在套期保值中的应用时，我们将回到期权和期货的区别上面。

34.3 期权的风险和收益特征

这里我们说明了四种基本期权头寸的风险和收益特征：买入看涨期权（看涨期权多头）、卖出看涨期权（看涨期权空头）、买入看跌期权（看跌期权多头）和卖出看跌期权（看跌期权空头）。我们假设每个期权头寸都会持有至到期日，而不会提前行权。为了简化说明，我们忽略了交易成本。

34.3.1 买入看涨期权

假设资产 XYZ 有一个看涨期权，一个月后到期，执行价格为 100 美元，期权价格是 3 美元。如果资产 XYZ 的当前价格是 100 美元，买入该看涨期权并持有至到期日的投资者的利润或损失是多少。

该策略的损益将取决于到期日资产 XYZ 的价格，有以下几种可能结果（见表 34-1）。

（1）如果资产 XYZ 在到期日的价格低于 100 美元，投资者将不会行使期权。当可以在市场上以更低的价格购买资产 XYZ 时，支付期权卖方 100 美元是愚蠢的。在这种情况下，期权买方失去了 3 美元的全部原始期权价格。然而，请注意，这是期权买家将意识到的最大损失，不管资产 XYZ 的价格下降至多低。

（2）如果资产 XYZ 在到期日的价格等于 100 美元，那么行使期权也没有经济价值。在价格低于 100 美元的情况下，看涨期权的买方将失去全部期权价格，即 3 美元。

（3）如果资产 XYZ 的价格在到期日超过 100 美元但低于 103 美元，期权买方将行使期权。通过行使期权，买方可以以 100 美元（执行价格）购买资产 XYZ，并在市场上以更高的价格出售。例如，假设资产 XYZ 在到期日的价格是 102 美元。看涨期权的买方将通过行使期权获得 2 美元的收益。当然，购买看涨期权的成本是 3 美元，因此这一头寸损失了 1 美元。如果不行使期权，投资者将损失 3 美元，而不是 1 美元。

表 34-1 看涨期权多头的损益

假设：
期权价格 =3 美元
执行价格 =100 美元
到期时间 =1 个月

资产 XYZ 在到期日的价格（美元）	净利润/损失① （美元）	资产 XYZ 在到期日的价格（美元）	净利润/损失① （美元）	资产 XYZ 在到期日的价格（美元）	净利润/损失① （美元）	资产 XYZ 在到期日的价格（美元）	净利润/损失① （美元）
150	47	100	-3	109	6	90	-3
140	37	99	-3	108	5	89	-3
130	27	98	-3	107	4	88	-3
120	17	97	-3	106	3	87	-3
115	12	96	-3	105	2	86	-3
114	11	95	-3	104	1	85	-3
113	10	94	-3	103	0	80	-3
112	9	93	-3	102	-1	70	-3
111	8	92	-3	101	-2	60	-3
110	7	91	-3				

注：最大损失为 3 美元。

① 净利润/损失的计算方法是：到期价格 -100 美元 -3 美元。

（4）如果资产 XYZ 在到期日的价格等于 103 美元，投资者将行使期权。在这种情况下，投资者收支相抵，实现了 3 美元的收益，抵消了期权成本 3 美元。

（5）如果资产 XYZ 在到期日的价格超过 103 美元，投资者将行使期权并实现利润。例如，如果价格是 113 美元，行使期权将产生 13 美元的 XYZ 资产的利润。减去期权成本（3 美元），投资者将从这个头寸获得 10 美元的净利润。

表 34-1 以表格形式显示了看涨期权买方的损益，图 34-1 以图形方式显示了结果。尽管盈亏平衡点和损失大小取决于期权价格和执行价格，但图 34-1 所示的曲线适用于看涨期权的所有多头，该形状表明最大损失是期权价格，并且有很大的上升潜力。

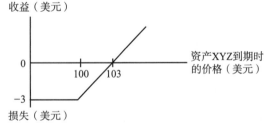

图 34-1 看涨期权多头的损益

将看涨期权买家的损益情况与持有资产 XYZ 的一个单位多头头寸的损益情况进行比较是值得的。持有头寸的收益取决于资产 XYZ 在到期日的价格。考虑上面给出的五种价格结果（再次忽略交易成本）。

（1）如果资产 XYZ 在到期日的价格低于 100 美元，看涨期权的投资者将失去 3 美元的全部期权价格。相比之下，资产 XYZ 的多头头寸可能会出现以下三种损失之一。

a. 如果资产 XYZ 的价格低于 100 美元，但高于 97 美元，资产 XYZ 的多头头寸损失将低于 3 美元。

b. 如果资产 XYZ 的价格是 97 美元，资产 XYZ 的多头头寸损失将是 3 美元。

c. 如果资产 XYZ 的价格低于 97 美元，资产 XYZ 的长期头寸损失将超过 3 美元。例如，如果到期日的价格是 80 美元，资产 XYZ 的多头头寸将导致 20 美元的损失。

（2）如果资产 XYZ 的价格等于 100 美元，看涨期权的买方将会损失 3 美元（期权价格）。

同样，资产 XYZ 的多头头寸也不会有收益或损失。

（3）如果资产 XYZ 的价格高于 100 美元，但低于 103 美元，期权买方将实现低于 3 美元的损失，资产 XYZ 的多头头寸将实现利润。

（4）如果资产 XYZ 在到期日的价格等于 103 美元，购买看涨期权不会有任何损失或收益。然而，资产 XYZ 的多头头寸将产生 3 美元的收益。

如果资产 XYZ 在到期日的价格高于 103 美元，看涨期权买方和资产 XYZ 的多头头寸都会获利。然而，看涨期权买方的利润将比多头头寸的利润少 3 美元。例如，如果资产 XYZ 的价格是 113 美元，看涨期权的利润是 10 美元，而资产 XYZ 的多头利润是 13 美元。

表 34-2 比较了看涨期权多头头寸与资产多头头寸的损益情况，这个比较清楚地展示了期权是如何改变投资者的风险/收益状况的。资产 XYZ 的多头头寸的投资者，因其价格每上涨 1 美元，就会获得 1 美元的利润。然而，随着资产 XYZ 价格的下跌，投资者会付出实打实的损失。如果价格下跌超过 3 美元，资产 XYZ 的多头头寸将损失超过 3 美元。相比之下，多头买入策略的最大损失仅为 3 美元的期权费，但保留了上涨潜力，不过也将比 XYZ 资产的多头头寸收益少 3 美元。

表 34-2 看涨期权多头头寸和资产多头头寸的比较

假设：
资产 XYZ 的初始价格 =100 美元
期权价格 =3 美元
执行价格 =100 美元
到期时间 =1 个月

资产 XYZ 在到期日的价格（美元）	净利润/亏损		资产 XYZ 在到期日的价格（美元）	净利润/亏损	
	看涨期权多头[①]（美元）	资产多头[②]（美元）		看涨期权多头[①]（美元）	资产多头[②]（美元）
150	47	50	100	−3	0
140	37	40	99	−3	−1
130	27	30	98	−3	−2
120	17	20	97	−3	−3
115	12	15	96	−3	−4
114	11	14	95	−3	−5
113	10	13	94	−3	−6
112	9	12	93	−3	−7
111	8	11	92	−3	−8
110	7	10	91	−3	−9
109	6	9	90	−3	−10
108	5	8	89	−3	−11
107	4	7	88	−3	−12
106	3	6	87	−3	−13
105	2	5	86	−3	−14
104	1	4	85	−3	−15
103	0	3	80	−3	−20
102	−1	2	70	−3	−30
101	−2	1	60	−3	−40

注：最大损失为 3 美元。
① 计算方法是：到期价格 −100 美元 −3 美元。
② 计算方法是：资产价格 −100 美元。

买看涨期权还是买资产到底哪个更好呢？答案取决于投资者试图实现什么。我们将在第36章解释使用期权头寸或现货市场头寸的各种策略。

这个极端的例子展示了选项的另一个重要特征，即它们的特殊吸引力。假设一个投资者强烈预期资产XYZ的价格将在一个月内上涨，如果其价格上涨，以3美元的期权价格，投资者用100美元购买33.33单位资产XYZ相关的看涨期权，而以同样的100美元，投资者只能购买一单位资产XYZ。如果资产XYZ的价格上涨，投资者会意识到只有一单位资产升值。例如，假设资产XYZ的价格在一个月内上涨到120美元，买入看涨期权将产生566.66美元的利润[=（20×33.33）-100]，或者说100美元买入看涨期权的投资收益率是566.66%。相比之下，用100美元买入资产XYZ可获得20美元的利润，即100美元的投资收益率仅为20%。

正是期权所具有的这种较大的杠杆作用，吸引了投资者在投机价格变动时选择它。然而，杠杆也有一些缺点。假设资产XYZ的价格在到期日不变，为100美元。在这种情况下，买入看涨期权（33.33个期权）会导致整体投资损失100美元，而买入资产XYZ既不产生收益也不产生损失。

34.3.2 卖出看涨期权

为了说明期权卖方的头寸，我们使用与购买看涨期权的例子相同的看涨期权。看涨期权空头仓位（看涨期权卖方的仓位）的盈亏状况是看涨期权多头仓位（看涨期权买方的仓位）盈亏状况的镜像。因此，在到期日以任何指定价格买入资产XYZ的空头头寸的利润，与多头头寸的损失相同。此外，卖出空头能产生的最大利润是期权价格，而最大损失不受限制，因为它是资产XYZ在到期日或到期日之前达到的最高价格减去期权价格，这个价格可能会非常高。这些关系可以在图34-2中看到，图34-2显示了卖出看涨期权的损益情况。

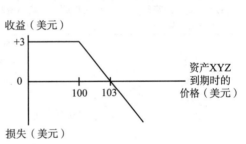

图34-2　看涨期权空头头寸的损益情况

34.3.3 买入看跌期权

为了说明看跌期权买方的头寸，我们假定一个月后到期的一单位资产XYZ的看跌期权，执行价格为100美元。假设看跌期权售价为2美元，资产XYZ的当前价格为100美元。该头寸在到期日的损益取决于资产XYZ的市场价格。可能的结果如下。

（1）如果资产XYZ的价格高于100美元，看跌期权的买方将不会行使它，因为行使将意味着以低于市场价格向卖方出售资产XYZ。在这种情况下，买入看跌期权将损失2美元（期权的原始价格）。同样，期权价格代表了看跌期权卖方面临的最大损失。

（2）如果资产XYZ到期时的价格等于100美元，看跌期权将不会被执行，看跌期权的买方将损失2美元的期权价格。

（3）如果资产XYZ的价格低于100美元，但高于98美元，期权买方将出现净损失，然而，行使看跌期权可以将损失限制在2美元以内。例如，假设到期日的价格是99美元，通过行使期权，期权购买者将只损失1美元。这是因为看跌期权的买方，可以在市场上以99美元购买资产XYZ，并以100美元的价格出售给期权卖方，实现1美元的收益，扣除2美元期权成本后，头寸净损失为1美元。

（4）如果资产 XYZ 在到期日的价格是 98 美元，看跌期权买方将收支平衡。投资者将以 100 美元的价格将资产 XYZ 出售给期权的卖方，从而获得 2 美元的收益，这一收益正好抵消了期权的成本（2 美元）。

（5）如果资产 XYZ 在到期日的价格低于 98 美元，看跌期权买方头寸将实现利润。例如，假设到期时价格降至 80 美元。长期看跌头寸将产生 18 美元的利润：行使看跌期权获得 20 美元的收益，减去 2 美元的期权价格。

表 34-3 的第 2 列和图 34-3 分别以表格、图形形式显示了看跌期权多头头寸的损益情况。与所有期权的多头头寸一样，损失仅限于期权价格。然而，利润的潜力是巨大的。如果资产 XYZ 的价格降至零，理论上的最大利润就产生了。将这种潜在利润与看涨期权的买方进行对比。买入看涨期权的理论最大利润不能事先确定，因为它取决于资产 XYZ 在期权到期日之前或到期时所能达到的最高价格，这个价格是不确定的。

表 34-3　看跌期权多头头寸相对于资产空头头寸的损益情况

假设：
资产 XYZ 的初始价格 =100（美元）
期权价格 =2（美元）
执行价格 =100（美元）
到期时间 =1 个月

资产 XYZ 在到期日的价格（美元）	净利润/亏损		资产 XYZ 在到期日的价格（美元）	净利润/亏损	
	买入看跌期权①（美元）	卖出资产②（美元）		买入看跌期权①（美元）	卖出资产②（美元）
150	−2	−50	91	7	9
140	−2	−40	90	8	10
130	−2	−30	89	9	11
120	−2	−20	88	10	12
115	−2	−15	87	11	13
110	−2	−10	86	12	14
105	−2	−5	85	13	15
100	−2	0	84	14	16
99	−1	1	83	15	17
98	0	2	82	16	18
97	1	3	81	17	19
96	2	4	80	18	20
95	3	5	75	23	25
94	4	6	70	28	30
93	5	7	65	33	35
92	6	8	60	38	40

注：最大损失 2 美元。
① 计算方法是：100 美元 − 到期价格 −2 美元。
② 计算方法是：100 美元 − 资产价格。

为了解期权如何改变投资者的风险/收益状况，我们再次将其与资产 XYZ 的头寸进行比较。多头看跌期权头寸与资产 XYZ 的空头头寸相比，其在资产价格下跌时能够获利⊖。假设一

⊖ 关于在证券市场卖空的更多细节见第 18 章。

个投资者以 100 美元的价格卖空资产 XYZ，与买入看跌期权头寸相比，资产 XYZ 的空头头寸将产生以下利润或损失（不考虑交易成本）。

（1）如果资产 XYZ 的价格升至 100 美元以上，买入看跌期权将导致 2 美元损失，但资产 XYZ 的空头头寸会出现以下情况之一。

　　a. 如果资产 XYZ 的价格低于 102 美元，就会有低于 2 美元的损失，这与看跌期权多头头寸损失一致。

　　b. 如果资产 XYZ 的价格等于 102 美元，损失将是 2 美元，与买入看跌期权头寸的最大损失相同。

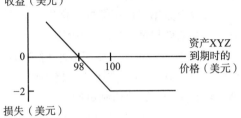

图 34-3　看跌期权多头头寸的损益情况

　　c. 如果资产 XYZ 的价格大于 102 美元，损失将大于 2 美元。例如，如果价格是 125 美元，空头头寸将会损失 25 美元，因为卖空者现在必须以 100 美元卖出实际价格为 125 美元的资产 XYZ。

（2）如果资产 XYZ 到期时的价格等于 100 美元，买入看跌期权将实现 2 美元亏损，而资产 XYZ 的空头头寸将没有利润或亏损。

（3）如果资产 XYZ 的价格低于 100 美元但高于 98 美元，买入看跌期权的损失将不到 2 美元，但资产 XYZ 的空头头寸将实现利润。例如，资产 XYZ 在到期日的价格为 99 美元，将导致看跌期权的多头头寸亏损 1 美元，而资产 XYZ 的空头头寸盈利 1 美元。

（4）如果资产 XYZ 在到期日的价格是 98 美元，买入看跌期权的损益将保持平衡，但资产 XYZ 的空头头寸将产生 2 美元的利润。

（5）如果资产 XYZ 的价格低于 98 美元，这两个头寸都会产生利润；然而，买入看跌期权头寸的利润总是比资产 XYZ 的空头头寸少 2 美元。

表 34-3 详细说明了资产 XYZ 的看跌期权多头头寸和空头头寸的损益情况比较。尽管持有资产 XYZ 的投资者面临着所有的下跌风险和上涨潜力，但买入看跌期权限制了期权价格的下跌风险，同时仍保持上涨潜力（只减少了相当于期权价格的部分）。

34.3.4　卖出看跌期权

卖出看跌期权的损益情况是买入看跌期权的镜像。该头寸的最大利润是期权价格。如果标的资产价格下跌，理论上的最大损失可能是很大的；然而，如果价格一路下跌至零，损失将等于执行价格减去期权价格。图 34-4 以图形方式描述了这种损益情况。

总结这四种期权头寸的例子，我们可以这样认为，买入看涨期权或卖出看跌期权可以让投资者在标的资产价格上涨时获利，如果标的资产价格下跌，卖出看涨期权和买入看跌期权可以让投资者获利。

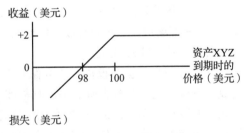

图 34-4　看跌期权空头头寸的损益情况

34.3.5　考虑货币的时间价值

我们对四种期权头寸的说明并没有考虑货币的时间价值。具体来说，期权的买方必须在购买期权时向卖方支付期权价格。因此，买方必须为期权的购买价格融资，或者（假设购买价格不需要被借入）买方失去本可以不投资期权价格而获得的收入，直到期权被出售或行权。相反，假设卖方不必使用期权价格作为空头头寸的保证金，或者可以使用生息资产作为担保，卖方有机会从期权销售的收益中赚取收入。

货币的时间价值改变了我们讨论过的期权头寸的损益情况，期权的买方和卖方的保本价格将与我们在插图中描述的价格不同。对于期权买方，标的资产在到期日的盈亏平衡价格较高，对卖家来说，价格则更低。

我们将期权头寸与标的资产的多头头寸和空头头寸进行比较，也忽略了货币的时间价值。我们没有考虑到这一事实，即标的资产可能产生中期现金流（普通股的股息、债券的利息）。看涨期权的买方无权获得标的资产产生的任何中期现金流。然而，标的资产的买方将获得任何中期现金流，并有机会对其进行再投资。完整比较看涨期权多头头寸和标的资产多头头寸时，必须考虑任何中期现金流再投资产生的额外资金。此外，必须考虑现金分配对标的资产价格的影响。例如，当标的资产是普通股，并且由于支付股息使股票价格下跌时，就会发生这种情况。

34.4　期权市场的经济作用

期货合约允许投资者对冲与不利价格变动相关的风险。期货套期保值让市场参与者锁定价格，从而消除价格风险。然而，在这个过程中，投资者放弃了从有利的价格变动中获益的机会。换句话说，期货套期保值就是利用有利的价格变动带来的好处，抵御不利价格变动带来的影响。期权套期保值有多种潜在的好处，我们将在第36章讨论。

目前，我们提供了期权如何用于套期保值的概述，以及期权套期保值的结果与期货套期保值的区别。较好地展示期权套期保值用途的方法是回到本章的初始说明，其中期权的标的是资产XYZ。

让我们考虑一个拥有资产XYZ的投资者，目前售价为100美元，她预计一个月后将其出售。投资者担心，一个月后，资产XYZ的价格可能会跌至100美元以下。该投资者可以选择的一种方式是现在出售资产XYZ。然而，假设投资者现在不想出售这一资产，因为一些限制阻止了这一交易，或者她认为价格可能在这个月上涨。还假设一家保险公司向投资者出售一份保险单，条件是，如果在一个月结束时，资产XYZ的价格低于100美元，保险公司将补足100美元和市场价格之间的差额。例如，如果一个月后，资产XYZ的价格为80美元，保险公司将向投资者支付20美元。

保险公司自然会向投资者收取保费来出售这份保单。假设保险费是2美元。撇开保险单的成本不谈，这个投资者所面临的收益如下：投资者可以获得的资产XYZ的最低价格是100美元，因为如果价格更低，保险公司将弥补差额，然而，如果资产XYZ的价格高于100美元，投资者将获得更高的价格。购买本保单所需的2美元保费有效地保证了投资者的最低价格为98（=100-2）美元，但如果价格高于100美元，投资者就会意识到更高价格的好处（保单总会减少2美元收益）。在这种购买策略下，投资者购买了针对不利价格变动的保护，同时保持了从有利价格变动中获益的机会。

保险公司并不提供此类保单，但我们已经描述了一种提供相同保护的期权策略。考虑资产XYZ的看跌期权，在到期前一个月，执行价格为100美元，期权价格为本章前面讨论的2美元。在这个看跌期权中，多头头寸的收益等同于保单。期权价格类似于假设的保险费，这就是期权价格被称为期权"费"的原因。因此,看跌期权可以用来对冲标的资产价格的下跌。

买入看跌期权的收益与期货合约的收益非常不同。假设以资产 XYZ 为标的工具的期货合约的期货价格等于 100 美元,结算日在一个月后。通过出售这份期货合约,投资者将同意从现在起一个月内以 100 美元的价格出售资产 XYZ。如果资产 XYZ 的价格低于 100 美元,投资者受到保护,因为她将在交付资产时收到 100 美元,以满足期货合约。然而,如果资产 XYZ 的价格升至 100 美元以上,投资者将不会实现价格上涨的好处,因为她必须以商定的 100 美元价格交付资产。通过出售期货合约,投资者锁定了 100 美元的价格,如果价格上涨,投资者就无法实现收益,而如果价格下跌,投资者可避免损失。

看涨期权对于对冲也很有用。看涨期权可用于防止标的资产价格上涨,同时保持从标的资产价格下跌中获益的机会。例如,假设一名投资者预计从现在起一个月内将获得 100 美元,并计划用这笔钱购买目前售价为 100 美元的资产 XYZ。投资者面临的风险是,从现在起 1 个月内,资产 XYZ 的价格将升至 100 美元以上。让我们进一步假设有一个如本章前面所描述的看涨期权。期权价格为 3 美元,执行价格为 100 美元,一个月后到期。通过购买看涨期权,投资者规避了资产 XYZ 价格上涨的风险。

对冲结果如下。如果从现在起一个月内价格升至 100 美元以上,投资者将行使看涨期权,并意识到资产 XYZ 的市场价格与 100 美元之间的差额。因此,暂时忽略期权的成本,我们可以看到投资者正在确保其为资产 XYZ 支付的最高价格是 100 美元。如果资产价格跌至 100 美元以下,看涨期权将毫无价值地到期,但投资者可以以低于 100 美元的价格购买资产 XYZ。一旦考虑 3 美元的期权成本,则收益如下。不管资产的最终价格如何,投资者必须为资产 XYZ 支付的最高价格是 103 美元(执行价格加上期权价格)。如果资产价格下跌到 100 美元以下,投资者的获益是价格下跌幅度再减去 3 美元。

将这种情况与期货合约进行比较,在期货合约中,资产 XYZ 是标的资产,结算日为一个月后,期货价格为 100 美元。假设投资者购买了这个期货合约。如果一个月后,资产 XYZ 的价格升至 100 美元以上,投资者就以 100 美元的价格买入该资产,从而消除了价格上涨的风险。然而,如果价格跌至 100 美元以下,投资者将无法从中受益,因为她已经签约为该资产支付 100 美元。

现在应该很清楚期权套期保值和期货套期保值有什么不同。期权和期货不是可互换的工具,这种差异怎么强调都不为过。

虽然我们的重点是对冲价格风险,期权还为投资者提供了一种有效的方式,扩大可获得的收益特征的范围。也就是说,投资者可以使用期权来"塑造"投资组合的收益分布,以适应特定的投资目标[⊖]。

34.5 美国期权市场

世界各地有各种各样的期权交易。这里我们提供了主要市场的调查情况,重点是美国,但也提到了其他市场。

⊖ See Stephen A. Ross, "Options and Efficiency," Quarterly Journal of Economics 90, no. 1 (1976): 75–89; Fred Arditti and Kose John, "Spanning the State Space with Options," Journal of Financial and Quantitative Analysis 25, no. 1(1980): 1–9.

34.5.1 股票期权

在美国，交易所交易的股票期权是以指定的普通股的 100 股为单位进行交易的。美国主要的期权交易所是芝加哥期权交易所、纽约证券交易所和纳斯达克证券交易所。

货币监理署已经为上市期权制定了标准的执行价格准则。对于价格高于 100 美元的股票，期权执行价格的变动间隔设定为 10 美元；对于价格低于 100 美元且高于 30 美元的股票，执行价格的变动间隔设定为 5 美元；对于定价在 10～30 美元之间的股票，变动间隔设定为 2.50 美元。尽管交易所交易期权的执行价格不会因为支付给普通股股东的现金股利而改变，但执行价格会根据股票分割、股票股息、重组和其他影响标的股票价值的资本重组进行调整。

美国所有交易所交易的股票期权都可以在到期日之前的任何时间行权，也就是说，它们是美式期权，它们的到期日是在到期月份的第三个星期五之后的星期六晚上美国东部标准时间 11:59。交易规则要求，希望在到期日行权的投资者必须在截止日前一个工作日的美国东部时间 17:30 之前向经纪人说明行权的情况。在非到期日行权的通知必须在美国东部标准时间 10:00～20:00 之间发出。如果在非到期日行权，货币监理署在第二天将该期权义务分配给持有相同行使价格、到期日和标的股票的期权的未平仓空头头寸的投资者，这项转分配是随机的。

期权由标的普通股的名称、到期月份、执行价格和期权类型（看跌或看涨）来指定。因此，关于 AAPL（苹果公司的股票代码）的交易所交易股票的看涨期权，执行价格为 115 美元，将于 2017 年 6 月 16 日到期，被称为"苹果 2017 年 6 月 15 日看涨"。

期权的交割月是标准化的。每只股票都分配有一个期权周期，分为 1 月、2 月和 3 月三个期权周期，每个期权周期的到期月份如表 34-4 所示。

此外，惯例是用当前月份、下一月份和周期中的后两个到期月的到期日来交易期权。例如，假设一只股票被指定为 1 月期权周期。在二月，具有以下到期月份的期权将被交易：二月（当前月份）、三月（下一月份）、四月（1 月期权周期的下一个到期月）和七月（1 月期权周期的最后

表 34-4

期权周期	到期月份
1 月	一月、四月、七月、十月
2 月	二月、五月、八月、十一月
3 月	三月、六月、九月、十二月

一个期权周期月）。在五月，下列到期月份将被分配给 1 月期权周期的股票交易：五月（当前月份）、六月（下一月份）、七月（1 月期权周期的下一个到期月）和十月（1 月期权周期的最后一个期权周期月）。

34.5.2 股票指数期权

1983 年 3 月，股票期权和投资领域发生了一场革命。当时，以股票指数为标的工具的期权交易开始于芝加哥期权交易所的 S&P 100 指数（最初称为"CBOE 100 指数"）。全球交易的股票指数期权数量激增，反映全球投资者对更有效管理投资组合工具的交易需求。目前，所有主要股票市场指数和这些指数中的行业都有期权。

在美国，就交易量而言，最受欢迎的股票指数期权是 S&P 500 指数期权（代号 SPX）、S&P 100 指数期权（代号 OEX）、纳斯达克 100 指数期权（代号 NDX）、道琼斯工业平均指数（代号 DJX）和罗素 2 000 指数期权（代号 RUT）。所有这些合同都在芝加哥期权交易所上市。指数期权可以是欧式期权，并且现金结算，因为运送一篮子股票很困难。所有股票指数期权都有倍数。对于受欢迎的股票指数期权，倍数是 100 美元。为了让个人投资者和较小的机构投资者有机会使用股指产品，这些交易所创造了一些合约的迷你版本，其标的是股指所用倍数的

1/10。由于上述股票指数的倍数是100美元，迷你版的倍数是10美元。具体来说，芝加哥商品交易所还增加了标准为250美元和50美元的S&P 500期货合约的期权，还提供美式季度期权以及欧式季度期权和月末期权。此外，正如对股票期权的解释，还有长期股权预期证券、每周和灵活版本的合约。

S&P 500指数期权的标的是S&P 500指数。S&P 100指数期权的标的是一个市场资本化加权指数，由来自S&P 500各行各业的100只股票组成。纳斯达克100指数期权的标的指数是一个修正的市值加权指数，由在纳斯达克证券交易所上市的100只最大的非金融类股票组成。罗素2 000指数由罗素2 000指数中美国股票领域的小盘股组成。除了美国股票市场指数，还有期权基于全球股票指数和国别股票市场指数进行交易。欧洲斯托克50指数期权就是一个典型的例子，它涵盖了全球和地区的股票市场指数。

对于主要基于市场整体的股票市场指数、选定的产业和选定的行业，也有股票指数期权。例如，在芝加哥期权交易所交易的产品就有道琼斯交通平均指数期权、道琼斯公用事业平均指数期权、道琼斯互联网商业指数期权、道琼斯股票房地产投资信托基金指数期权、CBOE互联网指数期权、CBOE石油指数期权、CBOE技术指数期权和摩根士丹利零售指数期权。股票指数期权是基于指数成分的某些属性，而不是产业或行业。例如，芝加哥期权交易所根据罗素3 000成分股的价值和增长分类列出了股票指数期权。罗素1 000成长型指数期权和罗素1 000价值指数期权包含了罗素3 000成长型和价值型股票中市值最大的1 000只股票。道琼斯10指数期权的标的包括道琼斯工业平均指数中股息收益率前10名的股票，每种股票在指数中的权重相等。

还有基于行使方式和到期期限的股票指数期权。例如，S&P 100指数期权的美式和欧式。

如果行使了股票期权，就必须交付股票。退一步说，通过交付构成指数的所有股票来解决股指期权将是复杂的。相反，股指期权是现金结算合约。也就是说，如果期权被行使，交易所指定的期权出售者向期权买方支付现金，不存在库存交付。

作为指数期权标的的股票指数的美元价值等于当前现金指数价值乘以合约倍数，即标的指数的美元价值 = 现货指数价值 × 合约倍数。

每个股指期权都有一个合约倍数。例如，S&P 100指数的倍数是100美元。因此，如果标准普尔100指数的现货指数值是1 000，那么标准普尔100指数合约的美元价值是100 000（=1 000×100）美元。

对于股票期权，期权的买方可以买卖股票的价格就是执行价格。对于指数期权，行权指数是期权买方可以买入或卖出标的股票指数的指数价值。通过将行权指数乘以合约的倍数，将行权指数转换成美元价值。例如，如果标准普尔100指数期权的行权指数为1 750，执行价格为175 000（=1 750×100）美元。如果投资者购买S&P 100指数的看涨期权，行权指数为1 750，当指数值为1 800时行使期权，那么当指数的美元值为180 000时，投资者有权以175 000美元购买指数。看涨期权的买方将从期权出售者那里获得5 000（=180 000−175 000）美元。

34.5.3 长期股权预期证券

对于一只股票和股票指数，只有接下来的两个到期月在交易所交易。因此，标准的交易所交易期权在到期前的最长时间是6个月。长期股权预期证券是旨在提供更长期限的期权合约。这些合约适用于个股和一些指数。股票期权长期股权预期证券可与标准股票期权相媲美，除了到期日可从发行日算起长达 39 个月。与标准化指数期权相比，指数期权长期股权预期证券在规模上有所不同，其倍数是 10 而不是 100。

34.5.4 利率期权

利率期权可以基于现货工具或期货发行。曾有一段时间，一些交易所交易的期权合约有基于债务工具的，这些合约被称为实物期权。基于债务工具的期货期权比实物期权更受欢迎，我们将在后文给予解释。

市场参与者越来越多地使用国债、机构债券和抵押贷款支持证券的场外期权⊖。某些机构投资者如果想购买特定国债的期权或美国联邦国民抵押协会的过手债券，可以在场外交易的基础上进行。一些政府证券和抵押贷款支持证券的交易商会在特定证券的期权市场上进行交易。通常，期权的到期日与期权的买方想要对冲的时间是一致的，因此，买方不关心期权的流动性。

除固定收益证券的期权外，投资者还可以获得基于收益率差的场外期权（如按揭贷款过手证券与美国国债之间的息差，或 AA 级公司债与美国国债之间的息差）。

34.5.5 灵活期权

灵活期权是一些条款经过定制的一种期权合约⊖。它在期权交易所进行交易，并由与交易所相关的清算所进行清算和担保。机构投资者对投资组合策略的广泛需求不能被标准化交易所交易期权所满足，这就导致了对特定条款的定制需求。

可以为个股、股指和国债创建一个灵活期权。灵活期权的价值在于能够从四个方面定制合约条款：标的、执行价格、到期日和结算方式（美式或欧式）。此外，交易所还提供了一个二级市场来抵消或改变头寸，并提供每日价格记录。

灵活期权的发展是对日益增长的场外交易市场的回应。交易所试图通过竞争性拍卖市场、活跃的二级市场、每日价格估值和交易对手风险的虚拟消除，来提供价格发现，从而使灵活期权具有吸引力。灵活期权代表了上市期权和场外交易产品之间的联系。

34.5.6 奇异期权

OTC 期权可以按照机构投资者要求的任何方式定制。一般来说，如果一个交易商能够合理地对冲与所寻求期权的另一方相关的风险，它就会创造出客户所希望的期权。场外交易期权不仅限于美式或欧式类型。可以创建一个期权，使该期权在几个指定的日期以及期权的到期日执行。如前所述，此类期权被称为 "百慕大期权"。

更复杂的期权称为奇异期权，有两种类型的奇异期权，即任选期权和优胜期权。任选期权，也称为非此即彼期权，其收益是两种不同资产中收益最好的。例如，假设唐娜购买了一个具有以下条款的任选看涨期权：

（1）标的资产是一个单位的资产 M 或一个单位的资产 N；

（2）资产 M 的执行价格是 80 美元；

⊖ For a more detailed discussion of OTC options, see Mark Pitts and Frank J. Fabozzi, *Interest Rate Futures and Options* (Chicago: Probus Publishing, 1989), chapter 2.

⊖ For a more detailed description of FLEX options, see James J. Angel, Gary L. Gastineau, and Clifford J. Weber, *Equity FLEX Options* (Hoboken, NJ: John Wiley & Sons, 1999).

(3) 资产 N 的执行价格为 110 美元；
(4) 有效期是 3 个月后；
(5) 期权只能在 3 个月后行使（它是欧式期权）。

在到期日，唐娜可以决定从期权的卖方购买一个单位的资产 M，价格为 80 美元，或者一个单位的资产 N，价格为 110 美元。唐娜会以更高的收益购买资产。因此，举例来说，如果资产 M 和资产 N 在到期日分别为 84 美元和 140 美元，那么如果唐娜选择行权购买资产 M，收益将为 4 美元，但是如果她选择行使购买资产 N，收益将为 30 美元。因此，她将选择购买资产 N。如果两种资产在到期日的价格都低于它们的执行价格，唐娜将让期权失效。

优胜期权是基于到期日，两种资产相对更高收益的期权。例如，考虑购买以下优胜买入期权：
(1) 投资组合 A 由 50 家公用事业公司的股票组成，市值为 100 万美元；
(2) 投资组合 B 由 50 家金融服务公司的股票组成，市值为 100 万美元；
(3) 到期日是从现在起的 6 个月，它是一个欧式期权；
(4) 行权价格等于投资组合 B 的市场价值 − 投资组合 A 的市场价值。

在到期日，如果投资组合 A 的市场价值大于投资组合 B 的市场价值，那么这个期权就没有价值，它将毫无价值地到期。如果投资组合 B 的市场价值在到期日超过投资组合 A 的市场价值，将行使期权。

34.6 期货期权

基于期货合约的期权，通常被称为期货期权，它赋予买方在期权有效期内的任何时候，以指定价格向卖方购买或出售指定期货合约的权利。如果期货期权是看涨期权，买方有权以执行价格购买一个指定的期货合约。也就是说，买方有权在指定的期货合约中获得期货多头头寸。如果买方行使看涨期权，卖方在期货合约中获得相应的空头头寸。

期货合约的看跌期权授予买方，以执行价格向卖方出售一份指定期货合约的权利。也就是说，期权买方有权在指定的期货合约中获得空头头寸。如果看跌期权被执行，卖方在指定的期货合约中将获得相应的多头头寸。

第 34 章回顾的所有利率期货合约都有期货期权。

34.6.1 期货期权交易机制

当期权被行权时，期货期权的当事人将实现期货合约中的头寸。问题是，期货价格会是多少。也就是说，多头需要以什么价格购买期货合约的标的工具，空头需要以什么价格出售期货合约的标的工具。

在行权时，期货合约的期货价格将被设定为等于执行价格。然后，双方的头寸会根据当时的期货价格立即按市价计算。因此，双方的期货头寸将以期货现价呈现。同时，期权卖方必须向期权买方支付期权行权所产生的经济收益。就看涨期货期权而言，期权卖方必须向期权的买方支付当前期货价格和执行价格之间的差额。就看跌期货期权而言，期权卖方必须向期权买方支付执行价格和当前期货价格之间的差额。

例如，假设一个投资者购买了某个期货合约的看涨期权，其执行价格为 85 美元，期货价格是 95 美元，买方行使看涨期权。在行权时，看涨期权的买方以 85 美元获得期货合约的多头，而看涨期权的卖方以 85 美元获得期货合约的相应空头。买方和卖方的期货头寸，立即被交易所以市价标记。因为当前的期货价格是 95 美元，执行价格是 85 美元，期货多头头寸（看涨期权买方的头寸）实现了 10 美元的收益，而期货空头头寸（看涨期权卖方的头寸）实现了 10 美元的损失。看涨期权卖方向交易所支付 10 美元，看涨期权买方从交易所获得 10 美元。看涨期权的买方现在以 95 美元持有期货多头头寸，他可以在 95 美元平仓，也可以持续持有期货多头头寸。如果采取了前一种行动，看涨期权的买方以 95 美元的现行期货价格卖出期货合约，清算头寸没有收益或损失。总的来说，看涨期权的买方实现了 10 美元的收益。如果看涨期权买方选择持有期货多头头寸，那么他将面临持有这种头寸所带来的相同风险和收益，但是看涨期权的买方仍然会从看涨期权的行权中获利 10 美元。

相反，假设期货期权是看跌期权而不是看涨期权，当前期货价格是 60 美元，而不是 95 美元。如果这个看跌期权的买方行使它，买方将在期货合约中有一个 85 美元的空头头寸，期权卖方将在期货合约中持有 85 美元的多头头寸。然后，交易所以当时的期货价格 60 美元对头寸进行标记，导致看跌期权买方获得 25 美元的收益，而看跌期权的卖方将损失相同的金额。看跌期权的买方现在持有 60 美元的期货空头头寸，可以维持该头寸，也可以通过 60 美元的当前期货价格买入期货合约来平仓。在这两种情况下，看跌期权的买方通过行使看跌期权均会获得 25 美元的收益。

一旦期权价格被全额支付，交易所对期货期权的买方没有保证金要求。因为买方可能损失的最大金额是期权价格，不管标的工具的价格变动有多不利，都不需要保证金。

因为期权的卖方已经同意接受标的工具中头寸的所有风险（而非回报），如果标的工具是利率期货合约，卖方不仅需要存入该头寸所需的保证金，还会收到（除了某些例外情况）发行期权而产生的期权价格。此外，如果标的期货合约的价格对卖方头寸产生不利影响，卖方将被要求在标记为市价时存入变动保证金。

34.6.2 期货期权流行的原因

以固定收益证券作为标的的期货期权在很大程度上已经取代了机构投资者使用的实物期权，主要有三方面原因[⊖]。首先，与固定收益证券的期权不同，国债息票期货的期货期权不要求支付应计利息。因此，当行使期货期权时，看涨期权的买方和看跌期权的卖方不需要补偿对方的应计利息。

其次，期货期权被认为是"更清洁"的工具，因为交割挤压的可能性降低了。必须交付工具的市场参与者担心交付的工具在交付时会供不应求，从而导致获得工具的价格更高。由于期货合约的可交割供给量对于目前交易的期货期权来说是足够的，因此不存在交割紧缩的担忧。

最后，要给任何期权定价，必须时刻了解标的工具的价格。正如我们在讨论各种债券市场时提到的，目前的债券价格不容易获得。相比之下，期货价格是很容易获得的。

关键知识点

▲ 期权是一种合约，在这种合约中，期权的卖方授予买方在一段特定的时间内（直至到

[⊖] Laurie Goodman, "Introduction to Debt Options," in *Winning the Interest Rate Game: A Guide to Debt Options*, ed. Frank J. Fabozzi (Chicago: Probus Publishing, 1985), chapter 1, 13–14.

- 期日）以行使价（执行价）向其购买或出售某物的权利，但没有义务。
- 期权买方支付的价格称为"期权价格"或"期权费"。
- 看涨期权授予期权买方从期权卖方购买某物的权利，看跌期权授予期权买方向期权卖方出售某物的权利。
- 期权买方可能损失的最大金额是期权价格，而期权卖方能实现的最大利润是期权价格。期权买方有很大的上行收益潜力，而期权卖方有很大的下行风险。
- 期权合约规定了行权方式（美式期权、欧式期权、百慕大期权）。
- 期权可以在有组织的交易所交易，也可以在场外交易市场交易。
- 与期货合约不同，期权合约只有一方（期权卖方）有义务在以后的某个日期交易。
- 期货有对称的风险/收益关系，而期权没有，因为期权的买方保留了所有的潜在利益，但收益总是因支付期权费而有所减少。
- 期货是风险分担安排，但期权是保险安排。
- 有四种基本的期权头寸：买入看涨期权、卖出看涨期权、买入看跌期权和卖出看跌期权。
- 期权可以用来改变标的资产头寸的风险/收益关系。
- 如果标的资产价格上涨，看涨期权的买方受益；如果标的资产价格不变或下跌，看涨期权的出售者（卖方）就会受益。
- 如果标的资产价格下跌，看跌期权的买方受益；如果标的价格不变或上涨，看跌期权的出售者（卖方）受益。
- 在确定期权的收益时，必须考虑为期权价格融资的货币时间价值。
- 一些期权基于普通股的单个股票进行交易，一些期权基于普通股指数进行交易。
- 股票指数期权合约的美元价值等于指数价值乘以合约倍数。
- 利率期权，其标的是债务工具（称为"实物期权"）和期货合约（称为"期货期权"）。
- 在交易所交易的基于债务工具的期货期权比在交易所交易的实物期权更受欢迎。
- 期货期权赋予买方在期权有效期内的任何时候，以指定价格向卖方购买或出售指定期货合约的权利。
- 如果期货期权的买方行权，期货合约的期货价格将被设定为等于执行价格，但双方的头寸将立即根据当时的期货价格标记。
- 出于几个原因，机构投资者更多地使用固定收益证券的期货期权，而不是实物期权。
- 机构投资者越来越多地使用国债和抵押贷款支持证券的场外期权。
- 复杂的场外期权被称为"奇异期权"，它的两个例子是任选期权和优胜期权。

练习题

1. 识别并解释期权合约的主要特征。
2. 看跌期权和看涨期权有什么区别？
3. 美式期权和欧式期权有什么区别？
4. 为什么期权出售者需要支付保证金？
5. 找出交易所交易期权不同于典型场外交易期权的两个重要方面。
6. a. 期权与期货合约的主要区别是什么？
   b. 为什么期权和期货被称为"衍生证券"？
7. 解释这种说法为什么可能是正确的："如果标的资产价格上涨，多头头寸提供潜在的无限收益，但如果标的资产价格降至零，则提供固定的最大损失。"
8. 假设你购买了一只股票的看涨期权，其行权价为 70 美元，成本为 2 美元，在期权到期时，确定你的投资收益，对应于这些股票的每一个价值：25 美元、70 美元、100 美元、400 美元。
9. 再次考虑问题 8 中的情况，假设你已经卖出了看涨期权，那么在每种股票期权到期时，你的利润是多少？

10. 解释你为什么同意或不同意这种说法："买入看跌期权就像卖空标的资产一样。如果标的资产的价格下跌,你可以从任何一种头寸中获得相同的收益。如果标的资产的价格上涨,你也会有同样的损失。"
11. 为什么股票指数期权涉及现金结算,而不会交割股票?
12. 假设你以 5.50 美元的价格购买了一个指数看涨期权,其执行价格为 200 美元,到期时,你行使了它并假设在你行使看涨期权时,指数的值为 240。
    a. 如果指数期权的倍数是 100 美元,这个期权的出售者付给你多少钱?
    b. 你从购买这个看涨期权中获得多少利润?
13. 长期股权预期证券与标准股票期权和标准指数期权有何不同?
14. a. 在灵活期权中可以定制哪些项目?
    b. 为什么交易所要引入灵活期权?
15. 假设你购买了具有以下条款的任选看涨期权:
    (1) 标的资产是一个单位的资产 G 或一个单位的资产 H;
    (2) 资产 G 的执行价格是 100 美元;
    (3) 资产 H 的执行价格是 115 美元;
    (4) 有效期是从现在起的 4 个月;
    (5) 期权只能在到期日行权。
    a. 如果在到期日,资产 G 的价格是 125 美元,资产 H 的价格是 135 美元,这个期权的收益是多少?
    b. 如果在到期日,资产 G 的价格是 90 美元,资产 H 的价格是 125 美元,这个期权的收益是多少?
    c. 如果在到期日,资产 G 的价格是 90 美元,资产 H 的价格是 105 美元,这个期权的收益是多少?
16. 假设你用以下条款购买了一个优胜看涨期权:
    (1) 投资组合 X 由市值 500 万美元的债券组成;
    (2) 投资组合 Y 由市值 500 万美元的股票组成;
    (3) 到期日是从现在起的 9 个月,且它是一个欧式期权;
    (4) 执行价格等于投资组合 X 的市值 − 投资组合 Y 的市值。
    如果在到期日,投资组合 X 的市场价值是 1 000 万美元,投资组合 Y 的市场价值是 1 200 万美元,这个期权的收益是什么?
17. 假设你在期货合约的看涨期权中持有多头头寸,执行价格为 80 美元。期货合约价格现在是 87 美元,你想行使你的选择权。确定行权收益,说明现金流和你获得的期货头寸以及期货合约的价格。

第 35 章

期货和期权合约的定价

学习目标

学习本章后，你会理解：

▲ 期货合约定价理论；
▲ 期货市场和现货市场之间的套利如何联系这些市场的价格；
▲ "持有成本"和"净融资成本"的含义；
▲ 特定资产在期货合约结算日的期货和现货价格趋同；
▲ 为什么实际期货价格可能不同于理论期货价格；
▲ 如何将期权的市场价格分解为内在价值和时间溢价；
▲ 为什么套利能确保具有相同执行价格和到期日的同一标的资产的看涨和看跌价格之间存在一定的关系；
▲ 影响期权价格的因素，包括标的资产的当前价格和预期价格波动性、合同到期日、执行价格、短期利率以及标的资产的任何现金流等；
▲ 二项式期权定价模型的原理及推导过程。

在第33章和第34章中，我们描述了各种类型的期货和期权合约。在这一章中，我们将解释如何使用套利参数来确定这些合约的理论价格。仔细研究推导理论价格所必需的基本假设，可以看出如何修改理论价格，以便为前两章描述的特定合约定价。

35.1 期货合约的定价

为了理解什么决定了期货合约的价格，再次考虑第33章中的期货合约，其标的工具是资产XYZ。我们做了几个假设：

资产XYZ在现货市场的售价为100美元。

资产XYZ公司每年向持有者支付12美元，这12美元分四个季度支付，每个季度支付3美元，下一季度付款正好是3个月后，期货合约要求3个月后交货，目前3个月的贷款利率是每年8%。

这个期货合约的价格应该是多少呢？假设期货合约的价格是107美元，考虑以下策略：

（1）以 107 美元卖出期货合约；

（2）在现货市场以 100 美元购买 XYZ 资产；

（3）以每年 8% 的利率借款 100 美元，为期 3 个月。

借入的资金用于购买资产 XYZ，因此该策略没有初始现金支出。3 个月后，将从资产 XYZ 的控股公司获得 3 美元。3 个月后，资产 XYZ 公司必须交付结算期货合约，贷款必须偿还。这一战略产生的结果如表 35-1 所示。

请注意，这种策略保证了 8 美元的利润。此外，这种利润是在没有投资支出的情况下产生的，即购买资产 XYZ 所需的资金是借来的。无论结算日的期货价格是多少，利润都会实现。从金融角度来看，利润来自资产 XYZ 在现货市场的价格和资产 XYZ 在期货市场的价格之间的无风险套利。显然，在一个运转良好的市场中，套利者可以通过零投资获得无风险收益，他们会卖出期货，买入资产 XYZ，迫使期货价格下跌，抬高资产 XYZ 的价格，以消除这种利润。

表 35-1

（1）从期货合约结算看	
出售资产 XYZ 以结算期货合约的收益是	=107 美元
投资资产 XYZ 在 3 个月后收到的收益是	=3 美元
总收益	=110 美元
（2）从贷款看	
偿还贷款本金	=100 美元
贷款利息（三个月 2%）	=2 美元
总支出	=102 美元
（3）利润	=8 美元

这种策略导致了套利利润的获取，这种交易被称为**买现卖期交易**。之所以用这个名字，是因为它涉及借入现金来购买证券，并将该证券"持有"到期货结算日。

相反，假设期货价格是 92 美元，而不是 107 美元，让我们考虑一下这个策略：

（1）以 92 美元的价格购买期货合约；

（2）以 100 美元的价格出售（卖空）资产 XYZ；

（3）投资（贷款）100 美元，为期 3 个月，每年 8%。

同样，该策略不需要初始现金支出，即期货合约中多头头寸的成本为零，卖空资产并借钱也没有成本。3 个月后，必须购买资产 XYZ，以结清期货合约中的多头头寸。接受交割的资产 XYZ 将被用于弥补空头头寸——弥补资产 XYZ 在现货市场的卖空。做空资产 XYZ 要求卖空者向资产 XYZ 的贷方支付其本季度应得的佣金。因此，该策略要求向资产 XYZ 贷款人支付 3 美元。3 个月后的结果如表 35-2 所示。

这一策略的 7 美元利润也是无风险套利利润。这种策略不需要初始现金支出，但无论资产 XYZ 在结算日的价格如何，都会产生利润。显然，这个机会将导致套利者购买期货和做空资产 XYZ，这两种行为的效果将是提高期货价格和降低现金价格，直到利润再次消失。

表 35-2

（1）从期货合约结算看	
购买资产 XYZ 以结算期货合约的所支付的价格	=92 美元
资产 XYZ 贷方因借入资产产生的收益	=3 美元
总支出	=95 美元
（2）从贷款看	
投资到期本金	=100 美元
贷款利息（3 个月 2 美元）	=2 美元
总收益	=102 美元
（3）利润	=7 美元

这种导致套汇利润的策略被称为**卖现买期交易**。也就是说，通过这种策略，证券被卖空，卖空的收益被投资。

套利在什么样的期货价格上将停止呢？问这个问题的另一种方式是，是否有一个期货价格会阻止无风险套利利润产生呢？是的，有。如果期货价格为 99 美元，就不会有套利利润。让我们看看如果遵循前面的两个策略（买现卖期交易和卖现买期交易）会发生什么，现在假设期货价格为 99 美元。

考虑第一种策略（买现卖期交易），它包含以下要素：
（1）以 99 美元卖出期货合约；
（2）在现货市场以 100 美元购买资产 XYZ；
（3）以每年 8% 的利率借款 100 美元，为期 3 个月。
3 个月后，结果如表 35-3 所示。

如果期货价格是 99 美元，套利利润就消失了。接下来，考虑由以下行动组成的策略：
（1）以 99 美元购买期货合约；
（2）以 100 美元的价格出售（卖空）资产 XYZ；
（3）投资（贷款）100 美元，为期 3 个月，每年 8%。
3 个月后的结果如表 35-4 所示。

表 35-3

（1）从期货合约结算看	
出售资产 XYZ 以结算期货合约的收益	=99 美元
投资资产 XYZ 收到的收益	=3 美元
总收益	=102 美元
（2）从贷款看	
偿还贷款本金	=100 美元
贷款利息（3 个月 2 美元）	=2 美元
总支出	=102 美元
（3）利润	=0

表 35-4

（1）从期货合约结算看	
购买资产 XYZ 以结算期货合同所支付的价格	=99 美元
资产 XYZ 贷方因借入资产产生的收益	=3 美元
总支出	=102 美元
（2）从贷款看	
投资到期本金	=100 美元
贷款利息（3 个月 2 美元）	=2 美元
总收益	=102 美元
（3）利润	=0

因此，如果期货价格是 99 美元，两种策略都不会产生套利利润。因此，99 美元的期货价格是均衡价格，因为任何更高或更低的期货价格都将允许无风险套利利润产生。

35.1.1 基于套利模型的理论期货价格

根据我们刚才提出的套利论点，我们看到均衡或理论期货价格可以根据以下信息确定：
（1）现货市场中资产的价格；
（2）截至结算日资产的现金收益。

在我们的例子中，资产 XYZ 的现金收益是 100 美元投资产生 3 美元，即 3% 的季度收益率（每年 12% 的收益率）。

融资成本，即截至结算日的借贷利率。在我们的例子中，3 个月的融资成本是 2%。

为了发展期货定价理论，我们将使用以下符号：

F——期货价格（美元）；
P——现货市场价格（美元）；
r——融资成本（%）；
y——现金收益率（%）。

现在，考虑现货和套利交易：
（1）以价格 F 卖出期货合约（或持有期货空头头寸）；
（2）以价格 P 购买资产 XYZ；
（3）在结算日前，按 r 利率借入 P。
在结算日的结果如表 35-5 所示。

$$\text{利润} = \text{总收益} - \text{总支出} = F + yP - (P + rP)$$

均衡期货价格是确保这种套利策略的利润为零的价格，因此，均衡要求

$$0 = F + yP - (P + rP)$$

求解理论期货价格得出以下等式：

$$F = P + P(r - y)$$

换句话说，均衡期货价格只是现货价格、融资成本和资产现金收益率的函数。

或者，让我们考虑用上面例子中的情况来说明卖现买期交易：

（1）以价格 F 买入期货合约；
（2）以价格 P 卖出资产 XYZ；
（3）在结算日前，按 r 利率借出 P。

在结算日的结果如表 35-6 所示。

$$\text{利润} = \text{总收益} - \text{总支出} = P + rP - (F + yP)$$

将利润设为零，这样就不会有套利利润，并对期货价格进行求解，我们得到与前面推导的期货价格相同的等式：

$$F = P + P(r - y)$$

表 35-5	
（1）从期货合约结算看	
出售资产 XYZ 以结算期货合约的收益	$=F$
投资资产 XYZ 收到的收益	$=yP$
总收益	$=F+yP$
（2）从贷款看	
贷款本金的偿还	$=P$
贷款利息	$=rP$
总支出	$=P+rP$

表 35-6	
（1）从期货合约结算看	
为结算期货合约而购买资产所支付的价格	$=F$
向资产出借人支付借款	$=yP$
总支出	$=F+yP$
（2）从贷款看	
投资到期本金	$=P$
贷款利息	$=rP$
总收益	$=P+rP$

将这个方程应用到我们前面的例子中来确定理论期货价格是有指导意义的。在该示例中，关键变量具有以下值：

$r = 0.02$；
$y = 0.03$；
$P = 100$ 美元。

那么理论期货价格是：

$$F = 100 - 100(0.03 - 0.02) = 100 - 1 = 99 \text{（美元）}$$

这与我们之前提出的均衡期货价格一致。

理论期货价格可能高于现货市场价格或低于现货市场价格，这取决于 $P(r-y)$。反映融资成本和资产现金收益之间的差异 $(r-y)$ 的术语被称为**净融资成本**。净融资成本通常被称为**持有成本**。**正的持有成本**意味着获得的收益大于融资成本，**负的持有成本**意味着融资成本超过收益。我们可以如表 35-7 所示的这样，总结期货价格和现

表 35-7	
持有成本	期货价格
正 $(y>r)$	将以低于现货价格的价格出售 $(F<P)$
负 $(y<r)$	将以高于现货价格的价格出售 $(F>P)$
零 $(y=r)$	将等于现货价格 $(F=P)$

货市场价格之间的差价的影响。

35.1.2 交割日价格收敛

在交割日，也就是在期货合约结算的时候，期货市场价格必须等于现货市场价格，因为没有交割时间的期货合约相当于现货市场交易。因此，随着交割日期的临近，期货价格将收敛于现货市场价格，这一事实从理论期货价格的方程式中显而易见。随着交割日期的临近，融资成本接近于零，持有投资可以获得的收益接近于零。因此，套利成本接近于零，期货价格将接近于现货市场价格。

35.1.3 进一步审视理论期货价格

为了利用套利论点推导理论期货价格，我们做了几个假设。当假设被违反时，实际期货价格将偏离理论期货价格。也就是说，这两个价格之间的差异将不同于套利的价值。接下来，我们检验这些假设，并找出所有金融期货合约的实际价格偏离其理论价格趋势的实际原因。

35.1.4 中期现金流

我们在理论分析中假设，中期现金流不会因为期货价格的变化和交易所要求保证金的变化而产生。此外，我们的方法隐含地假设任何股息或息票利息支付都在交割日支付，而不在开始持有现货头寸与期货合约到期之间的某个时点支付。然而，我们知道，在实践中，这两种类型的中期现金流都有可能发生。

就股指期货而言，将中期股息支付纳入定价模型是必要的，因为一组100只或500只股票的现货头寸（作为指数基础的股票数量）以股票股息的形式产生现金流。股息率和股息支付模式并不确定，它们必须根据指数中企业的历史股息支付来预测。一旦股息支付被预测，它们就可以被纳入定价模型。唯一的问题是，在结算日支付的股息的价值将取决于，从预计收到股息之日起至结算日止股息可通过再投资获得的利息。股利越低，股利支付越接近期货合约的交割日，再投资收益对期货价格的影响就越小。

值得注意的是，在没有初始保证金和变动保证金的情况下，合约的理论价格在技术上是远期合约的理论价格，而不是期货合约的实际价格。这是因为，与期货合约不同，远期合约并不在每个交易日结束时按市价计价，因此不需要变动保证金，也不会因损益产生现金流入或流出。

35.1.5 借贷利率之间的差异

在推导理论期货价格时，我们假设投资者的借贷利率相等。然而，通常情况下，借款利率高于贷款利率。这种不平等的影响很重要，也很容易识别。我们首先采用符号来代表这两种利率：

r_B——借款利率；

r_L——贷款利率。

现在，考虑买现卖期货交易：

（1）以价格 F 卖出期货合约；

（2）以价格 P 买入资产 XYZ；

（3）在结算日前，按 r_B 利率借入资金 P。

显然，不会产生套利利润的期货价格是：

$$F=P+P(r_B-y) \quad (35\text{-}1)$$

回想一下，卖现买期交易是：
（1）以价格 F 买入期货合约；
（2）以价格 P 出售资产 XYZ；
（3）在结算日之前，投资以收益率 r_L 投资 P。

不会产生无风险利润的期货价格是：

$$F=P+P(r_L-y) \quad (35\text{-}2)$$

式（35-1）和式（35-2）一起提供了期货价格处于平衡的边界。式（35-1）建立了上限，式（35-2）建立了下限。例如，假设借款利率为每年 8%，或每 3 个月利率 2%，贷款利率为每年 6%，或每 3 个月利率 1.5%。根据式（35-1），可得上限为：

$$F(\text{上限})=100+100(0.02-0.03)=99(\text{美元})$$

根据式（35-2），可得下限为：

$$F(\text{下限})=100+100(0.015-0.03)=98.50(\text{美元})$$

因此，如果期货价格在两个边界之间取任何值，就达到了均衡。换句话说，均衡值为 $98.50 \leq F \leq 99$。

35.1.6 交易费用

在推导理论期货价格时，我们忽略了套利策略中交易成本的影响。实际上，期货合约的进场和平仓成本以及往返交易成本都会影响期货价格。很容易证明，正如我们之前对借贷利率所做的那样，交易成本扩大了均衡期货价格的约束范围。在这里我们不必关心细节。

35.1.7 卖空

在资产 XYZ 的卖空策略中，当期货价格低于其理论价值时，我们明确假设在卖现买期交易中，卖空的收益被接收并被再投资。在实践中，对个人投资者来说，收益是收不到的，事实上，个人投资者需要提高保证金（证券保证金，而不是期货保证金）来卖空。对机构投资者来说，资产可能是借来的，但借是有成本的。这种借贷成本可以通过降低资产收益率的方式纳入模型。

对于应用于股指期货的策略，卖空指数中的股票意味着指数中的所有股票必须同时卖出。我们在第 23 章中解释的股票卖空交易规则可能会阻止投资者实施套利策略。股票的卖空规则规定，卖空必须高于前一次交易的价格（称为"涨幅交易"），或者等于前一次交易的价格，但前一次的价格必须高于再前一次交易的价格（称为"零涨幅交易"）。如果套利要求同时卖出指数中的股票，并且一些股票的最后一笔交易没有上涨，那么这些股票不能同时卖空。因此，制度规则实际上可能阻止套利者将实际期货价格与理论期货价格保持一致。

35.1.8 已知可交割资产和结算日期

我们举例来说明套利策略，假设：①只有一项资产是交割的；②结算日发生在未来某个已知的固定时点。这两种假设都不符合某些期货合约的交割规则。美国中长期国债期货合约的案例说明了这一点，即持有多头头寸的投资者既不知道要交割的特定国债，也不知道合约月份中可能交割的特定日期。这种实质性的不确定性是期货合约中空头头寸拥有的交割期权的结果。中长期国债期货合约的实际期货价格低于理论期货价格，反映了期货空头的选择权和优势。

35.1.9 可交割的一篮子证券

一些期货合约涉及单一资产，但其他合约适用于一篮子资产或一个指数。股指期货和市政债券指数期货合约就是这样的例子。在这两种期货合约中进行套利的问题是，买卖该指数包括的所有证券的成本都太高了。相反，包含少量资产的投资组合可以被构造来跟踪指数（这意味着价格变动与指数变化非常相似）。尽管如此，基于这种跟踪投资组合的套利不再是无风险的，因为投资组合可能无法准确跟踪指数。显然，由于交易成本以及套利结果的不确定性，因此基于一篮子资产的期货实际价格可能会偏离理论价格。

35.1.10 现货和期货交易的不同税务处理

本章介绍的基本套利模型不仅忽略了税收，还忽略了现货市场交易和期货市场交易的不同税收待遇。显然，这些因素会使实际期货价格与理论价格不相等。

35.2 期权合约的定价

期权合约的理论价格也是从套利论据中得出的。然而，期权合约的定价并不像期货合约那样简单。

35.2.1 期权价格的基本组成部分

期权价格是期权内在价值和内在价值溢价的总和，内在价值溢价通常被称为"时间价值"或"时间溢价"。虽然时间价值的说法更常见，但我们将使用时间溢价这一说法，以避免混淆货币的时间价值和期权的时间价值。

35.2.2 内在价值

期权在任何时候的内在价值都是立即行使后的经济价值。如果立即执行不会产生正的经济价值，那么其内在价值为零。

在计算上，看涨期权的内在价值是标的资产的当前价格和执行价格之间的差额。如果这个差是正的，那么内在价值等于这个差额。如果差值为零或为负值，则内在价值设置为零。例如，如果看涨期权的执行价格为 100 美元，当前资产价格为 105 美元，内在价值为 5 美元。也就是说，期权买方行使期权，同时以 105 美元的价格出售标的资产，将覆盖以 100 美元从期权卖方获得的资产，从而获得 5 美元的收益。

当一个期权有内在价值时，它被认为是价内期权。当看涨期权的执行价格超过当前资产价格时，该看涨期权被称为价外期权，它没有内在价值。执行价格等于当前资产价格的期权被认为是平价期权。价外期权和平价期权的内在价值都为零，因为行使它们是没有利润的。执行价格为 100 美元的看涨期权：①当前资产价格超过 100 美元时是价内期权；②当前资产价格低于 100 美元时是价外期权；③当前资产价格等于 100 美元时是平价期权。

对于看跌期权，内在价值等于当前资产价格低于执行价格的金额。例如，如果看跌期权的执行价格是 100 美元，当前资产价格是 92 美元，内在价值是 8 美元。也就是说，看跌期权的买方同时购买了标的资产，也可以通过行权净赚 8 美元。该资产将以 100 美元的价格出售给卖方，并以 92 美元的价格在市场上购买。对于执行价格为 100 美元的看跌期权：①当前资产价格低于 100 美元时是价内期权；②当前资产价格超过 100 美元时是价外期权；③当前资产价格等于 100 美元时是平价期权。

35.2.3 时间溢价

期权的时间溢价是期权的市场价格超过其内在价值的金额。期权买方希望，在到期前的某个时点，标的资产的市场价格变化将增加期权所转让的权利的价值。对于这种前景，期权买方愿意支付高于内在价值的溢价。例如，如果执行价格为 100 美元的看涨期权的价格是 9 美元，当资产价格为 105 美元时，该期权的时间溢价为 4 美元（9 美元减去其内在价值 5 美元）。如果当前资产价格是 90 美元而不是 105 美元，那么这个期权的时间溢价将是整个 9 美元，因为这个期权没有内在价值。显然，在其他条件相同的情况下，期权的时间溢价将随着剩余到期时间的增加而增加。

期权购买者有两种方法来实现期权头寸的价值。第一种方法是行使选择权，第二种方法是以市价出售看涨期权。在上面的第一个例子中，卖出 9 美元的看涨期权比行使期权更好，因为行使期权只获得 5 美元的收益，但卖出期权将获得 9 美元的收益。如这个例子所示，行权会导致任何时间溢价的直接损失。需要注意的是，在某些情况下，期权可能会在到期日之前行权。这些情况取决于在到期日持有期权的总收益是否会增加，或者在到期日之前行使和再投资任何收到的现金收益。

35.2.4 期权看跌 – 看涨平价关系

看涨期权的价格和看跌期权的价格之间有一种重要的关系，这两种期权在相同的标的工具上，具有相同的执行价格和到期日。举一个例子来说明这种关系，这种关系通常被称为期权看跌–看涨平价关系。

我们的例子来自前一章，假设在同一标的资产（资产 XYZ）上有一个卖出期权和一个买入期权，两个期权都还有一个月到期，执行价格为 100 美元，该示例假设标的资产的价格为 100 美元，并假设看涨和看跌期权的价格分别为 3 美元和 2 美元。

要想知道这两个价格之间是否有关系，考虑一下如果投资者采用这种策略会发生什么：
（1）以 100 美元的价格购买资产 XYZ；
（2）以 3 美元的价格出售看涨期权；
（3）以 2 美元的价格购买看跌期权。

这一战略产生了以下头寸：资产多头头寸、看涨期权空头头寸、看跌期权多头头寸。

表 35-8 显示了该策略在到期日的损益情况。请注意，无论资产 XYZ 在到期日的价格是多少，该策略都会产生 1 美元的利润。创建这一头寸的净成本是购买资产 XYZ 的成本（100 美元）加上买入看跌期权的成本（2 美元）减去卖出看涨期权的价格（3 美元），即 99 美元。假设 1 个月创建头寸的净成本不到 1 美元，然后，通过借入 99 美元来建立头寸，这样投资者就没有任何投资支出，这种策略将产生 1 美元的净利润（如表 34-1 的最后一列所示），减去借入 99 美元的成本（假设低于 1 美元）。这种情况不可能存在于有效市场中。随着市场参与者实施获取 1 美元利润的策略，他们的行为将产生以下一个或多个后果，这将倾向于消除 1 美元利润：①资产 XYZ 的价格将上升；②看涨期权的价格将下降；③看跌期权价格将上升。

表 35-8 涉及资产 XYZ 的多头头寸、看涨期权空头头寸和看跌期权多头头寸的策略的损益情况

假设：
资产 XYZ 价格：100 美元
看涨期权价格：3 美元
看跌期权价格：2 美元
执行价格：100 美元
到期时间：1 个月

资产 XYZ 在到期日的价格（美元）	资产 XYZ 的收益[①]（美元）	出售看涨期权收到的价格（美元）	购买看跌期权支付的价格（美元）	总利润（美元）
150	0	3	−2	1
140	0	3	−2	1
130	0	3	−2	1
120	0	3	−2	1
115	0	3	−2	1
110	0	3	−2	1
105	0	3	−2	1
100	0	3	−2	1
95	0	3	−2	1
90	0	3	−2	1
85	0	3	−2	1
80	0	3	−2	1
75	0	3	−2	1
70	0	3	−2	1
65	0	3	−2	1
60	0	3	−2	1

① 没有收益，因为在价格高于 100 美元时，投资者将以 100 美元的价格买入资产 XYZ，而在价格低于 100 美元时，投资者将以 100 美元的价格卖出资产 XYZ。

我们的例子清楚地表明，如果资产 XYZ 的价格不变，看涨期权价格和看跌期权价格必须趋于相等。但是我们的例子忽略了金钱的时间价值（融资和机会成本、现金支付和再投资收入）。此外，我们的例子没有考虑到提前行权的可能性。因此，我们一直在考虑只针对欧式期权看跌−看涨平价关系。

可以看出，当标的资产进行现金分配并且货币的时间价值被确认时，期权看跌−看涨平价关系为：

看跌期权价格 − 看涨期权价格 = 执行价格的现值 + 现金分配的现值 − 标的资产的价格。

请再次注意，这种关系实际上是欧式期权的看跌−看涨平价关系。然而，作为美式期权的看跌期权和看涨期权的价值大致符合这种关系。如果这种关系不成立，套利机会就存在。也就是说，投资者将能够构建由该资产的多头头寸和空头头寸以及相关期权组成的投资组合，从而提供（实际）确定性的额外收益。

35.2.5 影响期权价格的因素

六个因素影响期权的价格，它们分别是：①标的资产的当前价格；②执行价格；③期

权到期的时间；④期权有效期内标的资产的预期价格；⑤期权有效期内的短期无风险利率；⑥期权有效期内标的资产的预期现金收益。

这些因素的影响可能取决于：①期权是看涨期权还是看跌期权；②期权是美式期权还是欧式期权。表35-9总结了每个因素对看跌期权和看涨期权价格的影响。在这里，我们简要解释为什么这些因素具有所示的效果。

表 35-9 影响期权价格的因素

影响因素	影响因素增加对期权价格的影响		影响因素	影响因素增加对期权价格的影响	
	看涨期权价格	看跌期权价格		看涨期权价格	看跌期权价格
标的资产的当前价格	增加	减少	预期价格波动	增加	增加
执行价格	减少	增加	短期无风险利率	增加	减少
期权到期的时间	增加	增加	预期现金收益	减少	增加

35.2.6 标的资产的当前价格

期权价格将随着标的资产价格的变化而变化。对于看涨期权，随着标的资产价格的上涨（所有其他因素不变），期权价格也在上涨。看跌期权的情况正好相反，随着标的资产价格的上升，看跌期权的价格会下降。

35.2.7 执行价格

执行价格在期权有效期内是固定的。在所有其他因素相同的情况下，执行价格越低，看涨期权的价格就越高。对于看跌期权，执行价格越高，期权价格就越高。表35-10显示了苹果公司在2016年8月15日到期的看涨期权和看跌期权的价格。以这种方式显示的期权价格被称为"期权链"。2016年8月15日，苹果公司（在纳斯达克上市）的收盘价为109.48美元。

表 35-10 期权链将于 2016 年 8 月 15 日到期，苹果公司的看跌期权将于 2017 年 3 月 17 日到期

执行价格	看涨期权的最后售价	未平仓量	执行价格	看跌期权的最后售价	未平仓量
100	13.05	13 539	100	4.15	4 360
105	9.85	6 218	105	5.88	1 088
110	7.12	7 211	110	8.10	576
115	4.90	10 823	115	11.06	657
120	3.35	8 060	120	15.00	248

资料来源：从纳斯达克获得的价格。

注：最后销售价格是最近的交易价格，未平仓量是指尚未通过抵消性衍生交易或交割进行清算的交易衍生合约的总数。

35.2.8 期权到期的时间

期权是一种递耗资产，也就是说，在到期日之后，该选项没有任何价值。在所有其他因素相同的情况下，期权到期的时间越长，期权价格就越高。这是因为，随着到期时间的减少，标的资产价格上涨（对于看涨期权的买家）或下跌（对于看跌期权的买家）的时间越来越少，出现有利价格变动的可能性降低。因此，对于美式期权，随着到期前剩余时间的减少，期权价格接近其内在价值。这可以在表35-11中看到，该表显示了2016年8月15日不同到期日的苹果公司期权价格。

表 35-11 期权链于 2016 年 8 月 14 日到期，针对苹果公司的看跌期权和看涨期权，不同到期日的执行价格为 105 美元

到期日	看涨期权价格	看跌期权价格	到期日	看涨期权价格	看跌期权价格
2016 年 9 月 2 日	4.65	0.33	2017 年 3 月 17 日	9.85	5.88
2016 年 10 月 21 日	6.40	1.75	2017 年 4 月 21 日	10.35	6.43
2016 年 11 月 18 日	7.39	3.09	2017 年 6 月 16 日	11.40	7.71
2016 年 12 月 16 日	7.92	3.65	2017 年 11 月 17 日	13.69	10.95
2017 年 1 月 20 日	8.70	4.35	2018 年 1 月 19 日	14.53	11.10

资料来源：从纳斯达克获得的价格。

35.2.9 期权有效期内标的资产的预期价格波动

在所有其他因素相同的情况下，标的资产价格的预期波动性（以标准差或方差衡量）越大，投资者就越愿意为期权买单，期权卖方也会要求更多。这是因为波动性越大，标的资产的价格在到期前的某个时间向期权买家倾斜的可能性就越大。

请注意，与期权定价相关的是标准差或方差，而不是第 14 章所述的系统风险。

35.2.10 期权有效期内的短期无风险利率

购买标的资产会束缚一个人的现金，而购买相同数量的标的资产的期权，可以使资产价格与期权价格的差额，能够以某个利率至少是无风险利率开展投资，获得收益。因此，在所有其他因素保持不变的情况下，短期无风险利率越高，购买标的资产并将其持有至看涨期权到期日的成本就越高。所以，短期无风险利率越高，相对于直接购买标的资产，看涨期权就越有吸引力，即较高的短期无风险利率导致看涨期权的价格更高。

35.2.11 期权有效期内标的资产的预期现金收益

标的资产的现金收益往往会降低看涨期权的价格，因为现金收益使得持有标的资产比持有期权更有吸引力。对于看跌期权，标的资产的现金支付往往会提高价格。

35.2.12 期权定价模型

我们已经证明期货合约的理论价值可以使用套利参数来确定，而期权定价模型则是通过使用一组假设和套利参数来推导期权的理论价值的。正如我们将在下文中看到的，推导理论期权价值比推导理论期货价值要复杂得多，因为期权价值取决于标的资产在期权有效期内的预期价格波动。

目前，已经有好几种模型来确定期权的理论价值。最受欢迎的一种是费希尔·布莱克（Fischer Black）和迈伦·斯科尔斯（Myron Scholes）在 1973 年为评估欧式看涨期权而开发的模型。随后，人们对他们的模型进行了一些修改。我们使用另一种定价模型，称为二项式期权定价模型，看看套利参数如何被用来确定看涨期权的公允价值。

基本上，套利论点背后的想法是，如果拥有一个看涨期权，其收益可以通过：①购买看涨期权对应的资产；②借入资金来复制，那么期权的价格（最多）就是创造该复制策略的成本。

35.2.13 二项式期权定价模型的推导

为了推导一个看涨期权的二项式期权定价模型，我们首先构造一个投资组合，该投资组合由一定数量资产的多头头寸和基于标的资产看涨期权的空头所组成。购买的标的资产头寸是为了对冲期权到期时资产价格的任何变化。也就是说，由资产多头头寸和看涨期权的空头头寸组成的投资组合是无风险的，并将产生等于无风险利率的收益。以这种方式构建的投资组合被称为对冲投资组合。

我们可以用一个扩展的例子来展示这个过程是如何运作的。让我们首先假设一项资产的当前市场价格为 80 美元，并且从现在起 1 年内只能出现两种可能的未来状态。每个状态只与资产的两个可能值中的一个相关联，它们如表 35-12 所示。

表 35-12

状态	价格（美元）
1	100
2	70

我们进一步假设该资产的执行价格为 80 美元（与当前市场价格相同）的看涨期权，该期权将在 1 年后到期。让我们假设一个投资者通过购买 2/3 的资产并出售一个看涨期权来形成一个对冲投资组合。资产单位的 2/3 是所谓的套期保值比率（我们如何得出套期保值比率将在后面解释）。考虑对冲投资组合的结果对应于资产的两种可能结果。

如果 1 年后资产的价格是 100 美元，看涨期权的买方将行使期权。然后，投资者必须交付一个单位的资产，获得执行价格 80 美元。由于投资者只有资产的 2/3，她必须以 100/3 美元的价格（市场价格除以 3）购买资产的 1/3。因此，结果将等于 80 美元的执行价格减去购买 1/3 单位资产的成本 100/3 美元，再加上投资者最初卖出看涨期权的价格。也就是说，结果将是

$$80 - 100/3 + 看涨期权价格 = 46.67 + 看涨期权价格$$

相反，如果 1 年后资产的价格是 70 美元，看涨期权的买家将不会行使它。因此，投资者将拥有资产单位的 2/3。以 70 美元的价格为标准，一个单位 2/3 资产的价值是 46.67 美元。这种情况下的结果是资产的价值加上投资者最初卖出看涨期权时得到的价格，即 46.67 + 看涨期权价格。

很明显，考虑到可能的资产价格，由看涨期权中的一个空头头寸和 2/3 单位的资产组成的投资组合将产生一个结果，以对冲资产价格的变化。因此，对冲投资组合是无风险的。此外，这种无风险对冲将不受看涨期权价格的影响，因为看涨期权价格只影响结果的大小。

35.2.14 推导套期保值比率

为了说明如何计算套期保值比率，我们使用以下符号来表示：

S —— 当前资产价格；

u —— 1+ 下一期价格上涨时资产价格的百分比变化；

d —— 1+ 下一期价格下跌时资产价格的百分比变化；

r —— 1 年期的无风险利率（截至到期日的无风险利率）；

C —— 看涨期权的当前价格；

C_u —— 资产价格上涨时看涨期权的内在价值；

C_d —— 资产价格下跌时看涨期权的内在价值；

E——看涨期权的行权价格；

H——套期保值比率（每次卖出买入的资产数量）。

在我们的说明中，u 和 d 的值如下所示。

u=1.250 美元（=100/80 美元）；

d=0.875 美元（=70/80 美元）。

此外，"状态 1"表示资产价格上涨，"状态 2"表示资产价格下跌。

对冲投资组合中的投资等于购买该资产 H 比例的成本减去卖出看涨期权所得的价格。因此，

投资的总资产 $=HS$，则，对冲投资组合的成本 $=HS-C$。

在一个周期结束时，对冲投资组合的收益等于所购买资产 HS 减去看涨期权价格。两种可能状态下的套期保值组合收益是这样定义的：

状态 1，如果资产价格上涨，则 $uHS-C_u$；

状态 2，如果资产价格下跌，则 $dHS-C_d$。

在我们的例子中，我们有这些收益：

如果资产价格上涨：$1.250H \times 80 - C_u$，或 $100-C_u$；

如果资产价格下跌：$0.875H \times 80 - C_d$，或 $70-C_d$。

如果对冲是无风险的，收益必须相同，可得

$$uHS-C_u=dHS-C_d \quad (35-3)$$

由式（35-1），可求得套期保值比率 H 的方程为

$$H=\frac{C_u-C_d}{(u-d)S} \quad (35-4)$$

要确定套期保值比率的值，我们必须知道 C_u 和 C_d，这两个值等于资产价格和两种可能状态的执行价格之间的差额。当然，在任何状态下，看涨期权的最小值都是零。从数学角度来看，差异可以表达如下。

如果资产价格上涨：$C_u = $ 最大 $[0, (uS-E)]$；

如果资产价格下跌：$C_d = $ 最大 $[0, (dS-E)]$。

由于我们假设的执行价格是 80 美元，C_u 的价值是 100 美元，C_d 的价值是 70 美元。然后，

如果资产价格上涨：$C_u = \mathrm{Max}[0, (100-80)]=20$（美元）；

如果资产价格下跌：$C_d = \mathrm{Max}[0, (70-80)]=0$（美元）。

为了继续说明，我们将 u、d、S、C_u 和 C_d 的值代入式（35-4）中，以获得套期保值比率的值为

$$H=\frac{20-0}{(1.25-0.875) \times 80}=\frac{2}{3}$$

H 值与我们在这个例子中购买的资产数量一致。

现在我们可以推导看涨期权的价格公式。图 35-1 显示了推导过程。图的左上方是资产在当前期间和到期日的当前价格。图的左下方用符号来表示上面描述的事情。图的右上角给出了看涨期权的当前价格和到期日的看涨期权的价值，右下角用符号来表示同样的事情。图 35-2 使用我们图示中的值来构建资产和看涨期权的结果。

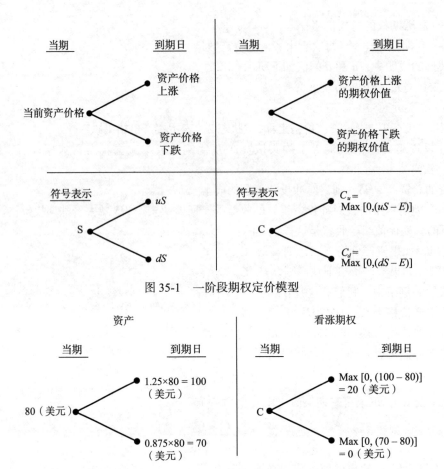

图 35-1 一阶段期权定价模型

图 35-2 一阶段期权定价模型的说明

35.2.15 看涨期权价格的推导

为了得到看涨期权的价格,我们可以依赖于这样一个基本原则,即无风险的套期保值组合必须等于无风险利率的收益。假设投资于对冲投资组合的金额是 $HS-C$,从现在起一个时期内应该产生的金额是

$$(1+r)(HS-C) \qquad (35-5)$$

我们已经知道,如果资产价格上涨或下跌,对冲投资组合的收益会是多少。因为无论资产价格上涨还是下跌,对冲投资组合的收益都是一样的,如果资产价格上涨,我们可以得到收益为

$$uHS-C_u \qquad (35-6)$$

式(35-6)给出的对冲投资组合的收益应该与式(35-5)给出的投资组合的初始成本相同,使二者相等,则有

$$(1+r)(HS-C)=uHS-C_u \qquad (35-7)$$

将式(35-4)中的 H 代入式(35-7)并求解看涨期权价格 C,可得

$$C = \frac{(1+r-d)}{(u-d)}\left(\frac{C_u}{1+r}\right) + \frac{(u-1-r)}{(u-d)}\left(\frac{C_d}{1+r}\right) \qquad (35-8)$$

式（35-8）是一阶段二项式期权定价模型的公式。如果我们用收益来衡量标的资产的价格下降，我们会得到同样的公式，这种推导留给读者作为练习。

将式（35-8）应用于我们的说明中，其中

$$u = 1.250$$
$$d = 0.875$$
$$r = 0.10$$
$$C_u = 20 \text{（美元）}$$
$$C_d = 0 \text{（美元）}$$

可得

$$C = \frac{(1+0.10-0.875)}{(1.25-0.875)}\left(\frac{20}{1+0.10}\right) + \frac{(1.25-1-0.10)}{(1.25-0.875)}\left(\frac{0}{1+0.10}\right) = 10.9 \text{（美元）}$$

我们给出的期权定价方法似乎过于简单，因为我们假设标的资产的价格只有两种可能的未来状态。事实上，我们可以通过使期限越来越短来扩展程序，并以这种方式计算期权的公允价值。请注意，二项式定价模型的扩展和综合版在金融领域被广泛使用。此外，另一个流行的期权定价模型，前面提到的布莱克-斯科尔斯模型，实际上是二项式方法的数学描述，因为周期变得非常短。因此，我们在这里详细描述的方法，为当今金融市场参与者广泛执行的期权价格分析提供了概念性框架。

35.2.16 固定收益期权定价模型

由于上述二项式模型存在假设条件，此类模型对固定收益证券期权定价的适用性可能有限。更具体地说，二项式模型假设：①证券的价格可以以一定的概率呈现任何正值（不管它有多小）；②短期利率在期权期限内是恒定的；③证券价格的波动在期权期限内是恒定的。

这些假设对于固定收益证券的期权来说是不合理的。首先，固定收益证券的价格不能超过现金流的未贴现值，任何高于这个值的价格都意味着利率可能为负。其次，利率期权的价格会随着利率的变化而变化。短期利率的变化会改变收益率曲线上的利率。因此，假设短期利率不变是不适合利率期权的。最后，假设价格的变化在期权的生命周期内是不变的是不合适的，因为随着债券接近到期日，其价格波动性会下降。

幸运的是，负利率问题可以避免。我们可以开发一个基于利率而非价格分布的二项式期权定价模型。一旦构建了二项式利率树，就可以通过使用其利率来确定债券在期末的价格，从而将其转换成二项式价格树。我们可以将前面描述的相同过程应用于这些价格，通过从到期日的看涨期权的价值反向计算期权价格。

尽管基于收益率的二项式期权定价模型优于基于价格的模型，但它仍有理论上的缺陷。所有理论上有效的期权定价模型都必须满足看跌-看涨平价关系。基于收益率的二项式模型的问题是，它不能满足这种关系。它之所以会违反这种关系，是因为没有考虑收益率曲线，从而允许了套利机会的产生。

考虑收益率曲线并消除套利机会的最复杂的模型，被称为收益率曲线期权定价模型或无套利期权定价模型，这些模型沿着收益率曲线可以包含不同的波动性假设，理论上，它们优于我们所描述的其他模型。

关键知识点

- 通过套利可以确定期货的均衡或理论价格。
- 对于价格过高的期货合约，可以采用买现卖期交易策略来获取套利利润。对于一个价格偏低的期货合约来说，用来获取套利利润的策略是卖现买期套利交易。
- 理论期货价格取决于现货市场中标的资产的价格，标的资产头寸的融资成本以及标的资产的现金收益率。
- 市场参与者执行买现卖期交易和卖现买期交易（或套利策略）的能力导致理论期货价格等于现货市场价格加上套利成本。
- 在交割日，期货合约的价格收敛于现货市场价格。
- 持有成本是净融资成本，即融资利率和标的资产现金收益率之间的差额。
- 如果套利成本为正，理论期货价格将低于现货市场价格。如果套利成本为零，理论期货价格等于现货市场价格。如果套利成本为负，理论期货价格将高于现货市场价格。
- 根据套利理论建立的理论期货价格需要一定的假设条件，如果在某一特定期货合约中违反了这些假设，理论期货价格必须进行修正。
- 由于中期现金流、借贷利率之间的差异、交易成本、卖空限制以及可交付资产及其交付日期的不确定性，因此实际期货价格将偏离理论期货价格。
- 借贷利率和交易成本有差异，理论期货价格并不存在，而是存在围绕理论期货价格的一个边界。只要实际期货价格保持在这个范围内，套利利润就无法实现。
- 期权的价格由两部分组成：内在价值和时间溢价。
- 内在价值是期权在立即行权时的经济价值。
- 如果立即行使期权没有产生正的经济价值，期权的内在价值就为零。
- 时间溢价是期权价格超过内在价值的金额。
- 六个因素影响期权价格，它们分别是：①标的资产的当前价格；②期权的执行价格；③期权到期的时间；④在期权有效期内标的资产的预期价格波动；⑤期权有效期内的短期无风险利率；⑥期权有效期内标的资产的预期现金收益。
- 看跌–看涨平价关系是指具有相同的执行价格和到期日的看涨期权价格与看跌期权价格的关系。
- 期权的理论价格可以在套利的基础上确定，确定期权价格要比确定期货合约的理论价格复杂得多，因为期权价格取决于期权有效期内标的资产的预期价格波动。
- 已经开发了几种模型来确定期权的理论价值。
- 期权的价值等于创造一个可复制的对冲投资组合的成本。
- 理论期权价格可以用二项式期权定价模型计算，该模型也采用套利参数。
- 二项式期权定价模型的假设条件使其在固定收益证券期权定价中的应用产生了一些问题。

练习题

1. 期货和期权的定价模型均是基于套利的论点。
   a. 套利是什么意思？
   b. 投资者从事套利的动机是什么？
2. 假设金融资产 ABC 是从现在起 6 个月后结算的期货合约的标的资产，你对该金融资产和期货合约的了解如下：
   （1）在现货市场，金融资产 ABC 的售价是 80 美元。
   （2）金融资产 ABC 每年支付 8 美元，分两次支付，即每半年支付 4 美元，下一次半年度支付将在 6 个月后到期。

(3) 目前 6 个月的贷款利率是 6%。

a. 理论（均衡）期货价格是多少？

b. 如果期货价格是 83 美元，你会采取什么行动？

c. 如果期货价格是 76 美元，你会采取什么行动？

d. 假设金融资产 ABC 按季度而不是每半年支付利息。如果你知道你可以将 3 个月后收到的任何资金以 1% 的利率再投资 3 个月，那么 6 个月结算的理论期货价格是多少？

e. 假设借贷利率不相等。相反，假设当前的 6 个月借款利率为 8%，6 个月贷款利率为 6%。理论期货价格的界限是什么？

3. a. 解释为什么限制卖空股票会导致股指期货合约的实际价格偏离其理论价格。

b. 解释为什么创建一个股票组合，其中的股票数量少于股指期货合约所依据的指数中的股票数量，会导致非无风险的套利。

4. 为什么在国债期货合约中交割期权会导致实际期货价格偏离其理论价格？

5. "当然，期货比现货价格更贵——有正套利。" 你同意这个说法吗？解释你的答案。

6. 考虑以下 3 个月到期的看涨期权：

（1）执行价格为 72 美元；

（2）标的资产的当前价格为 87 美元；

（3）期权的市场价格为 6 美元。

a. 这个看涨期权的内在价值是什么？

b. 这个看涨期权的时间溢价是多少？

7. 假设前一个问题中的期权是看跌期权，而不是看涨期权。

a. 这个看跌期权的内在价值是什么？

b. 这个看跌期权的时间溢价是多少？

8. 你获得以下资产 ABC 的看涨期权报价。现在是 12 月份，临近的合约将在 1 个月后到期。资产 ABC 的价格目前为 50 美元。

执行价格 （美元）	三月报价 （美元）	一月报价 （美元）	六月报价 （美元）
40	11	12	11.50
50	6	7	8.50
60	7	8	9.00

浏览这些数字，你会发现其中两个报价似乎违反了你学到的一些期权定价规则。

a. 这些差异是什么？

b. 你如何利用这些差异。根据这些差异进行套利，你能获得的最低利润是多少？

9. 解释你同意或不同意以下陈述的原因：

a. "为了确定期权的理论价值，我们需要对资产的价格波动进行一些测量。因为金融学家告诉我们，衡量风险的恰当标准是 β 系数（系统风险），那么我们应该使用这个值。"

b. "如果期权预期价格的波动性增加，期权的理论价值就会降低。"

c. "如果标的资产价格下跌，看涨期权的价格就会上升，这是没有道理的。"

10. 考虑两个到期日相同且标的资产相同的期权，这两种期权只有执行价格不同。期权 1 的行权价格高于期权 2。

a. 如果这两个期权是看涨期权，哪个期权的价格更高？

b. 如果这两个期权是看跌期权，哪个期权的价格更低？

11. 考虑具有相同执行价格和相同标的资产的两个期权，这两个期权的区别仅在于到期时间。选项 A 将在 3 个月后到期，选项 B 将在 6 个月后到期。

a. 如果两个期权都是看涨期权，哪一个期权具有更高的内在价值（假设期权是价内期权）？

b. 如果这两个期权是看涨期权，哪个期权的时间溢价更高？

如果期权是看跌期权而不是看涨期权，你在回答上述两个问题时，答案会有所不同吗？

12. 在期权定价模型中，用什么统计方法来衡量标的资产的价格波动性？

13. 为什么在期权有效期内不进行现金分配的资产，在到期日之前行使看涨期权是不合算的？

14. 考虑以下两种策略。

策略 1：以 103 美元的价格购买一单位资产 M，预计从现在起 1 年后将分配 10

美元。

策略 2：（a）购买资产 M 的看涨期权，到期日为 1 年后，执行价格为 100 美元；（b）将足够的资金存入 10% 的计息银行账户，以便在到期时行使期权（100 美元），并支付资产管理公司支付的现金分配款（10 美元）。

a. 策略 2 要求的投资是什么？
b. 给出策略 1 和策略 2 的收益，假设 1 年后资产 M 的价格为 120 美元、103 美元、100 美元、80 美元。
c. 对于（b）部分给出的资产 M 的四种价格，证明以下关系成立：看涨期权价格 $\geq$ Max[0,（基础资产价格 – 执行价格的现值 – 现金分配的现值）]。

15. 在开发期权定价模型时，套期保值比率意味着什么？

16. a. 使用以下术语计算两阶段欧式看涨期权的期权价值：
（1）标的资产的当前价格为 100 美元；
（2）执行价格为 10 美元；
（3）一阶段无风险利率为 5%。
在一个周期结束时，股票价格可以上涨或下跌 10%。

b. 当股票价格在一个周期结束时可以上下波动 50% 时，重新计算期权的价值。将你的答案与（a）部分的计算值进行比较。

17. 将二项式定价期权模型应用于固定收益证券的期权定价，有什么问题？

第 36 章

期货和期权合约的应用

学习目标

学习本章后，你会理解：
- 参与者如何使用股指期货来控制股票投资组合的风险和其他投资组合的应用；
- 固定收益证券投资者如何利用利率期货来控制投资组合和其他投资组合的利率风险；
- 如何以及在什么情况下，期货可以用来提高投资组合的收益；
- 如何利用期货来改变股票和债券之间的投资组合配置；
- 期货和期权套期保值的区别；
- 股票期权和股票指数期权如何让投资者保护其股票投资组合的价值；
- 利率期权如何使固定收益投资者能对冲利率的不利变动；
- 什么是"基差"，基差可以随着时间的改变而改变；
- 期货套期保值消除了价格风险，但使套期保值头寸面临基差风险；
- 什么是交叉对冲以及与交叉对冲相关的风险；
- 在直接套期保值和交叉套期保值中，多头套期保值或买入套期保值与空头套期保值或卖出套期保值的区别。

在第 33～35 章中，我们重点讨论了金融期货和期权合约的一般属性，可用的具体合约以及它们的定价方式。尽管我们已经提到了这些合约的各种应用，特别是它们在套期保值中的应用，但我们没有引用具体的应用案例。在本章中，我们将概述市场参与者如何使用衍生工具。本章的附录解释了期货合约套期保值的一般原则。

36.1 期货合约的应用

我们从市场参与者使用股指期货和利率期货的各种方式开始。

36.1.1 股指期货

机构投资者可以将股指期货用于几种不同的投资策略，我们将在下文描述这些策略。

1. 对股票市场走势的预测

在股票指数期货得到发展之前，如果投资者想对股票价格的未来走势进行投机，就必须买入或做空个股。现在，股票指数可以在期货市场买卖。然而，让投资者更容易投机并不是股指期货合约的主要功能，下文讨论的其他策略，显示了机构投资者如何有效利用股指期货来实现投资目标。

2. 控制股票投资组合的风险

希望改变其对市场敞口的机构，可以通过调整投资组合的 β 系数来做到这一点。要做到这一点，可以用产生目标 β 值的股票对投资组合进行再平衡，但再平衡投资组合也会产生交易成本。由于期货蕴含的杠杆作用，机构可以利用股指期货以比再平衡更低的交易成本实现目标 β 值。购买股指期货会增加投资组合的 β 系数，而出售期货则会降低 β 系数。

3. 对冲股票价格的不利变动

对冲是控制股票投资组合以应对不利价格变动风险的一种特殊情况。在对冲中，目标是改变当前或预期的股票投资组合头寸，使其 β 值为零。β 系数为零的投资组合应该产生无风险利率。这种 β 值为零的投资组合的收益与第 14 章讨论的资本资产定价模型是一致的，也与我们在第 35 章讨论的期货合约的定价是一致的。

记住，使用股指期货来对冲并锁定价格，然而对冲者也不能从投资组合价值的有利变动中获益。（正如我们稍后解释的那样，使用股指期权有下行保护，但保留了被期权成本降低的上行潜力。）

在股指期货开始交易后不久，投资银行如何利用股指期货对冲其活动的两个例子就为人所知了。第一个例子是 1982 年 6 月，国际收割机公司将其股票组合出售给高盛⊖，以换取债券组合。作为股票投资组合的接受者，高盛面临市场风险。为了保护自己免受股票组合价值下降的影响，高盛利用当时全部的三个股指期货交易，对股票组合的"重要"部分进行了对冲。

第二个例子涉及所罗门兄弟公司，该公司在一笔涉及 4 亿美元的股票交易中，利用股指期货保护自己免受股价下跌的影响。在那次交易中，纽约市养老基金将由联盟资本管理的 4 亿美元转给了银行家信托基金，以便后者可以用指数化方法管理这些资金。所罗门兄弟公司为养老基金和银行家信托基金购买或出售转让投资组合中的股票提供了价格担保。为了做到这一点，所罗门兄弟公司使用个股期权来保护自己不受某些股票价格变化的影响，但它也使用股指期货来保护自己不受大范围的市场波动的影响，这种波动会降低投资组合中股票的价值。

4. 构建指数投资组合

如第 23 章所述，越来越多的机构股票基金与一些广泛的股票市场指数挂钩。创建一个复制目标股票指数的投资组合需要支付管理费和交易成本。为了控制成本，许多创建指数化投资组合的基金经理不会购买构成该指数的所有股票，而是会购买"跟踪目标指数"或以与该指数大致相同的方式变化的一组股票。因此，指数化投资组合会产生**跟踪误差风险**，即它的变动不会精确跟随指数的变动。为了避免在现货市场构建指数化投资组合可能出现的问题，投资经理可以使用股指期货。

然而，需要注意的是，指数基金经理只有在股票指数期货合约价格合理或便宜的情况下，才使用股票指数期货来创建指数基金。如果期货价格低于期货合约的理论价格（期货合约价格

⊖ Kimberly Blanton, "Index Futures Contracts Hedge Big Block Trades," Pension & Investments Age, July 19, 1982: 1, 38.

较低），指数基金经理可以通过购买期货和短期国库券来提高指数化投资组合的收益。也就是说，当头寸持有至结算日时，期货/国库券投资组合的收益将大于基础指数的收益。在这种情况下，股指期货合约为管理者提供了另一个优势。

5. 指数套利

由于期货合约的错误定价而提高收益的指数套利机会，并不局限于指数基金管理。基金经理和套利者监控现货和期货市场，看理论期货价格和实际期货价格之间的差异，何时大到足以产生套利利润。这些投资者对这些机会的反应是，如果价格昂贵，卖出期货指数，买入股票。如果价格便宜，买入期货指数，卖出股票。指数套利在联系期货价格和现货价格方面发挥着重要作用。程序交易用于执行买卖指令⊖。

6. 创建投资组合保险

正如第35章所解释的，看跌期权可以保护资产的价值。在看跌期权到期日，资产的最低价值将是执行价格减去看跌期权的成本。股票指数的看跌期权对多元化的股票组合也有同样的作用。

或者，机构投资者可以综合使用以下两种方法之一创建看跌期权：①股票指数期货；②股票和无风险资产。当然，随着市场条件的变化，投资组合经理必须改变投资组合资金在股指期货或股票和无风险资产之间的配置⊜。通过使用组合看跌期权策略来确保投资组合价值的策略，称为动态对冲。鉴于股票指数的看跌期权对投资组合经理是可用的，他们为什么要为动态对冲而烦恼呢？有四个原因。第一，股票指数期权市场的规模不如股票指数期货市场大，因此，如果不大幅调整期权价格，就不容易适应大型投资组合保险计划。第二，交易所对投资者可以持有的合约数量进行了限制。希望保护大型股票投资组合的机构可能会发现，头寸限制实际上阻止了它们使用交易所交易指数期权来保护自己的投资组合。第三，现有的交易所交易指数期权合约的期限比一些投资者寻求保护的期限要短。第四，看跌期权的成本可能高于与动态对冲相关的交易成本。

然而，在某种程度上，看跌期权对冲确实有优势。尽管看跌期权的成本是已知的（由预期价格波动决定），但通过使用股指期货或股票建立投资组合保险的成本将由市场实际价格的波动决定。市场价格的波动越大，投资组合的再平衡就越有必要，创造投资组合保险的成本就越高。

36.1.2 资产配置

关于如何在主要资产类别（如股票、债券、外国证券、房地产）之间分配资金的决策被称为**资产配置决策**。相比现货交易市场，期货和期权可以更有效地实现资产配置决策。

例如，假设一个拥有10亿美元资产的养老基金发起人，在债券市场配置了3亿美元，在股票市场配置了7亿美元。进一步假设发起人决定将债券/股票组合改为6亿美元债券和4亿美元股票。清算3亿美元的股票将涉及大量交易成本——佣金和执行（市场影响）成本。此外，管理股票投资组合的外部资金经理将面临资金中断，因为资金被发起人撤回。投资者可以出售适当数量的股指期货合约，而不必立即清算股票投资组合。这一行为将有效地减少养老基金在

⊖ 程序交易在第23章讨论。

⊜ For a more detailed explanation of this strategy, see Mark Rubinstein and Hayne Leland, "Replicating Options with Positions in Stock and Cash," *Financial Analysts Journal* 37, no. 4 (1981): 63–72.

股票市场的风险。为了增加基金对债券市场的敞口，发起人可以购买利率期货合约。

36.1.3 利率期货

市场参与者可以通过各种方式使用利率期货，我们现在讨论这一点。

1. 对利率变动的预测

期货合约的价格与利率的变动方向相反：当利率上升（下降）时，期货价格就会下降（上升）。一个想要投机利率将上升（下降）的投资者可以卖出（购买）利率期货。在利率期货推出之前，投机利率的投资者是通过投机长期国债进行的：如果预期利率上升，就做空；如果预期利率下降，就买入。

使用利率期货而不是现货市场（交易长期国债本身）有三个好处。首先，使用期货的交易成本低于相应的现货市场。其次，期货的保证金要求低于国债，即期货交易允许使用更大的杠杆。最后，在期货市场做空比在国债市场做空更容易。正如我们在讨论使用股指期货来投机股价波动时所说的那样，让投资者更容易投机并不是利率期货合约的功能。

2. 控制投资组合的利率风险

股票指数期货可以用来改变多元化股票投资组合的市场风险，即改变投资组合的 β 系数。类似地，利率期货可以用来改变投资组合的利率敏感性。正如第 11 章所解释的那样，久期是衡量利率敏感性的一个因素。

对未来利率走势有强烈预期的投资经理会调整他们投资组合的久期，以便充分利用他们的预期。具体来说，一个期望利率上升的投资经理会降低投资组合的利率敏感性。预期利率下降的投资经理会提高投资组合的利率敏感性。尽管投资经理可以用现货市场工具来改变他们投资组合的利率敏感性，但一种快速而廉价的方法（暂时或永久）就是使用期货合约。

3. 对冲不利的利率变动

利率期货可以通过锁定价格或利率来对冲利率的不利变动，利率期货对冲的一些例子将说明基本概念。

（1）假设一位养老基金经理知道，债券必须在 40 天内清算才能向养老基金受益人支付 500 万美元。如果在 40 天内利率上升，将有更多的债券将被清算，以实现 500 万美元的收益。养老基金经理可以通过在期货市场卖出锁定卖出价格来对冲风险。

（2）如果退休基金经理期望投入大量现金，但又担心利率会下降，他可以购买利率期货，以对冲不断下降的收益。此外，如果一个基金经理知道债券将在不久的将来到期，并且预期再投资时利率会下滑，他就可以购买利率期货。在这两种情况下，利率期货都被用来对冲利率下降的风险，因为利率下降会导致现金流以较低的利率进行再投资。

（3）一家计划在两个月后出售长期债券的公司，可以通过现在出售或做空利率期货，保护自己免受利率上升的影响。

（4）储蓄银行或商业银行可以通过使用欧元期货合约，锁定利率来对冲资金成本。

（5）一家计划在 1 个月后出售商业票据的公司，可以使用短期国债期货或欧洲美元期货，锁定商业票据利率。

（6）投资银行可以利用利率期货，来保护其交易部门所持头寸的价值和新债券承销部门所持头寸的价值。针对后者的一个例子是，1979 年所罗门兄弟公司承销的 10 亿美元 IBM 的债券。为了保护自己免受利率上升的影响（利率上升会降低 IBM 债券的价值），所罗门兄弟公司出售（卖空）美国国债期货。1979 年 10 月，当联邦储备委员会宣布允许利率更灵活地变动时，利率开始上升。尽管所罗门兄弟公司持有的 IBM 债券价值下降，但国债期货合约也是如此。因为所罗门兄弟公司通过出售这些期货实现了收益，从而减少了它所担保的 IBM 债券的损失。

4. 当期货被错误定价时提高收益

在我们之前对股指期货的讨论中，我们解释了机构投资者如何寻找股指期货的错误定价，来创造套利利润，从而提高投资组合的收益。我们称这种策略为"指数套利"策略，因为它涉及股票指数。如果利率期货定价错误（即使考虑了第 35 章中讨论的定价问题），机构投资者也可以像投资股票一样提高收益。

36.1.4 资产配置

如前所述，利率期货和股指期货是改变债券和股票投资组合的快速、廉价和有效的方法。

36.2 期权合约的应用

36.2.1 股票期权和股指期权

股票期权可以利用个股的预期价格变动，或者，它们可以帮助保护个股当前或预期的头寸。例如，投资者可以通过购买股票的看跌期权来防止其投资组合中的股票价格下跌。看跌期权保证的最低价格等于执行价格减去购买期权的成本。这种策略被称为**保护性看跌期权买入策略**。此外，如果投资者预期在未来购买一只股票，但担心股价会随时间上涨，她可以购买该股票的看涨期权。这种策略保证未来将支付的最高价格是执行价格加上期权价格。

现在考虑一个持有由大量股票组成的投资组合的机构投资者。利用股票期权来保护投资组合价值不受不利价格波动的影响，机构投资者将不得不为投资组合中的每一只股票购买看跌期权，但这将是相当昂贵的。通过在合适的股票指数期权中采取合适的头寸，机构投资者可以为整个多元化的投资组合创造一个保护性的看跌期权。例如，假设一个机构投资者持有与 S&P 100 指数高度相关的多元化普通股投资组合，他担心股票市场在未来 3 个月内价值会下降。同样，假设 S&P 100 指数有 3 个月的看跌期权。由于看跌期权的购买者在股票指数下跌时获利，购买看跌期权将抵消由于股票市场下跌而导致的投资组合价值的任何不利变动。显然，这种保护性的看跌期权购买策略提供了一个便宜、有效和灵活的选择，既可以购买各种股票的看跌期权，也可以将整个投资组合变现。

当股票期权或股票指数期权被用来保护现有的或预期的头寸时，如果持有的股票价格朝着投资者希望的方向变动，投资者就不需要行使期权。这种不行使的自由使得期权比期货更适合保护现货头寸。机构投资者可以使用期权以与期权价格相等的成本获得下行保护，也可以保持上行潜力（减去期权价格）。

36.2.2 利率期权

机构投资者可以根据对利率变化的预期，使用利率期权或利率期货期权对固定收益证券的价格变动进行投机。因为如果利率下降，看涨期权的价格就会上涨，一旦投资者预计利率会朝这个方向变动，他就可以购买看涨期权。另外，因为看跌期权的卖方会因价格上涨而受益，预期利率将下降的投资者可以出售看跌期权。买入看跌期权或卖出看涨期权对预期利率会上升的投资者来说是合适的。请记住，与利率期货不同，利率期权限制下跌风险，并允许减去期权价格的上涨潜力。

如上所述，机构投资者可以利用利率期权对冲不利的利率变动，但仍然让投资者受益于有利的利率变动。重要的是要认识到，以这种方式进行的对冲基本上可以为机构的目标利率设定一个上限或下限。我们将使用前面给出的利率期货的例子，解释如何使用期权来实现这一点。

（1）假设一位养老基金经理知道，债券必须在 40 天内清算才能向养老基金受益人支付 500 万美元。如果利率在 40 天内上升，那么要实现 500 万美元，就必须清算更多的债券。对冲者将购买看跌期权（遵循保护性看跌期权购买策略）。如果利率上升，待出售债券的价格将下降，但购买的看跌期权的价格将上升。对于结构合理的交易，卖出期权的收益将抵消债券的损失。这种策略所购买的安全成本将是所支付的期权价格。相反，如果利率下降，债券的价格就会上升，养老基金经理不会行使看跌期权，其收益等于债券价格上升幅度减去看跌期权价格。

（2）假设一位养老基金经理知道将有大量现金流入基金，并担心利率可能会下降。或者假设一位基金经理知道债券将在不久的将来到期，并预计利率会下降。在这两种情况下，收益将以较低的利率进行再投资。在这种情况下，可以购买看涨期权。如果利率下降，看涨期权的价格将增加，以抵消较低利率投资时产生的利息收入损失。这种对冲策略的成本就是看涨期权价格。如果利率上升，收益可以以更高的利率投资。更高利率带来的好处将会被到期时毫无价值的看涨期权的成本所抵消。

（3）一家公司计划两个月后发行长期债券。为了防止利率上升，公司可以购买看跌期权。如果利率上升，两个月后发行的债券的利息成本将会更高，但看跌期权的价格将会上升。购买适当数量的看跌期权产生的收益足以抵消债券发行较高的利息成本。同样，这种策略的成本是看跌期权的价格。如果利率反而下降，公司将从债券发行时的较低利息成本中受益，这种收益将被卖出期权的成本所降低。

（4）储蓄银行或商业银行希望确保其资金成本不会超过某个水平，这可以通过购买欧洲美元期货的看跌期权来实现。

（5）一家公司计划在 1 个月后出售商业票据。购买短期国债期货或欧洲美元期货的看跌期权，可以为公司商业票据的利息成本设定一个上限。

关键知识点

▲ 投资者可以利用股指期货来投机股票，控制投资组合的价格风险敞口，对冲不利的股票价格波动，构建指数化的投资组合，参与指数套利，并创建一个综合看跌期权。

▲ 市场参与者可以利用利率期货来投机利率变动，控制投资组合对利率变动的风险敞口，对冲不利的利率变动，并在期货定价错误时提高收益。

▲ 因为期货的杠杆率较高，交易成本比现货市场低，市场参与者可以在期货市场更有效地改变他们对市场（股票或债券）的风险敞口。

▲ 购买期货合约增加了市场参与者对市场的敞口，出售期货合约减少了市场参与者在市场上的风险。

▲ 资金经理可以同时使用股指期货和利率期

货，以更有效地在股票市场和债券市场之间配置资金。
- 市场参与者能以与期权价格相等的成本使用期权获得下跌保护，同时保持上涨潜力（减去期权价格）。
- 保护性看跌期权买入策略可以用来降低股票投资组合对股价下跌的风险敞口，保证最低价格等于执行价格减去买入看跌期权的成本。
- 买入看涨期权可以用来保证未来将支付的最高价格是执行价格加上期权价格。
- 机构投资者通过在合适的股票指数期权中持有适当的头寸，可以为多元化的投资组合创造一个保护性的看跌期权。
- 投资者和发行人可以使用利率期权或利率期货期权来对冲不利的利率变动，但仍可从有利的利率变动中获益。
- 当合约定价错误时，市场参与者可以通过提高收益（对投资者而言）或降低发行债券的成本（对债券发行人而言）来利用这一机会。

练习题

1. a. 如果一个股票组合的波动性指标是它的 β 系数，解释如何用股票指数期货来改变投资组合的波动。
   b. 假设一个机构投资者想要增加股票投资组合的 β 系数，这个投资者应该买入还是卖出 S&P 500 期货合约？
2. a. 指数套利策略和指数策略有什么区别？
   b. 为什么投资组合经理会发现在指数策略中使用股指期货是有利的？
3. 假设一家公司计划在 3 个月后发行债券，并希望避免利率上升带来的影响，该公司应该购买还是出售利率期货合约呢？
4. a. "组合看跌期权"是什么意思？
   b. 什么是"动态对冲"？
5. 假设你拥有一项资产以及基于该资产的期货合约和期权合约，请解释说明期货对冲价格下跌和期权对冲价格下跌之间的区别（把你的分析引向期权的潜在收益和期货头寸的损失性质）。
6. a. 期货合约的基准风险是什么？
   b. 请解释为什么期货合约对冲替代了因价格风险产生的基准风险？
7. 在什么条件下会出现完美对冲？
8. a. 为什么期货空头对冲被称为"卖出对冲"？
   b. 为什么期货买入对冲被称为"买入对冲"？
9. 在商品期货交易委员会的出版物中，出现了以下内容：

    许多人认为期货市场仅与投机或"赌博"有关。虽然期货市场确实可以用来投机，但这并不是它们存在的主要原因。期货市场实际上被设计成对冲和风险管理的工具，也就是说，帮助人们在不想赌博时避免"赌博"。⊖

    解释期货市场如何帮助投资者管理风险。
10. 以下两句引用自《华尔街日报》的一篇文章：

    在崩盘后的狂热平息后，该行业的经纪公司蹑手蹑脚地重返程序交易，他们辩称，股指套利（股指期货和股票之间的快速交易，以捕捉转瞬即逝的价差）等策略将两个相关市场联系起来，从而使两者都受益。

    文章的第二段引言来自二十一证券公司的一位高级副总裁：

    程序交易是一种产品，在这里，它连接市场，不会消失，这是华尔街电脑化的一个功能。⊖

    你同意这些说法吗？
11. 下面这段引文来自《商业周刊》：

⊖ Commodity Futures Trading Commission, "The Economic Purpose of Futures Markets" (Washington, DC: Commodity Futures Trading Commission, February 3, 2006).

⊖ Both quotes are from "Program Trading Spreads from Just Wall Street Firms," *Wall Street Journal*, August 18, 1989.

这个想法听起来几乎不符合美国文化。与其用你的聪明才智去挑选那些会高涨的股票，不如把钱投到跟踪大盘指数的基金。但这正是机构投资者正在做的事情。……指数化是股票市场的一股新生力量……但是指数基金的影响远远超出了股票价格。⊖

讨论指数化是如何对促进股票指数衍生品市场的增长做出贡献的。

12. 这句话出现在1988年12月发行的《欧洲货币》上面：

期货和期权市场的激增为国际投资者创造了新的机会。现在，通过使用衍生工具，加上数量有限的单个证券，可以将投资风险从一个国家转移到另一个国家。大多数主要市场的资产配置现在都可以使用期货和期权。⊜

讨论使用衍生工具而不是现货工具来报价以及促进资产配置决策的原因。

13. 交叉对冲的相关风险是什么？

14. 唐纳德·辛格尔顿是一家地区性公司的投资银行家。他的一个客户——杜比制造公司是一家私人公司，该公司将首次公开发行2 000万股普通股。辛格尔顿的公司将以每股10美元的价格购买该股票。他向公司总经理约翰·威尔逊建议，公司应该利用股指期货合约对冲持有头寸的风险。威尔逊的反应应该是什么？

15. a. 解释你为什么同意或不同意加里·加斯蒂内奥的以下陈述：

股指期货和期权是在20世纪80年代早期推出的，它们推出的部分原因是对机构投资组合经理偏好交易组合而非个股的回应，部分原因是为了降低实施资产配置和市场时机决策的交易成本。

b. 在同一篇文章中，加里·加斯蒂内奥发表了以下声明：

股指期货的多头头寸与短期固定收益证券组合，几乎是股指投资组合的完美替代品。相反，针对股票组合卖出期货合约是一种降低市场风险的低成本方式。⊜

请解释这个陈述成立的条件。

16. 一位并非金融期货专家的同事正在审阅一份由俄罗斯证券交易所发行的描述3年期和10年期莫斯科城市债券的出版物。在出版物中，会出现以下内容：

3年期和10年期莫斯科市政债券的期货是标准的长期合约。莫斯科政府发行的一篮子债券是基准的俄罗斯固定收益市场工具。债券篮子中的期货让投资者不仅可以对冲与莫斯科市政债券相关的风险，还可以对冲与其他实体发行的债券相关的风险。

该出版物接着说：

基于3年期和10年期莫斯科市政债券的期货，为固定收益交易者提供了以下额外优势：

▲ 投资组合风险管理；
▲ 卖空能力；
▲ 债券保证金交易能力；
▲ 创造组合"短期"债券的能力；
▲ 投资组合久期管理能力；
▲ 交易成本的降低；
▲ 使用短期和长期利率之间的利差，而不使用标的资产；
▲ 在不使用标的资产的情况下，使用硬通货和卢布利率之间的利差；
▲ 套利的可能性。

你的同事要求你解释使用这些合约的以下优势：

a. 对冲"不仅是莫斯科市政债券的风险，还包括其他实体发行债券的风险"；

⊖ Business Week, June 8, 1987.
⊜ Euromoney, December 1988.
⊜ Both quotes are from Gary Gastineau, "A Short History of Program Trading," *Financial Analysts Journal* 47, no. 5 (1991): 4–7.

b."卖空能力";

c."投资组合久期管理能力";

d."交易成本的降低";

e."使用短期和长期利率之间的利差,而不使用标的资产"。

附录 36A

36A 1. 期货套期保值的一般原则

期货市场的主要功能是将价格风险从套期保值者转移给投机者。也就是说,风险从那些愿意支付成本以规避风险的人身上转移到那些希望承担风险以获得收益的人身上。在这种情况下,套期保值是利用期货交易作为现货市场交易的临时替代品。套期保值头寸锁定了现货头寸的价值。只要现货和期货价格同时变动,一个头寸(无论是现货还是期货)的任何损失都会被另一个头寸的利润所抵消。当损益相等时,套期保值被称为**完美对冲**。在期货合约定价正确的市场中,完美的对冲应该提供与无风险利率相等的收益。

36A 2. 套期保值相关的风险

实际上,套期保值没有那么简单。套期保值的损失或利润,将由对冲时和解除对冲时的现货价格与期货价格之间的关系决定。现货价格和期货价格之间的差额称为基差(基差=现金价格-期货价格)。

正如我们前面所解释的,如果期货合约是根据其理论价值定价的,那么现货价格和期货价格之间的差额应该等于套利成本。套期保值者承担的风险是基差变化,这被称为**基差风险**。因此,套期保值涉及基差风险对价格风险的替代,即基差变化的风险代替现货价格变化的风险。

当期货合约被用来对冲某个头寸,而该头寸的投资组合或单个金融工具与作为期货标的的工具并不相同时,该对冲行为被称为**交叉对冲**。交叉对冲在资产/负债和投资组合管理中很常见,因为特定的普通股股票和债券通常没有期货合约。交叉对冲引入了另一种风险——期货合约标的工具的价格变动,可能无法准确跟踪套期保值的投资组合或金融工具的价格变动的风险。这种风险被称为**交叉对冲风险**。因此,交叉对冲的有效性将由以下因素决定:

(1)当进行套期保值和解除套期保值时,标的工具的现货价格与其期货价格之间的关系。

(2)当进行套期保值和解除套期保值时,投资组合的市场(现货)价值和期货合约所依据的工具的现货价格之间的关系。

36A 3. 空头和多头套期保值

空头套期保值用于防止金融工具或投资组合未来现货价格的下跌。为了执行空头对冲,套期保值者卖出期货合约(同意交割)。因此,短期对冲也被称为**卖出对冲**。通过建立空头套期保值,套期保值者确定了未来的现货价格,并将所有权的价格风险转移给了期货合约的买方。

多头套期保值是为了防止将来某个时候在现货市场上购买的金融工具或投资组合的价格上涨。在多头对冲中,套期保值者购买期货合约(同意接受交割)。多头套期保值也被称为买入对冲。

36A 4. 对冲说明

尽管我们在这一章的重点是金融衍生品,但为了说明套期保值,我们还是从传统的商品市场给出了几个例子。最好从传统商品开始,因为它们比大多数金融期货合约都简单。所阐述的原则同样适用于金融期货合约,但如果不涉及金融合约的细微差别,就更容易理解产品的含义。

假设一家矿业公司预计从现在起一周内销售 1 000 盎司⊖钯,一家制造公司的管理层计划从现在起一周内购买 1 000 盎司钯。矿业公司和制造公司的经理都想锁定一个价格——也就是说,他们都想在一周后消除与钯相关的价格风险。钯的现货价格是每盎司 352.40 美元(现货价格

⊖ 1 盎司 =28.35 克。

也称为**即期价格**)。目前，钯的期货价格为每盎司 397.80 美元。每份期货合约都是 100(金衡制)盎司钯。

因为矿业公司寻求保护以防止钯价格下跌，该公司将进行空头对冲。也就是说，矿业公司将承诺以当前的期货价格交付钯。这家矿业公司将出售 10 份期货合约。

这家生产公司的管理层寻求保护，以防钯价格上涨。因此，它将设置一个多头对冲。也就是说，它将同意接受以期货价格交付的钯。因为它正在寻求针对 1 000 盎司钯价格上涨的保护，它将购买 10 份合约。

让我们看看从现在起一周内，当对冲解除时，钯的现货价格和期货价格在各种情况下会发生什么。

36A 4.1 完美对冲

假设在对冲解除的时候，现货价格下降到 304.20 美元，期货价格下降到 349.60 美元。注意在这种情况下基差发生了什么。在进行套期保值时，基差是 -45.40(=352.40-397.80)美元。当对冲解除时，基差仍然是 -45.40 (=304.20-349.60)美元。

这家矿业公司希望锁定每盎司钯 352.40 美元的价格，或每 1 000 盎司 352 400 美元的价格。该公司以每盎司 397.80 美元的价格出售了 10 份期货合约，或每 1 000 盎司 397 800 美元。当对冲解除时，1 000 盎司钯的价格是 304 200(=304.20×1 000)美元。这家钯矿公司的现货价格下跌了 48 200 美元。然而，期货价格已跌至 349.60 美元，或每 1 000 盎司 349 600 美元。矿业公司因此在期货市场实现了 48 200 美元的收益。最终结果是期货市场的收益匹配了现货市场的损失。因此，矿业公司没有实现整体收益或损失。表 36A-1 总结了完美对冲的例子。

表 36A-1 锁定钯当前价格的一种对冲措施是现货价格下跌

假设：
对冲时的现货价格：352.40 美元/盎司
对冲时的期货价格：397.80 美元/盎司
对冲解除时的现货价格：304.20 美元/盎司
对冲解除时的期货价格：349.60 美元/盎司
需要对冲的盎司数：1 000
每份期货合约的盎司数：100
对冲中使用的期货合约数：10

现货市场	期货市场	基差
矿业公司在对冲时是空头对冲		
1 000 盎司价值： 1 000×352.40=352 400（美元）	出售 10 份合约： 10×100×397.80=397 800（美元）	-45.40 美元/盎司
对冲解除时		
1 000 盎司价值： 1 000×304.20=304 200（美元） 现货市场损失 48 200 美元	购买 10 份合约： 10×100×349.60=349 600（美元） 期货市场收益 48 200 美元 总收益或损失 0 美元	-45.40 美元/盎司
生产公司在对冲时是多头对冲		
1 000 盎司价值： 1 000×352.40=352 400（美元）	购买 10 份合约： 10×100×397.80=397 800（美元）	-45.40 美元/盎司
对冲解除时		
1 000 盎司价值： 1 000×304.20=304 200（美元） 现货市场收益 48 200 美元	出售 10 份合约： 10×100×349.60=349 600（美元） 期货市场损失 48 200 美元 总收益或损失 0 美元	-45.40 美元/盎司

表36A-1还总结了生产公司的长期对冲结果。由于现货价格下跌，该生产公司在现货市场实现了48 200美元的收益，但在期货市场却产生了同样数额的亏损。因此，多头对冲也是一种完美对冲。

这个场景说明了两个要点。首先，两个参与者都没有招致整体的收益或损失，因为当对冲解除时，基差没有改变。因此，如果基差不变，有效买卖价格最终就是套期保值当天的现货价格。其次，请注意，如果没有套期保值，生产公司的管理层将会过得更好。钯的成本将减少48 200美元。然而，这个结果不能说明生产公司管理层的选择是错误的。商人们通常不从事投机钯的生意，套期保值是防止未来经营成本增加的标准做法。获得这种保护的代价就是放弃潜在的意外之财。

假设当对冲解除时，钯的现货价格上升至392.50美元，期货价格上升至437.90美元。请注意，45.40美元的基差没有变化。因为基差不变，有效买卖价格将等于对冲时钯的现货价格。这家矿业公司将在现货市场上获利，因为1 000盎司钯的价值是392 500（=392.50×1 000）美元，与对冲时的现货价格相比，这意味着40 100美元的收益。然而，该矿业公司必须通过以437 900美元的总价格购买10份期货合约来清算其在期货市场的头寸，这比合约出售时的价格高出40 100美元。期货市场的损失抵消了现货市场的收益。该套期保值的结果汇总在表36A-2中。

这家生产公司在期货市场实现了40 100美元的收益，但要获得1 000盎司的钯，必须在现货市场多支付40 100美元，该套期保值的结果也汇总在表36A-2中。

表36A-2　锁定钯当前价格的一种对冲措施是现货价格上涨

假设：
对冲时的现货价格：352.40美元/盎司
对冲时的期货价格：397.80美元/盎司
对冲解除时的现货价格：392.50美元/盎司
对冲解除时的期货价格：437.90美元/盎司
需要对冲的盎司数：1 000
每份期货合约的盎司数：100
对冲中使用的期货合约数：10

现货市场	期货市场	基差
矿业公司在对冲时是空头对冲		
1 000盎司价值： 1 000×352.40=352 400（美元）	出售10份合约： 10×100×397.80=397 800（美元）	−45.40美元/盎司
对冲解除时		
1 000盎司价值： 1 000×392.50=392 500（美元） 现货市场损失40 100美元	购买10份合约： 10×100×437.90=437 900（美元） 期货市场收益40 100美元 总收益或损失0美元	−45.40美元/盎司
生产公司在对冲时是多头对冲		
1 000盎司价值： 1 000×352.40=352 400（美元）	购买10份合约： 10×100×397.80=397 800（美元）	−45.40美元/盎司
对冲解除时		
1 000盎司价值： 1 000×392.50=392 500（美元） 现货市场收益40 100美元	出售10份合约： 10×100×437.90=437 900（美元） 期货市场损失40 100美元 总收益或损失0美元	−45.40美元/盎司

请注意，在这种情况下，生产公司的管理层通过对冲节省了 40 100 美元。相比之下，如果这家矿业公司没有进行对冲，只是一周后在市场上出售其产品，情况会更好。然而，必须强调的是，矿业公司的管理层，就像生产公司的管理层一样，采用了套期保值来防范现货市场中不可预见的逆向价格变化，而这种保护的代价是放弃那些不进行套期保值的人所享有的有利的价格变化。

36A 4.2 基差风险

在前面两个场景中，我们假设基差不会改变。然而，在现实世界中，在对冲设定和解除之间，基差经常发生变化。

假设像第一种情况一样，钯的现货价格下降至 304.20 美元，然而，进一步假设期货价格下降至 385.80 美元，而不是 349.60 美元。基差已经从 −45.40 美元降至 −81.60（=304.20−385.80）美元，结果如表 36A-3 所示。对于做空对冲来说，现货市场上的 48 200 美元损失只能被期货市场上的 12 000 美元收益部分抵消。因此，该对冲导致了总共 36 200 美元的损失。

表 36A-3 对冲：现货价格下降，基差扩大

假设：
对冲时的现货价格：352.40 美元/盎司
对冲时的期货价格：397.80 美元/盎司
对冲解除时的现货价格：304.20 美元/盎司
对冲解除时的期货价格：385.80 美元/盎司
需要对冲的盎司数：1 000
每份期货合约的盎司数：100
对冲中使用的期货合约数：10

现货市场	期货市场	基差
矿业公司在对冲时是空头对冲		
1 000 盎司价值：	出售 10 份合约：	−45.40 美元/盎司
1 000×352.40=352 400（美元）	10×100×397.80=397 800（美元）	
对冲解除时		
1 000 盎司价值：	购买 10 份合约：	−81.60 美元/盎司
1 000×304.20=304 200（美元）	10×100×385.80=385 800（美元）	
现货市场损失 48 200 美元	期货市场收益 12 000 美元	
	总损失 36 200 美元	
生产公司在对冲时是多头对冲		
1 000 盎司价值：	购买 10 份合约：	−45.40 美元/盎司
1 000×352.40=352 400（美元）	10×100×397.80=397 800（美元）	
对冲解除时		
1 000 盎司价值：	出售 10 份合约：	−81.60 美元/盎司
1 000×304.20=304 200（美元）	10×100×385.80=385 800（美元）	
现货市场收益 48 200 美元	期货市场损失 12 000 美元	
	总收益 36 200 美元	

这里有几点是相关的。第一，如果这家矿业公司不对冲，损失将是 48 200 美元，因为其 1 000 盎司钯的价值是 304 200 美元，而一周前的价值是 352 400 美元。尽管对冲并不完美，但 36 200 美元的损失比没有对冲时的 48 200 美元的损失要少，这就是我们之前所说的套期保值用基差风险代替价格风险的意思。第二，生产公司的管理层从相反的角度面临同样的问题。一个参与者的意外收益会导致另一个参与者的意外等值损失。也就是说，参与者面临零和游戏，因为他们持有完全相反的现货和期货头寸。因此，这家生产公司将从多头（买入）对冲中获得 36 200 美元的总收益。这意味着现货市场的收益为 48 200 美元，期货市场的实际损失为

12 000 美元。

假设现货价格上升至每盎司 392.50 美元，就像第二种情况一样，但是基差扩大至 -81.60 美元，也就是说，在对冲解除时，期货价格已升至 474.10 美元。该对冲的结果汇总在表 36A-4 中。

表 36A-4 对冲：现货价格上涨，基差扩大

假设：
对冲时的现货价格：352.40 美元 / 盎司
对冲时的期货价格：397.80 美元 / 盎司
对冲解除时的现货价格：392.50 美元 / 盎司
对冲解除时的期货价格：474.10 美元 / 盎司
需要对冲的盎司数：1 000
每份期货合约的盎司数：100
对冲中使用的期货合约数：10

现货市场	期货市场	基差
矿业公司在对冲时是空头对冲		
1 000 盎司价值： 1 000 × 352.40=352 400（美元）	出售 10 份合约： 10 × 100 × 397.80=397 800（美元）	-45.40 美元 / 盎司
对冲解除时		
1 000 盎司价值： 1 000 × 392.50=392 500（美元） 现货市场收益 40 100 美元	购买 10 份合约： 10 × 100 × 474.10=474 100（美元） 期货市场损失 76 300 美元 总损失 36 200 美元	-81.60 美元 / 盎司
生产公司在对冲时是多头对冲		
1 000 盎司价值： 1 000 × 352.40=352 400（美元）	购买 10 份合约： 10 × 100 × 397.80=397 800（美元）	-45.40 美元 / 盎司
对冲解除时		
1 000 盎司价值： 1 000 × 392.50=392 500（美元） 现货市场损失 40 100 美元	出售 10 份合约： 10 × 100 × 474.10=474 100（美元） 期货市场收益 76 300 美元 总收益 36 200 美元	-81.60 美元 / 盎司

作为多头对冲的结果，这家生产公司在期货市场实现了 76 300 美元的收益，但在现货市场仅出现了 40 100 美元的亏损，总收益为 36 200 美元。对矿业公司来说，总损失为 36 200 美元。

在前两种情况下，假设基差扩大了。可以断言，如果基差收窄，其结果将不会是完美对冲。

36A 4.3 交叉对冲

假设一个遥远星球上的矿业公司计划从现在起一周内销售 2 500 盎司的氪星石，一个生产公司计划在一周内购买同样数量的氪星石。双方都想规避价格风险。然而，氪星石期货合约目前并没有交易。双方都认为氪星石的价格和钯的价格之间存在着密切的关系。具体来说，双方都认为氪星石的现货价格将保持为钯现货价格的 40%。氪星石的现金货价格目前是每盎司 140.96 美元，钯的现货价格是每盎司 352.40 美元，钯的期货价格目前为每盎司 397.80 美元。

我们将研究各种情况，看看交叉对冲将如何奏效。在每种情况下，钯的基差都保持在 45.40 美元。我们做这个假设是为了关注这两个时间点上两种现货价格之间关系的重要性。

在继续之前，我们必须首先确定在交叉对冲中应该使用多少钯期货合约。以每盎司 140.96 美元的现货价格计算，2 500 盎司氪星石的价值为 352 400 美元。为了利用钯期货保护氪星石的价值，必须对 1 000 盎司钯（=352400/352.40）的现货价值进行对冲。因为每份钯期货合约涵盖 100 盎司，所以将使用 10 份钯期货合约。

假设氪星石和钯的现货价格分别降至每盎司 121.68 美元和 304.20 美元，钯的期货价格降至每盎司 349.60 美元。交叉套期保值解除时，氪星石的现货价格和钯的现货价格之间的关系成立。也就是说，氪星石的现货价格是钯现货价格的 40%，钯的基差在 45.40 美元保持不变，表 36A-5 总结了空头和多头交叉对冲的结果。

表 36A-5　交叉对冲：被对冲的氪星石现货价格和所使用的期货价格下降相同百分比

假设：
氪星石的价格
对冲时的现货价格：140.96 美元/盎司
对冲解除时的现货价格：121.68 美元/盎司
钯的价格
对冲时的现货价格：352.40 美元/盎司
对冲时的期货价格：397.8 美元/盎司
对冲解除时的现货价格：304.20 美元/盎司
对冲解除时的期货价格：349.60 美元/盎司
需要对冲的氪星石盎司数：2 500
假设氪星石与钯的现货价格之比为 0.4∶1，则需要对冲的盎司量：1 000
钯每份期货合约的盎司数：100
对冲中使用的钯期货合约数量：10

现货市场	期货市场	基差
氪星石矿业公司实施空头交叉对冲		
2 500 盎司价值：	出售 10 份合约：	−45.40 美元/盎司
2 500 × 140.96=352 400（美元）	10 × 100 × 397.80=397 800（美元）	
对冲解除时		
2 500 盎司价值：	购买 10 份合约：	−45.40 美元/盎司
2 500 × 121.68=304 200（美元）	10 × 100 × 349.60=349 600（美元）	
现货市场损失 48 200 美元	期货市场收益 48 200 美元	
	总收益或损失 0 美元	
生产公司实施多头交叉对冲		
2 500 盎司价值：	购买 10 份合约：	−45.40 美元/盎司
2 500 × 140.96=352 400（美元）	10 × 100 × 397.80=397 800（美元）	
对冲解除时		
2 500 盎司价值：	出售 10 份合约：	−45.40 美元/盎司
2 500 × 121.68=304 200（美元）	10 × 100 × 349.60=349 600（美元）	
现货市场收益 48 200 美元	期货市场损失 48 200 美元	
	总收益或损失 0 美元	

空头交叉对冲在期货市场产生 48 200 美元的收益，在现金货市场产生正好相等的损失。多头交叉对冲的情况正好相反。在这种情况下，交叉对冲的总收益和损失都不会对任何一个套利对冲者产生。如果两种商品的现货价格以相同的百分比增长，并且基差不变，也会出现同样的情况。

假设两种商品的现货价格均下降了，但是氪星石的现货价格下降的百分比大于钯。例如，假设氪星石的现货价格降至每盎司 112 美元，钯的现货价格降至每盎司 304.20 美元。钯的期货价格降至 349.60 美元，因此基差不变。当交叉对冲解除时，氪星石的现货价格是钯现货价格的 37%，而不是交叉对冲建立时的 40%。多头和空头交叉对冲的结果如表 36A-6 所示。

表 36A-6 交叉对冲：被对冲的氪星石现货价格下跌百分比高于用于对冲的期货价格

假设：
氪星石的价格
对冲时的现货价格：140.96 美元/盎司
对冲解除时的现货价格：112.00 美元/盎司
钯的价格
对冲时的现货价格：352.40 美元/盎司
对冲时的期货价格：397.8 美元/盎司
对冲解除时的现货价格：304.20 美元/盎司
对冲解除时的期货价格：349.60 美元/盎司
需要对冲的氪星石盎司数：2 500
假设氪星石与钯的现货价格之比为 0.4:1，则需要对冲的盎司量：1 000
钯每份期货合约的盎司数：100
对冲中使用的钯期货合约数量：10

现货市场	期货市场	基差
氪星石矿业公司实施空头交叉对冲		
2 500 盎司价值： 2 500 × 140.96 = 352 400（美元）	出售 10 份合约： 10 × 100 × 397.80 = 397 800（美元）	−45.40 美元/盎司
对冲解除时		
2 500 盎司价值： 2 500 × 112.00 = 280 000（美元） 现货市场损失 72 400 美元	购买 10 份合约： 10 × 100 × 349.60 = 349 600（美元） 期货市场收益 48 200 美元 总损失 24 200 美元	−45.40 美元/盎司
生产公司实施多头交叉对冲		
2 500 盎司价值： 2 500 × 140.96 = 352 400（美元）	购买 10 份合约： 10 × 100 × 397.80 = 397 800（美元）	−45.40 美元/盎司
对冲解除时		
2 500 盎司价值： 2 500 × 112.00 = 280 000（美元） 现货市场收益 72 400 美元	出售 10 份合约： 10 × 100 × 349.60 = 349 600（美元） 期货市场损失 48 200 美元 总收益 24 200 美元	−45.40 美元/盎司

对于空头交叉对冲，现货市场的损失超过期货市场实现的收益 24 200 美元。对于多头交叉对冲，情况正好相反。交叉对冲的总收益为 24 200 美元。

如果氪星石的现货价格比钯的现货价格下降了更小的百分比，那么空头交叉对冲整体会产生收益，而多头交叉对冲整体会产生损失。

假设氪星石的现货价格降至每盎司 121.68 美元，而钯的现货价格和期货价格分别升至 392.50 美元和 437.90 美元。交叉对冲的结果如表 36A-7 所示。

表 36A-7 交叉对冲：用于对冲的氪星石现货价格下跌，用于对冲的期货价格上涨

假设：
氪星石的价格
对冲时的现货价格：140.68 美元/盎司
对冲解除时的现货价格：121.68 美元/盎司
钯的价格
对冲时的现货价格：352.40 美元/盎司
对冲时的期货价格：397.8 美元/盎司
对冲解除时的现货价格：392.50 美元/盎司

(续)

对冲解除时的期货价格：437.90 美元/盎司
需要对冲的氪星石盎司数：2 500
假设氪星石与钯的现货价格之比为 0.4∶1，则需要对冲的盎司量：1 000
钯每份期货合约的盎司数：100
对冲中使用的钯期货合约数量：10

现货市场	期货市场	基差
氪星石矿业公司实施空头交叉对冲		
2 500 盎司价值：	出售 10 份合约：	−45.40 美元/盎司
2 500 × 140.96=352 400（美元）	10 × 100 × 397.80=397 800（美元）	
对冲解除时		
2 500 盎司价值：	购买 10 份合约：	−45.40 美元/盎司
2 500 × 121.68=304 200（美元）	10 × 100 × 437.90=437 900（美元）	
现货市场损失 48 200 美元	期货市场损失 40 100 美元	
	总损失 88 300 美元	
生产公司实施多头交叉对冲		
2 500 盎司价值：	购买 10 份合约：	−45.40 美元/盎司
2 500 × 140.96=352 400（美元）	10 × 100 × 397.80=397 800（美元）	
对冲解除时		
2 500 盎司价值：	出售 10 份合约：	−45.40 美元/盎司
2 500 × 121.68=304 2000（美元）	10 × 100 × 437.90=437 900（美元）	
现货市场收益 48 200 美元	期货市场收益 40 100 美元	
	总收益 88 300 美元	

空头交叉对冲导致现货市场和期货市场的总损失为 88 300 美元。如果氪星石矿业公司没有使用交叉对冲，其损失将仅限于现货价格的下跌——在这种情况下损失是 48 200 美元。相比之下，长多头套期保值者在现货和期货市场都获得了收益，从而整体获得了收益。

相反，如果氪星石的现货价格上升至每盎司 189.10 美元，而钯的现货和期货价格分别下降至 304.20 美元和 349.60 美元，可以推断多头交叉对冲会导致现货和期货市场的损失。总损失为 168 550 美元。如果生产公司的管理层没有用钯交叉对冲，损失将只有 120 350 美元（现货市场的损失）。

这些说明展示了与交叉对冲相关的风险。

第 37 章

场外利率衍生品：远期利率协议、利率互换、利率上限和下限

学习目标

学习本章后，你会理解：
- 什么是远期利率协议；
- 什么是利率互换；
- 机构投资者和企业借款人如何使用利率互换；
- 为什么利率互换市场增长如此迅速；
- 利率互换的风险/收益特征；
- 解释利率互换的两种方法；
- 利率互换市场发展的原因；
- 互换息差的决定因素；
- 什么是互换期权；
- 什么是远期互换；
- 什么是利率/股权互换；
- 什么是利率上限和下限；
- 机构投资者和企业借款人如何使用利率上限、下限和远期利率协议；
- 利率上限和下限与期权之间的关系；
- 如何设定利率上限。

利率期货和期权可以用来控制利率风险。商业银行和投资银行还为客户定制其他有用的利率风险控制合同，包括利率互换、利率上限和下限以及远期利率协议。国际清算银行的一项调查显示，场外交易利率衍生品市场主导着场外交易衍生品市场。截至 2017 年年末，场外利率衍生品的总市值为 7.6 万亿美元。在本章中，我们将回顾每一种场外利率衍生品，并解释说明借款人和机构投资者如何使用它们。

37.1 远期利率协议

远期利率协议（FRA）是在场外交易的短期利率期货合约的等价物，一般来说，其短期参考利率通常是伦敦银行同业拆借利率。

远期利率协议的要素是合同利率、参考利率、结算利率、名义金额和结算日期。远期利率协议的各方同意在设定日期买卖基金。远期利率协议的**合同利率**是远期利率协议规定的利率，远期利率协议的买方同意支付资金，远期利率协议的卖方同意接受投资资金。**参考利率**是在使用的利率。例如，参考利率可以是3个月或6个月的伦敦银行同业拆借利率。远期利率协议规定了用以计算利息支付的基准，称为**名义金额**。这个金额在双方之间是不交换的。**结算利率**是远期利率协议中结算日参考利率的值。远期利率协议规定了结算利率的来源。

远期利率协议的买方同意支付合同利率，或同等地，在结算日以合同利率购买资金；远期利率协议的卖方同意接受合同利率，或者同等地，在结算日以合同利率出售资金。因此，例如，如果远期利率协议的合同利率是5%，参考利率是3个月期伦敦银行同业拆借利率，名义本金为1 000万美元，买方同意在结算日支付5%利率购买或借入1 000万美元，卖方同意在结算日接受5%利率出售或借出1 000万美元。

如果在结算日，结算利率高于合同利率，则远期利率协议的买方受益，因为买方可以以低于市场的利率借入资金。如果结算利率低于合同利率，则卖方有利，因为卖方可以以高于市场的利率贷款。如果结算利率与合同利率相同，任何一方都不会受益。上面所述内容，概括如下：

（1）如果结算利率 > 合同利率，则远期利率协议买方受益；
（2）如果合同利率 < 结算利率，则远期利率协议卖方受益；
（3）如果结算费率 = 合同费率，双方均不受益。

与欧洲美元期货合约一样，远期外汇合约也是现金结算合约。在结算日，根据合同利率和结算利率，受益的一方必须由另一方补偿。假设结算利率不等于合同利率，则有：

（1）如果结算利率 > 合同利率，买方获得补偿；
（2）如果合同利率 < 结算利率，卖方获得补偿。

为了确定一方必须补偿另一方的金额，首先假设按照360天的计算惯例计算以下内容。
如果结算利率 > 合同利率，则有：

$$利差 = (结算利率 - 合同利率) \times (合同期内天数/360) \times 名义金额$$

如果合同利率 > 结算利率，则有：

$$利差 = (合同利率 - 结算利率) \times (合同期内天数/360) \times 名义金额$$

必须在结算日交换的金额不是利差，而是利息差额的现值。用于计算利差现值的贴现率是结算利率。因此，补偿确定为

$$补偿 = \frac{利差}{[1 + 结算利率 \times (合同期内天数/360)]} \qquad (37\text{-}1)$$

举例来说，假设远期利率协议的参考利率为3个月伦敦银行同业拆借利率，合同利率为5%，名义金额为1 000万美元，结算天数为91天。假设结算率为5.5%。在这种情况下，买方受益，因为当市场利率（结算利率）为5.5%时，买方可以按5%（合同利率）借款。

其中，

利息差额 = (0.055-0.05) × (91/360) × 10 000 000 = 12 638.89（美元）。

卖方必须向买方支付的补偿为

$$补偿 = \frac{12\,638.89}{1+0.055\times 91/360}$$

$$= \frac{12\,638.89}{1.013\,902\,7} = 12\,465.58\,(美元)$$

重要的是要注意，当利率在远期利率协议和利率期货合约中变动时谁受益。如果参考利率上升，框架协议的买方受益，如果参考利率下降，卖方受益。在期货合约中，买方受益于利率下降，而卖方受益于利率上升。这汇总在表 37-1 中。不同的当事人在不同的条件下受益，因为两个合同的标的是不同的。在远期利率协议下，标的是利率。如果利率上升，买方获利；如果利率下降，买方亏损。相比之下，在期货合约中，标的是固定收益工具。当利率下降时，如果固定收益工具的价值增加，买方就会获益。当利率上升时，固定收益工具的价值下降，买方就会蒙受损失。期货合约卖方的情况正好相反。

表 37-1 利率变化对远期利率协议和利率期货合约双方的影响

参与方	利率			
	下降		上升	
	远期利率协议	期货	远期利率协议	期货
买方	损失	获益	获益	损失
卖方	获益	损失	损失	获益

37.2 利率互换

利率互换是一种双方（"交易对手"）同意交换定期利息支付的协议。利息支付的金额是基于某种预先确定的美元本金，它称为名义金额。每个交易对手支付给对方的金额是约定的定期利率乘以名义金额。双方交换的唯一金额是净利息，而不是名义金额。在最常见的互换类型中，一方同意在合同有效期内的指定日期向另一方支付固定利息。该方被称为固定利率支付方。另一方，被称为浮动利率支付方，同意支付浮动利率，浮动利率带有一定的参考利率。

例如，假设在未来 5 年，X 方同意每年向 Y 方支付 10% 的利率，Y 方同意向 X 方支付 6 个月的伦敦银行同业拆借利率。X 方为固定利率付款人/浮动利率收款人，而 Y 方为浮动利率付款人/固定利率收款人。假设名义本金金额为 5 000 万美元，并且在接下来的 5 年中每 6 个月交换一次付款。然后每 6 个月，X 方（固定利率付款人/浮动利率收款人）将向 Y 方支付 250 万美元（10% 乘以 5 000 万美元除以 2）。Y 方（浮动利率付款人/固定利率收款人）将支付给 X 方的金额为 6 个月伦敦银行同业拆借利率乘以 5 000 万美元除以 2。例如，如果 6 个月伦敦银行同业拆借利率为 7%，Y 方将向 X 方支付 175 万美元（7% 乘以 5 000 万美元除以 2）。请注意，我们除以 2，是因为支付半年的利息。

在利率互换中，通常用于浮动利率的参考利率是各种货币市场工具的参考利率，例如，国库券、伦敦银行同业拆借利率、商业票据、银行承兑汇票、大额存单、联邦基金利率和贷款基础利率。

正如我们将在后面所阐述的，市场参与者可以使用利率互换来改变资产或负债的现金流特征，将固定利率基础改变为浮动利率基础，反之亦然。

37.2.1 互换的风险/收益特征

利率互换的价值会随着市场利率而波动。为了了解这一点，让我们来分析一下互换策略。

假设利率在 X 和 Y 双方进入互换后立即发生变化。首先考虑，如果市场要求固定利率支付者必须支付 11% 才能在任何 5 年期的互换中获得 6 个月伦敦银行同业拆借利率，将会发生什么。如果 X 方（固定利率支付方）想要出售其头寸，比如说，出售给 A 方，那么 A 方只需支付 10%（约定的原始互换利率）而不是 11%（当前互换利率）就能获得 6 个月伦敦银行同业拆借利率，从而从中受益。X 方将要求对此利益进行补偿。因此，X 方的地位提高了。如果利率上升，固定利率付款人将实现利润，浮动利率付款人将出现亏损。

接下来，考虑一下如果利率下降到 6% 会发生什么。现在，5 年期互换将要求固定利率支付者支付 6% 而不是 10% 来获得 6 个月期伦敦银行同业拆借利率。如果 X 方向 B 方出售其头寸，B 方将要求补偿以接受该头寸。换句话说，如果利率下降，固定利率支付者将实现亏损，而浮动利率支付者将实现利润。

表 37-2 总结了利率变化时两种头寸的风险 / 收益情况。

表 37-2 利率互换交易对手的风险 / 收益情况

	利率下降	利率上升
浮动利率付款人	获益	损失
固定利率付款人	损失	获益

37.2.2 解读互换头寸

互换头寸可以有两种方式来解释：①远期 / 期货合约的组合；②买卖现货市场工具的现金流组合。我们将评估这两种解释。将表 37-2 中的利率互换交易对手的头寸与表 37-1 中所示的多头和空头期货或远期合约的头寸进行对比，可以看出利率期货合约是以固定收益工具为标的，远期利率协议是一种以利率为标的的协议。

首先考虑远期利率协议。如前所述，如果参考利率在结算日高于合同利率（结算利率高于合同利率），则远期利率协议的买方获利。如果参考利率在结算日低于合同利率（结算利率低于合同利率），则买方亏损。这一观点对远期利率协议的卖方来说是正确的。表 37-3 比较了互换交易双方的头寸，以及利率上升和下降时的风险评估。因此，远期利率协议的买方实现了与固定利率付款人相同的效果，远期利率协议的卖方实现了与浮动利率付款人相同的效果。

表 37-3 利率变化对利率互换交易对手和远期利率协议交易对手的影响

交易对手		利率	
互换	远期利率协议	下降	上升
浮动利率付款人	卖方	获益	损失
固定利率付款人	买方	损失	获益

互换可以被视为一个远期利率协议包。事实上，远期利率协议可以被视为只有一个结算日期的互换的特殊情况。

然后，将互换交易与期货或远期合约进行比较，期货或远期合约的标的资产是利率，如欧洲美元的大额存单。如果利率下降，多头期货头寸增加；如果利率上升，多头期货头寸减少。（这类似于浮动利率支付者的风险 / 收益情况。）固定利率付款人的风险收益回报状况类似于空头期货头寸，即利率上升时获益，利率下降时亏损。表 37-4 比较了利率变化时，互换、远期利率协议以及基于固定收益工具的期货 / 远期的交易对手的头寸。

表 37-4 利率变化对利率互换交易对手、远期利率协议交易对手以及对基于固定收益工具的期货和远期交易对手的影响

	交易对手		利率	
互换	远期利率协议	基于固定收益工具的期货 / 远期	下降	上升
浮动利率付款人	卖方	买方	获益	损失
固定利率付款人	买方	卖方	损失	获益

因此，利率互换可以被视为一套更基本的利率控制工具，如远期。利率互换的定价将取决于具有相同结算日期的一篮子远期合约的价格，且远期合约具有相同的参考利率。

尽管利率互换只不过是一套远期合约，但有几个重要原因表明它不是一种多余的合约。首先，远期或期货合约的最长期限没有利率互换那么长。事实上，可以获得期限为 15 年或更长的利率互换。其次，利率互换是一种交易效率更高的工具。我们的意思是，在交易中，双方可以有效地建立等价于一套远期合约的支付，这些远期合约必须分别进行谈判。最后，利率互换市场的流动性自 1981 年该市场成立以来一直在增长。现在，它的流动性比远期合约，尤其是比远期（长期）合约更强。

37.2.3 现货市场工具包

要理解为什么互换也可以被解释为一篮子现货市场工具，可以考虑以下几点。假设一个投资者达成了以下一项交易：

（1）购买面值 5 000 万美元的 5 年期浮动利率债券，每 6 个月支付一次 6 个月期伦敦银行同业拆借利率；

（2）通过借贷 5 000 万美元购买 5 年期浮动利率债券，为期 5 年，年利率为 10%，每半年支付 1 次。

该交易的现金流如表 37-5 所示。表的第二栏列出了购买 5 年期浮动利率债券的现金流，有 5 000 万美元的现金支出和现金流入。现金流入量不确定，因为它们取决于未来的伦敦银行同业拆借利率。第三栏显示了以固定利率计算的 5 000 万美元的现金流。最后一列显示了整个交易的净现金流。从最后一列可以看出，没有初始现金流（没有现金流入或现金支出）。在所有 10 个 6 个月期间，净头寸导致伦敦银行同业拆借利率的现金流入和 250 万美元的现金支出。然而，这一净头寸与固定利率付款人/浮动利率收款人的头寸相同。

表 37-5 购买 5 年期浮动利率债券的现金流，该债券以固定利率借款融资

交易：以 5 000 万美元购买 5 年期浮动利率债券

浮动利率：伦敦银行同业拆借利率（LIBOR），每半年支付 1 次

借款 5 000 万美元，期限 5 年：固定利率 10%，每半年支付 1 次

	现金流（百万美元）		
6 个月期间	浮动利率债券	借款成本	净现金流
0	50.0	+50.0	0
1	+(LIBOR$_1$/2) × 50.0	−2.5	+(LIBOR$_1$/2) × 50.0 −2.5
2	(LIBOR$_2$/2) × 50.0	2.5	(LIBOR$_2$/2) × 50.0 −2.5
3	(LIBOR$_3$/2) × 50.0	2.5	(LIBOR$_3$/2) × 50.0 −2.5
4	(LIBOR$_4$/2) × 50.0	2.5	(LIBOR$_4$/2) × 50.0 −2.5
5	(LIBOR$_5$/2) × 50.0	2.5	(LIBOR$_5$/2) × 50.0 −2.5
6	(LIBOR$_6$/2) × 50.0	2.5	(LIBOR$_6$/2) × 50.0 −2.5
7	(LIBOR$_7$/2) × 50.0	2.5	(LIBOR$_7$/2) × 50.0 −2.5
8	(LIBOR$_8$/2) × 50.0	2.5	(LIBOR$_8$/2) × 50.0 −2.5
9	(LIBOR$_9$/2) × 50.0	2.5	(LIBOR$_9$/2) × 50.0 −2.5
10	+(LIBOR$_{10}$/2) × 50+50.0	52.5	+(LIBOR$_{10}$/2) × 50.0 −2.5

注：LIBOR 的下标表示在特定时间根据浮动利率债券的条款计算的 6 个月 LIBOR。

表 37-5 中的净现金流显示，固定利率付款人的现货市场头寸相当于持有浮动利率债券的多头头寸，并借入资金以固定利率购买浮动利率债券。但借款可以被视为发行固定利率债券，或者等同于做空固定利率债券。因此，固定利率付款人的头寸可以被视为多头浮动利率债券和空头固定利率债券。

浮动利率支付者的地位如何呢？可以证明，浮动利率支付者的地位相当于购买固定利率债券并以浮动利率为其融资，浮动利率是互换的参考利率。也就是说，浮动利率付款人的头寸相当于固定利率债券的多头头寸和浮动利率债券的空头头寸。

37.2.4 应用

到目前为止，我们仅仅描述了利率互换及其相关特征。借助两个例子来解释如何使用互换。尽管我们关注的是基本的或普通的互换，但这些例子有助于解释为什么其他类型的利率互换被开发出来。

1. 资产/负债管理方面的应用

在第一个例子中，我们来看看如何使用内部利率互换来改变一个机构的资产的现金流特征，从而更好地匹配资产和负债。这两家机构分别是一家商业银行和一家人寿保险公司。

假设一家银行包含一个由 5 年期固定利率商业贷款组成的投资组合。投资组合的基本价值为 5 000 万美元，投资组合中所有贷款的利率为 10%。这些贷款是无息贷款，利息每半年支付 1 次，全部本金在 5 年后支付。也就是说，假设贷款没有违约，未来 5 年贷款组合的现金流为每 6 个月 250 万美元，5 年结束时为 5 000 万美元。要为其贷款组合提供资金，假设该银行依赖于发行 6 个月期大额存单。该银行计划对其 6 个月期定期存款支付的利率是 6 个月期国债利率加 40 个基点。

该银行面临的风险是，6 个月期国债利率将达到 9.6% 或更高。请记住，该银行的商业贷款组合每年盈利 10%。如果 6 个月期国库券利率为 9.6%，它将不得不向储户支付 9.6% 加 40 个基点（10%）的 6 个月期资金，并且没有利差收入。更糟糕的是，如果 6 个月期国债利率升至 9.6% 以上，将会出现亏损，也就是说，资金成本将超过贷款组合的利率。该银行的目标是锁定资金成本的价差。

在此例中的另一方是一家人寿保险公司，该公司承诺在未来 5 年以 9% 的利率支付一份担保投资合同。该合同的数额是 5 000 万美元。假设人寿保险公司有机会在私募交易中投资 5 000 万美元，投资于它认为有吸引力的 5 年浮动利率工具。这种工具的利率是 6 个月国债利率加 160 个基点，票面利率每 6 个月设定 1 次。

人寿保险公司面临的风险是，6 个月期国债利率将会下降，因此该公司的收入不足以实现其向担保投资合同投保人保证的 9% 的利差。如果 6 个月期国债利率降至 7.4% 或更低，将不会产生利差收入。为了理解原因，假设浮动利率工具在息票重置期设定的是利率为 7.4% 的 6 个月期国库券，那么接下来 6 个月的票面利率将是 9%（7.4% 加 160 个基点）。因为人寿保险公司已经同意支付担保投资合同保单 9% 的保费，所以不会有利差收入。如果 6 个月期国库券利率低于 7.4%，那么人寿保险公司将会蒙受损失。

我们可以将银行和人寿保险公司的资产/负债问题总结如下。

银行：

（1）长期借款和短期借款；

（2）如果 6 个月期国债利率上升，利差收入就会下降。

人寿保险公司：

（1）有效地借入短期和借入长期；

（2）如果6个月期国债利率下降，利差收入就会下降。

现在让我们假设一家中介机构向这家银行和人寿保险公司提供一笔名义本金为5 000万美元的5年期利率互换。向银行提出的条件是：

（1）每6个月，银行将向中介支付10%（年利率）；

（2）每6个月，中介将向银行支付6个月期国债利率加155个基点。

向人寿保险公司提出的条件是：

（1）每6个月，人寿保险公司将向中介支付6个月期国债利率加每年160个基点；

（2）每6个月，中介将向人寿保险公司支付10%（年利率）。

这个利率合同对银行和人寿保险公司有什么影响呢？首先考虑银行。在互换协议有效期内，每6个月的利差如表37-6所示。

因此，不管6个月期国债利率会发生什么变化，银行都会锁定115个基点的利差。

现在让我们来看看利率互换对人寿保险公司的影响，如表37-7所示。

表 37-6

收到的年利率：	
来自商业贷款组合	=10%
来自利率互换	=6个月期国债利率+155个基点
合计	=11.55%+6个月期国库债利率
支付的年利率：	
大额存单持有人	=6个月期国库券利率+40个基点
利率互换	=10%
合计	=10.40%+6个月期国债利率
结果：	
收到	=11.55%+6个月期国库券利率
支付	=10.40%+6个月期国库券利率
利差收入	=1.15% 或 115个基点

表 37-7

收到的年利率：	
来自浮动利率工具	=6个月期国库券利率+160个基点
来自利率互换	=10%
合计	=11.6%+6个月期国库债利率
支付的年利率：	
担保投资合同保单持有人	=9%
利率互换	=6个月期国债率+160个基点
合计	=10.6%+6个月期国库券利率
结果：	
收到	=11.6%+6个月期国债利率
支付	=10.6%+6个月期国债利率
利差收入	=1.0% 或 100个基点

不管6个月期国债利率会发生什么变化，人寿保险公司都会锁定100个基点的利差。

利率互换允许各方实现锁定利差的资产/负债目标[⊖]。互换允许每个金融机构改变其资产的现金流特征：就银行而言，是从固定到浮动，就人寿保险公司而言，是从浮动到固定。这种类型的交易被称为**资产互换**。该银行和人寿保险公司本可以利用互换市场来改变其负债的现金流性质。这种互换被称为**债务互换**。尽管我们在说明中使用了一家银行，但利率互换显然适用于储蓄和贷款协会，因为监管的原因，这些协会在浮动利率基础上借入短期贷款，在固定利率抵押贷款基础上贷出长期贷款。

当然，这两家机构本可以选择其他方式来匹配其资产和负债的现金流特征。银行可能会拒绝发放固定利率商业贷款，只坚持浮动利率贷款。这种方法有一个主要的陷阱，即如果借款人能找到另一个愿意以固定利率发放贷款的来源，银行就会失去这些客户。人寿保险公司可能会拒绝购买浮动利率工具。但假设私募融资工具的条款比浮动利率信用风险工具的条款更有吸

⊖ 在这里，不用考虑利差的大小是否足够。

引力,那么,通过利用互换市场,人寿保险公司可以获得比直接投资 5 年期固定利率证券更高的收益。例如,假设人寿保险公司可以投资一种类似信用风险的 5 年期固定利率证券,收益率为 9.8%。考虑到通过担保投资合同以 9% 的利率获得的资金,这项投资将产生 80 个基点的利差收入——比人寿保险公司通过购买浮动利率工具并参与互换而获得的 100 个基点的利差收入要少。

因此,利率互换执行两个重要的功能:①它可以通过改变资产或负债的现金流特征来改变财务状况的风险;②在某些情况下,它也可以用来提高收益。显然,只有当市场不完善时,第二种功能才会出现。

在这个例子中可以得出最后一点。看看人寿保险公司对中介机构的浮动利率支付和中介机构对银行的浮动利率支付。人寿保险公司支付 6 个月期国债利率加 160 个基点,但中介支付银行 6 个月期国债利率加 155 个基点。5 个基点的差额代表中介服务费。

2. 债券发行应用

我们在第二个例子中考虑两个美国实体,一个 3A 级商业银行和一个 3B 级非金融公司,这两个实体都想在 10 年内筹集 1 亿美元。出于各种原因,该银行希望筹集浮动利率资金,而非金融公司想要筹集固定利率基金。在美国债券市场上,这两个实体可获得的利率分别为:

银行浮动利率 = 6 个月伦敦银行同业拆借利率 + 30 个基点;

非金融公司固定利率 = 12%。

假设两个实体愿意的话,均可以在欧洲美元债券市场发行证券。让我们假设这两个实体的 10 年期证券在欧洲美元债券市场上有以下条款:

银行固定利率 = 10.5%;

非金融公司浮动利率 = 6 个月伦敦银行同业拆借利率 + 80 个基点。

请注意,我们指出了银行在固定利率融资上可以获得的条件,非金融公司在浮动利率证券上可以获得的条件。你很快就会明白我们为什么这样做了。首先,让我们总结一下这两个实体在美国国内和欧洲美元债券市场的情况,如表 37-8 所示。

表 37-8

	浮动利率证券	
实体	债券市场	利率
银行	美国国内	6 个月伦敦银行同业拆借利率 + 30 个基点
非金融公司	欧洲美元	6 个月伦敦银行同业拆借利率 + 80 个基点
		质量利差 = 50 个基点
	固定利率证券	
实体	债券市场	利率
银行	欧洲美元	10.5%
非金融公司	美国国内	12.0%
		质量利差 = 150 个基点

在表 37-8 中,我们使用了**质量利差**这个术语。这一术语仅仅意味着反映两个信用等级不同的实体的借贷成本是不同的。

请注意,浮动利率证券的质量利差(50 个基点)比固定利率证券的质量利差(150 个基点)窄。利差的这种差异为两个实体提供了降低融资成本的机会。为了了解这一点,假设每个实体在欧洲美元债券市场发行证券,然后同时与中介机构提供的 1 亿美元名义金额进行如

表 37-9 所示的 10 年期利率互换。

表 37-9

银行：	
支付 6 个月伦敦银行同业拆借利率 + 70 个基点的浮动利率	
接收 11.3% 固定利率	
非金融公司：	
支付 11.3% 的固定利率	
接收 6 个月伦敦银行同业拆借利率 + 45 个基点的浮动利率	
支付的利息：	
基于固定利率的欧洲美元债券	=10.5%
利率互换	=6 个月伦敦银行同业拆借利率 +70 个基点
合计	=11.2%+6 个月伦敦银行同业拆借利率
收到的利息：	
利率互换	=11.3%
净成本：	
已付利息	=11.2%+6 个月伦敦银行同业拆借利率
已收利息	=11.3%
合计	= 6 个月伦敦银行同业拆借利率 −10 个基点
支付的利息：	
基于浮动利率的欧洲美元债券	= 6 个月伦敦银行同业拆借利率 +80 个基点
利率互换	=11.3%
合计	=12.1%+6 个月伦敦银行同业拆借利率
收到的利息：	
利率互换	=6 个月伦敦银行同业拆借利率 +45 个基点
净成本：	
已付利息	=12.1% +6 个月伦敦银行同业拆借利率
已收利息	=6 个月伦敦银行同业拆借利率 +45 个基点
合计	=11.65%

交易如图 37-1 所示。通过在欧洲美元债券市场发行证券和使用利率互换，两个实体都能够降低发行证券的成本。该银行能够以 6 个月伦敦银行同业拆借利率减 10 个基点发行浮动利率证券，而不是以 6 个月伦敦银行同业拆借利率加 30 个基点在美国国内债券市场发行浮动利率证券，从而节省了 40 个基点。这家非金融公司通过在欧洲美元债券市场发行浮动利率债券和使用利率互换，节省了 35 个基点（=12%−11.65%）。

这个例子的目的是表明，如果债券市场的不同部门存在质量利差，借款人可以利用利率互换来套利。这些差异是否存在是另一个问题，我们将在下面讨论。最后，再看一遍这笔交易中的中介。中介机构向非金融公司支付 6 个月伦敦银行同业拆借利率加 45 个基点的浮动利率，并从银行获得 6 个月伦敦银行同业拆借利率加 70 个基点，中介服务实现收益 25 个基点。

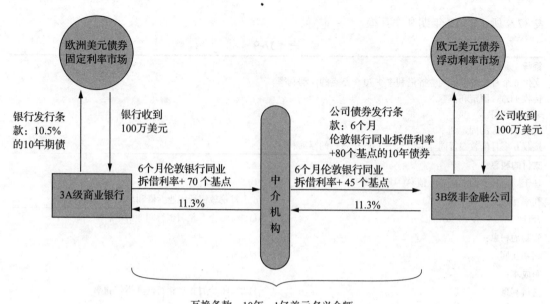

图 37-1 债券发行的利率互换

37.2.5 利率互换市场发展的原因

根据国际清算银行的说法，始于 1981 年年末的利率互换市场是场外利率衍生品市场的最大组成部分。利率互换市场自成立以来发展迅速，这种快速增长的背后原因是什么？正如我们在两个例子中所表明的那样，利率互换是机构投资者和企业借款者改变资产和负债性质或利用任何察觉到的资本市场缺陷的一种方式。

利率互换市场的最初动机是借款人想要利用被认为是信用套利的机会。这些机会归因于这样一个事实，即固定利率市场和浮动利率市场的质量利差（较低和较高评级信贷之间的收益率差）往往不同，美国债券市场和欧洲美元债券市场的质量利差也往往不同。请注意，我们在第二个例子中假设浮动利率市场的利差为 50 个基点，固定利率市场的利差为 150 个基点。一些出版物[⊖]和学术研究都表明存在这种信贷套利动机。[⊖]

基本上，这种对互换的观点是基于众所周知的比较优势经济原则，这一原则是在国际经济学中发展起来的。该观点体现在以下方面。尽管高信用评级的发行人可以在固定利率和浮动利率市场上以较低的成本借款（在两个市场上都有绝对优势），但相对于低信用评级的发行人，它在其中一个市场上有相对优势（在另一个市场上有相对劣势）。在这些条件下，每个借款人都可以受益于在其具有比较优势的市场上发行证券，然后用债务交换所需的融资类型。互换市场随着债务互换工具发展而成为交换债务的工具。

一些观察人士质疑存在信用套利机会的观点。他们坚持认为，相对优势论尽管基于套利，但并不依赖于非理性的错误定价，而是基于分割市场的均衡假设。也就是说，两个完全独立的市场可以完全竞争，但可以设定不同的风险价格。在两个市场同时交易的经济人将看到一个不

⊖ See, T. Lipsky and S. Elhalaski, "Swap Driven Primary Issuance in the International Bond Market" (New York: salomon Brothers, January 1986).

⊖ See, James Bicksler and Andrew Chen, "An Economic Analysis of Interest Rate Swaps," Journal of Finance 41 (1986): 645–655.

完全竞争的市场和一个赚钱的机会。

那些质疑信贷套利观点的人辩称，固定利率和浮动利率市场上的质量利差不同，代表了贷款机构在这两个市场上面临的风险差异。让我们在这方面考虑短期和长期市场。浮动利率债券的利率实际上代表短期利率；因此，浮动利率债券的质量利差是短期市场的利差。相比之下，基于中长期固定利率债券的质量利差代表了该期限债券的利差。这两个市场之间的质量利差没有理由是相同的。⊖

一些观察人士将市场间质量利差归因于各国监管的不同。同样，各国税收待遇的差异也会导致风险价格和预期收益的差异⊖。因此，互换可以用于调节套利行为，并可以用国家市场之间的这种差异来解释。

利率互换市场增长的另一个理由是利率的波动性增加，导致借款人和贷款人需要借助它来对冲或管理他们的风险。尽管一套远期合约可以复制风险/收益特征，但利率远期合约的流动性不如利率互换。国际互换交易商协会在1987年年初公布的文件标准促进了互换交易的达成或清算。此外，对冲或管理头寸的互换成本低于远期利率合约。

因此，我们可以说，互换市场最初是为了利用资本市场的真实或感知缺陷而发展起来的，但它最终演变成了一个有效实现资产/负债管理目标的交易市场。

37.2.6　中介的作用

在利率互换中，中介机构的角色为市场的演变提供了一些启示。这些交易中介是商业银行和投资银行，它们在市场的早期阶段寻找互换交易的最终用户。也就是说，商业银行和投资银行在它们的客户群中发现那些需要互换来实现融资或投资目标的实体，它们匹配这两个实体。本质上，这类交易中的中介扮演着经纪人的角色。

在这个市场的早期，只有在中介机构必须这样做以平衡交易的时候，它才会选择成为互换交易的反向交易方（也就是说，中介机构将扮演参与主体的角色）。例如，如果一个中介有两个客户愿意进行互换交易，但其中一个客户希望名义金额为1亿美元，另一个客户希望名义金额为8 500万美元，那么该中介则可能会成为交易对手，交易金额为1 500万美元。也就是说，中介将作为交易的委托人储存或持有头寸，以弥补客户目标之间的1 500万美元的差额。为了保护自己免受不利利率变动的影响，中介机构将对冲其头寸。

为了解释中介的角色是如何随着时间的推移而发展起来的，我们需要解决我们尚未讨论的互换的一个重要特征。我们所描述的互换交易的各方不得不担心对方会违约。尽管违约并不意味着任何本金的损失（因为名义金额没有被交换），但它意味着进行互换的目标将被削弱。由于早期交易涉及信用评级较高和较低的实体，前者会担心后者违约的可能性。为减少违约风险，许多早期的互换交易要求信用评级较低的实体从评级较高的商业银行获得担保。通常，互换交易中的中介就是这种类型的银行。以这种方式参与保险或担保人的角色，导致银行接受了交易商或对手方的角色。

⊖ Two researchers demonstrate that differences in quality spreads between the fixed-rate and floating-rate markets are consistent with option-pricing theory. See Ian Cooper and Antonio Mello, "Default Spreads in the Fixed and in the Floating Rate Markets: A Contingent Claims Approach," *Advances in Futures and Options Research* 3 (1988): 269–290.

⊖ This is especially relevant to currency swaps, which we discuss in chapter 38. Several examples of the way swaps can be used to exploit differences in taxes are given in Clifford W. Smith, Charles W. Smithson, and Lee MacDonald Wakeman, "The Evolving Market for Swaps," *Midland Corporate Finance Journal* 3 (1986): 20–32.

随着交易频率和规模的增加，许多中介机构开始适应互换交易，并成为参与主体，而不仅仅是充当经纪人。只要中介中有一个实体愿意参与互换交易，该中介就愿意成为交易对手方。因此，利率互换成为中介产品库存的一部分。用于对冲复杂头寸（如互换）的量化技术和期货产品的进步使得保护大量库存头寸成为可能。

然而，另一个鼓励中介机构成为互换交易的参与主体而不是经纪人的原因是，随着越来越多的中介进入互换市场，互换的买卖价差急剧缩小。为了在互换市场上赚钱，中介机构必须有足够的业务量，这只有在他们拥有广泛的客户基础愿意使用互换和大量的互换库存时才能实现。而要实现这些目标，就需要中介机构作为交易主体。《欧洲货币》杂志对 150 家跨国公司进行了一项调查，要求他们找出使互换公司高效运转的特征[⊖]。结果表明，对客户进行交换的速度是最重要的标准。这种速度取决于客户群和库存。同样的调查还显示，客户对中介代理交易的兴趣不如对中介作为主体交易的兴趣。

37.2.7 市场报价

对互换水平报价的惯例是，互换交易商将浮动利率设定为与指数相等的水平，然后报价将适用固定利率。为了说明这个约定，我们在互换应用的第二个例子中使用了互换。10 年期互换的条款如下。

银行：

支付 6 个月伦敦银行同业拆借利率 +70 个基点，获得 11.3% 的固定利率。

非金融公司：

支付 11.3% 的固定利率，获得 6 个月伦敦银行同业拆借利率 +45 个基点。

交易商向非金融公司（固定利率付款人）的报价是支付 10.85%，并获得与伦敦银行同业拆借利率持平的收入。（术语"持平"是指没有价差）10.85% 是从 11.3% 的固定利率中减去超出伦敦银行同业拆借利率的 45 个基点。交易商向商业银行的报价是支付伦敦银行同业拆借利率并获得 10.6%，10.6% 代表将收到的 11.3% 减去超出伦敦银行同业拆借利率 70 个基点的差价。

交易商通过在与互换期限相同的国债收益率曲线上增加一些利差来决定或设定报价的固定利率。我们称这种价差为互换价差。在我们的例子中，假设 10 年期国债收益率为 10.35%。在这种情况下，交易商对固定利率付款人的报价是支付 10 年期国债利率加 50 个基点，收到伦敦银行同业拆借利率。对于浮动利率支付者，报价将是支付伦敦银行同业拆借利率，收到 10 年期国债利率加 40 个基点。在交易中，交易商实际上会将这种特殊的互换报价称为"40–50"。这种互换价差意味着交易商愿意在任何一方进行互换交易，即接受伦敦银行同业拆借利率并支付相当于 10 年期国债利率加 40 个基点的固定利率，或者支付伦敦银行同业拆借利率并接受相当于 10 年期国债利率加 50 个基点的固定利率。支付的固定利率与收到的固定利率之间的差额是买卖价差，即 40 个基点。

37.2.8 互换差价的主要决定因素

早些时候，我们提供了互换的两种解释：①一种期货/远期合约；②一种现货市场工具[⊖]。

⊖ "Special Supplement on Swaps," Euromoney, July 1987, 14.

⊖ The discussion in this section is adapted from Frank J. Fabozzi and Steven V. Mann, *Floating-Rate Securities* (New Hope, PA: Frank J. Fabozzi Associates, 2000), chapter 6.

互换价差被定义为互换的固定利率与互换到期日一致的国债利率之间的差额。尽管对利率互换估价的讨论超出了本章的范围，但可以看出，它们是使用与在相同情况下产生相同现金流的工具（融资或投资工具）相关的无套利关系来估价的⊖。

互换价差的决定因素，与在复制互换现金流的工具（产生类似的收益或资金配置）上驱动国债利差的因素相同。如下所述，互换价差对 5 年或更短期限互换的关键决定因素是欧洲美元期货市场的套期保值成本。⊜对于期限较长的互换合约，互换利差在很大程度上是由公司债券市场上的信贷利差推动的。具体来说，在传统的固定利率和浮动利率市场中，长期互换的定价是相对于投资级信用支付的利率而言的⊜。

鉴于互换是期货和远期合约的组合，短期互换价差直接对欧元期货价格的波动做出反应。欧洲美元期货合约是一种用固定美元支付（期货价格）交换 3 个月伦敦银行同业拆借利率的工具。欧洲美元期货合约存在流动性市场，每 3 个月到期 1 次，期限为 5 年。市场参与者可以通过在一系列欧洲美元期货合约中持有一个头寸（在预期到期日之前每 3 个月持有一个欧洲美元期货合约的头寸），创建一个合成固定利率证券或一个长达 5 年的固定利率融资工具。

例如，考虑一家拥有固定利率资产和浮动利率负债的金融机构。资产和负债的期限都是 3 年。负债的利率根据 3 个月伦敦银行同业拆借利率每 3 个月重置一次。这家金融机构可以通过购买 3 年期欧洲美元期货合约来对冲这种不匹配的资产/负债头寸。通过这样做，金融机构在 3 年期内获得伦敦银行同业拆借利率，并支付固定的美元金额（期货价格）。金融机构现在被对冲了，因为资产是固定利率的，而长期的欧洲美元期货组合创造了一个固定利率的资金安排。根据 3 年内的固定美元金额，可以计算出金融机构支付的有效固定利率。或者，该金融机构可以通过签订 3 年期互换协议，综合创建一个固定利率融资安排，在该协议中，它支付固定利率，并接受 3 个月期伦敦银行同业拆借利率。在其他因素相同的情况下，金融机构将使用成本最低的工具来对冲不匹配的头寸。也就是说，金融机构将比较综合固定利率（以相对于美国国债的百分比表示）与 3 年期互换价差。在正常情况下，综合价差和互换价差之间的差值应该在几个基点以内。

期限超过 5 年的互换不能依赖欧洲美元期货，因为对于期限更长的合约来说，不存在流动性市场。相反，期限较长的互换是根据固定利率和浮动利率债券市场上投资级企业借款人可获得的利率来定价的。由于互换可以被解释为固定利率债券和浮动利率债券的多头与空头组合，因此这两个市场的信用价差将决定互换价差。根据经验，特定期限的互换利率高于美国国债的收益率，低于 AA 级债券收益率。互换固定利率低于 AA 级债券收益率，是因为它们的信用较低，这是由互换头寸的净额结算和抵消造成的⊕。

此外，其他技术因素也会影响互换价差的水平。虽然其中一些因素的影响是短暂的，但

⊖ For an explanation of the valuation of swaps, see Jeffrey Buetow and Frank J. Fabozzi, *Valuation of Interest Rate Swaps* (New Hope, PA: Frank J. Fabozzi Associates, 2001).

⊜ 自然，这一观察假设互换参考利率是 LIBOR。此外，部分互换差价可简单归因于给定到期日的 LIBOR 高于相同到期日的美国国债利率。关于非 LBIOR 互换及其估值的讨论，请参阅 Buetow and Fabozzi, Valuation of Interest Rate Swaps。

⊜ 互换价差的违约风险部分小于可比债券信用价差，原因有两点：第一，因为只交换净利息支付，而不是本金和息票利息支付，因此处于风险中的总现金流较低；第二，违约的概率与交易对手违约的概率以及互换价值是否为正有关。

⊕ For a discussion of this point, see Andrew R. Young, *A Morgan Stanley Guide to Fixed Income Analysis* (NewYork: Morgan Stanley, 1997).

它们的影响在短期内是相当大的。这些因素包括：①国债收益率曲线的水平和形状；②利率互换市场中固定利率和浮动利率支付者的相对供应量；③基于资产的互换交易活跃度；④影响互换交易商的技术因素[⊖]。

37.2.9 互换的二级市场

在二级市场上，互换交易通常有三种类型：互换反转、互换出售（转让）和互换回购（平仓或取消）。

在互换交易中，想要退出交易的一方将安排一个额外的互换，其中：①新互换的到期日等于原始互换的剩余时间；②参考利率相同；③名义金额相同。例如，假设X方以5 000万美元的名义金额进行5年期互换，支付10%并获得伦敦银行同业拆借利率，但两年后，X方希望退出互换。在互换反转中，X将与不同于原始交易对手的交易对手（假设是Z）进行为期3年的利率互换，其中名义金额为5 000万美元，X支付伦敦银行同业拆借利率并获得固定利率。X从Z获得的固定利率将取决于在3年期互换开始时浮动利率接受者的现行互换条款。

虽然X方实际上已经终止了原始互换的经济条款，但这种方法有一个主要缺点：X方仍然对原始交易对手Y和新交易对手Z负责。也就是说，X方现在在其账簿上有两个而不是一个抵消利率互换，因此，它增加了其违约风险敞口。

互换销售或**互换转让**克服了这个缺点。在这种二级市场交易中，希望结束原始互换交易的一方发现另一方愿意接受其在互换交易中的义务。在我们的例子中，X发现另一方（比如A）同意向Y支付10%的利率，并在未来3年从Y获得伦敦银行同业拆借利率。A可能必须得到补偿才能接受X的头寸，或者A可能愿意补偿X。谁将得到补偿取决于当时的交换条件。例如，如果利率已经上升，要获得3年期的伦敦银行同业拆借利率，固定利率的付款人必须支付12%，那么，A必须补偿X，因为A只需支付10%就能获得伦敦银行同业拆借利率。补偿金额将相当于2%乘以名义本金的3年期年金的现值。相反，如果利率已经下降，因此，要获得3年的伦敦银行同业拆借利率，固定利率支付者必须支付6%，那么X必须补偿A。补偿金额将等于4%乘以名义本金的3年期年金的现值。一旦交易完成，根据互换条款，有义务履行的是A，而不是X。（当然，中介可以作为参与者参与交易并成为A。）

为了完成互换销售，原始交易对手（在我们的例子中是Y）必须同意销售。Y是否同意的一个关键因素是它是否愿意接受A的信用。例如，如果A的信用评级是BBB级，而X的信用评级是AA级，Y就不太可能接受A作为交易对手。

回购或**平仓出售（取消）**包括将互换出售给原始交易对手。就像互换交易一样，一方可能不得不补偿另一方，这取决于自互换交易开始以来利率和信贷利差的变化。

37.2.10 普通互换交易的进一步发展

到目前为止，我们已经描述了普通的或通用的利率互换。由于借款人和贷款人资产/负债需求的不断变化，非一般性或个性化的互换交易已经发展起来。这包括名义金额在互换期间以预先确定的方式变化的互换，以及交易双方支付浮动利率的互换。有复杂的互换结构，如基于互换的期权（称为"互换期权"）和直到将来某个时间才开始的互换（称为"远期互换"）。我们将在下面讨论这些互换。由于我们对风险管理的覆盖范围有限，在本书中很难完全理解这些

[⊖] For a further discussion of these technical factors, see Fabozzi and Mann, *Floating-Rate Securities*.

互换结构作为管理金融机构利率风险的工具的重要性。重要的是要认识到，这些互换交易结构不只是普通互换为了变得更复杂而添加的花哨玩意儿，而是人类为控制利率风险所需要的。

1. 改变名义金额的互换

在一般或普通互换中，名义金额在互换的整个期限内不会变化，这种类型的互换有时被称为子弹互换。相比之下，对于减少型互换、增长型互换和滑道型互换，名义金额在互换期限内是不同的。

减少型互换是指名义金额在互换期限内以预定方式减少的互换。当用互换进行对冲的资产本金随时间而减少时，就会使用这种互换。例如，在我们对银行面临的资产/负债问题的例子中，商业贷款被假定为每6个月仅支付利息，并在贷款期限结束时偿还本金。然而，如果商业贷款是典型的定期贷款（分期偿还的贷款）呢？或者，假设这是一个典型的分期偿还的抵押贷款。在这种情况下，贷款的未偿本金将会减少，银行将需要一种互换，使名义金额以与贷款相同的方式减少。

比减少型互换更不常见的是**增长型互换**和**滑道型互换**。增长型互换是一种名义金额随着时间以预定方式增加的互换。在滑道型互换交易中，名义金额会随着时间的推移而上升或下降。

2. 基点互换和固定期限互换

一般利率互换的条款要求固定利率和浮动利率的交换。在**基点利率互换**中，双方根据不同的参考利率交换支付浮动利息。例如，假设一家商业银行有一个贷款组合，其中贷款利率基于最优惠利率，但银行的资金成本基于伦敦银行同业拆借利率。该银行面临的风险是，最优惠利率和伦敦银行同业拆借利率间的利差将会波动，这被称为"基差风险"。银行可以使用基点互换，根据最优惠利率支付浮动利息（因为这是决定银行贷款收入的参考利率），并根据伦敦银行同业拆借利率支付浮动利息（因为这是决定银行融资成本的参考利率）。

另一种流行的互换将浮动端与长期利率挂钩，比如两年期国债，而不是与货币市场利率挂钩。例如，该互换的一方将支付两年期的国债利率，而另一方将支付伦敦银行同业拆借利率，这种互换被称为**固定期限互换**。在固定期限互换中，确定固定期限国债收益率的参考利率通常是美联储公布的固定期限国债利率。因此，与这一利率挂钩的固定期限互换被称为**固定期限国债互换**。

3. 互换期权

基于利率互换的期权被称为互换期权，它赋予期权购买者在未来某一天进行利率互换的权利。互换到期的时间、互换期限和互换利率都已指定。互换利率是互换期权的执行利率。互换期权可以选择任何行权方式——美式、欧式和百慕大。

互换期权有两种类型——付款人互换期权和收款人互换期权。在付款人互换期权中，期权买方支付固定利率并接收浮动利率，买方有权进行利率互换。例如，假设执行利率为7%，互换期限为3年，互换期权在两年后到期。另外，假设它有一个欧式的执行条款。在两年后，该期权的买方有权进行3年期利率互换，买方支付7%（互换利率，等于执行利率）并获得参考利率。

在接收人互换期权中，期权买方需要支付浮动利率并接收固定利率，买方有权进行利率互换。例如，如果执行利率为6.25%，互换期限为5年，期权在1年内到期，当期权在1年内到期时（假设是欧式行权条款），该期权的买方有权进行 4 年期利率互换，其中买方获得 6.25% 的互换利率（执行利率），并支付参考利率。

如何使用互换期权呢？如果我们再回到银行保险公司的例子中，就可以看出它对管理利率风险的有用性。银行以商业贷款的利率（10%）为基准对利率互换（10%）进行固定利率支付。假设贷款借款人违约，银行将不会从商业贷款中获得 10% 的利息来支付互换。这个问题可以在初始互换交易开始时由银行通过互换期权来解决，这实际上赋予了银行终止或取消互换的权利。也就是说，银行将签订一个接收人互换协议，接收 10% 的固定利率，以抵消它在最初的互换中必须支付的固定利率。事实上，借款人并不一定要在互换交易中失败，才会对银行产生不利影响。假设商业贷款可以预付，那么银行就会面临一个类似于借款人违约的问题。例如，假设商业贷款利率下降到 7%，借款人提前还款。然后，根据互换条款，银行将被迫支付 10%。银行用商业贷款的提前还款所得，能以 7% 的利率投资于类似的贷款，这一利率低于银行必须支付的利率。

4. 远期互换

远期互换是这样一种互换，其互换直到互换协议中指定的某个未来日期才开始，因此，互换在未来的某个时间有一个开始日期和一个到期日期。远期互换合约还将指定交易对手同意在开始日期支付的互换利率。

37.2.11 利率/股权互换

除了利率互换，还有货币和外汇互换以及**利率/股权互换**。我们将在第 38 章讨论前者，这里我们解释利率/股权互换。

为了说明这种互换，请考虑以下互换协议：
- 该互换协议的交易对手分别是篮子编织者兄弟会（一家养老金赞助商）和可靠投资管理公司（一家资金管理公司）；
- 名义本金为 5 000 万美元；
- 在接下来的 5 年里，篮子编织者兄弟会同意每年向可靠投资管理公司支付 S&P 500 指数当年实现的收益减去 200 个基点；
- 在接下来的 5 年里，可靠投资管理公司同意每年向养老金担保人支付 10%。

例如，如果在过去 1 年里，S&P 500 指数的收益率是 14%，那么养老金发起人向可靠投资管理公司支付 5 000 万美元的 12%（=14%−2%），即 600 万美元，而资金管理公司同意向养老金发起人支付 500 万美元（=5 000 万美元 × 10%）。

37.2.12 证券创建应用

投资银行可以利用互换来创造一种证券，要了解这是如何实现的，假设如下。通用信息技术公司寻求在未来 5 年以固定利率筹集 1 亿美元。该公司的投资银行瑞士信贷银行表示，如果发行期限为 5 年的债券，发行的利率必须为 8%。与此同时，一些机构投资者正在寻求购买债券，但对在股票市场上投资感兴趣。这些投资者愿意购买年利率基于 S&P 500 指数实际表现的债券。

瑞士信贷向通用信息技术公司管理层建议，考虑发行一种 5 年期债券，其年利率基于 S&P 500 指数的实际表现。发行这种债券的风险在于，通用信息技术公司的年利息成本是不确定的，因为成本取决于 S&P 500 指数的表现。但是，以下两项交易如下。

（1）1 月 1 日，通知信息技术公司同意以瑞士信贷银行为承销商发行 1 亿美元的 5 年期债券，其年利率为 S&P 500 指数当年的实际表现减去 300 个基点。然而，最低利率被设定为零。12 月 31 日支付年利息。

（2）通用信息技术公司与瑞士信贷银行签订了一项为期 5 年、价值 1 亿美元的名义金额利率/股权互换协议，在该协议中，在未来 5 年中，通用信息技术公司同意每年向瑞士信贷银行支付 7.9% 的利率，瑞士信贷银行同意支付 S&P 500 指数当年的实际利率减去 300 个基点。互换条款要求在每年的 12 月 31 日付款。因此，互换支付与债券发行时必须支付的利息是一致的。此外，作为互换协议的一部分，如果 S&P 500 指数减去 300 个基点的结果为负值，瑞士信贷银行不会向通用信息技术公司支付任何款项。

让我们从通用信息技术公司的角度来看看这两项交易完成了什么。具体而言，重点关注通用信息技术公司在债券发行和互换交易中必须支付的款项，以及它将从互换交易中获得的款项，具体情况如表 37-10 所示。

表 37-10

债券发行的利息支付：	S&P 500 指数收益 −300 基点
来自瑞士信贷银行的互换支付：	S&P 500 指数收益 −300 基点
向瑞士信贷银行的互换支付：	7.9%
净利息成本：	7.9%

因此，净利息成本是一个固定利率，尽管债券发行支付的利率与 S&P 500 指数挂钩。这一转变是通过利率/股权互换实现的。

有几个问题需要解决。第一，通用信息技术公司参与这项交易有什么好处。回想一下，如果通用信息技术公司发行债券，瑞士信贷银行估计通用信息技术公司每年必须支付 8% 的利息。因此，通用信息技术公司每年节省了 10 个基点（8%−7.9%）。第二，投资者为什么会购买此次发行的债券。如前几章所述，机构投资者在投资类型方面受到限制。例如，存款机构可能无权购买普通股，然而，即使利率与普通股的表现挂钩，它也可能被允许购买通用信息技术公司等机构发行的债券。第三，瑞士信贷银行是否面临 S&P 500 指数表现的风险。尽管在这里很难证明，但瑞士信贷银行有办法保护自己。

虽然这似乎是一个牵强附会的应用，但它不是。事实上，它很常见。通过互换创造的债务工具通常被称为"结构性票据"，我们在第 26 章中讨论过。

37.3 利率上限和下限

利率上限和下限是双方达成的一项协议，其中一方同意在指定利率（称为**参考利率**）与预定利率不一致的情况下，对另一方进行补偿，以提前支付一定的溢价。当一方同意在参考利率超过预定水平时向另一方支付，该协议被称为利率上限。当一方同意在参考利率低于预定水平时向另一方支付利率时，该协议被称为利率下限。参考利率的预定水平称为执行利率，利率协议的条款包括：①参考利率；②设定上限或下限的执行利率；③协议年限；④结算的频率；⑤名义金额。

例如，假设 C 从 D 那里购买一个利率上限，条件如下：

（1）参考利率是 6 个月伦敦银行同业拆借利率；

（2）执行利率为 8%；

（3）该协议为期 7 年；

（4）每 6 个月结算一次；

（5）名义本金为 2 000 万美元。

根据该协议，在接下来的 7 年中当 6 个月伦敦银行同业拆借利率超过 8% 时，D 每 6 个月向 C 进行支付，支付金额将等于 6 个月伦敦银行同业拆借利率与 8% 之差乘以名义金额再除以 2 后的美元价值。例如，如果 6 个月后，6 个月伦敦银行同业拆借利率为 11%，D 将支付 3%（=11%−8%）乘以 2 000 万美元除以 2，即 30 万美元。如果 6 个月伦敦银行同业拆借利率为 8% 或更低，D 不必向 C 支付任何费用。

作为利率下限的一个例子，假设条件与我们刚刚说明的利率上限相同。在这种情况下，如果 6 个月伦敦银行同业拆借利率为 11%，则 C 不会从 D 处获得任何收益，但如果 6 个月伦敦银行同业拆借利率低于 8%，D 将补偿 C 的差额。例如，如果 6 个月伦敦银行同业拆借利率为 7%，D 将支付 10 万美元（8% 减去 7%，再乘以 2000 万美元除以 2）。

利率上限和下限可以结合起来形成一个**利率上下限**。这是通过购买利率上限和出售利率下限实现的。一些商业银行和投资银行现在为客户提供利率协议的期权。基于上限的期权叫作**上限期权**，基于下限的期权叫作**下限期权**。

37.3.1 风险/收益特征

在利率上限和下限中，买方支付前期费用，这代表了买方可能损失的最大金额和协议卖方可能获得的最大金额。唯一需要履行的一方是利率协议的卖方。如果标的利率高于执行利率，利率上限的买方受益，因为卖方必须补偿买方。如果利率低于执行利率，利率下限的买方受益，因为卖方必须补偿买方。

我们如何更好地理解利率上限和利率下限呢？本质上，这些合约相当于一套利率期权。问题是，什么类型的期权组合构成了一个上限，什么类型的期权组合构成了一个下限。回想我们之前对期货、远期利率协议和互换之间关系的讨论，这种关系取决于标的是利率还是固定收益工具。这同样适用于看涨期权、看跌期权、利率上限和下限。

如果标的资产被视为固定收益工具，其价值与利率成反比。因此，

对于固定收益工具的看涨期权：

（1）利率上升→固定收益工具的价格下降→看涨期权的价值减少；

（2）利率下降→固定收益工具的价格上升→看涨期权的价值增加。

对于固定收益工具的看跌期权：

（1）利率上升→固定收益工具的价格下降→看跌期权的价值增加；

（2）利率下降→固定收益工具的价格上升→看跌期权的价值减少。

以上内容如表 37-11 所示。

对于利率上限和下限，情况如表 37-12 所示。

表 37-11

价值	利率	
	上升	下降
看涨期权多头	减少	增加
看涨期权空头	增加	减少
看跌期权多头	增加	减少
看跌期权空头	减少	增加

表 37-12

价值	利率	
	上升	下降
上限空头	减少	增加
上限多头	增加	减少
下限空头	增加	减少
下限多头	减少	增加

因此，购买一个利率上限（多头）相当于购买一套固定收益工具的看跌期权，而购买一个利率下限（多头）相当于购买一套固定收益工具的看涨期权。

相比之下，如果一个期权被视为一个利率（标的）期权，那么买入一个利率上限（多头）就相当于买入一套利率看涨期权。买一个利率下限（多头）就相当于买入一套利率看跌期权。

请再次注意，一个复杂的合约可以被看作是一套基本合约的组合，在利率协议下就是一套期权组合。

37.3.2 应用

要了解利率协议如何用于资产/负债管理，请考虑本章前面讨论的例子中商业银行和人寿保险公司面临的问题。

回想一下，该银行的目标是锁定资金成本的利差。然而，因为它通过可变利率工具筹集资金，而且基本上是短期借款，所以银行的资金成本是不确定的。银行或许可以购买一个利率上限，这样上限利率加上购买利率上限的成本低于其固定利率商业贷款的收益率。如果短期利率下降，银行不会受益于利率上限，但其资金成本会下降。因此，利率上限允许银行对其资金成本设定上限，但保留从利率下降中获益的机会。这种利率上限的使用与利率上限只是一套看涨期权组合的观点是一致的。

银行可以通过出售一个利率下限来降低购买利率上限的成本。在这种情况下，如果标的利率低于执行利率，银行同意向买方支付最低利率。该银行因出售利率下限而收到一笔费用，但它已经放弃了因利率下降到执行利率以下而获利的机会。通过购买一个利率上限和出售一个利率下限，银行为其资金成本创造了一个区间（一个上下限）。

再从应用利率互换的同一个例子来考虑人寿保险公司的问题，该公司已保证在未来5年内担保投资合同的利率为9%，并正在考虑在优先配售交易中购买一种有吸引力的浮动利率工具。该公司面临的风险是利率将会下降，因此其收入不足以实现9%的担保利率加上利差。人寿保险公司或许能够购买一个利率下限来设定其投资收益的下限，但如果利率上升，它仍有机会受益。为了降低购买利率下限的成本，人寿保险公司可以出售利率上限。然而，这样一来，它就失去了从6个月期国债利率上调中获益的机会。

关键知识点

- 远期利率协议相当于交易所交易的短期利率期货合约的场外交易，是一种现金结算合约，其中短期参考利率通常是伦敦银行同业拆借利率。
- 框架协议的要素是合同利率、参考利率、结算利率、名义金额和结算日期。
- 框架协议的买方同意支付合同价格，框架协议的卖方同意接收合同价格。在结算日兑换的金额必须是利差的现值。
- 利率互换是一种协议，根据这种协议，双方同意根据名义金额定期交换利息支付。
- 利率互换中的头寸可以被解释为一套远期合约中的头寸或一套买卖现货市场工具的现金流。
- 尽管互换市场的最初动机是借款人利用信用套利的机会，但这种机会是有限的，并且取决于市场缺陷的存在。
- 互换市场已经发展成为一个交易效率高效的市场，用于实现资产/负债目标，以改变资产（资产互换）或负债（负债互换）的现金流特征。
- 商业银行和投资银行在互换交易中建仓，而不仅仅是充当中间人。
- 对于期限小于5年的互换交易，互换息差由欧洲美元期货市场的利率决定，但对于期限大于5年的互换交易，息差主要由企业债券市场的信用息差决定。
- 除了一方支付固定金额而另一方支付浮动金额的普通互换结构之外，还有不同名义本金金额的互换、基点互换（双方都支付浮动金额）、固定期限互换、互换期权和远期互换。
- 利率上限和下限允许一方在指定利率不同于预定水平的情况下，有权从协议出售方处获得补偿。
- 利率上限要求一方在指定利率高于预定水平时收到付款，利率下限允许一方在指定利率低于预定水平时收到付款。
- 利率上限可用于设定融资成本的上限，利率下限可用于确定最低收益。
- 上下限是通过购买利率上限和出售利率下限来创造的。
- 存款机构可以利用利率下限锁定资金成本的利差，但在利率下降时仍有机会受益。
- 浮动利率资产的买方可以利用利率下限来设定投资收益率的下限，但如果利率上升，他们仍有机会受益。

练习题

1. 希贝尔制造公司从第一商业银行购买了以下远期利率协议：①参考利率为3个月伦敦银行同业拆借利率；②合同利率为6%；③名义本金为2 000万美元；④结算天数为91天。
   a. 假设结算利率为6.5%，哪一方必须在结算日补偿另一方？
   b. 如果结算率利率为6.5%，补偿金额是多少？
2. 解释你是否同意以下陈述："如果利率下降，利率期货合约的买方和远期利率协议都会受益。"
3. 在利率互换中的任何时候，名义金额对任何一方或中介都是现金流吗？
4. 考虑一个具有这些特征的互换：到期日为5年，名义金额为1亿美元，每6个月支付1次，固定利率付款人支付9.05%的利率并获得伦敦银行同业拆借利率，而浮动利率付款人支付伦敦银行同业拆借利率并获得9%。现在假设在付款日，伦敦银行同业拆借利率为6.5%。那一天双方支付和接收的是什么？
5. 一家银行通过发行可变利率的存单来借入资金，可变利率等于6个月期国债收益率加上50个基点。该银行有机会投资一笔7年期贷款，固定利率为7%。因此，该银行希望进行利率互换，旨在锁定75个基点的利差。给出两种可能的互换的轮廓：一种是将资产的现金流改变为可变利率，另一种是将负债的现金流改变为固定利率。
6. 找出促成利率互换市场增长的两个因素。
7. a. 描述中介在互换中的角色。
   b. 哪两个因素导致互换经纪人/中介机构成为参与者或交易商？
8. 假设一个交易商在5年期互换交易中引用这些条款：固定利率付款人支付9.5%的伦敦银行同业拆借利率，浮动利率付款人支付9.2%的伦敦银行同业拆借利率。
   a. 交易商的买卖价差是多少？
   b. 假设5年期国债收益率为9%，交易商如何参照该收益率来引用这些条款？
9. 请解释互换交易的一方在二级市场上可以逆转头寸的三种主要方式。
10. 为什么利率互换中的固定利率支付者可以被视为债券市场的空头，而浮动利率支付者可以被视为债券市场的多头？
11. a. 为什么存款机构会使用利率互换？
    b. 为什么计划在债券市场融资的公司会使用利率互换？

12. 假设一家人寿保险公司发行了一个固定利率为 10% 的 3 年期担保投资合同债券。在什么情况下人寿保险公司可以将资金投资于浮动利率证券，进行 3 年期利率互换，支付浮动利率并获得固定利率？

13. 投资组合经理购买执行利率为 6.5% 的互换期权，使其有权进行利率互换以支付固定利率并获得浮动利率，期权的期限是 5 年。

    a. 该互换期权是付款人互换期权还是接收人互换期权？请解释原因。

    b. 6.5% 的执行利率意味着什么？

14. 一家储蓄贷款协会的经理正在考虑将互换交易作为该协会资产/负债战略的一部分。该互换将其固定利率的住宅抵押贷款支付转换为浮动利率支付。

    a. 使用普通利率互换有什么风险？

    b. 为什么经理会考虑使用名义金额随时间减少的利率互换？

    c. 为什么经理会考虑购买互换期权？

15. 假设一家公司正在考虑在发行浮动利率债券的同时使用利率互换。也就是说，公司希望利用互换将融资安排从浮动利率改为固定利率。

    a. 公司是否会进行支付或接收固定利率的互换交易？

    b. 假设公司不打算发行 1 年期债券。为了设定今天的互换条款，公司管理层可以参与哪种类型的互换？

16. 雨刷联盟（一家养老金赞助商）和通用资产管理公司（一家资金管理公司）达成了一项为期 4 年的互换协议，本金金额为 1.5 亿美元，条款如下：在接下来的 4 年中，雨刷联盟同意每年向通用资产管理公司支付 S&P 500 指数实现的收益减去 400 个基点，并从通用资产管理公司获得 9% 的收益。

    a. 这是什么类型的互换？

    b. 在第 1 年进行支付交换时，假设 S&P 500 指数的收益率为 7%。双方必须向对方支付的金额是多少？

17. 几家存款机构提供大额可转让定期存单，其支付的利率基于 S&P 500 指数的表现。

    a. 一家存款机构发行此类大额可转让定期存单会面临什么风险？

    b. 存款机构如何防范你在问题 a 中确定的风险？

18. 假设一个储蓄贷款协会购买了一个利率上限，它有以下条款：参考利率是 6 个月的国债利率，上限将持续 5 年，支付是半年 1 次，执行利率是 5.5%，名义金额是 1 000 万美元。进一步假设，在大约 6 个月的期限结束时，6 个月期国债利率为 6.1%。

    a. 储蓄贷款协会将收到多少付款？

    b. 如果 6 个月期国债利率是 5.45%，而不是 6.1%，那么这个利率上限的卖方会支付多少？

19. 利率协议和利率期权之间是什么关系？

20. 如何创建利率上下限？

21. Acme 保险公司购买了一种利率下限随伦敦银行同业拆借利率浮动的 5 年期债券。具体来说，在某一年，利率等于伦敦银行同业拆借利率加上 200 个基点。在保险公司购买这种债券的同时，它与高盛达成了一项利率下限协议，其中名义金额为 3 500 万美元，执行利率为 6%。Acme 保险公司同意每年向高盛支付 30 万美元的保费。

    a. 假设当有必要确定是否必须由高盛支付时，伦敦银行同业拆借利率为 9%。高盛必须向 Acme 保险公司支付多少？

    b. 假设当有必要确定是否必须由高盛支付时，伦敦银行同业拆借利率为 3%。高盛必须向 Acme 保险公司支付多少？

    c. Acme 保险公司在未来 5 年通过签订本利率下限协议并购买 5 年期债券而锁定的最低利率是多少（忽略 Acme 保险公司每年必须支付的保费）？

第 38 章

外汇衍生品市场

学习目标

学习本章后，你会理解：
- ▲ 对冲外汇风险的不同工具，包括远期合约、期货合约、期权和互换；
- ▲ 远期合约和期货合约对冲长期外汇风险的局限性；
- ▲ 如何确定远期汇率；
- ▲ 什么是利率平价；
- ▲ 什么是担保套利；
- ▲ 什么是外汇互换；
- ▲ 什么是货币互换；
- ▲ 使用互换的动机。

外汇市场包括现货市场和衍生品市场。第 19 章强调的关于外汇市场的两个事实值得在此重复。首先，外汇市场一半以上的交易发生在衍生品市场。其次，外汇市场交易的主要动机是投资者的金融交易。

第 19 章涉及外汇现货市场。外汇衍生品是本章的主题。这些工具包括远期合约、期货合约、期权和互换。一个被称为"利率平价"的重要理论关系解释了两国的即期汇率和利率如何决定其货币的远期汇率。我们不在这里回顾外汇风险，因为这个主题已经在第 19 章的末尾讨论过了。

38.1 外汇远期合约

如第 33 章所述，远期合约要求一方购买标的，交易对手同意在未来的指定日期以特定价格出售该标的。这里我们考虑的是标的为外汇远期合约。在外汇市场，这种远期合约也被称为外汇远期。在第 34 章中，我们解释了不同于在交易所交易的期货合约，远期合约是场外交易的衍生品。

一般来说，远期合约也可以是在结算日前没有结清的实物交割。在外汇市场，存在一种无本金交割远期合约，其在结算日只进行现金结算。由于外汇远期合约缺乏流动性，这些合约通常用于新兴市场，但现在越来越多地用于主要货币。

大多数外汇远期合约的期限都不到两年。长期远期合约的买卖价差相对较大，也就是说，一种给定货币的买卖价差随着合约期限的增长而增加。因此，远期合约对于对冲长期外汇风险没有吸引力。

正如第 33 章所强调的，远期合约和期货合约都可以用来锁定某个价格，在这种情况下，这个价格可以是外汇汇率。通过锁定汇率和消除下行风险，用户放弃了从任何有利的汇率变动中获益的机会。期货合约是交易所的产物，在许多情况下相较于远期合约具有一定的优势，如股指和国债。相比之下，对外汇市场来说，远期市场是首选市场，在那里交易要比在交易所交易大得多。然而，由于外汇远期市场是一个银行间市场，任何时候未平仓合约（承诺）数量的可靠信息都无法公开获得。

如第 19 章所述，国际清算银行每三年公布一次外汇市场交易调查结果。截至本文撰写之时的最新调查，即《三年期央行调查（2016 年）》，提供了现货和衍生品交易额的细分数据。2016 年调查结果如表 38-1 所示。我们在第 19 章讨论了外汇现货市场的平均每日交易量。

表 38-1 2016 年全球外汇衍生品平均日交易量（十亿美元）

外汇交易类型	平均日交易量
所有外汇交易	5 067
现货交易	1 652
直接远期外汇交易	600
外汇互换	2 378
货币互换	82
外汇期权	254

38.2　外汇远期合约定价

在第 35 章中，我们展示了现货价格和远期价格之间的关系，并解释了套利是如何确保这种关系的。我们现在使用一个基于即期汇率扩展的例子，将类似的考虑应用于外汇远期合约定价。

考虑一个投资期限为 1 年的美国投资者，他有两个选择。

备选方案 1：将 10 万美元存入一家美国银行，该银行每年支付给他 7% 的复利，为期 1 年。

备选方案 2：在 X 国的银行存入相当于 10 万美元的 X 国货币，每年支付给他 9% 的复利，为期 1 年。

图 38-1 描述了两个备选方案及其 1 年后的结果。哪个是更好的选择呢？那将是在从现在起 1 年内获得最多美元的选项。忽略美国和 X 国的利息所得税或任何其他税收，我们还需要知道两件事来确定更好的选择：①美元和 X 国货币之间的即期汇率；② 1 年后美元和 X 国货币之间的即期汇率。前者是已知的，后者不是。

然而，我们可以确定 1 年后美元和 X 国货币之间的即期汇率，使这两种选择对于投资者来说没有差别。

备选方案 1：1 年后可用的金额为 107 000（=10 000 × 1.07）美元。

备选方案 2：假设此时 X 国一个单位货币的即期汇率为 0.655 8 美元。我们用 CX 表示 X 国的货币。

然后，忽略佣金，100 000 美元可以换成 CX152 486（=100 000/0.655 8）。X 国在 1 年结束时的可用货币金额为 CX166 210（=152 486 × 1.09）。

CX166 210 可以兑换多少美元取决于 1 年后的汇率。用 F 代表 1 年后这两种货币之间的汇率。具体来说，F 表示一单位 CX 可以兑换多少美元。因此，第二种选择在 1 年后的美元金额为：CX166 210 × F

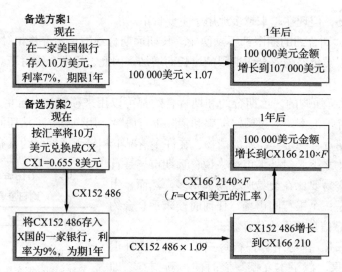

图 38-1 两种选择的结果:理论远期汇率的确定

注:CX 为 X 国的货币单位。

如果美国国债的数量为 107 000 美元,投资者将对这两种选择无动于衷,因为 107 000 美元 = CX166 210 × F。

求解时,我们发现 F 等于 0.643 8 美元。因此,如果从现在起 1 年后,X 国货币单位的即期汇率为 0.643 8 美元,那么这两种选择将生产相同数量的美元。如果超过 0.643 8 美元可以兑换成 X 国的货币单位,那么投资者在 1 年结束时将获得超过 107 000 美元。例如,X 国货币单位的汇率为 0.650 0 美元,将产生 108 037(=166 210 × 0.650 0)美元。如果用不到 0.643 8 美元兑换 X 国的货币,情况正好相反。例如,如果未来汇率为 0.640 0 美元,投资者将获得 106 374(=166 210 × 0.640 0)美元。

现在让我们从 X 国投资者的角度来看这种情况。假设 X 国投资者的投资期限为 1 年,有以下两种选择。

备选方案 1:将 CX152 486 存入 X 国的一家银行,该银行每年支付 9% 的复利,为期 1 年。

备选方案 2:将相当于 CX152 486 的美元存入一家美国银行,该银行每年支付 7% 的复利,为期 1 年。

再一次,假设即期汇率为 1 单位 X 国货币等于 0.655 8 美元。X 国的投资者将在 1 年后选择产生最多 CX 的备选方案。第一种选择将产生 CX166 210(=152 486 × 1.09)。第二种选择要求 CX 在此时按即期汇率兑换成美元。假设即期汇率是给定的,CX152 486 可兑换 100 000(=152 486 × 0.655 8)美元。1 年后,第二个备选方案将产生 107 000(=100 000 × 1.07)美元。让 F 继续表示 X 国货币的美元价值,按照备选方案 2,1 年后 X 国的货币数量为 107 000 美元 /F。

如果 107 000 美元 /F=CX166 210,这两种选择对于投资者来说没有差别。

该等式得出的 F 值为 0.643 8 美元,这与我们在 1 年后使美国投资者对两种选择没有差别的汇率相同。

现在假设一个交易商对两种货币之间的 1 年期远期汇率进行报价。1 年期远期汇率确定 1 年后今天的汇率。因此,如果 1 年期远期汇率为每单位 X 国货币等于 0.643 8 美元,投资于 X 国的银行将不会为美国投资者提供套利机会。如果 X 国的 1 年期远期汇率超过 0.643 8 美元,则美国投资者可以通过卖出该国的远期汇率(并为 CX 买入美元远期汇率)来套利。

为了了解如何利用这一套利机会，假设 1 年期美元兑一单位 X 国货币的汇率为 0.650 0 美元。此外，假设每种货币所在国家的借贷利率相同。假设美国投资者以每年 7% 的复利借入 100 000 美元，并签订一份远期合同，同意从现在起 1 年内以每单位 CX0.650 0 美元的价格交付 CX166 210。也就是说，1 年后，投资者同意以 108 037（=166 210×0.650 0）美元的价格交割 CX166 210。

借入的 100 000 美元可以 X 国单位货币的即期汇率 0.655 8 美元兑换成 CX152 486，该货币可以以 9% 的利率投资于 X 国。1 年后，美国投资者将在 X 国的投资中获得 CX166 210，这可以根据远期合约交付。美国投资者将获得 108 037 美元，并偿还 107 000 美元的银行贷款，净额为 1 037 美元。假设远期合约的交易对手没有违约，这种无风险的套利会产生 1 037 美元的利润，而无须初始投资。这种无风险的利润将促使许多套利者遵循这一策略，并且很明显，这将导致美元在远期汇率市场上相对于 X 国货币升值，或者可能导致其他一些调整⊖。

然而，如果 1 年期远期汇率低于 0.643 8 美元，X 国的投资者可以通过买入 CX 远期（并卖出美元远期）来套利。这种无风险套利再次导致套利者采取行动，结果是美元对 CX 的远期汇率下跌⊖。这一论点的结论是，1 年期远期汇率必须为 0.643 8 美元，因为任何其他远期汇率都会给美国投资者或 X 国投资者带来套利机会。因此，两国的即期汇率和利率决定了两国货币的远期汇率。即期汇率、两国利率和远期汇率之间的关系称为**利率平价**。平价关系意味着，投资者通过在远期汇率市场进行套期保值，无论是在国内投资还是在国外投资，都能获得相同的国内收益。导致利率平价的套利过程称为**无风险套利**。从数学上讲，A、B 两国货币之间的利率平价可以这样表示：

I——在一段时间 t 内投资的 A 国货币金额；

S——即期汇率，即以本币表示的外币价格（每单位外币的本币单位）；

F——t 期远期利率，即从现在开始的 t 期外币价格；

i_A——A 国 t 期内的投资利率；

i_B——B 国 t 期内的投资利率。

然后

$$I(1+i_A) = (I/S)(1+i_B)F$$

举例来说，假设国家 A 是美国，国家 B 代表国家 X。在我们的例子中，我们有

I=100 000 美元；

S=0.655 8；

F=0.643 8；

i_A=0.07；

i_B=0.09。

然后，根据利率平价，可得

⊖ 事实上，当美国投资者试图利用这种情况时，可能会出现多种情况：①随着美国投资者卖出美元并买入 CX，美元对 CX 的即期汇率将下降；②随着投资者在美国借款并在 X 国投资，美国利率将在美国上升；③ X 国的利率将随着 X 国投资的增加而下降；④美元相对于 CX 的 1 年期远期汇率将会下跌。实际上，最后一种效应将占主导地位。

⊖ 当 X 国投资者试图利用这种情况时，可能会出现多种情况：①随着 X 国投资者买入美元并卖出 CX，美元对 CX 的即期汇率将上升；②随着更多投资于美国，X 国的利率将会下降；③美元对 CX 的 1 年期远期汇率将上升。实际上，最后一种效应将占主导地位。

$$100\ 000\ (1+0.07) = (100\ 000/0.655\ 8)(1+0.09) \times 0.643\ 8$$
$$107\ 000 = 107\ 005$$

5 美元的差额是由于四舍五入。利率平价也可以表示为

$$(1+i_A) = (F/S)(1+i_B)$$

重写方程,我们得到利率和即期汇率隐含的理论远期汇率:

$$F = S\left(\frac{1+i_A}{1+i_B}\right) \tag{38-1}$$

尽管到目前为止我们一直借用投资者来说明,但我们也可以利用借款人来调整利率平价。借款人可以选择在国内或国外市场获得资金。利率平价确保在远期汇率市场进行套期保值的借款人,实现相同的国内借款利率,无论是国内借款还是国外借款。

为使用套利理论来推导理论远期汇率,我们做了几个假设。当假设被违反时,实际远期汇率可能偏离理论远期汇率。首先,在推导理论上的远期汇率时,我们假设投资者在今天的即期市场和投资期限结束时,不存在佣金或买卖价差。在实践中,投资者会产生成本,导致实际远期汇率与理论汇率相差很小。

其次,我们假设每种货币的借贷利率是相同的。放弃这一不切实际的假设,就排除了在理论上存在单一汇率向内浮动的可能性,而且意味着在反映借贷利率的某个水平上存在一个波动区间。实际汇率应该在这个范围内。

最后,我们忽略了税收。事实上,实际远期汇率和理论远期汇率之间的差异可能是两国不同税收结构的结果。最后,我们假设套利者可以利用外汇市场的错误定价尽可能多地在另一个国家借贷和投资。但是,应当指出的是,在任何一个国家对外国投资或借贷的任何限制都会妨碍套利,并可能造成实际和理论远期汇率之间的分歧。

38.3 欧洲货币市场和远期价格的关系

为了得出利率平价,我们研究了两国的利率。事实上,大多数国家的市场参与者都希望用一种利率来进行无风险套利,那就是欧洲货币市场的利率。欧洲货币市场是不受监管的非正规银行存款和贷款市场的统称,其货币不是发起交易的银行所在国的货币。欧洲货币市场交易的例子是,伦敦的一家英国银行向一家法国公司贷款美元,以及一家日本公司将瑞士法郎存入一家德国银行。寻求无风险套利的投资者将通过在欧洲货币市场的短期借贷来实现这一目标。

欧洲货币市场最大的部分涉及以美元计价的银行存款和银行贷款,被称为"欧洲美元市场"。欧洲货币市场的萌芽实际上就是欧洲美元市场。随着国际资本市场交易的增加,以其他货币提供的银行存款和贷款市场也发展起来。

38.4 外汇期货合约

正如第 35 章所解释的,期货合约是交易所交易的产品,而远期合约是场外交易合约。就外汇期货合约而言,主要的交易所是芝加哥商业交易所。外汇汇率是指美元与下列国家货币之间的汇率:澳大利亚、比利时、加拿大、日本、新西兰、挪威、瑞士、英国和瑞典。此外,有些期货合约的标的是交叉汇率(涉及其他国家货币的汇率)。例如,对美国投资者来说,欧元

和日元之间的汇率是一对交叉汇率。有以下交叉汇率的期货合约：瑞士法郎/日元汇率、欧元/加拿大元汇率和英镑/日元汇率。新兴市场货币对与美元和以下四种货币也有期货合约：巴西雷亚尔、捷克克朗、以色列新谢克尔和匈牙利福林。欧元也有交叉汇率。

一份合约必须交付的每种外币金额因时间而异。例如，英镑期货合约要求交割 62 500 英镑，日元期货合约要求交割 1 250 万日元，欧元期货合约要求交割 125 000 欧元。"迷你电子"合约规定了合约规模的 1/10。货币期货的到期周期是 3 个月、6 个月、9 个月和 12 个月。最长期限是一年。因此，与外汇远期合约一样，外汇期货合约也不能成为对冲长期外汇风险敞口的良好工具。

38.5 外汇期权合约

与远期或期货合约不同，期权给期权购买者从有利的汇率变动中获益的机会，但确定了最大损失。期权价格就是安排这种风险/收益的成本。

两种外汇期权是外汇期权和期货期权，后者是签订外汇期货合约的期权（我们在第 34 章描述了期货期权的特征）。期货期权在芝加哥商业交易所进行交易，芝加哥商业交易所是外汇期货合约的交易场所。

外汇期权在纳斯达克证券交易所进行交易，目前交易的外国货币对是美元和以下货币：澳元、英镑、加元、欧元、日元、瑞士法郎和新西兰元。行使方式是欧式的（期权买方只能在到期日行权）。每份期权合约的外币单位数为 10 000 单位，日元除外，日元为 100 万日元。

影响期权合约价格的因素已在第 35 章讨论过。一个关键因素是期权有效期内标的的预期波动性。在外汇期权的情况下，标的是期权合约规定的外币。因此，影响期权价值的波动性是从现在至期权到期日期间两种货币之间汇率的预期波动性。执行价格也是一种汇率，它影响期权的价值：执行价格越高，看涨期权的价值就越低，看跌期权的价值就越高。影响期权价格的另一个因素是两国的相对无风险利率[⊖]。

38.6 外汇互换和货币互换

在第 37 章中，我们讨论了利率互换——一种交易，其中两个交易对手同意在不交换本金的情况下交换利息支付。外汇市场有两种互换，即外汇互换和货币互换。从表 38-1 可以看出，货币互换是衍生品市场的一小部分。相比之下，外汇互换是衍生品市场的最大部分。此外，外汇互换交易的数量超过了现货交易。

38.6.1 外汇互换

要了解公司如何使用外汇互换，假设以下情况：
（1）一家主要在美国运营的美国制造公司产生了 100 万欧元的收入；
（2）该公司管理层需要以欧元产生的收入支付其以美元计价的美国业务；

⊖ 要了解原因，请回忆一下我们在第 35 章创建的投资组合，它复制了一项资产的看涨期权的收益。一部分资产是用借来的资金购买的。在货币期权的情况下，它包括购买期权背后的一部分外币。但是，获得的外币可以是在国外以无风险利率投资。因此，货币期权的定价类似于收益性资产的期权定价，如分红股票或付息债券。同时，为满足执行价格而必须留出的金额取决于国内利率。因此，期权价格就像利率平价一样，反映了两种利率。

（3）该公司的管理层知道，从现在起的4个月内，它需要给在欧洲供应原料的厂商支付100万欧元。

由于第二个假设，管理层不能简单地在4个月内持有欧元。考虑管理部门处理100万欧元（从现在起4个月内必须支付）的两种可能的备选方案。

备选方案1：今天以即期汇率卖出100万欧元换为美元，4个月后，以当时欧元对美元的即期汇率购买100万欧元。

备选方案2：今天以即期汇率向银行出售100万欧元换成美元，同时同意以今天的远期汇率从银行回购100万欧元。

让我们来看看与备选方案1相关的外汇风险。该公司必须在4个月后购买100万欧元，欧元对美元的汇率不得而知。更具体地说，如果美元相对于欧元贬值，公司将需要更多美元来购买欧元。对于备选方案2，外汇风险已经消除，因为该公司已经锁定了特定的外汇汇率，同意在交易达成时以远期汇率购买100万欧元。

让我们仔细看看这两种选择。备选方案1涉及两种即期汇率交易，这是导致外汇风险的原因。相反，备选方案2涉及两个同时进行的交易，一个是即期汇率，另一个是远期汇率。因此，备选方案2实际上是一种对冲外汇风险的安排。然而，交易涉及两个交易成本。

假设公司可以签订一份涵盖备选方案2中两项交易的协议。确实有这样一种协议，这正是外汇互换。根据我们对备选方案2的理解，我们现在可以定义外汇互换：这是一种协议，其中一方同意根据当前的即期外汇汇率向对方出售一定数量的某种货币，同时同意在未来某一特定日期按照当前的远期外汇汇率购买相同数量的该种货币。

请注意，外汇互换仍然存在风险，因为我们是在处理场外衍生品。也就是说，尽管外汇风险可以对冲，但也存在交易对手风险。

38.6.2 货币互换

在货币互换中，利息和本金都要交换。解释货币互换的最好方法是用一个例子。

假设有两家公司，一家美国公司和一家瑞士公司，各自寻求用本币进行10年的套利交易。美国公司寻求1亿美元的债务，瑞士公司寻求1.27亿瑞士法郎的债务。出于我们后面要探讨的原因，让我们假设每个人都想在另一个国家的债券市场发行10年期债券，并且这些债券是以另一个国家的货币计价的。也就是说，美国公司想在瑞士发行相当于1亿美元的瑞士法郎，而瑞士公司想在美国发行相当于1.27亿瑞士法郎的美元。

让我们也假设如下：

（1）当两家公司都想发行10年期债券时，美元兑瑞士法郎的即期汇率是1美元兑1.27瑞士法郎；

（2）这家美国公司在瑞士发行的10年期瑞士法郎债券的票面利率为6%；

（3）这家瑞士公司在美国发行的10年期美元债券的票面利率为11%。

根据第一个假设，如果美国公司在瑞士发行债券，它可以将1.27亿瑞士法郎换成1亿美元。通过在美国发行1亿美元的债券，这家瑞士公司可以将收益兑换成1.27亿瑞士法郎。因此，双方都获得了他们寻求的融资金额。最后两个假设给出了息票利率，并且为了说明目的，假设息票支付是每年进行的，公司在未来10年必须进行的现金支出如表38-2所示。

表 38-2

年限（年）	美国公司（瑞士法郎）	瑞士公司（美元）
1～10	7 620 000	11 000 000
10	127 000 000	100 000 000

每个发行人都面临这样的风险，即在必须支付其债务时，其本国货币相对于其他货币已经贬值。这种贬值需要更大的本币支出来偿还债务。也就是说，两家公司都面临外汇风险。

在货币互换中，两家公司在对方的债券市场发行债券，并达成协议，要求如下。

（1）双方交换出售债券获得收益；
（2）双方支付息票来偿还对方的债务；
（3）货币互换终止日（与债券到期日一致），双方同意交换债券的面值。

在我们的示例中，这些安排产生了以下结果。

这家美国公司在瑞士发行10年期、6%，票面价值为1.27亿瑞士法郎的息票债券，并将收益交给这家瑞士公司。与此同时，这家瑞士公司在美国发行10年期、11%的债券，票面价值为1亿美元，并将收益交给美国公司。

美国公司同意通过在未来10年每年向瑞士公司支付11 000 000美元，来支付瑞士公司的息票付款。瑞士公司同意通过在未来10年向美国公司支付7 620 000瑞士法郎，来支付美国公司的息票付款。

10年后（货币互换的终止日期和两次债券发行的到期日），美国公司将向瑞士公司支付1亿美元，瑞士公司将向美国公司支付1.27亿瑞士法郎。这种复杂的协议如图38-2所示。

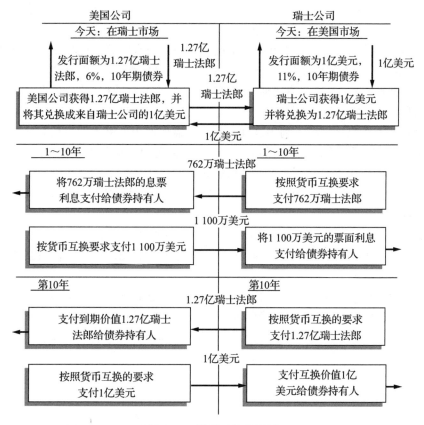

图38-2 货币互换的例子

现在让我们来评估一下这个交易完成了什么。每一方都收到了它寻求的资金数额。这家美国公司的息票是用美元支付的，不是瑞士法郎。这家瑞士公司的息票是用瑞士法郎支付的，而不是美元。在终止日，双方将获得足够的本币金额来偿还债券持有人的债务。由于以当地货币支付息票和本金，任何一方都不会面临外汇风险。

实际上，这两家公司不会直接与对方打交道。相反，商业银行或投资银行将充当中介（如经纪人或交易商）。作为经纪人，中介会简单地将双方撮合在一起，收取服务费。相反，如果中介充当交易商，它不仅会使双方走到一起，还会保证向双方付款。因此，如果一方违约，交易对手将继续从交易商处获得付款。当然，在这种安排下，双方都关心交易商的信用风险。当货币互换市场运营时，交易通常是通过中介进行的。今天更普遍的安排是中介充当交易商。

正如我们在第 37 章所解释的，利率互换只不过是一套远期合约。货币互换也是如此，它只是一套货币远期合约。

下面，我们再来介绍一下货币息票互换。在我们的例子中，我们假设双方都支付固定的现金流。相反，假设其中一方寻求浮动利率而不是固定利率融资。回到同一个例子，让我们假设这家瑞士公司想要的不是固定利率融资，而是基于伦敦银行同业拆借利率的融资。在这种情况下，美国公司将在瑞士发行浮动利率债券。假设它可以在伦敦银行同业拆借利率加 50 个基点的情况下实现这一目标。因为货币互换要求瑞士公司支付美国公司的息票付款，所以瑞士公司每年支付伦敦银行同业拆借利率加 50 个基点。这家美国公司仍将以美元支付固定利率，以偿还这家瑞士公司在美国的债务。然而，这家瑞士公司现在将以瑞士法郎支付浮动利率（伦敦银行同业拆借利率 +50 个基点）来偿还美国公司在瑞士的债务。一方支付固定利率，另一方支付浮动利率的货币互换称为**货币息票互换**。

那么，为什么公司会发现货币互换有益呢？在一个没有监管、税收和交易成本的全球金融市场中，无论发行人在国内还是在任何外国资本市场筹集资金，借贷成本都应该相同。在一个市场不完善的世界里，发行人有可能通过借入外币资金并对冲相关的外汇风险（也称为套利机会）来降低借贷成本。货币互换允许借款人利用任何此类套利机会。

在货币互换市场建立之前，利用这种套利机会需要使用外汇远期市场。然而，远期外汇合约市场疲软，增加了消除外汇风险的成本。在我们的美国–瑞士公司案例中，消除外汇风险需要每个发行人输入 10 个货币远期合约（每年支付 1 次对于发行人承诺支付的外币现金）。当发行人（其投资银行）发现套利机会并寻求从中获益时，货币互换为防范外汇风险提供了一种更有效的交易手段。

随着货币互换市场的发展，互换市场早期存在的降低融资成本的套利机会变得越来越少。事实上，正是互换市场的发展减少了套利机会。当这些机会出现时，它们只会持续很短的时间，通常不到一天。

作为货币互换的另一个动机，尽管外国资本市场的融资成本与美国相同，一些公司还是寻求在外国筹集资金，作为增加外国投资者对它们认可的一种手段。在我们的例子中，这家美国公司可能正在寻求通过今天在瑞士发行债券来扩大其未来融资的潜在来源。

关键知识点

- 外汇衍生工具包括远期合约（直接远期合约）、期货合约、期权和互换。
- 无本金交割远期是在结算日进行的现金结算，而不是实物交割。
- 大多数外汇远期合约的期限都不到两年。
- 长期远期合约的买卖价差相对较大，因此，远期合约对对冲长期外汇风险没有吸引力。
- 利率平价决定了即期汇率、两国利率和远

- 期汇率之间的关系。
- 利率平价通过无风险套利的应用来保证。
- 利率平价是指在远期汇率市场进行套期保值的投资者和借款人，无论是在国内投资还是在国外借款，都将实现相同的国内收益或面临相同的国内借款利率。
- 主要货币对与美元的期货合约，选择交叉汇率货币配对，或者可以选择新兴市场货币与美元和欧元配对。
- 期权和期货期权以货币与美元配对的形式进行。
- 外汇市场上有两种互换衍生品：外汇互换和货币互换。
- 外汇互换是一种协议，其中一方同意根据当前外汇即期汇率向交易对手出售特定数量的货币，同时同意在指定的未来日期以当前外汇远期汇率购买相同数量的货币。
- 货币互换实际上是一套货币远期合约，其优点是可以对冲长期外汇风险，比期货或远期合约更有交易效率。
- 货币互换被用来对全球金融市场上日益罕见的机会进行套利，以低于国内市场的成本筹集资金。
- 货币息票互换是一种货币互换，其中一方支付固定利率，另一方支付浮动利率。

练习题

1. "除了外汇期货，所有外汇衍生品都是场外交易工具。"解释你是否同意这种说法。
2. "利用外汇衍生品进行套期保值消除了所有风险。"解释你是否同意这种说法。
3. "外汇远期汇率完全由市场对未来外汇汇率的预期变化决定。"解释你是否同意这种说法。
4. 假设今天美元与 W 国货币之间的即期汇率为每单位 W 国货币可兑换 1.990 5 美元，美元与 V 国货币之间的即期汇率为每单位 V 国货币可兑换 0.007 79 美元。今天还引用了以下汇率：

	W 国货币	V 国货币
30 天	1.990 8	0.007 774
60 天	1.959 7	0.007 754
90 天	1.933 7	0.007 736

   a. 解释那些签订 30 天远期合约交割 W 国货币的人同意做什么。
   b. 解释那些签订 90 天远期合约交割 V 国家货币的人同意做什么。
   c. 关于美国和 W 国的短期利率以及美国和 V 国的短期利率，你能推断出什么关系？
5. 使用外汇远期合约对冲长期头寸的缺点是什么？
6. 当标的是新兴市场货币时，无本金交割远期合约的基本原理是什么？
7. 无风险套利与利率平价有什么关系？
8. 为什么欧洲货币市场的利率在无风险套利中很重要？
9. 假设你知道以下项目：你可以在美国以 7.5% 的一年期利率借贷 50 万美元。在 A 国，借贷利率都是 9.2%。美元和 A 国货币之间的即期汇率现在是 A 国每单位货币兑换 0.172 5 美元；而 W 国一年的远期汇率是每单位货币兑换 0.2 美元。

   a. 解释你如何在没有风险且没有投资的情况下获得利润（假设佣金、费用等等于零）。
   b. 除了假设佣金、费用等为零之外，在回答 a 部分时还必须做几个不切实际的假设。它们是什么？
   c. 即使我们考虑到佣金等现实因素，这个问题中的利率和汇率数字也可能产生一定规模的利润。为什么你认为像这个问题中的机会在现实世界中不太可能经常出现？
10. 如果一年期借贷利率在 ABC 国为 3%，在美国为 4%，并且美元和 ABC 国货币之间的远期汇率为每单位 ABC 国货币兑换 0.007 576 美元（1 美元可以购买 131.99 单位 ABC 国货币），那么美元对 ABC 国货币的即期汇率应该是多少？

11. 解释你同意或不同意以下说法的原因："外汇期货合约仅适用于主要货币和美元之间，不存在针对新兴市场货币的合约。"

12. "外汇远期合约是最常见的外汇衍生工具。"解释你是否同意这种说法。

13. 以下摘录出现在1991年1月14日的《华尔街日报》上：

    根据费城证券交易所的消息来源，该交易所计划在美国上市首个非美元计价的期权。一位发言人证实，费城证券交易所将根据德国马克和日元之间的关系，以及英镑/日元和英镑/马克期权，列出跨货币期权。

    费城证券交易所的一名会员解释说，该交易所目前列出的货币期权是基于人民币与美元之间的关系。"如果你不是美国人，"他补充道，"那么美元不会为你做这件事。"这三种新的交叉货币期权应该对目前交易美元货币期权的银行和经纪商以及对其他货币有兴趣的非美国实体有吸引力。

    交叉货币期权在国际贸易和国际资本市场中占很大的比重，而且是规模很大的场外交易产品，但目前没有一项交易是在交易所进行的。这位费城证券交易所会员表示，交易所交易期权的优势在于，在与大银行进行场外交易的客户中"99%没有信用记录"。

    a. 解释"如果你不是美国人，那么美元不会为你做这件事"是什么意思。
    b. 为什么在场外交易市场，客户的信用至关重要，而在交易所交易的合约中却不重要？
    c. 当费城证券交易所向美国证券交易委员会提交跨货币期权的上市申请时，该交易所表示，对这种产品的需求是"由最近交叉汇率期权的大幅波动和波动水平的急剧增加而产生的"，为什么这会增加对交叉货币期权的需求？

14. 货币互换和利率互换的主要区别是什么？

15. 假设如下：

    （1）一家主要在法国运营的法国制造公司已经在美国创造了100万美元的收入；
    （2）该公司管理层需要以欧元支付为其带来美元销售收入的业务，因此该公司不能在这6个月里简单地持有美元；
    （3）该公司的管理层知道，6个月后，它将需要向美国的材料供应商支付100万美元。

    公司正在考虑以下两种备选方案。

    备选方案1：今天卖出100万美元，换成欧元。收到的欧元数量将基于即期汇率。6个月后，按当时欧元对美元的即期汇率购买100万美元。

    备选方案2：今天向银行出售100万美元，按即期汇率兑换成美元，同时同意按今天的远期汇率从银行回购100万美元。

    a. 这两种选择中哪一种涉及两种即期汇率交易？
    b. 这两种选择中哪一种会使公司面临外汇风险，为什么？
    c. 这两种选择中哪一种对冲外汇风险，为什么？
    d. 哪种类型的外汇衍生工具可以用来代替备选方案2所需的交易？

16. 外汇互换与货币互换有何不同？

第 39 章

信用风险转移工具市场

学习目标

学习本章后，你会理解：
- 什么是信用风险转移工具；
- 什么是信用衍生品；
- 使用信用衍生品的目的；
- 信用衍生品的类型和分类；
- 如何定义信用事件；
- 什么是信用违约互换；
- 不同类型的信用违约互换，包括单一标的物的信用违约互换、一篮子信用违约互换和信用违约互换指数；
- 什么是抵押债务凭证、债务抵押债券和抵押贷款凭证；
- 抵押债务凭证和资产支持证券之间的区别；
- 抵押债务的结构；
- 套利交易和资产负债表交易的区别；
- 套利交易背后的经济学；
- 资产负债表交易的动机；
- 什么是合成抵押债务凭证及其产生的动机；
- 什么是信用挂钩票据；
- 对信用风险转移工具的担忧。

21 世纪之前，衍生品市场的发展为金融市场的参与者提供了转移利率、价格和货币风险以及提高基础资产流动性的有效工具。然而，有效转移信用风险的市场仅在最近才发展起来。如第 10 章所述，信用风险是指由于借款人无法（真实或感知）满足其借款安排的合同条款而导致债务工具价值下降的风险。就公司债务而言，信用风险包括违约风险、信用利差风险和评级下调风险。

对于银行等金融机构来说，公认的转移贷款的信用风险的方式是将其出售给另一方。贷款契约通常要求借款人被告知出售情况。就银行贷款（更具体地说，杠杆贷款）而言，出售的缺陷是可能损害原始金融机构与被出售贷款的企业借款人之间的关系。正如第 26 章所解释的，银团贷款克服了直接出售的缺点，因为银团中的银行可能会在二级市场出售他们的贷款份额。出售可以通过转让或参与的方式进行。尽管银团贷款的转让机制需要征得借款人同意，但参与并不需要，因为付款只是通过购买者进行，因此借款人不需要知道出售情况。

在 20 世纪 80 年代发展起来的另一种信用风险转移工具是证券化。在证券化中，发起贷款和应收账款的金融机构将贷款和应收账款集中起来，并出售给一个特殊目的公司。特殊目的公司通过发行证券获得贷款资金池。特殊目的公司发行的证券需支付的利息和本金是从贷款池的现金流中获得的。尽管采取证券化的金融机构保留了一些与贷款和应收账款池相关的信用风险，如第 27 章所阐述的风险保留要求所确定的，但大部分信用风险转移给了特殊目的公司发行的证券持有人。

两个相对较新的信用风险转移工具是信用衍生品和抵押债务凭证。对于金融机构来说，**信用衍生品**，尤其是信用违约互换，允许在不出售贷款的情况下将信用风险转移给另一方。抵押债务凭证是证券化技术的一个应用，但我们将解释它如何区别于第 27 章讨论的证券化类型。信用衍生品可以用来创造信用风险转移产品。使用信用违约互换的两种最常见的产品是合成抵押债务凭证和信用挂钩票据。在本章中，我们描述了所有这些信用风险转移产品：信用衍生品、抵押债务凭证、合成抵押债务凭证和信用挂钩票据。

虽然我们本章的重点是企业信用风险的转移，但信用衍生工具和信用违约互换也被用来转移主权信用风险和市政信用风险⊖。

39.1　信用衍生品

信用衍生品是机构投资组合经理在正常活动过程中使用的工具，目的是更有效地控制投资组合的信用风险或金融机构的资产负债表，并能够比在现货市场更有效地进行交易。例如，信用衍生品为投资组合经理提供了一种机制，使他们能够比在现货市场更有效地做空有信用风险的证券，而在现货市场做空往往很难。对交易员和对冲基金经理来说，信用衍生品提供了一种在信贷市场利用杠杆化敞口的手段。

信用衍生品可以用几种方式来分类，其中一个分类如图 39-1 所示。图中所示的一些衍生品并不是真正的信用衍生品，因为它们不仅提供信用风险保护，还提供针对利率风险和信贷风险的保护。

迄今为止，最受欢迎的信用衍生工具是信用违约互换（CDS）。这种形式的信用衍生品不仅是最常用的独立产品，也广泛用于结构化信用产品。信用违约互换可能是所有信用衍生品中最简单的信用风险转移工具，根据英国银行家协会的说法，它也是信用衍生品的主要形式。我们将在本章的后面讨论不同类型的信用违约互换。在这一部分，我们讨论了一个促进市场发展的重要元素，即标准化的合约文本。

⊖ For a discussion of the use of credit derivatives in the municipal bond market, see Frank J. Fabozzi, "Municipal Credit Default Swaps," in *The Handbook of Municipal Bonds,* ed. Sylvan G. Feldstein and Frank J. Fabozzi (Hoboken, NJ: John Wiley & Sons, 2008), chapter 40. The creation of CDOs backed by municipal bonds is discussed in Rebecca Manning, Douglas J. Lucas, Laurie S. Goodman, and Frank J. Fabozzi, "Municipal Collateralized Debt Obligations," in Feldstein and Fabozzi, *The Handbook of Municipal Bonds*, chapter 41.

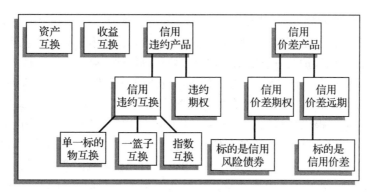

图 39-1 信用衍生品的分类

国际互换和衍生品协会协议

在 1998 年之前，信用衍生品市场的发展受到标准化法律文件缺失的阻碍。每笔交易（信用衍生品合约的买卖）都必须定制。1998 年，国际互换和衍生品协会（International Swap and Derivatives Association，ISDA）制定了一个交易各方可以使用的信用衍生品标准化合约。国际互换和衍生品协会协议主要是为信用违约互换设计的，但是合约形式足够灵活，可以用于其他类型的信用衍生品。

1. 参考实体和参考债务

协议确定参考实体和参考债务。**参考实体**是债务工具的发行人，因此也被称为**参考发行人**。它可以是一家公司或一个主权政府。**参考债务**也称为参考资产，是正在寻求信用保护的特定债务问题。例如，参考实体是福特汽车信贷公司，参考债务是福特汽车信贷公司发行的一种特定债券。

2. 信用事件

信用衍生品的支出取决于**信用事件**的发生。国际互换和衍生品协会提供了信用事件的定义。1999 年的国际互换和衍生品协会信用衍生品定义（称为"1999 定义"）列举了八个信用事件：①破产；②并购产生的信用事件；③交叉加速；④交叉违约；⑤降级；⑥无支付能力；⑦拒绝 / 延期偿付；⑧债务重组。这八个事件类别试图捕捉可能导致参考实体信用质量恶化或参考债务价值下降的每一种情况。

破产被定义为与《破产法》或《无力偿债法》相关的各种行为。当参考实体未能在到期时支付一笔或多笔所需款项时，将出现无支付能力情况。当一个参考实体违反契约时，就已经违约了它的债务。

因违约发生，导致相关债务在原定到期日之前到期且是可支付的，被称为**债务加速到期**。参考实体可能否认或质疑其债务的有效性。这是一个包含拒绝 / 延期偿付的信用事件。

信用衍生品中最有争议的信用事件是债务重组。当债务条款被改变，使得新条款对债权人的吸引力低于原来的条款时，**债务重组**就发生了。这些变化通常包括但不限于以下一项或多项：①降低利率；②减少本金；③延期偿还的本金还款计划（如延长债务到期日）或延期支付利息；④参考实体债务结构中债务级别的变化。

债务重组之所以如此有争议，是因为信用保护买方可以将重组作为信用事件而获益，并认为如果将取消重组作为信用事件会侵蚀其信用保护功能。相比之下，信用保护卖方更倾向于不包括重组，因为即使是贷款安排中发生的债务的例行修改，也会触发对信用保护买方的支付。此外，如果参考债务是贷款，信用保护买方是贷款人，信用保护买方重组贷款将有双重好处。第一个好处是信用保护买方从信用保护卖方处获得付款。第二个好处是，适应性重组促进了贷款人（信用保护买方）与其客户（参考债务中负债的公司实体）之间的关系。

由于这个问题，2001年4月发布的《1999年ISDA信用衍生品定义重组补充条款》（"补充定义"）为重组提供了修改后的定义。其中一项规定限制了与保护性买方作为参考债务的借款人提供的贷款重组相关的参考债务。这一规定要求符合下列条件有资格进行重组：①必须有四个或四个以上的参考债务持有人；②必须有绝对多数同意参考债务的重组（66%）。此外，补充条款还限制了在重组导致信用保护买方触发支付时，可实际交付的参考债务的期限。

随着信用衍生品市场的发展，市场参与者学会了如何更好地定义信用事件，尤其是2002年高收益公司创纪录的债券违约率和主权债券违约率，以及2001～2002年阿根廷债务危机的经验，都提高了人们对信用事件的认识。2003年1月，国际互换和衍生品协会公布了其修订后的信用事件定义。修订后的定义反映了对1999年规定的若干信用事件定义的修正。具体来说，对破产、拒付及重组进行了修正。

主要的变化是重组，国际互换和衍生品协会允许特定贸易的各方从以下四个定义中进行选择：①不重组；②全面重组或旧重组（基于1999年定义）；③修改后重组（基于补充定义）；④基于修改后的重组的再修改。最后一个选择是新的，是为了解决欧洲市场出现的问题。

39.2　信用违约互换

信用违约互换用于将信用风险转移给信用保护卖方。它们的主要目的是对冲特定资产或发行人的信用风险。只有一个参考实体的信用违约互换被称为**单一标的物的信用违约互换**。当有多个参考实体（例如，十个不同发行人发行的十个高收益公司债券）时，它被称为**一篮子信用违约互换**。一个信用违约互换指数有多个实体，如在一篮子信用违约互换中。然而，与一篮子信用违约互换不同，信用违约互换指数是有一篮子标准化的参考实体。

在信用违约互换中，信用保护买方向信用保护卖方支付费用，以换取参考债务或参考实体在信用事件发生时获得付款的权利。如果发生信用事件，信用保护卖方必须向信用保护买方付款。

中间交易市场已经发展成为公司和主权参考实体的单一标的物的信用违约互换的标准化市场。尽管交易商之间的交易已经标准化，但是交易商在市场上偶尔还是会使用定制的协议。对于寻求信用保护的投资组合经理，交易商愿意创造定制产品。信用违约互换的期限或时间长度通常为5年。投资组合经理可以让交易商构建一个等于参考债务到期日的期限，或者构建一个较短的期限来匹配经理的投资期限。

信用违约互换可以用现金或实物结算。实物交付是指如果发生文件规定的信用事件，信用保护买方将参考债务交付给信用保护卖方，以换取现金支付。因为在确定单一标的物的信用违约互换中的支付金额时，实物交割不依赖于获得参考债务的市场价格，所以这种交割方法更有效。

如果信用事件发生，信用保护卖方的支付可以是预先确定的固定金额，也可以由参考债务的价值下降来决定。当参考实体是公司债券或主权债券时，标准的单一标的物的信用违约互换是固定基于名义金额的。当现金支付是基于资产价值恶化的金额时，这个金额通常是由几个交易商的投票来决定的。如果在互换到期日前没有发生信用事件，则双方终止互换协议，不再产生进一步的债务。

根据互换协议，用于确定卖方债务支付金额的方法可能有很大差异。例如，信用违约互换可以规定信用保护卖方在合同日确定在信用事件发生时支付的确切金额。相反，信用违约互换可以规定在信用事件发生后由信用保护卖方确定互换支付的金额。在这些情况下，信用保护卖方应支付的金额是根据参考实体在市场上类似债务的价格确定的。

在典型的信用违约互换中，信用保护买方在几个结算日期后支付保护费，而不是提前支付。标准信用违约互换规定按季度支付。

39.2.1 单一标的物的信用违约互换

让我们研究一下单一标的物的信用违约互换的机制。假设参考实体是 XYZ 公司，标的是面值 1 000 万美元的 XYZ 债券，1 000 万美元是合同的名义金额，互换溢价——保护买方向保护卖方支付的款项——为 200 个基点。

单一标的物的信用违约互换的标准合约要求每季度支付一次互换溢价。每个季度的支付是根据债券市场的日计惯例来确定的，信用违约互换使用的日计惯例是实际天数/360，与利率互换市场使用的惯例相同。实际天数/360 日计惯例意味着确定一个季度的付款，要使用该季度的实际天数，假设一年有 360 天，一个季度的互换溢价付款将由式（39-1）给出：

$$季度互换溢价支付 = 名义金额 \times 互换利率（十进制）\times （实际天数/360） \quad (39\text{-}1)$$

例如，假设一个信用违约互换的名义金额为 1 000 万美元，一个季度有 92 个实际天数。因为互换溢价为 200 个基点（0.02），信用保护买方支付的季度互换溢价为 51 111.11[=10 000 000 × 0.02 ×（92/360）] 美元。

在没有信用事件的情况下，信用保护买方将在互换期限内进行季度互换前付款。如果发生信用事件，会发生两件事。首先，信用保护买方不再向信用保护卖方支付互换溢价。其次，为互换确定终止价值。计算终止价值的程序取决于互换协议规定的结算条款，这将是实物结算或现金结算。单一标的物的信用违约互换结算的市场惯例是实物交割。

通过**实物结算**，信用保护买方将参考实体债券面值的特定金额交付给信用保护卖方。信用保护卖方向信用保护买方支付债券的面值。因为作为信用违约互换主体的所有参考实体都有许多未结清的债务，所以信用保护买方可以将参考实体的替代债务交付给信用保护卖方。这些问题被称为**可交割债务**。互换文件将阐明发行成为可交割债务的必要特征。回想一下，对于国债和债券期货合约，卖空者可以从交易所指定的可接受交割的债券中选择要交割的国债。卖空者将选择最便宜的发行方式，而给予卖空者的选择实际上是一种隐含期权，单一标的物的信用违约互换的实际结算也是如此。从可交割债务列表中，信用保护买方将选择向信用保护卖方交付最便宜的债务。

图 39-2 显示了单一标的物的信用违约互换的机制。在信用事件发生前后显示了现金流变化。图中假设存在实物解散。

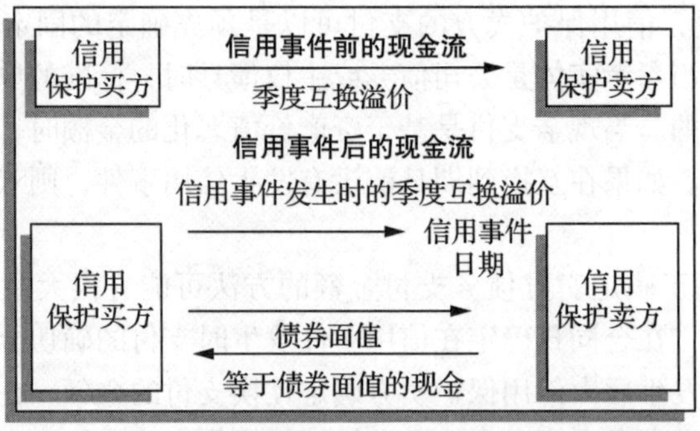

图 39-2　单一标的物的信用违约互换的机制与实物交割

投资组合经理可以通过以下方式使用单一标的物的信用违约互换。
- 与公司债券市场相比，互换市场的流动性使得在互换市场持有头寸比在现货市场更有效地获得对参考实体的敞口。为了获得对参考实体的风险敞口，投资组合经理将出售保护，从而获得互换溢价。
- 公司债券市场的情况可能是这样的，投资组合经理很难出售其持有的发行人的公司债券。投资组合经理可以在互换市场购买保护，而不是出售当前的持股。
- 如果投资组合经理预计发行人在未来会有困难，并希望基于这一预期建立头寸，将做空该发行人的债券。然而，在公司债券市场做空债券很困难。通过作为信用保护买方进行互换，可以获得同等地位。
- 在公司债券中寻求杠杆头寸的投资组合经理可以在互换市场中做到这一点。信用保护买家的经济头寸相当于公司债券的杠杆头寸。

39.2.2　一篮子信用违约互换

对于一篮子信用违约互换（basket CDS），或者简称为"篮子违约互换"，需要指定必须支付的时间。例如，如果一篮子信用违约互换有十项参考债务，那么仅这十项参考债务中的一项发生信用事件，是否会导致保护卖方触发付款？视情况而定。一篮子违约互换可以以不同的方式构建。

在最简单的情况下，如果任何一个参考债务违约，发生一笔支出，然后终止互换。这种类型的互换被称为首个篮子违约互换。类似地，如果仅在两个参考债务违约后才触发支付，该互换被称为第二个篮子违约互换。一般来说，如果需要 k 个参考债务来触发支付，这种互换被称为第 k 个篮子违约互换。

与单一标的物的信用违约互换不同，一篮子信用违约互换的首选结算条款是现金结算。对于现金结算，终止价值等于信用事件发生时参考债务的名义金额与其市场价值之间的差额。那么终止价值就是信用保护卖方向信用保护买方支付的金额。信用保护买方不向信用保护卖方支付任何保证金。一篮子信用违约互换的文件将规定如何确定信用事件发生时的市场价值。

39.2.3　信用违约互换指数

在**信用违约互换指数**中，一篮子标准化参考实体的信用风险在保护买方和保护卖方之间转移。在北美，唯一标准化的指数是由道琼斯公司编制和管理的指数。对于公司债券指数，可以分为投资级指数和高级别指数。交易最活跃的是基于北美投资等级指数（用 DJ.CDX.NA.IG

表示）的合约。顾名思义，该指数中的参考实体是那些具有投资级评级的实体，包括北美的 125 家公司。该指数是一个同等权重的指数，也就是说，指数中的每个公司名称（参考实体）的权重为 0.8%。道琼斯指数每半年更新一次。

信用违约互换指数的机制与单一标的物的信用违约互换略有不同。与单一标的物的信用违约互换一样，互换溢价也要支付。但是，如果发生信用事件，在单一标的物的信用违约互换的情况下，互换溢价支付停止。相比之下，对于信用违约互换指数，互换信用保护买方需要继续支付互换溢价。但是，季度互换溢价支付的金额会减少。这是因为参考实体的信贷事件导致名义金额减少。

例如，假设投资组合经理是 DJ.CDX.NA.IG 的信用保护买方。名义金额为 2 亿美元。使用式（39-1）计算季度互换溢价付款，信用事件发生前的付款将是：

$$200\,000\,000 \times 互换利率（十进制）\times（实际天数/360）$$

一个参考实体发生信用事件后，名义本金从 2 亿美元降至 199 840 000 美元。新的名义金额等于 2 亿美元的 99.2%，因为 DJ.CDX.NA.IG 的每个参考实体的权重为 0.8%。因此，直到到期日或直到其他 124 个参考实体中的一个发生另一个信用事件之前的修订的季度互换溢价支付是：

$$199\,840\,000 \times 互换利率（十进制）\times（实际天数/360）$$

截至本文撰写之时，信用违约互换指数的结算期限为实物结算。然而，市场正在考虑转向现金结算。原因在于，在发生信用事件时，参考实体交付大量债券的成本太高。例如，在我们假设的信用违约互换指数中，如果发生信用事件，信用保护买方必须向信用保护卖方交付参考实体面值为 16 万美元的债券。买卖双方都不愿意处理这么小的头寸。

图 39-3 显示了一个参考实体在信用事件后通用信用违约互换指数的现金流。

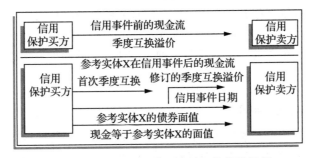

图 39-3　实物交割的信用违约互换指数机制

因为信用违约互换指数，比如 DJ.CDX.NA.IG，提供了多样化的一篮子信用风险敞口，可以被投资组合经理用来帮助调整投资组合对债券市场指数的信贷部门的敞口。通过进入信用违约互换指数作为担保卖方，投资组合经理增加了对信贷部门的敞口。信贷领域的风险敞口因投资组合经理成为信用保护买方而降低。

39.3　抵押债务凭证

抵押债务凭证（collateralized debt obligation，CDO）是由下列一种或多种类型债务债券的多样化池支持的证券。

- 美国国内投资级和高收益公司债券；
- 美国国内银行贷款；
- 新兴市场债券；
- 特殊情况贷款和不良债务；
- 外国银行贷款；
- 资产支持证券；
- 住宅和商业抵押贷款支持证券。

当基础债务池由债券型工具（公司债券和新兴市场债券）组成时，抵押债务凭证被称为债务抵押债券（collateralized bond obligation，CBO）。当债务的基础池是银行贷款时，抵押债务凭证被称为抵押贷款债务（collateralized loan obligation，CLO）。

抵押债务凭证是金融机构和投资组合管理者使用的重要信用风险转移工具。这里，我们将解释基本的抵押债务凭证结构，创建抵押债务凭证的原因以及抵押债务凭证的类型[⊖]。创建这些结构需要使用衍生工具，特别是利率互换（在第37章中涉及）或信用违约互换（本章前面讨论的那些）。

在2007年夏季开始的美国次贷危机以及随后的全球金融危机之后，抵押债务凭证的表现，尤其是投资私人企业发行的住宅抵押贷款支持证券的信用违约互换的表现，导致了投资者的巨大损失[⊖]。根据证券业和金融市场协会的数据，2007年全球发行的抵押债务凭证总额为4 820亿美元。截至2009年1月末，抵押债务凭证市场的参与者已经从他们持有的由资产支持证券支持的抵押债务凭证中遭受了2 180亿美元的损失。因此，2009年全球抵押债务凭证发行量较2007年下降了约99%，至40亿美元。然而，由于2007年以来的低利率环境和投资于结构更好的抵押债务凭证交易的潜力，到2013年年初，机构投资者对投资于商业抵押贷款支持证券的抵押债务凭证表现出新的兴趣。例如，2013年1月发行了一种由分散化商业抵押贷款支持证券组合支持的抵押债务凭证，这是自信贷危机开始以来的首次此类凭证发行。不同于基于住宅抵押贷款支持证券和商业抵押贷款支持证券的信用违约互换，抵押贷款债务也有发行。信用违约互换现在受2010年《多德-弗兰克法案》的约束，这是我们在本书前面所描述的。

39.3.1 抵押债务凭证的结构

在抵押债务凭证结构中，抵押品经理负责管理债务组合。抵押品经理投资的债务组合被称为"抵押品"，构成抵押品的单个产品被称为"抵押资产"。

购买抵押资产的资金是通过发行债务凭证取得的。这些债务凭证被称为"组别"或"债券类别"。这些组别包括优先级、中间级，以及次级。

除次级/股权级外，所有组别的债务凭证均会被评级。对于优先级，通常要求至少获得A级评级。对于中间级，要求评为BBB级，但不低于B级。次级/股权级接收剩余现金流，因此，这一部分不需要进行评级。高层管理人员的行为受到限制，抵押债务凭证必须满足某些测试，才能维持发行时所赋予的信用评级。

抵押品经理向各级债务凭证支付利息，在各部分到期时偿还债务的能力取决于抵押品的

⊖ For a more detailed discussion of CDOs, see Douglas J. Lucas, Laurie S. Goodman, and Frank J.Fabozzi, *Collateralized Debt Obligations: Structures and Analysis*, 2nd edition (Hoboken, NJ: John Wiley & Sons,2006).

⊖ 这些证券化产品在第27章有所描述。

表现。满足抵押债务凭证部分债务（利息和本金偿还）的收益可来自以下方面：①抵押资产的息票利息支付；②抵押资产到期；③抵押资产的出售。

在典型的结构中，一个或多个级别的债务凭证具有浮动利率。除了由支付浮动利率的银行贷款支持的交易外，抵押品经理还会投资固定利率债券。现在，这就带来了一个问题——向部分投资者支付浮动利率，并以固定利率投资资产。为了解决这个问题，抵押品经理使用利率互换，将固定利率支付的一部分资产转换为浮动利率现金流，以支付浮动利率部分。正如第37章所解释的那样，利率互换允许市场参与者将固定利率付款换成浮动利率付款，反之亦然。信用评级机构将要求使用互换来消除任何现金流不匹配的情况。

抵押债务凭证根据交易发起人的动机进行分类。如果发起人的动机是赚取抵押品收益与结构中各部分支付额之间的差价，那么该交易被称为套利交易。如果发起人的动机是将债务工具（主要是贷款）从其资产负债表中移除，那么该交易被称为资产负债表交易。资产负债表交易的发起人通常是金融机构（如银行），它们试图通过将贷款从资产负债表中移除来降低银行监管机构规定的资本要求。

39.3.2　抵押债务凭证产品的未来

如前所述，抵押债务凭证市场的参与者已经意识到重大损失。惠誉的一项研究发现，2000～2011年，全球发行的债务抵押债券中有一半以上的价值已经或最终将会消失[⊖]。最令人不安的是，很大一部分损失是在信用评级为3A级（最高投资评级）的债券类别上发生的。由于投资者对该产品失去信心，全球抵押债务凭证发行量大幅下降。因此，人们提出的问题是，抵押债务凭证市场是否会复苏，并继续成为金融机构的信用风险转移工具。

一些人认为，尽管抵押债务凭证市场因亏损而受到负面宣传，但其本身并不是一种有缺陷的金融工具，市场参与者在参与抵押债务凭证市场时已经吸取了教训。正如沃顿商学院教授肯特·斯梅特斯（Kent Smetters）在2013年4月19日发表的一次采访中指出的：

抵押债务凭证和抵押贷款债务不会消失，因为本质上它们是强有力的风险管理工具。它们允许分散风险，否则风险会非常集中。……但在危机期间，抵押债务凭证是为了自身利益而创建的。……动机不是风险管理。现在，抵押债务凭证更符合它们的实际目的，即"风险分散"，而不是风险放大。[⊖]

至于投资者学到了什么，斯梅特斯在采访中表示："现在的希望是，外面会有更聪明、更知情的买家。"

信用评级机构因未能正确评估与抵押债务凭证相关的信用风险而受到攻击，尤其是那些由住宅抵押贷款支持证券支持的信用风险。信用评级机构的批评者认为，这些商业企业提供高于合理水平的评级，为未来发行的抵押债务凭证招揽业务，这符合它们的经济利益。危机期间的一个问题是，投资者未能理解信用评级是为抵押债务凭证信誉提供初步筛选的意见，而不是选择投资抵押债务凭证的唯一标准。希望市场参与者已经吸取了教训。抵押债务凭证为机构投资者提供了赚取有吸引力回报的机会，但合适的信用分析必须由投资者进行，而不仅仅是依赖抵押债务凭证的信用评级。

⊖ Fitch Ratings, "Global Structured Finance Losses, 2000–2011 Issuance," October 22, 2012. http://www.fitchratings.com/creditdesk/reports/report_frame.cfm?RPT _ id 695352.

⊖ Kent Smetters, "CDOs Are Back: Will They Lead to Another Financial Crisis?" April 9, 2013, Knowledge@Wharton, http://knowledge.wharton.upenn.edu/article/cdos-are-back-will-they-lead-to-another-financial-crisis.

《多德-弗兰克法案》也应该给投资者一些安慰。抵押债务凭证必须遵守风险自留规则。这意味着，与法案出台前发行的抵押债务凭证不同，抵押债务凭证发起人必须接受抵押债务凭证的风险敞口，且这种风险敞口不能直接或间接对冲。

　　此外，应该记住，抵押债务凭证是由不同类型的抵押品支持的。造成重大损失的抵押债务凭证是由私人企业发行的住宅抵押贷款支持证券支持的。大多数市场观察人士认为，在这一领域的抵押债务凭证市场在近期不太可能复苏。相反，其他领域，如由商业抵押贷款支持证券支持的抵押债务凭证将是可行的，因为交易的承销更加谨慎。

39.4　信用挂钩票据

　　信用挂钩票据（credit-linked note，CLN）是由投资银行或另一家发行人（通常为特殊目的公司）发行的证券，对另一个发行人（参考发行人）有信用风险，其收益与参考发行人的信用水平挂钩。嵌入信用挂钩票据的是信用衍生品，通常是信用违约互换。

　　信用挂钩票据可能相当复杂，所以我们将只关注基本结构。信用挂钩票据的发行人是信用保护买方，信用挂钩票据的投资者是信用保护卖方。基本信用挂钩票据就像标准债券，它有票面利率（固定或浮动）、到期日和到期值。然而，与标准债券不同，其到期价值取决于参考发行人的表现。具体来说，如果参考发行人发生信用事件，则有可能债券被清偿或导致到期价值下降。招股说明书中描述了如何进行调整。投资者接受参考发行人信用风险的补偿是一种增强的息票支付。

　　通常，信用挂钩票据的期限从3个月到几年不等，其中1～3年是最有可能的信用风险期限。信用挂钩票据的期限较短，反映了投资者在这段时期内采取信用观点的意愿。

39.5　信用风险转移工具值得关注的问题

　　与金融机构推出的任何新的复杂金融产品一样，这涉及监管和监督方面的问题[⊖]。信用风险转移工具（如用于创建合成抵押债务凭证的现金抵押债务凭证和信用衍生品）的引入，引起了全球银行体系监管者同样的谨慎反应。其中许多问题与其他衍生品（如利率和股权衍生品）及证券化产品（如资产支持证券、住宅抵押贷款支持证券和商业抵押贷款支持证券）的问题相同。

　　在2007年次贷危机之前，有5项研究指出了信用风险转移工具的监管和监督问题，如信用衍生品和抵押债务凭证。第一个是联合论坛下的金融稳定论坛的研究[⊖]。联合论坛由巴塞尔银行监管委员会、国际证券委员会组织和国际保险监理官协会组成。第二项研究由欧洲中央银行进行，是一项基于100多家银行采访的市场调查，包括15家欧盟银行、5家大型国际非欧盟银行以及在伦敦运营证券公司的银行机构[⊜]。最后三项研究是由信用评级机构进行的，两项是

[⊖] This section draws on Douglas J. Lucas, Laurie S. Goodman, and Frank J. Fabozzi, "Collateralized Debt Obligations and Credit Risk Transfer," Journal of Financial Transformation 20 (2007): 47–59.

[⊖] Joint Forum, "Credit Risk Transfer" (Basel, Switzerland: Bank for International Settlements, 2005).

[⊜] European Central Bank, "Credit Risk Transfer by ECU Banks: Activities, Risk and Risk Management" (Frankfurt: European Central Bank, May 2004).

由惠誉进行的，一项是由标准普尔进行的○。从这五项研究中，确定了以下四个一般性问题○：

（1）风险转移可能不彻底；

（2）市场参与者可能无法理解相关风险；

（3）风险集中度可能很高；

（4）可能会出现逆向选择。

我们在下面逐一讨论。

39.5.1 风险转移可能不彻底

信用评级工具的发展提高了公司债务（如债券和银行贷款）的市场流动性，市场参与者面临的风险的性质在几个方面发生了变化。曾经，投资者对公司债务的关注焦点是公司履行其义务的能力。新的信用风险转移的问题在于，信用风险是否会发生彻底的转移。

人们担心信用衍生品，因此也担心合成抵押债务凭证被用作信用风险转移工具。第一，对交易对手风险的担忧——交易对手出售信用保护的失败将导致信用保护的买方维持其认为已消除的信用风险。关于这一问题，研究指出，风险管理中有标准程序可用于降低交易对手风险。这些风险管理工具同样适用于被监管金融实体用来管理场外衍生品的利率和货币风险。

第二，尽管国际互换和衍生品协会发展信用衍生品交易的标准文件促进了该市场的发展，但人们仍然担心交易可能产生的法律风险。法律风险是信用衍生品合同对交易对手不可执行或不具有法律约束力的风险，或者可能包含导致合同未能实现其意图的模糊条款的风险。最突出的例子是信用衍生品市场在早期面临的问题，即是否发生了信用事件，特别是有争议的信用事件，如重组。惠誉在2004年对金融机构有争议的信用事件的发生频率进行了调查，发现调查的信用事件中约有14%据报道涉及某种形式的纠纷。至于这些纠纷的解决，惠誉发现，当时几乎所有纠纷都是在没有法院系统参与的情况下解决的。法律风险的另一个例子是，交易对手是否有权进行信用衍生品交易。这并不是信用衍生品独有的，在其他衍生品市场也一直是诉讼的主题。例如，各种交易商与英国地方当局之间的利率互换交易在1991年被裁定无效，因为后者一开始就被裁定不具有签订合同的法律权限。

39.5.2 市场参与者可能无法理解相关风险

任何市场工具的发展都会引起市场参与者不理解相关风险的担忧。例如，利率互换使企业实体未能理解这些风险，两个最著名的法律案件的主体可能是吉布森贺卡公司和宝洁公司。抵押贷款凭证也是如此，这两种工具都是重要的金融创新，但一些投资者经历了财务困难或失败，因为产品创新可能远远领先于产品教育。

就一家寻求在信用风险转移工具上建立市场的金融机构而言，令人担忧的是，当出售更复杂的产品（如抵押债务凭证）时，它们可能无法恰当地对冲头寸，因此可能会增加该机构的风险，存在建模风险，例如，在单一组别抵押债务凭证的情况下，交易商将在信用违约互换中持有不平衡的头寸，并试图对冲该头寸，其风险在于交易商没有进行适当的

○ Fitch Ratings, "Global Credit Derivatives: A Qualified Success" (New York: Fitch Ratings, September 24, 2003), and "Global Credit Derivatives Survey: Single Name CDS Fuel Growth" (New York: Fitch Ratings September 7, 2004).

○ Standard&Poor's, "Demystifying Banks' Use of Credit Derivatives" (New York: Standard & Peer's, December 2003).

对冲[⊖]。

鉴于这个问题，联合论坛一份报告的建议主要集中在市场参与者需要继续改善风险管理能力，以及监管者和监管机构需要继续改善他们对相关问题的理解等方面。鉴于此，该报告在风险管理、披露和监管方法三个方面为市场参与者和监管者提出了建议，尤其强调报告和披露。

39.5.3 风险集中度可能很高

信用风险转移工具可能导致信用风险从一家银行转移到另一家银行，或者从一家银行转移到一家非银行实体。在银行体系中，人们担心的是信用风险是否过于集中。对于从银行系统转移出来的信用风险，人们关注的是信用风险转移到非银行机构的程度，如单一险种或多险种的保险公司和对冲基金。总体关注的是信用风险转移市场的一个或几个主要参与者的失利对金融系统的影响。

惠誉的两项研究报告了活跃在信用风险转移市场的银行（北美和欧盟）和保险公司的数量，以及各自的相对规模。在2003年的市场调查中，惠誉调查了大约200家金融机构（银行、证券公司和保险公司），重点是那些被它归类为保护卖方的机构。惠誉发现，通过信用衍生品，全球银行体系将229亿美元的信用风险转移到了银行体系之外。其中大部分是给保险业的（单一险种的保险公司/财务担保人、再保险和保险公司）。保险业本身是信用保护的最大卖方。惠誉估计，保险业出售了3 810亿美元的净信用保护（信用保护卖出少于信用保护买入）。其中，保险公司通过信用衍生品市场提供3 030亿美元的信用保护，其余780亿美元通过参与现货抵押债务凭证市场提供信用保护。在保险业，信用保护的最大卖家是财务担保人，为合成抵押债务凭证交易的优先级提供保险。惠誉的结论是，银行通过信用衍生品购买信用保护，极大地改善了二级信贷市场的流动性，从而使市场参与者能够有效地将风险转移到金融市场中缺乏创造信贷能力的其他部门。规模更大、更成熟的银行购买信用保护的集中度相对较高。规模较小的地区性银行是信用保护的净卖家，尽管总体而言，银行是信用保护的净买家。

关于交易对手集中度，惠誉报告称，该市场位于全球前十大银行和经纪商之间。尽管拥有投资级评级，但风险在于，一家或多家此类公司因财务或战略原因退出市场，可能会削弱对信用风险转移市场的信心。这是美联储在2008年年初为救助投资银行贝尔斯登辩护时主要关注的问题之一。

在2003年的调查中，惠誉试图通过给全球50家最大的对冲基金写信来收集对冲基金活动的信息，但无人回应。在2004年的调查中，惠誉向主要中介机构询问了他们与对冲基金的交易。惠誉发现，对冲基金占其整体信用违约互换指数交易的20%～30%。最终，对冲基金的交易对手风险敞口取决于交易抵押的程度。尽管调查中的大多数中介机构回答说，他们在对冲基金中的头寸是完全抵押的，但一些中介机构表示，其抵押率不到100%。

惠誉还发现，在信用违约互换中，作为参考债务的公司集中度很高。如果这些参考实体中的某个实体经历了信用事件，导致重大市场混乱，可能会发生结算问题。此外，由于信用风险转移市场相对于其他衍生品市场的交易对手和公司参考存在较高的违约相关性，人们对该市场面临多重违约表示担忧。欧洲央行的报告得出的结论是，新型信用风险转移工具受到干扰的可能性总体较小。

[⊖] See Douglas J. Lucas, Laurie S. Goodman, Frank J. Fabozzi, and Rebecca Manning, Developments in the Collateralized Debt Obligations Markets: New Products and Insights(Hoboken, NJ: John Wiley & Sons, 2007).

39.5.4 可能会出现逆向选择

发起机构通过信用衍生品、信用违约互换或证券化，转移信用风险的能力引发了人们的担忧，银行可能会无意中采用一种基于发起量而非审慎贷款的贷款文化。这是我们在第 11 章中所描述的对证券化的一般关注，《多德－弗兰克法案》试图通过其风险保留规则来解决这一问题。

关键知识点

- 信用衍生品可以用来改变资产负债表、个人证券或投资组合的信用风险敞口。
- 国际互换和衍生品协会有信用衍生品合同的标准化文件，这些文件定义了潜在的信用事件。
- 最有争议的信贷事件是重组。
- 信用风险转移市场使得在银行之间转移大量的企业信用风险敞口成为可能，也使得通过信用衍生品和抵押债务凭证从金融部门转移到非金融部门成为可能。
- 迄今为止，最主要的信用衍生品是信用违约互换，其中，保护买方向保护卖方支付互换溢价，然而，只有当信用事件发生时，保护买方才会收到保护卖方的付款。
- 信用违约互换包括单一标的物的信用违约互换、一篮子信用违约互换和信用违约互换指数。
- 抵押债务凭证是一种基于单一或多种债务组成的多元化组合支持的证券。
- 抵押资产是债券型工具的抵押债务凭证被称为"债务抵押债券"，抵押贷款凭证是一种抵押债务凭证，其中抵押资产是银行贷款。
- 抵押债务凭证利用证券化技术创造信用风险程度不同的债券类别。
- 抵押品经理负责管理抵押品，但受抵押品构成的限制。
- 还有由私人住宅抵押贷款支持证券和商业抵押贷款支持的抵押债务凭证。自 2007 年以来，由前一种抵押品支持的抵押债务凭证表现不佳，导致全球债务抵押债券发行量大幅下降。
- 抵押债务凭证赞助商必须遵守 2010 年《多德－弗兰克法案》中规定的证券化规则。
- 购买抵押资产的资金来自债务的发行，这些债务包括优先级、中间级和次级/股权级。
- 抵押品管理经理向各级债务支付利息，并且在各级债务到期时偿还的能力取决于所选抵押品的表现。
- 抵押债务凭证被分类为套利交易或资产负债表交易，分类取决于交易发起人的动机。
- 在套利交易中，发起人寻求赚取抵押品资产的收益率与支付给不同级债务的款项之间的差价。
- 在资产负债表交易中，发起人的动机是将债务工具从资产负债表中移除。
- 利率互换经常在抵押债务凭证结构中使用，因为抵押品现金流的特征和一些负债之间不匹配。
- 抵押债务凭证的一个变种是合成抵押债务凭证，在这种情况下，信用风险通过信用风险转移而不是通过转让信用违约互换的所有权来转移。
- 信用违约互换可以嵌入债券结构中，形成信用挂钩票据。
- 监管机构对抵押债务凭证和信用违约互换提出了担忧。这些担忧包括风险转移可能不彻底、市场参与者可能无法理解相关风险、风险集中度可能很高以及可能会出现逆向选择。

练习题

1. 信用衍生品的主要目的是什么?
2. 在信用违约互换中,以下内容是什么意思?
   a. 参考实体;
   b. 参考债务。
3. 用于定义信用事件的权威来源是什么?
4. 为什么重组是最有争议的信用事件?
5. 为什么信用违约互换有期权型收益?
6. a. 什么是一篮子信用违约互换?
   b. 在一篮子信用违约互换中,保护卖方何时必须向保护买方付款?
7. 对于具有以下条款的信用违约互换,计算季度互换溢价。

互换溢价	名义金额 (美元)	季度天数	季度互换 溢价支付
a. 600 基点	15 000 000	90	?
b. 450 基点	8 000 000	91	?
c. 720 基点	15 000 000	92	?

8. 在其他因素不变的情况下,对于给定的参考债务和给定的预定期限,请解释采用全部(旧的)重组或修改重组的信用违约互换是否会更昂贵。
9. a. 对于单一标的物的信用违约互换,实物结算和现金结算有什么区别?
   b. 在实物交割中,为什么存在交付成本最低的问题?
10. 信用违约互换指数的现金流与单一标的物的信用违约互换有何不同?
11. a. 解释想要做空参考实体的投资组合经理如何使用单一标的物的信用违约互换。
    b. 解释在现货市场难以购买特定公司债券的投资组合经理如何使用单一标的物的信用违约互换。
12. 投资组合经理如何使用信用违约互换指数?
13. 什么是抵押贷款债务?
14. 抵押债务凭证资产负债表交易是什么意思?
15. 抵押债务凭证如何使用证券化技术?
16. 抵押债务凭证和资产支持证券有什么不同?
17. 为什么抵押债务凭证的次级/股权级没有评级?
18. 抵押债务凭证用来支付债券持有人的资金来源是什么?
19. 在金融危机期间,是什么样的抵押债务凭证抵押品导致了机构投资者的重大损失?
20. 请评论"银行发行的抵押贷款债务的问题在于,发行者不一定对交易有任何风险敞口"。
21. 在一张基本的信用挂钩票据中,到期价值与标准债券结构相比有何不同?